Davidsohn, Robert

Staustsche Kämpfe

Davidsohn, Robert

Staustsche Kämpfe

Inktank publishing, 2018

www.inktank-publishing.com

ISBN/EAN: 9783747772744

Robert Davidsohn

Geschichte von Florenz.

Zweiter Band:

Guelfen und Ghibellinen.

Erster Teil:

Staufische Kämpfe.

Berlin 1908.
Ernst Siegfried Mittler und Sohn
Königliche Hofbuchhandlung
Kochstraße 68–71.

Ist das Stück etwas wert, so bedarf es des Prologes nicht, nebst seiner ebenso unvermeidlichen wie wirkungslosen captatio benevolentiae. und hinter der Wucht jener gewaltigen Tragödien, die sich während des Dugento auf der engen Bühne der Florentiner Stadt- und Staatsgeschichte abspielten, bliebe jedes einleitende Wort ohnehin allzuweit zurück. Adelige Herren, Bürger, Kaufleute, Männer der Werkstatt sind ihre handelnden und leitenden Helden, aber während andernortes Geschlecht auf Geschlecht gewirkt und gerungen, gefrevelt und genossen hat, um dann namenlos dahinzugehen, sehen wir hier in der Sonne des Lebens, in dem harten Lichte des Alltags Gestalten einherwandeln, deren Schatten uns vertraut sind, weil sie im Reiche unvergänglicher Poesie fortleben, vom Feuerschein der Hölle Dantes umzuckt, durch das sanfte Licht des Purgatorio verklärt, oder vom Paradiesesglanz umflossen. Mitten unter ihnen aber schritt der Dichter, der Richter der Toten und der Lebenden selbst durch die schmalen Gassen, deren düstere Häuser und ragende Türme beständig vom Tumult des Bürgerkampfes widerhallten.

Was im 13. Jahrhundert in der Welt des Südens, die damals noch einen Hauptteil der Kulturwelt bildete, hervorragende Bedeutung besaß, griff, aus der Ferne oder unmittelbar, in die florentiner Ereignisse ein, von dem großen Kaiser, der nie in die Tore der Stadt eintritt, weil ihn seine Sterndeuter vor einem lauernden Geschick gewarnt hatten, bis hinab zu dem königlichen Mörder seines Enkelsohnes, oder dem entthronten Herrscher von Byzanz, von den großen Ordensstiftern, dem gelehrten Dominikus und dem liebevollen Bettler aus Assisi, bis zu dem prunkvollen florentiner Kardinal, der sein Epikuräertum im Inferno büßen muß. Zuletzt ist es der Chorus des Trauerspiels, das Volk, das über tote und lebende Helden fort zu eigenem Siege schreitet. Mit seinem vollen Triumphe endet dieser Abschnitt der florentiner Geschichte, von dessen Darstellung die zweite Hälfte in kürzester Frist der ersten nachfolgen wird. Der dritte Band wird dann die beginnende Selbstzersetzung der Demokratie, die erneuten Kämpfe mit der Reichsgewalt um die Unabhängigkeit des Gemeinwesens zu schildern haben, doch zugleich mit den äußeren Vorgängen, wie aus dem blutgetränkten Boden die unvergängliche Blüte der florentiner Kultur entsprossen ist. Vorerst aber galt es die Ereignisse selbst in ihrem verwirrend bunten Wechsel dem Leser vertraut zu machen, denn ihre Kenntnis vermag allein die geistige Entwickelung zu erklären.

Florenz, Juni 1907.

Inhaltsübersicht.

Berichtigungen.

Seite 45 Zeile 2 von unten ist nach „gegenüberliegenden" das Wort Seite zu ergänzen.
„ 65 Anmerkung Zeile 2 lies statt Buoncompagno: Boncompagno.
„ 71 Zeile 1 lies statt zerstieben: zerstoben.
„ 78 Anmerkung 1 Zeile 8 lies statt Terquanda: Trequanda.
„ 115 Anmerkung Zeile 1 lies statt Vita: Vite.
„ 148 Anmerkung 1 lies statt Kempers: Kampers.
„ 160 Zeile 13 lies statt Adalasia: Adelasia.
„ 183 am Rande lies statt Ardingus, Bischof von Florenz 1231—1249: 1231—1247.
„ 236 Zeile 10 lies statt Burgudione: Burgundione.
„ 267 Anmerkung 1 Zeile 1 lies statt Cillialo: Cilliolo.

Ein ausführliches Namen-, Orts- und Literaturverzeichnis, sowie eine Erklärung der in den Anmerkungen häufig benutzten Abkürzungen befindet sich am Schlusse des zweiten Teils.

Erstes Kapitel.

Die Spaltung der Bürgerschaft.

Kaiserkrönung Ottos IV. 1209 4. Oktober.

Ein neues Zeitalter dämmerte für Florenz blutigrot empor, als der deutsche König aus welfischem Hause über dem Apostelgrab die Krone des Reiches empfing. Hoffnungsvolle Seelen mochten den Friedenstraum träumen, da sich im Glanze ehrwürdiger Zeremonien die Kaiserherrlichkeit erneute; eben hatte der kluge Priester, der vom Stuhle Petri zur Welt sprach, für das Verhältnis der Kaiserwürde zum Papsttum das Bild von Mond und Sonne geprägt, und wie es nach Auffassung der Zeit dem Rechte entsprach und der gottgewollten Ordnung, strahlte in dieser feierlichen Stunde das kleinere der beiden Himmelslichter von dem erborgten Glanze, den es der päpstlichen Sonne dankte. Der geistliche Staatsmann, der in unbedeutendem Körper eine düster gestimmte, weltverachtende Seele und zugleich unendliches Herrschergelüst barg, diese Vereinigung scheinbar gegensätzlicher Eigenschaften, die in Menschen großen Stiles oft genug beieinander leben, der Römer Innocenz III., hatte den Sohn Heinrichs des Löwen je nach den Wechselfällen des erregungsreichen Spieles um die Krone bald emporgehoben und gestützt, bald war er bereit gewesen, ihm den verhaßten Gegner, den staufischen König Philipp vorzuziehen. Als der Stahl des wittelsbacher Pfalzgrafen in Bamberg den Sohn Barbarossas getroffen, als die deutschen Fürsten dann zu Frankfurt den Welfen als rechtmäßigen König anerkannt hatten, lag der Weg nach Rom vor Otto dem Vierten offen, und fünfviertel Jahre, nachdem Philipp ins Grab gesunken, setzte Innocenz dem Braunschweiger das Diadem des Reiches aufs Haupt. Der Hohepriester der Christenheit mochte in dieser Feierstunde selbst vergessen, wie er bereit gewesen, den Schützling zugunsten anderer politischer Konjunkturen zu opfern, und nur dieses mochte ihm vorschweben, daß Otto durch ihn zur höchsten weltlichen Würde gelangte. Auch daran dachten sicherlich wenige, daß in Palermo ein Knabe, der machtlose Spielball geistlicher und weltlicher Großen, das kaiserliche Blut laut in seinen Adern pochen fühlte, über früh ihm zugefallene Rechte grübelte und in jung erlernter Selbstbeherrschung weltumspannende Träume stumm im Innersten verbarg. Doch einer dachte an all' dieses, wie sein Handeln nach kurzem erwies, an die Schwankungen des

Papstes, wie an die Aspirationen des jungen Friedrich von Sizilien. Der Dreißigjährige, den Innocenz mit der kaiserlichen Würde schmückte, hatte das unbändige normannische Temperament mit dem löwenherzigen Onkel, wie leider auch das Schwanken in den Entschlüssen mit ihm und Johann ohne Land, dem andern königlichen Oheim von England, gemein. Wie seine Empfindungen gegen den Priester sein mochten, der vor der Welt als sein Schützer erschien — er bezeugte ihm in der festlichen Stunde alle Demut, er hielt ihm, als Innocenz vor dem Sankt Peter zu Roß stieg, um zum Krönungsmahle zu reiten, gehorsam den Steigbügel, aber er war freilich gewillt, die Formen für das zu nehmen, was sie wert waren, und Kaiser nicht nur zu heißen, sondern auch zu sein. Wichtige Interessen lagen unerledigt und ungeklärt zwischen ihm und dem Papst; einen kurzen Herbsttag dauerte die Eintracht; bald zeigten sich Gegensätze, die zu offenem Hader führten. Dreiundeinenhalben Monat nach der Krönung verkündete Innocenz, daß er den undankbaren Welfen mit dem Banne bedroht habe, weil er die Freiheit der Kirche nicht achte und weil er die Hand nach dem sizilischen Königreiche, dem Erbe des Knaben Friedrich, ausstrecke.[1] Freilich unterließ es der Papst, einen für den Politiker geringfügigen, für das Verständnis seelischer Vorgänge aber unendlich wichtigen Umstand zu erwähnen: daß er selbst vor anderthalb Jahren den Verdacht in Ottos Brust gesät hatte, der Sohn Heinrichs des Sechsten könne anstelle seines ermordeten Onkels Philipp als Prätendent des Reiches auftreten,[2]) und daß er die Sorge vor drohender Nebenbuhlerschaft des sizilischen Jünglings dauernd in dem Welfen wach gehalten hatte, solange ihm dies nützlich erschien.[3]) Allzu üppig sollte der giftige Samen aufgehen, dem Säemann selbst zum Leid und zu Ottos Verderben.

Keiner der Schatten der nahen Zukunft war auf den Weg gefallen, der den Welfen durch Italien, der ihn nach Rom geführt hatte. Wolfger, der Patriarch von Aquileja, der früher für Philipp Treuschwüre in Italien entgegengenommen hatte, war nun dem erfolgreichen Gegner des toten Staufers als Reichslegat vorangezogen. Nicht mehr haderten zwei Könige ums Reich; mit dem vom Schicksal Erhöhten schien der Papst in dauerhaftem Einverständnis; die Großen Italiens, längst von den Städten aufs ärgste bedrängt, hofften an der wiedererstehenden Reichsgewalt eine Stütze zu finden. Wie mochten da die Bürgerschaften den Mut hegen, dem Herrscher und seinem ihm voraneilenden Machtboten zu widerstehen?

Florenz und Otto IV.

Eine einzige Gemeinde hat es gewagt. Florenz hatte die Kühnheit, den Treueid zu weigern, als der Patriarch Aquilejas aus dem kölner Geschlecht der Leubrechtskirchen[4]) ihn kurz und stürmisch für seinen welfischen Herrn verlangte. Auf das von den Florentinern gestellte Verlangen einer Fristverlän-

[1]) Winkelmann, Acta II. 676. — Regesta Imperii 6081. — [2]) Reg. Imp. 6021.

[3]) Schreiben des Innocenz an Otto vom 10. März 1209. Reg. Imp. 6064.

[4]) Archeografo Triestino, Nuova Serie II, 36 u. 159. — Anderweit wird sein Geschlecht Ellenbrechtskirchen genannt.

gerung, auf ihr mehr oder minder aufrichtiges Anerbieten, die usurpierten Reichsrechte und Gebiete zwar nicht jetzt dem Patriarchen, aber später dem König herauszugeben, sobald er selbst in Toskana erscheine, hatte der Legat mit der Verhängung des Reichsbannes wegen Ungehorsams geantwortet. Die kaum erschwingliche Bannstrafe von zehntausend Gewichts-Mark Silber, die er über Florenz verhängte, war gewissermaßen ein Symbol in Zahlen, der Ausdruck des heftigen Zornes, den Florenz dem niederdeutschen geistlichen Herrn erregte.[1]) Mochte man nun am Arno besser über die Stimmungen unterrichtet sein, die zwischen dem weltlichen Herrscher und dem Oberhaupt der Kirche bestanden, mochte man mit klarerem Blick und schärferem Verstande die künftige Entwicklung der Verhältnisse durchschauen, man wußte im vorläufigen Widerstande das für die Stadt Vorteilhafte richtig zu treffen. Zu Neuß hatte Otto vor acht Jahren dem Papst geschworen: er wolle die Recuperationen anerkennen, die der Römische Stuhl seit dem Tode Heinrichs VI. rücksichtslos bewirkt hatte, er wolle alle Gebiete der Kirche schützen, deren Oberhoheit über das Königreich Sizilien verteidigen und sich wegen der Angelegenheiten des Tuszischen Bundes und der Lombardei dem Rat und Schiedsspruch des Papstes fügen.[2]) In einem neuen, näher liegenden Eide, den der deutsche König vor Antritt des Zuges nach Italien zu Speier geleistet hatte,[3]) war zwar von der Lombardei und dem toskanischen Bunde nicht mehr die Rede, von diesem schon deshalb nicht, weil er tatsächlich zerfallen war, denn jedes Glied war seine eigenen Wege gewandelt, und zumal Florenz hatte das Bündnis der Städte und Großen nur zu eigenem Vorteil ausgenützt; aber der zweite war doch nur eine Bestätigung, nicht eine Aufhebung des ersten, und Innocenz konnte immer noch auf Grund beschworener Verpflichtung des Herrschers verlangen, daß er Konflikte, die in Toskana auftauchten, ihm zur Schlichtung überlasse. Man hat gewiß in Florenz von vornherein, da der Zug Ottos nach Italien die Stadt als ein unabwendbares Schicksal bedrohte, das alle reichen kriegerischen und politischen Errungenschaften der letzten elf kaiserlosen Jahre in Frage stellte, auf die Anlehnung an den Papst als Mittel des Heiles und der Rettung geblickt. Es war der Bürgerschaft, als sie Ende 1208 den Podestà für das künftige Jahr zu wählen hatten, ratsam erschienen, zum ersten Male einen Großen der Stadt Rom, ein Mitglied des päpstlichen Nepotengeschlechtes der Paparoni zu berufen, der sich in den florentiner Urkunden stolz „civis Romanus“ nannte.[4]) Wir wissen von den näheren Beziehungen dieses Johannes Guidonis de Papa zu Innocenz dem Dritten nichts, aber daß solche bestanden, darauf scheint die Tatsache hinzuweisen, daß der Papst nach seiner

[1]) Über die Verhängung des Reichsbannes gegen Florenz: Bd. I, 657 f.

[2]) Mon. Germ. Leges II, 206. — [3]) 1209, 22. März. Ibid. 216.

[4]) „Dominus Johannes Guidonis de Papa civis Romanus“ 1209, 30. April und 19. Dezember. Santini p. 234. Die Paparoni oder de Papa stammten aus dem Geschlecht Innocenz des Zweiten (1130—43). Johannes Guidonis war 1221 Podestà von Faenza. Reg. Imp. 12 748, 58, 59.

Wahl den Namen eben jenes Vorgängers angenommen hatte, nach dem das Geschlecht den Namen „de Papa" führte. Der Podestà mochte die Zusage weitgehenden Schutzes der städtischen Interessen mit nach Florenz gebracht haben, denn fast nur durch Gewißheit solcher Art ist der kühne Widerstand der Kommune zu erklären. Die Hoffnung wurde nicht getäuscht, denn als eine Florentiner Gesandtschaft vor dem damals in Viterbo befindlichen Innocenz erschien,[1]) fertigte dieser sofort ein Schreiben zugunsten und zum Schutze der gebannten Stadt an den deutschen König ab, der eben damals durch Tirol italienwärts zog. Sehr römisch erklärte der Papst dem deutschen Herrscher, er habe den Patriarchen von Aquileja wegen der Verhängung des Reichsbannes über die Arnostadt zu bescheidenerem Auftreten ermahnt und dazu, den Bogen nicht allzu straff zu spannen; an Wolfger, der als geistlicher Fürst direkt seinen Befehlen unterstand, sandte er geradezu die Weisung, den Bannbefehl wieder aufzuheben.[2]) Währenddessen war der Patriarch weiter südlich durchs florentiner Gebiet gezogen, hatte Poggibonsi, den wichtigen Grenzort gegen Siena, kraft der Autorität des Reiches aus aller Abhängigkeit von Florenz, in die es vorlängst geraten war, gelöst, und hatte ihm die alten Rechte wieder gewährt, die es zu Barbarossas und Heinrichs des Sechsten Zeiten besaß.[3]) Mit allzu großem Stolze war er Siena begegnet, als dieses sich auf seine eigenen vorjährigen Zusagen berief, die er als Legat Philipps gemacht hatte; zu hoch bewertete er die Freiheit im Handeln, die das Ende des Thronstreites seinem jetzigen Herrn gewährt habe, und zu hoch auch die persönliche Konsequenz dieses Herrschers. Es gelang ihm freilich noch Siena zur rückhaltslosen Unterwerfung zu veranlassen; der über das siegreiche feindliche Florenz den Bann verhängt hatte, konnte jedenfalls dankbarer Empfindungen der Sienesen versichert sein, wie sie sich auch zuerst sträuben mochten, um günstige Bedingungen zu erlangen. Dies aber war der letzte Erfolg, der dem niederdeutschen Patriarchen von der Adria als Legat des Reiches beschieden war; die Abneigung des Papstes gegen seine Forderungen auf Herausgabe des Reichsgutes wird viel tiefer gewesen sein als der Zorn über die Bannung von Florenz, aber eben deshalb mag Innocenz dem deutschen König gegenüber den Mangel aller Duldsamkeit in bezug auf die florentiner Ansprüche in den Vordergrund gestellt haben. Als Wolfger sich anschickte, die Reichsrechte auch dem allmächtigen Priester gegenüber geltend zu machen, sah er sich von dem eigenen Auftraggeber und Herrn verlassen, der sich durch Zusagen in Zeiten der Not die Hände gebunden hatte, und er fühlte sich gezwungen wenige Wochen nachdem er über Florenz den Bann verhängt hatte, die Stellung zwischen dem klugen und erfahrenen Staatsmann, der sich Vertreter Gottes nannte, und dem unpolitischen

[1]) Der Papst spricht in seinem Schreiben an Otto vom 11. Juli 1209 von den ihm durch die Florentiner vorgewiesenen öffentlichen, auf die Forderungen Wolfgers und die Gegenanerbietungen von Florenz bezüglichen Urkunden. Migne, Epp. Innoc. III, col. 82. — [2]) Ebenda.

[3]) 1209, 1. Juli. Ficker, Forsch. IV, 268. — Vgl. Gesch. v. Florenz I, S. 658.

König, der auszog, um die Krone Ottos des Großen zu erwerben, als eine unhaltbare aufzugeben.[1])

Hatte Wolfger einsehen müssen, daß lautes und scharfes Auftreten nach nordischer Art in den fein verzweigten und verwickelten italienischen Verhältnissen nur zu Scheinerfolgen einer flüchtigen Stunde führte, so blieb doch die Wirkung seines Vorgehens, die Bannung und Verurteilung von Florenz, bestehen. Aber des Papstes Fürwort konnte nicht folgenlos bleiben, und dem neu gekrönten Kaiser ließen es alsbald die Pläne, die ihn jetzt erfüllten, wünschenswert erscheinen, zwar den Treueid auch von dem widerstrebenden Florenz zu erlangen, doch unter Bedingungen, die es wahrscheinlich machten, daß die Treue nicht nur geschworen, sondern auch gehalten werde.

Gleich nach der Weihe zum Herrscher des Reiches wandte sich Otto von Rom nordwärts, und schon 17 Tage später hielt er unter dem Geläute der Glocken und feierlich von der Geistlichkeit begrüßt, seinen Einzug in Siena.[2]) Man mag ihn dort mit Versicherungen der Ergebenheit überschüttet und man wird zugleich die Gegnerin am Arno als Reichsfeindin, Übeltäterin und Störerin von Ruhe und Ordnung in das übelste Licht gestellt haben. Der Kaiser erließ Siena die Ausführung eines Teiles der ihr zuvor von seinem Legaten auferlegten Pflichten: die Nachzahlung des Tributes für elf Jahre, seit jenen Tagen, als mit Heinrichs des Sechsten Tode die Herrschaft des Reiches in Italien zusammengebrochen war und die Vergütung für Schaden, den die Sienesen angerichtet, indem sie sich der in ihrem Gebiet gelegenen Reichsburgen und der zugehörigen Gebiete bemächtigt hatten.[3]) Weiterziehend weilte er in Poggibonsi, das für die Behauptung der Herrschaft in jenen Gegenden solche Wichtigkeit besaß, daß die Stadt, wie sie bisher fortwährend Gegenstand des Haders zwischen Siena und Florenz gewesen war, so in der Folge bei jedem Ringen um die Gewalt in Toskana bis ins 14. Jahrhundert Gegenstand blutiger Kämpfe wurde. Hier erneuerte er Pisa die alten kaiserlichen Freibriefe; der Seestadt, auf deren Treue und Hülfe ihm jetzt aus besonderen Gründen alles ankam, verlieh er die Reichsgüter und Reichsrechte in der Stadt und ihrem weiten Bezirk auf der Terra ferma, nebst der Herrschaft über Elba, Korsika und den benachbarten kleineren Inseln.[4]) Diese letztere Verleihung, die für die Pisaner ihren Genueser Widersachern gegenüber Wert hatte, mußte ihm freilich um so leichter werden, als er kein Schiff sein eigen nannte, das den Pisanern die Inseln, die sie ohnehin besaßen, hätte streitig machen können.

Otto IV. in Toskana.

Ehe sich Otto nach Pisa begab, weilte er kurz in dem Kastell über der Stadt San Miniato, das von den Bürgern im Jahre 1200 zerstört, dann aber wieder aufgebaut worden war[5]) und er erhob diese hoch über dem Arno gelegene Burg von neuem zum Zentralsitze der Reichsverwaltung Toskanas.[6]) Von

[1]) Dies geschah wohl noch im Juli 1209. Reg. Imp. 12 346a.
[2]) Annales Senenses M. G. Ss. XIX, 227. — [3]) Reg. Imp. 313.
[4]) Reg. Imp. 307. — [5]) Villani V, 27. — Gesch. v. Florenz I, 626.
[6]) Siena ward (1209, 14. Dez. — Böhmer, Acta selecta ed. Ficker p. 766) auf-

San Miniato wandte er sich nach dem nahen, an der anderen Seite des Stromes gelegenen Fucecchio hinüber, dessen Burg Kaiser Friedrich I. aus ihren Trümmern neu hatte erstehen lassen, um sie zum Sitz eines kaiserlichen Vizegrafen zu machen, derart, daß durch Fucecchio und San Miniato eine Sperre zwischen Florenz auf der einen, Lucca und Pisa auf der anderen Seite geschaffen wurde. Der mehrtägige Aufenthalt in dem kleinen Orte kann nur die Bedeutung gehabt haben, daß auch hier die früheren Verhältnisse wieder hergestellt wurden.[1] In allen Dingen sollte die Vergangenheit wieder aufleben; die Toskanischen Feudalherren, deren Macht die Städte nach Kräften gebeugt hatten, fanden sich beim Kaiser ein; sie forderten und erhielten die Bestätigung der ihnen durch die Bürgergemeinden vielfach entzogenen Rechte. Schon der Patriarch von Aquileja hatte in diesem Sinne vorgearbeitet,[2] und der Kaiser selbst vervollständigte das Werk der Reaktion, das ihm und den Feudalgeschlechtern als Herstellung der Rechtsordnung gegenüber Willkür und Usurpation seitens übermütiger Kaufleute und Handwerker erschien. Die Grafen des Hauses Aldobrandesca, deren Hauptgebiete in Südtoskana zwischen dem Montamiata und dem Meere, sowie gegen Orvieto zu lagen, die Hoheitsrechte über Grosseto besaßen, aber auch in Colle im Elsatal, und sonst nahe dem florentinischen Gebiet wichtige Gerechtsame übten, hatten 1198 den Interessen des Reiches den Rücken gekehrt, als es keine kaiserliche Gewalt mehr gab, auf die sie sich hätten stützen können.[3] Gleich ihnen hatten sich damals die Grafenhäuser Guidi und Alberti dem gegen das Reich gerichteten Bunde ein- oder untergeordnet.[4] Jetzt drängten sich all' diese gräflichen Herren um den neuen Kaiser, um, wenn dieser des Geschehenen wirklich gedachte, es durch Versicherung künftiger Anhänglichkeit vergessen zu machen; Otto bestätigte ihnen all' ihre alten Besitzungen und Rechte, auch diejenigen, die sie auf Grund erzwungener Verträge an die Städte abgetreten hatten. Wie er bemüht war, auch äußerlich ihre Stellung zu erhöhen, wird dadurch bezeugt, daß er auf der Reichsburg San Miniato den Ildebrandino, das Haupt des Geschlechtes Aldobrandesca, mit der Würde eines tuszischen

---

gegeben, die Reichssteuer von 70 Mark Silber jährlich 15 Tage nach Ostern in San Miniato zu zahlen. — Ebenso wurde der Kirche San Frediano in Lucca 1209, 2. Nov. (Reg. Imp. 319. — Winkelmann, Acta I. p. 22) aufgegeben, eine kleine jährliche Naturalabgabe an die kaiserliche Kurie in San Miniato abzuliefern.

[1]) Otto weilte in San Miniato und Fucecchio vom 29. Oktober bis zum 8. November. — Die Wichtigkeit von Fucecchio als Reichsburg tritt auch in der Notiz des Oger. Panis M. G. Ss. XVIII. 129 (zu 1210) deutlich hervor.

[2]) Dem Grafenhause Gherardesca hatte Wolfger als Legat die Burg Montebichieri restituiert, die er der Stadt San Miniato, trotz eines Vertrages, den San Miniato mit den Grafen geschlossen, entzog. Siehe die Zeugenaussagen in der Urkunde von 1211, 14. Januar SAF. — Communità di San Miniato. Die Verwirrung der Rechtslage wurde weiter dadurch gesteigert, daß Otto das Kastell alsbald an Pisa verlieh.

[3]) Bd. I. S. 617. — [4]) Ebendort u. an anderen Stellen.

Pfalzgrafen schmückte[1]) und daß er dem Grafen Maghinardo[2]) aus dem Hause der Contalberti von Prato den Titel eines Reichsfürsten verlieh, worauf es Graf Guido Guerra ein Jahr später für nötig hielt, aus dem Staube der Vergessenheit den Titel eines Markgrafen hervorzusuchen, den einst sein Großvater als Adoptivsohn der Großgräfin Mathilde geführt hatte.[3]) Da er auch in den Urkunden des Kaisers als Zeuge mit dieser Benennung erscheint, die keiner Wirklichkeit entsprach, sondern nur der aufkeimenden Neigung zu Schein und glänzender Repräsentation Rechnung trug, so muß Otto die selbstverliehene Würde seines Anhängers wenn nicht anerkannt, so doch geduldet haben. Daß Ildebrandino Auszeichnungen erfuhr und ihm Vorteile eingeräumt wurden, hatte darin seinen triftigen Grund, daß dieser Große, dessen Haltung für Südtoskana und für den Kirchenstaat, das „Patrimonium Petri in Tuszien", sehr stark ins Gewicht fiel, Lehnsmann des Papstes war, dem er, wohl 1207, geschworen hatte.[4]) Viel kam darauf an, ihn an das kaiserliche Interesse zu fesseln, wenn etwa dieses mit dem päpstlichen in Konflikt geraten sollte.

Doch griffen diese Begünstigungen weniger in die florentiner Verhältnisse ein, als die der Grafen Alberti. Die Herren der Aldobrandesca waren als Nachbarn von Siena auf gute Freundschaft mit Florenz angewiesen, und mit dem Grafen Guido hatte man solche gehalten, seit die Florentinerin Gualdrada seine Gattin und er, durch Häuserbesitz und Familienbeziehungen veranlaßt, Bürger der Stadt geworden war; auch hatte man mit ihm vereint und in seinem Interesse vor wenigen Jahren um Montemurlo gegen Pistoia gekämpft.[5]) Anders stand es um das Grafenhaus Alberti, dessen Macht durch Florenz arge Bedrängung und Beschränkung erfahren hatte. Die Blätter der florentiner Geschichte waren voll von Kämpfen gegen diese Feudalherren, und die Verwüstung von Semifonte lebte frisch in aller Gedächtnis. Graf Albert von Prato war gestorben, und vor kurzem hatten seine Söhne, die Grafen Maghinardo und Rainald, den gemeinsam ererbten, weithin zerstreuten Besitz untereinander geteilt,[6]) wobei denn freilich auch die lastenden, durch jahrzehntelange

[1]) Zuerst wird Aldebrandin als Zeuge in der Urkunde Ottos, San Miniato 1209, 30. Oktober, Pfalzgraf betitelt (Reg. Imp. 316); ebenso in den Urkunden der folgenden Zeit. Noch am Tage vorher (Reg. Imp. 314) und früher stets ebenso, wird er nur als comes bezeichnet.

[2]) S. unter Anmerk. 1, S. 8.

[3]) Guido Guerra als Markgraf (vorher stets als Graf bezeichnet) zuerst als Zeuge bei Kaiser Otto 1210, 11. Oktober. Reg. Imp. 441. — Winkelmann, Acta I, p. 59. Guido Guerras Sohn, Graf Tegrimus, nahm den Titel „Pfalzgraf Tusciens", unmittelbar nachdem Otto Italien verlassen hatte, an. Mit diesem Titel erscheint er in der Urkunde Prope Sanbucam 1212, 11. September, Archivio Municipale von Pistoia; Liber Censuum f. 45[a].

[4]) Gesta Innoc. III. Murat. Ss. III; 1 col. 561. Über die wichtigen Besitzungen am Meeresstrande, die das Haus von der Kirche Sant' Anastasia ad Aquas Salvias in Emphyteuse hatte, s. Forsch. usw. IV, in dem Abschnitt „Analecta Dantesca."

[5]) Bd. I, S. 646.

[6]) Urk. von 1209, 23. Februar. SAF. — Spedale di Bonifazio. — Von dem-

Kämpfe des Vaters aufgehäuften Schulden mit übernommen wurden. Derjenige Teil der „Albertesca", wie man den Gesamtbesitz des Verstorbenen benannt hatte, der Hoheitsansprüche auf die Stadt Prato in sich barg, nebst den festen Kastellen im waldigen Bisenziotal und den Anspruch auf wichtige Burgen im Mugello, war zugleich mit dem Titel eines „Grafen von Prato" auf einen dritten Bruder, Albert, übergegangen. Der Kaiser bestätigte Maghinardo nicht nur, was ihm aus dieser Teilung zukam, sondern er sprach ihm ohne alle Rücksicht auf die gründlich geänderten Verhältnisse das Recht auf alles zu, was vormaleinst sein Urgroßvater besessen hatte und was seit Generationen auf andere übergegangen war, wobei denn Florenz sehr stark in Betracht kam. Die Verträge, durch die das Grafenhaus auf Besitzungen verzichtet hatte, mochten oft genug erzwungene gewesen sein — in vielen Fällen wissen wir dies — in andern aber bildete Verschuldung die Ursache zu Abtretungen, und wie immer die jetzigen Verhältnisse entstanden waren, es war ein durchaus törichtes und gefährliches Vorhaben, sie auf Urgroßväterzeiten zurückzuschrauben. Nach des Kaisers Worten sollten die kaiserlichen Verleihungen „seinen geliebten und treuen Fürsten Grafen Maghinard" „durch entsprechende Ehren und reiche Gnade" für „Mühen und sehr große Ausgaben entschädigen, die das Geschlecht in Zeiten des Krieges und des Friedens der kaiserlichen Krone zuliebe erduldet hatte." Dem Grafen Albert war die Bestätigung seiner Besitzungen schon vordem erteilt worden.[1]) Kaiser Otto verfiel einem in der Geschichte stets wiederkehrenden Herrscherirrtum; auch diese großen Herren haben in Wahrheit nicht für das Reich gekämpft und geduldet, sondern nur ihre eigenen Interessen verfochten und sich auf das Reich gestützt, ihm auch in aller Treue gedient, solange es ihnen durch seine Macht Hülfe und Nutzen gewährte; doch sie haben sich nie gescheut, mit der Gegenseite zu paktieren, wenn Vorteil und Trieb der Machterhaltung sie dazu drängten. Ihr Verdienst bestand nur darin, stets pünktlich zur Stelle zu sein, wenn das Erscheinen eines deutschen Herrschers ihnen die Aussicht erweckte, sich von feierlich auf die Evangelien beschworenen, doch sehr unbequemen Verpflichtungen gegen Kommunen und gegen Private zu befreien. Die italienischen Bürgerschaften mußten deutlich erkennen, daß die moderne Entwicklung der Städte, daß ihre wachsende Bedeutung, diese Grundlagen von Macht und Reichtum auch der Einzelnen, durch ein starkes Kaisertum stets bedroht sei.

In Florenz hat man dies klarer als anderwärts eingesehen und man hat konsequenter danach gehandelt. Hätten die deutschen Herrscher sich von den Begriffen befreien können, in die Geburt, Erziehung und Umwelt sie bannten, hätten sie sich gegen die päpstliche Übergewalt und, wenn nötig, gegen die Großen,

selben Tage (in derselben Provenienz) Schiedsspruch wegen Verteilung der väterlichen Schulden zwischen den Brüdern.

[1]) Das Privileg Ottos für den Grafen Maghinardo 1210, 5. Jan. Reg. Imp. 344. — Lami Mon. Eccl. Flor. I. 392. — Kaiserliches Privileg für den Bruder, Grafen Albert, 1209, 4. November Reg. Imp. 320.

auf die Städte, statt auf abbröckelnde Feudalmacht verschuldeter Grafen und Herren gegen das Bürgertum gestützt, der Verlauf der Reichsgeschichte wäre ein anderer und für weite Zeiträume ein minder schmerzlicher gewesen, auch wäre das italienische Bürgertum nicht in eine verhängnisvolle, weithin und noch auf unsere Tage fortwirkende innere Abhängigkeit von päpstlicher und kirchlicher Gewalt geraten.

Denn auch die Städte, die des Kaisers Gunst erfuhren (Pisa ausgenommen, auf dessen Hülfeleistung zur See er rechnete), wurden nach schematischen, also beschränkten Auffassungen, nicht nach Gesichtspunkten lebensvoller Gegenwart oder der Zukunft, sondern im Hinblick auf die Verhältnisse der Vergangenheit behandelt. Statt eine Neuordnung auf dem Boden der realen, stark veränderten Verhältnisse zu schaffen, ließ sich der Kaiser bei allen seinen Anordnungen von dem unweisen Wunsche leiten, es solle alles gerade so werden, wie es war, als das Reich zuletzt in Blüte stand, ohne zu bedenken, daß das, was in elf ereignisreichen Jahren geschehen war, sich durch keine Verordnung und kein Privileg auslöschen lasse. Solange der Monarch zur Stelle war, konnte die tatsächliche Macht, die er besaß, und das Ansehen seiner Würde vieles durchsetzen, aber was er erreichte, waren doch nur Versprechungen, Eide, Rückerstattungen, die gerade solange galten, als die Gewalt vorhanden war, ihre Wirksamkeit zu erzwingen.

Otto IV. und Siena.

Siena, das den Schwur der Treue für den Kaiser schon dem Patriarchen von Aquileja geleistet hatte, mußte den Tor- und Wegzoll, der in den Händen der Bürger beweglicher war, und sich besser den wechselnden Bedürfnissen von Handel und Gewerbe anpassen ließ, wieder der Reichsverwaltung abtreten;[1]) seine Kontingentierung, oder eine entsprechende Erhöhung der Jahresabgabe an das Reich wäre zweifellos für beide Teile von größerem Nutzen gewesen. Das Münzrecht ward der Stadt belassen, ebenso wie das Recht freier Wahl ihrer Konsuln, wobei nur die Pflicht bestand, die Investitur mit diesen Verleihungen des Reiches alle fünf Jahre erneuern zu lassen. Die Gerichtsbarkeit verblieb der Stadt ebenfalls, aber auch hier wurde wieder die Beschränkung getroffen — gewiß weniger der ideellen Reichshoheit wegen, als um dem Beamten die Sporteln zu sichern —, daß in Prozessen, deren Gegenstand mehr als 20 Librae betraf, „an den Kaiser“, also an das in San Miniato einzusetzende Reichsgericht für Tuszien, beziehungsweise an die umherziehenden Richter desselben, zu appellieren sei. Eine solche Abgrenzung mochte für die kleineren Verhältnisse des vorigen Jahrhunderts zulässig gewesen sein, für die Umstände einer Stadt, deren Bankiers jetzt in der weiten Welt ihre bedeutenden Geschäfte zu machen begannen, war sie nicht angemessen, ja sie mußte sich für die Dauer als unerträglich erweisen.

Lucca.

Von San Miniato und Fucecchio wandte sich Otto nach dem nahen Lucca. Auch dieses hatte, nach Wolfgers Gebot, dem damals noch fernen deutschen König Treue geschworen, aber die Fügsamkeit brachte der Stadt geringen Vor-

[1]) Privileg von 1209, 14. Dezember. S. S. 5, Anm. 6.

teil. Sie hatte zu Beginn des Jahres mit Edlen der am Meere gelegenen Berglandschaft Versilia, mit dem ewig unruhigen Geschlecht der Porcari, wilde Fehde geführt, hatte dessen Stammburg und ein anderes Kastell gebrochen und Paganello von Porcari, der 1201 und 1202 Podestà von Florenz gewesen war,[1] nebst seinen Söhnen zur Unterwerfung gezwungen; aber die Porcaresen nahmen an dem Podestà Luccas, Guido da Petrolla, furchtbare Rache; sie stachen ihn in der Stadt nieder, und unter den Mördern befand sich einer, der sechs Jahre früher selbst Podestà von Lucca gewesen war; darauf erging erneute Verwüstung über die Gebiete jener Feudalherren.[2] Als nun der Kaiser in der Stadt erschien, wurden die Porcaresi mit dem Reichsbann bestraft, zugleich aber mußten die Konsuln in des Herrschers Gegenwart alle Eide und alle Versprechungen für null und nichtig erklären, die sie von den Edlen des Berglandes Garfagnana und von denen des Küstengebietes Versilia erhalten hatten.[3] Das Kastell Moriano, unweit Luccas, das den Zugang zur Garfagnana bewachte, und auf das sowohl die Stadt als der Bischof Ansprüche erhob, zog der Kaiser für das Reich ein.[4] Ebenso stellte er die wichtigsten Kirchen der Stadt, die bischöfliche von San Martino und die von San Frediano, mit ihrem großen Landbesitz direkt unters Reich,[5] gewiß zum großen Wohlgefallen des Klerus, aber zu starker Beeinträchtigung der Bürgerschaft, die diese geistlichen Institute längst in ein Verhältnis tatsächlicher Abhängigkeit von der Kommunalverwaltung gebracht hatte. Auch der Bischof erhielt Bestätigung seiner Gerechtsame.[6] Alle politische Entwicklung drängt auf Vereinfachung hin; hier aber wurden alle Verwickelungen und Verknotungen der älteren Zeit nach Möglichkeit künstlich wieder hergestellt. Der Stadt selbst wurden die Freiheiten bestätigt, die ihr einst Kaiser Heinrich IV. im Jahre 1081 gewährt hatte,[7] aber was zu Ende des elften Jahrhunderts eine Belohnung und ein Geschenk gewesen, war zu Beginn des dreizehnten eine Herabsetzung und Beeinträchtigung. Wie war in diesen fünfviertel Jahrhunderten das Bürgertum aufgeblüht, wie

[1] Bd. I, 631; 634.

[2] Sercambi p. 14. — Ingheramo da Porcari, Podestà Luccas 1203. Ibid. p. 12.

[3] Lucca 1209, 16. November. Ficker, Forsch. IV, S. 272. Über die Bannung der Porcari Reg. Imp. 323a.

[4] Reg. Imp. 316. — Winkelmann, Acta I, p. 20. — [5] Reg. Imp. 319 und 333. Winkelmann, Acta I. p. 22 und 27. — [6] Reg. Imp. 332.

[7] Reg. Imp. 330. — Vgl. Gesch. v. Flor. I, 266 f. Zu der dortigen Anm. 3 ist zu bemerken, daß zwar kein Comparmuli, wohl aber ein Coparmuli bestand, wo eine Brücke über den Po führte (jetzt Copermio) und daß dieser Ort in den Ann. Parm. majores (M. G. Ss. XVIII, 714; 737) erwähnt wird. Dort muß im 11. Jahrhundert eine Messe stattgefunden haben, die zur Zeit der hier in Rede stehenden Erneuerung des Privilegs, 1209, nach der Stadt Parma verlegt war. Schaube hat, Handelsgeschichte 59 Anm. 4, schon darauf verwiesen, daß in dem Privileg von 1081 „Coparmuli“ richtig ist. — In einem besonderen Privileg scheint Otto IV. Lucca das Münzrecht bestätigt zu haben. Diese Bestätigung erwähnt Chronichetta Lucchese I. ed. Bongi. p. 16.

hatten die Städte Macht, Kraft und Klugheit bewährt, welche Stellung hatten sie sich errungen! Nur schwer begreift man die Kurzsichtigkeit, die vermeinte, kaiserliche Verordnungen vermöchten die Uhr der Zeit um vier Menschenalter zurückstellen. Otto aber hat wohl gar in gutem Glauben diese „Bestätigung" von Verhältnissen, die längst verjährt waren, den Lucchesen als eine Belohnung der Ergebenheit erteilt, die sie durch sofortige Leistung des Treueides beim Erscheinen seines Legaten bewährt hatten.

Pistoia empfing, als der Kaiser später dort erschien, zweifellos in der Hoffnung, daß man von dieser Stadt, wie von Pisa, besonders feste Treue zu gewärtigen habe, Belehnung mit den Besitzungen, die es zu Heinrich des Sechsten Zeit gehabt, in sehr feierlicher Form, indem der Herrscher dem Vertreter der Bürgerschaft als Symbol erneuter Verleihung eine Fahne überreichte.[1]) Zuvor aber hatte der Bischof Soffred — er bekleidete zugleich die Würde eines Kardinalpresbyters von Santa Prassede — Bestätigung all' seines Bischofsgutes und der längst bestrittenen Rechte erhalten, die er im Gebiete Pratos übte.[2]) Da Pistoia mit dem Fahnenlehn des Reiches keineswegs zufrieden, auch nach den Kastellen seines Bischofes begehrlich die Hände ausstreckte, lagen in diesen „Bestätigungen" die Keime bitterer künftiger Kämpfe. Pistoia.

Bischof Hildebrand von Volterra aus dem dortigen Hause der Pannocchieschi war von den früheren Kaisern auf das höchste begünstigt worden. Als dann die Macht des Reiches dahin sank, war er unter den ersten gewesen, die dem unter der Ägide der päpstlichen Kurie und unter Führung von Florenz sich bildenden Tuskenbunde beitraten,[3]) doch jetzt wärmte er sich wieder an den Strahlen der in erneutem Glanze leuchtenden Reichsgewalt und oft weilte er an Ottos Hofe.[4]) Kein Privileg hat sich erhalten, das seine von den Kommunen Volterra und San Gimignano usurpierten Rechte wieder herstellte oder die Abhängigkeit dieser Städte von ihm bestätigte,[5]) aber zweifellos ist ihm ein solches erteilt worden. Ebenso wie er wieder in seinen Rechten als Bischof-Graf von Volterra, wird sein Amtsgenosse Gregor in der gleichen Würde für Arezzo befestigt worden sein.[6]) Auch die Bürgerschaft dieser Stadt hatte sich längst faktisch unabhängig gemacht und war über die vom Reiche dem Bischof verliehenen Grafenrechte hinweggeschritten; eben jetzt hatte die Kommune einen der angesehensten Bürger von Florenz an ihre Spitze gestellt, den Catalanus aus dem zur Vizedominuswürde mitberechtigten Geschlecht der Tosinghi.[7]) Aus welchem Ort man den Podestà erwählte, das hatte in diesen Zeiten große Bedeutung, und wir dürfen aus dieser Wahl schließen, daß die Bürgerschaft von Der Bischof von Volterra. Arezzo.

---

[1]) Reg. Imp. 350. — [2]) Reg. Imp. 329. — [3]) Bd. I, S. 615. — [4]) Reg. Imp. 315, 317—21, 351. — [5]) Bd. I, S. 351 f.

[6]) Auch hierüber hat sich eine Urkunde nicht erhalten. Bischof Gregor wurde indes vom Kaiser bei Verfügungen, die Arezzo betrafen, hinzugezogen (Reg. Imp. 337, 40, 46), woraus Obiges hervorgeht.

[7]) Annal. Aretini Muratori Ss. XXIV col. 859. — Pasqui, Docum. IV. 39. — Über die Vicedomini und die Tosinghi Gesch. v. Flor. I. 341 f.

Arezzo im Widerstreben gegen die Forderungen Wolfgers gemeinsame Sache mit Florenz gemacht hatte.

Vallombrosa und Camaldoli.

Wie der Bischof von Volterra eilten andere toskanische Prälaten aus ihren Bischofspalästen und Klöstern herbei, sich um den neuen Kaiser zu scharen; Benignus von Vallombrosa, dem die Kirche später den Ehrentitel eines Heiligen gewährte, fand sich bei Otto ein, um sehr weltlich die Bestätigung aller Besitzungen der Klöster seiner mächtig und reich gewordenen Kongregation zu erlangen.[1]) Gleich ihm erbat und erhielt der Orden von Camaldoli den erwünschten kaiserlichen Schutzbrief,[2]) und nicht nur die großen klösterlichen Gemeinschaften, sondern auch die einzelnen Abteien, die von den Edlen der Landschaft oft hart bedrängt wurden, flehten um Privilegien, vermittels deren sie meinten, sich besser gegen Übergriffe schützen zu können.[3])

Doch zieht unter den zahlreichen geistlichen und weltlichen Würdenträgern, die den Welfen bei seinem Erscheinen in Toskana umdrängten, niemand unsere Aufmerksamkeit stärker auf sich, als der Bischof Johann von Florenz, der seit 1204 auf dem Stuhle des heiligen Zenobius saß und der fast ein Menschenalter hindurch geistlicher Hirt der Arnostadt gewesen ist. Er war aus Velletri gebürtig, seine Wiege hat mithin nicht weit von jenem Segni gestanden, das die Heimat Innocenz des Dritten war; dieser sandte, sofort als er Papst wurde, den damals noch in geringerer Würde Stehenden zu diplomatischen Verhandlungen nach Florenz[4]) und ließ ihn dort später zum Bischof wählen. Bis zu des Papstes Tode treten fortdauernd die engsten Beziehungen zwischen dem Oberhaupt der allgemeinen und dem der florentiner Kirche hervor, so daß man ihn als päpstlichen Vertrauensmann ansehen kann.[5]) Johann von Velletri ging dem von der Krönung kommenden Kaiser nach Poggibonsi entgegen und er geleitete ihn auf seinem weiteren Umzuge in Toskana.[6]) Noch stand der Herrscher in scheinbar innigem Einvernehmen mit dem Papste, noch galt dieser als sein Schützer und väterlicher Freund; der Bischof wird im Interesse seiner Bürgerschaft die Wünsche des Innocenz, die auf Schonung und milde Behandlung von Florenz abzielten, mit geistlicher Vorsicht und Umsicht geltend gemacht haben, und es muß ihm gelungen sein, den Zorn Ottos zu dämpfen und selbst den des Amtsbruders von Aquileja zu beschwichtigen.

Otto IV. in Florenz 1209. Dezember.

Nach dem Aufenthalt in Lucca und in dem begünstigten Pisa, wo verräterische sizilianische Große ihn zu einem kriegerischen Unternehmen gegen das Königreich angestachelt hatten,[7]) wandte sich der Kaiser nach Florenz. Doch er-

[1]) Winkelmann, Acta I, 41 und dazu der Vermerk p. 44. — [2]) Reg. Imp. 321.

[3]) Die sehr interessante Minuta einer derartigen Petition des Vallombrosanerklosters Coltibuono an den Kaiser befindet sich im Besitz der Erben des Barons Horace Landau in Florenz. Sie ist undatiert und wurde dem Verf. 1890 zur Kopierung überlassen. Über die Vergewaltigungen die Coltibuono durch Edle (der Familie Firidolfi) früher zu erdulden hatte, Bd. I, S. 514 f.

[4]) Bd. I, 620. — [5]) Ebendort 622, 643. Für die Folgezeit s. weiter unten.

[6]) Reg. Imp. 307, 30, 32, 33. Dazu die Erörterung in Nr. 330.

[7]) Forsch. usw. IV, S. 2.

ging kein Strafgericht über die Stadt, die mit dem Banne des Reiches belegt war, ja, der Patriarch, der ihn verhängt hatte, kehrte im Gefolge seines Monarchen friedlich in die Mauern zurück, die er vor fünf Monaten im Zorn verlassen hatte.[1]) Unter den deutschen Herren, die Florenz damals für kurze Zeit beherbergte, befanden sich zwei, Konrad, der Bischof von Speier, der Otto als Kanzler begleitete, und des Kaisers Truchseß, Herr Gunzelin von Wolfenbüttel, mit denen die Bürgerschaft mehr als ein Jahrzehnt später in folgenreichere Konflikte geraten sollte, als jene mit dem Patriarchen aus kölner Geschlechte gewesen waren.

Die Bürgerschaft hatte durch ihre Verweigerung des Treueides einstweilen keinen anderen Gewinn als den einer kurzen Frist erzielt. Aber als man im Sommer lieber den Reichsbann auf sich lud, als daß man sich mit gebundenen Händen dem Willen des Legaten überlieferte, konnte die klare und scharfe Erwägung der Bürger nur diese gewesen sein: entweder das scheinbar so harmonische Verhältnis zwischen Otto und Innocenz blieb bestehen; dann konnte man auf die erfolgreiche Intervention des Papstes mit Vertrauen rechnen. Oder dieses Einvernehmen hielt nicht Stand, dann hatte man an der Kirche einen mächtigen Rückhalt gegen den Beherrscher des Reiches. Nun aber wirkten gar für einen Augenblick beide gegensätzliche Verhältnisse zugunsten der Stadt zusammen; Kaiser Otto hatte das Interesse, dem Papst den Willen zu tun, seinen Wunsch auf Rücknahme des Bannes und mildes Verhalten zu erfüllen, da er Innocenz jetzt nicht zu reizen wünschte. Anderseits trug er sich bereits mit der Absicht, den jungen Friedrich in dessen Gebieten anzugreifen; die von ihm eifrig betriebene Herstellung der Verhältnisse in Toskana hatte zweifellos den Zweck, dieses Unternehmen zu fördern, zu dem Mißtrauen wie Familienhaß ihn bestimmte, und zu dem die Lust am Abenteuer ihn lockte. Sein Umherziehen in dieser Landschaft während zweier Monate konnte dem Herrscher unmöglich Selbstzweck sein; sollte ihm das Michaelkloster in Poggibonsi, San Galgano in der volterraner Maremmengegend, sollte ihm diese Abtei oder jene einzelne Stadt, sollten die Verhältnisse der verschiedenen Großen ihm wirklich an sich so wichtig erschienen sein, um die erste Zeit der Kaiserherrschaft mit der Fürsorge für diese Dinge hinzubringen? In völlig anderem Lichte aber erscheint des Kaisers Verhalten, wenn man dies alles mit seinem großen Plane in Verbindung bringt, mit dem leidenschaftlichen Wunsche, der ihn erfüllte, und an dem er zugrunde gehen sollte, mit seiner Absicht, Friedrich von Staufen in Neapel und Sizilien anzugreifen, den letzten für die Zukunft möglichen Nebenbuhler des Welfenhauses unschädlich zu machen. Ein in der eigenen Brust schlummerndes Verhängnis trieb ihn an, vermeintliche Gefahren in vernichtende Wirklichkeit zu wandeln. Sechs Wochen nachdem er in Florenz gewesen war, schrieb Innocenz III. an den Bischof von Regensburg (und gewiß ebenso an die anderen Bischöfe Deutschlands): „mit Schmerz und Scham berichte er von dem Verhalten des Kaisers, den er erhöht habe"; seine erste Klage bezog sich auf Ottos Vorhaben, „den erlauchten König Friedrich, die

[1]) Forsch. usw. IV, S. 1. „Aufenthalt Ottos IV. in Florenz usw."

Waise, das Mündel" anzugreifen; er erklärte, er habe ihm bei Strafe des Anathems den Krieg gegen das Königreich Sizilien verboten.[1])

Also geht man schwerlich fehl, wenn man das, was Otto einige Wochen zuvor getan und verhandelt hat, mit diesem Plane in engsten Zusammenhang bringt. Die tuszischen Großen, die Ildebrandin, Maghinard, Albert und Guido Guerra mochten ihm als Lehnsleute, auch die Zuzüge der Städte und mehr noch deren Geldzahlungen mochten ihm für sein Unternehmen wichtig sein; aber vor allem kam es ihm auf ein anderes an. Ohne Flotte war sein Kriegsplan unausführbar, und da Genua sich weigerte, sie zu stellen, war Pisa die wichtigste Stütze seines Vorhabens; von dessen Fähigkeit, von dessen Bereitwilligkeit, seinem Landangriff vom Meere her zu sekundieren, hing die Verwirklichung dessen ab, was jetzt seine Seele erfüllte. Pisa aber vermochte sich auf das weitausschauende Kriegsunternehmen nur dann einzulassen, wenn es daheim von Lucca und Florenz keinen Angriff zu fürchten hatte. Die Pisaner selbst werden aus diesem Grunde das Ihre dazu getan haben, den Kaiser zur Milde gegenüber der Nachbarstadt zu stimmen, ja diese als eine notwendige Vorbedingung ihrer Teilnahme an dem Unternehmen gegen das Königreich im Süden geltend zu machen.

Nicht anders als das nachgiebige Lucca oder das gehorsame Siena wurde Florenz behandelt. Der römische Podestà konnte sein Amt bis zu dessen Ablauf am Jahresende weiterführen; für die Folge mußten die Florentiner allerdings auf das Regiment eines auswärtigen Podestàs, das höhere Macht und Bedeutung der Bürgergemeinde zum Ausdruck brachte, verzichten und zur Konsularregierung zurückkehren, weil eben Kaiser Otto der Meinung war, auch in den Städten müsse alles möglichst auf die Zustände und Formen der Vergangenheit zurückgeführt werden, doch hatte Siena im Gegensatz zu Florenz noch vor Jahresablauf den Podestà entlassen und Konsuln einsetzen müssen; Lucca durfte ebenfalls seinem ermordeten Podestà keinen Nachfolger geben, sondern wurde gehalten, Konsuln zu wählen wie in alter Zeit. Pisa und Pistoia allein behielten unter allen tuszischen Städten das Recht, einen Podestà an die Spitze ihres Gemeinwesens zu stellen. Die Podestàwürde galt als dem „lateinischen", dem römischen Rechte entsprechend oder entsprungen, während man das Konsularregiment, und dies ganz der Wirklichkeit gemäß, aus germanischen Wurzeln herleitete. Nur den beiden Städten von einwandsfreier Reichstreue, denselben beiden, denen die Reichsregierung vor 24 Jahren die allen anderen Kommunen Toskanas entzogene Grafschaft belassen hatte, glaubte man jetzt auch das Ehrenvorrecht des Podestà-Amtes gewähren zu können.[2])

Die Jurisdiktion über die Grafschaft aber wurde von Otto auch dem eben noch im Banne des Reiches befindlichen Florenz nicht angetastet; in den städtischen Kurien saßen nach wie vor Richter der Kommune

[1]) Forsch. usw. IV, S. 2. „Der Plan des Kaisers zum Angriff auf das Königreich Neapel-Sizilien."

[2]) Ebendort S. 2. „Verfügungen Ottos für Toskanische Städte usw."

mit oder ohne einen „Konsul der Gerechtigkeit", mit oder ohne „Provisoren"[1] zu Gericht,[2] und sie fällten ihre Entscheidungen nicht nur gegen städtische Persönlichkeiten, sondern auch gegen Bewohner entlegener Orte des Komitates. Wie für Siena scheint Otto für Florenz verordnet zu haben, daß bei Streitgegenständen von über 20 Librae Wert an die Richter des in San Miniato residierenden Kaiserboten zu appellieren sei.[3] Daß das Treugelöbnis jetzt geleistet werden mußte, versteht sich von selbst.[4]

Hatte die Stadt durch ihr Zögern nichts eingebüßt, was sie nicht auch bei größerer Fügsamkeit und willigerem Gehorsam hätte aufgeben müssen, so hatte sie ihre Stellung und ihr Ansehen von neuem unendlich erhöht, nicht nur als eine Kommune, die sich klug aus drohender Gefahr zu befreien wußte, sondern vor allem als die einzige, die sich erkühnt hatte, fremdländischer Macht zu widerstreben, und die den Mut fand, für sich allein zu stehen. Sie hatte einst Heinrich dem Vierten, hatte Lothar und hatte Friedrich Barbarossa Trotz geboten, jetzt hatte sie das Wagnis gegen den Machtboten Ottos erneut; immer aber hatte die Bürgerschaft es verstanden, ohne andern als geringen oder vorübergehenden Schaden aus ihren Kämpfen, aus ihrem Widerstande gegen die Reichsgewalt hervorzugehen.

Eberhard von Lautern, Reichsverwalter Toskanas.

Für jetzt war man natürlich in der Bewegungsfreiheit nach außen gehemmt und die Eroberungslust mußte man zum Schweigen bringen. Denn Florenz war einstweilen gleich den andern Binnenstädten nichts weiter als ein, wenn auch mit Rechten der Autonomie ausgestatteter, Bezirk des Amtssprengels Tuszien, den von der Reichsburg San Miniato her als „Bote des Herrn Kaiser Otto" ein Deutscher aus pfälzischem Geschlecht verwaltete. Eberhard von Lautern,[5] der dieses Amt bekleidete, war kein Neuling im Lande. Vor fast einem Vierteljahrhundert war er zur Zeit Kaiser Friedrich des Ersten Graf des sieneser Komitats gewesen;[6] König Philipp hatte ihn kurz vor seinem Ende als Mitglied einer Gesandtschaft an den Papst geschickt; nun war er für den welfischen Herrscher in allen Treuen tätig, und später wird uns der Wandlungsfähige als Vertreter von dessen siegreichem Feinde begegnen. Fast über

[1]) Vgl. Bd. I, 659 u. 660.

[2]) S. die Urk. v. 1208, 19. Dezember und die weitere von 1210, 25. November. Santini, p. 234, 236.

[3]) Vgl. den Urteilsspruch des pro domino Everardo de Lutri nunptio domini imperatoris 1212, 11. August in Sant' Ellero (am Arno bei Pontasieve) zu Gericht sitzenden Judex. Es handelte sich bei dem Prozeß um 25 Librae nebst Zinsen. Forschungen usw. III. Regest 3.

[4]) Ausdrückliche Erwähnung des (u. a.) von Florenz geleisteten sacramentum fidelitatis in den Versprechungen des Kaisers an die Pisaner vom 3. Juni 1210 (Böhmer, Acta Imp. selecta, ed. Ficker, p 767).

[5]) Zuerst als nuntius domini imperatoris Ottonis erscheint Eberhard in der Urkunde 1209, 27. Dezember. Ficker, Forschungen, IV, 275. Über San Miniato als Sitz der Reichsverwaltung s. S. 5 Anm. 6.

[6]) Forschungen usw. I, 103.

vier Jahrzehnte erstreckte sich, freilich mit starken Zwischenräumen, die Tätigkeit, die der Herr aus dem Hardtgebirge in Tuszien entfaltete.

In Florenz verstand man, sich in die neuen Verhältnisse einzuleben, zumal durch die sich schnell entwickelnden Ereignisse die Last der neuen Ordnung immer weniger fühlbar wurde. In manchem florentiner Bürger- und Adelshause bewahrte man noch im folgenden Jahrhundert, und in einem bewahrt man bis heute ein Privileg, das Kaiser Otto den Vorfahren erteilt hatte. Den drei Söhnen jenes Rainerio Berlinghieri, vermittelst dessen sich aus dem alten Geschlechte der Firidolfi das noch blühende der Ricasoli abzweigte, und der sich in früheren Jahrzehnten als eifriger Parteigänger der Reichsgewalt erwiesen hatte, erneute er die Verleihungen und bestätigte er die Rechte, die Heinrich der Sechste dem Vater gewährt hatte. Wenn nun die Ricasoli zu den Feudalherren des Landgebietes zu zählen sind, so rühmten sich die Tornaquinci (nachmals Tornabuoni), deren Häuser nahe der Kirche San Michele Bertelde und gegen den Mercato Vecchio zu lagen, eines kaiserlichen Gnadenbriefes, der den Söhnen des vormaligen Konsuls Tornaquinci allein das Recht zusicherte, nahe ihrem Besitz bei der spätern (und jetzigen) Kirche Ognissanti im Arno Wehre auf die Länge einer Miglie anzulegen, was sie zu Herren der Wasserkraft des Flusses auf eine weite Strecke vom zweiten Mauerkreise an stromabwärts machte.[1]) Solche Begünstigung eines Bürgergeschlechtes mochte Belohnung für Parteinahme zugunsten der kaiserlichen Sache sein, und es verdient lebhafte Beachtung, daß die Tornaquinci nachmals zu jenen Familien gehörten, die für ihre guelfische Überzeugung ins Exil wandern mußten und deren Türme zerstört wurden.

Von Florenz zog der Kaiser ins Herzogtum Spoleto, von dort nach Umbrien; zu Anfang des Jahres 1210 erschien er von neuem in Toskana; er weilte im Januar wiederum in Siena und von dort muß er, nach Norden ziehend, auch Florenz berührt haben. Er weilte kurz in Prato und in Pistoia, dann in dem seit jetzt 6½ Jahrhunderten vom Erdboden verschwundenen San Genesio zwischen dem Arno und dem Berge, der die Reichsburg San Miniato trug, und als er von hier über den Apennin nach der Romagna zog, muß ihn sein Weg nochmals über Florenz geführt haben.[2]) Seine Tätigkeit, seine Züge kreuz und quer durch Mittelitalien galten überall der Herstellung der Reichsgewalt und der Vorbereitung des Angriffs auf Neapel und Sizilien.[3]) Von der Romagna zog Otto über Bologna nach der Lombardei und bis Turin, hauptsächlich in der Absicht, die ganze Halbinsel gegen das südliche Königreich in Bewegung zu bringen. Seine Pläne waren längst kein Geheimnis mehr. In Vercelli, wo er auf dem Zuge nach Turin in den ersten

---

[1]) Forsch. usw. IV, S. 4 „Privilegien Ottos IV. für Florentiner Familien."

[2]) Ebendort S. 1 „Aufenthalt Ottos IV. in Florenz und dessen Gebiet."

[3]) Über in dieser Zeit geführte Verhandlungen mit Großen Apuliens: Reg. Imp. 341a u. 349. Hierbei stand Diepold von Acerra im Vordergrunde, doch ist auf diese Verhandlungen natürlich hier nicht näher einzugehen.

Junitagen weilte, gab er drei Gesandten Pisas feierliche Versprechungen, die er durch seine Großen beschwören ließ, und empfing das Gegengelöbnis der Pisaner, deren Erzbischof sich kurz zuvor einige Wochen beim Kaiser aufgehalten hatte und ihm bei seinem Umzuge durch die Lombardei gefolgt war.[1]) In Ottos erstem Privileg für Pisa[2]) war weislich von Sizilien und dem neapolitanischen Königreich geschwiegen worden, da damals, kurz nach der Krönung, seine Absichten noch nicht zu Tage treten durften. Jetzt verlieh er der Stadt alles, was frühere Kaiser ihr auf den Inseln zugesagt, verhieß den Kaufleuten aus Pisa freien Verkehr in allen jenen südlichen Landschaften, die er nicht besaß, die er aber, mit Hülfe der pisaner Flotte, „dem sogenannten König von Sizilien", wie er sich in dem Eide an die Pisaner auszudrücken beliebte, zu entreißen gedachte.[3]) Wie gegen Friedrich, so zielte das Bündnis des Kaisers mit der toskanischen Seestadt auch gegen deren feindliche Nachbarin am ligurischen Golf. Die Genuesen hatten sich trotz großer und lockender Versprechungen geweigert, Otto bei seinem Vorhaben Hilfe zu leisten; sie beriefen sich darauf, daß sie mit Sizilien Frieden hätten; stärker fiel die Furcht vor dem päpstlichen Anathem ins Gewicht, am stärksten ihr sehr berechtigtes Mißtrauen gegen Ottos Unternehmen und dessen Aussichten.[4]) Die Pisaner konnten dem Kaiser deshalb für ihre Hilfe um so höhere Bedingungen stellen, und ihren Interessen kam sein Zorn wegen der Weigerung Genuas entgegen. Er hatte geglaubt, zwischen den Rivalen Frieden stiften und beide für seine Pläne benutzen zu können; Mitte April in Piacenza weilend, hatte er von dort den hadernden Kommunen einen $2^1/_2$jährigen Waffenstillstand vorgeschrieben. Unter dem Vorwande der Friedensverhandlung, in Wirklichkeit um Geiseln von beiden in Händen zu haben, hatte er sich von Pisa die genueser, von Genua die pisaner Kriegsgefangenen ausliefern lassen; die Pisaner hatte er in Alessandria in Haft gegeben, die Genuesen aber in die Kerker der Reichs-

Kaiser Ottos Abkommen mit Pisa.

---

[1]) Am 24. April 1210 hatte Erzbischof Lothar von Pisa beim Kaiser in Pavia geweilt. (Zeuge in der Urk. für Treviglio; Arch. Stor. Ital., Ser. V, Vol. 30. p. 31. — Mangelhafter Auszug mit verdrucktem Datum, 24. Oktober, Reg. Imp. 385.) Es liegt nahe, seine Anwesenheit mit den Verhandlungen zwischen dem Kaiser und den Pisanern in Zusammenhang zu bringen, so auffallend dies gegenüber der Haltung des Papstes auch erscheinen muß. Der Erzbischof hatte Otto von Piacenza (Reg. Imp. 380, 81) über Mailand (384) nach Pavia geleitet; er folgte ihm dann nach Lodi (391, 93–95). Am 2. Mai ist er dort zuletzt am Hof des Kaisers nachweisbar.

[2]) S. oben S. 5 Anm. 4.

[3]) Es ist hier nicht zu erörtern, wie sich die Pisaner in der Zeit von Friedrichs Unmündigkeit in Sizilien festgesetzt hatten. Doch sei, was bisher nicht gewürdigt ist, darauf hingewiesen, daß sie ihre Usurpationen auf die Verleihungen Heinrich des Sechsten von 1191 (Gesch. v. Flor. I, S. 596) sowie auf die älteren Friedrichs I von 1162 (Ebend. S. 478 f.) stützen, sie vermittelst dieser Privilegien für legitime Besitzergreifungen erklären konnten.

[4]) Ogerii Panis Annales, M. G. Ss. XVIII. 130, zu 1210 u. 1211; Marchisii Scribae Annales, Ibid. p. 147, rückschauend, zum Jahr 1221.

burgen von San Miniato und Fucecchio gesandt. Als nun Genua seinem Willen widerstand, da geschah es „durch Christi Mitleid und die Macht des Herrn", wie sich ein zeitgenössischer genuesischer Chronist ironisch ausdrückt, daß fast alle Pisaner aus der milden Haft entweichen konnten; ein anderer sagt mit dürren Worten, der Kaiser habe die pisaner Gefangenen freigelassen, während er die Genuesen hart eingekerkert hielt.[1])

Weiter gelobte der Kaiser jenen Gesandten Pisas, dafür zu sorgen, daß bis zum 1. November Genua den Feinden das feste San Bonifazio in Sardinien ausliefern werde, andernfalls er den Reichsbann über die ligurische Stadt verhängen wolle. Er verpflichtete sich ferner, daß er in solchem Falle den Großen und Städten der Lombardei, daß er den an der Riviera mächtigen Markgrafen und dem Bischof von Luni, daß er Lucca, Pistoia und Florenz, ihnen allen bei dem geleisteten Eide der Treue, aufgeben werde, Genua und alle Bewohner des genuesischen Küstengebietes für gebannt zu halten und keinen Handel mit ihnen zu treiben. Die verhaßte Grenzfeste Genuas am Meer, Portovenere, sollte an Pisa ausgeliefert oder zerstört werden; der Kaiser sollte die Edlen der Versilia und der Garfagnana, den Bischof und die Stadt Volterra anhalten, für Pisa um Portovenere zu kämpfen, ja er selbst verpflichtete sich, nach seiner Rückkehr vom sizilischen Kriegszug, Portovenere zu belagern und das gleiche zu tun, wenn die Expedition gegen Friedrich nicht zustande käme. Für all dies hatte Pisa ihm eine Flotte von 40 Galeeren auf Kosten der Stadt zu stellen und alle anderen Galeeren, soweit als möglich alle Schiffe der Pisaner überhaupt, ihm zu seinem Zuge gegen Entgelt zur Verfügung zu halten.[2])

Otto kehrte im Sommer nach Toskana zurück, weilte im pisaner Gebiet, wo die Fragen der Flottenausrüstung ihn festgehalten haben werden, zog ins Südsienesische, wo er einen Teil des August in der frischeren Luft des Montamiata zubrachte, und hielt sich zuvor auch in Sarteano[3]) auf, dessen Herren in den sizilischen Händeln seit Jahren eine abenteuernde Rolle zu spielen pflegten, die aber jetzt für den Kaiser in der Nähe ihrer Heimat gekämpft haben werden. Denn die Dinge hatten einen schnellen Verlauf genommen. Der vormalige päpstliche Schützer erschien Otto jetzt, da er sich seinen Plänen gegen Sizilien so ernst widersetzte, und da er sich weigerte, zurückgeforderte, dem Reich gehörige Gebiete herauszugeben, als verhaßter Feind. Von den südtoskanischen Gegenden unternahm der Welfe Anfang September einen Einfall in jenen Teil des Kirchenstaates, der in der feierlichen Amtssprache der Kurie „das Patrimonium Sankt Petri in Tuszien" genannt wurde. Das hoch gelegene Monte-

[1]) Ogerii Ann., l. c., p. 129. — Marchisii Ann., l. c.

[2]) Vercelli 1210, 3. Juni (Böhmer, Acta Imp. selecta. ed. Ficker p. 767).

[3]) Otto in Sarteano in einer Zeit, aus der man über seinen Aufenthalt sonst nicht unterrichtet ist. Forsch. usw. IV, S. 4. „Privilegien für Florentiner Familien". Tankred und Remboctus von Sarteano beim Kaiser 16. u. 27. August. Reg. Imp. 430 u. 435. Tankred allein beim Kaiser 14. Okt. 1211 (Nr. 449).

fiascone wurde erobert, doch das ausgedehnte und feste Viterbo widerstand der Belagerung. Man versuchte noch einmal, durch Verhandlungen den Kaiser mit dem überhitzten Temperament und den Papst mit dem klaren und stahlfesten Willen zu versöhnen, doch der Versuch hatte den Mißerfolg, den er haben mußte. Anfang November drang Otto durch die Abruzzen ins neapolitanische Königreich ein, und am achtzehnten des Monats schleuderte Innocenz gegen den im vorigen Jahr von ihm Gekrönten als gegen einen Rebellen und Eidvergessenen den Bannfluch. Mit dem Kaiser wurden, wie gebräuchlich, alle, die ihm Rat und Hilfe erteilten, somit zumal seine Beamten — unter ihnen selbstverständlich in erster Reihe der Kaiserbote Eberhard von Lautern, der jetzt als „Präses von Tuszien" bezeichnet wurde — mit dem päpstlichen Anathem belegt, das ebenso über jeden verhängt wurde, der an den Feindseligkeiten gegen Friedrich von Sizilien teilnähme. Die Treueide, die dem Herrscher geschworen waren, erklärte der Papst aus apostolischer Machtvollkommenheit für gelöst, und es versteht sich, daß hierdurch ein allgemeiner Zustand der Rechtsunsicherheit und der Verwirrung hervorgerufen wurde, in dem Treu und Glauben nichts, der Vorteil aber alles galt.[1] So arg in jeder Hinsicht die Wirren sich gestalteten, in die Italien durch den Hader zwischen dem Kaiser, dem Papst und dem jungen König Siziliens gestürzt wurde, ihre übelste Seite war doch die Erschütterung aller Rechtsauffassungen und aller Gewissen, da man sah, wie dem Haß gegen die Staufer und der Begünstigung des Welfen Begünstigung des staufischen Sprossen und Verdammung des Welfen folgte, wie man gestern zu Treueiden veranlaßt und heute feierlich zu ihrem Bruch aufgefordert wurde, wie die Autoritäten, die als die höchsten und unwandelbaren gelten wollten, die Wandelbarkeit der Gesinnungen und ihre allzumenschliche Schwäche so deutlich offenbarten. Bannung des Kaisers.

Dennoch erscheint Innocenz in diesem Kampf nicht nur als der geistig unendlich Bedeutendere, er wußte vor der Welt auch als der moralisch Überlegene aufzutreten, indem er die Sache eines fürstlichen Knaben zu der seinen machte. Daß dem Römischen Interesse auch ein lockiges Jünglingshaupt zum Opfer fallen könne, sollte sechzig Jahre später der Enkel des jetzigen päpstlichen Mündels erfahren; jetzt aber lag der Schutz des jungen Friedrich im Interesse der Kirche, denn sie wollte die Lehnshoheit Siziliens in festen Händen halten und die Vereinigung des südlichen Königreichs mit dem Reiche vermeiden, die das Papsttum zu politischer Machtlosigkeit verurteilt hätte. Otto hatte Willfährigkeit in diesem Punkte beschworen und dennoch griff er Friedrich in seinen Landen an; der Papst konnte vorgeben, Schützer heiliger Rechte zu sein, als er den Welfen als Räuber an fremdem Gute brandmarkte und verfluchte. Auch die Rückforderung des von der Kirche usurpierten Reichsgutes hätte zum Konflikt geführt, aber Innocenz stellte klug Ottos Vorgehen gegen Sizilien und sein eigenes Mitleid mit der königlichen Waise aus dem Staufergeschlecht in den Vordergrund.

---

[1]) Forsch. usw. IV, S. 4 f. „Exkommunikation des Kaisers und seiner Beamten."

2*

Die Haltung der Kommunen.

Die großen Geberden und die hohen Worte pflegen in der Nähe weniger zu wirken, als in der Ferne. Aus Deutschland sollte das Unheil über Otto hereinbrechen, während man in Italien wenig geneigt war, dem Papst und dem machtlosen Friedrich zuliebe die Rache des nahen Kaisers auf sich zu laden. Trotz des päpstlichen Verbotes und Bannfluches haben gleich den Kommunen der Lombardei die toskanischen, dem geleisteten Treueide gemäß, dem welfischen Herrscher ihre Lehnspflicht geleistet, ihre Zuzüge zur Expedition nach Apulien gestellt, wo die Ritter und die Fußmannschaft der Städte gemeinsam mit den Scharen kämpften, die Otto von tuszischen Grafen und Großen zugeführt wurden.[1]) Die Flotte der Pisaner operierte gleichzeitig gegen die Inseln bei Neapel, erschien auch vor der Stadt selbst, ohne daß übrigens sonderlich Ruhmwürdiges unter der Doppelflagge des Reiches und der Seestadt am Arno ausgerichtet wurde.[2])

Der Apulische Krieg.

Wir haben nicht die Aufgabe, dem Kaiser bei seinen Märschen und Belagerungen im südlichen Königreich zu folgen. Ein Jahr dauerte das an Erfolgen der Waffen reiche Unternehmen; im November 1211 aber brach Otto den unbesonnen begonnenen, bis dahin glücklich verlaufenen Krieg plötzlich ab und in schnellen Märschen erreichte er wiederum Toskana. Jetzt aber galt es nicht mehr, einen Angriff vorzubereiten, sondern dafür zu sorgen, daß seine eigene Herrschaft den nahenden schweren Sturm zu bestehen vermöge; nicht mehr nach Süden und nicht mehr auf Eroberung war sein Sinn gerichtet, sondern nach Norden und auf die eigene Verteidigung. Der Politiker auf dem Stuhle des Apostels hielt, wie andere Staatsmänner auch, jedes Mittel für ein erlaubtes, das ein erfolgverheißendes war; er hatte, sobald er einsehen mußte, wohin Ottos Pläne zielten, in Deutschland die Fäden zum Netz geknüpft, das den vormals Begünstigten verderben sollte. Schon zu Anfang des Jahres 1210[3]) hatte er die Minierarbeit jenseits der Alpen begonnen und König Philipp August hatte im Interesse der französischen Politik, die willige Anhänger unter den deutschen Fürsten fand, die päpstlichen Bestrebungen klug und skrupellos unterstützt. Otto sah sich im eigenen Vaterlande und er sah somit die Grundlagen seiner Macht bedroht. Noch während er im Norden des Königreiches Neapel erfolgreich kämpfte, hatte der Papst am Gründonnerstage des Jahres 1211 den im Herbst verhängten Bannfluch mit großer Feierlichkeit in der Kirche des Lateran wiederholt, und seine Boten trugen Briefe über die Alpen, daß die Deutschen an den Altären und von den Kanzeln aufzufordern

[1]) Forsch. usw. IV, S. 2. Verfügungen Ottos für toskanische Städte und deren Zuzug zum Apulischen Feldzuge.

[2]) Über Aufstellung der 40 Galeeren der Pisaner bei Procida: Breviarium Pisanae Historiae v. 1371, bei Murat. Ss. VI, col. 191 irrig zu 1210 Pisaner Stiles, also 1209. — Ferner über ergebnislose Heimkehr der Pisaner Flotte: Ogerii Panis Annal. M. G. Ss. XVIII, 130.

[3]) Vgl. Anm. 1 S. 2 Schreiben des Papstes an den Bischof von Regensburg vom 18. Januar 1210. — Vgl. Hampe, Beiträge zur Gesch. Kaiser Friedrichs II., Histor. Vierteljahrsschrift, IV (1901), S. 192.

seien, dem Herrscher den Gehorsam zu versagen, da er selbst dem Vertreter Gottes den Gehorsam weigere. Nur bei eigenem kraftvollem Eingreifen konnte Otto noch hoffen, den allgemeinen Abfall zu hemmen, aber er mußte versuchen, auch Italien nicht in Rebellion hinter sich, nicht den Papst als Herrn der Lage zurückzulassen. Als ein besiegter Sieger kehrte er ohnehin aus dem Süden heim; fiel auch die Macht, die er bis an die Grenze des Kirchenstaates ohne Schwertstreich aufgerichtet, hinter ihm zusammen, so entschwand dem Heimziehenden alle Autorität und das kaiserliche Diadem erschien nicht nur als eine Dornenkrone, die es war, sondern es wurde zum Spott seiner Völker. Es war ein Zögern gebotener Klugheit, wenn er sich einige Zeit in Toskana aufhielt, wenn er dann einen Teil der Romagna und der Lombardei durchzog, um diese Landschaften, so fest es unter den üblen Umständen angehen mochte, an sein Interesse zu knüpfen.

Jetzt belohnte es sich, daß er vor zwei Jahren in den Tagen seines Krönungsglanzes nicht mit arger Strenge und Rücksichtslosigkeit verfahren war. Der allgemeine Umschwung und Abfall ist nicht eingetreten, den Innocenz erwartet hatte, als er alle, die sich nicht von dem Gebannten zurückzögen, mit dem Kirchenfluche bedrohte.

Nach Pisa wandte sich Otto zuerst. Die glänzenden, von ihm der Stadt für den Fall eines Sieges über König Friedrich gewährten Verheißungen waren in nichts zerronnen. Innocenz hatte, während die Pisaner Otto zur See Hilfe leisteten, vergeblich von ihnen verlangt, sie sollten sich von dem Verfluchten lösen; er versuchte sie alsbald durch ihre sardinischen Interessen seinem Willen gefügig zu machen. Johann von Velletri, der florentiner Bischof, des Papstes Vertrauensmann, sollte gegen sie wegen Sardiniens vorgehen, wenn sie nicht gehorchten. Die Pisaner hatten Wilhelm, den Markgrafen von Massa, den Schwiegersohn des Grafen Guido Guerra, der sich als Lehnsmann der Kirche in Sardinien als „Judex“ von Cagliari ein Kleinfürstentum erworben hatte, vor ihr Gericht gefordert und versucht, ihn in Abhängigkeit zu bringen. Geschickt verquickte der Papst die beiden Angelegenheiten und indem er den Bischof von Florenz hineinmischte, deutete er den Pisanern wohl die Möglichkeit an, diese Kommune gegen sie in Bewegung zu bringen.[1])

Bei der pisaner Bürgerschaft blieb indes des Papstes Drohen ohne Wirkung; sie suchte ihr Heil jetzt und noch auf Menschenalter hinaus vorwiegend im Anschluß an die Reichsmacht. Mehrere Wochen verlebte der Kaiser in ihrer Mitte und der Papst hat deshalb all ihre Privilegien für ungültig, den Primat des Erzbischofes über Sardinien für erloschen erklärt;[2]) die Pisaner haben dieses Unwetter päpstlichen Zornes vorüberziehen lassen und nur ihr geistliches Oberhaupt hat sich alsbald in irgend einer Form dem Papst löblich unterworfen.

[1]) Die päpstlichen Schreiben: an Pisa 1210, 22. Dezember, Migne, Epp. Innoc.; III., col. 360; 1211, 3. September, an den Judex von Torri, an die Erzbischöfe von Torri und Arborea.

[2]) Forsch. usw. IV, S. 5. „Die Exkommunikation des Kaisers u. seiner Beamten.“

Von Pisa nahm der gebannte Welfe seinen Weg wieder nach jenem Borgo San Genesio, wo er Anordnungen für die Verwaltung Tusziens getroffen haben wird, deren Zentralsitz sich auf der Reichsburg über dem Orte befand. Sein Bestreben war, durch Belohnungen und Verleihungen spoletanische, umbrische, pisaner, sieneser und wohl noch viele andere Große und Bürger an sein Interesse zu fesseln,[1]) damit seine Macht bis zu jener Zukunft gesichert erscheine, in der er hoffen mochte, als Sieger und Überwinder nach Italien zurückzukehren. Er weilte in Prato, und hier versammelten sich noch einmal die tuszischen Feudalherren um ihn, Graf Ildebrandino, Graf Guido Guerra, Guido Cacciaconti der Scialenga-Graf, und andere. Von neuem wird er ihr Versprechen empfangen haben, ihm Treue zu halten, und sie wahrten sie ihm solange der Vorteil die Gefahr überwog. An den Grafen Guido Guerra richtete Innocenz scharf tadelnde Schreiben, in denen er das allzu vergnügungsreiche Treiben des lebenslustigen, ziemlich bejahrten Herrn rügte; vordem scheinen diese Dinge, die gewiß nicht gerade im Alter zuerst bemerkbar wurden, allerdings nachsichtigere Beurteilung gefunden zu haben. Der gräfliche Schwiegersohn des florentiner Bürgers war eine der volkstümlichsten Persönlichkeiten Italiens; noch viele Jahre nach seinem Ende erzählte man weit und breit von den nicht immer sehr zarten Schwänken, die er getrieben, von den Witzworten, wegen deren er berühmt war; Guido Guerra galt in dieser Hinsicht als ein echter Florentiner. Einige Zeit hindurch hat er, gestützt auf seine Popularität, auf seinen guten Degen und die Schwerter seiner Vasallen, der päpstlichen Weisung getrotzt.[2])

Rückkehr des Kaisers nach Deutschland.

Wenig wirkten des Papstes Bannflüche südlich, wenig seine Mahnungen und Drohungen nördlich des Apennin. An Bologna, wohin sich Otto von Prato auf dem Umwege über Imola[3]) wandte, hatte Innocenz vor sieben Monaten das dringende Verlangen gerichtet, die Stadt möge von Otto lassen, und er hatte für den Fall der Weigerung das Interdikt in Aussicht gestellt, doch auch Bologna empfing den Gebannten nicht nur als Kaiser, sondern es wahrte ihm auch nach seinem Fortgang die Treue, vorwiegend freilich aus Feindschaft gegen den Markgrafen Azzo von Este, der auf der Seite von Ottos Gegnern stand.[4]) So wichtige Städte wie Parma, Piacenza, Lodi und vor allem das mächtige Mailand hielten die Partei des nach Norden ziehenden Welfen, doch wurden gerade wegen der Haltung der lombardischen Metropole all deren zahlreiche Gegner auch zu seinen Feinden. War die Lombardei geteilt, so hielt Toskana hingegen einhellig, dem Willen und Befehl des Innocenz widerstrebend, zu Otto und dies trotz der Verwickelungen, die sofort ausbrachen, als der Träger der erschütterten Autorität des Reiches über die Alpen neuen Kämpfen entgegengezogen war.

[1]) Reg. Imp. 454–57.

[2]) Forsch. usw. IV, S. 5. „Innocenz III. und Graf Guido Guerra."

[3]) In Bologna 1212, 7. Januar. Reg. Imp. 459. Das Itinerar von San Genesio (1211, 22 Dezember), über Prato (28. Dezember) u. Imola dorthin Reg. Imp. 454–58. — [4]) Sigonii Hist. Bononiens., Lib. IV, p. 215.

Der Hader zwischen Papst und Kaiser riß Italien in seine Strudel; Parteiungen, die aus ihm erwuchsen, haben durch die Jahrhunderte fortgewirkt, haben die Straßen seiner Städte mit Blut getränkt und mit Trümmern bedeckt, seine Äcker und Weinberge verwüstet, die Familien gespalten, haben Blutrache und Mord zu alltäglichen Ereignissen werden lassen. Nicht für den Ausbruch des Zwistes wird der Geschichtschreiber Innocenz den Dritten verantwortlich machen dürfen, doch für seine folgenreichen Wirkungen wird er ihm die Schuld zuschreiben müssen, für die Entfesselung des Hasses, der durch viele Menschenalter fortglomm, und den seine Nachfolger im Interesse ihrer Politik Dezennien hindurch stets wieder zu neuen wilden Ausbrüchen entflammt haben.

Denn an der Verteidigung seines Mündels fand das Oberhaupt der Kirche kein Genüge; zu tief war sein Haß gegen den Welfen, den undankbaren, unlenksamen Schützling, als daß er sich dabei beruhigt hätte, daß der Angriff gegen das Königreich aufgegeben war. Sollte der Papst es dulden, daß Otto in Deutschland seine Feinde niederschlug, des Bannes spottete und vielleicht in einigen Jahren mit neuer Macht nach Italien hinabstieg, die Kaiserherrschaft dort wieder aufrichtete, ihm zum Trotze und zur Gefahr? Selbst das Äußerste schien nicht zu gewagt, um die Möglichkeit solcher Demütigung abzuwenden. Wenig galt jetzt der Wunsch, Neapel, Sizilien und das Reich nicht in einer Hand vereint, Rom nicht von derselben Macht von Nord und von Süd umschlossen zu sehen. Mochte sich die Zukunft dieser Sorge entledigen; wenn Otto je zur vollen Macht gelangte, wurde die Eroberung des Südens, wurde diese Gefahr doch eine Wirklichkeit. Der Jüngling von Sizilien, der der Kirche so hoch verpflichtet war, des Papstes Mündel würde gewiß die Undankbarkeit Ottos nicht nachahmen, sondern einst die römische Treue und Liebe mit Liebe und Treue vergelten. Zwar hat er jetzt dem Vormund, der in so zarter Neigung an ihm hängt, während sonst freilich nie ein Papst einen Staufer geliebt hat, keine Pfänder mehr zu geben, da er ihm schon für die bisherige Hilfe alles Verpfändbare hat überantworten müssen, aber wird das Geschick Ottos ihn nicht von jedem Treubruch zurückhalten und abschrecken? Friedrich hat erst kürzlich seine siebzehn Jahre vollendet, doch die Deutschen sind halbe Barbaren, rauhe und zugleich etwas kindische Menschen, die sich vielleicht gerade für einen halben Knaben begeistern lassen, denn bei diesem Volk spricht die Empfindung oft lauter als die kühle politische Überlegung. Auch liebt man jenseits der Berge das Andenken jenes Barbarossa, der, der Kirche ein Greuel, den Deutschen Ehre gebracht und Furcht vor ihrem Schwert erregt hat. Die Kirche versteht mit dem Unwägbaren, dem Unmeßbaren zu rechnen; sie ist Meisterin in Erzeugung und richtiger Verwertung politischer Stimmungen; selbst aus dem Nachruhm eines verhaßten Feindes weiß sie Nutzen zu ziehen.

Der Papst setzte den jungen Sprossen des Staufengeschlechts, den eben von Otto bedrängten, gegen den Kaiser in Bewegung. Im Februar war der Welfe über die Alpen zurückgekehrt, im März machte sich Friedrich aus seinem Königreich auf, um nach Rom zu gehen und von dort trat er im April, mit des Papstes Ermahnungen und Weisungen versehen, die schicksalsschwangere Fahrt nach Norden

Friedrich von Sizilien geht nach Deutschland.

an. Genua, wohin er zur See gelangte, nahm ihn aus Feindschaft gegen Otto und gegen Pisa mit Hingebung auf; die Lombardei durchziehend, fand er ehrenvollen Empfang in den Städten, die in Feindschaft gegen das dem Welfen treue, vom Papst gebannte Mailand standen. Im Herbst begrüßte Südwestdeutschland den Sprossen des Staufergeschlechtes, und so gut hatten dem Gegner des Welfen der Papst, der französische König und das eigene Interesse der

Seine Königswahl in Frankfurt.

Großen vorgearbeitet, daß eine Fürstenversammlung in Frankfurt ihn am 5. Dezember 1212 zum König der Römer wählte und der Erzbischof von Mainz ihm vier Tage später im Dome seiner rheinischen Stadt die Krone aufs Haupt setzen konnte. Drei Jahre und zwei Monate waren verflossen, seit im weihraucherfüllten Sankt Peter der Papst den Braunschweiger zum Kaiser eingesegnet hatte; acht Jahre aber sollten vergehen, ehe ein anderer Papst dem jungen Friedrich dieselbe Weihe erteilte, die ihm zum Fluche werden sollte, gleich dem Welfen. In diesen acht Jahren haben die Kämpfe um die Reichsgewalt in Italien einen lauten Widerhall gefunden; sie haben die Feindschaft der Städte untereinander und den inneren Zwist der Bürgerschaften nicht erzeugt, aber sie gaben der einen wie dem anderen ihre Färbung, und gar in Florenz hat das unseligste Parteiwesen von ihnen den Namen und die bleibende Richtung empfangen.

Zunächst freilich tauchte nach Ottos Abzug nur die alte Neigung zum Hader um Gebietsstücke, um Unabhängigkeit eines Ortes von einem andern, oder der Städte von ihren Bischof-Grafen wieder auf.

Krieg zwischen Bologna und Pistoia

Die erste grimmige Fehde entstand in Toskana zwischen Bologna und Pistoia und sie sollte jahrelang währen. Bologna versuchte, sich des gegen sein Gebiet hin belegenen Teiles des pistoieser Apennins zu bemächtigen. Prato, von jeher geneigt, sich von Pistoia freizumachen, zu dessen Bistum und zu dessen Grafschaft die dicht bei Florenz gelegene Stadt gehörte, focht auf seiten Bolognas. Weit nach der Lombardei und der Romagna griffen diese Kämpfe hinüber; während Parma und Modena sich weigerten, gegen Pistoia Zuzug zu leisten, nahmen Reggio und aus der Romagna Faenza und Imola auf Bolognas Seite an dem Apenninenkriege teil, und von den Grafen des florentiner Gebietes focht Guido Guerra wider die Stadt, gegen die ihm einige Jahre zuvor die Florentiner im Kampf wegen seiner Burg Montemurlo erfolgreichen Beistand geleistet hatten. Obwohl zwei Florentiner, Gerardo Caponsacco, der 1193 Podestà der eigenen Stadt, und Catalano della Tosa, der vor drei Jahren Podestà Arezzos gewesen war, beim Ausbruch des Kampfes an der Spitze der Bürgerschaft Bolognas standen, hat Florenz klüglich nicht in den langwierigen Krieg eingegriffen; es mochte sich auf seinen 1207 geschlossenen Frieden mit Pistoia berufen.

Im September 1212 fand ein Kampf bei dem Apenninenort Sambuca statt, aber wir erfahren nicht mit Gewißheit, wer den Sieg davontrug; man einigte sich endlich dahin, daß der Erzbischof Lothar von Pisa den Streit der Städte als Schiedsrichter schlichten sollte, doch dieser Versuch friedlicher Regelung scheiterte gleich manchem andern der folgenden Jahre, und der Hader der durch das Gebirge getrennten Städte dauerte fort. Die Schwächung der pistoieser

Nachbarn, die sein Ergebnis sein mußte, war den ruhig zusehenden Florentinern ein sicherer Gewinn;[1]) sie griff aber um so tiefer, als sich in Pistoia zu den äußern Kämpfen der Hader im Innern gesellte. Zwischen der Kommune und dem Bischof Soffred brachen Konflikte aus, die sich gleich dem bologneser Krieg Jahr auf Jahr unter unendlichen Wechselfällen hinzogen, solange der streitbare Kardinal von Santa Prassede lebte. Die Kommune hatte sich bald, nachdem der Kaiser jenseits der Alpen verschwunden war, eines Teiles der Burgen bemächtigt, die Otto ihm eben bestätigt hatte, und Soffred suchte sein Recht mit Hartnäckigkeit gegen die ihn schädigenden Übergriffe der Bürgerschaft zu verteidigen. Der Papst beauftragte den Bischof Johann von Florenz nebst dem vallombrosaner Abt von Santa Trinita mit der Entscheidung des Streites, wodurch, wie die Dinge in diesen Zeiten lagen, Florenz, oder doch einflußreichen florentiner Persönlichkeiten, zur Einmischung in die inneren pistoieser Händel ein Recht und eine Handhabe gewährt wurde.[2])

Von Kämpfen geringerer Bedeutung, in denen Pisa gegen Lucca stand, in denen auf pisaner Seite angeblich auch die Florentiner, die Pistoiesen und Graf Guido Guerra stritten, wird uns aus dem Jahre 1213 verworrene Kunde überliefert; sie wären angeblich aus Feindseligkeiten zwischen dem Markgrafen Wilhelm von Massa, der, wie erwähnt, zugleich einer der Sardinischen Teilherrscher war, und gewissen Großen der Versilia, der Berglandschaft zwischen Pisa und Spezia, hervorgegangen; ihr Schauplatz sei die Meeresküste jener Gegend gewesen.[3]) Kämpfe zwischen Lucca und Pisa 1213.

Ernster und nachhaltiger war die Fehde, von der Volterra und dessen Landschaft erfüllt war, da sie nicht aus dem Zufallsinteresse und der Gelegenheits-Feindschaft etwelcher Großen entsprang, sondern auf tieferen Gegensätzen beruhte, die viele Jahrzehnte hindurch um ihren Austrag rangen. Bischof Hildebrand Pannocchieschi, der allzeit Wandlungsfähige, war im Dezember 1211 gestorben und ihm war sein Neffe Paganus gefolgt.[4]) Schon seit etwa 1205 hatte Hildebrand mit der Kommune Volterra in blutigem Hader gelegen. Mochte auch der Kaiser die Grafenrechte der Bischöfe erneuert haben, die längst zu Macht und Bedeutung erstarkte Bürgerschaft suchte ihnen die weltliche Herr- Kämpfe im Volterranischen.

[1]) Forsch. usw. IV, S. 7. „Kämpfe Bolognas gegen Pistoia."

[2]) Diese Angelegenheiten sind später noch mehrfach zu erwähnen. Die Ernennung des Florentiner Bischofs und des Abtes zum Richter des Streites erfolgte durch Breve Innocenz' III. von 1215, 13. Febr. Potth. 4951. — Original SAF. — Pistoia.

[3]) Sercambi, p. 15, zu 1213. Aber nach dieser Meldung soll Pisa für den Markgrafen und Judex gekämpft haben, was nicht möglich ist, da die Kommune dem vom Papst beschützten feindlich gegenüberstand. S. S. 21 Anm. 1.

[4]) Paganus war nicht aus dem Hause der Sieneser Ardenghesca-Grafen, wie Gams, Series Episcoporum und nach ihm Eubel, Hierarchia angibt. Seine Brüder, aus dem Hause der Pannocchieschi, nennt die Urkunde von 1213, ind. 1, Ammirato Vescovi di Fiesole, Volterra etc., p. 117. (Orig. Bischöfl. Archiv Volterra; Sec. XIII, decade 2, No. 13.) Vgl. jetzt Fedor Schneider in „Bistum und Geldwirtschaft. Zur Gesch. Volterras in M.-A." in Quell. und Forsch. aus Ital. Archiven VIII, 87.

schaft über die Stadt zu entreißen und daneben sich vieler Kastelle, deren das Bistum insgesamt 91 besaß, und seiner wichtigen Rechte auf die ertragreichen Salzwerke des volterraner Gebietes zu bemächtigen. Die Volterraner drangen in den Bischofspalast und bedrohten Paganus in wildem Tumult mit dem Tode. Wegen ihrer Gewaltsamkeiten verfielen sie der bischöflichen und der päpstlichen Exkommunikation, doch erwiesen sich die geistlichen Machtmittel auch hier als unwirksam; selbst das Domkapitel, das seinerseits mit dem Bischof wegen eines Anteils am Erträgnis der wertvollen Silberminen von Montieri in der volterraner Maremme im Hader lag, stellte sich auf die Seite seiner Gegner,[1]) während Paganus bei seinen Brüdern und bei San Gimignano Schutz fand, das ihn gleich Volterra als Herrn und Grafen anzuerkennen hatte, und es jetzt einmal vorteilhaft fand, dies wirklich zu tun. In den wilden Kämpfen trat seit dem Juli 1214 eine kurze Pause ein, da Paganus und die Kommune sich dahin einigten, den Bischof Martin von Arezzo und den Propst des dortigen Kapitels zu Schiedsrichtern ihrer Streitigkeiten zu ernennen;[2]) doch brach der Zwist, als der aretiner Bischof zugunsten seines Amtsbruders entschieden hatte, wieder mit verstärkter Gewalt aus. Die Kommune Volterra trat mit Siena ins Bündnis, das seinerseits grundlose Ansprüche auf die Silbergruben von Montieri erhob, die eine sehr bedeutende Einnahmequelle der volterraner Bischöfe bildeten, sowie auf die Burgen Frosine und Monteriggioni, von denen die letztere, auf ansehnlichem Hügel zwischen Poggibonsi und Siena gelegen, den Sienesen bald als Grenzkastell gegen Florenz wichtig werden sollte. Das Silberbergwerk von Montieri wollte der Bischof florentiner Geldleuten für ein Darlehen verpfänden; Siena erhob dagegen Einspruch, der indes wirkungslos blieb. Gegen die Belästigungen durch die Sienesen hatte der Bischof Klage vor dem Papst geführt und Innocenz hatte das Oberhaupt der florentiner Kirche beauftragt, die Streitigkeiten als päpstlicher Delegierter zu entscheiden. Der Podestà Sienas erhob den Einspruch, die Florentiner seien den Sienesen feindlich und deren

Siena gegen den Bischof von Volterra.

[1]) Schreiben Innocenz' III. von 1213, 28. Sept., an Podestà und Volk mit „spiritum consilii sanioris" statt der Grußformel bei Guazzesi. „Dell' antico dominio". p. 66. — Protest eines Prokurators des Podestà von Volterra (Gullus Faville) gegen von dem Bischhof verhängte Strafen der Exkommunikation und des Interdiktes, Casule 1213, 10. Sept., SAF. — Provenienz Volterra. — Ferner Bündnis des Bischofs und seiner Brüder mit San Gimiguano in der S. 25 Anm. 4 angeführten Urkunde von 1213, ind. 1, sowie entsprechende Notiz im Liber juris episcopatus Vulterranei SAF. — Riform. III, 28 (Strozz. CXVII) f. 11.

[2]) 1214, 17. Juli und 20. Juli. SAF. — Provenienz Volterra. Dazu und zu dem Streit überhaupt, wie betreffs der Weigerung seitens der Konsuln und des Rates, den Schiedsspruch des Bischofs von Arezzo und des dortigen Propstes Cortisianus durchzuführen, die Zeugenaussagen von 1215, Oktober und die Klage-Anträge des Bischofs von 1216 (undatiert) in derselben Provenienz des Florentiner Staatsarchivs. Ferner enthalten wichtiges Material über die Streitigkeiten die (undatierten) Zeugenaussagen von etwa 1217 (der Katalog setzt sie zum Jahre 1221 an), die in den Rotuli Nr. 198—200 des Kapitel-Archivs zu Volterra enthalten sind.

Vertreter könnten daher nicht mit Sicherheit vor dem Bischof von Florenz erscheinen; dieser hatte die Ausflucht mit der Erklärung zurückgewiesen, daß täglich Sienesen unbehelligt in Florenz und Florentiner ebenso in Siena verkehrten; da der Podestà bei seiner Behauptung verblieb, erklärte Johann von Velletri sich bereit, einen Termin in Poggibonsi, Colle oder Certaldo anzuberaumen, aber nach neuen Zögerungen und Einwänden erkannte er im Kontumazialverfahren auf Abweisung der Ansprüche der Sienesen.[1]) Als diese den Handel im Prozeßwege verloren sahen, suchten sie ihr Unrecht durch Waffengewalt in ein tatsächliches Recht zu verwandeln; im Einverständnis mit den Bürgern Volterras hausten sie auf das ärgste im volterraner Gebiet und belagerten den Bischof in seiner Burg Chiusdino; es gelang ihnen am 22. Mai 1215 das Kastell zur Übergabe zu zwingen, und um der Gefangenschaft hinter Kerkermauern zu entgehen, mußte Paganus sich verpflichten, seine Klage vor dem Papst zurückzuziehen und Siena jährlich einen Zins für dessen vorgebliche Rechte auf Montieri zu zahlen. Für treue Beobachtung der ihm aufgedrungenen Verbindlichkeiten hatte er den Siegern eine seiner Burgen zu verpfänden[2]) und schon zuvor hatten sie ihm das Kastell Monteriggioni genommen; sie begannen es gleich stark zu befestigen und haben es ihm niemals mehr herausgegeben.[3]) Die Kommune, die es in den folgenden Jahrzehnten liebte, mit ihrer Reichstreue zu prunken, hatte sich Anfang 1214 nicht nur ihr Grafschaftsgebiet wieder angeeignet, sondern selbst den Ort San Quirico, wo sonst ein kaiserlicher Beamter seinen Sitz zu haben pflegte, der städtischen Macht unterworfen.[4])

Arezzo, die südöstliche Nachbarstadt von Florenz, kämpfte im Sommer 1214 gegen Castiglion Aretino, das nachmalige Castiglion Fiorentino, und unterwarf Burg und Stadt nach dreimonatlicher Belagerung ihrer Herrschaft. In diese

Kämpfe Arezzos.

[1]) Der Urteilsspruch des Bischofs von Florenz, Florentie in palatio episcopi 1214, 21. November, Bischöfl. Archiv zu Volterra. Sec. XIII. decade 2, No. 18.

[2]) Ann. Senens. M. G. Ss. XIX. 227. — Urkunde vom 22. Mai 1215, SAS. Riformagioni. — Über die Verwüstungen der Sienesen im Volterraner Gebiet in den, in der Anm. 2 S. 26 erwähnten, klägerischen Anträgen des Bischofs. Ebendort über die Höhe der angerichteten Schäden. — Protest Sienas gegen die Pfandnahme von Montieri durch das Florentiner Bankhaus Giugni 1214, 8. August, SAS. — Riformagioni. Daß der Protest nicht beachtet wurde, ergibt die Urkunde des Bischofs Paganus v. Volterra von 1218, 9. Juni. (Bischöfl. Archiv Volterra. Sec. XIII, decade 2. No. 34). — Die Kommune Siena wurde vom Erzbischof von Pisa (er muß auf erneute Klage des Bischofs von Volterra durch den Papst als Richter delegiert sein) 1215, 9. Oktober zur Zahlung von 2130 Librae an den Volterraner Bischof verurteilt, welche Summe Siena „per vim et metu extorserat a dicto episcopo." SAS. — Liber jurium episcopatus Vulterranei Rif. III, 28 (Strozz. CXVII. f. 8a).

[3]) Der Beginn der Befestigungsanlagen in Monteriggioni in Titii, Historia Senensis I, p. 397. Florentiner National-Bibliothek II. V, 140. Die Nachricht gründet sich auf eine Inschrift in den Mauern des Kastells, die wohl nicht mehr vorhanden ist.

[4]) Schwur der Einwohner von San Quirico an den Podestà Dominus Guelfus 1214, 27. Februar. SAS. — Riformag.

Wirren scheinen die Parteiungen im Reich hineingespielt zu haben; Arezzo hielt damals zu Otto, und die aus der Stadt Verbannten müssen in Castiglion Aretino gegen die eigenen Mitbürger gefochten haben, denn eine der Bedingungen der Unterwerfung war, daß der unterlegene, seiner Mauern beraubte Ort künftig die Verbannten aus Arezzo nicht mehr aufnehmen dürfe.[1] Zwei Jahre später kämpfte Arezzo, das sich inzwischen von Otto abgewandt hatte, doch auch Friedrich noch nicht als Herrscher anerkannte, gemeinsam mit Perugia gegen Città di Castello und gegen Große des Toskanisch-Umbrischen Grenzgebietes. Die Absicht ging dahin, die schwächere Nachbarstadt ihres Gebietes zu berauben und dieses zwischen Arezzo und Perugia aufzuteilen, doch es gelang der Kleinstadt, sich gegen die versuchte Erdrückung zu behaupten.[2]

Die Popularbewegung in toskanischen Städten.

In einigen der Munizipien Toskanas wütete der Zwist innerhalb der Bürgerschaft selbst. Kämpfe der zur Macht aufstrebenden untern Klassen gegen die Ritterschaft und gegen die mit ihr gleichgestellten reichbegüterten Altbürger bilden ein ebenso wichtiges, wie verwickeltes Kapitel der Geschichte italienischer Städte schon in den ersten Jahrzehnten des 13. Jahrhunderts, denn die Bewegung trat in verschiedenen Formen auf, die sich vielfach durchkreuzten und durcheinanderschlangen. Wir erinnern uns, daß in Florenz, als sich das Gewerbe zu größerer Blüte entwickelte, die Handwerker-Genossenschaften einen maßgebenden Einfluß auf die Verwaltung der Stadt gewannen, daß die Zunftvorstände sich bereits seit 1193 eine Mitwirkung beim Abschluß von Staatsverträgen und bei der Feststellung des Statuts errungen hatten.[3] Seitdem konnte den Zünften ihre Macht nicht mehr genommen werden; dieser Teil des Kampfes ist in Florenz früh und leicht ausgekämpft worden. Doch gewährt aufsteigenden sozialen Schichten jede Errungenschaft nur für eine gewisse Spanne Zeit Befriedigung und jeder Erfolg reißt dieselbe oder eine spätere Generation weiter auf der Bahn des Kampfes fort, denn, wo Kräfte frisch sich regen, ist der Friede der bürgerlichen Gesellschaft nichts als ein freundlicher Traum. Wo er aber für längere Zeiträume zur Wahrheit wird, ist dies nicht ein Zeichen der Gesundheit, sondern des Stillstandes, der in sich den

---

[1] Urkunden von 1214, 27. Juli, „In podio Cirote in obsidione Castri“, und Arezzo 1214, 14. Oktober, letztere die Unterwerfung enthaltend, die Dominus Rigo marchio, nunc Castillionis Aretini potestas beschwört. Diese letztere hat bei der Datierung den Zusatz „Innocentio papa residente; Ottone imperatore inperante.“ – Beide SAF. — Quaderni pergam. del Diplomatico. Castiglionfiorentino. 1198 Juni f. 1. — Ebenso Heft 1 f. 1198 Juni — 1273, 10. August f. 1. Notariell beglaubigte Abschriften.

[2] Vertrag zwischen Perugia und Arezzo: In episcopatu Aretino in asio Ferzoni. 1216, März. Archivio Municipale von Perugia. Libri delle Sommissioni A. f. 45². Ein Auszug im Boll di Storia Patria per l'Umbria VIII, p. 155. — In Urkunden von Città di Castello findet sich 1217, 5. November, die Formel: „Tempore Honorii pape tertii et Federici regis.“ Podestà war damals der Sienese Bartholomäus Raignaldi. — Archivio Municipale von Città di Castello. Libro Nero I. f. 137.

[3] Bd. I. S. 600 ff.

Keim des Verfalles birgt. Hinter den sich Emporringenden drängen neue Massen nach, bis die Aufrichtung einer Volksherrschaft zwar die alten Schranken gründlich beseitigt, nun aber die Erfahrung erzeugt, daß auch diese Staatsform den erhofften Zustand völliger Gleichberechtigung und sozialer Gerechtigkeit nicht zu schaffen vermag. Doch liegt in diesem Emporstreben der Gedrückten zu Macht und Lebensgenuß die Kulturentwicklung der Völker begonnen und beschlossen. Die italienische Geschichte des 13. Jahrhunderts empfängt eben dadurch ihren außerordentlichen Reiz, daß man Zuschauer des Kampfes ist, die Blüte sprießen und die Frucht reifen sieht, die aus diesem blutigen Ringen nicht nur für die Geschlechter jener Zeiten, sondern für die Kultur der Zukunft erwuchs, so daß sich das Gewirr und wüste Getöse zuletzt dem Betrachter in einer höheren Harmonie löst, als in der eines bequemen Friedens, nämlich in dem Bewußtsein, daß das egoistische Ringen der Massen der Ausdruck eines Entwickelungstriebes der Menschheit ist, die nach Erhöhung, Bereicherung, nach innerer und äußerer Befreiung strebt.

Wir müssen zum Verständnis der Kämpfe gleich auf sie eingehen, wo sie zuerst unsere Aufmerksamkeit fesseln. Man hat sie unrichtig aufgefaßt, indem man sie von außen und von oben her betrachtete; sie sind feiner verästelt als man annahm, denn drei große Bewegungen liefen durcheinander, die man lange für eine einzige erachtet hat. Gewöhnlich spricht man, wenn von den ersten Dritteln des 13. Jahrhunderts die Rede ist, nur von Guelfen und Ghibellinen, hält die Guelfen für die Vertreter des Bürger- und Volkstums, und für ihre stärkste Stütze die in Zunftgenossenschaften organisierten Kaufleute und Handwerker, während man in den Ghibellinen die Vertreter der Feudalmacht erblickt. Unsere Darstellung der Ereignisse wird ergeben, wie irrig diese Auffassung ist, wie Guelfen- und Ghibellinentum sich zwar natürlich auch mit den anderen Strömungen der Zeit enge berühren, aber etwas von ihnen völlig Wesenverschiedenes sind. Dagegen hat die zweite der großen die Zeit erfüllenden Strömungen mit der dritten, hat die Zunftbewegung mit der Popularbewegung vieles gemein, aber sie ist dennoch streng von ihr zu sondern. Geschichtliche Analogien sind im ganzen vom Übel, aber es sei gleichwohl daran erinnert, wie in modernen Zeiten das um politische Macht kämpfende Bürgertum und der Arbeiterstand auf eine weite Wegstrecke gleiche Ziele zu verfolgen schienen, bis sich die des einen und des andern als gründlich verschieden, ja zum teil als gegensätzliche erwiesen. Hinter der Handwerkerbewegung der italienischen Städte, die im 12. Jahrhundert ihren Anfang nahm, drängte zu Anfang des 13. die eigentliche Volksbewegung drein, ein deutlicher Beweis, wie schnell die Differenzierung der Klasseninteressen sich auch in jener frühen Zeit vollzog, sobald der soziale Kampf einmal eröffnet war. Die Zunftbewegung trug ein Element sehr starker Zersplitterung in sich, denn was dem einen Gewerbe erwünscht und notwendig war, lief häufig genug gegen die Interessen des andern. Manches Bestreben konnte allen Zünften, manches konnte mehreren gemeinsam sein, aber fortwährende Reibung war hier unvermeidlich; schließlich hat die große Zusammenfassung aller Interessen, hat die

Kommune Abwägung und Abgrenzung der Einzelvorteile gegeneinander in die Hand genommen und fast überall mit soviel Gerechtigkeit durchgeführt, als das Vorwalten mächtiger Gruppen innerhalb der Kommune dies eben zuließ. Die eigentliche Volksbewegung aber entstammte anderem Boden und zielte auf andere Zwecke; sie erwuchs auf dem der alten Nachbarverbände, derart, daß sich innerhalb dieser Bezirke die „Pedites", die zu Fuß ins Feld Ziehenden und ursprünglich in jedem Betracht minder Berechtigten, gegen die „Ritter"[1]) zu einer die ganze Stadt oder die ganze Ortschaft umfassenden Einigung, oder etwa auch zu mehreren Verbänden oder „Sozietäten", zusammentaten, wobei aber die Organisation nach Bezirken und Nachbarschaften überall erhalten blieb, auch später noch, als das Volk längst den politischen Sieg über die Ritterschaft errungen hatte. Hier ist nur in Kürze auf dasjenige hinzuweisen, was uns noch vielfach zu beschäftigen haben wird; aber vor allem muß man die verliehene Ritterwürde, die schon in dieser Zeit eine bedeutende Rolle zu spielen begann, von der Stellung der städtischen Ritter im älteren Sinne unterscheiden und man muß im Auge behalten, daß das Wort Ritter zur gleichen Zeit zwei verschiedene Bedeutungen besaß. Der Ritterschlag gewährte eine soziale Auszeichnung, aber nicht annähernd jeder städtische Ritter im älteren Sinne des Wortes empfing die ritterliche Weihe. Nach dem Begriff der hier zu erörternden Verhältnisse waren die „Milites" die Reicheren, die ein Ritterpferd für den Kriegsdienst der Kommune zu halten hatten, die „Pedites" die weniger Begüterten, die zu Fuß mit dem Bogen, mit der Lanze oder dem Schwert ins Feld zogen. Doch stieg die wirtschaftliche Bedeutung der „Pedites" mit dem Aufblühen des Handwerks, und sie wirkten innerhalb der Bürgerschaft durch das Schwergewicht ihrer durch Zuzug anschwellenden Masse. Wir wissen nicht, ob bei veränderten Wertverhältnissen nicht die Summe des Vermögens, von der das Aufsteigen zur städtischen Ritterstellung abhängig war, ansehnlich erhöht wurde, doch ist dies wahrscheinlich; die Ritter mochten durch ihren sozialen Hochmut mannigfachen Haß erregen, noch lästiger aber mußte es sein, daß sie bei der Besteuerung und bei der Verwendung städtischer Einnahmen ausgezeichnet für sich zu sorgen wußten; aus den zahlreichen auswärtigen Fehden trugen sie überdies nicht nur die größere Ehre davon, sondern ihnen stand auch der doppelte Teil der Beute zu, entsprechend den höhern Ausrüstungskosten, während der Fußkämpfer die Störung und die Unterbrechung der Existenz härter zu empfinden hatte als der Reiche. An mannigfachen Vergewaltigungen der Machtloseren durch die Ritter kann es überdies in keiner Hinsicht gefehlt haben.

Wie um gerechtere Verwendung städtischer Einnahmen und um billigere Verteilung der Lasten handelte es sich bei den Zwistigkeiten zwischen „Pedites" und „Milites" ferner um die Forderung jener, einen Teil der Verwaltungs- und Gerichtsbeisitzer-Stellen aus den Reihen der Ihren zu besetzen und in den Räten eine angemessene Vertretung zu haben, was sie allein gegen den fort-

[1]) Über die Gliederung in „milites" und „pedites" und deren soziale Bedeutung, Bd. I, S. 686.

währenden Mißbrauch der Gewalt durch die begüterten ritterlichen Bürger schützen konnte. Diese Verhältnisse sind allen Städten Ober- und Mittelitaliens eigen und in allen mußten zu verschiedenen Zeiten die ständischen Kämpfe durchgefochten werden. Doch hat Florenz sie später erlebt als manche der Nachbarn.[1])

In Lucca. In Lucca hatten die Gegensätze zwischen den Großen und dem Volk schon 1203 zu einem wilden Ausbruch geführt. Die Ritter verbündeten sich mit Orten des Nievole-Tales, verließen die Stadt und schlugen das gegen sie ausziehende Volk bei Montecatini. Der Verlauf des Kampfes war ein typischer; fast immer blieb das Volk Sieger im Straßenkampf, fast stets unterlag es, wenn die Ritter die Stadt verließen und die Popularen durch Verwüstungen in der Landschaft zur Ungeduld reizend, sie veranlaßten, sich zur Feldschlacht zu stellen. Damals, 1203, hatten die Rektoren des Tuskenbundes zwischen dem besiegten Volk und der Ritterschaft den Frieden wieder hergestellt.[2]) Elf Jahre später loderte der Hader, der wohl niemals ganz erloschen war, neu empor. Derselbe Podestà, ein Porcarese, der 1203 das Volk unglücklich genug geführt hatte, wurde gegen den Willen der Großen wieder zum Jahresregenten gewählt. Die Kaufleute traten auf die Seite des Volkes und die Großen, die in der Parteinahme der reicheren Bürger für die ärmeren einen Verrat sehen mochten, wollten die Konsuln der Kaufmannschaft töten. Der von den Großen eingesetzte Podestà Guido Alberti suchte gegen Jahresende, als seine Amtsperiode ablief, nach Statut und Herkommen im Dom zu San Martino die Wahl eines Nachfolgers vollziehen zu lassen. Wütend erhob sich das Volk und versuchte, ihn zu ermorden, worauf die gesamte Ritterschaft unter seiner Führung wiederum die Stadt verließ. Die Partei der Großen setzte sich in Ripafratta, der starken gegen Pisa hin gelegenen Grenzburg, fest, hielt es dann aber für geratener, nach Fucecchio zu übersiedeln; als ein Volksheer gegen sie anrückte, zogen sie sich zwar nach Montecatini zurück, aber ein Teil von ihnen machte Kehrt gegen die nachziehenden Popularen, die eine gründliche Niederlage erlitten, so daß auch jetzt wieder, wie zuvor, die Ritter Sieger blieben. Aber ebenfalls wie früher ging der Zwist in der Stadt weiter fort; der Haß war vermehrt durch den Tod vieler von Ritterschwertern niedergemachten Kleinbürger und er wurde durch die Klagen derer geschürt, die von den Großen in Haft gehalten wurden. Die siegreiche Partei ernannte den Grafen Guido Guerra, gegen den der Papst wegen seiner Parteinahme für Kaiser Otto so starke Abneigung zeigte, zum Podestà der Stadt.[3])

In Siena. In Siena hatten sich 1212 die Popularen gleich den Rittern zu einer „Sozietät" vereinigt, an deren Spitze drei Rektoren standen, und das Volk hatte es durchgesetzt, daß diese seine Vertreter gleich denen der Ritterschaft und

[1]) Vgl. Forschungen usw. IV, S. 8 ff. die Abhandlung: „Die Popularbewegung in Italienischen Städten Anfang des 13. Jahrhunderts."

[2]) Ebendort.

[3]) Ebendort. — Betr. Guido Guerras als Podestà von Lucca 1214: Bongi, Inventario dell' Archivio di Lucca II, 308.

den Zunftvorständen am Abschluß von Staatsverträgen Anteil hatten. Die Großen der Stadt müssen der Neuerung, die ihre Macht einschränkte, starken Widerstand entgegengesetzt haben, den das Volk mit ebenso kräftiger Gegenwehr beantwortete; die Popularen nahmen eine Anzahl von Geschlechtertürmen ein und demolierten sie. Das ging zweifellos gegen Recht und Ordnung, und deshalb verurteilte der Podestà des Jahres 1212 die an der Zerstörung Beteiligten zu empfindlichen Geldstrafen, aber ebenso zweifellos hatte das Volk seine Macht und die Neigung gezeigt, sie sehr rücksichtslos zu gebrauchen, weshalb der Podestà des folgenden Jahres — es war Ubaldo Visconti aus Pisa, im übrigen ein kühner Mann voll weit ausschauender Pläne — es für geraten hielt, zwar der Form nach auf Zahlung der Buße zu bestehen, dann aber die Geldsumme der Volksgenossenschaft aus dem Gemeindesäckel zurückzuvergüten,[1]) was das Selbstbewußtsein der organisierten Popularen natürlich unendlich steigern mußte. Die Besitzergreifung der Grafschaft wird auf ihre Veranlassung erfolgt sein; der Sieg über den Bischof von Volterra im Jahre 1215, der auf nichts Besseres, als auf eine Beraubung hinauslief, war das Werk des sieneser Volkes gewesen,[2]) das außer der Demolierung von Türmen sich nun auch die Einnahme einer Burg, wie das Abfangen eines Bischofs als Ruhmestaten anrechnen konnte und jedenfalls seine Kriegstüchtigkeit, wenn auch im kleinen, erwiesen hatte. Von 1212 bis 1218 haben die Popularen, deren eine Gesellschaft sich dann in die zwei Genossenschaften, der „Scarpetta" und der „Albugesi", spaltete,[3]) die Herschaft in Siena in Händen gehabt.

Während ringsumher in den Städten und in der Landschaft Kämpfe der verschiedensten Art tobten, hat Florenz verhältnismäßig ruhige Zeiten erlebt, und in ihnen erstarkte es zu jener wirtschaftlichen Blüte, die eine der Grundlagen seiner Größe werden sollte. Vom Jahre 1208, in dem der Friede mit dem besiegten Siena geschlossen war,[4]) bis zum Jahre 1220 hat Florenz keine

[1]) Vgl. Forschungen usw. IV. S. 8 ff.: „Die Popularbewegung in Italienischen Städten usw." — Im Jahre 1214 scheinen neue Kämpfe stattgefunden zu haben, wie aus dem Auftreten verschiedener Podestàs zu schließen ist. Podestà des Jahres war Dominus Guelfus (1214, 27. Febr., S. A. S. — Riformag. — 1214, 9. August. Ebendort, 21. November: Bischöfliches Archiv zu Volterra Sec. XIII, decade 2, No. 18; 2. Dezember, SAS., Caleffo Vecchio f. 98[2]). Guelfus war aus der Luccheser Familie der Porcari (Titii Hist. Senensis I, p. 397, Nation.-Bibliothek zu Floren; II. V, 140). Neben ihm fungierte aber nicht nur entgegen der Gewohnheit vom 21. November an (s. vorstehend und 25. November, Caleffo Vecchio f. 65[2]) der neue Podestà, sondern am 7. November (SAS. — Riformag.) erscheint auch Ubaldo Visconti aus Pisa als Podestà.

[2]) In der Urkunde der Ergebung des Bischofs an die Sienesen, Extra portam de Cluslino 1215, 22. Mai (S. S. 27 Anm. 2), ist der „dominus societatis Senensium (!) populi, ferner ein Konsul der Kaufleute und Wechsler, sowie der Kleinhändler (pizicarii) genannt, doch kein Vertreter der Ritterschaft.

[3]) Vgl. Forschungen usw. IV. S. 13 „Die Popularbewegung usw.", wo auch das Weitere über den Gegenstand ausgeführt ist.

[4]) Bd. I, S. 654.

ernsthaften, die Volkskraft in Anspruch nehmenden und Werte zerstörenden Kämpfe durchzumachen gehabt. Zwölf Friedensjahre erscheinen der friedensgewohnten modernen Menschheit als nichts sonderlich Bemerkenswertes, aber sie bedeuteten unendlich viel in Zeiten, in denen jedes Jahr seine Fehden, jedes Siege und Niederlagen in buntem Wechsel zu bringen pflegte. Auch sollte solches Glück von den folgenden Geschlechtern nicht mehr erlebt werden. Die große Spaltung der Bürgerschaft, die in diesen Zeitraum fällt, war zwar von unermeßlichen Folgen für die Zukunft, aber das unheilschwangere Ereignis mochte denen, die es erlebten, als nicht viel bedeutungsvoller erscheinen, denn irgend ein anderer tragischer Vorgang inmitten des nie endenden Zwiespaltes zwischen Geschlechtern und Familiengruppen. Von den Kämpfen, die 1213 an der Küste der Versilia geschwebt haben sollen, war die Rede, doch haben sie jedenfalls keine wesentliche Bedeutung besessen; gegen Siena scheint die Stimmung eine unfreundliche und gespannte gewesen zu sein, wahrscheinlich wegen der Fehde um Montieri und der Erbauung des Kastells Monteriggioni; diese war offenbar ein Ausfluß feindseliger Gesinnung gegen die Nachbarn am Arno, durch die man viel gelitten hatte, aber zu neuem Ausbruch kam es für jetzt nicht. Wir erfahren von Anfang des Jahres 1214, daß in der Gegend von Montevarchi am Arno, im florentiner Gebiet gegen das aretinische hin, Fehden häufig waren,[1]) aber es werden solche der dortigen Großen gewesen sein, in die die Stadt schwerlich eingegriffen hat.

Florenz und
der Bischof
von Fiesole.

Dagegen hielt die Bürgerschaft die Zeit, in der sie ohnehin mit dem Papst aus politischen Gründen zerfallen war, für geeignet, einen alten, mit Zähigkeit festgehaltenen Plan wieder aufzunehmen, den sie freilich erst ein Dutzend Jahre später endgültig durchzusetzen vermochte. Man hatte 1204, von der Drohung des Bannes geschreckt, die Absicht aufgeben müssen, den Bischof von Fiesole zur Übersiedlung nach Florenz zu zwingen.[2]) Jetzt erreichte man, offenbar in Güte, daß der alternde, arg verschuldete, noch in hohen Jahren wegen seiner Lebensführung höchst anrüchige Rainer den Sitz in der Stadt auf der Höhe zwar nicht aufgab, aber doch unter Beibehaltung des Bischofspalastes droben, die eigentliche Wohnstätte und die Verwaltung seiner Diözese nach Florenz verlegte.[3]) Auch sonst griff die städtische Autorität kräftig aus, um

Streitigkeiten
innerhalb der
Geistlichkeit.

[1]) Urk. des Bischofs Rainer von Fiesole von 1214, 18. Januar (SAF. — Provenienz Badia). Der Bischof gestattet Erbauung einer Taufkirche in Montevarchi, das bisher zum Kirchenbezirk von Cavriglia, jenseits des Arno gehört hatte, weil die Bevölkerung von Montevarchi wegen Überschwemmungen und „etiam ex inimicitiis et guerris, que sepe in partibus illis occurrunt" häufig jene Kirche nicht erreichen könnten. Repetti III, 542 gibt irrig das Jahr 1271 an. — Dazu Breve Honorius' III. von 1217, 17. Januar; Pressutti 45 und Bulle desselben von 1218, 7. August; Pressutti 1572.

[2]) Bd. I, 642 ff., wo auch über die Persönlichkeit des Bischofs Näheres erwähnt ist.

[3]) Der Bischof urkundete 1214, 18. Januar (s. vorstehend) noch in Fiesole. Dagegen 1215, 12. September erfolgt eine Appellation gegen ein von ihm gesprochenes Urteil: „In civitate Florentie in domo et curia episcopi Fesulani"

ihren Einfluß in geistlichen Angelegenheiten zu vermehren, wozu die Priesterschaft durch ewige Händel und Interessenkonflikte willkommenen Anlaß bot. Im Jahre 1210 hatten sich der Florentiner Propst und die Kapitelgeistlichen durch Eidschwur zur Wahrung ihrer gemeinsamen Interessen gegen den Bischof verbunden,[1]) aber 1214 waren sie untereinander wegen einer Anzahl kleinlicher Ansprüche in Zwist geraten, und der Podestà des Jahres, Petrus Johannes Grassi, ein Römer aus vornehmem Geschlecht, nahm die Gelegenheit wahr, als Schiedsrichter zwischen sie zu treten.[2]) Den Bischof wußte man 1216[3]) zu einer Einigung mit der Zunft der Calimala-Kaufleute betreffs der Opera di San Giovanni zu bestimmen, deren Angelegenheiten den Bürgern wegen ihrer Liebe zu der Taufkirche, wegen ihres Interesses an deren Ausbau und Verschönerung besonders am Herzen lag. Schon 60 Jahre zuvor hatten sie sich der weltlichen Verwaltung des Battistero bemächtigt, aber nur sehr allmählich konnte man den Bischöfen die Zustimmung abringen, während der Tempel doch nur unter der Pflege der kunstliebenden Bürgerschaft jenes „schöne San Giovanni" werden konnte, als welches das Florenz vergangener Jahrhunderte ihn kommenden Geschlechtern hinterlassen hat.

Ein arger Hader schwebte lange Zeit wegen jenes Hospitals, das sich seit dem elften Jahrhundert zwischen dem Battistero und Santa Reparata erhob. Das streitlustige Kapitel wollte den Sigardus Broccardi, der ihm als Hospitalar vorstand, von dort vertreiben, während sich die Konversen, die dieses Haus der Pilger und der Armen gemeinsam mit ihm verwalteten, für ihren Oberen erklärten. Das Kapitel wandte sich an den Podestà, der wiederum sehr geneigt war, die bürgerliche Autorität in den geistlichen Streitigkeiten zur Geltung zu bringen, und sich im Namen des Kapitels der gesamten Habe des Hospitals bemächtigte, wobei es denn nicht eben glimpflich hergegangen zu sein scheint, während Sigardus seine Sache weder sehr ehrenhaft, noch sehr klug betrieb, indem er eine päpstliche Bulle fälschte, vermittels deren er seine Rechte vor den vom Papst delegierten Richtern zu behaupten versuchte.[4])

(SAF. — Rocchettini di Pistoia). — Eine Verhandlung in dem Streit des Bischofs Soffred von Pistoia gegen das Kloster San Bartolomeo fand vor dem Fiesolaner Bischof als delegiertem Richter am 4. Oktober 1216 statt, „Florentie in curia domini episcopi Fesulani" (SAF. — Ebendort). Dem Fiesolaner Kapitel scheinen für seine Zustimmung Rechte bei Besetzung des Archidiakonats eingeräumt zu sein (Bulle Honorius' III., Vatikan. Archiv Reg. 9. Hon. III, l. I, p. 34 ep. 140). — Gleichzeitige Beibehaltung des Bischofspalastes in Fiesole: Urkunde 1216, 3. Juli auf einen Prozeß des Bischofs Soffred v. Pistoia bezüglich „Aput Fesolas in palatio episcopi"; der Bischof Rainer ist persönlich anwesend. Eine andere Urkunde von dort datiert, vom 1. August (bezeichnet 4. August) in der eben erwähnten Provenienz Rocchettini di Pistoia.

[1]) 1210, 1. Juni. — Kapitel-Archiv Nr. 193.

[2]) 1214, 27. November. — Santini p. 376.

[3]) 1216, 30. November. — Lami, Mon. II. 717.

[4]) Der Streit schwebte seit 1214. Über denselben vgl. die Veröffentlichung des

Florenz hält die Partei des gebannten Kaisers.

Nur an der Oberfläche können Vorkommnisse dieser Art das öffentliche Leben bewegt haben; tiefere Gegensätze ruhten auf seinem Grunde. Florenz war des Papstes Willen nicht gefolgt, hatte Otto nicht preisgegeben, hatte das Banner des jungen Königs von Sizilien nicht aufgerichtet, auch dann nicht, als dieser von den deutschen Fürsten zum König der Römer erwählt worden war. Mit Pisa, das dem Welfen am längsten die Treue gewahrt hat, schloß Florenz 1214 einen Vertrag wegen Regelung der Handelsverhältnisse, wogegen die Haltung gegen Siena, wo man zuerst unter den toskanischen Städten Neigung bezeugte, die Autorität des Gegenkönigs Friedrich anzuerkennen, eine nichts weniger als freundschaftliche war. Man wird sich billig die Frage vorlegen müssen, wie diese Treue zu erklären ist, da man doch stets gewohnt war, Florenz auf der Seite der Gegner des Reiches zu finden. Und wurden nicht die jetzt Reichstreuen zu den erbittertsten Feinden des Reiches; hat die „Partei des Guelfen", die jetzt und hier entstanden ist, nicht nachmals das Imperium mit wildem Ingrimme von Geschlecht zu Geschlecht bekämpft?

Die Frage findet einfache Beantwortung. Die Partei des Welfen war der Form nach freilich eine Reichspartei und die Umstände bewirkten, daß sie, die sich nachmals auf ihre Kirchlichkeit gewaltig viel zu gute tat, in Opposition und Feindschaft gegen den Papst ins Leben trat. Aber sie war, obwohl sie von dem Geschlecht, dem der Kaiser angehörte, den Namen annahm, im Grunde keine kaiserliche Partei; sie trat für Otto ein, nicht um seiner selbst oder seiner Sache willen, sondern weil er fern und weil er ein Gegner des Staufers war. Man hielt es in wacher Erinnerung, wie der Großvater des jetzigen deutschen Königs der Stadt die Grafschaft genommen, wie sein Vater ihre Macht beschränkt hatte. Der Name der Staufer war den Bürgern gleichbedeutend mit Eindämmung städtischer Entwicklung, Rückgängigmachung blutig erkämpfter oder schlau erzielter Errungenschaften. Gelang es dem Enkel Barbarossas, von der Nordsee bis zur sizilischen Südküste Herr zu werden, so brach wieder eine schlimme Zeit an, und man war wieder dort angelangt, wo man 1197 vor dem Tode Heinrichs des Sechsten gestanden hatte. Auch hatte die Bürgerschaft zu gewärtigen, daß der Sohn Rache dafür üben würde, daß sie schon vor des Vaters Ende den Abfall vorbereitet hatte. Mußte man sich nicht großer Dinge von dem versehen, der, halb noch ein Knabe, mit soviel Geschick und Glück das Abenteuer des Gegenkönigtums bestand? Dagegen konnte von Otto für geraume Zeit keine Gefahr drohen; er war in Deutschland beschäftigt und kehrte er je zurück, so war man seines Dankes versichert. Die Reichsbeamten konnte man gewähren lassen, da von ihrer tatsächlichen Machtlosigkeit nichts zu befürchten war. So war die Partei des Welfen in Wahrheit eine Unabhängigkeitspartei, und dies ist sie geblieben; ihr Ziel bestand von Anbeginn in der Verteidigung

Verf. Neues Arch. XIX, 232 ff. Die Urkunden betreffs des Prozesses, der vor päpstlichen Delegierten geführt wurde, nebst den darauf bezüglichen päpstlichen Schreiben enthält ein Rotulus des Kapitel-Archivs, Nr. 294; die erste von 1214, 29. Juni. Der Prozeß zog sich bis Ende 1216 hin.

3*

der städtischen Autonomie, die freilich für viele gleichbedeutend war mit der ungestörten Herrschaft der Kaste und Clique. Erst ein Menschenalter später floß ihr Interesse und das der Kirche in eines zusammen. Als in Florenz die „Partei des Guelfen“ entstand — dies und nicht Guelfen-Partei oder Parte Guelfa war ihr ursprünglicher Name — machten alle, die sich zu ihr bekannten, die Sache eines Gebannten, eines vom Papste Verfolgten zu der ihren und setzten sich jenen Strafen aus, in deren Anwendung die Kirche nicht sparsam zu sein pflegte.[1])

Gleich Florenz hielten zunächst fast sämtliche Städte Toskanas und mit ihnen Bologna wenigstens der Form nach und insoweit an Otto fest, als sie sich weigerten das Königtum Friedrichs anzuerkennen; nur in Siena trat eine Neigung zum Schwanken und Schwenken hervor. Schon Mitte 1213 hat man dort in Verträgen mit Großen der Landschaft, die sich der Kommune unterwerfen mußten, den Kaiser und den König der Römer von den Feudalherren als solche nennen lassen, gegen die sie der Stadt zur Kriegshülfe, zur Stellung von Mannschaft nicht verpflichtet seien, also die beiden Gegner Otto und Friedrich zugleich; darin mochte weniger ein törichter Versuch zum Ausdruck kommen, sich sowohl nach rechts wie nach links zu salvieren, als vielmehr der Einfluß innerer Kämpfe und eines daraus hervorgegangenen auf das Abwarten gerichteten Kompromisses zwischen den Großen und dem siegreichen Volk, da dieses und jene gewiß auch in bezug auf den großen Konflikt im Reich verschiedenen Willens und entgegengesetzter Gesinnung waren.[2])

Soweit sie ihnen lästig erschienen, hatten die Florentiner die Anordnungen des Kaisers natürlich nicht weiter beobachtet, als seine tatsächliche Macht in Italien erloschen war. Mußten sie bei seiner Anwesenheit auf das alte Konsularregiment zurückgreifen, so haben sie 1213, ein Jahr nach Ottos Abzug, wieder einen Podestà eingesetzt, den Römer Uguiccio, Sohn des Johannes Pierleoni, aus der berühmten Familie jüdischen Ursprungs, der einst der Gegenpapst Anaklet II. entsprossen war. Der Vater des florentiner Podestà hatte an der Spitze der römischen Volkspartei gestanden, die Innocenz III. zu Anfang seines

[1]) Die verwickelten, bisher wenig geklärten Fragen betreffs der Entstehung der Parteien finden ihre Erörterung in dem „Die Entstehung der Guelfen- und der Ghibellinen-Partei“ betitelten Aufsatz in Forschungen usw. IV S. 29 ff. Dort sind auch die Belege für alles in der folgenden Darstellung Enthaltene mitgeteilt, ebenso wie dort der Nachweis von der Entstehung dieser Parteien in Florenz geführt ist.

[2]) Verträge mit den Cacciaconti, Grafen der Scialenga, S. 29 ff. und den Grafen der Ardenga, beide von 1213, 19. August, SAS. Caleffo Vecchio f. 90 und f. 93ª. — Dagegen erzipieren 1217, 16. April die Grafen von Montorsario in ihrem Unterwerfungs-Vertrag mit Siena „den Kaiser“ schlechtweg. SAS. — Riform. Aber verstand man darunter jetzt, nach Ottos entscheidender Niederlage, nicht etwa schon Friedrich II., obwohl er noch nicht zum Kaiser gekrönt war? Die Unterscheidung zwischen deutschem König und Kaiser ist in Italien nie strenge innegehalten worden. Wo, wie in den Urkunden von 1213, der Kaiser und der Römische König nebeneinander genannt sind, kann kein Zweifel entstehen, was man damit ausdrücken wollte.

Pontifikats aus Rom vertrieben hatte,[1]) und auch der Sohn wird zu den Gegnern des Papstes gehört haben. Doch konnte die für den Welfen im Sinne der städtischen Unabhängigkeit eintretende Partei inmitten der Spaltung, die durch das Reich ging, nicht auf die Dauer ohne Anfechtung bleiben; dazu verstand es die Kirche zu vortrefflich, den Zwist zugunsten ihres jetzigen Schützlings zu schüren und auf dem Bischofsstuhl der Stadt saß ein langjähriger Vertrauensmann des Papstes. Noch ehe die Gegenströmung sich mit voller Gewalt bemerkbar machte, haben wir Anzeichen ihres Bestehens; der Markgraf Aldobrandin von Este hatte seit 1212 in Süditalien im Auftrage des Innocenz als dessen Vikar und Legat gekämpft, um die von Otto unterworfenen Landschaften für den fern weilenden Friedrich zurückzuerobern; seit 1214 focht er in der Mark Ancona, um das Gebiet, das er vom Papst zu Lehen trug, seiner Gewalt zu unterwerfen und es so der Oberhoheit der Kirche zurückzugewinnen.[2]) Diese Kriege erschöpften die Mittel des markgräflichen Hauses auf das stärkste, doch der junge Aldobrandin, ein echter Este an Ehrgeiz, Tatendurst und Rücksichtslosigkeit, schreckte selbst vor dem Äußersten nicht zurück. Neben ihm hatte sein Vater, als er 1212 starb, einen zweiten Sohn (nachmals Azzo VII.) zurückgelassen, der noch im Kindesalter stand. Ein halbes Jahrhundert später (1264), als Azzo selbst zum Sterben kam, erwachte in ihm die Erinnerung an die tapferen Ahnen und den früh verstorbenen Bruder Aldobrandin, der den Vater nur drei Jahre überlebte, in dieser kurzen Zeit aber wuchtige Kämpfe für Friedrich und den Papst geführt hat. In einer Ansprache an seinen Enkel Obizo schilderte der Sterbende, wie damals der Bruder ihn, den achtjährigen Knaben, aus den Armen der Mutter riß, um ihn florentiner Wucherern als lebendes Pfand für eine Anleihe zu übergeben, die sie zur Kriegsführung nur unter der Bedingung gewährten, daß Aldobrandin ihnen außer der Verschreibung allen Besitzes seines Hauses auch den Bruder und letzten Sprossen des Geschlechtes überantwortete. Ariost hat drei Jahrhunderte später den Vorgang zum Ruhme des Hauses von Ferrara in klangvollen Versen nacherzählt. Die Anleihen der florentiner Geschäftsmänner aber spielten, wie wir sehen, schon in diesen Kämpfen so gut eine Rolle, wie in den Nachbarfehden und häuslichen Streitigkeiten zwischen dem sieneser Volk und der volterraner Kommune gegen den Bischof Volterras. Die Bankiers, die das Shylockgeschäft mit Aldobrandin von Este machten, konnten nur Geldleute sein, die an der Kurie tätig waren, denn nur für solche und nur unter päpstlicher Billigung hatte die Verpfändung des Besitzes und der Rechte des päpstlichen Lehnsmannes einen realen Wert.[3]) Zugleich zeigt sich deutlich, wie in Florenz

[1]) Forsch. usw. IV, S. 2. „Verfügungen Ottos für Toskanische Städte usw."

[2]) Vgl. Winkelmann, Otto IV. 405; 408 f. — Rolandinus Patavinus (zu 1215) M. G. Ss. XIX, 46.

[3]) Über Azzos Tod 1212, November, Rolandin. Patavin. l. c. p. 44. Über seine beiden Söhne p. 45. Über Aldobrandins Kämpfe und seinen Tod 1215, p. 46 und Annales Sanctae Justinae Patavini l. c. p. 151. Zu allem zu vergleichen Winkelmann, Otto IV. an den angegebenen Stellen und 409 f. Hieraus erhellt, daß das Ge-

um 1214 die politischen Interessen bereits geteilte waren und wie, während die Mehrheit die Sache Ottos vertrat, einzelne Bürger auf der Gegenseite stehend, aus Geschäftslust und Gewinnsucht Hab und Gut für die Partei des Staufers einsetzten.

Indes knüpfte sich die Autorität des Reiches noch durchaus an den Namen Ottos; der Welfe selbst, der sich niemals durch politischen Scharfblick ausgezeichnet hat, hegte seltsamerweise die Hoffnung einer Wiederversöhnung mit der Kurie; nachdem die Würfel längst gefallen, bestürmte er den Papst, den er aufs äußerste gereizt hatte, mit Bitten und bot ihm seinen demütigen Gehorsam an;[1]) er erhöhte das Triumphgefühl der Kirche, aber er erreichte begreiflicherweise nichts. Wahrscheinlich täuschte ihn das äußere Fortbestehen seiner Macht in Italien und er glaubte, der Papst müsse mit dieser rechnen. In Toskana war sie durch des Kaisers Abzug geschwächt, doch keineswegs vernichtet. Im August 1212 saß der Judex des in San Miniato residierenden Reichsboten Eberhard von Lautern in Sant' Ellero am Arno in der florentiner Grafschaft zu Gericht, und aus dem Charakter des Prozesses, den er entschied (es handelte sich um ein verzinsbares Darlehen), sieht man, daß er in regelmäßiger Art die laufenden richterlichen Geschäfte als Appellations-Instanz im Sinne der kaiserlichen Festsetzungen erledigte.[2]) Im März 1213 sprach derselbe Richter (Benediktus) im Namen desselben Reichsboten in der Burg San Miniato selbst Recht in dem Prozeß, den die zur florentiner Grafschaft gehörige Kommune Lucardo im Elsatal gegen gewisse Einwohner ihres Bezirks angestrengt hatte; sie verlangte von ihnen Kriegsdienste und sonstige Leistungen, während die Beklagten als Leute der Michaelsabtei zu Poggibonsi von diesen Pflichten frei zu sein erklärten und daraufhin auch ihren Prozeß gewannen.[3])

Im Monat zuvor hatte König Friedrich in der Person des trientiner

---

schäft mit den Florentinern 1214 geschlossen sein muß. Vergeiselung von Personen für Geldschulden kamen nicht eben selten vor, und der Handel erschien den Zeitgenossen gewiß weniger abschreckend, als uns Späteren. — Die Rede des sterbenden Azzo VII. an seinen Enkel Obizo Annales Sanctae Justinae Patavini M. G. Ss. XIX, 186. — Die Stanzen des Ariost, Orlando Furioso, Canto III, 35 s., sind eine Versifikation dieser Rede, wobei dem Dichter das Mißverständnis begegnet, daß er Otto den Vierten, weil er ein deutscher Kaiser war und der Papst gegen ihn kämpfen ließ, für einen Ghibellinen hielt. So tief wurzelte später die Vorstellung, daß Deutsch und Ghibellinisch, päpstlich und Guelfisch von Hause aus identisch gewesen sein müsse.

[1]) Von diesen späten Verhandlungen Ottos mit der Kurie, bezw. seinen Anerbietungen, gibt uns ein Schreiben Honorius' III. an Ludwig VIII. v. Frankreich vom Februar 1225 Kenntnis (Bouquet Recueil XIX, 761).

[2]) 1212, 11. August. S. vorn S. 15 Anm. 3.

[3]) Urkunde von 1213, 13. März, SAF. — Provenienz Badia. Unter den Zeugen zwei Judices, jedenfalls Reichsrichter, Johannes und Guidaloctus. Ferner der in den Kämpfen zwischen Florenz und Siena oft hervortretende Guarnellottus de Tornano aus dem Hause Mezzolombardi.

Bischofs Friedrich von Wangen einen Generallegaten nicht nur für die Lombardei, für Verona und die Romagna, sondern auch für Tuszien ernannt,[1]) doch gab es einstweilen in Toskana wenig für ihn zu tun und keine Spur deutet darauf, daß er auch nur dorthin gelangt sei. Nur soviel ersieht man aus dieser Ernennung, daß der jugendliche Staufer bereits auf einen Anhang in diesen Gebieten rechnen zu können glaubte. Des Papstes Bemühungen bei den Großen blieben nicht dauernd fruchtlos. Gebot den Städten ihr Interesse, eine Anhänglichkeit an Otto zur Schau zu tragen, die die Bürger in Wahrheit nicht besaßen, so hatten die Lehnsträger des Reiches keinen Vorteil mehr von dem Herrscher zu hoffen, dessen Schwert sie nicht schützte, dessen Macht sie nicht zu stützen vermochte. Sie mußten fürchten, die Gunst des kommenden Mannes für immer zu verscherzen, wenn sie nicht zur rechten Zeit Anschluß an ihn fanden, und es glückte Innocenz einen der Mächtigsten von ihnen, Guido Guerra, endlich hiervon zu überzeugen. Der Papst machte sich, nachdem er ihn umgestimmt, selbst zum Mittelsmann zwischen ihm und König Friedrich und empfahl diesem, sich dem Grafen freundlich zu erweisen, damit die andern noch Zögernden zur Nachfolge aufgemuntert würden.[2])

Die Schlacht von Bouvines und ihre Wirkungen.

Es hat jedoch eines entscheidenden Umschwunges in den Geschicken des Reiches zugunsten des Staufers bedurft, ehe die Partei des Sizilisch-Deutschen Königs in Tuszien ihr Haupt kühner zu erheben wagte. Zwei Jahre hindurch hatte die Wage des Kampfes in Deutschland geschwankt; weder war Friedrich ganz Herr geworden, noch hatte Otto den Gegenkönig zu verdrängen vermocht; in den deutschen Thronstreit spielte der fortwährende Hader der Herrscher von Frankreich und England hinein, denn Philipp August war dem Staufer verbündet, Johann von England hielt zu dem welfischen Neffen. Nun glaubte dieser in demselben normannischen Abenteurersinn, der ihn verführt hatte, die Krone des Reiches durch den Zug gegen Sizilien aufs Spiel zu setzen, vermittels eines Vorstoßes gegen den Franzosenkönig seinem englischen Onkel trotz eigener Bedrängnis Hülfe leisten, den Verbündeten des eigenen Nebenbuhlers schwächen und strafen zu können. Der blutige Tag von Bouvines, der 27. Juli 1214, erhöhte den Ruhm Frankreichs, verminderte die deutsche Waffenehre und vernichtete unwiederbringlich Ottos des Vierten Macht. Das kaiserliche Heer ward geschlagen, und zerschmettert lag auf dem Schlachtfelde der Bannerwagen des Reiches, dessen vergoldeter Adler stürzend die Flügel gebrochen hatte. König Philipp August ließ sie wieder herstellen und sandte das Wappentier als Geschenk an König Friedrich. Für die Menschen des Mittelalters hatten Symbole eine tiefe Bedeutung; dieses drückte aus, daß der Jüngling von Sizilien, der die Anwartschaft auf die Herrschaft im Reich dem päpstlichen Vormunde verdankte, die Herrschaft selbst nun dem französischen Monarchen danken solle. Er wird das Geschenk, obwohl es ein demütigendes war, mit Freuden empfangen haben, aber mit dem stillen Vorbehalt, seine Sache auf niemanden

---

[1]) 1213, 16. Februar. Reg. Imp. 692.

[2]) Forsch. usw IV, S. 5. „Innocenz III. und Graf Guido Guerra."

zu stellen, als allein auf sich selbst. Die Schlacht an der Brücke zu Bouvines aber machte weithin einen mächtigen Eindruck. Der erste florentiner Chronist, der des Martinus Polonus Geschichten der Kaiser und der Päpste in das wohllautende Idiom seiner Heimat übersetzte und leider, dürftig genug, auch etwas über die Geschichte seiner Vaterstadt hinzufügte, der Richter Piero Bonfante, hat der Schlacht „al Ponte al Bovino", wie er sie mißverständlich nannte, eingehend gedacht, und da es ohne Legendenbildung in Florenz nicht leicht abging, dem einen französischen Siege noch einen weiteren am gleichen Tage hinzugedichtet, den der Sohn des französischen Königs über Johann von England erfochten haben sollte.[1])

Abfall des kaiserlichen Reichsboten für Toskana von Otto IV.

In Toskana machte sich die Wirkung der Niederlage Ottos am ersten und am meisten am Zentrum der kaiserlichen Machtstellung fühlbar. Derjenige, dem der Welfe seine Stellvertretung und die oberste Verwaltung des Gebietes anvertraut hatte, fiel von ihm ab und zog die Bürgerschaft von San Miniato mit auf die Seite des staufischen Königs hinüber. Wir sahen, wie auf der Reichsburg noch im Jahre zuvor im Namen des Kaiserboten Eberhard Recht gesprochen wurde und wie San Miniato sich für Otto als Stützpunkt kaiserlicher Gewalt über Toskana hielt; im Jahre nach der Entscheidung von Bouvines finden wir Eberhard von Lautern in Deutschland unter den Großen im Gefolge des Königs Friedrich. Er scheint, während er, den Kaiser verratend, über die Alpen eilte, die Behauptung der Burg einem Vertrauensmann übergeben zu haben, den er als Kastellan einsetzte, dessen Name uns jedoch unbekannt bleibt; vor allem aber scheint er im Namen dessen, den er jetzt als seinen Herrn betrachtete, das Kastell dem Schutz der Bürgerschaft anvertraut zu haben, denn kurz darauf pries Friedrich in hochtönenden Worten „die Ergebenheit und die genehmen Dienste seiner Getreuen von San Miniato sowohl gegen ihn, wie gegen seine göttlich erhabenen Vorgänger". Zum Lohn dafür, und wir müssen hinzufügen für den Verrat an Kaiser Otto, gab er ihnen den Ort San Genesio unten in der Ebene zwischen Arno und Elsa zu eigen, wo der Welfe bei seinen Aufenthalten in Toskana mit Vorliebe geweilt und wo man ihm schon aus Gegnerschaft gegen das stets feindliche San Miniato droben, die Treue gewahrt haben wird. Es war fast eine Vernichtung der Existenz (die wirkliche Vernichtung sollte später folgen), daß der Kaiser dem Orte die Straße entzog, die von Florenz nach Pisa durch San Genesio ging, während nun San Miniato das Recht erhielt, sie mit einem Umwege durch sein Gebiet hindurch zu führen;[2]) die Kommune hat da-

[1]) Bonfante (vgl. Forschungen usw. I, 165 und IV „Zur Florentiner Historiographie"), Florentiner Nationalbibliothek II, II. 411 f. 30. — Entsprechend Villani V, 35. Der Passus über die Schlacht von Bouvines ist der umfangreichste Zusatz, den Bonfante zur bloßen Übersetzung des Martinus Oppaviensis machte.

[2]) Über die Lage des seit Jahrhunderten verschwundenen San Genesio zwischen Arno und Elsa und die Ausdehnung des kleinen Ortes (er bedeckte nur ca. 45000 Quadratmeter) gibt die Urkunde der Grenzfeststellung zwischen Florenz und San Miniato

durch für den Warenverkehr zwischen der blühenden Binnenstadt am Arno und dem Hafen an seiner Mündung, für Offenhaltung und Sperrung des Weges von Florenz nach dem Meere in allen zahlreichen Wechselfällen und Kriegsläufen der Folgezeit eine große Bedeutung gewonnen. Wie deutliche Anzeichen ergeben, muß diese Gunst der von der Reichsburg überragten Stadt unter Eberhards Vermittlung gewährt sein; der Herr von Lautern hat der Landschaft, an deren Spitze er gestellt war und in der er das Reich vertrat, nicht eben ein Beispiel deutscher Treue gegeben, aber gerechte Erwägung muß zu seiner Entschuldigung gelten lassen, daß er einsehen mochte, wie nach der Katastrophe von Bouvines Toskana dauernd für Otto überhaupt nicht mehr, für das Reich aber nur noch unter dem Adlerbanner des Staufers zu behaupten war.[1])

Entstehung der Guelfen- und der Ghibellinen-Partei in Florenz.

Während nach dem Verschwinden Eberhards und nach seinem Übertritt zur siegreichen Partei, der die Zukunft zu gehören schien, fast ringsum in Toskana der Rest der Herrschaft Ottos zusammenbrach,[2]) hat die florentiner Bürgerschaft ihre Haltung zunächst nicht verändert. Es schien nun gerade im Interesse der Unabhängigkeit der Stadt gelegen, sich zur Partei des Welfen zu bekennen, was jetzt nur soviel hieß, daß man den König Friedrich nicht gelten ließ und damit überhaupt das Reich und dessen Ansprüche ignorierte, da ein legitimer Vertreter derselben nicht mehr im Lande vorhanden war. Keine Stellungnahme konnte klarer durch die Umstände geboten, keine für die Stadt günstiger sein, keine war allerdings auch der Vorfahren des Niccolò Machiavelli würdiger als diese, daß man sich für reichstreu erklärte aus Abneigung gegen das Reich und für kaiserlich, weil eine kaiserliche Gewalt nicht bestand. Die Stadt nahm die Jurisdiktionsrechte der einstweilen erloschenen Reichsmacht an sich; eben jetzt tritt zuerst die Existenz eines Appellationsgerichtes in Florenz hervor, das bei Or San Michele seinen Sitz hatte, während bis dahin die kaiserlichen Judices die Rechtsstreitigkeiten in zweiter Instanz entschieden hatten. Die Appellationsgerichtsbarkeit aber galt noch zur Zeit des ersten Habsburgers, unter bereits völlig veränderten Verhältnissen, als eine der wichtigsten Gerechtsame, die man sich bemühte, den Kommunen wieder zu entziehen und an das Reich zurückzubringen.[3])

Doch ließen sich die Stimmen derer nicht völlig zum Schweigen bringen, die für Befolgung der päpstlichen Gebote, die für den königlichen Schützling

vom Oktober 1297 (Lami Mon. I, 404) genaue Auskunft. Das Territorium der zerstörten Stadt war inzwischen an Florenz gekommen.

[1]) Forsch. usw. IV, S. 7. „Der Übertritt des Präses von Tuszien, Eberhard von Lautern, zur Partei König Friedrichs."

[2]) Die näheren Anführungen betreffs des Parteiwechsels sind in der Abhandlung „Die Entstehung der Guelfen- und der Ghibellinen-Partei", Forschungen usw. IV, zusammengestellt.

[3]) Erste Erwähnung eines Appellationsrichters 1214, 27. November. Santini 378. — Einspruch gegen das Funktionieren eines solchen in San Gimignano, weil dieses eine Verletzung der Reichsrechte bilde, durch den Hofkanzler und Reichsvikar Rudolf i. J. 1282, Forschungen usw. II, Regesten 1657; 1663.

des Innocenz eintraten und ein wilder Ausbruch persönlicher Leidenschaften sollte bald die Bürgerschaft in zwei feindliche Lager teilen, in denen man Namen und Feldruf von den großen Gegensätzen und Kämpfen im Reiche hernahm; in dem einen hißte man über Familienhader, Nachbarzwist und persönlichen Haß das Banner des Welfenhauses, im andern die Adlerfahne des Staufergeschlechtes.[1]) Der Kampf um die Krone des Reiches hätte auch in Florenz, wie überall sonst, seinen Widerhall gefunden, und die Kontraste hätten auch hier ausgekämpft werden müssen, aber es wäre nicht eine durch viele Generationen fortwirkende Zerrissenheit entstanden, unendliche Zerstörung und namenloser Jammer wären nicht die Folge dieses Konfliktes gewesen, hätte der Hader nicht gleich als Mitgift den Wortbruch empfangen, wäre seine Morgengabe nicht Mord und Blutrache gewesen. Die Phantasie hat nachmals die Kämpfe der Guelfen und der Ghibellinen als das Werk zweier Dämonen, „Gibel" und „Gualef", gedeutet; von ihnen hätten die Parteien den Namen erhalten;[2]) in der Tat waren sie die Wirkung dämonischer Kräfte, aber solcher, die schlummernd und leicht geweckt in der Menschenbrust ruhen. Aus dem Haß eng nebeneinander lebender Menschen, die zu täglicher Berührung gezwungen waren, aus dem Grimm verfeindeter Familien, die Turm an Turm hausten, aus der Reibung von tausend kleinen und kleinlichen Interessen sind sie hervorgegangen. Daß dieser Zwist sich von Hause aus, und dann immer erneut mit den stets wieder hervorbrechenden Kämpfen der großen Mächte der Zeit eng und enger, zuletzt unauflöslich verschlang, hat ihm seine Dauer und seine schauerliche Kraft gegeben, doch seinen Ausgangspunkt bildeten persönliche Händel, die sich zu städtischem Parteihader und zum Bürgerkampf erweiterten; der große geschichtliche Charakter dieser Fehden war anfänglich ein angenommener und erborgter; allmählich erst ist Kleines und Großes, das Ursprüngliche, Grundlegende und das nur Hinzugekommene so ineinander aufgegangen und hat sich durch immer neuen Zuwachs von Haß derart vermehrt, daß die Mitlebenden das eine von dem andern nicht mehr unterschieden haben, daß sie ohne viel nach Gründen und Ursprung zu fragen, von Geschlechts- und Parteiwegen, aus Überlieferung die Gegner haßten, Grimm und Verfolgung gegen

---

[1]) Wenn Villani V, 41 zu 1218 erwähnt „i Fiorentini feciono giurare tutto il contado alla signoria del commune", so bezieht er das durch die folgenden Worte auf Gebiete der Guidi, der Grafen Alberti und anderer Feudalherren. Der Reichsrechte über die Grafschaft, soweit sie der Kommune nicht verblieben waren, hat Florenz sich, wie wir sahen, nach dem Fortgange des Eberhard von Lautern bemächtigt.

[2]) Petri Azarii notarii Novariensis Chronicon de Gestis Principum Vicecomitum 1250—1372 Murat. Ss. XVI, col. 299. Aber mit etwas mehr Weisheit fügt der Novareser Notar hinzu: wären diese Parteien nicht, so würden zwei andere, schlimmere entstehen. Er meint: solche Irrungen würden erst mit dem Verschwinden des Menschengeschlechtes aufhören. — Vom Walten zweier weiblichen Dämonen, die über Tuszien in den Lüften schwebten, „Gebellia" und „Guelfa", leitet Saba Malaspina (Baluze-Mansi. Miscellanea I, 232) den Kampf der Parteien her.

die Widersacher als eine von den Ahnen ererbte heiligste Pflicht betrachteten. Die Dämonen haben gute Arbeit getan!

Die Geschichte von Florenz wird für eine kurze Weile zur tragisch gefärbten Novelle. Sie wird es so sehr, daß man in neueren Zeiten geglaubt hat, nicht die Wirklichkeit, nur der Dichter und Erzähler könne in seiner Phantasie die Ereignisse so rund, so in schneller Verkettung von Ursache und Wirkung gestalten und in der Tat hat der Bericht dieser historischen Geschehnisse schon im Trecento seine Stelle in Sammelbänden florentiner Erzählungen gefunden. Doch war es hier das Leben selbst, das aus jäh erblühender Neigung, Rache, Tod und Bürgerkrieg eine ergreifende Dichtung gestaltet hat.

Ritterweihe des Mazzingo Tegrimi.

In den ersten Wochen des Jahres 1216, als der Ritter Gherardo Rolandini aus Bologna Podestà war, feierte Mazzingo Tegrimi aus dem vornehmen Geschlecht der Mazzinghi, dessen Burg und Landbesitz bei Campi, sechs Miglien von der Stadt in der Richtung gegen Prato zu lag, seine Ritterweihe unter starker Beteiligung städtischer Standesgenossen in der üblichen Art durch Ritterspiele und festliches Mahl. Zu solchem „Hof“, wie man derartige Veranstaltungen nannte, pflegte, wie zu vornehmen Hochzeiten, viel fahrendes Volk herbeizuziehen, Gaukler, Sänger, Spaßmacher jeder Art, damals „Giocolatori“, später „Giullari“ genannt, die durch ihre Künste, häufig durch plumpe, handgreifliche Scherze, die Gäste zu erheitern hatten, und nicht selten kam es vor, daß sie angestiftet wurden, dem einen oder andern einen Spott und Schabernack zu bereiten, wofür sie dann ihrer Tracht Prügel von dem Verspotteten, aber auch einer Entlohnung an Geld oder Gewändern vonseiten des Anstifters sicher waren. Als man in Campi zu Tische saß, glaubte einer der Gaukler die Gesellschaft lachen zu machen, indem er dem Ritter Uberto aus dem Hause Infangati den wohlbesetzten Teller unter den Händen fortzog. Nach Sitte der Zeit pflegten zwei Gäste von derselben Platte zu essen; der Tisch- und Tellergenosse des Infangati war der Ritter Buondelmonte de' Buondelmonti und dieser nahm den blöden Scherz sehr ernst; es gab einen Streit, bei dem sich ein anderer Ritter, Oddo Arrighi, aus dem Geschlechte der Fifanti, ein Mann, der später durch seine Händelsucht einen Krieg mit Pisa heraufbeschwören sollte, mit Wut und vielen Vorwürfen gegen den Infangati wandte, dem der Streich gespielt worden war; dieser rief laut: Oddo Arrighi lüge in seinen Hals hinein, worauf der so Beschimpfte ihm einen Teller mit Fleisch ins Gesicht warf. Das ganze Fest geriet in Tumult, und als das gestörte Mahl beendet war, als man die Tafeln fortgetragen hatte, stieß der Buondelmonte, wohl eben so heiß vom Weine wie vom Zorn, nach Oddo Arrighi mit dem Messer und verwundete ihn am Arm. In gärendem Grimm kehrten die Teilnehmer der übel beendeten Ritterweihe in die Stadt und in ihre Häuser zurück. Die Schmach und Verwundung verlangte nach Sitte der Zeit Rache oder friedlichen Ausgleich, Vergebung durch Vertrag und Friedenskuß. Oddo Arrighi versammelte Freunde und Verwandte zur Beratung über das, was geschehen solle; es kamen außer den Fifanti die Grafen von Gangalandi, deren Besitzungen am Arno gegenüber Signa lagen, die Uberti, das mächtigste aller städtischen

Adelsgeschlechter, die Lamberti, nach ihnen die ersten an Macht, wie an Burgen in der Landschaft, endlich die Amidei, die mit Oddo Arrighi verschwägert und die zugleich seine Nachbarn waren, denn ihre Türme ragten neben denen der „Oddarighi“, wie dieser Zweig der Fifanti hieß, an der Arnobrücke bei der noch bestehenden Kirche Santo Stefano empor. In dieser Zusammenkunft beschloß man, den Haß zu begraben; es sollte Friede geschlossen und dieser durch einen Ehebund befestigt werden; der Buondelmonte sollte die Nichte des Oddo Arrighi, Tochter des Lambertuccio Amidei „vom Brückenkopf“ heiraten; die Amidei waren ritterlich lebende Kaufleute und wohl auch schon damals, wie es für später nachweisbar, Geldleute, die den Wucher nicht verschmähten. Der Vertrag wegen des Verlöbnisses und der Friede wurden geschlossen, sicherlich in der üblichen Form des notariellen Vertrages, der für den Fall der Nichtbeobachtung eine Geldstrafe festsetzte; der öffentliche Schwur wegen Vollziehung der Ehe sollte alsbald folgen. In der Stadt sah man sich um einen Hader ärmer und um eine Verlobung reicher; diese aber erregte das besondere Mißvergnügen einer Frau, die gern die eigene schöne Tochter an der Seite des geehrten, reichen Ritters sehen wollte; durch sie, der in der Hölle Dantes eine Stelle unter den Erregern von Zwietracht gebührt hätte, wurde der böse Samen gestreut. Diese Frau war Gualdrada, die Gattin des Forese Donati, die zur Großmutter des Corso Donati wurde. Durch das unheilvolle Geschlecht sollte wie jetzt, so nachmals der giftigste und folgenschwerste Hader über die Vaterstadt heraufbeschworen werden. Aus dem Grabe, das sich mehr als ein Jahrhundert später dem Sänger der drei Reiche in der Verbannung, wie aus jenem, das sich dem Ritter Buondelmonte in der Heimat öffnete, riefen rächende Geister denselben verhängnisvollen Namen der Donati.

Verlobung des Buondelmonte mit der Tochter des Amidei.

Gualdrada sandte Botschaft an den Verlobten der Amidei; er kam und in geheimer Zwiesprach warf sie ihm vor, er habe nicht aus Neigung, sondern aus Furcht vor Rache ein Weib zu nehmen gelobt. Sie zeigte ihm das blühende Mädchen, das vielleicht längst heiße Liebe zu ihm hegte; sie sagte ihm, an der Seite der Aufgezwungenen, die häßlich sei, wie eine Äffin, würde er als ein Verlachter, an der Seite ihrer Tochter aber als ein geehrter Ritter durchs Leben gehen. Auf seine Antwort, daß er den Schritt zurück nicht mehr tun könne, erbot sie sich, die durch den Vertrag festgesetzte Strafe zu zahlen. So erlag er der Versucherin und den eigenen, erglühten Sinnen. Für den folgenden frühen Morgen, den des 11. Februar, war die eigentliche öffentliche Hochzeitsfeier der Amidei festgesetzt; sie sollte nach der florentiner, auch in vielen andern Städten üblichen Sitte mit der Beschwörung des Ehevertrages auf offener Straße gegenüber dem Haupteingange einer Kirche, hier des Gotteshauses von Santo Stefano al Ponte, beginnen. Die Tochter des Lambertuccio Pandolfini degli Amidei harrte festlich geschmückt mit ihrem Brautgefolge an der Arnobrücke, dort wo als rätselhaftes Wahrzeichen das verstümmelte, für eine Statue des Kriegsgottes geltende Reiterstandbild den Übergang über den Fluß bewachte, das man aus Ehrfurcht vor seinem Alter und mehr noch aus Scheu vor seinen dämonischen Kräften bei festlichem Anlaß mit Blumen und Laub

Wortbruch und Rache.

zu kränzen pflegte.[1]) Da hörte man, daß das Warten vergeblich sei, weil der Bräutigam sich nach dem Hause der Donati im Sechstel Porta San Piero begeben und dort der Tochter des Forese die Ehe geschworen habe. Die beschimpfte Amidei kehrte unter das elterliche Dach zurück, ihr Vater aber versammelte in der nahen Kirche Santa Maria sopra Porta die Freunde zum Ratschlag über die Sühnung der erlittenen Schmach. Die Uberti und die Lamberti führten dabei am lautesten das Wort, wohl schon in der Absicht, dem bösen Handel, der einstweilen über das Maß des Familienhaders noch nicht hinausgewachsen war, einen politischen Charakter zu geben; von den andern Freunden der Amidei riet einer, man sollte den Buondelmonte zwingen, die Verschmähte in einer Art, die ihn demütigte, um Verzeihung zu bitten; ein anderer schlug vor, der Vater solle vor die Häuser der Buondelmonti reiten, den treulosen Bräutigam herausfordern und dem Wortbrüchigen mit einer Gerte ins Gesicht schlagen. Mosca de' Lamberti aber, auf dessen Wort man hörte, und nicht nur in Florenz, denn entfernte Städte vertrauten ihre Regierung den festen Händen dieses Mannes ohne Erbarmen an,[2]) Mosca de' Lamberti meinte, wer den Buondelmonte schlüge oder verwundete, könne getrost schon vorher sein Grab graben lassen; derart müsse man sich rächen, daß ganze Arbeit geschähe; nur vollzogene Tat habe einen Sinn: „Cosa fatta capo ha!“ Er drang durch, und man beschloß, die tödliche Vergeltung an festlichem Tage und an derselben Stelle zu üben, an der die Braut und ihr Gefolge umsonst des Verlobten geharrt hatten.

Am Morgen des Ostermontags waren gerade zwei Monate seit jener Stunde verflossen; die Verschworenen hatten sich im Hause des Lambertuccio Amidei bei Santo Stefano versammelt; hier lagen rings umher die Häuser seines Geschlechtes, denen der Turm Treppiedi und ein anderer, Bigoncia genannt, den Amidei und den Oddarrighi gemeinsam gehörig, ferner auf der gegenüberliegenden der Via Por Santa Maria der Turm Bigonciuola als Schutz und Festung diente.[3]) Der Weg des Buondelmonte von seinem Hause

[1]) Chiose anonime (zur Göttl. Komödie), ed. Selmi, p. 79 Anm., nach Cod. Laur. XL, 2. — Es sei für diesen Gebrauch auch die Stelle aus Cod. Laur. XL, 14 hier angeführt: „. . . . e se ivi non ponessero (die Florentiner) fiori e fronde d'alberi, esso Marte coll' arte sua distruggerebbe Firenze. Cave!“ — Eine urkundliche Erwähnung der Mars-Statue, als gegenüber den Häusern der Amidei und „justa pontem veterem“ stehend, befindet sich in der Urkunde vom 12. November 1296 (SAF. — S. Matteo in Arcetri). Es handelte sich um Errichtung einer Loggia der Kommune „justa Martium“.

[2]) Viterbo 1220 und 1221; Todi 1227. Vgl. „Die Entstehung der Guelfen- und der Ghibellinen-Partei“, Forschungen usw. IV, wo auch die auf Mosca Lamberti und seinen Ratschlag bezügliche Stelle der Göttlichen Komödie, sowie die Äußerungen der alten Dante-Kommentatoren erörtert sind. — Die vier Worte des Mosca lassen sich nicht in ihrer Prägnanz ins Deutsche übertragen; sie haben die Schärfe eines Schwertstreiches.

[3]) Die Bigonciuola steht noch als letztes Überbleibsel von dem Gebäudekomplex der Amidei aufrecht.

bei San Felice in Piazza zum Dom führte über die Arnobrücke, und man wußte, daß er sich beim Kirchgang am Feiertage in aller Pracht zeigen würde. Er nahte auf weißem Zelter in weißem Gewande, mit flatterndem Mantel aus weißer Seide, einen Blumenkranz auf dem Haupt, und die schöne junge Gattin ritt ihm zur Seite. Da stürzte am Postament des altersgrauen Steinbildes zuerst Schiatta, das Oberhaupt des Hauses Uberti, auf ihn ein; mit einem Schlage des Streitkolbens streckte er ihn vom Pferde; Mosca Lamberti, der Vater der jungen Amidei, und der Graf von Gangalandi führten mit ihren Schwertern Hieb auf Hieb gegen den am Boden liegenden, und Oddo Arrighi de' Fifanti stürzte sich mit dem Messer auf ihn, schnitt ihm die Adern auf und gab ihm den Todesstoß. Die beschimpfte Amidei mochte, während die Osterglocken die Gläubigen zur Kirche luden, vom Fenster oder Söller her zusehen, wie teuer ihr der Treulose den Verrat bezahlen mußte. Auf den Tumult hin strömte das Volk zusammen; Geschrei und Jammer erhob sich, man schaffte eine Bahre herbei und legte den Toten darauf; zu der Leiche stieg die Jungvermählte auf das traurige Gerüst; weinend bettete sie das blutige Haupt des Ermordeten in ihren Schoß, und so bewegte sich der Trauerzug, Rache heischend, durch die Straßen nach Santa Reparata, wo der Erschlagene bestattet wurde. „Und an diesem Tage", sagt der Chronist, der den Vorgang am genauesten berichtet,[1] „begann die Zerstörung von Florenz, und zuerst hörte man neue Worte, nämlich Guelfen-Partei und Partei der Ghibellinen."

„Partei des Guelfen" und „Partei des Ghibellinen".

Nicht ganz buchstäblich ist dies richtig; die Namen erhielten diese Form erst später und lauteten anfangs: Partei des Guelfen und Partei des Ghibellinen, wodurch ihr Ursprung klarer und ihre Beziehung auf die beiden um das Reich hadernden Herrscher auf das schärfste bezeichnet wurde. Nachdem der oberste Reichsbeamte Tusziens die Partei gewechselt hatte, und seit auf der Reichsburg das staufische Banner wehte, mußten die Vertreter König Friedrichs auch in Florenz Beziehungen angeknüpft haben. Da die Uberti und die Lamberti Führer der königlichen Faktion gegen die kaiserliche wurden, die Uberti auch schon vor Jahrzehnten Anhänger des staufischen Hauses gewesen waren,[2] darf man glauben, daß sie schon vor dem offenen Ausbruch der Spaltung mit den Anhängern Friedrichs im Einvernehmen standen und die Privatrache mit voller Absicht ihren politischen Zwecken dienstbar machten, indem sie unter

[1]) Die sogenannte Chronik des Brunetto Latini („Pseudo-Brunetto") S. 225; der Bericht gedruckt bei Hartwig, Quellen u. Forsch. II, 223 s. Alles Nähere in der mehrerwähnten, die obige Erzählung durch kritische Erörterung der Quellen ergänzenden Abhandlung über das Entstehen der Parteien.

[2]) Bd. I. 555. — Zu jener Stelle und zu S. 578, 590 f., 599 u. Forsch. usw. I, 128 ist zu erwähnen, daß die dort ausgesprochene Vermutung, der den Uberti verwandte Arrigo von Montespertoli sei identisch mit dem deutschen, 1185 erwähnten Amtsgrafen des Komitats Florenz durch die eine der Zeugenaussagen widerlegt wird, die der Verf. unter dem Titel „Una monaca del duodecimo secolo" im Arch. Stor. Ital. Ser. V, tomo 22 veröffentlicht hat (p. 9 u. 14 des Separatabzuges).

diesem Vorwand eine geschlossene Partei um sich scharten, deren Interesse sie mit dem ihren verknüpften. Mochte für Lambertuccio Pandolfini degli Amidei nach der gültigen Auffassung die seiner Tochter angetane Schmach eine Entschuldigung bilden, den andern Beteiligten drohte schwere Strafe, und mit den Führern wahrscheinlich zahlreichen andern von den Ersten und Vornehmsten, die mit ihnen an dem Morde beteiligt waren. Daß man lieber kämpfte als sich fügte, verstand sich von selbst und ebenso, daß man in diesem Kampf gegen die städtische Autorität, der die Sühne der Untat oblag, und die sich zur Partei des Guelfen bekannte, den Namen des Staufers als Feldgeschrei wählte. Man erhob dadurch den privaten Streit der Geschlechter und den Versuch, sich der Verantwortung zu entziehen, zur allgemeinen Angelegenheit, gewann Bundesgenossen in der Stadt und draußen und konnte, wie die Dinge lagen, wohl darauf hoffen, durch den König, der den Welfen besiegt, und der in Oberitalien längst eine starke Partei für sich gewonnen hatte, bald mindestens indirekte Hülfe zu erlangen. So bewaffneten sich die Häuser, die Türme der Uberti, der Lamberti, der Fifanti, der Amidei und vieler anderer Geschlechter nicht nur gegen die Rache heischenden Buondelmonti und ihren sicherlich großen Anhang im Volk, sondern gegen das bisherige Stadtregiment, gegen alle, die die Politik städtischer Unabhängigkeit unter dem nichts mehr bedeutenden Banner des Welfen verfochten. Bei ihrem ersten Hervortreten erwies sich die neue städtische Partei des Ghibellinen derart mächtig, daß sie den Sieg über das Stadtregiment errang, der freilich, wie er gegen die eigentliche Gesinnung und Überzeugung der Mehrheit des Bürgertums gewonnen war, nicht lange behauptet werden konnte. Der Podestà Gherardo Rolandini wurde vertrieben und eine andere Persönlichkeit aus demselben Bologna an die Spitze der Stadt berufen, doch aus einem Hause, das in aller Zukunft mit Entschiedenheit für die Sache der Staufer gekämpft und viel für sie gelitten hat. Dies war der Ritter Andalò, den man seit dem August 1216 im Amte der Podestà von Florenz nachweisen kann.[1]) Ein Teil der im Bürgerkampf Unterlegenen wurde, wie sich aus vereinzelter Spur ermitteln läßt, in die Verbannung gedrängt.[2])

[1]) Der Podestà Dominus Gherardus Rolandini ist in Urkunden von 1216, 12. Februar (Santini p. 179) und 6. März (Sanioli, Annali Bologn. p. 367) genannt; Dominus Andalus am 16. August (SAF. — Badia) und mit dem Zusatz „Bononiensis civis" am 6. September (Spoglio Strozziano von Urkunden im Besitz des Senators Carlo Strozzi, SAS. — Strozz. Serie II, 60, p. 24). — Über die Familie Andalò vgl. Gozzadini, Cronaca di Ronzano. — Die Angabe des Paolino Pieri zu 1216: Andalò aus Bologna sei vom 1. Januar bis Ende Juli Podestà gewesen, dann aber wegen schlechter Führung entlassen und durch zwei „Capitani" ersetzt worden, wird durch die Urkunden als irrig erwiesen.

[2]) In den (undatierten) Zeugenaussagen, die sich auf die in Volterra und dessen Gebiet zur Zeit des Podestà Ildebrandus Romei aus Florenz (1217) schwebenden Kämpfe beziehen (Kapital-Archiv zu Volterra Nr. 199), heißt es: Mercederius (ein Volterraner Edler) habe im Turm zu Aquaviva einen Peruginer, Namens Achilles, gefangen gehalten,

Der Name der Partei des Guelfen heischt selbst in der italienischen Form des Wortes keine Erläuterung, und einfach genug erklärt sich auch der, den die Gegenpartei sich beilegte, soviel Kompliziertes auch darüber im Laufe der Zeiten geschrieben ist. Nicht, wie allzu tief schürfende deutsche Gelehrsamkeit ermittelt zu haben glaubte,[1]) von den Nibelungen stammt der schicksalsreiche Name her, sondern von der Italianisierung des schwäbischen Städtchens Waiblingen, das in der Rechnungsführung der päpstlichen Kammer Ende des zwölften Jahrhunderts „Wibeligen" und in Florenz im Jahre 1319 „Wiblinghe" genannt wurde. Daß daraus das italienische „Ghibellino" und „Ghebellino" entstanden ist, hat nichts Auffälliges; auffälliger aber erscheint es, daß man das mächtige Geschlecht nach dem kleinen Ort benannte. Indes belehrt uns eine deutsche Chronik, daß Kaiser Friedrich Barbarossa sich selbst gern einen „Waiblinger" nannte, und damit erinnerte er daran, daß sein Geschlecht Blut vom Blute der salischen Kaiser in sich hatte, die Waiblingen besaßen und häufig nach diesem Ort benannt worden waren. Durch die salische Herrschaft kam Waiblingen an das Staufer-Haus, und dieses hat auch äußerlich bezeugt, wie hohen Wert es auf die Abstammung legte, indem man wieder und wieder ehelichen und unechten Sprossen die Namen der Kaiser Heinrich und Konrad beilegte, bis zu jenem schönen Jüngling, mit dem die Reihe staufischer Herrscher auf dem Blutgerüst zu Neapel endete. Suchte nun die Partei, die sich zu Florenz neu bildete, nach einer Benennung für den, mit dessen Banner sie ihre Interessen deckte, so ergab sich der des „Wiblino" oder „Ghibellino" als der nächstliegende. Längst hatten vornehme Anhänger des staufischen, und schon zuvor des salischen Geschlechtes, ihren Söhnen öfter den Namen „Guibelino" gegeben, wie übrigens andere als Huldigung für die durch den Gatten der Großgräfin Mathilde und den Herzog Welf in Italien bekannt gewordene Familie ihre Kinder Guelfo genannt haben. Der Name „Staufer" war ungewohnt und noch nicht im Gebrauch; hätte man von dem „Suevo" gesprochen, so hätte man an den unglücklichen Philipp, Herzog von Schwaben, unbeliebten Andenkens erinnert, der ja, ehe er deutscher König ward, über Toskana herrschte, und so ergab sich die Benennung der Partei als Partei des Ghibellinen fast von selbst. Doch liegt in dem alten Glauben, daß von einem Namen eine Wirkung auf die bezeichnete Person oder Sache übergehe, ein Körnchen Wahrheit, denn Namen verpflichten die einzelnen auf einen gewissen Grad, halten Gruppen zusammen und geben ihnen eine gewisse Richtung. Faktionen der

„quem ceperat quidam Florentinus consanguineus ejus, banditus de Florentia pro quadam guerra." Nur Bürgerkampf kann gemeint sein; auswärtige Kriege führte Florenz zur Zeit nicht, auch wären solche an sich kein Grund zur Verbannung gewesen.

[1]) Über die Behauptung Albert Schotts (1846) und die Zurückweisung der phantastischen Annahme durch Jakob Grimm siehe in unserer Abhandlung über die Entstehung der Parteien a. a. O. Ebendort findet sich die nähere Begründung dessen, was über die Namen oben angeführt ist.

Uberti und der Buondelmonti hätten sich wahrscheinlich schneller ausgelebt und ausgetobt, als Parteien, die ihren Namen von den großen Konflikten im Reich hernahmen, von Konflikten, die sich bald zu den noch tieferen zwischen Priesterherrschaft und weltlicher Macht wandeln sollten. Überall in der Lombardei, in der Romagna, wie in Toskana, gab es jetzt, oder in der nächsten Folgezeit Spaltungen; so klein war kein Ort, daß sich in ihm nicht zwei Gruppen voll wilden Hasses gegenüber standen, die von den leitenden, verfeindeten Geschlechtern den Namen führten oder mit einem Spottitel oder mit, von ihren äußern Abzeichen hergeleiteten Worten bezeichnet wurden. Es wäre ermüdend, die verklungenen, mit Blut geschriebenen Benennungen hier in langer Liste anzuführen; weil sie aber alle örtlich bedingt und gebunden waren, ist keiner von ihnen imstande gewesen, die andern zu übertönen und zu verdrängen. Nur die der Guelfen und Ghibellinen sind durch die Jahrhunderte gegangen, weil sie von ihrem Entstehen an über die lokalen Zwistigkeiten hinaus an die großen, die Zeit bewegenden Kontraste anknüpften; sie haben sich von Florenz aus etwa ein Menschenalter nach ihrem Entstehen zunächst über Toskana, dann sehr schnell über ganz Italien ausgebreitet, um schließlich selbst über dessen Grenzen hinüberzugreifen. In Zeiten, in denen man längst nichts mehr von der Entstehung der Worte und der durch sie bezeichneten Parteien wußte, war man gezwungen, in dem fernen von Uri und Obwald abhängigen Livinental die Streitigkeiten von „Giblingen“ und „Guelfen“ zu verbieten (1403).[1] In Italien liebten es die Familien, die etwas auf sich hielten, noch im 17. Jahrhundert, als das zuvor wild durch die Adern des Volkes stürmende Leben längst zahm und still geworden war, sich als „Guelfen“ oder „Ghibellinen“ zu betrachten, und sich durch die Stelle, wo man den Federbusch an den Hut steckte, durch die Art wie die Frauen den Blumenstrauß am Kleide befestigten, oder wie man Gabel und Löffel auf den Tisch legte, streng voneinander zu unterscheiden.[2] Aus diesen törichten Äußerlichkeiten, die 4½ Jahrhunderte nach dem Entstehen der Parteien im Schwange waren, und denen man noch immer Wichtigkeit und Bedeutung beimaß, mag man erkennen, wie tief die Spaltung und der Grimm in den Zeiten des lebendigen Kampfes gewesen ist; Geschlecht nach Geschlecht wuchs in diesem Haß heran, dessen erste Ursache und Anfänge man, wie später oft frei bekannt wurde, durchaus nicht mehr kannte, der sich aber aus allgemeinen und mehr noch aus lokalen und privaten Gegensätzen immer wieder erneute. Die beste Kraft des blühenden Landes ist in diesen Kämpfen erschöpft und vergeudet worden, und so verlohnte es wohl, bei dem ersten Ausbruche und seinen Einzelheiten zu verweilen. Oft riefen die Geschlechter der Folgezeit seufzend aus: die entsetzliche Zerrissenheit werde wohl, solange es Menschen gebe, niemals verschwinden. Schließlich haben

---

[1]) Schulte, Geschichte d. mittelalterlichen Handels usw. I. 443.

[2]) Gregorio Leti, Italia regnante, Genova 1675, I. 209; hier nach den Anmerkungen zu d'Anconas Edition von Montaigne, Voyage en Italie. p. 427, n. 2, angeführt.

neue Kontraste die alten verdrängt, doch viele Folgen sind geblieben; der wilde Haß, die Wut des Parteikampfes sind leider unverloren, und wie das Guelfentum später zur Partei der Kirche wurde, hat die italienische Kultur es teuer genug bezahlen müssen, daß das Volkstum in seinen Kämpfen gegen das Reich seine hauptsächliche Stütze bei der Kirche fand.

Als der Hader in voller Blüte stand, und seine verheerende Gesamtwirkung noch längst nicht zu übersehen war, klagte ein florentiner Chronist,[1]) durch den Verrat an der Tochter des Lambertuccio degli Amidei und den Mord des Buondelmonte, durch die Krankheit dieser Parteiung sei die ganze Christenheit gespalten, mehr als 300 000 Menschen seien um ihretwillen dahingemordet worden. Fraglos ist die Zahl für die gesamten Kämpfe unendlich viel höher zu greifen, aber es ist eine kindliche Auffassung des lokalen Historikers, wenn er von dem einzelnen privaten Vorgang die gewaltigen Krisen herleitete, die Italien und das Reich im 13. Jahrhundert und darüber hinaus zu durchkämpfen und zu durchleiden hatte; nur die Namen, die einen der bewegtesten Abschnitte mittelalterlicher Geschichte, die eines der anziehendsten und traurigsten ihrer Kapitel charakterisieren, sind in Florenz entstanden. Welche Wandlungen die Parteien nachmals auch durchmachten, der grimme Zwist der beiden Geschlechter Buondelmonti und Uberti, aus denen der Ermordete und derjenige stammte, der gegen ihn den ersten Streich geführt hatte, blieb über das Jahrhundert, blieb weit über die Verjagung der Uberti hinaus bestehen, und noch im Jahre 1307[2]) bezeugte der Rechtsvertreter eines der Buondelmonti in einem Prozeß vor dem Tribunal eines päpstlichen Legaten, dieses Geschlecht lebe seit alten Zeiten in tödlicher oder, wie man sich ausdrückte, in „kapitaler" Feindschaft gegen die Uberti und die Fifanti; so gut wußte man zu hassen, daß noch nach drei Menschenaltern voll wechselseitiger Rachetaten den Nachfahren die Manen des Erschlagenen nicht versöhnt schienen. In derselben Zeit hörte Dante in dem Höllenkreise, in dem jene ihre Strafe finden, die auf Erden Zwietracht gesät, Mosca Lamberti mit blutbeflecktem Antlitz und verstümmelten Gliedern das böse Wort bejammern, das er einst gesprochen; der Dichter aber kündete ihm mitleidlos, wie des Klagenden eigener Stamm im Laufe der Zeit infolge des unter seiner Mithilfe entflammten Haders zugrunde gerichtet sei. Schwer fühlte man den Druck der langen Kette von Schuld und Rache, von Untat und Vergeltung, die die späten Enkel mit dem Ereignis des Ostertages von 1216 verknüpfte.

[1]) Chronik des Pseudo-Brunetto Latini; die Stelle bei Hartwig, Quellen und Forschungen II, 225.

[2]) S. Forsch. usw. IV, S. 51 „die Entstehung usw." in dem Abschnitt „Nachrichten über das Entstehen der Parteien".

Zweites Kapitel.

Der Kampf um die Vorherrschaft in Toskana.

Bald nach dem Ausbruch der Kämpfe in der florentiner Bürgerschaft, acht Monate nach dem Laterankonzil, das den Höhepunkt und Abschluß seiner Wirksamkeit bildete, sank zu Perugia Innocenz III. ins Grab, der den Staufer zum Kampf gegen den Welfen aufgerufen hatte. Mit einem Gefühle des Triumphes mochte er von der Erde scheiden, denn der Kaiser, den er hatte fallen lassen, lag nun wirklich am Boden und dem jungen Günstling, den er erhoben, gehörte das Reich. An seinem Totenbette aber stand, um ihm den letzten schweren Kampf durch seine Gegenwart zu lindern, die liebevolle Persönlichkeit des Franziskus von Assisi und vielleicht floß aus seinen Worten ein tieferer Trost in die Seele des Sterbenden, als ihm der Rückblick auf ein glänzendes Leben gewähren konnte. Sein toter Körper sollte die Eitelkeit aller irdischen Größe erfahren; wie Innocenz, der Könige erhöht und gedemütigt, der einen Kaiser gestürzt hatte, im Dom zu Perugia auf der Bahre lag, plünderten die eigenen päpstlichen Höflinge die Leiche aus, die sie nackt zurückließen;[1] so wenig Achtung bezeugte man der entseelten Hülle des Papstes, der den Kirchenstaat geschaffen und freilich auch der Kirche und der Welt den Keim vernichtender Kämpfe als Erbteil hinterlassen hat. Man war wieder einmal, wie es Brauch der Kurie ist, des politischen Papstes müde, man wünschte ein minder bedeutendes Oberhaupt; und in dieser Hinsicht hat man durch die Wahl Honorius' III. aus dem römischen Hause Savelli keine Enttäuschung erlebt. Honorius war als Kardinal Kämmerer der Kirche und deren Vicecancellar gewesen; er hatte sich als sorgsamer Verwalter erwiesen und ein solcher ist er auch in dem höchsten Amte geblieben, das er elf Jahre hindurch bekleidet hat. Ein Greis von völlig anderer Art, dem nachmals in einem

Innocenz III. † 1216, 16. Juli.

Honorius III. Papst.

[1] Die Mitteilungen hierüber und über den Zustand der Kurie in Perugia beim Tode Innocenz' III., sowie über die Wahl Honorius' III. in dem Briefe des Jacques de Vitry, veröffentlicht von Sabatier im Bollet. di Storia Patria per l'Umbria I, p. 100 ss., auch in der Ausgabe des „Speculum perfectionis" p. 295 ss., und bei Böhmer, Analekten zur Gesch. des Franziskus v. Assisi, 94 ss. Die Anwesenheit des Franziskus am Totenbette des Innocenz meldet Thomas de Eccleston, M. G. Ss. XXVIII, 568.

Alter, in dem der Mensch sonst längst von den Lebensmühen zu ruhen pflegt, für ziemlich lange Zeit die Würde des Pontifikats beschieden war, trat Honorius in den wichtigsten Angelegenheiten zur Seite. Dies war Ugolino, der Kardinalbischof von Ostia, der spätere gewaltige Gregor IX., der aufrichtige Freund des Franziskus und dennoch derjenige, der das Lebenswerk des Heiligen dessen tiefem und lautern Wesen entfremdet hat; der Schützer der ganz nach innen und zu Gott gewandten frommen umbrischen Frauen, die sich der Führung der Santa Chiara vertraut hatten, dessen Streben gleichwohl ganz auf äußere Ziele und auf Herrschaft gerichtet war; der seinen toten Bruder inbrünstig der Fürbitte der Eremiten von Camaldoli empfahl,[1]) der bei ihnen in der Einsamkeit beschauliche Wochen verlebte, der aber im rücksichtslosesten Kampf gegen politische Feinde nie ein Gewissensbedenken empfunden zu haben scheint. Ugolino war aus demselben Geschlecht der Grafen von Segni, dem Innocenz entstammte und vielleicht war er ein Neffe des Verstorbenen. Er hat für jetzt als Legat, er hat später als Papst in die Geschichte von Toskana entscheidend eingegriffen, und er hat in Florenz durch Einführung oder Begünstigung der neuen Orden, durch Vereinigung eines Teiles der Bürger zu einer geistlich-weltlichen Brüderschaft die Kräfte geschaffen und zusammengefaßt, vermittels deren die Kirche später die Stadt in die Kreise ihrer Politik zu ziehen vermochte. Er ist in jeder Hinsicht der vorbereitende Organisator des kirchlichen Sieges über die weltliche Macht gewesen.

Kardinalbischof Ugolino von Ostia.

Doch einstweilen und auf lange hinaus bestand noch zwischen der Kirche und dem staufischen König das innigste Einvernehmen. Die Sehnsucht des Papstes und die des Ugolino war auf einen neuen Kreuzzug gerichtet. Wie es den heiligen Franz nach Afrika trieb, um durch die Predigt, oder durch ein erhofftes Wunder den Sultan von Ägypten zu bekehren, so ersehnten Honorius und der erste seiner Kardinäle das Walten anderer nach ihrer Gesinnung ebenso heiliger Wunder. Durch abendländische Schwerter sollte Jerusalem wieder befreit, sollte der Islam endlich niedergeworfen werden und der zum Kaiser gekrönte Staufer sollte die Völker des Occidents zum Kampfe gegen den Orient führen. Es handelte sich noch um mehr als nur um die Befreiung heiliger Stätten aus den Händen der Ungläubigen; die Niederwerfung des Unglaubens zu Ehren der Gläubigkeit war das Ziel. Was der warm fühlende Franz unklar empfinden mochte, sahen die klugen Männer der Kurie deutlich ein; der Dogmenglaube, den Rom vertrat, war von der Sinnenfreudigkeit und dem Forschertriebe des Ostens, war von der blühenden orientalischen Kultur bedroht, die von Papst und Heiligen nichts wußte und die den Völkern die Möglichkeit

[1]) Auf dem vorletzten Blatt des der Regula S. Benedicti angefügten Liber hymnorum, Florentiner National-Bibliothek, Conventi G. 7. 932, findet sich von einer Hand des beginnenden 13. Jahrhunderts Kopie eines Schreibens: „Dilectis in domino fratribus et amicis karissimis . . . priori et heremitis Camaldulensibus, Hugo miseratione divina Hostiensis et Velletrensis episcopus salutem in Domino.“ „In necessitatibus spiritualibus“ erbitte er die erwähnte Fürbitte für seinen „frequenter recepta penitentia“ verstorbenen Bruder Adinulfus.

eines Diesseits voll Genuß und eine freudige Jenseitshoffnung außerhalb der Lehren der römischen Kirche erwies. Man ahnte nicht, daß man durch diese Kämpfe selbst, daß man durch tausend nahe Berührungen, die ihre Folge bildeten, die Pforten nur weiter öffnete, durch die Freigeistigkeit und Naturbeobachtung, Verfeinerung des Lebens und orientalischer Diesseitsgeist eindringen, auf das Abendland wirken und dazu beitragen sollten, eine neue, geistig unendlich reichere Zeit heraufzuführen.

Um den Kreuzzug zu ermöglichen oder vorzubereiten, den der junge Staufer bei der deutschen Königskrönung zu Aachen 1215 gelobt hatte, schien Friede in Italien, Friede zwischen den Städten und innerhalb der Mauern zwischen den einzelnen Parteien eine der notwendigsten Vorbedingungen. Kaum je in dem Maße, wie im Mittelalter, hingen die bedeutendsten Vorgänge von tausend einzelnen geringfügigen Faktoren ab, und die Verschlingung großzügiger Geschehnisse mit unerheblichen lokalen Vorgängen wirkt leicht verwirrend auf Kinder einer andern Welt, die, wie man sie auch tadeln möge, sich denn doch in den mannigfachsten Beziehungen ins Freiere durchgekämpft hat.

Ugolino, Legat.

König Friedrich hatte aus Deutschland, etwa ein halbes Jahrhundert nach des Honorius Erhebung, eine aus zwei deutschen geistlichen Herren sowie aus dem Markgrafen von Montferrat und dem Kastellan von San Miniato bestehende Gesandtschaft an den Papst geschickt;[1]) des ersteren Mission wird gewesen sein, über die oberitalienischen, des letzteren über die toskanischen Angelegenheiten zu beraten. Schon vorher war der Kardinal Ugolino vom Papst zum Legaten für Tuszien und die Lombardei ernannt worden[2]) und man kann annehmen, daß die Wahl dieser Persönlichkeit in vollstem Einklang mit den Wünschen des deutschen Königs stand; die erste Aufgabe, die sich dem kirchlichen Staatsmanne darstellte, diejenige, die mit dem Kreuzzuge in direktestem Zusammenhange zu stehen schien, war die Friedensstiftung zwischen den großen Seestädten des tyrrhenischen Meeres.

Pisa und Genua.

Pisa hatte 1215 in Frieden die Unterwerfung von Massa Marittima erreicht.[3]) Die Bürgerschaft war einig in dem Widerstande gegen den Willen des Papstes, der Anerkennung König Friedrichs verlangte, und die Hafenstadt bewährte in jeder Hinsicht unter der jahrlangen Führung eines ihrer einheimischen Großen, des Ubaldo Visconti, Macht und Kraft; bald bekleidete

[1]) Reg. Imp. 897 a. Anfang 1217.

[2]) Honorius III. an die Erzbischöfe, Bischöfe und Städte in Lombardei und Tuszien; er teilt ihnen mit, daß er den Legaten zur Vorbereitung des Kreuzzuges und wegen Herstellung des allgemeinen Friedens an sie sende. 1217, 23. Januar. Pressutti 272. — Reg. Imp. 6205. — An Pisa 1217, 6. März. Pressutti 398. — An Siena 13. März; Ibid. 417. Eine Ausfertigung für Florenz scheint nicht erfolgt zu sein, was wohl nicht zufällig ist, sondern tieferen Zusammenhang mit den Vorgängen hat, von denen später zu sprechen ist.

[3]) Pisa, 1215, 22. April. Urkunde der Unterwerfung von Burg und Stadt durch Albert, Bischof von Massa. — SAS. — Provenienz Massa.

er persönlich das Amt eines Podestà,[1]) bald ließ er Konsuln zu Stadtregenten wählen, oder führte auch wohl gemeinsam mit solchen das Regiment, aber in all diesen Jahren war er selbst Seele und Haupt des Gemeinwesens. Mit Genua lag Pisa wegen Sardinien in Fehde; jede der beiden Städte hatte unter den Kleinkönigen der Insel ihre Anhänger, während der päpstliche Stuhl die Oberhoheit über das ganze Eiland für sich verlangte. Die Behörden Pisas, der Rat und Ubaldo waren wegen Sardinischer Besitzergreifungen, und zugleich weil sie noch immer zu dem gebannten Welfen hielten, exkommuniziert. Nun sollte Ugolino nicht nur zu Nutz und Frommen des Kreuzzuges zwischen den hadernden Seestädten den Frieden zustande bringen, sondern auch durchsetzen, daß dieser Friede eben darin bestünde, daß beide Teile, was sie in Sardinien erobert hatten, gutwillig der Kirche übergäben. Er erreichte in der Tat, erst nach Pisa, dann im Mai von dort nach Genua reisend, daß beide Kommunen ihm das Schiedsamt übertrugen,[2]) was freilich von seiten der Pisaner in der Absicht geschah, sich zwar von der immerhin lästigen Exkommunikation befreien zu lassen, dann aber die von Rom ergehenden Sentenzen nicht im mindesten zu beachten.

Volterra. Obwohl von weniger weittragender Bedeutung, als der Streit der Seestädte, heischten doch auch die Verhältnisse in Volterra das Eingreifen des Legaten. Der wütende Kampf zwischen dem Bischof Paganus und der Bürgerschaft dauerte unvermindert fort. Als Ugolino in Toskana erschien, hatte die Kommune den Florentiner Ildebrandino Romei an ihre Spitze gestellt und die Bürger hatten ihm einen Eidschwur geleistet, seine Vorschriften unbedingt zu befolgen, ihn, solange er im Amt sei, als unbeschränkten Herrn zu betrachten, der selbst nach Belieben Strafen verhängen dürfe. Gegen diese ausgedehnte Macht hatte sich indes ein Teil der Volterrauer empört; Führer eines Versuches, den Podestà im Kommunalpalast zu bekämpfen, war ein Arringerius gewesen, der sich, weil er das Kreuz genommen hatte, gegen die Kriminalgewalt des Florentiners gesichert glaubte, doch war der Tumult, aus dem wahrscheinlich der Bischof und sein Anhang Vorteil zu ziehen hofften, niedergeworfen worden. Da dem Paganus weder der bewaffnete Kampf draußen, noch der Straßentumult zum Vorteil gedeihen wollte, wandte er sich an den Legaten, der zuerst zu Frieden und Waffenstillstand riet, dann den Bischof von Pistoia zu seinem Delegierten ernannte, endlich aber, als dieser die Einigung nicht durchsetzen konnte, den Podestà wie den Rat exkommunizierte und an die Nachbarn Volterras den Befehl ergehen ließ, dem geistlichen Oberhaupt der Stadt wie

[1]) 1215, 29. März werden Konsuln und zugleich Ubaldo als Podestà in dem an den Sultan Emelecheladel gerichteten Schreiben (Kap.-Arch. in Pisa) erwähnt; Ubaldo Visconti, ferner in der in der vorigen Anmerkung erwähnten Urkunde. — 1217, 11. Oktober war er nach einer Urk. des SAP., Opera della Primaziale wieder Podestà. — 1218 während seiner Abwesenheit in Sardinien wurde Pisa durch Konsuln verwaltet (Schreiben Honorius' III., 1218, 7. August, Pressutti 1589).

[2]) Ogerii Panis Ann. M. G. Ss. XVIII, 138.

dem verbündeten San Gimignano allseitig bewaffnete Hülfe gegen die Volterraner Bürgerschaft zu leisten.[1])

Ugolino und Florenz.

Wichtiger war der Widerstand, den der Kardinal in Florenz selbst fand. Die Herrschaft der von der Kirche begünstigten Ghibellinen war nur von kurzer Dauer gewesen. Zum Podestà des Jahres 1217 war Bartolommeo Nasi aus demselben Bologna gewählt worden, aus dem auch seine Vorgänger stammten.[2]) Unter ihm geriet die Bürgerschaft, die sich nun wieder zur Partei des Guelfen bekannte, oder besser gesagt, die sich von dem staufischen König abgewandt hatte, mit der Kirche in scharfen Konflikt und sehr eigentümlich war die Haltung, die der florentiner Bischof gegen den päpstlichen Legaten einnahm. Johann von Velletri war der Günstling Innocenz des Dritten und sein Vertrauensmann für alle toskanischen Angelegenheiten gewesen; er mochte sich unter dem Nachfolger, und zumal durch die Legation des Ugolino, etwas beiseite geschoben fühlen. Während sich der Kardinal in Pisa befand, hatte Johann von Velletri die Kühnheit, sich selbst gewissermaßen als Legaten eigener Ernennung zu gebärden; er berief die toskanischen Prälaten zu einem Provinzialkonzil nach Florenz, ja er beschied selbst das Kapitel von Pisa vor sich, um, wie Honorius sich ausdrückte, durch seine Macht die des päpstlichen Bevollmächtigten herabzudrücken. Wie außergewöhnlich die Stellung war, die er einnahm, erkennt man nicht nur an diesem seltsamen Vorgehen, sondern mehr noch an dem sanften Verhalten des Papstes, der ihm zwar den Mißbrauch und die Schuld vorrückte, aber eine Abbitte an den Legaten für genügende Sühne hielt, damit dieser dem

[1]) Quellen: die Urkunden des Jahres 1217, SAF. — Provenienz Volterra und ferner die Zeugenaussagen über den Tumult, bezeichnet „Saec. XIII", ebendort, sowie Zeugenaussagen über den Streit des Kapitels von Volterra mit seinem Bischof im Kapitel-Archiv zu Volterra Nr. 198—200. — Über die Exkommunikation 1217, 16. August, Reg. Imp. 12511. Unter den „castellani Si Geminiani" sind aber nicht „die Kastellane" von S. G. zu verstehen, sondern die Einwohner des castellum Si Geminiani, d. h. die Bürger der Stadt. — In den Zeugenaussagen über die Kämpfe zwischen Volterra und San Gimignano, die 1236 vor dem Podestà von Florenz, Orlando Rossi von Parma, erfolgten (Biblioteca Guarnacci in Volterra Nr. 8488), behaupten Zeugen aus San Gimignano, der Podestà Volterras, Aldobrandinus Romei, sei in San Gimignano erschienen und habe geschworen, den Geboten des Podestà von San Gimignano Folge zu leisten und nach dessen Willen im Bistum Volterra Krieg zu führen. In dieser Art kann der Eid nicht geleistet sein, denn er hätte das von den Volterranern beanspruchte Verhältnis umgekehrt, Volterra in Abhängigkeit von San Gimignano gesetzt. Wenn nicht bewußt Falsches beschworen wurde, um dadurch angebliche Rechte San Gimignanos zu begründen, muß 19 Jahre nach den Ereignissen ein Irrtum, eine falsche Auffassung vorgelegen haben. Es kann sich nur etwa um einen zeitweiligen Friedensschluß gehandelt haben, dem erneute Kämpfe folgten, um ein vorübergehendes Bündnis, das San Gimignano nicht innegehalten hat und von dem es sofort wieder zur Partei des Bischofs von Volterra übertrat

[2]) Dominus Bartholomeus als Podestà in der Urk. 1217, 28. (nicht 27.) Juni. Santini p. 238. — Nach Savioli, Ann. Bol. II, 1, 367 gehörte „Bartolomeo detto Naso" zu der Bologneser Familie Carboni.

Bischof gegenüber „nicht nur besänftigt werde, sondern auch gütigen und günstigen Sinn für ihn hege".[1]) Nicht so milde wie gegen ihren geistlichen Hirten, war das Verhalten des Papstes gegen die unfügsame Bürgerschaft. Begreiflicherweise hatte deren wider die große Politik der Kirche gewandte Haltung auch vielerlei den Prärogativen der Geistlichkeit abträgliche Begleiterscheinungen gehabt; deren Vorrechte einzuschränken, war ein stetes Bestreben der Bürgerschaften, und diese Versuche boten das Jahrhundert hindurch dauernden Anlaß zu Zwistigkeiten mit der Kirche, aber je nachdem die Städte innerhalb der politischen Konjunkturen gehorsame Töchter des apostolischen Stuhles waren, oder im Gegenteil eine selbständige, abweichende Politik zu befolgen wagten, pflegte man diese Beschwerden geduldig zurückzustellen oder sie im Gegenteil zur Ursache des heftigsten Vorgehens zu machen. Jetzt, da man sich in Florenz nach kurzer Zeit der Schwankung wieder von dem durch die Kirche begünstigten Staufer abgewandt, fand der Papst in einen geringfügigen Handel genügenden Vorwand, um gegen die Stadt vorzugehen. Die kleine Kirche Santi Apostoli lag mit einer ihr benachbart wohnenden Familie, den Söhnen des Longobardo, von denen zwei zur Wollenzunft gehörten, in Streit wegen des Kirchhofes von Santi Apostoli und wegen einiger Gerechtsame; der Richter des Podestà erkannte auf gerichtlichen Zweikampf, wie das Statut ihn damals noch vorschrieb. Im Rechtsstreit zwischen bürgerlichen Parteien war die Anwendung dieses „Gottesgerichtes" allgemein üblich; auch in geringfügigen Prozessen wurde, wenn kein wirklicher Beweis zu erbringen war, auf „gerichtlichen Kampf" erkannt, derart, daß der Ausgang eines Faustkampfes bezahlter „Campioni" darüber entschied, auf welcher Seite Recht oder Unrecht sei. Man nannte diesen Austrag meist „Duellum", und er führte mithin einen Namen, der zwar nicht mehr als der einer juristischen, aber doch als der einer gesellschaftlichen Institution fortdauert, die an Sinn und Gerechtigkeit mit jener längst überwundenen auf gleicher Stufe steht. Zur Ehre von Florenz muß bemerkt werden, daß der gerichtliche Zweikampf hier nur noch einige weitere Jahrzehnte hindurch in Gebrauch war, später hingegen nicht mehr vorkam; für jetzt aber glaubte man dasselbe brutale Beweismittel, das für Bürger in Anwendung kam, auch geistlichen Herren zumuten zu dürfen, und diese Gleichstellung erweckte den päpstlichen Zorn, der offenbar nur der Gelegenheit geharrt hatte, um sich zu entladen. Der Bischof von Pistoia und der Archipresbyter von Florenz wurden beauftragt, mit kirchlichen Zensuren vorzugehen, wenn die Bürgerschaft sich nicht fügen wolle.[2])

[1]) Das tadelnde Schreiben des Papstes von 1217, 22. April (bei Pressutti 530 in ganz ungenügendem Auszuge) Arch. Vat. Hon. III, L. I. f. 100. — Aus dem Schreiben im Zusammenhalt mit der S. 54 Anm. 2 erwähnten Nachricht des Oger. Panis ergibt sich, daß der Kardinal Ugolino sich viele Wochen in Pisa aufgehalten haben muß.

[2]) Das Schreiben des Papstes an Podestà und Volk von Florenz 1217, 9. Oktober in mangelhaftem Auszuge Pressutti 830. Hier nach Arch. Vat. Hon. III, L. II, f. 162. — Die filii Longobardi werden in florentiner Urkunden häufig genannt; sie hießen Ravanzatus (oder Davanzatus, beide Namen waren gebräuchlich), Scorcia und

Doch wenn sie dies vielleicht in dem Einzelfalle tat, ergriff sie nichtsdestoweniger gegen die Geistlichen weiter die schärfsten Maßnahmen. Man hatte zum Gesetze gemacht, daß jedem Florentiner, der in den geistlichen Stand eintrete, hierdurch alles Anrecht auf die väterliche Erbschaft verloren gehe; solange es nicht die eigenen Interessen berührte, mochte man dem heiligen Franz und seinen Genossen, die ihr Gut den Armen gaben, eine gewisse scheue Bewunderung nicht versagen, aber der Familienegoismus sträubte sich gegen derartige Verwendung mühsam erworbener Habe, als sie bei der schnellen Ausbreitung der Bettelorden häufiger vorkam. Daneben hoffte man durch solche Bestimmung manchen guten und gescheiten Kopf weltlicher Tätigkeit, dem Handel und Gewerbe zu erhalten, und zum dritten wünschte man offenbar keine weltlichen Priester, bei denen sich zum geistlichen Einfluß neben dem der Familienverbindungen noch der des Reichtums gesellte. Der Fall eines Florentiners, namens Accurris, der in San Gimignano als Kanonikus fungierte, führte den Konflikt herbei; der Papst trat für dessen Erbrechte ein, und als Antwort darauf ließ der Podestà über den Geistlichen, der seine Rechte in Florenz persönlich vertreten haben muß, den Bann verhängen und ihn ins Gefängnis setzen. Der Papst beauftragte den Bischof von Siena mit der Entscheidung, die florentiner Behörden aber behaupteten, dieser sei ihnen verdächtig, worauf er nebst seinen Mitrichtern Florenz kurzerhand mit dem Interdikt belegte, den Podestà und alle Mitglieder des Rates exkommunizierte. Der Papst bestätigte nach Beratung mit den Kardinälen diesen Spruch und gebot dem Podestà des folgenden Jahres, 1218, wenn er nicht ebenfalls der Kirchenstrafe verfallen wolle, den Accurris aus dem Buch der mit dem Banne Belegten zu streichen und ihn damit von allen Strafen zu befreien; dem Bischof von Florenz befahl er, keinen Geistlichen zu weihen, ehe jene statutarische Bestimmung nicht aufgehoben wäre.[1])

Exkommunikation der Florentiner Behörden und Interdizierung der Stadt.

Der Kardinal Ugolino scheint persönlich die Beilegung dieser Streitigkeiten zwischen der Kurie und Florenz bewirkt zu haben, denn er erschien hier im zweiten Jahre seiner Legation und nahm aus den Händen eines Bürgers für die römische Kirche die Schenkung des von diesem begründeten Hospitales San

Caccia. -- Forschungen usw. III, Regest 2. — Santini p. 376. — Ferner 1215, 24. April. SAF. — Cartapecore delle Riformagioni; 1216, 11. Juni. SAF. — Cartapecore di Filippo Brunetti; 1217, 1. Juli. SAF. — Acquisto Brunetti. — Außer in dem Schreiben des Honorius wird der gerichtliche Zweikampf in bezug auf Florenz nur noch ein einziges weiteres Mal erwähnt, nämlich in einem Rotulus, der die Akten einer Anklage wegen gefährlicher Verwundung, verübt in der Kanonika von San Lorenzo, enthält (Archivio di San Lorenzo). Die Anklage schwebte vor dem bischöflichen Gericht. Der Angeklagte erklärte, er wolle die Zeugen, die gegen ihn aussagten, „reprobare per duellum". Die Anklage wurde im November 1260 erhoben. Vgl. betreffs des gerichtlichen Zweikampfes, Forschungen usw. II, Regest 2396 und Davidsohn, „I Campioni nudi ed unti" in Bullettino della Società Dantesca, Nuova Serie Vol. VII, p. 39 und IX, p. 185.

[1]) Schreiben des Papstes an Accurris, canonicus St Geminiani, 1218, 8. Juli. Arch. Vat. Reg. Hon. III. L. II. f. 283. — Auszug Pressutti 1511. — Die Weisung an den Bischof von Florenz 1218, 29. August. Pressutti 1604.

Gallo entgegen.[1]) Doch wegen der Errichtung eines Hospitales hätte Ugolino schwerlich auf dem Wege nach Bologna und der Lombardei in Florenz einen Aufenthalt genommen, der allem Anscheine nach ein längerer war, und bei dem er im Palast desselben Bischofs wohnte, der sich im vorigen Jahre gegen ihn aufzulehnen gewagt hatte. An der Kurie wird man inzwischen eingesehen haben, welch mühsames Werk es sei, den Kreuzzugsfrieden herzustellen, und daß man auch im besten Falle nur auf vielverschlungenen Wegen zu diesem Ziele gelangen könne. Pisa war wiederum dem Papst und dem Legaten zum Trotz seine eigenen Wege gewandelt; Ubaldo Visconti und sein Bruder Lamberto hatten im vollen Einverständnis mit der Bürgerschaft Streitkräfte nach Sardinien geführt, und nachdem sie sich Cagliaris sowie Galluras bemächtigt und den Titel von Judices dieser Gebiete angenommen, kehrten sie ihre Waffen besonders gegen den von der Kirche beschützten Marianus, Judex von Torres. Weithin durch Italien erging der Aufruf der Kirche, die Christgläubigen sollten diesem Lehnsmann des Papstes gegen Ubaldo, Lamberto und ihre „Mitschuldigen" zu Hülfe eilen. Begreiflicherweise bewegten die päpstlichen Klagen wegen Sardinien die Gemüter nicht sehr tief, und die Pisaner Visconti blieben Herren auf der vielumstrittenen Insel; Marianus hat ihnen „um des lieben Friedens willen", wie er sich ausdrückte, im September 1219 das ganze Kleinkönigreich Gallura oder seine Rechte darauf abtreten müssen,[2]) wahrscheinlich, um sich wenigstens in Torres behaupten zu können. In Pisa hatte überdies, während Bürger der Stadt jenseits des Meeresarmes gegen Schützlinge der Kirche kämpften, ähnlich wie in Florenz eine starke antiklerikale Strömung die Oberhand gewonnen; da man ohnehin wieder der Exkommunikation verfallen, oder mindestens von ihr bedroht war, hatte man in die Statuten auch hier Bestimmungen gegen die Vorrechte der Geistlichkeit aufgenommen gegen dasjenige, was die Kurie als „die kirchliche Freiheit" zu bezeichnen liebte.[3])

Sardinische Angelegenheiten.

Da die Drohungen und geistlichen Machtmittel versagten, da man sich auch von dem allgemeinen Aufruf wenig versprechen konnte, lag es im Interesse der Kurie, daß die Nachbarn Pisas sich wenigstens nicht mit diesem im Widerstande gegen die Kirche zusammenfänden. Hierdurch scheint der Ausgleich mit Florenz gefördert zu sein, und das Interdikt war wohl schon beseitigt, ehe der Legat in der Stadt eintraf. Die Bürgerschaft erneut ins Lager des staufischen

[1]) Die Urkunden der Schenkung an die römische Kirche und für sie an den Kardinalbischof von Ostia SAF. — Provenienz Innocenti. Vgl. Reg. Imp. 12540. Sie sind von 1218, 5. und 7. Oktober. Die Schenkung erfolgte „in palatio domini episcopi", wo also (da der Bischof bei dem Akt nicht zugegen war) der Wohnsitz des Legaten gewesen sein muß. Näheres im folgenden Kapitel.

[2]) Die bisher nicht beachtete Urkunde dieser Abtretung „In Sardinea, in judicatu Arboree, in villa dicta Noracalbo", 1219, 18. September (1220 ind. 7), befindet sich als gleichzeitige Kopie im SAF. — Provenienz Cestello. — Sonstige Quellen: die päpstlichen Schreiben von 1218, 7. August, 8. und 10. November, Pressutti 1589. 1672. 1674. Letzteres Schreiben im Wortlaut Cod. Diplom. Sardiniae p. 331.

[3]) Pressutti 7857. — Reg. Imp. 6315.

Königs hinüberzuführen, ist Ugolino nicht geglückt, doch ward ein Übereinkommen geschaffen, wonach Ämter und Würden gleichmäßig zwischen den beiden städtischen Parteien verteilt wurden,[1] und es vergingen viele Jahre, ehe der Kampf zwischen ihnen wieder zum offenen Ausbruch kam.

Otto IV † 1218, 19. Mai.

Der Gegensatz schien jede Bedeutung zu verlieren, als Otto IV. im Mai 1218 auf der Harzburg starb. Der Sohn Heinrichs des Löwen verschied als ein Sechsunddreißigjähriger und dennoch als ein gebrochener Mann; frohlockend mochten die Anhänger der Kirche verkünden, wie er den absterbenden Körper mit Ruten geißeln ließ, um sich durch solchen Beweis der Zerknirschung der Lossprechung vom Banne würdig zu erweisen. Sein Tod schien einer „Partei des Welfen" die Grundlage ihrer Existenz zu entziehen, und er hätte ihren Zerfall bewirken müssen, hätten sich unter dem Namen nicht von vornherein völlig andere Bestrebungen und Interessen verborgen. Weil dies aber der Fall war, überlebte sie nicht nur ihn, sondern auch sein Andenken bei den Menschen, und zunächst blieb sie das, was sie im Grunde von Haus aus war, eine Faktion des Widerstandes gegen den Herrscher aus staufischem Hause. Dieser vertrat jetzt allein den Begriff des Reiches; kein Rival stand mehr neben ihm, und da somit der Vorwand der Treue für den Welfen gefallen war, bildete die Partei jetzt eine solche der florentiner Feinde des Reiches, die sich nachmals im Verlauf der Begebenheiten zu einer Partei der italienischen

[1]) Nur in einer spätern Quelle wird dies gemeldet. In der „Historia Guelforum et Ghibellinorum", im Codex Vat. Lat. 2042 f. 83, einer lateinischen Version der Erzählung des Dante-Kommentators Jacopo della Lana über die Entstehung der Parteien (vgl. Forsch. usw. IV in dem Aufsatz „das Entstehen der Guelfen- und der Ghibellinen-Partei") heißt es: „Narrat enim" (scil. commentator) „quod orta discordia in Florentina civitate inter illos de Ubertis ex una parte et illos de Bondelmontibus ex altera ordinatum fuit, quod officiales de utraque parte eligerentur." Diese Mitteilung findet nun durch das, was die Urkunden ergeben, ihre Bestätigung. Im Liber Censuum (Munizipal-Archiv von Pistoia) f. 194[2] findet sich eine Liste der florentiner Ratsmitglieder, die am 24. Mai 1220 tagten (die Urkunde ist vom 25. Mai). Unter den 130 Namen lassen sich 13 als solche von Guelfen oder Ghibellinen (nach Villani V, 39) feststellen und zwar 7 von den ersteren, 6 von den letzteren. Saßen nun im Rat überhaupt Mitglieder beider Parteien, dann muß der Rat (und es müssen folgerichtig auch die Beamten) zur Hälfte aus Angehörigen je der einen und der andern besetzt gewesen sein, widrigenfalls ja in jeder einschneidenden Frage die eine Partei die Oberhand gehabt, und die Anwesenheit der gegnerischen keinen Sinn mehr gehabt hätte. Es muß also die (später oft wieder angestrebte) Bestimmung bestanden haben, daß die Hälfte der Stellen im Rat mit Guelfen, die andere mit Ghibellinen zu besetzen sei. So in San Gimignano 1266. Forsch. usw. II, Regest 903, — 1268; Regest 1024, — 1279; Regest 1571, — 1280; Regest 1622. Der technische Ausdruck für die Teilung der Ämter war coaequatio oder auch italienisch „ugnaglianza". Ebend. Regesten 912, 1101. — Prokuratoren der Kommune Florenz zur Entgegennahme der Unterwerfung von Montemurlo waren 1219, 24. April (Santini 191) Aldobrandino Cavalcanti und Mosca Lamberti, ersterer Guelfe, letzterer einer der führenden Ghibellinen.

Reichsfeinde erweitern sollte. Mit dem Tode Ottos aber kam es für die Politik der Kirche im Grunde überhaupt nicht mehr darauf an, ob eine Stadt mehr die Herrschaft ihres Schützlings Friedrich anerkannte; rief der apostolische Stuhl ihn nach Italien, so fand er gewiß keinen Widerstand. Jetzt schien es viel wichtiger, für alle Möglichkeiten der Zukunft treu ergebene und rückhaltlose Anhänger der Kirche zu besitzen. Kaum lag es im Interesse weitsichtiger päpstlicher Politik, die Faktionen verschwinden zu lassen; eine geschlossene Gruppe von Gegnern des jetzigen Verbündeten konnte sich eines Tages als ein sehr nützliches Werkzeug erweisen.

In der Bürgerschaft muß die Strömung im ganzen, obwohl man den Ghibellinen Ämter und Ehren gewährte, eine vorwiegend guelfische gewesen sein. Es hätte sonst die Wahl des Otto von Mandello aus Mailand zum Podestà des Jahres 1218, des Albert von Mandello zum gleichen Amt für 1219 nicht durchgesetzt werden können; sie gehörten einer Familie an, die auch weiterhin Florenz einige ihrer tüchtigsten Potestaten geben sollte. Otto war 1213 einer der vier Stadtregenten von Mailand gewesen, zweifellos der von den Edlen eingesetzte, da in Mailand in dieser Zeit jede der vier ständischen Gruppen durch einen eigenen Podestà vertreten war; doch waren die Parteien in einem einig, nämlich in der Gegnerschaft wider den Enkel des Barbarossa, der einst die lombardische Metropole verwüstet hatte. Albert von Mandello war einer der wenigen einflußreichen Italiener, die fast bis zur letzten Stunde beim Kaiser Otto geweilt hatten, als er die Halbinsel verließ. König Friedrich vergaß es ihm nicht und erklärte die Privilegien und Schenkungen für ungültig, die sein welfischer Rivale ihm und andern Mailändern auf Kosten des Klosters San Pietro Celoro in Pavia gewährt hatte. Wenn sich nun in Florenz auch die Ghibellinen geduldig diesem Guelfen fügten, so mochte ein besonderer Umstand hierfür bestimmend sein. Die Popularbewegung, die sich rings in den Nachbarstädten regte, hatte hierher noch nicht übergegriffen. Otto, wie Albert von Mandello mochten den Reicheren aus beiden Parteien als die geeigneten Männer erscheinen, sie auch weiter niederzuhalten, denn wie Otto von Mandello fünf Jahre früher, so hatte Albert 18 Jahre, ehe er Podestà der Arnostadt wurde, an der Spitze der Adligen seiner Vaterstadt der Popolanen-Partei gegenüber gestanden.[1]) Für lange Zeit haben die ritterlich

[1]) Otto von Mandello als Podestà von Florenz 1218 12. September und 22. November, Bullettone des Erzbischöflichen Archivs; Santini 506. — Albert von Mandello, Podestà 1219, 24. April, Sant. 192. Mit ihm war ein Verwandter: Ubertus von Mandello in Florenz, der 1251 selbst Podestà der Stadt wurde. Ebendort 194. — Über Otto von M. als Podestà Mailands 1213 Galvanei Flammae Chronicon majus ed. Ceruti, Miscell. di Storia Ital. VII (1869), p. 769. Später, 1221 durch den Kardinallegaten Ugolino in Piacenza als Podestà eingesetzt, stellte Otto sich allerdings auf die Seite des dortigen Popolo, doch drängte ihn hierzu offenbar nur Feindseligkeit gegen den Kaiser, der die Ritterschaft begünstigte (Forsch. usw. IV, S. 19). — Über Albert von M. siehe Forsch. usw. IV, S. 9 „die Popular-Bewegung usw." unter „Mailand". — Nürnberg 1216, 30. August, kassierte König Friedrich II. die Verleihungen von Gütern

lebenden Florentiner Bürger und die Führer der früh zu Einfluß gelangten reicheren Zünfte die weitere demokratische Bewegung erfolgreich zurückgedämmt, und zeitweilig mochte dieses gemeinsame Interesse alle andern Feindseligkeiten und Parteigegensätze vergessen machen.

In Lucca und Siena hat der Kardinal sich redlich bemüht, dasjenige zu schaffen, was nach seinem Sinne Recht und Ordnung war, den Einfluß des Volkes zu vernichten, die erschütterte oder beseitigte Herrschaft der Adligen und der Reichen wieder herzustellen. Jetzt und später, solange Kirche und Reich einig waren, ist für die volkstümliche Entwicklung kein Raum gewesen; beide überboten sich im Eifer für die Reaktion, und erst der Ausbruch unheilbaren Zwiespaltes zwischen den herrschenden Mächten der mittelalterlichen Welt kam in den italienischen Städten der Demokratie zugute. In Lucca, auf der Legationsreise des Jahres 1217, in Siena im Mai 1218 hob Ugolino alle Schwurgenossenschaften des Volkes auf; er löste in Siena den Podestà von den Eiden, die er der organisierten Demokratie beim Amtsantritt auf Schutz der vom Volk erkämpften Rechte geleistet hatte, verbot das Weiterbestehen der Volksvereinigungen „Albugesi" und „Scarpetta" und erklärte jeden für exkommuniziert, der künftig diesen oder ähnlichen Verbänden angehöre. In beiden Städten gelang es den Edlen und Besitzenden durch die Hilfe der Kirche die Bewegung, die sich so kräftig geregt hatte, zu unterdrücken. An Zügen solcher Art mag man wahre Genialität von selbst der größten Fähigkeit und Tüchtigkeit unterscheiden lernen; Ugolino-Gregor war ein gewaltiger Greis, aber die Zukunftskräfte, die in der mißachteten Demokratie der italienischen Städte schlummerten, hat er nicht erkannt, und keine Ahnung ist ihm aufgedämmert, daß die Kirche binnen kurzem in ihr die wichtigste Stütze werde suchen müssen.

Kardinal Ugolino gegen die Popular-Bewegung.

Es kam dem Legaten vor allem darauf an, einen leidlich friedlichen Zustand herbeizuführen und so erreicht er auch, daß die Kommunen Bologna und Pistoia ihm die Entscheidung ihrer jahrelangen Zwistigkeiten überließen. In der Tat kam es zu einer Einigung, die die Wechselfälle vieler Jahrzehnte überdauert hat.[1]) In Volterra dauerte der Kampf, den der Bischof nebst dem ihm verbündeten San Gimignano gegen die Bürgerschaft führte, ungeachtet mannigfacher Versuche der Beilegung weiter fort, bis Honorius, sicherlich auf des Legaten Empfehlung, die früher vergeblich geführten Verhandlungen nach

Sonstige Wirksamkeit des Legaten.

des Klosters San Pietro Celoro in Pavia an Albert von M. und andere Mailänder. Winkelmann, Acta I, 115. — Albert war Podestà Paduas 1203; Gloria, Monumenti dell' Università di Padova in Mem. dell' Ist. Veneto XXII, p. 247. — Über Alberts Anwesenheit bei dem heimkehrenden Kaiser Otto in Como, 1212 Februar, Winkelmann, Otto, 287. — 1215, 5. März, war er Gesandter Mailands zum Abschluß des Bündnisses mit Vercelli „salva fidelitate dom. Ottonis Romanorum imperatoris". Hist. patriae Monum. Chartarum I, col. 1203.

[1]) Urk. von 1219, 18. Mai. Savioli, Ann. Bol. II, 2, 403. — Schiedsspruch des Legaten Viterbo 1219, 16. Oktober. Ebendort 411. — Die Beobachtung desselben wurde noch Jahrzehnte später in den Statuten von Bologna vorgeschrieben (Statut des Podestà von circa 1250, Statuta Populi Bononiae ed. Frati I, p. 67).

Florenz verlegte und die Entscheidung der verschlungenen und erbitterten Streitigkeiten dem vielgewandten Johann von Velletri übertrug. Zu diesem besonderen Zweck wurde der florentiner Bischof zum päpstlichen Legaten ernannt, und er hatte somit erreicht, daß man ihm zeitweise eine besondere Stellung über seinen toskanischen Amtsbrüdern einräumte; ihm gelang es endlich, in Volterra und dessen Gebiet im Mai 1220 den lange gestörten Frieden herzustellen.[1]) Ganz war er wieder, wie früher unter Innocenz, Vertrauensmann der päpstlichen Politik; er wurde mit der Entscheidung eines Prozesses zwischen dem pisaner Erzbischof und seinem Kapitel beauftragt,[2]) und als es galt, die Kommune Pisa daran zu hindern, daß sie für die Schulden aufkäme, die Ubaldo Visconti auf den Namen der Stadt für die sardinische Unternehmung gemacht hatte, war er es, den Honorius III. mit dem schwierigen Auftrag betraute.[3])

Teilnahme der Florentiner an dem Kreuzzuge gegen Ägypten.

Der Bischof mochte das Wohlwollen des Legaten und durch ihn das des Papstes dadurch gewonnen haben, daß er seine Kräfte für das Unternehmen einsetzte, dem im letzten Grunde alle Tätigkeit des Ugolino, wie alles Sinnen seines Auftraggebers galt und dem gegenüber die Herstellung friedlicher oder erträglicher Zustände im oberen und mittleren Italien nur ein Mittel zu höherem Zweck war. Längst waren Tausende von Kreuzfahrern aus allen Ländern über das Meer nach Palästina geströmt, und nach Toskana ergingen, den hier noch etwas lauen Eifer schürend, die Briefe des Papstes, während daneben das lebendige Wort des Kardinals Ugolino wieder und wieder die Gemüter zum Kampf gegen den Islam erweckte. Wir finden, daß schon 1218 Zahlreiche aus Poggibonsi das Kreuz genommen hatten, denen der Papst dafür seinen besonderen Schutz gewährte und dieser Schutz, der vor den Ansprüchen der Gläubiger und auch gegen Verfolgungen der Kriminaljustiz sicherte, war häufig ein stärkeres Motiv als die Sehnsucht nach heiligem Kampf und nach Vergebung der Sünden. Von den Geistlichen wurden auf Anordnung des Kardinallegaten fünf vom Hundert ihrer Einnahmen zur Ausrüstung solcher Ritter erhoben, die selbst nicht reich genug waren, die Kosten für Ausführung ihres Gelübdes zu tragen. Ein florentiner Edler aus einem Zweige des Hauses der Buondelmonti, der sein Ende nahen fühlte, hinterließ eine Geldsumme für den Kampf gegen die Ungläubigen; dies wurde später zu allgemeinem Brauch und es wird auch jetzt

[1]) Der Schwur, den Befehlen des Bischofs von Florenz, Legaten des Papstes, und seinen Delegierten zu folgen, geleistet von Paganus, Bischof von Volterra, Gregor, Podestà von San Gimignano, und dem Kämmerer der Kommune Volterra, 1220, 19. Mai, Forsch. usw. II. Regest 4. — Sonstige, auf diese Streitigkeiten bezügliche Urkunden 1218, 9., 12. und 17. Februar; 1218, 24. Mai; 1220, 16. April (SAF. — Volterra). — Ferner die beiden päpstlichen Schreiben von 1219, 24. Mai, Pressutti 2079 u. 2080.

[2]) Breve Honorius' III., Viterbo 1220, 11. Februar, Fam.-Archiv Roncioni in Pisa. Neben dem Bischof von Florenz wurde ein Prior und „A. canonicus Pistoriensis“ beauftragt.

[3]) Breve Honorius' III. 1220, 9. April, Pressutti 2387.

häufiger geschehen sein, als wir aus erhaltenen Urkunden zu erkennen vermögen. Im Jahre 1218 hatte der Bischof Robert von Lucca auf einem besonders für diesen Zweck erbauten Schiffe mit den Kreuzfahrern seiner Diözese die Überfahrt unternommen und dieses Fahrzeug segelte gemeinsam mit den von den Römern ausgerüsteten Galeeren. Die Florentiner scheinen erst später ausgezogen zu sein, aber sie waren zur Stelle, als nach anderthalbjähriger Belagerung am 5. November 1219 der Entscheidungskampf um Damiette in Ägypten stattfand, um die Stadt, die für diesmal den Preis des großen Ringens zwischen Orient und Abendland bildete. In Florenz wußte man später zu rühmen, daß die Kreuzfahrer aus der Arnostadt die ersten gewesen seien, die die vom Nil bespülten Mauern erstürmten, und daß sie auf dem trotzigen Bollwerk der ägyptischen Mohammedaner statt des Halbmondes das rote Banner mit der weißen Lilie von Florenz aufgepflanzt hätten; auch zeigte man den späten Enkeln voll Ehrfurcht diese Fahne, die man an hohen Festtagen im Battistero zur Schau stellte.[1]) Andere Berichterstatter wissen freilich von besonderen Heldentaten der Florentiner auf Afrikanischer Erde nichts zu melden, und so wird die Ruhmeslegende eben nur dadurch entstanden sein, daß das von Hause mitgenommene Feldzeichen durch die rückkehrenden Kreuzeskämpfer dem Täufer in dessen heimatlichem Heiligtume dargebracht ward. Bei der Belagerung und nachmals bei der Verteidigung von Damiette standen die Kreuzfahrer jeder italienischen Kommune unter dem Befehl zweier durch den Titel „Kapitan und Konsul" ausgezeichneten Mitbürger und wie jeder anderen Gruppe wird auch den Florentinern ein Teil der eroberten Stadt überwiesen sein. Doch sind wir über diese Dinge zwar, soweit Lucca und Bologna in Betracht kommen, aber nicht in bezug auf Florenz unterrichtet.[2]) Von Bedeutung wurde dieser Besitz

[1]) Vill. V, 40. — „Un gonfalone bianco e rosso da Damiata" erwähnt das Inventar der Opera di S. Giovanni v. 1314 (SAF. — Spoglio Strozz. II. No. 58 p. 419).

[2]) Schreiben Honorius' III. an Prälaten und Städte Tusziens wegen des Kreuzzuges 1217, 23. Januar, Pressutti 272. — Schreiben desselben zum Schutz der Kreuzfahrer aus Poggibonsi 1218, 8. Februar; Pressutti 1072. Dieses spielte in dem Prozeß eines crucesignatus eine Rolle (SAF. — Badia, bezeichnet 1218, 8. Februar). — In den (undatierten) Zeugenaussagen betreffs der Unruhen in Volterra, 1217 (SAF. — Volterra; Archivbezeichnung Saeculum XIII) findet sich die interessante Schilderung, wie ein dortiger Bürger, Arringerius, der in Waffen gegen den Podestà gefochten hatte, nachher das Kreuzeszeichen ansteckte (er hatte das Kreuz vorher genommen) um der Verantwortung zu entgehen. — Schreiben des Papstes nach Lucca wegen des Zwanzigsten der Geistlichkeit für den Kreuzzug 1218, 26. Februar; Pressutti 1120. — Verfügung des Bischofs Robert von Lucca „volens ire ad partes Jerosolomitanas pro sancto domini sepulcro recuperando", Müller. Documenti sulla relazione coll' Oriente. Nachricht über die Kreuzfahrt der Lucchesen: Sercambi p. 17; Cronichetta Lucchese. Biblioth. zu Parma, Cod. Palat. 406 f. 9a; Cronichetta Lucchese Nat.-Biblioth. Florenz, Palat. 571 zu 1218. — Vertrag zwischen den beiden Kapitanen und Konsuln von Lucca und den Bologneier Kreuzfahrern wegen Teilung des den Lucchesen und Bolognesen überwiesenen Teiles von Damiette, 1220, 19. Juni. SAB. — Registro grosso I, f. 338. — Vermächtnis des Bernardus f. quond. Scolai de Montebuoni

ohnehin nicht, da die Stadt den Christen sehr bald wieder verloren ging; von den vergeblichen Opfern, die man aber inzwischen auch in Florenz zu ihrer Behauptung brachte, wird noch die Rede sein.

König Friedrich und Toskana.

Jahrelang hatten, mit Ausnahme der Teilnahme an der Kreuzfahrt, die florentiner Waffen sich nicht nach außen gewandt, und man war es natürlich zufrieden, wenn sich die städtische Machtstellung durch das bloße Gewicht des Namens aufrecht erhalten oder gar erweitern ließ. König Friedrich hielt im Februar 1219 in Speier einen Hoftag zur Besprechung italienischer Angelegenheiten,[1]) zu dem neben Großen und Boten der mächtigen Klostergemeinschaften auch Gesandte der Städte über die Alpen gezogen waren.[2]) Camaldoli erhielt dort von dem deutschen König einen Schutzbrief nebst der Berechtigung, das zuvor den Ricasoli gehörige Brolio im Chianti in Besitz zu nehmen und mit der Einweisung der Mönche wurde als Vertrauensmann des deutschen Königs Guelfo de' Bostoli aus Arezzo betraut, der vordem einer der begünstigten Anhänger Ottos gewesen war.[3]) Denn es geschah jetzt oft, daß diejenigen, die früher Parteigänger des Welfen waren, nunmehr ihre Ergebenheit ebenso eifrig dem Staufer betätigten; es waren dies die Elemente, die ihrer Gesinnung nach oder ihres Vorteiles wegen wirklich auf seiten des Reiches standen, während sich als „Guelfen" fortan nur die bekannten, die sich als dessen Gegner fühlten und die nach dem in Italien so oft zitierten Bibelwort von Norden her alles Übel erwarteten.

Unter denen, die im Gegenteil von dort das Heil erhofften, standen, wie es sich von selbst versteht, die großen Feudalherren voran. Graf Guido Guerra war gestorben, nachdem er, wie erwähnt, zuvor seinen Übertritt zur Partei des Staufers vollzogen hatte. Ihn überlebte seine Gattin, die Florentinerin Gualdrada,[4]) und fünf von ihr geborene Söhne, Guido, Tegrimo, Ruggero, Markwald

fürs heilige Land 1220, 9. Oktober, SAF. — Passignano. — Oliverii Historia Damatina (Eccard, Corpus II. 1397 ss.) erwähnt Pisaner, Römer, die Bischöfe von Reggio und Faenza, den Erzbischof von Mailand, die Venetianer, doch die Florentiner so wenig wie die Lucchesen und Bolognesen. Die Hauptrolle bei den Kämpfen spielten Deutsche, Engländer, Franzosen und Flandrer.

[1]) Regesta Imperii 977b.

[2]) Betreffs Pisas s. unten. In dem damals an Imola erteilten Privileg (Reg. Imp. 990; gedruckt Alberghetti Storia di Imola I, 143 ist erwähnt, es werde auf Ersuchen dreier Gesandten erteilt.

[3]) Reg. Imperii 1003 und 1004. — Die Einweisung des Priors von Camaldoli erfolgte 1219, 22. November. In der ersten der beiden diesbezüglichen Urkunden (SAF. — Camaldoli) wird in der Datierung der deutsche König richtig Friedrich, im Text irrig Heinrich genannt. — Guelfo Bostoli von Arezzo war einer der Söhne des Rainald Bostoli, dem nebst seinen Söhnen von Otto IV., 1210, (18.) Januar die Burg Cignano nahe Cortona verliehen worden war.

[4]) Den Tod Guido Guerras meldet Vill. V, 38 zu 1213; in Wahrheit muß er später gestorben sein; am 20. September 1213 schrieb Innocenz noch an ihn als an einen Exkommunizierten (Forsch. usw. IV, S. 6); dann bestimmte er ihn zum Wechsel der Partei und empfahl ihn Kaiser Friedrich (S. S. 39 u. „Forsch." a. a. O.), was

und Aginulf, die des Vaters Erbe gemeinsam verwalteten. Es scheint, daß sie durch einen Abgesandten (vielleicht durch den Prior von Camaldoli) dem König der Römer zu Hagenau ihre Treue versichern und ihre Huldigung darbringen ließen, denn dieser begrüßte sie von der elsässischen Stadt aus mit dem Titel von tuszischen Pfalzgrafen und Fürsten und erteilte ihnen eine vorläufige Bestätigung all ihrer Rechte und Besitzungen.[1]) Man mußte in Florenz einsehen, daß wieder eine Zeit herannahe, wo die Großen in Verbindung mit den vom Reich begünstigten Städten der Macht der Bürgerschaft gefährlich werden konnten, und man handelte danach. Die gräflichen Brüder schienen sich darauf vorzubereiten, Gebiete, über die die Stadt die Herrschaft an sich gerissen hatte, von der städtischen Jurisdiktion zu lösen; sie ließen sich von den Einwohnern der Orte im fiesolaner Bistum, die ehemals ihren Vorfahren zu Recht gestanden hatten, von neuem schwören, und in dem Eide mußten jene ausdrücklich erklären, daß die Florentiner über sie kein Recht und keine Gewalt ausüben dürften.[2]) Zugleich suchten die Grafen engen Anschluß an Pistoia, das, seiner Vergangenheit gemäß, sich sofort der wieder erstarkenden Reichsmacht zugewandt hatte; bei den Eiden, die Pistoia sich von Einwohnern seiner

schwerlich das Werk weniger Monate war. — Ein interessanter Kondolationsbrief, den der Florentiner Magister Buoncompagno an „seine Gevatterin Gräfin Waldrada" richtete, findet sich in dessen „Candelabrum eloquentiae", Bibl. Pubblica von Siena G. IX. 31 f. 19ª. Darin die merkwürdige Stelle, der Graf sei gewesen „justus cum justis et cum perversis perversus"; vor seinem Ende habe er demütig bereut und viel Wohltaten geübt. Von bußfertigem Leben wußte man nun freilich noch nichts, als Innocenz das oben erwähnte Schreiben vom 20. September 1213 abfertigte, so daß man wohl annehmen kann, vor frühestens Ende 1214 sei Guido Guerra nicht gestorben. Gualdrada überlebte ihn lange; sie wohnte 1226, 30. November, in dem, dem Geschlecht gehörigen Poppi im Casentino (Munizipal-Archiv von Pistoia, Liber Censuum f. 73ª).

[1]) Ungedrucktes Privileg für die fünf Brüder, verliehen „in Anbetracht der Dienste, die ihr Vater den divi imperatores, Friedrichs Vater und Großvater, geleistet. Verletzer ihrer Rechte sollen einer Strafe von 100 Pfund Goldes verfallen." Datum apud . . . (Ort verloschen, kann nur Hagenau sein) 1219, März 7 ind. Zeugen: Comes Hernesto; Comes Henricus de Haresberc; Dux Spoleti; Marescalcus de Justingen. Rices (so statt Ricardus) camerarius et alii quam plures. „Ego Conradus D. g. Metensis et Spirensis episcopus, imperialis aule cancellarius." Die notarielle Kopie von 1295 des mit Majestäts-Siegel, das an roten Seidenfäden hing, versehenen Originals befindet sich im Archiv des Hauses Firidolfi-Ricasoli zu Florenz. Im Laufe der Jahre hat der Verfasser dieses und das im Schlosse Brolio im Chianti befindliche Archiv des alten Geschlechtes vielfach benutzt. Er kann hierfür und für mannigfache freundschaftliche Förderung durch den vortrefflichen Baron Giovanni Firidolfi-Ricasoli leider nur dem Andenken eines früh Verstorbenen danken.

[2]) Schwur der homines de Rona, de Monacoro und de Petrorio, welche Orte zum Kastell Viesca gehörten, 1219, 22. Februar „in ecclesia Sancti Laurentii de Rona episcopatus Fesulani." Rona liegt 7 Kilometer östlich von Regello. — SAF. Passignano.

Grafschaft schwören ließ, mußten diese Treue für den Kaiser geloben, denn als solchen betrachtete man Friedrich von Sizilien bereits, obwohl ihm die Weihe über dem Grabe Petri noch fehlte.[1]) Und ebenso wie das kleinere Pistoia lenkte das seemächtige Pisa jetzt in die alten Bahnen ein; die Bürger hatten Otto bis zuletzt ihre Anhänglichkeit bewahrt, aber da der Welfe verschwunden war, wandten sie die Reichstreue, um derentwillen sie ja eigentlich an ihm festgehalten hatten, demjenigen zu, in dem sich jetzt das Imperium verkörperte, und man muß von den Pisanern rühmen, daß sie von Geschlecht zu Geschlecht, in lichten wie in trüben Tagen, einige Schwankung zur Zeit Manfreds abgerechnet, hingebend zum Stauferhause gestanden haben. Dem deutschen König aber war für jetzt eine enge Verbindung mit Pisa wegen seines sizilischen Königreiches erwünscht, gegen das dem südtoskanischen Grafen Rainer von Sarteano ein abenteuerliches Unternehmen geglückt war; er hatte vorlängst im Innern der Insel festen Fuß gefaßt und in Syrakus gegen die Genuesen gekämpft; er war gefährlich, solange die Pisaner ihn stützten, aber, wie die Folge lehrte, fiel seine Macht in nichts zusammen, wenn sie sich von ihm abwandten.[2]) Aus diesen Verhältnissen ist es zu erklären, daß Friedrich, als ein Gesandter der Bürger vor ihm in Hagenau erschien, den pisaner kaufmännischen Interessen in Sizilien die weitestgehende Förderung zusagte.[3]) Vielleicht erkannte der tiefblickende Staufer auch, daß die Stadt, die bis zuletzt seinen Gegner nicht verraten mochte, nun, da er tot, für ihn eine zuverlässige Stütze werden könne. Pisas Übertritt zu König Friedrich bezeichnet eine Wendung in den Verhältnissen Toskanas. Florenz stand mit seiner Gegnerschaft jetzt völlig vereinzelt, und zugleich hatte es mit starken Strömungen innerhalb der eigenen Bürgerschaft zugunsten des weit und breit anerkannten deutschen Königs zu rechnen. Unendliche Klugheit und Tatkraft muß seitens derer aufgewendet sein, die für Wahrung der Unabhängigkeit ihrer Stadt eintraten und die dadurch deren künftige Größe vorbereiteten, um schwere Krisen zu vermeiden, um unter so ungünstigen Umständen Erfolge zu erzielen.

Florenz und das Grafenhaus der Guidi.

In Pisa kam in derselben Zeit, in der von dort her ein Gesandter an den deutschen König unterwegs war, zwischen dem ältesten der fünf gräflichen Brüder und dem Podestà von Pistoia, Orlandino de' Porcari, aus dem vielgenannten luccheser Hause, ein Vertrag zustande, wonach die Söhne Guido Guerras jene gegen Prato zu gelegene Burg Montemurlo, die ihr Vater gegen Pistoia nur mit Hilfe der Florentiner hatte behaupten können,[4]) an dasselbe Pistoia verkauften. Geldverlegenheiten des Geschlechtes mögen diesen Entschluß vorwiegend bestimmt haben, und das Anerbieten der Stadt, sofort 18000 Librae, eine für die Zeit außergewöhnlich hohe Summe, zu zahlen, war verlockend genug. Sechs

[1]) Die Einwohner von Artimino schworen 1219, 11. Mai, Pistoia und dem Kaiser Treue. — Munizipal-Archiv von Pistoia. Liber Censuum f. 185[a].

[2]) Schreiben Friedrichs II. an Honorius III. von 1220, 7. April. Winkelmann, Acta I, 153. — Dazu Winkelmann, Friedrich der Zweite, I, 128 f.

[3]) Winkelmann, Acta I, p. 137. — Reg. Imp. 1009. — [4]) Bd. I, S. 646.

Tage später war der größere Teil der Summe, 14000 Librae, wirklich schon in Händen der Pisaner Rektoren des Hospitaliter- und des Templerordens und von diesen in der Sakristei der Kirche vom heiligen Grabe deponiert worden. Die Nachricht kam nach Florenz, wo man natürlich alle Mittel in Bewegung setzte, das Zustandekommen des Geschäftes zu hindern. Zwar leisteten vier von den fünf Brüdern einen Eid, daß sie bei dem Handel keinen Trug gegen Pistoia geübt hätten und daß sie sich nach Kräften bemühen wollten, die Hindernisse zu beseitigen, die Florenz der Durchführung des Abkommens bereiten werde, aber Graf Aginulf war in der Unehrlichkeit ehrlich genug, zu erklären: den Eid, daß kein Betrug geübt worden sei, wolle er seinerseits nicht schwören; demnach wird er es gewesen sein, der den Florentinern zuerst sein Ohr geliehen hatte. Als nun der Podestà von Pistoia drei Wochen nach Abschluß des Vertrages in Pisa an dem Hause jenseits der Arnobrücke erschien, wo die Grafen Tegrimo und Markwald wohnten, um Erfüllung der eingegangenen Verpflichtung zu verlangen, mußte er sich von dem Wirt der Herberge sagen lassen, die Herren hätten verboten, ihn auch nur in das Haus einzulassen.[1] Sicherlich fügten sich die Söhne der Gualdrada nur ungern dem inzwischen an sie ergangenen Gebot von Florenz, aber sie gehorchten dennoch und traten Montemurlo nicht an Pistoia, sondern für einen geringeren Kaufpreis an die mächtigere Nachbarstadt ab; sie bekamen von Florenz nur 5000 Librae statt der fast vierfachen Summe und mußten der Kommune außerdem noch Montevarchi, am Arno gegen Arezzo hin gelegen, und fünf weitere Burgen, sowie ihre Gebiete im mittleren Arnotal zu beiden Seiten des Flusses als Sicherheit dafür verpfänden, daß sie ihre Verpflichtungen getreulich erfüllen würden. Unter diesen Kastellen und Gebieten aber befanden sich auch jene, in denen sie eben die Einwohner hatten schwören lassen, die Rechte der Florentiner nicht anzuerkennen. Um alles dies zu bewilligen, erschienen sie zu fünft in Florenz vor versammeltem Rate, der in der alten Kirche Or San Michele tagte.[2] Albert von Mandello hatte als Podestà gegen die mächtigen Feudalherren einen glänzenden Erfolg erreicht, ohne daß man das Schwert gezogen hatte; mit Montemurlo gewann Florenz den wichtigsten Stützpunkt fast vor den Toren Pistoias, das sich fortan kaum mehr ungehindert zu bewegen vermochte, so stark es noch über ein Jahrhundert lang wieder und immer wieder um seine Befreiung aus der erdrückenden Florentiner Umschlingung gerungen hat. Man scheint an Krieg gedacht zu haben, da man die Bewohner der gegen Florenz hin gelegenen Gebiete von neuem schwören ließ, Pistoia lebenslang die Treue zu wahren, aber die Bürgerschaft hielt sich ebensowenig stark genug, den Kampf aufzunehmen, wie die Grafen Guidi die Kraft in sich gefühlt hatten, gegen den Willen der Florentiner über ihr Eigentum zu verfügen. Im folgen-

[1]) Die Urkunden, die Obiges ergeben, sämtlich in Pisa ausgestellt von 1219, 25. März, 31. März, 1. April und 16. April. Munizipal-Archiv Pistoia f. 171, 171^a und 232^a. Die erste derselben gedruckt bei Cantini, Saggi II. 78.

[2]) Der Vertrag wegen Abtretung, bezw. Unterwerfung Montemurlos, Florenz 1219, 24. April. Santini p. 192.

den Jahre, 1220, hat Pistoia zu wechselseitiger Erleichterung des Handels mit Florenz einen Vertrag geschlossen, wie er zwischen Florenz und Bologna seit 4 Jahren, mit Pisa schon seit 6 Jahren bestand; entgegen der bisherigen verkehrshindernden Repressalienwirtschaft, wonach jeder beliebige Ortsgenosse für Verpflichtungen irgend eines säumigen oder unehrlichen Schuldners mit seiner Person und seinen Waren haftbar gemacht wurde, sollten nach diesen Vereinbarungen fortan nur der wirkliche Schuldner oder seine Bürgen in Anspruch genommen werden, was denn fortan für alle derartigen Übereinkünfte Mittelitalienischer Kommunen die Regel blieb. Für alle Streitigkeiten, die Pistoiesen gegen Florentiner anhängig zu machen hätten, sollte einer der florentiner Konsuln der Kaufleute oder eine andere von der Stadtregierung zu ernennende Persönlichkeit zuständig sein, und in dieser Vereinbarung vom Jahre 1220 erblicken wir den ersten Keim und Ansatz zu einer höchst bedeutenden Einrichtung, zu der des florentiner Handelstribunals der „Mercanzia",[1]) die freilich erst Menschenalter später ins Leben trat.

Es war wie eine Demonstration, daß man als Prokuratoren zum Abschluß jenes Vertrages mit den Grafen Guidi wegen der Unterwerfung von Montemurlo einen Guelfen aus dem Hause der Cavalcanti und neben ihm den Ghibellinenführer Mosca Lamberti abordnete; man zeigte auf solche Art nach außen, daß, solange die Bürger ihre Kräfte nicht gegeneinander wandten, es schwer und unter Umständen verhängnisvoll sei, ihnen Widerstand zu leisten.

Zerstörung von Mortennano.

Auf das nachdrücklichste sollte dies alsbald ein Geschlecht erfahren, das im Grenzbezirk zwischen den Gebieten von Siena, Volterra und Florenz, im Elsatal begütert, dem mächtigen Grafenhause Aldobrandesca verwandt war und sich durch den Besitz einer der festesten Burgen der Gegend stark dünkte. Dieses Kastell hieß Mortennano und stand im Eigentum der weitverzweigten Familie Scorcialupi; um die Burg hatte sich eine Stadt oder doch eine ansehnliche Ortschaft angesiedelt.[2]) Das Geschlecht hatte von altersher in den Konflikten jener Landschaft eine bedeutende Rolle gespielt, schon damals, als das neu ent-

[1]) Der Vertrag wegen Regelung der Repressalien-Angelegenheiten mit Pistoia von 1220, 25. Mai, Munizipal-Archiv von Pistoia, Liber Censuum f. 194a; der mit Pisa 1214, 30. Mai, Santini 177; mit Bologna 1216, 12. Februar, Ibid. 179. Dazu Savioli II, 2; 367. In der Übereinkunft mit Pistoia war Aufnahme der vereinbarten Bestimmungen in das Florentiner Statut ausdrücklich stipuliert. Der mit Bologna, ursprünglich auf zwölf Jahre geschlossen, behielt Jahrzehnte lange Dauer. Im Statut des Podestà von Bologna von 1250 (Statuta populi, ed. Frati I. 65) findet er sich erwähnt. Der Grundsatz, daß nur gegen den direkten Gläubiger Repressalienrecht geübt werden solle, war am frühesten in einem Vertrage zwischen Bologna und Modena (1213, 20. Juli. Savioli II, 2; 341) ausgesprochen worden, also wenig vor den hier in Rede stehenden Abmachungen. Einen Vertrag wegen Herabsetzung der Torzölle für Bolognesen in Florenz und Florentiner in Bologna wurde 1220, 10. März geschlossen. Savioli. Ann. Bol. II. 2; 420. Forschungen usw. III, Regest 1168.

[2]) Sanzanome (s. unten) spricht vom „oppidum" und vom „castrum" Mortennano.

stehende Semifonte den Florentinern Sorge bereitete[1]) und neuerdings wieder in den endlosen Fehden zwischen dem Bischof und der Bürgerschaft von Volterra als Parteigänger dieser Kommune und des zeitweilig mit ihr verbündeten Siena.[2]) Den Florentinern mußte die starke, als uneinnehmbar geltende Feste zwischen Poggibonsi und jener Stadt als ein nicht geringes Hindernis für alle nach Süden gerichteten Unternehmungen erscheinen, als ein Stützpunkt für jeden Widerstand Poggibonsis und als ein Vorwerk Sienas. Doch selbst in ruhigen Zeiten bedrohte sie die Straße, da ihre Herren, wenn ihnen die Nachbarfehden nicht genügende Gelegenheit zu Raub und Beutezügen boten, friedliche Händler zu überfallen liebten. So hatten sie 1219 Kaufleuten aus Orvieto, die mit erhandeltem Vieh und mit Waren das Gebiet durchzogen, ihre Habe fortgenommen; die Geschädigten hatten sich klageführend nach Florenz gewandt, und dort hatte man die Gelegenheit sehr bereitwillig aufgegriffen, um die Scorcialupi in Abhängigkeit zu bringen. Der Podestà Albert von Mandello hatte den Befehl an sie gerichtet, das Geraubte unverzüglich herauszugeben, oder sich vor dem florentiner Gericht dahin zu verantworten, daß sie ein Recht zur Beschlagnahme gehabt hätten. Das Vorgehen war ein sehr kluges, denn wenn die adligen Herren sich fügten, erkannten sie der Bürgerschaft ein Hoheitsrecht über sich zu, wenn sie sich weigerten, hatte man einen

[1]) S. in den Urkunden von 1182, 19. Juli und 1200, 6. März, Santini p. 30 u. 57. Der in ihnen erwähnte Scorcialupus war der Vater bezw. Großvater derer, die 1220 die Burg Mortennano besaßen. Er und sein Sohn Guido waren 1203, 4. Juni Zeugen des durch den Podestà von Poggibonsi gefällten Schiedsspruches zwischen Florenz und Siena (Sant. 127). Bei der Ausführung desselben erscheint auch (ebend. p. 132) außer ihnen Ricardus Albertini Scorcialupi als Zeuge.

[2]) Die Scorcialupi sind als Feinde des Bischofs von Volterra (der, wie erwähnt, damals mit Siena im Streite lag) 1214, 21. November (Bischöfl. Archiv Volterra Sec. XIII. decade 2 No. 18) genannt. Nach Veruneinigung mit der Kommune Volterra einigten sich mit dieser wieder 1216, 17. August die Brüder Scorcialupus et Henrigus quondam Ugolini Benni zugleich namens ihres Bruders Rainerius (SAF. — Volterra). — Besitz der Familie bei Colle di Val d'Elsa („Campus Scorcialupi") in der Urkunde 1218, 9. Oktober (SAF. — Comunità di Colle). — Besitz derselben in der Nähe der Badia dell' Isola nördlich von Siena in der Urkunde von 1226, 14. Sept (SAS. — Badia di Sant' Eugenio) erwähnt. In derselben sind als Mitglieder der Familie Scorcialupus f. Scorcialupi und Ugerius genannt. — Dominus Ranerius Scorcialupi de Mortennano war 1246, 21. Dezember Podestà von Prato (SAF. — Prepositura di Prato). — Dominus Johannes Albertini aus dem Geschlecht wird endlich als einer der Besitzer von Mortennano zur Zeit der Zerstörung in einem Prozeß von 1230 genannt (Forsch. usw. II, Regest 5). — Aus dem von Sanzanome (s. unten) mitgeteilten Briefe des Podestà von Florenz A(lbert von Mandello) geht denn auch, ob der Brief echt oder fingiert ist, hervor, daß Mortennano mehrere Besitzer hatte; er ist an die „nobiles viri domini de Mortennano" gerichtet. Aus den angeführten Urkunden ergeben sich zwei Zweige des Geschlechtes, der des Ugolinus Benni und der des Albertinus Scorcialupi. Alle wurden als „Filii Scorcialupi" bezeichnet. — Als Verwandte des Aldobrandesca-Grafen werden die Scorcialupi in der Urkunde Siena 1251, 17. Mai (SAS. — Calesso Vecchio f. 203) genannt.

bequemen Vorwand, gegen sie als Schützer des gekränkten Rechtes einzuschreiten. Überdies stand Orvieto seit zwanzig Jahren mit Siena in festem Bündnis, dessen Ablauf und Erneuerung bevorstand;[1] dieses zu lockern, war zweifellos schon jetzt der Wunsch der Florentiner, obwohl ihnen das Vorhaben erst später geglückt ist. Nur die Sienesen vermochten den Scorcialupi wirksame Hilfe zu gewähren; taten sie es, so erzürnten sie die Orvietaner, denn Florenz trat ja selbstlos und mit edelstem Eifer für Ansprüche von deren Landsleuten in die Schranken; half Siena aber den Herren von Mortennano nicht, und bezwang man diese, so zeigten die Florentiner den zahlreichen Edlen jener Gebiete, daß Wille und Gebot der Bürgerschaft vom Arno unweigerlichen Gehorsam heische.

Die Scorcialupi erklärten in spöttischer, hochfahrender Art, sie hätten von ihren Vorfahren nicht die Gewohnheit überkommen, sich vor den Florentinern zu rechtfertigen, und sie wollten es halten, wie die Ahnen. Als eine neue Gesandtschaft an sie erging, hielten sie mit Nachbarn und Freunden Rat. In Florenz bestand wegen des Vorgehens gegen sie nicht volle Einigkeit; in diesen Zeiten des sich ausbreitenden Handels und des stark aufblühenden Gewerbes war stets eine Partei der Vorsichtigen jeder kriegerischen Unternehmung abhold;[2] auch auf die Parteiung in der Stadt setzte man Hoffnung, und das Ergebnis jenes Freundschaftsrates war: die Herren von Mortennano sollten versuchen, durch Bestechungen in Florenz, den ihnen von dort drohenden Sturm abzuwehren. Da die Bürgerschaft hiervon erfuhr, war Mühe und Geld natürlich verloren, und die Bestochenen werden am lautesten geeifert haben; man beschloß den geschädigten Orvietanern ihren Verlust aus der Kommunalkasse zu ersetzen und so ihre Sache ganz zur eigenen zu machen. Im Sommer des Jahres 1220 rückte das städtische Heer zur Belagerung der Burg aus; es war der erste größere Kampf nach einem Dutzend im wesentlichen friedlich verlaufener Jahre, und es regten sich doch erhebliche Zweifel, ob man den hochgelegenen Ort und die Burg werde bezwingen können. In der Tat zeigte sich, daß die mitgeführten Kriegsmaschinen gegen die mehr als fünfeinenhalben Meter dicken, grabenumgürteten Mauern nichts vermochten. Man errichtete hölzerne Türme, die sie überragten und von denen Bogenschützen die Verteidiger aufs Ziel zu nehmen suchten, man schleuderte aus den Manganen Steine und bemühte sich die Mauer durch den „Trabucco" zu beschädigen, der hier in der florentiner Kriegsgeschichte zuerst begegnet, einen Apparat, der mit Gegengewichten von Blei versehen, zentnerschwere Steinblöcke gegen die Burg warf;[3] doch die Geschosse

[1]) Das Bündnis zwischen Orvieto und Siena war 1202, 4. Oktober auf 20 Jahre geschlossen. Seine Erneuerung, bezw. Verlängerung erfolgte dann 1221, 27. Oktober wieder auf 20 Jahre. Fumi. Cod. Diplomatico d'Orvieto 51 und 93.

[2]) Vgl., allerdings zu einem früheren Jahre, Sanzanome (s. unten) p. 17.

[3]) Den „trabuccum, oneratum plumbo" erwähnt, als bei der Belagerung verwandt, Sanzanome p. 19 (s. unten). Über das Wesen dieser Kriegsmaschine gewähren uns die Registri Angiovini des Neapolitaner Staats-Archivs Kenntnis. In dem

zerstieben an den festgefügten Quadern, als wären sie Marmorstückchen. Nach langer vergeblicher Belagerung beschloß man, ein von einem florentiner Bürger ausgedachtes Verfahren anzuwenden, in dem man wohl den ersten Versuch zu dem seither so oft angewandten Minenkrieg zu erblicken hat, und aus diesem Grunde verdient die Belagerung der Burg im Elsatal ihren Platz in der Kriegsgeschichte. Man trieb einen Stollen in den Berg und schützte dessen Eingang gegen die aus der Burg geschleuderten Steine durch ein Balkendach. Die ungewohnte Arbeit gedieh langsam, aber endlich hatte man den Hügel bis an die Fundamente des Burgturms und der Mauern unterhöhlt; diese stützte man nach Möglichkeit durch hölzerne Pfeiler, damit die Grabenden nicht die Opfer ihrer Arbeit würden. Die Kunde der Gefahr, die der Burg drohte, mußte sich verbreitet haben, da so umfangreiche Tätigkeit nicht geheim geübt werden konnte, und es gelang den Belagerten, die Bürgerschaft von Poggibonsi, zu dessen Territorium Mortennano gehörte, gegen ihre Bedränger in Bewegung zu setzen; in einer Nacht, während die Mannschaft von fünf der florentiner Stadtsechstel oben um das Kastell lagerte und die eines Sechstels am Fuße des Berges die von Mortennano hinabführende Straße besetzt hielt, rückten die Männer von Poggibonsi geräuschlos heran und zugleich machten die in der Burg Befindlichen einen Ausfall; obwohl von beiden Seiten bedrängt, hielten die florentiner Ritter und Fußkämpfer tapfer aus, schlugen die von Poggibonsi zurück, töteten deren Podestà, einen Pisaner, und zwangen die von Mortennano sich von neuem in ihren gefährdeten Ort zurückzuziehen. Als nun die Minierarbeiten weit genug vorgerückt waren, legte man Feuer an die Balken, die allein noch die untergrabenen Fundamente stützten. Da die Belagerten in Gefahr waren, von den stürzenden Trümmern begraben zu werden, baten sie um Schonung, und man schenkte ihnen das Leben, führte sie aber nach Florenz in den Kerker. Von dem stolzen Kastell blieb nichts übrig, als ein wüster Trümmerhaufen. Alle anderen festen Schlösser der Scorcialupi hatte man bereits zuvor zerstört, ihre Ländereien wüste gelegt, sie für die Kommune eingezogen und dann zu neuem Anbau an florentiner Bürgergeschlechter überlassen. Es war ein Beispiel für die gewaltsame Niederwerfung von Adligen und für die Demokratisierung des Grundbesitzes, womit denn freilich eine starke Verödung der Landschaft einherging, denn die Bauern liefen geängstigt davon und kehrten erst nach Jahren vereinzelt zurück. Der für uns Namenlose aber, der den Gedanken des Minenkrieges zuerst gefaßt, und der wohl auch die Arbeiten geleitet hatte, erhielt von der Bürgerschaft das Privileg,

von 1317/18 A. f. 335ª (siehe Minieri Ricci, Studii sopra 84 Registri Angioni p. 100) wird Auftrag erteilt zur „constructio certorum ingeniorum seu trabuccorum . . . . quorum tria magna . . . que proicerent lapidem unum ponderis cantariorum duorum; die andern sollten Steine zu einem Zentner, bis abwärts zu einem Viertelzentner schleudern; 1200 Steingeschosse von entsprechenden Gewichten sollten angefertigt werden.

daß er und seine Nachkommen für „ewige" Zeiten von allen Steuern und Lasten der Kommune frei sein sollten.[1])

Erbauung des Ponte alla Carraia.

Florenz hatte wieder ansehnliche Erfolge nach außen errungen, und der Stadt selbst drückten wachsender Wohlstand und steigende Gewerbstätigkeit ihr Gepräge auf. Rings um die Mauern dehnten sich die Vorstädte weiter hinaus und zumal jenseits des Arno, wo viel Handwerk getrieben wurde, reckten sich fluß-aufwärts und abwärts die Borghi. Für den Verkehr der stromab gelegenen Straßenzüge genügte jetzt die eine Brücke nicht mehr, mit der sich seit Römerzeiten die aufeinander folgenden Geschlechter beholfen hatten. Otto von Mandello hatte 1218 den Grundstein zu einer zweiten gelegt, die im Jahre der Eroberung von Mortennano dem Verkehr übergeben wurde; man nannte sie die „neue", bis eine dritte und vierte erbaut wurden, und sie deshalb jene Benennung mit der des Ponte alla Carraia vertauschen mußte entsprechend dem Namen des Tores, das sich am rechten Ufer an jener Stelle zum Fluß hin öffnete. Die Bezeichnung ist ihr bis heute geblieben, ebenso wie dem Ponte Vecchio die seine, zu der er damals durch die Errichtung der „neuen" Brücke gelangt ist. Noch standen altem Brauch gemäß die Brücken unter einem Hoheitsrecht der Kirche; uralte Vorstellungen, nach denen aus ihren Erbauern die Pontifices, die hohen Priester geworden waren, einten sich mit der Auffassung, daß durch ihr Vorhandensein den Pilgern der Weg zu Stätten des Heiles ermöglicht werde. Die Gerechtsame über die alte Brücke hatte man vorlängst einer wahrscheinlich halb bürgerlichen, halb kirchlichen Behörde, der Opera del Ponte Vecchio, übertragen. Die neue Brücke sah man sich veranlaßt, direkt dem Bischof zu unterstellen, der dann dem Abt von Santa Trinita, in dessen Kirchspiel sie lag, das Recht übertrug, den Brückenherrn und den Brückenwächter einzusetzen. Bei der Neigung, alles ins Einzelne und Kleine auszugestalten, konnte es nicht fehlen, daß auch die neue Brücke mit einem eigenen Verwaltungshaus und mit eigenen Besitzungen versehen wurde, aus deren Erträgen sie zu erhalten war. Es war oder wurde Brauch der Bürger, den Ponte Vecchio im Testament mit einem Vermächtnis zu bedenken, ganz als handle es sich um eine fromme Stiftung; den jüngeren Flußübergängen scheint jedoch solche patriotische Gunst nie erwiesen zu sein.[2])

Friedrich des Zweiten Krönungszug.

Am Horizont der aufblühenden Stadt zogen von Norden her schicksalsschwere Wolken empor. Im Herbst 1220 kehrte nach acht Jahren deutscher Kämpfe und Sorgen König Friedrich über die Alpen zurück, um, zum Manne gereift, aus den Händen des Papstes die Kaiserkrone zu empfangen. Die

[1]) Den eingehendsten Bericht über die Eroberung Mortennanos gibt der Judex Sanzanome, Hartwig, Quellen u. Forsch. I. 18 ss. — Bei Villani, V. 42 kurze Erwähnung. — Wichtige Ergänzungen aus den Urkundenbüchern San Gimignanos Forsch. usw. II, Regest 5.

[2]) Erbauung von Ponte alla Carraia Villani V. 41 und 42, sowie die andern Ableitungen der „Gesta Florentinorum". — Betreffs des Opus Pontis veteris s. Band I, S. 697 und Anm. 6. — Vgl. Forsch. usw. IV in dem Abschnitt „Zur Baugeschichte" unter Ponte alla Carraia.

priesterliche Gunst galt dem ersehnten Kämpfer gegen Halbmond und Ketzerei; sie geleitete den jungen Staufer, als er umstrahlt vom Glanze der Jugend und von hohem durch ihn selbst vermehrten Ahnenruhm nach Italien niederstieg. Vor ihm her hatten sich alle Schwierigkeiten geebnet, denn wenn man alle politischen Rechnungen des Mittelalters sorgsam prüft, sind die Hindernisse den deutschen Herrschern in Italien fast stets durch die Kirche bereitet worden, oder wo sie sonst entstanden, hatten sie doch nicht viel zu bedeuten, solange die Kirche nicht dem Widerstande ihre offene oder geheime Gunst zuwandte. Der Kardinal-Legat Ugolino von Ostia hatte sich wie in Tuszien, so in der Lombardei um die Herstellung des Friedens redlich bemüht; was ihm nicht geglückt war, sollte der Reichslegat und Bischof Konrad von Speier und Metz zu bewirken versuchen, der vor dem Herrscher her im Sommer die Lombardei durchzog;[1]) auch Mailand und seine Partei wünschten jetzt Anschluß an den König. Der bischöfliche Hofkanzler hatte den Auftrag, von geistlichen und weltlichen Großen, wie von den Städten den Eid der Treue zu empfangen, sich die Reichsrechte ausfolgen zu lassen und die herrschenden Zwistigkeiten zu beseitigen. Ihm war für wenige Monate ein umfangreiches Pensum zuerteilt, an dessen Erledigung auch die machtvollste Persönlichkeit die Mühe eines Lebens verloren hätte. So begnügte er sich damit, Friedrich voraneilend, ihm den Weg zu bereiten und einige Symptome tiefgründiger Gegensätze an der Oberfläche zu verwischen. In Piacenza hatte er die Genossenschaften „der Plebejer“ aufgelöst und die Ritterschaft von dem unbequemen Druck der Volksherrschaft befreit, was natürlich gerade so wirksam war, wie eben Dekrete und Gesetze gegen soziale Bewegungen zu sein pflegen. Der Kardinalbischof von Ostia hat dem Wirken des deutschen geistlichen Herrn später als Legat der Kirche nachzuhelfen versucht, zumal die „Plebejer“ den Ketzern sehr günstig und der römischen Kirche herzlich abgeneigt waren; er selbst hatte ja in Siena einige Jahre zuvor gleiche Arbeit getan. Kirche und Reich waren durchaus einig in der Neigung, alle freien Regungen zu ersticken, aus denen sich das Geistesleben der Zukunft gestalten wollte. Aus Plebejertum und Ketzerwesen sind nachmals die Kräfte erwachsen, die das Mittelalter nebst seinen leitenden Gewalten, das universelle, priesterlich geweihte Kaisertum und die Papstherrschaft, überwunden haben. Wer im Ablauf der geschichtlichen Ereignisse nicht nach einem vorüberrauschenden Scheinbild nationaler Größe und Herrlichkeit sucht, sondern inmitten aller Kämpfe nach Höherem fragt, nach der Kulturentwicklung der Menschheit, der wird nicht den Zwist und die Reibung der geistlichen und der weltlichen Macht beklagen, sondern die freilich nur kurz bemessenen Perioden ihrer friedlichen Eintracht, die die Welt stets mit Stillstand und Rückschritt bedrohen.

[1]) Ernennung des Bischofs Konrad zum Legaten für Lombardei, Romagna, Tuszien und ganz Italien „Francfort in curia solemni“ 1220, 17. April M. G. Leges II. 235. — Der Bischof wurde einige Monate durch Krankheit an der Abreise nach Italien verhindert. Schreiben des Kaisers an den Papst vom 13. Juli, Regesta Imp. 1143.

Bischof Konrad hat, wie in der Lombardei, so auch in der Romagna, das stets der Reichsgewalt feindliche Faenza ausgenommen, seine Mission insofern erfüllt, als er den Widerstand, wenn nicht beseitigte, so doch für den Augenblick zum Schweigen brachte. Auch Bologna leistete die Huldigung und wurde dafür vom Reichsbann gelöst, in den es wegen seiner Feindseligkeiten gegen Imola geraten war und den es, da keine kaiserliche Macht ihm Nachdruck verleihen konnte, zwei Jahre lang geduldig ertragen hatte. In Siena verweilte der Reichslegat in den ersten Novembertagen und empfing den Treueid der Bürgerschaft; Florenz aber, das eben noch den vom Herrscher begünstigten Grafen Guidi eine ihrer Burgen abgezwungen und andern Edlen ihr festes Kastell vernichtet hatte, umging der Legat mit auffälligster Geflissentlichkeit. Allerdings hatte der langsam gegen Rom ziehende König im September den Eberhard von Lautern zu seinem besonderen Boten für Tuszien ernannt, um in diesem Gebiet die Reichsrechte wieder beizubringen und „die viele herrschende Zwietracht zu schlichten.“[1]) So griff denn der greise Herr von neuem in die Geschicke Toskanas ein, das er vor einigen Jahren von Otto zu Friedrich hinüberzuführen versucht hatte; solange Bischof Konrad in Italien verweilte, blieb dieser zwar dem Eberhard übergeordnet, doch scheint dieser sein Berater in den ihm wohlvertrauten Angelegenheiten Toskanas gewesen zu sein. Florenz allein war es, dessen Haltung, ohne feindselig zu sein, doch eine zweifelhafte blieb. Pisa hatte längst seinen Frieden mit dem deutschen König gemacht und Lucca muß gleich der feindlichen Nachbarin, vielleicht sogar im Wetteifer mit ihr, seine Gesandten über die Alpen geschickt haben, um dem Staufer zu huldigen, denn dieser Kommune wurde hohe Gunst gewährt; sie hatte, als Friedrich noch in Deutschland weilte, das Reichsvikariat über die luccheser Grafschaft wie über das Gebiet des Bistums erhalten,[2]) und so war Florenz ganz auf sich allein gestellt. Der junge König mied den kürzeren Weg und zog von Bologna durch die Romagna nach der Metropole der Christenheit. Daß er die Stadt am Arno stets in einem Bogen umging, während er in den Jahrzehnten seiner Regierung fast in jedem größeren Orte der Halbinsel geweilt hat, führten die Zeitgenossen oder die Nach-

Eberhard von Lautern, Kaiserbote für Tuszien.

---

[1]) 1220, 21. September; Huillard-Bréholles I, 2, p. 847. — Eberhard und der frühere Legat Bischof Jakob von Turin bei Konrad von Speier in Siena 1220, 5. November (Archivio Roncioni in Pisa).

[2]) In Lucca im bischöflichen Palast erklärte 1220, 9. Februar, ein Prokurator von Montevettulini namens der Einwohnerschaft von Burg und Ort: „inquiro vos Domine Rudulfe rectorem et potestatem Lucanam (!) pro ipsa civitate . . . ut cum vos substineatis et geratis vicem imperii nomine civitatis in comitatu seu districtu et episcopatu civitatis ejusdem“, daß er die genannte Kommune gegen Belästigungen verteidigen solle, die ihr zufügen „Dominus Guido Borgondio pater vester . . . et Dominus Donzellus pro vobis et pro Domino Anselmo fratre vestro.“ indem sie von jedem Herde 26 Denare als Foderum verlangen, und weil wegen Nichtzahlung 1000 Librae Strafe verhängt sei. Der Prokurator appelliert an König Friedrich. (SAF. — Capitolo di Pistoia.) Der Podestà war Graf Rudolf Burgognone von Capraia, der vordem auch Podestà von Florenz gewesen war.

lebenden auf eine Weissagung zurück, er werde in Florenz sterben; die Dämonen, stets bestrebt, die Menschen zu täuschen, hätten ihn geäfft; da kein Sterblicher seinem Schicksal entgeht, habe er in Fiorentino in der Capitanata sein Ende gefunden.[1]) Wer in das vielverschlungene Wesen des tiefsinnigen Mannes eingedrungen ist, der geistig zwischen dem Orient und dem Occident, dem Mittelalter und der Neuzeit stand, in dem schärfste Gedankenklarheit und der Hang zum Okkultismus nebeneinander wohnten, der wird die Ansicht nicht von der Hand weisen, es sei wirklich eine Superstition dabei im Spiele gewesen, daß er niemals den Fuß nach Florenz gesetzt hat.

Daß jetzt weder der Kaiser noch sein Legat die Stadt berührte, hatte die Wirkung, daß die Bürgerschaft nicht gezwungen wurde, den Treueid zu leisten, und während in den andern Gebieten das „Foderum", die Reichssteuer von 26 Denaren für jede Feuerstelle, eingehoben wurde,[2]) scheint die Grafschaft Florenz sich dieser Pflicht entzogen zu haben. Dem Anscheine nach suchte man die Leistung der „Fidelität", der Huldigung, des bindenden Eides, der zur Übernahme aller anbefohlenen Leistungen verpflichtete, bis nach der Krönung hinauszuzögern. Man hatte vor elf Jahren erlebt, was alles sich in kurzer Folge nach jener heiligen Handlung ereignen könne, und beobachtete offenbar dieselbe Politik, die damals ohne üble Wirkung geblieben war. Doch erwies man dem Herrscher äußerlich die gebührenden Ehren; inmitten einer glänzenden Schar von Großen Deutschlands und Italiens geleiteten auch die Vertreter der Städte den Enkel Barbarossas auf seinem Krönungszuge, und unter ihnen erblicken wir den Podestà von Florenz, den Pisaner Ugo Grotti, nebst einem Gefolge von Rittern der Stadt, das sehr zahlreich gewesen sein muß.[3])

Wie am Cäcilientage des Jahres 1220, am 22. November, Friedrich von Staufen mit seiner Gattin Konstanze von Aragon durch die silberne Türe des Aposteldomes zum Altar schritt, wie ihm die priesterliche Mitra und darüber die Krone Karls des Großen aufs Haupt gesetzt ward, wie die ehrwürdige Basilika wiedertönte von dem Rufe „Heil und Sieg dem erlauchten Kaiser der Römer", wie der Neugekrönte dem alten Papst den Steigbügel hielt, erlebte die Welt zum letzten Male das Schauspiel der Kaiserweihe über dem Apostelgrabe, in dessen symbolischen Vorgängen eine Auffassung der Weltordnung zum Ausdruck kam. Der priesterlich eingesegnete Träger des weltlichen Schwertes sollte nun hinausschreiten, die Werke Gottes zu tun nach der Deutung von dessen Vertreter auf Erden. Vom Herrn der Welt stammte diese Gewalt; widerruflich erteilte sie der Papst, der zugleich die Macht hatte, über jenseitige Seligkeit und Ver-

Krönung Friedrichs II.

[1]) Villani VI, 35 und 41. Auch die Stadt Faenza soll Friedrich II. nach der letzterwähnten Mitteilung aus entsprechendem Grunde (es ist wohl gemeint: wegen des ähnlichen Klanges des Namens) niemals haben betreten wollen.

[2]) Vgl. S. 74 Anmerkung 2.

[3]) Dessen Anwesenheit bei der Krönung ergibt eine Stelle bei Sanzanome, wo von seiner Rückkehr die Rede ist. (L. c. p. 20 Zeile 34.)

dammnis zu verfügen. Das Ewige und Zeitliche floß in eins zusammen, und weder den Geweihten noch den Weihenden mochte ein Schauder erfassen vor der Anmaßung, die Dinge dieser Welt und sich selbst in so unmittelbare Beziehung zum Ewigen und Unvergänglichen zu setzen. Keiner von beiden mochte auch die Keime furchtbarer Geschicke erkennen, die die feierliche Stunde in sich barg. Von neuem nahm der Kaiser nach der Krönung das Kreuz, diesmal aus den Händen des Kardinals Ugolino von Ostia, der eine so umfangreiche Wirksamkeit für den Kampf gegen den Halbmond entfaltet hatte. Zugleich erließ Friedrich am Krönungstage Gesetze, die bezeugten, wie seine Gesinnungen und die des Papstes in allem, was sich auf die Herrschaft über die Völker bezog, völlig die gleichen waren. Freiere Gedanken haben von früher Jugend an in dem Sizilianer gelebt; in seinen Knabenjahren haben ihn neben Italienern kluge Sarazenen unterrichtet; den arabischen Lehrmeistern verdankte er mannigfache Anregungen, Kenntnisse in der Medizin, in der Mathematik, zu der die Sternkunde gehörte, und in der Philosophie. Seine Erbitterung gegen die Römischen Priester, gegen die Religion, in deren Namen sie walteten, und gegen allen Glauben überhaupt, wird erst das Ergebnis späterer Lebenserfahrung und bitterer Kämpfe gewesen sein, aber schon derjenige, der jetzt dem Papst den Steigbügel hielt, blickte freier in die Welt hinaus, als je ein Kaiser vor ihm. Auch Jahrhunderte später hat keiner ihm darin geglichen, daß er die Kulturen zweier Welten in sich vereinte, und deren Vorzüge und Schwächen gegeneinander abzuwägen verstand. Solches Durchdenken und Vergleichen erzeugte als vorwiegende Geistesrichtung die Skepsis, aber dieser zweifelnde Kaiser, der so weit vom orthodoxen Glauben entfernt, der von den Gedanken des Orients erfüllt war und der früh die Reize östlichen Lebens kennen lernte, trug an der Schulter das Kreuz, das Zeichen des Kampfes gegen den Islam; dieser Fürst, der an seiner Zeit und Mitwelt gemessen die Verkörperung freien Geistes war, erließ Gesetze gegen die Ketzer, auf Grund deren dem starren, echten Glauben zu Ehren der Rauch der Scheiterhaufen in allen Landen den Himmel verdüstern sollte. Wie ihm auch nachmals die Kirche fluchte, auf diese seine genehmen Gesetze hat sie sich immer von neuem berufen und auf sie ihre Verfolgungen gestützt; dieser Herrscher, den nicht ein blindes Schicksal, sondern sein innerstes Wesen zum Kampf gegen die Priesterherrschaft vorausbestimmte, erließ in der Stunde, in der sich die Krone des Reiches auf sein Haupt senkte, tief einschneidende Bestimmungen zur Wahrung der Vorrechte des Klerus, befahl allen Städten, jeden Satz aus ihren Statutenbüchern zu tilgen, der gegen die kirchliche „Libertät" verstoße und ordnete an, daß alle Kommunen oder Personen, die wegen Nichtachtung entsprechender geistlicher Befehle ein Jahr lang der Exkommunikation ausgesetzt gewesen seien, dadurch auch ohne weiteres dem Banne des Reiches verfallen sein sollten. Die Bürgergemeinden hatten sich in dieser Hinsicht den päpstlichen Weisungen fortdauernd widersetzt, das Ketzerwesen hatte sich mit der Popularbewegung eng verschlungen; die „Plebejer" waren dem wohlsituierten Klerus abhold. Jetzt wirkten Reichsgewalt und Kirche einträchtig auf das gleiche Ziel hin, und im folgenden Jahre hat Kardinal Ugolino, indem er dem Vorgehen des Reichslegaten gegen die

Volksgenossenschaften zu Hilfe kam, der Stadt Piacenza die Zerstörung der „Synagogen der Häretiker" zur besonderen Pflicht gemacht.[1])

Der tiefe Widerspruch zwischen Gesinnung und Handeln des Kaisers erklärt sich nur zur einen Hälfte aus den äußeren Umständen; gewiß wollte er sich der Kirche, die ihn erhoben, dankbar erzeigen, und in dem Maße, in dem er empfand, daß die in ihn gesetzten Kreuzzugshoffnungen sich nicht so schnell erfüllen würden, wie man erwartete, mochten seine Gesetze zugunsten kirchlicher Interessen um so schärfer ausfallen; gewiß stand ihm das Beispiel seines Vorgängers vor Augen, der die Herrschaft verloren, weil er dem päpstlichen Willen widerstrebt hatte. Doch muß vor allem ein anderes, mehr von innen heraus wirkendes Moment berücksichtigt werden, will man die furchtbare Strenge dieser Krönungsgesetze verstehen. Die Ketzer, Fanatiker der Heterodoxie, waren dem jungen Kaiser an sich ebenso gleichgültig wie das streng kirchliche Wesen; aber sie hatten ihren Anhang im unteren Volk, und der Demokratie galt sein ererbter Haß. Die Macht und Freiheit der Städte schien ein Hindernis auf seinem Wege; in dem zentralistischen Beamtenstaat, wie er ihn von Sizilien her kannte, und wie er ihn in Italien aufzurichten hoffte, bildeten sie ungefüge Fremdkörper; der kriegsgewaltige Großvater hatte sie nicht zu Boden werfen, der kluge Vater sie nicht zu beugen vermocht; dessen Tod hatte ihren Jubel erregt und war für sie zur Epoche einer neuen, machtvollen Entwicklung geworden. Sechzehn Jahre später hat Friedrich es offen ausgesprochen, daß schon von der Zeit seiner Kaiserkrönung an sein Sinn darauf gerichtet gewesen sei, an den Kommunen das Andenken der Vorfahren zu rächen und „die Auswüchse ihrer Freiheit" zu beseitigen.[2]) Der ungeduldige Herrenmensch in ihm verstand die zähe Tüchtigkeit des bürgerlichen Wesens nicht; der Sproß eines glänzenden Geschlechtes, der in der Sonne Siziliens zum Jüngling erwachsen war, den die Pracht des Orients blendete, den die Jagd in grünenden Wäldern und der Blick auf das weite Meer lockte, mißachtete die enge Existenz in dumpfen Häusern und engen Straßen. Das Volk mochte, wenn es sich gehorsam beherrschen ließ, auf Wohltaten und Besserung seiner Lage hoffen; die Quelle allen Rechtes und aller Macht aber sollte er, der Kaiser, sein, dessen Gnade Glanz, dessen Ungnade Vernichtung bedeutete. Kaisergewalt und Kirche sollten, sich wechselweis stützend, die Herrschaft in starken Händen halten und gemeinsam jeden Rebellen vernichten. Freie Gedanken zu hegen, war das Recht derer, die von den Höhen des Daseins auf die Menge niederblickten; ihnen war bestimmt, nach Abstufung von Rang und Geburt Herrschaft zu üben. Die Masse aber sollte sich nicht erkühnen, ihre Ideen und ihren niederen Willen der Allmacht der Regierenden entgegenzusetzen.

Der handelnde Mensch muß der Sohn einer Zeit und einer Kultur sein; nur dann ist es ihm gegeben, sicheren Schrittes vorwärts zu gehen. Was Friedrich den Zweiten unergründlich anziehend für die stille Betrachtung macht, die sich bemüht in den Seelen dahingeschwundener Menschen die verloschene

[1]) Vgl. Forschungen usw. IV, S. 19. „Die Popularbewegung usw."

[2]) 1236, Ende Juni. Huillard-Bréholles IV, 2, S. 875.

Schrift ihres Wesens zu entziffern, eben das hat über den stolzen Kämpfer das Unheil heraufbeschworen. Der freie Geist erniedrigte sich zum Schergen der Kirche, die ihn vernichten sollte; das strahlende Auge, das in die Zukunft sah, entdeckte nicht die für uns Späte so billige Wahrheit, daß das Vorwärtsdrängen der Volksmassen unaufhaltsam ist, daß es, die Welt bereichernd, neue Kulturwerte schafft. An den Widersprüchen seines Innern ist der herrliche Staufer zugrunde gegangen; er war zu reich und frei für einen Kaiser seines Zeitalters und wiederum zu streng gebunden, zu aristokratisch, zu sehr Enkel hoher Ahnen, um der befreiende Schöpfer einer neuen Periode oder deren glorreicher Förderer zu werden.

Kampf zwischen Pisanern und Florentinern im Krönungslager.

Günstiger und glücklicher als sonst verlief der Tag der Kaiserkrönung; kein Tumult in der Stadt, kein Aufruhr der Römer, wie er so häufig frühere Herrscherweihen entehrt hatte, störte das hohe Fest. Aber an einem der nächsten Tage hallte das kaiserliche Lager selbst von wüstem Waffenlärm wieder und die Florentiner waren es, um derentwillen der Tumult entstand. Die Zelte des Herrschers und seines Gefolges erhoben sich vor der Stadt auf dem Monte Mario, der den Sankt Peter und den vatikanischen Hügel überragt. Hier wehte inmitten von Feldzeichen, deren Inhaber von der Nordsee bis zum afrikanischen Meere daheim waren, vor der „Trabacca", dem Zelt des Bischofs und Hofkanzlers Konrad von Speier, das Banner des Reichslegaten, und die Edlen von Tuszien mochten in seiner Nähe lagern. Da waren vier von den fünf Söhnen des Guido Guerra, die Cacciaconti, fortan Führer der sieneser kaiserlichen Partei, Rudolf Burgognone Graf von Capraia und Podestà Luccas, die Bostoli und die Testa von Arezzo, nachmalige Führer der Ghibellinen ihrer Heimat, Ugo Grotti der florentiner Podestà, Oderigo Fifanti, eines der Häupter der florentiner Ghibellinen[1]) und auch Mosca Lamberti, der zum Morde des Buondelmonti geraten hatte, kann nicht gefehlt haben, denn er stand jetzt, Anhänger des Kaisers und zugleich hochbegünstigt vom Papst, als Podestà an der Spitze des der Tiberstadt benachbarten Viterbo; es war ihm vorübergehend gelungen, dessen Familien-

[1]) Die Grafen Guido, Tigrimus, Rogerius und Aginulfus als Zeugen in der Belehnung der Bostoli und Testa mit der Burg Cigogna südwestl. Cortonas, Monte Mario 1220, 23. November. Winkelmann, Acta I, 171. Dem Guelfus Bostoli war die Burg 1210, 18. Januar von Otto IV. verliehen worden; Reg. Imp. 346. — Bei der im kaiserlichen Parlament auf den Prati di Nerone am 25. November erfolgten Exkommunikation Parmas war neben zwei Söhnen des Guido Guerra, auch Graf Rudolf, Podestà von Lucca, Zeuge; Affò, Storia di Parma III, 337. — Verleihung der Burg Terquanda an Guido Cacciaconti, 1220, 25. November Reg. Imp. 1222. Die Verleihung erfolgte in wörtlicher Bestätigung der Urkunde Ottos IV., Prato 1211, 28. Dezember, Reg. Imp. 457. So blieb die Klausel stehen: Die Verleihung erfolge für in Apulien geleistete Dienste. Diese aber waren gerade im Kampf Ottos gegen Friedrich von dem Scialenga-Grafen geleistet worden! — Über Oderigo Fifanti s. unten. — In einer Urkunde von geringer Wichtigkeit (Ficker, Forschungen IV, 320) ist die „travacca domini Conradi imperialis aule cancellarii et totius Ytalie legatus" im Lager super Monte Malo erwähnt; der Kaiser hatte außer seiner travacca ein temptorium (Beratungs- und Empfangszelt).

und Parteihader zu schlichten, indem er einen Teil der Streitenden, sechs Führer der hadernden Faktionen von Viterbo, zum Zwangsaufenthalt nach Florenz gesandt hatte.[1])

Auf dem Monte Mario nun, angesichts Roms, also in besonderer Feierlichkeit, erteilte der Kaiser viele auf Tuszien bezügliche Privilegien, während er sich bisher mit den Angelegenheiten dieser Landschaft auf seinem Romzuge kaum persönlich befaßt hatte. Vor allem knüpfte er Pisa durch glänzende Verleihungen an sein Interesse, während er einige Monate zuvor die Gesandten der Genuesen abgewiesen hatte, als sie ihm die auf Sizilien bezüglichen Freibriefe der Bürgerschaft zur Bestätigung vorlegten, in der Hoffnung, diese werde jetzt den Dank für die Aufnahme ernten, die sie einst dem jungen königlichen Abenteurer auf seinem Zuge nach Deutschland erwiesen.[2]) Doch waren ihm die Bürger der Ligurischen Stadt in seinem südlichen Königreich zu mächtig geworden und sie waren dem Irrtum verfallen, Anspruch auf Erkenntlichkeit in ihre politische Rechnung einzustellen; ihre Gesandten folgten dem König nicht zur Krönungsfeier nach Rom, und die pisaner Gegner hatten es leicht, die einmal erwachte Abneigung gegen die Rivalen zu schüren. Der Konflikt mit Genua wie die Begünstigung Pisas wurde richtunggebend für die ganze Regierungsdauer Kaiser Friedrichs und von weittragendem Einfluß auf die Verhältnisse Toskanas; das auf dem Monte Mario den Pisanern gewährte Privileg bildete die Magna Charta ihrer Rechte und fesselte ihr Interesse enge an das Reich. Alle Verleihungen Kaiser Friedrich des Ersten von 1162[3]) wurden bestätigt; nicht nur die kleinen Inseln nahe der Arnomündung, Capraia, Gorgona, Pianosa, durch die sie ihren Hafen zu sichern vermochten, wurden ihnen bestätigt, sondern auch Elba und Korsika; im ganzen Reich erhielten die pisaner Kaufleute das Vorrecht der Steuerfreiheit. Dies alles wurde ihrem Podestà in besonders feierlicher Form als Schwertlehen verliehen und die vier Grafenbrüder aus dem Hause der Guidi waren nebst anderen Großen des kaiserlichen Gefolges Zeugen der wichtigen symbolischen Handlung.[4])

Am folgenden Tage fand auf den Prati di Nerone vor den Toren Roms ein feierliches Parlament des Kaisers statt; Kardinal Ugolino verkündete dort

[1]) Der Hader in Viterbo schwebte zwischen dem Geschlecht der Brittoni und den Figli di Giovanni Cocco. — Cronaca di Frate Francesco d'Andrea da Viterbo. Archivio Storico per le Marche e per l'Umbria IV, p. 282; Cronaca di Viterbo von Niccola della Tuccia in Documenti di Storia Italiana (herausgegeb. von der Deputaz. Toscana di Storia Patria) V, p. 15; Pinzi, Storia di Viterbo I, 265 ss. — Mosca war ebenso wie 1220 noch 1221, 18. Febr. Podestà von Viterbo, wie das Schreiben des Papstes Honorius' III. von diesem Tage ergibt; der Papst nennt den florentiner Ghibellinenführer darin seinen geliebten Sohn und seinen Getreuen (M. G. Epp. I, 115).

[2]) Marchisii Scribae Annales. M. G. Ss. XVIII, 146. — Vgl. Winkelmann, Friedrich II. (1889) I, 98 ff.

[3]) S. Bd. I, 478.

[4]) In Montemalo prope Urbem, 1220, 24. November, Huillard-Bréholles II, 1, S. 19. — Reg. Imp. 1217.

den kirchlichen, der Kaiser den Reichsbann über Parma wegen dessen Vorgehen gegen Bischof und Klerus,[1]) aber noch andere Beschlüsse scheinen in dieser Beratung gefaßt zu sein; an demselben Tage wurde Poggibonsi eine feierliche Bekundung zu teil, die sich scharf gegen Florenz richtete, denn wir wissen, wie dessen stetes Bestreben darauf gerichtet war, Poggibonsi in seine Gewalt zu bringen. Jetzt wurde der Besitz eines Achtels der Stadt, den Florenz dort vor vielen Jahrzehnten erkämpft und erworben,[2]) für null und nichtig erklärt. Poggibonsi wurde zur Reichsstadt gemacht, oder seine Stellung unmittelbar unter dem Reich wurde wieder hergestellt; ausdrücklich wurde es jeder Abhängigkeit von Florenz oder anderen tuszischen Kommunen los und ledig gesprochen. Nebst verschiedenen Ortschaften wurde jenes Mortennano, das die Florentiner eben erobert und zerstört hatten, unter Poggibonsis Hoheit gestellt.[3])

Die Florentiner im Krönungslager mußten einsehen, welche Empfindungen der Kaiser und seine Räte gegen ihre Stadt hegten. Bisher hatte man mit den Pisanern im besten Einvernehmen gestanden; man hatte einen der Ihren zum Podestà gewählt und mochte darauf gerechnet haben, daß durch Vermittelung der Nachbarkommune auch Florenz Zugang zur kaiserlichen Gunst gewinnen würde; zumal bei den florentiner Ghibellinen mochte solche Hoffnung rege gewesen sein. Die Enttäuschung wird sich nach Landesunsitte in spitzen und kränkenden Worten gegen die begünstigten Pisaner Luft gemacht haben; Pisaner Ritter stürmten gegen die Zelte der Florentiner und verwundeten einige der zur Krönung Mitgezogenen, worauf die Florentiner gegen Abend rachevoll die Zelte der Pisaner angriffen, sie zerstörten und ausraubten und einige der bisherigen Freunde und jetzigen Gegner auf den Tod verwundeten. Ihr Führer bei diesen nicht sehr rühmenswerten Taten war Oderigo de' Fifanti, derselbe, der sich vor vier Jahren bei den Händeln hervorgetan hatte, die zum Morde des Buondelmonti führten. Der Podestà von Pisa sandte sofort den Befehl nach Hause, zur Rache alle in Pisa anwesenden Florentiner gefangen zu setzen und ihre Waren zu konfiszieren; er erklärte die zwischen den Nachbarstädten bestehenden Verträge infolge der ausgebrochenen Feindseligkeiten für null und nichtig und die plötzliche Beschlagnahme aller Kaufmannsgüter, die man im Vertrauen auf vollen Frieden und beschworene Abmachungen in der Seestadt lagern hatte, fügte den florentiner Kaufleuten schweren Schaden zu.[4])

---

[1]) Affò, Storia di Parma III, 337. — [2]) Bd. I, 458 ff, 466, 545 f.

[3]) Huillard-Bréholles II, 1, S. 37.

[4]) Über den Tumult im Lager zwischen Pisanern und Florentinern berichtet am Besten Sanzanome l. c. p. 20. — Villani VI, 2 erzählt die Fabel, der Kampf sei wegen eines Hündchens ausgebrochen. Es scheint, daß die Dichtung sich später des Vorganges bemächtigt und ihn so zugestutzt hat, wie Villani ihn gutgläubig berichtet; wahrscheinlich gab es ein Lied dieses Inhaltes, denn in einer, sonst nichts, was nicht auch anderweit bekannt wäre, enthaltenden Florentiner Chronik bis 1343, die in dem Spoglio Strozziano der Florentiner National-Bibliothek II. IV, 377 (XXV. 591, 4) enthalten ist, heißt es von dem Tumult „. . . e fu grande zuffa tra loro" (zwischen Pisanern und Florentinern) „nel tempo che Federigo . . fu incoronato, come

Kaiserliche Privilegien für Städte und Große.

Ehe der Kaiser in sein südliches Königreich zog, hat er den toskanischen Großen seine Gunst durch Privilegien bezeugt, die nicht minder tief, wie die Verleihungen an Poggibonsi, in die florentiner Verhältnisse eingriffen. Die fünf Söhne des Guido Guerra erhielten die Bestätigung all ihres alten Besitzes, obwohl das Hoheitsrecht über einen Teil desselben vorlängst oder neuerdings an Florenz übergegangen war. Da war in der reichen Liste Empoli und dessen Bezirk genannt, das sich schon vor vierzig Jahren der Kommune unterworfen hatte,[1] Monte di Croce, um das die Bürger mit dem Vorfahren des Grafen siegreich gekämpft hatten,[2] Montemurlo im Pistoiesischen, zu dessen Abtretung sie die gräflichen Brüder soeben erst vermocht hatten, Viescha, Montevarchi, das den Florentinern in Pfand gegeben war, und viele andere Burgen und Gebiete, auf die die Stadt ihre Hand gelegt hatte.[3] Die Pazzi di Val d'Arno, die Florenz längst vor sein Gericht zu ziehen gewohnt war,[4] wurden als Lehnsleute der Grafen Guidi bestätigt; die Ubertini, ebenfalls im Arnotal gegen Arezzo hin mächtig, wurden durch den Kaiser ausdrücklich von jeder „Lateinischen Gewalt" — es sind die Podestàs der Städte gemeint — befreit; nur den aus Deutschland entsandten Reichsboten sollten sie zu Recht stehen.[5] Zuvor war Pistoia in kaiserlichen Schutz genommen[6] und im Gebiet von Volterra war der Bischof von Volterra, der von seiner Bürgerschaft so arg Bedrängte, durch Ernennung zum Reichsvikar zu neuer Macht erhöht worden;[7] er sollte überdies in ganz Toskana in des Herrschers Namen Recht sprechen dürfen. Man sieht, wie Florenz von allen Seiten beschränkt wurde und wie völlig isoliert es dastand, während ringsumher alles von der Sonne kaiserlicher Gunst bestrahlt wurde.

Bischof Konrad von Speier als Reichslegat in Toskana.

Um die tuszischen Verhältnisse, die denn doch durch die Pergamente aus der Reichskanzlei allein nicht geregelt werden konnten, einer Ordnung entgegenzuführen, begab sich der Reichslegat Bischof Konrad von Speier nach Toskana,

canta la Cronica" (f. 6²). — In der Cronaca Pisana des Luccheser Staatsarchivs, Codex 54 (14. Jahrh.) heißt es: bei der Krönung sei gewesen „l'anbasciaria de' Pisani con grande cavallaria e quella de' Fiorentini e per una favula chessi dice d'uno catellino naque grande dissensione tralla inbasciaria de Pisani e quella de' Fiorentini" . . — Über die großen Verluste der Florentiner durch Beschlagnahme ihrer Waren Villani l. c. und das Schreiben des Kardinallegaten Ugolino an den Papst 1221, April, Levi, Registri p. 12.

[1]) 1182, 3. Februar; Santini p. 17. — [2]) Bd. I, 436 ff. 442, 451.

[3]) Das Privileg für die „Fürsten" und Tuszischen Pfalzgrafen Guido, Tegrimus, Roger, Markwald und Aginulf, 1220, 29. November (Reg. Imp. 1240) gedruckt Lami „Monum." I, 70.

[4]) Vgl. 1206, 15. Juni, Santini p. 232. — 1209, 30. April, Ibid. p. 234.

[5]) 1220, 29. November; Ficker, Forschungen IV. 321. — Scheinbar gehört hierher auch das Privileg für die Ubaldini (Reg. Imp. 1223). Dessen angeblich durch fünf Notare beglaubigte Kopie von (vorgeblich) 1279 befindet sich im SAF. — Acquisto Polverini. Es ist in Wahrheit eine höchst plumpe Fälschung des 17. Jahrhunderts.

[6]) Huillard-Bréholles II, 1, S. 18. — [7]) Ebendort S. 41.

während sein Kaiser sich südwärts wandte. In Poggibonsi[1]) begann er seine Tätigkeit, in Fucecchio setzte er sie fort; er gewährte Klagenden Recht, doch waren es vor allem klösterliche oder bischöfliche Ansprüche, deren er sich ganz im Sinne jener kaiserlichen Krönungsgesetze annahm. In Poggibonsi klagte die Abtei San Michele über Usurpation der ihr gehörigen Güter; in Fucecchio klagte der Bischof von Pistoia gegen die Kommune, die dem Bistum gehörige Burgen nach wie vor besetzt hielt, und es entspann sich ein endloser Prozeß zwischen der Stadt und ihrem geistlichen Hirten.[2]) Hier erschienen auch Gesandte Sienas und erhielten das Versprechen, der Kanzler wolle der Stadt all ihre Rechte neu bestätigen und durch den Kaiser bestätigen lassen, wenn Konrad demnächst wieder nach Toskana komme, um dann die Kreuzfahrt ins heilige Land anzutreten.[3]) Zwischen dem Aufenthalt in Poggibonsi und dem in Fucecchio war der Reichslegat in Pisa gewesen,[4]) und die Pisaner werden nichts verabsäumt haben, um seinen Zorn gegen Florenz nach Kräften zu schüren. Sollte der Legat es dulden, daß eine einzige Stadt in Tuszien dem Kaiser den Treueid vorenthielt? Über Waffengewalt verfügte der Bischof allerdings nicht, nur eine Schar gelehrter Richter umgab ihn;[5]) er wird sie befragt haben, wie die Hartnäckigkeit der Florentiner zu strafen wäre, und ihre Antwort ging dahin, daß die Stadt dem Banne des Reiches verfallen sei.[6]) Darauf ergingen seine Befehle an die jetzt durchweg dem Kaiser und seinem Stellvertreter gehorsamen Städte Toskanas, und Eberhard von Lautern, der an Stelle des nach Deutschland zurückreisenden erzbischöflichen Hofkanzlers wieder an die Spitze der Reichsregierung für Tuszien trat, machte es zu seiner persönlichen Aufgabe, die Ausführung des Bannes zu überwachen. Es sind uns die Zeugnisse dafür erhalten, wie er selbst nach Pistoia ging, um zu veranlassen, daß die dort anwesenden

Florenz im Reichsbann.

[1]) Außer den Reg. Imp. 12 654 und 55 erwähnten Urkunden liegt noch die Gerichts-Urkunde Bischof Konrads, Poggibonsi 1220, 28. Dezember (SAF. — Bonifazio) vor. Seine Richter sprachen auf Klage des Kämmerers des Michaelklosters von Marturi Recht.

[2]) Die Klage vor dem Kanzler, Fucecchio 1221, 1. Januar, Munizipal-Archiv v. Pistoia; Liber Censuum f. 19.

[3]) Reg. Imp. 12 661. — Fucecchio 1221, 10. Januar. Or. SAS. — Balzana.

[4]) Reg. Imp. 12 658.

[5]) Diese sind in der Anm. 1 erwähnten Urkunde genannt.

[6]) Reg. Imp. 12 664. — Doch ist die dort erwähnte Nachricht über die Verhängung des Reichsbannes, in dem Schreiben des Kardinals Ugolino an den Papst, 1221 April, nicht die früheste, wie die folgende Anmerkung ergibt. — Es läge die Vermutung nahe, daß der Reichsbann über Florenz nicht wegen verweigerten Fidelitätseides, sondern wegen der Unruhen im Krönungslager verhängt worden sei. Dennoch ist dies abzuweisen. Wären jene Zwistigkeiten der Anlaß gewesen, so hätte der Kaiser selbst und auf der Stelle den Spruch gefällt, während der Bann erst viele Wochen später in Toskana durch den Legaten verhängt wurde. Der Bann hätte dann auch nur die an dem Kampf Beteiligten, nicht aber die ganze Stadt und die Gesamt-Bürgerschaft treffen dürfen, die an jenem Vorgange ja unbeteiligt war.

Florentiner gefangen genommen, und daß ihre Waren eingezogen wurden;[1]) in Pisa hatte man aus eigenem Antriebe das Gleiche bereits früher getan, und wie in Pistoia wird der Pfälzische Edle in allen Nachbarstädten dafür gesorgt haben, daß die Florentiner, wenn sie sich nicht rechtzeitig in die Heimat geflüchtet hatten, gegriffen und ausgeplündert wurden. Jedem Herbergswirt ward von Reichswegen anbefohlen, seine florentiner Gäste ins Gefängnis abzuliefern und ihre Habe zu konfiszieren. Wer diese plünderte, wurde zum rechtmäßigen Besitzer des Geraubten erklärt; durch Heroldsruf wurde verkündet: wer Florentiner Bürgern etwas schuldig sei, dem wäre verboten, die Schuld zu zahlen, und nie wird ein Befehl des Reiches mit größerer Bereitwilligkeit befolgt sein, als dieser; er muß den Pfandleihern und Wucherern von Florenz, wie den Tuch- und Warenhändlern, die gewohnt waren, gegen langsichtigen Kredit zu verkaufen, harten Schaden zugefügt haben. Wieder und immer wieder wurde die Verkündigung erneut, und es war ein Beweis, daß der Handel schließlich alle Hemmnisse und Verfolgungen zu überstehen vermag, doch es liefert auch ein Zeugnis von der Klugheit der Florentiner, daß Krisen solcher Art, ohne dauernde Schädigung, selbst ohne erhebliche Hemmung der glänzenden kommerziellen Entwicklung überwunden werden konnten. Freilich, ob man auch jetzt das Gewitter über sich ergehen lassen mußte, man war nicht gewillt, den Schaden als einen dauernden zu erdulden, und schrieb den Nachbarstädten alles, was sie sich auf Kosten der Florentiner aneigneten, auf hochverzinsliche Rechnung; sie haben sie alle in einer oder der anderen Gestalt mit dem Vielfachen begleichen müssen.

Zu zahlreich waren die Interessengegensätze, als daß Florenz hätte fürchten müssen, auf die Dauer in seiner Vereinzelung zu bleiben, von der überdies, die wirtschaftliche Schädigung abgerechnet, keine ernsten Gefahren zu befürchten waren, solange die Umstände den Kaiser in seinem südlichen Erbreich festhielten. Hatten alle sich seiner Macht gefügt, so hatten sie es getan, weil alle dadurch Förderung der eigenen Interessen erhofften. In dem Streit um Burgen und Landgebiete, den Pistoia mit seinem Bischof führte, hatte der Hofkanzler und Reichslegat Konrad im Sinne der kaiserlichen Krönungsgesetze für den Bischof entschieden, aber Eberhard, der bei seinem Vorgehen gegen das widerspenstige Florenz auf die Bürgerschaft zählte, hob das Urteil wieder auf, und schließlich hat Konrad, dem die verworrenen tuszischen Dinge in der Ferne

[1]) Über die Verkündigung des Reichsbannes gegen die Florentiner in Pistoia liegen viele Urkunden vor, die erste bereits von 1221, 20. Januar, nach der der Judex der Kommune „coram domino Averardo de Lutri dixit paratum esse capere Florentinos et res eorum ad voluntatem et mandatum ejusdem dom. Averardi et cancellarii domini imperatoris“ (Munizipal-Archiv Pistoia. — Liber Censuum f. 16²). Dann zahlreiche Bekundungen über bezügliche Vorschriften an albergatores und über öffentlichen Ausruf des Bannes durch den Herold der Kommune bis 11. März. Ebendort f. 16 und 16², f. 17 und 19). Erneute Verkündigung des Bannes in Pistoia am 29. August, Ibid. f. 16.

6*

Florenz und die Kirche.

nicht mehr am Herzen lagen, seine Entscheidung selbst zurückgenommen.[1] Außer dem Prozeß vor dem kaiserlichen, schwebte wegen der gleichen Angelegenheit ein andrer vor dem geistlichen Gericht; in Vertretung des Legaten wurde Bischof Johann von Florenz mit der Entscheidung des Konfliktes betraut, der sich aufs äußerste zugespitzt hatte. Der mit dem Kardinalspurpur bekleidete Bischof Soffred von Pistoia hatte über Podestà und Rat seiner Stadt die Exkommunikation verhängt, wogegen die Pistoiesen erklärten, er selbst sei dem Banne verfallen, weil er Geistliche gefangen gehalten und sie dem weltlichen Gericht überantwortet habe. Der florentiner Bischof aber nahm die Partei seines Amtsbruders,[2] vermutlich zu großem Mißvergnügen der Pistoieser Bürgerschaft, gegen die er auch in anderer Angelegenheit im Auftrage des Papstes vorgehen sollte.

Die Mathildische Erbschaft.

Honorius hatte dem Grafen Albert von Prato die zerstreut im Pistoiesischen gelegenen zum Mathildischen Erbe gehörigen Kastelle als Lehn übertragen, deren sich die Kommune größtenteils bemächtigt hatte; die Kommune war natürlich nicht gewillt, herauszugeben, was ihr zwar nicht gehörte, was sie aber längst als ihr Eigentum betrachtete. Der Abt von Settimo bei Florenz wurde beauftragt, sie zur Abtretung der Burgen an den Grafen anzuhalten, und wenn er nichts ausrichtete, sollte der Bischof von Florenz mit kirchlichen Strafen gegen die Stadt vorgehen.[3] In Prato war Schiatta Uberti, der florentiner Ghibellinenführer, Podestà, und während seiner Amtsführung war ein Konflikt mit der Geistlichkeit entstanden, gegen deren Vorrechte sich die Pratesen auflehnten. Auch hier war es Bischof Johann, der gemeinsam mit Soffred von Pistoia den päpstlichen Auftrag erhielt, die üblichen Exkommuni-

[1] 1221, 3. Mai (Ficker, Forschungen IV, 326, im Regest irrig 3. März) Entscheidung Eberhards von Lautern in San Miniato. (Vgl. dazu betreffs der ersten, in dieser Urkunde erwähnten Entscheidung des Konrad von Metz Reg. Imp. 12 662.) — 1221 ind. 9 ohne Ort und Tag bestätigt Bischof Konrad von Metz als „totius Ytalie legatus" den Spruch Eberhards unter Widerrufung des von ihm selbst gefällten Urteils.

[2] Delegierung des Florentiner Bischofs durch den Legaten zum Richter in den Pistoieser Streitigkeiten 1221 (April) Levi, Registri p. 13. — Die enge Freundschaft der beiden Bischöfe als prozessualer Einwand in der Urkunde von 1221, 10. Juni (SAF. — Badia). — Prozeßverhandlung in der Pistoieser Streitsache im Florentiner Bischofspalast 1221, 23. Oktober, Munizipal-Archiv Pistoia. Liber Censuum f. 41. — Der Bischof Soffred war durchaus derselbe, der seit 1208 diese geistliche Stellung inne hatte. Eubel, Hierarchia Catholica p. 420 macht aus dem einen Soffred zwei Persönlichkeiten, einen ältern und einen jüngern; der erstere sei Kardinal von Santa Prassede gewesen und 1210 gestorben. Dies ist irrig, wie die Notiz im Martyrologium der Pistoieser Domkirche (Zaccaria, Biblioteca p. 97) ergibt. Danach starb Soffred, Bischof von Pistoia, Kardinal von Santa Praxedis 1223, 28. September.

[3] Offenes Schreiben Honorius' III. betreffs des Mathildischen Gutes 1221, 18. Februar. Huillard-Bréholles II, 1, S. 128. — M. G. Epp. I. 114. Dazu Belehnung des Grafen durch den Papst 1220, 5. Dezember. M. G. Epp. I. 106. — Schreiben des Papstes an Podestà und Volk von Pistoia 1221, 22. Dezember. Zaccaria, Anecdota 77. — M. G. Epp. I. 129.

kationen zu verhängen, und es gelang in der Tat durch diese Mittel, Prato zum Gehorsam gegen die Befehle des apostolischen Stuhles zu zwingen.[1] So hatte der florentiner Bischof, der in engem Einvernehmen mit seiner Bürgerschaft stand, durch die Gunst der Kirche seine Hand in den Streitigkeiten derselben Nachbarstädte, die auf Befehl des Reiches Florenz nach Tunlichkeit schädigen sollten. Der Konflikt mit der höchsten weltlichen Gewalt verdoppelte den kirchlichen Eifer der Bürger, die, wie ihnen der Kardinal Ugolino bezeugte, „beim Papst, als dem Hafen des Heiles, ihre Zuflucht suchten"; das Bestreben war das alte, sich gegen das Reich durch den Kreuzesschild der Kirche zu schützen. Der nachmalige Gregor der Neunte durchzog im Frühjahr 1221 von neuem als Legat Toskana und die Lombardei, um in diesen Landschaften den Eifer für den Kampf gegen den Islam zu wecken, und der Kaiser hatte diese Ernennung mit warmem Glückwunsche begrüßt;[2] seine Wirksamkeit war darauf gerichtet, von den italienischen Städten Mittel und Mannschaften aufzubringen, um das eroberte Damiette, das freilich trotz aller Anstrengungen noch in demselben Jahre an den Sultan von Ägypten verloren ging, der Christenheit zu behaupten; an alle ihm getreuen Kommunen hatte Kaiser Friedrich einen Aufruf erlassen, dem Verlangen Ugolinos entgegenzukommen; das reichstreue Siena hatte denn auch eine Kreuzzugssteuer von sechs Solidi für jede Feuerstätte in Stadt und Gebiet ausgeschrieben. Als der Legat aber in den ersten Apriltagen 1221 in Florenz erschien, wo er im bischöflichen Palast seinen Wohnsitz nahm, bewilligte ihm die Bürgerschaft mit großer Begeisterung eine Beisteuer von 20 Solidi für jede Feuerstätte eines Ritters, von 10 für jede eines Fußmannes in Stadt und Contado, also mindestens das Doppelte von dem, was ihm in Siena gewährt war. So erwarb sie die Gunst des mächtigsten Prälaten der Kurie, des kommenden Mannes der Kirche und fand durch seine warme Empfehlung beim Papst einen Halt in ihrem Zerwürfnis mit dem Reich. Der Legat unterließ nicht, in seinem Bericht hervorzuheben, wie die Florentiner, die im Banne des kaiserlichen Kanzlers stünden, und denen die Pisaner große Summen vorenthielten, sich so besonders opferwillig gezeigt hätten und wie zahlreiche Ritter der Arnostadt bereit wären, das Kreuz zu nehmen.[3] Er legte die Sache der Kommune Honorius warm ans Herz und bat ihn, ihre Interessen nach Kräften zu schützen, worauf es denn bei jener Entfaltung frommen Eifers wohl hauptsächlich abgesehen war.

Pfalzgraf Ildebrandino Reichsvikar v. Poggibonsi.

Der Kaiser war indes nicht gewillt, sich durch irgendwelche Interventionen zugunsten der widersetzlichen Stadt begütigen zu lassen. Er ernannte den Pfalzgrafen Ildebrandino, einen der vier Söhne des verstorbenen Ildebrando, Herrn der Aldobrandesca-Grafschaft, zu seinem Vikar für Poggibonsi und Orgia, und er teilte der Bürgerschaft des ersteren mit, dies geschehe, um den Ort

[1] Prato 1221, 10. Februar (SAF. — Prepositura di Prato).

[2] Regesta imp. 1286—88.

[3] Schreiben des Legaten an den Papst, 1221 (April). Levi, Registri p. 62.

Bündnis Sienas mit Poggibonsi.

gegen etwaige Angriffe seiner Feinde zu schützen,[1] womit nur die Florentiner gemeint sein konnten; allerdings war die Ernennung zum Vikar des dicht bei Siena, südlich der Stadt gelegenen Orgia zugleich darauf berechnet, auch Siena, wenn nötig, im Zaume zu halten, aber es zeigte sich, daß diese Stadt aus altem Nachbarhaß gegen Florenz und aus wohlbegründeter Furcht, jetzt so engen Anschluß an das Reich suchte, sich so sehr als dessen gehorsame Tochter erwies, daß es weder nötig war, ihren Eifer zu schüren, noch es an Abweichungen von der Reichstreue zu hindern. Graf Ildebrandino hat als Schützer von Poggibonsi nicht eben Großes ausgerichtet, aber die dortige Bürgerschaft verstand die Ernennung dahin, daß sie sich zum Kampf gegen Florenz zu rüsten habe, mit dem sie ja freilich noch von jenem verlustreichen nächtlichen Überfall bei Mortennano her in Fehde lag. Am 10. Juli 1221 schloß sie bei der Burg Monteriggioni, deren türmereiche Rundmauern noch von dem Bergkegel auf die nach dem nahen Siena führende Straße niederschauen, ein Schutz- und Trutzbündnis mit Siena gegen die Florentiner. Der Tag war verhängnisvoll für die damals aufblühende Stadt, die heute ein weltverlorener unbedeutender Ort ist, weil sie in den Kämpfen gegen Florenz im Laufe des nächsten halben Jahrhunderts das Mark ihrer Kraft verzehrt hat. Für jetzt schien die Anlehnung an die mächtige Nachbarin im Süden indes nur Schutz zu verheißen, denn Siena sollte bei jedem Angriff der Florentiner gegen Poggibonsi mit gesamter Macht ausrücken, wie anderseits die kleinere Kommune der größeren im entsprechenden Falle ebenfalls unbedingte Hilfe zu leisten hatte. Legte Florenz Ritter in die benachbarten Burgen, so hatte Siena halb so viele, als Florenz nach seinen Kastellen entsandte, zur Besetzung Poggibonsis abzuschicken. Man wollte sich bemühen, Colle und San Gimignano, die benachbarten Kleinstädte, in das Bündnis zu ziehen, was denn auch gelang, und San Miniato trat ebenfalls der Koalition bei. Schon damals muß ein Teil der florentiner Ghibellinen im Einverständnis mit den Feinden der Vaterstadt gestanden haben, denn man verlangte von den Bürgern Poggibonsis die eidliche Versicherung, daß sie zu dem Abkommen nicht durch Florentiner bestochen seien, was den Sinn hatte, daß die Städte ihren eigenen Interessen folgen, nicht in die Wirrnisse der städtischen Parteipolitik von Florenz hineingezogen werden wollten, was ja in der Tat ein Menschenalter später, als man solche Vorsicht nicht mehr übte, die

[1] Privileg des Hofkanzlers Bischof Konrad von Metz für Ildebrandino und seine Stadt Grosseto 1221 (Januar) Reg. Imp. 12 663. — Privileg des Kaisers für ihn 1221 Mai, Lami. Monum. I, 473. — Ernennung zum Vikar von Poggibonsi usw. 1221, 17. Mai; Ficker, Forschungen IV. S. 329. — Schreiben des Kaisers über die Ernennung an die Einwohner von Poggibonsi, Orgia, Montauto 1221, 17. Mai und 13. Juni, ebendort S. 329 und 330; an Siena, 5. Juni, S. 330. — Über die vier gräflichen Brüder des Hauses Aldobrandesca geben die Urkunden betreffs der Teilung der Aldobrandesca-Grafschaft vom 22. und 29. Oktober 1216 (Fumi p. 74) Auskunft. Ildebrandino und sein gleichnamiger jüngerer Bruder starben kinderlos. Die Grafen Bonifazio (von Santa Fiora) und Wilhelm (von Pitigliano) setzten das Geschlecht in zwei, später in fast ununterbrochener Feindschaft lebenden Linien fort.

furchtbarsten Folgen zeitigte. Es gibt ein Bild von der Bedeutung Poggibonsis und erklärt die schweren Kämpfe, die nachmals um den Ort geführt wurden, daß fast 1600 Bürger den Vertrag mit Siena beschworen.[1]) Mit Orvieto stand Siena in altem Bunde, der eben jetzt erneut wurde,[2]) und mit dem Pfalzgrafen Ildebrandino, dem Reichsvikar und Schützer Poggibonsis, dem machtvollen Beherrscher des südlichen toskanischen Küstengebietes, dem Oberherrn von Colle im Elsatale, wie mit seinen Brüdern, den Grafen Bonifaz und Wilhelm, trat es in enges Bündnis.[3]) Der Bischof von Volterra (doch nicht die Stadt) gehörte ebenfalls dieser südtoskanischen gegen Florenz gerichteten Liga an, die den Kommunen Pisa[4]) und Pistoia die Hand reichte, so daß Florenz auf drei Seiten von Feinden umgeben war, deren Macht sich weithin nach Süden und nach Norden erstreckte, seinen Verkehr von der Meeresküste abschnitt und überall seine Grenzen bedrohte. Nur im Südosten stand Arezzo als einziger Alliierter treu zu den Nachbarn,[5]) während Eberhard von Lautern von seinem Amtssitze zu San Miniato die Abneigung und Kampfeslust gegen die ihm und seinem Herrn auffässige, mit dem Reichsbann belegte Stadt nach Kräften angefacht haben wird. Um so eifriger schloß sich Florenz an den Legaten des Papstes an, der immer von neuem in seinen Mauern erschien; er weihte hier Kirchen und bereitete dem neuen Orden des heiligen Dominikus die Stätte, von der aus die Predigerbrüder später die Gemüter beherrschen sollten; kurz zuvor war in Florenz unter seiner fördernden Teilnahme die Bußbrüderschaft des heiligen Franziskus als eine waffenlose, aber unendlich machtvolle Heerschar zum Schutz des reinen Glaubens und der päpstlichen Politik organisiert worden.[6]) Papst und Kaiser standen vor der Welt noch im innigsten

[1]) Vertrag Sienas mit Poggibonsi und Gegenschwur SAS. — Caleffo Vecchio f. 110 u. f. 114. — Die Zahl der Schwörenden von Poggibonsi ist bei Hartwig, Quell. u. Forsch. II, 130 irrig mit 1947 angegeben; sie betrug 1588. — 1226, November (SAS. — Caleffo Vecchio f. 165) beschworen 1695 von Poggibonsi einen Vertrag mit Siena.

[2]) S. S. 70 Anm. 1.

[3]) Siena 1221, 2. Oktober. SAS. — Caleffo Vecchio f. 122[a].

[4]) Die Erneuerung des i. J. 1208 geschlossenen Bündnisses zwischen Pisa und Siena erfolgte an demselben Tage (10. Juli 1221), an dem das Bündnis Sienas mit Poggibonsi abgeschlossen wurde. (Arch. Stor. Ital. Ser. III. Vol. 4; 2, p. 9 n. 1). Der Zusammenhang tritt klar hervor.

[5]) Dies ergibt die in der vorigen Anmerkung erwähnte Urkunde.

[6]) Von der Einführung und der Ansiedlung der Dominikaner in Florenz, wie von der Begründung des dritten Ordens des Franziskus ist später zu handeln. Der Kardinalbischof Ugolino weilte außer im April 1221 (s. S. 85 Anm. 3) von neuem im November in Florenz. Er weihte mit den Bischöfen von Florenz und Pistoia am 6. November die dem Kloster Nonantula gehörige erneuerte Kirche San Felice in Piazza (Tiraboschi Storia di Nonantula II, 360). — Betr. Einführung der Dominikaner in Santa Maria Novella s. Forsch. usw. IV „Zur Baugeschichte“ unter „Santa Maria Novella“.

Einvernehmen, aber der erste der Kardinäle, derselbe, der nachmals als Papst den leidenschaftlichen Kampf gegen den Staufer führte, bezeugte seine ganz besondere Neigung und Fürsorge eben der Stadt, die vor dem kühnen Wagnis nicht zurückschreckte, voll unbezähmbarer Unabhängigkeitslust den Befehlen des Herrschers zu trotzen.

Konflikte zwischen Pisa und Lucca.

Doch war diese mit der reifsten und weisesten Überlegung gepaart. Man lebte seit dem Tumult auf dem Monte Mario, seit der tief schädigenden Konfiskation der florentiner Waren mit Pisa im Hader, aber man wußte den Zorn zu mäßigen, weil die Zeit von Gefahren schwanger war. Zuerst sandte man ein versöhnliches Schreiben an die Nachbarn; damals war noch ein Pisaner Podestà von Florenz, und er hoffte, einen Ausgleich herbeizuführen, wenn er an das Gerechtigkeitsgefühl der Landsleute appellierend, sie aufforderte, nach eigener Schätzung den durch die Beschlagnahme entstandenen Schaden zu vergüten. Die Antwort war freilich eine unerwartete: dem Gesandten wurde bedeutet, wenn er sich nicht eilig davon mache, werde es ihm übel ergehen.[1]) Trotzdem duldete man für eine Weile die Schmach. Pisa hatte sich inzwischen, wie es die Gunst des Kaisers zu finden gewußt, auch mit dem Papste ausgesöhnt; es hatte die drei Brüder Visconti und deren sardinische Unternehmungen sich selbst überlassen und dafür Lösung von der Exkommunikation erlangt;[2]) wie Pisa nun wieder zur gehorsamen Tochter des römischen Stuhles wurde, brach in dem stets feindlichen Lucca die Abneigung gegen Kirche und Geistlichkeit hervor, und der Papst „gestattete", daß in Lucca, wo der Legat Ugolino alle Schwurverbindungen aufgelöst hatte, denn doch eine Eidgenossenschaft gebildet werden dürfe, nämlich eine solche gegen das legitime Oberhaupt der Kommune; mit anderen Worten, er forderte zu einer Verschwörung gegen den Podestà, den ihm und der Kirche feindlich gesinnten Römer Parentio auf, weil dieser, dem sein Bruder Andreas zur Seite stand, gegen die Sonderrechte der Geistlichkeit Partei ergriffen hatte, wobei es zur Entweihung von heiligen Orten, zur Ausplünderung von Priestern, zur Besitzergreifung von Kirchen und schließlich zur Vertreibung des Bischofes und des gesamten Klerus aus der Stadt gekommen war.[3]) Freilich war Pisa ebenso wenig wie Lucca von innerem Zwist verschont, denn zwischen den Edlen und dem Volk schwebte grimmiger Hader; das Volk hatte die Oberhand gewonnen, und vielleicht war eben dadurch bewirkt worden, daß die Kommune sich von dem sardinischen Abenteuer der Brüder Visconti zurückzog. Der pisaner Podestà des Jahres

[1]) Sanzanome, l. c. p. 20 s.

[2]) Schreiben Honorius' III. von 1221, 23. August, 28. Oktober u. 10. Dezember; Pressutti 3524, 3552, 3610.

[3]) Schreiben des Papstes an den Erzbischof von Pisa 1221, 20. Juli, Pressutti 3503 und das S. 90 Anm. 1 erwähnte Schreiben von 1222, 5. November. — Ferner die Schreiben von 1221 (ohne Tagesdatum) an Siena usw. und an Genua, Pressutti 3668 u. 3669. Parentio vertrieb vier Jahre später (1225), als er Senator von Rom war, den Papst Honorius aus der Stadt; Richardus de Sancto Germano. Muratori Ss. VII, 998.

1222 hatte seinen Amtseid einen Monat lang nicht leisten können, weil sowohl die Ritter wie die Popularpartei verlangten, daß er zu ihren Gunsten lauten solle, und endlich einigte man sich dahin, daß der Podestà schwur, Edle und Volk in dem Stande und bei den Rechten zu erhalten, wie er sie vorgefunden,[1]) womit denn nichts entschieden, aber der weitere Austrag des Zwistes vertagt war. In einem aber war man einig, in der Abneigung gegen Lucca; man ließ das Stadtoberhaupt schwören, daß in seiner Amtszeit drei Kastelle in der Richtung gegen jene Stadt hin errichtet werden sollten; die Lucchesen fühlten sich dadurch bedroht und legten gegen das eine, Castiglione genannt, das über Filettoro gebaut werden sollte, Mannschaft in ihre eigene Burg Castiglioncello. Inzwischen fehlte es nicht an sonstigen Reibereien; in Lucca wußte man, daß pisaner Kaufleute am Meeresufer gegen das lucchesische Gebiet zu bedeutende Transporte Olivenöl zum Export nach Kleinasien oder Nordafrika einzuschiffen beabsichtigten; auf Anordnung des Podestà überfiel eine lucchesische Ritterschar die Händler, nahm die Fässer fort, und die geraubte Ware mußte statt zu den Sarazenen den Weg nach Lucca nehmen. Da eine durch Gesandte Pisas überbrachte Beschwerde unbeachtet blieb, ließ man zur Rache einen Transportzug von lucchesier oder lucchesischen Importeuren gehörigen Tuchen abfangen. Als nun wiederum Gesandte Luccas sich in Pisa beschweren wollten, bekamen sie die Antwort, ihre Kommune möge, ehe man mit ihr verhandle, vorerst einmal die Besatzung aus Castiglioncello zurückziehen, worauf die Antwort der Lucchesen darin bestand, daß sie dieses Kastell um so stärker befestigten. Gleichwohl ging der Podestà Parentio auf Beschluß des Rates nochmals von besonders feierlicher Gesandtschaft begleitet nach Pisa, um zu versuchen, ob der Friede zwischen den Nachbarstädten nicht trotz aller Streitpunkte zu erhalten sei. Das stets zum Tumult geneigte Volk der Hafenstadt empfing diese Abordnung indes mit Hohn und Beschimpfungen, und der Rat lehnte ihren Vorschlag ab, der verständigerweise dahin ging, beiderseits den Bau von Befestigungsanlagen im Grenzgebiet einzustellen. Diese herausfordernde Haltung entsprach dem Willen der untern Schichten, während die Ritterschaft in besserer Einsicht zum Frieden riet. Pisa schickte zwei Edle, unter ihnen den florentiner Podestà des Vorjahres, Ugo del Grotto, nach Lucca, um den Ausbau von Castiglioncello zu untersagen; dies war selbstverständlich nicht nur zwecklos, sondern es stachelte den Eifer der Lucchesen auf das stärkste an. Edle und Volk zogen am 18. Mai aus, um bei den Befestigungsarbeiten zu helfen, und schleppten wetteifernd Steine den hohen Berg hinan, nachdem aus den Sternen ermittelt war, daß jener Tag für den Burgbau besonders glückverheißend sei. Sofort aber rückten die Pisaner aus, um ihrerseits in Montemorecci eine Burg zu bauen; der Ort lag im lucchesischen Gebiet oder mindestens in der Diözese Lucca südlich vom Arno, unweit Montopoli, denn diese umfaßte bis zur spätern Gründung des Bistums San Miniato weite Territorien auch jenseits des toskanischen Hauptflusses. Nach Süden und Westen war der Hügel von Montemorecci durch

[1]) Sercambi I, 18.

dichten, jetzt nur noch in Resten erhaltenen Wald gedeckt, weshalb die Pisaner die neue Befestigungsanlage auf usurpiertem Boden Castel del Bosco nannten. Die Luchesen besetzten die benachbarten Orte und Burgen, während die Pisaner weithin ihr Aufgebot ergehen ließen und eine Schar Soldritter aus Toskana und der Lombardei in Dienst nahmen, die sie unter Führung des Markgrafen Corrado Malaspina stellten. Sie machten neben dem in Eile errichteten Castel del Bosco, Pianettole zu einem weiteren Hauptstützpunkt und legten Mannschaft und Lebensmittel für ein Jahr hinein. Auf dem anderen Schauplatz der Kriegsvorbereitungen, am Serchio, schlugen sie unter Trompetengeschmetter ein Lager gegenüber Castiglioncello auf und befestigten es mit Gräben und Verhauen; man beschoß sich herüber und hinüber, aber die Luchesen, die die Höhe besetzt hielten, blieben den Feinden gegenüber im Vorteil.

Florenz mit Lucca verbündet.

Auch beschränkten sie sich nicht auf den Kampf der Waffen; sie wußten, daß man in Florenz nur auf die Gelegenheit wartete, an den Pisanern Rache zu üben; aber dem in schwerem Konflikt mit der Kirche befindlichen Lucca beizustehen, hätte man sich dennoch nicht entschließen können; man fürchtete, vom Reiche geächtet und verfolgt, den „Hafen des Heils" preiszugeben. Von den Florentinern wird das Verlangen an Lucca gerichtet worden sein, die Bürgerschaft möge den dem Papst und der Geistlichkeit verhaßten Podestà Parentio entlassen und sich mit der Kirche versöhnen; es geschah, und Lucca wählte statt seiner einen Edlen aus dem gegen Pisa wie gegen den Kaiser gleich erbitterten Genua zu seinen Stadtregenten.[1] Als lucchesische Gesandte nun Florenz von neuem um Beistand ersuchten, sagte man die verlangte Hilfe mit Begeisterung zu; an Pisa erging die Erklärung, das Heer der Florentiner werde an einem bestimmten Tage, am Sonntag, den 17. Juli 1222, ausrücken, um die Luchesen gegen Usurpation und Vergewaltigung zu schützen, und die Pisaner antworteten, sie wollten zusehen, wer sie zwingen würde, von ihrem Vorhaben gegen Lucca abzustehen. Die Florentiner rüsteten ihren Bannerwagen, und dem Carroccio nach zog das Gesamtheer der Bürgerschaft, geführt von dem Podestà, dem Römer Oddo di Pietro Grigori, durch die Porta San Frediano nach Westen, dem bei Castello del Bosco und Pianettole stehenden lucheser Heere zu Hilfe. Die Pisaner hatten ihr Aufgebot an die verbündeten Städte Siena, Poggibonsi und Pistoia ergehen lassen, und so konnte man sich auf harte Kämpfe gefaßt machen. Zum erstenmal sollten sich jetzt die Städte in der Gruppierung gegenüberstehen, die für ein Menschenalter maßgebend wurde. Das Reich aber war in Toskana zu schwach, um wirksam in die Fehden einzugreifen, die denn doch weit über das Wesen kleinlicher Nachbarstreitigkeiten hinauswuchsen, oder um sie durch seinen Spruch zu schlichten. Eberhard von Lautern war auf der Reichsburg durch einen anderen Beamten abgelöst worden, durch den Reichstruchseß Gunzelin von Wolfenbüttel, der einst der Getreueste Kaiser Ottos und unter den wenigen gewesen war, die noch an seinem Sterbelager ausgeharrt hatten. Dann war

[1] Sercambi I. 25. — Dazu Schreiben Honorius' III., 1222, 5. November, an den Bischof von Lucca und den Prior von San Frediano. Pressutti 4143.

er in Friedrichs Dienste getreten und hatte jetzt die Aufgabe erhalten, Tuszien in dessen Namen zu regieren. Der niederdeutsche Herr mochte nicht tatlos auf der hohen Burg über dem Arno bleiben; wie drunten das Heer der mit der Reichsacht belegten Florentiner kriegslustig vorüberzog und er ihre Banner wehen, die Waffen in der Julisonne glitzern sah, stellte er sich mit der wahrscheinlich nur sehr unbedeutenden Schar seines Gefolges unter die Feldzeichen der Pisaner und focht mit in deren Reihen; unvorsichtig genug verknüpfte er das Ansehen des Reiches mit dem Waffenglück der gegen Lucca und Florenz kämpfenden Heere der kaisertreuen Städte. Auch sonst hatte der niederdeutsche Edle, der den Wolf im Wappen trug, nicht eben eine glückliche Hand erwiesen, so wenig vorher im Spoletanischen und in der Mark Ankona, wie jetzt in Tuszien, und bald sandte sein kaiserlicher Herr ihn wieder nach Norden, wo er sich dann in den dänischen Händeln besser am Platze erwies.[1])

Schlacht bei Castel del Bosco, 21. Juli 1222.

Als die Florentiner ins Lager der Lucchesen einrückten, hofften die Pisaner, sie würden sich wegen Mangels an Nahrungsmitteln nicht lange behaupten können, denn wie es scheint, war wenig für Zufuhr vorgesorgt worden, während die Pisaner an der Grenze der eigenen Landschaft fochten und ihr Heer mühelos mit dem Erforderlichen versehen konnten. Die Florentiner aber unternahmen sofort mit einem Drittel der Fußmannschaft und allen Rittern einen Beutezug nach dem jenseits des Flusses gelegenen Bientina, das eine der Proviantniederlagen der Pisaner gebildet haben mag; sie fanden den Flecken unverteidigt, nahmen bedeutende Vorräte fort und brannten ihn nieder. Als sie mit dem Ergebnis ihrer Plünderung ins Lager zurückkehren wollten, sahen sie auf der andern Seite des Arno das Heer der Pisaner heranziehen; statt einen Angriff abzuwarten, rückten sie in das von der Sommerhitze großenteils ausgetrocknete Flußbett, und hier entspann sich ein lebhafter Kampf. Aus einem Walde hervor aber rückte die Hauptschar der verbündeten Lucchesen, sowie der zurückgebliebene Teil der Florentiner der detachierten Abteilung zu Hilfe und die so von zwei Seiten angegriffenen Pisaner wurden in die Flucht geschlagen; die Sieger drängten sie auf das nördliche Ufer des Arno und verfolgten sie über Calcinaia hinaus, das in

[1]) Die erste Erwähnung des Truchseß Gunzelin von Wolfenbüttel als Legaten Tusziens in dem Auftrag Friedrichs II. von 1222, 29. April, Regesta Imperii 1392. Über ihn Winkelmann, Otto IV. an vielen Stellen, über sein Ausharren bei dem Kaiser bis an dessen Ende S. 466. — Sanzanome l. c. p. 24 in seiner etwas schwülstigen Schreibart berichtet von der Anwesenheit des Truchseß bei den Kämpfen der Schlacht von Castello del Bosco mit den Worten „. . . ante faciem eius (nämlich des Caroccio der Florentiner) Gonzolino legato magnificentissimi Frederigi imperatoris existente, qui super renes eorum incessabiliter fabricasse(n)t, si infortunium contigisset eisdem“ (scil. Florentinis). — Über Gunzelin vgl. das Asseburger Urkundenbuch des Grafen v. Bocholtz-Asseburg, Bd. I. Ferner Ficker, Forschungen IV, 334. — Reg. Imp. 1384b; 1410–16; 1422. Über seine Tätigkeit bei der Freilassung Waldemars von Dänemark, 1223, 24. Sept., Asseburger Urk.-Buch I. 91. Doch war Gunzelin 1223, 15. Januar noch Legat Tusziens, da an diesem Tage Alexander, Kastellan von San Miniato sich noch nennt „castellanus pro Dom. Gontholino, imperialis aule dapifero et Tuscie legato.“ (Ficker, a. a. O. S. 338).

Flammen aufging. Kluge Leute rieten bereits, sich mit dem leidlichen Erfolge nebst der nicht zu verachtenden Beute zu begnügen und nach der Heimat zurückzukehren, als zum Glück der Florentiner das Heer der Sienesen und derer von Poggibonsi, verstärkt durch die Lehnsmannschaft des Bischofs Paganus von Volterra, durch Zuzug von San Gimignano, Colle und San Miniato etwas verspätet heranrückte und ein Lager aufschlug, in das auch ein Teil der verbündeten Pistoiesen einzog, während andere Heersabteilungen Pistoias Burgen der Gegend besetzt hielten. Die Pisaner erholten sich auf die Nachricht hin, daß so bedeutender Zuzug eingetroffen sei, von dem Schrecken der Niederlage und drangen wieder auf den alten Kampfplatz vor. Die verbündeten Florentiner und Lucchesen waren jetzt von zwei Seiten her und überdies durch die Besatzungen der benachbarten Kastelle bedroht. Am Nachmittag des 21. Juli entspann sich ein Gefecht zwischen den Lucchesen und Pisanern, das sich für jene höchst ungünstig anließ; die Pisaner und Pistoiesen stürzten sich aus den Burgen auf die Gegner und zwangen sie zur Flucht; sie nahmen viele gefangen und banden sie gefesselt an die Pflöcke der Lagerzelte; da griff ein Teil des florentiner Heeres in die Schlacht ein, trieb die bisher Siegreichen zurück und nahm fünfzehnhundert Pisaner und Pistoiesen gefangen. Kämpfend gelangten die Florentiner an das durch Palisaden und Gräben geschützte Lager der Feinde, und um dieses entspann sich ein wildes Ringen; mancher brach unverwundet, überwältigt von der Anstrengung und der Hitze des Tages tot zusammen. Das Lager der Pisaner aber wurde erobert und zerstört, die gebundenen Gefangenen wurden befreit, und als man sich anschickte, auch Montemorecci anzugreifen, fand man, daß die Arbeit schon getan sei, daß inzwischen die wagemutigen Schildknappen und Troßknechte der Arnostadt, die vom Lager her nicht untätig dem Kampf zuschauen mochten, es auf eigene Hand mit der wahrscheinlich durch den Mißerfolg der Ihren entmutigten Besatzung aufgenommen und sie überwältigt hatten.

An anderer Stelle schlug eine zweite Abteilung der Florentiner gegen die Sienesen und die Mannschaft der ihnen verbündeten Kleinstädte; die Schlacht zog sich wieder in das trockene Flußbett des Arno hinein, doch es gelang den Florentinern, die Feinde die Böschung hinaufzutreiben. Die Sonne sank, und von feigem Schrecken erfaßt, beschlossen die Sienesen und ihr Anhang in der Nacht abzurücken und ihr Lager den florentiner Feinden preiszugeben. Sie mußten sofort einsehen, welche moralische Wirkung ihre Flucht ausübte; die von Colle waren mit ihnen ins Feld gezogen, aber nachdem das Glück der Schlacht sich Siena feindlich erwiesen, fiel die Bürgerschaft der Stadt im Elsatal nicht nur bei der Heimkehr von den Verbündeten ab, sondern bemächtigte sich verräterisch auch der florentiner Gefangenen, die das sieneser Heer mit sich führte, um durch dieses Pfand von den Siegern günstigere Bedingungen zu erlangen. Die Sienesen aber zogen trübselig zu nächtlicher Weile in die Tore ihrer Stadt zurück.

So stark war doch die Mannschaft, die Florenz ins Feld zu stellen vermochte, daß, während das Bürgerheer in zwei Hälften geteilt auf dem Schlachtfelde blutige Erfolge errang, überdies dreihundert Ritter und tausend erlesene

Fußkämpfer um den Bannerwagen geschart als letzte Reserve vor dem Lager hatten zurückbleiben können. Als der Morgen des Maria-Magdalenenfestes anbrach, durfte man sich sagen, daß man Tags zuvor einen stolzeren Sieg errungen hatte, als die Väter ihn je erkämpft, denn die Lucchesen waren nur durch die Bundesfreunde vom Arno errettet worden und die Koalition der reichstreuen Städte war gesprengt. Demnächst wurden die von den Pisanern auf luccheser Boden erbauten Burgen, wie sich's versteht, demoliert, und die Lucchesen führten die Tore der zerstörten Kastelle nach ihrer Stadt, um sie als Siegeszeichen in ihrer Marmorkirche San Michele am Marktplatz aufzustellen. Aber der Ruhm des Tages von Castel del Bosco gehörte den Florentinern, die wohl wußten, was für sie auf dem Spiele stand, wenn die Reichstreuen Meister geblieben wären, und wie in solchem Falle Herr Gunzelin von Wolfenbüttel -- es sind die Worte des Chronisten jener Tage — „ihren Rücken zum Amboß gemacht hätte." Nach dem glänzenden Siege brauchten sie wegen der Reichsacht einstweilen keine Sorge zu hegen; sie konnten darauf zählen, daß einstweilen niemand wagen würde, sich zu deren Vollstrecker zu machen. Florenz ward an jenem Tage zur Vormacht Toskanas. So kräftig regte sich in den Bürgern das Gefühl des Triumphes, daß man im Lager vorschlug, sofort nach Pisa zu ziehen, das man für wenig befestigt hielt, die Stadt zu zerstören und ihr Gebiet zu verwüsten. Jener Chronist, Sanzanome, der die Ereignisse mit erlebte, erzählt uns, man habe vorgeschlagen, am Meere ein Denkmal zu errichten mit den Worten: „Ich, Florentia, gelangte bis hierher." So mischten sich Erinnerungen an die großen Taten ferner Vergangenheit in die so viel kleinere Gegenwart; sie bezeugten, wie die antike Welt in den Gemütern lebendig war und man in naiver Unbefangenheit zwischen den Taten des bis zum Indus vorgedrungenen Alexander und den eigenen keinen wesentlichen Unterschied gelten ließ.

Man richtete kein Mal am Meere auf, sondern begnügte sich mit dem, was das Schicksal bereits gewährt hatte; nur machte man noch einen schnellen Vernichtungszug hinter den abgerückten Sienesen her durch deren Gebiet und kehrte dann heim, wo die Geschäfte besonders kräftig aufgeblüht zu sein scheinen. Bald erschienen Gesandte des geschlagenen Pisa, baten um Freilassung der Gefangenen und versprachen dafür Rückstellung der vor zwei Jahren fortgenommenen Waren, oder Vergütung; die Florentiner wußten ihre Rechnung, die in solchen Fällen immer sehr stark auszufallen pflegt, als professionelle Geldleute aufzustellen. Sie ließen von Schätzern, die zu diesem Zwecke niedergesetzt waren, einen Schaden von 63000 pisaner Librae ermitteln und diese Summe war für den Geldwert der Zeit eine ungeheure. Sie bestanden darauf, daß Pisa zwar den Betrag an Florenz auszahle, daß aber Siena, Pistoia, Volterra, Colle, San Gimignano und San Miniato je seinen Teil dazu gäbe, vorbehaltlich des Rückanspruches einer jeden Kommune an Pisa. Die Florentiner waren sicher, daß daraus manche Mißhelligkeit zwischen den bisherigen Verbündeten erwachsen würde, was denn ihrer Politik zugute kommen mußte. Bis aber der letzte Denar gezahlt war, blieben die Gefangenen aller Städte in ihren Händen. Außerdem war natürlich vorbehalten, daß Florenz sich mit jeder einzelnen

Nachbargemeinde wegen des Schadens auseinandersetzte, den seine Händler oder andere Bürger infolge der Reichsacht durch Wegnahme von Waren oder Abfangung von Personen erlitten hatten. In der Tat begannen die Rückstellungen geraubter Kaufmannsgüter, Pelzwerk, Wolle und Tuche, sehr schnell, nachdem die Waffen der Florentiner sich als kräftiger erwiesen hatten, denn der Bann des Reiches.[1]) Der Krieg zwischen Lucca und Pisa dauerte während vieler Jahre weiter fort, und neben ihm einhergehend schwebten Prozesse vor dem apostolischen Stuhl, weil die Pisaner noch eine Anzahl von Burgen des Bischofs der Nachbarstadt besetzt hielten. Der Papst hatte sich wieder mit voller Neigung den Lucchesen zugewandt, seit sie aufgehört hatten, ihren Geistlichen Drangsale zu bereiten, und ließ die Pisaner seine Abneigung empfinden. Denn die Niederlage hatte in der Seestadt einen Umschwung herbeigeführt, das Volk hatte den Krieg gewollt, und es büßte dessen üblen Ausgang mit dem Zusammenbruch seiner Macht; die Visconti gelangten wieder zur Herrschaft und führten das Stadtregiment in der Art, daß Ubaldo Visconti sich zwei Kollegen als Podestàs zur Seite stellte, den Ildebrando Sighieri und den Guelfo de Porcaria, wodurch ein Triumvirat der Vertreter dreier mächtiger Familien gebildet wurde; solche Teilung der Podestà-Gewalt blieb dann eine häufig wiederkehrende Eigentümlich-

Umschwung in Pisa.

---

[1]) Die Schlacht war am 21. Juli geschlagen; 1222, 11. September erfolgten namens der Kommune Pistoia in Florenz ante palatium communis Frorentie (!) durch einen Notar Rückstellung von 490 Grauwerk-Fellen, sowie Tuchen; am 13. September durch denselben von zwei Lasten Schurwolle; am 29. September durch einen anderen Notar Rückstellung von 712 Grauwerk-Fellen, die von den Leuten der Burg Castra im Pistoiesischen Florentiner Händlern fortgenommen waren (die Urkunden Munizipal-Archiv von Pistoia; Liber Censuum f. 15 und f. 42[a]). Wir wollen nicht unterlassen zu erwähnen, daß als Zeuge der letzterwähnten Urkunde der Judex Senthanome fungiert. Dies ist der Chronist Sanzanome, dem wir die weitaus wertvollste Darstellung der Kämpfe der Florentiner bei Castel del Bosco verdanken (Hartwig, Quell. u. Forschungen I, S. 21 ff.). Nächst der seinen kommt die detaillierte, aber verworrene Darstellung bei Sercambi I, 18 ss. in Betracht. — Villani IV, 2 und 3 gibt wenig Eingehendes. Von den sonstigen zahlreichen Nachrichten über die Kämpfe wären nur noch die der anonymen Chroniche Sanesi (Biblioteca Publica von Siena, A. III. 26 ad annum), der Annales Senenses, M. G. Ss. XIX, 227 und die der Kaiserchronik bis 1298 (Laur.-Gadd. 177: ediert von Holder-Egger, Neues Archiv XVII, 517) der Erwähnung wert. An letzterer Stelle wird die Zahl der von den Florentinern gefangen genommenen Pisaner auf 1300, bei Sanzanome wird sie auf 1500 angegeben. Doch auch die Lucchesen hatten (s. unten) eine erhebliche Zahl Pisaner und Pistoiesen zu Gefangenen gemacht. Die Pisaner Chronik des Lucchesier Staatsarchivs (Cod. 54) meldet, die Tatsachen zugunsten Pisas färbend, weder Pisaner noch Florentiner seien Sieger geblieben, als die Nacht dem Kampfe ein Ende machte. — Den Überfall des rückkehrenden sieneser Heeres durch die Bürgerschaft von Colle, die (Sanzanome p. 24) mit Siena zusammen ins Feld gezogen war, wird im Sieneser Memoriale delle offese (ed. Banchi, Archivio Storico Serie III, Vol. 22 p. 204) mitgeteilt. — Forderungen Colles an Pisa wegen der Schlacht von Castello del Bosco wurden noch 1228 liquidiert. Forschungen usw. II. Regest 19.

keit der Seestadt. Gegen den Usurpator der sardinischen Gebiete, auf die die Kirche Anspruch erhob, war aber der päpstliche Zorn niemals erloschen, und jetzt richtete er sich gegen die Stadt, über die der Verhaßte von neuem die Herrschaft gewonnen hatte. Es war zweifellos als besondere Demütigung Pisas gedacht, daß Honorius den Bischof Johann und den Archipresbyter Donus, die vornehmsten Geistlichen von Florenz, das eben die Pisaner aus dem Felde geschlagen hatte, damit beauftragte, die Herausgabe der noch besetzten Kastelle an den Bischof von Lucca und die Entfernung des Ubaldo Visconti von seinem Amte durchzusetzen, andernfalls aber die Stadt mit dem Interdikt zu belegen. Der Papst hatte sogar den Kaiser Friedrich, der Pisa so hoch begünstigte, dazu vermocht, auch seinerseits die Rückstellung der umstrittenen Burgen zu verlangen,[1]) doch mochten die Bürger wohl sicher sein, des Kaisers Gunst nicht durch Unfügsamkeit in diesem Punkt zu verscherzen. Als Honorius den Titularbischof von Bethlehem zur Friedensstiftung entsandte, hatten sie zwar widerstrebend einen Waffenstillstand mit den Lucchesen geschlossen, doch nur, um ihn sofort wieder zu brechen, und als Vertrauensmänner des florentiner Bischofs und Erzpriesters erschienen, die Herausgabe der Kastelle und die Vertreibung des Ubaldo zu fordern, schäumte der Haß gegen die Sieger hoch auf, und man schleppte die Abgesandten gefesselt in den Kerker. Infolgedessen wurde in der Vincenzkapelle des florentiner Bischofpalastes über die Podestàs und das pisaner Volk die Exkommunikation verhängt. Ein weiterer Bote, der dem Erzbischof und dem Abt von San Paolo in Ripa d'Arno das Verlangen übermittelte, sie sollten den Bann über die eigene Heimat verkünden, wurde durchgepeitscht und dann aus der Stadt gejagt, worauf Ubaldo in Verschärfung der bisherigen Maßnahmen feierlich als Ketzer erklärt wurde.[2]) Die Genuesen benutzten die Bedrängnisse der Rivalen, um jenseits des Meeres in Akkon Händel mit ihnen zu beginnen,[3]) und daheim nahmen die Kämpfe der von Genua durch Darlehen unterstützten Lucchesen[4]) gegen Pisa und Pistoia kein Ende.[5]) Florenz aber konnte, nachdem im Juni 1224 die letzten Zahlungen geleistet waren, den Friedenszustand gegenüber Pisa,

---

[1]) Quelle für das Erwähnte sind die beiden Schreiben Honorius' III., gerichtet an den Bischof und den Archipresbyter von Florenz, sowie an den Prior von San Frediano in Lucca vom 3. April 1223, beide inseriert in das Rundschreiben der genannten Florentiner Prälaten an die Erzbischöfe von Genua und Pisa, die Bischöfe und Pröpste der Städte Toskanas usw. vom 23. Oktober 1223 (Erzbischöfliches Archiv in Lucca * I. 14).

[2]) Quelle außer den erwähnten: Schreiben des Papstes an den Bischof und an Geistliche von Lucca vom 30. November 1223 (Erzbischöfl. Archiv in Lucca J. 14) und vom gleichen Tage an den Erzbischof von Genua, Pressutti 4583.

[3]) Schreiben Kaiser Friedrichs II. an das Volk von Akkon 1224, 28. März, Reg. Imp. 1526.

[4]) In Genua 1224, 31. Juli erhielten Gesandte Luccas 2000 Genueser Pfund zur Rückzahlung auf Michaelis 1225. SAG. — Materie Politiche, mazzo 18a.

[5]) 1224 war Graf Roger, Sohn Guido Guerras, Podestà Luccas; am 20. Oktober schloß er Vertrag wegen Übernahme des „cassarum castri Montegiori" mit den

Siena, Poggibonsi und Pistoia für wieder hergestellt erklären, gestattete allen aus jenen Städten wieder freien Verkehr in seinem Gebiet,[1]) und zugleich muß es die Kriegsgefangenen der Schlacht von Castel del Bosco nach zweijähriger Haft entlassen haben. Unverändert aber blieb die Haltung der Kommune gegen das Reich; der Kaiser ernannte nach Abberufung des Gunzelin den Bischof Albert von Trient zum Legaten Tusziens, und die reichstreuen Städte gehorsamten ihm,[2]) doch gegen Florenz blieb er gleich seinen Vorgängern machtlos. Ihm folgte, nachdem er wenig mehr als ein Jahr sein Amt geführt, Herzog Rainald von Spoleto,[3]) doch auch er vermochte nichts gegen die Bürgerschaft der Arnostadt.

Verlegung des Fiesolaner Bischofsitzes nach Florenz.

In ihrem starken Vertrauen auf sich selbst scheute diese, die vor jenem Siege die Kirche als Heil und einzigen Halt betrachtet hatte, jetzt auch vor einem Konflikt mit dieser nicht zurück. Der Bischof Rainer von Fiesole war Ende 1219 oder Anfang des Jahres 1220 aus dem Leben geschieden; noch als Greis hatte er das leichtfertige Leben eines Jünglings geführt und hatte die Güter der ohnehin nicht in glänzender Lage befindlichen Kirche an die Mitwisser und Förderer seiner verspäteten Liebeshändel hingegeben; der Papst hatte ihn zur Verantwortung vorgeladen, aber er scheint gestorben zu sein, ehe ihn das eigentliche Strafgericht ereilte, doch wurde er noch in den letzten Lebenszeiten von seinem Amt suspendiert. Zu seinem Nachfolger wurde ein Hildebrand gewählt, von dessen Vorgeschichte wir nichts wissen; der neue Bischof suchte die Kirchenlehen wieder beizubringen und nahm die Schwüre der Getreuen des Bistums ent-

domini de Rothano; es sollte zurückgegeben werden einen Monat nachdem Lucca festen Frieden oder 5jährigen Waffenstillstand mit Pisa habe. (Erzbischöfl. Archiv in Lucca * O. 36.) — Am 26. April 1225 erfolgte in Lucca Zahlung als Vergütigung für Pferde, gefallen „in sturmo de Montemajore inter Lucanos et Pisanos in quadragesima" (des Jahres 1225). SAL. — Archivio Notarile.

[1]) Urkunde von 1224, 21. Juni; Munizipal-Archiv von Pistoia. Liber Censuum f. 195. — 1223, 27. März übergaben die Pisaner ihre Florentiner Gefangenen an Pistoia (Salvi, Historie di Pistoia I, 156). Dies wird Vorspiel einer Auswechselung gewesen sein. — Über die Lucchesischen Gefangenen, die in Haft der Pisaner und Pistoiesen waren, und vice versa, liegen zahlreiche Urkunden vor: Lucca 1223, 14. August; Liber Censuum f. 10ª. — Lucca, 1223, 1. Dezember; ebendort f. 67ª. — Pisa, 1224, 10. April ebendort f. 13ª. Pistoia drängte damals bei Pisa auf Befreiung der in Florenz befindlichen Pistoieser Gefangenen, also auf Beschleunigung der Entschädigungszahlung, begnügte sich aber mit dem Versprechen, die Auslösung werde in einem Jahre, oder zu einem von Pistoia zu verlängernden Termine erfolgen. Sieneser Gefangene wurden aus Florentiner Gefängnissen durch Zahlung von 4900 Librae seitens Pisas 1224, 21. Mai befreit. (SAS. — Caleffo Vecchio f. 150ª). — Luccheser Gefangene in Pistoia und auch die Fortdauer des Kriegszustandes zwischen Lucca einer-, Pisa und Pistoia anderseits erwähnt die Urkunde (Lucca) 1224, 24. Dezember, Liber Censuum f. 18 und 31. Dezember, f. 66ª. — Vertrag wegen der an Florenz zu zahlenden Summe zwischen Pistoia und Pisa 1223, 24. Mai. Ibidem f. 12ª.

[2]) 1223, 28. April weilte er in Siena und empfing die Reichssteuer der Stadt. Ficker, Forschungen IV, S. 339.

[3]) Zuerst 1224, (18. Mai) in Siena nachweisbar. Ebendort S. 342.

gegen, aber er fand alle Einnahmen derart verzettelt, seine Kirche so verschuldet, daß er nicht hatte, wohin er sein Haupt legen konnte, und der Papst mußte die Mönchs- und Nonnenklöster der Diözese anweisen, ihm nebst zwei Dienern stets, so oft er an ihre Pforte klopfte, Obdach und Nahrung zu geben. Doch war der geistliche Herr nicht gewillt, als ein Almosenempfänger aufzutreten, und bereitete zumal Klosterfrauen, bei denen er sich einquartierte, starke Bedrängnis, während die Mönche von Vallombrosa es vorzogen, die Ehre des bischöflichen Dauerbesuches durch bare Zahlung von sich fern zu halten. Die Besitzungen der fiesolaner Bischofskirche aber waren durch den Leichtsinn des Vorgängers fast alle in Besitz oder in Pfand von florentiner Geldleihern geraten; als Hildebrand in der Hoffnung auf päpstlichen Schutz sich gegen sie zu regen wagte, verhängte die Stadtbehörde wider ihn auf das rücksichtsloseste einen Bann in Höhe von zehntausend Librae; der Überbringer eines päpstlichen Schreibens, das hiergegen Einspruch erhob, wurde aus der Stadt gejagt, und die vom fiesolaner Bischof abhängigen Kirchen wurden auf grund der von dem verstorbenen Rainer eingegangenen Verpflichtungen derart ausgepfändet und ausgeplündert, daß die Gläubiger selbst die Evangelien- und Meßbücher fortschleppten. Sehr milde war solchem gewaltsamen Vorgehen gegenüber das Verhalten des Papstes, denn selbst in seinem Vermahnungsschreiben verfehlte er nicht, den Florentinern Angenehmes zu sagen und zu erwähnen, wie der Höchste sie verherrlicht und erhoben habe; zugleich rückte er ihnen freilich vor, wie aller Gewinn der Welt den Schaden nicht vergüten könne, den sie an ihren Seelen litten, und gebot ihnen, dem Bischof und den Kirchen der fiesolaner Diözese Genugtuung zu gewähren; für den Fall ihrer Weigerung beauftragte er den Bischof von Modena, über die Behörden Exkommunikation, über die Stadt das Interdikt zu verhängen. Auch wurden der Bischof von Faenza und der Abt von Nonantula nach Florenz entsandt, um die Zwistigkeiten beizulegen, was ihnen freilich nicht gelungen ist; die Stadt ließ sich geduldig vom Papst wegen der Bannung des Bischofs zu einer an diesen zu zahlenden Buße von 1000 Pfund verurteilen, und es blieb, wie es war, ohne daß man sich um den Urteilsspruch viel gekümmert zu haben scheint. Die Florentiner zwangen den ihnen unbequemen Hildebrand, ins Exil zu gehen, und er fand in dem nahen Pistoia eine Zuflucht. Wie stark in Florenz infolge dieser Reibungen die Gegnerschaft gegen die Kurie war, bezeugt der Umstand, daß man zu lebhaftem Zorne des Papstes ins Statut des Jahres 1225 die Bestimmung aufnahm, niemand dürfe fortan päpstliche Verleihungen von Kirchengütern oder kirchlichen Einnahmen erbitten oder empfangen, und daß man die Bürger hinderte, gegen Kleriker vor geistlichem Gericht Recht zu nehmen. Bei alledem ist es auffallend und charakteristisch, welch äußerste Schonung der Papst den Florentinern gegenüber beobachtete, offenbar weil man in ihnen für alle Fälle ein Bollwerk der kirchlichen Politik in etwaigen künftigen Konflikten mit dem Reich erblickte. So arg sie dem Nachbarbischof mitspielten und trotz der bereits verhängten, zweifellos niemals gezahlten Geldbuße kam es über päpstliche Strafreden nicht hinaus, die sich übrigens auch Bischof Johann gefallen lassen mußte, weil er die Bürgerschaft von ihrem Unrecht nicht abhalte; doch wird man die zürnenden Worte mit Resignation hingenommen haben, zumal sie durch Versicherungen der besondern päpstlichen Liebe für Florenz gemildert waren. Auf den ersten Februar 1227 wurden Podestà, Rat und Volk vor den apostolischen Stuhl geladen, um sich wegen der fiesolaner Angelegenheit zu verantworten. Ehe aber dieser Prozeß an der Kurie recht in Gang gekommen sein konnte, sechs Wochen nach jenem Termin, war Honorius der Dritte nicht mehr, und als der den Florentinern so nahe stehende Kardinal Ugolino unter dem Namen Gregor IX. den Stuhl Petri bestiegen hatte, fanden die Streitpunkte in den Jahren 1227 und 1228 eine für die Florentiner höchst günstige endgültige Lösung. Mit den Geldleuten, die das Bistum ausgewuchert hatten — unter ihnen treten Angehörige der Häuser Vecchietti, Megliorelli, Ruffi, Macigni und Gianfigliazzi hervor — wurde durch Vermittelung des Papstes, an den die Kommune zwei Gesandte geschickt hatte, ein Abkommen getroffen, wonach sich die Gläubiger mit Zahlung von dreitausend Librae unter Aufhören weiterer Zinsberechnung und Herausgabe aller verpfändeten Besitzungen und Burgen, wie aller Schuldurkunden zufrieden geben mußten, wogegen aber der Papst genehmigte, daß der Bischof seinen Amtssitz von dem Hügelorte, dessen Namen die Diözese führte, nach der Großstadt drunten verlegte. Hier wurde ihm die Kirche Santa Maria in Campo angewiesen, und die Kommune übernahm die Pflicht, dem Prälaten neben dieser einen Palast zu erbauen. Damit hatte Florenz den letzten Rest von der gesunkenen Macht der alten Etruskerstadt aufgesogen. Was Geschlecht nach Geschlecht seit mehr als 200 Jahren angestrebt hatte, war erst nun völlig erreicht.[1])

---

[1]) Über die Schulden und die Lebensführung des Bischofs Rainer geben die Schreiben Honorius' III. 1218, 25. Mai, 1219, 10. Juli u. 31. August, Pressutti 1372, 2139 und 2187 Auskunft. — Das Registr. Honorii III, Vol. III. p. 152 (Archivio Vaticano) erwähnt zum Schluß von Lib. V die Weihe von Bischöfen in dem Papstjahr von 1220, 24. August bis 1221, 23. August, unter denen der Fesulanus. — 1220, 19. September ließ Hildebrand als „electus" sich von 31 fideles des Bistums Treue schwören. Bischöfliches Archiv von Fiesole, Cartularium von 1290 f. 16². Weitere Treuschwüre von 1224, 5. August usw. f. 7². — Über die Dürftigkeit und notwendige Versorgung des Bischofs Schreiben des Honorius 1221, 24. Januar (Archivio Vaticano Reg. Hon. III. Vol. III, p. 191). Ferner 1221, 13. Juni, 22. Dezember und 1222, 24. Januar, 20. Mai; Pressutti 3464, 3651, 3761, 3972. — Schreiben an Florenz, dem mit dem Interdikt gedroht wird, 1223, 31. Januar; Pressutti 4234 mangelhafter Auszug; Reg. Hon. III. Vol. IV, p. 26. — Schreiben des Papstes an den Bischof von Faenza und den Abt von Nonantula von 1224, 8. Juni, Cantini Saggi I, 115. Die Notiz bei Tonduzzi, Historie di Faenza p. 255, dem Bischof und dem Abt sei die Vermittelung des Konfliktes gelungen, beruht auf bloßer Kombination, wie das päpstliche Schreiben an den Bischof von Florenz vom 23. Dezember 1226 (Ughelli-Coletti III. col. 249) ergibt, vermittelst dessen Vorladung auf den folgenden 1. Februar erfolgte. — In dem Schreiben vom 23. Dezember 1226 erwähnt der Papst, daß die Florentiner den Bischof von Fiesole zwingen, im Exil zu leben. Am 22. Juni 1225 urkundete dieser (SAF. —

Ehe aber dieser Erfolg erzielt wurde, hatte Florenz andere Kämpfe zu bestehen. Kaum waren die Sienesen von den Ufern des Arno bei Castel del Bosco ruhmlos heimgekehrt, als sie versuchten, durch geheime Verhandlungen und Verträge den Florentinern das befreundete Arezzo abwendig zu machen. Es begann die Zeit, wo die einzelnen Parteien verräterische Bündnisse mit fremden Städten schlossen, und ein solches kam sechs Wochen nach jener Schlacht zwischen den Führern der Kaisertreuen von Arezzo und der Kommune Siena zustande. Bestechung spielte bei dem Abkommen eine Rolle; Siena zahlte im Verlauf der nächsten zwei Monate 1800 Librae an die Aretiner Parteiführer, die dafür versprachen, alles daran zu setzen, daß ihre Stadt fortan Feindin von Florenz und Kampfgenossin Sienas wie Poggibonsis werde, daß sobald als tunlich Zwietracht zwischen den jetzt alliierten Kommunen entstünde; nur behielten sie sich doch vor, daß sie nicht gehalten sein sollten, zur Erreichung dieses Zweckes einen Bürgerkrieg in Arezzo zu erregen.[1] Die Machenschaften der Verschwörer hatten keinen direkten Erfolg, denn Arezzo blieb Florenz treu, wohl aber scheint eine Rebellion, die in Figline am Arno ausbrach, das Werk der aretiner Reichspartei gewesen zu sein. In dem in Vergangenheit und Folgezeit viel umkämpften, stark befestigten Städtchen, das zur Diözese Fiesole, zur Grafschaft Florenz gehörte und als Mittelpunkt einer getreidereichen Gegend für die Versorgung des Florentiner Marktes wichtig war, übten die Ubertini, Herren des benachbarten Gaville, deren weitere Besitzungen im Arnotal, im florentiner und im aretinischen Gebiet lagen, maßgebenden Einfluß. Figline nun verweigerte Florenz 1223 den Gehorsam; das Bürgerheer zog aus, um die rebellische Kleinstadt zu bestrafen, verwüstete auch ihr Gebiet ringsum, vermochte aber nicht, den mauerumgürteten Ort einzunehmen, sondern mußte unverrichteter Sache heimkehren. Gegen Figline, zugleich aber auch um sich für alle Möglichkeiten gegen Arezzo angesichts des starken Einflusses, den die kaiserliche Partei dort ausübte, zu sichern, beschloß man, eine Grenzfeste anzulegen und wählte dazu eine Stelle, wo der Arno sich durch eine flache, aber wild eingerissene Schlucht seinen Lauf gebahnt hat, wovon der dort gelegene Ort den Namen Incisa führt; auch gegen die Edlen in diesen Gebieten sollte das neu

Rebellion Figlines.

Erbauung des Kastells Incisa.

Passignano) in Pistoia „in domo ecclesie Sancti Andree“. — Von der endgültigen Regelung der Kontroverse geben die Briefe Gregors IX. von 1227, 16. November und 1228, 12. Januar, Auvray 165 und 172 Kenntnis; letzteres Schreiben auch bei Lami, Monumenta II, 991. Das erstere Schreiben mit falscher Angabe des Papstjahres bei Cantini, Saggi I, 120 und Ughelli-Coletti III, 250. Danach bei Potthast 9324 irrig zu 1233, 16. November. — Von den oben erwähnten Bestimmungen des Florentiner Statutes gegen Erlangung apostolischer Briefe wegen Temporalien und gegen Anrufung des geistlichen Gerichtes gibt das Schreiben Honorius' III. von 1225, 31. Oktober, Pressutti 5705, Kenntnis.

[1] Die Urkunde Prope civitatem Senensem, juxta ecclesiam de Vignano 1222, 3. September; Banchi, Archivio Storico, Serie III, tomo 4; 2, p. 5. — Die Zahlung an die Schwörenden, 1800 Librae in vier Raten vom 11. September bis 18. November, SAS. — Caleffo Vecchio f. 144²–145.

7*

Kauf von Burgen.

begründete Kastell als Stützpunkt dienen.[1]) Man schätzte offenbar die Gefahr und vor allem die Unsicherheit des Verkehrs, die der Bürgerschaft aus Fehden mit den von der Reichsmacht beschützten Feudalherren erwachsen könnte, nicht gering ein, und gern war man bereit, wo es anging, sich von ihr mit barem Gelde zu befreien, indem man die Rechte der Edlen auskaufte; das ghibellinische ritterliche Bürgergeschlecht Lamberti, zu dem jener Mosca gehörte, dessen Rat dem Buondelmonti das Leben gekostet hatte, besaß die Burg Travalle bei Calenzano, nahe Campi, gegen Prato zu gelegen. Die Kommune erwarb sie um hohen Preis und fand auch die guelfischen Tosinghi für die Rechte ab, die sie auf das Kastell hatten.[2]) Die Burg Monte di Croce im Siecital war den Guidi in den frühen Kämpfen, die die Stadt geführt hatte, um sich aus feudaler Umstrickung zu befreien, zerstört worden, doch war sie längst aus den Trümmern neu erstanden. Die Erstarkung der kaiserlichen Macht ließ es der Bürgerschaft erwünscht erscheinen, die Feste, deren Eigentum den Pfalzgrafen und Reichsfürsten immer wieder bestätigt wurde, und die eines Tages von neuem ein starkes Bollwerk gegen Florenz bilden konnte, in aller Form Rechtens zu besitzen. Man beugte für die Zukunft vor, trotzdem jetzt eine solche Gefahr nicht zu bestehen schien, denn obwohl die gräflichen Brüder ergebene Anhänger des Kaisers waren, standen sie doch zugleich in guten Beziehungen zu der Stadt, die gegen den Herrscher eine herausfordernde Haltung beobachtete; sie bewohnten, ohne weiter an der Reichsfeindschaft der Kommune Anstoß zu nehmen, den Palast an der Porta di San Piero, den ihre Mutter Guldrada vom Großvater Bellincione Berti ererbt hatte, und wenn sie nach Lage der Dinge auch nicht wohl eine ihrer Burgen um klingende Münze an die Kommune selbst verkaufen konnten, so gab es doch den Ausweg, den Bischof als Käufer vorzuschieben. Dessen ältere Hoheitsrechte waren, die Einkünfte und die Ehre der Ernennung von Amtspersonen abgerechnet, längst tatsächlich auf die Stadt übergegangen, da der Bischof seine Burgen und Besitzungen ohne Hilfe der Kommune nicht zu behaupten vermochte. Das Kastell über dem Siecitale wurde von den Brüdern Anfang 1227 dem Bischof abgetreten; dem Vertrage, der zugleich zwei andere Nachbarburgen, Monterotondo und Galiga mit umfaßte, trat der Ritter Aldobrando Gherardi Adimari bei, der demnach vermutlich die festen Schlösser zuvor von den geldbedürftigen Grafen in Pfand genommen hatte.[3])

[1]) Rebellion Figlines und Erbauung von Incisa Villani VI, 4. Als Jahr wird 1224, als Podestà Gherardo Orlandi (derselbe, der 1216 Podestà gewesen war) angegeben. Nun sind aus Urkunden die Podestàs von 1224 und 1225 (an das ja auch bei der Angabe 1224 gedacht werden könnte) bekannt, doch fürs Jahr 1223 nicht. Auch folgte die Rebellion Figlines gewiß nahe auf den beregten Vertrag der Vertreter der kaiserlichen Partei Arezzos mit Siena.

[2]) Urkunden von 1225, März 22.—25. und von andern Tagen bis 27. Juli. Santini 195—206.

[3]) Die betreffenden Auszüge der Urkunden von 1227, 26. Januar usw. aus dem Bullettone des Erzbischöflichen Archivs gedruckt Lami, Monumenta I, 52. — An-

Stadtfinanzen.

Es kann in diesen Zeiten an inneren Bewegungen nicht gefehlt haben, aber sie waren nicht so stark, daß sie Spuren zurückgelassen hätten, und nicht heftig genug, um die Bewegungskraft nach außen hin zu hemmen. Trotz der antikaiserlichen Haltung der Stadt hat die „Partei des Ghibellinen" in dieser Periode keine Versuche gemacht, einen gewaltsamen Umschwung herbeizuführen, und so ist das ganze erste Drittel des dreizehnten Jahrhunderts für Florenz eine Zeit der Erstarkung und des politischen wie des wirtschaftlichen Aufblühens gewesen. Auch die Popularbewegung hatte noch nicht die Kraft gewonnen, sich gegen die vereinigten Interessen der Ritterschaft und der Großzünfte durchzusetzen, aber von einem Vorstoß gegen die Geschlechter, die für jetzt die Eintracht wahrten, und dafür gemeinsam die Herrschaft über die Stadtverwaltung zum Lohne nahmen, gibt ein Vorgang des Jahres 1224 dennoch Zeugnis. Solange Friede herrschte oder Siege erzielt wurden, schwieg die Opposition, aber der Mißerfolg, den man vor den wohl verteidigten Mauern des kleinen Figline, wahrscheinlich infolge mangelhafter Vorbereitung und Ausrüstung des Belagerungsheeres erlitten hatte, scheint in den Gemütern der Regierten die Frage angeregt zu haben, wie und wozu denn die Staatsgelder verwendet würden. Trotz der blühenden Verhältnisse waren die Kassen der Stadt leer, und die Schulden waren auf ein Maß gewachsen, das zwar schon der folgenden Generation wenig erheblich vorgekommen wäre, das aber der gegenwärtigen ebenso unerträglich, wie in Anbetracht der Verhältnisse und der großen Entschädigung aus dem pisaner Kriege mit Recht verwunderlich erschien. Die Finanzwirtschaft oder Mißwirtschaft mittelalterlicher Städte verdient eine eigene Erörterung; ihr elender Zustand wurde höchstens von den korrupten Verhältnissen überboten, in denen sich die Kassenverwaltung der Mehrzahl der Könige und Großen befand, denn deren „Schatz" pflegte zwar eine Fülle schöner Dinge, wie Kronen, Ringe, Becher, Tafelgerät, wertvolle Gold- und Seidenstoffe zu enthalten, sofern die besten Kostbarkeiten nicht eben bei einem Geldleiher oder einem Wuchererkonsortium in Pfand lagen, aber im übrigen hatte es die Schatzverwaltung gewöhnlich mit dem Gegenteil dessen zu tun, was ihr Name besagte, nämlich mit der Sorge um die Abzahlung oder Fristerstreckung alter und der Kontrahierung neuer Schulden. Nur Kaiser Friedrich bildete mit der freilich auf rücksichtslosesten Fiskalismus beruhenden, doch sorgsam organisierten Verwaltung seines süditalischen Reiches eine rühmliche Ausnahme; er verstand es in der Tat, Schätze zu sammeln, die ihm künftige langwierige Kämpfe ermöglichten. Doch war er, der die tüchtige normannische Organisation weiter ausgestaltete, wie in vielem, so auch hierin eine der Zeit voraneilende Ausnahme. Wie die Könige Kronjuwelen und Einnahmen, so verpfändeten Bischöfe und Edle Burgen, Ortschaften, Bergwerke oder was sie sonst zur Verfügung hatten. Von alledem muß noch weiterhin eingehend die Rede sein, denn der Reichtum, der sich in unglaublich schnellem Fortschreiten in Florenz ansammelte, beruhte zu einem

—

wesenheit der fünf Brüder in Florenz ergibt sich aus der Urkunde „Florentie in palatio dictorum comitum" 1225, 21. Mai SAF. — Riformagioni, Atti publici.

sehr ansehnlichen Teile auf der für die Geldleiher so erfreulichen sorglosen Unbefangenheit, mit der weltliche und geistliche Große ihre Finanzen zu behandeln pflegten. Da Schulden nur zu unproduktiven Zwecken gemacht wurden, für fürstlichen Hofhalt und immer erneute Kriege, ergab sich von selbst, daß die Ausnützung der Untertanen die einzige Geldquelle blieb. Hierzu brauchte man skrupellose Helfer und an deren Händen blieb vieles haften; der Druck lastete um so härter, je tiefer es nach unten ging und je weniger er eigentlich ertragen werden konnte. Wir werden zu zeigen haben, wie die Florentiner in vielen europäischen Ländern von der vielgestaltigen, bis zu einer Art Kunst gediehenen Technik der Gelderpressung durch weltliche Große und durch die Kirche ihren Nutzen zu ziehen verstanden. Doch sollte man füglich annehmen, daß sie, die den Mechanismus der Finanzgebarung früh überschauen lernten und über die Folgen leichtsinniger Wirtschaft nicht im unklaren sein konnten, sie, die in ihren privaten Angelegenheiten so klug und vorausblickend zu verfügen verstanden, für bessere städtische Verwaltung gesorgt hätten. In Wahrheit hat sich Florenz jedoch in dieser Hinsicht durchaus nicht von anderen Kommunen unterschieden. Von einer weitblickenden Vorsorge ist nirgend die Rede; wenn die Geldbedürfnisse dringend wurden, mußte eine Zwangsanleihe für die nächste Gelegenheit die ewig leeren Kassen füllen, oder es wurde eine Vermögenssteuer ausgeschrieben, deren Erlös gelegentlich auch zur Rückzahlung der Anleihen diente. Die Torzölle und sonstigen Eingänge waren stets auf Jahr und Tag hinaus verpfändet oder verkauft.[1] Da der Zustand der Fehde fortan der gewöhnliche, der des Friedens aber zur seltenen Ausnahme wurde, konnte von Voranschlag und leidlich geregeltem Budget keine Rede sein und aus demselben Grunde von keiner auf längere Zeit hinaus bestimmten Besteuerung, ausgenommen die Herdsteuern, von denen aber ursprünglich die Hintersassen der Grundherren befreit waren und durch die nur die freien Einwohner der Grafschaft oder des Distriktes — unter dem letztern verstand man die eroberten ursprünglich nicht zum Comitat gehörigen Gebiete — betroffen wurden. Die Einhebung dieser Steuer beruhte auf Usurpation eines Reichsrechtes;[2] es war eine weitere Usurpation, diese aber nicht gegen das Reich, sondern gegen Feudalherren und Klöster gerichtet, als man 1220 beschloß, auch den Hintersassen von Edlen und geistlichen Korporationen und den nicht adligen (d. h. ursprünglich unfreien) Rittern der Grafschaft, die aus dem Stande der Masnadieri emporgekommen waren,[3] eine nach dem Vermögen abgestufte Steuer aufzuerlegen.[4] Auch diese neue Einnahmequelle half natürlich der Kassenverwaltung nicht auf die Füße und machte ihrem Elend kein Ende. Gerade ein Jahrhundert später

[1]) Vgl. Forsch. usw. IV, „Steuern, Zwangsanleihen, Zölle."

[2]) Bd. I. 681. — [3]) Bd. I, 313 f.

[4]) 1220, 10. März tagte in der Kirche San Martino del Vescovo eine von der Kommune ernannte Kommission „super imposita datii et acaptus hominum alterius et allodialium atque civium salvaticorum et militum non nobilium tollenda." (SAF. — Vallombrosa.)

hat es der Venetianer Marino Sanudo in einem Schreiben ausgesprochen, und es trifft für die frühere Zeit so gut zu, wie für seine eigene, daß diejenige Gruppe, die sich im Besitz der Herrschaft über eine Stadt befinde und die über die Ämter verfüge, auch gewöhnt sei, das Geld der Kommune durch ihre Hände gleiten zu lassen, davon zu leben und sich nach bestem Können an ihm zu bereichern.[1]) Man muß, wenn auch schweren Herzens, wie von andern Illusionen, so auch von dieser Abschied nehmen, daß der stolze uneigennützige Bürgersinn, den man in der Gegenwart vermißt, der fernen Vergangenheit eigen gewesen sei, und sich für den Verlust einer Täuschung mit der wertvolleren Zuversicht trösten, daß die Welt an Ehrlichkeit und moralischem Feingefühl im Lauf der Jahrhunderte gewonnen, nicht verloren hat. Anfang 1224 beschloß der florentiner Generalrat, der, soweit wir sehen können, hier zum ersten Male die volkstümliche Verstärkung durch Hinzufügung von 120 Bürgern, 20 aus jedem Sechstel erfahren hatte,[2]) eine durchgreifende Revision der Finanzgebahrung während der letzten zweiundzwanzig Jahre seit der Eroberung Semifontes. Alle Konsuln, die seither im Amt gewesen, die Sindici, die die Amtsführungen der Podestàs zu prüfen hatten, die Kämmerer, die städtischen Schloßvögte und Verwalter ländlicher Bezirke sollten vor einer Kommission von zwei Vertretern eines jeden Stadtsechstels Rede stehen, und diese Zwölf erhielten das Recht, ihnen nach ihrem Gutdünken Bußen aufzuerlegen, deren Ertrag zur Abzahlung der städtischen Schuldenlast dienen sollte. Es war ein übles Verfahren, denn man bezeugte damit, daß die Plünderung am öffentlichen Gelde im Grunde als etwas Selbstverständliches betrachtet wurde, und daß man es jetzt nur an der Zeit hielt, denen, die sich vollgesogen hatten, etwas von der Beute abzupressen. Daneben beschloß man, in einem anderen Punkte noch weiter zurückzugehen. Seit vor einem halben Jahrhundert der zweite Mauernkreis erbaut wurde,[3]) waren die alten in ihrer ersten Anlage aus Römerzeiten stammenden Mauern nebst den davor gelegenen Gräben überflüssig geworden. Längst waren die Mauern teils zerstört, teils überbaut und die Gräben zugeschüttet worden, aber nie hatte sich die Stadtverwaltung um die Verwertung der freigewordenen, in ihrer Gesamtheit recht wertvollen Terrains gekümmert. Jeder hatte wie nach herrenlosem Gute zugegriffen, und jeder hatte dem andern durch die Finger gesehen, denn wer nicht selbst interessiert war, hatte gewiß

[1]) Schreiben des Marinus Sanutus Torcellus an einen Geistlichen in Avignon. Er spricht von Bologna und dem (1326 etwa März) durch den päpstlichen Legaten aus den Ämtern gedrängten Leuten des Mittelstandes, „qui gaudere consueverant officiis et regiminibus civitatis et pecuniam comunis manualiter tractare et de illis (!) accipere, vivere vel ditari . . ." (Bongars, Gesta Dei per Francos II. 304).

[2]) Diese Verstärkung wurde später in allen italienischen Stadt-Staaten eine bei jedem wichtigen Anlaß wiederkehrende Regel. Man nannte die Hinzugewählten insgesamt die „adjuncta" oder „juncta". Daraus ist das heutige italienische Wort „giunta", Stadtausschuß, Magistrat entstanden, nicht, wie man seltsamerweise annimmt, aus einem spanischen Worte.

[3]) Bd. I. 532 ff. — Forschungen usw. I. 113 ff.

Freunde und Verwandte, die man nicht schädigen mochte. Läden, Werkstätten, Häuser, die gute Mieten brachten, waren auf diesem Grund und Boden erbaut worden; die Klöster waren so wenig blöde gewesen, wie die Bürger, und die Badia beispielsweise hatte den ganzen Komplex in ihrer unmittelbaren Nachbarschaft in solcher Art zweckmäßig und vorteilhaft verwendet, wobei sie sich so wenig wie andere um Rechtstitel oder um die Legitimität des Besitzes kümmerte. Noch ärger war es, daß man auch die neuen Mauern schon mit Wohnstätten überbaute, daß man auf Plätzen der Kommune ohne Erlaubnis oder Zahlung Buden zur Vermietung aufschlug, oder den öffentlichen Boden sonst eigenmächtig für private Zwecke nutzbar machte. Jetzt glaubte man, ein weiteres Mittel, der Stadtschulden Herr zu werden, darin zu finden, daß man allen, die sich in solcher Art städtischer Terrains bemächtigt hatten, mindestens nachträglich eine Zahlung auferlegte.[1] Übrigens scheint das Übel unausrottbar gewesen zu sein, denn 32 Jahre später kam man von neuem darauf zurück, die Usurpatoren heranzuziehen, und eine spätere Generation hat 1292 und in der Folgezeit das Gleiche versucht.[2] Im Jahre 1224 war der Kämmerer, der die peinliche Revision der alten Rechnungen auf die Tagesordnung brachte oder dem volkstümlichen Wunsche zur Ausführung verhalf, der Ritter Gherardo Caponsacchi aus ghibellinischem Geschlecht, der vordem Podestà von Bologna, Verona und Todi[3] gewesen war; sein Hervortreten in solcher Stellung beweist, daß die Ämter nach wie vor aus beiden Parteien besetzt waren, aber die Aufrollung der älteren Mißstände mochte von den Ghibellinen herbeigeführt sein, um sich in der Volksgunst zu halten oder zu befestigen.

Doch zum Ghibellinentum in dem Sinne einer Wendung zur kaiserlichen Partei, zur Empfindung der Reichstreue haben sie das Volk nicht zu bekehren vermocht. Florenz blieb, was es war; es stellte sich trotzig auf sich selbst und verharrte in seiner Auflehnung gegen den Herrscher. Längst stand es mit dieser Haltung nicht mehr allein; der Kampf gegen das von dem

[1]) Die Urkunde über den Beschluß des Generalrates betreffs der Revision aller Amtsführung seit der Zerstörung von Semifonte, Auflage für diejenigen, die die Mauern und öffentlichen Plätze okkupiert hatten usw., 1224, 20. März, SAF. — Badia; bezeichnet 1255, 13. März. Bei Santini p. 386 unvollständig. — Zur Ergänzung dienen die Urkunden derselben Provenienz 1256, 23. Februar, 1256, Februar (bezeichnet „1255“) und auch 1221, 9. Juni.

[2]) SAF. — Capit. XLIV. f. 105 und 110.

[3]) Als Podestà Bolognas 1212, 7. September. Savioli Ann. Bolognesi II. 329. — Als solcher Veronas 1214 in „Syllabus potestatum Veronensium“ in „Antiche Cronache Veronesi“ p. 389. — Podestà von Todi 1215, 6. September. Ceci, Bollet. di Storia Patria per l'Umbria III. 311. — 1225, 9. Februar, war Gherardo Caponsacchi in San Godenzo im Mugello Zeuge einer Auseinandersetzung der Söhne des Grafen Guido Guerra und des ihnen durch Verschwägerung verwandten Paolo Traversari von Ravenna. — SAF. — Riformag. Atti pubblici. — Der Florentiner Podestà des Jahres 1224 war Inghiramus de Magreto, der 1227 („Inghiramus de Magerta“) Podestà Sienas wurde (Forschungen usw. II. Regest 15).

Staufer begünstigte Pisa hatte, wie wir wissen, Lucca auf die Seite seiner Gegner gebracht, und hinter Lucca standen zu allen Zeiten, wenn es sich um Feindseligkeit gegen Pisa handelte, die Genuesen, doppelt jetzt, wo sie statt des erhofften Dankes von Friedrich Abneigung und Zurücksetzung erfuhren. Jenseits der Berge aber war Bologna mit dem Reiche wegen Imola in Konflikt geraten.[1]) Seitdem hat sich diese Kommune immer in Gegnerschaft gegen Kaiser Friedrich befunden, und nachmals ging aus der übereinstimmenden Haltung der am nördlichen und der am südlichen Abhang des Apennins gelegenen Stadt das engste Bündnis hervor.

Spannung zwischen der Kurie und dem Kaiser.

Vor allem aber hatte sich in dem Verhältnis zwischen Reich und Kirche der gründlichste Umschwung vollzogen. Wie Kaiser Friedrich die Kreuzzugshoffnungen der Kurie von Jahr zu Jahr enttäuschte, entstand im Herzen des Papstes wie seines ihn geistig überragenden Beraters, des Kardinals Ugolino, die tiefste Erbitterung gegen den staufischen Herrscher. Da sich Honorius zu schwach fühlte, um den Kampf des Innocenz gegen Otto seinerseits gegen Friedrich zu kämpfen, hatte er widerstrebend geduldet, daß Sizilien den ursprünglichen Abmachungen entgegen mit dem Reiche vereint blieb, aber der Groll und die scheue Furcht vor der festen Umschlingung der Papstgewalt durch die Macht des Reiches verließ die leitenden Staatsmänner der Kirche nicht mehr, und man muß sich diese Stimmungen gegenwärtig halten, will man das stille und förderliche Wohlwollen begreifen, das die dem Kaiser sich widersetzenden Florentiner von vornherein, und das alsbald auch Lucca und die reichsfeindlichen lombardischen Städte bei Papst und Kirche gefunden haben.

Wie der Gegensatz zwischen Rom und Reich immer offener hervortrat, zeigte sich mehr und mehr, welche Stellung sich Florenz durch das kühne Wagnis erworben hatte, dem Herrscher zuerst und allein zu trotzen, als alles sich ihm beugte. Im Jahre 1226 fand die Verbitterung zwischen den beiden Häuptern der Christenheit bereits offenen Ausdruck; dem Kaiser war es kein Geheimnis mehr, daß die Kurie mit seinen Gegnern in geheimem Einvernehmen stand. Während er, um seiner Machtstellung eine feste Grundlage zu schaffen, sein mütterliches Erbreich reorganisierte und eben deshalb den Kreuzzug, den er als lästige Verpflichtung empfand, immer wieder hinausschob, war wie im mittleren, so im oberen Italien seine Herrschaft mehr und mehr ins Schwanken geraten. Man wußte, daß er einen Zug nach Norden vorbereitete, um sie zu befestigen, um die Städte seiner Gewalt zu beugen, und die Folge war, daß die lombardischen Bürgerschaften den alten Bund gegen das Reich

[1]) Auf den Gegenstand ist natürlich hier nicht näher einzugehen. Der Reichslegat der Romagna, der Erzbischof von Magdeburg, Albert von Kevernburg, dessen Bote in Bologna beschimpft wurde, ist insofern in einer Beziehung zu Toskana nachzuweisen, als er und sein Propst sich in die Gebetsvereinigung des Klosters Camaldoli aufnehmen ließen. Dies ergibt eine Notiz im Kodex G. 7, 932 der Conventi soppressi der Florentiner Nationalbibliothek auf der letzten Seite der darin enthaltenen Regula S. Benedicti.

Toskanische Reichsbeamte.

auf ein Vierteljahrhundert erneuerten.[1]) Herzog Rainald von Spoleto, der seit 1224 an der Spitze der Toskanischen Verwaltung stand, hatte nicht einmal den Versuch eines Vorgehens gegen Florenz unternommen; da der Herrscher seiner anderweit bedurfte, bestellte er 1226 Rainalds Bruder, Berthold, der sich ebenfalls Herzog von Spoleto nannte, zu dessen Stellvertreter.[2]) Dieser ließ durch seine Ritter, unterstützt vom Grafen Tankred von Campiglia, einem der Großen des südsienesischen Gebietes, Vertraute des Papstes, die nach Rom gingen und von dort kamen, abfangen und nahm ihnen die päpstlichen Briefe oder die an die Kurie gerichteten fort.[3]) Offenbar wollte der Kaiser sich durch den Gewaltstreich aktenmäßige Beweise der von der Kurie gegen ihn angezettelten Intriguen in die Hände spielen; während der Papst den Tankred einen „Sohn Belials" nannte und ihn aus der Gemeinschaft der Gläubigen ausschloß, belobte ihn der Kaiser für seine getreuen Dienste.[4])

Zug Kaiser Friedrichs nach Oberitalien.

Es ist nicht im einzelnen zu erkennen, inwiefern durch den Papst oder durch jene, die in seinem Namen Politik machten, der Widerstand der Lombarden geschürt wurde, doch wenn man auch an der Kurie des Kreuzzuges wegen den offenen Kampf nicht wünschte, so erstrebte man gewiß das Amt eines Schiedsrichters zwischen dem Kaiser und den Städten. Wie Friedrich sich im Frühjahr 1226 von Süden her näherte, sperrten die Lombarden dem von Deutschland aufgebotenen Zuzug die engen Bergwege an der Etsch, und der Herrscher hielt es für vorsichtig, mit seiner nicht ausreichenden Macht, von Cremona umzukehren, ohne den Schlag zu führen, zu dem er ausgeholt hatte, worauf er denn später die Entscheidung des Streites in der Tat dem Papst anheimstellte.

Friedrich II. in Toskana Juli August 1226.

Als er von Borgo San Donnino, wo er lange verweilt hatte, im Juli über Pontremoli, Sarzana und Pisa nach San Miniato ging, mochte er den Wunsch hegen, große Rüstungen nicht völlig umsonst betrieben und einen Heereszug nicht ganz ergebnislos unternommen zu haben. Wenn er von seiner hohen Burg Umschau hielt, sah er die Gebiete von Lucca und von Florenz vor sich liegen, und die Pisaner mochten in ihn dringen, die unbotmäßigen Städte zu strafen und zum Gehorsam zu zwingen. Auch werden die tuszischen Großen und die kaisertreuen Bischöfe, die zu ihm nach der Lombardei geeilt waren — der von den Florentinern hart mitgenommene Fiesolaner, der von Arezzo und der von

---

[1]) Reg. Imp. 15 946. — 1226, 6. März.

[2]) Reg. Imp. 1607. — 1226, 20. Mai. — Zuvor war Rainalds Vikar für Tuszien, Rudolf von San Miniato gewesen (1226, 6. Mai. — Reg. Imp. 12 933), und sein Stellvertreter speziell für die Grafschaften Siena und Chiusi Leonardus de Saxo Russo, Kastellan von San Quirico (südlich Sienas). (Urk. v. 1226, 9. März. SAS. — San Domenico. Die Urkunde ist nicht auffindbar; hier nach dem Spoglio der Urkunden dieses Klosters f. 225a.) — Leonardo blieb Kastellan von San Quirico, wie die Urkunden von 1226, 19. u. 20. August u. 16. November, Ficker, Forschungen IV, S. 355 u. 357 ergeben.

[3]) Schreiben Honorius' III. an den Kaiser 1226, 21. Juli. — M. G. Ss. Epp. I, p. 233.

[4]) Privileg für ihn vom August 1226. — Huillard-Bréholles, II, 2, S. 674.

Volterra, sowie von weltlichen Herren das Haupt der Familie Ubaldini[1]) — ihn nach bestem Können zum Kampf gereizt haben. Sie mochten darauf verweisen, wie er auf Anhänger rechnen könne, die sich einstweilen nur mit ihren wahren Empfindungen nicht hervorwagten, wie die mächtigen klösterlichen Kongregationen seinen Schutz suchten, und sogar der Bischof von Florenz sich nicht der Pflicht entzogen habe, dem Kaiser auf der Reichsburg die, freilich wenig glaubwürdige, Versicherung seiner Ergebenheit darzubringen.[2]) Weniger interessierte Berater jedoch — auch der kluge Meister des deutschen Ordens, Herrmann von Salza, weilte bei dem Staufer in dem Kastell über dem Arno — mochten dafür eintreten, daß der Monarch sein und des Reiches Ansehen nicht in einem Kampf von höchst zweifelhaftem Ausgange auf das Spiel setze. Denn die Bürgerschaften waren nicht müßig gewesen; Florenz und Lucca hatten an der Elsa, der Reichsburg gegenüber, ein Heer aufgestellt. Gelang es selbst dieses zu bezwingen, so hätte der Kaiser dennoch schwerlich der wohlverteidigten Städte Herr werden können. So wählte er, nachdem er mit den Seinen Rat gehalten, das klügere, doch freilich weniger rühmliche Teil; er zog vor dem Heer der Florentiner und Lucchesen im Dunkel der Nacht aus der Reichsburg davon[3]) und wandte sich ins sieneser Gebiet, um dann in schnellen Märschen wieder in sein südliches Königreich zurückzukehren. Nach der Probe dieses Sommers 1226 mußte er sich sagen, daß er die Widerstände, die sich ihm entgegenstellten, auch im besten Falle erst nach langen Vorbereitungen würde besiegen können. Selbst in Siena, das so treu ergeben schien, brachte der fluchtartige Abzug des Herrschers vorübergehend die ihm feindliche Partei zur Macht. Die fünf Miglien vor der Porta Fontebranda über dem Mersefluß gelegene Reichsburg Orgia, die den Bürgern die Abhängigkeit jederzeit vor Augen hielt, wurde infolge einer plötzlichen Erhebung erstürmt und zerstört. Doch gelang es in kurzem den Frieden wieder herzustellen, und Leonardo da Sassorosso, Reichskastellan von San Quirico, erklärte vermittelnd, er wolle für Vergebung und Vergessen seitens

[1]) In Borgo San Donnino weilten 1226 im Juli die Bischöfe von Fiesole, Volterra und Arezzo, sowie Albizzo (degli Ubaldini) vom Mugello beim Kaiser. Reg. Imp. 1659.

[2]) Privilegien des Kaisers für Camaldoli und für Vallombrosa 1226, Mai, Reg. Imp. 1604, 1609; für das Vallombrosanerkloster Fucecchio: San Miniato 1226, Juli; 1669. In der letzteren Urkunde die Bischöfe von Pistoia, Volterra, Massa und Florenz, sowie der Deutschordensmeister Herrmann von Salza als Zeugen.

[3]) Tolosanus (Cronache dei Secoli XIII e XIV, Docum. di Storia Ital. der Deputaz. Storica per la Toscana tomo VI p. 719): „. . . et deinde apud castrum S. Miniato resedit“ (scil. Imperator). „Sed viso Florentinorum et Lucensium exercitu super flumen Elsae, concilio primo facto, nocte recessit et versus Apuleam visus est equitare.“ — Betr. Anwesenheit des Herrmann von Salza in San Miniato s. Anm. 2; er begleitete den Kaiser südwärts durch das Sienesische. Reg. Imp. 1672.

des Kaisers wie des Reichslegaten Rainald Sorge tragen.[1]) Siena blieb nach dieser vorübergehenden Aufwallung dem Herrscher wieder treu, aber die Abneigung gegen die Zwingburg Orgia führte Anfang 1228 zu neuen schweren Unruhen.[2]) Nicht innere Anhänglichkeit, sondern Furcht vor den Nachbarn und Haß gegen sie drängten die Bürgerschaft auf die Seite des Reiches, zumal die bisherigen Bundesgenossen, die Orvietaner, seit 1225 zu Feinden Sienas geworden waren, und Florenz diese Wendung begierig ergriffen hatte, um mit Orvieto in ein enges Bündnis zu treten,[3]) das bald die wichtigsten Folgen zeitigen sollte.

Zum Kastellan von San Miniato, das er selbst, ohne zum Schwert zu greifen, verlassen hatte, setzte Kaiser Friedrich alsbald Eberhard von Eitac, einen Neffen des Herzogs Rainald von Spoleto ein, der selbst mit ihm in San Miniato geweilt hatte, und Rainald, der fortfuhr, den Titel eines Legaten Toskanas zu führen, ernannte alsbald den Neffen, „weil er wegen dringender Geschäfte des Herrn Kaisers den Angelegenheiten Tusziens nicht persönlich obliegen könne", statt seines Bruders Berthold zum Stellvertreter.[4]) Der Kastellan von San Quirico stand als Reichsbeamter den Grafschaften Siena und Chiusi vor, und die Kommune Pisa verwaltete die eigene Grafschaft selbst im Namen des Reiches. Dem Kastellan von San Miniato waren einzelne Teile des luccheser Gebietes unterstellt oder wenigstens solche, auf die Lucca, obwohl sie dem Reiche gehörten, Anspruch erhob. In all diesen Zeiten ist aber nicht einmal der Versuch gemacht worden, für die florentiner Grafschaft einen Vertreter der Reichsgewalt einzusetzen, da ein solcher offenbar auf vollständig verlorenem Posten gestanden hätte. Die Bürgerschaft hatte sich mit

[1]) Urkunde von 1226, 16. November. Ficker, Forschungen IV, S. 357. — Am 15. November hatte der Podestà von Siena im Rat verboten, daß irgendwer dafür spreche, daß die Kommune sich „pro facto Orgie" verpflichte (SAS. — Caleffo Vecchio f. 171). — Am 1. Januar 1228 erteilten zwei consules mercatorum und drei consules pizicariorum von Siena namens ihrer Zünfte dem Kämmerer Quittung über 677 Librae, die ihnen die Kommune „pro expensis factis pro refectione Orgie" und aus anderen Gründen schulde (Ibid. f. 191). — Orgia gehört jetzt der Familie Piccolomini. Von der einstmals bedeutenden Burg ist nur der untere Teil eines Turmes erkennbar, auf dem jetzt ein Kolonenhaus steht. Bei den Feldarbeiten werden noch jetzt häufig Waffenreste und menschliche Gebeine gefunden.

[2]) S. Kap. IV.

[3]) Annales Urbevetani. M. G. Ss. XIX, 269.

[4]) Ernennung durch den Kaiser, Foggia 1226, 27. September, Reg. Imp. 1675; Lami, Monumenta I, 492. — Schreiben Rainalds vom gleichen Tage, Reg. Imp. 12 951, wo irrig Siena mit als Amtsbezirk des Kastellans Eberhard, verdruckt statt [Vallis] Lime genannt ist; Lami, l. c. — Ernennung Eberhards zum General-Vikar Rainalds, Rom 1226, 2. November, Reg. Imp. 12 952. Lami, l. c. p. 493. — Wir erfahren aus der erwähnten Ernennung, daß der Amtssprengel des Kastellans von San Miniato außer der Reichsburg und ihrem Gebiet Fucecchio, das Val di Nievole, einen Teil des Val d'Arno, das Limatal und einige angrenzende Bezirke umfaßte.

Kühnheit und Glück in ihrer Auflehnung wider Kaiser und Reich behauptet; sie hatte, ohne sich auf einen mächtigen Bund stützen zu können, wie Mailand und die anderen Städte der Lombardei, den Kaiser gezwungen, ihren Widerstand zu dulden. Die Stadt, die Pisa besiegt und den Herrscher zum Abzug nach Apulien genötigt hatte, war nicht nur in Toskana an die erste Stelle getreten, sondern stand als ein bedeutsamer Faktor italienischer Politik in vorderster Reihe unter den Städten der Halbinsel. Für jetzt war Ruhm und Rang erworben, ohne daß man um die Existenz hatte kämpfen müssen; erst eine spätere Zukunft sollte den Florentinern zeigen, daß auch ihnen das Geschick keine Ausnahme von der Regel vorbehalten habe, wonach jedes Glück teuer bezahlt und jeder Erfolg unter schweren Opfern befestigt werden muß.

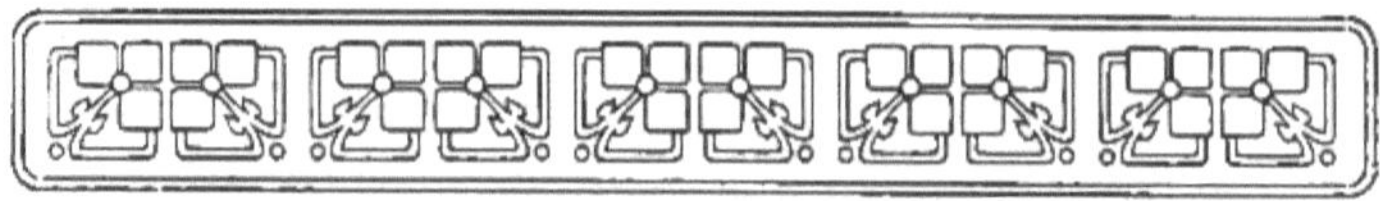

Drittes Kapitel.

Franziskaner und Dominikaner.

Franz und Ugolino.

Jedes Zeitalter ist von tiefen Gegensätzen erfüllt; wie sie aufeinander wirken, sich bekämpfen, sich wechselweis einschränken und sich schließlich zu einem Neuen durchdringen, empfängt die Kultur aus ihnen, die aus der Menschennatur selbst emporwachsen, ihre Antriebe und ihre Schwungkraft. Je erregter eine Periode, je lauter sie erfüllt ist von Kampf und heißem Streit, um so stärker wird sich der Gemüter eine tiefe Sehnsucht nach Frieden und innerer Stille bemächtigen; je wilder die Ichsucht ihre brutalen Orgien feiert, um so lebendiger wird sich in feiner organisierten Seelen das Bedürfnis der Selbstentäußerung und duldender Liebe regen. In Zeiten des Überganges zu neuen Formen menschlichen Verkehrs, zu neuen geistigen und politischen Gestaltungen, in Perioden großer wirtschaftlicher Wandlungen wird sich stets in irgendwelcher Form der Wunsch einer Rückkehr zum Einfachen, Schlichten und zur Bedürfnislosigkeit äußern, und stets wird gegen all jenes edle Bestreben, das der Phantasie und dem Gefühlsleben entstammt, das Gröbere und Bedürfnisreiche der menschlichen Natur streiten, die mit ihren Wurzelfasern im Irdischen und Sinnlichen haftet und zu blutlosem Scheindasein verurteilt ist, wenn sie sich von diesem ihrem Nährboden lösen will. Auch Stifter von Religionen, Sekten und Orden sind Dichter; die Verwirklichung ihrer Träume aber pflegt nicht ihren frommen Eingebungen zu entsprechen, sondern von den plumpen Notwendigkeiten weltlicher Verhältnisse ihre endgültige Gestalt zu empfangen.

So reich an inneren Kontrasten, wie das gärende dreizehnte Jahrhundert, war kaum ein anderer Zeitabschnitt. In ihm verschlangen sich noch enger und rangen noch stärker, als dies in jedem der Fall ist, Zukunft und Vergangenheit miteinander. Gegen das nur vorübergehend durch die Reform des siebenten Gregor aufgefrischte und erneuerte Kirchentum, das sich ganz in weltliche und politische Interessen verstrickt hatte, erhob sich das mahnende Gewissen der Völker. Mehr die tiefe Opposition gegen starren Zwang der Dogmen und gegen die Veräußerlichung des geistlichen Wesens, als freie schöpferische Kraft, fand in dem Ketzertum seinen vielgestaltigen Ausdruck. Zumal bewegte die Seelen diese Empfindung, daß das Christentum ohne Selbstentäußerung und Nichtachtung der

Lebensgenüsse eine Unwahrheit sei; je mehr Südfrankreich, das obere und das mittlere Italien durch Handel und Gewerbe aufblühten, je anspruchsvoller das städtische Leben wurde, um so mächtiger mußte in tieferen Naturen die Wahrheit lebendig werden, daß es eine andere Seligkeit gäbe, als die des Nehmens, des Gewinnens und des Sammelns von Reichtum. Aus einem Kaufmannshause von Assisi ging Franziskus hervor; sein Vater Bernardone trieb Handel mit französischen Tuchen; der Sohn war selbst Kaufmann gewesen und hatte sich keine der Sinnesfreuden versagt, die sich dem ritterlich lebenden Jüngling aus reichem Geschlecht darboten; er war auf dem Wege gewesen, um von der Hand des Staufischen Kindes von Sizilien den Ritterschlag zu empfangen,[1] doch er war umgekehrt und statt des Rittergürtels schlang er ein Seil um seine Lenden; er warf die Genüsse und Ehren der Welt von sich, weil er sich früh ihrer Leere bewußt ward; er scheute nicht den Grimm noch den Fluch seines Erzeugers, nicht den Hohn der Mitbürger und der einstigen Genossen, als er beschloß, der Stimme seines Innern zu folgen und als ein Bettler mit den Armen, als ein Frohsinn spendender Tröster mit den Aussätzigen zu leben. Jeder starke und innerliche Mensch, der den Spott der Welt für das nimmt, was er wert ist, reißt andere zur Nachahmung und zur Gefolgschaft fort; nur zwei Jahre hindurch blieb Franz allein, dann schloß sich ihm Bernardo da Quintavalle als erster Genosse an, bewegt durch die Worte der Liebe und des Friedens, die aus den Predigten des freiwilligen Bettlers die Herzen bewegten. Hätte sich nie ein Anhänger zu ihm gesellt, Franziskus hätte Almosen gesammelt und sie an die Armen verteilt, hätte Leidende gepflegt, Verstoßene getröstet, hätte der Verzweiflung und den Entzückungen in seinem eigenen Innern gelauscht, hätte sich gedemütigt und erhoben, verzagt und im tiefsten belohnt gefühlt durch seelische Erlebnisse; er wäre ein Einsiedler geworden, und sein liebevolles Antlitz wäre nur den Armen und Elenden vertraut gewesen, sein Name und Andenken wären längst verschollen. Doch lebte in dem Bürger- und Kaufmannssohn auch ein Antrieb zum Wirken ins Große, und wie sich Genossen zu ihm gesellten, war sein Schicksal dahin entschieden, daß ihm statt des Glücks der Einsamkeit die Ehre der Altäre zu teil werden sollte, daß tausend Klöster und ehrwürdige Kirchen seinen Namen verewigen würden, daß er statt eines Eremiten der Gründer eines mächtigen Ordens werde, der seine Hoffnungen Lügen strafen mußte, weil Selbstentäußerung auf Grund von Zwang und Regel ihren heiligsten Wert einbüßt, und weil, was als inneres Erlebnis des einzelnen tiefe Bedeutung hat, zur Form und Konvention erstarrt, wenn man es zum Gesetz einer Gemeinschaft macht. Jede geniale Persönlichkeit fühlt sich voll sehnsüchtiger Liebe zu den Menschen hingezogen und zugleich von Welt und Menschen abgestoßen und enttäuscht; so kämpfte auch in der Seele des Franziskus der Hang zur Einsamkeit mit dem Triebe, zu den Stätten der Menschen zu wandern, zu mahnen, zu trösten, zu lehren und zu bekehren. Dieser Heilige war ein

[1] Forsch. usw. IV. S. 183 ff. „Ein Beitrag zur Geschichte des heiligen Franziskus usw."

lebensprühender, gütiger Mensch, doch voll von eifervollem Zorn, eine Mischung von Seelenstärke und von Schwäche, von Lenkbarkeit in bezug auf alles nach außen Gewandte. So trug sein Lebenswerk als ein Spiegelbild seiner Persönlichkeit, so trugen die von ihm gegründeten Orden und zumal der leitende, der der Minderbrüder, schon vom Entstehen her den Keim furchtbarer künftiger Krisen in sich. Man hat den Erdenwandel des heiligen Franz seit seiner Bekehrung in jedem Stück mit demjenigen Christi verglichen. Wir können, wozu seine Schüler und Nachfolger freilich nicht bereit gewesen wären, den Vergleich über den Abschluß des irdischen Daseins hinaus weiterführen; auch im Namen des Franziskus, der Liebe aus vollem Herzen, mit vollen Händen ausstreuen wollte, wurde nachmals der Haß geschürt; er hatte den Frieden auf Erden gepredigt, jede seiner Predigten mit dem Friedensgruß begonnen; nachmals aber qualmten die Scheiterhaufen wegen des Haders der Franziskaner untereinander, und die Brüder, die sein Gewand trugen, dienten der Kirche als Ketzerspürer, denen Barmherzigkeit als Torheit, Milde als ein Verbrechen erschienen wäre. Ihn hatte es in die Einsamkeit gezogen, und wenn sein Weg ihn in die Städte führte, suchte er dürftige Unterkunft; er wünschte, daß die Brüder in hölzernen Hütten wohnten, und Bologna verließ er einmal im Zorn, weil er sah, daß seine Mönche ein stattliches, für sie erbautes Haus bezogen hatten; in Assisi begann er selbst mit der Zerstörung eines schönen Gebäudes, das in seiner Abwesenheit vom Volk für die Mönche errichtet war. Schuhe und Stab erschienen ihm vom Überfluß; ein Gewand, das die Blöße deckte, sollte genügen. Nichts durften die ihm folgten besitzen; von ihrer Hände Werk und von ärmlichen Almosen sollten sie sich nähren. Vor Ehrenbezeugungen, die ihm drohten, lief Franz davon; Schimpf und Spott der Menge hat er, zumal in seinen Anfängen, geduldig auf sich genommen, und als Anwort flossen Worte der Vergebung von seinen Lippen. Einige Jahrzehnte später lebten die Brüder, die sich nach ihm nannten, in allen Ländern der Christenheit in bequemen und manche in glänzenden Klöstern, und sie bildeten eine wohl organisierte Truppe von Agenten und Spähern im Dienste der päpstlichen Politik. Franz hatte seinen Brüdern vorgeschrieben, schlichte, ungelehrte Worte an das ungelehrte Volk zu richten, die Bücherweisheit zu fliehen, die Liebe Gottes zu predigen; aber wahrscheinlich schon zu seinen Lebzeiten trieben die Franziskaner in ihrer Niederlassung zu Paris das spitzfindige Studium der Theologie.[1]) So sehr die Welt jede hohe Absicht trübt, jedes edle Vorhaben auf dem Wege zur Ausführung mit Irdischem belastet, — wo so vollständige Entstellung ins Gegenteil des Gewollten eintrat, mußte ein ursprünglicher Fehler vorliegen. Der Dominikanerorden, die Gesellschaft Jesu sind im wesentlichen geworden und geblieben, wozu ihre Stifter sie bestimmt hatten; andere Gemeinschaften sind im Laufe der Zeit verweichlicht und verweltlicht; keine aber ist so schnell dem innern Antrieb, aus dem sie entstand, entfremdet worden, keine hat

[1]) Vgl. Ehrle, „Die Spiritualen" in „Archiv für Literatur- und Kirchengeschichte" III, S. 579.

eine dem Geist ihres Stifters so entgegengesetzte Wendung genommen, wie die der Minoriten. Nur aus dem innersten Wesen ihres Begründers erklären sich diese Geschicke seiner Stiftung, erklären sich Erscheinungen, die tief auf die Gestaltung der Kultur des Mittelalters eingewirkt haben.

In jedem Dichter und Künstler ist die feminile Seite menschlicher Doppelnatur stark entwickelt, doch in Franziskus von Assisi trat sie besonders lebendig hervor. Einst, in den letzten Zeiten seines Lebens, feierte er in Greccio Weihnachten; die Kirche lag einsam im Walde; er bereitete gemeinsam mit einem Bruder nach fortbestehendem italienischen Brauch die Krippe. An die ließ er, als in der heiligen Nacht viele aus der Umgegend herbeiströmten, Ochs und Esel führen; so ergriffen war er von dem Mysterium der Geburt, daß er den Namen dessen, dem die Feier galt, kaum über die Lippen brachte. Er nahm die Figur des Bambino Gesù in heiliger Verzückung in den Arm, und dem Genossen wie dem Volk schien es, als halte er das lebende Christkindlein an seine Brust gedrückt. Seine sensitive Art, das Bedürfnis, sich liebevoll hinzugeben, sein Wesen voll poetischer Empfänglichkeit, all dies sind Züge einer weiblich gearteten Natur. Männer mit solcher Begabung pflegen dem Leben hilflos gegenüberzustehen, und zu Organisatoren sind sie wenig geeignet. Als ein Dichter sprach Franz von seinem Bruder Körper, und den Tod grüßte er, da er sich ihm nahte, geschwisterlich; er liebte die Tiere, und seinen Schwestern, den Schwalben, hat er gepredigt; er lebte das Leben aller Kreatur mit, nur gerade die Menschennatur in ihrer groben Wirklichkeit negierte er. Er bemühte sich nicht nur die Heiden im fernen Orient, sondern vor allem die Christen zum Christentum zu bekehren, und noch zu etwas mehr, zur Menschlichkeit, aber das verwickelte Menschentum, wie es aus Hohem und Gemeinem zusammengesetzt ist, die Macht seiner nicht niederzukämpfenden Instinkte verstand er nicht richtig einzuschätzen. Mit so tiefer Innerlichkeit und so warmem und weichem Seelenleben hätte robuste Weltkunde sich gewiß nicht vertragen, aber Männer ohne diese sollten es nicht unternehmen, weitumfassende Schöpfungen ins Leben zu rufen, wozu mehr Verstand und Wille als Gemütstiefe erforderlich ist. Auch muß man sagen, daß der Orden des Franziskus sich gewissermaßen ohne seine Absicht gebildet hat. Die Genossen kamen, erst einer, dann langsam einige, bis mehr und mehr und endlich viele Tausende heranströmten. Franziskus war in seinen Anfängen auf dem Wege, einer jener „Armen“ zu werden, wie sie, als Ketzer von der Kirche verfolgt, vom Volke meist mit Achtung und Liebe behandelt, zu Tausenden in Italien lebten und das Land durchzogen. Seine Ehrfurcht vor kirchlicher Autorität und die Rechtgläubigkeit, in der er erwachsen war, auch wohl die Scheu vor Hindernissen, die seinem Liebeswerk begegnen würden, führten ihn dazu, die Bestätigung seiner noch kleinen Gemeinschaft durch die Kirche anzustreben. Eines zog das andere nach sich: die Aufnahme des ersten Genossen führte zur Gründung einer Bruderschaft, die Bruderschaft brauchte feste Regeln, die nur durch päpstliche Bestätigung Kraft erhalten konnten; mit dieser Bestätigung und der durch sie ermöglichten Ausbreitung des Ordens, dem Wandern der Brüder in ferne Länder und dem

Entstehen fester Niederlassungen waren Verhältnisse geschaffen, denen Franz nicht annähernd mehr gewachsen war. Ein Mann von größerer Weltläufigkeit, dessen kluge Überlegung wenig durch innere Kämpfe und Seelenerlebnisse getrübt und abgelenkt wurde, trat an seine Seite, Bruder Elias von Cortona, der einst als Matratzenmacher begonnen hatte, als Günstling des Kaisers und als von der Kirche Ausgestoßener enden sollte. Halb, weil ihn die Last der Ordensleitung drückte, halb, weil Ehrgeizige ihn klug behandelten, ließ Franz die Zügel aus seiner Hand gleiten. Der Kardinal Ugolino von Ostia, derselbe Mann, der die politischen Angelegenheiten der Kurie leitete, trat ihm als Protektor des schnell zur Macht erblühten Ordens an die Seite und gab diesem für alle Zukunft die entscheidende Richtung. Von den Einflüssen, die Frater Elias übte, hätte die Schöpfung des Franziskus sich zu befreien vermocht, wie sich ja gegen dessen auf Glanz und Äußerlichkeit gerichtetes Wesen in der Tat eine kräftige Reaktion geregt hat; die Einwirkungen einer so gewaltigen Persönlichkeit, wie Ugolino-Gregor es war, konnten nie wieder ausgetilgt werden, und die Franziskaner wurden etwas völlig anderes, als Franziskus selbst es war, und als er wollte, daß sie seien. Man hat wohl geglaubt, Ugolino habe sich mit raffinierter Überlegung der Gewalt über den noch jungen Orden bemächtigt, um aus ihm eine geistliche Kerntruppe für kommende politische Kämpfe zu schulen, doch in Wahrheit üben Kräfte, die unbewußt aus der Seele bedeutender Menschen wirken, stärker als ihre klaren Überlegungen. Dieser greise Kardinal war nicht nur Staatsmann, er war vor allem Priester. Den Geistlichen in ihm riß die tiefe und reine Gläubigkeit des Franz und seiner ersten Genossen, die Innigkeit der religiösen Empfindung jener frommen Frauen fort, die sich um des Franziskus Freundin, Chiara Scifi, ein Mädchen aus vornehmer Familie von Assisi, in dem armen Klösterchen San Damiano versammelten. Es ist ein Brief des Kardinals an Chiara erhalten, in dem er die fromme Jungfrau um ihr Gebet bittet und ihr seine Sehnsucht ausspricht, sie bald wieder von Angesicht zu Angesicht zu sehen; er sagt ihr, wie er sich unwürdig fühle, er nennt sich einen Elenden und einen Sünder.[1]) Ein Mann auf der Höhe geistlichen und politischen Einflusses schreibt solche Worte einer in der Einsamkeit lebenden Klosterfrau nicht aus bloßer frömmelnder Konvention, am wenigsten hätte es der getan, den die Welt unter dem Namen Gregors des Neunten kennt. Auch beschränkte der Kardinal seine Neigung nicht auf die Armen von Assisi; er empfand eine ähnliche für die Eremiten von Camaldoli, ließ sich in ihre Gebetsvereinigung aufnehmen und zog sich zu beschaulicher Betrachtung mitten aus dem bewegten Leben geistlicher Diplomatie in die klösterliche Stille inmitten des Kastanien- und Tannenwaldes über dem Arnotal zurück. Dort hörte er aus dem Munde eines der Mönche im weißen Gewande Romualds die billige Weissagung, daß einst die Papstkrone auf seinem Haupte leuchten werde.[2]) Gleich dem Orden von Camaldoli war

[1]) Das Schreiben ist gedruckt bei Wadding, Annales Minorum II, 16.

[2]) Über die Aufnahme in die Gebetsvereinigung der Camaldulenser siehe Kap. II.

Ugolino auch den Dominikanern geneigt, aber es ist nicht zu verkennen, daß er eine besonders warme Empfindung für Franz und seine Brüder, für Klara und die Schwestern von San Damiano hegte. Als Papst hatte er später mehrere Franziskaner zu „Familiaren" und unter ihnen den Bruder Benediktus aus Florenz; dieser erzählte, daß Gregor aus Verehrung für den Orden und dessen Stifter bei der traditionellen Fußwaschung am Gründonnerstag die Kutte der Minderbrüder anzulegen pflegte.[1]) Ugolino-Gregor hat vier kirchliche Gesänge gedichtet und von diesen sind drei zu Ehren des heiligen Franz und zum Lobe von dessen Braut, der Armut, verfaßt.[2]) Als er einst zum Kapitel der Brüder nach der Portiuncula bei Assisi kam, wie üblich mit stattlichem Gefolge von Rittern und Klerikern, sah er die Brüder im Schlafraum auf dem Boden auf dürftigem Stroh ruhen; heftig klagte er sich an und rief wehe über das Gericht, das ihn erwarte, weil er den Überflüssigkeiten des Lebens ergeben sei.[3]) Später sah man den mächtigen Mann oft die prächtigen Gewänder des Kirchenfürsten ablegen, die Schuhe von seinen Füßen lösen und barfuß neben Franziskus im Gebete knien.[4]) Kein Zweifel, er war von der Empfindungswelt des Franz tief ergriffen; aber nicht, was den Menschen von außen her berührt, sondern was aus seinem eigenen innersten Wesen emporwächst, bestimmt sein Wirken. Wenn der Kardinalbischof von Ostia nach der Papstwahl den Namen Gregor annahm, dachte er gewiß nicht an jenen Vikar Christi, der, eine farblose Persönlichkeit, zuletzt vor ihm während eines Pontifikates von acht Wochen diesen Namen getragen hatte, sondern an den großen Hildebrand, der in gewaltigem Ringen den Kampf der Kirche gegen die Welt geführt hatte, der zugleich ein Sieg des Geistes über die Verflachung gewesen war, an jenen Gregor, der der Heros der Hierarchie im Mittelalter gewesen und es durch die Jahrhunderte geblieben ist. Auch Franz führte, freilich als ein liebevoller Eiferer, die Sache der Seele gegen den „Bruder Körper", des Innenlebens gegen alles Äußere, gegen die

S. 52, Anm. 1. — Über seine Anwesenheit in Camaldoli usw. Razzi, Vita de' Santi Toscani II, f. 34a in der Vita del beato Lionardo, eremita di Camaldoli. Von diesem soll die Prophezeiung ausgesprochen sein. Die Weihe des Oratoriums in Camaldoli soll 1220, 22. August stattgefunden haben. Die Angabe über seinen Aufenthalt dort scheint ihre Bestätigung durch jene Aufnahme in die Gebetsvereinigung zu finden, sowie durch ein Schreiben, das er neun Tage nach seiner Wahl zum Papst (am 28. März, 1227, Potthast 7866) an die Camaldulenser richtete. Darin heißt es: Vos qui ad pedes ejus (Gottes) sedetis cum Maria, et quibus ab olim nos junximus bitumine caritatis . ." etc.

1) Cod. Laur. Sa Croce XXVII, sin. 9, f. 201 s. Brief des Frater Philippus de Perusio von Santa Croce in Florenz an Frater Gunsalvus, General der Minoriten (1304—13) auf Grund mündlicher Erzählung älterer Ordensbrüder. — Auch Liber de conformitate f. 115.

2) Salimbene p. 194. (S. die Bemerkung am Schluß im Verzeichnis der Abkürzungen.)

3) Speculum Perfectionis ed. Sabatier, p. 42, cap. 21.

4) Celano, Vita prima; Acta Sanctor. 4. Oktober, II. p. 711.

Macht der Sinne und die Bedürfnisse des leiblichen Menschen. Sehr widersinnig hat man ihm moderne Empfindungen andichten wollen; er war ein mittelalterlicher Mensch; bis zur Selbstvernichtung — denn er starb erschöpft von Anstrengung und Entbehrungen — führte er den Kampf gegen die Natur; die Innigkeit und Güte seines Wesens, seine Neigung für die Ärmsten und die Aussätzigen entstammte schönster Menschlichkeit, aber seine Selbstqual und die Wonne an der Erniedrigung entsprach nicht einem menschlichen, sondern einem von der Kultur überholten kirchlichen Ideal seiner Zeit. Und der Widerstreit der Kirche gegen das Weltliche, die geistliche Weltverachtung, aus der der Anspruch auf Herrschaft über das niedrig eingeschätzte Diesseits auf Grund einer mystischen aus dem Jenseits stammenden Vollmacht erwächst, ist nur eine andere Form desselben Kampfes gegen die Natur und deshalb freilich ebenso widernatürlich, wie jene. Die gleiche Richtung der Gedanken und Empfindungen, wenn auch anders gewandt, lebte in dem Heiligen von Assisi und in dem überlegenen kurialen Politiker; in beiden war das Gefühl lebendig, daß der Glaube die Welt zu beherrschen habe, nur wollte Franz, daß er herrsche durch geistliche Liebe, der Kardinalbischof aber, daß er die Welt leite, vermittels der politischen und geistlichen Macht des Papsttums, und daß dessen Gegner überwunden, vernichtet werden müßten, welche Mittel immer dazu erforderlich seien. Zu verschiedenartig waren die Naturen des kindlich frommen Friedenspredigers und des rücksichtslos durchgreifenden Staatsmannes, als daß die zarte Empfindung des einen sich nicht gelegentlich vor der Einwirkung des andern zu bewahren gesucht hätte; es war ein Verhältnis ähnlich jenem, in dem einst der feinsinnige Petrus Damiani zu seinem „heiligen Satanas", dem bewunderten und zugleich gefürchteten siebenten Gregor gestanden hatte. Es wird uns in einer späteren Quelle, doch gewiß nach alter Überlieferung, berichtet, daß, als Ugolino einst Franz besuchte, dieser vor dem Kirchenfürsten ins Gebirge entfloh; auf die Frage, was ihn dazu bestimmt habe, antwortete er demütig, es verwirre ihn, daß ein so Armer, Niedriger, ein Nichts wie er, von einem so hohen Herrn aufgesucht werde. Neben der Bescheidenheit mochte wohl ein ganz anderes Gefühl ihn zur Flucht veranlassen; der Kardinal, weltklug und seelenkundig, begegnete dem Armen von Assisi, der dann doch vor ihm erscheinen mußte, mit dem Anerbieten, er wolle selbst in den Orden des Franziskus treten; Franz lehnte es ab, „obwohl es ein erbauliches Beispiel geben würde und Ugolino ein großer Prediger sei, der viele für Christus gewinnen könne". Aber es sei wichtig, daß ein Mann von solcher Weisheit Kardinal bleibe, auch habe ihm der Heiland nichts über einen solchen Schritt enthüllt.[1]) Franz war eine innige, kindliche Natur, deren feiner Reiz so stark in die zeitliche und geistige Ferne wirkt, daß die Kirche noch heute durch seine Persönlichkeit Seelen wirbt und fängt, die ihren Dogmen ewig unzugänglich bleiben würden. Ein Gemüt, wie das seine, ist nicht ohne tiefe Ehrfurcht denkbar; er war ein noch an Jahren

[1]) Liber de Conformitate vitae beati Francisci des Bartolomeus de Pisis (1385) f. 95.

junger Mann, als ihm der vornehme, greise Prälat entgegentrat; wie hätte es ihn nicht bewegen sollen, als er ihn von seinen Ideen ergriffen, voll Liebe zu seiner Braut, der Armut sah! So ist der Einfluß, den Ugolino auf ihn übte, völlig begreiflich, aber begreiflich ist es auch, daß dem weltläufigen geistlichen Staatsmann die Franziskanerideale sich von selbst in seine sonstige Lebensauffassung einordneten und daß dies Franz zur Pein werden mußte. So zart pflegen weder weltliche noch geistliche Politiker zu empfinden, daß sie es mit einer Einbuße an innerer Sammlung und an Konzentration des Seelenlebens allzu schwer nehmen. Wenn unter seiner Einwirkung das Wesen des Franziskanertums eine Änderung erfuhr, half er dafür dessen allzu zarter Seele einen Leib schaffen, ohne den es wahrscheinlich seinen Stifter nicht lange überdauert hätte. Er hat nicht, wie man ihn beschuldigt, im hierarchischen Interesse das Werk des Franz bewußt dem Wesen des Ordensstifters entfremdet, sondern diese Entfremdung, die sich von selbst vollzogen hätte, weil die Erwartungen und Forderungen des Poverello d'Assisi über das Menschliche hinausgingen, hat er in Bahnen geleitet, in denen die Minoritengemeinschaft der Kirche unschätzbare Dienste leisten konnte. Seiner Herrschernatur, seiner Auffassung, daß alles in der Welt zum Dienst und Nutzen der Kirche da sei, ergab sich dies ohne vorgefaßten Plan von selbst.[1])

Franz als Friedensstifter in toskanischen Städten.

Es wird auch mehr aus Übereinstimmung der Ziele geschehen sein, als daß fremder Einfluß Franz gewaltsam seinem stilleren Wirkungskreise entrissen hätte, wenn er als Mahner und Friedensbote in die inneren Kämpfe toskanischer Städte eingriff. Sollte es Zufall sein, daß er mehrfach dort erschien, wo Bürger gegen Bürger die Waffen schwangen? Mit einem seiner älteren Genossen, dem früheren Weltpriester Silvester, kam er nach Arezzo, als dort der innere Hader auf das wildeste tobte. Nach den späteren Erzählungen befahl er dem Genossen, „die Dämonen auszutreiben", und er führte die Stadt in einen wenigstens vorübergehenden Friedenszustand zurück.[2]) Ein anderesmal gelangte er — wir erkennen das Tatsächliche nur durch den Märchenschleier der Legende — an eine Wegstelle, wo Straßen nach Florenz, nach Arezzo und Siena abzweigen. Er gebot seinem Begleiter, diesmal Bruder Masseus, sich so lange im Kreise zu drehen, bis er vor Schwindel still stehen müsse. Masseus hielt vor dem Wege gegen Siena, und so nahm es Franz für Gottes Willen,

[1]) Die starken Abweichungen der Auffassung von der Sabatiers in seiner Vie de S. François sollen hier nicht im einzelnen begründet werden. Sie ergeben sich zur Genüge aus der obigen Darstellung. Gegen die Ansicht, Ugolino habe die Lebensarbeit des Franz gewissermaßen verfälscht und er habe sein Werk ihm selbst entfremdet, wendet sich der vortreffliche Aufsatz, den Walter Götz in der Historischen Vierteljahrschrift (1903) Heft 1 unter dem Titel „Die ursprünglichen Ideale des hl. Franz von Assisi" veröffentlicht hat. Für die Kritik der Überlieferung über das Leben des Heiligen ist neben der Einleitung zu dem erwähnten Werk Sabatiers und vielfach zur Korrektur und Ergänzung derselben Götz, „Die Quellen zur Geschichte d. heil. Franz von Assisi" von großer Wichtigkeit.

[2]) Celano, Vita secunda c. 51. — Liber de Conformitate f. 43.

daß er sich dorthin wenden solle. Als man von der Ankunft des berühmten Predigers und Wundermannes hörte, entstand solches Gedränge, daß man ihn fast auf den Händen nach dem Bischofspalast trug. Damals kämpften die Bürger gerade gegeneinander, und bereits lagen zwei als Opfer des Zwistes ermordet; Franz aber predigte so heilig und liebevoll, daß er die Erregten zum Frieden brachte. Der Bischof erwies ihm deshalb hohe Ehren, doch Franz verließ zum Unwillen seines Genossen in der Morgendämmerung den Palast und die Stadt, ohne auch nur von dem Prälaten Abschied zu nehmen.[1]) Es liegt sehr nahe, in dieser Friedensstiftung, zu der die späteren Erzählungen den Heiligen so zufällig in der Stadt eintreffen lassen, eine Vorbereitung oder einen Teil des Pazifikationswerkes zu erblicken, das der Kardinallegat 1218 in Siena zwischem dem Volk und der Ritterschaft vollzog. Bald nach dem Tode des Ordensstifters haben dann Friedensmissionen, die der Papst einzelnen Franziskanerbrüdern auftrug, diese tief in das Getriebe der politischen Intriguen hineingezogen.

Erstes Erscheinen der Franziskaner in Florenz.

Die Beziehungen des Franziskus zu Florenz haben früh begonnen. Kurze Zeit war erst vergangen, seit er der Weltlust entsagt hatte, noch war seine Stiftung kaum ein Orden zu nennen, und vielleicht war seine Regel noch nicht einmal vom Papst bestätigt worden; erst sieben Genossen hatten sich um ihn versammelt, als er zweien von ihnen, darunter dem, der sich ihm am frühesten angeschlossen hatte, dem jugendlichen Bernardus von Quintavalle, auftrug, sich nach Florenz zu begeben, dort den Frieden, die Lehre von der Heiligkeit der Armut, die Liebe des Nächsten zu predigen, und Seelen für die Nachfolge Christi zu gewinnen. Florenz war die Stadt, wohin er zuerst seine Sendboten schickte, das früheste Ziel der Franziskaner-Mission, die sich bald über alle Länder ausbreiten sollte. Die Brüder des Franziskus und die des Dominikus bildeten nicht, wie man stets annimmt, die ersten Mendikantenvereinigungen; solche gab es bereits zuvor und gerade in Florenz, denn wir müssen die Barfüßer, die seit 1181 auf den schönen Hügeln zwischen Arno und Ema unweit der Stadt gegen Ripoli hin siedelten, ebenfalls für solche halten;[2]) sie scheinen nach modifizierter Benediktinerregel gelebt und evangelische Armut zu ihrem Grundsatz gehabt zu haben, aber sie gewannen niemals erheblichen Einfluß auf das Volk und suchten ihn vielleicht auch nicht. Anders die Bettler aus Assisi, von denen noch niemand vernommen hatte, als sie um 1209 durch eines der Tore der Arnostadt einschritten; in keiner Herberge gab man ihnen Obdach, und in einem Hause, in dem sie um Gottes willen Unterkunft er-

[1]) Fioretti c. 11. — Liber de Conform. f. 44a.

[2]) Vgl. die Erwähnung Bd. 1, S. 710. — Im Testament des Gianni f. ol. Amidei vom 18. August 1229 wird die Kirche S. Marie discalciatorum genannt (SAF. — Cistercensi), in dem dazu gehörigen Nachlaßinventar ist die „parochia" dieser (Kloster-)Kirche in plano Eme erwähnt. Vgl. ferner über den spätern herabgekommenen Zustand des Klosters i. J. 1305, wo es außer dem Abt nur noch einen Mönch hatte, Forschungen usw. IV in dem Abschnitt „Hospitäler, Klöster usw."

baten, wies man ihnen, obwohl es Winterszeit war, die kleine offene Vorhalle als einzige Stätte an, wo man ihnen zu übernachten gestattete; ins Innere wollte man sie nicht einlassen, da man sie für Landstreicher und Diebe hielt. So mußten sie in dürftigem Gewand die Nacht im Freien verbringen, und nur ein Backofen, der sich in dem Portikus befand, gewährte ihnen einige Wärme. Als die Morgenglocke tönte, eilten sie in die benachbarte Kirche, und als die Frau des Hauses sie dort in inbrünstigem Gebet beobachtete, ging es ihr auf, daß sie es doch wohl nicht mit verdächtigem Volk zu tun gehabt habe. Als ein Bürger, namens Guido, sie beschenken wollte, verweigerten sie die Annahme des Almosens; da er vernahm, daß sie freiwillige Arme seien, die all ihre Habe aus Gottesliebe den Bedürftigen geschenkt hätten, lud er sie in sein Haus, und auch jene Frau und ihr Gatte, die sich ihnen zuerst ungastlich erwiesen, wurden ihre Freunde und behielten sie etliche Tage bei sich. Sie erhoben viele durch ihr Wort und Beispiel, aber von anderen mußten sie Hohn erdulden; Kinder wie Erwachsene verspotteten und beleidigten sie, warfen mit Straßenschmutz nach ihnen, zerrten sie an den Kapuzen oder legten Würfel in ihre Hand, sie höhnisch zum Spiel auffordernd. Alles jedoch ertrugen sie heiteren Gemütes und beteten für die, die ihnen Böses taten. Diese Beharrlichkeit in der Güte und im Dulden wirkte auf das Volk, und viele Spötter kamen, um Verzeihung zu erbitten. Einige Florentiner wurden sofort durch die Erscheinung der beiden frommen Männer so ergriffen, daß sie ihnen anboten, mit ihnen zu ihrem Meister zu kehren und als neue Genossen in die junge Gemeinschaft zu treten; sie wurden von Franz in Santa Maria degli Angeli freudig empfangen, und so finden wir, ehe das erste Zehn der Jünger beisammen war, neben den Söhnen der umbrischen Täler etliche Florentiner unter ihnen.[1])

Dies war die Art des Franz und der Seinen, predigend zu reisen, Seelen fürs Himmelreich zu werben, durch Leiden und Duldung ein edles Beispiel zu geben. Bernardus wanderte in derselben Weise später allein nach Bologna,[2]) und ebenso wirkte Franz in eigener Person, ohne daß man einstweilen an feste Ansiedlungen in den Städten dachte, die dem Sinne des Ordensstifters im Grunde immer zuwider blieben. Aus dem Jahre 1216, also etwa sieben Jahre später, als jene ersten Minderbrüder in den Straßen von Florenz predigten und Hohn erduldeten, erfahren wir, daß die Genossen des Franz sich

---

[1]) Über die erste Entsendung von Genossen des Franziskus nach Florenz Celano. Vita prima, Acta Sanctorum, 4. Oktober, II, p. 733. — Liber de Conformitate f. 41 ss. — Chronica generalium ministrorum ordinis Fratrum minorum, geschrieben im 14. Jahrhundert, ed. Analecta Franciscana des Klosters Quarachi (bei Florenz), III, p. 37. — Daß Bernhard von Quintavalle damals in noch jugendlichen Jahren stand, ergibt sich daraus, daß er im Winter 1240—41 im Franziskanerkloster zu Siena lebte, wie Salimbene, der ihm damals freundschaftlich nahe trat, berichtet (p. 11), und daß er noch damals nicht als Greis bezeichnet wurde.

[2]) Liber de Conformitate f. 152. — Speculum Vitae S[i] Francisci (Edition von 1620). Pars II, c. VI, p. 15.

noch durchaus als heimatlose Wanderer fühlten, die sich einmal jährlich in Assisi um ihren Meister scharten, dann aber durch die Lombardei und Toskana, Apulien und Sizilien zogen; sie suchten dem Vorbilde der Apostel zu folgen, wie es sich ihnen darstellte, wobei sie das Nötigste zum Dasein vielfach durch ihrer Hände Arbeit gewannen.[1]) Das erste zwar nicht eigene, aber doch ständige Heim fanden die Minoriten in Florenz, als ein Bürger aus dem Kirchspiel San Pietro Celoro, Guidalotto Voltodellorco aus dem ansehnlichen Geschlecht der Guidalotti, im Norden der Stadt, dort wo die letzten Häuser der Vorstadt ins offene Land hinausschauten, nahe dem damaligen Laufe des Mugnone an der Landstraße, die nach Bologna und der Romagna führte, das Hospital San Gallo errichtete, das Armen und Pilgern eine Unterkunft gewähren sollte; es hat zehn Menschenalter hindurch Kranken und Bedürftigen Obdach geboten, bis es der Belagerung von 1530 zum Opfer fiel. An seiner Stelle errichtete man in der ersten Hälfte des 18. Jahrhunderts einen barocken Triumphbogen, und nur der Name dauert noch in der volkstümlichen Benennung des Platzes und in der offiziellen der dorthin führenden Straße fort. Bald nach seinem Entstehen wurde es eine der populärsten Stätten der Wohltätigkeit; nicht leicht vergaß seit dem 13. Jahrhundert ein wohlhabender Florentiner die Armen von San Gallo in seinem Testament zu bedenken. Fromme Frauen pflegten dort an den vier Marienfesten des Jahres, wie am Tage des Sankt Gallus und in den dazu gehörigen Oktaven die Messe zu hören, weil dem Kirchlein besondere päpstliche Indulgenzen verliehen waren. Am Karfreitag aber strömte alles Volk in wildem Gedränge durch die einzige enge und lange Gasse hinaus, um den Armen Geschenke, dem frommen Hause Spenden oder Kerzen für die Altäre zu überbringen; es war der große Tag des Spitals, und so gewaltig erschien die Menschenmasse, daß man sie nachmals mit der zur Zeit des ersten Jubeljahres 1300 über die Engelsbrücke nach dem römischen Sankt Peter flutenden zu vergleichen vermochte. Das ursprüngliche Kirchlein hatte nur einen Altar, doch war es von einem stattlichen Campanile überragt, der vier große Glocken trug. Nach vierzig Jahren des Bestehens erschien es zu dürftig; man baute dicht am Mugnonefluß ein zweites größeres Gotteshaus ihm zur Seite, das gleich dem älteren „Santa Maria a San Gallo" hieß, und neben dem das ursprüngliche fortbestehen blieb.[2])

Gründung des Hospitals San Gallo.

Guidalotto, der 1218 die fromme Stiftung ins Leben rief, war vielleicht identisch mit jenem Guido, der die Genossen des Franz zuerst beschenken wollte und sie dann in sein Haus aufnahm; seine Gattin Bernardesca erteilte ihre Zustimmung zu dem bedeutenden Opfer an Geld und Gut; beide müssen damals noch in jugendlichem Alter gestanden haben; sie lebten lange genug, um Undank und Enttäuschung in voller Bitternis zu erfahren. Guidalotto wurde 1240 in die politischen Händel der Zeit verwickelt, nahm Partei für die Sache Friedrichs, und scheint sich dadurch das Mißfallen der Stadtgeist-

[1]) Schreiben des Jacobus de Vitry. S. S. 51 Anm. 1.

[2]) Forschungen usw. IV, „Hospitäler usw." unter „San Gallo".

lichkeit zugezogen zu haben; dann ging er freilich in sich, verließ die Sache des Exkommunizierten und stellte sich wieder auf die Seite, auf der man ihn von vornherein vermutet hätte, auf die der Mönche, die im Jahre 1245 in Florenz im Namen des Glaubens den Bürgerkrieg entfachten. Seine Stiftung war inzwischen troß des wüsten Streites, der um sie geführt wurde, glänzend gediehen; 17 Brüder verwalteten das Hospital, aber sie verdrängten im Einverständnis mit dem damaligen Bischof Ardingus den Guidalotto und die Bernardesca aus ihren Rechten und Ehren. Papst Innocenz IV. suchte 1250 durch den Kardinal Ottaviano degli Ubaldini den Hader zu schlichten und stellte die gealterten Gatten wieder an die Spitze der von ihnen ins Leben gerufenen Stiftung. Bernardesca starb bald darauf und Guidalotto verwandte, da auch sein Sohn, der Ritter Tedaldino vor ihm dahinging, viel von seiner übrigen Habe auf den Bau jener größeren zweiten Kirche, die 1259 begonnen ward. Während diese Stiftungen seit Jahrhunderten verschwunden sind, dauert das Andenken der Guidalotti ruhmreich durch die Capella degli Spagnuoli von Santa Maria Novella fort, die Mico aus diesem Geschlecht nach der Mitte des 14. Jahrhunderts errichten ließ.

Der Kardinal-Legat Ugolino nahm 1218 bei seiner Anwesenheit das Hospital aus den Händen seines Begründers als Geschenk für die römische Kirche entgegen, in deren direkten Besitz es dadurch überging. Ähnlich verfuhr er bald darauf in Bologna mit einem den Minderbrüdern erbauten Heim, während Franziskus freilich von solcher Umgehung seiner Grundsätze nichts wissen wollte, aber seiner fügsamen Natur gemäß sich denn doch dem starken Willen des Ugolino fügte. In Florenz war die fromme Stätte nicht als eigentlicher Sitz der Minoriten, sondern als Hospital begründet worden, und schon deshalb durfte Franziskus in bezug auf San Gallo der Anordnung des Kardinals nicht widersprechen.[1]

Der „Bruder Tod" geleitete den Armen von Assisi im Oktober 1226 mit sanfter Hand hinüber, und bald beschlossen seine Jünger über dem Grabe dessen, der an der Richtstätte beerdigt sein wollte, eine prunkende Kirche zu erbauen; ein halbes Jahr nach des Franziskus Tode bestieg als Nachfolger des Honorius der Kardinal Ugolino unter dem Namen Gregor IX. den Thron des Apostelfürsten, und er, der in seiner Persönlichkeit die tiefsten Kontraste vereinte, billigte das Streben der weltlich Gesinnten unter den Brüdern, denen Elias von Cortona voranstand, das Andenken des demütigen Ordensstifters durch höchsten Glanz zu verherrlichen. Im Juli 1228 legte er selbst den Grundstein zu dem prächtigen Tempel San Francesco d'Assisi, der nach vielen Jahrzehnten von den florentiner Meistern Cimabue und Giotto mit leuchtenden Farben geschmückt wurde. Nun aber der Bau eines großartigen Minoritenklosters und einer Grabeskirche begonnen war, gab es keine Ursache mehr, weshalb an anderen Orten die Minderbrüder nicht ebenfalls eigene städtische Klöster besitzen sollten. Die Grundsätze des Franz waren

[1] Forschungen usw. IV, „Hospitäler usw." unter „San Gallo".

durchbrochen; wandernde Arme wurden zu seßhaften Mönchen; ihre Konvente wurden bald zu wichtigen Stützpunkten der politischen Gewalt der Päpste; mochte der Weltklerus von den Interessen städtischer Politik abhängen, die Brüder in der groben braunen Kutte, die angeblich kein Eigentum besaßen und deren Besitz, von Prokuratoren verwaltet, eigentlich Besitz der römischen Kirche war, konnten durch keine andern Rücksichten, als durch den Gehorsam gegen ihre Obern gebunden, als die brauchbarsten Werkzeuge der Kurie wirken. Den Generalminister wählte das Generalkapitel, aber der Papst hatte ihn zu bestätigen; ein Kardinal-Protektor leitete nachmals die Ordensangelegenheiten, als erster ein Neffe Gregors, Rainald, ebenfalls Kardinalbischof von Ostia, der spätere Papst Alexander IV.[1]) Aber Gregor scheint, solange er lebte, das Amt des Schützers, oder richtiger des unsichtbar wirkenden Regenten der Gemeinschaft sich selbst vorbehalten zu haben. Jahrhundertelang ist in dem Orden die ernstere und tiefere Bedeutung der Lehren und des Beispiels des Armen von Assisi nicht völlig erloschen; all die unendlichen Kämpfe und furchtbaren Wirren späterer Zeit entstanden aus der Auflehnung des Franziskanergewissens gegen die Abwendung von den Franziskaneridealen. Aber von wenigen Ausnahmen abgesehen, war später jeder Minderbruder ein politischer Agent der Kurie, und ihre Gesamtheit war eine furchtbare und düstere Macht in den Händen der Päpste. Die Grundsteinlegung zur Grabeskirche bildete den Wendepunkt; wie sie höher und höher emporragte, war sie das Merkmal und Sinnbild der Veräußerlichung und Verweltlichung des Franziskanerwesens und nicht zufällig haben sich an die Frage des Baues die schwersten Konflikte geknüpft. Man hat in unserer Zeit die Erneuerung der Kunst und das Entstehen der Renaissance mit Franziskus in Verbindung bringen wollen, doch liegt hier ein tiefer Irrtum, eine völlige Verkennung zugrunde. Franz, der die Welt der Sinne verneinte, konnte nicht auf die Kunst wirken, die der Welt der Sinne angehört; sein Wesen war ein kunstfeindliches, weil er allen Schein, auch den schönen und beseligenden, verachtete. Gerade die Abwendung von dem, was sein Inneres erfüllte, befruchtete die Kunst, gab ihr neue und große Aufgaben; so entstanden die herrlichen Hallen der Minoritenkirchen, so schmückten sich diese mit glänzenden Gemälden und Werken der Bildnerei. Die Kultur der Menschheit hatte neue Anregungen empfangen, denen wir später nachfragen wollen; die Knospe der Kunst schlummerte, bereit, sich dem ersten wärmenden Strahl zu öffnen, aber dieser ging nicht vom Wesen des Armen von Assisi aus; die Dichtung hat von Franziskus viel, die bildende Kunst, abgesehen von Stoffen der Darstellung, die ihr später sein Leben und seine von Legenden umwobene Persönlichkeit darbot, nicht das mindeste empfangen; die Entwicklung der Menschheit und ihre natürlichen Triebe, Wünsche und Bedürfnisse schritten über seine Träume, seine Hoffnung und Sehnsucht fort; nur ein leises Mahnen blieb in vielen, ein tiefes Ringen in einzelnen zurück. Er liebte die Armut und Entsagung, die Kunst aber strebt auf Verschönung und

[1]) Salimbene, p. 194.

Bereicherung des Daseins hin. Auch dafür ist der Bau von Assisi ein Sinnbild, der sich mit dem Edelsten schmückte, was die Kunst der Malerei im Dugento und Trecento zu leisten vermochte, aber er erwuchs in offenbarer Auflehnung gegen die Grundgedanken des Poverello und gegen den erbitterten Widerspruch der Erben seines Geistes.

Gründung des Klosters Santa Croce.

Wie nun von dem neuen Papst das Fundament zu diesem Tempelbau eingesegnet war, zogen sofort auch in Florenz die Minoriten in ein eigenes und selbständiges städtisches Heim. Jene Feierlichkeit in Assisi fand im Juli 1228 statt, und am 14. September desselben Jahres erließ der in Perugia weilende Gregor eine Bulle, durch die er den Minderbrüdern, die bei der Kirche Santa Croce von Florenz lebten, seinen Schutz verlieh.[1] Dort, wo sich kurz darauf auch die Templer niederließen, wurde eine Kirche nebst einem Kloster für sie neu errichtet. Während vieler Dezennien haben die Franziskaner von diesem kleinen Konvent her ihre bedeutende Macht und ihren Einfluß auf die Gemüter, später auch ihre Tätigkeit als Inquisitoren geübt, bis der prachtvolle Bau entstand, der seit sechshundert Jahren die Bewunderung der Welt erregt und dessen Kirche nachmals zur Grab- und Erinnerungsstätte der Genien wurde, die der Boden Toskanas gezeugt hat.

Erbauung des Klarissenklosters Monticelli.

Noch ehe das Hospital von San Gallo begründet ward, im Frühling desselben Jahres 1218, errichtete auch der junge Frauenorden von San Damiano in Florenz eine Pflanzstätte, ebenfalls als die erste Niederlassung der Klarissen außerhalb ihres Entstehungsortes Assisi. Wie sich die erste Mission der Minderbrüder nicht etwa nach Perugia wandte, wo man allem, was aus dem nahen Assisi kam, feindlich gesinnt war,[2] sondern nach dem entlegeneren Florenz, so entfaltete auch der zweite Orden des Franziskus hier zuerst seine in die Ferne gerichtete Wirksamkeit. Am 19. März 1218 machte ein wohlhabender Bürger, Forese Bilicuzzi aus der Familie Mergulliesi, eine Schenkung zum Zweck der Errichtung eines Klarissenklosters, das sich bald auf dem schönen Hügel jenseits des Arno, außerhalb der Porta San Frediano am Hange von Bellosguardo, über dem Vorort Monticelli, nahe einem tiefen Brunnen immer kühlen Wassers erhob. Auch hier wurde die Form einer Übertragung an die römische Kirche gewählt, ganz wie sechs Monate später betreffs des Hospitals San Gallo, doch da der Legat damals nicht in Florenz anwesend war, empfing Berlingherio Girolami die Schenkung in dessen Namen in Anwesenheit des florentiner Bischofs. Derselbe Guidalotto Voltodellorchio, der bald darauf das Hospital gründete, befand sich unter den Zeugen; beide Stiftungen gingen offenbar aus einem Kreise Gleichgesinnter hervor; auch der aus Florenz gebürtige Bruder Michael, der ein Menschenalter hindurch in Florenz in der Minoritenbewegung eine bedeutende Rolle spielen sollte, begegnet uns hier zu-

[1] Potthast 8257. (Orig. SAF. — Santa Croce.)
[2] Vgl. Speculum Perfectionis ed. Sabatier, p. 208. cap. 105.

erst. Bis zur Mitte des Jahrhunderts ist er mit allen Kräften für die Machtausbreitung der „Franziskaner-Religion“ in seiner Heimat tätig gewesen.[1]

Erste Leiterin der florentiner Klarissen war Avegnente, Tochter des Albizzo, wahrscheinlich aus dem mächtigen Feudalgeschlechte der Ubaldini, das dann auch lange Zeit hindurch in steten engen Beziehungen zu den Klosterfrauen von Monticelli stand. Es muß gesagt werden, daß durch diese vornehmen Verbindungen, zumal später durch den Einfluß des Kardinals Ottaviano aus jener Familie, das florentiner Klarissenkloster etwas ganz anderes wurde, als Franz und seine Freundin geträumt hatten, nicht ein Asyl für weltflüchtige Seelen, sondern ein Refugium für Töchter und Witwen aus großen Häusern. Avegnente selbst besaß an der Stelle, an der das Kloster entstand, Grundstücke, die sie der neuen Stiftung überwies. Forese Bilicozzi, der die weitere Ausstattung und Erbauung übernahm, war ein reicher Mann; seine einzige Tochter war an ein Mitglied des bedeutenden Geschlechtes Baldovinetti verheiratet. Ursprünglich wollte er zweihundert Librae für die Klostergründung stiften, aber wie der Bau fortschritt, stieg im Verlauf von zwei Jahren die Summe auf mehr als das Fünffache, doch gab er nicht nur diesen Betrag willig her, sondern fügte nach etlichen Jahren noch weitere Grundstücke und Weinberge als Schenkung hinzu.[2] Solcher Eifer der Reichen und Vornehmen mußte zugunsten der Orden des Franz einen um so tieferen Einfluß üben, als das niedere Volk den Predigern im Bettlergewande ohnehin gerne sein Ohr lieh. In keiner anderen Stadt Italiens, das kleine Assisi ausgenommen, hat das Franziskanertum so schnell und so kräftig Wurzel gefaßt, wie in Florenz. Der neuen Pflanzstätte des Frauenordens von San Damiano legte die Ordensstifterin Chiara Scifi so hohe Bedeutung bei, daß sie alsbald — wir wissen nicht, ob Avegnente gestorben, oder ob sie von der Leitung in die Reihen der übrigen Schwestern zurückgetreten war — die ihr besonders nahestehende Genossin Agnes, die man irrtümlich für ihre leibliche Schwester hält, von Assisi nach Florenz entsandte und sie an die Spitze des Klosters Monticelli stellte. Der Kardinal Ugolino hegte für Agnes warme Freundschaft; in einem Briefe an Santa Chiara sandte er ihr seine Grüße. Es scheint, daß sich in Assisi schlimme Gerüchte über den Zustand des Klarissenklosters auf der Höhe vor Porta San Frediano verbreitet hatten; auch in Florenz selbst muß später nach einem zeitgenössischen Zeugnis das Gerede umgegangen sein, daß die Nonnen statt in Keuschheit zu leben, sich gegenseitig mit Eifersucht wegen ihrer Geliebten verfolgten. Agnes aber schrieb der Leiterin von San Damiano: so tief sie den Trennungsschmerz von ihr und den Gefährtinnen empfinde, die Loslösung von allen, die ihr teuer, so sei sie doch froh, denn sie habe in dem florentiner Kloster keine Parteiungen vorgefunden, sondern volle Eintracht. Es scheint, daß sie fast drei Jahrzehnte hin-

[1] Daß Bruder Michael gebürtiger Florentiner, ergibt der Cod. Laur. Santa Croce XXVII, dextr. 11. f. 1, Einleitung zur Vita der Beata Humiliana.

[2] Forschungen usw. IV, „Hospitäler, Klöster usw.“ unter „Monticelli“.

durch Äbtissin geblieben ist; als aber die Nachricht zu ihr drang, daß Chiara Scifi im Sterben liege, hielt es sie nicht mehr in Florenz; sie eilte — es war im Jahre 1253 — nach Assisi, und die Freundin, die bald zur Heiligen erklärt wurde, soll ihr vorausgesagt haben, daß sie nach kurzer Zeit im Tode vereinigt sein würden.[1]) Als Andenken an die Ordensstifterin sandte sie nach Monticelli, wohin sie nicht mehr zurückkehrte, den Schleier, den die Genossin des heiligen Franz getragen. Die Nonnen von Monticelli priesen es im folgenden Jahrhundert als ein Wunder, daß er sich wie neu erhalte, und betrachteten ihn als ein fast ebenso kostbares Stück ihres Besitzes wie einen gleichfalls von ihnen bewahrten Mantel des heiligen Franz. Wieder einmal vollzog sich die ewige Lebenserfahrung, daß, wo der Geist entwichen, die leere Hülle doppelt gepriesen und abergläubisch verehrt wird. Schleier und Mantel vollbrachten fortan Wunder, zumal an epileptischen oder von Starrkrampf befallenen Knaben.[2]) So wenig dergleichen dem Sinne des Franz und seiner Freundin entsprochen hätte, das Franziskanertum hat sich in der Wendung, die es nahm, und in seiner frühen Entartung mit dem sinnlosesten Reliquienkult ganz durchsetzt, der freilich im allgemeinen Sinne der Zeit lag; die Ansätze zum Wunderwesen, die sich im Leben des Franziskus finden, Heilungen von Kranken, die auf seelischen Einflüssen beruhten, haben sich im Franziskanertum sehr üppig und in höchst unerfreulicher Art entwickelt.

Franziskus in Florenz.

Wenn die neue religiöse Bewegung auf Männer und Frauen, auf Vornehme wie auf Geringe eine so mächtige Wirkung ausübte, mochte dazu die Persönlichkeit des Franz besonders stark beigetragen haben. Er muß häufig in Florenz erschienen sein; seine zahlreichen Reisen nach der Lombardei, nach Bologna führten ihn wohl fast immer durch die Arnostadt, und auf der Rückkehr vom Orient über Venedig muß er sie berührt haben. Früher, als sein Name noch nicht auf aller Lippen war, hatte er kleine und harmlose Künste nicht verschmäht, um die Menge zu versammeln; da er sich durch nichts Niedriges zu erniedrigen glaubte und sich seiner Zwecke wohl bewußt war, lockte er das Volk gleich den wandernden Gauklern herbei, die durch ihre zweifelhaften Künste den Leuten die Denare aus den Taschen locken wollten. Man hörte einen Mann in Bettlertracht auf einem Horn aus Elfenbein ein Liedlein blasen, und wie die neugierige Menge herbeilief, um einen frivolen Gesang zu hören oder ein Gauklerstück anzustaunen, klopfte er mit zwei Stäben aneinander bis Ruhe entstand, und nun strömten Worte von hinreißender Beredsamkeit in der Sprache des Volkes von seinen Lippen, nicht in der gekünstelten Art der Prediger, sondern eher wie man im Parlament, der städtischen Volksversammlung, sprechen zu hören gewohnt war; nur bezog sich seine Rede nicht auf Steuern, oder Brückenausbesserung, oder Kriegszüge gegen Nachbarfeinde, sondern er sprach vom Himmelreich, von Engeln und Dämonen, von Liebe, Vergebung und Barmherzigkeit. Später, da er als Wundermann und als Ordensstifter

[1]) Forschungen usw. IV, „Hospitäler, Klöster usw." unter „Monticelli".

[2]) Ebendort.

längst Ruhm erworben hatte, drängte alles Volk ungerufen herbei, sobald man hörte, daß er in der Stadt sei und auf offenem Markt predigen werde. Wenn er zur Eintracht mahnte, schlossen dem kleinen, unschönen Mann in schmutziger Kutte zuliebe Vornehme, die sich eben noch mit tödlichem Haß verfolgt hatten, Frieden, und in der Masse pries sich selig, wer nur den Saum seines Gewandes berühren konnte. In Bologna, der hochberühmten Universitätsstadt, wo man sich auf die Bildung sonderlich viel zugute hielt, schüttelte man die gelehrten Köpfe voll Verwunderung, daß ein „Idiot" — mit diesem Wort beliebte man jeden zu bezeichnen, den nicht die Weisheit der Hörsäle getränkt hatte — so klar zu sprechen wisse.[1]) Im April des Jahres 1221 traf Franziskus in Florenz mit dem Kardinallegaten Ugolino zusammen; er hatte die Absicht, nach Frankreich zu gehen, wo die Minoriten ihr Werk der inneren Mission schon früher begonnen hatten, doch Ugolino stellte dem Widerstrebenden vor, daß er in Italien bleiben müsse, daß sein Orden viele Feinde an der Kurie habe, die seine Abwesenheit benützen würden, um sein Werk zu schädigen. Bischof Johann von Florenz scheint den Armen von Assisi mit einigem Prälatenhochmut behandelt zu haben; er soll ihm die Frage vorgelegt haben, wozu er wohl die Brüder in ferne Länder schicke, wo sie Hunger und Pein ausstehen müßten? Franz erwiderte schlicht, die Bestimmung der Minoriten sei, Gläubigen und Ungläubigen in aller Welt das Heil zu predigen. Doch so beredt er auch von seiner und von seiner Brüder Berufung sprechen mochte, der Legat ließ ihn nicht nach Frankreich ziehen; einer seiner Genossen, Bruder Pacificus, mußte statt seiner die Reise unternehmen.[2])

Jene Anwesenheit des Franziskus in der Stadt am Arno, seine Zusammenkunft mit dem Kardinalbischof von Ostia hatte eine bedeutsame Folge. Ein neuer Orden, oder richtiger dessen Regel ist damals entstanden, und die starke Verbreitung, die er fand, wie zumal auch die Nachahmungen, die er hervorrief,

[1]) Die Angaben sind aus Liber de Conformitate f. 100[a] und aus dem Schreiben des Thomas, Archidiakon von Spalato (Sigonii, De episcopis Bononiensibus Lib. II, p. 113) von 1220, 15. August geschöpft. — Das Horn und die Hölzchen, durch die er Schweigen gebot, bewahrte man 1385, als Bartolomeo von Pisa den Liber de Conformitate schrieb, in der Sakristei von San Francesco in Pisa als Reliquien auf. — Den Frater Juniperus, einen Genossen des Franz, nennt Bartolomeo „joculator Christi." Franziskus selbst liebte nach Art der Giullari Lieder anzustimmen und er ahmte die Bewegungen jener nach, die ihre Gesänge auf einer Viola zu begleiten pflegten. Doch waren die des Franziskus fromme Lobeshymnen, zweifellos selbst gedichtete; leider ist nur einer seiner Gesänge erhalten und zwar in italienischer Sprache. Er bediente sich aber für jene wohl meist improvisierten Laudes gern des ihm offenbar geläufigen Französischen, ebenfalls gleich den weltlichen Liedersängern, die das Lob der Liebe oft in provenzalischer und französischer Sprache anstimmten. (Tommaso da Celano, Vita seconda; Parte II. cap. 67 p. 188.)

[2]) S. Forschungen usw. IV, die Abhandlung über die Entstehung der Tertiarier-Regel in Florenz. Auch für alles, was über den Gegenstand hier mitgeteilt wird, finden sich dort die Belege.

haben der Kirche eine unendliche Macht über die Laienwelt verliehen. Und mehr noch: in der tiefsinnigsten Dichtung aller romanischen Völker, die aus dem Boden von Florenz entsprossen ist, macht sich so stark dieselbe Stimmung bemerkbar, aus der diese Laienbrüderschaft erwuchs, daß man Dante selbst — es ist nicht auszumachen, ob mit Recht, ob mit Unrecht — für zu ihr gehörig erklärt hat.

Entstehung der Tertiarier Regel.

Seit geraumer Zeit hatte sich eine Gruppe von Stillen und Frommen zusammengeschlossen, in deren Gemüter die Empfindungen des Franz und seiner Genossen tief eingedrungen waren. Aus ihrem Kreise war die Gründung des Hospitals von San Gallo, wie die von Monticelli hervorgegangen. Andere, deren Mittel zu so weitgehenden Aufwendungen nicht ausreichten, kauften einiges Land, von dessen Erträgnissen sie Armen Brot und Almosen gewährten, wovon sich die Spuren in den Urkunden erhalten haben.[1]) Es waren Männer und Frauen, die den Weg zum Himmelreich durch Wohltun suchten und die sich wohl, ähnlich den Häretikern, innerlich von dem leeren Kirchentum der Zeit abgestoßen fühlten. Auch die Friedenssehnsucht, der Franz Ausdruck gab, hatte sie tief ergriffen, und mit den von Kirche und Kaiser verfolgten Ketzern teilten sie die Abneigung gegen die Eide, die dem mittelalterlichen Menschen fortwährend zugemutet wurden und mit denen so oft ein freventliches Spiel getrieben ward. Es drang zu ihnen die Kunde, daß sich in Umbrien heilsbedürftige Männer und Frauen, von der Predigt des Franziskus ergriffen, eine Belehrung darüber erbeten hatten, wie sie durch Reue und Buße, durch Übung des Mitleides zum Heile gelangen könnten, ohne sich doch in die Ordenskutte zu kleiden, ohne auf Haus und Hof, auf Zusammenleben mit Weib oder Mann und mit den Kindern zu verzichten; viele mochte auch der Tätigkeitstrieb und der Erwerbssinn trotz ihrer inneren Neigung zum Minoritenwesen, vom klösterlichen Leben fernhalten. Als nun Franziskus damals in Florenz erschien, baten sie ihn, er möge ihnen in aller Form eine Regel geben, nach der sie ihr Leben einrichten, sich organisieren und ihre Heilsbedürfnisse befriedigen könnten. Er ging darauf ein und sandte seinen Entwurf an den inzwischen weiter nach Norden gezogenen Kardinallegaten, der inzwischen bemüht war in Piacenza zwischen Volk und Ritterschaft Frieden zu stiften. Schon bei seiner Anwesenheit in Florenz wird dieser die Absicht jener frommen Laien gebilligt haben, denn dem klugen priesterlichen Staatsmann konnte nicht entgehen, welchen Zuwachs an Einfluß dem von ihm begünstigten Orden das Entstehen einer Laien-Brüderschaft bringen müsse, und wie vor allem der Kirche auf diesem Wege ein neues Machtmittel in die Hand gelegt würde. Er bestätigte den ihm übersandten Entwurf, und fügte einiges selbst hinzu. Die Regel der neuen Fraternität, die sich die der „Brüder von der Reue" nannte, doch auch die Frauen nicht ausschloß, wurde am Himmelfahrtstage (20. Mai) 1221 in Florenz veröffentlicht, und so war jener „dritte Orden

[1]) S. Forsch. usw. IV in dem Abschnitt „Hospitäler, Klöster, Niederlassungen von Ritterorden, Geistliche Laien-Genossenschaften" unter „Franziskaner-Tertiarier".

des Sankt Franziskus", wie man ihn später nannte, oder der „Tertiarier" entstanden, der noch in unsern Zeiten fortdauert, und der zumal in den ersten Jahrhunderten seines Bestehens eine unendliche Bedeutung besessen hat. Mochten sich ähnlich, wie am Arno auch in Umbrien lose Vereinigungen gebildet haben, in seiner eigentlichen Gestalt wurde der Orden damals in Florenz geschaffen, und von hier nahm er eine so rapide Verbreitung, daß es wenige Jahre später keinen größeren Ort Italiens gegeben haben mag, der nicht seine Vereinigung der „Frati di Penitenza" besessen hätte.

Die Regel, so einfach sie in ihren wenigen Paragraphen erschien, barg eine Fülle tiefer Eingriffe in das bürgerliche Dasein in sich. Die in späteren Jahrzehnten oft vorkommende Bezeichnung der „enthaltsamen Brüder" mochte besagen, daß man voraussetzte, daß, wer das Gewand der Bußfraternität anlegte, sich des geschlechtlichen Verkehrs zu enthalten und auch in der Ehe keusch zu leben habe. Männer und Frauen hatten sich in grobe Tracht zu kleiden; eine lederne Börse durften sie tragen, doch jeder Schmuck war ihnen verboten. Tanz, Zuschauen bei Schaustellungen, Teilnahme an fröhlichen Mahlen war ihnen untersagt; den „Histrionen" — weltlichen Liedersängern, Spielleuten und Lustigmachern — durften sie selbst keine Gabe reichen und auch jeden ihrer Familie mußten sie daran hindern. Nur dreimal in der Woche sollten sie Fleisch essen, und genau war ihnen vorgeschrieben, wie sie zu beten, zu fasten und zu beichten hatten. Sie sollten keine tödlichen Waffen tragen und sich der Eide enthalten, mit Ausnahme des Friedens- oder Glaubensschwures, des Kalumnien- oder Zeugeneides. Durch diese Bestimmungen schieden sie aus der Reihe der übrigen Bürger aus; sie konnten danach keinen Kriegsdienst leisten und nicht, gleich den anderen, dem Podestà schwören, ihm Gefolgschaft zu gewähren, wenn er die Bürgerschaft aufbot, sei es zum Zuge gegen den Feind, sei es zur Aufrechterhaltung des Regimentes innerhalb der Stadtmauern.

Über die Respektierung und Duldung ihrer gegen den Himmel übernommenen Pflichten, die sich in der Praxis zum Teil als sehr wertvolle weltliche Vorrechte erwiesen, wachten die Brüder mit begreiflicher Eifersucht; ebenso begreiflich war es aber, daß die städtischen Behörden solche Sonderstellung höchst ungern sahen. Schon Honorius, noch strenger der Kardinallegat Ugolino als Papst Gregor, sowie nach ihnen die späteren Päpste, traten mit Strenge für die Beobachtung der Privilegien ein, die die Zugehörigkeit zur Bußbrüderschaft gewährte. Im Sinne des Schwurverbotes hatte schon Honorius III. bestimmt,[1]) daß die Tertiarier keinerlei öffentliche Ämter anzunehmen brauchten. Als die Regel promulgiert wurde, hatten sich die Florentiner, von Feinden umgeben und im Banne des Reiches, auf das engste an den Kardinallegaten und an den Papst angeschlossen; sie werden, wenngleich unter innerm Widerstreben der Mehrzahl, damals ruhig die Vorrechte der Bußbrüder geduldet haben, die bei allem Neueleben ihr Haus hielten, ihre Geschäfte oder ihr Handwerk betrieben

[1]) Vgl. die Bulle Gregors' IX. von 1227, 21. Mai (Florenz, Archivio dell' Arcispedale di Santa Maria Nuova; vgl. die S. 126 Anm. 2 bezeichnete Abhandlung).

und den anderen nur einige Vorteile voraus hatten; später hat sich die Bürgerschaft gegen diese Privilegien aufgelehnt.[1]) Zwar den Eid auf die Statuten konnte man von ihnen nicht erzwingen, und dadurch waren die Brüder der Pönitenz nicht mehr von den Stadtbehörden, sondern vom päpstlichen Willen abhängig, wie er ihnen durch die Minoriten oder auf anderem Wege übermittelt wurde. Man suchte deshalb den Beitritt zum dritten Orden dadurch zu verleiden, daß man den Brüdern höhere Steuerlasten auferlegte, was im Grunde eine gerechte Ablösung des verweigerten Kriegsdienstes war; doch der Papst, der sechs Jahre zuvor ihre Regel als Legat gutgeheißen hatte, half ihnen auch über diese Klippe fort, und das Bestreben der Kommune wurde vereitelt. Überdies erregte selbst das Gute, das die Brüder taten, bei den Bürgern Verstimmung; man sah, daß einige ihre Einnahmen oder deren größten Teil wirklich zum Spenden von Almosen verwandten, und bei harten Männern, die das Geben für töricht, das Nehmen aber für klug hielten, wird dies mißbilligendes Köpfschütteln, bei den interessierten Familiengliedern aber wird es offene Opposition erregt haben. Die päpstliche Autorität setzte indes den Schutz der Brüderschaft gegen alle Opposition auf das kräftigste durch und ihre Stellung wurde allmählich eine unanfechtbare.

Umiliana de' Cerchi.

Nur in den Familien und zumal den weiblichen Mitgliedern gegenüber, die sich der Bußbewegung hingaben, dauerten die Gegensätzlichkeiten auch äußerlich fort. Wir kennen ein höchst lehrreiches Beispiel von dem krankhaften Seelenzustand, in den Frauen durch die neue Lehre, durch die Übertragung des Asketentums aus der Einsiedelei ins Bügerhaus versetzt werden konnten. Umiliana, die Tochter des Oliviero de' Cerchi, war mit 16 Jahren verheiratet worden. Ihr Vater war ein angesehener, wie der geistliche Berater und Biograph der Tochter sich ausdrückt, ein „edler" Bürger von Florenz. Wir fügen hinzu, daß er, gleich der Mehrzahl der wohlhabenden Leute ein kluger Geschäftsmann war; er war der Gründer eines bedeutenden Bankhauses von schnell sich mehrendem Reichtum, das er gemeinsam mit seinen zahlreichen Söhnen betrieb und dessen Schwerpunkt in Geschäften mit Klöstern, später auch in solchen mit der Kurie lag. Nach zwei Menschenaltern galt es für das reichste von Florenz, bis es sich in zwei Teile spaltete, deren einer durch die Vertreibung der „Weißen" durch jene Katastrophe des Jahres 1301, die auch Dante ins Exil trieb, von seiner Höhe gestürzt wurde. Oliviero war von hartem Sinn, auf seinen Vorteil bedacht, und im übrigen gewiß nicht schlimmer und nicht besser, als andere seinesgleichen; zweifellos war er ein höchst rechtgläubiger Mann, aber gegen Extravaganzen, auch gegen die der Frömmigkeit und gegen das Almosengeben über Norm und bürgerliche Sitte hinaus, das ihm als Verschwendung erschien, empfand er tiefe Abneigung. Die Ehe der Sechzehnjährigen war, entsprechend dem Brauch oder Mißbrauch der Zeit, eine Konvenienzheirat, und wie seelisch und physiologisch unbefriedigt

[1]) Dies ergibt der Umstand, daß der Bischof von Florenz die vorerwähnte Bulle feierlich in seiner Gegenwart kopieren, bezw. die Kopie notariell beglaubigen ließ. (S. die erwähnte Abhandlung.)

Umiliana sich in den wenigen Jahren des Zusammenlebens mit dem Gatten fühlte, wird dem unbefangenen Beobachter aus vielen krankhaften Erscheinungen ihres ferneren, uns als heilig und erbaulich gepriesenen traurigen Daseins deutlich. Ihr Mann trieb gleich ihrem Vater Wuchergeschäfte, wodurch ihm das zartfühlende junge Geschöpf, dessen natürliche Empfindungen durch geistliche Einflüsse geschärft waren, innerlich noch mehr entfremdet wurde. Sie gebar zwei Mädchen, doch sie wandte ihnen, mindestens nach den natürlichen Begriffen unheiliger Menschen, geringe Zärtlichkeit zu. Waren sie krank, so betrübte dies sie nicht weiter, sie wünschte vielmehr ihren Tod, damit sie jungfräulich und sündenrein ins Himmelreich kämen. Schon einen Monat nach der Verheiratung hatte sie begonnen, ein Leben zu führen, das von dem herkömmlichen abwich und in vielen Punkten den Vorschriften jener Bußgenossenschaft entsprach. Von Schmuck und Kleiderpracht mochte sie nichts mehr wissen; was sie hatte, verteilte sie an Arme; sogar ihr Seidengewand veräußerte sie zu diesem Zweck, die Kopfbinden, die Frauen statt der später üblichen Schleier trugen, verschenkte sie an Notleidende und begnügte sich selbst mit einer notdürftigen aus Linnen. Ihr Gatte ließ ihr ein schönes scharlachrotes Gewand anfertigen, das sie, nicht wagend es zu verkaufen, so verengte und unten verkürzte, daß sie aus dem gewonnenen Stoff ein paar Ärmel herstellen konnte, die sie zu Gelde machte, um aus dem Erlös Hungernde zu speisen; ihre Wäsche teilte sie den Bedürftigen aus, und als sie eines Tages auf der Straße einen Aussätzigen sah, zerriß sie auch die einfache „Benda", die sie trug, und gab ihm ein Stück davon, damit er seine Schwären bedecken könne. Die Federn aus ihrem Bett trug sie zu den Dominikanerinnen, die damals in einem Kloster im Piano di Ripoli lebten, damit sie den von ihnen gepflegten Kranken zugute kämen. Ihre Schwägerin Ravenna war Genossin ihrer guten Werke, auch ihre Begleiterin auf den frommen Wanderungen, die sie am frühen Morgen nach der gemäß damaligen Begriffen weit entlegenen Kirche von San Gallo oder nach der der Klarissen von Monticelli unternahm. Die Männer wüteten ob solchen Umherschweifens der jungen Frauen; oft wurden sie wegen ihrer Lebensführung verhöhnt, und manchmal bekam Umiliana die harte Hand ihres Mannes zu fühlen, wenn sie wieder im Übermaß der Freigebigkeit als Almosen verteilt hatte, was irgend in ihrem Bereiche war. Nach fünfjährigem Zusammenleben starb der Gatte; zuvor bot sie ihm an, ihre Mitgift zu verwenden, um, ehe er aus dem Leben scheide, nach der Anweisung eines Priesters zurückzuerstatten, was er erwuchert hatte; ihn quälten die Skrupel wegen des Jenseits nicht allzusehr, und er lehnte ihren frommen Vorschlag ab.

Mit 21 Jahren kehrte die junge Witwe ins Vaterhaus zurück, das im Kirchspiel San Martino del Vescovo lag, in der Straße, deren Namen noch heute das Andenken ihrer Familie lebendig erhält. Die Alighieri waren Nachbarsleute der Cerchi, und ein Menschenalter später mag der junge Dante, dem man gewiß von der seltsamen Einsiedlerin, von ihren Anfechtungen und vermeintlichen Wundern erzählt hatte, oft nach dem Turmfenster emporgeschaut haben, hinter dem sie in engem, hochgelegenem Gemach den sechsjährigen Rest ihres

Daseins verbracht hatte. Die Familie wollte sie zum zweitenmal verheiraten, aber so groß war ihr Widerwille gegen eine neue Ehe, daß sie erklärte, lieber als noch einmal ins Brautbett zu steigen, wolle sie sich in einen glühenden Ofen stürzen. Den Vater beschuldigten ihre geistlichen Freunde, die Minoriten von Santa Croce, die jetzt eine ausschließliche Herrschaft über sie übten, er habe sie unter falschen Vorspiegelungen zur Rückabtretung ihrer Mitgift vor den Richtern und Notaren des Podestà veranlaßt, doch wird dies nach dem Sinne der Kaufmannsfamilie geschehen sein, um das Geld ihr und freilich auch den Angehörigen zu erhalten, und zu verhindern, daß sie es in Almosen und Geschenken an Mönche und Nonnen ausgäbe. Um ganz ihren Buß- und Reueempfindungen leben zu können, hatte sie ihre Kinder der Familie ihres Gatten überlassen, und die Einsamkeit ihres Daseins wurde nur von dem bunten Wechsel qualvoller Visionen und ekstatischer Jenseitshoffnungen belebt, doch bildete der unheimliche Zustand der Angst die Regel und jener der inneren Befriedigung oder Verklärung gewährte ihrer namenlosen Pein nur seltene Unterbrechungen. Die Einzelheiten gestalten sich für den Psychiater und den psychologisch erfahrenen Gynäkologen zum lückenlosen Bilde einer schweren Erkrankung; doch wie sie selbst sich vom Teufel verfolgt, von der Jungfrau oder von einem Boten Gottes getröstet fühlte, wie sie ihre Leiden in der Hoffnung künftiger Vergeltung künstlich erhöhte, wie ihr Beichtvater Bruder Michael und die andern geistlichen Freunde dies alles förderten, es gläubig als Kämpfe mit den Dämonen, als Siege über den höllischen Versucher betrachteten, wie dies alles später mit umständlicher Genauigkeit zur Erbauung für Mit- und Nachwelt von Vitus von Cortona, dem noch von Franz unter die Brüder aufgenommenen Minister der Römischen Ordensprovinz aufgezeichnet wurde, wie Umiliana trotz grimmigen Widerspruches vieler, die klarer sahen, als lokale Heilige verehrt wurde, gewährt die Geschichte ihres Lebens, ihres Sterbens und ihres Nachruhms über das Interesse des Einzelfalles hinaus die Erkenntnis einer krankhaften Geistesrichtung, die das Natürliche nicht zu erfassen vermochte und das Körperliche mit dem Übersinnlichen in eine gewaltsame Verbindung brachte. Nichts ist charakteristischer für die Zeit und für Florenz, als dieses schwüle, von trüber Phantasterei erfüllte Dasein und hart daneben sein vollständigster Gegensatz: im unteren Geschosse gewährten Oliviero de' Cerchi und seine Söhne gegen versteckte, von der Kirche verbotene Zinsen, gegen hohe Provisionen und kühne Abzüge von der gezahlten Summe, gegen Pfand und Urkunde wucherische Darlehen, kontrahierten mit Klöstern und Laien vorteilhafte Geschäfte, während droben im Turmgemach Umiliana die abgezehrten jugendlichen Glieder in Krämpfen wand, die ihr als Wirkung dämonischer Mächte erschienen, oder vor dem Bilde der Jungfrau knieend um Erlösung von den Heimsuchungen, um heilige Tröstung und um Befreiung von dem niederen Erdendasein flehte.

Als ihr die Tränen der Ergriffenheit zu versagen schienen, legte sie Kalk auf die Augen, wodurch sie in Gefahr kam, zu erblinden; sie hielt es für einen unreinen Erdenrest, daß sie noch um den Tod Angehöriger geweint hatte, und

9*

gelobte Gott, daß sich fürder ihre Augen nur noch um ihrer Sünden willen feuchten sollten; sie geißelte sich mit Riemen, und als sie diese für zu zart hielt, mit Stricken, die aus Schachtelhalmen geknüpft waren. Gelegentlich verfiel sie in einen Zustand, bei dem Kieferstarre eintrat; er dauerte zwei Tage, und ihre Brüder konnten ihre Zähne auch durch kräftige Hilfe nicht auseinanderbringen; sie aber verlachte die Angehörigen nachher, weil sie gemeint hatten, durch Menschengewalt etwas gegen ein gottgewolltes Leiden auszurichten. Oft fühlte sie ihre Gurgel eingeschnürt, als ob sie ersticken müsse; es war der Teufel, der sie gewürgt hatte, weil er sie so fromm sah. Häufig konnte sie sich nicht bewegen, so schwer waren ihr die Gliedmaßen; dann war es der Dämon gewesen, der sie so furchtbar ins Kreuz und auf die Schultern geschlagen hatte. Auch erschien der Teufel ihr in seiner natürlichen Gestalt als Schlange von schrecklicher Größe; die modernen Physiologen kennen die Bedeutung von Schlangenvisionen und Schlangenfurcht der Frauen, und schon der Minorit, der das Leben und die Leiden der Umiliana beschrieb, hatte Kenntnis davon, wieviele Frauen sich vor Schlangen zu entsetzen pflegten. Aus Furcht vor ihnen steckte die Arme die Füße ins Bett, umwickelte sie mit Kleidern, die sie mit einem Gürtel umschloß, damit sie nicht von unten her an ihrem Körper aufwärts kriechen könnten. Auf ein Gebet hin aber konnte sie einst ein solches Reptil mit den Händen aufheben und auf ihr Geheiß mußte das Tier verschwinden. Der Versucher nahm auch die Gestalt geistlicher Personen, eines Abtes, oder ihres Beichtvaters, des Bruders Michael an — man sieht, welche wirklichen Versuchungen unter der Schwelle des Bewußtseins schlummerten. Auch schleppte der Böse tote Körper, Leichen Ermordeter zu ihr hin, schleuderte sie in ihr Zimmer, so daß die Visionärin sie deutlich sah; er sagte ihr ferner, die Dominikanerinnen, mit denen sie fromm verkehre, seien die Ursache jener Mordtaten, deren blutige Zeugnisse sie da erblickte, denn sie seien wegen deren wechselseitiger Eifersucht auf ihre Buhlen begangen worden. Der innige Wunsch Umilianas war, der Podestà von Florenz möge sie öffentlich durch die Stadt peitschen und dann hinrichten lassen, oder ein grausamer Tyrann möge sie um Christi willen dem Feuertode übergeben; durch solche Qual hoffte sie des Himmelreichs um so sicherer teilhaft zu werden. Gegen alles Menschliche starb sie immer mehr ab; als ihr Töchterchen Rigalis einst in ihrem Zimmer wie tot zusammenstürzte — auch das kleine Wesen muß mithin krankhaft genug veranlagt gewesen sein — kümmerte sich die Mutter nicht viel darum, sondern fürchtete nur den Skandal, den das Unheil bei ihren Verwandten erregen werde. Plötzlich aber trat aus dem Muttergottesbild ein schöner Knabe hervor, machte über das Mädchen das Kreuzeszeichen, und Rigalis erhob sich als eine Gesunde. Auch Umiliana hielt gelegentlich nach dem Gebrauch des Franziskus Zwiesprach mit dem „Bruder Körper"; aber was, wo es urwüchsig auftrat, als ein Einfall voll Poesie erscheint, wirkt in der Nachahmung als bloße Konvention; wie alles Menschliche, unterliegt auch das Wesen von Heiligen der Mode und dem Zeitgeschmack.

Die Tochter des Olivieri Cerchi hatte den „Bruder Körper" so übel behandelt, daß dieser den Dienst versagte; vier Monate dauerte die Todeskrankheit der abgezehrten jungen Frau. Hustenanfälle, Magen- und Nierenleiden quälten sie; das Blut ergoß sich aus ihrer Nase, und die Wassersucht trieb ihren Leib auf. Sterbend sah sie den Teufel nach ihrer Seele haschen; aber vor ihrer heiligsten Reliquie, einem Haar der Gottesmutter, und weil man ihr ein Gemälde der Jungfrau nebst einem Kruzifix auf die Brust legte, mußte er entfliehen, und so ging ihre dem Bösen entrissene Seele direkt ins Paradies. Sie starb am 19. Mai 1246. Schon zu ihren Lebzeiten hatte der Bischof von Florenz, damals der gelehrte Ardingus aus Pavia, ihr heiliges Dasein in öffentlichen Predigten vor allem Volk gepriesen; als sie geschieden, wurde sie mit hohen Ehren in Santa Croce beigesetzt, und die Minderbrüder verkündeten sofort, daß der Himmel eine neue Heilige gewonnen habe. Obwohl ihre Lebensbeschreibung nicht ausdrücklich erwähnt, daß sie Schwester der Pönitenz gewesen, hat sie immer für die erste „Selige" des Tertiarierordens gegolten, und die Minoriten sorgten sofort für die Konstatierung vieler Wunder an ihrem Grabe. Bruder Michael, Bruder Bonamico und Bruder Ippolito aus Florenz, sowie der ebenfalls in Santa Croce lebende Frater Vigor von Cortona ließen, obwohl die Verhältnisse der damals ghibellinisch regierten Stadt ihrem Vorhaben nicht günstig waren, alle die über Wunder der Umiliana etwas aussagen wollten, in den folgenden vier Jahren ihr Zeugnis in Santa Croce und an andern Orten eidlich bestätigen. Es waren ihrer genug, aber auffälligerweise außer den Fratres des Klosters lediglich Frauen geistlichen und weltlichen Standes. Weder die drei Dienerinnen der Verstorbenen, noch einige ihrer Schwägerinnen und Schwestern, noch endlich die Stiefmutter der jetzt von einer Gloriole Umstrahlten fehlten unter ihnen, aber von ihren Brüdern war doch keiner für eine derartige Bekundung zu haben, obwohl es die eifervollen Franziskaner an frommer Mühe schwerlich fehlen ließen. Neben den üblichen Wunderheilungen Kranker, die sich nach einem längst üblichen Schema zu vollziehen pflegten, bewirkte die Verstorbene auch andere Mirakel, wie etwa Befreiung aus Kerkermauern und Schutz gut guelfisch und kirchlich Gesinnter gegen Ghibellinische Verfolgungen. In Santa Croce entstand gleich nach ihrem Tode eine klangvolle Antiphonie, die zu ihren Ehren gesungen wurde:

Ave lux meridiana
Humilis Humiliana!
Nostre pestis plaga sana
Aspera ponens in plana
Contemplatrix et humana
Pia dulcis et spontana
Salva regna Christiana!

Die kluge Kirche hat diese Märtyrerin pathologischer Zustände und krankhafter Selbstqual doch niemals in den gebräuchlichen Formen heilig sprechen wollen, aber hundertdreißig Jahre nach ihrem Tode hingen, wie uns ein Novellist jener Zeit berichtet, die Wände um den ihr geweihten Altar voll von wächsernen Exvotos, und sie wird noch heute in Florenz als eine „Selige" verehrt. Es fehlte nach ihrem Tode wie zu ihren Lebzeiten nicht an solchen, die die Achsel über all diese mystischen Anfechtungen und inneren Kämpfe zuckten und statt mit Erbauung und Devotion, mit spitzen und höhnischen Worten von der überheiligen Tochter des Wucherers aus dem Kirchspiel San Martino redeten. Bruder Ippolito erklärte bei den beregten Zeugenvernehmungen: er stelle ihre Wunder fest zur Widerlegung derer, „die gegen die heilige Umiliana mit tollwütigem Maule bellen und die den Geist Gottes mit hündischem Gebisse zerfleischen."[1]) Man ahnt aus solchen Äußerungen nach

[1]) Unsere Quelle ist die Vita der „Humiliana de Circulis", wie sie lateinisch benannt wird; diese ist von Frater Vitus von Cortona etwa 1250 oder unmittelbar darauf verfaßt. Sie ist nach dem Cod. Laurent. S. Croce XXVII. dextr. 11, der Anfang des 14. Jahrhunderts geschrieben ist, in Acta Sanctor. 19. Mai IV, p. 385 ss. gedruckt. Ein anderer Codex Laurentianus, Pluteus LXXXIX, infer. 24, dem spätern 14. Jahrh. angehörig, nennt als Verfasser (f. 1) den Frater Antonius de Cortona. Eine italienische Bearbeitung aus dem 14. Jahrh. veröffentlichte Moreni unter dem Titel „Leggenda della B. Umiliana de' Cerchi". Die Lebensbeschreibungen von Cionacci („La beata Umiliana de' Cerchi") und von Brocchi sind lediglich Überarbeitungen jener „Leggenda". Cionacci bietet interessantes Material für die Genealogie des Hauses Cerchi nach der Lebenszeit der Umiliana. Daneben haben beide Werke Interesse durch die Mitteilungen über die verschiedenen Grabstätten der Seligen, die aus dem erstern auch in die Acta Sanct. (p. 414) übergegangen sind. Schon die Vita des Fra Vito erwähnt eine Translation aus dem ursprünglichen Grabe (A. S. p. 414) nach einer Stelle unter der zur Kanzel der alten Kirche führenden Treppe. Wahrscheinlich hing diese Elevation der Leiche mit den ersten Wundern zusammen, die am Grabe geschahen; sie erfolgte schon weniger als drei Monate nach dem Tode, am 6. August 1246. — Brocchi I, 220 ss. (abgedruckt bei Richa I, 75) und Cionacci S. 166 ss. (nach diesem Acta Sanct. p. 384) berichten dann, daß 1314, 4. November, eine weitere Translation aus jenem Grabe in der alten Kirche nach der Kapelle der Cerchi in der neuen stattfand, die nach einem Minoriten der Familie den Namen „Capella di Frate Arrigo" führte. Nach der Überschwemmung von 1333 wurden ihre Reste nach der Sakristei gebracht, dann ca. 1360 in einem ihr geweihten Altar beigesetzt. Von den ringsumher aufgehängten Exvotos erzählt Franco Sacchetti in seiner Lettera sopra le dipinture de' Beati. Ausgabe der Novellen von 1724 II, 227. Ihre Beseitigung erfolgte im 17. Jahrhundert. Cionacci S. 156. Jener Altar wurde nebst der Kapelle, in der er sich befand (damals Capella Calderini) 1565 demoliert. Die Reste der Umiliana wurden zusammen mit denen anderer Heiligen in einen Kasten aus vergoldetem Holz gelegt; 1694 wurden sie über dem Hauptaltar beigesetzt und 1733 ließ der Senator Cerchio de' Cerchi einen besonderen Schrein für sie anfertigen. In diesem ruhten sie geraume Zeit im Hochaltar von Santa Croce; jetzt befinden sich ihre Gebeine in einem Glas-Sarkophag über dem Seitenaltar der Capella Canigiani, die ihren Zugang vom Klosterhof von Santa Croce hat. Die Familie Canigiani ist Erbin des Geschlechtes der Cerchi. — Christine von Lothringen, Gattin des Großherzogs Ferdinand I., hegte besondere Devotion für Umiliana. Sie und Verio de' Cerchi, letzterer wohl aus Familienstolz, betrieben 1625 beim Papst Urban VIII. die formelle Heiligsprechung der Umiliana, die die Franziskaner aus eigener Machtvollkommenheit als „Beata" bezeichneten. Die Kongregation der Riten wich aber trotz der Versprechung des Papstes an die Großherzogin der Sanktifikation oder der formellen Beatifikation

ihrem Tode und man entnimmt aus dem bei ihren Lebzeiten beobachteten Verhalten der eigenen Familie, welche innerlichen Widerstände, abgesehen von den politischen, sich dem hochgespannten und etwas geschraubten Tertiarierwesen und der ganzen mystischen Bußbewegung entgegenstellten. Allmählich lenkte diese freilich in die ruhigen Bahnen einer kirchlich-bürgerlichen Institution ein, und keine der Tausende von „Pinzochere" späterer Zeiten — der Name kam erst nach Jahrzehnten auf und leitete sich von der grauen Farbe des Gewandes der Brüder und Schwestern her — hatte mehr ähnliche innere Anfechtungen durchzumachen.

Franziskanerkunst.

In mannigfachen Beziehungen übte Franziskus und übte das Minoritenwesen starke Einflüsse auf Florenz. Noch weilte der Arme von Assisi unter den Lebenden, als die Zunft der Calimala-Kaufleute beschloß, einen der Genossen des Ordensstifters zu berufen, um die ihrer Verwaltung unterstehende Taufkirche mit Mosaiken zu schmücken. Dies war Bruder Jacopo, den eine noch vorhandene Inschrift an seinem Werke als den damals erfahrensten Meister der musivischen Kunst feierte. Er schmückte die Vorderseite der „Scarsella" mit Ornamenten aus farbigen Glasstiften, die der Zeit vortrefflich widerstanden haben. Durch einen Umbau war vor mehr als zwei Jahrzehnten das Atrium des Battistero auf der Westseite eingezogen und an seiner Stelle jene Ausbuchtung des achteckigen Tempels geschaffen worden, in der sich jetzt der Hochaltar befindet, während man statt des alten einen Haupteingang von Osten und zwei weitere Türen von Nord und Süden her schuf. Kein älteres Werk der Franziskanerkunst ist uns erhalten, als dieses, das schon im Mai 1225 beendet wurde. Schwerlich entsprach es dem Sinne des Franz, wenn sich die Brüder als Künstler oder, wie es bald nachher geschah, als Techniker und Ingenieure betätigten, doch hat er dies, wie vieles andere, nicht zu hindern vermocht. Bruder Jakob, der erste Künstler in der Minoritenkutte, von dem wir wissen, liegt in der Portiuncula zu Assisi begraben; das Dasein der frühen Franziskaner war erfüllt von Visionen. Der Bruder, dessen Mosaikwerk das Battistero schmückt, sah, als Franziskus starb, dessen entschwindende Seele als Stern am Firmament aufgehen.[1])

Die Nachfolger des Franziskus.

Als einst der früheste Genosse des Franz nebst seinem Begleiter in Florenz erschien, hatten sich ihm, wie wir bemerkten, bei seiner Rückkehr zur Portiuncula

aus, und die Angelegenheit wurde nicht wieder aufgenommen. — Die Antiphonie bildet den Schluß der Vita der Seligen.

[1]) Vgl. Davidsohn, „Das älteste Werk der Franziskaner-Kunst" im „Repertorium für Kunstwissenschaft", Bd. XXII, Heft 4. Die Inschrift auch bei Riccha V, 34 und in der Milanesischen Vasari-Ausgabe I, 340. Über die Vision Liber de Conformitate f. 163 und Chronica Generalium in Analecta Franciscana (Quarachi) III, 226. Vasari (ed. Milanesi I, 335) spricht von „Fra Jacopo da Turrita", indem er den Frater Jacobus, der 1225 in Florenz arbeitete, mit Jacobus Torriti zusammenwirft, der den Lateran und 1291—95 Santa Maria Maggiore in Rom mit Mosaiken schmückte. — Ein Franziskaner, Johannes de Penna als Erbauer eines Aquäduktes im Spoletanischen, 1238, Miscell. Franccs. V, 160.

einige Bürger angeschlossen, die bereit waren, sich der Einsamkeit, oder dem Wanderleben und der Armut zu weihen. So finden wir denn als Mitglied der ersten Mission, die unter Führung des pisaner Frate Agnello nach England gesandt wurde, einen florentiner Laienbruder;[1]) er blieb nur kurze Zeit auf der Insel und ging dann nach Frankreich. Nach der Provence sandte Franziskus den Bruder Johannes Bonelli von Florenz, der später Minister der provenzalischen Minoriten-Niederlassung wurde.[2]) Vor allem aber ward als zweiter Nachfolger des Franziskus zum General des Ordens ein Florentiner, Giovanni Parente gewählt, der zuvor Richter gewesen war und dann — die Franziskanerlegende hat nicht versäumt, seinen Übertritt durch eine Wundergeschichte zu verklären — das Gewand der Minderbrüder genommen hatte; als Minister der Ordensprovinz Spanien muß er Erfolge errungen und Anerkennung erlangt haben. Nachdem Franz aus dem Leben geschieden, scheint zunächst der ehemalige Matratzenmacher und Schreiber von Bologna, Bruder Elias zu seinem Nachfolger ernannt worden zu sein, der sich als der eigentliche Vertrauensmann des Ordensstifters gerierte, obwohl so wenig von dessen Geist in ihm lebte. Der glänzende Bau der Kirche San Francesco, die Zusammenbringung der großen dazu notwendigen Geldsummen erregten den Widerspruch der älteren Genossen des Franziskus, und so wurde Elias seines Amtes enthoben und der Florentiner Parente an seiner Statt zum Generalminister ernannt. Unwillig fügte sich Elias, und er suchte bei dem Kapitel, das sich an die Translation der Leiche des Franz nach der neuen Kirche knüpfte, den Johannes durch Tumult und durch Gewalt zu stürzen. Der Handstreich mißlang, aber Bruder Elias, der sich darauf klüglich in ein Eremitorium zurückzog, zum Zeichen der Reue Haar und Bart wachsen ließ, erreichte zwei Jahre später in der Tat sein Ziel; Giovanni Parente wurde 1232 des Amtes entsetzt und er an seiner Statt wieder erhoben. Auch Johannes hatte sich der Politik nicht fernhalten können, in deren Kreise Papst Gregor die Minoriten hineinzog. Wir werden dem Nachfolger des Franziskus in Florenz in einer wichtigen diplomatischen Mission, freilich in einer, die den Frieden herbeiführen sollte, begegnen. Wie die Umstände lagen, mußte eine solche ihn tief in die Wirrnisse des Tages und die Gegensätze der Interessen hineinziehen; das Schicksal des Minoritenordens war nicht mehr zu wenden.[3])

[1]) Thomas de Eccleston, De adventu Minorum in Angliam in Analecta Franciscana I, 217 ss. — Mon. Germ. Ss. XXVIII. p. 561. — Der Florentiner Laienbruder wird nur mit dem Anfangsbuchstaben W. bezeichnet.

[2]) Chronica generalium ministrorum, geschrieben im 14. Jahrh. Analecta Franciscana III. p. 23.

[3]) Die Berichte über die Streitigkeiten im Orden sind verworren. In dem Speculum Vitae S[i] Francisci von 1509 ist ein Stück enthalten (Sabatier, Speculum Perfectionis p. LI ss. und Lempp, Frère Elie p. 163 ss.), das man als Vita Fratris Eliae bezeichnet hat. Danach hätte Franz dem Orden den Elias als Leiter zurückgelassen. Der Bau der Kirche, die Geldsammlungen zu diesem Zweck hätten solche Erbitterung hervorgerufen, daß er seines Amtes entsetzt und „Frater Johannes de

Die andere große mönchische Gemeinschaft, die in der gleichen Zeit entstand, war aus völlig anderem Geiste geboren, als die von dem Heiligen von Assisi begründete. Der Spanier Dominikus war in allen Stücken, ausgenommen in der tiefen Gläubigkeit, dem Sohn des Bernardone entgegengesetzt. Nannte ein Zeitgenosse trotz aller Bewunderung für Franz diesen Prediger ohne gelehrte Bildung einen „Idioten", so war Dominikus ein wohlunterrichteter Theolog; fand Franz die Heimat seiner Seele in der Einsamkeit, so gehörte der Spanier dem säkularen Klerus an, und während jener als ein frommer Träumer der Welt den Friedensgruß bot, predigte und kämpfte dieser mit rücksichtsloser Energie in Südfrankreich wider die Albigenser. Von dem gelehrten Gründer her überkam der Orden der Predigerbrüder oder, wie man ihn erst später genannt hat, der Dominikaner, eine Mitgift an geistigen Bestrebungen, mit denen Franz seine Brüder nicht auszustatten vermochte. Diese sollten zu den Armen im Geiste in der Sprache des Gemütes reden, während die Prädikatoren eine mönchische Vereinigung gelehrter Männer und Schriftsteller wurden, aus der die Leuchten mittelalterlicher Hochschulen hervorgingen, die Vertreter scholastischer Philosophie und dessen, was in diesen Zeiten und Kreisen „Logik" und „Dialektik" hieß. Dominikaner

---

Florentia" an seiner Stelle erwählt worden sei. Dann aber wäre Johannes durch Elias tumultuarisch verdrängt worden und Elias hätte sich an seiner Stelle zum Generalminister einsetzen lassen. — Im Liber de Conformitate wird f. 58 mitgeteilt, Johannes Parens aus Florenz sei zuvor Judex gewesen, und es wird die Geschichte seiner Konversion erzählt. - Nach Thomas de Eccleston (Analecta Franciscana I. 241. -- Mon. Germ. Ss. XXVIII, p 563) war Elias erster Nachfolger des Franz, dann sei Johannes erhoben, dann wieder durch Intriguen des Elias abgesetzt, und dieser von neuem zum Generalminister erhoben worden. Die Absetzung des Johannes sei „in capitulo Reatino" (1232) erfolgt. Auch in dem Catalogus ministrorum generalium ed. Ehrle (Miscellanea Francescana I. p. 9 ss.) heißt es: dem Johannes Parens sei Elias gefolgt, der aber auch vor ihm schon einige Zeit hindurch Generalminister gewesen war. Jedenfalls war Johannes Parens 1230, 3. Dezember, an welchem Tage ihn Gregor IX. nach Florenz sandte, um Frieden mit Siena zu stiften (Auvray No. 506) noch Generalminister oder, wie ihn der Papst nennt, minister maior des Ordens. — Die obige Darstellung widerspricht der in dem Werk Thodes „Franz v. Assisi" S. 365 f. gegebenen, ebenso wie der Auffassung, die Lempp in seinem „Frère Elie de Cortone" p. 77 ss. zum Ausdruck bringt, vereinigt aber die zwar etwas dunkeln, doch eigentlich nicht widersprechenden Berichte, die vorstehend erwähnt sind mit der uns vorliegenden urkundlichen Nachricht. Nach Lempp habe Frater Elias fortgefahren den Orden zu regieren, ohne sich um den erwählten General Johannes Parens weiter zu kümmern (p. 78); der Papst (der indes Johannes zu seinem Vertrauensmann in einer wichtigen Angelegenheit machte) habe ihn dabei unterstützt. Solche Hypothese scheint denn doch recht unhaltbar. — Nach Böhmer, Analekten S. 132, wäre Johannes 1227, 30. Mai (nach Jordan c. 51) zum Generalminister erwählt worden; er sei aus Carmignano (zwischen Florenz und Pistoia) gewesen. Im Liber de conformitate f. 108 heißt es von Johannes Parens: „si dicatur de provincia Romana, fuit tamen de Florentia."

Erste florentiner Niederlassungen.

Dominikus, dessen zweite Heimat Bologna geworden war, erschien im Spätjahre 1219 zu längerem Aufenthalt in Florenz, wo er wahrscheinlich schon früher verweilt hatte.[1] Die Predigt des gelehrten und berühmten Mannes wird nicht geringen Eindruck gemacht und manches Hindernis beseitigt haben, das sich anfangs der Einbürgerung seines Ordens entgegenstellte. Schon zuvor hatte er von Bologna aus durch einen seiner Jünger, Johannes aus Salerno, in der Stadt südlich des Gebirges eine Pflanzstätte errichten lassen. Dieser erste Sitz des Predigerordens in Florenz war ein Hospital bei der kleinen Kirche San Pancrazio im Westen der Stadt, und hier hat San Domenico bei seinem Besuche gewohnt, hier hat er Florentiner in seinen Orden aufgenommen;[2] von dort siedelten die Brüder nach dem vor dem zweiten Mauerkreise gelegenen San Paolo über. Die Stadtgeistlichkeit war von herzlicher Abneigung gegen die neuen Mönchsgenossenschaften erfüllt, denen das Volk zulief und die ihren eigenen Einfluß verminderten; sie verlangte die Rückstellung von San Paolo an die Priester dieser Kirche,[3] und hoffte auf solche Art wohl die Predigerbrüder aus Florenz zu verdrängen. Der Kardinallegat Ugolino breitete jedoch seine schützende Hand über sie; wenige Wochen, nachdem die von ihm überarbeitete Regel des dritten Ordens des Franziskus promulgiert war, nahm er sich von Venedig aus, wo er eben weilte, der florentiner Prädikatoren an. Sein Plan ging dahin, sie an einem zentralen Punkt der Stadt anzusiedeln; die alte Kirche San Pietro Scheraggio[4] sollte nach seinem Willen ihr Sitz werden. Es war, wie wir wissen, die Zeit, da die Stadt dem Legaten ganz ergeben war, und er benutzte in seiner vorausschauen-

[1]) Den Aufenthalt des Dominikus in Florenz erwähnt Frater Frugerius Pennensis in dem Zeugenverhör, das 1233 über Leben und Wunder des Ordensstifters zum Zweck seiner Heiligsprechung veranstaltet wurde (Quetif-Echard I. p. 55 s.). Der aussagende Bruder spricht von der Zeit vor 14 Jahren (also 1219) nach dem 1. September. „Et dixit, quod conversatus fuit cum eo (Dominico) quatuor menses et amplius in conventu Bononiensi et in conventu Florentino et in conventu Romano.“ Der Ausdruck „conventus“ ist aber (s. die folgende Anmerk.) für die Florentiner Dominikanerniederlassung i. J. 1219 nicht ganz wörtlich zu nehmen.

[2]) In dem 1280 angelegten, für die florentiner Geschichte höchst wichtigen, im Besitz des Klosters befindlichen Nekrologium von Santa Maria Novella (vgl. Forsch. usw. IV, „Zur Baugeschichte“ unter „S. Maria Novella“), das teilweise bei Fineschi, Memorie gedruckt ist, heißt es betreffs des Konversen Frater Guido, genannt „der Kleine“: „hic fuit receptus ad ordinem a beato Domenico et ab eo indutus in hospitali S. Pancratii, quia fratres non habentes adhuc locum, in dicto hospitali se receptabant“ (l. c. p. 38).

[3]) Leandri Alberti, De viris illustribus Ordinis Praedicatorum f. 198². Vita des Johannes Salernitanus, von Frater Johannes Caroli von Santa Maria Novella 1497 verfaßt, wie die Handschrift seiner Vitae nonnullorum fratrum domus S. M. Novelle in Codex Laurentianus Pl. LXXXIX, infer. 21 ergibt.

[4]) An der Stelle der jetzigen „Uffizien“ und gegenüber der Südseite des später erbauten Palazzo Vecchio gelegen.

den Klugheit diese Stimmung der Bürgerschaft, um die kirchlichen Hilfskräfte für künftige Kämpfe bereitzustellen. Der leitende Mann der Kurie sah, daß sich vermittels der Weltgeistlichkeit ein ausreichender Einfluß nicht üben ließ; die Bearbeitung der Seelen durch die Predigerbrüder und Minoriten, die Organisation der Laienwelt in Bußbrüderschaften mochte für die Zukunft bessere Wirkungen versprechen. Die Kirche San Pietro Scheraggio war in ihren Vermögensverhältnissen völlig ruiniert und an geistlichem Ansehen wie es scheint gleichfalls tief gesunken. Der Bischof von Ostia entsandte drei Delegierte, die den Übergang des alten Gotteshauses an Dominikus, zu Händen des Johann von Salerno, bewirken sollten. Angeblich hätte eine solche Veränderung dem Wunsche des ganzen florentiner Volkes, zumal aber der Pfarrgemeinde von San Piero Scheraggio entsprochen,[1]) aber in Wirklichkeit scheint der Widerstand ein starker gewesen zu sein, und die Delegierten des Papstes richteten nichts aus. Das Scheitern des Planes entmutigte indes den rührigen Salernitaner nicht; er setzte vermittelst des Einflusses des Legaten durch, daß statt San Pietro das alte, dem Domkapitel gehörige Kirchlein Santa Maria Novella, um dessen willen früher zwischen den Kanonikern von Santa Reparata und den Pfarreingesessenen wildester Streit getobt hatte,[2]) den Brüdern im schwarzweißen Gewande zuerteilt wurde. Als Kardinal Ugolino im Spätherbst 1221 in Florenz erschien,[3]) regelte er auch die Verhältnisse der Predigerbrüder und schuf ihnen jenen Sitz, der eine Stätte der Kunst wie der Gelehrsamkeit werden sollte, von der unendlich fruchtbare Wirkungen auf die florentiner Kultur ausgingen, von wo aber freilich auch die düstern Gluten unheimlicher Glaubenskämpfe geschürt worden sind, und wo für einige Jahrzehnte die Inquisition ihren Sitz hatte. Der Kardinal-Legat und nachmalige Papst hat in Santa Maria Novella wie in der etwas jüngeren Franziskaner-Niederlassung von Santa Croce uneinnehmbare geistliche Zwingburgen geschaffen; nie haben feste und wohlbewaffnete Zitadellen ihrer Aufgabe in so vollkommener Art genügt, wie diese mit Kruzifixen, Kanzel und Beichtstuhl und freilich auch mit tiefen und dunklen Kerkern ausgerüsteten Festungen kirchlicher Macht.

Ihre Übersiedlung nach Santa Maria Novella.

Am 8. November 1221 nahm Ugolino aus den Händen des Presbyters Forese, des letzten Weltgeistlichen jenes alten Kirchleins, den Verzicht auf Santa Maria Novella entgegen. Der Akt wurde mit großer Feierlichkeit in Gegenwart der Bischöfe von Florenz und Pistoia, wie des zur Weihe von San Felice jenseits des Arno in der Stadt anwesenden Abtes von Nonantula vollzogen; am folgenden Tage stimmten die Vertreter des florentiner Domkapitels der Abtretung an den Predigerorden zu. Zum erstenmal begegnen wir bei dieser Übertragung dem Vertreter eines Hauses, dessen Name sich später unauflöslich mit der Geschichte seiner Vaterstadt verknüpfen sollte; der Legat hatte unter anderen Zeugen auch den Bonagiunta de' Medici hinzugezogen, und

[1]) Schreiben des Kardinallegaten vom (1221) 13. Juni aus Venedig. — Levi, Registri p. 32.

[2]) Bd. I, 611 f. — [3]) S. Kapitel II, S. 87, Anm. 6.

dies bezeugt uns, daß der Vorfahr des Cosimo und des Lorenzo schon zu Anfang des 13. Jahrhunderts eine bedeutende Stellung in der Bürgerschaft einnahm.[1]) Es kam dem Kardinal-Legaten wohl darauf an, reiche Männer für die neue Stiftung zu interessieren, denn er dachte sofort an die Bereitstellung der Mittel, um die verfallenden Bauten wieder herzustellen, damit sie eine wohnliche Stätte für die Brüder abgeben könnten. Am 12. November führte er den Johann von Salerno nebst seinen Genossen in den Besitz ein; die Pfarrangehörigen werden mit dem Tausch wohl einverstanden gewesen sein, denn in den der Kirche gehörigen, außerhalb der Mauern gelegenen Häusern hatte sich ein Bordell angesiedelt, und man mochte einige Zufriedenheit darüber empfinden, daß dem Skandal ein Ende bereitet wurde.[2]) Jener Guidalotto Voltodelloreo, der das Hospital San Gallo begründet und es dem Kardinal für die römische Kirche geschenkt hatte, wurde im folgenden Jahre an die Spitze einer Kommission gestellt, deren Mitglied auch Berlingherio Girolami, der Stifter des Nonnenklosters Monticelli, war, und die nach den Anordnungen des Kardinal-Bischofs von Ostia die Erweiterungsbauten leiten sollte. Ugolino war damals nicht mehr päpstlicher Legat, aber an dem Eifer, mit dem er sich dieser Dinge auch aus der Ferne annahm, ersieht man, welche Bedeutung er der Wirksamkeit der Dominikaner in Florenz beimaß und wie die später hervortretenden politischen Wirkungen von ihm vorausgesehen und berechnet waren.[3]) Der Orden war von einem Spanier begründet, Johannes von Salerno, der Süditaliener, wird in Florenz nicht viel weniger als ein

[1]) Die Urkunden vom 8. u. 9. November 1221 auf einem Pergament SAF. — Santa Maria Novella. Vgl. Richa, III, 95 und 96. Früher als Bonagiunta de' Medici (?), der als Zeuge des letztern der beiden Akte fungiert, bemerken wir als Mitglied des Generalrates 1216, 6. März einen Bonaguida del Medico und einen Arrigus del Medico (SAB. — Registro grosso, I, f. 211ª); doch bleibt es zweifelhaft, ob diese dem nachmals so berühmten Geschlecht zuzurechnen sind.

[2]) Nach späterer Tradition klagten die Dämonen ein Jahr lang darüber, daß sie aus dieser ihnen geweihten Stätte durch die frommen Brüder vertrieben wurden. Gerardi de Fracheto, Vitae Fratrum Ordinis Praedicat. ed. Reichert, p. 195.

[3]) Urkunden des Legaten vom 12. und 13. November 1221, erstere SAF. — S. M. Novella, letztere Richa, III, 96. — Urk. vom 10. September 1222, worin die Kommission erwähnt ist, die nach den Weisungen des Legaten die Erweiterungsbauten bewirken sollte, SAF. — S. M. Novella. — Fineschi, Memorie, p. 32. Der Presbyter Forese der alten Kirche wurde mit einer jährlichen Pfründe von 16 Librae abgefunden. — Nach einer Familien-Rikordanz des Hauses Tornaquinci aus dem 14. Jahrh. (Riccard. 1885) hatte dieses Geschlecht Ansprüche auf Santa Maria Novella, weil ein Jachopo, dessen Vorfahr, sie hatte erbauen lassen; es habe des Patronatsrechtes wegen mit vielen aufeinanderfolgenden Bischöfen Streit gehabt, der durch die von der Familie gebilligte Abtretung an die Dominikaner ein Ende fand. In den Ghirlandaio-Fresken des Chores der jetzigen Kirche lebt jenes Recht der Tornabuoni, wie die Tornaquinci später hießen, glorreich fort. — Die alte Kirche befand sich nach der Rikordanz „dove è ogi la sagrestia de' frati". Doch ist damit nicht die jetzige, sondern die beim Umbau 1571 verschwundene Sakristei gemeint.

Fremdling gegolten haben, doch er muß viel klugen Sinn und große Gewandtheit entwickelt haben, denn sein Einfluß wurde bald ein außerordentlich bedeutender, und jene Schenkungen, durch die nachmals Santa Maria Novella eines der reichsten und vornehmsten städtischen Klöster Italiens wurde, haben frühzeitig begonnen.[1] Er wußte ferner zu bewirken, daß er in Testamenten zum Vertrauensmann für fromme Stiftungen ernannt wurde, und auf diesem Wege erwarb er auch nahe Beziehungen zum dritten Orden des Franziskus.[2] Auf die Frauen, die in allen religiösen Bewegungen die entscheidende Rolle zu spielen pflegen, scheint er durch seine Predigt und durch seine Persönlichkeit unwiderstehliche Macht geübt zu haben, und gewiß liegt ein tiefer Sinn der Legende zugrunde, wie der Dämon aus einer zu ihm erglühten Frau nur gerade durch ihn selbst ausgetrieben werden konnte, der ihren Reizen widerstanden hatte.[3] Es ist das einzige seiner Mirakel, das uns überliefert ist, aber noch das Quattrocento kannte deren viele andere, die er im Leben und nach seinem Tode geübt hatte; rings um sein reichgeschmücktes Marmor-Grabmal, das aus der alten Kirche in die neue, Ende des 13. Jahrhunderts erbaute übertragen war, und das noch am Ausgang des 15. Jahrhunderts, in der Blütezeit der Kunst, als ein hervorragendes Werk der Dugento-Skulptur betrachtet wurde, sah man deren viele auf einem Wandgemälde „von erlauchter Kunst" dargestellt. Nach florentiner Sitte umgaben Wachsfiguren der dankbaren Begnadeten aus alter Zeit das leider 1571 zerstörte Monument.[4]

---

[1] Die erste uns bekannte Schenkung eines Hauses, im Kirchspiel Santa Felicita gelegen, vom 12. Januar 1227, Fineschi. Memorie. p. 80.

[2] S. die Urkunde vom 14. November 1228, Fineschi, Memorie p. 81. Ferner wurde „magister Johannes predicator" in dem letzten Willen des Gianni Amidei vom 18. August 1229 dazu bestimmt, gemeinsam mit den Testamentsvollstreckern über eine gewisse Summe für fromme Zwecke zu verfügen (SAF. — Cistercensi). — Lambertuccius f. q. Pandolfini ernannte in seinem Testament vom 28. Mai 1231 den Bischof Ardingus von Florenz und Johannes von Salerno zu Testamentsvollstreckern. Zeugen des Testaments waren sechs Predigerbrüder (SAF. — Passignano).

[3] Vgl die Erzählung, offenbar auf Grund einer ältern Legende, in der von Johannes Caroli Florentinus verfaßten Lebensbeschreibung des Johannes Salernitanus in Leandri Alberti „De viris illustribus Ordinis Praedicatorum" f. 198[a] ss. die betr. Stelle f. 202. — Die Zeitangabe, die Joh. Caroli betreffs des Todes des Johannes von Salerno macht (5. August 1221) ist, wie die Ausführungen in der folgenden Anmerkung ergeben, durchaus irrig.

[4] In den Vitae nonnullorum fratrum domus S. Mariae Novellae des Frater Joh. Caroli Florentinus O. P., s. S. 138 Anm. 3 und vorige Anm. (die betreffende Stelle bei Leander Alberti f. 204[a]), heißt es: das Grab des Johannes Salernitanus sei „insigni . . ejus temporis sculptura confectum"; es seien „circumque miracula, que per illum dum viveret et postea, quam vitam excesserat operatus est Deus, egregia arte depicta": damals waren ringsumher aus älterer Zeit stammende „ceree ymagines et funalia" (fackelartige Kerzen) aufgehängt. Dies Grabmal und die, wohl aus dem 14. Jahrhundert stammenden, Wandmalereien wurden 1569 zerstört; der

San Jacopo di Ripoli.

Als Leiter jener Pflanzstätte erweiterte Johannes die Einwirkung der Dominikaner auf das weibliche Geschlecht durch Gründung eines Nonnenklosters nach der neuen Regel. Wahrscheinlich half ihm der Einfluß seines jetzt auf dem Stuhle des Apostels thronenden Protektors, den Bischof von Florenz zu bestimmen, daß er die ihm anderthalb Jahrzehnte zuvor geschenkte Kirche San Jacopo in der blühenden Ebene von Ripoli, jenseits des Flusses stromaufwärts, nahe der Stadt gelegen, zur Gründung eines Konvents für in der Klausur lebende Dominikanerinnen hergab,[1]) die bald bei den Frommen ähnliche Beliebtheit genossen, wie die Klarissen von Monticelli. Auch erwies der jetzige Papst dem Johannes sein besonderes Vertrauen;[2]) er beauftragte ihn mit der Herstellung der bei den älteren Gemeinschaften aus den Fugen geratenen Klosterzucht in ganz Toskana und in der Diözese Perugia. Viele Mönche und Nonnen hatten sich der Besitzungen ihrer Konvente bemächtigt und lebten, wie es ihnen beliebte. Oft genug wird es geschehen sein, daß der Prior von Santa Maria Novella kein anderes Mittel für heilsam befand, als den Übergang älterer Klöster an den Orden des San Domenico, dessen Aus-

große Verderber der mittelalterlichen Florentiner Kunst, Giorgio Vasari, und der von ihm beratene Großherzog Cosimo I. trugen die Schuld. Eine Inschrift von 1571 (Fineschi, Memorie 25; Richa, III, 50), die die Ruhestätte bezeichnete, existiert ebenfalls nicht mehr, weil die Reste im Hochaltar beigesetzt wurden. Man gibt jetzt ganz willkürlich ein Grabmal mit der liegenden Gestalt eines Dominikaners ohne Namensinschrift in der Capella Rucellai für das des Johannes aus; es stammt aber aus dem 15. Jahrhundert, und Johannes Caroli hätte es 1497 nicht als aus dem 13. Jahrhundert herrührend bezeichnen können; wäre es aber zwischen 1497 und 1569 errichtet, so hätte die Inschrift von 1571 in irgend einer Art darauf Bezug genommen. Man hat vielmehr nach dem Verschwinden des alten Monumentes, wegen dessen Nichtachtung man sich nachher schämen mochte, willkürlich das eines für uns namenlosen Mönches für das des ersten Priors erklärt. — Eine Darstellung des Giovanni befindet sich auf einem jüngst in Santa Maria Novella wieder aufgefundenen, in der Sakristei bewahrten Bilde von Mitte des 14. Jahrhunderts, das Christus, die Jungfrau und 17 Heilige des Dominikanerordens darstellt. Vgl. Alessandro Chiapelli in der Zeitschrift Arte A. IX, fasc. 2. — Das Todesjahr des Johannes ist ungewiß; seine letzte namentliche Erwähnung findet sich in der Urkunde vom 8. September 1232 (SAS. — Riformagioni; auf dem Pergament der 1232, 4. September, bezeichneten Urkunde). — Daß er erst 1243 gestorben sei (Fineschi p. 20) ist höchst unwahrscheinlich.

[1]) Die Schenkung an den Bischof durch Diomiticidiedi, Sohn des verstorbenen Bonaguida, von 1214, 6. Mai, und die durch den Bischof an die Äbtissin und ihre Nonnen, Richa. III, p. 3 und 4.

[2]) Auftrag an drei Predigerbrüder, unter denen Johannes, betr. Revision der Klöster Tusziens 1231, 28. Januar und 30. Januar — Fineschi, Memorie p. 87. — Ebenso 1232, 26. August (SAF. — Santa Maria Novella), Auftrag betreffs Reformation der herabgekommenen Klöster in den Diözesen Pisa, Florenz, Lucca, Pistoia, Volterra, Siena, Fiesole, Arezzo und Perugia, deren Mönche und Nonnen sich, nach dem Ausdruck des Papstes, vielfach diebisch Güter ihrer Klöster angeeignet hatten.

breitung und Bedeutung gewiß auf diesem Wege beträchtlich gefördert wurde. Auch verstand es Johannes, einen Kreis solcher Brüder um sich zu versammeln, die sein Wirken kräftig unterstützten; einer der Geistlichen von San Piero Scheraggio, das der Kardinal den Predigerbrüdern zugedacht hatte, Oderigo mit Namen, nahm, obwohl jener Plan gescheitert war, die weiße Kutte mit dem schwarzen Mantel aus den Händen des salernitaner Magisters; ein anderer Weltgeistlicher, Ugo von Sesto, bisher Kanoniker von San Paolo, wo die Brüder vorübergehend eine Heimat fanden, trat gleich ihm in den Orden; Mitglieder vornehmer städtischer Geschlechter begehrten Aufnahme in Santa Maria Novella, so Philipp, der Sohn des Ritters Rigaletti von Por Santa Maria, der 1229 das Mönchsgewand nahm und dessen Bruder Mainetto nachmals Bischof von Fiesole wurde; ein Frater Clarus, der, ehe er zu den Prädikatoren ging, in der Welt einen großen wissenschaftlichen Namen gehabt hatte, und der später zum Provinzial-Prior emporstieg, wird eine Leuchte der gelehrten Schule gewesen sein, die die Dominikaner alsbald in Santa Maria Novella begründeten.[1]) An ihr wirkte Frater Ugo aus dem Mugello und, freilich wohl erst etwas später, Bruder Buonaiuto, genannt „der Philosoph", sowie der Lektor Fra Boninsegna, der seinen Klosternamen vielleicht eben von dem Lehrberuf erhalten hatte; nachmals drängte es ihn, den Schulsaal zu verlassen, um den Muselmanen das Evangelium zu predigen, wobei er 1255 in Antiochia den Tod fand.[2]) Einer der ersten Brüder der florentiner Niederlassung war Bruder Ruggero de' Calcagni, dessen Namen wir noch häufig zu nennen haben werden; er war der Sprößling einer Bankierfamilie, wurde der erste „Inquisitor häretischer Verworfenheit" in Florenz und in Orvieto, und endete als Bischof von Castro.[3]) Der Kardinal Ugolino, der ihn 1221 als jungen eifervollen Mönch noch in der kleinen Schar vorfand, die damals San Paolo bewohnte, hat mit scharfem Blick seine Verwendbarkeit und seine Fähigkeiten erkannt; er nahm ihn sofort als Begleiter auf die Legationsreise nach Norden mit[4]) und brachte ihn so in die politische Laufbahn, die ihn ein

[1]) Sie wird uns zuerst 1231, 28. Mai, urkundlich bekannt. Vgl. Bd. I. S. 805, Anm. 2. (S. auch die Erwähnung der betr. Urkunde S. 139, Anm. 2.)

[2]) Diese und die folgenden Angaben stammen aus dem auf S. 138, Anm. 2 erwähnten, 1280 angelegten, in Santa Maria Novella befindlichen Nekrologium. (Vgl. Fineschi, Memorie p. 35 ss. und 347 ss., doch enthält der Druck manche Ungenauigkeiten, woraus Divergenzen des im Text Erwähnten, z. B. betreffs des Fra Filippo Rigaletti, zu erklären sind.) Nach Fineschi lebte er 44 Jahre im Orden, doch steht im Nekrolog „quinquaginta quinque".

[3]) Der älteste uns erhaltene Florentiner Wechsel rührt von dem Bruder des ersten Florentiner Inquisitors, Bernardus Calcagni her (1222, 17. Okt., Santini p. 385). — Von seiner Tätigkeit als Inquisitor in Florenz wird später zu sprechen sein; über die in Orvieto (1239) s. Fumi, Codice Diplom. p. 262 in der Urkunde von 1268, 14. Mai. — Über ihn s. ferner das vielfach erwähnte Nekrologium von Santa Maria Novella.

[4]) Frater Rogerius de ordine Predicatorum Zeuge bei dem Schwur des Podestà

Vierteljahrhundert später an die Spitze der Glaubenskämpfer gegen die florentiner Ghibellinen führen sollte.

Vorgehen gegen Ketzer. Erst wenige Monate saß der vormalige Kardinalbischof von Ostia auf dem Apostelthron, als er an Johann von Salerno eine Weisung zum Vorgehen gegen die Ketzer erließ, die ein Kriegsruf war. Wir wissen, daß die Bürgerschaften die still lebenden Häretiker eher begünstigten, und daß sie jedenfalls keinen Anstoß an ihnen nahmen.[1] Den Erlaß von Gesetzen wider sie hatte Honorius von dem sizilischen König verlangt, ehe er ihm die kaiserliche Weihe erteilte, doch boten diese Gesetze der Kirche nur die Möglichkeit zum Einschreiten gegen die verhaßten Häretiker, aber noch fehlten ihr die Organe, um diese Möglichkeit zu benutzen. Die Laienwelt Italiens war der Glaubensverfolgung abhold; der blutige Krieg gegen die Albigenser wird in dem südlichen Lande mehr Mitleid mit den Opfern als Billigung gefunden haben; die Bischöfe waren vornehme Herren, die einen ganz in politische Händel und Sorgen verwickelt, andere von Geldnöten bedrängt und im ganzen wenig geneigt, die unliebsamen Geschäfte der Religionspolizei allzu ernsthaft zu betreiben, sich dem Haß und der drohenden Rache auszusetzen. Die von Franziskus begründete Gemeinschaft trug, ob sie sich auch allgemach vom Geiste ihres Stifters mehr und mehr entfernte, zunächst noch zuviel davon in sich, um ein brauchbares Organ für die Ketzerspürerei abzugeben; anders der Orden des Dominikus, der schon im Entstehen von dem heißen Odem kämpfenden Glaubenseifers beseelt war. Sechs Jahre nach der Überweisung von Santa Maria Novella an die florentiner Prädikatoren hatten diese bereits so feste Wurzel gefaßt, daß Papst Gregor ihnen, geraume Zeit, ehe er die Dominikaner in aller Form zu Inquisitoren ernannte, den Kampf wider die Häretiker zur Pflicht machen konnte. In den Bildern des Jägers redete der Stellvertreter Gottes den Johann von Salerno und seinen Mitbeauftragten, einen Mönch der Badia, der sich dann durch seinen Eifer zum Abt von San Miniato aufschwang, sowie den Domkanoniker Bernhard an: „man müsse die kleinen Wölfe aufsuchen und in ihren Gruben ausrotten, damit sie nicht den Weinberg des Herrn zerstören; sie, die die Wolfsart unter dem Schafsfell verbärgen"; man weiß, daß die Kirche das schlichte Leben der Häretiker als nichtswürdige Heuchelei zu deuten liebte. Ein Häresiarch, Namens Philipp, den die Ketzergemeinschaft Tusziens als ihr Oberhaupt oder ihren „Bischof" anerkannte, hatte in Florenz im Hause des Arztes Bene Zuflucht gefunden; er war gefangen genommen worden, doch nachdem er die ketzerischen Gesinnungen abgeschworen hatte, wurde ihm die Freiheit zurückgegeben, und dies bildet ein Zeichen dafür, wie milde das bischöfliche Gericht, wohl ganz im Sinne der Bürgerschaft, mit den vom Glaubenspfade Abgewichenen verfuhr.

von Piacenza, sich dem Schiedsspruch des Kardinalbischofs zu fügen, 1221, 20. April (Levi, Registri p. 17). Vgl. Forsch. usw. IV. S. 70 in der Abhandlung „die Entstehung der Tertiarierregel".

[1] Bd. I. 727 f.

Sofort war Philipp zu den alten Gesinnungen zurückgekehrt und hatte von neuem Gebetsversammlungen der „Getrösteten" abgehalten. Nun befahl Gregor dem Prior von Santa Maria Novella und jenen anderen, ihn „zu jagen und von neuem zu fangen" und gleich ihm seine Anhänger festnehmen zu lassen; sie sollten in harter Kerkerhaft gehalten werden, bis sie vor allem Volk ihre Irrtümer bekannt, die Falschheit ihrer Predigten und die angeblichen Betrügereien, die sie verübt, offenbart, auch all ihr Leben und Tun reuig dargelegt hätten. Erst dann dürften sie wieder in die Gemeinschaft der Gläubigen aufgenommen werden; doch von ihrer Freilassung aus dem Gefängnis schweigt der Papst. Wenn sie gar hartnäckig blieben, sei nach den Konzilsbestimmungen mit ihnen zu verfahren, was gleichbedeutend war mit dem Befehl, sie der öffentlichen Gewalt zur Hinrichtung zu übergeben. Laien und Geistliche der Diözöse Florenz und Fiesole sollten zum Ketzerfang Hilfe leisten, und wenn sie es nicht gutwillig täten, durch Exkommunikation dazu gezwungen werden. Der Papst entsandte einen Presbyter, der selbst den „Brüsten der Lamien" entrissen war, einen Geistlichen, der bisher den Lehren der Häretiker angehangen, und der Philipp persönlich nahe gestanden hatte, um den florentiner Beauftragten bei der Aufspürung der Verfolgten — oder wie der Papst sich ausdrückte: „dieser allerärgsten wilden Tiere" — behilflich zu sein.[1] Wir wissen nicht, ob der Patarener-Bischof Philipp so unglücklich oder so ungeschickt war, noch einmal in das Garn der geistlichen Jäger zu geraten, doch wir bemerken, daß der Eifer der Söhne des Dominikus nicht ohne Einfluß auf die altsässige Klostergeistlichkeit und den Bischof blieb. Einige Zeit später fing man zwei florentiner Patarener, namens Andrea und Pietro, und schickte sie mit großer Ostentation, geleitet durch den dem Bischof unterstehenden neuernannten Abt von San Miniato und einen Presbyter von Settimo, bewacht durch etliche Diener des Abtes, nach Perugia, wo Gregor IX. damals Hof hielt. Man hatte zu ihrer pomphaften Abschwörung des Irrglaubens das Fest des florentiner Schutzheiligen ausersehen, und am Johannistage 1229 mußten die beiden vor dem Papst, vor vielen Kardinälen, Erzbischöfen und Bischöfen im Beisein einer dichtgedrängten Menge Volkes das verfluchen, was sie bisher für heilig gehalten hatten. Zwei Tage später wurden sie in die Herberge des Abtes Clericus von San Miniato geführt und mußten vor Notar und Zeugen Fleisch verzehren zu deutlichem Zeichen ihres Bruches mit den Grundsätzen der Sekte, für die ausschließliche Pflanzenkost strenges Gebot war. Auch mußten sie dem Abt eine Schrift übergeben, in der all ihre Irrlehren verzeichnet standen. Freilich erklärte der eine, er habe von vielem, was

[1] Schreiben Gregors IX. „Johanni, priori ordinis predicatorum, C. monacho S. Marie et Bernardo canonico Florentino" 1227, 20. Juni. SAF. — Santa Maria Novella. Druck bei Fineschi, Memorie p. 77. — Von der Aufnahme, die Philipp bei dem Arzt Bene um das Jahr 1225 gefunden hatte, erfahren wir durch das Verhör des später als Ketzer angeklagten Arztes 1245, 30. Januar (SAF. — Santa Maria Novella).

sein Genosse da aufgeschrieben, nie etwas vernommen, aber Pietro versicherte hoch und teuer: dies sei das wahre Bekenntnis der Patarener. Zum Teil bezog es sich auf die bekannte Kosmogonie der Häretiker, wonach der Gott der Finsternis die sichtbare Welt unter Duldung der Gottheit des Lichtes ins Sein gerufen habe, doch zum Teil hatte die phantastische Geschichte der Menschenerschaffung auf florentiner Boden eine besondere Gestalt und Färbung angenommen. Der alte Drache habe den Menschen unsterblich machen wollen, doch Luzifer widersetzte sich der Absicht; in den Körper des Adam ward als Seele jener Engel gesetzt, der in die Tiefe gestiegen war, um, wenn es möglich sei, den gestürzten Luzifer wider zum Licht emporzuführen. Unschwer erkennt man in diesen Heterodoxien tiefsinnige Poesie, die aus der Beobachtung der Gegensätze im Menschen in wirren Ranken und verworrenem Schlingwerk emporgewachsen war, wie denn ein anderer Mythos der Häretiker erzählte, die Schlange habe im Paradiese Eva geschwängert, und als die Frucht dieses Sündenfalles sei Kain zur Welt gekommen. Luzifer habe in der Sintflut die Menschen ertränken wollen, doch der Gott des Lichtes habe Noah gerettet, und so sei durch seinen Willen die Menschheit erhalten geblieben. Christus sei aus der Jungfrau geboren, die zwar ein fleischliches Dasein geführt, aber doch aus höheren Elementen bestanden habe; der Sohn Gottes habe von ihr einen irdischen Leib erhalten; von 144 000 Engeln gefolgt sei sie nach ihrem Tode zur Hölle niedergestiegen, um die heiligen Urväter und Propheten zum himmlischen Paradies zu geleiten. Neben all dieser Mystik war die geheime Gemeinde klardenkend genug, um sich zu der Auffassung zu bekennen, daß ein schlechter Geistlicher kein Heil gewähren könne; von diesem Punkt aus kamen sie zur Verwerfung der Hierarchie und der römischen Kirche, des Meßopfers und der Taufe; solche Feindseligkeit aber wird mehr als alle Phantasterei den grimmigen Zorn der Priesterschaft gegen sie erregt haben.[1])

Die Bischöfe von Florenz und Fiesole hatten in jetzt geschärftem Eifer eine Steuer für Kirchen und Klöster ausgeschrieben, aus deren Erlös die Kosten dieses Ketzerfanges gedeckt werden sollten; der Papst beauftragte einen Delegierten mit der Eintreibung, die nun auch bei den zuvor Widerstrebenden gelang.[2]) Bei jener demonstrativen Abschwörung in Perugia spielte der Kar-

[1]) Die Urkunden über die Abschwörung, Perugia 1229, 24. Juni und vom 26. Juni betreffs des verzehrten Fleisches und der Darstellung von den Lehren der Patarener SAF. -- Santa Maria Novella. Beide Urkunden schrieb der Notar auf Weisung des Kardinal Rainer von Santa Maria in Cosmedin. — Der Mythos von der Befruchtung Evas durch die Schlange wird nicht in diesem Bekenntnisse erwähnt, sondern in dem in Piacenza 1235 gegen die Ketzer verfaßten Werk „Suprastella", Cod. Laurent.-Mugellanus 12, f. 40. Er wird als Lehre der Sekte von Concorezo bezeichnet. Die andern erwähnten Glaubenssätze sind in der Darlegung der Patarenerlehren durch den abschwörenden Florentiner Petrus enthalten.

[2]) Urkunde des Abtes Rudolf von Passignano, aus der sich Obiges ergibt, Florenz 1229, 12. Dezember. — SAF. — Passignano. — Der päpstliche Befehl, vom 29. Juni 1229, die Kosten, die eine für die Zeit erhebliche Summe, 215 Librae, aus-

dinal Rainer von Santa Maria in Cosmedin eine stark hervortretende Rolle. Er hatte zu den Kardinälen gehört, die angeblich einst die Wundmale Christi am Körper des Franziskus mit eigenen Augen gesehen hatten, und er hat diese Stigmata in einer Hymne und einer Antiphonie besungen;[1]) seiner Zeit und der Nachwelt ist er freilich bekannter denn als Dichter geistlicher Hymnen als Feldherr und siegreicher Verteidiger Viterbos gegen Friedrich II. geworden. Aus der Tätigkeit des einflußreichen Mannes in der Angelegenheit der beiden Florentiner, wie daraus, daß der Papst sie an den Sitz der Kurie führen ließ, ersieht man indes, welche Wichtigkeit man der „Bekehrung" jedes einzelnen Häretikers beimaß und wie man sie als eine Art geistlichen Siegesfestes feierte.

Mochte der Kampf gegen die Mißgläubigen vorübergehend wieder vom Bischof und den älteren klösterlichen Gemeinschaften geführt werden, es geschah doch nur im Wettbewerb mit den eifervollen Dominikanern, von denen man nicht ganz in den Schatten gedrängt werden mochte. Der eigentliche Glaubensstreit gegen die Häretiker, der so bald einen politischen Charakter annehmen und die Straßen der Stadt mit Blut färben sollte, blieb den Schülern des Spaniers vorbehalten und in späteren Zeiten den Söhnen des Armen von Assisi, der Vergebung und Frieden gepredigt hatte. Die Jahre, in denen der Kardinal Ugolino als Legat wirkte, sind für die Geschichte von Florenz dadurch zur Epoche geworden, daß unter seiner Förderung jene geistliche Organisation für den inneren Kampf geschaffen wurde, die um so weniger zu besiegen war, als ihr Wirken vielfach ein unsichtbares blieb, und weil sie der äußeren Macht die innere und nachhaltigere der Wirkung auf die Seelen entgegenstellte. Für eine weite Strecke ist weder die politische noch die geistige Entwicklung von Florenz richtig zu erfassen, wenn man nicht dauernd die Einwirkungen in Rechnung stellt, die von Santa Croce wie von Santa Maria Novella aus auf öffentliche Angelegenheiten, wie auf das Einzeldasein geübt wurden.

machten, zu einem Drittel von Kirchen und Klöstern der Diözese Fiesole, zu zwei Dritteln von denen der Diözese Florenz aufzubringen, liegt in einer Urkunde des Bischofs Hildebrand von Fiesole vor. SAF. — Passignano, Archivbezeichnung „1230". — Der Abt von San Miniato war zuvor Mönch der Badia gewesen und scheint seine Beförderung eben dem Eifer verdankt zu haben, den er beim Fange der beiden Häretiker entwickelte.

[1]) Liber de Conformitate, f. 210², wo Teile seiner Dichtungen zu Ehren des Wunders angeführt. Dazu Fioretti p. 235 der in Assisi 1901 erschienenen Ausgabe.

Viertes Kapitel.

Äußere Erfolge und beginnender Bürgerkrieg.

Als Kaiser Friedrich den längst versprochenen, immer wieder hinausgeschobenen Kreuzzug am 8. September 1227 von Brindisi aus wirklich antrat, zwei Tage später aber wieder in Otranto landete, brach zwischen Papst und Herrscher der längst im geheimen glimmende Zwist zu lodernder Flamme aus. Friedrich war ernsthaft erkrankt; er wollte die Überfahrt nicht als ein Leidender machen, wollte nicht ein Heer gegen Osten senden, das führerlos werden konnte. Sicherlich hat er nicht leichten Herzens den großen Aufwand preisgegeben, der für den Zug ins heilige Land, für die Vereinigung einer Schar von siebentausend Rittern gemacht war. Er wußte sich zu dem Unternehmen verpflichtet; daß Päpste strenge Mahner und scharfe Gläubiger seien, hatte er zur Genüge erfahren; mithin mußte er mit baldiger Wiederholung der ungeheuren Ausgaben einer überseeischen Expedition rechnen, als er sich zur Umkehr gezwungen fühlte. Gregor IX. aber glaubte dem Staufer die wirkliche Ursache nicht, oder er wollte sie trotz der sofort durch Gesandte übermittelten Aufklärungen nicht anerkennen. Der Greis mit dem gewaltigen Willen hatte sich vorgesetzt, die Befreiung des heiligen Grabes von der Herrschaft der Sarazenen noch selbst zu erleben; er hatte gepredigt: nach einer ihm gewordenen Verheißung werde sie unter seinem Pontifikat erfolgen. Wie das Gerücht dieser Verheißung über die Alpen drang, hatte es viele veranlaßt, das Kreuz an die Brust zu heften[1]) und dem Kaiser zuzuziehen; nun sah Gregor die heiße Hoffnung, die sichere Erwartung für jetzt vereitelt. Überdies haßte er in dem Sizilianer den ebenbürtigen Politiker, der durch seine Persönlichkeit, durch die Autorität des Reiches und den Besitz Neapel-Siziliens die päpstliche Oberherrschaft in Frage stellte; bald sollte sich zeigen, daß die sizilianischen Interessen an dem Zornausbruch des Papstes nicht weniger beteiligt waren, als der Unwille über die verschobene Befreiung des heiligen Grabes, die dem Staufer freilich nur lästige Pflicht seines Amtes und Eides, nicht Sache des Herzens war. Er liebte den scharfen Geist mohammedanischer Gelehrten, und die blüten-

[1]) Kempers, Die deutsche Kaiseridee in Prophetie und Sage, S. 77.

reichen Gesänge islamitischer Dichter waren ihm vertraut; in Stunden der Muße ergötzten sich seine Sinne an den raffinierten Tänzen orientalischer Mädchen. Woher sollte er, in dem die Kultur zweier Welten sich vereinte, den heiligen und blinden Eifer der ersten Kreuzfahrer gegen die „Ungläubigen" schöpfen? Dennoch war es ihm Ernst damit gewesen, das vor zwölf Jahren bei der Krönung zu Aachen vielleicht aus politischen Gründen, vielleicht in einer Wallung mystischer Stimmung getane Gelübde endlich einzulösen, und nur ein brutaler Zufall war hindernd in den Weg getreten. Diesen aber benutzte das Oberhaupt der Kirche, um wegen des angeblich gebrochenen Eides nach wenigen Tagen über den Kaiser die Exkommunikation zu verhängen, und trotz der Darlegungen, die Friedrich in feierlicher Form veröffentlichte, erneute Gregor am folgenden Gründonnerstag den Bann; die Päpste liebten es, den Kirchenfluch über die Feinde und deren Ausschließung vom Abendmahl an dem Feste zu verkünden, das zur Erinnerung an dessen Einsetzung begangen wird.

Bannung Friedrichs II., Anagni 29. September 1227.

Wenige Wochen nach der Verhängung der schärfsten Kirchenstrafe versammelte Gregor die Bischöfe Tusziens im Rom,[1]) zweifellos um ihnen Weisungen über ihr Verhalten in seinem Konflikt mit der Reichsgewalt zu geben. Doch verging geraume Zeit, ehe der Papst außer mit dem Schwerte des Apostels auch mit dem weltlichen zum Schlage ausholte. Als Friedrich Ende Juni 1228 von neuem in Brindisi zu Schiff ging, um an der Spitze ansehnlicher Macht wirklich nach Akkon zu segeln, mochte er annehmen, daß Gregor nicht wagen werde, gegen einen Kaiser, der auf der Kreuzfahrt begriffen war, sei dieser selbst ein Gebannter, die Waffen zu erheben. Doch die staunende Welt erlebte das Schauspiel, daß der skrupellose Vikar Christi über die Länder des Fürsten herfiel, der ausgezogen war, um Christi Grab zu befreien, und daß er diejenigen, die durch Eid und Untertanenpflicht an den Verhaßten gebunden waren, zum Abfall und Treubruch aufrief. Alle Vorstellungen von Recht und Herkommen mußten erschüttert werden, eine unerhörte Verwirrung mußte die Gemüter ergreifen, sah man immer wieder aufs neue, wie mit heilig gehaltenen Begriffen ein frevelhaftes Spiel getrieben wurde.

Wie der Papst gegen den im heiligen Lande abwesenden Kaiser Heere ins Feld stellte, bekämpften Friedrichs Statthalter mit sarazenischen Truppen,[2]) Glaubensgenossen jener, gegen die ihr Herr im Orient das Kreuzespanier wehen ließ, die unter dem Schlüsselbanner fechtenden Mannschaften des christlichen Oberpriesters. In Italien, wo man die Verhältnisse klar überschaute, hat man den Hader zwischen Papst und Kaiser zweifellos lediglich als ein Ringen um Macht und als einen blutigen Widerstreit der Interessen aufgefaßt. In diesem schien es den Städten der lombardischen Liga nützlich, sich auf das engste an den Papst anzuschließen und mit dessen Zustimmung und Segen die Fahne des Aufruhrs gegen den fernen Monarchen zu erheben. In derselben Zeit war Toskana von wilder Fehde, von blutigen Kriegen erfüllt, in deren Mittelpunkt Florenz stand; doch man kann nicht sagen, daß die Stadt am Arno

[1]) Ann. Senens. M. G. Ss. XIX, 228.

[2]) Winkelmann, Kaiser Friedrich II.; II, 34.

das Schwert zugunsten der päpstlichen Politik ergriffen habe. Mit Lucca verbundet stellte sie freilich die antikaiserliche Partei Tusziens dar, aber in dem Ringen mit den feindlichen Nachbarn suchte sie ausschließlich den eigenen Vorteil, die Ausbreitung städtischer Macht und die Befestigung ihrer Suprematie. Nur insofern hingen diese Kriege mit den Kämpfen zwischen Kirche und Reich zusammen, als, da die beiden höchsten Autoritäten ihre Kräfte gegeneinander wandten, keine übergeordnete Macht die florentiner Bürgerschaft zu hindern vermochte, die Nachbarn nach bestem Können die Schärfe ihres Schwertes fühlen zu lassen. Von päpstlicher Seite wird man, obwohl wir kein Zeugnis der Aufmunterung oder Unterstützung nachweisen können, mit innerlichstem Wohlwollen die Bekämpfung der kaisertreuen toskanischen Städte gebilligt haben, da diese durch die Feindseligkeiten der Florentiner in starkem Maße verhindert wurden, den kaiserlichen Statthaltern zum Kampf gegen die Kirche Zuzug zu leisten.

Bewegung gegen die Reichsgewalt in Bologna.

Der Ausbruch des Zwistes zwischen Gregor und Friedrich hatte an vielen Orten sehr bald die unter leichter Decke schlummernden Leidenschaften in Bewegung gebracht. Ehe noch das Schlüsselbanner gegen die Adlerfahne im Felde wehte, ehe noch der Kaiser erneut zum Zuge nach dem Orient aufgebrochen, war das Volk in Bologna in wilde Erregung geraten, hatte den Kommunalpalast erstürmt und eine demokratische, antikaiserliche Regierung eingesetzt.[1]) Bologna bildete dadurch das Verbindungslied zwischen den dem Reiche feindlichen Lombardenstädten und Florenz, solange dieses eine gleiche Haltung beobachtete.

In Siena.

Als der Papst kaum den Bann gegen den Staufer geschleudert hatte, entstand selbst in dem kaisertreuen Siena eine Bewegung gegen das Reich. Dieses hatte die sieneser Grafschaft eingezogen und unter die Verwaltung eigener kaiserlicher Beamten gestellt; die Kommune hatte die von der Bürgerschaft zerstörte Reichsburg Orgia zur Strafe auf eigene Kosten wieder aufbauen müssen; sie war jedem Sienesen, auch jener überwiegenden Mehrzahl, die in Kaiser und Reich den besten Halt und Schutz gegen die feindlichen Nachbarn von Florenz erblickte, ein Dorn im Auge, ein Sinnbild der fühlbaren Verminderung an Macht und Ehren.[2]) So flammte denn, als der Zwist zwischen Kaiser und Papst ausbrach, die Volkswut gegen die vor den Toren gelegene Zwingburg von neuem empor; die kaum wiederhergestellte wurde im Dezember 1227 nochmals zerstört.[3]) Der Podestà des Jahres 1228 scheint gleich seinem Vorgänger bereit gewesen zu sein, vom Reich Verzeihung um den Preis zu erlangen, daß die Türme von Orgia sich wieder drohend vor den Augen der Sienesen erhöben, aber in der Stadt entstanden aus diesem Anlasse

[1]) Vgl. Forschungen IV, „Die Popularbewegung" usw. unter „Bologna" S. 21. — Sigonius p. 17. — Gaudenzi, „Gli statuti delle società delle armi" etc. im Bullett. dell' Istituto Stor. No. 8 (1889) p. 18.

[2]) S. Kap. II, S. 107 f.

[3]) SAS. Biccherna 8, f. 40 und 40'. — Jetzt gedruckt „Libri dell' entrata" etc. I, 96 u. 97.

Unruhen gegen ihn selbst,[1]) und sie mochten von kirchlicher Seite nach Kräften geschürt werden. Durch diese Konflikte schien auch Siena in die Reihe der kaiserfeindlichen Städte hinüber gezogen zu werden, doch die Furcht vor der Nachbarstadt, die Abneigung gegen die Rivalin bewirkte einen jähen und entscheidenden Umschwung. Der Hader mit der Reichsgewalt wurde vergessen; von dem Konflikt wegen Orgia vernimmt man nichts mehr; denn die Sienesen hatten bald alle Kraft zusammenzufassen, um sich gegen die Bedrängung durch Florenz zu behaupten.

Florenz und Poggibonsi.

Man erfuhr im Frühjahr 1228 in Siena von umfangreichen Kriegsrüstungen der Nachbarn am Arno und war der diesmal irrigen Überzeugung, man habe selbst einen Angriff zu erwarten. Im Rate Sienas wurde auf Grund oberflächlicher Kundschafterinformationen mitgeteilt, die florentiner Vorbereitungen gälten nur zum Schein einem Kriege gegen Pistoia, in Wahrheit sei gegen niemand der Haß der Florentiner tödlicher, als gegen die Einwohner von Poggibonsi. Ein Angriff auf diese eng verbündete Stadt, gewissermaßen Sienas befestigtes Vorwerk, wäre einem Angriff gegen Siena selbst gleichgekommen. Zwischen Florenz und Poggibonsi waren im Vorjahr, in dem man sich, wahrscheinlich infolge der Hungersnot und Teuerung, von Kämpfen zurückgehalten hatte, Verhandlungen wegen Frieden und Waffenstillstand geführt worden. Die allgemeine Not war eine so furchtbare, daß sie wohl zur Versöhnung mahnen konnte; in Florenz stieg der Getreidepreis auf eine Höhe, die selbst in unsern Zeiten völlig veränderter Wertverhältnisse als unerschwinglich gelten würde; er betrug fast das Zwölffache eines Jahres glänzender und etwa das Sechsfache eines Jahres mittlerer Ernte. Die unter dem Einfluß des allgemeinen Leidens unternommenen Versuche einer Einigung mußten indes ergebnislos bleiben, da Poggibonsi, gestützt auf die Gunst des Reiches und auf die Hilfe des nahen Siena, seine Selbständigkeit zu bewahren, die Florentiner aber ihre, Menschenalter hindurch zäh gewahrten, jetzt ihnen entrungenen Herrschaftsrechte über den Ort nicht aufzugeben gewillt waren; denn wenn sie sich auf Poggibonsi stützen konnten, fiel ihnen zugleich ein maßgebender Einfluß auf die Nachbargebiete, auf Colle, San Gimignano, auf die Grafschaft Volterra zu und sie besaßen gegen Siena einen Stützpunkt von entscheidender Wichtigkeit.[2]) In der sienesischen Ratsversammlung wurde am 2. März 1228 berichtet, die Banner

[1]) Forschungen II. S. Gimign. Regest 17.

[2]) Die Friedensverhandlungen des Vorjahres erwähnt die Urkunde Poggibonsi 1227, 8. Juli, SAS. — Riformagioni — Die Hungersnot von 1227, Annales Florent. II (Hartwig, S. 41), Paolino Pieri zu 1226 florentiner Stiles. Ferner Andrea Dei Cron. Sanese Murat. Ss. XV, col. 23. Notae historicae Senenses ed. Cipolla, M. J. Oest. G. Ergänz.-Band II, 581. — Vgl. zu dem Gegenstande Forschungen usw. IV, die Abhandlung „Die Getreidepolitik der Kommune". In der Urkunde, Florentie in claustro S. Fridiani 1227, 21. Aug. (SAF. — Cisterc.), handelt es sich um einen Landverkauf des Priors der Kirche Sant' Andrea von Musciano zur Zahlung einer Schuld, die kontrahiert war „in presentis anni caritudine pro alenda familia et degentibus."

zum Auszuge des florentiner Heeres in der Richtung nach Siena wären schon verteilt worden, wenn der Stadtastrolog von Florenz dies nicht für den dazu bestimmten Tag verboten hätte — offenbar sollten die Himmelszeichen nicht günstig gestanden haben — und sie würden nun am nächsten Sonntag feierlich an die Fahnenträger übergeben werden.[1]) Der Spion, den die Sienesen in Florenz unterhielten, war übel unterrichtet; nicht der städtische Wahrsager (dessen Erwähnung hier zuerst begegnet) hinderte Bannerverteilung und Auszug, sondern der Entschluß, sich sehr gründlich, stärker als sonst, für einen Feldzug vorzubereiten, und vor allem war die Vermutung eine überkluge gewesen, daß der Kriegslärm gegen Pistoia nur einen Vorwand für Rüstungen gegen Siena gebildet habe.[2]) Man war in der Tat entschlossen, den schwächsten der nachbarlichen Widersacher zuerst anzugreifen.

Kampf gegen Pistoia, 1228. Die Florentiner besaßen in ganz besonderem Maße die Fähigkeit, die in gewissen Abstufungen in allen Zeiten und bei allen Völkern beobachtet werden kann, daß sie sich in heiligen patriotischen Zorn zu versetzen vermochten, sobald ihnen ein Angriff nützlich und wünschenswert erschien. Diesmal erinnerten sie sich, daß Pistoia vor einem Vierteljahrhundert Semifonte bei seinem Widerstande geholfen hatte, daß bei Castel del Bosco die Pistoiesen Verbündete der Pisaner gewesen waren, und man fand, daß die Bürger der nahen Stadt in sehr beleidigender Art von Florenz und den Florentinern gesprochen hätten, was gewiß der Fall war, wobei aber billig bedacht werden muß, daß in der Kunst höhnischer und giftiger Rede die Söhne der Arnostadt zu jeder Zeit eine unbestrittene Meisterschaft selbst gegenüber allen anderen, darin auch nicht eben ungeübten Landesgenossen besessen haben. Der wahre Grund war das Streben, sich der Herrschaft über Pistoia, der Gewalt über die Apenninenpässe zu bemächtigen und dadurch mit Bologna in direkte Berührung zu treten; den Vorwand gewährte die Wegnahme von Ländereien, die florentiner Bürger in dem an das pistoieser Territorium angrenzenden Gebiet von Montemurlo besaßen, jener Landschaft, die Pistoia den Grafen Guidi hatte abkaufen wollen und die statt dessen in den Besitz von Florenz gelangt war.[3]) Es waren, wie uns berichtet wird, vornehme Florentiner, die jene Landgüter erstanden hatten, und in deren Interesse lag es, den Krieg zu fordern; eine Handhabe, das Volk für den Kampf zu stimmen, bot die Errichtung einer Grenzfestung, durch welche Pistoia sein Gebiet gegen Florenz an dem gegen diese Stadt am meisten vorgeschobenen Punkte zu schützen versuchte; es erbaute in Montefiore, etwa 22 km von Florenz, unweit von Carmignano, ein ansehnliches von

[1]) Gleichzeitige Abschrift aus den Sieneser Ratsprotokollen, SAS. — Riformagioni, bezeichnet 1227, 2. März.

[2]) Man war in Poggibonsi besser unterrichtet. Siena sandte sofort Gesandte dorthin, die aber beruhigende Nachricht zurückbrachten, worauf man in der Sitzung des sieneser Rates am 7. März 1228 beschloß, für jetzt davon abzusehen, einer Anzahl von Bürgern aufzugeben, sich mit Pferden zum Kriegsauszug zu versehen (Urk. bezeichnet 1227, 18. März, SAS. — Riformag.).

[3]) Kapitel II, S. 67 f.

mächtigen Türmen überragtes Kastell. In dem Briefwechsel, der sich über die Beschwerden der Florentiner entwickelte, gebrauchten die pistoieser Behörden im Hinblick auf den hochmütigen Ton, den die größere Nachbarstadt gegen die kleinere anzuschlagen beliebte, die etwas undiplomatische Wendung: „oft werde ein Eber von einem nicht großen Hunde gestellt", wobei man außer acht ließ, daß der Gott der Schlachten seine Gunst denn doch gewöhnlich den stärkeren Heereskörpern zuzuwenden pflegt. So trieb man, da die trotzige Antwort die Volksstimmung immer mehr in einer den Regierenden erwünschten Art erhitzte, in den Krieg hinein, dem Pistoia wahrscheinlich ohne ausreichende Rüstung, und jedenfalls ohne sich rechtzeitig durch Bündnisse geschützt zu haben, entgegenging. Von einem wirksamen Einspruch der Reichsgewalt konnte keine Rede sein, da der Kaiser damals eben mit der Vorbereitung seiner Einschiffung gen Osten beschäftigt war und der Legat Tusziens, Herzog Rainald von Spoleto, für die Zeit der Abwesenheit des Herrschers eben jetzt zum Statthalter des Königreichs Sizilien ernannt wurde.[1]) Eberhard von Estac, Rainalds Neffe und Stellvertreter in Toskana, hatte wahrscheinlich genug zu tun, um gegenüber den päpstlichen Mahnungen zum Abfall die wankende kaiserliche Autorität von der Burg San Miniato her notdürftig aufrecht zu erhalten. Man hätte von dieser Seite an ein Eingreifen in die tuszischen Städtefehden ohnehin nicht denken können, doch scheint Pistoia sich nicht einmal besonderer Gunst bei dem Herrscher und seinen Vertretern erfreut zu haben. Im Oktober 1227 hatte Friedrich einen scharfen Verweis an die bis dahin für treu gehaltene Stadt ergehen lassen, weil auch sie die Hand nach Reichsgebiet ausgestreckt, und während Eberhards Abwesenheit von San Miniato das zu dessen Amtssprengel gehörige Gebiet von Valle Ariana, unweit von Lucca, zwischen Pescia und Collodi angegriffen und dort gelegene Reichsburgen zerstört hatte.[2])

In Florenz läutete die Kriegsglocke Martinella, und Herolde verkündeten den Ausmarsch; der Bannerwagen mit seinem ritterlichen Geleite und seiner Garde von Fußtruppen zog voran, und wahrscheinlich führte der Podestà, der Ritter Andrea Jacobi aus Perugia, persönlich das Heer. Man hatte kaum einen Tagesmarsch zu machen, um auf feindlichem Gebiete vor den Burgen Carmignano und dem neu erbauten, ebenfalls am Monte Albano, doch in der Richtung nach Vinci und Empoli zu gelegenen Montefiore zu stehen. Die Ortschaft Carmignano muß vor diesen Ereignissen eine ansehnliche Bedeutung besessen haben, da die dortigen Ritter unter zwei Konsuln, die Kaufleute ebenfalls unter einem Konsul organisiert waren;[3]) ein Teil der Einwohner hatte für Florenz Partei ergriffen und die Heimat verlassen oder war vertrieben worden; darauf hatten die allein zurückgebliebenen Parteigänger der Pistoiesen an dem vierzig Meter hohen Turm zwei riesige aus Marmor gearbeitete Menschenarme

[1]) Reg. Imp. 1725c.

[2]) Schreiben des Kaisers an Pistoia, 1227, 13. Oktob. Reg. Imp. 1711.

[3]) Urk. von 1225, 12. Januar. Munizipal-Archiv von Pistoia. Liber Censuum f. 44 der alten Pagination. — Carmignano wurde von einem Podestà nebst einem Rat von vierzig Mitgliedern regiert, von denen sechs Richter waren.

anbringen lassen, deren Hände in der Richtung nach Florenz hin das vulgär beschimpfende Zeichen der „Fica" machten. Montefiore fiel auf den ersten Anlauf und wurde zerstört; Carmignano vermochte sich zu halten, doch das blühende Ombronetal wurde weit und breit verwüstet. Sanzanome, der zeitgenössische florentiner Richter und Chronist berichtet uns, wie in dem Heere die Erinnerung an jene Kämpfe lebendig war, durch die der Tradition gemäß dreizehnhundert Jahre früher an eben dieser Stelle die Legionen des römischen Senates Catilina und die Seinen niedergeworfen hatten; die Florentiner nahmen keinen Anstand, jenen Sieg als den ihrer eigenen Stadt zu betrachten und aus dem vermeintlichen Triumph ihrer Vorväter ein glückliches Omen für den gegenwärtigen Feldzug herzuleiten. Durch detachierte Abteilungen wurde das am Abhange des Monte Albano, nördlich von Empoli gelegene Lamporecchio, sowie Larciano zerstört, das Pistoia vor anderthalb Jahren um eine hohe Summe den Grafen Guidi abgekauft hatte,[1]) und alsbald beschloß man, zur Belagerung Pistoias aufzubrechen; diese war offenbar ausgiebig vorbereitet worden und man fühlte sich stark zu dem Unternehmen, da die befreundeten Städte: Arezzo, Volterra und Prato den Florentinern starke Hilfstruppen gestellt hatten, während Lucca den Kampf, übrigens ohne glücklichen Erfolg, auf eigene Hand führte. Die bedrängte Stadt erhielt dagegen erst als ihr die Einschließung und die völlige Niederwerfung drohte, zögernde Hilfe. Am 7. Juni schlossen Siena, Pisa und Poggibonsi in der im Elsatale gelegenen Niederlassung der Tempelritter mit den Bedrohten ein umständliches Bündnis gegen Florenz und Lucca, aber sofort erklärte Siena, für jetzt bewaffnete Hilfe nicht leisten zu können; es hätte gemeinsam mit Poggibonsi zweihundert Ritter stellen sollen, zog es jedoch vor, was der Vertrag freilich gestattete, was aber in der jetzigen Lage doch nur eine laue Hilfe war, sich mit einer Geldzahlung für in Dienst zu nehmende Ritter abzufinden. Woher hätten sie jetzt in der Not und Eile geworben werden können? Als wertvollere Bundesgenossen erwiesen sich die Pisaner: sie entsandten eine Woche nach Abschluß des Vertrages einen Teil ihrer städtischen Ritterschaft zur Unterstützung der befreundeten Kommune, und ihr Podestà, Ubaldo Visconti, begab sich gemeinsam mit pistoieser Gesandten nach Siena, um von dort wirksamere Hilfe zu verlangen, damit, wie sich die Pistoiesen vor dem Rat ausdrückten, „ihre Stadt durch Gott und die Sienesen den Händen ihrer Feinde entgehen könne." Die kühle Antwort lautete: man werde die Verträge beobachten und das gleiche von Poggibonsi verlangen. Ein Hoffnungsschimmer leuchtete den Bedrohten, als ein Teil ihrer Mannschaft am 19. Juni gemeinsam mit fünfhundert pisaner Rittern einen Erfolg erzielte; eine luccheser Heeresabteilung, die zuvor einige Kastelle eingenommen hatte, wollte den Pistoia belagernden Florentinern zuziehen; diese sandten ihnen eine

[1]) Annal. Flor. II (Hartwig, Quell. u. Forsch. II. 41). — Larciano wird hier irrig „Lartignanum" genannt. Pistoia hatte es 1226, November, von den Grafen Guidi für 6000 librae Pis. erworben. Munizipal-Archiv Pistoia. Liber Censuum f. 70²—73².

Schar entgegen, da man vernahm, daß den Herbeikommenden ein nachdrücklicher Angriff drohe, doch es gelang den verbündeten Pistoiesen und Pisanern die Vereinigung der Gegner zu hindern, die Florentiner zurückzutreiben und die Lucchesen bei dem jetzt verschwundenen Ort Vajano, in der Nähe des späteren Montevettolini im Nievoletal zu schlagen. Die Pistoiesen ihrerseits erlitten indes dadurch einen schlimmen Verlust, daß der auf ihrer Seite kämpfende Malatesta von Rimini — zum erstenmal begegnet hier ein Mitglied dieses Geschlechtes in den tuszischen Kämpfen — nebst seinem Sohne Malatestino und seiner Mannschaft in die Gefangenschaft der Lucchesen geriet. Auch brachte jener vereinzelte Erfolg ihnen keinen ernsten Nutzen; schon war das florentiner Heer verwüstend bis in ihre Vorstädte gedrungen, schon berannte es die Mauern. Die Bügerschaft sah sich vor die Notwendigkeit gestellt, zwischen Vernichtung der Heimat und demütigendem Frieden zu wählen. Der päpstliche Legat Giuffredo Castiglioni aus Mailand, Neffe des einstigen Papstes Urban III.,[1] der aus dem Cisterzienser-Orden hervorgegangene Kardinal-Presbyter von San Marco, vermittelte zwischen den Belagerern und der gefährdeten Stadt; er, der später als Nachfolger Gregors, freilich nur für wenige Tage, den Thron des Apostelfürsten unter dem Namen Cölestin des Vierten besteigen sollte, wandte in der bedeutsamen politischen Tätigkeit, die er als Kardinal entfaltete, der florentiner Bürgerschaft wie den verbündeten Lucchesen stets seine besondere Gunst zu; jetzt überbrachte er von Pistoia aus der florentiner Ratsversammlung die Friedensanerbietungen; sie wurden angenommen, und der Podestà erschien mit elf Gesandten zu den weiteren Vereinbarungen im Lager der Sieger. Pistoia verzichtete auf seine Selbständigkeit nach außen hin, denn es hatte fortan Krieg zu führen und Frieden zu schließen je nach Gutdünken und Befehl von Florenz. Das verhaßte Carmignano war zur Zerstörung auszuliefern; nie sollte auf dem Berge wieder eine Burg erbaut werden, mit welchem Beding man dann den Grund und Boden den Pistoiesen beließ, die indes die vertriebenen Anhänger von Florenz zurückzuführen verpflichtet waren. Über alle Zwistigkeiten Pistoias ließ Florenz sich das Schiedsamt zusprechen: seinem Spruch und dem des Kardinallegaten, „wenn er in diesen Gegenden anwesend sei", hatte sich Pistoia in seinen Konflikten mit Lucca, mit Prato, mit den Grafenhäusern der Guidi, der Alberti und mit Graf Rudolf von Capraia zu fügen. Da des Legaten Aufenthalt in Toskana natürlich nur ein vorübergehender war, brachte Florenz dadurch die Entscheidungen ausschließlich in seine Hand, und Pistoia schied gemäß dieser Friedensbedingungen eigentlich aus der Reihe der unabhängigen Kommunen und wurde zu einem Appendix der Arnostadt. Elf Tage nach dem vorläufigen Unterwerfungsvertrag, am 6. Juli, wurden diese drückenden Bedingungen im Rat von Pistoia in Gegenwart von florentiner Kommissaren in aller Form genehmigt. So tief der Grimm gegen die Sieger sein mochte, man fühlte vielleicht gegen die verbündeten Sienesen nicht geringeren Zorn, denn wie ein Hohn mußte es empfunden werden, als

[1]) Über Giuffredo s. Sbaralea I. 48 u. ö.

gerade nach der Unterwerfung die Meldung eintraf, jetzt habe Siena sich entschlossen, an Pisa die Zahlung für zweihundert Ritter zugunsten der inzwischen längst niedergeworfenen Bundesstadt zu leisten. Die Feinde haben durch ihre Saumseligkeit und ihr Zögern fast ebensoviel zu den Siegen der Florentiner beigetragen, wie deren eigene Frische des Entschlusses und die Rüstigkeit in der Ausführung ihrer Pläne.[1])

---

[1]) Quellen für den Ausbruch und Verlauf des Kampfes gegen Pistoia sind: die Rede des Podestà über den Zwist mit dieser Stadt im Liber de regimine civitatis, jetzt Bibliotheca juridica medii aevi Vol. III. p. 271. Daß sie auf den hier behandelten Konflikt Bezug hat, ergibt sowohl die Zeit der Abfassung des Werkes, bis zu der kein weiterer Krieg gegen Pistoia ausbrach, wie die angeführten Motive, die mit dem Bericht Sanzanomes (Hartwig II, 25 ss.) in den wichtigsten Punkten übereinstimmen. Sanzanome erwähnt, er habe das Schreiben, in dem die Phrase von dem Eber vorkam, selbst gesehen. Als weitere chronistische Berichte kommen in Betracht Villani VI, 5; Sercambi I, p. 29, der als einziger die mit Florenz verbündeten Städte nennt. — Die von den Lucchesen eingenommenen Burgen waren Vinacciano und Castelnuovo (Sercambi). Den Ort der Schlacht, Vajano (der längst verschwunden ist, vgl. Repetti V, 623), nennen das Breviarium Pisanae historiae (Murat. Ss. VI, col. 192) des Michael de Vico, und das Chron. breve Pisanum, Ugh.-Coletti X. col. 121. Für beide war es ein Sieg der Pisaner; richtiger jedenfalls Sercambi, der Pistoiesen und Pisaner vereint siegen läßt. Die Teilnahme der ersteren ergibt die Urkunde Pistoia 1233, 15. Dezember. Dominus Malatesta de Ariminio, damals Podestà von Pistoia, erklärt für sich, seinen Sohn und seine „familia" Entschädigung für Verluste empfangen zu haben, die sie erlitten „occasione exercitus de Vaiano seu conflictus, quem fecerunt Pistorienses et Lucani . . et etiam occasione presure vel captivitatis facte de eis" und wegen ihrer Ausgaben in carcere Lucano. Das Datum des Kampfes geben die Notae historicae Senenses, ediert von Cipolla in M. J. Oest. G., Ergänzungsband II, 582 als den Tag Sancti Gervasii et Protasii (19. Juni) an, nennen als Ort aber „Lagiano". — Ferner kommt für die Kämpfe zwischen Florenz und Pistoia die Meldung in der Chronik des Pseudo-Brunetto Latini (Hartwig II, 226) und daneben ein reiches urkundliches Material in Betracht, meist aus dem SAS., nämlich außer der S. 152 Anm. 1 erwähnten Urkunde die von Banchi im Archivio Stor. Ser. III, tomo IV, 2 p. 9 veröffentlichte vom 7. Juni 1228 (Bündnisvertrag), sowie die ungedruckten Urkunden vom gleichen Datum (Erklärung des sieneser Podestàs, daß seine Stadt an Stelle der Entsendung von Rittern Geld zahlen werde), SAS. — Riform.; die vom 14. Juni, ebendort (Bitte um Hilfe des pisaner Podestà und der Gesandten Pistoias), sowie die vom 27. Juni, ebendort, Ernennung eines Syndikus Sienas um die Geldzahlung in Pisa zu leisten. — Am 5. Juli (ebendort) ernannten die Behörden Sienas einen Syndikus, um in Pisa die Eide betreffs des abgeschlossenen, für Siena, Pisa und Poggibonsi natürlich in Kraft bleibenden Bündnisses vom 7. Juni in Empfang zu nehmen. — Ubaldo Visconti, Podestà von Pisa, hielt in der zweiten Juniwoche eine Zusammenkunft mit dem Podestà von Siena, und zwar in San Gimignano, wahrscheinlich in der Absicht, auch diese Stadt gegen Florenz in Bewegung zu bringen (Forsch. usw. II. Regest. 20 und 26), was indes schon wegen der Schnelligkeit, mit der die Ereignisse sich entwickelten, nicht gelang. — Pistoia entließ, wie die Urkunde von 1228, 21. Dezember (Munizipal-Archiv von Pistoia, Liber Censuum f. 73[b], gedruckt Zaccaria, Anecdota p. 79) er-

Es entsprach diesem vom Erfolge beflügelten Wagemut, daß man sich sofort dafür entschied, die Konsequenz aus der eben erkämpften Oberherrschaft über die Apenninenpässe zu ziehen, das Lilienbanner der Arnostadt in der Lombardei zu zeigen, sich in die dortigen Städtekämpfe zu mischen und damit den ersten Versuch zu wagen, die bisherige toskanische Politik der Kommune zu einer italienischen zu erweitern. Freilich wurde er teuer bezahlt. Bologna kämpfte gegen Modena, auf dessen Seite die Bürgerschaften von Parma und Cremona standen. Gegen die drei Städte bot Bologna seine lombardischen Verbündeten Mailand, Piacenza, Brescia und Ferrara, ferner Padua, Treviso, Verona, Vicenza und die ihm befreundeten Kommunen der Romagna auf. Als sein Hilfegesuch auch an das dem Schauplatz dieser Kämpfe doch sehr entlegene Florenz gelangte, war dessen Bürgerschaft sofort bereit, Truppen über den Apennin zu senden; von den tuszischen Großen führte Graf Albert von Mangona, der Lehnsmann des apostolischen Stuhles, seine Leute unter die Fahnen Bolognas. Außerdem zogen mit den Florentinern Pistoiesen, die ja jetzt zur Kriegshilfe verpflichtet waren, und Mannschaften Pratos ins Feld. Die Bolognesen belagerten die westlich von ihrer Stadt im Gebiete Modenas gelegene Burg Bazzano. Um das Kastell zu entsetzen, fielen die Bürgerschaften von Parma, Modena und Cremona mit ansehnlichem Heere ins Gebiet der Feinde ein und drangen verwüstend bis zum Rheno vor, so daß die Bolognesen, eine Belagerungsmannschaft zurücklassend, mit dem Gros ihrer Heeresmacht nebst den Hilfstruppen, unter denen sich die Florentiner befanden, zum Schutz der eigenen Heimat abrückten. Die Parmesen aber und ihre Verbündeten schnitten ihnen den Weg ab und zwangen sie bei Santa Maria in Strata zu einer nächtlichen Schlacht, bei der das bolognesische Heer fast aufgerieben und die florentiner Hilfsmannschaft großenteils gefangen wurde. Die Ritter der Arnostadt — Fußmannschaft war nicht entsendet worden — wurden in die Kerker von Parma und Cremona geführt, aus denen sie nach sechsmonatlicher Haft im folgenden Frühjahr durch einen Friedensvertrag befreit wurden, den Gesandte Parmas, Cremonas und Modenas am 16. April 1229 im Kommunalpalast von Florenz vor versammeltem Rat zu feierlichem Abschluß brachten. Die Florentiner mußten die Verpflichtung eingehen, sich künftig jeder Einmischung in die Händel jener Städte mit Bologna zu enthalten, womit denn für geraume Zeit die Gelegenheit abgeschnitten war, die tuszischen Wirren mit den lombardischen Kämpfen zu verquicken.[1]) Den flo-

Teilnahme an lombardischen Kämpfen.

---

gibt, nach dem Friedensschluß seinen Podestà und behalf sich für den Rest des Jahres mit zwei einheimischen Konsuln. Das erwähnte Dokument enthält den Schiedsspruch, den Florenz, zugleich im Namen des abwesenden Kardinallegaten, zwischen Pistoia und Lucca fällte; der Friede wurde hergestellt, die Gefangenen waren beiderseits freizulassen.

[1]) Über die mißlungene Expedition wie über den Friedensschluß schweigen die florentiner Chronisten vollständig nach der üblen Regel, daß, was der Stadt nicht zum Ruhm gereiche, am besten gar nicht erwähnt werde. Unsere Quellen sind: Annales Parmenses majores, M. G. Ss. XVIII, 667 s.; Ann. Cremonenses, Ibid. 807;

rentiner Kaufleuten mochte das von Tatenlust und ritterlichem Ehrgeiz eingegebene Unternehmen von vornherein bedenklich erschienen sein, denn jede Feindschaft mit Städten der Lombardei stellte die Sicherheit des Warenverkehrs auf den großen, über den Po nach Norden führenden Straßen und die Freiheit des Handels in Frage, der bei einer kühlen Freundschaft mit den entfernten Städten, wie sie jetzt wieder hergestellt war, am besten gedeihen konnte. Auch war es im Grunde ein Glück für Florenz, daß es durch jene Niederlage in der nächtlichen Schlacht davor bewahrt blieb, tiefer in die Kämpfe des mit dem Papst im Einverständnis stehenden Lombardenbundes gegen die kaisertreuen Städte hineingezogen zu werden; es behielt dadurch freie Hand zu den kriegerischen Unternehmungen, vermittels deren es seine Macht in der eigenen Heimat ausbreitete und befestigte.

Man hatte in Siena schon von den Rüstungen zu Anfang des Jahres 1228 geglaubt, daß sie einem Angriff gegen die eigene Stadt gälten, und niemand wird hüben und drüben bezweifelt haben, daß ein neues Ringen zwischen den beiden Nachbarn bevorstünde. Der Schutzvertrag zu Pistoias Gunsten war von den Sienesen eigentlich nur zu eigener Sicherung geschlossen worden, doch es wäre freilich klug gewesen, die Verteidigung ihrer Stadt bereits vor den Mauern Pistoias zu beginnen. Nun blieb von jenem Vertrage außer der ohnehin längst bestehenden engen Verbündung mit Poggibonsi die Allianz mit Pisa übrig, das im Falle eines florentiner Angriffs gegen Poggibonsi oder Siena entweder seine gesamte Macht, oder mindestens 400 Ritter den Bedrohten innerhalb von sechs Tagen zur Hilfe senden mußte, wie natürlich Siena und Poggibonsi gegenüber Pisa zu entsprechender Leistung verpflichtet waren, wenn Florenz gegen die Seestadt zu Felde zöge.

Pisa und Lucca.

Aber Pisa selbst war in seiner Bewegungsfreiheit durch niemals endenden Hader mit dem allzu nahen Lucca auf das empfindlichste gehemmt. Seit den Zwistigkeiten, die zur Schlacht von Castel del Bosco geführt hatten, hielt Pisa, obwohl es damals besiegt worden war, eine Reihe wichtiger, über dem Arno nahe der Era, und im Eratale selbst gelegener Burgen des Bischofs von Lucca besetzt, was bei der Identität der Interessen von Bistum und Stadt nichts anderes bedeutete, als daß es sich einen Teil des luccheser Gebietes angeeignet hatte. Die Pisaner besaßen ein formales Recht auf jene sieben Kastelle, denn sie waren ihnen, obwohl in der Diözese Lucca gelegen, und trotz der Ansprüche der luccheser Kirche, von den Kaisern Heinrich VI. und Otto IV. feierlich verliehen worden, da diese Herrscher sie offenbar nicht als Besitz des Bischofs, sondern als Reichsgut betrachteten, das sie den frühern bischöflichen

---

Johannis Codagnelli Annales Placentini, ed. Holder-Egger, p. 88; Tolosanus 721 s.; Cronaca Tassoni, ed. Vischi in Monumenti di Storia Patria delle Provincie Modenesi, tomo XV, p. 35. — Die Urkunde des Friedensschlusses, Florenz 1229, 16. April (Archiv zu Cremona K. 42), ist im Auszuge im Cod. Diplom. Cremonensis I, 261 veröffentlicht.

Lehnsträgern entzogen und der ihnen getreuen Seestadt gewährt hatten.[1] Da es sich aber um kirchliche Ansprüche handelte, war als oberste Instanz für diese Streitigkeiten, wegen deren fortwährend das Schwert aus der Scheide flog, der Papst zuständig; Gregor IX. war selbst seit dem April 1228 von der kaiserlichen Partei aus Rom vertrieben, aber der unerschütterliche Greis lenkte die Angelegenheiten der Kirche von Perugia aus, obwohl er auch diese Stadt erst von einem wegen der Kämpfe zwischen Volk und Ritterschaft verhängten Interdikt hatte befreien müssen, um dort seinen Sitz nehmen zu können. Er sprach zu Fürsten und Völkern nicht wie ein Flüchtling, sondern als läge in seinen Händen alle irdische Gewalt, vereint mit der Verfügung über die Schrecken des Jenseits; dies hinderte freilich nicht, daß er, weil es mit der irdischen Macht in Wahrheit sehr schlecht bestellt war, und seine Truppen mehr Niederlagen als Erfolge zu verzeichnen hatten, die Klugheit des verschlagenen Politikers im kleinen wie im großen entwickelte, um seine Partei zu stärken und den Anhängern des verhaßten, abwesenden Kaisers Schwierigkeiten zu bereiten. Noch im Herbst des Jahres 1227 war seine Haltung gegen Lucca eine sehr unfreundliche gewesen. Er erhob auf Grund der Mathildischen Erbschaft Ansprüche auf das Berggebiet der Garfagnana, nördlich jener Stadt, das er unter die Hoheit der Kirche bringen wollte,[2] während Lucca sich dieses benachbarten Gebietes bemächtigt hatte. Gregor entsandte seinen Kaplan Cintius (Cencio), damit er die Kommune, wenn sie nicht gutwillig folge, durch Kirchenzensur zwinge, die Garfagnana der päpstlichen Herrschaft zu überlassen.[3] Der päpstliche Kaplan hat nichts ausgerichtet, denn die Zeiten waren nicht dazu angetan, um die Städte zur Nachgiebigkeit zu stimmen, und man wußte in Lucca, daß Gregor den Nachbarfeinden des kaisertreuen Pisa nicht viel Böses antun werde. Bald zuckte denn auch der Bannstrahl nicht auf die Lucchesen, trotzdem sie die Garfagnana nach wie vor besetzt hielten, sondern auf Pisa nieder. Man hatte sich dort nicht daran gekehrt, daß Ubaldo Visconti dem Papst wegen seiner Eroberungen in dem von der Kirche beanspruchten Sardinien in tiefer Seele verhaßt war, sondern hatte den Exkommunizierten zum Podestà erhoben, wie denn überhaupt bei dem fortwährenden Mißbrauch des äußersten kirchlichen Strafmittels dieses mehr und mehr von seinem alten Schrecken verlor. Gregor hatte zunächst versucht, durch den Bischof von Massa, die Familie Cortevecchia und einen in Zwist mit den übrigen Familiengliedern lebenden Zweig der Visconti (die Visconti von Fuoriporta) eine Ver-

[1] Die kaiserlichen Verleihungen der Burgen an Pisa in den Privilegien für Pisa von 1191, 1. März und 1209, 25. Oktober. Dal Borgo, Diplomi Pisani p. 24 u. 28.

[2] Vgl. Overmann, Gräfin Mathilde, S. 117.

[3] Reg. Imp. 6709, Schreiben Gregors IX. an Pistoia von 1227, 22. September. — Schreiben an Cintius vom 23. September, gleichzeitige Kopie, Archivio Roncioni in Pisa. — Breve an Lucca, 1228, 12. Februar, SAL. — Comunità di Barga.

schwörung gegen Ubaldo anzetteln zu lassen, um ihn zu hindern, nach Sardinien zu gehen, um seine Macht in Pisa zu stürzen und ihm die schon früher erworbenen Besitzungen auf der Insel fortnehmen zu können;[1]) als diese lichtscheue Machenschaft unausgeführt blieb, wahrscheinlich weil sich die pisaner päpstliche Partei zu offener Schilderhebung zu schwach fühlte, trat der Papst mit dem Gebannten in direkte Beziehungen und suchte eine Einigung mit ihm herbeizuführen, zweifellos in der Absicht, Pisa dem Kaiser zu entfremden. Ubaldo kam in der Tat nach Perugia, doch die Verhandlung blieb ohne Ergebnis, und nun erging an den pisaner Erzbischof die Weisung, über die Stadt das Interdikt zu verhängen, wenn die Bürgerschaft ihren Podestà nicht verjagen wolle und wenn sie ihn, was wohl einigermaßen schwer gewesen wäre, nicht zur Herausgabe jener sardinischen Besitzungen zwinge.[2]) Ubaldo beherrschte sie im Namen seiner jugendlichen Gattin Adalasia, denn diese hatte als Tochter des Mariano II., Judex oder Königs von Torres, und Enkelin des Markgrafen Wilhelm von Massa, Judex von Cagliari, ein Erbrecht auf die beiden Judikate. Pisa konnte sich während des dreizehnten Jahrhunderts rühmen, Könige zu seinen Bürgern zu zählen, wenn auch freilich nur Teil- und Kleinkönige der benachbarten Insel, deren kriegerfüllte, ewig wechselnde Schicksale durch das Medium von Pisa hindurch einen fortwährenden, verwirrenden Einfluß auf die Geschicke Toskanas übten. In Pisa herrschten die Geschlechter zumal durch die Machtstellung und das Ansehen, das ihnen ihr sardinischer Besitz gab, während sie in Sardinien sich nur durch die Hilfe der pisaner Bürgerschaft zu behaupten vermochten; diese aber wurde ihnen meist willig gewährt, weil der Handel mit dem nahen Eiland für Pisa wichtig war und weil die Herrschaft der Genuesen, die dauernd nach dessen Besitz strebten, für die Seemacht der Pisaner eine Lebensgefahr gebildet hätte. Unter solchen Umständen waren die Interessen des Ubaldo Visconti und der Kommune viel zu eng verknüpft, als daß es Gregor hätte gelingen können, die Pisaner durch seine Drohungen zur Verjagung des tatkräftigsten ihrer Mitbürger zu veranlassen; noch weniger war man natürlich gewillt, den Weisungen des Papstes und seines Legaten wegen Herausgabe der Burgen des luccheser Bischofs zu folgen. Der Legat des Papstes, Kardinal Giuffredo, bemühte sich ein halbes Jahr hindurch ebenso emsig, wie vergeblich; die Lucchesen schwuren ihm willig,[3]) da sie wußten, daß er ihre Sache führte;

[1]) Päpstliche Schreiben an die Edlen vom Hause Cortevecchia vom 7. und an den Bischof von Massa vom 8. März 1228; Auvray 276 und 275.

[2]) Schreiben Gregors an Ritter und Volk von Pisa, 1228, 9. Oktober, Auvray 220. — Daß Ubaldo schon vor dem 3. Oktober 1227 zum Podestà Pisas erhoben war, ergibt ein arabisches Schreiben, das der Herrscher von Tunis zur Empfehlung eines tunesischen Juden an jenem Tage an ihn richtete (SAP. — Archivio del Comune).

[3]) Schwur der Lucchesen von 1228, 21. März, SAL. — Acquisto Fiorentini. — Reg. Imp. 12985. — Der der Pisaner ist in der Urkunde s. s chronol. des Erzbischöflichen Archivs zu Lucca ++ D. 5 erwähnt.

auch die Pisaner sahen sich veranlaßt, ihm Schwüre zu leisten und Geiseln für deren Befolgung zu stellen, doch offenbar nur in der Absicht, die Angelegenheit zu verschleppen und die Verhandlungen in die Länge zu ziehen. Der Krieg zwischen dem Papst und dem Kaiser kam bei diesen Streitigkeiten insofern in Betracht, als jene Burgen in den Händen der Pisaner vorgeschobene Posten bei etwa notwendiger Verteidigung der Reichsburg San Miniato, im Besitz der Lucchesen aber ebensoviele Stützpunkte für einen etwaigen Angriff gegen sie bilden konnten. Der Legat fällte am 21. August 1228 ein feierliches Urteil gegen die Pisaner, das auf Zurückstellung der Kastelle an ihren rechtmäßigen Eigentümer, Bischof Obizo von Lucca, lautete, doch die Antwort bestand in einem Befehl der pisaner Stadtbehörden an die Einwohner der Burgen, jede Übergabe an die Bevollmächtigten des Kardinals strikt zu verweigern.[1]) Darauf verließ Giuffredo Tuszien, wo er, abgesehen von dem Mitteramt bei der Unterwerfung Pistoias unter Florenz, so wenig ausgerichtet hatte, und ging nach der Lombardei, um dort seine Tätigkeit im Interesse der päpstlichen Politik gegen die kaisertreuen Städte zu entfalten. In einem Kloster der Diözese Modena versammelte er am 17. Oktober Bischöfe nebst anderen Prälaten und verhängte über Pisa das Interdikt,[2]) was freilich keinen rechten Zweck mehr hatte, da Papst Gregor acht Tage vorher von Perugia aus mit aller Feierlichkeit das gleiche getan hatte. In Pisa jedoch beachtete man den einen Bannfluch ebensowenig wie den anderen; ein von dem luccheser Bischof zu diesem Zweck in die Nachbarstadt entsandter Notar hatte zu konstatieren, daß in der Nacht von Allerheiligen zu Allerseelen die Glocken geläutet wurden, daß man an beiden Tagen in den Kirchen wie im erzbischöflichen Palast Gottesdienst hielt, daß die Prozessionen zu den rings um die Gotteshäuser befindlichen Gräbern in der gewohnten Art stattgefunden hätten, und daß im Dom der Erzbischof in eigener Person dem päpstlichen Interdikt zum Trotz eine lange Predigt hielt, die freilich, wie er boshaft konstatierte, nur von einem kleinen Häuflein Erbauungsbedürftiger angehört wurde.[3]) Der Papst beauftragte solcher Nichtachtung seiner Sentenzen gegenüber das Ober-

[1]) Die von Pisa besetzten Burgen waren Montopoli im Arnotal zwischen San Miniato und Pontedera, Collegoli, Montecastello, Pratiglione, San Gervasio, Montecastelli, Tojano und Palaja, sämtlich im Eratal, sowie Tempiano. Dies ergeben die Urkunden des Erzbischöflichen Archivs zu Lucca von 1228, 26. August * C. 3; 27. August †† D. 31; 1. September † J. 2; 3. November †† L. 23; ferner das päpstliche Schreiben an den Bischof von Florenz 1229, 9. Februar; Baluze-Mansi, Miscell. IV, 188.

[2]) Urk. im Erzbischöflichen Archiv zu Lucca * J. 23.

[3]) Urkundlicher Bericht des luccheser Notars Jacob, Pisa 1228, 2. November. Erzbischöfliches Archiv zu Lucca * J. 33. — Der Erzbischof weigerte sich, die Exkommunikationen und Interdikte zu verkündigen; vgl. das Schreiben des Petrus Prior von S. Frediano von Lucca, Baluze-Mansi, Miscell. III, 429 und das Schreiben des Kardinals Giuffredo aus Mailand vom 16. November, Erzbischöfliches Archiv zu Lucca † Q. 52.

haupt der Kirche von Florenz, dafür zu sorgen, daß das Interdikt in Pisa beobachtet werde,[1]) wodurch er den weltlichen Waffen der Arnostadt eine geistliche hinzugesellte.

Schon 1227 waren die Pisaner gegen die Luchesen in den Bergen der Garfagnana zu Felde gezogen, hatten in der Gegend von Barga siebzig Ortschaften und Kastelle verwüstet, waren dann aber bei der dicht vor Lucca malerisch über dem Serchiofluß aufragenden Burg Rozzano geschlagen worden.[2]) Im Jahre 1228 hatten sich Kämpfe in der Gegend der Era und am Arno abgespielt, die nach der Unterwerfung Pistoias stattgefunden haben müssen. Luchesen und Florentiner waren gemeinsam in jene Landschaft gerückt, und die Pisaner zogen ihnen, unterstützt von deutscher Mannschaft, entgegen; wir wissen nicht, ob das Reich ihnen Hilfstruppen gestellt hatte, oder ob es sich um deutsche Soldritter handelte, die in ihren Dienst getreten waren. Das pisaner Heer traf die verbündeten Feinde bei Lavriano, östlich von Pontedera und schlug sie in die Flucht; die Zurückweichenden suchten an das rechte Arnoufer zu gelangen, wobei viel Fußvolk von den Pisanern gefangen genommen wurde.[3]) So hatte Florenz in einem Jahre einen bedeutenden Sieg errungen und zwei, freilich nicht sehr schwerwiegende Niederlagen, eine jenseits und eine diesseits des Apennins, erlitten.

Ganz Italien schallte vom Waffenlärm. Das Schlüsselheer des Papstes rückte im Januar 1229 ins Königreich Neapel ein, nachdem zwei Monate zuvor die Herzöge Rainald und Berthold von Spoleto in das südtoskanische päpstliche Gebiet eingedrungen waren, das man in Rom als das Hausgut Sankt Peters oder das Patrimonium der Kirche zu bezeichnen liebte. An die tuszischen Bischöfe war am 3. Dezember 1228 ein päpstliches Rundschreiben ergangen, das sie beauftragte, die beiden Brüder, von denen der eine Reichslegat von Toskana war, für exkommuniziert zu erklären und all ihre Anhänger in den Städten in den gleichen Bann zu verstricken.[4]) Damit war für jetzt die Autorität des Reiches vernichtet, soweit sie sich nicht wie in Pisa und Siena auf die feste Treue oder das Interesse der Bürgerschaften stützen konnte. Bei der Wiederholung jener Exkommunikation am Gründonnerstag wurden dann gleich dem Kaiser und jenen Brüdern auch der Kastellan von San Miniato, ihr Neffe Eberhard von Estac, und Ubaldo Visconti von Pisa mit dem erneuten Fluch der Kirche belegt, Ubaldo aus den bekannten Gründen, Eberhard, weil er angeblich solche, die zum römischen Stuhle reisten, ausgeplündert hatte, was des feierlichen Kurialstils entkleidet wohl bedeutete, daß

[1]) Päpstl. Schreiben vom 9. Febr. 1229. Baluze-Mansi, Miscell. 188. — In einem Schreiben Innocenz des Vierten vom 14. Mai 1244 an Pisa (Ughelli-Coletti. III, col. 431) wird die ganze Angelegenheit noch einmal rekapituliert.

[2]) Chron. Lucchese. Cod. Palat. 571 der Florentiner National-Bibliothek.

[3]) Auch von diesem, für Florenz unglücklichen Kampf wissen die florentiner Chronisten nichts zu berichten. Wir erfahren von ihm durch die Pisaner Chronik im Kodex 54 des Luccheser Staatsarchivs zu 1229 (pisaner Zählung).

[4]) M. G. Epp. I, 295.

Boten der auf päpstlicher Seite stehenden Städte der Lombardei und Tusziens, die nach Perugia zum Papste wollten, auf seinen Befehl aufgegriffen, ihrer Briefschaften beraubt und gefangen gesetzt waren.[1]) Wir ersehen daraus, daß Eberhard von Estac sich auf der Reichsburg über der Elsa und dem Arno hielt, doch seine Macht muß eine äußerst beschränkte gewesen sein. Konnte er hier und da einen Boten an den Papst abfangen, so vermochte er nicht zu hindern, daß in dem größeren Teil Tusziens geistliche Agenten Geldmittel für die Heere aufbrachten, die der kampflustige Oberpriester gegen die Reichstruppen ins Feld stellte. Der Zehnte wurde auf alle kirchlichen Einnahmen ausgeschrieben; in ferne Lande, selbst bis nach Schweden[2]) ergingen Gregors Bittgesuche um weitere bare Hilfe, aber der italienischen Geistlichkeit gegenüber nahmen sie die Form von Befehlen an. Ins Florentinische entsandte er seinen Skriptor, Magister Benedikt, und die Summen, die den Kirchen und den Klöstern neben dem Zehnten auferlegt wurden, scheinen sehr erhebliche gewesen zu sein; sie wurden nach den päpstlichen Worten erhoben „wegen dringender Angelegenheit, wegen der Freiheit der allgemeinen Kirche", während doch in Wahrheit Gregor dem Kaiser den Fehdehandschuh hingeworfen und den Angriff gegen seine Gebiete ins Werk gesetzt hatte, als Friedrich, sein Kreuzzugsgelübde erfüllend, in den Orient zog.[3])

In den Gemütern der Bürgerschaft müssen die Kämpfe zwischen Papst und Kaiser, die so stark in alle Verhältnisse eingriffen, einen lebhaften Widerhall geweckt haben; die einen mußten mit ihren Sympathien auf seiten des Monarchen, die andern auf denen des Greises stehen, der mit der einen Hand das geistliche, mit der anderen das weltliche Schwert führte. Aber was der florentiner Geschichte dieser Jahre ihr besonderes Gepräge gibt, ist dieses, daß nicht die geringste Spur dafür vorhanden ist, es hätte eine der Parteien, in die sich der einflußreichste Teil der Bürgerschaft schied, die Vaterstadt auf die Seite der kirchlichen oder der weltlichen Macht hinüberzuziehen versucht. Guelfen und Ghibellinen hielten vielmehr miteinander Frieden, verwalteten die Stadt gemeinsam und wandten ihre Kräfte zum Vorteile der Heimat vereint nach außen. Noch war die Zeit nicht gekommen, wo die guelfische Partei zur Partei der Kirche wurde, und die florentiner Ghibellinen waren noch nicht gewillt, sich verräterisch mit den Feinden der Vaterstadt zu verbünden. Sie

[1]) Die feierliche Bannung M. G. Epp. I, p. 318 bezeichnet „1229 circa Aug. 20". Daß sie aber am 12. April (Gründonnerstag) verkündet bezw. wiederverkündet sein muß, ist Reg. Imp. 6759 ausgeführt.

[2]) Brief an König Erich 1228, 21. Dezember. M. G. Epp. I, 295.

[3]) Dem Vallombrosanerkloster Coltibuono wurden 205 Librae durch den mag. Benedictus domni pape scriptor auferlegt. Seine Bevollmächtigung war aus Perugia (1228), 1. Dezember datiert. (Stark zerstörte Urkunde im Besitz der Erben des Barons Horace Landau.) Coltibuono war ein keineswegs reiches Stift. — Fernere Urkunden bezüglich der Erhebung des Subsidiums 1229, 11. Februar, Mittarelli, Annal. Camaldol. IV, App. col. 477 und 1229, 12. April, SAF. — Camaldoli.

kämpften gegen die kaisertreuen Städte, weil auf diesem Wege für Florenz Machterweiterung und Ruhm zu erringen war, und wenn unter ihnen einige Elemente vorhanden sein mochten, die einen Anschluß an das Reich für wünschenswert erachtet hätten, so gab dessen jetzige Schwäche ihnen so offenkundig Unrecht, daß ihre Stimme keine Beachtung finden konnte.[1])

Siena und Montepulciano.

Den innern Grund zum Haß gegen Siena bildete dessen Einfluß auf das durch die Reichsgewalt aus der Abhängigkeit von Florenz befreite Poggibonsi, aber den äußern Anlaß zum Kampf gab eine Volksbewegung in Montepulciano. In der südöstlich von Siena gelegenen Bergstadt über dem sumpfigen, frucht- und weinreichen Chianatal hatte der Kampf zwischen Popolanen und Ritterschaft sich zu solcher Erbitterung gesteigert, daß die Vornehmen, achtzig an der Zahl, sich nicht mehr zu halten vermochten und Rache heischend die Heimat verließen. Montepulciano führte seit langer Zeit ein erbittertes Ringen gegen Siena, um seine Selbständigkeit gegen dessen Übermacht zu bewahren, und Florenz hatte die kluge Politik befolgt, es zu unterstützen, um Siena zu schwächen.[2]) In jenes merkwürdige „Gedenkbuch der Beleidigungen", das die Sieneser Kommune führte, hatte man eingetragen, wie Montepulciano den Sienesen zu dienen verschmähe und es mit deren Feinden halte;[3]) den vertriebenen Rittern aber lag die eigene Machtstellung mehr am Herzen, als die Unabhängigkeit ihrer Stadt, und sie traten mit Siena ins Bündnis. In Florenz behauptete man, die Sienesen seien es gewesen, die, um die eigenen Ziele zu verfolgen, den Bürgerzwist angestiftet, den einen Teil der Einwohner gegen den anderen gehetzt hätten; da die Arnostadt in einem Protektoratsverhältnis zu Montepulciano stand, galt die Einmischung Sienas in jene innern Streitigkeiten als eine Herausforderung der Florentiner, zumal eine der Bedingungen des sieneser Vertrages mit den Rittern dahin ging, daß, wenn diese Herren der Heimatstadt würden, Montepulciano von jedem Vertrage mit Florenz zurücktreten müsse.[4]) Fast schlimmer als der Verrat an der Vaterstadt selbst war, was in der Folge zu Brauch und Regel wurde, hier aber für uns zuerst in die Erscheinung tritt, daß jeder der Montepulciano verlassenden Ritter dafür von Siena vertragsgemäß eine Barzahlung (hundert Librae) empfing;[5]) obwohl die ausziehenden Ritter, die ihre Einkünfte mit dem Verlassen der Heimat verloren, des Geldes gewiß dringend bedurften, war

[1]) Vereinzelte Florentiner finden wir trotzdem auf seiten der Feinde. Ein Ugolinus aus Florenz lieferte im September 1229 Siena Kriegsmaterial. SAS. — Biccherna, 9, f. 26².

[2]) Bd. I, 649—55.

[3]) Memoriale delle offese, ed. Bianchi, Archivio Storico. Serie III, tomo 22 (1873). p. 204.

[4]) Betr. des Vertrages der Ritter von Montepulciano mit Siena, 1229, 21. März, s. Forsch. usw. IV, „Die Popularbewegung" unter „Montepulciano". — Die Behauptung, Siena habe die Zwietracht in Montepulciano gesät, bei Sanzanome (ed. Hartwig) p. 27.

[5]) SAS. — Biccherna 9. f. 31².

dies ein Judaslohn, und als solcher galt diese Bezahlung auch den Zeitgenossen.[1])

Siena ging mit weitschweifiger und etwas pedantischer Umständlichkeit gegen Montepulciano zu Werke; es schickte zweimal Gesandtschaften dorthin, um zu erklären, daß es Frieden und Freundschaft mit der Stadt halten wolle, doch nicht mit dem Popolo allein, sondern mit Rittern und Volk zugleich, worauf es sich die Antwort gefallen lassen mußte: man wünsche keinen Frieden mit den fortgezogenen Rittern, noch trage man nach der Liebe Sienas Verlangen; man wolle nicht „ohne Befehl und Willen der Kommune Florenz" handeln.[2]) Mitte Mai machten die Montepulcianesen einen Verwüstungszug gegen das Siena gehörige, von der fortgezogenen Ritterschaft besetzte Montefollonica, schnitten die Saaten, Bäume und Weinstöcke ab und verbrannten die Hütten. Siena hatte einen Notar beauftragt, vor dem Tore stehend, solches Vermessen in aller Form zu Pergament zu bringen; der Notar bekam mehrfach neue Arbeit, denn die von Montepulciano kehrten noch zweimal zurück, weil sie fanden, daß sie ihre Arbeit nicht gründlich genug verrichtet hätten.[3]) Um für sein Vorgehen, das gegen den mit Florenz abgeschlossenen Frieden von 1208 verstieß,[4]) einen Rechtstitel zu erlangen, veranlaßte Siena den Kastellan von San Miniato, der Gemeinde Montepulciano vorzuschreiben, daß sie sich betreffs des Streites mit ihrer Ritterschaft seinem Urteil zu unterwerfen habe. Da sie dies natürlich nicht tat, die Boten des Kastellans vielmehr mit Schimpf aus der Stadt gejagt wurden, belegte Eberhard von Estac Montepulciano mit dem Reichsbann und erteilte Siena den sehr erwünschten Befehl, die Stadt zu bekriegen, den er übrigens auf alle Reichstreuen ausdehnte.[5]) Diese Einmischung aber ließ sich der deutsche Herr, der Neffe des Herzogs von Spoleto, von den Sienesen mit barem Gelde bezahlen;[6]) es hätte sonst freilich auch kein Grund vorgelegen, seine schwache Autorität durch ein Eingreifen in diese Händel bloßzustellen. Siena beschickte Orvieto um Hilfe gegen seine „Todfeinde" von Montepulciano, wobei es sich auf die bestehenden Verträge berief, und die umbrische Stadt, die für dieses Jahr von

---

[1]) Sanzanome l. c., der die Zahl der ausgezogenen Ritter auf achtzig angibt. In den erhaltenen Verträgen liegen die Siena geleisteten Schwüre von 56 Milites vor.

[2]) Urkunden von 1229, 17. April und 9. Mai, SAS. — Riform. Der Notar der ersteren schrieb irrig 1228, 2. ind.

[3]) Urkunden von 1229, 13. und 20. Mai, sowie vom 16. Juni. Ebendort.

[4]) Bd. I, 655.

[5]) 1229, 22. Mai und 15. Juni, Reg. Imp. 13034 u. 13036. — 1229, 23. Mai, SAS. — Riform. — 1229 (der Notar schrieb irrig 1228), 17., 20. und 21. Juni. Ebendort.

[6]) Zahlung an den Kastellan von San Miniato im Juli 1229, „pro ordinamento facto inter commune Senense et eum pro facto Montispalciani, 100 l." — SAS. — Biccherna 9, f. 11^{2}. — Ferner von 320 l. aus gleichem Anlaß im Oktober, Ibid. f. 31.

dem Florentiner Meliorello Catalani aus dem Geschlecht der Tosinghi regiert wurde, sagte sie heuchlerisch zu.[1]) In Wahrheit stand sie schon seit 1225 mit Florenz im Bündnis,[2]) und zwei Tage, nachdem den sieneser Gesandten vor versammeltem Rat der freundlichste Bescheid erteilt war, schloß sie in Anwesenheit eines florentiner Richters einen Geheimvertrag mit den Vertretern der Bürgerschaft von Montepulciano, wonach sie eben diesen Todfeinden Sienas in vollem Umfange ihre Hilfe zusagte.[3]) Florenz und Orvieto erneuerten in feierlicher Weise ihre Allianz mit der ausdrücklichen Wendung, daß deren jetziger Zweck der Schutz der bedrohten Kleinstadt über der Chiana, der Kampf wider Siena sein solle.[4]) Den verbündeten kaisertreuen Städten Siena und Pisa, auf deren Seite Montalcino und Cortona[5]) fochten, stand die gegnerische Liga, bestehend aus Florenz, dem Pistoia gezwungene Heeresfolge leisten mußte, Lucca, Arezzo,[6]) Orvieto, Montepulciano und etlichen unbedeutenderen Bundesgenossen, gegenüber.

In den Tagen ihres Abschlusses kehrte Kaiser Friedrich aus dem Orient heim, nachdem er das heilige Grab als Gebannter, nicht durch das Schwert, sondern durch freundschaftliche Verhandlung mit dem Sultan befreit hatte. Am 10. Juni 1229 landete er in Brindisi, doch er hatte zunächst seine Abrechnung mit dem „Kalifen der Christenheit" vorzunehmen, wie man den Papst im Osten nannte; Jahre konnten vergehen, ehe er in den Stand gelangte, sich den Angelegenheiten Toskanas zuzuwenden, und so wurden diese nur mittelbar durch sein Wiedererscheinen berührt. Von Florenz aus hatte man eben in dieser Zeit dem Papst eine Freude zu machen geglaubt, indem man ihm gefangene Ketzer nach Perugia übersandte;[7]) eine Aufmerksamkeit, für die Gregor IX. gewiß dankbar war, während er indes im übrigen Siena, trotz

---

[1]) Fumi, Cod. Diplom. 119.

[2]) Ann. Urbevetani, M. G. Ss. XIX, 269.

[3]) Vertrag von 1229, 10. Juni, Fumi 121, der die Verpflichtungen Montepulcianos enthält. Der Gegenvertrag wurde vom Podestà Orvietos 1229, 13. Juni, im Lager vor Viterbo vollzogen (SAF. — Comunità di Montepulciano). Er hatte offenbar den Römern, die gegen Viterbo kämpften, Hilfsmannschaften Orvietos zugeführt.

[4]) Florenz 1229, 27. Juni. — Fumi 122 und Santini 215, wo das Datum im Regest irrig.

[5]) SAS. — Biccherna 9, f. 31.

[6]) Arezzo (und die Römer, diese aber jedenfalls ausschließlich als Verbündete von Orvieto) werden in dem Bündnisvertrag Orvieto-Montepulciano von denen exzipiert, gegen die Hilfe zu leisten ist. Siena suchte wiederum durch geheime Verhandlungen Arezzo auf seine Seite hinüberzuziehen (SAS. — Biccherna 9, f. 11² und 15²), doch blieben die Versuche vergeblich. Das Bündnis zwischen Florenz und Arezzo wurde im Gegenteil am 30. Oktober 1229 feierlich erneuert. Dies wird in dem Vertrag zwischen beiden Städten von 1258, 15. Mai, SAF. — Capit. XIX. f. 178² erwähnt.

[7]) Vgl. oben S. 145.

dessen inniger Beziehung zu dem gebannten Reichskastellan von San Miniato, eine alte Neigung zuwandte, die aus den Zeiten seines Kardinalats herrührte. Offenbar in der Hoffnung, es von Pisa und dem Kaiser zu lösen, beschied er Gesandte der Stadt nach Perugia, „weil er um großer und schwieriger Angelegenheiten willen des Rates Sienas bedürfe".[1]) Bald darauf suchte er sogar das gebannte Pisa, wo man seinem Interdikt Hohn gesprochen hatte, wieder an sich zu ziehen, denn des Kaisers Rückkehr brachte ihm wegen der süditalienischen Kämpfe die Gegnerschaft der Seestadt ebenso unangenehm zur Empfindung, wie ihm deren Gehorsam bequem gewesen wäre. So suchte man an der Kurie in gewohnter Schaukelpolitik wieder einmal die Beschwerden gegen Lucca in Sachen der Garfagnana hervor,[2]) und empfing Gesandte Pisas, die den Papst wegen der Absolution ansprachen, in höchst freundlicher Art; Gregor entsandte seinen Subdiakon und Notar Panduls, um die Angelegenheit der Burgen des Bistums Lucca zu schlichten, doch Pisa gab sie natürlich jetzt so wenig heraus wie früher, und die Dinge wurden auf den verschlungenen Weg eines neuen Prozesses hinübergeleitet.[3]) Immerhin ersieht man aus den Verhandlungen mit Siena und Pisa, wie wenig in dieser Zeit die Fehden der tuszischen Städte in unmittelbarem Zusammenhang mit den Kämpfen zwischen Kirche und Reich standen, wie die regionalen Zwistigkeiten neben jenen tieferen und größeren ohne eigentlichen Zusammenhang mit ihnen einhergingen, und wie keine der feindlichen Gruppen ihre eigenen Interessen mit denen von Kaiser oder Papst identifizierte.

Siena befestigte Montefollonica, den Stützpunkt der fortgezogenen Ritter Montepulcianos, und legte zu ihrer Unterstützung Armbruster in den Ort. Vor dessen Mauern kam es im Juli 1229 zu einer Schlacht zwischen den Sienesen und Orvietanern,[4]) die aber nichts entschied; es blieb für die sommerliche Zeit, im Juni und Juli, bei wechselseitiger Vernichtung der Ernten und Verwüstung der Territorien. Die Bürgerschaft von Rom beschloß, den Brand auf seinen eigentlichen Herd zu beschränken und durch ihre Gesandten zwischen

[1]) Päpstliches Schreiben an Siena (1229), 4. Juli, SAS. — Riform.; Archiv-Bezeichnung 1230, 12. Juli. — Die Gesandten sollten bis 22. Juli vor Gregor erscheinen.

[2]) 1229, 20. August. Pachi, Ricerche sulla Garfagnana p. XVII.

[3]) Päpstl. Schreiben an Panduls 1229, 5. September, Auvray 338. — Erklärung des Podestà von Pisa, er wolle zwar die Einnahmen der Burgen jenseits des Arno an den luccheser Bischof abführen, aber nicht sie selbst zurückstellen, 1229, 1. Oktober. Erzbisch. Archiv zu Lucca * J. 30. — Päpstl. Schreiben vom 17. November, dem Podestà von Pisa am 24. November überreicht, Kapitel-Archiv in Lucca, M. 48. — Podestà von Pisa war 1229 Anibaldus, Seneschall des Papstes, zweifellos aus der römischen Familie der Anibaldi. Persönliche Beziehungen zwischen dem Papst und ihm mögen den Versuch einer Wiederanknüpfung mit Pisa veranlaßt haben.

[4]) Fumi 128; nach Biccherna 9. — Ausgaben Sienas im Juli, Biccherna 9, f. 10—15².

Rüstungen der Sienesen und der Florentiner.

Siena, Poggibonsi und Florenz zu vermitteln,[1]) doch die wohlgemeinte Absicht erzielte nicht den geringsten Erfolg. Siena ließ rings in Mittelitalien das Werbegebot ergehen und nahm umbrische Ritter in Sold; seine Boten durcheilten die italienischen Städte, um die Mitbürger, die sich Handels halber in der Fremde befanden, zu schleuniger Rückkehr zu mahnen, damit sie die Waffen für die Heimat ergriffen.[2]) In Florenz läutete die Martinella zu Auszug und Kampf; der Carroccio wurde aus der Opera di San Giovanni hervorgezogen, den Fahnenmast trugen Grafen, Vornehme und die edelsten Bürger auf ihren Schultern aus der Aufbewahrungsstätte, der Taufkirche, heraus; der goldene Apfel wurde auf seiner Spitze befestigt und ihn überwehten eine Palme und ein Olivenzweig. Dies war ein Symbol, durch das man auszudrücken schien, man ziehe nur um des Friedens willen in den Krieg; aber das Sinnbild verkörperte eine Selbsttäuschung, denn auf den Schlachtfeldern wurde nicht der Friede erkämpft, sondern stets neuer Hader und Haß gesät. Ein aufrichtigeres Sinnbild war die blutrote Farbe des Stoffes, mit dem die acht Stiere des Bannerwagens bedeckt und in den ihre Führer, die „bubulci“ (vom Volk „grulli“, Dummköpfe, genannt) gekleidet waren. Das kriegerische Palladium der Kommune wurde von fünfzig erlesenen Rittern und der etwa vierfachen Zahl von Fußkämpfern geleitet und bewacht, die aus allen Stadtsechsteln zu diesem Amt erwählt waren. Der Reichtum eines städtischen Heeres an Wimpeln und Abzeichen jeder Art war ein unendlicher, und der Anblick, den es darbot, muß ein überaus bunter und belebter gewesen sein. Die Ritterschaft eines jeden Stadtsechstels zog unter eigenem Banner einher: die von Oltrarno unter weißer, die von San Piero Scheraggio unter schwarzgelber, quergeteilter Fahne, die vom Borgo unter einer mit weiß-blauen Feldern, die von San Pancrazio unter hochroter und die von Porta San Piero unter gelber. Dem Podestà wehte die weiß-rote Standarte der Kommune voran; vor dem Carroccio flatterten, von dessen Wache getragen, zwei Paniere, eines mit rotem Kreuz auf weißem, eines mit weißem Kreuz auf rotem Grunde. Die Armbruster führten zwei Banner, jedes zeigte eine Armbrust, eine auf rote, eine auf weiße Seide gemalt, wie denn all diese Abzeichen aus gewachstem „Zendado“, einem leichten Seidenstoff, angefertigt waren, auf den die Insignien teils gemalt, teils aus andersfarbigem Stoff ausgeschnitten und aufgesetzt waren. Die mit Schwert oder Speer bewaffneten Fußtruppen führten gleichfalls zwei Gonfaloni, einen weißen mit rotem Schild, auf dem man eine weiße Lilie, einen roten mit weißem Schild, auf dem man den roten Giglio erblickte. Die Bogenschützen folgten einem weißen und einem roten Banner, auf deren jedem ein Bogen zu sehen war. Die magistri picconarii (aus diesem Wort ist „Pionier“ entstanden) trugen ein Banner, auf dem der „piccone“, die Spitzhacke, abgebildet war, die „mannarii“ eines mit dem Beil; andere dieser „Meister“, die den Reihen der Bauhandwerker und Zimmerleute ent-

[1]) SAS. — Biccherna 9, f. 25^{2} (September-Ausgaben).

[2]) Ibid. f. 26 und f. 28^{2}.

nommen waren, folgten dem auf einem Seidenwimpel gemalten oder aufgenähten Abzeichen der Säge oder der Schaufel. All diese letzteren Mannschaften hatten für die Befestigung des Lagers, für Errichtung von Gräben zu sorgen und die zur Belagerung von Burgen und Städten erforderlichen Arbeiten auszuführen, hölzerne Türme zur Beschießung, eisenbeschlagene Widder zur Berennung der Mauern herzustellen, oder auch nur zusammenzusetzen, denn die einzelnen Teile wurden in der Heimat gearbeitet und, auf Maultiere verladen, mitgeführt. Ein Banner hieß die „Fahne der Verwüstung" und wurde der Mannschaft vorangetragen, die zur Ödelegung feindlichen Gebietes bestimmt war; 200 Mann wurden ausdrücklich als „guastatori" bestimmt und ihre nach vorbedachtem Plan ausgeübte Tätigkeit wurde durch besonders hierfür ernannte Beamte geleitet. Der „Markt", die Abteilung, die Brot und Wein fürs Heer führte, und die man in modernen Zeiten als den „Train" bezeichnet — doch mit dem Unterschiede, daß hier jeder sich auf eigne Kosten zu behördlich festgestellten Preisen mit Nahrung versorgen mußte —, hatte eine Fahne mit einem Brote oder dergleichen als Abzeichen, und selbst der Troß der Maultiertreiber, die Zelte, Waffen, Kleider, Geschirr und Kriegsgerät transportierten, hatte die seine mit einem Maultier als Merkmal. Das seltsamste Banner von allen aber war das der „Ribaldi", der Verkommenen und der fahrenden Leute, der Gaukler, der Kuppler und ihres weiblichen Gefolges, wie der Spielhalter, die das Heer begleiten durften, sicher mit dem strengen Befehl, den ihnen zugewiesenen Ort im Lager und ihre Fahne auf dem Marsch nicht zu verlassen; diese zeigte auf weißem Grund gemalt eine Gruppe von Spielenden. Die Abzeichen der Ritter und Fußtruppen wurden jährlich am Pfingsttag auf dem Mercato Nuovo feierlich vom Podestà ausgeteilt; es war eine besondere Ehre für Ritter und Popolanen, zum Bannerträger ihrer Abteilung ausersehen zu werden, die dem angesehensten jeder Gruppe zu teil wurde.[1])

Dem Heere der Florentiner, das, dem Bannerwagen folgend, von dem Podestà Giovanni Bottacci geführt, im September 1229 bei dem Chiantiort Radda die Grenze des sieneser Gebietes überschritt, hatten die Brüder des Grafenhauses Guido Guerra ihre Mannschaften hinzugesellt, und die Aufgebote der verbündeten Großen, der Städte Lucca, Pistoia und Prato mochten zusammen so stark sein, wie das bedeutende florentiner Heer selbst. Die Vorrückenden trafen bei Pieve Asciata am oberen Lauf des Arbiaflusses auf ein Ritterheer der vereinten Gegner, das, die Schildträger und die Troßknechte nicht mitgerechnet, etwa dreitausend Mann stark war. Es war der berittene Auszug von Siena, von Pisa und von Poggibonsi, durch geworbene Reiters-

---

[1]) Villani VI, 40 berichtet über die „insegne per guerra" zum Jahr 1250, wiederholt hinzufügend, daß all dies sehr alter Brauch war; er bestand ganz ähnlich, in vielen Dingen sogar übereinstimmend, in andern Kommunen, wie die Regesten von San Gimignano ergeben, aus denen deshalb einiges zur Ergänzung entnommen werden konnte. Ferner ist für einige Punkte der Libro di Montaperti herangezogen.

leute verstärkt. Die Florentiner wichen der Schlacht aus und ließen sich aus ihrer offenbar vorsichtig befestigten Stellung nicht herauslocken, obwohl einzelne kleinere Abteilungen ihrer Mannschaften aufgerieben und abgefangen wurden. Es gelang ihnen, sich der Burgen Selvole und Cerreto, nördlich und östlich von Asciata, zu bemächtigen. Immerhin scheint die Lage ihres Heeres eine für längere Zeit nicht haltbare gewesen zu sein. Die Feinde standen sich einige Tage gegenüber, als die Kunde kam, daß die Orvietaner in das südsienesische Gebiet eingefallen seien und gemeinsam mit dem Bürgerheer Montepulcianos (dem wahrscheinlich von der Nachbar-Kommune Arezzo Hilfstruppen gesandt waren) vor Montefollonica lagerten, worauf ein Teil der Sienesen und ihrer Verbündeten dorthin aufbrach. Die Berennung des von Sienesen und den ausgewanderten Rittern Montepulcianos behaupteten Montefollonica verdient unsere Aufmerksamkeit, denn hier zuerst, dann aber stets in den Kriegen der nächsten Jahre wurde durch die Sienesen griechisches Feuer von den Mauern geschleudert; sein plötzliches Auftauchen gerade bei Anhängern des Reiches und gerade zur Zeit, als die mit dem Kaiser ausgezogenen Scharen zurückgekehrt waren, weist deutlich darauf hin, auf welchem Wege das Kriegsmittel vom Orient her, wo es seit Jahrhunderten gebräuchlich war, in die Kämpfe der tuszischen Städte eindrang. Auch eines der dazu notwendigen Materialien muß aus Asien bezogen sein, denn bei der Herstellung dieses Zerstörungsmittels begegnet zum erstenmal in Italien und wohl in Europa das Petroleum, mehr als sechs Jahrhunderte, ehe es in unserem Erdteil der friedlichen Arbeit zu leuchten begann. Jenes „Fuoco pennace“, wie man es nannte, wurde für die Sienesen von einem Arzt, Magister Simon, und einem Apotheker oder Speziale, namens Bartolo, fabriziert, und man schleuderte die Zündmasse in bauchigen gläsernen Gefäßen auf die Feinde nieder.[1]) So wirksam war der Schrecken, den das unbekannte, Tod verbreitende Kampfmittel erzeugte, daß die Orvietaner und die von Montepulciano, in deren Reihen auch florentiner Armbruster kämpften, sofort von Montefollonica abließen und sich gegen Ciliano wandten. Dieser befestigte Ort liegt nördlich von jenem und war, wie es scheint, noch nicht mit dem neuen Kriegsmaterial versehen; schon lehnten die Sturmleitern der Orvietaner an den Mauern Cilianos, als von Norden her der Entsatz heranrückte, wodurch die schleunige Aufgabe auch dieser Belagerung erzwungen und das Heer der Gegner in die Flucht getrieben wurde. Ort und Kastell Sarteano, einem Zweige der Scialenga-Grafen ge-

Niederlage der Orvietaner. / Verwendung griechischen Feuers. / Niederlage der Orvietaner.

[1]) Über „focus pinnicis“, oder „foco pennace“ für Montefollonica und die Ausgaben für seine Herstellung SAS. — Biccherna 9, f. 26ᵃ und f. 57. (Vgl. auch Lisini, „Dei sigilli Senesi“ in Atti e Mem. della Sezione letteraria dell' Accad. dei Rozzi. II [1877], p. 201 n. 1.) Ferner Zahlung für Glasgefäße und Petroleum, im folgenden Jahre zur Verteidigung von Montefollonica Biccherna 10. f. 96ᵃ. — Weitere Materialien waren Schwefel, Pech und Dochte (Bicch. 9 f. 57). — Über Verwendung von Naphtha in den Kämpfen zwischen Arabern und Byzantinern schon i. J. 837 s. Amari, „Sui fuochi da guerra usati nel Mediterraneo“ in Atti dei Lincei. Serie II, tomo 3 (p. 7 des Sonderabzuges).

hörig, schien nach diesen Mißerfolgen einen geeigneten Stütz- und Sammelpunkt zu bilden, da die Herren von Sarteano mit Orvieto in Freundschaft standen; sie öffneten in der Tat die Tore, und der florentiner Podestà Orvietos mit gesamtem Gefolge, ein ansehnlicher Teil der Ritterschaft und zahlreiches Fußvolk fanden dort eine Zuflucht, die ihr Verderben werden sollte; denn die Herren von Sarteano ließen verräterisch die nachrückenden Sienesen ein, und obwohl die Orvietaner die Oberburg, den Cassero, noch kurze Zeit tapfer verteidigten, erlagen sie den Armbrustgeschossen der Feinde und mußten sich am 28. September ergeben. Gegen vierhundert Ritter Orvietos, „cavalieri di corredo", wie bürgerliche Reiter der Cavallata, wurden in die sieneser Gefängnisse geführt. Der Podestà — nicht mehr Meliorello Catalani della Tosa, der im Sommer sterbend an den Arno zurückgekehrt war und seit dem 30. Juli auf dem Kirchhof von Santa Reparata schlummerte, sondern sein Bruder Adimare, der sein Nachfolger geworden war — hatte entfliehen können, aber er ward bei Proceno eingeholt; verwundet fiel er in die Hände der Sieger und wurde nach Siena gebracht, wo er bald seinen Verletzungen erlag. Die Schloßherren von Sarteano sollten keinen Grund haben, sich ihres Verrates zu freuen. In Armut lebten sie während der Kriegszeiten in Siena, wo die Stadtbehörden zum Lohn ihrer Tat ihre Blöße mit den notwendigen Kleidern deckten. Sarteano aber wurde bald darauf von den Orvietanern zur Sühne zerstört.

Von Norden waren die Florentiner nach dem Abzuge des Gros ihrer Feinde weiter gegen Siena vorgerückt, und es gelang ihnen, das nur 5 Kilometer vor den Toren der Stadt, an der durch das Chianti nach Florenz führenden Straße gelegene Monte Liscai einzunehmen. Unter anderen Umständen wäre dies ein Erfolg gewesen, und der Ort hätte einen Stützpunkt für eine Belagerung Sienas bilden können; jetzt, da vom südlichen Kriegsschauplatze die Kunde der völligen Niederwerfung der Verbündeten kam und die Feinde vom Erfolge ermutigt mit voller Kraft heranrückten, konnte man nichts Klügeres tun, als nach Hause zurückzukehren, dem Bannerwagen folgend, den man diesmal schwerlich mit dem volltönenden Namen des „siegereichen Carroccio" bezeichnete. Der Krieg hatte übel für Florenz und seine Verbündeten, und unter glänzenden Auspizien für die Sienesen begonnen.[1]) Diese machten sich die Lage sofort zunutze und

[1]) Quellen für die dargestellten Kämpfe sind die Chronisten und die Sieneser Kämmerei-Bücher der Biccherna (Nr. 9) im SAS. Nicht jede einzelne Nachricht dieser für die Erforschung der Ereignisse und der Verhältnisse des Dugento unvergleichlichen Quelle kann hier als Beleg des im Text Dargestellten zitiert werden. — An chronistischen Berichten ist Villani VI, 6 zu erwähnen, der nur dasjenige aufführt, wovon er glaubt, es gereiche der Vaterstadt zum Ruhme. Nicht wesentlich besser steht es in bezug auf das erste Kriegsjahr mit Sanzanome l. c. 27 ss., dem wir mehr als für seine unsichern und verworrenen Angaben über den Feldzug für die Schilderung der Zeremonie bei Zusammenstellung des Carroccio und für die seiner Ausstattung Dank schulden. Hauptquelle sind die Ann. Senenses, M. G. Ss. XIX, 228, doch kommt auch der Auszug aus der Cronica Potestatum Urbis Veteris und aus den Annali d'Orvieto bei Monaldeschi, Comentarii Historici f. 41 und 41², sowie die

drangen ins florentinische Gebiet vor, wo sie am 23. Oktober das Kastell Tornano fortnahmen; mit dem Vorteil war eine Rache verknüpft, denn Guarnelotto, der Herr der Burg, hatte nebst seinem Konsorten den Florentinern die Türme von Monteluco a Lecchi zur Kriegführung gegen Siena abgetreten. Doch erfreuten sich die Eroberer nicht lange des Sieges; gleich brach eine Heeresabteilung von Florenz auf, und nach einer Belagerung von acht Tagen wurde Tornano, die am meisten nach Süden vorgeschobene Burg des florentiner Gebietes, zurückgewonnen.[1])

Zaubereien im Kriege.

In Siena mochten die klugen Leute beiderlei Geschlechts viel über die Gründe der Erfolge sprechen, die das Jahr gebracht hatte. Man ließ gewiß der Wirkung des neuerprobten Fuoco pennace alle Gerechtigkeit widerfahren, aber man wird genau gewußt haben, daß die erzielten Vorteile doch noch ganz andern geheimnisvolleren Ursachen zu danken waren. Denn neben dem offenen Krieg mit Eisen und Feuer ging ein anderer unsichtbarer mit Zaubermitteln wundersamster Art einher, mit Beschwörungen und Gegenbeschwörungen gegen etwaige Hexerei der Feinde. Daß Florenz die Fahnenverteilung und den Ausmarsch mehr als von sachverständigem Urteil kriegserfahrener Führer von dem Stand der Gestirne und der Aussage städtischer Wahrsager abhängig machte, ist erwähnt worden, und in Siena ließ man die Zeichen der Zukunft, der Gunst oder Ungunst der Stunde mit gleichem Eifer durch den wohlbestallten „Augurator“, Meister Bartholomäus, und durch einen Bonalbertus ermitteln, den man aus Pisa verschrieben hatte. Man unterließ nicht, den Wahrsagern für besonders merkwürdig eingetroffene Weissagungen ein bares Geschenk aus der städtischen Kasse zu reichen; daneben half man den übernatürlichen Einwirkungen indes auf allzumenschliche Art nach; im Frühjahr 1230 schickte man einen Mönch aus der Abtei San Salvatore dell' Isola nach Florenz, der die Stadtwahrsager von Florenz bereden oder bestechen sollte, durch ihre Prophezeiungen Mißtrauen und Zwietracht in der Bürgerschaft hervorzurufen; man sieht, wessen man sich zu allen Zeiten von der

von Gamurrini im Arch. Stor. Ser. V. t. III (1889), p. 6 ss. veröffentlichte Chronica Urbevetana (zu 1228 p. 8) in Betracht. Ferner: Andrea Dei, Cron. Sanese. Murat. Ss. XV, col. 24 und Notae historiae Senenses, ed. Cipolla in M. J. Oest. G. Ergänz.-Band II, S. 582. — Daß Orvieto im Jahre 1229 zwei aufeinander folgende Podestàs aus dem Florentiner Hause Tosinghi hatte, ergibt sich aus dem Vergleich des Namens in den auf S. 166 in den Anmerk. 3 u. 4 angeführten Verträgen und desjenigen betreffs Entschädigung der Erben des in der Gefangenschaft seinen Wunden erlegenen Podestàs, von 1230, 9. und 10. März, Fumi, 125. Den Tod des Meliorello Catalani meldet das Nekrologium von Santa Reparata zum 30. Juli. Dies konnte also nur der 30. Juli 1229 sein. — Unterstützung der früheren Herren von Sarteano mit Kleidern durch die Kommune Siena im Jahre 1230 (nach Biccherna 10), Fumi p. 129.

[1]) Die Einnahme Tornanos: Notae hist. Senens. (s. in der vorigen Anmerkung). Der Vertrag wegen Abtretung der Türme in Monteluco a Lecchi an Florenz zur Kriegführung (1229, 4. Oktober, Santini 394). Die Wiedereinnahme durch die Florentiner, Sanzanome l. c. p. 30

Ehrenhaftigkeit der Künder von Schicksals- und Orakelsprüchen versah.[1]) Der Aberwitz der Sterndeuterei wird uns noch vielfach zu beschäftigen haben, da er um diese Zeit offizielle Geltung und Bedeutung wie beim Kaiser und an den Höfen der Großen, so auch bei den Bürgerschaften der Städte gewann; auch blieb es für vier weitere Jahrhunderte ein okkulter Seitenzweig der Kriegskunde, den „Punkt" für den Beginn der Märsche und Unternehmungen durch tiefsinnige Beobachtung der Konstellation zu erforschen. Was aber den Sienesen in diesen Jahren eigen war — nachher gewannen sie wohl die Überzeugung, daß ein scharfes Schwert und eine von sicheren Schützen gehandhabte Armbrust im Kriege die besten Zaubermittel seien — das war die Anwendung von geheimen „Pulvern" und „Medizinen", die sie in den feindlichen Lagern und in den Städten der Gegner durch unauffällige Boten ausstreuen ließen, oder die man auch in Säckchen an Pfeilen befestigt, in deren Lager zu schleudern versuchte. Die städtischen Rechnungsbücher Sienas aus der Zeit dieses Krieges gegen Florenz sind voll von Zahlungen an Zauberer und an Leute, die ihre Präparate in Wirksamkeit setzen sollten. Ein Hexenmeister in Barga in der Garfagnana,[2]) das mit Lucca in Zwist lag, und von wo man deshalb bereitwillig den Sienesen die Hilfe geheimnisvoller Kräfte vermittelte, war besonders stark in der Lieferung von magischen Pulvern, für die sich dieser Magister Spalla recht ansehnlich bezahlen ließ, während die Florentiner schwerlich großen Schaden durch sie erlitten haben werden. Die größte Wirkung versprach man sich von diesen „Medizinen", wenn sie auf den Boden der Straßen gestreut wurden, die der Feind zu ziehen hatte, oder wenn man die Gassen seines Lagers damit bestäuben konnte. Um den Zauber unauffällig wirken zu lassen, bediente man sich besonders der Frauen, die als Verkäuferinnen oder, wenn sie dazu angetan waren, auch unter weniger harmlosem Vorwande sich den Heeren nähern konnten. Massenhaft sind Zahlungen an Weiber für das geheime Ausstreuen der Pulver verzeichnet, doch bediente man sich, wenn es anging, auch sonstiger Gelegenheiten. Mit den andern Florentinern war Mosca Lamberti, der Führer der Ghibellinen, gegen Siena ausgezogen; seine Anwesenheit unter dem Kriegsbanner erweist gleich vielen andern Umständen, wie die innern Parteigegensätze damals auf die äußere Politik keinen Einfluß übten. Unter dem Vorgeben, Wein an Mosca zu schaffen, begab sich ein im Solde Sienas Stehender ins florentiner Lager, um bei diesem Anlaß das zauberkräftige Pulver auszustreuen. Aber man begnügte sich keineswegs mit den vermutlich unschädlichen Mixturen des Spalla und der anderen Zaubermeister, zu denen übrigens sogar ein Priester gehörte; auch nicht mit Beschwörungen, zu denen man Bilder der Feinde benutzte, um durch deren Beräucherung und Verhexung alle Übel auf die Verhaßten herabzurufen; damit die Wirkung vollkommen werde, mußte ein junges Mädchen bei dem Teufelswerk zugegen sein; auch gab man sich nicht damit zufrieden,

---

[1]) SAS. — Biccherna 9, f. 30². — Der Versuch, die florentiner Auguratoren zu gewinnen, Biccherna 10, f. 67².

[2]) Bicch. 9, f. 28.

Zelte, die man in kleinem Maßstabe aus Seide verfertigte, gewiß in möglichst getreuer Nachbildung der Zelte der feindlichen Führer, mit Sprüchen und Räucherungen derart zu verzaubern, daß man hoffte, schweres Unheil über die Insassen der wirklichen Lagerzelte heraufzubeschwören; man griff vielmehr zu stärkeren und böseren Mitteln; Maultierlasten schädlicher Kräuter wurden an den oberen Lauf der Bäche geschafft, die an den Lagerstätten der Florentiner vorbeiflossen, um das Wasser zu vergiften, an dem die Feinde ihren Durst stillten. Es scheint, als ob die Bürgerschaft der Arnostadt dem wüsten Beschwörungswesen ebenfalls nicht ganz fern blieb, denn in Siena hielt es die Stadtverwaltung für eine ihrer dringenden Aufgaben, die in der Richtung nach Florenz hin belegene Porta Camollia vermittels Exorzismen durch einen Geistlichen feierlich entzaubern zu lassen; man muß also angenommen haben, daß ein feindlicher Sendbote das Stadttor wirksam verhext habe.[1]) Im ganzen hielt man es jedoch in Florenz mehr mit den frommen Wundern. In dieser Zeit des Kampfes zwischen Papst und Kaiser, wo die Häresien immer kühner auftraten und wo soviel darauf ankam, das Ansehen der Kirche zu stärken, durften die Mirakel nicht ausbleiben. In der Kirche des Nonnenklosters Sant' Ambrogio vor Porta San Piero trocknete der alte Priester Uguccione den Abendmahlskelch nicht mit genügender Sorgfalt aus, und am anderen Tage hatten die übrig gebliebenen Tropfen Weines sich, wie jedermann sehen konnte, in Blut verwandelt. Der Bischof (noch immer Johannes von Velletri) beglaubigte die geheimnisvolle sichtbare Wandlung; alles Volk strömte in großer Andacht hinzu; man hat das Fläschchen mit dem vermeintlichen Blut noch lange in Sant' Ambrogio als Reliquie vorgezeigt, und in einem späteren Jahrhundert hat eine Meisterhand den Vorgang an der Wand der Capella del Miracolo künstlerisch verewigt.[2])

Trotz der erzielten Erfolge sah man in Siena die Lage für die Zukunft als bedrohlich an, und wenn das phantastische Zauberwesen die törichte Menge beruhigen mochte, werden die Regierenden nicht eben viel davon gehalten haben. Zu außergewöhnlicher Zeit und in ungewöhnlicher Art besetzte man das Podestà-Amt für das Jahr 1230 mit zwei Persönlichkeiten, die schon im November 1229 ihr Amt antraten, mit den Rittern Alberto von Montaguto aus Reggio d'Emilia und Arrigo Testa von Arezzo. Des letztern Name lebt als

[1]) Die Ausgaben für dieses ganze Zauberwesen finden sich in den Biccherna-Büchern 9 und 10 des SAS. in übergroßer Anzahl. Eine Zusammenstellung derselben veröffentlichte unter dem Titel „Superstizioni" der Direktor des Sieneser Archivs, Herr Lisini, in der (eingegangenen) Zeitschrift Miscellanea Senese 1, 124 ss. — Nach dem Jahre 1230 kommen Ausgaben für Zaubermittel in den Kämmereibüchern Sienas nicht mehr vor, während solche für Bezahlung von Wahrsagern unverändert begegnen. Ob man einsah, daß die Pulver, „Medikamente" und Beschwörungen dem Feinde nicht den mindesten Schaden taten, oder ob vielleicht von geistlicher Seite gegen den Unfug eingeschritten wurde, läßt sich nicht ausmachen.

[2]) Villani VI, 7. — Das Bild Cosimo Rosellis wird vielfach irrig als das einer Fronleichnamsprozession gedeutet; es stellt dar, wie der Priester dem Volk den Kelch zeigt, in dem sich das Wunder vollzogen hat.

der des frühesten uns bekannten dichtenden Bürgers einer toskanischen Stadt in der Geschichte der italienischen Literatur, und der Tod, den er siebzehn Jahre später als Stadthaupt von Parma am Ufer des Taro im Kampf wider die Partei der Päpstlichen fand, umwebt sein Andenken mit der Gloriole des Heldentums.[1]) Die Wahl der Sienesen fiel auf ihn wohl zum Teil deshalb, weil man von seinem Einfluß erhoffte, daß er seine Vaterstadt trotz des eben mit Florenz erneuerten Bündnisses auf die Seite Sienas hinüberziehen werde, denn man hielt in dieser Zeit auch den jähesten Parteiwechsel und jeden Bruch beschworener Verträge für möglich,[2]) doch blieb das Bestreben, Arezzo von Florenz zu trennen, jetzt ebenso vergeblich wie früher. Man gefiel sich in Siena darin, unmögliche politische Kombinationen anzustreben; Anfang 1230 waren geheime Verhandlungen im Gange, die über Perugia, den Sitz der Kurie, mit Lucca geführt wurden, das ebenfalls von Florenz gelöst und zu einem Bündnis mit Siena und Pisa bestimmt werden sollte,[3]) obwohl wir sahen, wie Pisa und Lucca in offenem Interessengegensatz und tödlichem Hader standen. Diese phantastischen Versuche erwiesen nur die Bangigkeit vor der Zukunft, die die Gemüter beherrschte; die Kämmerei-Ausgaben schwollen zu einer für die Verhältnisse der Zeit unerträglichen Höhe an; die Kommune fand bei den eigenen Bürgern Geld zu dem Satze von 15. v. H., der uns außerordentlich erscheint, aber an dem gemessen, was die Bürger später der eigenen Vaterstadt zumuteten, freilich noch als ein bescheidener gelten muß; es drängt sich hierbei unserer Beachtung auf, daß man in dieser Bankierstadt es nicht einmal für nötig hielt, den Schein zu wahren, als beachte man das kanonische Wucherverbot, und daß man ohne weiteren Umschweif in den Stadtbüchern von den Monatszinsen oder dem „guidardone" sprach.[4]) Starke Geldmittel waren erforderlich, um die Festungen auszurüsten, um Kriegsmaschinen zur Verteidigung und Belagerung zu bauen, Ritter und Mannschaften nicht nur aus Mittelitalien, sondern auch aus Genua, der Lombardei, aus Verona und Apulien zu werben; ja, selbst ein Engländer, ein Franzose und ein Provenzale lassen sich in dieser Zeit, in der die Reisläufer

---

[1]) Die Nachrichten über das Leben und Wirken des kaisertreuen aretiner Ritters sind in der ausgezeichneten Monographie von Albino Zenatti, „Arrigo Testa e i Primordi della Lirica Italiana" zusammengestellt. — Von dem Amtsantritt der beiden sieneser Potestaten gibt SAS. — Biccherna 10, f. 17 ss. und f. 30 Kenntnis.

[2]) Über die betr. Verhandlungen in Arezzo im Dezember 1229 SAS. — Biccherna 10, f. 31; dazu f. 33². Man sandte zu diesem Zweck Abschrift der Versprechungen dorthin, die aretiner Edle in gleichem Sinne Siena 1222 gemacht hatten. Vgl. Kapitel II, S. 99 Anm. 1.

[3]) Ein pisaner Arzt, Orlando, sollte dies bewirken. SAS. — Biccherna 10, f. 41². — Ein politischer Projektenmacher suchte im April 1230 auf eigene Hand einen Frieden zwischen Siena und Florenz zustande zu bringen. Ib. f. 55².

[4]) SAS. — Biccherna 10, f. 17 ss. — „guidardone" ist die sienesische Form des halbgermanischen Wortes.

aus weiter Ferne noch nicht so häufig wie in den folgenden Jahrzehnten waren, in Diensten Sienas als Armbrustschützen nachweisen.[1])

Auch am Arno hielt man sorgsame Umschau nach einem Podestà, doch fiel die Wahl nicht auf einen ritterlichen Dichter, sondern nüchterneren Sinnes wählte man einen kundigen Mann, unter dessen Führung man hoffen konnte, die Schlappen wettzumachen, die allerdings mehr von den südlichen Verbündeten, als von den Florentinern selbst erlitten waren. Zum Stadthaupt ernannte man von neuem den Otto Mandello, der den Florentinern von seiner Amtsführung im Jahre 1218 in erfreulicher Erinnerung geblieben sein muß; wir kennen ihn aus jener früheren Zeit als Gegner der kaiserlichen Politik, und auch in seiner weiteren politischen Tätigkeit tritt er stets unter den Feinden des Herrschers hervor,[2]) aber da die beiden Parteigruppen der Bürgerschaft sich noch nicht wieder mit den großen kämpfenden Mächten identifizierten, vermochte auch ein dem Staufer abgeneigter Podestà die Ghibellinen wie die Guelfen unter dem Banner der Stadt zu vereinigen, sofern man das Vertrauen in ihn setzte, er werde die florentiner Lilie zu Ruhm und Sieg führen.

Das zweite Kriegsjahr, 1230.

Das Kriegsjahr 1230 begann mit Einfällen der Sienesen ins florentiner Gebiet, wo sie bis Trebbio (bei Gajole) drangen und ein anderes Mal Stiella im oberen Chianti zerstörten. Es waren mehr Streif- und Plünderungszüge, als ernste Kriegsunternehmungen; zum Zuge gegen Stiella hatten in Siena nachts die Glocken geläutet, die ausgerückte Schar hatte die Verwüstung kräftig besorgt, war aber sofort wieder umgekehrt,[3]) da man einen weiteren Vorstoß nicht wagte. Die ganze Landschaft war von Kämpfen erfüllt; in nicht eben großer Entfernung spielten sich andere ab, deren Zusammenhang mit dem Ringen der Nachbarstädte freilich nur unklar hervortritt. Nach dem alten Kastell von Gambassi, das an der Straße von Castelfiorentino nach Volterra lag, war der volterraner Bischof Paganus Pannocchieschi gekommen, um die Firmung vorzunehmen; ohne jede Achtung vor dem heiligen Anlaß waren die San Gimignanesen sofort mit Edlen von Colle ausgerückt und hatten den Kirchen- und Reichsfürsten drei Tage lang in seiner eigenen Burg hart belagert. Die Ursache bestand darin, daß Paganus sich mit Florenz dahin verständigt hatte, einem Florentiner, Giamfante Verbellotti de' Fifanti, die Visconteria über Gambassi und die Nachbarburgen zu übergeben, während San Gimignano Ansprüche auf die Herrschaft in jenen Bezirken erhob, die übrigens rechtlich nicht begründet waren. Der Person ihres geistlichen und weltlichen Ober-

[1]) SAS. — Biccherna 10. Ausgaben des März, April und Mai 1230.

[2]) Wir wissen nicht, ob Otto von Mandello identisch mit dem Oddolinus de Mandello ist, den Friedrich II. 1239 zur Bewachung ins Königreich schickte (Huillard-Bréholles V, 1, 622). 1234 finden wir Otto als Podestà von Padua, 1235, November, als Podestà von Padua und Vicenza (Winkelmann, Acta I, 518 n. u. 517). 1241 war Otto Podestà des sehr entschieden kaiserfeindlichen Bologna (Savioli III, 1, 165), wo er auch noch Anfang 1242 mit dem Titel eines defensor civitatis als Vertreter des Podestà Uberto Visconti fungierte (Ibid. 171 u. 173).

[3]) SAS. — Biccherna 10, f. 33, f. 40 und 46.

herrn, auf die es wohl abgesehen war, konnten die von San Gimignano sich nicht bemächtigen; Paganus entkam und verhängte über die aufrührerische Stadt das Interdikt, doch scheint die Bürgerschaft den Bann nicht sonderlich schwer empfunden zu haben. In Siena aber fürchtete man, daß Florenz die Absicht hege, diese Streitigkeiten zu benutzen, um sich des wichtigen Gambassi ohne weitere Umschweife zu bemächtigen,[1]) was für jetzt jedoch nicht geschah, weil man eben alle Kräfte unmittelbar auf den sieneser Krieg wenden mußte.

Dieser kam im Mai wieder in lebhaften Fluß. Die Sienesen unternahmen einen Zug gegen Montepulciano, aber bald rief sie die Meldung zurück, daß von Osten her die Aretiner, vereint mit den Mannschaften von Città di Castello, und daß von Norden die Florentiner, gemeinsam mit den Heeren Luccas und Pistoias, mit dem Grafen Guido und seinen Lehnsleuten, sowie einer Hilfsschar des entfernten Urbino, ferner mit Zuzug aus der Romagna, der Lombardei, der Mark Ancona und dem Herzogtum Spoleto[2]) in ihr Gebiet eingerückt seien; auch drangen die Orvietaner, so sehr die vorjährige Niederlage sie geschwächt haben mochte, zusammen mit der Mannschaft Montepulcianos von Südosten vor, und wahrscheinlich hatte sich auch Chiusi ihnen angeschlossen, das vor wenigen Monaten mit Orvieto ins Bündnis getreten war.[3]) Siena ließ sein Hilfegesuch nach allen Seiten ergehen; Soldritter zogen ihm aus der Lombardei, und als Bundesgenossen zogen ihm die Bürgerheere von Pisa und von Piombino zu; aus der Maremma, aus Val' Era, aus dem unteren Arnotal kamen starke Hilfstruppen zu Fuß und zu Pferde; die pisaner Genossenschaft „von der Tafelrunde", halb geselliger Verein, halb Waffenbrüderschaft, zog der befreundeten Kommune auf eigene Hand zu Hilfe, ebenso die Opezinghi, eines der mächtigsten Geschlechter der Seestadt.[4])

Am 22. Mai waren die Florentiner, dem Carroccio folgend, mit den Verbündeten ausgerückt; als sie die Grenzen der sieneser Grafschaft überschritten hatten, wurde alles, was auf dem Wege lag, niedergesengt. Zwanzig, nach anderer Angabe gar dreißig Burgen wurden überrannt, während man andere, wie Querciagrossa, das reichlich mit Wurfflaschen voll griechischen Feuers versehen war,[5]) klug vermieden haben wird; alle offenen Ortschaften verfielen der Vernichtung durch Feuer oder Spitzhacke, und, wie es Brauch dieser Kriege, wurden die Felder, deren Saaten in Ähren prangten, die Vignen, deren Reb-

[1]) Die Urkunde, durch die der Bischof die dreitägige Belagerung, 1230, 24.–26. Januar, konstatieren ließ, Giachi, Ricerche di Volterra 470 ss. — Dazu Forsch. usw. II. S. Gimign. Reg. 46 u. 49. — SAS. — Biccherna 10, f. 38ª.

[2]) SAS. — Biccherna 10, f. 71ª, f. 74ª und 77. — Betreffs der Florentiner und ihrer Verbündeten f. 72, 73 u. 95. — Ferner Ann. Senenses, M. G. Ss. XIX, 228 und Historia Miscella di Bologna, Murat. Ss. XVIII, col. 256. — Sanzanome l. c. p. 30.

[3]) Ibid. f. 97ª. — Das Bündnis Orvieto-Chiusi vom 22. Jan. 1230, Fumi, Cod. Diplom. p. 125.

[4]) Biccherna 10; Ausgaben des Monat Juni. — [5]) Ibid. f. 81ª.

stöcke in Blüte standen, verwüstet, ohne daß die Sienesen dem starken Heer zu begegnen wagten. Man zog an dem feindlichen Poggibonsi vorbei, hielt sich indes mit dessen Bekämpfung nicht auf, und gelangte ungehindert fast bis vor die Tore Sienas. Auf der Höhe von Monte Cellese, vor der Stadt, ragte eine uralte, mächtige Pinie empor, den Bürgern ein liebes Wahrzeichen der Vergangenheit; zum Hohn wurde sie gefällt, nachdem an jener Stelle ein erstes Gefecht stattgefunden hatte, in dem die Florentiner Sieger geblieben waren.[1]) Mit klugem Blick wurde ein benachbarter Hügel zur Lagerstatt gewählt, der den Stadtteil Camollia beherrscht und, kaum zwei Kilometer entfernt, nur durch einen Taleinschnitt von der Porta jenes Namens getrennt ist;[2]) auf der Spitze des Vico Alto stellten die Florentiner ihren Bannerwagen auf, derart, daß die bedrohten Bürger die vergoldeten Zierraten dieses kriegerischen Palladiums in der Sommersonne glänzen sahen. Keine Stelle konnte besser zugleich zur Bekämpfung der Stadt und zur Vereinigung mit den von Osten und Südosten heranrückenden Bundesgenossen geeignet sein. In Siena aber war man durchaus nicht darauf vorbereitet, die Feinde so schnell vor den Mauern erscheinen zu sehen;[3]) jetzt läuteten von allen Kirchen der Landschaft die Glocken Sturm, um die Waffenfähigen zur Verteidigung der Stadt aufzubieten[4]), und in tumultuarischer Art wurden die Mauern und das bedrohte Tor zur Abwehr in Stand gesetzt. An der Straße vor Porta Camollia hatte man gegen Vico Alto zu eilig einen hölzernen Turm aufgestellt; außerhalb des zweitürmigen Tores war in Hast eine Festung errichtet worden; der Name „Castellaccia", mit dem man sie bezeichnete, läßt darauf schließen, daß die Sienesen von diesem Werk der letzten Stunde selbst keine hohe Meinung hegten; die Mauern wurden mit hölzernen Bauten versehen, den Armbrustern und den Bedienungsmannschaften der Manganen zur Deckung. Als ein neues Geschoß bemerken wir hier zuerst die „stomboli",[5]) Schleudern aus Blei; auch bemühte man sich in dieser Not, die Technik der Armbrust-Spannung zu vervollkommnen; je kräftiger die Sehne angezogen werden konnte, um so weiter trafen die Bolzen; für die schweren Armbrustgeschütze, die nicht tragbar waren, sondern zur Verteidigung auf den Mauern standen, erfand man damals in Siena zu diesem Zweck eine Maschine, die, nach den angewandten Materialien zu urteilen, auf dem System des Flaschenzuges beruhte, und die man mit dem Humor der Zeit „die Süße" nannte.[6]) Es ist nicht ohne Interesse, zu beobachten, wie

---

[1]) Biccherna 10, f. 111.

[2]) Vico Bello oder Alto (den letzteren Namen trägt die höchste Erhebung des Hügelrückens, auf der sich eine Kapelle befindet) liegt jenseits des Tales, durch das jetzt die Bahnlinie nach Chiusi und oberhalb ihrer die nach Empoli führt. Der Berg ist im Besitz der Familie Chigi und ihn ziert eine von Baldassare Peruzzi erbaute Villa.

[3]) Unter den Mai-Ausgaben der Biccherna findet sich keine nennenswerte für Befestigung der Stadt.

[4]) Biccherna 10, f. 95. — [5]) Biccherna 10, f. 80 s. — Bicch. 11, f. 67[a].

[6]) „Soave"; zahlreiche Ausgaben für Herstellung des „hedificium, quod dicitur suave ad tendendum balestra ad verrochium", „pro tendendo balestro ad tornum"

auch in der Periode vor Einführung der Feuerwaffen das Problem, die Wirksamkeit der herkömmlichen Waffen zu erhöhen, die Techniker dauernd beschäftigt hat.

Sieg der Florentiner vor Siena, 15. Juni 1230.

Außerhalb der Porta Camollia lagen die Sienesen und ihre Verbündeten, unter denen sich 400 pisaner Ritter befanden,[1]) in einem nach Tunlichkeit durch Gräben, Verhaue und Palisaden geschützten, durch jene „Castellaccia" und die Schleudermaschinen des Tores und der Mauern verteidigten Lager.[2]) Am Tage des San Vito, am 15. Juni, rückte das zweifellos an Zahl weit überlegene Heer der Florentiner und ihrer Alliierten gegen die Stadt vor; bis zu jenem hölzernen Turm zogen ihnen die Sienesen entgegen, und es scheint, daß der Kampf lange entscheidungslos schwankte; endlich ermüdeten die Verteidiger und nun wurden als letzte Reserve die Hilfsmannschaften von Pisa und Poggibonsi ins Treffen geführt, doch sie konnten das Schicksal des Tages nicht mehr wenden. Die Hoffnung auf Sieg war verloren, doch die nahen Mauern schienen Sicherheit zu bieten; die Feinde aber stürmten kämpfend nach, und schon waren einzelne der Verfolger in die Antiporta eingedrungen. Der Stadt drohte von mitleidlosen Gegnern das äußerste Schicksal, als man sich entschloß, vor dem Gemenge fliehender Mitbürger und nachdrängender Sieger die Tore zu schließen, wodurch freilich ganze Scharen der Sienesen und ihrer Verbündeten, gerade die tapfersten, die am längsten widerstanden hatten, ausgesperrt und der Gefangenschaft preisgegeben wurden. Allen Verfolgern war der Bannerträger des Grafen Guido mit seinem Genossen vorangeeilt; fechtend waren sie in die Stadt gelangt, wo sie umringt und entwaffnet wurden, doch daß sie in solcher Art in Feindeshand gerieten, ward ihnen als Ruhmestat angerechnet. Wie das Tor verriegelt war, empfing die Ankämpfenden von den Mauern und Türmen her ein Hagel eilig hinaufgeschleppter Ziegelsteine,[3]) und da man das ermattete Heer der Florentiner nicht mehr zum Sturme führen konnte, kam der Kampf zum Stehen. Zum prahlenden Zeichen, daß auch er bis zur Mauer vorgedrungen war, heftete Graf Albert von Mangona einen Schild mit seinem Wappen an die Porta. Die Nacht war herabgesunken, und während man in Siena verzweifelt die Kräfte anspannte, um bis zum Morgen die Mauern, so gut es gehen mochte, für weitere Berennung zu befestigen und alle Zugänge zu versperren, zogen die Sieger in die Lagerzelte von Monte Vico zurück. Zahlreiche Erschlagene lagen auf der Via Francigena, und 2300 Gefangene befanden sich in den Händen der Florentiner, unter ihnen eine Anzahl von

etc., SAS. — Biccherna 10, f. 64², f. 63² und vielfach sonst in demselben Bande. Die „soave" muß sich bewährt haben, da sie in zwei weiteren Exemplaren (f. 74 u. 74²) hergestellt wurde. — Es sei erwähnt, daß die Armbrüste (Bicch. 10. f. 66²) besonders aus Venedig bezogen wurden.

[1]) Biccherna 10, f. 102, erwähnt die Zahlung an 380 pisaner milites; f. 101 ist die an 24 der pisaner „Tavola rotonda" verzeichnet.

[2]) Sanzanome l. c. und in voller Übereinstimmung mit seiner Darstellung Biccherna 10, f. 100.

[3]) Biccherna 10, f. 103².

12*

Frauen, die in heißer Liebe zur Vaterstadt bei der Verteidigung des Lagers vor Porta Camollia geholfen hatten und ihren Mut nun durch den Schimpf büßen mußten, in jeder Hinsicht Beute derer zu werden, in deren Hände sie gefallen waren. Von den männlichen Gefangenen gelang es einem halben Tausend, noch in derselben Nacht in die nahe Heimat zu entkommen,[1]) da die Wachen den Sieg des heißen Tages mit reichlichen Libationen gefeiert haben mochten. Als edelsten Siegespreis konnten die Florentiner betrachten, daß der eine der beiden sieneser Podestàs, der ritterliche Dichter Herr Arrigo Testa, in ihre Gefangenschaft geraten war, aus der er indes, wohl in Rücksicht auf seine Vaterstadt, nach etwa sechs Monaten freigelassen ward.[2]) Ihn hielt man vermutlich in ehrenvoller Haft, während seine Unglücksgefährten aus Siena und vielen anderen italienischen Städten in hartem Kerker schmachten mußten; einzelnen mochte die Flucht glücken, da man ihnen aus der Heimat auf geheimen Wegen Feilen und Bohrer in die Hände zu spielen wußte, mit denen sie Gitter und Schlösser bewältigen konnten. Viele Ortschaften des sieneser Gebietes mußte die herrschende Gemeinde streng bewachen lassen, damit die Frauen nicht ihren gefangenen Männern nach Florenz zuliefen;[3]) manche getreue mag sich dennoch durchgeschlichen und einen Strahl des Lichtes in dunkeles Gefängnis gebracht haben. Im ganzen aber war das Los der Eingekerkerten ein so furchtbar hartes, daß es die nicht eben allzu gefühlvollen, an alle Schrecken der Nachbarkriege gewöhnten Zeitgenossen mit tiefem Mitleid erfüllte.

Im Lager von Vico Alto erschien an dem Sonntagmorgen, der auf den Sankt Veitstag folgte, der Bischof von Siena, um Schonung für seine bedrängte

[1]) Sanzanome l. c. p. 31. Danach wäre die Zahl der übrig gebliebenen Gefangenen 1800 gewesen; Villani gibt sie auf 1200, die Gesta (Hartw. l. c. p. 274) geben sie auf „mehr als tausend" an, die Chronik des Pseudo-Brunetto Latini meldet von 1335 (Hartwig II, 227). Doch scheint die Mitteilung des zeitgenössischen, in seinen Nachrichten fast immer genauen Sanzanome den Vorzug zu verdienen, zumal die sonstigen Angaben Villanis und der andern aus den „Gesta" schöpfenden Chronisten durchaus verworren sind und in ihnen zwei Feldzüge des Jahres zu einem zusammengeworfen werden. Der fortgeführten Frauen geschieht in den Annales Florentini II (s. S. 181 Anm. 1), in der Chronik des Pseudo-Brunetto, in der Cronachetta Fiorentina (1110—1275) ed. Roediger und bei Sercambi p. 30 Erwähnung, hier mit dem Zusatz, sie seien denen als Kriegsbeute und als „drude" zugesprochen worden, die sie gefangen nahmen. Aus der Stadt können sie nicht fortgeschleppt sein (wie Ann. Flor. II angeben), da nur vereinzelte Florentiner eindrangen, die selbst in Gefangenschaft gerieten.

[2]) Die Notiz in Biccherna 10, f. 164 zeigt, daß Arrigo Testa im Dezember 1230 wieder in seiner Heimat Arezzo war. — Urkunden über Entschädigung seitens Sienas für (jedenfalls in der Schlacht) verlorene Pferde und für die Zeit seiner Gefangenschaft in Florenz vom 22. und 30. August 1230, SAS. — Caleffo Vecchio f. 225[a] und 230[b]; gedruckt Zenatti l. c. p. 65 ss.

[3]) Von den den Gefangenen nach Florenz übermittelten Werkzeugen erfahren wir durch eine Notiz, Biccherna 10, f. 154[a]. — Bewachung von Querciagrossa, „ne mulieres irent Florentiam ad presiones", Ibid. f. 127[a].

Stadt zu erflehen, oder um unbestimmte Verhandlungsvorschläge zu machen. Der florentiner Podestà versammelte den Rat, denn alle Bürger waffenfähigen Alters standen im Felde; zahlreich waren die Stimmen jener, die zur Fortsetzung des Kampfes rieten, um ihn zu einer schnellen, endgültigen Entscheidung zu bringen; andere waren sich darüber klar, welche Schwierigkeiten die Belagerung der von Mauern umzogenen, auf drei Hügelrücken gelegenen, an wenigen Stellen angreifbaren Stadt in sich berge; sie meinten, in den Gefangenen eine Handhabe zu besitzen, vermittels deren man Siena zur Fügsamkeit zwingen könne. Otto de Mandello trat für diese Meinung ein, und der Bischof konnte die beruhigende Kunde in seine Stadt zurückbringen, daß die Feinde zur Heimkehr rüsteten.[1])

Kluge Erwägungen werden den Lombarden dazu bestimmt haben, von einem weit ausschauenden, ungewissen Unternehmen, das nur im Siegesrausche als ein leichtes erscheinen konnte, gerade zu diesem Zeitpunkte abzuraten. Denn bedeutungsvolle Wendungen schienen sich vorzubereiten. Der Papst, unfähig, dem Schwerte Kaiser Friedrichs länger zu widerstehen, empfand plötzlich, daß er der irdische Vertreter dessen sei, der der Welt den Frieden bringen wollte, und der Kaiser seinerseits hielt kein Opfer für zu groß, um ein Einvernehmen mit der Kirche zu erlangen, vermittels dessen er die Herrschaft des Reiches wirklich aufzurichten hoffte, die, wie glänzend sich seine Macht auch äußerlich darstellen mochte, bisher in Italien doch nur eine scheinbare war. Die Kirche hatte wieder einmal das Glück, gestärkt aus einer Niederlage hervorzugehen, als in San Germano zwischen den beiden Häuptern der

Einigung zwischen Papst und Kaiser.

---

[1]) Die chronistischen Berichte über die Kämpfe liegen vor bei Sanzanome l. c. p. 30 ss., in der Chronik des Pseudo-Brunetto (Hartwig, Quellen u. Forsch. II, S. 227), in der Cronachetta Fiorentina ed. Roediger, in Annal. Senens. M. G. Ss. XIX, 228, in Notae histor. Senens. ed. Cipolla, M. d. Oest. J., Ergänz.-Bd. II, 582, bei Andrea Dei, Mur. Ss. XV, col. 24, in Annal. Urbevetani M. G. Ss. XIX, 269, in der Historia Miscella di Bologna Murat. Ss. XVIII, 256, und bei Sercambi p. 30. Ferner: Ptolem. Lucensis (Docum. di Storia Ital. VI) ad annum. — Chron. Magliabecchiana (Santini, Quesiti e Ricerche p. 101). Betreffs der Meldungen bei Villani und in den übrigen Ableitungen der „Gesta" s. S. 180 Anm. 1. Als Datum der Schlacht ist im angeführten Druck der Annal. Senens. 7. Idus Julii angegeben; die Notiz steht aber in dem Obituar der Sieneser Bibl. Pubblica (F. I. 2), dem die annalistischen Notizen entstammen, zum 17. Kal. Julii, was denn mit dem Tage Sancti Viti et Modesti übereinstimmt. — Das Datum des Auszuges der Florentiner gibt die vorn erwähnte „Cronachetta" mit „all' uscita di Maggio a dì X", also mit dem 22. Mai an, was der Angabe der „Gesta" entspricht. — In dem Druck der Annal. Florent. II bei Hartwig, l. c. p. 41 sind die auf die Jahre 1230 und 1231 bezüglichen Nachrichten völlig entstellt, indem zwei gleich beginnende Sätze durch Überspringung des dazwischen Stehenden zu einem gemacht sind und indem zum Jahre 1230 gestellt ist, was zu 1231 gehört. In Wahrheit hat die Nachricht zu 1230 zu lauten: Florentini iverunt Senas et devastaverunt eam undique, destruentes XXX ta castra et villas sine numero et inciderunt pinum et fregerunt serlallium (!) extrahentes mulieres de civitate. Eodem anno destruxerunt Selvole."

Christenheit im Juni 1230 die Verständigung erfolgte. Einigkeit von Papst und Kaiser bedeutete für die Kommunen voraussichtlich Verminderung ihrer Freiheit, sie trug freilich auch die Wahrscheinlichkeit in sich, daß der Willkür der stärkeren gegen die schwächeren im Interesse öffentlicher Ordnung und Gesetzmäßigkeit ein Ziel gesetzt werde. Es ist wiederholt hervorgehoben worden, wie die Meinung eine irrige sei, daß in den tuszischen Fehden dieser Zeit Florenz und seine Bundesgenossen in stillschweigendem oder offenem Bunde mit der Kirche gegen die kaisertreuen Städte gestanden hätten. In Wahrheit sahen wir, wie Gregor bemüht war, Pisa zu sich herüber zu ziehen; er hat das vor kurzem begünstigte, mit Florenz alliierte Lucca wegen der Garfagnana, die ihm die Bürgerschaft nicht ausliefern wollte, schließlich doch exkommuniziert;[1]) von Orvieto, einer anderen der verbündeten Gemeinden, verlangte er mit sehr starkem Nachdruck die Gegend am See von Bolsena, die Valle del Lago als Eigentum der Kirche, als Teil des „Hausgutes Sankt Petri" zurück;[2]) vor allem aber hatte Gregor beim Ausbruch des neuen Kampfes auf das entschiedenste für Siena, gegen Florenz und dessen Genossen, Partei genommen, hatte den Angriff gegen jenes verboten und den Bischof von Grosseto beauftragt, im Falle des Ungehorsams gegen die Florentiner, die Luchesen, Aretiner und Pistoiesen die Exkommunikation zu verhängen.[3]) Solchen Eifer für den Frieden hatte Gregor freilich nicht bezeugt, solange er selbst noch auf Sieg über die unter dem Reichsadler fechtenden Scharen gehofft hatte, aber die Florentiner hatten jetzt damit zu rechnen, möglicherweise Kirche und Kaiser zugleich auf seiten ihrer Gegner zu sehen. Die persönliche Neigung des Papstes für Siena war eine alte, und sie wurde wohl durch Einwirkungen verstärkt, die Söhne der Stadt seit einiger Zeit an der Kurie ausübten; Gregor hatte den bisherigen sieneser Archidiakon Martin zum Vizekanzler der Kirche erhoben, und der Primicerius des Domkapitels, Magister Bandinus, war als „Korrektor der päpstlichen Briefe" tätig;[4]) überdies war der Bankier, der die Geldgeschäfte Gregors IX. hauptsächlich vermittelte, Angelerius Solafiche, ein Bürger und wohl damals der reichste von Siena; die Kommune förderte, wie sie konnte, seine Geschäftsverbindung mit der Kurie; sie suchte zu bewirken, daß ein Bardepot, das der Papst bisher in

[1]) Schreiben des Papstes an den Erzbischof von Pisa 1230, 3. Juli. Pachi, Ricerche sulla Garfagnana, XVIII. — Der Papst setzte seinen Kaplan Cintius (Cencius) als Rektor der Garfagnana ein; Urk. von 1230, 18. Dezember, SAF. — Archivio Malaspini.

[2]) 1230, 17. November. Fumi 130.

[3]) SAS. — Biccherna 10, f. 95: Zahlung an einen balitor, der ging „ad episcopum Grossetanum pro facto commissionis sibi facte a dom. papa de excomunicandis Aretinis et Florentinis et Pistoriensibus et Lucanis."

[4]) Annales Senenses M. G. Ss. XIX, 228. — Beim Beginn des Feldzuges von 1230 richtete der Papst (am 16. Mai) ein Schreiben an Podestà und Rat von Florenz zugunsten der Besitzungen der sieneser Kirche, die auf dem vom florentiner Heere einzuschlagenden Wege lagen, und empfahl zugleich gewisse, dem Archidiakon und Vizekanzler gehörige Mühlen der Schonung der Florentiner.

Pisa unterhielt, an das Haus Solafiche übertragen werde,[1]) in der klugen Annahme, daß die Sympathien sich dahin zu wenden pflegen, wohin das Geld wandert. Diesen Einflüssen hatte Florenz nichts Ähnliches entgegenzusetzen. Im Gegenteil, sein Bischof, der sich während einer 25jährigen Amtsführung der Gunst dreier Päpste erfreut hatte, Johann von Velletri, wurde einen Monat nach dem Siegestag von Porta Camollia im Battistero zur Ruhe gebettet; seine Reste wurden in einem Sarkophag beigesetzt, der einst einer Kranzwinderin der römischen Florentia zur Ruhestatt gedient hatte und der mit seiner Darstellung der Verstorbenen, wie der nackten Liebesgötter, deren getreue Priesterin sie wohl einst gewesen, ein seltsames Grab für den geistlichen Diplomaten abgab. Nach dem Tode des Johannes blieb der Bischofssitz für einige Zeit verwaist, und die Familiengruppe der Visdomini, die sich während der Sedisvakanz an seinen Einkünften bereicherte, hätte die Zwischenzeit noch weiter hinausgezogen, hätte der Papst nicht der florentiner Kirche in einem gelehrten lombardischen Geistlichen ein neues Oberhaupt gegeben. Ardingus aus Pavia hatte in seiner Vaterstadt die Würde eines Kanonikus innegehabt, war aber dann zur Mehrung seines Wissens auf die pariser Hochschule gezogen, hatte dort kürzlich seine Studien beendet und sich durch handliche Bearbeitung einer ältern in Frankreich verfaßten „Summa theologica" Ansehen erworben. Achtzehn Jahre hindurch leitete er die florentiner Kirche; als Pavese hat er nachmals beim Kaiser in Gunst gestanden; auch das Vertrauen des Papstes erwarb er, und unter den erneuten Konflikten der beiden hat er später schwer zu leiden gehabt, doch als er in das florentiner Episkopium einzog, hatte er noch nicht gelernt, aus dem gelehrten Dunstkreise theologischer Spekulation den Weg zu politischem Einfluß zu finden.[2])

Bischof Johann von Velletri, † 14. Juli 1230.

Ardingus, Bischof von Florenz, 1231—49.

---

[1]) Biccherna 10, f. 95ª: Zahlung der Kommune an einen currerius, der nach Rom ging und dem Papst und seinem Kämmerer Brief des Angelerius Solafiche brachte „pro habendis denariis domini pape, qui sunt Pisis" — In Via del Re in Siena steht noch das Haus des genannten „päpstlichen Wechslers" mit der Inschrift: Hanc domum cepit hedificare Angelerius Solafiche, quando erat campsor Dom. pape Gregori noni in anno Dom. MCCXXXIIII. Dieses für unsere Auffassungen bescheidene Haus ist zweifellos der älteste aller Bankier-Paläste der Welt.

[2]) Im Nekrologium von Santa Reparata (Opera del Duomo) ist unter dem 14. Juli eingetragen „Obiit 1231 dominus Johannes primus episcopus Florentinus." Trotzdem man eine Angabe an dieser Stelle für zuverlässig halten sollte, ist sie irrig, und die Jahreszahl ist 1230, denn vom 7. März 1231 ist die Mitteilung des Papstes an die Visdomini von der Ernennung des magister Ardinghus canonicus Papiensis datiert (Lami, Mon. III, 1715). Das betreffende Schreiben ist bei Potthast 8566 und 8676 zweimal, einmal nach Ughelli-Coletti III, col. 108 zu falschem Datum 1230, 5. Juni, einmal zum richtigen angeführt. 1231, 18. April erwähnt Gregor IX. in einem nach Paris gerichteten Auftrage die Ernennung des „Ardengus" und seinen bisherigen Aufenthalt in Paris (Denifle, Chartularium Universitatis Parisiensis I. 141.) — Von der Abbreviation der „Magna summa theologica" des magister Guilelmus Antissiodorensis durch Ardingus gibt uns die Chronica Alberici Trium Fontium Kenntnis (M. G. Ss. XXIII. p. 927.) — Über den Sarkophag, in dem

Erneuter Feldzug der Florentiner gegen die Sienesen

In Siena suchte man die üble Lage, in die man durch den Mißerfolg der Waffen versetzt war, so viel als möglich zu verbessern; es galt zu zeigen, daß die Niederlage vor den Toren der Stadt die Kräfte nicht gelähmt habe. Deshalb unternahm der infolge der Gefangenschaft des Kollegen als alleiniger Podestà fungierende Alberto de Montaguto sofort nach dem Abzug der Florentiner einen Zug gegen Montepulciano,[1] über dessen Verlauf wir nicht weiter unterrichtet sind, und zugleich suchte man den engsten Anschluß an den Kaiser, von dem man, noch während die Friedensverhandlungen in San Germano schwebten, Ernennung eines Podestà zum Ersatz für Arrigo Testa erbat.[2] Dem Vorstoß gegen Montepulciano scheint das Gerücht ein schnelles Ende bereitet zu haben, daß man sich in der Arnostadt zu neuem Zuge gegen Siena vorbereite; ein Florentiner, Guido, diente dem sieneser Podestà als Spion; er muß Mitglied des Rates gewesen sein, dessen Beschlüsse er sofort nach der Feindesstadt meldete.[3]) Von ihm wird die früheste Kunde gekommen sein, doch dauerte es bis zur zweiten Hälfte des August, ehe die neue Kriegsfahrt wirklich unternommen ward; diesmal sah man es nicht auf die Stadt, sondern auf jene Burgen nördlich Sienas ab, die im Mai und Juni unerobert geblieben waren. Wieder erging der Hilferuf der Sienesen an Pisa,[4]) und um das Kastell Selvole nahe der Chiantistraße entspann sich ein heißes Ringen. Seine Wegnahme war ausdrücklich im florentiner Rat beschlossen worden,[5]) weil es als ein die Gegend beherrschendes Vorwerk der Feinde gegen das florentiner Gebiet galt; nach der vorjährigen Besetzung scheint es wieder von den Sienesen eingenommen und stark befestigt worden zu sein. Die Manganen der Belagerer schleuderten vergeblich ihre Steine gegen die starken Mauern, und auch das Wurffeuer, dessen sich jetzt die Florentiner ebenfalls bedienten,[6]) versagte seine Wirkung. So beschloß man zu dem Mittel zu greifen, durch das man vor einem Jahrzehnt Mortennano bezwungen hatte; die Belagerer ließen aus den Silberminen der volterraner Maremma kundige Bergleute kommen,[7]) und es gelang auch diesmal, die Burg durch Untergrabung zum Einsturz zu bringen, doch war die Besatzung zuvor in einer Wetternacht bis auf einen kleinen Teil entkommen, der gefangen abgeführt wurde.[8]) Als die Florentiner heimgekehrt waren, machten die Sienesen ihrer-

Johannes von Velletri bestattet, s. Bd. I, S. 13, Anm. 6. Die Grabschrift ergibt, außer der Nennung der Vaterstadt des Bischofs, nichts.

[1]) SAS. — Biccherna 10, f. 113t. Der Zug wurde am 1. Juli unternommen.

[2]) Ibid. f. 121t und 124. — [3]) Biccherna 10, f. 124. f. 124t usw.

[4]) Zwei Urkunden von 1230, 26. August, SAS. — Riformag. Die Gesandten, die von Pisa die Hilfe verlangten, waren beauftragt zu melden, daß Selvole bereits belagert werde.

[5]) Sanzanome l. c. 32. — [6]) Ibid. 33.

[7]) Darauf deutet eine sieneser Gesandtschaft im Dezember nach Montieri, Massa und Gerfalco, die jene Kommunen bitten sollte, künftig nicht mehr zu dulden, daß guerchi vel cavatores in Dienst der Florentiner und anderer Feinde Sienas gingen, und solche guerchi für Siena in Dienst zu nehmen. Biccherna 11. f. 46.

[8]) Quellen für die Einnahme von Selvole: Sanzanome l. c. — Annales Florent.

seits wieder eine Verwüstungsexpedition ins Gebiet von Montepulciano[1]) und einen Streifzug ins florentiner Territorium, wiederholten diesen auch im November noch einmal bis Nadda und Barbistio, ja bis nach jener Landschaft an der Elsa, die man nach dem zerstörten Semifonte benannte,[2]) aber diese Cavalcate, die über den äußeren Rand der florentiner Grafschaft nicht hinausdrangen, boten geringen Ausgleich für die in zwei ernsthaften Feldzügen des Jahres erlittenen Schäden.

Indes regten sich jetzt zum Schutz der Schwächeren andere Kräfte. Der Kaiser, seit dem August vom Banne des Papstes befreit, hatte mit dem bisherigen geistlichen Gegner im September in Anagni eine Zusammenkunft;[3]) selten haben zwei kraftvollere, niemals zwei verschiedenartigere Menschen einander gegenüber gestanden; keiner der beiden wird an die Aufrichtigkeit des andern geglaubt haben, obwohl beide nach außen hin ihre Befriedigung über das Ergebnis der Besprechungen an den Tag legten; beide empfanden wohl, wie Kirche und Reich aufeinander angewiesen seien, und wie deren wechselseitige Befehdung ein Chaos heraufbeschwören müsse, ja wie sie bereits einen Zustand stärkster Verwirrung erzeugt habe. Friedrich mochte hoffen, daß diesem Greis voll wilder Glut und gewaltigen Willens nach dem Gesetz der Natur bald ein weniger zu fürchtender Priester auf dem Apostelstuhle folgen werde, und daß ein Sechsunddreißigjähriger gegenüber einem Greis von dreiundachtzig Zeit zum Warten habe. Wie er in vielem nachgab, so auch in bezug auf die tuszischen Angelegenheiten; Kaiser Friedrich hat es später, als der alte Haß wieder emporloderte, in einem seiner zornigen Manifeste ausgesprochen, daß er damals beabsichtigte, zum Schutze Cremonas gegen Mailand und zur Verteidigung der ihm getreuen Sienesen gegen die Florentiner vorzugehen, daß der Papst aber beides verhindert habe; selbst entschiedene päpstliche Briefe gegen die Mailänder, wie gegen Florenz habe er von Gregor nicht zu erlangen vermocht.[4]) Wahr ist an dem Vorwurfe dieses, daß zwar der Papst wie der Kaiser das im Nachteil befindliche Siena zu schützen und den Frieden herzustellen trachtete, daß aber jeder selbst Friedensstifter und Schiedsrichter sein wollte und keiner dieses Amt dem andern gönnte; beide wünschten Rückkehr der Ordnung, aber jeder verlangte der Ordner zu sein, um dadurch einen entscheidenden Einfluß auf die toskanischen Angelegenheiten zu erlangen.

Papst und Kaiser.

II (s. S. 181 Anm. 1.) — Gesta Florentina, Hartwig, Quell. und Forsch. II, 274 und ihre Ableitungen.

[1]) Biccherna 10. f. 158.

[2]) Biccherna 10, f. 141² (September) betreffs des ersten Reiterzuges; f. 161² betreffs der Cavalcata bis Barbistio (November). Dazu SAS. — Arch. Gener. Urk. von 1230, 10. Nov. über Entschädigung für ein infolge des letztern Zuges erblindetes Pferd. Betreffs der Züge nach Radda und Semifonte f. 157² und 158.

[3]) Reg. Imp. 1816a.—1821c.

[4]) Die betr. Stelle im Schreiben Friedrichs II. von 1240, 16. März, an König Heinrich III. von England bei Matth. Paris ed. Luard III. p. 630 (die betr. Stelle p. 632) und an die deutschen Fürsten, Reg. Imp. 2911.

Ernennung des Gebhard von Arnstein zum Legaten Tusziens.

Der Kaiser entsandte an Stelle Rainalds von Spoleto, der bei ihm schon damals in Ungnade gefallen war, und der bald darauf verhaftet wurde, einen seiner tüchtigsten deutschen Reichsbeamten nach Tuszien, damit er versuche, in dieser Landschaft, wo jedermanns Hand gegen jedermann erhoben war, der heillosen Wirren Meister zu werden. Mit dem Amte eines Legaten wurde Gebhard von Arnstein, ein sächsischer Herr aus der ascherslebener Gegend,[1]) bekleidet, der später mit kräftiger Hand in die Geschicke Toskanas eingegriffen hat, doch zunächst war er gezwungen, ihnen ihren Lauf zu lassen. Er erschien zuerst im Oktober 1230 in Poggibonsi,[2]) also am Brennpunkt des Widerstreites der florentinisch-sienesischen Interessen. Hier konnte er zugleich einen Einblick in die kleineren Kriege gewinnen, die in dieser Gegend neben den großen Kämpfen einhergingen. San Gimignano lag vereint mit dem nahe bei Volterra gelegenen Monte-Voltraio gegen die Bischofsstadt in Fehde,[3]) und die Kommune San Miniato, der Sitz der Reichsverwaltung, unterwarf Burg auf Burg der Nachbarschaft ihrer Gewalt.[4])

Gebhard von Arnstein gedachte als ein Mann des Handelns gleich in den Streit der Städte einzugreifen und mit den Sienesen einen Zug wider Arezzo zu unternehmen.[5]) Drei Tage lang läutete im November in Siena die Kriegsglocke, aber nach reiflicher Erwägung nahm man dann von dem Vorhaben Abstand. Da Gebhard schwerlich mit zahlreicher Ritterschaft erschienen war, hatte er einstweilen nur die Autorität des Imperiums in die Wagschale zu werfen, und die Florentiner nebst ihren Verbündeten hatten sich seit langer Zeit gewöhnt, diese zu mißachten. Die Erschöpfung fühlte man freilich auch in der siegreichen Stadt. Um dem heimischen Handel und Gewerbe in diesen schwierigen Zeiten das notwendige Kapital zu sichern, nahm man in das Statut für 1231 die Bestimmung auf, daß niemand einem, der nicht aus der Stadt oder Grafschaft Florenz sei, ein Darlehen gewähren, noch Bürgschaft für einen Fremden übernehmen dürfe. Schien eine Ausnahme wünschenswert, so mußte das Gesetz durch Ratsbeschluß für den besonderen Fall außer Kraft gesetzt werden. Die damals schon in weiter Ferne, in Oberitalien, in Frankreich und England arbeitenden Gelder konnte man durch diese drakonischen Bestim-

Bestimmungen des Florentiner Statuts gegen die Auswanderung des Kapitals.

[1]) Er wurde nachmals Begründer des 1548 ausgestorbenen Geschlechtes der Grafen von Lindow. Über ihn: Ledebur, Die Grafen von Valkenstein am Harze, S. 88 ss.

[2]) SAS. — Biccherna 10, f. 152[a]. Er ging dann, noch im Oktober, nach Siena; f. 154. — Bei Ficker, Forschungen II. 166 ist 1231, März, als Zeitpunkt angegeben, wo er zuerst als Legat genannt sei. Dies ist irrig, da er schon zu der angegebenen Zeit als solcher bezeichnet wird. Gebhard begab sich von Siena nach Chiusi (f. 156); im Januar (oder etwa Ende Dezember) war er in San Miniato (Biccherna 11, f. 50), später (im Januar) in San Quirico, südlich Sienas und in Lucignano (f. 52[a]).

[3]) Urkunde von 1230, 15. Dezember, SAF. — Comm. di Volterra.

[4]) Urkunden 1230, 6. Dezember, 9. Dezember; 1231, 19. August, 20. Dezember, SAF. — Comm. di San Miniato.

[5]) SAS. — Biccherna 10, f. 162.

mungen nicht mehr treffen, aber der Prozeß der Auswanderung des Kapitals wurde zugunsten der heimischen Industrie verlangsamt. Die unbeachtet gebliebene Bestimmung gewährt eine Erklärung dafür, weshalb die Sienesen im internationalen Darlehnsgeschäft für einige Zeit einen Vorsprung vor den Florentinern besaßen, den diese freilich später mit großer Energie eingeholt haben.[1]) Zugleich aber sieht man, wie alt merkantilistische Ideen sind, und wie sie Jahrhunderte früher in Florenz praktische Anwendung fanden, ehe sie in andern Ländern zur Theorie ausgebildet wurden. —

Da der Reichslegat nichts erreichte, suchte der Papst die Friedensstiftung in seine Hände zu spielen; er erklärte sie für seine Pflicht, die er nur wegen der bisherigen Stürme habe versäumen müssen, die er aber nun, nach Herstellung des Friedens mit dem Kaiser, zu erfüllen gewillt sei. Die Wahl des Vermittlers, den er entsandte, war eine kluge, und sie mußte besonders den Florentinern genehm sein, denn Gregor schickte nach den feindlichen Städten einen ihrer Landsleute im demütigen Gewand des heiligen Franziskus, aber in der glänzenden und machtvollen Stellung eines Generalministers des Ordens von Assisi, jenen Giovanni Parente, den vormaligen Richter.[2]) Seine Mission bestand darin, zunächst einen Waffenstillstand zu vermitteln, „damit nicht fürder die hadernden Söhne einer Mutter sich wechselseitig mit Mord bedrohen und der Bruder den Bruder in den Tod treibe"; während dessen sollten dann Gesandte vor dem päpstlichen Thron wegen des endgültigen Friedens verhandeln. Man wird die beredten Predigten des Landsmannes mit Erbauung und seine Rede vor dem Rat mit gebührender Achtung angehört haben, aber da man die Kerker voll gefangener Feinde hatte und sich auch sonst im Vorteil fühlte, zeigte man weder Eile noch Eifer, der frommen Mahnung zu folgen. Auch ersparten die Sienesen ihren Gegnern die Mühe, die Verhandlungen durch schlaue Winkelzüge zu vereiteln; vielmehr hielten sie selbst die winterliche Zeit für geeignet, durch einen Zug nach Chianciano (zwischen Montepulciano und Chiusi) sich eines verloren gegangenen Stützpunktes wieder zu bemächtigen, und es scheint, daß der Reichslegat Gebhard, der in dieser Gegend weilte, um den Plan gewußt und ihn gebilligt hat, wie er auch die Wiederherstellung der zerstörten

Giovanni Parente als Friedensbote.

Wiederausbruch der Kämpfe.

[1]) Die statutarische Bestimmung findet sich in einer Urkunde vom 25. September 1234 im Instrumentarium von Colle (im Munizipal-Archiv dieser Stadt) inseriert. Vgl. Lisini, Gli Instrumentari di Colle in „Atti e Mem. dell' Accad. dei Rozzi" (Siena) Vol. III, 219.

[2]) Schreiben Gregors IX. an Florenz vom 3. Dezember 1230. Sbaralea I, 71. — Auvray 506. — Reg. Imp. 14834. — Am 5. September 1230 starb in Florenz Magister Bartolomäus, Kardinal-Presbyter von Santa Pudentiana (Nekrologium von Santa Reparata, Biblioth. der Opera del Duomo. Dazu Eubel, Hierarchia p. 6), und wurde in Santa Reparata beerdigt. Wir wissen aber nicht, ob er in päpstlichem Auftrage hier anwesend war.

Burgen im Gebiete Sienas nach Tunlichkeit förderte.[1]) Mit jenem Zuge, dem man in Siena erhebliche Bedeutung beigemessen haben muß, da die Banner dazu feierlich im Dom am Hochaltar der Jungfrau verteilt wurden, war aber der Kampf in aller Form wieder eröffnet, und von der Vermittlung des Florentiner Minoritengenerals war nicht weiter die Rede. Dagegen wurden die Kommunen, die selbst untereinander nicht Frieden hielten, gleich denen der Lombardei und Romagna, sowie zahlreichen Großen Italiens zu Garanten des Friedens zwischen Papst und Kaiser gemacht, womit dieser natürlich nicht besser gewährleistet, aber später jedem der Gewährleistenden Grund oder Vorwand geboten wurde, in dem neu ausbrechenden Hader Partei zu ergreifen.[2])

Das dritte Kriegsjahr 1231.

Im Frühjahr des Jahres 1231 schien den Florentinern und ihren Bundesgenossen von Lucca die Gelegenheit günstig, um über die gemeinsamen Feinde von Pisa herzufallen, weil dort Stadtkämpfe zwischen Ritterschaft und Volk ausgebrochen waren.[3]) Aber gegen die Gefahr von außen waren die Bürger der Seestadt einig; ihr Heer stellte sich den verbündeten Gegnern bei Barga in der Garfagnana entgegen und brachte ihnen am 10. April eine Niederlage bei.[4]) Es war eine verhängnisvolle Zeit für die Lucchesen, die der Papst eben seinen ganzen Zorn fühlen ließ, wovon denn natürlich eine Begünstigung Pisas die Folge war. Gregor, der jetzt nach dem Friedensschluß mit dem Reich um

---

[1]) Chianciano, den Scialenga-Grafen von Sarteano gehörig, war von diesen, die, wie erwähnt, ganz herabgekommen in Siena lebten, dieser Stadt 1230, 2. Juli, zur Kriegführung abgetreten worden, SAF. — Caleffo Vecchio f. 196. Gedruckt Fumi, Gli Statuti di Chianciano p. LXVII. doch hielt Siena schon im Januar 1230 in der Burg vierzig sergentes (Bicch. 10, f. 32[a]). Sie muß in den Kämpfen des Jahres den Sienesen fortgenommen sein. Im weitern Verlauf hielt Siena das Kastell durch berittene Armbrustschützen und mit den ausgetretenen Rittern von Montepulciano besetzt (Biccherna 11, f. 53[a]). — Über eine feierliche Spende auf dem Marienaltar durch den Podestà „die qua dati fuerunt gonfalones", Bicch. 11, f. 51: betreffs des Zuges f. 52, 52[a]. Der Podestà führte ihn und als eine wichtige Person nahm er den Wahrsager Apparizius mit; f. 62[a]. — Damalige Anwesenheit Gebhards von Arnstein in Lucignano usw. s. S. 186 Anm. 2. Seine Genehmigung zu einer Auflage von Kalk in der Grafschaft Siena zur Herstellung der Burgen, Biccherna 11, f. 50.

[2]) Über die tuszischen Kommunen und Großen als Mit-Garanten des Friedens von San Germano päpstl. Schreiben an den Bischof von Vercelli 1231, 16. Januar, M. G. Ep. I. 343. — Kaiserliche Briefe in gleicher Sache an Pistoia 1231, 8. Februar, Winkelmann, Acta II, 21; an die Getreuen in Tuszien und Romagna, Reg. Imp. 1845. — Bezüglicher Schwur im Parlament Pistoias 1231, 3. Mai, Arch. Municip. Pist. Lib. Censuum f. 174. — Briefe des zu diesem Zweck entsandten Kaiserboten (Uguiccio de Saxoforte) an Siena vom April SAS. — Biccherna 11, f. 65[a].

[3]) S. Forschungen IV S. 20 „Die Popularbewegung" unter „Pisa".

[4]) Pisaner Chronik des SAL. Kodex 54. — Chron. Pisana Bibl. Marucelliana (Florenz) A. 235. — Chronicon breve Pisanum, Ughelli-Col. X. col. 121. — Dazu Forsch. usw. II (San Gimignano), Regest 53. — Nach dem Chronicon breve Pisanum kämpften die Pisaner im Auftrage des Papstes gegen Lucca.

jeden Preis die Herausgabe des mathildischen Gutes in der Garfagnana von Lucca erzwingen wollte, hatte seiner Sinnesart gemäß gegen die sich weigernde Gemeinde eben in diesen Tagen die extremste Maßnahme verhängt, den Verlust des Bistums ausgesprochen, das zwischen den benachbarten Diözesen aufgeteilt werden sollte, während dem neu ernannten florentiner Bischof Ardingus die Ausübung der episkopalen Gerichtsbarkeit zugesprochen ward.[1]) Der Kampf der Pisaner um Barga fand mit päpstlichem Segen statt, weil das Oberhaupt der Kirche durch die noch vor kurzem Gebannten jene Gegend in den Besitz des apostolischen Stuhles zu bringen hoffte.

Unter solchen Umständen, angesichts einer Niederlage und einer starken Interessenbeeinträchtigung der Hauptverbündeten mochten neuerliche päpstliche Friedensmahnungen wohl auch in Florenz bei vielen geneigteres Gehör finden. Gregor hatte im März Gesandte von Siena vor sich nach dem Lateran beschieden, um über den Frieden mit Orvieto zu verhandeln;[2]) zu gleicher Zeit war Gebhard von Arnstein zum Kaiser gereist, um ihm über die toskanischen Verhältnisse Bericht zu erstatten;[3]) infolgedessen erschien ein Bote des Herrschers in den Städten mit dem Befehl, eine jede solle zum 25. April feierliche mit genügender Vollmacht ausgestattete Vertreter vor ihn entsenden, bis zu deren Rückkehr jede Feindschaft zu ruhen habe.[4]) In Siena atmete man auf; der Kaiser wollte die gesamten Streitigkeiten durch seinen Schiedsspruch entscheiden,[5]) und zu wessen Gunsten ein solcher ausfallen werde, konnte bei dem Lobe der Treue, das er den Sienesen erteilte, nicht zweifelhaft sein. Auch der Papst, der selbst mit dem Friedenswerk nicht vorwärts gekommen sein mochte, ließ sich mit einer Empfehlung der kaiserlichen Intervention vernehmen, und der Monarch erweiterte sein Gebot alsbald dahin, daß die Schwerter zu ruhen hätten, bis er selbst nach Tuszien käme, um die Verhältnisse der Landschaft zu regeln.[6]) Der Eindruck dieses für den Augenblick aufrichtigen gemeinsamen Vorgehens

---

[1]) Vier päpstl. Schreiben von 1231, 28. März, Auvray 586–88, vom 2. und 8. April 603 und 590. — Es hat sich eine urkundliche Erwähnung erhalten, die den florentiner Bischof am 6. Mai 1232 und am 28. Februar 1233 in Ausübung seiner Tätigkeit als apostolischer Delegat für die Diözese Lucca zeigt. Sie liegt in der Urkunde Lucca 1278, 15. Dezember (SAF. — Agostini di S. Miniato) vor.

[2]) Biccherna 11, f. 60[a].

[3]) Erwähnt in dem kaiserl. Schreiben Reg. Imp. 1853.

[4]) Die Schreiben in gleichzeitiger Kopie SAS. — Riform. — Reg. Imp. 1853 und 1854, wo zu verbessern, daß das Datum des erstern der 9. März, der Name des Boten Enricus Galteri ist.

[5]) Die Behörden Poggibonsis erteilten durch Urkunde von 1231, 8. April (SAS. — Riform.), Siena die Erlaubnis, die bestehenden Streitpunkte zu stellen „in arbitrium, voluntatem et preceptum Domini nostri F. d. g. Rom. imperatoris, secundum tenorem litterarum suarum comuni Senensi directarum“.

[6]) Päpstl. Schreiben an Pistoia 1231, 13. Mai, Huillard-Bréholles III, 282. — Reg. Imp. 6851. — Über den kaiserlichen Befehl, der durch Magister Pelegrinus in Florenz und Siena überreicht wurde, Biccherna 11, f. 72[a].

konnte nicht ausbleiben; noch ehe die Kundgebung Gregors vorlag, dessen Absichten indes bekannt sein mochten, fand eine Zusammenkunft der Podestàs von Pisa und von Florenz — Otto von Mandello war durch eine Wiederwahl ausgezeichnet worden — auf neutralem Boden in San Gimignano statt. Die beiden, die nicht viele Tage vorher einander bei Barga feindlich gegenüber gestanden hatten, wurden in der Bergstadt des Elsatales festlich bewirtet, und unter der Ulme auf der Piazza tummelte der lombardische Edle zum Ergötzen der Sangimignanesen sein Roß in ritterlichen Künsten; doch der Zweck der Zusammenkunft kann nicht Schmaus und Waffenspiel,[1]) sondern nur eine Besprechung über die Möglichkeit eines Friedensschlusses gewesen sein; in Florenz scheint diese Aussicht indes bei einem Teil der Bürgerschaft starkes Unbehagen hervorgerufen zu haben, derart, daß bald nach der Heimkehr des Podestà Unruhen gegen ihn ausbrachen,[2]) da er sich das doppelte Unrecht hatte zuschulden kommen lassen, einmal nicht gesiegt, und mit dem Gegner wegen einer Einigung verhandelt zu haben. Wieder waren es die Fehler der Feinde, die den Ausweg aus einer ungünstigen Lage darboten, und den Reichslegaten traf die Schuld dafür, daß die Friedensaussichten völlig zunichte wurden. Zunächst muß auch gegen den Herrn vom Harz der schwere Vorwurf erhoben werden, daß er die bequeme Gelegenheit benutzte, sich als Beamter des Kaisers zu bereichern, daß er seine Hand nicht rein von Bestechung hielt; dadurch ward er tief in die Händel hineingezogen, über denen zu stehen seine Pflicht gewesen wäre.[3]) Er folgte dem Drängen der Sienesen, die zwar den Frieden mit den überlegenen Florentinern, aber zugleich die möglichste Schädigung des verhaßten, ihnen aufsässigen Montepulciano wünschten, als er sich in aller Form verpflichtete, die heranreifende Ernte im Gebiet jener Stadt zu verwüsten.[4]) Der Form nach war dies nur ein Akt des Strafvollzuges, der Vollstreckung der Reichsacht, aber in Wahrheit mußte die Gewaltmaßnahme alle Dämonen des Kampfes von neuem entfesseln, und jedenfalls hätte Gebhard für den Erlaß des Befehls nicht, wie er es tat, von Siena eine Bezahlung annehmen dürfen. Podestà Montepulcianos war in diesem Jahre einer der Führer der florentiner Guelfen, Ranieri Zingani aus dem Geschlecht der Buondelmonti; einige Wochen nach jener Vereinbarung, von der die Bedrohten zweifellos Kenntnis hatten, ließ der Reichslegat die Stadt über dem Chianatal durch vornehme Gesandte auffordern, sich seinen Geboten zu unterwerfen; die Antwort lautete, man wolle nichts ohne Florenz, und nichts ohne die Garantie tun, daß der Vertreter des Kaisers der Bürgerschaft nicht das Joch Sienas auf den Nacken lege, worauf Gebhard alle von Montepulciano — die fortgezogenen Ritter natürlich ausgenommen —

---

[1]) Forschungen II (S. Gimignano), Regest. 50—52, 55.

[2]) Ebendort 56.

[3]) SAS. — Biccherna 11, f. 54 „540 l. Domino Gebardo comiti Dom. imperatoris in Ytalia legato", für hundert Mark, die er zu erhalten hat, „secundum formam contractus inter nos et comitem dictum".

[4]) Siena 1231, 22. Mai, Ficker, Forsch. IV, 361 (mit 21. Mai).

nebst dem florentiner Podestà von neuem für gebannt und für außerhalb des öffentlichen Friedens stehend erklärte,[1]) ein Spruch, dessen letzterer Teil freilich bei manchem die Frage erwecken mochte, wo denn in diesen Zeiten „der öffentliche Friede" zu finden sei. Gebhard aber vollzog sein den Sienesen gegebenes Versprechen, indem er im Juli zwölf Tage lang gemeinsam mit den vertriebenen Rittern vor Montepulciano zu Felde lag und ringsum verwüstete, was etwa noch übrig geblieben oder wieder angepflanzt und gewachsen war. Zu gleicher Zeit belagerten die Orvietaner Kastell und Ort Chianciano,[2]) während die Sienesen ihrerseits in der Grafschaft Orvieto eine Anzahl von Burgen niederbrannten.[3]) Schon zuvor waren die Florentiner ins sieneser Gebiet nach Val di Strove gerückt, weil sie es für ungebührlich hielten, daß dieser Bezirk bisher von der Plünderung verschont geblieben war, und sie waren bis nach dem dicht vor Siena gelegenen Lecceto oder Selva del Lago gelangt.[4]) Die Sienesen wiederum vergalten dies nach dem Abzug der Streifscharen mit Verwüstungen im Gebiet von Semifonte und mit Fortschleppung von Landleuten jener Gegend.[5]) Inzwischen war es den Orvietanern gelungen, auch Montalcino, das vor einem Menschenalter mühsam durch Siena unterworfene, zur Rebellion gegen die herrschende Bürgerschaft zu bewegen,[6]) so daß diese jetzt mit zweien ihrer Untertanenstädte von fester Lage zu ringen hatte. Der Kaiser aber machte das Vorgehen des Legaten gegen Montepulciano jetzt zu seinem eigenen, indem er die Vertreter dieser Kommune bei hoher Strafe vor sich lud, damit sie von ihm Urteil oder Befehl wegen der inneren und äußeren Zwistigkeiten empfingen. Ranieri Zingani schrieb an den Podestà von Florenz: auch wenn Friedrich in eigner Person mit Heeresmacht vor den Mauern stünde, würden die Bürger Montepulcianos nichts ohne Befehl und Erlaubnis der Florentiner tun, „die wir nächst Gott für unsere eigentlichen Herren und Verteidiger halten".[7]) Solches Vertrauen und soviel Hingebung zu rechtfertigen, unternahm Florenz im Herbst einen neuen Heereszug zu dem ausdrücklichen Zweck, Montepulciano für den nahenden Winter mit Lebensmitteln zu versorgen, da das Stadtgebiet verödet war und die eigenen, in Burgen der Umgegend lagernden Edlen nebst den Besatzungen der Sienesen die Einzelzufuhren abschnitten. Im September zogen die Florentiner an Siena vorbei; sie führten ansehnliche Korntransporte auf Maultieren mit sich, und es gelang, ihnen mit Hilfe Orvietos bedeutende

---

[1]) Reg. Imp. 13070, 71, 79. Ferner die Urkunden von 1231, 11., 12. und 21. Juni (letztere auf dem Blatt der Urk. von 1228, 16. Juni) SAS. — Riform. sowie von 1231, 24. Juni, ebendort. — Die Gesandten, die Gebhard am 11. Juni nach Montepulciano schickte, waren (Graf) Rudolf, Sohn des Guido Burgundione und Gualtiero degli Ubertini.

[2]) SAS. — Biccherna 11, f. 72 u. 73.

[3]) Andrea Dei. Chron. Sanese Murat. Ss. XV, 24.

[4]) Ibid. f. 76[a].

[5]) Ibid. f. 77[a]. — Forsch. II (S. Gimign.), Regest 65.

[6]) Ibid. f. 80[a] und f. 83[a]. — Bd. I, 633 f.

[7]) 1231, etwa August, Ficker IV, S. 362.

Vorräte sowohl nach Montepulciano wie nach Montalcino hineinzubringen; so beugte man wenigstens einer ruhm- und kampflosen Übergabe vor und bannte das Gespenst des Hungers;[1] alsbald wurde eine neue kaiserliche Sommation, Montepulciano solle sich unterwerfen, mit der alten Festigkeit abgelehnt.[2]

Da das Friedensangebot des Monarchen durch den Reichslegaten selbst um jede Wirkung, ja, wie die Folge lehrte, um jede Achtung gebracht war, versuchte wiederum der Papst, die Friedensvermittlung an sich zu ziehen; es gelang ihm im Dezember, in einer Jahreszeit, in der man ohnehin gezwungenermaßen vom Kampfe ruhte, den Podestà von Florenz nebst florentiner, lucchesier und pisaner Gesandten in Rieti um sich zu versammeln, und er verlangte von Siena Entsendung bevollmächtigter Bürger auf den dritten Adventsonntag.[3] Schon vorher hatte er jenen sieneser Magister Bandinus aus seiner Kanzlei zu anknüpfenden Besprechungen in dessen Vaterstadt entsandt.[4] Doch all diese Verhandlungen verliefen ebenso ergebnislos, wie die früheren Versuche, und im Sommer standen die Florentiner wieder zu neuem Kampfe in Waffen. Den päpstlichen Friedenswünschen scheint man sich für jetzt geschickt entzogen zu haben, und dem Kaiser hatte man seit seinen Anfängen soviel trotzigen, bisher straflos gebliebenen Widerstand gezeigt, daß es auf ein Mehr kaum noch ankam. Auch schöpfte man neue Zuversicht aus dem Verhalten der Lombarden, die auf einem in Bologna gehaltenen Bundestag am 26. Oktober 1231 beschlossen hatten, sich dem Herrscher entgegenzustellen, wenn dieser etwa mit einem ihnen bedrohlich erscheinenden Heere zu dem nach Ravenna ausgeschriebenen Reichstag zöge.[5] Die lombardischen Kommunen mißtrauten in der Sorge für ihre Unabhängigkeit dem Papst nicht weniger als Friedrich; sie lebten in der Furcht, die Herrscher von Reich und Kirche könnten sich, nachdem die äußerliche Eintracht hergestellt sei, auf ihre Kosten einander nähern, und Florenz, das durch die Herrschaft über die pistoieser Apenninenpässe in enger Fühlung mit Bologna stand, befolgte südlich des Gebirges die gleiche auf mißtrauisches Abwarten gerichtete Politik. Als der Zeitpunkt jenes ravennatischen Reichstages gekommen war, befand sich der Herrscher ohnmächtig in der Stadt der späten Römerherrlichkeit und des großen Gotenkönigs, denn gegen den Widerstand der

Das vierte Kriegsjahr 1232.

---

[1]) Ann. Florent. II, Hartwig II p., wo (s. S. 181 Anm. 1) die im Druck irrig zu 1230 gestellte Nachricht zu 1231 gehört. — Biccherna 11, f. 83ª. (Erwähnung des Aufgebotes der Grafschaft „quando Urbetani miserunt granum in Montepulcianum et ad Montalcinum“; vorher wird der Heereszug der Florentiner erwähnt.) Forsch. usw. II (S. Gimign.), Regest 66.

[2]) Urk. von 1231, 21. Oktober, erneute Aufforderung des Legaten, Ficker, Forsch. IV, 362; ferner vom 28. Oktober, Aufforderung namens des Kaisers, erwähnt in dem 1335 aufgestellten Inventar von sieneser Urkunden, f. 50ª. SAS. — Capit. No. 7.

[3]) Päpstl. Schreiben an Siena 1231, 5. Dezember. SAS. — Riformagioni.

[4]) Desgl. 1231, 19. November. Notar.-Abschrift von 1231, 25. November. Ebendort.

[5]) Reg. Imp. 13078a.

Lombarden wie gegen die feindlichen Unterströmungen jenseits der Alpen hatte er nichts vermocht, und statt eines glänzenden Schauspieles kaiserlicher Gewalt, bot er der Welt nur einen Einblick in die Schwierigkeiten, von denen er auf allen Seiten umgeben war.[1]) Daß in Ravenna über die tuszischen Angelegenheiten entschieden werden sollte, beweist die Anwesenheit des Gebhard von Arnstein und des Bischofs von Fiesole, der gewiß manche Klage gegen diejenigen vorzubringen hatte, deren Mitbürger er durch Zwang geworden war; auch der Bischof von Volterra, der als „Reichsfürst" dem Kaiser getreu, aber dessen Macht eine geringe war, begab sich nach der Stadt des Sankt Apollinaris.[2]) Während gegen die Rebellen in der Lombardei der Bann erneuert ward,[3]) geschah gegen Florenz einstweilen nichts, vielleicht aus Rücksicht auf den Papst, der den Versuch der Friedensvermittelung noch nicht aufgegeben hatte. Doch mehr als das Vorgehen wider Mailand und dessen Genossen, das doch nur eine gerechte Antwort auf offene Empörung bildete, mochte auf die Bürger der Kommunen, ob sie Freunde oder Gegner des Reiches waren, ein Gesetz wirken, das damals gegen die deutschen Städte erlassen ward und in dem der Monarch deren zur Freiheit aufsteigende Entwicklung in aller Form für rechtswidrig und für verwerflich erklärte, weil durch sie das Reich und dessen Fürsten geschädigt würden; die Stadtgemeinden, die Handwerkergenossenschaften, wie alle sonstigen Verbände wurden gleich den Ratsversammlungen für aufgelöst, die Bürgermeister für abgesetzt erklärt.[4]) Man sah, wohin den Staufer ererbter Zorn und fürstliche Abneigung gegen bürgerliches Wesen führte und verführte, und man beobachtete zugleich, wie geschickt weltliche und geistliche Große sich dieser Stimmung zu ihrem Vorteil zu bemeistern wußten. Es ist eine traurige Wahrheit, daß oft die geistvollsten Herrscher denen am blindesten folgen, die ihre Leidenschaften stacheln, um sie zu benutzen. Friedrich war im Geistigen und gegenüber allem Geistlichen ein vorurteilsloser Kopf, in gewissem Betracht ein moderner Mensch; er war von außerordentlicher Klarheit in allem Administrativen, aber er war gleich seinem tapfern Großvater in politischer Hinsicht von durchaus rückständigen Auffassungen geleitet; er hätte sich für Ergründung der Zukunft weniger auf die nebelhaften Orakelsprüche seiner Wahrsager und Sterndeuter verlassen, und mehr den eigenen scharfen Verstand zu Rate ziehen sollen; er hätte dann vielleicht erkannt, daß die Entwicklung der Welt über seinen Willen hinwegschreiten werde, daß den ihm verhaßten bürgerlichen Gemeinwesen die kommende Zeit gehöre, daß aber auch in der Gegenwart nicht gegen sie zu herrschen sei, und daß es eine gefährliche, für die Dauer undurchführbare Politik sei, eine Kommune gegen die andere auszuspielen. Mit der inneren Freiheit fehlte dieser blendenden und anziehenden Persönlichkeit das innere Gleichmaß, durch das allein große und

[1]) S. Winkelmann, Friedrich II., II, 323 ff.

[2]) Reg. Imp. 1912. — Betreffs des Bischofs von Volterra, an den im Oktober ein kaiserlicher Bote gelangt war, Forsch. usw. II (San Gimign.), 68 u. 76.

[3]) Reg. Imp. 1931a. — [4]) M. G. Leges II, 286.

bleibende Wirkungen geübt werden können. In denselben Tagen lodernden Zornes wider die Bürger, so in Schwaben, in Franken oder am Rhein, wie hinter erweiterten Römermauern am Po und an der Etsch, am Rheno und Arno, schärfte er von neuem allen weltlichen und geistlichen Fürsten, Amtleuten und Richtern in Deutschland und Italien seine blutigen Verordnungen wider die Ketzer ein;[1]) der Freigeist Friedrich glaubte die Kirche durch solche Gefälligkeit zu gewinnen, zugleich aber die ihm aufsässigen Städte zu treffen, in denen freilich von Mailand bis Florenz das häretische Wesen in üppiger Blüte stand. Es kamen im folgenden Jahrzehnt die Tage, wo die selbstgeschmiedete, zweischneidige Waffe sich wider ihn und seine Anhänger kehrte und die Ketzer auf seiner Seite fochten, aber einstweilen wurde durch sein eifervolles, ihm und dem Reich in keiner Art nützliches Vorgehen eine unendliche Summe geheimer Verbitterung in den Kreisen solcher erregt, die dem Tode im Kerker und auf dem Scheiterhaufen ohnehin allezeit gefaßt ins Auge sahen, und von denen in geheimen Konventikeln, bei Wanderzügen, bei Predigten unendlich mannigfache, freilich mehr zu ahnende als nachweisbare Einflüsse ausgingen. —

Wie der Sommer 1232 hereinbrach, rüstete man in Florenz zu dem nachgerade gewohnten Einfall ins sieneser Gebiet. Die Kommune Arezzo war den Verbündeten auch jetzt treu geblieben, obwohl es dem Reich gelungen war, in der Grafschaft einen kaiserlichen Vikar, den Sienesen Cacciaconte, einzusetzen.[2]) Als neue Bundesgenossen waren seit dem Vorjahre durch die Erfolge der Florentiner die Städte des Elsatales, San Miniato, San Gimignano und Colle, zu ihnen herübergezogen worden, obwohl den beiden letzteren die Rache der Sienesen aus unmittelbarer Nähe drohte, und obwohl der Legat den Cassero über San Miniato für das Reich besetzt hielt.[3])

Im Juni erging das übliche Hilfegesuch der Sienesen an Pisa, und im Juli standen die Florentiner auf dem Boden der Feinde; sie drangen bis vor die starke Burg Quierciagrossa, die als ein Vorwerk der Stadt kaum zwei Stunden Gehens, vier Miglien, vor Porta Camollia auf dem Ausläufer eines Hügelrückens an ziemlich herrschender Stelle lag und einen ansehnlichen Umfang besaß.[4]) Es kam zu regelrechter Belagerung, und die Schwäche der Sienesen

[1]) M. G. Leges II, p. 287.

[2]) Forsch. usw. II (S. Gimign.), Reg. 67.

[3]) Ebendort 58, 77, 78. — Für Colle wird das Bündnis dadurch bewiesen, daß diese Stadt den Florentiner Jacobus Nasi zum Podestà gewählt hatte; innere Zwistigkeiten, die im Juli 1231 (Regest 164) zu dessen Gefangennahme führten, mögen von Siena aus erregt sein. Ein Repressalienvertrag zwischen Florenz und Colle wurde 1232, 4. und 5. April geschlossen. (Lisini, Gli Istrumentari di Colle in Atti e Memorie della Sezione letteraria ecc. della R. Accademia dei Rozzi III, p. 219 und 218.) Die Stellung von San Miniato auf seiten der Florentiner ergeben deren in der Urkunde 1232, 10. September (bezeichnet 4. September) enthaltenen Friedensbedingungen (SAS. — Riform.). Daß dagegen der Legat Gebhard den Cassero innehatte zeigt Forsch. usw. II (S. Gimign.), Regest 192.

[4]) Das „Castellare“, jetzt Villa, etwa 10 Minuten von Querciagrossa gegen Siena zu gelegen, gehörte zweifellos zu den Befestigungswerken der bedeutenden Burg.

wird dadurch deutlich bezeugt, daß sie dem Kastell vor ihren Toren nicht Entsatz zu bringen vermochten. Querciagrossa wurde eingenommen, trotz kaiserlichen Verbotes dem Boden gleich gemacht und die zahlreiche Verteidigungsmannschaft ward gefangen nach Florenz geführt, wo sie gleich den übrigen Unglücksgefährten jahrelang im Kerker schmachten mußte.[1]) Wieder plünderten die Sienesen nach dem Abzug des Feindesheeres die Landschaft bei Certaldo und Semifonte,[2]) und wiederum antworteten die Florentiner mit einem Verwüstungszuge.[3]) Gegen die Pisaner aber hatten die verbündeten Lucchesen und Florentiner von neuem eine Niederlage erlitten. Lucca suchte mit Hilfe der verbündeten Arnostadt das vielumstrittene Barga, den Hauptort der bergigen Garfagnana zu erobern, doch es war den Pisanern gemeinsam mit den Feudalherren der Gegend gelungen, die belagerte Stadt zu entsetzen.[4]) Wenn sich Florenz nun ungeachtet solcher Rückschläge, obwohl ferner der Kaiser zu einer vorläufigen Einigung mit den Lombarden gelangt war, und Bologna sich im Konflikt mit der Kirche vorübergehend dem Reich zugewandt hatte,[5]) dauernd den Weisungen des Herrschers widersetzte, so muß die Bürgerschaft die Überzeugung gehabt haben, daß die Reichsgewalt durchaus nicht in der Lage sei, ihren drohenden Worten in absehbarer Zeit die sühnende Tat folgen zu lassen. Der Ausbruch eines Aufstandes in Sizilien zwang den Kaiser denn auch, eilig nach seinem südlichen Königreich aufzubrechen, als eben von der Reichsautorität ein erneuter Versuch unternommen wurde, Florenz zum Gehorsam und zur Waffenruhe zu veranlassen.

Friedensgebot des Kaisers.

Am 2. Oktober 1232 ereignete sich in dem bald darauf verschwundenen ältesten Florentiner Kommunalpalast eine seltsame Szene. Im Auftrag des Herrschers erschien der Großhofrichter Pellegrino aus Caserta vor versammeltem Rate, dem der Podestà des Jahres vorsaß, Herr Andreas Jacobi, derselbe, der vor vier Jahren Florenz zum Siege gegen Pistoia geführt hatte. Der Großhofrichter verlas einen durch kaiserliches Siegel beglaubigten Brief, vermittels dessen den Florentinern jeder Angriff gegen Siena verboten wurde; hätte man Beschwerden gegen die benachbarte Stadt oder deren Bürger, so würde der Monarch dafür sorgen, daß jedem sein Recht werde. Solange hatte man sich

[1]) Über die Einnahme und Zerstörung Ann. II l. c. 41. — Villani VI, 8 und Sercambi p. 30 geben die Ereignisse des Jahres in falscher Folge. Regesten (S. Gimign.) 79, 85, 86, 88, 89. — Das Hilfsbegehren der Sienesen an Pisa wurde durch am 29. April abgeschickte Gesandte überbracht (SAS. — Riform.): doch waren die Pisaner am 13. Juni noch nicht erschienen (S. Gimign. 86). Irrig ist das Jahr in den Notae histor. Senens. ed. Cipolla (M. J. Oest. G., Ergänz.-Bd. II, 581) mit 1233 angegeben, das Tagesdatum 7. Kal. Julii, 25. Juni, könnte richtig sein. — Zahlreiche Vergütigungen wegen bei Querciagrossa verlorener Waffen im Januar 1235 und wegen Gefangenschaft in Florenz SAS. — Caleffo Vecchio f. 198 und 198[a], sowie ferner Florenz 1235, 5. Mai (SAS. — Arch. Gener.) betreffs entsprechender Vergütigung für einen, der damals noch in Florenz gefangen war.

[2]) 13. Juli. Forsch II (S. Gimign.) 88.

[3]) Im August. Ebendort Nr. 90. — [4]) Ptolem. Lucensis ad annum.

[5]) Winkelmann, Friedr. II., II, 371 ff. und 420.

höflich schweigend verhalten; nun aber lud Pellegrino des weiteren bei Strafe von zehntausend Gewichtsmark Silber, weit über einer halben Million Lire modernen Geldes, Florenz auf den 1. November vor des Kaisers Gericht, um sich wegen der Siena und seinem Gebiet angetanen Schäden zu verantworten, und er fügte bei gleicher Strafe eine andere Zitation hinzu, weil Florenz Querciagrossa angegriffen und demoliert habe, obwohl das Oberhaupt des Reiches auf einen etwa erneuten Angriff gegen die Sienesen 100 000 Mark, etwa 5—6 Millionen Lire, Strafe gesetzt hatte. Wie das Urteil ausfallen werde, war leicht vorauszusehen, und der Ratsherren bemächtigte sich bei der Aussicht auf Strafsummen von solcher Höhe, die, wenn sie auch nicht direkt eingetrieben werden, so doch zu endlosen Repressalien und Schikanen des Handelsverkehrs führen konnten, eine maßlose Wut. Die Mehrheit schrie mit bitteren Worten auf den Podestà ein, er dürfe die Vorladung nicht aus den Händen des Pellegrino entgegennehmen, und die Minderheit wagte nicht für die Annahme einzutreten, sondern verhielt sich schweigend, während der Hofrichter, ohne den kaiserlichen Befehl überreichen zu können, die erregte Versammlung verließ.[1])

Friedensgebot des Papstes.

Doch war der kaiserliche Abgesandte nicht der einzige, der von Florenz verlangte, es solle Ruhe halten und Frieden schließen; gleichzeitig war als Vertreter des Papstes, dessen Kaplan Gottfried aus dem vornehmen Hause der Prefetti von Vico (in der Gegend von Viterbo im Patrimonium Petri), der nachmals zur Würde eines Bischofs von Bethlehem emporsteigen sollte, zum Zwecke der Friedensstiftung zwischen Florenz und Siena unterwegs.[2]) Er hatte am 4. September in der letztern Stadt, am 8. September in Florenz das Gebot des Papstes verkündet, daß die Städte bei Strafe der Exkommunikation ihrer Behörden, Frieden oder Stillstand zu schließen hätten, und an beiden Orten assistierten ihm die Prioren des Dominikanerordens bei seinem Auftreten vor dem Rat; am Arno bekleidete dieses Amt immer noch der nachmals als heilig verehrte Schüler des Dominikus, Johann von Salerno. Nach sechstägigem Bedenken erwiderte der florentiner Podestà: die Herren vom Rat und er selbst hätten sich entschlossen, aus Verehrung für die Kirche und deren Abgesandten die Bedingungen festzustellen, unter denen man zu einer Einigung bereit sei; es seien die folgenden: Siena habe einen ewigen Frieden mit Florenz, zugleich aber mit dessen Bundesgenossen Lucca, Pistoia, Arezzo, Città di Castello, Prato, San Miniato, San Gimignano und Colle, sowie all deren Helfern oder Begünstigern zu schließen; es habe Montepulciano und dessen Distrikt an Monte-

[1]) Die Vorgänge ergeben sich aus der Urkunde, die Pellegrino über sie aufnehmen ließ, Florenz 1232, 2 Oktober. Ficker, Forschungen IV, 368. Die kaiserliche Vorladung ist vom 5. September datiert. Da die Zerstörung von Querciagrossa darin erwähnt wird, ergibt sich hieraus die auf S. 195 Anm. 1 angeführte Irrigkeit der Darstellung Villanis VI, 8. — Überbringung eines, das Friedensgebot und die Ladung vors kaiserliche Gericht enthaltenden Schreibens an Pistoia am 3. Oktober, Ficker IV, 371.

[2]) Die erste Erwähnung seines Auftrages 1232, 27. August (SAS. — Riform.) in dem päpstl. Schreiben an Siena.

pulciano und Florenz zu freier Verfügung zu überlassen; die von dort Ausgezogenen (die Ritter) habe Siena preiszugeben; sie sollten jedes Recht verlieren, das sie in der Heimat besessen hatten, es sei denn, sie kehrten mit Zustimmung der Bürgerschaften von Montepulciano, von Orvieto und Florenz dorthin zurück; Siena habe Chianciano an Orvieto zurückzustellen; für alle Streitigkeiten zwischen Siena und Orvieto falle Florenz das Schiedsrichteramt zu. Kommune, Bischof und Kapitel Sienas, alle sieneser Laien und Geistlichen müßten, was sie in Poggibonsi besäßen, an Florenz abtreten und nie dürfe Siena dieser Stadt gegen die Florentiner Hilfe gewähren. Zu mehrerer Gewähr des Friedens habe Siena die Burgen Monteriggioni — das hochgetürmte Kastell zwischen dieser Stadt und Poggibonsi — und Cerreto zu demolieren und sich zu verpflichten, die durch die Florentiner zu Boden geworfenen von Selvole und Querciagrossa nie wieder aufzubauen, noch auch zu dulden, daß deren Stelle befestigt oder selbst nur bewohnt werde. Die Ausführung des Friedens hätten die Florentiner (einseitig) zu überwachen und später fügten sie noch die Behauptung hinzu, Montepulciano gehöre zum Distrikt Florenz.[1]) Dem Einwande des päpstlichen Kaplans, geistliche Rechte in Poggibonsi könnten nicht ohne den Papst abgetreten werden, erwiderte man: die Florentiner hätten einst zwei Kirchen in Siena besessen,[2]) die ihnen um des Friedens halber durch den apostolischen Stuhl entzogen seien; nun möge der Papst eben auch um des Friedens willen Siena gegenüber ein gleiches tun.[3])

Die Bedingungen hätten auch dann kaum maßloser sein können, wenn das siegreiche Heer an dem schicksalsreichen Sankt Veitstage vor zwei Jahren durch die Porta Camollia eingedrungen wäre und die Florentiner den Feinden, das Schwert in der Hand, den Frieden diktiert hätten; die Annahme hätte Siena zur Ohnmacht verurteilt, es in die Gefolgschaft der Nachbarn vom Arno gebracht und etwa zu der Stellung erniedrigt, die jetzt die Pistoiesen einnahmen. Pedantisch erklärte Gottfried — wozu er zwei Tage der Überlegung brauchte —: er billige die Vorschläge nicht, noch verwerfe er sie, noch wolle er der Ehre von Florenz entgegenhandeln, sofern die Sienesen etwa zu ihrer Annahme bereit seien.

Die Sienesen wollten sie selbstverständlich nicht annehmen, sondern erklärten sie für „ehrlos und unschicklich". Gottfried aber war inzwischen nach Orvieto gereist, wo er auf den Einwand, man könne sich ohne Florenz zu nichts verpflichten, die Erwiderung bereit hatte: des Papstes Befehl stehe über allen Eiden, die sie den Verbündeten geschworen hätten. Darauf versicherte Orvieto seine Geneigt-

[1]) Man hat zwischen dem Gebiet (der Grafschaft) und dem Distrikt zu unterscheiden; unter letzterem wurden Territorien verstanden, die durch Eroberung oder freiwillige Abtretung erworben waren, aber nicht ursprünglich zum Komitat gehörten.

[2]) Vgl. Bd. I, S. 119 und 541 Anm. 3.

[3]) Die Urk., welche diese Forderungen enthält, vom 10. September, zusammen mit den auf die sieneser Ratsverhandlungen vom 4. September und die florentiner Ratsverhandlung vom 8. September 1232 bezüglichen (bezeichnet 4. September) SAS. — Riform.

heit zum Frieden, sofern Siena jene Bedingungen der Florentiner annähme, daneben aber noch ihnen selbst eine Reihe weiterer Abtretungen zubillige, auch jedem Anspruche auf Oberherrschaft über Chiusi ausdrücklich entsage. Siena hinwiederum gestand von alledem nicht das mindeste zu, sondern verlangte seinerseits außer der Rückgabe des in seinem Gebiet Eroberten von den Feinden sehr bedeutende Geldentschädigung für Brand und Verwüstung;[1]) im übrigen gaben die Sienesen die Erklärung ab, wenn es zu einem direkt zu vereinbarenden Frieden nicht komme, dem Papst die Entscheidung anheim zu stellen, womit sie denn der Kirche gegenüber gedeckt waren, während Florenz in dem Gefühl der Übermacht und im Bewußtsein des Druckes, den es durch den Besitz zahlreicher Gefangenen auszuüben vermöge, nicht gewillt war, seine günstige Lage den Friedenswünschen des Papstes zu opfern. Vergebens schickte dieser im Verlaufe der Verhandlungen vier Kardinäle, die einander auf dem Fuße folgten, unter ihnen den den Florentinern nahe befreundeten Giuffredo von San Marco, und noch zwei andere Kleriker seines Hofhaltes ab, um die Bürgerschaft der Arnostadt zur Nachgiebigkeit zu stimmen.[2]) Da dies völlig mißlang, begab sich der Kaplan Goffredo de' Prefetti nach der Reichsburg San Quirico in Osenna, südlich von Siena, in dessen Grafschaft, doch in der Diözese Arezzo gelegen, um, von zahlreichen sieneser und aretiner Prälaten umgeben, im Namen des Papstes feierlich die Exkommunikation gegen Podestà und Rat von Florenz auszusprechen. Er begnügte sich indes keineswegs mit der einmaligen Verkündigung des Kirchenbannes, sondern trat sofort eine Rundreise durch Toskana und die Romagna an, die einen vollen Monat dauerte, um an jedem einigermaßen ansehnlichen Orte den Fluch zu wiederholen und den Behörden zu notifizieren, daß sie und ihre Stadt in das gleiche Anathem verstrickt seien, sofern sie den Florentinern fürder gegen Siena Kriegshilfe leisten würden.[3]) Dabei begegnete es ihm freilich in Lucca, daß, wie er im Rat seine päpstlichen Briefe und die umständlichen Dokumente über die Verhängung der Kirchenstrafe vorlas, allmählich die gesamten Mitglieder des Rates, eines nach dem andern, den Saal verließen, bis er sich mit den Vertretern des Podestà, der selbst ebenfalls einen Vorwand gefunden hatte, sich zu entfernen, und etwa mit dem Protokoll führenden Notar allein in der Halle befand. Denn man liebte in Lucca das verbündete Florenz aus Haß gegen Pisa und mochte die langatmigen kurialen Urkunden und Reden über die gegen die Alliierten ergangene Kirchenzensur nicht mit anhören. Daneben hatte diese Demonstration

Exkommunikation der florentiner Behörden.

[1]) Fumi, Cod. Diplom. 137 s.

[2]) Alles Mitgeteilte ist in der Urkunde der gleich zu erörternden Exkommunikation der Florentiner vom 15. Oktober 1232 erwähnt (Ficker, Forsch. IV, 372).

[3]) In Poggibonsi 1232, 18. Oktober; in Colle am 19. Oktober; in San Gimignano am 20., in San Miniato am 21., in Lucca am 23., in Pisa am 27. Oktober, in Pistoia am 7., in Bologna am 12., in Imola am 17., in Faenza am 19., in Arezzo am 20. November. Die Urkunden sämtlich SAS. — Riform. Weisung des Papstes an den Erzbischof von Pisa, die Bannung des Podestàs und des Rates von Florenz allsonntäglich verkünden zu lassen, 1233, 15. Mai. Auvray 1305.

freilich auch ihren Grund in dem tiefen Zorn gegen den Papst, der die Stadt des Bistums beraubt hatte.

Mochte die Haltung der Kirche in der Tat Einfluß üben und die Lage der Florentiner verschlechtern, Tatsache ist, daß unmittelbar nachdem Kaplan Gottfried in des Papstes Namen sein Urteil gefällt, die gegen Siena Verbündeten von schweren Schlägen betroffen wurden. Chiusi fiel von ihnen ab und trat, vielleicht von der Kurie beeinflußt, zu Siena über.[1]) Dies war nur das Vorspiel zu einem wichtigeren Ereignis, dem Falle von Montepulciano, das sich gegen einen erneuten plötzlichen Angriff Sienas nicht mehr zu behaupten vermochte; denn die Sienesen waren offenbar der Meinung, daß, wie sie auch dem Papst und dem Kaiser ihre Friedensliebe bekundet haben mochten, gegen die vom Reich wegen Ungehorsams und von der Kirche als Anhängerin von Florenz gebannte Stadt alles erlaubt sei. Man versammelte nicht die Bundesgenossen, wodurch die Bürger Montepulcianos gewarnt und die Florentiner oder Orvietaner wahrscheinlich zu ihrem Beistand in Bewegung gebracht worden wären, sondern zog mit dem Aufgebot von Stadt und Grafschaft allein aus; nach drei Tagen der Belagerung wurde diese Mannschaft zum Sturm gegen die Stadt geführt, und in einer halben Stunde erlag der Popolo von Montepulciano am 27. Oktober 1232 nach mehr als dreijährigem tapferen Widerstande der Übermacht. Die Mauern, gegen die die Sienesen so oft gekämpft, die Türme, die ihnen so lange widerstanden hatten, wurden dem Boden gleich gemacht, und in der Stadt hauste die Wut der Sieger, verstärkt durch den Haß der Ritter, die auf Sturmleitern, das blutige Schwert in der Hand, in die Vaterstadt zurückkehrten.[2]) Montalcino, die Bergstadt über der Reichsburg San Quirico, die sich vom gleichen Schicksal bedroht fühlte, unterwarf sich darauf freiwillig und leistete von neuem den unaufrichtigen Eid der Treue.[3])

Eroberung Montepulcianos durch Siena.

Es war für Florenz eine Zeit des Mißgeschicks. Draußen unterlagen Verbündete oder sahen sich zum Abfall gezwungen, und innerhalb der Mauern hauste verheerend der Feind der mittelalterlichen Städte, das Feuer. Von den Häusern der Caponsacchi am Mercato Vecchio ausgehend, verbreitete sich ein Brand über das reichste Quartier der Stadt gegen die Via degli Spadari (jetzt Martelli) zu und forderte mehr als zwanzig Menschen zum Opfer. Derartige Katastrophen mit ihren Folgen von Vermögensverfall und Zusammenbruch der

Stadtbrand in Florenz.

[1]) Urk. 1232, 16. Oktober. Archivio Stor. Ser. III, tomo 4, 2, p. 26.

[2]) Über die Einnahme von Montepulciano Ann. Senens. M. G. Ss. XIX, 229. — Notae histor. Senens. (s. S. 195 Anm. 1) p. 582 und ein von Tizius in seiner handschriftlichen Hist. Senens. wiedergegebener Vers (in der in der Florent. Nationalbiblioth. befindlichen Kopie II, V, 140, Band I, 407), der wahrscheinlich eine zur Erinnerung an das Ereignis verfaßte Inschrift bildete. — Ferner Villani VI. 8. — Über die Zerstörungen in Montepulciano gibt auch die Urk. von 1233, 23. August, SAS. — Caleffo Vecchio f. 235 Auskunft.

[3]) 1233, 13. Jan. SAS. — Caleffo Vecchio f. 231. Es gibt ein Bild von der erheblichen damaligen Bedeutung dieser Kleinstädte, daß die Schwurliste 1061 Namen umfaßt.

Existenz gehörten zu den immer wiederkehrenden Erscheinungen, die den oft allzu begründeten Verdacht erweckten, der Brand sei angelegt, um Feinde zu schädigen oder städtische Unruhen zu erregen. Es scheint sich bei der Feuersbrunst von 1232 aber ebenso wie bei der, die zwei Jahre später in der Nacht des Weihnachtsfestes die Gegend jenseits des Arno, von Santa Felicita bis zum Südtor, völlig verheerte, um unglückliche Zufälle gehandelt zu haben,¹) denn die Bürgerschaft bewahrte ihre Einigkeit, obwohl diese auf eine harte Probe gestellt wurde, obwohl an die Ghibellinen in mancherlei Gestalt die Versuchung herantreten mochte, sich zugunsten einer Einigung mit der Reichsgewalt zu erheben und an die Guelfen die entgegengesetzte, die städtische Politik zugunsten der päpstlichen zu durchkreuzen.

Verurteilung der Stadt durch das Reichsgericht.

Daß man die Vorladung vors Reichsgericht zur Verhandlung wegen der Klage Sienas tumultuarisch abgewiesen, hatte natürlich den Lauf des Prozesses nicht weiter aufgehalten, und Anfang Dezember 1232 trat in Apricena in Apulien, in dem an den Ausläufern des Monte Gargano gelegenen kaiserlichen Jagdschloß, in persönlicher Anwesenheit des Herrschers das Hofgericht zusammen, um über Sienas Klagebegehren zu entscheiden: Thomas von Aquino, Graf von Acerra, Markgraf Manfred Lancia und des Kaisers anderes Ich, der Hofkanzler Pier della Vigna, der später in Toskana schrecklich enden und dem das Gedicht eines Florentiners die Aureole der Unsterblichkeit verleihen sollte, waren neben andern berufen, den Spruch über die Arnostadt zu fällen. Die Rechnung, die der Prokurator Sienas den verklagten Feinden aufmachte, war mit etwas grober Feder und mit dicker Tinte geschrieben: zweihunderttausend sieneser Pfund, nahezu 2 Millionen Lire, wurden als Entschädigung für die Vernichtung der Burgen Selvole und Querciagrossa, und überdies das Doppelte für Brand, Verwüstung und Plünderung des sieneser Gebietes verlangt; eine ansehnliche Zahl von „Libelli“, oder Klageschriften gegen Florenz ward dem hohen Gericht überreicht, in denen alle Beschwerden Sienas wegen Mord und Gefangenhaltung seiner Bürger, wegen der bewirkten Verheerungen einzeln und umständlich dargelegt waren. Dann trat der Fiskaladvokat auf und da sich auf des Herolds Ruf niemand zur Vertretung von Florenz meldete, verlangte er seinerseits die Verhängung schwerer Strafe wegen nicht angenommener und nicht befolgter Vorladung, sowie noch schwererer deshalb, weil Florenz unter Mißachtung des kaiserlichen Gebotes Siena angegriffen habe. Zusammen forderte er von Reichs wegen 110 000 Mark Silber Strafe, die dem kaiserlichen Fiskus verfallen sein sollte, oder über 6 Millionen Lire. Das Gericht erkannte hierin wie auf das Klagebegehren Sienas völlig nach Antrag, und so sah sich Florenz zu einer Straffumme verurteilt, die insgesamt mehr als zwölf Millionen Lire modernen Geldes ausmachte. Da man von Reichs wegen für jetzt keine Exekution verhängen konnte, wurde Siena für den

¹) Villani VI, 9. — Pseudo-Brunetto, Hartwig II, 227. — „Gesta“, ebendort, 274. — Sercambi I, 30. Die Zahl der Opfer wird zwischen 12 und 32 angegeben. Villani und Pseudo-Brunetto stimmen dahin überein, es seien 22 gewesen. — Der zweite Brand Villani VI, 12 und an den andern erwähnten Stellen.

Betrag der ihm zugesprochenen 600 000 Pfund Denare in alle Habe der Kommune Florenz eingewiesen,[1]) mit anderen Worten, es wurde die Konfiskation des Gesamtbesitzes der Kommune verhängt, nur hätten die Sienesen sie an der Feindin selbst vollstrecken müssen. Damit ward der Kampf Sienas gegen Florenz für die Folge als die Ausführung kaiserlichen Urteils und Befehles erklärt, und man wird sich billig die Frage vorlegen müssen, ob das verordnete Heilmittel nicht ebenso giftig und gefährlich war, wie die Krankheit. Für die Florentiner wurde die Fortführung des Krieges jetzt zu einer Pflicht der Selbsterhaltung, da sie vom Papst verflucht und vom Reich gebannt, nur vom eigenen Schwert wie von der Treue der Verbündeten das Heil ihrer Zukunft erwarten durften. Man rüstete sich, alle Kräfte zusammenzufassen. Nach einer strikt durchgeführten Bestimmung des fürs Jahr 1233 festgestellten Statutes wurde in jedem Sechstel der Grafschaft und des Distriktes betreffs aller Einwohner vom Ritter bis zum Colonen und Hörigen genau ermittelt, ob er frei, oder wem er pflichtig sei. Die Not zwang hier zur Anlage eines vollständigen Bevölkerungsregisters, auf Grund dessen jedermann ordnungsmäßig zu Steuerleistung und Kriegsdienst herangezogen werden konnte, während sich bis dahin offenbar viele unter mannigfachen Vorwänden der einen wie dem andern zu entziehen gewußt hatten. Da Ordnung der öffentlichen Verhältnisse stets eine Mehrung von Macht und Einnahmen zur Folge hat, wird die Not der Zeit, auch hier wie so oft, bleibenden Nutzen geschaffen haben.[2])

Feststellung des Personenstandes der Einwohner des Contado.

Obwohl nun Papst und Kaiser in Übereinstimmung über Florenz die härtesten Strafen verhängt hatten, war das Verhalten dieser beiden Mächte zu der Bürgerschaft denn doch ein durchaus verschiedenes. Der weltliche Herrscher und seine Berater wußten sehr wohl, daß die politische Bedeutung der Arnostadt seit alten Zeiten auf dem Widerstande gegen die Reichsgewalt beruhte; das Oberhaupt der Kirche aber behandelte die Florentiner als irrende Söhne, von denen Gregor nichts inniger wünschte, als daß sie sich reuig an die väterliche Brust würfen. Er veranlaßte im Februar 1233 den Bischof von Modena, Wilhelm aus dem savoyischen Grafenhause, jene Verhandlungen zwischen Siena und Florenz wieder anzuknüpfen, an denen die diplomatischen Fähigkeiten des Kaplans Gottfried gescheitert waren,[3]) aber der Savoyer erzielte ebensowenig

Die Hallelujah-Bewegung und Bruder Johann von Vicenza.

[1]) Das „in curia solemni" „apud Precinam" gefällte Urteil gedruckt Murat. „Antiquit." IV, 481 und Huillard-Bréholles IV. 1, 415. Betreffs der Umrechnung der verhängten Strafsummen in moderne Münzart vergl. den Abschnitt: „Wert der Pisaner, Lucheser, Sieneser Silbermünzen und der Silber-Florene" in Band IV der Forschungen usw.

[2]) S. Forschungen usw. IV, S. 89 ff. den Abschnitt „Bestimmung des Florentiner Statuts von 1233".

[3]) Bischof Wilhelm war somit das erste Mitglied des Hauses Savoyen, dessen Beziehungen zu Florenz nachweisbar sind. Über ihn s. Eubel, Hierarchia Catholica 370 n. 1. Von seiner Beauftragung erfahren wir durch das päpstl. Schreiben an Siena von 1233, Februar, dessen Datierungszeile zum Teil verloschen ist, SAS. — Riformag. (Fumi, Cod. Diplom. 141) irrig zum Januar erwähnt; danach Reg. Imp. 6937.

ein Resultat wie sein Vorgänger. Inzwischen war über Oberitalien die große Bewegung der „Andacht" oder das „Hallelujah" hereingebrochen. Was Franz von Assisi in Inbrunst und Herzensreinheit getan, ahmten fanatische Mönche in der Kutte des Dominikus und des Franziskus in gröberer Form und dementsprechend mit weit stärkerer Wirkung auf die Massen nach. Auch sie predigten den Frieden und bewirkten Versöhnungen; aber als Mittel benutzten sie Verzückungen, in die sie vor versammeltem Volke verfielen, und Visionen ferner Vorgänge, die sich später zu frommer Erbauung bewahrheiteten, da sie freilich zuvor von ihnen geschickt arrangiert oder verabredet waren. In Parma, wo der baulustige Florentiner Gratia den Bischofsstuhl einnahm und das geistliche Wesen wohl einigermaßen lässig betrieben wurde, rief Bruder Benedikt, ein improvisierter Apostel des neuen Heils, der in phantastischem Priesterkleide, mit langem Bart und mit orientalischer Kopfbedeckung einherging, durch den dröhnenden Klang einer Bronzetrompete das Volk zu mystischer Andacht auf, die seine meist aus Knaben bestehende Gefolgschaft in heilige Begeisterung versetzte. Wie man ihn mit den Kindern umherziehen sah, die grüne Zweige und brennende Kerzen trugen, von deren Lippen der Lobgesang „Ave Maria, clemens et pia" tönte,[1]) ergriff die phantastische „Andacht" auch die Großen, und von Parma pflanzte sich die Bewegung mit der Schnelligkeit, mit der sich jede geistige Epidemie zu verbreiten pflegt, in die benachbarten Städte fort; der fromme Eifer nahm an manchen Stellen eine Färbung der Opposition gegen den Kaiser an, überall aber kam er der Verfolgung gegen die Ketzer zugute, und Gregor war nicht der Mann, an den bizarren Formen dieser religiösen Erweckung Anstoß zu nehmen, oder ihre Nützlichkeit für die Kirche zu unterschätzen. Die „Hallelujah-Bewegung" verbreitete sich weithin über Italien, wahre Triumphe aber feierte sie in Bologna, wo der Dominikaner Johann die Macht seiner Predigt und seiner zweifelhaften Wunder bewährte; einige Monate später riefen ihn seine Vaterstadt Vicenza und die Veronesen zu ihrem Herzog aus, um sich freilich nach kürzester Zeit wieder von ihm abzuwenden. Im Frühjahr 1233 stand die „große Andacht" in ihrer Lenzesblüte und Johann von Vicenza auf der Höhe seines Ruhmes. Der uns wohlbekannte Magister Boncompagno mochte allerdings Berichte voll ätzenden Hohnes über den Wundertäter nach der florentiner Heimat senden, während Bologna ihm vertrauensvoll die Neuordnung seiner Verfassung und die Herstellung des innern Friedens übertrug; ein satyrisches Vagantenlied, das der Landsmann und bologneser Professor auf ihn gedichtet hatte, ertönte gewiß auch am Arno von höhnenden Lippen, und der florentiner Minorit Diotisalvi mochte den Konfratres von Santa Croce mitgeteilt haben, in wie grobkörniger und vulgärer, ihm und seinen Genossen aber offenbar höchst ergötzlich scheinender Art er den eitlen Predigerbruder verhöhnt hatte, der seine Barthaare vom Barbier als Reliquien sammeln ließ. Mochten sie und der Astrolog Bonatti, der um seinetwillen aus Bologna hatte fliehen müssen, Hohn und Spott über ihn ausschütten, die

[1]) Die fromme Variante des englischen Grußes, die noch auf die deutschen Romantiker des 19. Jahrhunderts so großen Eindruck machte, ward hier zuerst gehört.

Menge jubelte ihrem Abgott zu, dem heiligen Thaumaturgen, der Kranke heilte und Tote auferweckte, während Bonatti freilich glaubwürdig versicherte, daß nie jemand einen dieser Auferstandenen zu Gesicht bekommen habe. In Bologna rief man ihn zwar nicht, wie bald darauf in jenen anderen Städten, zum Podestà, zum Grafen, zum Herzog aus, aber man behandelte ihn durchaus als ein höheres Wesen. Die Dominikaner, dort von den Zeiten des Ordensstifters her besonders einflußreich, gewährten ihm starken Rückhalt und schufen ihrem Kloster, indem sie die angeblichen Wunder des Mönches verbreiteten, glänzende Einnahmen. Bis dahin hatte niemand von der Heiligkeit des Dominikus gesprochen, der dort seit zwölf Jahren an bescheidener Stätte begraben lag; jetzt wurde gelegentlich eines Generalkapitels die Leiche, mit auf Veranlassung des Johann, aus dem Grabe erhoben und in einer glänzenden Gruft beigesetzt; die Mirakel verstanden sich von selbst, der übliche Prozeß ward eingeleitet und dem Spanier wurde gleich dem Sohne Assisis der offizielle Heiligenschein verliehen. In Mailand, wahrscheinlich auch in Parma, bald darauf in Verona, loderten die Scheiterhaufen, auf denen man Ketzer röstete zu Ehren der rechten Lehre, und in Bologna scheint vor allen Johann von Vicenza selbst die Häretiker durch seine Predigten dem Abscheu des Volkes preisgegeben, die neu erweckte Glaubensglut gegen sie gewendet zu haben.[1])

Der kluge Papst Gregor bewährte ausnahmsweise geringen psychologischen Scharfblick, da er den Johann von Vicenza für geeignet hielt, auch auf die Seelen der Florentiner zu wirken und das größte Wunder zu vollbringen, in den Bürgern der Arnostadt den Haß gegen Siena auszulöschen. Er wünschte in ihm nicht nur den Friedensstifter nach Florenz zu dirigieren, sondern vor allem auch den Eiferer, bei dessen Predigt die Scheiterhaufen aufflammten. An demselben Tage forderte er den Dominikaner auf, sich nach Florenz zu begeben, und schrieb dem Florentiner Bischof voll bitterer Klage über die Ausbreitung der Häresie in seiner Diözese. Hier, in der Stadt, deren führende Männer von der Kirchengemeinschaft ausgeschlossen waren, hatte eine der Halleluja-Bewegung gerade entgegengesetzte Strömung die Gemüter ergriffen, und einige Häresiarchen scheinen durch zündende Beredsamkeit die Menge an sich gefesselt zu haben, deren Herzen sie nach des Papstes Worten „mit neuen Erfindungen verführten". Florenz war wieder zu einem Zentrum für die Verbreitung heterodoxer Lehren geworden; an das pisaner Domkapitel erging die Weisung, die ihm anvertraute Herde vor der Ansteckung zu bewahren, die fast das ganze florentiner Gebiet

[1]) Über Johann von Vicenza: Sutter, „Johann von V.", eine vortreffliche Monographie, die auch ins Italienische übersetzt ist. — Ferner das letzte Kapitel in Winkelmanns „Friedrich II." Bd. II, 435 ff. „Die Andacht in Italien und ihre Folgen." — Von den zeitgenössischen Quellen seien Salimbene p. 31 ss. und Guido Bonatti „De Astronomia Tractatus" (col. 210 der Basler Ausgabe von 1550) hier erwähnt. — Die chronistischen Meldungen über das „Halleluja" sind Reg. Imp. 13126a angeführt.

ergriffen habe.[1] Der Papst hatte vor zwei Jahren[2] den tuszischen, gleich den lombardischen Bischöfen geboten, die Aufnahme jener Verordnungen gegen die Ketzer in die städtischen Statuten durchzusetzen, die auf seine Veranlassung der Senator Roms für die Apostelstadt erlassen hatte; die Irrgläubigen sollten dem weltlichen Gericht, mit andern Worten, sie sollten dem Feuertode überliefert oder für Lebenszeit in den Kerker geworfen werden. Die Begünstiger von Häretikern sollten jedes bürgerliche oder geistliche Recht verlieren; der selbst nur des Irrglaubens Verdächtige sollte dem Anathem und, hatte er sich in Jahresfrist nicht gereinigt, den vernichtenden, über die Ketzer verhängten Strafen verfallen; jede öffentliche oder private Unterhaltung über Dinge der Religion war bei Strafe der Exkommunikation verboten; die Häuser derer, die an Irrlehren glaubten, waren zu vernichten; von den eingezogenen Gütern der Heterodoxen erhielt ein Drittel der Denunziant oder wer den Beschuldigten gefangen genommen hatte, ein Drittel sollte zur Ausbesserung der Stadtmauern dienen, und das letzte sollte der Munizipalbehörde zufallen; keiner, dessen Vater ketzerischen Lehren angehangen, oder Irrgläubigen Zuflucht gewährt hatte, durfte ein Amt bekleiden; daß Ketzern kein kirchliches Begräbnis gewährt werden durfte, versteht sich von selbst, ebenso daß der Priester, der es dennoch gewährt hatte, der Exkommunikation verfiel. Aber es übertraf die sonstige Niedertracht und Barbarei dieses römischen Ediktes, daß ein solcher Geistlicher nur dann die Absolution erhalten durfte, wenn er zuvor die Leichenreste mit eigenen Händen öffentlich ausgegraben und verstreut hatte.

In gesundem Bürgersinn hatten sich die Florentiner bisher geweigert, diese unmenschlichen Priestergesetze zu den ihren zu machen, eine Weigerung, an der leider nachmals so wenig hier wie anderwärts festgehalten wurde. Jetzt erging an den Bischof die päpstliche Weisung, die Behörden durch Kirchenzensur, oder richtiger, da sie dieser schon unterlagen, durch Verschärfung der kirchlichen Strafen zur Aufnahme der Ketzerordnung ins Statut zu zwingen. Hierzu sollte der Wundertäter in der weißen Kutte seine bewährten Dienste ebenso leisten wie zur Befreiung der Gefangenen aus den Kerkern von Siena und der zahlreicheren aus den Gefängnissen von Florenz. Die bewegliche Schilderung, die Greger von ihrem Schicksal entwirft, erweckt unser Mitgefühl; er schreibt dem Johann, er möge nach Florenz gehen, denn dorthin rufe ihn „das jammerwürdige Geseufze unzähliger Gefangener, die in ihren Fesseln unter Qualen dem Hunger und Durst fast erliegen“, „ihn riefe das schon vergossene Blut und jenes, das noch fließen würde, wenn kein Friede zustande käme“. Wir freuen uns der menschlichen Absichten des Papstes, aber wir beklagen, daß die Qualen, die bekenntnistreue Ketzer in ewigem Kerker oder

[1] Päpstl. Schreiben an den Bischof von Florenz, 1233, 28. April, Ughelli-Coletti III, col. 112 und an die canonici von Pisa mit demselben Incipit 1233, 15. Mai, Mattei, Hist. Eccl. Pisanae I, 271. M. drückt Verdacht betreffs der Echtheit des Schreibens aus, zu dem aber nach den tatsächlichen Verhältnissen kein Grund vorzuliegen scheint. — Über Ketzerwesen in Florenz in früheren Zeiten s. Bd. I. 725 und 727. — Vgl. ferner vorn S. 144 f.

[2] 1231, 22. Mai; Auvray 659 und 540.

auf flammendem Holzstoß duldeten, in dem Herzen des Oberpriesters keine ähnliche Empfindung des Mitleides zu erwecken vermochten. An Johann von Vicenza schrieb er bittend, nicht in dem Tone des Befehles, der ihm sonst selbst gegen weltliche und kirchliche Fürsten zu Gebote stand; er pries die Wunder, die er wirkte; ihm könne er keine Vorschrift erteilen, da der Geist Gottes selbst es sei, der sich in ihm lebendig erweise, aber er bete, daß der Geist ihm eingäbe, sich nach Florenz und Siena zu begeben, damit sie nicht gemeinsam, er und der Papst, ein nicht wieder gut zu machendes Unheil beklagen müßten.[1]

Der Geist gab Johannes ein, sich dem Wunsch des Papstes zu widersetzen. Gregor hatte gefürchtet, das Volk von Bologna werde den Wundertäter nicht ziehen lassen, und er bat, er beschwor, man möge ihm am Rheno kein Hindernis bereiten, damit der Predigerbruder der wechselseitigen Vernichtung der beiden edlen Städte Tusziens vorbeuge, die leider vom Teufel besessen seien.[2] Indes keine äußere Gewalt, sondern eigene Klugheit hielt den Vicentiner ab, den Weg einzuschlagen, den ein Vierteljahrtausend später Girolamo Savonarola aus demselben bologneser Kloster antrat. Seine Kultur scheint keine hohe gewesen zu sein und er wirkte offenbar nur durch sein Temperament auf die Stimmung des Augenblicks; sein Verstand mochte ihm sagen, daß er gegenüber den scharfsinnigen und scharfzüngigen Florentinern einen schweren Stand haben würde; ein gelehrter Konfrater mochte ihm aus einem vergilbten pergamentnen Büchlein berichten, wie vor mehr als 150 Jahren ein anderer Friedensstifter am Arno aufgenommen wurde, obwohl er ein berühmter Schriftsteller, ein Kardinal, einer der ersten Männer der Kurie war, und wie man dessen Versuch, geistlichen Hader zu schlichten, mit schnödem Hohn zurückgewiesen hatte; auch erschien der jüngst erlebte Mißerfolg des dem Johannes nahe befreundeten und gleich ihm als Ketzerjäger berühmten Bischofs von Modena noch weniger aufmunternd, als jener der fernen Vergangenheit angehörige des San Pier Damiani. Die Ordensbrüder von Santa Maria Novella werden ihm überdies getreulich Kunde davon gegeben haben, wie der Volkswitz die Wunder des Dominikaners kritisierte, als man hörte, der Papst wolle ihn nach Florenz schicken. „Bei Gott“, sagte man, „der soll nur fortbleiben. Der weckt gar noch die Toten auf, und wir sind schon ohnehin so viele, daß wir kaum in der Stadt Platz haben.“[3] Der Hauptgrund aber wird der gewesen sein, daß seine florentiner Genossen ihn darüber unterrichteten, daß anderes Geläute als das von

[1] 1233, 28. April. Ripoli I, 48.

[2] 1233, 29. April. Gregor IX. an Bologna. Ibid. und Savioli III. 2. 125. Das Schreiben liegt auch in der wichtigen durch den Brand der Bibliothek im Jahre 1903 beschädigten, im 14. Jahrhundert geschriebenen Briefsammlung des Cod. Taurinensis (Nation.-Bibl. zu Turin H. III. 38. — Neue Signatur: Lat. B. 265) vor. Der Verf. benutzte den Kodex vor dem Brande.

[3] Salimbene p. 41. Der Scherz scheint alsbald allgemein in Umlauf gewesen zu sein. Salimbene fügt hinzu: „Und wie gut klingen solche Reden der Florentiner in ihrem Toskanisch!“ („Et valde bene sonant verba Florentinorum in ydiomate suo.“)

Friedensglocken die Stadt erfüllte, daß das Dröhnen der Martinella die Vorbereitungen zu erneutem Auszuge gegen Siena begleitete,[1]) daß deshalb das Friedenswort und die Saat der Wunder aller Voraussicht nach auf steinigen Boden fallen würde. Johann zog es vor, seinen Ruf und Ruhm nicht aufs Spiel zu setzen; er verließ zwar bald darauf Bologna, aber nicht um südwärts zu ziehen, sondern um die Wundergabe der Friedensstiftung erfolgreich in der Trevisanischen Mark zu erproben. Als er im Juni nach Bologna zurückkehrte,[2]) drang Papst Gregor von neuem in ihn, diesmal nicht mehr bittend, sondern befehlend, den Versuch der Versöhnung zwischen Florentinern und Sienesen zu unternehmen. Jetzt sei, so meinte er, die Kampfeswut der beiden toskanischen Kommunen vielleicht erschöpft, und um so leichter würde sich etwa ihr starrer Wille beugen lassen. Den weltlichen wie geistlichen Behörden Bolognas versprach er, künftig solle Bruder Johann, „der Herold Christi", dauernd bei ihnen bleiben, aber jetzt befahl er, sie mögen ihn bei Strafe der Exkommunikation nach Florenz ziehen lassen.[3]) Trotz alledem folgte der Dominikaner auch dem erneuten Gebote nicht. Er ging nach Verona, um bei dem Friedensfeste von Paquara am Etschufer, von Hunderttausenden bejubelt, den Gipfelpunkt seines Daseins, unmittelbar darauf aber seinen jähen Sturz zu erleben.[4])

Das fünfte Kriegsjahr 1233.

Mitte Mai war das Heer der Florentiner, schweres Belagerungsgerät mit sich führend, gegen Siena vorgedrungen, und etwa seit Anfang Juni lagerte es wieder vor den Mauern;[5]) es erfolgte eine regelrechte Umzingelung aller

[1]) Die erste Aufforderung an Johann von Vicenza, sich nach Florenz zu begeben, ist aus Rom vom 28 April 1233 datiert (s. S. 205 Anm. 1). Schwerlich war sie vor etwa dem 5. Mai in seinen Händen. Es bestand die Wahrscheinlichkeit, daß, ehe Bruder Johannes nach Florenz gelangt wäre, um den Frieden zu predigen, er das Heer bereits zum Kriege fortgezogen gefunden hätte, zumal man geneigt gewesen sein wird, um dem unwillkommenen Friedensstifter zu entgehen, erforderlichen Falles den Ausmarsch zu beschleunigen. Am 28. April waren die Vorbereitungen schon in vollem Gange (Forsch. usw. II, S. Gimign., Regest 96) und aus den Ratsverhandlungen von S. Gimignano am 3. Mai (Regest 97) ergibt sich, daß damals der Auszug der Florentiner nahe bevorstand. Die Gesta Florentinorum (Hartwig II, 274) geben ihn auf Mitte Mai, Pseudo-Brunetto (l. c. p. 227) gibt ihn auf den 18. Mai, Paolino Pieri auf den 19. Mai an. Das letztere Datum hat auch die Chron. Magliabechiana bei Santini. Quesiti e Ricerche p. 102.

[2]) Winkelmann, Friedrich II., II, 463.

[3]) Schreiben Gregors vom 27. und 28. Juni 1233. Ripoli I. 56 u. 57.

[4]) Die Dominikaner machten Johann v. Vicenza zum Heiligen. Als solcher mit der Gloriole ums Haupt, mit einer Flamme darüber, als Zeichen der Inspiration des heil. Geistes ist er auf einem kürzlich wieder aufgefundenen Tafelbilde von Mitte des 14. Jahrhunderts in S. Maria Novella (jetzt in der Sakristei) mit andern sechzehn Heiligen seines Ordens dargestellt. Vgl. die Notiz von Alessandro Chiapelli in der Zeitschrift „Arte" Anno IX, fac. 2.

[5]) Urkunde vom 13. Juni 1233 (Santini p. 406) „In exercitu Florentino, cum erat prope Portam Camollie et obsidebatur Senas."

drei Teile der sich weit auf drei Hügelrücken hinziehenden Stadt, doch den hauptsächlichen Angriffspunkt scheint auch diesmal die Gegend der Porta Camollia gebildet zu haben. Gemeinsam mit den Florentinern war Fußvolk und Ritterschaft von Lucca ausgerückt, und Zuzüge der anderen Bundesstädte ergänzten das Belagerungsheer. Was sich vor den Mauern befand, wurde niedergebrannt und verwüstet; die Sienesen hatten selbst schon zuvor viele Gebäude, darunter eine Kirche demoliert, weil sie den Feinden Stützpunkte hätten bieten können; die Florentiner erbauten Belagerungstürme und setzten ihre Manganen wie die sonst gebräuchlichen Kriegsmaschinen in Tätigkeit. Die Stadt muß mit Proviant reichlich versehen gewesen sein, während für die Belagerer die Versorgung mit Nahrungsmitteln nicht ohne Schwierigkeit war. Zwar wurden von San Gimignano und sicher auch aus den anderen verbündeten Kleinstädten der Gegend Viktualien ins Heer gesandt, aber es gab doch auch Orte, die sich, sei es aus Widerwillen gegen die fortwährenden erschöpfenden Kämpfe, sei es aus Zuneigung für Siena, weigerten, den Florentinern solche gegen Entgelt zuzuführen. Vierundfünfzig Tage dauerte die Belagerung, doch man mußte einsehen, daß man den Sienesen nicht an ihrer eigenen festen und ausgedehnten Heimat vergelten könne, was sie dem kleinen Montepulciano angetan hatten. Es entsprach der rohen Sitte der Zeit, daß man vermittels der Schleudermaschinen fünf tote Esel, je einen für jedes Jahr des Krieges, über die Mauern warf, um den Feinden auf solche Art die tiefste Verachtung auszudrücken. In Wahrheit gab man damit nur den Ingrimm und die Enttäuschung über einen Mißerfolg kund, denn offenbar war es diesmal darauf abgesehen gewesen, dem Kampf durch Einnahme der feindlichen Stadt ein Ende zu bereiten.[1]) Doch täuschte sich der Papst, wenn er glaubte, dieses Mißlingen habe die Sehnsucht nach Frieden erweckt; statt an diesen dachte man nur daran, wie man die eigenen Kräfte erhöhen könne. Der Bischof von Fiesole wurde, obwohl er nach kirchlichem Recht der Stadtregierung nicht steuerpflichtig sein konnte, gezwungen, mit an den finanziellen Lasten des Krieges zu tragen;[2]) Kirchen und Klöstern beider Diözesen wurde eine Kriegssteuer auferlegt, die zur Beschaffung von Pferden verwandt wurde, um die Reiterei zu vermehren; da die Eintreibung eine langwierige und mühevolle gewesen wäre,

[1]) Über den Heereszug und die Belagerung außer den auf S. 206 Anm. 1 angeführten Quellen und der in der vorigen Anmerkung erwähnten Urk.: Vill. VI, 10. — Andrea Dei, Murat Ss. XV, col. 25. — Ryccard. de S. Germano M. G. Ss. XIX, 370. — Forsch. usw. II (S. Gimignano), zahlreiche Regesten des Jahres 1233. In dem Breve Gregors IX. vom 11. Dezember 1233 an den Bischof von Siena ist erwähnt, wie „cives Senenses olim capellam Sancti Prosperi juxta muros Senensis positam civitatis, que monimentum (!) esse poterat hostibus, funditus destruxerunt“. Man duldete den Wiederaufbau (aus strategischen Gründen) nicht. Das Kirchlein San Prospero lag hinter der jetzigen Kirche San Domenico, gegenüber der in späteren Jahrhunderten angelegten Fortezza.

[2]) Schreiben Gregors an den Bischof von Florenz, 1234, 8. Dezember, Ughelli-Coletti III, col. 251.

wählte man zu schnellerer Geldbeschaffung den Weg, der von dieser Zeit an üblich blieb, daß man den Steuerertrag für eine feste Summe an eine Gruppe von Geldleuten verkaufte;[1] auf die vom römischen Stuhl erteilten Privilegien wurde keine Rücksicht genommen, sondern auch der eximierte Klerus scharf für die politischen Interessen der Stadt herangezogen. Anderseits suchte man für das durch Siena unterworfene Montepulciano Ersatz durch andere südtuszische Alliierte zu gewinnen; Graf Wilhelm, die leitende Persönlichkeit des Aldobrandesca-Grafengeschlechtes, mächtig am Montamiata und dessen Abhängen zur Meeresküste, Oberherr von Grosseto und Porto di Talamone, trat mit Florenz und Orvieto ins Bündnis,[2] das zumal für die Folgezeit sehr wichtig werden sollte; ebenso verbanden sich bald darauf Piero, Sohn des Tankred aus dem Geschlecht der Visconti von Campiglia im Orciatale, dessen Gebiet am Ostabhange des Montamiata und in der Gegend von Radicofani lag, sowie die Grafen von Tintinnano oder Rocca d'Orcia, ein Zweig des Hauses Ardenghesca, mit den Florentinern,[3] so daß Siena auch im Süden von Feinden im eigenen Hause bedroht war. Montalcino hatte notgedrungen Siena Gehorsam geschworen, auch den Eid eben feierlich wiederholt, doch offenbar nur in der Absicht, die herrschende Gemeinde zu täuschen und den Schwur sofort zu brechen, denn unmittelbar darauf erhob es sich wiederum in Waffen, um von neuem für seine Unabhängigkeit zu kämpfen. Die Florentiner unternahmen in der Zeit der Traubenreife einen Verwüstungszug gegen den sienesischen Teil des weinreichen Chiantitales, bis Fonterutoli in der Nähe der feindlichen Stadt, während die Bürgerschaft Montalcinos im Süden vordrang, die dem sieneser Bischof gehörige Burg Montorgiali zerstörte und das Gebiet ringsumher wüste legte. Wir wissen nicht, ob es jetzt oder in einer anderen Phase dieser Kämpfe geschah, daß die Orvietaner die Reichsburg San Quirico, den Sitz des Reichsvikars, und das benachbarte Torrenieri in Trümmer legten.[4] Daß Montalcino auf eine Vorladung Sienas zur Verantwortung des Eid- und Friedensbruches nicht antwortete, braucht kaum erwähnt zu werden, und es kümmerte sich auch nicht weiter um die hohe Geldstrafe und um den Reichsbann, den Gebhard von Arnstein im Namen des Kaisers verhängte; der Legat vermochte nichts weiter, als Siena feierlich das Mandat zu erteilen, an der aufsässigen Kleinstadt den Bann zu vollstrecken und Krieg gegen diese Widersacher des Reiches zu führen, was es nach dem Maß seiner Kräfte eben auch ohne

[1]) Schreiben Gregors IX. an den Bischof von Florenz von 1231, 18. Dezember, Auvray 2374. — Ein Uguiccioni und ein Malespini befanden sich unter den Steuerkäufern.

[2]) Dies tritt zuerst in dem Schwur Montalcinos an Siena vom 29. August 1233, gedruckt Arch. Storico Serie III, tomo 22, p. 220, hervor.

[3]) Das Bündnis wurde 1234, 6. März, in Orvieto geschlossen. Fumi. Cod. Diplom. 140. — Dazu Ann. Senens. M. G. Ss. XIX, 229.

[4]) Die Tatsachen ergibt ein gelegentlich der Friedensverhandlungen 1235 in Siena abgefaßtes Gutachten (SAS. — Riformag. „1235“).

Befehl und besonderen Auftrag getan hätte.[1]) Gegen Montalcino vermochten die Sienesen einstweilen nichts, aber gegen den ihnen ebenfalls eidbrüchigen Tankred von Campiglia unternahmen sie mit dem ersten Frühlingswehen einen Rachezug mit der Mannschaft zweier Stadtdrittel unter Führung des Jahrespodestà, des Römers Trasmondo Annibaldi, eines Verwandten jenes Senators, der soeben dem Papst zuliebe die blutigen Ketzergesetze des Kaisers um einiges verschärft hatte. Die Vergeltung für den Abfall war eine vollkommene; die Ortschaft Campiglia wurde niedergebrannt, der Palast und die Oberburg eingenommen und zerstört. Doch es ergibt ein Bild der verzweifelten Lage Sienas, daß man die Züchtigung eines wortbrüchigen Großen als einen ansehnlichen Sieg feierte, dessen Andenken man durch eine Inschrift an der Porta Camollia verewigte, als man sich durch deren festeren Neubau auf mögliche weitere Bedrängnisse vorbereitete.[2])

Das sechste Kriegsjahr 1234.

Nach den Erfahrungen des vorigen Jahres erneuten die Florentiner indes die Belagerung nicht, sondern sie zogen im Juni 1234 zu einem Verheerungszug großen Stiles ins südsienesische Gebiet. Das ansehnliche Asciano, 20 Kilometer südöstlich Sienas (unterhalb des nachmaligen berühmten Klosters Monteoliveto Maggiore) fiel ihnen zum Opfer, ebenso verwüsteten sie Corsignano, das nachmalige Pienza, so daß sie Raub, Brand und Vernichtung bis an das Massiv des Montamiata trugen, der Toskana vom Patrimonium Petri schied. Zwei Monate hindurch sengten und plünderten sie weit und breit, und sie zerstörten etwa vierzig Burgen der Sienesen, ohne daß, wie es scheint, ein ernster Widerstand gewagt wurde, der freilich nur durch eine Feldschlacht hätte geboten werden können.[3])

[1]) Der erneute Schwur Montalcinos ist S. 208 Anm. 2 erwähnt. Nur 37 Tage später, am 5. Oktober, verhängt Gebhard von Arnstein in Siena wegen Bündnisses mit den Feinden des Reiches und wegen Verrates an Siena den Bann über die Stadt (Siena, 1233, 5. Oktober, Ficker, Forschungen IV, 377). Am 20. Oktober forderte Siena gleichwohl (der Form wegen) Montalcino zur Stellung von Hilfsmannschaft gegen Orvieto und Florenz auf, mit der Erklärung: wenn Siena gegen die Verträge verstoßen habe, wolle es dies gutmachen. Die Zerstörung von Montorgiale im Jahre 1233 verzeichnet das „Gedenkbuch der Beleidigungen" Sienas (Banchi, Memoriale delle offese, Archivio Storico Serie III, t. 22, p. 220). Danach ist die Nachricht der Zerstörung durch die Florentiner im Jahre 1234 bei Villani VI, 11 und in allen andern Ableitungen der „Gesta" unrichtig. — Den Heereszug der Florentiner ins Sieneser Gebiet nach Fonterutoli ergeben die Regesten 115 u. 116 in Forschungen usw. II (S. Gimignano).

[2]) Ann. Senens. M. G. Ss. XIX. 229. Die Inschrift erwähnt die Hist. Senensis des Titius I, 408 (Florenz, Bibliot. Nazionale II, V, 140).

[3]) Die Angaben über die Zeit des Auszuges schwanken zwischen 1. Juni und 4. Juli, ebenso über die Zahl der zerstörten Burgen zwischen „bene XX" (Angabe des spätesten Chronisten, Marchionne di Coppo Stefani), 43 (Villani VI, 11 und Paolino Pieri, die die Zahl der Gesta [Hartwig II, 275] wiedergeben) bezw. 45, die Pseudo-Brunetto (ebendort p. 227) anführt. — Die Anwesenheit des florentiner

Es war ein starkes Stück, daß die Florentiner gegen die Befehle der Kirche und in offener Auflehnung gegen die Reichsgewalt Jahr für Jahr ihre Kämpfe gegen Siena fortsetzten, zu dessen Schutz sich das weltliche wie das geistliche Schwert, angeblich die höchsten Gewalten der Erde, gleich machtlos erwiesen. Es mußte der Welt als ein doppelt kühnes Unterfangen eben jetzt erscheinen, wo Papst und Kaiser sich in nicht allzu weiter Entfernung vom Kriegsschauplatz in Rieti in scheinbar völligem Einvernehmen zusammengefunden hatten. Wahrscheinlich nahmen die klugen Florentiner die wenig glaubwürdige Verkündigung des Monarchen: „er sei mit dem Papst wie der Sohn mit dem Vater verbunden", mit der ihnen eigenen Skepsis auf und bemerkten unter der Hülle der Eintracht das Walten widerstrebender Interessen und die Keime erneuten künftigen Zwistes. Andernfalls hätte Friedrichs offen ausgesprochene Drohung sie schrecken, sie von ihrem Feldzuge zurückhalten oder zur Rückkehr veranlassen müssen, denn er verkündete, daß er jetzt im Einverständnis mit dem Papst an der Spitze eines großen Heeres zur Ordnung der Angelegenheiten von Reich und Kirche nach Tuszien rücken werde.[1] Gebhard von Arnstein weilte damals bei ihm[2] und wird ihm in lebhaften Farben geschildert haben, wie die Auflehnung von Florenz die Autorität des Reiches in jener Landschaft nicht nur geschädigt, sondern vernichtet habe. Aber die Expedition nach Toskana kam nicht zustande, weil der Papst an den Herrscher die Anforderung stellte, zuvor gegen die Römer zu ziehen, mit denen Gregor wegen des Patrimoniums Petri und zumal wegen Viterbos in so grimmigen Händeln lag, daß er im Zwist mit ihnen die Apostelstadt verlassen hatte. Friedrich hat auf diesem Zuge keine Lorbeeren geerntet, hat ihn zu des Papstes Enttäuschung und Erbitterung erfolglos abgebrochen, und er hat später Gregor mit zornigen Worten vor der Welt verklagt, daß dieser ihn aus eigensüchtigen Interessen, eben durch das dringende Verlangen jenes Kampfes gegen Rom, verhindert habe, den Sienesen wider ihre Angreifer Hilfe zu bringen; an dem Beispiel der ihm trotzenden Florentiner, die unter seinen Augen seine Getreuen mit Brand und Plünderung verfolgten, habe sich der Mut der lombardischen Rebellen zu ähnlichem Handeln entflammt.[3] Es gibt einen deutlichen Begriff von dem Grimm, der den Kaiser und die ihm Nahestehenden wegen der Lage in Tuszien beseelte, daß Gebhard von Arnstein für geraume Zeit nur noch vorübergehend in seinem

Heeres „super Corsignanum" im Sommer 1234 ergeben Zeugenaussagen, die 1235 in Radicofani aufgenommen wurden. (SAS. — Riform. Rotulus, bezeichnet 1235, Nr. 336.)

[1] Schreiben des Kaisers an den Erzbischof Dietrich von Trier, 1234, 1. Juli; Böhmer, Acta selecta ed. Ficker p. 267. Die hier ausgesprochene Absicht wird er zweifellos auch sonst verkündet haben.

[2] Reg. Imp. 2052.

[3] Diese rückschauenden Anklagen sind in dem Schreiben des Kaisers an den König von Frankreich von Ende Juni 1236, Huillard-Bréholles IV, 2, S. 875 s. und in dem von 1240, 16. März, an den König von England, ebendort V, 2, S. 840 ss. enthalten.

Amtssprengel erschien, in dem er sich zur Ohnmacht verdammt sah, daß er vielmehr seinen Herrn auf dem Zuge gegen die Römer, dann nach Deutschland begleitete und später vorwiegend in Norditalien tätig war.[1] Für einige Zeit tritt seine Gestalt in der Geschichte Tusziens zurück, während er später freilich um so kräftiger in die Ereignisse eingreifen sollte.

Die Beschuldigungen Kaiser Friedrichs gegen Gregor waren nicht völlig grundlos, denn der Papst, der den Frieden der feindlichen Nachbarn in Tuszien aufrichtig ersehnte, spielte gleichwohl ein doppeltes Spiel; er wünschte keine durch des Kaisers Schwert herbeigeführte Unterwerfung, er strebte eine Versöhnung an, aber eine durch die Kirche vermittelte, die Sieger und Besiegte zugleich an seine Interessen knüpfen sollte. Trotz der Exkommunikation von Podestà und Rat von Florenz hatte er im Frühjahr 1234 durch seinen Pönitentiar, den Minoriten Bruder Wilhelm von Cordella neue Friedensverhandlungen zwischen dieser Stadt nebst dem verbündeten Orvieto und Siena anknüpfen lassen; sie verliefen ohne Ergebnis, wie die vorangegangenen Versuche,[2] aber sie bezeugten die Langmut, die der sonst nicht eben geduldige Gregor gegen die Florentiner übte, deren hauptsächliche Eigenschaft rücksichtslose Energie war; der Kraft und den Erfolgen hat aber die römische Kurie ihre praktische Anerkennung zu keiner Zeit versagt. Auch wandte der Papst den Sienesen nicht mehr die alte Gunst zu; Wilhelm vom Hause Aldobrandesca, den ihnen verhaßten Gegner, der trotz des Kampfverbotes mit den Florentinern und mit Orvieto zur Fehde wider sie verbündet war, nahm er in seinen besonderen Schutz, weil er dessen Dienste im Patrimonium zum Kampf gegen die Römer brauchte, und er ließ Siena unter Androhung kirchlicher Strafen vermittels des pisaner Erzbischofs jede Schädigung des Pfalzgrafen verbieten.[3] Einige Plünderungen, die die sieneser Besatzung Chiancianos

---

[1] Gebhard von Arnstein beim Kaiser s. S. 210 Anm. 2; ferner bei ihm während des Zuges gegen die Römer Reg. Imp. 2056, 57. Vgl. im übrigen die Zusammenstellung im Schlußbande der Reg. Imp. p. CXL.

[2] Urkunden über die Vermittelungsverhandlungen: Florenz 1234, 6. März, Fumi. Cod. Diplom. 141; Siena, 23. März (SAS. — Riform.): die Stadt kompromittiert auf frater Guillielmus um den Zwist Siena-Poggibonsi mit Florenz-Orvieto zu entscheiden. — 1234, 26. März (SAS. — Ibid.): der Rat von Florenz genehmigt Fristverlängerung für die Friedensverhandlung bis 8. April. — Siena, 1234, 31. März und an weiteren Tagen: viele Fristverlängerungen Sienas insgesamt bis 13. Mai. — Weitere Urkunden betreffs des Konfliktes zwischen Siena und Montalcino 1234, 1. Mai (Ibid.) und 13. Mai (Fumi, Gli Statuti di Chianciano p. LXX). — Die einzige reale Wirkung war, daß die Florentiner ihren Kriegszug in diesem Jahre später als gewöhnlich antraten. Den Familiennamen des Minoriten nennt uns die Urkunde vom 26. Juli 1234 in Cencii camerarii Liber p. 518.

[3] Zwei Schreiben an den Pfalzgrafen, 1234, 20. Juli und 27. Sept., und eines vom letztern Tage an den pisaner Erzbischof. M. G. Epp. I, 479 und 484 s. Dazu Auvray 2096. Es scheint nach dem Schreiben des Papstes von 1236, 10. Dezember (Auvray 3394), daß Pfalzgraf Wilhelm seine Ländereien damals (1234) erneut vom apostolischen Stuhl zu Lehn empfing.

nebst den Rittern Montepulcianos im Gebiet von Radicofani verübt hatten, genügten ihm sogar, um gegen Podestà und Rat von Siena durch den Bischof der Stadt die Exkommunikation verhängen zu lassen,[1]) so daß jetzt die Behörden beider sich bekriegenden Städte gleicherart im Banne der Kirche standen.

Florenz hatte seine Erfolge vor allem dem innern Frieden zu danken, der bisher in den Zeiten der äußeren Kämpfe geherrscht hatte, und neben ihm dem teils freiwilligen, teilweise allerdings auch gezwungenen Ausharren der Verbündeten; im Rate saßen Guelfen und Ghibellinen in voller Eintracht und faßten gemeinsam Beschlüsse, die im Interesse der vaterstädtischen Politik ebenso gegen den Willen des Papstes wie gegen den des Kaisers gerichtet waren.[2]) In den befreundeten Bundesstädten führten teils Florentiner Ghibellinen, teils Guelfen, Männer, die sich in späteren Kämpfen als Todfeinde gegenüberstehen sollten, und deren Geschlechter vom Ursprung der Parteiung an tiefen Haß widereinander hegten, ihr Amt als Podestàs[3]) nicht wie es den Geboten des Kaisers oder der Kirche,

[1]) Päpstliches Schreiben an den Kardinalbischof von Präneste 1235, 25. Juni, SAS. — Caleffo Vecchio f. 206, und vom 29. Juni f. 206[a]. — Ferner die S. 209 f. in Anm. 3 erwähnten Zeugenaussagen und Memoriale delle offese, Archivio Stor. Serie III, t. 22, p. 222.

[2]) Es liegt aus den Kriegsjahren ein Verzeichnis der florentiner Ratsmitglieder vor, die an der am 26. März 1234 im florentiner Kommunalpalast abgehaltenen Sitzung teilnahmen (SAS. — Riform. bezeichnet 4. April). Von den 262 Namen von Mitgliedern des General- und Spezialrates, der 3 consules militum, 3 consules judicum et notariorum, 2 consules mercatorum Calismale, 2 consules campsorum, 4 consules mercatorum Porte Sanctae Mariae und 7 consules Artis lane (vgl. Forschungen usw. III, Zunftwesen, Regest 1169) ist natürlich die weit überwiegende Mehrzahl verschollen und verklungen, aber von 12 Persönlichkeiten läßt sich feststellen, daß sie zur Ghibellinen-Partei oder zu Ghibellinen-Familien, von 8 daß sie zur guelfischen Faktion gehörten. Mitglieder der Geschlechter Amidei, Cappiardi, Uberti, Lamberti und Soldanieri saßen neben solchen der Guelfenhäuser Cavalcanti, Gianfigliazzi, Tornaquinci im Rat und während Mosca Lamberti, der Ghibellinenführer, einer der consules militum war, fungierte Riccus Bardi, das Haupt einer guelfischen Kaufmannsfamilie, als einer der Konsuln der Calimala. Die Ämter und Ratsstellen waren vermutlich zwischen beiden Parteien gleichmäßig verteilt.

[3]) Für die Jahre des sieneser Krieges, von 1229 bis 1235, können wir siebzehn Florentiner nachweisen, die als Podestàs auswärtiger Städte fungierten und zwar in Orvieto, Colle, Montepulciano, San Gimignano, Lucca, Genua, Arezzo, Volterra, Assisi, Montalcino, Forlì und Parma, derart, daß in einzelnen dieser Städte mehrfach in diesen Jahren Florentiner zu Jahresregenten gewählt wurden. Es ist erwähnt worden, daß der entschiedene Guelfe Ranieri Zingani aus dem Hause Buondelmonti 1231 Podestà von Montepulciano war (s. oben und S. 190); in Genua war Podestà des Jahres 1233 Pegolottus Ugutionis aus dem guelfischen Hause der Gherardini von Florenz (s. S. 216 und Anm. 1), in Lucca 1232 der Guelfe Aldobrandino degli Adimari und der Ghibelline Lamberteschо de' Lamberteschi, beide aus Florenz (Bongi, Inventari II, 308), in San Gimignano 1231 (Regest 48) der florentiner Ghibelline Gianfante Fifanti, 1232 der Ghibelline Baldovino Ciceri (Regest 69) oder Baldovinetto del Cece. (Über seine Parteistellung

sondern wie es dem Vorteil der von ihnen regierten Stadt, doch vor allem, wie es dem der florentiner Politik entsprach. Die Parteien wandten ihre Kraft gemeinsam im Kampfe nach außen, und da man sich einmal in Rebellion gegen das Reich befand, so geschah im Innern das Mögliche, um aus dieser Haltung alle Vorteile und alle Konsequenzen zu ziehen. Die reichsunmittelbaren Edlen der Grafschaft wurden der städtischen Besteuerung unterworfen; gelegentlich, wie es betreffs des Hauses Ricasoli geschah, wurde einzelnen dieser Geschlechter ihrer Fügsamkeit und geleisteter Dienste halber der Steuerbetrag mit einem mäßigen Jahresbetrage kontingentiert.[1])

Prägung des Silberflorens.

Wie diese Besteuerung ein Akt der Usurpation von Reichsrechten war, so bestand ein weiterer in der Aneignung des Münzregals, das nach allgemein gültiger Auffassung nur vom Kaiser verliehen werden konnte, während man in Florenz eben in den Jahren der Auflehnung, in denen von einer Genehmigung durch das Reichsoberhaupt nicht die Rede sein konnte, mit Prägung eigener Silbermünzen begann, auf die man denn auch, statt, wie sonst üblich, den Namen des Herrschers, von dem das Privileg erteilt war, in trotzigem Selbstbewußtsein das Bild der Lilie und das des Täufers, das eigene Wappen und die Gestalt des Schutzheiligen setzte, zum Zeichen, daß man seine Sache auf den himmlischen Fürsprecher stelle und im übrigen aus eigener Machtvollkommenheit handle. Um aber unter solchen Umständen der neuen Silbermünze Ansehen und Kurs zu verschaffen, mußte sie gut und bequem sein; so wurden die Florentiner durch die Notwendigkeit dazu gedrängt, sich nicht mit einer geistlosen Nachprägung zu begnügen, sondern, den alten Münzschlendrian durchbrechend, einen neuen Typus zu schaffen, der dem veränderten Zeitlauf und dem Wandel entsprach, der sich in den Wertverhältnissen vollzogen hatte. Es war der erste Schritt auf dem Wege, der sie bald zu eigener Goldprägung, und in der Folgezeit zur Stellung von Münz- und Säckelmeistern der Großen in aller Welt führen sollte. Statt der bisherigen dünnen Silberpfennige, wie sie in Pisa und Lucca, Siena und Montieri (für den Bischof von Volterra), in Arezzo und Cortona geprägt wurden, schuf man am Arno ein Geldstück, das zwölf jener pisaner oder luccheser Denare wert war, die bisher das einzige Umlaufsmittel gebildet hatten; diese blieben auch weiter neben den neuen Silberflorenen in Gebrauch, aber sie sanken naturgemäß zu deren Scheidemünze herab. Das Ansehen der silbernen Florene, die nur den Solidus oder Soldo der bisherigen

---

gibt die Urk. 1245, 13. März, Santini p. 486 Auskunft.) Podestà Arezzos war 1234 (Forsch. usw. II. Regest 121) der Ghibelline Schiatta degli Uberti. (Er fiel 1235, 16. August, als Podestà Forlis im Kampf gegen Cesena; Savioli III, 1, 114.) Sein Sohn Jacopo Schiatta regierte 1235 das mit dem Reichsbann belegte Montalcino (SAS. — Riform.). Arezzo, San Gimignano, Montalcino, Lucca waren in den betreffenden Jahren mit dem vom Reich verurteilten Florenz verbündet. Die angeführten Beispiele werden genügen, um auch ihrerseits zu beweisen, daß die florentiner Ghibellinen in diesen Zeiten ebensowenig eine Reichspartei waren, wie die Guelfen damals die Partei der Kirche hielten.

[1]) 1234, 10. November (Santini 410.)

Münze darstellten, nach dem man zwar stets gerechnet, aber den man nie geprägt hatte, verbreitete sich so schnell, daß man sich schon im folgenden Jahrzehnt veranlaßt sah, diese „grossi de argento“ (aus denen sich dann allgemach jenseits der Alpen die „Groschen“ entwickelten) in Lucca und in Siena nachzuprägen; die erstere Stadt, seit Jahrhunderten der eigentliche Sitz der Münzprägung für Tuszien, sank dadurch zur Nachahmerin von Florenz hinab, während dieses nicht, wie man annimmt, erst später durch seine Goldmünze, sondern schon jetzt durch die Silberflorene in Mittelitalien in monetärer Hinsicht die führende Stelle gewann.[1])

Friedrich verläßt Italien.

Der Geist des Kampfes gegen die kaiserliche Autorität spricht aus all diesen Maßnahmen in ebenso starkem Maße, wie aus dem Verhalten gegen die dem Reich getreuen Sienesen, denn jene Beiseitesetzung und Aneignung von Reichsrechten bezeugt, daß man meinte, sich auf die Dauer gegen das Reich durchsetzen zu können, worin denn die Umstände den Kühnen Recht zu geben schienen. Jenseits der Alpen glomm der Verrat, und der ihn schürte, war der Erstgeborene des Herrschers. Florenz war an der Verschwörung des Sohnes gegen den Vater nicht gleich vielen lombardischen Städten und dem nahe befreundeten Bologna direkt beteiligt,[2]) doch zweifellos war man von den verräterischen Plänen unterrichtet, und die Neigung zum Widerstande wurde dadurch verstärkt. Der Kaiser verließ im April 1235 auf die Kunde von Heinrichs Empörung Apulien, er eilte nach Deutschland, bewältigte den Aufstand und sandte den Sohn als Gefangenen in das südliche Königreich, wo er nach sieben Jahren im Kerker starb. Friedrich selbst aber wurde durch die Ordnung der Verhältnisse zu einem zweieinhalbjährigen Aufenthalt in Deutschland gezwungen, den er nur einmal durch einen eiligen Zug nach Oberitalien unterbrach. Die tuszischen Verhältnisse waren wieder für geraume Zeit sich selbst überlassen, und nicht gering mochte der Spott der Florentiner über schlimme Drohungen und vernichtende Strafurteile sein, zu deren Verwirklichung und Vollstreckung dem angeblich so gewaltigen Monarchen die Macht durchaus fehlte.

Wirkungen der Kriegszeit.

Dennoch mußte man empfinden, daß ein jahrelang währender Krieg, selbst wenn er vorwiegend günstig verläuft, nicht ohne schwerwiegende Folgen bleibt. Die florentiner Gegenden im Elsatal waren der Schauplatz fortwährender Einfälle der Sienesen gewesen. Das Vallombrosanerkloster Coltibuono wandte sich an den Papst um Schutz seiner stets gefährdeten Besitzungen, die „wegen der Kriegsläufte fast ganz zerstört seien“.[3]) Wenn in derselben Zeit das ehedem so reiche Domkapitel sich als so herabgekommen bezeichnete, daß auf dem gemein-

[1]) S. die Erörterung „Wert der Sieneser, Pisaner, Luccheser Silbermünzen und der Silber-Florene in der ersten Hälfte des 13. Jahrhunderts“, Forschungen usw. IV. Die erste erhaltene urkundliche Erwähnung der Silber-Florene ist von 1237, aber die Münze war damals schon in San Gimignano in Gebrauch. Die Ausprägung wird also wesentlich früher ihren Anfang genommen haben.

[2]) Urkunde der Übereinkunft Heinrichs mit italienischen Städten vom November 1234. M. G. Leges II, 306.

[3]) Päpstl. Schreiben 1234, 24. September (SAS. — Riform.).

samen Tisch der Geistlichen nicht mehr das Notwendige vorhanden sei, so mochte dies zum großen Teil durch schlimme Wirtschaft, durch die Streitigkeiten der Kanoniker untereinander und die von ihnen selbst beklagten Skandale verschuldet sein, doch auch die kriegerischen Verhältnisse werden zu dem Ruin des geistlichen Hauptstiftes von Florenz das Ihre beigetragen haben.[1]) Die Industrie nahm in diesen Zeiten, wenn man eine längere Periode ins Auge faßt, einen ungemein starken Aufschwung, aber gerade diese letzten Jahre fortwährender Kämpfe scheinen einen vorübergehenden Stillstand herbeigeführt zu haben, denn wir bemerken während derselben die Auswanderung einer verhältnismäßig nicht geringen Zahl von Meistern der Tuchweberei von Florenz nach Bologna, wo man sich alle Mühe gab, sie anzulocken, um diesem wichtigen Gewerbezweig am Rheno zur Blüte zu verhelfen.[2])

Lucca unterwirft sich dem Willen des Papstes.

Zu Wirkungen solcher Art, die von Kriegen unzertrennlich sind, traten andere Umstände. Die Lucchesen, die treuesten Bundesgenossen von Florenz, hatten, der Entziehung des Bistums und der Exkommunikation zum Trotz, dem Papste sehr lange betreffs der Herausgabe der Garfagnana Widerstand geleistet. Im Jahre 1234 scheint sich aber in der Stadt eine starke Strömung für Einigung mit der Kirche geltend gemacht zu haben; eine solche war natürlich nur zu erzielen, wenn man auch in einem anderen Punkt gehorchte und künftig nicht mehr den Florentinern bewaffnete Hilfe leistete; so erreichte der Papst mit römischer Klugheit zwei Ziele zugleich, indem er sich mit Lucca verständigte. Doch er wäre nicht Römer und nicht Gregor gewesen, hätte er sich nicht den Anschein gegeben, als erweise er den Lucchesen eine Wohltat, während er sich in Wirklichkeit mit ihnen nicht wie der Stellvertreter Gottes auf Erden, sondern wie ein sehr harter Geschäftsmann und Gläubiger auseinandersetzte. Sie hatten eine Garantie von 4000 Mark Silber auf vier Jahre dafür zu leisten, daß sie seinen Befehlen gehorchen würden, und da sie diese nicht in bar zu hinterlegen vermochten, mußten sie als Pfand zwei ihrer nicht streitigen Burgen abtreten, die dem florentiner Domkanoniker Bernhard — er stieg bald zur Würde eines Propstes seines Kapitels auf[3]) — zur Bewachung für den Papst zu übergeben waren. Bei der Ordnung der kirchlichen Verhältnisse ergab sich, daß in Stadt und Diözese Lucca nicht weniger als fünfhundert Geistliche fungierten, die von unehelicher Geburt, die im Ehebruch oder Incest erzeugt oder Priestersöhne waren; der Papst mußte, da man nicht eine Massenwanderung nach Spoleto, seinem derzeitigen Aufenthalt veranstalten konnte, dem Bischof Vollmacht zu einem Generaldispens erteilen. Die vollen episkopalen Ehren und Rechte gab er Lucca indes nicht gleich jetzt, sondern erst zwei Jahre später wieder, als seine Forderungen wegen des Mathildischen Gutes in der Garfagnana von der Stadt pünktlich erfüllt waren.[4])

[1]) Urkunde von 1234, 15. April. Lami „Monum." III, 1654.

[2]) Forschungen usw. III (Gewerbe-Regesten) Nr. 988, 1231, 27. Februar.

[3]) Als solcher zuerst in Urkunden 1235, 23. Juni. (SAS. — Caleffo Vecchio f. 205a.)

[4]) Urkunden über die Einigung des Papstes mit Lucca: Schreiben des Papstes

Konflikt zwischen Florenz und Genua.

Hinter Lucca pflegte stets Genua wegen gemeinsamer Feindschaft wider Pisa zu stehen. Als sich das Band gelöst hatte, das bisher Florentiner und Luccheser verknüpfte, kam die Arnostadt bald auch in die Lage, mit Genua in Mißhelligkeit zu geraten. Man hatte dort fürs Jahr 1233 den Pegolotto Uguccioni aus dem florentiner Ghibellinengeschlecht Gherardini zum Podestà erwählt. Bei der Revision nach abgelaufener Amtsperiode scheint man ihn beschuldigt zu haben, unredlich mit Gemeindegeldern umgegangen zu sein; er wurde zu erheblichen Zahlungen verurteilt und ins Gefängnis geworfen. Bologna schickte gemeinsam mit Florenz seine Gesandten nach Genua, um den hart Verfolgten zu befreien, und auch der Mailänder Otto von Mandello, der Podestà der Jahre 1230 und 1231, ging nach der ligurischen Seestadt, um sich zu seinen Gunsten zu verwenden. Es wurde nichts erreicht, und genueser Edle mußten die Bürgschaft zahlen, die sie für den Florentiner geleistet hatten; erst dann entließ man den Geschädigten, in seiner Ehre Gekränkten in die Heimat.[1])

Kämpfe zwischen Ritterschaft und Volk in Pistoia.

Am stärksten wird man in Florenz empfunden haben, daß Pistoia, das durch den Frieden von 1228 zu unbedingter Heeresfolge verpflichtete, jetzt von ständischen Kämpfen durchtobt war. Gegen die Ritterschaft und die Richter erhoben sich die niederen Schichten, die zu Fuß ins Feld Ziehenden, unter denen man die Kleinbürger aller Art, nicht etwa nur die Handwerker, sondern die Kleinhändler, die Ackerbürger der Vorstädte, kurz alles zu verstehen hat, was nicht durch Geburt, Reichtum oder soziale Stellung zum Stadtadel gehörte. Die demokratische Bewegung war eine so starke, daß der Podestà des Jahres 1234, Orlando Lupo von Cremona, vertrieben ward.[2]) Das nachmals so demokratische Florenz stand aber jetzt, wo guelfische und ghibellinische Vornehme gemeinsam die öffentlichen Dinge beherrschten, durchaus auf seiten der Ritter und erblickte in der revolutionären Volkspartei seine Feinde. Die innern Kämpfe dauerten drei Jahre, bis es den Florentinern gelang, sie nach ihrem Willen und Interesse zu entscheiden, doch während der eine Teil der Bevölkerung mit dem andern haderte, war die Kriegshilfe auch von dieser Seite eine wenig zuverlässige.

Erfolgreiche Friedensvermittlung zwischen Florenz und Siena durch den Papst.

Als nun der Papst Ende des Jahres 1234 die Friedensverhandlungen von neuem in Angriff nahm, trat endlich auch bei den Florentinern, deren Behörden schon zuvor die Absolution erhalten haben müssen, ernsthafte Neigung hervor, ihm Gehör zu geben. Auf sein Verlangen schickten sie vier Gesandte an den damals in Perugia residierenden Gregor, der die schwierigen Einzelvereinbarungen

von 1234, 5. Juli, Garampi, Sigillo della Garfagnana p. 25 und Pacchi p. XXIII; Luccheser Urkunde vom 26. Juli 1234, Garampi 27, Pacchi XXIV, Muratori, Antiquit. IV. col. 71; vom 14. September, 4. u. 6. Oktober, Garampi p. 31 s. Päpstliche Schreiben vom 9. August, Garampi 30. Pacchi p. XXXV; vom 23. August Auvray 2068 und von 1236, 10. Dezember, Potth. 10275, Auvray 3400.

[1]) Ann. Jan. M. G. Ss. XVIII, 182.

[2]) Urk. Florenz, 1237, 3. August, gedruckt bei Zdekauer, Statut. Potestatis Com. Pistorii p. XXII ss. — Vgl. Forsch. usw. IV S. 22 f. „Die Popularbewegung in italienischen Städten."

einem ruhigen und tüchtigen Staatsmann der Kurie, dem aus dem Cistercienserorden hervorgegangenen Kardinalbischof von Palestrina, Jacopo de Pecoraria, übertrug. Man scheint zunächst geglaubt zu haben, durch Verhandlungen in Perugia zum Ziele kommen zu können,[1]) doch als sich diese monatelang hinzogen, sahen der Papst und sein Bevollmächtigter ein, daß dieser besser täte, sich an Ort und Stelle zu begeben. Immerhin war bereits soviel erreicht, daß die Gefangenen menschlicher behandelt wurden, und daß die Sienesen die Aretiner, die sie in ihren Kerkern hielten, frei in die Heimat entließen.[2]) Neue päpstliche Androhung kirchlicher Strafen gegen die Städte im Falle ihrer Unfügsamkeit geleiteten den Friedensstifter auf der Reise nach Tuszien,[3]) wo seiner unendliche Schwierigkeiten harrten, da die Sienesen trotz der Schwächung, die sie in einem sechsjährigen Kriege erfahren hatten, maßlose Forderungen gegen Orvieto aufstellten, unter anderem auch die einer Kriegsentschädigung von 200000 Pfund Denare, oder etwa 2 Millionen Lire modernen Geldes als Ersatz für die ihnen im Süden ihres Gebietes niedergebrannten Kastelle; sie forderten ferner nochmals die Hälfte dieser Summe für Schäden, die durch die Orvietaner den sieneser geistlichen Besitzungen, zumal denen des reichen Hospitals Santa Maria della Scala zugefügt seien. Daß sie daneben alle Burgen des Grenzgebietes für sich verlangten, während Orvieto jede einzelne als ihm zustehendes Eigentum beanspruchte, versteht sich von selbst.[4]) Doch führte der geistliche Staatsmann die Verhandlungen mit sichererer Hand als seine Vorgänger; er nahm, nachdem er vorher in Florenz gewesen, seinen Sitz an dem Brennpunkt des Haders zwischen Siena und der Arnostadt, in Poggibonsi, und er erreichte, daß diese Kommune, die sich kriegsmüde fühlen mochte und die auf den Schutz des Reiches jetzt nicht zählen konnte, sich einem von Bischof Ardingus von Florenz zu fällenden Schiedsspruch unterwarf, womit sie denn freilich auf die ihr vom Reich zurückgegebene Selbständigkeit verzichtete,[5]) denn wie die bischöfliche Ent-

[1]) Aufforderung Gregors an Podestà und Volk von Florenz, „bei der engen Liebe, die sie an ihn knüpfe“, vier Gesandte zur Verhandlung an den apostol. Stuhl zu senden, 1234, 21. Dezember (SAS. — Riform.). Danach muß die Absolution schon früher erteilt worden sein. — Der Rat von Poggibonsi beschloß 1235, 8. Jan., in die Friedensverhandlungen einzutreten. (Ebendort.) — Aufforderung Gregors an Siena, bis 1. März Gesandte an ihn zu schicken. 1235, 31. Januar. (Ebendort.) — Gewährung von Sicherheit für die an die Kurie gehenden sieneser Gesandten durch Arezzo (12. Febr.) und Cortona (18. Februar), sowie Ernennung der Gesandten durch Podestà und Rat von Siena am 23. Februar, sämtlich in der gleichen Provenienz des sieneser Archivs. Die Urkunde vom 18. Februar ist 1234, 23. Febr. bezeichnet.

[2]) Über bessere Gefangenen-Behandlung in Siena auf Verlangen des Papstes, die sicherlich auf Reziprozität beruhte, gibt die S. 208 Anm. 4 erwähnte Urkunde, über die Entlassung der Aretiner von 1235, 12. Februar (s. oben Anm. 1) Auskunft.

[3]) Greg. IX. an den Bischof von Präneste 1235, 7. Mai. Theiner. Cod. Diplom. Dominii temporalis I, 103.

[4]) Die wechselseitigen Ansprüche ergibt das S. 208 Anm. 4 erwähnte sieneser Gutachten über die Orvietaner Forderungen.

[5]) Poggibonsi 1235, 8. Juni. SAS. — Caleffo Vecchio f. 202ª.

scheidung lauten werde, darüber konnten die Bürger kaum zweifelhaft sein. Trotzdem somit der alte heiß verfochtene Anspruch der Florentiner, Poggibonsi unter ihre Herrschaft zu bringen, der Erfüllung nahe war, scheinen gerade jetzt, in vorgerücktem Stadium der Verhandlungen, in Florenz heftige Parteibewegungen gegen den Frieden stattgefunden zu haben. Der Magister Atto, Kaplan des Kardinals Otto Candidus von San Niccolò in Carcere Tulliano, war dem Kardinalbischof von der Kurie als Gehilfe beigegeben worden; als er dessen Weisungen wegen Herausgabe von hundert sieneser Gefangenen überbrachte, die einstweilen aus den florentiner Gefängnissen nach Città di Castello überführt werden sollten, um als Geiseln für die Wiederherstellung Montepulcianos durch die Sienesen zu dienen, wurde er vom florentiner Volk beschimpft, und infolgedessen ward an dem sonst hoch gefeierten Tage vor dem Feste des Täufers im Chor von Santa Reparata vom Kapitelpropst im Namen des Bischofs über die Stadt das Interdikt verhängt,[1]) wogegen Siena jetzt die Absolution empfing.[2]) Vielleicht waren die zahlreichen Häretiker am stärksten an der Auflehnung beteiligt, denn sie mußten sich durch eine von der Kirche vermittelte Friedensstiftung bedroht fühlen; wenn sie gelang, so konnte dem Papst die längst geforderte Aufnahme der römischen Ketzeredikte ins Statut schwerlich länger verweigert werden. Trotz kurzer Dauer muß der Charakter der Unruhen, die damals die Stadt durchtobten, ein sehr ernster gewesen sein, denn in ihrem Verlauf wurde der älteste Kommunalpalast zerstört, und auch der Palast des Geschlechtes Galigai fiel den Bürgerkämpfen zum Opfer.[3]) Trotzdem

---

[1]) Urk. vom 23. Juni 1235. — Ebendort f. 205a. Über die Person des Atto werden wir durch die in der vorigen Anm. erwähnte Urkunde unterrichtet.

[2]) Päpstl. Schreiben vom 25. Juni. Ebendort f. 206. Dieselbe wurde am 29. Juni durch den Kardinal-Bischof erteilt. Ebendort f. 206a.

[3]) Die nur von den Annales Flor. II (Hartwig II, 41) berichtete Zerstörung des Palatium communis (und des Palatium filiorum Galigai) wird von ihnen zu 1236 gesetzt, doch sind viele Jahresangaben dieser Annalen ungenau (wie z. B. die Schlacht von Castelbosco zu 1232 berichtet wird usw.) Nun muß die Beschimpfung des „magister Acto" vor dem 23. Juni 1235 stattgefunden haben, an welchem Tage deshalb das Interdikt verhängt wurde. Am 8. Juni (S. 217 Anm. 5) war Atto noch bei dem Kardinalbischof in Poggibonsi. Die Zerstörung des Kommunalpalastes (über denselben vgl. Bd. I, 680, Forsch. usw. I, 143 und Forsch. usw. IV, „Zur Baugeschichte") muß zwischen dem 11. u. 13. Juni erfolgt sein. Stets zuvor hatten die Ratssitzungen im Kommunalpalast stattgefunden (1234, 26. März „in Palatio comunis", SAS. — Riformag. bezeichnet 4. April; 1235, 2. März ebenso, Kommunal-Archiv Perugia, Libri delle Sommissioni A. f. 11; 1235, 11. Juni „in Pallatio civitatis" SAS. — Caleffo Vecchio f. 205a). Am 13. Juni (Caleffo Vecchio f. 201), dann am 19. Juni (Ibid. f. 204a) fanden die Ratssitzungen „In Ecclesia Sancte Reparate" statt, ebenso am 4. Juli (Santini, 218), später im Bischofspalast (1236, 31. Mai; Ibid. 421), im Palast der Soldanieri usw., genug an den verschiedensten Orten. Dies bezeugt deutlich, daß die Zerstörung des Kommunalpalastes 1235 und zwar am 11. oder am 12. Juni erfolgt sein muß. An dem innern Zusammenhang der verschiedenen Tumulte ist aber bei diesem zeitlichen Zusammentreffen nicht zu zweifeln.

behielt die Partei des Friedens schließlich die Oberhand. Der Vertreter von Florenz versprach schon am 25. Juni, zwei Tage nach der Verhängung jener Kirchenstrafe, dem Kardinalbischof bei hoher, von zahlungskräftigen Kaufleuten garantierter Buße die Übergabe jener Gefangenen, wodurch zweifellos die Aufhebung des Interdiktes erlangt wurde, und Jakob von Präneste fällte am 30. Juni 1235 in Poggibonsi in Anwesenheit der Bischöfe von Florenz, Fiesole, Siena, Orvieto und Volterra seinen Schiedsspruch betreffs der Streitigkeiten der feindlichen Städte und des Pepo von Campiglia; so widerwillig man sich ihm hüben und drüben fügte, ist er dennoch angenommen und ausgeführt worden, womit ein vieljähriger Krieg sein Ende fand.[1]) Florenz hatte allen Grund, des Urteils froh zu sein, das seine Ansprüche in allen Hauptpunkten erfüllte, soweit sie nicht gerade auf eine völlige Beugung Sienas hinausliefen. Freilich, die Niederwerfung ihrer eigenen Burgen und die Verpflichtung, die zertrümmerten nicht wieder aufzubauen, wurde den Sienesen nicht zugemutet, aber wie Poggibonsi ihrem Einfluß entzogen und wieder unter die Oberherrschaft von Florenz gestellt ward, so hatten sie Montepulciano, das sie zerstört, auf ihre Kosten wieder aufzubauen und seine Unabhängigkeit anzuerkennen, was der Bürgerschaft die Freiheit ließ, sich immer wieder mit den Florentinern zu verbünden; dem Rebellen Sienas und Alliierten von Florenz, Pepo von Campiglia, war die eroberte Burg zurück-

[1]) Der Schiedsspruch ist bei Hartwig, Quell. u. Forsch. II, 154 ff. gedruckt. Dazu kommen die in den vorstehenden Anmerkungen erwähnten Urkunden sowie die bei Fumi, Cod. Diplom. 144 ss. im Auszuge mitgeteilten. Auch die in der vorigen Anm. angeführten florentiner Ratsurkunden beziehen sich auf die Friedensverhandlungen. Ferner ist die Urk. von 1235, 16. Juni (betreffs Übergabe der durch die Sienesen im Orvietaner Gebiet gemachten Eroberungen an den Kardinal), Fumi, Statuti di Chianciano LXXII, zu erwähnen, sowie Poggibonsi 1235, 25. Juni (SAS. — Riform.): Befehl des Kardinals an den Podestà von Siena, ihm 90 orvietaner Gefangene auszuliefern. Der Podestà erklärte: Das gefalle ihm nicht, aber er müsse tun, wie der Kardinal befehle. — Versprechen des Syndikus von Florenz vom 25. Juni 1235 (SAS. — Riform.). Es war für Erfüllung die hohe Bürgschaft von 10000 Mark Silber zu leisten. — Betreffs der Zahlung Sienas für Wiederaufbau Montepulcianos, die der sieneser päpstliche Bankier Angelerius Solafiche leistete, bezw. für die er Garantie übernahm, die Urk. Perugia 1235, 9. u. 13. Juli (SAS. — Caleffo Vecchio f. 207ª.). — Betreffs der aus Florenz nach Città di Castello gebrachten sieneser Gefangenen die Urkunde Città di Castello 1235, 30. Juli (SAS. — Riform.). Die Ausführung des Friedens ging langsam von statten. Noch 1236, Juli (SAS. — Biccherna 12, f. 1ª u. 7ª) befanden sich sieneser Gefangene in Florenz, die offenbar als Pfand für die Erfüllung aller Bedingungen dienten. Urkunden betreffs Verzichtes der Sienesen auf ihre Ansprüche betreffs Poggibonsis 1235, 7. Aug. (Cal. Vecchio f. 205 u. 11. August, f. 203 u. 203ª). — Betreffs Ausführung der auf Montepulciano bezüglichen Bestimmungen 1235, 1. u. 2. August (SAS. — Riform.); betreffs derer, die sich auf Pepo von Campiglia bezogen, Florenz, 1235, 22. und 23. September (Ebendort). Demnach hat, wie Urkunden von 1236, 8. Septbr., 21. u. 23. November und 26. Dezember bezeugen (Caleffo Vecchio 221, 214, 222 und 217), Siena noch lange mit der Herausgabe von Campiglia gezögert. — Die chronistischen Notizen über den Frieden ergeben weniger als die Urkunden.

zustellen, und Chianciano bekamen zwar nicht die Orvietaner, aber auch die Sienesen durften es nicht behalten, sondern es mußte den Herren von Sarteano, denen es ursprünglich gehörte, wiedergegeben werden. Den Bürgern Montalcinos, die sich gegen die Sienesen empört, hatten diese Frieden und Vergebung zu gewähren, und der Syndikus von Siena hatte des zum Zeichen den der Bergstadt auf den Mund zu küssen; auch hatten die Vertreter der bisher feindlichen Kommunen allesamt einander den Friedenskuß zu geben, dem man in diesen Zeiten so große symbolische Bedeutung beimaß. Montalcino war es gelungen, sich durch seine Parteinahme für die Florentiner die Unabhängigkeit zu ertrotzen, Montepulciano hatte sie trotz furchtbarer Leiden zurückgewonnen, und es war natürlich, daß beide dadurch fester als je an ihre Schützer geknüpft wurden;[1]) nicht länger als vier Tage nach dem Schiedsspruche von Poggibonsi erneuten Florenz und Orvieto das Bündnis zu wechselseitigem Schutz und Trutz gegen Siena für den Fall, daß dieses mit einer der beiden Kommunen von neuem in Konflikt geraten sollte,[2]) und den stillschweigenden Sinn dieses Vertrages bildete die Verteidigung jener beiden Kleinstädte gegen das Herrschaftsbegehren der Sienesen. In jedem Betracht ging die Arnostadt siegreich aus den Kämpfen hervor und sie hatte den unschätzbaren Ruhm erworben, daß sie schwächere Alliierte trotz aller Wechselfälle wirksam zu schützen vermöge. Mit Pisa, von dem in dem Spruch des Kardinals nicht die Rede war, kam ein Separatfriede zustande.[3]) Der Pfalzgraf Wilhelm aus dem Hause Aldobrandesca führte seine Fehde gegen Siena auf eigene Hand weiter fort, doch er mußte sich zwei Jahre später der Bürgerschaft, die inzwischen einen Teil seiner Vasallen gegen ihn in Bewegung gesetzt, sowie seine Stadt Grosseto gegen ihn rebelliert hatte, unterwerfen und sich ihr, wie ehedem, als zinspflichtig bekennen.[4])

Nicht dem Schwerte des Reichs, sondern dem Worte der Kirche war es gelungen, in Toskana Frieden zu schaffen, doch der Kaiser scheint die Vereinbarungen stillschweigend gutgeheißen zu haben, da er sie freilich nicht hätte anfechten können, ohne darüber mit dem Papst in Konflikt zu geraten. Er hat zu Beginn des folgenden Jahres durch Gebhard von Arnstein Gregor die Versicherung erteilen lassen: er glaube nicht, was lügnerische Leute über päpstliche Umtriebe gegen ihn in Lombardei und Tuszien verbreitet hätten,[5]) und diese

[1]) Urk. Montalcino 1235, 22. Juli (SAS. — Riform.). Über den damaligen Podestà von M. s. S. 212 Anm. 3.

[2]) 1235, 4. Juli. — Santini 218.

[3]) Monaldeschi, Commentarii Historici f. 41² erwähnt den Friedensschluß mit Pisa, über den sich aber keine Urkunde erhalten hat.

[4]) Siena 1237, 17. Juni, 20. und 28. Juli, Caleffo Vecchio f. 210 u. 212² und Caleffo dell' Assunta f. 343². Über die Rebellion in Verbindung mit dem Aufstand der Vasallen unter Führung des Soarzo von Colle di Val d'Elsa: Schreiben Gregors IX. von 1236, 10. Dez., Auvray 3394 u. Urk. Siena 1236, 19. Dezember (Caleffo Vecchio f. 224).

[5]) Päpstl. Schreiben an den Kaiser 1236, 29. Febr. M. G. Epp. I, 575. Die Anwesenheit Gebhards in Viterbo, wo der Papst residierte, Reg. Imp. 13202b (2. Febr.)

Erklärung schließt auch die Billigung des in päpstlichem Auftrage gefällten Schiedsspruches in sich, obwohl dieser die Anordnungen des Kaisers wegen Poggibonsis aufhob. Ob Friedrich die schweren Verurteilungen gegen Florenz, Montepulciano und Montalcino in aller Form widerrufen hat, ist nicht auszumachen, jedenfalls ist man nie wieder auf sie zurückgekommen und hat den durch den Frieden von Poggibonsi geschaffenen Stand der Dinge anerkannt. Die Folge war, daß der scharfe Gegensatz, in dem die Florentiner gegen das Reich standen, zwar nicht verschwand, aber zurücktrat, und daß, wie wir sehen werden, sich in der Bürgerschaft Strömungen zu seinen Gunsten bemerkbar machten. Zunächst brachte das Aufhören der bisherigen Spannung den Florentinern ein merkwürdiges Schauspiel ein. Der Kaiser liebte es, fremdartigen Pomp zu entfalten, die Augen der Italiener durch die Zeugnisse seiner Beziehung zu einer fremden, bunteren Welt zu blenden und ihnen einen schimmernden Eindruck seiner Macht zu gewähren, die er freilich bisher in Toskana in ernsterer Art nicht hatte erweisen können; er hatte jetzt den phantastischen Einfall, eine Auswahl exotischer Tiere aus dem südlichen Königreich, wo er dergleichen zu seiner Belustigung unterhielt, in einem Prunkzuge nach dem getreuen Cremona zu senden, und auch der Stadt Florenz ward das merkwürdige Schauspiel zu teil. Nie zuvor gesehene Lebewesen, die dem Fabelreich zu entstammen schienen, ein Elefant, Dromedare, Kamele, Leoparden, von Sarazenen in Burnus und Turban geführt, zogen von Süden in die Stadt, um sie durchs Nordtor wieder zu verlassen; leider hat uns kein Zeitgenosse Kunde davon bewahrt, wie diese pittoreske Äußerung einer abendländischen Sultanslaune auf die Florentiner jener Tage gewirkt haben mag.[1])

Die Einigkeit der Parteien hatte, wie wir sahen, die Jahre des Kampfes nicht überdauert, und in die Zwistigkeiten, die im Jahre 1236 gelegentlich der Friedensverhandlungen ausgebrochen waren, mischten sich Kontraste lokalen Charakters, mit der Parteinahme für und wider das Reich, gegen das Ghibellinen und Guelfen bisher im Interesse kommunaler Macht und Unabhängigkeit einig gewesen waren. Der Kaiser, der in Deutschland die Herrschaft kraftvoll hergestellt hatte, überschritt wieder die Alpen; schon von Augsburg war an alle Städte bis Rom der Befehl ergangen, Gesandte an ihn nach der Lombardei zu schicken,[2]) und ein ansehnliches Heer, das er mit sich führte, gab jeder seiner Weisungen Nachdruck; es ist kaum zu bezweifeln, daß sein Gebot trotz der bisherigen Haltung auch von Florenz befolgt worden ist.[3]) Friedrich

Wiederausbruch des Parteihaders

und Kommunal-Archiv Cortona, Reg. Vecchio f. 96[a], wo die Datierung zwar 1235 mit ind. 8, was aber sicher auf einem Schreibfehler beruht.

[1]) Die Nachricht vom Durchzug des kaiserlichen Elefanten (dessen Riesengestalt scheint mithin den größten Eindruck gemacht zu haben): Ann. Flor. II (l. c. p. 41). Über die andern Tiere und ihre Führer Salimb. p. 47 (auch zu 1237). Vgl. auch Huillard-Bréholles, Introduction p. CXCIII. — Ein dem Kaiser gehöriges Kamel wurde im November 1236 durch Siena geführt (SAS. — Biccherna 12, f. 16).

[2]) Reg. Imp. 2178, 1236, Juni.

[3]) Ryccardus de S. Germano M. G. Ss. XIX, 373 und 374. An letzterer Stelle: „Legati Urbis et totius Lombardie et Tuscie ad imperatorem vadunt“. Eine

bedrohte Mantua, er unterwarf Bergamo, aber nach $3^1/_4$ Monaten, am Ende des Jahres 1236, riefen den kaiserlichen Ahasver neuerdings die Verhältnisse Österreichs über die Alpen, und erst im Herbst des folgenden Jahres konnte er sich wieder mit Energie den italienischen Angelegenheiten zuwenden.

Vertreibung des Podestà. — Erhebung des Orlando Rossi zu dessen Nachfolger.

In Florenz wurde der Podestà Guglielmo Vento aus Genua Ende März oder Anfang April 1236 vertrieben. Nachdem für eine kurze Zeit des Provisoriums „Kapitane der Kommune" an die Spitze des Gemeinwesens gestellt waren,[1] wurde zu seinem Nachfolger Orlando Rossi aus Parma gewählt, der Schwager eines der einflußreichsten Männer der römischen Kurie, des Kardinals Sinibaldo Fieschi von San Lorenzo in Lucina, des nachmaligen Papstes Innocenz des Vierten,[2] der zu dieser Zeit als Freund Friedrichs II. galt. Die erste uns bekannte Amtshandlung des Orlando bestand darin, dem Bischof seine Gerechtsamen zu sichern; im bischöflichen Palast selbst nahm der Verwandte des Kardinals seinen Wohnsitz, auch die Ratssitzungen hielt er hier ab, während sie bisher seit Zerstörung des Kommunalpalastes im Dom von Santa Reparata stattzufinden pflegten, mit dessen Kapitel Bischof Ardingus in heftigem Zwist lag. Da die Mehrzahl der uns bekannten Amtshandlungen des Podestà Rossi gerade zu des Bischofs Gunsten geschah,[3] das Oberhaupt der Stadtkirche mit dem Podestà des nächsten Jahres aber wieder in giftigen Hader geriet, läßt sich vermuten, daß auch die Vertreibung des Genuesen mit kirchlichen Händeln zusammenhing, die auf das Gebiet der städtischen Politik hinübergriffen. Borgo San Lorenzo im Mugello unterstand von altersher der Jurisdiktion des Bischofs, doch seine Einwohner lehnten sich beständig gegen dessen Autorität auf; Orlando Rossi bewirkte einen Ratsbeschluß, wonach die Leute der Ortschaft durch die Stadtbehörden zu den schuldigen Leistungen angehalten werden sollten, und er zwang die Bewohner von San Casciano im Pesatal, die den Befehlen des bischöflichen Podestà ebenfalls nicht folgen wollten, ihm zu gehorsamen.[4] Die Domkanoniker, an ihrer Spitze der Propst Bernhard, der dem Papst in den luccheser Händeln treffliche Dienste geleistet hatte, scheinen sich in voller Verschwörung gegen den mit dem Podestà so nahe befreundeten Ardingus befunden zu haben. Das Kapitel versammelte sich an höchst ungewohnter Stelle, in dem Kloster Camaldoli vor dem Tore von San Frediano, und beschloß den Bischof beim Papst zu verklagen, weil er die Rechte der Kanoniker verletzte, Weihen

auffällige Ausnahme hätte wohl Erwähnung gefunden. — Der Podestà Sienas zog mit zwei Bannern an den Hof des Kaisers (SAS. — Biccherna 12. f. 12²). Er war einen Monat unterwegs. Die Zahlung erfolgte im September.

[1]) Urk. aus dem „Bullettone", Santini p. 511, 1236, 21. April.

[2]) Am 17. März war Guilielmus Venti noch Podestà. Santini 263; am 3. Mai Rolandus Rubeus. Ibid. 511. Er schwur an diesem Tage dem Bischof Wahrung der kirchlichen Libertät und empfing dessen Eid. Seinen Wohnsitz im Bischofspalast, wo er auch die Ratsversammlung abhielt, erweisen die Urkunden vom 26. und 31. Mai, ebendort 420 und 421. — Über seine Verschwägerung mit dem Kardinal Reg. Imp. S. 1260.

[3]) Bullett., Sant. 511—514. — [4]) Bullett. l. c. 509 und 511.

und Absetzungen ohne deren Zustimmung vornehme, ohne ihre Mitwirkung Exkommunikationen verhänge und Absolutionen ausspreche, auch dem Dom irgend ein kirchliches Wertstück vorenthalte, das sein Vorgänger ihm testamentarisch hinterlassen habe.[1])

Rubaconte de Mandello aus Mailand Podestà.

Für das Jahr 1237 wurde als Nachfolger des dem Bischof nach dem Sinne der Bürger allzu eng befreundeten Podestà ein Mann entgegengesetzter Art gewählt. Ardingus wurde vom Kaiser in den folgenden Jahren in auffallender Art begünstigt; er weilte an seinem Hof und der Herrscher hat in wichtigen Angelegenheiten seine Dienste in Anspruch genommen;[2]) die Familie Rossi von Parma galt als dem Staufer ergeben. Jetzt aber, da das Oberhaupt des Reiches wieder nördlich der Alpen weilte, und wie man annehmen mochte, auf längere Zeit, als es sich diesmal bewahrheitete, wurde Rubaconte de Mandello gewählt, als Mailänder dem Herrscher feindlich gesinnt und aus einem Geschlecht von antikaiserlichen Traditionen, ein Verwandter jenes Otto, der dreimal Regent der Stadt gewesen war;[3]) er hatte soeben dem Lombardenbund als Podestà von Faenza eine Hilfsschar dieser Stadt zum Widerstande gegen Friedrich zugeführt.[4]) Seine Wahl bezeugte einen Sieg der Guelfen, wie die Vertreibung des Genuesen einen Erfolg der Ghibellinen gebildet hatte, und wir erkennen ein Schwanken des vorwaltenden Einflusses im Rat wie auf die Bürgerschaft, ein beständiges Ringen der Parteien um die Macht, seit der äußere Kampf die Gegensätze nicht mehr zum Schweigen brachte. Der Tapfere und Tüchtige war ein Mann nach dem Herzen der Florentiner, die ihn fürs folgende Jahr nochmals zum Oberhaupt der Kommune ernannten.

Erbauung der dritten Arnobrücke.

Sein Name ist lange lebendig geblieben, weil er zu den bestehenden zwei Brücken, deren eine unter Otto de Mandello begonnen war, entsprechend dem immer stärker anwachsenden Verkehr und der Ausdehnung des Stadtteiles jenseits des Arno stromaufwärts eine dritte erbauen ließ, zu der er mit eigner Hand den Grundstein legte, und es scheint dem Volk besonders gefallen zu haben, daß der vornehme Herr auf seinen Schultern den ersten Korb Kalk zum Bau der Brücke herbeitrug, der man dann aus Dankbarkeit seinen Namen beilegte.[5]) Die Straßen der Stadt, von denen bisher nur die hauptsächlichsten, und diese nur mit schnell bröckelnden Ziegelsteinen gepflastert waren, ließ er mit Steinpflaster versehen, was für diese Zeiten ein wahrhaft großstädtischer Luxus

---

[1]) Urk. v. 1236, 30. Dezember. Lami, Monum. III, 1656.

[2]) Reg. Imp. 2357, 2358, 2374a.

[3]) S. S. 60, 72, 176, 190.

[4]) Tolosanus c. 218. Danach kann die Notiz des Jacobus Malvecii in seinem Chronicon Brixianum Mur. Ss. XIV, col. 909 nicht wohl richtig sein, daß die Mandello, aus Mailand vertrieben, jetzt Parteigänger Ezzelins gewesen seien. Jedenfalls zeigt die Meldung des Tolosanus den Rubaconte de Mandello im Kampf gegen den Kaiser.

[5]) Villani VI. 26. — Paolino Pieri zu 1237. — Stefani Rubr. 81. — Die Brücke heißt jetzt (und seit Jahrhunderten) Ponte alle Grazie. Vgl. Forsch. usw. IV. „Zur Baugeschichte".

war, denn noch ein halbes Jahrhundert zuvor hatte jeder Regen beispielsweise die pariser Straßen in einen Sumpf verwandelt, bis König Philipp August die Pflasterung eines Teiles der französischen Hauptstadt veranlaßte.[1]) Die Gestalt des Mailänders blieb mehr als anderthalb Jahrhunderte lang eine der populärsten der florentiner Geschichte; ein Geschlecht erzählte dem andern von seinen weisen Richtersprüchen und davon, daß das dankbare Volk ihm zuerst, als er schied, ein Banner und einen Ehrenschild verliehen habe.[2]) Leider muß der Geschichtschreiber den von Legende und Novelle gewobenen Sagenkranz zerstören, denn das dankbare Volk von Florenz hat ihn schließlich vor Ablauf seiner zweiten Amtsperiode aus der Stadt vertrieben.

Schiedsspruch von Florenz zwischen Volterra und San Gimignano.

Seine Fähigkeit, verwickelte Händel zu richten und zu schlichten, sollte er mehrfach bewähren. Da war zunächst der alte nicht endende Streit zwischen der Bürgerschaft und dem Bischof Volterras, der sich fortwährend mit Fehden der Volterraner gegen San Gimignano und neuerdings auch mit solchen gegen Colle di Val d'Elsa verschlang, da sich diese Kommune mit der hochgetürmten Hügelstadt nachbarlich verbündet hatte. San Gimignano und Colle hatten an der Seite von Florenz gegen Siena gekämpft, weil die Bürgerschaften beider sich im Verlauf des Krieges gezwungen sahen, die Partei der Stärkeren zu nehmen, und sie wie das gegnerische Volterra überließen 1233 ihren gesamten Hader der Kommune Florenz zur Entscheidung. Die Sangimignanesen hatten Montignoso di Gambassi zwischen Era- und Evolatal unweit der Straße, die von Castelfiorentino nach Volterra führt, und das drei Miglien vor Volterra gelegene Montevoltraio gegen dessen Bürgerschaft revoltiert und zu deren Grimm diese Burgen besetzt. In Wirklichkeit hatten auf sie weder die Bürger Volterras noch die von San Gimignano ein Recht, da sie dem Bischof gehörten, aber Paganus war bei weitem zu schwach, sie zu behaupten, wie er denn schon andere der wichtigsten Kastelle seines Bistums dem Legaten fürs Reich abgetreten hatte, weil er den Zins, den er für diese Reichslehen zahlen sollte, nicht aufzubringen vermochte.[3]) In der Tat spielte der geistliche Reichsfürst in diesen Fehden, bei denen es sich eigentlich um seinen Besitz handelte, kaum eine Rolle; vielmehr rauften und kriegten die Nachbarstädte um die Beute, die dem Dritten gehörte; Paganus mochte durch die schwere Verschuldung, in der er das Bistum schon zuzeiten seines Amtsantrittes vorfand, und die sich unter ihm immer mehr steigerte,[4]) an jedem Eingreifen behindert sein. Florentiner Bankiers, die Sozietät Cambi-Cavalcanti, zu deren Teilhabern einer der einflußreichsten Bürger Cece Gherardini und das

[1]) Ebend. — Vgl. Davidsohn, Phil. August und Ingeborg, S. 6.

[2]) Sacchetti, Novella 196.

[3]) Forsch. usw. II (San Gimign.) Regest 92.

[4]) Forschungen usw. III, Handelsregesten Nr. 8. — Vgl. die inhaltreiche Arbeit Schneiders „Bistum und Geldwirtschaft. — Zur Geschichte Volterras im Mittelalter" in Quellen und Forschungen aus Ital. Archiven, herausgegeben vom Preuß. Histor. Institut in Rom VIII, S. 102 ff.

Haus Giugni gehörten, hielten ihn durch wucherische Verträge in ihren Händen.

Von dem Wesen jener Fehden der kleineren Städte können wir uns auf Grund umfangreicher Zeugenaussagen von beiden Seiten[1]) ein deutliches Bild machen; die Zahl der Menschen, die ihnen zum Opfer fiel, war nicht allzu groß, aber die Tücke und Wut wurde wechselseitig an Häusern, Feldern, Vignen, Oliven- und anderen Fruchtbäumen ausgelassen;[2]) als ein besonders gelungener Streich galt es, den Nachbarfeinden eine ansehnliche Beute an Vieh fortzutreiben. Es ergibt sich sehr deutlich, wie wenig heroisch diese Kämpfe geführt wurden, wie man es mehr als auf Tötung der Gegner auf Verwüstung, auf Beute und Gefangennahme absah, durch die der Fangende Anspruch auf Zahlung einer Prämie seitens seiner Kommune, diese auf Lösegeld oder Aussicht auf sonstige Vorteile erwarb. Jene Kriege der Kleinstädte aber trugen zu der Verwüstung und Aussaugung des von der Natur gesegneten Landes ihr vollgemessenes Teil bei; sie begleiteten die tragischen Haupthandlungen der Konflikte zwischen Reich und Kirche, der Fehden, die die großen Munizipien um die Vorherrschaft führten, und wie sie sich fortdauernd mit diesen verschlangen, ist auch ihre Kenntnis zum Verständnis jener wichtigeren Vorgänge erforderlich.

Die Verhandlungen, die geführt, die Schiedssprüche, die gefällt wurden, hatten zwar drei Jahre lang nicht die Wirkung jenen lokalen Kriegen ein Ende zu machen, aber sie gaben den Florentinern einen vortrefflichen Grund, sich von beiden Seiten die hauptsächlichen streitigen Burgen, von Volterra das Kastell Nera im Eratal, von San Gimignano Montignoso und Montevoltraio ausliefern zu lassen. Dies geschah 1236 und damit war denn der erste Schritt auf dem seither konsequent festgehaltenen Wege getan, sich zwischen den beiden hadernden Städten und überhaupt im Bezirk des Bistums und der Reichsgrafschaft Volterra festzusetzen, um die Machtsphäre von Florenz auch über diese Gebiete auszubreiten. Im Juli 1237 fällte Rubaconte seinen Schiedsspruch, nachdem er die beiden Kommunen schon im Mai gezwungen hatte, in Florenz Frieden zu schließen; sein Urteil lautete in allem Wesentlichen zugunsten San Gimignanos, das als von Volterra völlig unabhängig anerkannt wurde, und auch betreffs der Burgen erging das Urteil dahin, daß Volterra kein Recht auf sie habe. Dessen sich zu freuen hatten nun freilich auch die Sangimignanesen

[1]) Von Ende 1236 und 1237; sechs Pergamenthefte in Folio und ein Pergamentblatt. Bibl. Guarnacci in Volterra Nr. 8488. — Einer der Führer der Volterraner in diesen Kämpfen war zeitweilig der Florentiner Alaghieri, Vikar des Podestà Donato Ubertini. (Seinen vollen Namen, Alagerius q. Bargesi, gibt die Urkunde von 1236, 7. März, SAF. — Volterra.)

[2]) Daß der Ölbaum oder sein Blatt als Symbol des Friedens gilt, hat seinen Grund in dieser seit uralter Zeit gebräuchlichen Art der Fehde. Da er sehr langsam wächst, galt sein Vorhandensein als ein Beweis friedlichen Zustandes; wo er gedieh, konnten die Feinde seit langen Zeiten nicht gewütet haben.

geringe Ursache, denn die Bürgerschaft am Arno gab, was sie einmal festhielt, nicht leicht wieder heraus. Die Volterraner hatten ihre Lage gegenüber dem aufgezwungenen Schiedsrichter verbessern zu können geglaubt, indem sie den Neffen und Ritter des Podestà, Namens Aroldo, zu erkaufen versuchten; doch erwies sich der Mailänder als ehrlich, und der kluge Rubaconte versäumte es nicht, den abgewiesenen Bestechungsversuch sofort in großer Empörung dem versammelten Rat mitzuteilen, was sein Ansehen nicht wenig erhöht haben wird.[1])

Florentiner Schiedsspruch betreffs der inneren pistoieser Zwistigkeiten.

Der wichtigste seiner Schiedssprüche war jener, der den Kämpfen zwischen Ritterschaft und Volk von Pistoia nach dreijähriger Dauer ein Ziel setzte. Zwischen den Parteien schwebte Blutschuld und Rache; einer von der Volkspartei und zwei von den verbündeten Parteien der Ritter und Richter waren im Verlauf der Wirren ermordet worden; jede der feindlichen Gruppen hatte sich einen eigenen Podestà gesetzt, und keine der beiden schien aus eigener Kraft der andern Herr werden zu können, als Florenz in diese Wirren eingriff, freilich nicht zugunsten der Demokratie, als deren Hort man die Bürgerschaft der Arnostadt ein für alle Male zu betrachten geneigt ist, sondern ganz im Gegenteil als vernichtender Gegner der Volksbewegung und als Bundesgenosse der Ritterschaft.

Organisation der florentiner Zünfte

Der Vorgang wirft auf die inneren Verhältnisse des florentiner Gemeinwesens ein helles Licht. Eine Bewegung, langsam durch die Entwicklung der Gewerbe vorbereitet, hatte zuzeiten des Kaisers Heinrich VI. den Zünften zu einer bedeutenden Stellung im florentiner Staatswesen verholfen, die sie seither nicht wieder eingebüßt haben,[2]) obwohl nicht mehr wie damals die Feststellung des Statuts ihren Obervorstehern überlassen war. Neben den Konsuln der Ritterschaft saßen nicht nur die drei der Richter (und Notare) sowie der fünf großen eigentlichen Handelszünfte und die Vorsteher der Arte della Lana im Rat, sondern auch die Prioren der fünf Handwerkergenossenschaften. Die

—

[1]) Schreiben des Podestà von San Gimignano an seinen Vikar, Forsch. usw. II. Regest 147. — Die Urkunden über den Verlauf der Streitigkeiten und über den Schiedsspruch sind zu zahlreich, als daß sie einzeln angeführt werden könnten. Der Spruch selbst, Florenz 1237, 6. Juli, bei Santini p. 452. Die wichtigsten Mitteilungen entstammen den S. 225 Anm. 1 angeführten Aussagen von Volterraner und Sangimignaneser Zeugen, die erstern schon 1236, die letztern Anfang 1237 auf Weisung des Podestà Rubaconte vernommen. Des weiteren kommen die vielen bei Santini gedruckten, p. 406—434, 437—438 und 440—456, ferner auch einzelne dort nicht gedruckte Urkunden des SAF., Provenienz Volterra von geringerer Wichtigkeit in Betracht, endlich zahlreiche Regesten der Jahre 1233—1238 in Forsch. usw. II (San Gimignano). — Betreffs der von den Florentinern besetzten Burgen sind zumal auch die Regesten vom 5. und 10. Juni und 23. November 1238, Nr. 195, 198 und 215 zu erwähnen. — San Gimignano stand in der Tat zur Kommune Volterra in keinem rechtlichen Abhängigkeitsverhältnis, sondern nur zum Bischof, wegen dessen Recht als Reichsgraf.

[2]) Bd. I, S. 600 f., 667 f.

vom Patriziat wohlwollend geduldete Teilnahme des erwerbstätigen Mittelstandes am Stadtregiment entsprach seiner steigenden wirtschaftlichen Bedeutung; wie sie nachmals höher und höher wuchs, genügte dieser sozialen Schicht begreiflicherweise der bescheidene, ihr aus berechnender Klugheit gewährte Anteil nicht mehr, und ihr Ringen um die politische Gewalt wird uns sehr stark zu beschäftigen haben. So angesehen aber war schon jetzt die Stellung der Handwerkerzünfte, daß gerade ihren Prioren von den Kommunen San Gimignano und Volterra ursprünglich die schiedliche Schlichtung ihrer Zwistigkeiten, freilich ohne Erfolg, übertragen worden war.

Die Handelszünfte waren um die Zeit, von der wir sprechen, die der Tuchhändler von Calimala mit zwei, der Wechsler mit zwei, der Kaufleute von Por Santa Maria (Seidenhändler, Seidenweber und Gewandschneider, die auch vielfach Detailhandel mit Tuchen betrieben) mit vier, der Wollenweberzunft mit sieben Konsuln und der Klein- und Althändler oder „gemeinen Kaufleute" mit zwei „Kapitanen" an der Spitze.[1]) Dies waren insgesamt siebzehn

---

[1]) Forschungen usw. III, Zunftregest 1169 (1234, 26. März). — Betreffs der Wollenzunft ist zu erwähnen, daß über das erste Drittel des 13. Jahrhunderts hinaus die Bezeichnung des Zunftvorstandes zwischen „Rektoren" (1212, 1. Juni, Santini 376; 1229, 27. Juni [irrig „September 10"], ibid. 215; 1235, 14. März, Handelsvertrag mit Perugia, Kommunal-Archiv Perugia, Libro delle sommissioni A. f. 7[a]) und „Konsuln" (1220, 6. März, SAB. — Reg. grosso f. 238[a]; 1224, 1. Juli, Santini 386; 1234, 26. März, s. vorstehend; 1235, 4. Juli, Santini 218) schwankt. Von dieser Zeit an kommt nur noch die auf höhere Stellung hinweisende Benennung „Konsuln" vor. — Über den ganz mißverstandenen Begriff „priores" und „capitudines" müssen wir einige Worte anführen. Die Zunft-Prioren dieser Zeit waren (vgl. die erwähnte Urk. von 1212, 1. Juni) die derzeit geschäftsführenden Rektoren, deren Stellung zweifellos im Laufe der (meist sechs-, später auch viermonatlichen) Amtsdauer des Gesamt-Vorstandes umging. So konnte eine von Rektoren geleitete Zunft einen Prior oder mehrere Prioren haben, ja, es konnte sogar (Wollenzunft, Urk. 1212, 1. Juni) an der Spitze einer Mehrzahl von Prioren ein Ober-Prior, supra-prior, stehen; den Vorstand aber bildeten stets die Rektoren in ihrer Gesamtheit. — Die Benennung „capitudo" bezeichnet eben diese Gesamtheit des Vorstandes einer Zunft, gleichgültig ob Konsuln oder Rektoren an ihrer Spitze stehen. Die „capitudines" sind die Gesamtheit der Zunftvorstände. In der angeführten Urkunde vom 27. Juni 1229 werden denn auch die Konsuln der Richter und Notare von Calimala, Por Santa Maria, der Wechsler, die Rektoren der Wollenzunft und die priores artium allesamt bezeichnet als „capitudines seu anteriores et rectores ejusdem civitatis" etc. 1236, 31. Mai (Santini 421) ist von den consules negotiatorum und den capitudines artium die Rede, so daß hier ausnahmsweise nur die Gesamtheit der Vorstände der gewerbetreibenden Zünfte als „capitudines" neben und im Gegensatz zu den Konsulaten der Handelszünfte bezeichnet wird. Welch ein besonderer Grund in dem Einzelfall zu der Unterscheidung vorliegen mochte, wird nicht klar. — Die seit Erscheinen von Band I der Geschichte von Florenz (S. 600 f.) öfter umstrittene Stelle der Urkunde vom 14. Juli 1193 von den „septem rectores qui sunt super capitibus artium" hat in Wahrheit nichts Unklares. Die bezeichneten sind die

15*

Zunfthäupter, und zweiundzwanzig unter Hinzuzählung der drei Konsuln der Richter und Notare und von zweien der gleichfalls der Oberschicht angehörigen Ärzte und Apotheker,[1]) während die fünf minderen Zünfte, die die eigentliche Handarbeit repräsentierten, nur durch je einen Prior im Rat vertreten waren; die Wollenzunft war längst über das Handwerk hinaus zum Manufaktur-Betriebe und vielfach zum Verlegertum für die Heimarbeit der Webersleute gewachsen; ihre Vorsteher unterschieden sich durch den Konsuln-Titel wie durch ihre Siebenzahl von den Prioren der kleinern Zünfte; auch hatte die Arte della Lana einen eigenen Richter und Notar zur Leitung ihrer juristischen Angelegenheiten, und vielleicht bezeugt diese Tatsache, daß sie schon damals (wovon wir keine sonstigen Beweise haben) eine selbständige Zunftgerichtsbarkeit, sei es auch in engen Grenzen, übte.[2]) Insgesamt war diese Vertretung von Handel und Gewerbe im Rate der Stadt im Vergleich zu anderen Kommunen eine sehr ansehnliche; in Siena saßen in derselben Zeit nur die Vertreter der Großhändler, zu denen auch die dort so besonders einflußreichen Bankiers und Wechsler gehörten, und die der Kleinhändler im Rat;[3]) in Pistoia scheint bis zu dem Aufstand von 1234 (nach dessen Beseitigung die alten Verhältnisse wiederhergestellt wurden) nur der Konsul der Kaufleute und nur die von ihm vertretene Zunft einige politische Bedeutung erlangt zu haben;[4]) in Arezzo hatten alle Gewerke im Rat nur einen Gesamtvertreter in dem „rector artium";[5]) wo dergleichen der Fall war, scheint, wie in San Gimignano, die Reihe herumgegangen zu sein, und wenn überhaupt ein Vertreter der Handwerker oder Kleinhändler zum Rat zugezogen wurde, was keineswegs regelmäßig geschah, scheint einer der Rektoren als Repräsentant aller gewerblichen

---

sieben Rektoren, deren jeder an der Spitze seines betreffenden Gesamt-Zunftvorstandes stand; später heißen diese Vorsitzenden des Rektorats Prioren, der Vorstand einer Einzel-Zunft in seiner Gesamtheit heißt aber „capitudo".

[1]) Die Zahl der Konsuln der medici et spetiarii ist uns aus dieser Zeit nicht bekannt; wir haben sie auf die Mindestzahl von zwei angenommen. — Später betrug sie indes sechs (SAF. — Statut der Medici e Speziali No. 1 von vor 1314).

[2]) Forsch. usw. III. Regest 1169.

[3]) Statt vieler Beispiele möge die Anführung der sieneser Urkunden von 1234, 31. März (SAS. — Riform.) und von 1234, 22. September (Ebend. — Archivio Generale) genügen. Erstere erwähnt als im Rat anwesend die „consules utriusque mercantie", letztere erwähnt den consul mercatorum et campsorum und den consul pizzicariorum. Schon 1215, 22. Mai (vgl. Forsch. IV S. 13 „Popularbewegung" unter „Siena") bestand dieselbe Organisation der beiden Zünfte. Die „Pizzicarii" waren indes nicht, wie nach modernem Sprachgebrauch vermutet werden könnte, die pizzicagnoli, Händler mit Wurst, Käse, Butter u. dergl., sondern Kramhändler im weitesten Sinne. Sogar Pfeile für Bogen lieferten sie an Kommunen zu Kriegszwecken (Forsch. usw. II, S. Gimign., Reg. 586).

[4]) Urk. von 1226, 23. Nov. (Munizipal-Archiv Pistoia, Liber Censuum f. 70[a]).

[5]) Urk. von 1236, 10. März, Kapitel-Archiv in Arezzo, Nr. 579.

Zünfte berufen worden zu sein.[1]) In Poggibonsi saßen dagegen neben zwei Konsuln der Kaufleute und zweien der Wechsler zwei der Kleinhändler („Pizzicarioli"), zwei der Schuhmacher sowie einer der Schmiede im Rat,[2]) und die Vertretung der Geldhändler gewährt einen hohen Begriff von der damaligen Bedeutung des Ortes, der durch die Florentiner, vielleicht mit aus Ursachen der Konkurrenz, fortwährend bekämpft und frühzeitig zugrunde gerichtet wurde.

Im ganzen war nirgend in den Nachbarstädten Handel und Handwerk so stattlich und regelmäßig im Rat vertreten, wie eben in Florenz, und vor allem tritt nirgend so deutlich hervor, daß deren Vertreter in allen städtischen Angelegenheiten gehört wurden und mitzuwirken hatten. Dennoch fand der tatsächliche Einfluß der wirklichen Gewerbsleute im Rat seine Begrenzung durch das numerische Verhältnis; die fünf Rektoren von Handwerkerzünften standen zweiundzwanzig Vertretern der vornehmeren Zunftverbände gegenüber; die Wollenzunft, die ja freilich den reichsten und bedeutendsten Verband bildete, hatte mit ihren sieben Konsuln allein mehr Vertreter als alle andern Handwerker zusammen. Die Schneider gehörten der Arte di Por Santa Maria gemeinsam mit den Seidenwebern[3]) an, die zum Teil gewiß wirkliche Handwerker, zum Teil aber wohl schon jetzt Verleger waren, die geliefertes Rohmaterial durch Heimarbeiter, vielleicht auch bereits Heimarbeiterinnen,[4]) gegen Stücklohn verarbeiten ließen. Lag nun in dem Mißverhältnis der Zahl ein Keim künftiger Konflikte, so scheinen doch in dieser Zeit diejenigen Gewerbe, die überhaupt eine Vertretung erlangt hatten, mit den bestehenden Verhältnissen zufrieden gewesen zu sein. Was aber vor anderthalb Menschenaltern eine demokratische Errungenschaft gewesen war, erschien der jetzt lebenden Generation gewiß nicht mehr als eine solche, sondern als ein herkömmlicher Zustand, und die Söhne und Enkel der damals zu politischem Einfluß Emporgestiegenen waren inzwischen längst zu erheblichem Ansehen und vielfach zu bedeutendem Wohlstand gelangt. Wir wissen nicht, ob es in Florenz Schuhmacher gegeben hat, die zugleich Ritter waren, aber als Gesandten des verbündeten San Gimignano sah man einen solchen ritterlichen Handwerksmeister, von seinem wackeren Schildknappen begleitet, der vielleicht sein Lehrbub war, im Jahre 1231 vor dem Rat erscheinen.[5]) Wie sich die Gewerbe reicher und freier als vordem entwickelt

[1]) Forsch. usw. II, Reg. 15, im Vergleich mit Regest 93. — San Gimignano hatte einen consul mercatorum, je einen Rektor der pannarii (Tuchmacher), pizzicarii und pelliparii (Kürschner), sowie zwei Rektoren der Schuhmacherzunft.

[2]) Urk. 1221, 10. Juli (SAS. — Caleffo Vecchio f. 110). — Dazu 1235, 27. August. Ibid. f. 205.

[3]) Vgl. betr. der abweichenden Auffassung bei Doren, „Entwicklung der Florentiner Zünfte" S. 7, die Rezension dieser Arbeit in der Histor. Ztschr. Bd. 83, S. 130.

[4]) Urkundlich läßt sich eine Seidenweberin allerdings erst 1276 nachweisen. Forschungen usw. III, Gewerbe-Regest 1159.

[5]) Forsch. usw. II (S. Gimign.), Regest 56. Es wurden zwei Gesandte abgeschickt,

hatten, waren andere emporgekommen, die wohl auch organisiert, Rektoren und Kapitane, oder wie der Titel der Vorstände sonst lauten mochte, an ihre Spitze gestellt hatten,[1]) denen aber ein politischer Einfluß nicht zugebilligt wurde; die zu ihnen Gehörenden waren gewissermaßen Gewerbetreibende der zweiten Klasse, die im normalen Verlauf der Ereignisse an den öffentlichen Dingen nur als Mitglieder der Volksversammlung Anteil hatten; in dieser aber verschwand der einzelne, und doch mußten alle Steuern zahlen, wenn die Kriegsglocke läutete das Handwerkszeug beiseite legen, die Bottega schließen, den Webstuhl im Hause still stehen lassen und für knapp bemessenen Sold ins Feld rücken. Daheim aber konnte man höchstens bei einem der Tumulte, die freilich immer häufiger wurden, durch die Kraft der Lungen und der Fäuste auf die Stadt- und Staats-Angelegenheiten einige Einwirkung üben. Hinter den reichen Mitgliedern einer Zunft, wie es die der Wollenweber war, standen überdies die eigentlichen Arbeiter, die viele ihresgleichen zu Unternehmern hatten aufsteigen sehen, selbst aber der Zunft nicht angehören durften, wohl aber sich willenlos all deren Verordnungen zu unterwerfen hatten; es stand hinter ihr ferner die Masse der in den Hilfsgewerben Tätigen, deren Hantierungen unerläßlich für den Hauptbetrieb waren, die man aber geflissentlich zu keiner Organisation gelangen ließ, um ihre Lohnforderungen und sonstigen Ansprüche besser herabdrücken zu können. In Massen waren die vormals Unfreien ihren Herren entlaufen und vom Lande in die Stadt gezogen, wo sie im Handwerk, oder als Lastträger, oder im Kleinhandel unterster Art Beschäftigung fanden; hier war das Material für künftige Unruhen und für Volksbewegungen in reichlichem Maße gehäuft, aber eben deshalb mochten die herrschenden Schichten sich als eine Ordnungspartei fühlen, worunter man immer eine Partei zu verstehen hat, die eine derzeit bestehende Gesellschaftsordnung als Endziel und höchste Blüte aller sozialen Entwicklung betrachtet. In dieser Auffassung müssen sich 1237 in Florenz Ritterschaft, Richter, Handels- und Handwerkerzünfte zusammengefunden haben, soweit die letzteren politisch eben mitzusprechen hatten; solange die beiden großen städtischen Parteien untereinander und mit den reichen Leuten, sowie der Oberschicht der Handwerker einig waren, vermochte sich die unten gewiß schon damals gärende Volksbewegung nicht durchzusetzen; ihre gewaltigen Erfolge erzielte sie, als die Guelfen und Ghibellinen sich nicht in vereinzelten Konflikten, sondern als sie sich wieder in ernstem und offenem Hader gegenübertraten, was gleichbedeutend mit einer Spaltung der Ritterschaft in zwei feindliche Teile war. Von alters her hatten die Ritter ihre Stellung behauptet, und die sechs Jahre erfolgreicher Kriege müssen ihr Ansehen erhöht haben. Im Rat nahmen die Ritterschaftskonsuln eine führende Stellung ein und sie wurden stets vor den Vertretern der andern Interessengruppen (der Zünfte) genannt; wie in früherer Zeit stand der

von denen einer, Dominus Lambertus, calzolarius war. Ein Notar und fünf scutiferi begleiteten sie.

[1]) Über die der vecturales, die ja freilich keine Handwerker waren, Bd. I. 788 f.

Rittergenossenschaft ein Anrecht auf gewisse Wegzölle zu.[1]) Der beliebte Podestà Rubaconte war selbst ein lombardischer Feudalherr und trug den Namen von dem Familienbesitz an den schönen Ufern des Sees von Lecco. Alle in Florenz herrschenden Elemente fanden sich in dem Wunsche zusammen, die demokratische Bewegung in Pistoia zu ersticken, ehe sie an den Arno hinübergriff, zumal die pistoieser Popularpartei im Verlaufe der Unruhen unvorsichtigerweise eine gegen Florenz feindliche Stellung angenommen zu haben scheint. Im Jahre 1237 war Graf Aginulf aus dem den Florentinern befreundeten Hause der Guidi Guerra als Podestà an die Spitze der pistoieser Partei der Vornehmen, der Richter und der Ritterschaft getreten; dies war der Ausdruck ihrer Verbündung mit dem Grafengeschlecht, das noch immer durch zahlreiche Besitzungen im Gebiete der Stadt mächtig war. Der Kampf tobte in der Grafschaft wie innerhalb der Mauern; einzelne Ortschaften standen auf seiten der Ritter, andere werden fürs Volk Partei ergriffen haben. Im Juni 1237 beschlossen die Florentiner bewaffnete Intervention, und unter dem Vorwande der Friedensstiftung unternahmen sie einen erneuten Feldzug gegen die benachbarte Kommune.[2]) Die Volkspartei war, wie es sich versteht, dem gleichzeitigen Anprall der innern und äußern Feinde nicht gewachsen und mußte sich bereit erklären, ihren Zwist mit den Gegnern dem Podestà und dem Rat von Florenz zur Schlichtung zu überlassen, was denn auf eine erneute, Pistoia noch tiefer hinabbeugende Unterwerfung unter die Nachbarstadt hinauskam. Zunächst hatte die Volkspartei hundertundfünfzig Geiseln zu stellen, die bis zum Austrag nach Florenz abgeführt wurden;[3]) als Podestà von Pistoia

---

[1]) Betreffs 1201 s. Bd. 1, S. 688 und Anm. 2. — 1235, 14. März wird in dem Handelsvertrag mit Perugia (dortiges Kommunal-Archiv, Libro delle Sommissioni A. f. 72) stipuliert, es dürfe den Peruginern im florentiner Gebiet kein „novum pedagium, sive maltolletum vel guida auferlegt werden pro comuni ejusdem civitatis Florentie, nec pro sotietate militum, nec pro alia qualibet persona". — Nach dem Statut von Viterbo von 1251 (Documenti di Storia Ital. der Deputaz. di Storia Patria per la Toscana e l'Umbria, Vol. V, p. 458), das für Erkenntnis der Verhältnisse der städtischen Ritterschaft überhaupt sehr wichtig ist, hatten dort die Ritter aus den ihnen überwiesenen Einnahmen den Preis im Kampf gefallener (oder untauglich gewordener) Pferde zu vergüten; der Überschuß aber wurde „sicut contigerit per libram", d. h. nach dem Verhältnis der Steuereinschätzung unter die einzelnen verteilt. Die milites (die ein Ritterpferd zum Auszug Haltenden) setzten sich zusammen aus den Edlen („de granditia") und aus denen „de populo". (Unter dem Begriff „granditia" wurden das Patriziat und der von der Kommune abhängige Feudaladel verstanden, die Klasse, die man nachmals in Florenz als „Granden" oder Magnaten bezeichnete.) Jedermann war berechtigt, ein Pferd für den Dienst der Kommune zu halten, doch mußte dessen Brauchbarkeit behördlich anerkannt sein. Diese demokratische Einrichtung ist selbstverständlich schon ein Ergebnis der Popularbewegung. Die (nicht besonders erwähnte) Pflicht, bei einer gewissen Vermögenseinschätzung ein Ritterpferd zu halten (vgl. Bd. I, 686), muß hier wie überall fortbestanden haben.

[2]) Forsch. usw. II (S. Gimignano), Regesten 155—57.

[3]) Urk. Pistoia 1239, 26. Oktober. Munizipal-Archiv von Pistoia, Liber Cen-

setzte die florentiner Bürgerschaft zwei der Ihren ein, die Ritter Scolaio Cavalcanti und Jacopo dello Schiatta Uberti, den Vater jenes Farinata, der nachmals seine Heimat vor dem Grimm Manfreds erretten und durch Dante unsterblich werden sollte. Es bezeichnet aufs klarste den wiederhergestellten Frieden der Parteien und die Teilung der Ämter zwischen ihnen, daß der eine aus dem führenden Hause der Ghibellinenpartei, aus dem Geschlecht der Uberti, der andere aber aus der Reihe der Guelfen genommen wurde.[1]) Die Kommune Florenz verpflichtete sich, für Beobachtung des innern Friedens zu sorgen und dies in ihr Statut aufzunehmen, womit sie sich denn die Kontrolle aller Verhältnisse der Nachbarstadt aneignete; daneben aber wurde den Rittern und ihren juristischen Helfern die Herrschaft über die unterjochte Kommune ausgeliefert. Zwar wurden die Zünfte nicht aufgehoben, aber strenge wurde ihnen jede Verbindung zu gemeinsamem Handeln verboten; die von den Volksbeamten gegen die Ritter oder deren Helfer gefällten Urteile wurden für ungültig erklärt, nur begangene Mordtaten sollten auch an ihnen gesühnt werden. Die Ritter hatten fünfhundert von den Popolanen auszuwählen, die ihnen und der Stadt Florenz schwören mußten, selbst gegen jeden vorzugehen, der diesen aufgezwungenen Frieden zu brechen versuche. Etwas erträglicher wurde er der Volkspartei dadurch gemacht, daß die Schulden, die sie in den Zeiten der Kämpfe kontrahiert hatte, ebenso wie die der Ritter-Faktion auf die Kommune abgewälzt wurden, so daß nicht die Hadernden allein, sondern auch die an dem Bürgerkrieg unbeteiligt Gebliebenen sie zu zahlen hatten. Da das Geld großenteils in Florenz geborgt worden war, kam die Zahlung den engagierten florentiner Geldleuten zugute, und weil die Kommune Pistoia ihrerseits natürlich die große Summe nicht besaß, gab es für die Bankiers Gelegenheit zu einem neuen gewinnreichen Geschäft, das wiederum das Mittel an die Hand gab, die Nachbargemeinde auch in zivilrechtlicher Form durch Schuldbriefe zu knebeln.[2]) Wenn man hinzunimmt, daß damals, und freilich schon seit ge-

suum f. 178[2]. Es sei erwähnt, daß die pistoieser Volkspartei, wahrscheinlich zu Anfang der Kämpfe, in Florenz bei dem Bankier Belfradelli Strinati ein Darlehen hatte aufnehmen können, das später unter Vermittelung der florentiner Behörden mit 1500 Librae zurückgezahlt wurde. (S. die nachstehend erwähnte Urkunde von 1237, 30. Oktober, in Verbindung mit der vom 3. August, s. unten.) Danach scheint die Haltung von Florenz gegenüber den pistoieser Wirren anfänglich eine neutrale gewesen zu sein.

[1]) Über Jacobus de lo Schiatta s. Forsch. usw. II, S. Gimign., Regest 602. — Er ist vor 1242, 8. Mai, wie Urk. SAF. — Santa Croce ergibt, gestorben.

[2]) Der Schiedsspruch wurde in der florentiner Ratsversammlung, an der die Zunftvorstände und eine Aggiunta zum Rat von 150 Bürgern, 25 aus jedem Sechstel, teilnahmen, 1237 am 3. August verkündigt und genehmigt. Er ist bei Zdekauer, Statum Potestatis comm. Pistor. p. XXII s. gedruckt. — Mehrere Urkunden, Pistoia 1237, 30. Oktober, unterrichten uns über die Verwendung der Summen von je 6000 Librae, die durch die Kommune Pistoia an die pars militum und an die pars peditum zu zahlen waren; größtenteils hatten sie zur Tilgung von Schulden zu dienen,

raumer Zeit, auf dem Bischofsstuhl der Stadt der Sohn eines florentiner Bürgerhauses aus dem Borgo San Lorenzo, Magister Gratia, oder Graziadio Berlinghieri, saß, so begreift man, wie vollständig die Bewegungsfreiheit Pistoias durch die Übermacht des florentiner Einflusses gehemmt war.[1])

Kämpfe von florentiner Feudalherren in Sardinien.

Nicht nur durch solche Schiedssprüche, die im Grunde ebensoviele Vergewaltigungen schwächerer Nachbarn bildeten, wurde die Macht der Kommune vermehrt; Rubaconte wußte auch sonst die Umstände mit großem Geschick auszunützen. Mit dem mächtigen Geschlechte der Grafen Guidi, die längst zuvor in Florenz Bürgerrecht genommen hatten, war er in den pistoieser Zwistigkeiten Hand in Hand gegangen, und er verstand, den Grafen Rudolf von Capraia, Sohn des Guido Burgundione, den unruhigsten und kühnsten der abenteuernden tuszischen Grafen dieser Zeit, zu bestimmen, ebenfalls florentiner Bürger zu werden, gleich den Guidi den Geboten des Podestà und der Behörden Gehorsam zu schwören.[2]) Zweifellos nutzten die Florentiner hier die sardinischen Händel zu ihrem Vorteil aus, denn die Guidi hatten sich in einer für uns nicht recht klaren Art in diese eingelassen, und Rudolf von Capraia hatte sich kopfüber in die wilden Kämpfe gestürzt, die das gebirgige Eiland von einem Ende zum andern ohne Stillstand durchtobten; das blutige Wirrsal der sardinischen Verhältnisse ist kaum in kurzen Worten darstellbar; man begreift es, daß im Inferno Dantes zwei Sarden einander ohne Unterlaß von den Dingen ihrer Heimat zu erzählen haben.[3]) Seit 1233 hatte Rudolf seine Burg am Arno verlassen und war nach der Insel gesegelt, wo er zunächst auf eigene Hand das Kleinkönigreich Cagliari zu erobern versuchte, dann aber, als er zurückgewiesen war, für Ubaldo Visconti von Pisa die Waffen führte, während er zugleich dessen Geldverlegenheiten wucherisch ausnützte, indem er sich dessen Hab und Gut für geringe vorgestreckte Summen und für geleistete Kriegsdienste verschreiben ließ.[4])

---

die bei florentiner Geldleuten kontrahiert waren. (Die Urkunden Munizipal-Archiv Pistoia, Liber Censuum f. 121—126; vgl. Zdekauer, Studi Pistoiesi p. 53 ss., wo indes nur ein Teil gedruckt ist.)

[1]) Über Magister Gratia gibt uns ein Spoglio Strozziano (Flor. Nat.-Biblioth. XXVI, 3, 170, f. 155) durch Auszüge aus „Scritture di Montedomini e di Santa Trinita" Nachricht. — Dazu Eubel, Hierarchia Catholica. Er war Bischof von 1223—1250.

[2]) Ann. Florent. II (Hartwig II, 41) zu 1237.

[3]) Inf. XXII, 89; „. . . . ed a dir di Sardigna
Le lingue lor non si sentono stanche."

[4]) Urk. In palatio regis Kallari de Villa dicta Sancta Gilia, 1233, 22. Juli. Hubald Visconti „judex Galluri et rector Kallari" verpfändet dem Grafen Rudolf von Capraia für ein geringfügiges Darlehn (50 libr. Jan.) seine Güter. (SAF. — Cisterc.) — In judicatu Gallurensi, in curia . . judicis Hubaldi de Posata, 1235, 24. August: derselbe verpfändet einem Prokurator des Grafen Rudolf (Bonaguida q. Foresi aus Pontormo [am Arno]) all seinen Besitz für 1900 librae Januinorum parvorum, zahlbar bis Sankt Michael, die er ihm für Dienste, Ausgaben und erlittene Schäden schuldet. Am 27. August wird dies von „Adelasia von Gottes Gnaden Königin von Gallura und Torres, Gattin des Judex Hubald" bestätigt. Am 28. September

Im Bezirk Logoduro herrschte der zwölfjährige Bareso, Sohn des Judex Mariano II. unter Vormundschaft eines Onkels. Die Bürger von Sassari erhoben sich gegen ihn, jagten den Knaben von Ort zu Ort, ergriffen, töteten ihn und warfen sein Fleisch den Tieren vor.[1] Die Edlen, in Feindschaft mit der Stadt, beriefen die Schwester des ermordeten Knaben, Adelasia, die Gattin des Ubaldo Visconti, zur Nachfolge, während die Bürgerschaft von Sassari, offenbar von der ligurischen Hafenstadt begünstigt, achthundert genueser Kriegsleute in ihre Dienste nahm; in den Kämpfen, die sich hieran knüpften, spielte der Graf von Capraia eine wichtige Rolle. Nicht nur die Bürgerschaft Pisas, sondern selbst der Erzbischof nahmen Ubaldos Partei, obwohl auf ihm die Exkommunikation Gregors IX. lastete; der Erzbischof Vitalis segelte in der usurpierten Stellung eines Legaten nach der Insel und ließ den wirklichen päpstlichen Legaten durch seine Kleriker und Verwandten mit Waffen angreifen.[2] Adelasia aber, die in ihrem bewegten Leben jetzt und später, als sie in die Schicksale des staufischen Kaiserhauses hineingezogen ward, stets eine besondere Hinneigung zum apostolischen Stuhl bekundete, flehte, obwohl Gattin eines Gebannten, den Papst um Hilfe an, da sie inmitten von Kämpfen, die angebliche Freunde und wirkliche Feinde um ihr Erbteil führten, der gröbsten materiellen Not preisgegeben war. Gregor setzte ihr den Bischof Ardingus von Florenz zum Schützer ihrer Rechte gegen die aufgedrungenen Helfer aus Genua und Pisa, die sich in Form von Lehen und Pfändern ihrer Habe bis aufs letzte Stück bemächtigt hatten, und er beauftragte die Bischöfe von Florenz und Pistoia nebst einem luccheser Prälaten, Pisa durch Kirchenzensur von einer erneuten Expedition nach Torres abzuhalten. Graf Rudolf von Capraia bezeugte sich als ein gelehriger Schüler seiner florentiner Mitbürger; als er auch bei verlängerten Fristen für seine Ansprüche nicht bezahlt worden war, vereinbarte er eine weitere Stundung gegen einen Zinssatz, der sich fürs Jahr auf 39 vom Hundert berechnet.[3] Die Androhung kirchlicher Strafen durch den florentiner Bischof und dessen Mitbeauftragte wird auf ihn, der wegen seines Eindringens in Sardinien ohnehin exkommuniziert war, keinen starken Eindruck gemacht haben, dagegen zwang die Not und Bedrängnis Ubaldo Visconti, auf den Adelasia wohl nach Kräften einwirkte, sich jetzt um die Absolution und um die Einigung mit dem Papst zu bemühen, die nur dadurch erreicht werden konnte, daß er Gregor als seinen Lehnsherrn anerkannte, wogegen er sich so lange gesträubt hatte.[4] Jetzt schienen die Verhältnisse für eine päpstliche

Bischof Ardingus vom Papst zum Schützer der Judicissa Adelasia ernannt.

wird, da Zahlung nicht erfolgen konnte, unter Stellung von genueser und pisaner Bürgen und Erhöhung der Schuldsumme auf 2000 librae Jan. die Frist bis 1. Mai verlängert. (SAF. — Ibid.)

[1] Einen Überblick über die sardinischen Vorgänge gibt Bonazzi in der Einleitung seiner Publikation „Il Condaghe di S. Pietro di Silki", p. XXXII ss.

[2] Päpstl. Schreiben vom 6. Oktober und 13. Dezember 1235. Auvray 2804, 2865.

[3] Sechs päpstl. Schreiben vom 10. u. 11. Oktober 1236, Auvray 3356 und 3357. Ferner: Arch. Vat. Reg. (No. 18). Greg. IX. f. 187, 187ª, 197ª und 198.

[4] Päpstl. Schreiben 1237, 3. Januar; in dem vorbezeichneten Register f. 214ª.

Friedensstiftung reif, und Gregor hoffte, endlich in den von der römischen Kirche immer zäh angestrebten Besitz Sardiniens zu gelangen. Um Pisa gefügig zu machen, wurde wieder einmal die Angelegenheit der Burgen des luccheser Bischofs in Bewegung gebracht, und der Papst beauftragte zuerst den Bischof und den Propst von Fiesole, dann den Bischof, den Propst und den Archidiakon von Florenz, die so oft verweigerte Herausgabe durchzusetzen. Nachdem die fiesolaner Prälaten in Pisa nichts ausgerichtet, begab sich der florentiner Propst Bernhard dorthin und trug dem derzeitigen Podestà Tegrimo, einem der Söhne Guido Guerras, den päpstlichen Auftrag in einer Audienz vor, der viele Bürger beiwohnten. Die Antwort war ein ungeheurer Tumult, an dem sich der gräfliche Podestà selbst beteiligte; der florentiner Propst wurde unter Beschimpfungen und Todesdrohungen aus dem Palast gejagt und mußte froh sein, unter dem Geleit Befreundeter lebend in die Heimat zu entkommen.[1]) Doch erreichte Gregor den zweiten Zweck, der ihm wahrscheinlich mehr am Herzen lag, als der vorgegebene, denn während der Zorn der Pisaner sich gegen seine Zumutung wegen der luccheser Burgen entlud, zeigten sie sich gefügig in bezug auf die Beilegung der sardinischen Angelegenheiten, in die die zahlreichen Gesellschaften („Compagnie") der pisaner Edlen und Bürger, in die ferner die Großen und viele kleinere Feudalherren Toskanas, die Bürger einzelner Städte, auch manche Kommunen, wie Volterra, und Massa Marittima, verwickelt waren; diese alle hatten sich in irgendwelcher Art teils an den Kämpfen der Insel beteiligt, teils waren sie in die Feindseligkeiten hineingezogen worden, die im Anschluß an sie auf dem Festlande um sich gegriffen hatten. Die Verhandlungen schwebten seit dem April; der in diesen Zeiten übliche Schiedsspruch wurde diesmal dem Frater Gualterius, Prior des Dominikanerklosters von Pisa übertragen, der ihn im November 1237 fällte. Die Bezahlung der Forderungen des Grafen Rudolf von Capraia an Ubaldo Visconti und Adelasia, die inzwischen durch Wucherzinsen auf 4000 pisaner Pfund angeschwollen waren und zu denen noch andere erhebliche Summen hinzutraten, wurde der Kommune Pisa auferlegt; eine weitere Entschädigung hatte der pisaner Graf Guelfo Donoratico ihm zu leisten. Da nur ein Teil der umfangreichen Friedensakten

Fiesolaner und florentiner Prälaten mit Schlichtung des Streites zwischen Pisa und Lucca beauftragt.

und die im Cod. Diplomat. Sard. gedruckten Urkunden (p. 347, 349, 350). Diese sind aber nicht vom 3. März, sondern vom 3. „exeunte mense Martii", vom 29. März 1237. Sie sind jetzt bei Fabre, Liber Censuum p. 573 ss. aus dem Liber Cencii Camerarii neu veröffentlicht.

[1]) Der päpstliche Auftrag an die Spitzen der fiesolaner Geistlichkeit ergibt sich aus dem Schreiben des Papstes, Viterbo, 1237, 18. März an Pisa. Am 30. März erschienen in Ausführung desselben der Bischof Hildebrand und der Propst Alexander von Fiesole vor dem pisaner Podestà. Beide Urkunden im Erzbisch. Archiv Lucca * J. 44 und * J. 11. — Der Auftrag an den Bischof von Florenz usw. ist in dem an Pisa gerichteten päpstlichen Breve, Viterbo 1237, 9. Mai, Archivio Vatic. Reg. 18. f. 281[a] erwähnt. — Urkunde, die Darstellung der Audienz und ihres Ausganges enthaltend, Pisa 1237, 3. Juni, Erzbischöfl. Archiv Lucca * J. 50. Eine andere Urk. Flor. 1237, 10. Juni, ebendort * J. 12 bezieht sich auf dieselbe Angelegenheit.

erhalten ist,[1]) wissen wir nicht, was den gräflichen Brüdern Guido, Tegrimo und Aginolfo zugesprochen wurde, doch wird wohl auch ihnen eine beträchtliche Barentschädigung angewiesen sein. Nur nützte dies jenen Großen nicht viel, wenn die Kommune Pisa nicht auch bereit war, die Zahlungen wirklich zu leisten, denn für sich allein waren sie zu schwach, um die Seestadt zur Erfüllung der ihr auferlegten Verbindlichkeiten zu zwingen; dies wird der Punkt gewesen sein, wo der kluge Rubaconte einsetzte, um die Guidi und den Herrn von Capraia zu bestimmen, ihren Ansprüchen dadurch Sicherheit zu gewähren, daß sie sich in allen Stücken als Bürger von Florenz bekannten; freilich mußte für Guido Burgudione zugunsten einer freiwilligen Unterwerfung auch die Erwägung sprechen, daß er sich gegen die Florentiner, die zugleich Oberherren von Pistoia waren, in seinem Besitz am Arno nicht auf die Dauer hätte behaupten können. Daneben mochte es diesen Feudalherren willkommen sein, die kaiserfreundliche Partei in der Stadt durch ihren Hinzutritt zu verstärken, und in der Tat sollte sich ein derartiger Einfluß bald bemerkbar machen. Rudolf zog aus dem florentiner Bürgerrecht jedenfalls direkten Vorteil; die Pisaner haben ihm die in drei Jahresraten zu begleichende Summe nicht freiwillig ausgezahlt, da die sardinischen Ereignisse eine neue Wendung nahmen, die ihnen nicht viel weniger lästig sein mußte als dem Papst. Ihr Mitbürger Ubaldo Visconti überlebte seinen Verzicht auf freie Herrschaft in Sardinien, auf das Ziel all seiner Kämpfe, nicht länger als ein Jahr,[2]) und alsbald machte Kaiser Friedrich die verwitwete Adelasia zur Gattin seines jungen unehelichen Sohnes Enzio,[3]) während Gregor sie mit dem luccheser Edlen Guelfo de Porcari, den Enzio aber mit seiner eigenen Nichte vermählen wollte. Schlimme Sterne waren es, die dem neugeschlossenen Bunde leuchteten, aber Friedrichs Astrologen und er selbst wußten die Konstellation nicht zu deuten; er erklärte vor der Welt: seine Pflicht und sein kaiserlicher Eid bänden ihn, zum

Die Ehe Adelasias mit dem Kaisersohn Enzio.

---

[1]) Die vorhandenen sind zum Teil mangelhaft bei Lami, Mon. Eccl. Flor. I. 475—86 gedruckt. Der Schiedsspruch des Dominikaner-Priors von 1237, 7. November p. 484. (Die Urk. selbst im SAF. — Cisterc.) In einer der auf die Bevollmächtigung zum Schiedsspruch bezüglichen Urkunden wird p. 481) eine Genossenschaft in Cagliari erwähnt als „compagnia nova, que facta fuit in Kalleri dicte de Gamorra.“ Aus dieser Bezeichnung für eine Vereinigung ist wohl der neapolitanische Ausdruck „Camorra“ für eine Verbindung, allerdings für eine von verbrecherischer Art, entstanden. — Zur Ergänzung unserer Kenntnis dienen die auf S. 237 Anm. 4 angeführten Urkunden; im SAF. (Cisterc.) befindet sich eine weitere zu dieser Akten-Gruppe gehörige Urkunde vom 4. April 1237, Ernennung eines Prokurators zum Friedensschluß durch Podestà und Senat von Pisa. Ebendort liegt auch die bei Lami gedruckte Urkunde (p. 475) vom 5. April 1237 vor.

[2]) Die florentiner Urkunde ohne Datum, Santini p. 460, die aber zu derjenigen vom 13. Mai 1238 (p. 459) gehört und von diesem oder etwa dem folgenden Tage sein muß, nennt ihn bereits als verstorben.

[3]) Oktober 1238. Reg. Imp. 13269a. — Dazu das kaiserl. Schreiben von 1239, 20. April, Winkelmann, Acta II. 34.

Reich wieder zurückzubringen, was von diesem getrennt sei; nicht den Päpsten gehöre die Insel, sondern von alters her dem Imperium.[1]) Die Ehe Enzios, den der Vater liebte, sollte ihm eine politische Stellung und den Königstitel geben, aber der Anspruch auf Sardinien, den Friedrich erhob, erwuchs aus seinem Machtbewußtsein und seiner Auffassung, daß er Erbe der römischen Cäsaren sei. Das Unheil, das die sardinische Hochzeit erzeugte, traf nicht nur Adelasia und das des Jammers gewohnte Eiland, von dem ein englischer Schriftsteller jener Zeiten meinte, „Unrecht und Haß schienen auf ihm geboren zu sein",[2]) sondern zugleich Italien, die Kirche und das deutsche Reich. Der Kaiser sprach in einem Manifest des folgenden Jahres aus, daß die neu hervorbrechende giftige Feindschaft des Papstes von dem gescheiterten Eheprojekt betreffs der Nichte Gregors und von der Heirat des Enzio ausgegangen sei.

Da man sich in Pisa an die Friedensbedingungen gegenüber Rudolf von Capraia jetzt nicht mehr gebunden hielt, schickte Florenz Gesandte nach der benachbarten Seestadt, um die Sache des neuen Mitbürgers zu führen, und da sie nichts ausrichteten, wurden ihm und seiner Tochter Beatrix,[3]) Witwe des Grafen Markwald aus dem Hause Guido Guerra, der er einen Teil der Forderungen zediert hatte, Repressalienrechte gegen die Pisaner und deren Waren bis zur Höhe von Schuld und Zinsen gewährt, welch letztere für einen Teil der Summe noch immer in jener Höhe von 39 v. H. liefen.[4])

Florentiner Hilfstruppen gegen Rom.

Es war die Zeit gekommen, wo Florenz sich in einer oder der anderen Art in alle Vorgänge, in alle Kämpfe hineingezogen sah, die Italien bewegten, und so werden unsere Blicke von Sardinien nach Rom gelenkt. Der Papst lag, wie wir wissen, mit den Bürgern der Apostelstadt in Fehde; seit 1234 hatte er seinen wechselnden Wohnsitz in umbrischen Städten nehmen müssen, und der Kaiser hatte die Römer dem Willen Gregors nicht unterwerfen können oder nicht unterwerfen wollen; das letztere hat einigen Anschein von Wahrscheinlichkeit, da der 1237 an der Spitze der Volkspartei stehende Senator Johannes Cinthii ein Parteigänger Friedrichs war.[5]) Bürgerkämpfe durchtobten die Stadt, und der Papst bot die ihm getreuen Kommunen auf, seinen römischen Anhängern zu Hilfe zu ziehen. Florenz entsandte im Juli des Jahres

[1]) Math. Paris. ed. Luard III, p. 527.

[2]) Ebendort.

[3]) Daß Beatrix seine Tochter, ergibt u. a. die Urkunde vom 2. März 1230 bei Ammirato, Hist. de' Conti Guidi p. 13 und ihr (italienisches) Testament von 1279 Lami, Mon. I, 75.

[4]) Urkunden von 1238, (13. Mai) und 1239, 8. Oktober, Santini 460 und 467. Die Gesamtsumme der Forderung, für die Rudolf und Beatrix Repressalienrecht gegen Pisa erhielten, belief sich auf 7550 librae Pis., etwa 81 000 Lire modernen Münzwertes. — Die Erteilung des Repressalienrechtes an den Grafen Rudolf durch den Reichslegaten Gebhard von Arnstein, In arce Sancti Miniatis justa murum, 1239, 13. Juni, SAF. — Cartapecore delle Riformagioni.

[5]) Gregorovius, Gesch. der Stadt Rom V, 179 f.

einen Teil seines Bürgerheeres an den Tiber[1]) und nahm auch dort an der Niederwerfung der Volkspartei teil, wie kurz zuvor in Pistoia; der greise Gregor vermochte bald darauf im Triumph nach Rom zurückzukehren.

Der Bischof verklagt den Podestà Rubaconte wegen Häresie.

Derselbe Podestà Rubaconte aber, der das Heer seiner Stadt vom Arno zum Tiber entsandt oder gar selbst dorthin geführt hatte, war daheim mit dem von Papst und Kaiser zugleich begünstigten Bischof in tödliche Feindschaft geraten. Es ist angedeutet, daß diese vielleicht aus Zwistigkeiten wegen der bischöflichen Jurisdiktion und der Herrschaftsrechte über einzelne Ortschaften des Gebietes, wie hauptsächlich Borgo San Lorenzo im Mugello, also aus verhältnismäßig kleinen und lokalen Ursachen entstanden war. Doch nahm sie große Dimensionen an, und es geschah das Seltsame, daß der Kaiser, in diesem Falle päpstlicher als der Papst, für den begünstigten Bischof gegen den verhaßten Mailänder Partei ergriff. Ardingus hatte sich in einer kapitelreichen Anklage mit dem Verlangen an Gregor gewandt, den erfolgreichen Stadtregenten als Ketzer verfolgen zu lassen, was der Papst ablehnte. Schwerlich war Rubaconte, während dessen Amtsführung die Florentiner im Dienste des Papstes gegen die Römer zogen, wirklich ein Häretiker, und sein Vergehen hatte vielleicht eben nur in einer Beeinträchtigung bischöflicher Rechte im Interesse der florentiner Bürgerschaft bestanden; zu den Anklagen aber, die Kaiser Friedrich alsbald gegen Gregor IX. schleuderte, gehörte auch diese, daß er der Denunziation des Bischofs gegen den florentiner Podestà aus Gunst für die ketzerischen Mailänder nicht Folge gegeben habe;[2]) der Vorwurf der Ketzerei wurde vom Kaiser und Papst um die Wette gebraucht, und jeder von beiden erhob ihn nicht nur gegen solche, die an den alleinseligmachenden Dogmen zu zweifeln wagten, sondern vor allem wider die Gegner ihrer Politik.

Sieg des Kaisers über die Mailänder, 27. November 1237.

Kaiser Friedrich befand sich seit dem September 1237 wieder auf italienischem Boden, und noch im späten Herbst errang er den größten Waffenerfolg seines Lebens. Sein Heer zerschmetterte bei Cortenuova mit wuchtigem Anprall die Macht der aufständischen Mailänder, von deren Heer zehntausend Mann teils erschlagen auf dem Schlachtfelde blieben, teils als Gefangene in die Kerker der reichstreuen Lombardenstädte geführt wurden. Der Carroccio der lombardischen Metropole, das Sinnbild nicht nur ihrer eigenen Unabhängigkeit, sondern des

[1]) Regest 161, Forsch. usw. II (S. Gimign.)

[2]) Manifest des Kaisers über seine Streitigkeiten mit dem Papst; Treviso 1239, 20. April. Winkelmann, Acta II, 29; die betreffende Stelle p. 33 s. Dies ist die Ausfertigung an den Erzbischof von Salzburg usw. Die an Richard, Graf von Cornwallis, Huillard-Bréholles V, 1, 295. — Es sei bemerkt, daß später eine entschieden ghibellinische Persönlichkeit, Ubaldino della Pila, aus dem Hause der Ubaldini vom Bischof Ardingus (über dessen Verhältnis zum Kaiser noch näher zu sprechen ist) als Podestà von Borgo San Lorenzo eingesetzt und daß damals wegen Auflehnung eines aus dem Orte ein Urteil erging. (1239, 5. Januar, 20. Juni, 17. November und 20. Dezember. Bulletone, Lami, Mon. II, 795 und 799.) Man hat den Bischof in dieser Zeit als Parteigänger der sich jetzt dem Kaiser eng anschließenden Ghibellinen zu betrachten.

munizipalen Widerstandes überhaupt, fiel dem Sieger zur Beute; der Kaiser beschloß in der ihm eigenen Lust an pomphaften Bezeugungen seiner Macht und in der Neigung, sich als Nachfolger der antiken Imperatoren darzustellen, den Bannerwagen den Römern zur Aufstellung auf dem Kapitol zu übersenden. Den getreuen Sienesen wurde am 24. Januar 1238 das Schauspiel zu teil, das Palladium der gedemütigten lombardischen Hauptstadt durch ihre Straßen ziehen zu sehen,[1]) und in Florenz wird man die symbolische Drohung gut begriffen haben.

Ehe der Sieg von Cortenuova erfochten wurde, als der Kaiser mit seinem Heer eben den italienischen Boden betreten hatte, war der Reichslegat Gebhard von Arnstein von neuem in Tuszien erschienen, um hier das Reichsaufgebot ergehen zu lassen und zugleich um das apulische Heer zu empfangen, das nebst siebentausend sarazenischen Pfeilschützen dem Herrscher von Süden her zuzog.[2]) Doch sein Gebot, Ritter und Fußtruppen unter das Adlerbanner zu entsenden, begegnete dem üblichen Zaudern und Feilschen; nur zögernd schickte das kleine San Gimignano sein Kontingent, obwohl der Reichslegat sich persönlich dorthin begeben hatte,[3]) und wahrscheinlich sind die Florentiner, an deren Spitze ein Mailänder stand, dem Verlangen überhaupt nicht gefolgt. Der Tag von Cortenuova aber muß die Bürgerschaft mit Schrecken erfüllt haben; anderseits erregt der Sieger immer Begeisterung, und der erste große Schlachtenerfolg des Kaisers weckte in den Herzen der Ghibellinen am Arno alle Neigung, die sie selbst oder ihre Väter vor zwei Jahrzehnten für den Gegner des Welfen gehegt hatten. Es entstand der Wunsch, zwar nicht einer Auslieferung der Stadt an den Herrscher, aber der an sich sehr verständige einer Einigung mit ihm, damit man nach den langen Jahren der Auflehnung wieder in die Bahn von Gesetzlichkeit und Regel einlenken und drohenden Gefahren vorbeugen könne. Man hörte, wie von weither dem Sieger Hilfe gegen die aufsässigen Lombarden zuströmte, wie selbst der König von England eine Schar von tapferen Rittern zum Heere seines Schwagers entsandte,[4]) und das Gerücht mag die Waffenmacht des Staufers übertreibend vergrößert haben. Man vernahm, daß im Sommer ein neues Heer, aus Apuliern und Sarazenen bestehend, auf dem Wege nach der Lombardei in Toskana erscheinen werde. Konnte, wenn es zum äußersten kam, dem kleineren Florenz glücken, was dem mächtigen Mailand mißlungen war? Schien es klug, nicht nur das in erfolgreichen Kämpfen Errungene, sondern vielleicht die Selbständigkeit, ja die Existenz der Stadt aufs Spiel zu setzen? Man durfte im Falle einer Niederlage nicht auf die Nachsicht eines

---

[1]) Notae historicae Senens, ed. Cipolla. M. J. Oest. G. Ergänzungsband II. 582 Die chronologischen Angaben sind verwirrt. Das Tagesdatum war, als der zweite Tag nach S. Vincenz, der 24. Januar.

[2]) Reg. Imp. 2264; 2280c. Nach San Gimignano kam Gebhard am 8. September 1237. Forsch. usw. II, Regesten 170—72.

[3]) Betreffs San Gimignanos; Regesten 173, 174, 176, 179.

[4]) Math. Paris ed. Luard III, 485

Herrschers hoffen, den man seit seiner Krönung fort und fort durch Widerstand gereizt hatte. Anderseits fühlten sich die Guelfen wieder als das, was sie von der Entstehung der Partei an gewesen waren, als die Partei der städtischen Unabhängigkeit; der Papst mochte sie auf Umwegen ermutigen, aber noch war es nicht zu erneutem offenem Bruch zwischen ihm und dem Staufer gekommen, und er mußte sich Rücksichten auferlegen, aber deutlich gab er der Stadt, gerade solange als sie der bisherigen Haltung treu blieb, sein interessiertes Wohlwollen zu erkennen.

Gregor IX. interveniert zugunsten der florentiner Wucherer in Frankreich und der Champagne.

Die florentiner Wucherer waren Leute, die man des besonderen päpstlichen Schutzes nicht für würdig halten sollte. In steigender Zahl hatten sie sich in Frankreich und in der Champagne verbreitet, aber durch einen Ausbruch des Hasses, wie er periodisch in Frankreich und England gegen sie, und aus ähnlichen Gründen gegen die Juden zu erfolgen pflegte, waren Ende 1237 viele von ihnen ihrer Habe beraubt worden, und ihre Schuldner, die am meisten daran interessiert waren, daß dieser Grimm lebendig bleibe, hatten zwar das Borgen nicht für unsittlich gehalten, aber das Bezahlen schien ihnen jetzt höchst verwerflich; sie wußten den König Thibaut von Navarra, Grafen der Champagne, wie den König von Frankreich und deren Richter zu gleicher Meinung zu bekehren, und den Florentinern nützten all ihre ausgeklügelt formulierten Schuldurkunden nichts, denn sie wurden für wucherische Verpflichtungen und deshalb für ungültig erklärt. Da nahm sich Papst Gregor ihrer an und verlangte von den Königen, sie sollten ihre Weisungen zurücknehmen, wobei er nur forderte, daß die Schuldner von diesem Zeitpunkt an die Zinsberechnung einzustellen hätten, während er an der bisherigen Übertretung des Wucherverbotes weiter keinen Anstoß genommen zu haben scheint.[1]) Die Rückwirkung der Stockungen und Verluste im französischen Geschäft auf Florenz wird eine beträchtliche gewesen sein, und in Zeiten der Krisis mußte in dieser Stadt des Handels und Gewerbes eine Partei, die auf Einigung mit dem siegreichen Kaiser hinwirkte, größere Vorteile haben als die gegnerische, von der es schien, daß sie Florenz auf die Bahn des äußersten Widerstandes führen wolle.

Unruhen in Florenz.

Im April 1238 prallten die Gegensätze aufeinander. Rubaconte war nach den ersten Erfolgen seiner Amtsführung wiedergewählt worden, wahrscheinlich noch ehe die Schlacht von Cortenuova die Stimmung beeinflußt hatte. Jetzt regte sich eine mächtige auf Verfassungsänderung und auf Absetzung des mailänder Podestà gerichtete Agitation.[2]) Das Verlangen auf Umgestaltung des Statutes muß sich in der Hauptsache darauf gerichtet haben, den Ghibellinen gegenüber der bisherigen gleichen Verteilung von Ämtern und Stellen einen größeren Einfluß auf die Verwaltung einzuräumen, und einen Ausgleich mit der Reichsgewalt vorzubereiten. Der Hader verbreitete sich von der Ratsversammlung durch die Stadt; Aufruhr tobte in den Straßen und Bürgerhäuser gingen in Flammen auf; von der zwischen Por Santa Maria

[1]) Forschungen usw. III, Handelsregest 19.

[2]) Forschungen usw. II (San Gimign.), Reg. 188, 189.

und Santa Trinita gelegenen „Torre della Volpe“ nahm die Feuersbrunst ihren Ausgang und sie zerstörte alle Türme und Wohnstätten jener Gegend, die von den Resten einer antiken Bäderanlage den noch fortdauernden Namen „La Terma“ führte.[1]) Das befreundete Bologna schickte, in dem Wunsch, daß die Nachbarn südlich vom Apennin bei der bisher beobachteten Haltung beharren möchten, Gesandte zur Friedensstiftung zwischen den Parteien an den Arno,[2]) und diese gelang in der Tat für den Augenblick, doch drängten die Umstände zu einer Entscheidung für oder wider das Reich. Den letzten Anstoß mochte das Aufgebot geben, das der Reichslegat im Juni gegen dasselbe Bologna ergehen ließ, das soeben zwischen den florentiner Faktionen vermittelt hatte. Gebhard selbst befand sich in der Landschaft, Kaiser Friedrich war nicht allzuweit entfernt; man weiß, welchen Eindruck Waffenerfolge stets auf die Italiener geübt haben. Eine Weigerung, dem Gebote zu folgen, hätte den Gegensatz auf das äußerste zugespitzt; Graf Rudolf von Capraia, dessen nahe Beziehungen zu dem Legaten sich nachweisen lassen, mag gemeinsam mit andern florentiner Parteigängern die Verhandlung angeknüpft und Bischof Ardingus, der eben in diesen Wochen als päpstlicher Gesandter an den Kaiser geschickt wurde, um die Freilassung eines gefangenen Römers und päpstlichen Unterhändlers durchzusetzen, dann aber als Vertrauensmann des Monarchen zu Gregor zurückkehrte, mag den Vermittler gespielt, auch infolge der Gunst, die er bei Friedrich genoß, die kaiserliche Bestätigung des getroffenen günstigen Abkommens erlangt haben.[3])

Einigung mit der Reichsgewalt.

Denn die Einigung mit dem Reichslegaten (die man irrtümlich als eine Unterwerfung aufgefaßt hat) gewährte den Florentinern so außerordentliche Vorteile, daß man über das Entgegenkommen des Herrschers und seines Legaten gegen die verurteilten Rebellen erstaunen muß; doch hatte Friedrich, der in dem Papst, auch ehe die Feindschaft wieder offen ausbrach, seinen erbitterten Gegner erkannte, das Interesse, den Kampf, den er gegen die Lombarden führte, in Toskana nicht noch einmal kämpfen zu müssen, und es war ihm erwünscht, das ihm gegnerische Bologna auch von Süden her angreifen zu können. Sicherlich hatte er überdies Kenntnis von dem Bunde, über den die feindlichen Städte eben jetzt unter Vermittelung Gregors mit König Jayme von Aragon verhandelten. Der „Conquistador“ sollte persönlich an der Spitze von zweitausend seiner Ritter nach Italien kommen, um gegen den Staufer Krieg zu führen, und unter den Städten, die ihn dazu einluden, die das Bündnis mit ihm schlossen, befanden sich neben Mailand und Piacenza die beiden romagnolischen Nachbarn von Florenz, Bologna und Faenza. War Toskana dem Kaiser gehorsam, so vermochte er gegen die Feinde in der Lombardei und Romagna mit größerem Nachdruck aufzutreten, und wenn er dem Widerstande der

[1]) Jetzt Via delle Terme. — Die Nachricht in der Chronik des Pseudo-Brunetto (Hartwig, Quell. u. Forsch. II, 228).

[2]) S. die Abhandlung „Die Einigung des Reichslegaten Gebhard von Arnstein mit Florenz im Juni 1238“, Forsch. usw. IV S. 91 ff.

[3]) Ebendort.

Florentiner die Spitze abbog, hatte er Toskana auf seiner Seite. So gewann der Reichslegat im Einverständnis mit der Ghibellinenpartei durch günstige Anerbietungen die Mehrheit der Bürgerschaft für einen Ausgleich mit der Reichsgewalt. Es wurde den Florentinern erspart, den Eid der Fidelität zu leisten, der den Bürgern der Städte so überaus verhaßt war, weil er die Aufgabe des Selbstbestimmungsrechtes und den Verzicht auf das Grafschaftsgebiet in sich schloß; selbst den verbündeten Kleinstädten wurde er für jetzt erlassen, und die Bürger von San Gimignano haben ihn erst Ende 1241, also dreieinhalb Jahre nach der Übereinkunft der Florentiner mit Gebhard von Arnstein, geschworen. Wie die Herrschaft über sein Gebiet, so verblieb Florenz sein Appellationsgericht und das ebenso usurpierte, nun aber anerkannte Recht der Münzprägung. Daß die Stadt fortan wie Siena einen Jahreszins gezahlt hätte, dafür findet sich keine Spur, ebensowenig davon, daß in dieser Zeit eine direkte Besteuerung der Grafschaft durch das Reich stattgefunden hätte. Doch stand es dem Monarchen fortan zu, den erwählten Podestà nach seinem Willen zu bestätigen oder abzulehnen und die Bürgerschaft für das Reich zum Kriegsdienst zu entbieten. Diese letztere Pflicht mochte als eine erträgliche erscheinen, weil man damals noch nicht wissen konnte, welcher Ära ununterbrochener Kämpfe man entgegengehe. Florenz hatte durch den Widerstand, den es geleistet, und durch Nachgiebigkeit im richtigen Augenblick dem Reich gegenüber eine unvergleichlich günstigere Stellung erworben, als das getreue und gehorsame Siena, dessen Grafschaft von vornherein für das Reich eingezogen war, das seinen jährlichen Tribut zu zahlen hatte und trotz oder wegen seiner frühen freiwilligen Unterwerfung in eine sehr viel stärkere Abhängigkeit versetzt worden war.

Vertreibung des Podestà Rubaconte de Mandello.

Als Opfer der im Juni 1238 erzielten Einigung mußte Rubaconte von Mandello sein ruhmvoll geführtes Amt unrühmlich verlassen. Aber in so starkem Maß blieb sein Andenken lebendig, daß man später, als die zwölfjährige Episode der florentiner Reichstreue zu Ende ging, den Sohn des damals wohl schon Hochbetagten zum Podestà der wieder selbständig gewordenen Arnostadt berief.

Für jetzt aber sah diese zum erstenmal in den Zeiten Kaiser Friedrichs in ihren Mauern einen Reichsbeamten seinen vorübergehenden Aufenthalt nehmen, was in der nächsten Folgezeit so häufig geschehen sollte. Der deutsche Burgherr aus der Gegend von Aschersleben, den die Toskaner bald Geverardo, bald Cabardo, oder Gabuardo nannten, nahm seinen Sitz damals im florentiner Bischofspalast, sicher als willkommener Gast des Ardingus, der eben beim Herrscher in Verona weilte, und durch die Wahl seiner Residenz tat der Legat der Welt zu wissen, in welch enger Beziehung das Oberhaupt der florentiner Kirche zu den Reichsautoritäten stehe.

Regelung der Verhältnisse der Grafschaft Volterra durch den Reichslegaten.

Von Florenz ging Gebhard nach dem nahen San Miniato, wo wir Rudolf von Capraia in seinem Gefolge bemerken, um die Angelegenheiten des Bistums Volterra zu ordnen, nachdem das Reich, wie wir sahen, schon früher die Verwaltung der Besitzungen des Bischof-Grafen aus dessen schwachen Händen in die eigenen genommen hatte. Bei seinem Wiedererscheinen in Toskana hatte der Legat den Reichskastellan von Orgia (bei Siena) zum Verwalter des Bistums ernannt; jetzt befahl er dem Florentiner Bocca, Sohn des Ranieri Rustichi, der die Stadt Volterra als Podestà regierte, bei schwerer Strafe von weiteren Angriffen gegen Bischof Paganus abzustehen, die durch die Bürgerschaft ihm fortgenommenen Burgen aber dem Kastellan von Orgia für das Reich auszuliefern. Wir finden nicht, daß an Florenz eine Weisung ähnlicher Art ergangen wäre; vielmehr hielt dieses nach wie vor die rechtlich dem volterraner Bistum zustehenden Kastelle besetzt, die es sich wegen des Schiedsspruches hatte übergeben lassen. Paganus ist des Schutzes, den ihm das Reich gewährte, nicht froh geworden; vor wenigen Monaten hatten seine Diözesanen von Montieri und Sassoforte, gewiß im Einverständnis mit den ihm aufsässigen Bürgern Volterras, ihn samt dem päpstlichen Legaten Goffredo de' Prefetti gefangen genommen; der Zwist mit der Bürgerschaft dauerte fort, bis Paganus im folgenden Jahre, 1239, starb; auf dem Totenbette glaubte er seines Seelenheils wegen den Gegnern vergeben zu müssen und sprach sie von den Verfluchungen los, die er Zeit seines Lebens gegen sie geschleudert hatte.[1])

Gebhard von Arnstein verfolgte mit Eifer die Aufgabe, in Tuszien Truppen zur Hilfe für den Kaiser aufzubringen, und es gelang ihm, seinem Herrn ansehnliche Scharen, vereint mit dem neuen apulisch-sarazenischen Heere, über den Paß von Pontremoli nach der Lombardei zuzuführen.[2]) Von Florenz zogen Guelfen und Ghibellinen vereint unter dem Banner der Stadt in den Dienst des Herrschers zur Belagerung Brescias, die am 3. August 1238 ihren Anfang nahm. Aber sie konnten kaum die Heimat verlassen haben, als erneute Unruhen gegen den Podestà ausbrachen, der mit Zustimmung des Reichslegaten zum Nachfolger des Rubaconte ernannt war. Dies war Angelo Malabranca, einer der angesehensten Männer Roms, der den Titel eines Prokonsuls führte und der siebenmal am Tiber die Würde eines Senators oder Stadtregenten bekleidet hatte; mehrfach war er als Gesandter des römischen Volkes an den Monarchen geschickt worden, zu dessen eifrigen Anhängern er zählte. Er entstammte einem der edelsten Geschlechter der Stadt, und seine Gattin war eine Orsini; sein Sohn, der Kardinal Latino, sollte sich vier Jahrzehnte später an derselben Sisyphusarbeit abmühen, der jetzt der Vater mit geringem Erfolge oblag, nämlich an der Versöhnung der florentiner Guelfen und Ghibellinen.[3]) Angelo Malabranca behauptete sich zwar über die gegen ihn gerichteten Unruhen hinaus, und er vermochte dann, den Frieden für einige Monate aufrecht zu erhalten, aber gegen Ende seiner Amtsführung, nach Rückkehr der Ritter, die zum Reichsheere gezogen waren, brach der Bürgerkrieg in verstärkter Gewalt aus. Der Verlauf des Ringens um Brescia war nicht dazu angetan, des Kaisers Ansehen zu erhöhen; der Schrecken, den die Schlacht von Cortenuova

Florentiner Hilfstruppen für den Kaiser.

[1]) Für alle hier berührten Verhältnisse sind die Belege in der bezeichneten Erörterung zusammengefaßt.

[2]) Ebendort.

[3]) Über Angelus Malabranca s. ebendort S. 96. — Kenntnis von den Unruhen gibt uns das Regest vom 27. Juli 1238, Forsch. usw. II (S Gimign.), 205.

16*

den Bürgerschaften eingeflößt, schwand dahin, als man sah, daß ein für die Zeitbegriffe gewaltiges Heer, in dem die Blüte englischer Ritterschaft neben sarazenischen Bogenschützen, Deutsche neben Apuliern fochten, der tapfern Stadt nicht Herr werden konnte, daß der Kaiser nach zehn Wochen der Belagerung vor ihren unbezwungenen Mauern umkehren mußte.

Bürgerkampf in Florenz.

Das Selbstgefühl der florentiner Unabhängigkeitspartei, die offenbar die Einigung mit dem Legaten nachträglich bedauerte, schwoll wieder mächtig an; im Dezember 1238 erfolgte, es scheint anknüpfend an die Wahl des Podestà für das folgende Jahr,[1]) eine Schilderhebung, deren letztes Ziel erneute Losreißung vom Reich gewesen sein muß. Selbst in dem reichstreuen Siena brachen Unruhen gegen den Podestà aus,[2]) aber während sie dort leicht bewältigt wurden, wüteten Bürgerfehde und Straßenkampf in Florenz vier Monate hindurch; Haß der Geschlechter und Zwist der einzelnen, nachbarlicher Hader jeder Art spielten in das Ringen der Guelfen und Ghibellinen um die Regierungsgewalt hinein; die guelfischen Giandonati fielen den Turm ihrer Nachbarn in Por Santa Maria, der Fifanti, eines leitenden Ghibellinengeschlechtes, an und nahmen ihn fort;[3]) die Donati, Guelfen, führten einen neben dem allgemeinen Parteikampf einhergehenden Privatkrieg mit den Tedaldini, die zur kaiserlichen Partei gehörten; die Uberti lagen in Fehde wider die Uguccioni und die Borghesi wider die Pazzi.[4]) Im Zusammenhang mit diesen Stadtkämpfen stand, wie

Zerstörung von Or San Michele.

[1]) Forsch. usw. II (S. Gimign.) Reg. 216, 217.

[2]) Urkunde vom 5. Februar 1239, SAS. — Caleffo Vecchio f. 223.

[3]) Ann. Flor. II, Hartw. II, 41. Die Stelle ist gleich vielen andern ungenau gedruckt. Sie heißt „. . . (1238) Eodem anno filii Johannis Donati ceperunt turrem filiorum Filii Fantis.“ — Daß die Türme der beiden Geschlechter nahe beieinander in Por Santa Maria lagen, ergibt die Urkunde von 1180, Santini 523. Doch gehörten die Häuser der Giandonati zum Stadtsechstel Borgo, die der Fifanti zu dem angrenzenden von San Piero Scheraggio (Villani V, 39). Wie Hartwig II, 164 dazu gelangt die Fifanti mit den Sacchetti zu identifizieren, ist unerfindlich. Über die Fifanti im 12. Jahrh. s. Bd. I, S. 555 u. 667, sowie Forsch. usw. I, 122 u. 124. Als eines der großen florentiner Geschlechter nennt sie Dante Parad. XVI, 104. Über Oddo Arrighi aus dieser Familie an vielen Stellen dieses Bandes u. Forsch. usw. IV S. 52 in der Abhandlung „Die Entstehung der Guelfen- und der Ghibellinen-Partei“.

[4]) Ann. Flor. II. Die Ereignisse von 1238 und 1239 gehören zusammen, die einen sind nur direkte Fortsetzung der andern, wie die Regesten 217 und 219—21 in Forsch. usw. II (San Gimign.) ergeben. — Nach dem Druck der Ann. II bei Hartwig möchte es scheinen, als ob unter den „burgenses“, die mit den Pazzi kämpften, die Einwohner des Stadtsechstels Borgo zu verstehen seien. Doch gehörten die Pazzi nicht zu dessen Einwohnern, sondern zu denen von Por San Piero. Die „Burgenses“ (Borghesi) waren vielmehr ein Geschlecht, das in den Urkunden mehrfach erwähnt wird. Lictifredus q. Burgensis und sein Bruder Renaldus empfingen 1237, 30. Oktober Rückzahlung für Vorschüsse, die gelegentlich des Ausgleichs zwischen Rittern und Volk Pistoias (oder anläßlich der vorhergehenden Kämpfe) von ihnen gewährt waren. Zdekauer, Studi Pistoiesi p. 54. — Der letzterwähnte, Renaldus, fungierte 1242, 21. Mai als Florentiner consul justitiae (Santini 292).

es scheint, die in dieser Zeit erfolgte Demolierung der alten, aus Langobardenzeit stammenden Kirche Or San Michele durch eine Gruppe von florentiner Bürgern, denn der Vorgang ist nur zu erklären, wenn man annimmt, daß sie Feinde bekämpften, die sich in dem Gotteshaus festgesetzt hatten. Da es einmal vernichtet war, hat die Kommune nach Wiederherstellung des Stadtfriedens die Gelegenheit benutzt, den Grund und Boden nebst dem zugehörigen Kirchhof zu usurpieren und auf ihm einen Kommunalpalast als Ersatz des vor einigen Jahren zerstörten zu erbauen.[1])

Der Zwist zwischen Papst und Kaiser.

Der Konflikt zwischen Friedrich und Gregor hatte sich mehr und mehr verschärft. Die allgemeine Meinung der Unparteiischen (wie sie in einem Schreiben deutscher geistlicher Würdenträger an den Papst zum Ausdruck gelangte)[2]) ging dahin, daß Gregor im Interesse der lombardischen Feinde des Reiches Friedrich mit Klagen wegen kirchlicher Angelegenheiten bedränge; die gescheiterten Heiratspläne, die sardinische Hochzeit Enzios erregten den Grimm dieses Greises, der die duldende Liebe des Franziskus bewunderte und der noch am Rande des Grabes auf das wildeste zu hassen verstand. Wir vermögen aus seiner Korrespondenz nicht nachzuweisen, daß er auch den Aufruhr der florentiner Guelfen gegen die Reichsgewalt geschürt habe, aber solche Dinge pflegen selten in Briefen zu stehen, und die Wahrscheinlichkeit spricht dafür; an den freilich geringeren sieneser Unruhen der gleichen Zeit waren die dortigen Geistlichen besonders stark mit Angriffen und Schmähungen gegen den vom Kaiser bestätigten Podestà beteiligt.[3]) Gregor hatte Gesandte von Genua und von Venedig nach Rom beschieden, und in verschwiegener Abendstunde ward in einem seiner Gemächer im Lateran ein geheimer Vertrag der Seestädte zu Schutz und Trutz wider den Kaiser geschlossen;[4]) man sieht, wie er in den Städten schürte, welche furchtbaren Intriguen er in Bewegung setzte, selbst zu der Zeit, in der noch immer ein Anschein von Eintracht aufrecht erhalten wurde. Auch dieser fiel; man konnte die Welt nicht mehr mit volltönenden Worten von den beiden Himmelslichtern täuschen, die zum Heile der Welt harmonisch ihre Bahnen wandelten. Zwei von loderndem Zorn erfüllte Menschen standen einander im Kampf gegenüber, beide Persönlichkeiten großen Stiles und von dem tragischen Drange erfüllt, alles an alles, das Schicksal von Völkern und Institutionen an die Erfüllung des eigenen Willens zu setzen, beide klug, ausdauernd und machtvoll, doch der eine ein Priester und deshalb machtvoller, weil der Gegner nur Heere, er aber zugleich mystische Formeln zu seiner Verfügung hatte und nach dem Glauben der Masse über die Schicksale der Seele im Jenseits entscheiden konnte, weil er ferner eine Jahrhunderte alte päpstliche Tradition dafür besaß, aus Fehlschlägen und Nieder-

[1]) S. Forsch. usw. IV, „Zur Baugeschichte“ unter „Or San Michele“.

[2]) Reg. Imp. 2433.

[3]) Dies ergibt die S. 244 Anm. 2 erwähnte Urkunde.

[4]) „Rome in quadam camera Dom. pape aput Lateranum“, 1238, 30. November „in sero“. Winkelmann, Acta II. 689. Dazu Reg. Imp. 7216.

lagen durch Erregung von Mitleid neue Stärke zu gewinnen. Dieser Kampf zweier Temperamente wurde ein Krieg der Prinzipien, weil die alte Frage noch einmal zur Entscheidung stand, ob die Kirche ein kräftiges Kaisertum dulden könne, das Italien bis zur südlichen Insel umfaßte, und neben ihr die neue, ob ein geistlich geweihter Kaiser, ein Schirmvogt der Kirche, zu ertragen sei, der zwar das Schwert der Verfolgung mit schauerlicher Schärfe gegen die Mißgläubigen führte, für sich selbst aber das Recht verlangte, zu denken, was die Priesterlehre verdammte, Zweifel zu hegen, die andere auf den durch seine eigenen Gesetze entflammten Scheiterhaufen geführt hätten, und sich jenseits von gut und böse, sich erhaben über die Lehre vom Fortleben der Seele zu fühlen, auf deren Gemeingültigkeit die priesterliche Macht beruht. Durch diese der Kirche verhaßten Gesinnungen des Kaisers und seiner Freunde, unter denen in diesem Punkt die Führer der florentiner Ghibellinen voranstanden, wurde der Kampf zugleich zum ersten, wuchtigen Vorstoße moderner Skepsis gegen unerschütterliche Dogmen der Kirche, die dem prüfenden Verstande kein Recht einräumen. Es gilt der Nachwelt als Ruhm, aber es ist ein tiefes menschliches Unglück, seiner Zeit voran zu sein. Friedrich der Zweite hätte im Zeitalter der Reformation, oder im 18. Jahrhundert die Völker vielleicht mit fortreißen können, als Herrscher des 13. Jahrhunderts, als Mündel und Schützling eines Papstes war er von vornherein in unentrinnbare Widersprüche zwischen innerem Wesen und äußerem Handeln verwickelt, sowohl im Geistigen und Geistlichen, wie im Politischen. Von den italienischen Städten verlangte er Treue, aber niemand konnte sich verhehlen, daß er ihrer Entwicklung abhold war, und die beiden Päpste, die ihn verfolgten, wußten den Bürgerstolz und die Liebe zur Unabhängigkeit klug für ihre Ziele wider den Gegner zu benutzen. Die eigene Genialität war Friedrichs beste Kraft, aber diese Eigenschaft, die in Erfolgen sogar durch ihre Auswüchse Bewunderung erregt, stößt in Zeiten des Mißlingens die Halben ab, ohne deren Hilfe selbst der Mächtigste nichts vermag, und Friedrich besaß nichts von der Duldsamkeit und Milde, um derentwillen die Mittelmäßigen bisweilen sogar einer überragenden Persönlichkeit ihre Bedeutung verzeihen. Dieser trotz aller tiefen Schatten seines Wesens gewaltige Mann hätte zu reichem fruchtbarem Wirken des Glückes bedurft, und dieses war ihm nicht beschieden.

Mit der Exkommunikation, die Gregor IX. am Palmsonntag 1239 gegen den Kaiser schleuderte, und die er am Gründonnerstag wiederholte, begann die große Tragödie des Staufergeschlechtes, die zu dessen Austilgung, zu dem Zwischenreich in Deutschland, zum fortwährenden Kampf aller gegen alle in Italien, zur Zerrüttung von Reich und Kirche führen sollte. Als der Bannfluch verkündet wurde, tobte in Florenz noch der Straßenkampf, der im Dezember begonnen hatte, und zweifellos gewann er doppelte Gewalt, als der Papst von neuem ausdrücklich alle dem Kaiser geleisteten Eide für aufgehoben erklärte.[1]) Der unter dem Einfluß der Ghibellinen für das Jahr 1240 ernannte floren-

[1]) Reg. Imp. 7225a 7228.

tiner Podestà[1]) mußte allen kirchlich Gesinnten doppelt verhaßt sein als Anhänger des Kaisers und als scharfer Gegner der Priesterschaft; Guido da Sessa aus Reggio, der ein Jahrzehnt später seine Ghibellinische Überzeugung mit dem Tode besiegelte, galt der päpstlichen Partei als einer ihrer gefährlichsten Feinde; man erzählt einen Zug von ihm, der zwar den Kämpfen der Folgezeit entstammt, aber für sein Wesen höchst bezeichnend ist. In der Diözese Reggio waren unter seiner Führung viele Kaisergegner gefangen genommen und, wahrscheinlich weil Eidbruch vorlag, zum Tode durch den Strang verurteilt worden; sie baten ihn, vor dem Ende beichten zu dürfen, doch er verweigerte den Aufschub der Exekution und höhnte ungroßmütig: sie hätten die Beichte nicht nötig; als Anhänger der Kirche seien sie Heilige und Märtyrer, und ihre Seelen flögen auch ungebeichtet geradenwegs dem Paradiese zu. Als unerbittlich galt er gegen die Bettelmönche, die er aus ihren Klöstern vertrieb und die er, sobald sie als päpstliche Agenten und Agitatoren gegen den Kaiser tätig waren, greifen und ins Gefängnis setzen ließ. Der Minorit Salimbene hat ihm in seiner Chronik ein Denkmal des Hasses gesetzt.[2]) Guido da Sessa, Podestà von Florenz.

Guido da Sessa wird mehr als Parteiführer, denn als über den Hadernden stehender Stadtregent nach Florenz berufen sein. Vom alten Jahre zum neuen, vom Winter zum Frühling, zogen sich die Kämpfe in den Gassen und von Turm zu Turm hin; an Versöhnungsversuchen kann es nicht gefehlt haben; die Kommune San Gimignano beispielsweise schickte ihren Podestà, einen Lucchesen, nebst etlichen Bürgern als Gesandte nach Florenz, um eine Beilegung zu bewirken,[3]) doch die Leidenschaftlichkeit der Hadernden vereitelte solche wohlgemeinten Bemühungen. Die Umstände bewirkten es jetzt, daß die städtischen Parteien sich mit den Interessen von Reich und Kirche identifizierten, denn wer für den Kaiser eintrat, mußte Gegner des Papstes werden, und wer dem Kaiser Feind war, sei es auch nur in weitgehender Verteidigung munizipaler Unabhängigkeit, wurde von selbst Bundesgenosse der kirchlichen Partei, um bald ganz zu ihr hinübergezogen zu werden. Die Ghibellinen gewannen

[1]) Paolino Pieri nennt als Podestà des ersten Semesters 1239 „Messer Guitto Usimbardi" (aus Pavia). Danach setzte Hartwig (II, 202) ihn in seine Podestà-Liste. Santini p. LXV drückt durch ein Fragezeichen einen Zweifel aus. In Wirklichkeit besitzen wir keine Urkunde über eine Amtstätigkeit des Usimbardi in Florenz, und vor allem war die Dauer des Podestà-Amtes noch keine halbjährige, sondern die Ernennung erfolgte fürs ganze Jahr. Paolino hat die Verhältnisse späterer Zeit auf das Jahr 1239 übertragen, wie er auch für 1238 die Wahl des Rubaconte für 6 Monate, die des Angelo Malabranca für das zweite Semester berichtet. Wie der Wechsel in Wirklichkeit zustande kam, ist zur Genüge erörtert worden. — Von einer geordneten Amtsführung des Podestà konnte natürlich, solange der Bürgerkampf dauerte, nicht die Rede sein; die erste Urkunde, die von Guido da Sessa, dem Podestà des Jahres, vorliegt, ist vom 25. August 1239 (Sant. 466).

[2]) Er erzählt von ihm gelegentlich seines Todes 1249 (S. 156). Guido fiel bei Fossalta, wo König Enzio besiegt und gefangen wurde, im Kampf gegen die Bolognesen.

[3]) Forsch. usw. II, Reg. 219, 220.

eben zur Zeit jener Ostertage, die durch die Verkündigung des päpstlichen Fluches der Welt denkwürdig bleiben, im Turm- und Straßenkampfe derart die Oberhand, daß die Guelfen es für geraten hielten, die Stadt zu verlassen und sich nach Gangalandi und Castagnolo, etwa 12 Kilometer arnoabwärts, zurückzuziehen. Es war der erste derartige Exodus, den Florenz erlebte, der erste jener verhängnisvollen Auszüge einer Partei, denen stets die Absicht zugrunde lag, die Vaterstadt von außen her zu bekämpfen. Doch die wahrscheinlich durch Reichstruppen unterstützten Ghibellinen fühlten sich stark genug, den Gegnern nachzurücken und ihnen bei jenen Orten, auf den Hügeln links vom Arno und nahe der Brücke, die nach Signa führt, eine Schlacht anzubieten. Die Guelfen wurden besiegt;[1]) der Kampf draußen mußte etwas Befreiendes haben gegenüber dem monatelangen Kleinkriege von der Straße zum Hause des Feindes empor, oder von Dach und hängenden Brücken des einen Turmes zum andern. Nachdem das Waffenglück gegen die Guelfen entschieden hatte, zeigten sie sich versöhnlicher als zuvor. Wir wissen nicht, wer der geschickte Unterhändler war, der sie zur Nachgiebigkeit stimmte, vielleicht indem er sie daran gemahnte, wie die Einigkeit der Parteien der Vaterstadt zu Ruhm und Siegen verholfen hatte. Nach altem Glauben oder Aberglauben suchte man tief wurzelnde Übel durch kleine Mittel zu heilen, derart, daß Ehebündnisse zwischen Gliedern verfeindeter Geschlechter der Bürgerschaft den Frieden wiedergeben sollten. War die Spaltung vor 23 Jahren entstanden, weil einer der Buondelmonti sein Verlöbnis gebrochen, so sollte jetzt ein Mädchen aus demselben Geschlecht, die schöne und verständige Tochter jenes Ranieri Zingani, der sich als Podestà Montepulcianos im sieneser Krieg einen Namen gemacht hatte, den Neri Piccolino degli Uberti, Sohn des Jacobo dello Schiatta Uberti und Bruder des Farinata heiraten. Durch Verschwägerung der beiden Familien, von denen die eine an der Spitze der Guelfen, die andere an der der Ghibellinen stand, hoffte man den alten Haß zu tilgen, und wahrscheinlich wurde eine Reihe weiterer, uns unbekannter Ehen geschlossen. Doch übersah man, daß die Parteiung von ihrem Beginne her mit den Kontrasten im Reich verknüpft war, und daß sie sich neuerdings wieder an dem Hader zwischen den herrschenden Mächten der Zeit entzündet hatte, daß mithin etwas anderes als eine bloße Geschlechterfehde in Frage stand, die sich durch eine Versöhnung der Kapitalfeinde durch Hochzeit und demnächstige Gevatterschaft hätte aus der Welt schaffen lassen. Die Ehe ist ausgegangen, wie sie verlaufen mußte; obwohl die junge Frau ihren tapfern und klugen Mann liebte, der als ein Spiegel toskanischer Ritterschaft galt, hat dieser sie nach nicht allzu langer Zeit aus Grimm gegen die Buondelmonti und aus Haß der Partei ins Elternhaus zurückgeschickt. Sie hat das Kloster einem neuen Ehebunde, den man ihr aufdrängen wollte, vorgezogen,[2]) und in ihrer Zelle im Konvent der Klarissen

[1]) Ann. Flor. II (Hartwig II, 41) „apud Castagnuolum". — Forsch. usw. II, (S. Gimign.), Regest 221, „apud Gangalandi". Die Ortschaften liegen beide nahe Lastra a Signa.

[2]) Die Nachricht von dem Frieden, der Schließung der Ehe usw. hat uns die

von Monticelli vernahm sie nacheinander das tragische Geschick ihres Vaters und die Wechselfälle, die das Geschlecht ihres vormaligen Gatten erlebte. Wenn das Toben des Bürgerkrieges aus der Stadt wieder und wieder zu ihrem Hügel emporwdröhnte, wenn sie die blühende Landschaft von Kampf und Brand erfüllt sah, mochte die Frau im groben Gewande der Franziskanerin über die Afterweisheit nachdenken, die vermeinte, durch Eheschließungen den Gang der Politik zu beeinflussen. Vielen jüngeren Genossinnen des eigenen Geschickes mag sie im Kloster die tränenreiche Lehre der Resignation gepredigt haben, denn der Brauch wurde immer wieder geübt, obwohl er stets aufs neue seine Nutzlosigkeit erwies. Friedensschluß zwischen Geschlechtern oder Parteien hieß Jahrzehnte, selbst Jahrhunderte lang soviel, wie das Dasein einer Anzahl blühender Wesen dem Mißtrauen, oft der Abneigung herzensfremder Gatten preisgeben. Der jungen Buondelmonti mochte es ein schwacher Trost sein, daß die Aufopferung des ihren nicht völlig ohne Zweck blieb; die Waffenruhe zwischen florentiner Guelfen und Ghibellinen hat immerhin länger gedauert, als man hoffen durfte; drei Jahre hindurch ist zwischen ihnen nicht gekämpft worden. So lange wie jenes kurzlebige Eheglück hat der Parteifriede oder der Waffenstillstand im Bürgerkriege gewährt.

Chronik des Pseudo-Brunetto Latini (Hartwig II, 225) überliefert. Über Neri Piccolino s. Forsch. usw. II (S. Gimign.), Regest 602. Betreffs seines Vaters s. vorn S. 232 Anmerkung 1.

Fünftes Kapitel.

Pandulf von Fasanella, König Enzio und Friedrich von Antiochien.

Der Kaisersohn Enzio Reichslegat Italiens.

Gebhard von Arnstein wurde im Sommer 1239 seines Postens als Reichslegat enthoben, und der Kaisersohn Enzio, jetzt als Gemahl der Adelasia „König" von Torres und Gallura, wurde mit dieser Würde bekleidet.[1]) Seine sardinischen Interessen mußten ihm eine enge Fühlung mit Tuszien, zumal mit Pisa, der Rivalin des kaiserfeindlichen Genua, besonders wichtig machen; nur durch die Pisaner konnte er hoffen, gleich seinem Vorgänger im Ehebett und in der Herrschaft, seine Macht auf der kampfdurchtobten Insel zur Geltung zu bringen, doch um Pisa den Rücken freizuhalten, mußten alle toskanischen Verhältnisse auf das genaueste beobachtet werden, und hierbei kam neben Lucca vor allem Florenz in Betracht. Seit diese Stadt sich mit dem Reich geeinigt hatte, war in Tuszien die kaiserliche Partei derart mächtig geworden, daß Lucca sich trotz aller Feindschaft gegen die pisaner Nachbarn der Notwendigkeit fügen, den Frieden wahren, und gleich ihnen sich unter die Adlerfahne des Reiches stellen mußte. Es wird ungern genug geschehen sein, und trotz der anscheinend kaisertreuen Haltung traten die Lucchesen mit den Feinden des Herrschers, den Genuesen, in ein enges Handelsbündnis; sie führten ihre zur Ausfuhr über See bestimmten Waren lieber weit um, als sie in Pisa zu verschiffen, und bezogen ihre Rohmaterialien lieber über Genua, als über den nahegelegenen Hafen an der Arnomündung. Sie mochten wohl wünschen, daß sie sich mit den alten ligurischen Verbündeten nicht nur über Schiffahrt nach allen Ländern der Christenheit, über Warentransporte zu Wasser und zu Lande,[2]) sondern zugleich über einen Angriff gegen die den beiden Kontrahenten gleich verhaßte Stadt hätten einigen können, doch war an einen

[1]) S. Forschungen usw. IV. S. 98 „Die Einigung des Reichslegaten Gebhard usw."

[2]) Lucca 1239, 22. November, Liber jurium I, 986. — Dazu Genua 1239, 11. Dezember, SAG. — Materie politiche; Mazzo 4.

solchen für jetzt nicht zu denken, zumal Florenz auf der Seite des Kaisers stand. Anderseits mußte das Reichsoberhaupt alles Gewicht darauf legen, Lucca in Gehorsam zu halten, denn der Abfall dieser Kommune hätte die Straße zum Paß von Pontremoli gefährdet, dem einzigen, der dem Kaiser zur Verbindung mit der Lombardei offen stand.[1]) Anderseits war die Bedeutung Genuas als Emporium des Handels zu groß, als daß man die Kommunen hätte zwingen können, den Verkehr mit der dem Reiche feindlichen Stadt abzubrechen; einen Vertrag, wenigstens über wechselseitige Sicherheit der Kaufleute in den beiderseitigen Gebieten, hat selbst Pistoia mit der ligurischen Seestadt geschlossen, und auch Siena sah sich genötigt, die Frage der etwaigen Ausweisung seiner Bürger im Kriegsfalle, inzwischen aber die Verhältnisse friedlichen Handels mit Genua vertragsmäßig zu regeln.[2]) Solchen und zahlreichen anderen fein verzweigten Verhältnissen, in denen viele widerstrebende Interessen zu schonen und viele Gefahren zu verhüten waren, hätte der Staufersohn allein nicht gerecht werden können, da seine Tätigkeit auf das Große gerichtet war, und weil der Tapfere vielfach in kriegerischen Unternehmungen sein Schwert und seine ritterliche Persönlichkeit für die Sache des Vaters einzusetzen hatte. So wurde für Tuszien ein halbes Jahr später eine besondere bisher nicht übliche Beamtenstellung geschaffen; an die Spitze der Reichsverwaltung wurde als Untergebener Enzios ein Generalkapitan gestellt, der in der Praxis als direkter Statthalter des Kaisers auftrat. Für diesen Posten wurde vom Herrscher Pandulf von Fasanella ausersehen,[3]) ein Edler aus dem Gebiet Salernos, der in Toskana stets als Graf bezeichnet wurde, vielleicht ohne auf diesen Titel eigentlichen Anspruch zu besitzen. Er war der erste der süditalienischen Herren, die im Verlauf eines Jahrhunderts unter wechselnden Verhältnissen in maßgebender Stellung in die Schicksale Toskanas und in die von Florenz eingegriffen haben. Von einem Amtssitze des Generalkapitans kann man nicht sprechen; obwohl San Miniato Mittelpunkt der Reichsverwaltung blieb, hat Pandulf seine rastlose Wirksamkeit, von Ort zu Ort ziehend, entfaltet, und mehr und mehr ward im Verlauf des folgenden Dezenniums das jetzt kaiserlich und ghibellinisch gewordene Florenz der Mittelpunkt, von dem aus die Reichsinteressen Toskanas geleitet wurden.

Pandulf von Fasanella Generalkapitan Tusziens.

Die Ernennung des Generalkapitans erfolgte, als der Kaiser selbst auf tuszischem Boden weilte; er hatte Ende Juni und im Juli 1239 gegen die Bolognesen gekämpft, und zweifellos hatte Florenz gleich den anderen toskanischen Kommunen ihm gegen die alten Freunde ritterlichen Zuzug senden müssen;[4]) es

Kampf des Kaisers gegen Bologna.

[1]) Vgl. Winkelmann, „Die Ital. Feldzüge 1239 und 1440“ in Forsch. z. Deutsch. Gesch. XII (1872), S. 274.

[2]) Pistoia 1240, 22. September. Ebendort. — Vertrag mit Siena: Genua 1241, 19. Januar. Ebendort.

[3]) Forsch. usw. IV, S. 98.

[4]) Die milites Tuscie in seinem Heer werden bei diesem Anlaß in den Annal. Placent. Ghibell. M. G. Ss. XVIII, 481 ausdrücklich erwähnt.

war ihm nicht geglückt gegen die Stadt am Rheno im großen etwas auszurichten; zerstörte Burgen und die Verwüstung der Landschaft bezeugten seinen Grimm, aber zugleich seine Ohnmacht gegen die bedeutenden Munizipien. Es war eine Mühsal, an der die Kraft der stärksten Persönlichkeit erlahmen mußte; an jeder Stelle war der Kampf neu aufzunehmen, und im Rücken, in der Flanke glomm die Empörung weiter oder brach von neuem aus, genährt von päpstlichen Sendboten, die in Priestergewand und Mönchskutte von Stadt zu Stadt, von Kastell zu Kastell, von Dorf zu Dorf eilten, um Aufruhr zu säen, um den Haß gegen den Gebannten zu schüren. In der Lombardei hatte der päpstliche Legat, Gregor von Montelongo, die Kämpfer gegen Friedrich mit dem Kreuz gezeichnet; das päpstliche Schlüsselbanner wehte dort neben den Gonfaloni der Städte kämpfenden Scharen voran,[1]) denen durch Kreuzzugsablaß Sündenvergebung, denen im Jenseits das Paradies zugesichert war; als Glaubensheld galt, wer gegen den Sprossen aus schwäbischem Geschlecht fiel, der sizilische und apulische Sarazenen zum Kampf gegen mehr oder minder rechtgläubige Christen führte. Kaiser Friedrich scheint in seinem stolzen Sinne nicht zur Klarheit darüber gelangt zu sein, daß er gegen den mächtigen Unabhängigkeitssinn der Städter und den von der Kirche geschürten Fanatismus zugleich nicht Sieger bleiben konnte; hätte er ähnliche Nachgiebigkeit gegen die lombardischen und romagnolischen Städte gezeigt, wie er sie gegenüber Florenz erwies, sein Ringen mit der kirchlichen Gewalt hätte wahrscheinlich einen anderen Ausgang genommen. Doch er besaß nur Interesse für die einzelnen großen Menschen; für die Seelenvorgänge der Masse fehlten ihm das Feingefühl und die Hellhörigkeit, die in höfischer, ritterlicher und gelehrter Umgebung nicht erworben wird. Die Städte waren für ihn Anhänger, die er benutzen konnte, Gegner, die er niederzuschlagen versuchte, oder denen er wohl auch gelegentlich aus Berechnung Duldung gewährte, aber er empfand das bürgerliche Wesen als ein ihm widerstrebendes Element, und es scheint ihm nie die Erkenntnis aufgegangen zu sein, daß Kultur und Wissenschaft, denen er innig zugewandt war, ihre eigentliche Heimat und künftige Pflegestätte nicht in entlegenen pfalzgräflichen Burgen oder sonstigen Adelsschlössern, nicht in Fürstenpalästen, sondern in Bürgerhäusern enger Gassen finden würden. Das Vorrecht der Geburt und das Bewußtsein geistigen Adels machten den Großen blind für die Keime und Entwicklungsmöglichkeiten, die in den Kleinen, die in der Masse nicht nur schlummerten, sondern sich bereits sichtbar entfalteten. Er empfand den Widerstand, der sich nach jedem Erfolge neu erhob, als verwerfliche Rebellion, geschürt von einem Priester, dessen Haß ihn verfolgte, aber er sah nicht das tiefe Band, das jede der sich gegen den kaiserlichen Absolutismus auflehnenden Bürgerschaften mit den andern Kommunen verband, das die Städte innerlich selbst dann verknüpfte, wenn der äußere Gehorsam ihm gegenüber beobachtet wurde. Die Erscheinungen nachbarlichen Hasses und des Selbsterhaltungstriebes, die oft die Form der Hingabe an des Kaisers Sache

[1]) Vgl. Winkelmann in der S. 251 Anm. 1 erwähnten Abhandlung S. 274.

annahmen, mochten ihn über die geheime gegnerische Unterströmung täuschen, die allerorten vorhanden war.

In der Romagna hatte er vergeblich gegen Bologna gekämpft. Faenza war bereits zuvor der Schauplatz wilden Haders zwischen seinen Anhängern und denen Bolognas gewesen; Ende 1238 hatte die Bürgerschaft sich gegen die Parteigänger dieser Kommune erhoben; der von dort stammende Podestà wurde in seinem Palast belagert, mit Bogen und Armbrüsten wurde gegen ihn und die Seinen geschossen; endlich legte man Feuer an das Gebäude, doch er entkam den Flammen und konnte aus der Stadt flüchten.[1]) Gleich darauf muß ein jäher Umschwung eingetreten sein, und nun zog, wohl in kaiserlichem Auftrag, im Frühjahr 1239 Aginulf, Sohn des Guido Guerra, mit anderen Grafen und adeligen Herren gegen Faenza. Das Haus der Guidi war durch die weit zerstreute Lage seiner Besitzungen, wie durch die Kriegslust seiner Angehörigen von je in alle Händel verwickelt gewesen, in denen östlich und westlich des Apennins, in Romagna und Toskana Waffen klirrten und ritterliche Schläge fielen. Doch dieser Kampf gedieh dem Aginulf übel; die Bolognesen waren zum Schutze des wieder unter ihre Vorherrschaft zurückgekehrten Faenza ausgerückt, kämpften siegreich, nahmen ihn und andere Edle gefangen und führten sie im Triumph in ihre Stadt.[2]) Papst Gregor bemühte sich bei den Bolognesen um seine Freilassung, wohl in der Berechnung, daß er den Grafen durch solche Verwendung zu seiner Partei hinüberziehen könne, was später wirklich gelungen zu sein scheint. Der Mißerfolg der kaiserlichen Partei wirkte in diesen Gegenden mit dem Bannfluch der Kirche zusammen; Faenza wurde ein Mittelpunkt des Widerstandes gegen die Reichsgewalt und Ravenna fiel ebenfalls von ihr ab. Der Kardinal Sinibaldo Fieschi bewährte hier im Auftrage Gregors seine glänzende Fähigkeit zur politischen Intrigue; während er den Schein aufrecht zu erhalten wußte, im Grunde Friedrichs Freund zu sein, war es sein Werk, daß der früher kaiserlich gesinnte Stadtregent Ravennas, Paolo Traversari, der mit dem Reichsoberhaupt

Verhältnisse der Romagna.

[1]) Die Tatsache, die für die Vorgeschichte der spätern Kämpfe des Kaisers gegen Faenza bemerkenswert ist, wird uns durch die Urkunde Bologna, 1238, 15. Dezember im SAR. — Cassetta 63, bekannt. Der vertriebene Podestà war der Bolognese Dominus Guido Lambertini. — Über die Wechselfälle der Faentiner Ereignisse vgl. Reg. Imp. 2394 und 7233.

[2]) Annal. Caesenates Mur. Ss. XIV, col. 1096. — Tonduzzi, Historie di Faenza p. 278. — Sigonii, De regno Italiae l. XVIII, col. 968. Die Angabe Tonduzzis, auch Graf Tegrimo (Aginulfs Bruder) sei bei diesem Anlaß gefangen genommen, scheint auf Irrtum zu beruhen; er war 1239 Podestà Pisas und wird als solcher 1239, 13. Juni in einer Urkunde des Reichslegaten Gebhard von Arnstein genannt (SAF. — Cartapec. delle Riform.). Er müßte also gleich wieder freigelassen sein, aber es ist wenig glaubhaft, daß er als Podestà Pisas an dem Kampf jenseits des Apennin teilgenommen habe. Auch wird in dem päpstlichen Schreiben an Bologna Reg. Imp. 7234 nur die Gefangenschaft des Aginulf erwähnt, dessen Freilassung gegen Stellung von Geiseln Gregor verlangte.

in Mißhelligkeiten geraten war, sich jetzt offen als dessen Gegner bekannte und die Anhänger des Monarchen, die seinen Gesinnungswandel nicht mitmachen wollten, aus der Stadt trieb. So stand das Ufer der Adria von Venedig bis weit nach Süden, so stand der größte Teil der Romagna in Rebellion gegen den staufischen Herrscher. Die Kämpfe, die er im Herbst gegen Mailand führte, verliefen nicht ruhmreicher als die im Sommer gegen Bologna; er verließ, über den Paß von Pontremoli nach Toskana ziehend, die Lombardei, ohne seine Gegner niedergezwungen, ohne sie auch nur entmutigt zu haben; jeder seiner Fehlschläge erregte den Jubel der päpstlichen Partei und vergeblich versuchte seine Kanzlei durch ruhmredige Schreiben aus der Feder des gelehrten Pietro della Vigna sie durch einen Schwulst klangvoller Worte zu verhüllen, sie vor der Welt als Erfolge darzustellen. Unter diesen Umständen mag es auffällig erscheinen, daß die Florentiner in diesen Zeiten untereinander und gegenüber dem Kaiser Ruhe hielten, aber diese Beobachtung des kürzlich geschlossenen Stadtfriedens war das Ergebnis einer klugen und vorsichtigen Politik. Das Reich hatte für jetzt alles anerkannt, was die Stadt sich an Gebiet und Rechten angeeignet hatte, und dies alles war durch eine Niederlage zu verlieren. Bologna hatte Rückhalt an seinen Verbündeten in Romagna und Lombardei; von den lombardischen Munizipien betrachtete jedes die Sache seiner Verbündeten als die eigene; Florenz hätte, im Innern geteilt, in Toskana höchstens auf Lucca rechnen können, und leicht hätte der Kaiser auf Kosten der Arnostadt einen für seine Politik notwendigen, weithin wirksamen Erfolg erzwingen können, wie dies bald darauf auf Kosten Faenzas geschah. An Anregung und Aufreizung dazu fehlte es nicht, denn wie er in der zweiten Dezemberhälfte 1239 in Pisa einzog, bestürmten ihn Gesandte der Sienesen, die Niederlage ihrer Stadt an den florentiner Erbfeinden zu rächen,[1]) mit denen sie vor vier Jahren unter Vermittlung der Kirche und unter dem Zwang der Notwendigkeit einen nachteiligen Frieden geschlossen hatten. Im Interesse seiner weitausschauenden Pläne ließ der Kaiser sich auf das Ansinnen nicht ein, denn er hätte zu den drei Herden des Kampfes — von jenem, den er im Patrimonium Petri führte, werden wir noch zu sprechen haben — den Kriegsbrand an einer vierten Stelle entfacht, während jetzt Reichs-Toskana bis an die Grenze des tuszischen Patrimoniums das einzige Gebiet war, in dem seine Herrschaft eine friedliche und äußerlich unbestrittene war.[2]) Mochte er

[1]) Vita Gregorii Noni. Die Stelle ist in der Abhandlung „Die Einigung des Reichslegaten usw.", Forsch. usw. IV, S. 93 angeführt.

[2]) S. in dem Schreiben vom 14. November 1239 (Winkelmann, Acta I, 650) an Magister und Scholaren von Neapel, „der berühmten und höchst anmutigen Stadt, der Land und Meer dienen". Aus den dem Kaiser gehorsamen Gebieten (wie von jenseits der Alpen) dürfen alle zum Studium nach Neapel kommen, niemand indes aus den Bezirken der Rebellen des Reiches, die einzeln angeführt werden; für die Tuszier wird die Erlaubnis allgemein erteilt, ausgenommen jene, die unter päpstlicher Herrschaft stehen. (Patrimonium Petri in Tuszien.)

noch so lebhafte Sympathie für Siena und Pisa, noch so starke innere Abneigung gegen Florenz empfinden, diesen Zustand mußte er um jeden Preis zu erhalten suchen, denn sein nächstes Ziel bildete die Niederwerfung seiner Feinde in der Romagna; dieses aber konnte er nur erreichen, wenn er sich auf Toskana stützte, wenn er keinen Angriff von den Bergen her zu fürchten hatte, die das florentiner Gebiet und die Landschaft am Adriatischen Meere trennen. Es ist möglich, daß er eben jetzt, wie der zeitgenössische Biograph Gregors behauptet, von Florenz die Leistung des Fidelitätseides verlangte, und daß die Stadt die unbedingte Unterwerfung verweigerte, indem sie vielleicht mit ähnlichen Worten, wie bald darauf das kleine San Gimignano erklärte, „die Bürgerschaft wolle ihm in der gewohnten Freiheit dienen". Jedenfalls hat er diese den Florentinern, wie ihn auch die Nachbarn dazu drängen mochten, für jetzt nicht angetastet.[1])

Weihnachtsfeier des Kaisers in Pisa, 1239.

In Pisa verlebte der Kaiser die Zeit der Weihnacht. Nach Kämpfen und Enttäuschungen mochte dieser Aufenthalt ihm eine gewisse Ruhe bieten, sofern Rast seinem schicksalsbewegten Dasein überhaupt beschieden war. Seine Sorge galt der Sicherung des Weges von Pisa zum Paß von Pontremoli, damit für Truppen, die zu Lande oder zu Meer aus seinem Königreich an der Arnomündung eintrafen, die Straße nach der Lombardei gesichert sei. Zu diesem Zweck ließ er sich vom Bischof von Luni gewisse feste Häuser und Türme in der Lunigiana bis zum Ende des lombardischen Krieges abtreten,[2]) und er suchte Pisa selbst durch innere Friedensstiftung noch fester an sich zu ketten, es vor der Möglichkeit eines inneren Umschwunges zu bewahren, der etwa auf die Reichstreue der Stadt einen verhängnisvollen Einfluß üben könnte. Die sardinischen Wirren spielten, wie wir wissen, jederzeit nach Pisa hinüber, denn die Geschlechter, die auf der Insel haderten, kamen, wie es sich versteht, daheim nicht einträchtig miteinander aus; der Friede des Jahres 1237 war durch die Ehe Enzios in seinen Grundlagen erschüttert worden, und die ohnehin kaum übersehbaren Komplikationen wurden durch die Ansprüche des Kaisersohnes noch weiter vermehrt; er konnte diese nur vermittels der Pisaner und ihrer Schiffe geltend machen und beeinträchtigte dennoch die auf Erbansprüchen und Eroberung beruhenden wirklichen und vermeintlichen Rechte von Pisanern, die wiederum untereinander in beständiger Fehde lagen. Die Bürgerschaft der Seestadt war in zwei Lager gespalten; der eine Teil nahm für die „Grafen", für das Geschlecht der Conti di Donoratico, an deren Spitze Conte Guelfo und Conte Bonifazio standen, der andere für das der Visconti Partei. Beide Gruppen stützten sich auf eine Unzahl von „Compagnien", die sich teils nach den Brücken der Stadt benannten, teils phantastische Namen wie „Compagnie von der Tafelrunde", Compagnie der Rose, des Mondes, der Lilie oder „vom Kreuz der heiligen Christine" führten; sie alle dienten zugleich dem Bürger-

[1]) Vita Gregorii; s. S. 254 Anm. 1. — Betreffs San Gimignanos Forsch. usw. II, Regest 273.

[2]) Pisa 1239, 23. Dezember. Winkelmann, Acta II, 890.

kriege, wie den sardinischen Kämpfen. Kaiser Friedrich trat als Friedensstifter zwischen die sicherlich des inneren Streites müde Bürgerschaft. Die augenblickliche Versöhnung der Grafen und der Visconti bedeutete aber nichts, solange jene Kampforganisationen fortbestanden; der Monarch erklärte sie sämtlich für aufgehoben und erließ gesetzliche Bestimmungen oder zwang die Bürgerschaft zur Annahme eines Statutes, wonach die Bildung neuer oder Wiederherstellung der alten Compagnien unter schwere Strafe gestellt wurde.[1])

Der Friede mochte das Thema einer Rede oder einer Predigt sein, die der Kaiser am Weihnachtstage dem versammelten Volke im Dom zu Pisa hielt; nur in diesem einen Falle erfahren wir, daß Friedrich die Neigung bekundete, sich in der für ihn doppelt seltsamen Rolle eines Kirchenredners bewundern zu lassen, und diese Weihnachtsfeier des Jahres 1239 zählt zu den merkwürdigsten Erinnerungen des schönen Marmordomes. Wollte Friedrich, dem man das Wort von den drei Fälschern Moses, Christus und Mohammed, und jenes andere von dem Leibe des Heilandes, der auf dem Weizenacker gewachsen sei, in den Mund legte, vor der Welt bezeugen, daß er ein Gläubiger sei, dem der Papst Unrecht tue? War es kaiserliche Laune oder die Absicht, die Pisaner in heiliger Stunde zur Eintracht zu mahnen? Wir müssen die Antwort auf die Fragen schuldig bleiben, aber wir wissen, daß jener Gottesdienst und seine Predigt ihm von seinen geistlichen Gegnern als besonderer Heiligtumsfrevel angerechnet ward, da er selbst exkommuniziert und die Stadt durch die bloße Tatsache seiner Anwesenheit dem Interdikt verfallen war.[2]) Unter denen, die jene Weihnachtsfeier vollzogen oder ihr beiwohnten, mochte man eine merkwürdige Persönlichkeit in der Kutte des Franziskus, doch mit dem Auftreten eines großen weltlichen Herrn erblicken, den Bruder Elias von Cortona, der, obwohl einst vertrauter Genosse des freiwilligen Bettlers von Assisi und dessen Nachfolger in der Leitung des Ordens, dennoch zur Kirche zu reiten pflegte, gefolgt von bunt gekleideten Donzelli, „als wär er ein Bischof“. Sein Meister hatte vom Gelde nichts wissen wollen; ihm aber sagte man nach, daß er sich

Fra Elia von Cortona.

[1]) Die „Compagnien“ werden uns in den Kap. IV. S. 236 Anm. 1 erwähnten bei Lami gedruckten Urkunden (I. 476) genannt. — Die Nachrichten vom Friedensschluß zwischen Conti und Visconti (die nach jenen Urkunden wegen Sardiniens in Hader lagen), von den vielen Kämpfen in der Stadt und dem vom Kaiser erlassenen Gesetz betreffs Auflösung der „leghe“ und Schaffung neuer „Sekten“ in den zum Teil ungedruckten, zum Teil sehr fehler- und lückenhaft gedruckten wichtigen Pisaner Chroniken: Cod. Marucell. (Florenz) A. 235 (vgl. Baluze-Mansi, Miscell. I. 448 ss.); Kodex 54 des SAL. und der der Bibl. Naz. (Florenz) XXV. 31 und Cod. Fabronianus (Pistoia) 383 (vgl. Muratori Ss. XV, 973 ss.), in allen zu 1240 (Pisaner Stiles). Eine Neuedition der Pisaner Chroniken ist zwar eine mühselige Aufgabe, aber zugleich ist sie die wichtigste, die die staatliche Historische Deputation für Toskana zu lösen hätte. Es kommt dazu, daß sehr bedeutsames ungedrucktes Material, das in unserer Darstellung verwendet ist, anderweit aber, wie es scheint, nie beachtet wurde, der Veröffentlichung harrt.

[2]) Über die Weihnachtsfeier Vita Gregorii. Muratori Ss. III. 586. — Liber Censuum II. 34.

zu Assisi der Alchimie befleißigt habe, und jedenfalls hätte es neben dem maßlosen systematischen Bettel in allen Ländern der Kunst der Goldmacherei bedurft, um sein Lieblingswerk des Kirchenbaues so schnell zu Ende zu führen, wie er es gewünscht hätte. Eben noch hatte er an dem Denkmal gebaut, das seinen Namen und zugleich den Abfall von dem Lebenswerk des Heiligen verewigt; eben noch hatte er gehofft, wenn nicht auf anderem Wege, so durch die Knüttel seiner Anhänger die Opposition der strengen Richtung im Generalkapitel niederzuzwingen und sich als Generalminister des Minoritenordens zu behaupten, aber der Papst selbst war in der Versammlung erschienen und hatte über den vormaligen bologneser Schreiber, den er wegen seiner Hinneigung zu Friedrich haßte, die Absetzung verhängt. Elias, nicht gewillt sich zu fügen, war, gefolgt von einigen seiner Anhänger zum Kaiser geflüchtet und weilte in der folgenden Zeit bei ihm, ein willkommener Ratgeber gegen Papst und kirchliche Gewalt, deren Schwächen und Angriffspunkte der kluge Franziskaner aufs genaueste kannte. Große Spaltung entstand darüber im Orden, aber die Wirkung war, daß die Brüder, eine Minderzahl abgerechnet, sich um so fanatischer der päpstlichen Sache hingaben, während der Streit wegen der strengeren oder laxeren Beobachtung der Regel sich in ihren Reihen verewigte. In Toskana, wo man niemandem den Hohn ersparte, sangen die Kinder den sandalenbeschuhten, mit dem Strick gegürteten Kuttenträgern auf allen Straßen die Verse nach, die ganz so klingen, als seien sie in Florenz entstanden:

„Hor atorno fratte Helya,
Ke preso ha la mala via.“

Solange er lebte, blieben dem Vorsichtigen die ihm zugedachten Strafen erspart, aber nach seinem Tode vollzog priesterlicher Haß die Rache an seinem entseelten Körper. Elias lebte nachmals, nach dem Ende des Kaisers, in seiner Heimat Cortona, von wo sein Blick auf den lieblichen trasimenischen See und zu den Gebirgen Umbriens schweifte, die er einst mit dem heiligen Franz durchwandert hatte, aber als er um die Osterzeit 1253 zum Sterben kam, übermannte ihn die Jenseitsfurcht; er ließ Mönche seines Ordens herbeirufen, bekannte sich als Sünder und beweinte die Eitelkeit, die ihn zum Ungehorsam gegen den Papst verführt hatte; er bekannte sich vor drei, an seinem Totenbette ihr Latein kritzelnden Notaren als getreuer Sohn der Kirche. So empfing er die Absolution und als er den letzten Seufzer getan, ein kirchliches Begängnis. Papst Innocenz IV. aber ließ eine Untersuchung darüber anstellen, ob die Zerknirschung eine genügend aufrichtige gewesen sei; das Ergebnis muß ihn nicht befriedigt haben, denn die Leiche wurde ausgegraben und in den Mist geworfen, wie einer seiner ehemaligen Untergebenen, Bruder Salimbene, den er persönlich in den Orden aufgenommen hatte, ohne jede Regung des Mitgefühls berichtet.[1])

[1]) Die erbauliche Darstellung seiner Reue und der Absolution auf dem Sterbebett, in den „Floretti“ (ed. Sabatier, Kap. 38, S. 129 s.), an sich richtig, entbehrt

Man kann auf jenes in kaiserlichem Glanz gefeierte Weihnachtsfest nicht blicken, ohne der Schatten künftigen tragischen Geschickes zu denken, die auf Friedrich und auf seinen Anhängern ruhten. Der Monarch selbst war sich zweifellos der furchtbaren Schwierigkeiten, mit denen er zu ringen hatte, bewußt. Seine Halberfolge, die dem großen Machtaufwande gegenüber fast als Mißerfolge wirkten, erzeugten die peinlichste finanzielle Not; eben um sie zu heben, zugleich um neue Streitkräfte aufzubringen, wollte er sich jetzt von Pisa in das südliche Königreich begeben, um dessen Hilfsmittel für die Unterwerfung des Nordens der Halbinsel anzuspannen; inzwischen mußte er für das Geld, dessen er bedurfte, römischen, parmenser und sieneser Bankiers einen Zinssatz von 36 v. H. zusichern, und da er zu den festgestellten Terminen nicht zahlen konnte, sah er sich gezwungen, ihnen für Prolongationen 48 und selbst 60% Zinsen zu zahlen. Die Einnahmen der Krone Siziliens galten für größer, als die irgend eines abendländischen Reiches, aber die fortwährenden Kämpfe des Königs zehrten am Marke des Landes. Es ist bewundernswert, wie der Monarch unter solchen Umständen und von den Schlingen der Wucherer umstrickt noch ein weiteres Jahrzehnt hindurch zu widerstehen vermochte.[1]) Eines

der weniger erbaulichen Mitteilung über die Ausgrabung der Leiche usw., worüber Salimbene im Liber de Praelato (p. 412) berichtet. Elias empfing die Absolution am 23. April 1253 und starb am folgenden Tage. Die Urkunde über die auf päpstliche Anordnung erfolgte Untersuchung betreffs der Reue und Lossprechung, Cortona 1253, 2. Mai, befindet sich im Archiv von San Francesco d'Assisi und wurde von Crivellucci in den Studi Storici (Pisa) IV, p. 43 ss. veröffentlicht. Jetzt ist sie auch bei Lempp, Frère Elie p. 179 gedruckt. Über Elias s. ferner Salimb. p. 410 u. 411, an welch letzterer Stelle er die Verse mitteilt, die er „hundertmal von Bauern, Knaben und Mädchen“ den Minoriten „per vias in Tuscia“ nachsingen hörte. Vgl. ferner Salimb. p. 51. — Im Cod. Laur. (Santa Croce) Pl. XXVII. sin. 9. f. 199 (vgl. Forsch. usw. IV, S. 72 „Die Entstehung der Tertiarier-Regel“) findet sich ein um 1316 niedergeschriebener kurzer Bericht über den Generalat des Elias. — Daß dieser noch 1239 an der Kirche über dem Grabe des Ordensstifters gebaut hat, scheinen die bei Rybka, „Bruder Elias von Cortona“ S. 64, bei Thode, „Franz v. Assisi“ S. 203 und am vollständigsten bei Lempp. Frère Elie p. 89 mitgeteilten Inschriften der Glocken zu erweisen. Da diese in Pisa gegossen wurden, ist deren Datierung 1239 indes wohl als 1238 unserer Zählung zu verstehen. Anderseits ergibt die bei Lempp p. 173 gedruckte Urkunde, daß Elias 1239 am 26. Mai noch dem Kirchenbau wie dem Orden vorstand. — Über Elias und dessen Beziehungen zum Kaiser vgl. auch Reg. Imp. 2343b, 2685, 7285; ferner Tocco (gegen Sabatier) im Bullettino critico di cose francescane I, Heft April-Juni 1905. In dem Reg. Imp. 7285 behandelten päpstlichen Schreiben von Anfang 1240 klagt Gregor IX. über Friedrich, der trotz der Exkommunikation in Begleitung des Apostaten Elias die Geistlichen zwinge, Gottesdienst vor ihm zu halten. In der Vita Gregorii (s. S. 256 Anm. 2) heißt es nun gerade von Friedrich in bezug auf die pisaner Weihnachtsfeier „.... in majori ecclesia per suos apostatas publice fecit profanari divina“. Es liegt mithin sehr nahe, das Schreiben auf jene Weihnachtsfeier zu beziehen.

[1]) Man hat diese Seite der Schwierigkeiten, gegen die er ankämpfen mußte, nicht genügend in Betracht gezogen; für die Beurteilung seiner Lage ist sie selbstverständlich

seiner Mittel zur Geldbeschaffung war der Getreidehandel, den er durch seine Beamten im Königreich im großen Stil betreiben ließ, da Sizilien, Apulien und Kalabrien Hauptbezugsquellen des Korns für das übrige Italien, zumal auch für Toskana waren. Wenn er jetzt bedeutende Quantitäten von Weizen an Händler von Pisa und Poggibonsi verkaufte, geschah es gewiß augenblicklicher finanzieller Nöte wegen; es waren Getreideabschlüsse gegen Vorschuß, bei denen die toskanischen Kaufleute reichlich ihre Rechnung gefunden haben werden.[1])

Am Neujahrstag befand sich der Kaiser in der Reichsburg San Miniato, und hier empfing er Gesandte fast aller Städte und Ortschaften Tusziens.[2]) Es geschah vielleicht in der Absicht, in der ganzen Landschaft Schrecken zu verbreiten, daß er die Zerstörung aller Türme in der Stadt San Miniato anordnete; dieses Strafgericht erging zweifellos, weil die Bürgerschaft ehedem gegen den Befehl des Kaisers wider die Sienesen und für Florenz gekämpft hatte. Nach dieser Erfahrung mußte Friedrich die starke, hochgetürmte Stadt als eine Gefahr für das sie überragende Kastell, den hauptsächlichen Stützpunkt des Reiches in Toskana betrachten, und zornig widerrief er die einst den Bürgern gewährte Schenkung des drunten in der Arnoebene gelegenen Borgo San Genesio, das diese längst aus nachbarlichem Haß und aus Gründen der Konkurrenz vernichtet hatten; ein kaiserlicher Vikar wurde in der Reichsburg eingesetzt, der fortan als Untergebener Pandulfs von Fasanella eine lebhafte Tätigkeit zur Wahrnehmung der kaiserlichen Interessen entwickelte; mit dem Fall ihrer Türme aber war die Stadt einstweilen ihrer Kräfte beraubt, und sie mußte es dulden, daß bald darauf der verhaßte Borgo San Genesio unter Hilfe und Schutz der Lucchesen wieder aufgebaut wurde, wodurch Lucca einen Stützpunkt am Hauptfluß Toskanas gewann;[3]) freilich sollte San Genesio sich San Miniato.

von großer Bedeutung. Die Urkunden vom Dezember 1239 und Januar 1240 bei Huillard V, 546, 547, 549, 603, 654, 659, 698. Vgl. Forsch. usw. IV. S. 286. — Betreffs der Finanzmaßnahmen in Sizilien vgl. Winkelmann, „Die Ital. Feldzüge 1239/40“ in Forsch. z. d. Gesch. XII (1872), S. 530 f.

[1]) Verkauf von Getreide an sechs Benannte aus Poggibonsi, lieferbar in Palermo und Trapani, 1239, 27. November, Huillard V. p. 530. Desgleichen an Pisaner, San Miniato 1240, 1. Januar, Ibid. 648. — Über den Getreidehandel des Kaisers, Winkelmann, Gesch. Kaiser Friedrichs II. (Erste Auflage), 356 f.

[2]) Forsch. usw. II (S. Gimign.), Reg. 225. — Reg. Imp. 2687.

[3]) Die Zerstörung der Türme und der Wiederaufbau von San Genesio durch Lucca (in umgekehrter Folge) bei Sercambi I, 31. Den Wiederaufbau, aber durch „quegli della terra“. meldet Villani VI, 31; ohne weitere Hinzufügung meldet Pseudo-Brunetto (Hartwig II, 228) den Wiederaufbau. Vgl. „Gesta“, ebendort 274. — Über den kaiserl. Vikar von S. Miniato Forsch. usw. II. Reg. 234, 245, 247 usw. Im September 1241 fungierten zwei Vikare Pandulfs, Tomasius de Bissara (alias: de Bisero) und Tomasius de Lamberto dort (290). — Betreffs der früheren Verleihung von Borgo San Genesio durch den Kaiser an San Miniato (1217) vgl. S. 40 und Forsch. usw. IV, S. 8. — Über die Stellung, welche San Miniato im sieneser

seiner erneuten Existenz nur während kurzer Zeit erfreuen, um dann für immer vom Erdboden zu verschwinden. Während die Türme von San Miniato fallen mußten, erhoben sich die der Reichsburg zu um so stolzerer Höhe. Der Kaiser ließ das ältere Kastell zu einer gewaltigen Anlage erweitern; auf der höchsten Stelle des Berges wurde der mächtige Turm des Cassero erbaut, der bis heute der Zeit und der Zerstörung Trotz geboten hat. Mauerkreise mit zahlreichen Türmen, von denen der entlegenste etwa 120 Meter vom Cassero entfernt war, und die sich aus der Ferne wie ein starrender Wald darstellen mußten, umgaben die Oberburg. Durch Gewalt schien das mächtige Bollwerk nicht bezwungen werden zu können; der Vikar des Reiches überschaute von dieser Höhe mit einem Blick die weite Landschaft vom Sienesischen, von Volterra und San Gimignano bis zum Lucchesischen und zum Gebiete Pistoias, von den Monti Pisani über die florentiner und fiesolaner Höhen fort bis zu den fernen Gebirgen Arezzos.[1])

Poggibonsi. Friedrich nahm von San Miniato aus seinen Weg nach Poggibonsi und nach Siena; sein Aufenthalt am erstern Ort und die Ernennung eines besonderen Vikars für die Stadt des Elsatales[2]) beweisen, daß diese wiederum dem Reich unterstellt und damit dem Einfluß entzogen wurde, den der Friede oder Schiedsspruch von 1235 den Florentinern über sie zugesichert hatte, und dadurch wurden deren bisher geschonte Interessen an einem empfindlichen Punkt betroffen.[3]) Weiter ging des Kaisers Weg nach Arezzo, und von hier unternahm er einen Einfall ins obere Tibertal, wo er Città di Castello, das jetzt den Papst als Oberherrn anerkannte, wieder ans Reich brachte; alsbald gelang es ihm auch, das Herzogtum Spoleto fast völlig zu unterwerfen.[4]) Wo er erschien, brach die päpstliche Herrschaft zusammen, und aufatmend mochte er

Der Kaiser gegen Rom. hoffen, den Kampf in kurzem in Rom zu enden. Schon war eine Flotte unter seiner Adlerflagge in Civitavecchia gelandet, schon hatten sich Foligno und Viterbo unterworfen, als der Herrscher vor den Mauern der Tiberstadt erschien; in derselben Zeit dieser Erfolge schlossen Mailand und Bologna mit

Krieg an der Seite der Florentiner eingenommen hatte, s. Kap. IV. S. 194, Anm. 3. — Der Widerruf der kaiserlichen Verleihung von Borgo San Genesio an San Miniato ergibt sich aus der Tatsache der Wiedererbauung gegen den Willen San Miniatos.

[1]) Der vormalige Umfang der Burg läßt sich durch zwei Türme feststellen, die außer dem auf der Hügelspitze gelegenen noch erhalten sind; der eine ist in das Gebäude der Sottoprefettura eingebaut, der andere dient der Kathedrale als Glockenturm; ein vierter stand bis 1846, in welchem Jahre er demoliert wurde. Im Jahre 1904 wurden bei Erdarbeiten zum Zweck von Gartenanlagen unterirdische Gänge aufgedeckt, die von diesen Türmen zum Cassero auf der Hügelspitze führten. Die letztere Mitteilung machte dem Verf. Herr Cav. M. Salvadori, Ispettore dei Monumenti in San Miniato.

[2]) Erste Erwähnung im April 1240; Forsch. usw. II (S. Gimign.), 238. Sein Name war Philipp de Caleno (Regest 306. Reg. Imp. 13318 „Philipp de Guacero").

[3]) Vgl. Reg. Imp. 2727a. — [4]) Reg. Imp. 2740a.

dem Herrscher einen Waffenstillstand. Der verzweifelnde Papst sah sich von seinen getreuesten Anhängern verlassen; selbst in den Reihen der Kardinäle ging der Verrat um, und manche Purpurträger suchten mit dem Gebannten ihren Frieden zu machen.[1]) Die Römer, treulos wie stets, waren bereit, dem Herrscher die Tore zu öffnen und den Greis zu opfern, dessen Starrsinn durch das Schicksal gerichtet schien; da regte sich in Gregor die Riesengewalt seiner, durch die Last der Jahre nicht gebrochenen, in Kämpfen gestählten Natur. Priester und Herrscher empfinden ihre Sache als Sache Gottes und empfangen aus solcher Überzeugung häufig ihre beste Kraft; er war Priester und Herrscher zugleich, und jene Stärke ward in ihm zur Unerschütterlichkeit. Auch besaß er, was seinem Gegner mangelte, Kenntnis der Volksseele und Schätzung der tiefen Einflüsse des scheinbar Unwesentlichen, dessen, was sich nicht wägen noch messen läß, doch zur Phantasie und Empfindung spricht. Etwas vom frommen Demagogen hatte jeder der großen Päpste des Mittelalters in sich; wer das Wesen Gregors IX. richtig erfassen will, muß ihn sich vorstellen, wie er am Tage von Petri Stuhlfeier, am 22. Februar 1240, die Heiligtümer Roms, die Häupter der beiden Apostelfürsten nebst den Holzsplittern vom Kreuze Christi in feierlichem Umzuge durch die Straßen tragen ließ und wie er selbst mit den treu gebliebenen Kardinälen in dem Bittgang einherschritt, um die Abwendung der vom Kaiser drohenden Gefahr zu erflehen. Die Menge empfing ihn mit Hohn und Geschrei und schenkte zunächst den hochheiligen Reliquien geringe Beachtung. Da nahm Gregor die dreifache Krone vom Haupt, legte sie auf den Schrein, der die Köpfe der Jünger Christi barg, und sprach: „Ihr, o Heilige, mögt Rom schützen, da die Römer es nicht verteidigen wollen!" Mit diesen Worten appellierte er nicht vergebens an den von einer unabsehbaren Reihe Generationen her überlieferten Glauben; in Massen drängten sich alsbald die Wankelmütigen herbei, um das Kreuz zum Kampfe gegen denselben Kaiser zu empfangen, den sie vor einer Stunde akklamiert hatten. Der überzeugte Priester hatte wieder einmal jene unwiderstehliche Macht erwiesen, die klug zur Geltung gebrachte Hilflosigkeit zu jeder Zeit auf die Seelen übt. Kaiser Friedrich sah sich genötigt, dem Umschwung der Volksstimmung gegenüber seine Pläne aufzugeben. Damit war die Möglichkeit verfehlt, den Kampf mit der Kirche durch einen endgültigen Sieg zu enden, und er zog ins südliche Königreich ab. Wenn aber nachmals einer jener römischen Kreuzgezeichneten in Fesseln vor ihn geführt wurde, verurteilte er ihn zu grausamem Tode.

Kämpfe Pandulfs von Fasanella gegen den Pfalzgrafen Wilhelm.

Der Kampf gegen den Papst, der am Mittelpunkt nicht zur Entscheidung gebracht werden konnte, mußte an der Peripherie weiter geführt werden. An der Grenze Tusziens und in der Marittima führte Graf Wilhelm aus dem Hause Aldobrandesca als getreuer Lehnsmann und Vorkämpfer der Kirche deren Sache. Der Kaiser mußte ihn als Rebellen betrachten, denn seine Herrschaft in Massa beruhte auf Verleihung der dortigen Reichsrechte durch Kaiser Heinrich VI. an seinen Vater, und viele seiner Burgen hatte Otto IV. diesem

[1]) Math. Paris ed. Luard IV, 15.

als Reichslehen gewährt. Wilhelm aber stand im Gegensatz zu seinem verstorbenen Bruder Ildebrandino, der 1221 vorübergehend kaiserlicher Statthalter von Poggibonsi und andern Orten gewesen war,[1] dem Staufer von je erst fremd, dann feindlich gegenüber und eben deshalb hatte er seinen ausgedehnten Besitz, der zum Teil ohnehin aus Lehen des römischen Klosters Santa Anastasia bestand, ganz unter den Schutz der Kirche gestellt. Dieser Zweig des pfalzgräflichen Geschlechtes war und blieb wahrhaft guelfisch; von Otto dem Vierten bis auf Rudolf von Habsburg, zwei Menschenalter hindurch, haben die Pfalzgrafen von Pitigliano keinen Kaiser oder deutschen König als rechtsmäßigen Oberherrn anerkennen wollen. Die Gefahr lag vor, daß Wilhelm von seinem Bereich am Montamiata und im Grossetanischen, daß er durch die Einflüsse, die er in Colle im Elsatale und in anderen Gebieten übte, die kaiserfeindlichen Elemente Tusziens in Bewegung bringen könne. Um solchen Einwirkungen zu begegnen, hatte Pandulf von Fasanella, kurz nachdem er bei des Kaisers Anwesenheit in Poggibonsi[2] zum Generalkapitan ernannt war, eine Einigung mit Colle bewirkt, die der Kleinstadt ihre Gewohnheiten und Rechte beließ, und durch die alle früher verhängten Strafen und Banne aufgehoben wurden, in die sie (gleich San Miniato) wegen Parteinahme für Florenz verfallen war. Dafür hatte Colle gleich dem dicht daneben gelegenen Poggibonsi einen kaiserlichen Vikar aufzunehmen,[3] so daß jetzt deren drei in geringer Entfernung ihre Amtssitze hatten und die Befehle Pandulfs unter der obersten Kontrolle König Enzios ausführten.

Volksbewegung in Siena.

Gegen den Pfalzgrafen Wilhelm unternahm Pandulf schon Anfang März 1240 einen Vorstoß,[4] aber an ernsterem Vorgehen hinderten ihn Unruhen, die im April in Siena ausbrachen und die ihn veranlaßten, dorthin zu eilen. Das Volk erhob sich gegen die Großen, die allein die Herrschaft führten, seit der jetzige Papst vor fast einem Vierteljahrhundert als damaliger Legat die Schwurgenossenschaften der Popolanen aufgehoben hatte. Das Handwerk entwickelte sich in diesen Zeiten mächtig, anderseits vermehrten sich in Siena in starkem Maße die Reichtümer einzelner Häuser durch ausgedehnte Bankiergeschäfte, die Kurie und Kaiserhof, Frankreich, England und Deutschland umfaßten. Der Gegensatz des zu immer stärkerem Selbstbewußtsein gelangenden Gewerbestandes zu Plutokratie und Oligarchie drängte zum Aus-

[1] Aus der Bestätigung der Privilegien des Grafen Ildebrandino Rosso (Sohn des Wilhelm) durch Rudolf v. Habsburg 1281, 24. Aug. (Arch. Roncioni in Pisa) ergibt sich das Obige. Die bestätigten Privilegien waren: Friedr. I., Pavia 1164, 10. Aug.; Heinrich IV., Ortona 1195, 27. April; Otto IV. 1210, 11. Oktober. In castris in comitatu Tudertino. Kein Privileg Friedrichs II. wurde vorgelegt.

[2] S. Forsch. usw. IV. S. 98 „Die Einigung des Reichslegaten" usw.

[3] Privileg Pandulfs für Colle Reg. Imp. 13318 (1240, 24. Februar). Der Vikar Pandulfs in Colle ist Forsch. usw. II (S. Gimign.), Reg. 236 (15. März) erwähnt. Sein Name war Gilbertus de Guilino (vgl. Reg. Imp. 13318).

[4] Forsch. usw. II (S. Gimign.), Reg. 231. Am 9. März befand sich Pandulf in Grosseto; Reg. 235.

bruch, und dieser erfolgte, als ein in der Stadt lebender Feudalherr, der bei den untern Schichten äußerst beliebt war und zugleich in hoher Gunst des Kaisers stand, an die Spitze des Volkes trat und in dessen Namen den Reichen die Fehde ansagte. Dies war Aldobrandino di Guido Cacciaconti, den ein zeitgenössischer Schriftsteller einen „Fürsten Kaiser Friedrichs" nennt[1]) und der dem Grafenhause Scialenga angehörte. Es gelang ihm und den Popolanen, den Jahrespodestà Manfredi da Sassuolo aus der Stadt zu treiben und sich der Gewalt zu bemächtigen. Während der ersten Hälfte des April durchtobten Straßenschlachten die engen Gassen; für das Reich bestand die Gefahr, daß geheime Anhänger des Papstes und des Pfalzgrafen Wilhelm diese Unruhen benutzen könnten, um die unterliegende Partei der Kirche in die Arme zu führen. Pandulf erschien Mitte April in Siena, und sein Einfluß wird es gewesen sein, der die bisherigen alleinigen Inhaber der Gewalt zur Nachgiebigkeit stimmte. Als oberste Behörde wurde dem Podestà jetzt der Rat der Vierundzwanzig an die Seite gestellt, der nach einem komplizierten System von drei Prioren mit kurzer Amtsdauer geleitet wurde und zur Hälfte aus Popolanen, zur Hälfte aus Großen der Stadt bestand.[2]) Damit vollzog sich ein Ereignis, das auf Jahrzehnte hinaus für die politische Haltung Sienas entscheidend war; indem ein kaisertreuer Großer an die Spitze der Popularbewegung getreten war, wurde das Volk mit seinen Empfindungen und Interessen an die Sache des staufischen Hauses gekettet, und noch nach einem Menschenalter umdrängten die sieneser Popolanen des Kaisers Enkel mit aufrichtigen Jubelrufen und Segenswünschen.

Von Siena wandte Pandulf sich nach Florenz und nach Lucca,[3]) um einen neuen Feldzug gegen die Aldobrandesca-Grafschaft in umfangreicherer Art zu organisieren. Die Feindseligkeit der Geistlichen, oder vielleicht in noch höherem Maße deren Furcht, sich bloßzustellen, Amt und Würden zu riskieren, wenn sie sich den Weisungen der Reichsbeamten fügen würden,[4]) begegnete ihm überall; ein entscheidender Waffenerfolg im Süden Tusziens hätte die Herren wahrscheinlich geschmeidiger gemacht und er hätte wohl auch den zähen Widerstand gebrochen, den selbst kleinere Städte wie San Gimignano und Volterra der Forderung des Generalkapitans wegen Leistung des Treueides entgegenstellten; San Gimignano wagte es selbst dem Banne Pandulfs zu trotzen.[5]) Mit dem Aufgebot der Städte unternahm der Generalkapitan im Juni eine Belagerung

---

[1]) Salimbene p. 224

[2]) Forsch. usw. IV, S. 13 f. „Die Popular-Bewegung" usw. unter „Siena". — Forsch. usw. II (S. Gimign.), Reg. 237 (3. April, über den Ausbruch der Unruhen) und 240 (17. April, Pandulfs Anwesenheit in Siena). Über die Vierundzwanzig und ihre Prioren Zdekauer in der Einleitung zum Constituto di Siena p. LXV

[3]) Forsch usw. II (S. Gimign.), Reg. 247, 250.

[4]) Ebend. 242. — Später (3. Okt.; Regest 294) suchte der Propst von San Gimignano dadurch auszuweichen, daß er sich zu einer Zahlung „zur Erleichterung der Schulden der Kommune" anbot. — Weiteres s. unten.

[5]) Forsch. usw. IV. S. 95 „Die Einigung des Reichslegaten" usw.

der jetzt fast verlassenen, damals noch ziemlich ansehnlichen alten Etruskerstadt Soana, doch es scheint, daß die ehrwürdigen, von der Mannschaft des Pfalzgrafen verteidigten Mauern noch einmal den Ansturm eines Heeres vereitelten. Er zog gegen das benachbarte Selvena, das zehn Kilometer nördlich Soanas und ebensoweit südlich von Santa Fiora am Südwesthang des Montamiata lag. Doch auch dort gelang ihm kein entscheidender Schlag, und auf den Pfalzgrafen, an den der Papst kurz zuvor ein warmes Schutz- und Ermunterungsschreiben gerichtet hatte,[1]) scheint, wenigstens für einige Zeit, ein Strahl von der Gnade der Apostel gefallen zu sein, die seinen Lehnsherrn so offenbar gegen die deutsch-italienischen Waffen beschirmten.

Enzio in Toskana.

Der Zug gegen die Grafschaft des südtuszischen Herrengeschlechtes mußte abgebrochen werden, da es galt, die Kräfte zu dem großen Vorstoß zu sammeln, den der Kaiser gegen die Rebellen des Reiches in der Romagna zu führen gedachte. Im Juli 1240 erschien König Enzio persönlich in Toskana,[2]) um durch seine Stellung als Reichslegat und durch seine Persönlichkeit noch nachdrücklicher zugunsten des Herrschers zu wirken, als es der ihm untergebene Generalkapitan vermochte. Der ritterliche Kaisersohn zählte damals etwa 25 Jahre; ein Edelfräulein Adelheid, dem sich die Gunst des sizilischen Königs bei seinem ersten Erscheinen in Deutschland vorübergehend zugewandt hatte, war seine Mutter;[3]) ein eigener Zauber muß seine Persönlichkeit umflossen haben, der nachmals in der langen Zeit der Gefangenschaft selbst seine harten Feinde, die Bolognesen, bezwang; er bewährte sich auch an den florentiner Guelfen, die wir in der folgenden Zeit in nahen Beziehungen zu ihm, dann auch zu seinem Vater und zu seinem Vertreter, dem Generalkapitan finden;[4]) diese Einwirkung wird ein starkes Gegengewicht gegen die Mahnungen des Papstes gebildet haben, der den Florentinern, gleich den Bürgern der anderen Städte Toskanas, der Lombardei und Romagna bei Strafe der Exkommunikation verbot, dem Kaiser Hilfe gegen Bologna, Faenza und Ravenna zu leisten.[5]) In seinem Wunsch, dem Staufer Feinde zu erwecken, dessen italienische Gegner

[1]) 1240, 23. April. M. G. Epp. I, 671. — Die Belagerung von Soana erhellt aus der Datierung der Urkunde vom 15. Juni 1240, SAS. — Montamiata (hier nach Spoglio 16 des Diplomatico des SAF.). — Zug gegen Selvena, Forsch. usw. II (S. Gimign.), Reg. 253.

[2]) Forsch. usw II (S. Gimign.), Regest 266 ist angegeben, er träte am 4. August 1240 zuerst in den Angelegenheiten Tusziens hervor. Dies ist irrig. Schon am 10. Juli befand er sich in Pistoia, wie die Urkunde jenes Tages im dortigen Munizipal-Archiv (Lib. Censuum f. 40 der alten Pagination ergibt. — In der Schrift „König Enzio" von Blasius tritt der Mangel selbständiger Archivforschung sehr störend hervor.

[3]) Winkelmann, „Zum Leben König Enzios" in Forsch. z. deutsch. Gesch. XXVI, 308 ff.

[4]) Forsch. usw. II (S. Gimign.), Reg. 299, 345, 351, 393.

[5]) Das Schreiben (undatiert) in dem bei dem Brande des Jahres 1904 beschädigten Turiner Epistolarium saec. XIV, H. III, 38, f. 55² (jetzt Lat. B. 265 signiert).

unter einem leidlich ebenbürtigen Gegner zu vereinigen, schweiften Gregors Pläne bis nach Dänemark; dessen König wollte er als Kapitan an die Spitze der Lombardei oder Tusziens stellen, offenbar mit der lockenden Aussicht auf künftiges Kaisertum.[1]) Der junge Erich war klug genug, auf das italienische Abenteuer zu verzichten und nicht nach dem Phantom zu haschen, mit dem Gregor ihn zu blenden suchte. Jene aber, die die nationale Politik der Päpste gegen den Staufer zu verherrlichen belieben, mögen daran erinnert sein, wie schon Gregor dem Sohn der Sizilianerin einen Spanier, dann einen Dänen entgegenzustellen versuchte und so seinen Nachfolgern die Wege wies, als sie gegen die Epigonen Friedrichs einen Engländer herbeiriefen, und als es ihnen glückte, sie durch einen Franzosen niederzustrecken.

Solange der Kaiser der munizipalen Selbständigkeit keine Gewalt antat, fesselte er die Bürger auf seiner Seite; die einander feindlichen Parteien von Florenz bemühten sich jetzt wetteifernd um seine Gunst. Der tüchtige Podestà des Jahres 1240, Messer Castellano da Cafferi aus Mantua, wußte die persönlichen Streitigkeiten, die stets die Gefahr einer allgemeinen Verwicklung in sich trugen, mit fester Hand zu ersticken. Zwischen den Rittern Pepo Allamanni und Cante Caponsacchi schwebte giftiger Hader, und die Spannung war weit gediehen; Messer Castellano verbannte sie beide für eine gewisse Zeit aus der Stadt, indem er jedem weit voneinander getrennt einen Zwangsaufenthalt anwies, dem Cante, mit dem er nahe befreundet war, die eigene Vaterstadt Mantua, was dieser ihm freilich übel gelohnt hat.[2])

Zur Stellung ansehnlichen Zuzuges von florentiner Rittern zum Reichsheere gegen die Städte der Romagna waren bedeutende Mittel erforderlich. Zuzug der Stadt für den Kaiser. Es entsprach der herrschenden sorglosen Finanzwirtschaft, daß man zu dem etwas bedenklichen Mittel griff, die nächstjährige Steuer der in der Grafschaft Ansässigen, der freien Eigentümer, wie der Unfreien acht Monate vor der Fälligkeit zu erheben und für die zwangsweise Vorausbezahlung den Kontribuenten nicht weniger als zwanzig v. H. als Diskont vergütete. Um die Opfer richtig einzuschätzen, die den Städten durch die Reichskriege auferlegt wurden, muß beachtet werden, daß auf diese Art eine der Haupteinnahmen der Stadt für ein ganzes Jahr verschlungen wurde, während der Kampf in der Romagna doch eben erst seinen Anfang nehmen sollte. Anderseits bemerken wir bei diesem Anlaß, wie Florentiner von unbestrittenster gutgläubiger Kirchlichkeit bei dieser Steuererhebung zugunsten der Zwecke des gebannten Kaisers tätig waren. Jener Guidalotto Voltodellorco aus dem Hause Guidalotti, der Begründer des Hospitals von San Gallo, das er der römischen Kirche überwiesen hatte, nahm als Beauftragter der Kommune seinen Sitz in dem kleinen Gotteshause San Martino del Vescovo, nahe den Häusern der Alighieri, um das alte, längst von der Bürgerschaft usurpierte Reichsfoderum der Grafschaft nun wiederum in-

[1]) Schreiben des Albert (Behain), Archidiakons von Passau, päpstlichen Delegierten, an Gregor IX., Landshut 1240, 5. September; Oefele, Scriptores Rerum Boicarum (nach den Exzerpten des Johann Aventin) I. 795 s.

[2]) Er verführte die Frau des Castellano. Novellino ed. Biagi p. 122.

direkt für Zwecke des Reiches, auf Vorschuß einzuziehen.[1]) Die Kirchen und Klöster wurden bei der Aufbringung der Mittel zum Kampf nicht geschont; den Städten wurde in Kaisers Namen aufgegeben, von ihnen gewisse Summen, deren nicht eben geringen Pauschalbetrag die Reichsbeamten bestimmten, innerhalb kurzer Zeit einzutreiben; man handelte wohl von solchen Beträgen einiges ab, etwa ein Viertel, zögerte auch in üblicher Art die Angelegenheit um ein geringes hinaus, aber die Steuer, die ansehnlich genug blieb, mußte dennoch bezahlt werden.[2]) Die Geistlichkeit sah auf den exkommunizierten Herrscher mit Abneigung, aber ihr heiligster Zorn wurde dadurch erregt, daß er sie zwang, hohe Kriegsbeiträge zu zahlen und selbst die Mittel zu den Kämpfen zu liefern, die im letzten Grunde gegen ihren priesterlichen Oberherrn gerichtet waren. Anderseits konnte die sehr umfangreiche geheime Unterstützung des Papstes durch die Klöster von den Reichsbeamten nicht verhindert werden, da dem Zwang des geistlichen Oberherrn und der Ergebenheit der Mönche die Gewinnsucht der florentiner Geldleute entgegenkam. Die Badia und die Kongregation von Vallombrosa nahmen bei dem guelfischen Hause der Cavalcanti und bei den Ricobaldi auf Befehl Gregors sehr bedeutende Anlehen auf, um dem Papst Geld für seinen Krieg zur Verfügung zu stellen; die Beträge waren so erhebliche, daß, als das Geld jahrelang nicht zurückgezahlt werden konnte, vorübergehend der gesamte wertvolle Besitz dieser Klöster den Gläubigern von Gerichtswegen zugesprochen wurde, bis dann durch den Nachfolger Gregors die Auslösung der reichen Güter erfolgte.[3]) Bischof Ardingus von Florenz, früher vom Papst und von Friedrich als deren beiderseitiger Vertrauensmann begünstigt, scheint einige

Subsidien der Klöster für den Papst.

[1]) Die Steuer betrug 26 Denar für jede Feuerstelle eines Unfreien, was dem alten Foderum entsprach, vgl. Bd. I. 681 f., und 12 Solidi jährlich für jedes Allod. Die Urk. von 1240, 23. Juli, Sant. 473; der Passus „facta exconputatione octo mensium ad rationem denariorum quactuor quolibet mense per libram" heißt: „nach Skontoabzug von 20 v. H. auf 8 Monat", wie denn die Berechnung ergibt, daß 13⅓ Prozent weniger gezahlt wurde, als zu zahlen gewesen wäre. Der regelmäßige Zahlungstermin der Steuer wäre also Verkündigung Mariä (25. März) oder 1. April gewesen. — Vgl. Forsch. usw. IV. 299. — Über Guidalotto Voltodellorco s. Forsch. usw. IV, in dem Abschnitt „Hospitäler usw." unter „San Gallo".

[2]) Forsch. usw. II (S. Gimign.), Reg 294, 297, 301, 306. — Vgl. S. 263 Anm. 4.

[3]) Der verwickelte Vorgang wird durch den Zusammenhang der Gerichtsurkunden von 1244, 5. und 10. März, 26.—28. August und das Breve Innocenz' IV. vom 3. Febr. 1245 (Santini 304, 305, 314 ss. und 484) mit der Urkunde vom 16. September 1245 (SAF. — Badia) klar. In der letztern ist (betreffs der Badia, deren Angelegenheit von Innocenz IV. mit der von Vallombrosa einheitlich behandelt wird) ausdrücklich erklärt, die Aufnahme des Darlehens sei erfolgt auf Befehl des Papstes „sicut per litteras Dom. Gregorii pape noni evidenter apparebat. et pro Romana ecclesia". Die Schuldurkunde datiere vom 18. Juli 1240. — Betreffs Vallombrosas und der auf Gregors Geheiß bei den Ricobaldi kontrahierten Schulden, von deren Last das Kloster „sich ohne päpstliche Hilfe kaum je erholen könne", ist das Schreiben Innocenz' IV. vom 11. Juli 1252, SAF. — Passignano einzusehen. — Vgl. über den Gegenstand Forsch. usw. IV, 285, 287.

Zeit hindurch schweigendes Abwarten für die weiseste Politik gehalten zu haben. Anders der Bischof von Arezzo, Marcellin Pete aus Ancona, vormals Bischof von Ascoli; er hatte dem Kaiser für Cortona, auf das die aretiner Bischöfe alte Rechte geltend machten, vor Ausbruch des Zwistes mit dem Papst den Lehnseid geleistet;[1]) weit über die Bannung des Herrschers und die Lösung aller ihm geleisteten Eide hinaus suchte er, der in Arezzo den Hofhalt eines weltlichen Großen führte,[2]) seinen Vorteil auf der Seite des Staufers. Daneben scheint er indes auch damals schon in geheimen Verbindungen mit dem Papst gestanden zu haben, und im Sommer muß dieses verräterische Einvernehmen dem Kaiser bekannt geworden sein; er entzog ihm alle Rechte, die ihm aus Reichslehen zustanden, und Marcellin konnte sich daraufhin nicht länger in seiner Bischofsstadt behaupten; zur Entschädigung überwies ihm Gregor die Einnahmen des Bistums seiner Vaterstadt und ernannte ihn zum Rektor der Mark Ancona, die indes zum Teil durch Enzio unterworfen war, während ein anderer Teil des Gebietes allerdings den Rückhalt der reichsfeindlichen Städte der Romagna bildete.[3]) Nachmals hat ihn ein furchtbares Schicksal ereilt; doch traf ihn nicht ein Martyrium, wie kirchliche Schriftsteller glauben machen wollten, sondern die zornige Vergeltung seiner Felonie.

Bischof Marcellin von Arezzo.

Der Abfall des aretiner Bischofs muß im Zusammenhang mit dem Vorgehen des Kaisers gegen die Städte der Romagna gestanden haben. Mitte August lagerte Friedrich vor Ravenna, dessen herrschender Bürger, Paolo Traversari, inzwischen gestorben war; Ravenna versuchte vergeblich sich gegen das mächtige Heer zu verteidigen; nach sechs Tagen waren Mut und Kraft erschöpft. Kurze Zeit darauf stand der Herrscher mit seiner ganzen Waffenmacht vor Faenza, doch hier begegnete er einem so gewaltigen Widerstand, daß er die eigenen Kräfte wie die der ihm getreuen Gebiete, Städte und Großen auf das äußerste anspannen mußte, um ihn zu überwinden. Vom Hochsommer 1240 bis ins folgende Frühjahr dauerte die Belagerung; nicht gegen Faenza allein kämpfte der Kaiser, sondern vor dessen Mauern zugleich gegen Venedig und Bologna, die der Bürgerschaft ansehnliche Hilfstruppen stellten. Während mit den Aufgeboten der anderen tuszischen Städte Guelfen und Ghibellinen von Florenz vereint unter dem Adlerbanner standen, befand sich einer der florentiner Großen, nachmals Jahrzehnte hindurch einer der Führer der Guelfenpartei, mit seiner Lehnsmannschaft unter den hauptsächlichen Verteidigern der Stadt; es war Graf Guido Guerra, der Enkel der „guten

Belagerung Faenzas.

Graf Guido Guerra kämpft gegen den Kaiser.

---

[1]) Urk. „In ascio ecclesie Sancti Petri de Cillialo“ 1238, 10. Juli; Komm.-Archiv Cortona, Reg. Vecchio f. 116². — Guazzesi p. 95.

[2]) Eine Urkunde Marcellins, Arezzo 1240, 2. Juni „in palatio Domini episcopi“ enthält Ernennung eines Notars auf Grund der ihm vom Reich gewährten „plena jurisdictio“; die Zeugen sind Geistliche, der Kämmerer des Bischofs und ein Gaukler (Tadeus joculator), der also gewiß zum bischöflichen Hofstaat gehörte. (Komm.-Arch. Cortona. Reg. Vecchio f. 97²).

[3]) Päpstl. Schreiben 1240, 7. Nov. und 12. Dezemb. (Ernennung zum Rektor der Mark). M. G. Epp. I, 695 und 702.

Gualdrada", von dem Dante nachmals pries: viel habe er durch Verstand, viel durch sein Schwert bewirkt, den er aber mit andern Florentinern die Höllenstrafe jener erdulden läßt, die ihre Sinnenlust in unnatürlichen Lastern befriedigten.[1]) Wir kennen die Beweggründe nicht, die Guido veranlaßten, sich in diesen Tagen gegen die Tradition seines Hauses und gegen den Willen seiner Mutter, jener Beatrix, Tochter des Grafen von Capraia, im Kampf gegen den Kaiser auf die Seite der Päpstlichen zu stellen; der Bruder- und Verwandtenzwist wurde dadurch im Hause der Guidi heimisch; er vererbte sich auf kommende Generationen, er hat das Geschlecht allmählich von seiner stolzen Höhe niedergezogen, doch er bewirkte zugleich, daß in den wilden Parteiungen der Folgezeit stets ein Enkel oder ein Nachfahre der Gualdrada auf jeder der beiden Seiten in vorderster Reihe stand. Der junge Guido Guerra — er zählte kaum 23 Jahre — hatte bisher im Gefolge des Herrschers gelebt: in einem Schreiben an die Gräfin Beatrix beklagte Friedrich bitter seinen Treubruch und forderte sie auf statt seiner ihren jüngern Sohn, den Grafen Roger, an den Hof zu senden, wo er die Stelle des Bruders einnehmen solle; er selbst werde ihm eine Gattin erwählen. Freilich wird man annehmen müssen, daß er in der Person des Jünglings eine Geisel und ein Pfand der Treue für diesen Zweig des Grafengeschlechtes in seiner Umgebung zu haben wünschte. Das florentiner Gericht überwies, während der Graf Faenza gegen die kaiserlichen Waffen verteidigen half, seinen Besitz, soweit er sich im Machtbereich der Stadt befand, Guidos zahlreichen Gläubigern, und da die Verhandlung vor der Kriminalbehörde stattfand, wird eine Beschlagnahme wegen Hochverrates vorangegangen sein.[2])

Ein unendlicher Aufwand von Tatkraft seitens des Kaisers und der Seinen

---

[1]) Guido Guerra neben den Venetianern (ein Venetianer war Podestà Faenzas) und Bolognesen als Verteidiger der Stadt: Ann. Placent. Gibell. M. G. Ss. XVIII, 484. — Dante über den „nepote della buona Gualdrada", Inf. XVI, 37.

[2]) Graf Guido Guerra und sein Bruder Rugerius, Söhne des verstorbenen Grafen Markwald, werden in einer Urkunde Florenz, 1234, 21. Februar (SAF. — Strozzi-Uguccioni) noch als „pupilli" bezeichnet; in einer Urk. vom 4. Dezember desselben Jahres (ebendort) verfügen ihre Onkel Guido und Tegrimo noch für sie mit. Beide waren damals also noch nicht 18jährig. — Einspruch der Gräfin Beatrix gegen Überweisung der Güter des Guido an dessen Gläubiger vor der curia maleficiorum comunis Florentie, weil die Gräfin sich ihrerseits dadurch zu Unrecht beschwert fühlte, 1240, 19. Novemb., Sant. 277. — Das undatierte Schreiben des Kaisers an die Gräfin (Rena-Cam. IV, 79. — Huillard VI, 137) glaubte Huill. „1243 gegen November" ansetzen zu sollen. Er sah sich dazu durch ein Schreiben Innocenz' IV. vom 28. Okt. 1243 (Potth. 11 166) veranlaßt, durch das Guido nochmals ausdrücklich von allen dem Kaiser geleisteten Eiden entbunden wird. Doch kann dieses nur dazu gedient haben, sein Gewissen und das seiner Lehnsleute zu beschwichtigen. Lösung aller Treueide hatte schon Gregor IX. gelegentlich der Exkommunikation ausgesprochen, und gegenüber der Nachricht der Ann. Placent. (s. vorige Anm.) kann kein Zweifel darüber herrschen, daß jenes kaiserliche Schreiben im August 1240 an Beatrix erging.

war erforderlich, um unter den Schwierigkeiten des rauhen romagnolischen Winters, bei mangelhaften Zufuhren und Erschöpfung der finanziellen Mittel das Unternehmen zu Ende zu führen; nur dadurch, daß man der Apenninenpässe aus dem florentinischen und aretinischen Gebiet sicher war, ließ sich die Verpflegung des Belagerungsheeres ermöglichen. Ein florentiner Chronist des folgenden Jahrhunderts, der in allem, was Münze und Geldsachen anlangt, ein kundiger Berichterstatter ist, erzählt, wie der Kaiser, dem das Bargeld ausgegangen war, die Münzstempel seiner Augustalen auf Leder schlagen ließ, wie er diese Marken mit seinem lorbeerbekränzten, nach Art der antiken Imperatoren dargestellten Haupt auf der einen, mit dem Reichsadler auf der anderen Seite für Gold in Zahlung gab, und wie dieses Ledergeld dann später prompte Einlösung fand.[1]) Während zuerst, als man noch auf schnelle Erfolge hoffte, den Kommunen nur Zuzug von Rittern auferlegt war, hatten sie vom September an[2]) auch Fußmannschaften ins Lager vor Faenza zu entsenden. Man mochte aufatmen, als am 15. April 1241 die Nachricht kam, daß sich die Stadt, es scheint unter Vermittlung des kürzlich ernannten Bischofs Ottaviano von Bologna, eines jungen Adligen aus dem florentiner Hause der Ubaldini, Tags zuvor dem Kaiser ergeben habe;[3]) man hoffte wohl, daß die Zeit der großen Ausgaben und der Truppenstellungen jetzt vorüber sei; doch noch fast zwei Jahre lang mußten die toskanischen Munizipien Leute entsenden, um die ewig unruhige Romagna und die Stadt Faenza für das Reich besetzt zu halten; versuchten die Bürgerschaften, ihre Kontingente zurückzuziehen, so kam es vor, daß ein Beauftragter Enzios den Heimatslustigen das Bleiben bei Strafe der Enthauptung anbefahl.[4]) Daneben heischten neue Kämpfe bald neue Opfer. Der skrupellose florentiner Geschäftssinn wußte freilich auch aus schwierigen Verhältnissen seinen Nutzen zu ziehen; wer Bares brauchte, kargte in den Zeiten des Geldmangels vor Faenza nicht mit den Zinsen, und die Wucherer der Arnostadt wußten die Konjunktur zu benutzen; so milde Zinssätze wie sechzig vom Hundert für einen ersten, von dreißig für jeden weiteren Monat scheinen ihnen nur gegenüber durchaus zahlungskräftigen Schuldnern und bei zweifellos sicherer Gewährleistung durch florentiner Bürgen genügt zu haben; in einem Falle, der uns bekannt wird, fungierte als Garant Gentile Buondelmonti, und es ist für uns wichtig zu erfahren, daß sich ein Mitglied des führenden Guelfengeschlechtes

---

[1]) Villani VI, 21.

[2]) Forsch. usw. II (S. Gimign.), Reg. 285, 289 usw.

[3]) Ebend. 331. In San Gimignano war die Nachricht am 16. April allgemein bekannt. — Die Äußerung, die Salimbene nach eigener Mitteilung (p. 195) später dem Nepoten Innocenz des Vierten gegenüber tat, Ottaviano sei „der Verräter Faenzas gewesen", kann sich wohl nur auf die Friedensvermittelung, etwa auf eine nach Meinung der Eifervollen verfrühte, bezogen haben. Nur dadurch kann der Ausspruch mit der vier Jahre später erfolgten Erhebung Ottavianos zur Kardinalswürde in Einklang gebracht werden.

[4]) Forsch. usw. II (San Gimign.), 432 und vielfach vorher. — Dazu Regest 447.

im kaiserlichen Heere vor Faenza befand.[1]) Auf der andern Seite übte die Teilnahme der Florentiner an den Kämpfen des kaiserlichen Heeres mancherlei Rückwirkungen auf die Handelstätigkeit ihrer Kaufleute in der Ferne. Im Jahre 1242 wurde eine Gruppe von Toskanern, die mit Geleitsbriefen des Königs Theobald von Navarra, Grafen der Champagne, zur Messe von Provins zogen, von Piacentinern überfallen, beraubt und als Gefangene nach Piacenza geführt; außer Florentinern befanden sich Händler aus Siena, Pistoia, Lucca und Pisa unter ihnen. König Theobald bedrohte die Bürger Piacenzas mit der Ausschließung von den Champagnermessen, und er berief sich darauf, daß die Bolognesen bereits von diesen mittelalterlichen Weltmärkten auf Verlangen der florentiner und sieneser Kaufleute vertrieben seien. In beiden Fällen wird es sich um Handstreiche gehandelt haben, in denen sich politischer Haß gegen die dem Kaiser folgsamen Kommunen entlud.[2])

Pandulf und der Klerus.

Pandulf von Fasanella mag vorübergehend an der Spitze des Zuzuges aus seinem Amtssprengel an den Kämpfen in der Romagna teilgenommen haben, doch er führte dessen Verwaltung mit Nachdruck und Kraft, ob er selbst gegenwärtig war, oder ob er sich durch seine an der Spitze der einzelnen Bezirke stehenden Vikare vertreten ließ. Zumal den Kirchen schenkte er nichts, und er ließ sich durch den passiven Widerstand der Geistlichkeit nicht ermüden; wir kennen die damaligen Zustände in dem kleinen San Gimignano in dieser Hinsicht besser, als die von Florenz, aber man wird aus jenen einen Schluß auf diese ziehen dürfen. Als die Auflagen stärker wurden und das Hinhalten nicht mehr verfing, beschloß der Propst, die Stadt zu verlassen und den Kirchenschatz mit fortzunehmen. Der Rat entschied, daß der Vikar des Podestà nachts die Schlüssel der Stadttore bei sich behalten solle, damit der Propst sich nicht insgeheim aus den Mauern schleichen könne; dennoch entkam er und verhängte fliehend das Interdikt über die Heimat. Die Folge war, daß die Stadt die Verwaltung des Kirchengutes an sich nahm, und trotz des Bannes fand man für gutes Geld Geistliche, die den Kindern die Taufe erteilten und Tote zu Grabe geleiteten.[3])

Während Faenza belagert wurde, sah man in Florenz noch einmal den Ritter und Dichter Arrigo Testa erscheinen,[4]) der dort ein Jahrzehnt zuvor als Gefangener geweilt hatte. Da er fast dauernd im Interesse des Kaisers tätig war, mag er sich auch in Florenz in dessen Diensten befunden haben, um für weitere Hilfe oder für Zufuhren zum Kampfe in der Romagna zu sorgen. Aus demselben Grunde erschien im Frühjahr 1241 König Enzio neuerdings in den toskanischen Städten und weilte in der ersten Hälfte des April etwa zehn

[1]) Forsch. usw. II (S. Gimign.), Regest 447.

[2]) Forsch. usw. III (Handelsregesten), Reg. 24.

[3]) Forsch. usw. II (S. Gimign.), Reg. 317, 325.

[4]) 1240, 14. Dezemb. (SAS. — Archivio Gener.). „In civit. Flor. in domo Strozzaiici." Er ließ die Forderung eines Aretiners an Siena auf sich übertragen. Weiteres ist aus der Urkunde nicht ersichtlich.

Tage in Florenz;[1]) hier traf ihn jene Nachricht von der Kapitulation Faenzas, an dessen Bekämpfung er wesentlichen Anteil gehabt hatte; es war der erste große Erfolg der kaiserlichen Waffen seit dem Tage von Cortenuova, und wir müssen uns vorstellen, daß in Florenz, dessen Ritterschaft, dessen Fußmannschaft lange Monate hindurch mit vor den Mauern gelegen hatte, der Triumph laut und glänzend gefeiert wurde, daß der Held des Siegesfestes der junge König von Torres und Gallura war; doch ist darüber keine Nachricht eines Chronisten und es ist keines der Lieder früher toskanischer Dichtung bis zu uns gelangt, die damals zu seinem Preise am Arno erklingen mochten.

Der eigentliche oder der vorgebliche Zweck der Sendung Enzios war mit dem Falle Faenzas hinfällig geworden; in Wahrheit führte ihn ein anderer, geheimer nach Toskana, und um seinetwillen begab er sich bald von Florenz nach der nahen Seestadt. Er nahm den Weg über Prato, und hier wird er die Anweisung erteilt haben, den „Kaiserpalast", die Burg der Stadt, die schon zuzeiten Heinrichs VI. durch Kauf von den Grafen Alberti in Besitz des Reiches gelangt war, neu und in größerer Festigkeit herzustellen. Wie die ebenfalls auf Gebot Friedrichs neu ausgebaute Reichsburg von San Miniato war auch die von Prato zum Stützpunkt der staufischen Macht und als Sitz der Verwaltung bestimmt. Als Vikar Pandulfs wurde dort Thomas von Bisero, bisher einer der Vikare von San Miniato, eingesetzt, und im folgenden Jahre wurde der Bruder des Generalkapitans, Thomas von Fasanella, zum Podestà der Stadt gemacht. Zum ersten, allerdings auch zum einzigen Male in der Reichsgeschichte Toskanas tritt das ernste Bestreben hervor, die Verwaltung des Gebietes nach einem klaren System zu organisieren. Der Beamtenstaat in Süditalien war ein Erbe byzantinischer Kultur; er war durch die Normannen und die schwäbische Dynastie weiter fortgebildet worden. Ob er sich nun auf die reicher entwickelten und feiner verzweigten Verhältnisse Tusziens übertragen lasse, und wie er neben dem Städtewesen bestehen könne, ob Bürgerschaften von höchster Intelligenz und Tatkraft sich ihm fügen würden, dies waren Fragen der Zukunft, die man sich kaum vorgelegt haben wird; in diesen Zeiten der Kämpfe mußte man sich begnügen, ein unter andern Umständen bewährtes System in diese Landschaft zu übertragen, weil es zur Aufrechterhaltung der Macht und zum nächsten Zweck, der Geldbeschaffung, dienlich schien. Offenbar hegte der Kaiser die Auffassung, die Kirche habe ihm den Kampf aufgedrängt, und so solle sie auch dessen Kosten tragen. Durch die Reichsbeamten erfolgten in Prato und dessen Gebiet 1241 in kurzer Folge zwei Erhebungen kirchlicher

Erbauung des kaiserlichen Kastells in Prato.

Organisation der Reichsverwaltung Toskanas.

[1]) Forsch. usw. II (S. Gimign.), 325—27. Hieraus ergibt sich seine Anwesenheit in Florenz während der ersten Apriltage. — Er urkundete (Reg. Imp. 13368) am 17. März in Siena. Da er aus dem Lager vor Faenza kam, und seine Anwesenheit in Arezzo nachweisbar ist (Reg. S. Gimign. 334), war er wohl über diese Stadt nach Siena gekommen; auf dem Wege nach Florenz hielt er sich in Colle auf (Reg. 333); dann ging er, nach etwa zehntägigem florentiner Aufenthalt über Prato nach Pisa (Reg. 337). — Schreiben des Kaisers über Enzios Sendung an Podestà und Gemeinde von Florenz von etwa Ende Februar, Reg. Imp. 3186.

Kontributionen zum Kampf des Gebannten gegen den Papst und seine Anhänger.[1])

Die Gefangennahme der Prälaten zur See.

Einen entscheidenden Schlag glaubte Enzio im Auftrage des Vaters zu führen, als er von Prato nach Pisa ging. Seit dem August 1240 hatte Gregor das allgemeine Konzil nach Rom ausgeschrieben; in alle Länder der Christenheit waren die Aufforderungsbriefe[2]) ergangen, und gleichzeitig waren päpstliche Legaten unterwegs, um im ganzen Abendlande von Klöstern, Kirchen und Gläubigen die Mittel zum Kampf gegen Friedrich aufzubringen. Was das Konzil bezweckte, konnte niemandem zweifelhaft sein; der greise Kämpfer auf dem Apostelstuhle wollte, ehe er der Sterblichkeit den längst schuldigen Tribut zollte, den verhaßten Feind für abgesetzt erklären lassen. In Deutschland führte ein päpstlicher Vertrauensmann bereits geheime Verhandlungen wegen der Wahl eines Gegenkönigs, und die feingesponnenen Fäden seiner Verbindungen gingen über die Alpen bis nach Bologna; zugleich ließ man vor deutschen Fürsten den Aberwitz predigen, im Heere der Tataren, die von Ungarn her das Land bedrohten, befänden sich Abgesandte des Kaisers, die jene Wüteriche gegen das von ihm beherrschte Land führen sollten. Gegen Feinde, von denen die äußerste Gefahr drohte und die mit solchen Mitteln wirkten, hielt Friedrich jede Form des Kampfes für berechtigt, und offene Gewalt bei der Verteidigung wird immer noch eher gerechtfertigt werden können, als heimtückischer und verleumderischer Angriff. Für die Überfahrt der zurückkehrenden Legaten, wie der französischen, oberitalienischen und spanischen Geistlichen war mit Genua Ende 1240 ein Vertrag geschlossen worden; gegen ansehnliche Zahlung sollten die Prälaten auf einer zur Verteidigung gerüsteten Flotte bis zur Tibermündung geschafft werden,[3]) da der Kaiser, der das Konzil um jeden Preis hindern wollte, öffentlich verkündet hatte, er werde alle dazu Reisenden

---

[1]) Urk. des Thomasius de Bifero, vicarius in Prato pro Domino Pandolfo de Fascianella, generali capit. in Tuscia; Prati in palatio imperatoris 1241, 31. Dezember SAF. — Badia di Ripoli und Kopialbuch von Urkunden des Klosters Vaiano (18. Jahrh.) Conv. soppr. 224, No. 240. p. 107. — Über Enzios Aufenthalt in Prato s. in der vorigen Anm. — Betreffs des Podestà-Amtes (1242) des Thomas von Fasanella Reg. Imp. 13 421. — Über den Kaiserpalast in Prato in früherer Zeit s. Bd. I, 593 f. Die Neuerbauung der Kastelle von Prato und San Miniato durch Friedrich II. meldet Villani VI, 1. Den vormaligen Ankauf Pratos und seiner Burg (die Stadt, ursprünglich Borgo des Kastells, war anfänglich nur dessen Zubehör) ergibt die Antwort, die der Rechtsprofessor Guido von Suczara 1281 im Namen des Reichslegaten Rudolf von Hoheneck den Gesandten Pratos erteilte: dieses sei vom Reich erkauft wie ein Pferd oder ein Feld. S. Protokoll der prateser Ratssitzung vom 6. August 1281. Arch. Stor. Ser. V, Vol. 5, p. 111.

[2]) Schreiben des passauer Archidiakons Albert von Behaim an den Bischof von Ferrara, den Bischof und die Bürger von Bologna, den Dogen von Venedig, an Mailand, Brescia usw. vom 10. April 1241 in der „Biblioth. des Literar. Vereins" XVI, 28. — Reg. Imp. 11 322, 11 323.

[3]) M. G. Epp. I, 697.

gefangen nehmen lassen, und da er die Landwege in der Tat gesperrt hielt. Auf die Kunde von dem Abkommen mit Genua ließ er eine Flotte aus seinem Königreich nach der Arnomündung segeln, damit sie sich dort mit der pisaner Seemacht vereinige; Enzio scheint über die bevorstehende Einschiffung der geistlichen Herren genau unterrichtet gewesen zu sein, als er sich von Florenz auf den Weg machte und sich doch so wenig beeilte, daß er den kleinen Umweg über die Stadt am Bisenzio nicht scheute. Er muß sich in Pisa befunden haben, als die vereinte Flotte auslief, um den genueser Schiffen den Weg abzuschneiden; die vornehmen Priester mochten bereits ihr Schicksal preisen, als sie ungehindert an der pisaner Küste vorübergesegelt waren, aber am 3. Mai, am Fest der Kreuzeserhöhung, sahen sie sich weiter südlich auf der Höhe der Insel Giglio, schon ihrem Ziele nahe, von der Übermacht umringt; Widerstand der Genuesen wäre fruchtlos gewesen; fünf ihrer Schiffe, mit spanischer Geistlichkeit besetzt, entkamen der Gefahr, aber 22 Galeeren wurden von den Siegern erbeutet und die bedeutendsten Persönlichkeiten der Kurie wie des französischen Klerus wurden im Triumph vor den Kaisersohn nach Pisa geführt. Die Schiffsmannschaft war nicht glimpflich mit ihnen umgegangen, sondern hatte sie, wie man es mit anderen Kriegsgefangenen auch getan hätte, ihrer kostbaren Gewänder, ihrer Wertsachen und aller Gegenstände ihres Behagens beraubt. Es entsprach ihrer Notlage, aber es berührt seltsam, daß, wie die Kardinäle in dieser Lage nach Pisa gebracht wurden, sie alsbald in ihrer Eigenschaft als Legaten den pisaner Kirchen eine Steuer auferlegten, während der Erzbischof ihnen auf das Erträgnis dieser Prokurationen einen Vorschuß erteilen mußte.[1]) Der wichtigste der Gefangenen war der Kardinalbischof Jakob von Palestrina, der von der Legation aus Frankreich zurückkam, derselbe, der vor sechs Jahren die Einigung zwischen Florenz und Siena herbeigeführt hatte. Jene Gegenden, in denen er damals in der Allmacht des Kirchenfürsten und in dem milden Glanze des Friedensstifters gewaltet hatte, sah er jetzt in Not und Erniedrigung wieder, denn während Enzio die kirchlichen Würdenträger zunächst in Pisa mit Ehrerbietung behandeln ließ,[2]) kam von seinem Vater bald die Weisung, äußerste Strenge gegen sie anzuwenden. Es war weder weise, noch eines edlen Monarchen würdig, daß man die wohl durchweg bejahrten Herren nach der Reichsburg San Miniato führte und sie in deren Kerkern mit eisernen Ketten fesselte, während die Mönche und niederen Kleriker in pisaner Gefängnisse geworfen wurden. In das Kastell über dem Arno brachte man außer Jakob auch den Kardinal Otto, der als Legat aus England kam, drei französische Erzbischöfe — einer war bei der Gefangennahme ertrunken —, vier Bischöfe desselben Landes und zwei aus Italien, sowie viele mächtige Äbte und andere hohe Geistliche aus Frankreich. Vergeblich bat König Ludwig den Kaiser um Freilassung der Gefangenen, wenigstens derer aus seinem Reiche; in tiefem Grimm gegen die Kirche, zugleich aber wohl,

[1]) Urk. Pisa 1241, 10. Juni. Mittarelli IV, App. col. 564.

[2]) Schreiben der Prälaten an den Papst in Guidonis Fabe Epistolae, s. unten.

weil er meinte, in solcher Art auf die nach menschlicher Voraussicht nahe Papstwahl einen Einfluß zu üben, hielt Friedrich seine lebende Beute fest, und später ließ er einen Teil der Gefangenen vom Arno nach apulischen Kerkern überführen.[1])

Verhandlungen zwischen Kaiser und Papst. Kämpfe in der Aldobrandesca-Grafschaft

Man hat in Italien zu allen Zeiten vor der Macht und ihren realen Erfolgen eine unbegrenzte Achtung gehegt, und auch jetzt ging der Eindruck dahin, der Papst sei gezwungen, sich mit dem Gegner zu einigen. Noch ehe Faenza gefallen war, Anfang April, hatte der Generalkapitan Pandulf im Auftrage Enzios mit den Kontingenten der tuszischen Städte wieder die Gebiete der Aldobrandesca-Grafen angegriffen und Selvena von neuem, doch wiederum erfolglos belagert;[2]) im Juni wiederholte er den Vorstoß gegen den wichtigen Lehnsmann der Kirche,[3]) ohne freilich auch jetzt seiner Herr werden, oder auch nur den hart umkämpften Ort einnehmen zu können, so daß im September 1241 die Städte wiederum ihre Mannschaften mit dem Grafen von Fasanella in das Gebiet des Montamiata und der Marittima ziehen lassen mußten.[4]) In der Zwischenzeit aber hatte der Kaiser, der den Plan, sich nach der Bezwingung Faenzas gegen Bologna zu wenden, aufgegeben hatte, selbst einen Heereszug gegen den Kirchenstaat unternommen, und als die Gefahr immer näher rückte und immer höher stieg, ließ sich Gregor in der Tat zu Verhandlungen mit dem Gebannten herbei, von denen man, wie es scheint, überall einen günstigen Ausgang erwartete.[5]) Sie scheiterten, weil weder eine Versöhnung der Personen noch ein Ausgleich der tiefen in ihnen lebenden Gegensätze möglich war, und schließlich hat der Tod Gregor davor bewahrt, sich selbst und seinem Haß untreu zu werden; wenige Monate nach dem Fange der Prälaten, während der Kaiser Tivoli unterwarf und die Umgebung von

Gregor IX. † 22. August 1241.

Rom besetzt hielt, ist er gestorben. Sein Ende war ein tragisches, denn die letzten Gedanken des fast Hundertjährigen mußten von der Überzeugung erfüllt

---

[1]) Die Quellen über den Seekampf und die Gefangennahme der Prälaten sind Reg. Imp. 3200a und 13 370a zusammengestellt. Dazu kommt das durch die Ann. Melrosenses M. G. Ss. XXVI, p. 440 überlieferte Schreiben des gefangenen Abtes von Citeaux an den Abt von Saviniacum und der Brief der gefangenen Prälaten an den Papst, den der Bologneser Guido Faba in sein Epistolarium aufnahm (Propugnatore, Nuova Serie VI. 2. p. 386). — Ferner Nicolai de Carbio, Vita Innoc. IV. ed. Pagnotti (Archivio della Società Romana XXI, 77). — Guillelmus de Nangis. M. G. Ss. XXVI, 536. — Über den Seekampf vgl. die klare Darstellung bei Manfroni, Storia della Marina Ital. I, 396 ss. — Über den damaligen Aufenthalt Enzios in Pisa Forsch. usw. II (S. Gimign.), Reg. 337, 339, 342. — Anwesenheit des Pandulf von Fasanella dort Reg. 342.

[2]) Forschungen usw. II (San Gimignano), Reg. 328.

[3]) Ebendort 347. — [4]) Ebendort 364, 369.

[5]) Die Verhandlungen, über die Reg. Imp. 3221 näheres zu ersehen, erfahren eine neue Beleuchtung durch Forsch. usw. II (S. Gimign.), Reg. 343. Im Rat von San Gimignano kamen die Einigungsverhandlungen zwischen Kaiser und Papst am 17. Juni 1241 zur Sprache.

sein, daß er furchtbare Kämpfe vergeblich entfesselt hatte, daß die Kirche unterliegen und der glaubenslose Herrscher siegen werde. Vor seinem erlöschenden Geist mochten die umbrischen Täler oder die Stadt am Arno erscheinen, wo er mit einem demütigen Manne in brauner Kutte geweilt, der leuchtenden Auges von Liebe und Vergebung sprach und dessen Worte ihm damals an die Seele gegriffen hatten; sein eigenes Dasein aber war voll unbeugsamen Trotzes gewesen, und diesen schien die Gottheit, an deren unmittelbarem Eingreifen er nicht zweifelte, verworfen und verurteilt zu haben. Sterbend mochte er das Auge des Franziskus, dem er die Strahlenkrone der Heiligkeit verliehen hatte, voll tiefen und vorwurfsvollen Kummers auf sich gerichtet sehen.

Friedens-hoffnungen.

Die Kardinäle, von denen einige der einflußreichsten im Kerker saßen, wählten nach kurzer Frist den Giuffredo, der einst die Unterwerfung Pistoias unter Florenz vermittelt hatte, aber dieser lebte unter dem Namen Cölestin IV. nur wenige Tage in der höchsten Würde. Nachdem der Stuhl Petri wiederum verwaist war, vergingen zwanzig Monate, ehe die kleine Zahl der noch übrigen Purpurträger sich von neuem auf einen der Ihrigen zu einigen vermochte. Der Kaiser sah sich als Herr und Sieger; doch statt die Lage ganz für sich auszunützen, verschwand er für einige Zeit in die Ferne seines geliebten Apuliens. Die unterirdische Tätigkeit der ihm feindlichen Mächte betrachtete er wohl nicht als schwere Gefahr; daß kirchliche Agitation die gefangenen Kirchenfürsten den Völkern als Märtyrer, ihn aber als deren unerbittlichen und grausamen Kerkermeister darstellen konnten, wird ihn nicht beschwert haben. In seinen Kreisen erwartete man von dem künftigen Papst einen Frieden „fest wie eine Mauer", nachdem der „zu Kriegen stets allzu bereite Gregor" verschwunden war.[1]) In dem ganzen 13. Jahrhundert und weit über dieses hinaus flimmert und leuchtet in den Gemütern die Hoffnung auf den erlösenden, die Wunden der Zeit heilenden Papst, der da kommen sollte und der niemals erschien.

Die reichstreue Haltung von Florenz.

Wollte man nach äußern Symptomen urteilen, so wäre Florenz in dieser Zeit eine dem Kaiser aufrichtig ergebene Stadt gewesen. Wir erfahren von keinem Widerstreben gegen die ununterbrochenen Weisungen, Zuzug zu den kaiserlichen Heeren zu stellen; das Mitglied des hervorragenden Welfengeschlechtes der Adimari, Tegghiaio Aldobrandi, den Dante als einen der besten Bürger seiner Vaterstadt preist, obwohl er auch ihn in den Höllenkreis der Sodomiter bannen mußte, stand zum Kaiser und zu Enzio in so naher Beziehung, daß er als Patron von Nachbarstädten und als Vermittler ihrer Wünsche bei dem Herrscher dienen konnte,[2]) ähnlich wie Gentile Buondelmonti, der sich im Heere von Faenza befunden hatte. Podestà des kaisertreuen Reggio, dessen

[1]) Dies wird in dem aus der Zeit der Sedisvakanz stammenden, dem Petrus de Vineis zugeschriebenen Gedicht, gedruckt Huillard-Bréholles, Vie et correspondance de Pierre de la Vigne p. 402 ss., ausgesprochen.

[2]) Forsch. usw. II (S. Gimign.), Reg. 299, 345, 351 393. — Dante Inf. VI, 79, XVI, 40.

Ritterschaft 1242 an der Seite Enzios gegen die reichsfeindlichen Städte der Lombardei focht, war anderseits der florentiner Ghibelline Lambertesco de' Lamberteschi, dem die Stadt für die Dauer seines Amtes volle Herrschaft nach seinem Willen gewährte, der dort ansehnliche Bauten ausführte und mit dessen Rechtspflege man so zufrieden war, daß man ihn, auf das Wappentier seines Geschlechtes anspielend, mit dem Verse feierte:[1])

Venuto è 'l lione
De terra Florentina
Per tenir raxone
In la cita Regina.

Eine ebenso große Huldigung für ihn war es, daß man als seinen Nachfolger einen Mann aus seiner Familie erwählte, jenen Mosca Lamberti, den Dante als den Urheber des Mordes vom Ponte Vecchio ewige Strafe dulden läßt. Mosca ist 1243, wahrscheinlich ziemlich bejahrt, als Podestà Reggios gestorben.[2])

Als in Genua die Kardinäle und Prälaten erwartet wurden, entdeckte man durch Beschlagnahme eines Schreibens des Kaisers an dessen geheime Anhänger, das in einem Brote Wachs verborgen in die Stadt eingeführt wurde, das Vorhandensein einer Verschwörung, deren Ziel der Sturz der herrschenden kaiserfeindlichen Partei, die Lösung Genuas von der Kirche war. An ihr waren neben vornehmen und einflußreichen Genuesen der Florentiner Mainetto und mehrere seiner Landsleute beteiligt. Als die Häscher des Podestà den Mainetto ergriffen hatten, wurde er gewaltsam befreit, worüber der Bürgerkampf in den Straßen blutig und zerstörend ausbrach.[3]) In Bologna ermittelten die Behörden im März 1242 einen Anschlag, die Stadt von der Partei der Kirche und des Lombardenbundes zu der des staufischen Herrschers hinüberzuführen. Viviano Guidi aus Florenz war dessen Leiter; er hatte im Einvernehmen und in brieflicher Verbindung mit König Enzio wie mit den kaiserlichen Befehlshabern der Romagna gestanden; neben ihm war Anselmo, Sohn des Magister Bene, wahrscheinlich des florentiner Professors der Grammatik an der Universität Bologna, in die Verschwörung verwickelt, und unter dem Einfluß der Folter verriet er einen Guido aus Florenz als Mitwisser der geheimen Pläne.[4])

Geistliche Zwistigkeiten und städtische Unruhen.

So finden wir an den verschiedensten Orten Florentiner in offener und in versteckter Art für den Kaiser tätig. Selbst Bischof Ardingus scheint nach

[1]) Salimb. p. 48. — Über den damaligen Kampf der Ritterschaft Reggios unter Enzio Ann. Placent. Gibell. M. G. Ss. XVIII. 486.

[2]) Am 27. Januar 1243. Er wurde bei den Dominikanern von Reggio beerdigt. Alberti Millioli, Lib. de Temporibus. M. G. Ss. XXXI, p. 515.

[3]) Bartholomaei Scribae Annales, M. G. Ss. XVIII, 194 s.

[4]) Die Urkunde der Verhöre bei Savioli III. 2, 196. — Magister Bene, Vater des Anselm (der Kleriker war), wird als verstorben bezeichnet; über den 1226 gestorbenen Magister s. Bd. I. 805 u. 812 f., wo auch über Einladung des Kaisers an ihn berichtet ist.

dem Tode Gregors wieder für dessen florentiner Anhänger Partei ergriffen zu haben. Eine jener häufigen Fehden um die Besetzung geistlicher Stellen schwebte wegen des Rektorats der Kirche San Firenze; der Abt Gregor des Vallombrosanerklosters Montescalari behauptete, das Recht zur Einsetzung des Hauptpriesters zu besitzen, und ernannte einen Presbyter Melior zu dieser Würde. Der Pfarrbezirk von San Firenze aber umfaßte ein Gebiet, in dem viele Häuser und Türme des mächtigsten Ghibellinengeschlechtes, der Uberti, lagen, und diese stellten jenem Melior den Domkanoniker Fede entgegen, der ein energischer Parteigänger des gebannten Herrschers war. Die Mehrheit der Pfarreingesessenen entschied sich nicht nur für ihn, sondern ernannte auch zwei Ritter und zwei andere Mitglieder des Hauses Uberti zu Prokuratoren der Kirche, deren Bevollmächtigung bis zum Jahre 1246 gelten sollte; unter den letztern war Manente, Sohn des verstorbenen Ritters Jacopo dello Schiatta Uberti, weltbekannt unter seinem Beinamen Farinata, weil Dante ihn unter diesem gefeiert hat, und wir sehen ihn bei diesem Anlaß zuerst im öffentlichen Leben seiner Vaterstadt hervortreten. Der Abt von Montescalari exkommunizierte den Fede, doch Bischof Ardingus erklärte, der Bannfluch sei zu Unrecht ausgesprochen, er dulde den Eingriff in seine eigene Jurisdiktion nicht, und da Fede von der Mehrzahl erwählt sei, solle er das Amt erhalten. Vor geistlichen und auch vor weltlichen Gerichten ging der Streit dennoch fort; er führte zu bewaffneten Angriffen der Anhänger des Abtes Gregor und des Melior gegen die zu San Firenze gehörigen Häuser, wobei die Vallombrosaner von Montescalari mannhaft mitkämpften und mitplünderten. Doch hat sich Fede, von den Uberti gestützt, behaupten können; sieben Jahre später hat er dann vom Papst die Lösung von der Exkommunikation nachgesucht und erhalten, die über ihn als Anhänger des Kaisers und seiner Machtboten verhängt war.[1]) Das unruhige Geschlecht, dessen Schützling der Rektor von San Firenze war, machte durch seinen Einfluß auf den Podestà seine Macht so in der Stadt wie auf dem Lande fühlbar; Farinata degli Uberti bedrohte mit ausdrücklicher Zustimmung des Stadtregenten von Florenz — es war in diesem Jahre der Ritter Ugo Ugolini Latini aus Città di Castello — im August 1241 irgendwelcher Händel wegen, in die das Grafenhaus Alberti verwickelt war, mit bewaffneter Macht das nahe bei San Gimignano gelegene Ulignano.[2]) Den florentiner Guelfen aber mochte der steigende Einfluß der Gegenpartei verdächtig und bedrohlich erscheinen; der Podestà geriet, wie es scheint infolge seines rücksichtslosen Vorgehens gegen vornehme Stadtgeschlechter in herbe Konflikte; den Luttieri drohte er, angeblich aus geringfügigem Anlaß, ihren Turm

Die Uberti.

---

[1]) Die sehr zahlreichen Urkunden über diesen Streit liegen in der Provenienz San Vigilio di Siena im Florentiner Staatsarchiv vor; einige derselben sind mangelhaft bei Lami. Delitiae eruditorum I, 240—244 gedruckt. Die wichtigsten sind die von 1241, 7. September (2), 9. Oktober; 1242, 10. Juli, 10. Oktober; 1244, 11. März, 9. September; 1248, 3. April, 19. November.

[2]) Forsch. usw. II (S. Gimign.), Reg. 348, 349.

zu Boden werfen zu lassen,[1]) und die guelfischen Giandonati eröffneten einen regelrechten Kampf gegen ihn. Der Palast der Amidei bei Santo Stefano am Ponte Vecchio diente damals als provisorisches Rathaus und als Wohnung des Stadtregenten; seine Berrovieri — die Polizeimannschaft, die der Podestà von auswärts zur Vollziehung seiner Befehle mitzubringen hatte — hausten in einem Bau, der sich an den daneben befindlichen Turm Bigoncia lehnte. Die Häuser und Türme der Giandonati lagen an der anderen Seite von Por Santa Maria, kaum um Steinwurfsbreite entfernt, und von ihnen aus setzte das Geschlecht der Residenz des Podestà so arg zu, daß durch ihre Geschosse die Dächer zerschmettert wurden und ein gegen den Arno gelegenes Türmchen, sowie das den Berrovieri angewiesene Haus starke Beschädigungen erlitten. Die Kommune mußte die Amidei für die Zerstörung an ihren Gebäuden entschädigen, aber bei der herrschenden Wirtschaft und der Erschöpfung aller finanziellen Kräfte war die Kämmereikasse so völlig leer, daß für die nicht eben große Summe den Amidei die Amtsbücher des Podestà, das Verzeichnis der während des Jahres für Straftaten mit dem Stadtbann Belegten und das Steuerregister der Feuerstellen in der Grafschaft, endlich auch die Glocken der Kommune als Pfand bestellt werden mußten. Man hat darin gewiß nur ein Symbol zu sehen, denn die Bücher werden unter gemeinsamem Verschluß, die Glocken auf den Türmen der Amidei verblieben sein, von wo sie zum Rat oder Auszug riefen, aber von der Art der Kämmereiverwaltung ohne Vorsorge und ohne bereite Mittel bei doch sehr erheblichen jährlichen Einnahmen und Ausgaben gibt der Vorgang ein ebenso deutliches wie trübes Bild.[2])

Kämpfe zwischen Ghibellinen und Guelfen.

Nach kurzer Unterbrechung war die Zeit der Stadtkriege wiedergekehrt; im Jahre 1242 bemächtigten sich die guelfischen Adimari gewaltsam des Turmes

[1]) Forsch. usw. II (S. Gimign.), Reg. 330.

[2]) Über den Kampf der Giandonati gegen den Podestà Annal. Flor. II. Hartw. II. 42. — Die Urkunden betreffs der Entschädigung der Amidei von 1241, 4. Dezember, Santini 474. Daß jene chronistische Nachricht und diese Urkunden in Zusammenhang stehen, ergibt die erwähnte Lage der Häuser der Giandonati und der Amidei. — Eine uns nur durch Auszug im Spoglio Strozziano. Bibl. Naz. II. IV, 379 (XXV. 594). p. 320) überlieferte Urkunde von Santa Maria degli Angeli von 1241, 6. Juni, ist ausgestellt „in palatio filiorum de Amideis Florentie ubi consilia fiunt et jura redduntur“. — Für die Kämmereiverwaltung dieser Zeit besitzen wir nur eine Urkunde mit genauen Ziffernangaben (1240, 30. April; Santini 471). In den Monaten März/April wurden 3292 l. 16 s. 4 d. verausgabt und 4310 l. 17 s. 2 d. vereinnahmt. Der Überschuß der Einnahme erklärt sich daraus, daß im April die Steuer in der Grafschaft erhoben wurde. Da Ausgaben und Einnahmen (wie sich durch Studium der Kämmereibücher von San Gimignano und Siena erkennen läßt) in den einzelnen Monaten sehr ungleichmäßig waren, je nachdem Kriegszüge stattfanden, Zahlungen verschoben oder etwa nach Ausschreibung einer „Libra“ (Vermögenssteuer) nachträglich geleistet wurden, so lassen sich aus der vereinzelten Abrechnung nicht einmal auf das Budget eines einzelnen Jahres Schlüsse ziehen: Florentiner Kämmereiregister dieser und der folgenden Jahrzehnte des 13. Jahrhunderts haben sich nicht erhalten.

der ghibellinischen Bonfanti,[1]) und diese Privatfehden waren nur Symptome der allgemein herrschenden Erregung; sie würden als Einzelerscheinung keine Beachtung verdienen, aber sie waren, wie stark sich in ihnen Haß und Interesse der Personen und Geschlechter austoben mochten, zugleich der Ausdruck tiefer, aus leichtem Schlummer wiedererweckter Gegensätze allgemeinen Charakters. Ein Bericht späterer Zeit weiß zu erzählen, Kaiser Friedrich habe seinerzeit vor Faenza mit den Buondelmonti und mit den Uberti zugleich geheime Verhandlungen gepflogen, damit sie die Vaterstadt in seine Gewalt lieferten; die Uberti hätten sich geweigert, die Buondelmonti sich willig gezeigt, und als er dies die Uberti wissen ließ, hätten sie ihren Widerstand aufgegeben; aus der Hand der Uberti und durch ihren Verrat habe er die Herrschaft über Florenz gewonnen.[2]) Die Erzählung ist sicherlich irrig, denn seit der Einigung mit Gebhard von Arnstein fügte sich die Stadt den kaiserlichen Befehlen, und jene Intriguen können in solcher Art nicht stattgefunden haben. Aber so wenig begründet die Erzählung ist, so wahrscheinlich ist es, daß vor Faenza, wie in der Heimat selbst jeder Einfluß geübt sein wird, um die nur folgsame Stadt zu einer „getreuen“ zu machen, und daß man gegenüber Florenz mit feineren Mitteln versuchte, was gegenüber kleineren Städten mit Drohungen und Gewalt durchgesetzt wurde. San Gimignano hat nach allem Sträuben, trotz aller versuchten und bewirkten Bestechungen des Generalkapitans Pandulf,[3]) durch die doch immer nur kurze Aufschübe erlangt wurden, im November 1241 den Fidelitätseid leisten müssen,[4]) und die Kommune Volterra wurde in derselben Zeit durch einen Heereszug Pandulfs zu Gleichem sowie zur Herausgabe des durch sein Silberbergwerk wichtigen Kastells Montieri gezwungen,[5]) das gleich dem sonstigen Besitz des Bistums als eingezogenes Reichslehn beschlagnahmt wurde. Die Erfolge in der Romagna und im Kirchenstaat, der Tod des furchtbaren päpstlichen Feindes gaben dem Verhalten des Kaisers gegen die toskanischen Städte eine veränderte Wendung. In Arezzo benutzten Enzio und Pandulf eine durch ihren Vikar Lionardo de Contursio herbeigeführte Friedensstiftung zwischen den in wechselseitigem Hader liegenden Rittern, um die Stadt in

---

[1]) Ann. Flor. II (Hartw. II. 42.) — Über die Parteistellung der Bonfanti belehren uns die Urkunden. Ugolinus de Bonfantis war 1248 nach Austreibung der Guelfen consul justitiae (Santini 344). Der Judex Piero Bonfante, der die Chronik des Martinus Polonus ins Italienische übertrug (vgl. Forsch. usw. I, 165 und IV, S. 357 in dem Abschnitt „Zur florentiner Historiographie“), trat 1251, 26. Oktober als Gesandter der florentiner Ghibellinen, am 28. November als solcher der Ghibellinen Arezzos im Rat in Siena auf (SAS. — Cons. gener. 3, f. 72 und 87[a]).

[2]) S. „Die Entstehung der Guelfen- und der Ghibellinen-Partei“, Forsch. usw. IV, S. 48 f.

[3]) Forsch. usw. II (S. Gimign.), Reg. 360, 373, 379.

[4]) Ebendort 379—82.

[5]) Forsch. usw. II (S. Gimign.), Reg. 366, 372, 375, 385. — Im Dezember weilte Pandulf in Volterra, das er eben bekämpft hatte; Regest 392.

unbedingte Abhängigkeit vom Kaiser zu setzen. Das Stadthaupt nannte sich fortan „Podestà von Gottes und des Kaisers Gnaden", und diese bisher in Mittel-Italien niemals übliche Bezeichnung drückte deutlich die Wandlung der Lage aus; im folgenden Jahre nahm der Podestà Sienas ebenfalls den Zusatz „von Kaisers Gnaden" in seinen Titel auf.[1] Im Herbst 1241 erging ein allgemeines Edikt Friedrichs für Tuszien, wonach fortan die Podestà-Wahl nur auf Grund seiner oder seines Generalkapitans besonderer Erlaubnis erfolgen sollte.[2] Die jetzt konsequent verfolgte Politik ging dahin, die zentralistische Regierung auch auf die Städte auszudehnen, sie dem Beamtenstaat einzugliedern, um über ihre Kräfte und Hilfsmittel möglichst unbeschränkt verfügen zu können; eine direkte kaiserliche Finanzverwaltung für Toskana, an deren Spitze im Königreich geschulte Beamte standen, war vor kurzem eingerichtet.[3] Zweifellos wird der Kaiser unter den Ghibellinen, die ihm immer näher traten, bereitwillige Helfer für seine Absichten gefunden haben; guelfische Tradition hingegen war die Verteidigung kommunaler Unabhängigkeit, und es kann kein Zufall sein, daß dem Erlaß jenes Befehles wegen der Podestà-Ernennung, gleich einem Echo, der Wiederausbruch der Straßenkämpfe antwortete. Die Guelfen, die in der Stadt die Übermacht der Gegner fürchten mußten, rückten wie vor drei Jahren aus der Stadt, um diese von außen her zu bekämpfen; sie gingen wieder nach Gangalandi bei Ponte a Signa, wohl in der Absicht, die Grafen von Gangalandi, Führer der Ghibellinen, zu verdrängen und sich in deren Burgen vor den Toren von Florenz festzusetzen. Um dies zu verhindern, rückten die Ghibellinen ihnen sofort nach, und an derselben Stelle, wo die Parteien vor drei Jahren gegeneinander geschlagen hatten, standen sie sich von neuem gegenüber. Doch es kam für jetzt nicht zum Kampf; Bischof Ardingus erschien inmitten der feindlichen Bürger, und die Vermittlung des klugen Kanonisten, der sich zwischen Guelfen und Ghibellinen, zwischen Papst und Kaiser als Vertrauensmann aller zu behaupten verstand, hatte Erfolg;[4] Guelfen und Ghibellinen ritten scheinbar versöhnt durch die Porta San Frediano in die Heimat ein. Doch da die Ursache, die Übermacht

---

1) Der Aretiner Friede, 1241 ohne Tagesdatum, Reg. Imp. 13397. — „Dominus Gianni de Mandria Dei et imperatoris gratia potestas Aretii" 1241, 5. Juli. Spoglio Strozziano, National-Biblioth. Florenz XXXVII, 302 p. 200. — „Dominus Albertus de Canale Dei et Domini imperatoris gratia Senensis potestas" 1242, 15. März, SAS. — Caleffo Vecchio f. 236.

2) Reg. Imp. 3232, 13390. — Forsch. usw. II (S. Gimign.), Reg. 381.

3) Ihr Titel war „receptor et dispensator pecunie imperialis curie in Tuscia". In diesem Amt erscheint 1240, 9. Juli ein Judex Johannes (Urkunden-Spoglio Mscr. Pecci 70 [im Besitz der Provinz Florenz] f. 127; 1243, 12. November Magister Boccamuscelli, Forsch. usw. II. Reg. 448 und IV, S. 317; 1247, 7. August Tomasius de Gurgio, Ficker, Forsch. IV, 420; 1248, 30. Juni Magister Gualterius de Capua; Mscr. Pecci 70, f. 127².

4) Ann. Flor. II (Hartw. II, 42).

der kaiserlichen Partei, fortbestand, glomm auch der Ingrimm unvermindert in den Herzen der Gegner. Im November zogen die Ghibellinengeschlechter nach dem etwa 10 Kilometer nordwestlich der Stadt am Bisenziofluß gelegenen Campi, um einer Familie ihrer Partei, den Bertaldi von Santa Trinità,[1]) in irgendeiner Fehde Hilfe zu leisten. Alle großen Häuser der Partei ritten mit den Bertaldi aus, die Grafen von Gangalandi, die Uberti, die Lamberti, die Angehörigen der Häuser Caponsacchi, Amidei, Bogolesi und Fifanti. Einer Nachstellung war man nach eben beigelegtem und gewiß durch feierliche Schwüre und die niemals fehlenden Friedensküsse beendigtem Zwist nicht gewärtig, aber die Buondelmonti boten die Guelfen auf in der Hoffnung, die Häupter des Hauses Uberti, ihre Kapitalfeinde und Führer der Gegenpartei, abfangen zu können; sie hatten es zumal auf die jugendlichen und heldenhaften Brüder Manente-Farinata und Neri Piccolino abgesehen; an ihnen wollten sie trotz der inzwischen erfolgten Verschwägerung in neu erwachtem Haß die alte Vendetta für den ermordeten Geschlechtsgenossen üben. Dies freilich gelang nicht, aber etliche andere von den ghibellinischen Edeln, die keinen Hinterhalt fürchteten, wurden getötet; einem, dem Messer Guido de' Galli, wurde die Nase abgeschlagen und der Mund bis zu beiden Ohren aufgeschlitzt. Unter den verräterisch Gemordeten war jener Messer Oddo Arrighi Fifanti, der in demselben Campi vor mehr als einem Vierteljahrhundert bei dem ersten Ausbruch des Haders eine verhängnisvolle Rolle gespielt und nachmals im Krönungslager vor Rom die Florentiner gegen die Zelte der Pisaner geführt hatte. Wie die überfallenen Ghibellinen mit ihren Toten und Verwundeten in die Stadt zurückkehrten, geriet diese in wilde Bewegung. Die Geschlechter bewaffneten ihre Paläste und Türme; von deren Brücken und Dächern schleuderten die Manganellen Steine gegen feindliche Nachbarn, und die Pfeile flogen hinüber und herüber. Viel Volk ging dabei zugrunde, und an dem erneuten Verrat entzündete sich die schlummernde alte Wut.[2])

---

[1]) Den Wohnort des Geschlechtes ergibt das im Besitz des Klosters befindliche Nekrologium von Santa Maria Novella (angelegt 1280) f. 11.

[2]) Der ausführliche Bericht der Chronik des Pseudo-Brunetto Latini (Hartw. II. 225) findet seine Bestätigung durch die kurze Notiz der Ann. II (Ebend. p. 42): „Ghebellini iverunt ad Campi et Guelfi eos secuti sunt et fregerunt eos." Die früher erwähnte Verstoßung der Tochter des Ranieri Zingani Buondelmonti durch deren Gatten Neri Piccolino degli Uberti erfolgte jetzt mit der Erklärung „er wolle nicht Kinder zeugen, die das Blut von Verrätern in ihren Adern hätten" (Pseudo-Brunetto). Die Zeit des Überfalls der Ghibellinen durch die Gegenpartei läßt sich dadurch feststellen, daß der dabei getötete Oddo Arrighi Fifanti nach dem Obituar von Santa Reparata (Opera del Duomo) am 29. November gestorben ist. Dagegen ist die Nachricht des Pseudo-Brunetto, Messer Jacopo dello Schiatta Uberti sei ebenfalls damals ermordet worden, eine unrichtige. Er wird schon in einer Urk. von 1242, 8. Mai (SAS. — Santa Croce) als verstorben erwähnt; sein gleichnamiger Bruder, Jacopo mit dem Beinamen „Griso", der noch vielfach zu nennen sein wird, lebte lange über diese Zeit hinaus.

Enzio in Florenz. — Seine Kämpfe an der Riviera di Levante.

König Enzio war im Juni 1242 von neuem in Florenz erschienen, wahrscheinlich in der Zeit nach der vorübergehenden vom Bischof bewirkten Aussöhnung. Seine Anwesenheit hatte den Zweck, Truppen zur Unterstützung der Pisaner aufzubieten, die gemeinsam mit den von ihm geführten Hilfsmannschaften tuszischer Städte und mit der aus Genua vertriebenen kaiserlichen Partei, im Juli Portovenere und Levanto an der Ostriviera zu Lande belagerten; zugleich versuchten pisaner Schiffe nebst einer kaiserlichen Flotte, zusammen hundert Galeeren und hundert Barken stark, die Städte vom Meere aus zu erkämpfen, doch ein genuesisches Geschwader entsetzte die Bedrängten, und auch zu Lande erlitten die Pisaner und ihre Verbündeten durch die mit dem Kreuz gezeichneten Genuesen fortdauernde Niederlagen.[1]) Es waren Fehden, an denen sich die tuszischen Munizipien aus eigenem Interesse gewiß nicht beteiligt hätten, die ihnen Opfer an Gut und Blut auferlegten, ohne ihnen Ehre noch Vorteil zu bringen. Das Gleiche galt von dem Reichskriege in der Lombardei[2]) zu dem sie Mannschaften stellen mußten, es galt von dem gegen Perugia, das mit Rom ins Bündnis getreten war, und gegen das Pandulf im Winter 1242 das Aufgebot Toskanas führte,[3]) wie von dem Verwüstungszuge gegen die Römer, den Friedrich selbst im Mai 1243 leitete und zu dem die Städte ihre Ritter zu entsenden hatten.[4]) Wo immer vom Po bis zum Tiber die Waffen blitzten und das Adlerbanner wehte, mußte sich auch ein Teil der Ritterschaft und der Fußtruppen von Florenz, wie aller Nachbargemeinden einfinden.

Steigendes Selbstbewußtsein der Florentiner.

Das Selbstgefühl der Florentiner aber, die trotz der Leistungen, zu denen sie sich verstehen mußten, bisher dem Kaiser gegenüber ihre munizipale Selbständigkeit, trotz städtischer Wirren aufrecht erhalten hatten, war ein unbegrenztes. Als am 10. Juni 1243 Bartolomeo, Abt der Badia, den Grundstein zum Neubau der Kirche San Simone e Giuda legte, wozu zahlreiche Fromme, oder Schaulustige herbeiströmten, verewigte man das Ereignis durch eine Inschrift, in der für Florenz kühnlich der Vorrang vor allen „lateinischen Städten", Rom und Paris mithin nicht ausgenommen, verlangt wurde.[5]) In der gesteigerten Empfindung eigener

[1]) Bartholomaei Scribae Ann. M. G. Ss. XVIII, 203 s. — Reg. Imp. 13421a. — Anwesenheit Enzios in Florenz, von wo er nach Pisa ging, Forsch. usw. II (San Gimign.), 412, 413. — Am Tor Portoveneres erinnert eine damals eingemauerte Inschrift an die Befreiung von der Belagerung. (Gedruckt in den Atti della Società Ligure, XII [1887], p. 80.)

[2]) Forsch. usw. II (S. Gimign.), Reg. 421 (3. Oktober). — Quittung solcher, die für Città di Castello mit dem König (Enzio) in der Lombardei waren vom 31. Okt. 1242, Kommunal-Archiv Città di C., Libro Nero I, 9. — Zahlung von Sold seitens Sienas für Kriegsdienst in der Lombardei 1242, 3. Novemb. SAS. — Arch. Generale (an Urkunde vom 5. Mai 1235 befestigt).

[3]) Das Bündnis wurde in Rom am 12. März 1242 geschlossen. Komm.-Archiv Perugia, Libro delle Sommissioni O. C. f. 31[a]. — Ausführung des Reichsbannes gegen die Römer in Tuszien. Forsch. usw. II (S. Gimign.), 411. Aufgebot zum Kampf gegen Perugia 427; auch das Regest 430 (31. Dezember 1242) bezieht sich auf ihn.

[4]) Forsch. usw. II (S. Gimign.), Reg. 445. — Reg. Imp. 3360a und folgende.

[5]) S. Forsch. usw. IV, „Zur Baugeschichte" unter „San Simone"

Wichtigkeit fand man gewissermaßen eine Entschädigung für die Lasten, die der Bürgerschaft durch Teilnahme an Kämpfen in entlegenen Gebieten fortdauernd aufgebürdet wurden und die nur durch die Hoffnung erträglich scheinen konnten, daß Friede und Ordnung ihr baldiges Ergebnis sein werde.

Diese Aussichten schienen der Erfüllung näher gerückt, als man vernahm, der Kaiser habe die gefangenen Kardinäle freigelassen, und das heilige Kollegium habe nach langem Zaudern zu Anagni Sinibaldo Fieschi, den Grafen von Lavagna, Kardinal-Presbyter von San Lorenzo in Lucina zum Papst erhoben,[1]) der als ein Freund des Kaisers galt, obwohl er Genuese war und obwohl seine frühere Tätigkeit in der Romagna nichts von solcher Sinnesrichtung verriet. Friedrich selbst beeilte sich, ihn durch Brief und Gesandtschaft zu beglückwünschen. Auf seine Bannung anspielend, drückte er die Hoffnung aus, „von seiner Mutter, der Kirche, bald wieder als Sohn anerkannt zu werden;“ Sinibaldo sei ihm „aus einem wahren Freunde jetzt zum Vater geworden“. Die volltönigen und etwas gezierten Worte bedeuteten soviel, daß der Kaiser nach den langjährigen Kämpfen von aufrichtigem Wunsche nach Frieden mit dem apostolischen Stuhl erfüllt war, und diesen ersehnte zweifellos auch der neue Papst, doch unter der Bedingung, daß der Staufer sich beuge, sich reuig unterwerfe und ihn als Schiedsrichter zwischen dem Reich und den Lombarden anerkenne. Während die Verhandlungen schwebten, erhob sich indes Viterbo, das vor drei Jahren dem Herrscher Treue geschworen hatte, gegen die Besatzung der Stadt und des vom Kaiser neu erbauten burgartigen Palastes. Der Papst verhielt sich anfänglich ablehnend gegen die Aufständischen; aber es handelte sich um eine Stadt im Patrimonium Petri, und als die Bürgerschaft erklärte, sich wieder dem Papst unterwerfen zu wollen, als ihr Beispiel Nachahmung fand, mußte die Kirche den Kampf Viterbos als eine Verteidigung ihrer eigenen Ansprüche betrachten. Innocenz wies jetzt zum Solde für Ritter und Fußtruppen der Viterbesen große Geldsummen an, von denen ein ansehnlicher Teil durch einen florentiner Bankier, den aus Prato stammenden Arengo Abbadinghi, ausgezahlt und wahrscheinlich von ihm vorgeschossen wurde.[2]) Die Seele des Aufstandes waren Graf Wilhelm aus dem Hause Aldobrandesca,[3]) gegen den Pandulf so häufig gekämpft hatte, und der aus Viterbo gebürtige Kardinal Ranieri Capoccio von Santa Maria in Cosmedin; vielleicht war es Ranieris ausdrückliche Absicht, das Zustandekommen des Friedens, dem der Papst geneigt schien, zu hindern, und war dies in der Tat sein Plan, so ist ihm das Meisterstück einer Intrigue von weltgeschichtlicher Bedeutung glänzend geglückt. Der Kardinal, der auf den Mauern Viterbos den Ruhm eines tapfern Feldherrn gewann, hatte ehedem,

Wahl Innocenz' IV., 25. Juni 1243.

Aufstand Viterbos.

[1]) Schreiben Innocenz' IV. an Kard. Rainer 1243, 7. Oktob. M. G. Epp. II. 24.

[2]) Ebendort. — Über Arengo Abbadinghi, Berger, Saint Louis et Innocent IV. p. 113 n. 1 und wichtige Zeugenaussagen von ca. 1250—52 im Pisaner Kapitel-Archiv s. s. chronol. und ohne Signatur, s. Forsch. usw. IV. S. 124 „Die über Florenz 1256 und 1258 verhängten Interdikte“.

[3]) Schreiben des Tineosus, Ritters von Viterbo, Huillard VI. 125.

wie wir erwähnten, fromme Lieder zu Ehren des Heiligen gedichtet, der die Liebe und den Frieden predigte.[1]) Die Welt ist stets von innern Widersprüchen erfüllt, doch selten war ein Zeitalter so reich wie dieses an Charakteren, in denen die tiefsten Gegensätze unvermittelt nebeneinander Raum fanden.

Der Kaiser erschien einige Wochen nach dem Abfall mit einem großen Heere vor der Stadt, in der sich seine Besatzung noch in dem sechstürmigen Kastell San Lorenzo behauptete. Die Zahl der Mannschaften, die Pandulf von Fasanella aus Florenz, Pisa, Pistoia, Siena, Lucca und Arezzo nach Viterbo führte, wird auf sechstausend angegeben, und vielleicht war sie in Wirklichkeit größer, da die Kommune Florenz jedem kleinen Pfarrbezirk der Grafschaft Stellung von mehreren Fußkämpfern für den Kaiser auferlegte.[2]) Von beiden Seiten wurde mit unendlicher Erbitterung gekämpft. Friedrich ließ aus Toskana alle in der Belagerung von Festungswerken und Burgen besonders erfahrenen Persönlichkeiten herbeiholen, und vor den Mauern der Stadt entstanden die sinnvollsten Kriegsmaschinen, die kompliziertesten Belagerungswerkzeuge, zu deren Herstellung die Technik der Zeit fähig war. Griechisches Feuer wurde in starkem Maße verwendet, doch es gelang den Belagerten, es durch Essig zu löschen. Auf Mauern und Wällen sah man Scharen von Jüngern des heiligen Franz und von Mönchen in der Dominikanerkutte, die, während sie selbst die Armbrust gegen die Belagerer richteten, den neben ihnen kämpfenden Bürgern Ablaß von allen Sünden und den graden Weg ins Paradies verhießen, wenn sie im Kampf gegen den Gebannten niedersanken. Der Widerstand war leidenschaftlicher und nachdrücklicher, als der Monarch ihn vorausgesetzt haben mochte, und dementsprechend war die finanzielle Anspannung, deren es von seiner Seite bedurfte, eine große; so mußte er auch zu einem florentiner Bankier seine Zuflucht nehmen, und die Vorurteilslosigkeit der Kaufleute gegenüber profitabeln Geschäften konnte sich nicht glänzender bewähren als hier, wo florentiner Geld den Kirchenanhängern und Glaubenseifrigen Viterbo verteidigen und zugleich dem gebannten Kaiser die rebellische Stadt angreifen half. Doch gab es selbst hierin noch eine Steigerung; bei den Geldmännern, die im Heere Friedrichs ihre Darlehnsoperationen machten, erschienen aus der Stadt geheime Unterhändler des Kardinals, der den Sold seiner Ritter nicht mehr bezahlen konnte; er war offenbar bereit, die schwersten Verpflichtungen einzugehen, wenn man ihm mit Barmitteln aushalf, und die kaiserlichen Bankiers ließen sich in der Tat bewegen, ihm eine große Summe vorzustrecken.[3]) Die

[1]) S. Kap. III S. 147 Anm. 1.

[2]) Urk. Florenz 1264, 12. April (SAF. — Protokoll des Notars Attaviano di Chiaro, A. 400. f. 28[2]) Rückforderung wegen der für den Pfarrbezirk Giogoli geleisteten Zahlung „pro salario trium peditum, qui pro Communi Flor. iverunt in servitium imperatoris apud Viterbium". — Über Zuzug von San Gimignano Forsch. usw. II. Reg. 446.

[3]) Die Tatsache wird in dem wichtigen, bei Winkelmann, Acta I, 546 ss. aus

Bedingungen werden derart gewesen sein, daß es den Wucherern lohnend erschien, außer ihrem Gelde auch den Kopf zu riskieren; der Vorgang aber zeigt, wie der Kaiser überall von habsüchtigem Verrat umgeben war und wie es nicht an Erklärungen dafür fehlt, wenn er mit zunehmenden Jahren mehr und mehr argwöhnisch, menschenfeindlich und düster erschien. Er selbst verkaufte zur Beschaffung eines Betrages von 11 000 Pfund kleiner pisaner Denare dem Florentiner Bentivegni Ugolini Davanzi die Ausbeute des Silberbergwerkes von Montieri auf zwei Jahre nebst dem Recht, dort Geldstücke auf dem Fuß der pisaner Denare zu prägen. Das wertvollste Objekt aus dem sequestrierten Besitz des volterraner Bistums bildete mithin die Grundlage dieser Transaktion; außerdem aber wurden dem Florentiner die Wegzölle, die in San Miniato, Fucecchio, in Val di Nievole und im lucchesischen Limatal von Reichs wegen erhoben wurden, ebenfalls auf zwei Jahre abgetreten; dafür, daß der Kaiser den Kaufmann die Erhebung der Abgaben ungehindert werde ausüben lassen, hatten überdies noch mehrere Kommunen Toskanas die Garantie zu übernehmen, offenbar in der Art, daß sie dem Bentivegni und seinen ungenannten Konsorten für etwaigen Schaden infolge einer Schmälerung der ihm zugesicherten Rechte hätten aufkommen müssen;[1] der Vorsichtige sagte sich, daß ihn gegen das Reich niemand zu schützen vermöge, daß die Kommunen aber im Notfalle durch Repressalien und auf andern Wegen zur Erfüllung ihrer Bürgschaft zu zwingen seien.

Ein Unstern schwebte über den meisten militärischen Unternehmungen Friedrichs; wie auch seine Astrologen den Stand der Gestirne deuten mochten, dem spätern Beobachter scheinen menschliche Eigenschaften die Fehlschläge veranlaßt zu haben, in denen sich Macht und Kraft des Kaisers erschöpften; jener, den er vor Viterbo erlitt, war für sein Geschick einer der verhängnisvollsten, weil große Aufwendungen ohne entsprechendes Ergebnis blieben und schwere Drohungen leer verhallten. Die Ungeduld der genialen Persönlichkeit gegenüber brutalen Zufälligkeiten, die Unfähigkeit, widriges Geschick durch Beharrlichkeit zu meistern und zu wenden, dies waren schwere Mängel der reichen Natur des Staufers. Bei einem Ausfall gelang es den Viterbesen und der Mannschaft des Kardinals, die Belagerungstürme und Gerätschaften des Heeres in Brand zu setzen; der Wind aber trieb die Flammen gegen die Stadt und bedrohte sie mit Vernichtung. Da schlug er plötzlich wie durch ein Wunder um und verbreitete die Zerstörung im kaiserlichen Lager. Viterbo hatte den Monarchen besiegt; eine Erneuerung der Kriegsmaschinen und Türme hätte große Mittel und lange Zeit erfordert, und schon verliefen sich die Kontingente der Städte, wobei es an geistlicher Einwirkung nicht gefehlt haben wird. Kaiser

Cod. Vat. Pal. 953 gedruckten, aus der Umgebung des Kardinal Rainer stammenden Bericht über die Belagerung Viterbos (549, 33) mitgeteilt.

[1]) Die Urk. „In castris ante Viterbium" 1243, 4. November (SAF. — S. Gimign.) ist bei Winkelmann, Acta II, 41 gedruckt. Betreffs der der Kommune San Gimignano durch den Kaiser vorgeschriebenen Garantie s. Forsch. usw. II, Reg. 448.

Friedrich glaubte, wenn er den Kampf aufgebe, trotz alles Geschehenen zum Frieden mit dem Papst zu gelangen; er zog ab und verhandelte; einen Teil seines Ruhmes und seines Ansehens hat er vor den Mauern der unbesiegten Stadt verloren. „Wenn ich schon einen Fuß im Paradiese hätte", soll er später gesagt haben, „gern wollte ich ihn zurückziehen, könnte ich Rache an Viterbo nehmen."[1])

Statt den Kampf gegen sie fortzuführen, wandte er sich nach Grosseto und ließ den päpstlichen Lehnsmann, den Grafen Wilhelm, seine Rache fühlen. Was Pandulf von Fasanella mit dem Aufgebot der toskanischen Städte nicht geglückt war, gelang dem kaiserlichen Heere, bei dem er jetzt weilte. Grosseto, wie das ganze Gebiet der Aldobrandesca-Grafschaft am Montamiata und am Meere wurde im November oder Dezember 1243 fürs Reich in Besitz genommen. In den Finanznöten, in denen sich der Kaiser befand, scheint er den Plan gehegt zu haben, was seine Waffen zwischen Gebirge und Meer erworben hatten, sofort zur Unterlage einer Transaktion mit Bankiers von Siena und Florenz zu machen, denn der Papst erließ an die Bischöfe Buonfiglio und Ardingus die strenge Weisung, den Kaufleuten der beiden Städte bei Strafe der Exkommunikation zu verbieten, Burgen oder Einnahmerechte der Aldobrandesca-Grafschaft von Friedrich oder den Reichsbeamten in Pfand zu nehmen.[2]) Toskana aber war jetzt von den Grenzen des römischen Gebietes bis zum Kamm des Bologneser Apennins ganz der Herrschaft des Kaisers unterworfen, und immer deutlicher trat sein Bestreben hervor, die Städte durch Erzwingung des Fidelitätseides zu bedingungsloser Folgsamkeit an sich zu fesseln. Montepulciano, das ehedem mit Hilfe der Florentiner seine Unabhängigkeit gegen

---

[1]) Hauptquelle für die Belagerung ist der auf S. 284 Anm. 3 erwähnte Bericht eines Augenzeugen; dazu das auf S. 283 Anm. 3 erwähnte Schreiben; ferner die auf Grund älterer Materialien im 15. Jahrhundert kompilierten „Croniche de Viterbo" bei Böhmer, Fontes 711 s. (unter dem bessern Titel „Cronicha des Frate Francesco d'Andrea" von Egidi im Archivio della Soc. Romana di Storia Patria, Vol. XXIV ediert; die hier in Betracht kommende Stelle p. 306); ein offenbarer Irrtum, den Francesco di S. Andrea bei Benutzung der Aufzeichnungen des Viterbeser Goldschmiedes Lanzellotto beging (sie liegen uns nur in dieser Überlieferung vor) besteht darin, daß Pietrasanta unter den tuszischen Städten genannt ist, die dem Kaiser gegen Viterbo Zuzug leisteten, da die Stadt, deren Erwähnung neben den großen Munizipien auch an sich auffällig wäre, erst in etwas späterer Zeit erbaut worden ist. — Endlich ist die „Cronaca di Viterbo scritta da Niccola della Tuccia" in Band V der „Documenti di Storia Italiana" der Deputaz. di Storia Toscana zu erwähnen. — Eine meisterhafte Darstellung der Kämpfe gab Winkelmann in der Abhandlung „Kaiser Friedrichs II. Kampf um Viterbo" in „Histor. Aufsätze, dem Andenken von Georg Waitz gewidmet" S. 277 ff.

[2]) 1244, 16. Jan. M. G. Epp. II. 37. — Die Okkupation der Grafschaft war vor dem 11. Dezember 1243 erfolgt, wie päpstl. Schreiben dieses Tages, ebendort p. 34, ergibt. Friedrich weilte vom November bis Februar in Grosseto; Reg. Imp. 3393d. und folg. Daß Pandulf sich bei ihm aufhielt, ergibt Reg. 3407 und die Urk. Ficker, Forsch. IV, 403.

Siena und das Reich behauptet hatte, mußte ihn jetzt leisten, da der Kaiser mit starker Macht in der Nähe weilte; das fortbestehende Bündnis mit Florenz sollte künftig nur für den Fall Geltung haben, daß Florenz sich gleichfalls rückhaltslos als Reichsstadt bekenne und auf die stolz bewahrte Unabhängigkeit verzichte.[1])

Der Friede mit dem Papst und dessen Bruch.

Die Umstände waren für den klugen Genuesen auf dem Apostelstuhle danach angetan, all seine Energie auf die Bildung einer kirchlich-päpstlichen Partei zu wenden. Doch inzwischen setzte er trotz Viterbos und der Besetzung der Gebiete seines vornehmsten Lehnsmannes, die Verhandlungen mit Friedrich weiter fort. Man begreift völlig, wie dies in seinem Interesse lag, aber man erstaunt billig darüber, daß der Kaiser noch an das Zustandekommen der Versöhnung geglaubt hat. Eine der Forderungen des Papstes war die Herausgabe des Aldobrandesca-Gebietes an den Pfalzgrafen Wilhelm, denn es war von je einer der großen Züge in der Politik der Kirche, daß sie ihre Getreuen stets aufs nachdrücklichste zu schirmen suchte. Derselbe Schutz sollte auch den Lombardenstädten zugute kommen, und daran ist der Ausgleich gescheitert, als er bereits im Angesicht einer frohen Volksmasse beeidet war. Am 31. März 1244, am Gründonnerstag, schwuren die Großhofrichter Petrus de Vinea und Thadäus von Suessa nebst dem Grafen von Toulouse zu Rom auf dem Lateranplatze in Anwesenheit des Papstes, der Kardinäle, des Kaisers Balduin von Konstantinopel und einer zum Teil aus entfernten Ländern zusammengeströmten Menschenmenge namens des Kaisers, der die Absolution wünschte, Unterwerfung unter die Gebote der Kirche. Friedrich glaubte durch solches Opfer seines Selbstgefühles freie Hand zu erhalten, um die Reichsmacht in Italien endgültig aufzurichten, um die Städte durch den Treueid an sich zu fesseln und nach einem Vierteljahrhundert fortwährend bestrittener Herrschaft wirklich Kaiser zu werden. Doch der den Eid leisten ließ, verstand ihn anders als der ihn empfing. Dem Papst war alles daran gelegen, daß nicht ein selbstherrlicher, sondern ein gehorsamer und botmäßiger Träger der Krone in Italien herrsche; die Angelegenheiten der Lombardenstädte hatten mit der Exkommunikation und der Lösung vom Banne nichts zu tun, und waren der ihnen innewohnenden Schwierigkeiten halber auf spätere Erledigung zurückgestellt worden. Nun war künftiger Gehorsam beschworen; der Kaiser war sich selbst untreu geworden und in der Hoffnung, sich von den Banden der Exkommunikation zu befreien, in eine doppelte Schlinge geraten. Innocenz verlangte, daß ihm die Entscheidung des Streites mit den lombardischen Kommunen überlassen werde; Friedrich, dem nach seiner ganzen Gesinnungsart die Absolution nur Mittel zum Zweck gewesen wäre, wollte sie und zweifellos gleich ihnen nicht nur Bologna, sondern auch das gehorsame Florenz, das aber bisher den Treueid nicht geleistet hatte, seiner unbeschränkten Herrschaft unterwerfen. Den Kirchlichen war und ist Friedrich ein

[1]) Forsch. usw. IV. S. 95 f. „Die Einigung des Reichslegaten Gebhard v. Arnstein mit Florenz".

Eidbrüchiger, da er den Gehorsam beschwor, sich aber nicht gehorsam fügte, und der Form nach sind sie im Recht; die römischen Meister der Staatsklugheit hatten erwiesen, wie sehr sie ihm und seinen Räten überlegen waren. Die Osterglocken läuteten nicht den Frieden zwischen der Kirche und dem staufischen Herrscher, sondern den letzten, langen, entscheidenden Kampf ein.

Der Papst und seine florentiner Anhänger.

In Florenz bereitete der Papst klug den Boden für künftige Ereignisse vor. Dem Guido Guerra, der vorlängst zur Partei der Kirche übergetreten war, scheint sich vorübergehend das Gewissen wegen seines an Kaiser Friedrich begangenen Treubruchs geregt zu haben. Aus apostolischer Machtfülle, die ihm das Recht zu lösen und zu binden gewährte, beschwichtigte Innocenz die Skrupel des Grafen; er nahm seine Burgen und Besitzungen in apostolischen Schutz und erklärte kraft der Obergewalt, die er sich vindizierte, alle Strafurteile, die der Kaiser über den Grafen verhängt hatte, für aufgehoben und nichtig.[1]) Den Onkel des Guido, den Grafen Aginulf, suchte er durch eine Ehe zu seinem Parteigänger zu machen; Gräfin Agnes, dessen erste Gattin, war gestorben, und der Papst gab ihm seine Nichte, die Schwester des Ottobuono Fieschi, Grafen von Lavagna, Archidiakons von Bologna, des nachmaligen Papstes Hadrian V., zur Frau; das Hindernis einer Verwandtschaft wurde durch päpstlichen Dispens beseitigt; eine wesentliche Einwirkung hat diese Verbindung allerdings nicht zu üben vermocht, da Aginulf etwa ein Jahr nach der neuen Heirat aus dem Leben schied.[2]) Sein Neffe Guido aber übte auf die florentiner Verhältnisse deutlich erkennbare Einflüsse; das Domkapitel mußte auf des Papstes Veranlassung den Kanonikus Aldobrandino von San Lorenzo, weil er ein Günstling Guido Guerras war, unter seine Mitglieder aufnehmen, obwohl die Domherren im eigenen Interesse geschworen hatten, keine überzähligen Genossen mehr zuzulassen.[3]) Als die Verhandlungen zwischen Kaiser und Papst gescheitert waren, hatte auch der Bischof von Florenz einsehen müssen, daß die Zeit kluger Zweideutigkeit vorüber sei; fortan ward er, der frühere Günstling des Kaisers, zu dessen offenem Gegner, und Innocenz lohnte dem gelehrten Kanonisten seine Parteinahme, indem er ihm die Mission anvertraute, gegen

Pisa, Genua u. Sardinien.

Pisa die geistlichen Strafmittel stärker als bisher anzuwenden. Zwar war die Seestadt längst wegen Gefangennahme der Prälaten gebannt, aber der alte Streit um die okkupierten Burgen des luccheser Bischofs bot jetzt den Anlaß zu erneutem schärferem Vorgehen, wahrscheinlich auf Wunsch der genueser Rivalen, deren der Papst zu einem großen Vorhaben dringend bedurfte. Die Pisaner waren natürlich nicht willens, den Mahnungen zu folgen, die

---

[1]) Bulle von 1244, 28. Jan. M. G. Epp. II, 39. — Dazu Schreiben vom 28. Okt. 1243, s. S. 268 Anm. 2.

[2]) Der päpstliche Dispens (1244, 9. März) Reg. Imp. 7450. — Die Urk. Flor. 1245, 31. Mai (SAF. — Strozzi-Uguccioni) erwähnt Aginulf als nicht mehr am Leben befindlich.

[3]) Breve vom 15. Mai 1244; Archivio di San Lorenzo: gedruckt Lami, Mon. III, 1791.

Ardingus im päpstlichen Auftrage an sie richtete, und die zäh festgehaltenen Kastelle herauszugeben. Deshalb verhängte der Bischof am 14. Juni 1244 in seinem Palast zu Florenz über die Seestadt erneut Exkommunikation und Interdikt; zugleich wurde, worauf es wohl ankam, der Bann gegen alle geschleudert, die mit Pisanern Handel trieben. Selbst sterbend sollte kein Bürger die Absolution empfangen, wenn er nicht zuvor den Eid leistete, alles, was er noch vermöge, zur Rückstellung jener Burgen zu tun, und kein Geistlicher sollte eine Leiche in Pisa und vier Miglien im Umkreise zu Grabe geleiten dürfen.[1])

Der Kampf gegen die Anhänger des Kaisers und gegen seine Interessen wurde in jeder Art geführt. Für die Behauptung Sardiniens hat sich Enzio offenbar auf die Pisaner gestützt, die, obwohl sie ursprünglich seine Machtansprüche als eine Benachteiligung eigener Interessen betrachten mußten, allmählich in seiner und des Reiches Autorität eine Stütze gegen die genuesischen Einflüsse auf der Insel fanden. Der Meister kluger Anschläge auf dem Stuhl des Apostels hatte aber durch geistlichen Einfluß Adelasia dahin zu stimmen gewußt, daß sie die Ehe mit Enzio bereute, und daß sie kein eifrigeres Bestreben hatte, als in den Schoß der Kirche zu flüchten, der sich ihr, wie sich's gebührt, bereitwillig erschloß.[2]) Enzio freilich wird unter dem Verrat der ungeliebten schwankenden Frau wenig gelitten haben, und die Ansprüche auf das Königreich Torres und Gallura glaubte er durch die Heirat an seine Person geknüpft zu haben. Nur mögen sich die vom Papst begünstigten Genuesen seit dem Abfall Adelasias kräftiger auf der Insel gegen Enzio und gegen die Pisaner geregt haben.

Die Flucht des Papstes nach Frankreich.

Die Vaterstadt des Innocenz griff in vielen Beziehungen machtvoll in den großen Kampf der beiden höchsten Gewalten ein. Seit sich die Unhaltbarkeit des vorschnell geleisteten kaiserlichen Friedensschwures für jeden Klarblickenden erwiesen hatte, sann der Papst auf Flucht aus Italien, wo die Macht des Staufers schwer auf ihm lastete. Von außerhalb des Landes wollte er als ein Verfolgter mit geistlichen Mitteln gegen Friedrich den vernichtenden Schlag führen, zu dem schon Gregor durch die Berufung des Konzils ausgeholt hatte, und Genua sollte ihm zur Ausführung seiner nächsten Pläne behilflich sein. Der Papst führte noch immer Unterhandlungen mit dem Kaiser, als er Anfang Juni von Rom nach Civita Castellana übersiedelte; von keinem der beiden Teile können sie in diesem Stadium mehr aufrichtig gemeint worden sein; jeder suchte offenbar den andern hinzuhalten und zu überlisten, doch

---

[1]) Verkündigung der Exkommunikation am angegebenen Datum, Erzbisch. Archiv Lucca * G. 26 und * J. 1. — Ermahnung des Papstes an Pisa vom 14. Mai 1244 (nicht März) Ughelli-Coletti III, 131. Dazu Berger 712 und Potthast 10336. — Schreiben des Papstes an den Bischof von Florenz 1244, 19. Mai, Baluze-Mansi, Miscell. IV, 189.

[2]) Schreiben des Papstes an den Erzbischof von Arborea am 23. Oktober 1243. Huillard VI, 135.

Innocenz erwies das bei weitem größere Geschick, und seine Ziele waren klarer als die des Gegners. Er ging von Civita Castellana nach Sutri, um der Meeresküste näher zu sein; in Civitavecchia erwartete ihn eine genueser Flotte von zwanzig Galeeren; dorthin eilte der Papst nachts verkleidet mit geringem Geleite. Es ist darüber gestritten worden, ob die zeitgenössische Nachricht begründet sei, daß einige hundert tuszische Ritter ausgesandt worden seien, Innocenz zu überfallen, und daß dies der Anlaß zur Flucht geworden sei. In Wirklichkeit war diese längst vorbereitet, und sie entstammte nicht dem Entschluß eines verzweifelten Augenblicks, sondern einem wohlüberlegten politischen Plan. Dies aber schließt nicht aus, daß, als die Absicht der Flucht ruchbar wurde, eine Ritterschar ihm nachsetzte, um sie zu hindern und, wenn möglich, ihn gefangen zu nehmen.[1]) Doch er erreichte glücklich die harrenden Schiffe; fünf Kardinäle stießen zu ihm, und er durchsegelte das Tyrrhenische Meer der ligurischen Heimat entgegen. Andere Kardinäle folgten ihm zu Lande; Graf Guido Guerra, der Markgraf Bonifaz von Montferrat und die Mailänder schützten mit bewaffnetem Geleit deren Zug durch die dem Kaiser gehorsamen Gebiete,[2]) und ein ernster Angriff gegen sie scheint nicht versucht zu sein. In Genua nahmen seine Landsleute den Geflüchteten gleich einem Sieger auf, und halb war er bereits ein solcher, da er sich der Machtsphäre des Kaisers entzogen hatte; im Hafen bewillkommnete ihn der jubelnde Ruf: „Gegrüßt, der im Namen des Herrn kommt!"[3]) Monate hindurch verblieb er in der Vaterstadt, dann reiste er zu Lande nach Südfrankreich weiter, weil er leidend war, und wohl auch, weil er auf dem Meer Gefahr lief, durch Schiffe des Kaisers und der Pisaner gefangen zu werden, wie vor drei Jahren die Prälaten. Am 2. Dezember traf er in Lyon ein, das noch als Stadt des Reiches galt, aber in tatsächlicher Unabhängigkeit stand und sich jetzt ganz dem Papst und der Kurie zur Verfügung stellte. Denn die Bürgerschaft erkannte leicht den Vorteil, den sie daraus ziehen könne, wenn der Sitz der weltbeherrschenden Kirche für geraume Zeit vom Tiber zur Rhone verlegt würde.

Geistliche Vorbereitung zum Kampf gegen den Kaiser in Florenz.

Die Nachricht von der Flucht des Papstes übte auf die inneren Verhältnisse der italienischen Städte eine gewaltige Wirkung, die uns Späteren vielleicht klarer bewußt wird, als die Mitlebenden sie erkannten. Denn wie emsig die Geistlichkeit, zweifellos einem überallhin erteilten geheimen Befehle gehorchend, zum Entscheidungskampfe rüstete, sie wird die Vorbereitungen unter der Maske einer rein kirchlichen Agitation verborgen haben, die ihre Spitze zunächst nicht gegen den Kaiser zu richten schien. Vielmehr war es das Einschreiten

[1]) Die bei Math. Paris (ed. Luard IV. 353 ss.) und bei Barthol. Scriba (M. G. Ss. XVIII, 213) auftretende Nachricht läßt sich nicht, wie Weber („Der Kampf zwischen Papst Innocenz IV. und Kaiser Friedrich II.") S. 90 in einem Exkurs versucht, beiseite schieben. Die im Text vorgetragene Auffassung trifft wohl das Richtige.

[2]) Math. Paris ed. Luard, IV. 393.

[3]) Ebend. p. 353 ss.

gegen die Häretiker, das den bequemen Vorwand für eine Organisation der Kirchenanhänger und Kaiserfeinde bot; an diesem Punkt war die päpstliche Partei fast unverwundbar, denn der Staufer selbst hatte die furchtbaren Gesetze erlassen und er konnte, ohne sich die stärkste Blöße zu geben, nicht denen in den Arm fallen, die auf Grund seiner feierlichen Verordnungen die Ketzerjagd betrieben. An keiner Stelle tritt so klar und so plastisch, wie in Florenz, hervor, in welchem Maße er die Macht der Kirche gestärkt, die eigene geschwächt hat, als er sich zum Büttel der Priester machte. Die Stadt wurde in dem Jahre der Flucht des Innocenz von dessen eigenem Neffen, Bernardo d'Orlando Rossi aus Parma, regiert, und unter den vielen komplizierten Persönlichkeiten der Zeit sind wenige merkwürdiger als der florentiner Podestà von 1244. Mehr als ein Jahr über die Flucht des Papstes hinaus wußte er sich in der Gunst des Kaisers zu behaupten, der ihn zu seinen zuverlässigsten Freunden zählte. Friedrich hatte ihn zu seinem Gevatter gemacht; des Kaisers Leibwächter, die Personen seiner Umgebung hatten Befehl, Bernardo zu jeder Stunde Zutritt zu ihm zu gewähren. Man rühmte ihm nach, daß niemand eine fürstlichere Persönlichkeit, niemand ein hoheitsvolleres Auftreten besaß als er; nicht den Kaiser, sondern ihn verglichen die Zeitgenossen mit Karl dem Großen, dem Helden der Poesie und Legende. Als stünde der Teufel ihnen gegenüber, so wären die Feinde in der Schlacht vor dem Parmesen geflohen, wenn er in Stahl gehüllt, den Streitkolben schwingend, gegen sie angesprengt sei.[1]) Acht Monate nachdem Bernardo aufgehört, Podestà von Florenz zu sein, entdeckte der Kaiser in dem vertrauten Freunde den Verräter, der ihm nach dem Leben trachtete und den Aufruhr gegen ihn vorbereitete, während der Monarch ihn nach dem Schluß des florentiner Amtsjahres vertrauensvoll wieder in seine unmittelbare Umgebung gezogen hatte.[2])

Bernardo d'Orlando Rossi, Podestà.

Die geistliche Rüstung zum Kampf gegen das Reich stammte nicht aus diesem Jahr allein; die Vorbereitungen waren von langer Hand erfolgt, aber sie waren bisher noch niemals mit ähnlichem Eifer betrieben worden. Der Papst hatte einen Mann an den Arno geschickt, der freilich völlig zum geistlichen Führer und Feldherrn geeignet erschien, dem an Rücksichtslosigkeit keiner überlegen war; in Santa Maria Novella hatte der Dominikanerbruder Petrus aus Verona seinen Sitz genommen, den die Kirche, seit die Häretiker an ihrem blutigen Verfolger mörderische Rache übten, unter dem Namen Petrus Martyr verehrt und zu dessen Würdigung eine einzige Anführung genügt: die spanische Inquisition hat ihn nachmals verehrungsvoll zu ihrem heiligen Schutzpatron erkoren.

Bruder Petrus von Verona.

Manche bedeutende Wandlung war in den letzten Zeiten in den klösterlichen Verhältnissen vor sich gegangen, zunächst wahrscheinlich wenig beachtet

Kirchliche Verhältnisse.

[1]) Die ausführlichste Charakteristik des Bernardo d'Orlando Rossi gibt sein Landsmann, der Minorit Salimbene, in seiner Darstellung der parmeser Ereignisse von 1247 und 1248 (p. 68 ss.). — Bernardo war ein Sohn des florentiner Podestà von 1236 (s. S. 222) und ein Neffe dessen von 1243. — Forsch. usw. IV. 46 ist er irrig Schwager, statt Neffe des Papstes genannt. — [2]) Salimb. l. c.

19*

und von geringer Wirkung, weil der Einfluß der Geistlichkeit auf das öffentliche Leben überhaupt vermindert schien. Doch es sollte sich wieder einmal zeigen, wie trügerisch solcher Anschein sein kann, da die Mönche sich bald stark genug glaubten, in aller Form eine Schilderhebung für den rechten Glauben zu wagen, unter dem man das politische Interesse des Papsttums verstand.

Einführung der Cisterzienser in Settimo.

Die erste Veränderung war 1236 erfolgt, als das Kloster Settimo, das einst nach der Feuerprobe des Petrus Igneus den Vallombrosanern überlassen worden war, diesen genommen und dem französischen Orden von Citeaux übertragen ward, der bisher zwar im Neapolitanischen und im Süden Toskanas in San Galgano in der Grafschaft Volterra, in der von der Merse durchflossenen Einöde Niederlassungen besaß, dem es aber erst durch Gregor IX. gelang, im florentinischen Gebiet Fuß zu fassen. Die Cisterzienser waren später neben den Humiliaten die stets bereiten Geschäftsleute der guelfischen Staats- und Stadtverwaltung, und bei der Einbürgerung der einen wie der anderen wird für den Papst der politisch-kirchliche Einfluß, den sie zu üben vermochten, treibender Anlaß gewesen sein. Mönche aus jenem volterranischen San Galgano hielten am 17. Juni 1236 ihren Einzug in San Salvatore von Settimo und in die städtische Niederlassung des Klosters bei der Kirche San Frediano;[1]) diese letztere führt noch heute den Namen „Cestello", denn so hat der florentiner Dialekt das Wort „Cistercium" umgebildet.

Ansiedlung der Humiliaten.

Drei Jahre später führte derselbe Bischof Ardingus, der in päpstlichem Auftrage dem französischen Orden die alte Kadolinger-Abtei überwiesen hatte, die Humiliaten von Alessandria in den Besitz des herabgekommenen Klosters San Donato a Torri ein. Die Humiliaten hatten sich vorlängst aus einer ketzerischen Sekte, die den Gedankenkreisen der Armen von Lyon sehr nahe stand, zu einem Mönchsorden besonderer Art, doch von streng kirchlicher Gesinnung entwickelt. Brüder und Schwestern lebten zusammen; sie verlangten nicht Almosen, wie die Minderbrüder und Dominikaner, sondern teilten solche in reichem Maße aus, und die Mittel dazu verschaffte ihnen die Arbeit. Sie webten Tuche oder ließen solche unter ihrer Aufsicht herstellen, und verkauften ihr Produkt; es wird später von ihrem wirtschaftlichen Einflusse die Rede sein; hier beachten wir nur die bedeutende Verstärkung des geistlichen Elementes durch eine Genossenschaft, die halb eine Mönchsvereinigung, halb eine Tuchmanufaktur von ansehnlicher Bedeutung war, und die mit den Kaufleuten, wie mit vielen Vertretern des Textilgewerbes dauernd in Fühlung stand. Das Zusammenleben der Schwestern mit den männlichen Humiliaten mag manchen Anstoß erregt haben; später, als die Mönche in die Stadt nach Ognissanti übersiedelten, war von den weiblichen Mitgliedern des Ordens, die mit ihnen in San Donato gesiedelt hatten, nicht mehr die Rede.[2])

Serviten.

Auf heimischem Boden war eine andere klösterliche Gemeinschaft erwachsen, die sich, seit sie durch Petrus von Verona ihre Sanktion erhielt, mächtig ent-

[1]) S. Forsch. usw. IV, „Hospitäler, Klöster usw.", „Einführung der Cistercienser in Settimo". — [2]) Ebendort „Humiliaten".

wickelte. Im Jahre des großen Halleluja, 1233, hatte sich eine kleine Gruppe frommer florentiner Bürger zusammengeschlossen, in denen die Empfindungen der Reue und Buße besonders lebendig waren und die sich aus uns unbekannten Gründen dennoch nicht den bestehenden Bußbrüderschaften anschließen mochten. Ihrer waren sieben, alle Angehörige erster städtischer Geschlechter, ein Monaldi, ein Manetti, ein Amidei, ein dell'Antella, die andern aus den Geschlechtern Sostegni, Uguccioni und Falconieri. Von Alessio Falconieri scheint die erste Anregung zu dem Verbande ausgegangen zu sein; lange lebten die „sieben florentiner Seligen", wie man sie später benannte, in der Welt, nur durch geheimes Einverständnis aneinander gefesselt, dann vereinten sie sich zu gemeinsamer Existenz in einem Häuschen vor dem Tor, im Cafaggio, an der Stelle gelegen, wo sich nachmals ihr berühmtes Kloster der Santissima Annunziata erheben sollte. Der starke Andrang von Menschen, dem sie infolge des von ihnen erworbenen Rufes strengen und heiligen Lebens ausgesetzt waren, vertrieb sie von dort; sie beschlossen, sich in die Einsamkeit zurückzuziehen, und bauten ein Eremitorium auf dem zackigen, damals von dichtem Walde bedeckten Berge, der den Florentinern den Blick gegen Nordosten abschließt, dem damaligen Monte Asinaro, jetzt Monte Senario genannt. Aus ihrem Bergfrieden, der sie vor Belästigung schützte, und von dem aus sie die Stadt gleichwohl in zwei Stunden erreichen konnten, scheinen sie nicht geringen Einfluß geübt zu haben, der durch ihre Familienbeziehungen verstärkt wurde. Doch blieben sie, die die üblichen Wege verlassen und sich auf sich selbst zurückgezogen hatten, nicht frei von dem Verdacht ketzerischer Gesinnung. Bruder Petrus von Verona hatte indes einen scharfen Blick für den Nutzen, den diese Hilfstruppe ihm leisten könne, wie auch dafür, daß, wenn die Sieben je ketzerische und oppositionelle Anwandlungen gehabt haben sollten, man sie leicht in das kirchliche Lager hinüberziehen und den bestehenden Organisationen einordnen könne. Bisher hatten sie keine feste Regel und trugen kein mönchisches Kleid; er veranlaßte sie, die Augustiner-Regel und schwarzes Mönchsgewand anzunehmen; er versicherte sie, durch eine Vision habe ihm die Jungfrau den Wunsch offenbart, daß sie sich „Knechte der Maria" nennen sollten; so entstand der Servitenorden, der alsbald von dem Gipfel des Monte Senario aus in Florenz die Santissima Annunziata und von hier aus Kloster um Kloster in allen Ländern der Christenheit gründete; ehe noch anderthalb Jahrzehnte verflossen waren, zählte er deren viele in italienischen Städten und 28 in Deutschland, Friesland und Polen; eines der entlegensten befand sich an der Warthe, in dem kürzlich begründeten Landsberg, und andere entstanden später in Löwen, in Gent, Antwerpen, Brüssel und in Frankreich. Als das 13. Jahrhundert zu Ende ging, zählte man ihrer insgesamt 66, und auf der Höhe ihrer Entwicklung im 15. Jahrhundert haben die Serviten 185 Niederlassungen besessen, die im Kloster vom Monte Senario ihr Oberhaupt verehrten.[1])

[1]) Forsch. usw. IV. Ebendort: „Serviten". — Eine Kirche der „sieben heiligen Gründer" ließ der Servitenorden 1907 am Campo di Marte weihen.

San Gallo. Wie dem neuen Orden der Serviten die Regel des Augustin gegeben wurde, so lebten nach dieser auch die Brüder und Schwestern des Hospitals von San Gallo. Wir werden bemerken, daß das Wappen und Kriegszeichen des Bruder Petrus von Verona in seinem Kampf für den rechten Glauben ein rotes Kreuz war; auf ihren Kleidern trugen fortab auch die Brüder von San Gallo ein doppeltes rotes Kreuz und darüber die florentiner Lilie, gewissermaßen als ein Symbol des Kampfes für die Kirchlichkeit der Vaterstadt.[1] Der Gründer der wohltätigen Stiftung war in Diensten der Kommune indirekt für die kaiserlichen Interessen tätig gewesen; jetzt kehrte er reuig zu tadellos kirchlicher Gesinnung zurück, und in der nahen Stunde des Kampfes stand er neben Bruder Petrus.

Templer Orden. In denselben Jahren bemerken wir zuerst eine Niederlassung des Templerordens in Florenz,[2] aber niemals, soweit unsere Kenntnis reicht, haben die Ritter an den inneren Fehden der Bürgerschaft irgendwelchen Anteil genommen. Für diese schuf sich der Dominikanermönch ein eigenes Organ, eine bewaffnete Leibgarde und Elitetruppe des Glaubenskrieges. An der Vigilie der Himmelfahrt Mariä, am 14. August 1244, rief er die „Compagnia maggiore della Vergine Maria" ins Leben, deren Mitgliedern er vorübergehend ebenfalls den Namen „Knechte der heiligen Maria" beilegte, doch übertrug er diesen später ausschließlich auf die Brüder vom Monte Senario.

Compagnia maggiore della Vergine Maria. Die Genossen hatten an jedem Donnerstag eine Messe für den Frieden der Stadt zu hören, aber freilich für den Frieden nach dem Sinne des Dominikaners, für jenen, der die Glaubensreinheit, die Ausrottung der Ketzer zur Voraussetzung hatte, denn zuvor wäre Friede nach seiner Auffassung ein Verbrechen gewesen; aus dem Gnadenschatz der Kirche erhielten alle Mitglieder eine Fülle von Ablässen zugesichert. Als Banner gab ihnen Petrus ein Labarum, das auf weißem Grunde ein langgestrecktes rotes Kreuz zeigte, über dem ein roter Stern schwebte; später scheint er zum eigentlichen Glaubenskampf oder Bürgerkrieg viele solcher Vexilla ausgeteilt und somit seine Marien-Genossenschaft in einzelne Abteilungen gegliedert zu haben. Doch sollte die neue Schöpfung nach außen hin einen rein geistlichen Charakter tragen, und als ihr Zweck sollte neben der Wahrung der Rechtgläubigkeit die Übung der Caritas erscheinen. Bald nach der Gründung wurde ihr ein damals schon seit einem Menschenalter bestehendes Hospital überwiesen, das, am Hange des Berges der Apparita über dem Piano di Ripoli bei Ruballa, etwa 8 Kilometer vor der Stadt gelegen, nach einer noch sprudelnden Quelle den Namen Santa Maria di Fonte Viva und daneben den volkstümlichen des „Bigallo" führte, wahrscheinlich von seinem Abzeichen, einem auf einem Hügel stehenden Hahn. Dieser Titel, ursprünglich der Name jenes Hospitals, ist der Genossenschaft geblieben, die nachmals den ihr vom Bruder Petrus aufgeprägten Charakter einer Kampfvereinigung wieder abgestreift und sich zu einer der großartigen florentiner Wohltätigkeitsanstalten entwickelt hat, als die sie noch im siebenten Jahrhundert nach

[1]) Forsch. usw. IV. Hospitäler usw. unter „San Gallo".
[2]) Ebendort unter „Templer".

ihrer Begründung fortdauert. Bald nach ihrer Konstituierung wurde von Innocenz ein Privileg erlangt, durch das er die neue „Glaubensgenossenschaft" unter seinen Schutz stellte, ebenso wie deren Leiter, die den Titel von „Glaubenskapitanen" annahmen und ihre Notare, die als „Notare des Glaubens" bestimmt waren, bei der Ketzerverfolgung solche Dienste zu leisten, deren andere, minder von Rechtgläubigkeit erfüllte sich etwa geweigert hätten.[1])

Tertiarier vom Orden des heiligen Dominikus

Santa Maria Novella war der Mittelpunkt des Kampfes für Orthodoxie und Kirche, und die „Große Gesellschaft der Jungfrau Maria" war nicht die einzige, die man ins Leben rief, um den Einfluß der Dominikaner zu verstärken; eine andere war die des dritten Ordens des heiligen Dominikus, eine Bußbrüderschaft nach Art der des Franziskus. Im Herbst 1244 wurde ihr ein „Haus der Vereinigung und der Reue" vor dem Tore San Frediano in Santa Maria di Verzaia begründet; um einen Ugolino di Giovanni hatten sich die „Bereuenden" geschart, die sich an die Mönche im schwarzweißen Gewande anschließen wollten.[2]) Eine weitere Stiftung des Petrus von Verona war die Gesellschaft der Laudesi von Santa Maria Novella, die man später allgemein die Compagnia di San Pietro Martire nannte.[3]) Es ist die älteste dieser florentiner Genossenschaften, die sich zu gewissen Abendstunden zusammenfanden, um bei Kerzenschein Lieder zum Lobe der Jungfrau zu singen, und deren Mitglieder natürlich dem Einfluß der Geistlichkeit in jeder privaten wie in jeder öffentlichen Beziehung ihres Lebens unterstanden. Welchen tiefen Einfluß diese Vereinigungen auf die Entwicklung von Dichtkunst und Musik, auf die Gestaltung des bürgerlichen Lebens geübt haben, wird in anderem Zusammenhange zu erörtern sein; hier gilt es, den Umfang der Tätigkeit zu überblicken, die Bruder Petrus und die anderen Dominikaner entfalteten, zu zeigen wie sie die Bevölkerung von allen Seiten her mit geistlichen Banden zu umschlingen suchten.

Laudesi von S. Maria Novella.

Erweiterung der Piazza Santa Maria Novella zu Zwecken der Predigt.

Bernardo d'Orlando Rossi, der Vertraute des Kaisers, sah dies alles nicht nur mit Geduld, sondern der Neffe des Papstes legte dem Petrus und dessen Genossen sein förderndes Wohlwollen deutlich an den Tag. Sie schienen einstweilen ja nur den Glauben zu stärken und den Kampf gegen die durch kaiserliches Gesetz hart bedrohten Ketzer zu führen. Der Herrscher selbst hegte noch keinerlei Verdacht gegen den Günstling; er weilte in den Monaten Juli und August in dem vom florentiner Bischof eben erneut mit Interdikt belegten Pisa,[4]) doch er scheint auf das Treiben des glaubenseifrigen Dominikaners in der Nachbarstadt mit Geringschätzung herabgesehen und der Versicherung des Bernardo, daß er Florenz in Treue für ihn erhalte, geglaubt zu haben. Auf das Volk, das sich lange Zeit hindurch gegen die kirchlichen Einflüsse ziemlich

---

[1]) Forsch. usw. IV, Hospitäler usw. unter „Compagnia maggiore della Vergine Maria". — [2]) Forsch. usw. IV, a. a. O. „Dominikaner-Tertiarier".

[3]) Einleitung des Libro di S. Pietro Martire von 1447 in der kleinen Ausstellung des Florentiner Staatsarchivs.

[4]) Reg. Imp. 3433a–3441.

gleichgültig verhalten hatte, wirkte Petrus offenbar durch seine feurige energievolle Persönlichkeit; als er gegen den Schluß der Amtsführung des Parmesen vor den Räten erschien, um ein Anliegen vorzutragen, fand er keinerlei Widerstreben; die Angelegenheit mochte den meisten ernsthafter Opposition nicht wert erscheinen, und vielleicht schlossen auch die inzwischen von ihm eingeleiteten Ketzerverfolgungen manchem Vorsichtigen den Mund. Zuvor wird Fra Ambrosio von Santa Maria Novella das Volk von der Kanzel her für das Projekt der Dominikaner bearbeitet haben; als Mitglied der florentiner Guelfen-Familie Marsili übte er doppelten Einfluß, und nachmals wurde er, erst durch die Wahl zum Prior des heimischen Klosters, dann durch Verleihung der Bischofswürde von Rimini ausgezeichnet. Petrus von Verona verlangte von der Kommune eine Erweiterung des Platzes vor der Kirche und zu diesem Zweck den Ankauf von Grundstücken durch die Stadt und die Niederlegung von Häusern, weil der Raum nicht mehr ausreichte, um die zur Predigt Herbeiströmenden zu fassen; längst war das alte Kirchlein selbst dazu nicht imstande, aber jetzt, wo der Veronese und Fra Ambrosio durch glühende Worte die Massen für den heiligen Glauben der Väter aufregten, genügte auch die kleine Piazza vor dem Gotteshause nicht mehr; deren Erweiterung wurde von dem General- und Spezialrat nach dem Wunsche der Predigermönche beschlossen.[1]

Die erste Organisation des florentiner Volkes.

Beide Parteien, diejenige, die Florenz auf kaiserlicher Seite halten, wie die andere, die die Stadt auf Umwegen durch geheime Anstrengungen auf die des Papstes hinüberziehen wollte, hatten das tiefste Interesse, das eigentliche Volk für sich zu gewinnen, das weder für den Monarchen noch für die Kirche, weder für Guelfen noch Ghibellinen, die beide der Hauptsache nach noch lediglich Faktionen von Edlen und Vornehmen waren, eine stärkere Teilnahme hegte. Um die Gunst der leicht beweglichen Masse mußten sich in Zeiten der Unruhen die Parteien um die Wette bewerben; nur die obern Zünfte mit voller politischer Berechtigung mochten dies ungern sehen, vielleicht auch ein Teil der untern, da die Handwerksmeister daran interessiert waren, die Untergebenen in Abhängigkeit, ohne jede Art von Koalition und Organisation zu sehen. Wie aber im Jahre 1193 ein kaiserliches Regiment in der Stadt sich auf die Zünfte stützte, so haben die Ghibellinen 51 Jahre später ihren Einfluß durch Konzessionen an das Volk zu stärken versucht. Die Guelfen hätten sich dem nicht widersetzen können, ohne die unteren Schichten ganz und für alle Zeit auf die Seite der Gegner

---

[1] Urk. 1244, 20. Dezember. Santini 482. — Über Ambrosius, der die Schenkung für das Kloster empfing, gibt das 1280 begonnene Nekrologium von Santa Maria Novella (Fineschi, Memorie p. 39) interessante Mitteilungen. Dazu Eubel, Hierarchia p. 108; Ambrosius wurde 1265 Bischof von Rimini, aber er starb nicht, wie dort angegeben, 1277, sondern früher, etwa Anfang 1275 auf der Rückkehr vom Konzil von Lyon in Mailand. — Daß die Marsili ein hervorragendes Guelfengeschlecht waren ergibt das Schreiben Innocenz' IV. vom 26. September 1250. M. G. Ep. III, 8. — Der Platz, um den es sich handelt, ist nicht die später angelegte Piazza di Santa Maria Novella, sondern die jetzige Piazza dell Unità Italiana, die vor dieser überflüssigen Umtaufung Piazza Vecchia di S. Maria Novella hieß.

zu drängen. Der Podestà des Jahres endlich wird klar erkannt haben, daß das Volk nicht auf die Dauer dem Kaiser und seiner Partei treu bleiben werde, daß bei dem ersten ernsthaften Eingriff in die Rechte der Stadt der Umschwung eintreten müsse, und da er in allen Stücken und nach besten Kräften unter der Maske der Kaisertreue den künftigen Umschwung und Abfall vorbereitete, wird er den politischen Rechenfehler der Ghibellinen zwar durchschaut, aber eben deshalb deren Maßnahme gebilligt und gefördert haben. Das Volk erhielt — wie sehr die Tatsache auch durch die guelfische Historiographie späterer Zeit verschleiert wurde — seine erste Organisation in der Zeit, in der Florenz als eine reichstreue Stadt regiert wurde, in der die Ghibellinen die Oberhand hatten, und die Behauptung, daß sich der „primo popolo" im Jahre 1250 unter guelfischem Einfluß zusammenschloß, gehört in das Gebiet der Geschichtslügen. Das „erste Volk" hat sich schon 1244, nicht in guelfischer, sondern in ghibellinischer Zeit der Stadt konstituiert, und ohne diese Vorbereitung hätte wahrscheinlich die Bewegung des Jahres 1250 nicht jene Macht und Sicherheit besessen, die ihr zu glänzendem Siege verhalf. Daß die Popolanen ihre Organisation einer Einigung mit der Oberschicht dankten, die das außerhalb der Zünfte stehende Volk bisher vom Stadtregiment ausgeschlossen hatte, und ihm jetzt freiwillig daran einen Anteil gewährte, ergibt sich daraus, daß von den beiden Volkskapitanen der eine ein Ritter, der andere ein Richter war, und daß diesen beiden erst fürs Jahr 1245 ein Popolane zur Seite trat. Der Richter Jacopo Alberti und der Ritter Gherardo Guidi, die die neugeschaffene Würde bekleideten, waren beide florentiner Bürger, während in späterer Zeit, nach dem vollen Siege der Demokratie, stets ein Auswärtiger zum Capitano del Popolo berufen wurde. Die Genannten behielten auch 1245 und selbst noch für einen Teil des Jahres 1246 ihr Amt, doch fungierte in dieser Zeit mit ihnen ein Dritter, Donato Torrisciani. Im Jahre 1246 sind dann zwei von den dreien beim Umschwung der Verhältnisse mit der kaiserlichen Stadtregierung in Konflikt geraten, und eben deshalb wurde das Volkskapitanat wieder beseitigt, so daß die erste Organisation der Popolanen nur zu einer Lebensdauer von knapp zwei Jahren gedieh. Während dieser Zeit hat sie sich aber auch auf die Grafschaft in der Art erstreckt, daß an die Spitze jedes Pfarrbezirkes ein „Kirchspiel-Kapitan" trat, der das Recht hatte, die ganze Mannschaft seines Bezirkes aufzubieten, um volkstümliche Justiz zu üben, etwa um einen Mächtigen zu bestrafen, weil er einen Wehrlosen mißhandelt hatte. Ähnlicher Art mag neben ihrer Teilnahme am Rat die Befugnis der ersten Volkskapitane in der Stadt gewesen sein; sie hatten ihren eigenen Notar, und ohne eine gewisse Strafgewalt ist ihr Amt nicht denkbar, doch können wir darüber hinaus feststellen, daß sie auch für Schuldklagen gegen Bürger, selbst für von auswärts her anhängig gemachte, zuständig waren.[1]) Weder der Titel noch das erneuerte Amt der antiken Volks-

[1]) In der vorbezeichneten Urkunde vom 20. Dezember 1244 sind die beiden Volkskapitane Jacobus Alberti judex und Gherardus Guidi, sowie ihr Notar zuerst erwähnt. Fernere Erwähnungen der drei capitanei populi in der Ratsurkunde vom

tribunen ist indes in Florenz zuerst hervorgetreten; schon sechzehn Jahre früher wird ein Capitano del Popolo in Bologna erwähnt, in der Stadt, wo das Studium römischen Rechtes die Neigung für Einrichtungen belebte, die dem Altertum nachgebildet waren, und 1241 führten neben dem Podestà der Kommune Kapitane des Volkes die Regierung von Genua.[1]

Eben bei jenem Beschlusse über den Antrag des Bruder Petrus begegnen wir zuerst den florentiner Capitani del Popolo in den Versammlungen des General- und des Spezialrates. Ketzergerichte. Hatte man geringe Neigung gezeigt, den Predigermönchen offen entgegenzutreten, und hatten die Dominikaner einen Teil der Bürgerschaft auf ihre Seite hinübergezogen, so glomm doch in vielen Gemütern eine starke geheime Opposition gegen die Ketzerspürer. Nie hatte man ein Auftreten erlebt, wie das der Glaubensrichter in weißer Kutte und schwarzem Mantel im Jahre 1244, nie eine Tätigkeit der Religionspolizei, wie in dieser Zeit. Noch galt der Bischof als der rechtmäßige Gerichtsherr in Glaubenssachen, aber seiner Vergangenheit halber traute man ihm nicht den wahren Eifer zu, und der Papst ernannte für Toskana einen besonderen „Inquisitor der Häretiker" in der Person des Bruder Ruggero Calcagni von Santa Maria Novella,[2] den Ardingus alsbald zu seinem Vikar in Sachen der Ketzerverfolgung machte. Ruggero hatte sich in Orvieto glänzend bewährt;

9. August 1245 (SAS. — Riform.). Hier ist außer den obigen noch Donatus Torrisciani genannt und Gerardus („Ghirardus") Guidi wird als Dominus, also als Ritter bezeichnet. Der Titel Dominus kann nicht bedeuten, daß auch er etwa Richter gewesen, wie sein Vorkommen ohne denselben 1240, 30. April (Santini p. 471) erweist: er muß inzwischen die Ritterwürde erlangt haben. — Auf die „capitanei civitatis Florentie" wird des weitern in dem Vertrag zwischen Gesandten von Florenz und von Siena In ecclesia S. Miniatis de Fonterutoli 1245, 15. August (SAS. — Caleffo Vecchio f. 245[2]) Bezug genommen; Klagen von sieneser Gläubigern gegen florentiner Schuldner waren bei ihnen anzubringen; in Siena, wo es Volkskapitane nicht gab, hatten florentiner Gläubiger gegen Sienesen bei den consules mercatorum et pizicariorum zu klagen. Endlich werden Jacobus und Gerardus als capitanei populi neben dem Podestà als Repräsentanten der Kommune in der Ratsurkunde vom 20. August 1245 genannt (Caleffo Vecchio f. 243). Über den Konflikt zweier der Volkskapitane mit Friedrich von Antiochien s. weiter unten. — Das Aufgebot der Leute des Kastells Poggio a Vento vermittelst Glockengeläutes durch Juncta q. Bencivienni de Podioventi capitaneus hominum plebei plebis S. Petri de Sillano um Bernardus f. Grugherii de Vignola zu bestrafen (der ebenfalls „capitaneus" genannt wird, vielleicht Kollege des ersteren war und mit ihm in Konflikt lebte), weil er einen Konversen des Kloster Passignano mißhandelt hatte, wird in der Urkunde vom 31. Dezember 1244 erwähnt (SAF. — Passignano; unter Urk. vom 16. Januar 1245).

[1]) Betreffs Bolognas zu 1228 Chronicon Bononiense 1162—1296 in Calogera, Nuova Raccolta IV, 125. — In Genua werden capitanei populi 1241 in Barthol. Scribae Annales M. G. Ss. XVIII, 195 genannt. Für die Dauer aber wurde das Amt dort erst 1257 eingeführt; Caro, Genua und die Mächte am Mittelmeer I, 7.

[2]) Über Ruggero s. im 3. Kapitel.

er war dort im Kampf gegen die Ketzer 1240 verwundet worden und hatte etliche von ihnen dennoch gezwungen, mit Stricken um den Hals öffentlich Buße zu tun und ihre Lehren abzuschwören.[1]) Der Bischof beteiligte sich jetzt, vielleicht um zu beweisen, wie unbegründet das Mißtrauen gegen ihn sei, auf das nachdrücklichste an der Ketzerjagd; Bruder Petrus von Verona, Ruggero Calcagni und das Oberhaupt der Stadtkirche bildeten fortan eine Trias zur Ausrottung der Häresie wie zur Entfachung des Glaubenskampfes.

Nicht ohne Schauder kann man die Akten ihrer zahlreichen Verhöre oder die von ihnen gefällten Urteile lesen. Groß war die Zahl der Überzeugten, die, von den Mönchen und dem Bischof der weltlichen Macht überwiesen, für ihre Gesinnung auf dem Scheiterhaufen endeten. Männer und Frauen haben das Martyrium gleich mutig ertragen; zahlreiche andere, die solche Stärke nicht besaßen, widerriefen eilends, was sie bisher geglaubt und ließen sich das farbige Kreuz anheften, das den bekehrten oder „zurückgekehrten" Ketzer weithin kenntlich machte; jeder Rückfall in die frühere Gesinnung, jede Wiederaufnahme des Verkehrs mit den ehemaligen Genossen brachte die sichere Verurteilung zum Feuertode. Prato war von alter Zeit her ein Mittelpunkt der Patarenerlehren gewesen[2]) und der Inquisitor widmete dieser Stadt vor den Toren von Florenz auch jetzt einen Teil seines Eifers; daneben waren die Kapelle des Bischofspalastes, Santa Maria Novella und das Hospital von San Gallo die wechselnden Schauplätze der Tätigkeit des Ketzergerichtes, das unablässig zu verhören und zu verdammen fand. Da die Kirche nach ihrem frommen Wort „nicht nach Blut dürstet", lautete die Sentenz gegen die Unbußfertigen stets nur auf Überweisung an die weltliche Gewalt; ließ die Stadtbehörde aber den Holzstoß nicht schleunigst rüsten, so verfielen nach den bestehenden Gesetzen der Podestà und seine Richter selbst den Strafen, die auf Begünstigung der Ketzerei standen und die nicht minder vernichtend waren, als die gegen die Häretiker verhängten. Die Folter war unblutig und konnte deshalb von der nicht nach Blut dürstenden Kirche angewandt werden, denn sie diente ja nur zur Ermittlung der Wahrheit und somit zur Befreiung der Seele von Lüge und Verstellung. Wer gleich bekannte, setzte sich der Marter nicht aus; und brauchte man Rücksicht gegen Anhänger von Irrlehren zu üben, die so verstockt waren, daß sie durch Leugnen ihr Leben retten wollten? In den von den „Notaren des Glaubens", oder von sonstigen zuverlässigen Leuten geschriebenen Urkunden über die Ketzerverhöre steht kein Wort von der Erpressung der Bekenntnisse durch peinliche Frage oder körperliche Qualen. Wozu hätte man niederschreiben sollen, was bei schwachen Seelen Anstoß erregen konnte? Aber wir Späteren verstehen recht wohl, was gewisse Veränderungen in den Aussagen von einem Tage zum nächsten, manchmal selbst

---

[1]) Chronica Urbevetana ed. Gamurrini, Arch. Stor. Ser. V, tomo 3 (1889) p. 13. — Dazu die Urkunden bei Fumi, Cod. Diplom. p. 262. Er war 1249 wieder in Orvieto als Inquisitor tätig.

[2]) Bd. I. 728, 730.

von einer Stunde zur anderen, zu bedeuten hatten, strikte Bestreitungen auf die plötzlich ein rückhaltloses Geständnis folgte, was die Versicherung des Angeklagten besagen wollte: früher habe er nur aus Furcht vor Schande geleugnet, jetzt aber bekenne er die Wahrheit; oder welcher Sinn dem Vermerk des Notars innewohnt: der Beschuldigte „habe seinen Aussagen noch vieles Sonstige hinzugefügt", dies aber solle nicht niedergeschrieben werden.[1])

Manche, denen jetzt der Prozeß gemacht wurde, waren schon lange zuvor verdächtig gewesen; ein Arzt, Diotaiuti, dessen Haus in Por Santa Maria lag, hatte vor 24 Jahren schon einmal vor dem Bischof von Siena die Häresie abschwören müssen; seitdem war er unbehelligt geblieben, bis ihn jetzt die florentiner Ketzerrichter fingen und Fra Ruggero ihn in Anwesenheit des Bruders Petrus verurteilte.[2]) Die Ärzte waren stets zahlreich unter denen, die von der allein seligmachenden Lehre abwichen; ein anderer namens Bene befand sich gleichfalls unter den Opfern des Ruggero, und der Bischof würdigte ihn, der die florentiner Patarener vielfach in Krankheitsfällen zu behandeln pflegte, persönlicher Teilnahme an seinem Verhör, bei dem die Folter eine unverkennbare Rolle spielte.[3]) Es waren, wie man schon aus der Erwähnung der beiden Mediziner ersieht, nicht Leute des unteren Volkes, gegen die sich die Untersuchungen und Verfolgungen richteten — sie mochte man für später aufsparen — sondern vorwiegend Angesehene und Vornehme. Einer der reichsten Männer, Rinaldo Pulci,[4]) vielleicht selbst als Bankherr tätig und jedenfalls aus einem Geschlecht, das bald darauf als eine der größten Bankier-Familien eine Rolle spielte, befand sich unter den Angeklagten; er, seine Gattin Lamandina, seine Kinder, sein Bruder und dessen Frau Margherita waren überzeugte Häretiker, und für die Genossen der Sekte war sein Haus eine der hauptsächlichsten Zufluchtsstätten; er beherbergte den Patarener-Bischof Torsello, und manche Ketzerin, die später mutig den Scheiterhaufen bestieg, hatte bei ihm Obdach gefunden, während andere sogar in seinem Heim durch die Zeremonie der Tröstung und Handauflegung in die Gemeinschaft der „Getrösteten" aufgenommen waren. Gherardus Nerli, ebenfalls Angehöriger eines vornehmen Geschlechtes, hing nebst seinem Sohn und seiner Schwester den Ketzern an, von deren Bischöfen außer Torsello auch ein anderer namens Burnetto — als Nachfolger des früher erwähnten Filippo — sich fortdauernd in Florenz aufgehalten zu

[1]) Dokument 3 bei Tocco, Quello, che non c'e nella Divina Commedia o Dante e l'Eresia p. 37. — Dokum. 14 p. 51 (nach Abschriften des Priors von Santi Apostoli, Dr. Ristori).

[2]) Die Urkunde in Cod. XXXIII. 195, f. 152 der Bibl. Barberiniana in Rom (jetzt in der Vaticana), Kopie des Senators Carlo Strozzi. Das Orig. ist nicht mehr vorhanden.

[3]) Tocco Dokum. 3.

[4]) Er war einer der zehn Garanten für 10000 Mark Silber gewesen, die Florenz 1235, 25. Juni, dem Kardinal-Bischof Jakob von Palestrina für Beobachtung des zwischen dieser Stadt und Siena zu fällenden Schiedsspruches hatte als Pfand zusichern müssen (SAS. — Riformag.).

haben scheint,[1]) während ein dritter, Jacopo von Acquapendente, gelegentlich am Arno Predigten hielt und Heilsbedürftigen die „Tröstung“ erteilte.[2]) So sicher hatten sich die Heterodoxen, ehe die große Verfolgung über sie hereinbrach, gefühlt, daß sie den Mitgliedern der Sekte eine regelrechte Steuer zur Deckung der Bedürfnisse ihres geheimen Kultes und ihrer Hierarchie auflegten und diese einsammeln ließen.[3]) Vornehme Frauen versammelten sich, um das Wort ihrer Prediger zu hören, zumal bei Rinaldo Pulci; ein weibliches Mitglied des von Dante gerühmten alten Patriziergeschlechtes der Sizi bekannte sich zum Glauben der Ketzer, kehrte aber dann aus Furcht vor Kerker und Tod in den Schoß der Kirche zurück und verriet durch ihre Aussagen die Pulci.[4]) Wir finden Angehörige guelfischer wie ghibellinischer Familien unter den Bekennern der heterodoxen Lehre; die Cavalcanti waren Guelfen, und einer der Ihren, Fra Aldobrandino, der nachmals zu höchst bedeutender Stellung emporstieg, nahm als Mönch von Santa Maria Novella an den Ketzerverhören teil;[5]) einer seiner Geschlechtsgenossen, Uguccione, dagegen zählte zu den verfolgten Anhängern der Häretikerbischöfe; er war kein schwärmender Jüngling, sondern ein ehemaliger Konsul der Kaufleute von Por Santa Maria.[6]) Ein anderer Bürger, der Ketzer bei sich aufnahm und nebst seiner Gattin ihren Lehren folgte, war Chiaro Mainetti, der in Beziehungen zu den Ghibellinenführern Uberti stand;[7]) weitere Angeklagte waren Gherardo Cipriani aus ghibellinischem Hause, der von seinem längst verstorbenen Vater die Neigung für die Lehren der Patarener geerbt hatte,[8]) und Albizo Tribaldi, ein reicher Bürger, der zu den Gläubigern gehörte, die den Grafen Guido Guerra nach seinem Übertritt zur Partei des Papstes mit gerichtlichen Klagen bedrängten.[9]) Gemma, die Gattin eines Richters oder Ritters Baldovino wurde im Auftrage der Ketzerrichter verbrannt und die meisten der anderen Erwähnten werden ihr Schicksal geteilt haben oder, wenn sie sich durch ein reuiges Schuldbekenntnis der letzten Stunde retteten, für immer hinter Kerkermauern verschwunden sein.

---

[1]) Wie die Glaubenskontraste die Familien spalteten, geht daraus hervor, daß ein Nerli, Ottavante, Mönch in Santa Maria Novella war, von wo aus die Ketzerverfolgung geführt wurde; er stieg dort zum Prior auf. S. das 1280 angelegte Nekrologium, Fineschi, Mem. p. 36. Vgl. auch unten betreffs der Cavalcanti.

[2]) Dokum. 8 l. c. — [3]) Dokum. 14 l. c. — [4]) Dokum. 13 l. c.

[5]) Dokum. 13 l. c. — Über Aldobrandino Näheres in dem 1280 angelegten Nekrologium von Santa Maria Novella (vgl. Forsch. usw. IV, S. 366 ff. „Zur Florentiner Historiographie“); Fineschi, Memorie p. 40.

[6]) Sein Verhör in Dokum. 8. Als Consul mercatorum Portae S. Mariae ist er in der Urk. von 1218, 22. März (Sant. 190) genannt.

[7]) Dokum. 9. — Zeuge in Urkunde der Uberti 1238, 20. Mai (Sant. 162). Mitglied einer städtischen Steuer-Kommission, gemeinsam mit einem Uberti 1242, 31. März (Sant. 175).

[8]) Dokum. 14 l. c.

[9]) Zeug.-Aussag. im Cod. XXXIII, 195, f. 151 der Bibl. Barberiniana in Rom. S. S. 300 Anm. 2. — Ferner Dokum. 7 l. c.

Die Konventikel der Häretiker wurden außer bei Rinaldo Pulci, bei Pace del Barone, in einem der Häuser der Cipriani am Mercato Vecchio, und bei dem Arzt Diotaiuti in Por Santa Maria, vielfach auch auf dem Lande, in Wohnungen am Mugnone, bei San Gaggio vor der jetzigen Porta Romana, in Careggi, in Settimo, im Piano di Ripoli, abgehalten, wo der Ritter Albizo Tribaldi einmal zwölf Häretiker auf seinem Besitztum verborgen hielt. Es kam gelegentlich vor, daß aus der benachbarten Badia von Ripoli ein Mönch sich zu den Ketzern schlich, um ihren Lehren zu lauschen, wie denn auch in Florenz einzelne Geistliche ohne weitere Skrupel mit den Patarenern und selbst mit deren Bischöfen Verkehr unterhalten hatten. Da der Aufnahme oder „Tröstung" ein förmlicher Unterricht in den Ketzerlehren voranging, der bis zu vier Monaten dauerte, wurden manche Katechumenen für längere Zeit in die Wohnungen der älteren Sektierer aufgenommen; zumal war dies für Frauen oder Mädchen üblich, und ihre Unterweisung pflegte wiederum Frauen anvertraut zu werden. Unter den in Florenz in dieser Art wirkenden weiblichen Aposteln der Ketzer tritt besonders eine Meliorata hervor, die dann in Prato den Feuertod erlitt.[1]) Bei den Gebetsversammlungen scheinen die schwärmerischen Prediger der Sekte, die immer bereit waren, den Gefahren und der Verfolgung mutig entgegenzugehen, als eine Art lebender Heiliger in aller Form eine Anbetung erfahren zu haben; auch kam es vor, daß Frauen bei diesen Zusammenkünften in visionäre Zustände gerieten und im Tone von Seherinnen verkündeten, wie sie in ihrer Verzückung Bischöfe und Führer der Häretiker in Gewändern, blitzend von Edelsteinen, vor dem Throne der Gottheit erblickten.

In weiterer Entfernung in der Grafschaft fanden die Ketzer ebenfalls vielfach bei Laien, wie bei Priestern ein gern gewährtes Asyl, gläubige Hörer und Schüler. In Capalle bei Campi „trösteten" gelegentlich Wanderprediger der „Armen von Lyon",[2]) während die am meisten verbreitete Heterodoxie die der Patarener war. Solchen, die aus Florenz flüchten mußen, gewährte in Cascia am Fuße der Vallombrosaner Berge ein Cacciaconti liebevolle Aufnahme, und als der dortige Podestà aus dem Hause der Cuona ihre Herausgabe verlangte, fanden sie Zuflucht in einer Kirche, deren Presbyter nebst den von ihm unterwiesenen Scholaren sie sorgsam verborgen hielten; endlich gelang es ihnen, in das benachbarte Gebiet der ghibellinischen Pazzi di Val d'Arno zu entkommen, und hier hielten sie sich, wie es scheint, für völlig geborgen.[3])

Was die Ketzer als ihren Glauben verkündeten, und was einige von ihnen mutvoll vor den geistlichen Richtern als ihre Überzeugung bekannten, war im wesentlichen die bekannte dualistische Lehre;[4]) daneben benutzte hier und da einer der Verklagten die innere Freiheit der letzten Stunde, um der Rechtgläubigkeit der mitleidlosen Richter die eigenen unwandelbaren Gesinnungen

---

[1]) Dokum. 8 l. c.

[2]) Dokum. 11 l. c. Doch bezieht sich die 1245 gemachte Aussage auf frühere Zeit.

[3]) Dokum. 10 l. c.

[4]) Band I, 723 ff. und im 3. Kapitel S. 146.

entgegenzuhalten, um das Recht des Zweifels und das des Verstandes gegenüber dem Dogma zu verfechten, um auf die Androhung jenseitiger Strafen unerschüttert zu erwidern, daß sie mit der Vernichtung des Körpers das Dasein für abgeschlossen hielten, daß sie von keinem Jenseits träumten, und daß sie keine Auferstehung, sondern die Ruhe des Nichtseins ersehnten. Auch erklärten sie vor entsetzten Ohren, daß Brot und Wein des Abendmahls körperliche Stoffe ohne alle geheimen Kräfte seien, dem Verderben ausgesetzt wie jede andere Materie; sie fügten hinzu, daß die kirchliche und weltliche Macht, die sich Strafgewalt anmaße, schwere Sünde vor Gott täte, und daß sie nie einen Eid leisten würden, selbst dann nicht, wenn sie durch einen einzigen Schwur die ganze Welt zu ihrem Glauben zu bekehren vermöchten.[1] Es braucht nicht gesagt zu werden, daß Bruder Ruggero Calcagni daraufhin noch an demselben Tage die, welche solches ehrlich und offen bekannten, „unter Anrufung des allmächtigen Gottes und mit dem Rate weiser Männer" zur Überweisung ans weltliche Gericht, mit anderen Worten zum Scheiterhaufen verurteilte. Die Kunst des logischen Argumentierens und die Fähigkeit, die Schwächen der römischen Theologie aufzudecken, hatten tuszische wie lombardische Häretiker häufig durch Studium an der Hochschule zu Paris erworben, wobei sie denn zugleich auf den französischen und den wichtigen champagner Messen bei den zahlreichen italienischen Kaufleuten wirksame Propaganda für ihre Lehre machten.[2]

Nicht immer war den Ketzerrichtern in Florenz ähnliches Entgegenkommen erwiesen worden, wie sie es zur Zeit des Podestà Bernardo d'Orlando Rossi fanden. Im Hause des Arztes Diotaiuti waren zwei Jahre vorher die Häretiker Johannes und Ristoro gefangen worden, und wie es seit den Ketzeredikten feststehende Regel war, wurde das Gebäude daraufhin dem Erdboden gleichgemacht, wie denn überhaupt die Spitzhacke auf Weisung des Inquisitors viel Arbeit zu Ehren des rechten Glaubens erhielt. Die beiden Ketzer waren damals in ein Gefängnis der Kommune, in den Turm Marinetta, gesperrt worden, aber ihre Gesinnungs- und Glaubensgenossen hatten sich stark genug gefühlt, um einen Handstreich zu wagen; sie hatten mit bewaffnetem Arm den Kerker erstürmt und die Bedrohten befreit. Daraufhin hatten die Brüder Pace und Barone, Söhne des Barone, den einen der beiden, Johannes, in ihr hohes, durch feste Mauern sicheres Haus geführt,[3] das zwischen dem Borgo Santi Apostoli und dem Arno lag; hier hatten vorlängst auch jene beiden Häretiker-Bischöfe Aufnahme gefunden. Von den Brüdern war besonders Pace in Staatsgeschäften hervorgetreten,[4] und sehr bedeutend müssen Macht und Ansehen der beiden ge-

---

[1]) Dokument 2.

[2]) Brief des Yvo von Narbonne an den Erzbischof von Bordeaux. Math. Par. (ed. Luard IV. 270 ss.).

[3]) Dokum. 18 u. 10 bei Tocco l. c.

[4]) Er war 1232, 5. April Zeuge des Vertrages mit Colle; Lisini. Gli Istrumentari di Colle in Atti e Mem. della Sezione letterari e di Storia patria municipale dell'Accad. dei Rozzi Vol. III p. 218.

wesen sein, die neben ihrer führenden Stellung als Patarener zugleich kaiserliche Parteigänger waren. Ende 1244 wurden sie vor den Ketzergerichten in Verhör genommen; sie gestanden die Aufnahmen der gewaltsam befreiten Häretiker, sie gaben zu, daß auch ein anderes ihnen gehöriges Haus einen ständigen Zufluchtsort der Sektierer gebildet habe, daß ferner ihre Mutter eine „Getröstete" sei. Dies alles indes hinderte nicht, daß Barone dennoch fürs Jahr 1245 zum Mitgliede des städtischen Rates ernannt wurde.

Ausbruch des städtischen Glaubenskampfes.

Als Nachfolger des Rossi wurde der Ritter Pace Pesamigola aus Bergamo zum Podestà gewählt, der, ungleich dem Vorgänger, die Augen nicht gegen die Gefahr verschloß, die durch die Erregung des religiösen Fanatismus und der Volksleidenschaft heraufbeschworen wurde. Die Ketzerrichter fällten im März gegen Barone ein Urteil, und als er, den sie nicht in ihre Gewalt zu bringen vermochten, dagegen Berufung einlegen wollte, weigerten sich die Notare der Stadt, solchen Einspruch gegen ein Glaubensurteil zu Pergament zu bringen; sie waren in formellem Recht, denn nach den kaiserlichen Edikten gab es gegen die Verurteilung wegen Ketzerei kein Rechtsmittel. Dennoch schrieb der Podestà dem Ottaviano Mainetti, wohl einem Verwandten des Patareners Chiaro Mainetti, bei Strafe vor, die Urkunde der Appellation abzufassen, und der Konsul der Zunft der Richter und Notare schloß sich dem Befehle an.[1]) Damit war der Kampf der geistlichen und der weltlichen Gewalt auf florentiner Boden eröffnet; die päpstliche Partei, auf deren Seite die Sympathien der Guelfen waren, stand fortan der vom Podestà geführten kaiserlichen und der der Ghibellinen gegenüber; der politische Hader wuchs mit dem Glaubensstreit in eins zusammen.

Eine ungeheure Erregung muß die Gemüter beherrscht haben. Das Haus der Brüder Pace und Barone lag, wie erwähnt, nahe bei Santi Apostoli; in einer Nacht wurde der Prior dieser Kirche ermordet;[2]) wir kennen die näheren Umstände nicht, aber die Annahme eines Zusammenhanges der Bluttat mit den Patarener-Konflikten liegt sehr nahe. In der Grafschaft tobte der Streit zwischen Orthodoxen und Ketzern nicht weniger heftig als in der Stadt; im April 1245 ließ der Abt von Passignano durch seine Konversen das Grab des Guido von Monteficalli aufreißen, das sich im Kirchhof seines Klosters befand, offenbar nachdem er erfahren hatte, daß der Verstorbene häretische Gesinnungen gehegt habe, und die dienenden Brüder mußten auf sein Geheiß die Leichenreste in einen Graben werfen. Die Angehörigen verklagten den Abt bei dem Richter des Podestà, vor diesem aber erschien der Archipresbyter des Domkapitels und untersagte ihm, wie dem höchsten städtischen Machthaber im Namen des Bischofs jedes Vorgehen wider den Abt, über den nur das geistliche Tribunal Gewalt habe. Der Richter wagte nicht, aus eigener Autorität zu entscheiden, und versammelte einen Rat von siebzehn „weisen Männern", die ihr Gutachten dahin abgaben,

[1]) Dokum. 5 u. 6 bei Tocco l. c. — Santini p. 486 (1245, 13. März).
[2]) Vita B. Humilianae A. S. 19. Mai IV, p. 390.

das städtische Gericht dürfe wider den Abt wegen der Grabschändung in der Tat keine Strafe verhängen.[1]) Aus Vorgängen solcher Art schöpften der Inquisitor und seine Genossen neuen Mut zum Vorgehen gegen die verhaßten Brüder Pace und Barone, doch diese bewirkten den Erlaß eines kaiserlichen Mandates zu ihrem Schutz, und ein weiterer Befehl des Herrschers ging dahin, daß die „Glaubens-Kapitane" und „Glaubens-Notare" die Häupter jener „großen Genossenschaft der Jungfrau Maria" bei Strafe des Reichsbannes und der Vermögens-Konfiskation den Podestà von Florenz nicht weiter in der Ausübung seiner Amtsrechte stören sollten.[2]) Der Monarch, der sich im Mai 1245 erneut in Pisa aufhielt,[3]) konnte jetzt über die Bedeutung und die letzten Ziele der florentiner Bewegung für die Rechtgläubigkeit keinen Zweifel mehr hegen. Daß er sich den Häretikern zuneige, hatte man ihm schon zur Zeit der Belagerung Viterbos vorgeworfen, und da die Feinde gemeinsame waren, ist es begreiflich, daß er jetzt die zu schirmen suchte, die mit der Schärfe seiner eigenen Gesetze verfolgt wurden.

Eingreifen des Kaisers.

Als die Dominikaner nebst dem Bischof so ernsten Widerstandes inne wurden, hielt Bruder Ruggero Calcagni es für notwendig, sich zur Einholung von Instruktionen zum Papst nach Lyon zu begeben.[4]) Der Befehl, den er dort empfing, lautete, wie die Folge erweist, dahin, daß er die offene Fehde aufnehmen und vor Bürgerkrieg und Straßenkampf nicht zurückscheuen solle. Während aber Fra Ruggero an die Rhone reiste, suchten die Brüder Baroni gemeinsam mit dem Podestà die Verhängung des kaiserlichen Bannes gegen den Inquisitor durchzusetzen,[5]) ohne daß es jedoch zu dessen Verkündung gekommen zu sein scheint. Der Frater Calcagni konnte vielmehr nach dem heimischen Kloster zurückkehren, und von dort nahm er sofort wieder den Angriff auf; unter den vielen Anklagen, die er wider die Söhne des Barone erhob, befand sich auch die absonderlich gehässige, daß sie ihre Mutter nicht wegen Ketzerei dem Inquisitor angezeigt und ausgeliefert hätten. Die beiden wurden durch das geistliche Gericht verurteilt, aber sie der weltlichen Gewalt zur Hinrichtung zu überweisen, wäre unter den tatsächlichen Verhältnissen eine lächerliche Form gewesen; Fra Ruggero behielt sich dies ausdrücklich für später vor, verhängte aber einstweilen über sie vernichtende Geldstrafe, die Einziehung ihres Vermögens und die Demolierung ihrer Häuser.[6]) Am Tage, nachdem der Spruch gefällt war, am 12. August 1245, einem Sonnabend, erschienen im Kapitelsaal des Dominikanerklosters Santa Maria Novella vor dem Inquisitor, dem Bruder

[1]) Urk. vom 27. April 1245, Santini 322.

[2]) Urkunden vom 13. und 24. August 1245, Santini 487 ss. — Tocco l. c. Dokum. 17 (mit irrigem Datum) und 18.

[3]) Reg. Imp. 3472a.

[4]) Dokum. 15, 11. August 1245. — [5]) Ebendort.

[6]) Dokum. 15. Ob der als Zeuge fungierende Gualtirottus f. Pacis wirklich ein Sohn des vom Inquisitor Verurteilten war, wie es den Anschein hat, läßt sich nicht ausmachen. — Erneute Verkündigung des Urteils erfolgte am 24. August 1245, Santini 488.

Petrus von Verona, und den anderen Mönchen in feierlichem Aufzuge unter Vorantragung einer Fahne der Kommune zwei Nuntien des Podestà und geboten in dessen Namen dem Ruggero Calcagni, die Sentenz gegen die Söhne des Barone aufzuheben, weil sie wider die ausdrücklichen Befehle des Kaisers gefällt sei; bewirke er den Widerruf nicht sofort, so habe er sich bei der hohen Strafe von 1000 Gewichtsmark Silber am Montag dem Podestà zu stellen, der ihn nach Gebühr verurteilen werde.[1]) Der Inquisitor hörte die Zitation geduldig an, ließ auch von einem Notar, den er bei sich hielt, das kaiserliche Mandat, auf das der Podestà sich bezog, sorgfältig abschreiben, denn es sollte ihm als eine der Waffen dienen, mit denen er den städtischen Oberbeamten selbst zu verderben hoffte.

Die Absetzung des Kaisers. Vier Wochen zuvor, am 17. Juli, war in Lyon das Äußerste geschehen, dessen der priesterliche Haß fähig war. Der Papst hatte mit Zustimmung des von ihm versammelten Konzils Friedrich für abgesetzt und für verdammt erklärt. Aus Tuszien waren Vitalis der Erzbischof von Pisa und Guercio, Bischof von Lucca, sowie Ranieri, der Erwählte von Volterra, dessen Bistumsgüter der Kaiser sequestriert hatte, nach der südfranzösischen Stadt geeilt,[2]) während Ardingus, vielleicht gemäß einem ausdrücklichen Befehl des Papstes, auf seinem Posten in Florenz verblieb, wo er den politischen Interessen seines Oberherrn nützlicher sein konnte als an der Rhone. Die Väter der Kirchenversammlung hörten, Kerzen in den Händen, das Urteil an, dann wandten sie die Leuchten nach unten und verlöschten sie; Taddeus von Suessa aber, der treue Kanzler Friedrichs, brach laut seufzend in die Worte aus: „O Tag des Zorns, o Tag des Unglücks und des Elends!" Der Kaiser erhielt die Kunde in Turin, im Begriff nach Lyon zu gehen, wo er durch sein Erscheinen die Ereignisse noch zu wenden gehofft hatte; in düsterem Zorn erglühend, ließ er sich den Reiseschatz bringen, griff nach einem seiner Herrscherdiademe, setzte es auf das Haupt und sich hoch emporrichtend, fragte er die Umstehenden, ob er seine Krone verloren habe? In manchem habe er dem Papst gehorchen müssen, nun aber fühle er sich von den letzten Banden der Dankbarkeit und Verehrung befreit.[3]) Doch warf jetzt auch der Verrat die Maske ab. Innocenz erließ in alle Länder des Reiches und nach Sizilien das ausdrückliche Verbot, dem Abgesetzten, dem Verfluchten fürder zu gehorchen; wer ihm Hilfe oder Gunst erwiese, sei in dasselbe Anathem verstrickt, das auf dem Staufer ruhe.[4]) In diesen Wochen geschah es, daß Friedrich die schriftlichen Beweise für den Verrat des Bernardo d'Orlando Rossi erhielt; er entdeckte dessen Anschlag, mit etlichen anderen Verschworenen seine Vaterstadt Parma in Rebellion

---

[1]) Urk. 12. August 1245, Santini 487.

[2]) Vgl. Karajan in Denkschriften der Wiener Akademie II (1851) und Huillard IV, 317. — Betreffs des Electus von Volterra s. päpstliches Schreiben vom 29. Juli 1245 Ammirato, Vescovi p. 122.

[3]) Math. Par. ed. Luard IV, 474.

[4]) Ebend. 445 ss.

gegen das Reich zu bringen.[1]) Die letzte Phase des großen Ringens begann, und durch die Gassen von Florenz, durch die Räume des alten Santa Reparata-Domes sollte zuerst der Widerhall jenes „Dies irae“ dröhnen.

Die Schilderhebung der Dominikaner gegen die Stadtregierung.

Statt der Ladung vor den Podestà zu folgen, versammelten vielmehr der Inquisitor, Bruder Petrus von Verona, der Subprior Nikolaus und Frater Morandus aus Signa, der gelehrte Lektor des Klosters, dem sein Eifer alsbald die Ernennung zum päpstlichen Pönitentiar, später seine Erhebung auf den Bischofsstuhl von Cagli und den von Fano eintragen sollte,[2]) am Vorabend des Tages, an dem Ruggero sich hätte stellen sollen, die Menge ihrer Anhänger auf der Piazza Santa Maria Novella, und wahrscheinlich hatten sie die Stunde des Dunkels gewählt, weil sie unter dem Vorwand, die „Laudi“ der Jungfrau zu singen, die Angehörigen der Glaubenskompagnien ungehindert aufbieten konnten. Unter den Bürgern, die dem Inquisitor ihre getreuen Dienste leisteten, bemerken wir jenen Guidalotto Voltodelloreo, den Begründer des Hospitals San Gallo, der noch vor kurzem als einer der Delegierten der Kommune die Geldmittel für Ausrüstung der dem Kaiser zu stellenden Ritter eingesammelt hatte, obwohl sich Friedrich damals schon im Banne der Kirche befand, und wir erkennen an seinem Beispiel, wie die Absetzung und das strenge Verbot, dem Verdammten zu gehorchen, auf die Frommen, auf alle, die es innerlich mit der Kirche hielten, gewirkt hat, während sie zuvor noch auf Ausgleich und Versöhnung hoffen mochten.

Vor der Masse der Glaubenseifrigen, die ihn im Dunkel des Augustabends umdrängten, erklärte Fra Ruggero Calcagni den Podestà, der es gewagt habe, als Schützer von Ketzern aufzutreten, der die Befehle des entthronten Kaisers gegen ihn geltend machte, der gegen die Kapitane und Notare der Glaubensgenossenschaft vorgehen wollte, selbst für einen Häretiker.[3])

Die Bürgerschlacht am Dom.

Die kaiserliche Partei, an ihrer Spitze das in seiner Existenz bedrohte Oberhaupt der Stadt, sah ein, daß ein entscheidender Kampf bevorstehe. Ohne Bedenken rief der Podestà in Eile diejenigen Verbannten zurück, von denen er annehmen konnte, daß sie tapfer für ihn das Schwert führen würden. Am 24. August, am Bartholomäustage (der für Glaubenskämpfe eine unheilvolle Vorbestimmung zu haben scheint), suchten der Bischof und der Inquisitor unter dem Schutz ihrer bewaffneten, von den Kapitanen der Compagnia Maggiore della Vergine geführten Anhänger das Urteil des Ketzergerichtes gegen den Podestà in Santa Reparata vermittels einer feierlichen Predigt zu verkünden. Doch auf das Geläute der Kommuneglocke hin versammelte sich der den Inquisitoren feindlich gesinnte Teil des Volkes, und viele stürmten, geführt von Pace und Barone, nebst den zurückgekehrten Verbannten in den Dom. Um das Banner des Podestà hatten sich draußen die nicht an dem kirchlichen Aufstand beteiligten

[1]) Ann. Placent. Ghibellini, M. G. Ss. XVIII, 492.

[2]) Nekrologium von Santa Maria Novella, 1280 angelegt. Fineschi, Memorie p. 39.

[3]) Urkunde von 1245, 13. August, Santini 487.

20*

Ritter auf schlachtgerüsteten Pferden versammelt, eine große Zahl von Bürgern mit Armbrüsten, andere mit Bogen bewaffnet, war um sie geschart. Als die Anhänger der Mönche und die Glaubenskompagnie unter vielem Blutvergießen aus der Kirche getrieben waren, entspann sich auf dem Domkirchhof zur Seite des alten Gotteshauses, an jener Stelle, an der sich jetzt, von dem marmornen Turm des Giotto überragt, ein weiter Platz dehnt, zwischen Grüften eine wilde Bürgerschlacht.[1]) Noch nach einem halben Jahrhundert zeigte der alte blinde Corso di Piero Velluti, ein reicher Tuchhändler von Oltrarno, an seiner zu Pergament geschrumpften Haut mit echtem Guelfenstolz die Wunden aus den Kriegen, in denen er mitgefochten hätte, vor allem aber die aus den Straßenkämpfen von damals, „als man um der Häretiker willen in Florenz offen kämpfte, zur Zeit des San Piero Martiro".[2])

Sieg des ghibellinischen Podestà.

Wie man sich aber später der für Kirche und Rechtgläubigkeit ausgeteilten und erhaltenen Hiebe rühmen mochte, der kaiserliche Podestà nebst seinen Anhängern behielt die Oberhand über die Ketzerrichter, die Kapitane der Jungfrau und ihre Gefolgschaft. Die fromme Geschichtschreibung hat den Vorgang als eine Schilderhebung der Ketzer darzustellen gewußt, und Bruder Petrus, der Feldherr der Orthodoxie, mußte, wie es sich versteht, den Sieg errungen haben. Zum Andenken dessen seien die steinernen Kreuze an der kleinen Piazza del Trebbio und jenseits des Arno vor Santa Felicita errichtet worden, weil der Dominikaner an diesen Stellen die Häretiker blutig aufs Haupt geschlagen habe. Dies alles wird nach so vielen Jahrhunderten immer von neuem gläubig wiederholt, doch in Wahrheit haben die Häretiker als solche den Kampf natürlich weder geführt noch besaßen sie eine Organisation zu solchem Zweck; daß viele von ihnen in den Reihen der übrigen Bürgerschaft mit Begeisterung für eine Sache, die die ihre war, und gegen die Verfolger ihrer Genossen gefochten haben, versteht sich von selbst, doch wurde die Straßenschlacht zwischen dem Podestà nebst der Mehrheit der Bürgerschaft und der kirchlichen Partei unter der Führung des Bischofs und der Dominikaner ausgefochten, die zugunsten des Papstes das kaisertreue Oberhaupt der Stadt zu beseitigen trachteten. Die Glaubensgenossenschaft ward besiegt, und die Dominikaner nebst dem Bischof mochten froh sein, daß sie sich nach Santa Maria Novella retten konnten; dort verkündeten sie von neuem ihr Strafurteil gegen Pace und Barone, nicht ohne hinzuzufügen, daß gegen die beiden aus großer Milde je nach dem Maß ihrer Demut und Zerknirschung barmherziger verfahren werden solle, wenn sie gleich heute die Waffen ablegen und sich reuig als Gefangene stellen wollten. Daß die Sieger sich ihren Henkern ausliefern würden, werden die frommen Herren indes selbst schwerlich erwartet haben.

Bruder Petrus hatte mit dem Mißerfolge, den bewußte und unbewußte Fälschung nachmals in einen Triumph verwandelt hat, seine Rolle in Florenz zu Ende gespielt; er verschwand aus der Stadt, um seinen Glaubenseifer in

[1]) Urkunde von 1245, 24. August, Santini 488.

[2]) Cronica di Donato Velluti, p. 31.

Oberitalien weiter zu betätigen, bis ihn die Nemesis ereilte. Seinen Anhängern am Arno blieb er ein Held, der Kirche ward er ein Blutzeuge. Eine der Dominikanerinnen von Ripoli sah in einer Vision zur Todesstunde des Veronesen seine himmlische Verklärung, und ein Vierteljahrtausend später malte ihn Fra Bartolomeo mit den Zügen des innig verehrten Savonarola, dem er wider seinen Willen ein tiefes Unrecht tat, indem er ihn auf solche Art mit Petrus identifizierte, denn dieser war nur ein wutvoller Kämpfer der tadellosen Kirchlichkeit, ohne jene Tiefe, jene Sehnsucht nach Reinheit und innerer Heiligung, die um das Haupt des Priors von San Marco einen wahren, nicht einen erlogenen Glorienschein webt.[1])

Der Erfolg des Podestà Pace Pesamigola über die kirchlichen Widersacher erklärt sich zweifellos zum erheblichen Teile daraus, daß das jetzt organisierte Volk unter seinen Kapitanen, gleich den Zünften zu ihm hielt und mit ihm gemeinsame Sache gegen die kirchlichen Eiferer machte. Ein glücklicher Zufall hat uns zwei Ratsprotokolle aus den Tagen vor jener Straßenschlacht auf dem Domkirchhof erhalten, das eine aus denjenigen, in denen der Inquisitor bereits den Stadtregenten vor sich geladen hatte, damit er sich wegen Ketzerei verantworte. Man erledigte im Rat die Angelegenheit eines Handelsvertrages mit Siena, ohne sich durch die in der Stadt gärende Unruhe ablenken zu lassen; an der vom Podestà berufenen Versammlung vom 20. August nahm außer den Volkskapitanen, den Konsuln der Handels- und den Rektoren der Handwerker-Zünfte, unter den 142 Ratsmitgliedern auch Barone Baroni, der wegen Häresie zur Vermögenskonfiskation, zur Demolierung seiner Häuser, wie zum Verlust

---

[1]) Die Vision der Nonne von Ripoli wird in der „Leggenda del glorioso martire Messer Santo Pietro“ (sec. XV) Florent. Nat.-Bibl. XXXVIII, 7, 129, p. 13 erwähnt und ebenso in des Gerardus de Fracheto Vitae fratrum ordinis praedicatorum ed. Reichert p. 239, wo auch ein strafendes Wunder berichtet ist, das geschah, als ein junger Florentiner beim Anblick eines Gemäldes in Santa Maria Novella, das die Ermordung des Petrus darstellte, seinen Haß gegen ihn äußerte (p. 240). (In späteren Zeiten gab es in Via Romana ein dem Petrus Martyr geweihtes Nonnenkloster.) — Neben der Verehrung, die durch die Dominikaner verbreitet wurde, muß allerdings der Ingrimm wider den heilig gesprochenen Verfolger der Ketzer ein sehr nachhaltiger gewesen sein; 1299 wurde in Bologna ein Schmied vor der Inquisition u. a. auch deshalb angeklagt, weil er diese Empfindung ausgedrückt hatte. (Acta S. Officii Bononiae in Atti e Mem. della Deputaz. Stor. per le Provincie di Romagna Ser. III, vol. XIV, p. 258.) — Die Nachricht von den Siegen des Petrus über die florentiner Häretiker läßt sich zuerst in der Vita des Dominikaners nachweisen, die Frater Leonardus Ser Uberti de Florentia 1471 verfaßt hat (Nat.-Biblioth. Florenz, Conv. [S. Marco] I, VII, 30). Als Zeichen des Sieges und als „Trophäen“ werden hier bereits angeführt „columne . . . cruce insignite, una cis Arnum fluvium, que etiam nunc crux ad Trivium nuncupatur, altera trans Arnum ad plateam S. Felicitatis“. Der Verfasser erwähnt auch bereits die Verwendung der Fahne des Petrus bei der „in der Stadt berühmten“ Feier seines Anniversars. — Vgl. Forsch. usw. IV, S. 426 unter „Compagnia maggiore“ usw.

aller Ämter Verurteilte, für ewig infam Erklärte, teil, und neben ihm saßen Mitglieder der Häuser Rossi-Giacoppi, Scala, Donati und Tornaquinci, die alle zu den hervorragenden Guelfengeschlechtern gehörten.[1]) Freilich sollte dieses Verhältnis nicht lange dauern; obwohl sich der Podestà siegreich behauptete,[2]) gelang es dem Bischof und den Dominikanern, die eingesehen hatten, daß ihre Stärke nicht im offenen Kampf liege, in den folgenden Monaten durch vielerlei Einflüsse die Guelfenpartei von dem Stadtregenten zu lösen und auf ihre Seite zu bringen; neue, schwerere Kämpfe, als die bisherigen, waren die Folge und zeitweise müssen sie einen wahrhaft fürchterlichen Charakter angenommen haben. Die Umstände waren danach, daß die Führer der Kirchlichen die Guelfen zu überzeugen vermochten, die Sache des Papstes sei identisch mit ihrer eigenen, mit der der Unabhängigkeit ihrer Vaterstadt. Als Kaiser Friedrich auf die Nachricht vom drohenden Abfall des bisher für unerschütterlich treu gehaltenen Parma dorthin geeilt war, hatte er die Gesandten der toskanischen Städte versammelt, um ihnen seine Vorschriften zu erteilen; diese bezweckten die Aufbringung neuer Mittel für neue Kämpfe und die Sicherung vor Rebellion gegen den Monarchen. Den Kommunen, die den Fidelitätseid geleistet hatten,

Fortdauer des Bürgerkrieges.

---

[1]) Die beiden für die florentiner Geschichte höchst wichtigen Ratsurkunden vom 9. und vom 20. August 1245 befinden sich im SAS., die erstere in der Provenienz Riformagione, die letztere Caleffo Vecchio f. 243. In dieser (einzig erhaltenen) Abschrift der Urkunde steht „Dominus Pace Pesamicula (!) Dei et imperatoris gratia Flor. potestas.“ Daraus, wie Santini, Studi sull' antica costituzione di Firenze Arch. Stor. Ser. V. Vol. 32. p. 331 tut, weitgehende Schlüsse zu ziehen, ist nicht zulässig, denn der sieneser Amanuensis, der die Urkunde in das große Dokumentenbuch seiner Stadt schrieb, hat, wie er den Namen verlas, so auch den in Siena üblichen Zusatz offenbar aus eigener Machtvollkommenheit, d. h. irrig, gemacht. Denn nie vorher wird Pesamigola als Podestà „von Kaisers Gnaden“ bezeichnet, auch nicht in der in Siena befindlichen Urkunde vom 9. August, und später heißt er in Florenz (Santini, Docum. 490, 1245, 10. Oktober) auch wieder einfach „Dei gratia potestas“. Natürlich hätte er den Zusatz „von Kaisers Gnaden“ nicht wieder abstreiten können, noch hätte er fortgelassen werden dürfen. Auch heißt „imperatoris gratia“ vom Kaiser ernannt. Die Ernennung der florentiner Podestàs durch den Kaiser wurde aber unter schweren Kämpfen eben erst in der nächsten Folgezeit durchgesetzt. — Angeblich sollte das Geschlecht der Rossi, das seine Häuser in der Gegend von Santa Felicita hatte, dort besonders tapfer gegen die Häretiker gekämpft und sie aus der Stadt vertrieben haben; zum Andenken dessen hätten sie (oder ihre Nachkommen) die Säule vor S. Felicita errichten lassen (Richa IX. 322 ss.). In Wahrheit saß Stoldus Beringherii, der noch häufig zu nennende spätere Vertrauensmann der Kurie, Stoldo Berlinghieri de' Rossi, der einer der Vorkämpfer der Guelfen wurde, jetzt neben dem verurteilten Ketzer Barone Baroni im Rate, ebenso zwei Ritter aus der Familie Jacoppi, die dem Geschlecht der Rossi angehörte.

[2]) Urkunde des Attus, judex et assessor Dom. Pacis potestatis Florentie vom 10. Oktober 1245 und den folgenden Tagen Santini 490. — Urkunde, aus der hervorgeht, wie der Abt der Badia vor dem wegen Ketzerei verklagten Podestà Recht nahm, 1245, 28. Sept., ebendort 324.

wurde aufgegeben, von allen Einnahmen der Geistlichkeit ein Drittel für den Herrscher einzuziehen, alle Einwohner, Weltliche wie Kleriker, von neuem ihm und zugleich seinem Sohne Konrad, als erwähltem Nachfolger, Treue schwören zu lassen und alle Bestimmungen, die der Kaiser anbefahl, in die Statuten aufzunehmen.[1]) Im Gegensatz dazu ließ der Papst an die Predigerbrüder die strikte Weisung ergehen, das Verdammungs- und Absetzungsurteil allerorten zu verkünden.[2]) Überall begegneten sich auf engem Raum die Gegensätze, aber vielleicht war der Zündstoff nirgends so hoch gehäuft, wie in Florenz, wo die kirchlichen Eiferer gegen die städtische Gewalt in Waffen standen, und der alte Haß zwischen Guelfen und Ghibellinen nur eines Anlasses bedurfte, um erneut auf das wildeste auszubrechen. Noch hatte die Stadt sich dem Fidelitätseide und damit der Aufopferung ihrer Selbständigkeit zu entziehen gewußt; jetzt aber sah Friedrich, welche Anstrengungen gemacht wurden, sie auf die Seite seiner Gegner zu bringen, und er beschloß, einzugreifen, ehe dies gelänge. Eine Podestàwahl für das Jahr 1246 kam zur gewohnten Zeit und in den hergebrachten Formen nicht zustande, da die Stadt von wilden Fehden erfüllt war; an vielen Stellen wurde von Haus zu Haus, von Turm zu Turm gefochten; durch Schleudermaschinen suchte man die Gebäude der gegnerischen Nachbarn zu beschädigen, und dem offenen Zerstörungswerk wurde durch geheime Brandstiftung nachgeholfen. Bald hier, bald dort zuckten die Flammen empor, und der Stadt schien der Ruin zu drohen; man behauptete, ein Drittel aller Gebäude sei durch Feuer, ein anderes Drittel sei durch die Schleudersteine der Manganen vernichtet worden.[3]) Der Papst sprach in einem nach Florenz gerichteten Briefe mit beweglichen Worten von dem unsagbaren Elend des Bürgerkriegs: „Es durchsticht uns das Herz und betrübt unsern Geist", schrieb er, „daß die Blume Italiens, das ruhmreiche Florenz, gewohnt im Glück zu

---

[1]) Schreiben an Pisa, Reg. Imp. 3506. — Diesbezügliche Vorschrift Pandulfs an San Gimignano Forsch. usw. II, Reg. 451. — Schwur von Volterranern Reg. Imp. 13560. Dazu ist zu erwähnen, daß sich eine Schwurliste (3.—24. Dezemb. 1245) auf einem großen Pergamentblatt SAF., Provenienz Volterra, bezeichnet „1245", befindet.

[2]) Lyon 1245, 31. Dezember, Potthast 11971.

[3]) Beschreibung dieser Kämpfe (die die Selige trotz der Versuche des Teufels ihre Aufmerksamkeit auf solche irdischen Dinge zu lenken, nicht weiter beachtete) in der Vita beatae Humilianae de Circulis A. S. 19. Mai, 14, p. 390. Das Jahr derselben ist hier nicht angegeben, sondern nur gesagt, sie hätten stattgefunden „antequam Guelfi de Florentia recederent". Humiliana starb am 19. Mai 1246. Auf frühere Kämpfe, etwa die von 1242, bezüglich, hätte die Angabe „ehe die Guelfen Florenz verließen" keinen Sinn, so daß die Stelle der Vita von dem Bürgerkrieg Ende 1245 und Anfang 1246 verstanden werden muß. — Auf diese Stadtkämpfe bezieht sich jedenfalls auch der von dem Bologneser Magister der Ars dictaminis in sein Epistolarium aufgenommene wirkliche oder fingierte Brief, durch den, unter Schilderung der inneren Unruhen, Florenz die von Arezzo erbetene Hilfe ablehnt. (Gaudenzi, Guidonis Fabae Epistolae. Propugnatore, Nuova Serie VI, 374.)

blühen und über seine Feinde zu triumphieren, jetzt in der Nähe und Ferne zur Fabel wird, weil es durch sich selbst in Vernichtung zu stürzen scheint, ohne Angriff der Feinde von außen. . . . Die Stadt, voll von Volk, von Reichtümern und Kräften strotzend, von vielen weisen Männern bewohnt, ist dahin gelangt, daß ihre erlauchten Bürger sich wechselweis bekriegen, bestrebt, einander an Besitz und Personen Schaden zuzufügen. . . ." Er erinnerte daran, welche Ehren die Stadt erworben und welches Gedeihen in ihr geherrscht habe, solange die Parteien einig waren, aber er bedachte bei seinen tönenden Worten wohl nicht, daß die Kirche es war, die die Schwerter geschärft, die Manganen der Türme in Bewegung gesetzt und die vernichtende Brandfackel entzündet hatte. Er mahnte zum Frieden; er wandte sich im ersten Monat des Jahres 1246 an den Rat und das Volk von Florenz, an die Tertiarier-Genossenschaft des heiligen Franz, deren Mitglieder ihre Tätigkeit auf die Versöhnung der Bürger wenden sollten, und er richtete sein oberhirtliches Wort an einen angesehenen Greis der Stadt, an Cece Gherardini Ottaviani, der in jungen Jahren Konsul der Ritterschaft gewesen war und im übrigen, gleich aller Welt in Florenz, gegen hohe Zinsen Geld verlieh.[1]) Wie die Schreiben des Innocenz aufzufassen waren, braucht nicht erörtert zu werden; er verstand unter der erwünschten Einigkeit den allgemeinen Abfall von dem feierlich verfluchten Kaiser und den Übertritt auf seine Seite; er beklagte, daß er nicht zur Herbeiführung dessen, was er unter der Versöhnung verstand, einen Legaten nach Florenz entsenden könne, aber einem solchen seien die Wege „durch entsetzliche Gefahren" verlegt; statt dessen gebot er, den Ratschlägen des Bischofs Ardingus zu folgen, desselben, der gemeinsam mit den Ketzerrichtern in der Dominikanerkutte gegen den Podestà und den ihm getreuen Teil der Bürgerschaft im Straßen- und Stadtkampfe gefochten hatte. Friedensermahnungen solcher Art konnten nur bestimmt sein, bei den eigenen Anhängern die Glut der Parteileidenschaft noch stärker zu schüren, da der Papst und die Seinen keinen Ausgleich wünschten, sondern entweder Unterwerfung unter das kirchliche Gebot oder Vernichtung der Widerstrebenden.

Vorgehen des Kaisers gegen Florenz.

Unter den bestehenden Umständen hielt Kaiser Friedrich es für erforderlich, alle Rücksichten fallen zu lassen, die er bisher auf die führende toskanische Stadt genommen hatte, und eine formelle Selbständigkeit nicht länger zu respektieren, die sich inmitten des Bürgerkrieges ohnehin kaum mehr behaupten ließ, denn ein Umschwung in Florenz hätte einen großen Teil Tusziens ins päpstliche Lager hinübergeführt. Er schickte von Grosseto, wo er im Gebiet

[1]) Die päpstlichen Schreiben vom 20. und 21. Januar 1246 Santini 492 und 493. — Cece (Cicia oder Cicer) Gherardini war 1203 consul militum (Ebendort 94). Er muß mithin hochbetagt gewesen sein. Ein Darlehnsgeschäft desselben mit dem Kloster Sant' Andra a Candeli ergibt die Urk. vom 21. September 1217, Soldani Historia Passinianensis p. 214. — Über Geschäfte mit dem Bischof Paganus von Volterra, Schneider, Bistum und Geldwirtschaft in „Quellen und Forschungen aus italienischen Archiven usw." VIII, 104.

der eroberten Aldobrandesca-Grafschaft überwinterte, zwei Gesandte mit dem Auftrage an den Arno, die Bürgerschaft zu bestimmen, die Beilegung ihrer inneren Streitigkeiten und die Ernennung eines neuen Stadtoberhauptes ihm selbst zu übertragen.[1]) Es ist klar, daß das Anerbieten ein solches war, das, da der Kaiser nahe war, nur mit den Waffen in der Hand hätte zurückgewiesen werden können, während die Stadt in Parteien gespalten, von inneren Kämpfen erschöpft war, und die Mehrheit ohnehin zur kaiserlichen Seite neigte; überdies scheint Friedrich seinem Verlangen dadurch Nachdruck gegeben zu haben, daß er eine Ritterschar unter dem Befehl des Pandulf von Fasanella nach Florenz sandte, während er seinem vertrauten Hofkanzler Thaddäus von Suessa die Mission übertrug, die Künste der Verhandlung und der Überredung spielen zu lassen.[2]) So fand denn das Verlangen, vor die Räte gebracht, trotz heftigen Widerstrebens eine zustimmende Majorität, derart, daß die Kommune sich freiwillig der kaiserlichen Herrschaft unterwarf. Die Opposition ging natürlich hauptsächlich von den Guelfen als den eigentlichen Verteidigern der städtischen Autonomie aus, aber sie wurde aufs nachdrücklichste von zweien der drei Volkskapitane, von dem Ritter Gherardo Guidi und von Donato Torrisciani, unterstützt, die stolz erklärten, Florenz solle keinem Joche der Knechtschaft den Nacken beugen.[3]) Neben der tiefen Abneigung gegen die Aufgabe der Selbständigkeit wird die Furcht vor der Amtsführung der kaiserlichen Podestàs nicht wenig zur Stärkung der Opposition beigetragen haben; der Kaiser selbst hatte sich vorlängst durch die mannigfachen Klagen über das Schalten seiner Vikare und Kapitane, sowie der von ihm entsandten Potestaten zu einem Edikt veranlaßt gesehen, das ihnen für Überschreitung ihrer Kompetenz, für gewaltsame Erhöhung ihrer festgesetzten Gehälter, Ausplünderung der Untergebenen und Annahme von Bestechungen schwere Buße und Amtsentsetzung androhte.[4]) Der Erlaß bezeugt die Schwere des Übels, aber er vermochte nicht, eigennützige Beamte zu ehrlichen Verwaltern und unbestechlichen Richtern zu machen.

Kaiserliche Ernennung Friedrichs von Antiochien zum Podestà von Florenz.

Auf Grund des Beschlusses der Ratsversammlungen ernannte der Kaiser eine Persönlichkeit von überragender Bedeutung, seinen eigenen Sohn Friedrich von Antiochien zum Podestà und er erhob ihn zugleich zum Generalvikar von ganz Tuszien,[5]) wodurch Florenz der Mittelpunkt der Reichsverwaltung

---

[1]) Reg. Imp. 3537, 3540.

[2]) Die Nachricht von der Entsendung des Pandulf und des Thaddäus ist nur durch Collenuccio (f. 95²) bezw. durch dessen verlorene Vorlage, die Vita Friderici secundi des Bischofs Mainardino von Imola, überliefert. Vgl. Güterbock, N. Archiv XXX, 65. Nur ein Zeitgenosse konnte wissen, daß (wie Collenuccio richtig hinzufügt) Friedrich von Antiochien alsbald einen Genuesen als Vertreter einsetzte.

[3]) Quelle unserer Kenntnis sind die Forsch. usw. IV, S. 61 „Die Entstehung der Guelfen- und der Ghibellinen-Partei" in dem Abschnitt „Die früheste Organisation der beiden Parteien" gedruckten Briefe.

[4]) Das an Enzio gerichtete Edikt vom November 1242 ist von A. Hessel im N. Archiv XXXI (1906) S. 724 veröffentlicht.

[5]) Reg. Imp. 3538, 3540.

Toskanas wurde. Als ein Bild seiner selbst, so schrieb er den Bürgern, sende er ihnen den Sohn; er gab ihm Strafvollmachten weitestgehender Art gegen Aufständische oder solche, die aus der Stadt oder ihrem Gebiete entflohen, um sich deren Jurisdiktion, der Abgabenpflicht und dem Kriegsdienst zu entziehen; gleich dem Kaiser selbst sollte er Urteile verhängen können.

Der edle Bastard, der jetzt Podestà von Florenz wurde und es der Form nach bis zu des Vaters Tode fast fünf Jahre hindurch blieb, ist eine der anziehendsten Gestalten der an phantastischen Erscheinungen reichen staufischen Zeit. Die eigentliche Ursache des Namens, den er führte, kennt man nicht, und ein Geheimnis schwebt über seiner Mutter. Bald nach seiner Zeit und vielleicht schon während er lebte, dichtete man ihm den Ursprung von einer Fürstin von Antiochien oder der Schwester des Sultans von Babylon an; da die Prinzessin sich dem abendländischen, auf dem Kreuzzug begriffenen Kaiser als einem Verheirateten nicht zu eigen geben wollte, habe Friedrich in seinem heißen Begehren nach ihr Schiffe mit schwarzen Segeln in einem syrischen Hafen landen lassen, die die Nachricht vom Tode seiner Gattin überbringen mußten; so sei sie durch Täuschung sein geworden und habe den Knaben geboren. In Wahrheit war Friedrich, als er Vikar von Tuszien und Podestà von Florenz wurde, wie sich von selbst versteht, nicht erst siebzehnjährig; in diesem Jünglingsalter aber hätte er stehen müssen, wäre er dem Kaiser während seines Aufenthaltes in Syrien geboren worden; Friedrich von Antiochien war vielleicht schon seit 1240 mit einer vornehmen Römerin vermählt und mochte jetzt etwa 26 Jahre zählen. Die körperliche Erscheinung des Tätigen und Tapferen war dadurch beeinträchtigt, daß er hinkte; von der Tüchtigkeit, mit der er gegen unendliche Schwierigkeiten anzukämpfen verstand, legt seine Amtsführung Zeugnis ab, zugleich freilich auch von der durchgreifenden echt staufischen Rücksichtslosigkeit, ohne die er sich und die ihm anvertraute Sache des kaiserlichen Vaters nicht hätte behaupten können. Allgemein hat man ihn in Toskana „König Friedrich“ oder „König von Antiochien“ genannt, und bei den Zeitgenossen wurde behauptet, der Herrscher habe ihn zum König von Tuszien erhoben, doch ist dies völlig irrig, und der Titel wurde ihm von seinem ersten Auftreten in Toskana an vielmehr beigelegt, weil man den andern unehelichen Bruder Enzio wegen seiner Ehe mit Adelasia auch als König zu bezeichnen gewohnt war, und weil man in Italien in bezug auf Titel niemals sehr subtile Unterscheidungen gemacht hat. Doch ein anderes Ehrenanrecht, das ihm vielfach zugunsten des berühmten Vaters entzogen wird, muß ihm zurückgegeben werden: er zählt zu den frühesten Minnesängern, die in italienischer Sprache gedichtet haben. Die Canzonen „Dolze meo drudo“, „Poi ke ti piace amore“ und „Oi lasso non pensai si fortte mi paresse lo dipartire da madonna mia“, zarte Liebeslieder voll schönen Klanges, sind von dem Manne gedichtet worden, der die Welfen aus Florenz vertrieben und ihre Türme niedergeworfen hat. In den Handschriften ist bemerkt, sie seien von „König Friedrich“, aber unter diesem Namen hat man nicht den Kaiser verstanden, sondern eben Friedrich von Antiochien, während dessen Vater in seiner Jugend als „König von Sizilien", später als der „Kaiser" und zuletzt von seinen Gegnern als „der Fürst" bezeichnet wurde, doch nie schlechtweg als „König Friedrich."[1])

Es versteht sich, daß der Stadt nach ihrer Unterwerfung, obwohl diese der Form nach eine freiwillige war, die Verwaltung der Grafschaft genommen wurde. Deren Gebiet wurde in einzelne Teile zerlegt, und jedem von ihnen ein Reichsbeamter vorgesetzt; die Burg Montegrossoli zwischen dem Chianti- und dem Arnotal wurde, wie in Zeiten Friedrich Barbarossas und Heinrichs VI. wieder fürs Reich besetzt, nachdem die Stadt sie fast ein halbes Jahrhundert als ihr eigen betrachtet hatte.[2]) Wir kennen die Organisation der kaiserlichen Verwaltung des Komitates nur aus gelegentlichen Erwähnungen, aber es mag in fünf bis sechs Bezirke zergliedert worden sein, deren jeder einem kaiserlichen Vikar unterstellt war; wir kennen den Bezirk „zwischen Arno und Elsa", also den des Chianti nebst Castelfiorentino und Certaldo, an dessen Spitze Walter von Paleno gestellt wurde, wahrscheinlich derselbe Walter, der zuvor und vielleicht auch gleichzeitig kaiserlicher Vikar des Bistums Volterra war.[3]) Zum Vikar im obern florentiner Arnotal zu beiden Seiten des Stromes, das Mugello mit einge- Die Neuordnung der Verwaltung.

---

[1]) Wollte man etwa an die Zeit vor der Kaiserkrönung denken, so hätte die Bezeichnung nicht „Rex Fredericus", sondern Rex Sicilie oder ähnlich gelautet. Die Annahme, „Re Federigo" müsse der Kaiser sein, rührt lediglich daher, daß die ganz allgemein übliche Benennung Friedrichs von Antiochien als „Dominus Fredericus rex" nicht beachtet wurde. Sie findet sich in toskanischen Urkunden überaus häufig, ja, wenn die Rede von ihm ist, regelmäßig, ohne daß er selbst sich den Königstitel beigelegt hätte. In den San Gimignaneser Ratsprotokollen usw. (Forsch. usw. II; vgl. das Register) ist er als König etwa fünfzigmal bezeichnet. Die drei Gedichte (als vom Kaiser herrührend) sind in der Crestomazia von Ernesto Manaci 71 ss. veröffentlicht. Das „Dolze meo drudo" auch in dem von der Società Filologica Romana herausgegebenen Libro di varie romanze volgare (Cod. Vat. 3793) p. 48. Im Index des Cod. Vatic. (gedruckt l. c. p. 302) ist ganz richtig zwischen den Gedichten des „Re Federigo" und denen des „Imperadore Federigo" als denen zweier verschiedener Persönlichkeiten unterschieden. In dem kurz vor dem Tode Giosuè Carduccis veröffentlichten Bande „Antica Lirica Italiana" col. 8 und 9 sind die Lieder „Dolze meo drudo" und „Oi lasso, non pensai" zuerst dem „Re Federigo d'Antiochia" zuerteilt, was betreffs des Königstitels allerdings einer Erklärung bedurft hätte. — Die phantastischen Erzählungen über Friedrichs Geburt finden sich bei dem Dante-Kommentator Benvenuto Imolensis ed. Lacaita I, 355 ss. und in Annales Dunstaplenses M. G. Ss. XXVII, 507. — Daß er hinkte, berichtet Ptolem. Luc., Hist. Ecclesiast. Mur. Ss. XI, col. 1168. — Eine gute Monographie ist die von Ridola „Federico d'Antiochia e i suoi discendenti" im Arch. Stor. Napoletano XI, p. 198 ss. Dort werden die in Reg. Imp. 2805 betreffs Friedrichs von Antiochien enthaltenen irrigen Angaben (p. 202) entkräftet. — Die Behauptung, der Kaiser habe den Sohn zum König in Tuszien gemacht, findet sich bei Salimbene p. 214.

[2]) Bd. I, 486, 619. — Urk. von 1248, 28. Mai (SAF. — Coltibuono) Landverkauf eines aus „Montegrossoli, quod nunc pro imperio detinetur".

[3]) Die Urkunde In monasterio de Pasignano, 1247, 16. November (SAF. — Passignano) wird (gleichzeitig) kopiert „ex commissione . . facta a domino Gual-

schlossen, ernannte der Kaiser oder sein Sohn später den noch jugendlichen Sprossen eines berühmten neapolitaner Geschlechts, den Ritter Landolf Caracciolo, und dieser Posten war in den folgenden Jahren, in denen Landolf zuerst hervortritt, ein besonders wichtiger, da in den Gebieten gegen Arezzo hin fortwährende Kämpfe zur Behauptung der kaiserlichen Macht zu führen waren. Zur Leitung der einzelnen Kirchspielbezirke der Grafschaft wurden statt der bisherigen Kapitane vom Kaisersohn je für ein Jahr ernannte Rektoren eingesetzt.[1]) Mit der Verwaltung des Komitates ging selbstverständlich das Steuerrecht in demselben aufs Reich über, und die Herdsteuer von 26 Denaren wurde jetzt wiederum wie in alten Zeiten für den Kaiser erhoben. Die Vikare übten in ihren Gebieten die Jurisdiktion; für die Rechtsprechung in Prozessen zwischen Bürgern und Bewohnern der Grafschaft wurde eine besondere Kurie in der Stadt geschaffen, die ihre Urteile im Namen des Reichsvikars fällte;[2]) die Appellationsgerichtsbarkeit, die sich Florenz seit so langen Zeiten angeeignet hatte, wurde der Bürgergemeinde ebenfalls entzogen, und Friedrich ließ sie im Namen des Reichs durch einen von Stadt zu Stadt umherziehenden Judex ausüben.[3])

Wirkung der Unterwerfung von Florenz nach außen.

Außerordentlich muß das Aufsehen gewesen sein, das die durch den inneren Unfrieden, durch die Ermattung infolge des Bürgerkrieges erzwungene Unterwerfung von Florenz unter den Kaiser erregte. Noch besitzen wir das Schreiben, das ein bologneser Student unter dem frischen Eindruck der Nachricht an seinen Vater gerichtet hat, oder den ein bologneser Meister des Briefstils damals in Form eines Studentenbriefes erfand. „Es erzittern die Menschen, und es wundern sich die Völker, weil Florenz, die Fürstin der Landschaft, die glorreiche Schülerin der Freiheit, durch bürgerlichen Unfrieden dem Cäsar tributär geworden und im apulischen Joch zu weinen gezwungen ist."[4]) Als süditalisches,

---

terio de Paleno, imperiali vicario in comitatu Florentino inter Arnum et Elsam." — Über ihn als Vikar des Bistums Volterra Ende 1246 und Anfang 1247, Forsch. usw. II, Reg. 455–57, 460, 465.

[1]) Es wurden auch gelegentlich zwei Rektoren zur Leitung einer „plebs" bestimmt, wie die Urkunde 1250, 23. April, SAF. — Acquisto Tidi erweist.

[2]) Einziehung der Steuer von 26 Denaren „a singulis massariis" durch Domin. Landolfus Caraccioli, imperialis vicarius in Valle Arni [ex] utraque parte bezeugt die Urkunde Fondoli 1250, 8. Mai, Bischöfl. Archiv von Fiesole, Notar.-Protokoll 1246—58; Verzicht auf eine Erbschaft vor demselben kaiserl. Vikar In podio Gregori, curia de Hostina 1250, 4. August, ebendort. — Auf die Zeit, in der Landolf Caracciolo (vor Jahren) kaiserl. Vikar „in Mucillo et partibus adjacentibus" war, nimmt eine Urk. vom 22. Febr. 1257 Bezug (SAF. — Acquisto di Luco). — Kurie in Florenz („ad pedem turris filiorum Soldanerii ad cognoscendum et jura reddenda inter cives Florentie et homines comitatus Florentie"). 1248, 12. Novemb. Sant. 346. (Vgl. unten S. 338 Anm. 5.)

[3]) Forsch. usw. II (S. Gimign.), Regest 601.

[4]) Aus einem, dem Magister Bonus zugeschriebenen Epistolarium; gedruckt bei Gaudenzi. Sulla Cronologia delle opere dei dettatori Bolognesi, Bullet. dell' Ist. Stor. Ital. XIV, 167.

nicht als deutsches Joch, als das die Spätern sie darzustellen liebten, galt den Zeitgenossen die Herrschaft Friedrichs, und in der Tat bestand die Mehrheit seiner Beamten aus Meridionalen, nicht aus Nordländern.

In Mantua hatte die Erhebung Friedrichs von Antiochien zum Signore der Arnostadt die Wirkung, daß der Florentiner, der dort das Podestàamt bekleidete, obwohl ein Guelfe strengster Observanz, in höflicher Form und unter Zahlung seines Gehaltes von der Bürgerschaft entlassen wurde; man wollte keinen Angehörigen einer Kommune, die dem Kaiser Treue geschworen hatte, an der Spitze dulden, wie immer er persönlich denken und empfinden mochte. Der so Verabschiedete war Messer Ranieri Zingani, aus dem Hause der Buondelmonti, den wir als Stadthaupt Montepulcianos kennen lernten, und den florentiner Guelfen galt er, den man in Mantua als nicht genügend zuverlässigen Kaiserfeind betrachtete, als einer der eifrigsten Führer ihrer Partei. Er ging zunächst nach Bologna und fragte von dort aus bei Freunden und Verwandten an, ob seine Heimkehr ohne persönliche Gefahr erfolgen könne. Die Antwort ging dahin, er möge unbesorgt über den Apennin kommen. Der frühere Podestà hatte in den Kämpfen, die er zur Behauptung seiner Macht führen mußte, nachdem er, wie wir sahen, Verbannte, die für ihn das Schwert führen sollten, zurückberufen, viele seiner Gegner durch Proskription aus der Stadt gedrängt; Friedrich von Antiochien leitete seine Amtsführung damit ein, daß er durch seine Vertreter diese Urteile aufheben, den Verbannten die Tore der Heimat öffnen ließ; er hoffte anfänglich, die Parteien versöhnen und die Stadt in Frieden regieren zu können, doch dauerte diese Milde freilich nur eine sehr kurze Zeit.

Verrat und Flucht des Pandulf von Fasanella.

Seine Ernennung zum kaiserlichen Statthalter oder Generalvikar Tusziens und zum Podestà von Florenz war im Februar 1246 erfolgt. Hegte der Kaiser damals schon gegen Pandulf von Fasanella Verdacht, da er ihn durch seinen Sohn in der Regierung Toskanas ersetzte? Wenige Wochen später, während der Herrscher noch in Grosseto weilte, hielt er die Beweise dafür in der Hand, daß er einem Verräter vertraut hatte, der ihm nach dem Leben trachtete. Es scheint, daß der Papst durch seinen Neffen, den florentiner Podestà von 1244, den verbrecherischen und phantastischen Plan hatte anzetteln lassen; nach der Beseitigung des Monarchen hätte ein parmeser Bürger, dessen Namen wir nicht kennen, an Friedrichs Statt König von Sizilien werden sollen. Wir wissen nicht, welche geheimen Einverständnisse schon vor zwei Jahren zwischen dem Generalkapitan und dem Podestà der Arnostadt bestehen, welche verborgenen Fäden Pandulf schon damals mit den Anhängern der Kirchenpartei und einem Teile der Guelfen verbinden mochten. Ihm und einigen Genossen gelang es, vom Hofe des Kaisers, an dem sie geweilt hatten, zu entfliehen, und der Papst gab sich die Blöße, sie zu ihrer „Errettung aus der Hand Pharaos" zu beglückwünschen; andere Gefährten des Komplottes waren minder glücklich; der Monarch brach sofort nach dem Königreich auf, um sie zu bestrafen; sie warfen sich in die Burg Capaccio, die er nach langer Belagerung einnahm; die

Schuldigen wurden geblendet und verstümmelt, dann nach Neapel geführt und dort geköpft oder verbrannt.[1])

Erhebung des Landgrafen von Thüringen zum Gegenkönig.

War es nicht gelungen, den Kaiser in Italien durch Mord zu beseitigen, so sollte er durch die Spaltung Deutschlands gestürzt werden. Der Papst ließ im April 1246 durch den zu ihm übergetretenen Teil der deutschen Fürsten den Landgrafen Heinrich Raspe von Thüringen gegen den entsetzten und mit Flüchen belegten Friedrich zum deutschen König wählen. „Auch wenn die Sterne vom Himmel fielen und sich die Flüsse in Blut verwandeln sollten", so schrieb ein päpstlicher Agent in Deutschland, „werde Innocenz nicht von dem erlauchten katholischen König Heinrich lassen", „Engel und Erzengel würden den Papst nicht bewegen, daß er Friedrich wieder zum Reich gelangen lasse, denn die Kirche müsse immer Siegerin bleiben."[2])

Beziehungen der florentiner Guelfen zu ihm.

Auf den Herrn der Wartburg richteten sich sofort die hilfesuchenden Blicke der Unabhängigkeitspartei der Arnostadt. Statt von Bologna aus heimzukehren, machte sich Messer Ranieri Zingani auf die Kunde von der in Hochheim erfolgten Königswahl auf den Weg über die Alpen, und er mag den Gegenkönig in Mainz oder in Frankfurt, wo er im Sommer Hof hielt, mit Ergebenheitsversicherungen der florentiner Guelfen und mit Anträgen, sich eiligst nach Italien zu wenden, bestürmt haben. Doch muß der Bescheid wenig ermutigend gewesen sein, denn der Buondelmonti riet von Deutschland aus den Gesinnungsgenossen in der Heimat, sich still zu verhalten und sich dem kaiserlichen Joch zu fügen. Zuerst bemerken wir hier die Organisation der Guelfenpartei unter zwei Kapitanen, deren einer ein Cavalcanti, der andere Buonaccorso Bellincioni degli Adimari war; beide waren Ritter, und das populäre Element war in dieser Zeit in der Partei wahrscheinlich überhaupt noch nicht vertreten, denn zwei Jahre später bezeichnet Papst Innocenz die Guelfen ausdrücklich als „Edle", ohne jeden Hinweis darauf, daß auch Popolanen zu ihnen gezählt hätten.[3])

[1]) Reg. Imp. 3547a und folgende, besonders 3564a. — Die Beschuldigung, die der Kaiser gegen den Papst erhob (Reg. Imp. 3617 und schon in dem im Reg. Imp. 3551 ungenügend excerpierten Schreiben) findet starke Unterstützung durch den Glückwunsch des letzteren an Pandulf und die beiden erretteten Mitverschworenen, M. G. Epp. II, 125. — Über die Verschwörung und die Bestrafung der Schuldigen s. auch das Schreiben Friedrichs II. an Alfons, Sohn des Königs von Kastilien Petri de Vin. Epp. II, 20. — Thomas Papiensis (sogen. „Tuscus") M. G. SS. XXII, 513_5. — Annal. Placent. Gibell. Ibid. XVIII, 492 und 493. — Annales S. Pantaleonis. Ibid. XXII, 540. — Der Vikar der Reichsburg San Miniato scheint der Mitwissenschaft verdächtigt, aber als unschuldig befunden zu sein (Reg. Imp. 3595).

[2]) Schreiben des Passauer Dom-Dekans Albert von Behaim an den bayrischen Pfalzgrafen Otto bei Höfler, Friedr. II. p. 406. — Reg. Imp. 11490.

[3]) Das Schreiben des Ranieri Zingani und die sonstigen Belege für das Erwähnte sind in der Abhandlung „Die Entstehung der Guelfen- und der Ghibellinen-Partei", Forsch. usw. IV. S. 60 ff. in dem Abschnitt „Die früheste Organisation der Parteien" zusammengestellt.

Beseitigung der Volkskapitane durch Friedrich von Antiochien.

Doch die Edlen guelfischer Gesinnung kamen eben jetzt in die Lage, sich für die Volkspartei einzusetzen. Die Umstände drängten den Kaisersohn von der milderen Haltung der ersten Zeit zu Maßnahmen der Strenge; er fühlte sich überall vom Verrat umwittert, und die Ghibellinen haben seine Verstimmung wider die Gegner offenbar aus Parteihaß geschürt. Die Guelfen behaupteten, es sei auf ihre Veranlassung geschehen, daß Friedrich jetzt von der ihm durch den Vater gegen Widerstrebende eingeräumten Strafgewalt den schärfsten Gebrauch machte; er verurteilte die beiden Volkskapitane, den Ritter Gherardo Guidi und Donato Torrisciani nachträglich zu der ungeheueren Buße von 100 Pfund Gold (etwa 118000 Lire modernen Münzwertes), weil sie gegen den Beschluß, die Stadt dem Kaiser zu unterwerfen, Protest eingelegt hatten, und dies war die altherkömmliche Geldstrafe, die auf Mißachtung von Königsbefehlen gesetzt zu werden pflegte;[1]) ihre Verhängung war eine Gewalttat, denn die Capitani del Popolo hatten nur ihr freies Bürgerrecht geübt, als sie ihre Stimme gegen die Aufgabe der städtischen Autonomie erhoben. Vorübergehend scheinen Guelfen und Popolanen an offenen Widerstand gedacht zu haben, vielleicht weil man nach der Wahl des Gegenkönigs auf eine schnelle und entscheidende Wendung in Deutschland hoffte, doch ließ man solche Absichten schwinden und hielt sich ruhig; die Summe scheint gezahlt zu sein, und da die Popolanen sie schwerlich aufbringen konnten, müssen die Guelfen einen Teil der Last auf sich genommen haben. Die Institution der Volkskapitane wurde durch Friedrich von Antiochien gleichzeitig mit dieser Verurteilung aufgehoben; solange Florenz von dem Staufer regiert wurde, ist von diesen Vertretern und Führern des Popolo nicht mehr die Rede.[2])

Es ist angedeutet worden, daß der Kaisersohn in bezug auf Florenz etwa die Stellung einnahm, die man in späteren Zeiten als die eines Signore oder Stadtherrn bezeichnete. Er hielt die oberste Leitung in seinen Händen, fungierte auch gelegentlich als Podestà, ließ aber das Amt meist durch Vertrauensmänner verwalten, die seine Vikare waren, oder auch selbst den Podestàtitel führten. Im Jahre 1246 setzte er einen Bürger des kaiserfeindlichen Genua, der aber persönlich zu den getreuesten Anhängern des Monarchen zählte und sicherlich aus der Vaterstadt vertrieben war, den Emanuele Doria aus den berühmten ligurischen Geschlecht, als seinen Vertreter ein.[3]) Es war die Aufgabe Friedrichs und seiner Beamten, die Städte und die Landschaft in Abhängigkeit vom Reich zu erhalten, sowie Geldmittel, Ritter und Mannschaft für die nicht endenden

---

[1]) Ficker, Forschungen I, 64.

[2]) Über die Verurteilung usw. in der auf S. 318 Anm. 3 erwähnten Abhandlung und Forsch. IV in dem Abschnitt „Die Popular-Bewegung" S. 25 f. Es verdient erwähnt zu werden, daß Donatus Torrisciani trotz der Verurteilung nie zur Guelfenpartei überging. Er war Mitglied des Rates nach der Schlacht von Montaperti in dem damals ghibellinisch regierten Florenz (Urk. vom 22. November 1260; Ildef. di San Luigi, „Delizie" IX, 23) und Zeuge des Vertrages mit Siena, Castelfiorentino 1260, 25. November. Ibid p. 19.

[3]) 1246, 12. Juni: Santini 327; 1246, 22. Dezember, Santini 494.

an vielen Stellen zugleich geführten Kämpfe des Herrschers aufzubringen. Hierdurch änderte sich das Verhältnis von Florenz zu den andern Kommunen auf das vollständigste; die vom Kaiser abhängige Stadt mußte Schulter an Schulter mit ehemaligen Gegnern kämpfen, und frühere Verbündete wurden zu ihren Feinden. Durch einen Befehl Friedrichs von Antiochien wurden die Städte Tusziens gezwungen, den Studenten und den Kaufleuten den Befehl zum Verlassen Bolognas zu erteilen, wo der Studien und des Handels wegen sehr zahlreiche Florentiner lebten.[1]) Die bisherigen Bologneser Freunde legten jetzt an ihrer Grenze gegen Florenz Befestigungen an und erbauten eine Burg unter dem seltsamen Namen Scaricalasino;[2]) sie schlossen später mit dem Grafen Alexander, Sohn des Grafen Albert, ein Bündnis zu Schutz und Trutz, wonach er von seinen Burgen aus nach dem Willen der Stadt am Reno gegen Kaiser Friedrich und dessen Söhne Krieg zu führen hatte, und unter diesen Kastellen befand sich das früher Florenz unterworfene, in seiner Grafschaft gelegene Mangona im Sievetal.[3]) Alessandro war einer der wildesten guelfischen Parteigänger im Gegensatz zu seinem Bruder Napoleone, der mit gleichem Grimm auf ghibellinischer Seite focht; niemand, so sang Dante nach zwei Menschenaltern, sei würdiger als diese beiden, ewige Strafe in der Caina, in dem Höllental zu dulden, wo die Verwandtenmörder gezüchtigt werden.[4])

Friedrich von Antiochien kämpft gegen Perugia und Lucca.

Gegen Perugia und den Sieger von Viterbo, Kardinal Ranieri Capoccio, hatte der kaiserliche Statthalter im Herzogtum Spoleto, Marinus von Ebulo im März 1246 einen ansehnlichen Sieg errungen.[5]) Aber des Kaisers Waffenerfolge blieben wirkungslos, denn die Bürgerschaften vermochten, wenn sie sich nicht in inneren Parteiungen zerfleischten, hinter ihren Mauern den Abzug der schwachen Reichstruppen und der zahlreichen, aber stets für die einzelne Gelegenheit zusammengebrachten städtischen und ländlichen Kontingente abzuwarten. Im Mai 1247 bot Friedrich von Antiochien die Ritterschaften und Fußtruppen der toskanischen Kommunen zu erneutem Zuge gegen die Hauptstadt Umbriens auf, die die Sache des Papstes verfocht. Große Anstrengungen wurden auf seine Veranlassung von den Kommunen gemacht, aber das Ergebnis der bis in den Juli dauernden Kämpfe war lediglich eine Plünderung und Verwüstung des blühenden Landes, ohne daß der Widerstand der Peruginer erschüttert wurde. Nur Arezzo unter seinem Podestà, dem Grafen Guido von Modigliana, Sohn des Tegrimus, hatte Vorteil von dem Zuge, da es sich mit Hilfe des

[1]) Das Gebot der Rückberufung SAS. — Biccherna 13, f. 9. — Über florentiner Kaufleute in Bologna, Forsch. usw. III. Handelsregesten 23, 30. Ferner Statuti delle Società del Popolo di Bologna, ed. Gaudenzi II, 487. — Urk. von 1222, 11. Januar, SAB. — Reg. Grosso I. 422². — Das 1248 angelegte Mitglieder-Verzeichnis der Societas Tuscorum von Bologna (SAB.) nennt zahlreiche Florentiner.

[2]) Sigonius, Hist. Bonon. VI. 310. — Savioli III, 1, 197.

[3]) Urk. von 1248, 16. Februar, Savioli III. 2, 222. — Vgl. Forsch. usw. IV, S. 139 in der Abhandlung: „Über die Kämpfe gegen die Ubaldini, den Grafen Napoleone Alberti usw."

[4]) Inf. XXXII, 55 ss. — [5]) Reg. Imp. 13 570a.

Kaisersohnes auf Kosten der Nachbarn des Castello Chiusino bemächtigen konnte.[1])

Wie gegen die alten Verbündeten von Perugia hatten die Florentiner gegen die von Lucca zu fechten. Der Kaiser folgte mehr seiner persönlichen Neigung als kluger politischer Überlegung, als er im Januar 1246 seinen Lieblingssohn Enzio von Sardinien mit den Gebieten der Lunigiana, Versilia und Garfagnana sowie mit Viareggio belehnte.[2]) Die Erregung, die dadurch bei den Lucchesen entstand, war eine außerordentliche; sie zwangen ihren kaisertreuen Podestà, die Stadt zu verlassen,[3]) besetzten die Berglandschaft Garfagnana, aus der sie Uberto Pallavicini, den kaiserlichen Statthalter oder Vertreter Enzios verjagten, und erhoben sich in Rebellion gegen das Reich. Der Herrscher verhängte den Bann über sie und untersagte den Pisanern (wie zweifellos auch den andern Nachbarstädten) jeden Verkehr mit ihnen.[4]) In der Lunigiana bekämpften die Markgrafen Obizo und Federigo Malaspina, jedenfalls von Lucca unterstützt, die Anhänger der Reichspartei und boten den kaiserfeindlichen Genuesen die Hand; der Paß von Pontremoli, die wichtige Verbindung mit dem Süden, war aufs äußerste bedroht und dadurch die ganze Machtstellung des Reiches in der Lombardei. Enzio, der Norditalien für den Vater behauptete, überschritt von dorther den Paß und kämpfte gemeinsam mit Uberto Pallavicini sowie den starken Zuzügen, die sämtliche tuszischen Städte auf Geheiß Friedrichs von Antiochien gestellt hatten, siegreich in der Lunigiana, so daß dieses Gebiet für den Kaiser zurückerobert wurde, doch zu seiner Behauptung und zum Schutz von Pontremoli war eine dauernde Besetzung erforderlich und diese fiel wiederum den Kommunen Toskanas zur Last, von deren Bürgern sich ein Teil fortwährend gezwungen sah, statt den Geschäften obzuliegen, oder ihr Gewerbe zu betreiben, für die Reichsinteressen im Feldlager zu weilen, in hochgelegenen Kastellen oder in entlegenen Orten am Meeresufer Wachtdienst zu versehen.[5])

---

[1]) Ann. Aretini Murat. Ss. XXIV, col. 855. — Pasqui, Docum. per la Storia di Arezzo IV, 40. — Reg. Imp. 13605a und b; 13612. Schreiben des Kaisers an Pisa 3631. — Urkunde Friedrichs von Antiochien „In castris in depopulatione Perusii, ultimo Junii“. 5 ind. SAF. — Rosano. — Über Vorbereitungen zum Zuge in Siena SAS. — Biccherna 14ª ss. — Betreffs Ausgaben für denselben, Urkunden von 1248, 5. Januar, 11. April usw. Caleffo Vecchio f. 292, 292ª. Ferner Urk. 1248, 3. Januar; Reg. Imp. 13636.

[2]) Reg. Imp. 13562.

[3]) Zwischen 20. April und 12. Mai. Bongi, Invent. II, 309.

[4]) Reg. Imp. 3558. — Über die wilden Kämpfe der Lucchesen in der Garfagnana Sercambi p. 33 zu 1246. — Betreffs der Vertreibung des Pallavicini: Nicolai Card. Aragonii Tractat. de jurisdict. Eccl., Bal.-Mansi, Miscell. I, 470. Seine (vorübergehende) Gefangennahme durch die Garfagnanesen berichtet Barthol. Scriba M. G. Ss. XVIII, 222.

[5]) Betr. Besetzung der Lunigiana Forsch. usw. II, 471, 480, 501, 523; ferner Urkunde Pisa 1248, 26. Febr. (SAS. — Massa). — Besatzung in Pontremoli, Forsch. II, Regest 502. — Stellung von Rittern gegen Lucca (1248, 25. April) 517. —

Der Abfall Parmas.

Am 14. Juni 1247 traf den Kaiser ein schwerer Schicksalsschlag. Arrigo Testa, der Ritter und Dichter, der den Zeitgenossen gleich einem König erschien, war jetzt kaiserlicher Podestà von Parma, aber das Glück scheint dem edlen Herrn aus Arezzo niemals hold gewesen zu sein; wie Siena einst unter ihm die schwerste Niederlage erlitt, so ging jetzt während seiner Amtsführung Parma dem Reich verloren. Die Kaufleute und Handwerker erwiesen sich teilnahmslos, und er, so wenig wie Bartolo Tabernario, der Kapitan der hier zu einer Genossenschaft organisierten Reichspartei, wußte die Stadt gegen einen Überfall der ausgewanderten oder vertriebenen ritterlichen Kaisergegner zu schützen; Arrigo selbst sank unter den Schwertern derer, die sich und der Kirchenpartei die Herrschaft über die Heimat erkämpften. Der Staufer suchte die Stadt wiederzuerobern, und die Belagerung Parmas erregte die gespannte Aufmerksamkeit des gesamten Abendlandes, denn man fühlte, daß hier die Entscheidung großer Dinge zu erwarten sei. Friedrich von Antiochien führte dem Vater gleich im Anfang des sich lange hinziehenden Kampfes die Aufgebote Tusziens zu.[1])

Zusammenkunft des Kaisers und Friedrichs von Antiochien in Siena.

Die größten Zumutungen glaubte der Herrscher, es scheint auf den besonderen Rat seines Hofkanzlers Pietro de Vinea, den toskanischen Kommunen stellen, die schwersten Lasten glaubte er ihnen aufbürden zu können; er selbst war im März des Jahres in der Landschaft erschienen und hatte mit Friedrich von Antiochien in Siena eine Zusammenkunft gehalten. Man sah an dem Bischofspalast, den der Monarch bewohnte, auf hohen Stangen die angeketteten Falken, die er mit sich führte, und trotz der Nöte der Zeit erfreute er sich an einem Jagdzug im Mersetal bei der Reichsburg Orgia.[2]) Während des sieneser Aufenthaltes erging an die tuszischen Kommunen die Weisung, Ritter auszurüsten, um sie unter Führung ihrer Podestàs zum Kampf für den Kaiser nach Deutschland zu senden,[3]) wo Heinrich Raspe zwar nach kurzem Gegenkönigtum auf der Wartburg gestorben war, wo aber der von Lyon aus geschürte Aufstand fortdauerte. Nie war es erhört gewesen, daß italienische Städte dem Herrscher jenseits der Alpen bewaffnete Hilfe leisten mußten, um dort seine Feinde zu bekämpfen.

über die Kämpfe Enzios in der Lunigiana und zur Behauptung von Pontremoli Reg. Imp. 13 621 a—d; über die Erhebung der Brüder Malaspina usw. 13 615 g.

[1]) Reg. Imp. 13 622, 13 624 b, 3639. — Auf das Aufgebot gegen Parma beziehen sich jedenfalls die Regesten 477, 481, 482, Forsch. usw. II (S. Gimign.).

[2]) SAS. — Biccherna 14. f. 10[2], 11, 12[2], 15, Ausgaben für den Aufenthalt des Kaisers.

[3]) SAS. — Biccherna f. 12 (April 1247), f. 30 (Juni). An ersterer Stelle wird „Dominus Pierus de Vine" als „aguzecta" (Ratgeber) für die Anordnung erwähnt. Reg. Imp. 3615 c. ist dieses Wort falsch angegeben. Es scheint eine übliche Bezeichnung für die Stellung des Pietro gegenüber dem Kaiser gewesen zu sein, denn auch Brunetto Latini in seiner „Retorica" (Libro I, der Druck ist nicht paginiert) sagt (Pietro de le Vigne) „. . . fue aguzzetto di Federico secondo".

Ein weiterer Druck bestand darin, daß die Kommunen auf Befehl Friedrichs von Antiochien Geiseln aufzubewahren hatten, durch die der Kaiser sich der Treue der Bürgerschaften zu versichern suchte; entflohen diese lebenden Pfänder, so drohte den Städten schwere Strafe, und bei der geheimen Begünstigung durch geistliche oder sonstige Feinde des schwäbischen Hauses geschah dergleichen leicht.[1]) Zu alledem traten fortwährende Geldforderungen unter vielerlei Formen; Friedrich von Antiochien ließ sich sehr hohe Summen als „Salair" für seine denn doch weniger in ihrem Interesse als in dem des Kaisers geübte Tätigkeit zahlen;[2]) von den Reichssteuern, die einzelnen Berufsklassen auferlegt wurden, kennen wir mit urkundlicher Sicherheit nur eine: jeder Richter hatte, jedenfalls als jährliche Abgabe, drei, jeder Notar ein Pfund Denare an die kaiserliche Schatzverwaltung zu zahlen,[3]) aber zweifellos traf diese Belastung nicht nur die Kaste der Juristen, die als die vornehmste galt, sondern jede Erwerbstätigkeit wird durch eine Auflage von Reichs wegen betroffen worden sein. Daß die Kommunen zur Bewältigung der ihnen gestellten Aufgaben ihrerseits zu großen Steuerausschreibungen gezwungen waren, versteht sich von selbst;[4]) am stärksten wurden Kirchen und Klöster herangezogen;[5]) der Rat ernannte eine Kommission von zwölf Mitgliedern, die von ihnen das „Datium" einzuziehen hatte.[6]) Selbst den Nonnenstiften gegenüber wurde ein sehr kurzes Verfahren beobachtet; die Zahlung ward auferlegt, und durch Heroldsruf erging die Verkündigung, daß sie sich sofort durch hohe Geldstrafe vermehre, wenn sie nicht bis zum folgenden Tage erfolgt sei.[7])

Bischof Ardingus † 1247.

Bischof Ardingus, der als abgefallener kaiserlicher Parteigänger den Machthabern doppelt verhaßt sein mochte, hatte die harte Hand Friedrichs von Antiochien zu empfinden; ein großer Teil der Einnahmen des Bistums wurde mit Beschlag belegt; der gelehrte Kanonist war aus der Stadt nach dem Kloster San Miniato übersiedelt; als er dort im April 1247 tödlich erkrankte, mußte

[1]) Geiseln von Como wurden in Siena bewacht. Reg. Imp. 13 607. — Geiseln von Spoleto in San Gimignano, in Poggibonsi und in Colle. Forsch. usw. II, 479, 483, 484. Einige davon entflohen aus S. Gimignano 485, 488; die übrigen wurden deshalb in Eisen gelegt.

[2]) Prato hatte Ende 1246 an Friedrich als „salarium" 1322 librae zu zahlen (SAF. — Prepositura di Prato). — Zahlung eines Tributs durch Pistoia an Friedrich von Antiochien 1246, 29. Mai. Fioravanti p. 98.

[3]) Huillard-Bréholles, Pier de la Vigne p. 284.

[4]) In Siena wurde 1247, Juni, ein „datium" von 4½ v. H. der eingeschätzten Vermögensbeträge ausgeschrieben (Biccherna 14, f. 21). 1249, 18. August (SAS. — Cons. gener. 1, f. 58) ein solches von 2½ v. H.

[5]) Urkunde von 1246, 22. Dezemb. betreffs des Domkapitels, Santini 494.

[6]) 1247, 26. Juni. — Santini 496.

[7]) Betreffs Santa Felicita 1249, 13. März (Santini 350). — Über eine Steuer (datium), durch Friedrich von Antiochien den Kirchen San Gimignanos auferlegt, s. Forsch. usw. II, Reg. 535, 541. — Zahlung einer jährlichen „Subvention" durch das Kloster Passignano, Urkunde vom 1. Sept. 1250 (SAF. — Passign.).

er das zu seiner Pflege erforderliche Geld durch einen Landverkauf an die Cisterzienser von Settimo aufbringen. Einige Wertgegenstände, die er noch besaß, hatte er den Brüdern im weißen Gewand als fromme Spende für sein Seelenheil bestimmt. Sechzehn Jahre hatte er den florentiner Bischofsstab in den Händen gehalten, ein gelehrter Mann, der als Charakter den Stürmen der Zeit nicht gewachsen war.[1])

Der Klerus zur Abhaltung des Gottesdienstes trotz des Interdiktes gezwungen.

Die Bedrängnis durch hohe Auflagen, die sich fast bis zur Konfiskation der Einnahmen steigerten, war nicht die einzige, der die Geistlichkeit ausgesetzt war; Friedrich von Antiochien zwang die Priester in seinem ganzen Amtssprengel, die Exkommunikation des Kaisers und seiner Beamten, wie das kirchliche Interdikt unbeachtet zu lassen und den päpstlichen Befehlen zum Trotz in voller Feierlichkeit Gottesdienst zu halten. Manche Mitglieder des Klerus mochten in ernsten Gewissenskonflikt geraten, wenn, entgegen der strengen kirchlichen Weisung, ihnen durch die Reichsbeamten bei Strafe des Reichsbannes und der Konfiskation des Kirchenvermögens der Befehl erteilt ward, die heilige Handlung in gewohnter Art zu vollziehen. An andern Stellen setzte man den Priestern eine zehntägige Frist; ward die Kirche innerhalb dieser Zeit nicht zu den herkömmlichen Funktionen geöffnet, so wurden sie vertrieben, und die angedrohten Strafen wurden vollzogen. Die Bischöfe, selbst bedrängt, rieten wohl ihrem Klerus, dem Gebot des Papstes zu folgen und das in Aussicht stehende Martyrium geduldig auf sich zu nehmen, aber dieser Rat wird in seltnen Fällen befolgt worden sein; in Prato verfiel das ganze Kapitel päpstlicher Exkommunikation, weil es einen Sohn des sieneser Kaiseranhängers Aldobrandino Cacciaconti zum Propst erwählt und vor Friedrich von Antiochien feierlichen Gottesdienst gehalten hatte.[2])

Minoriten.

Die klugen Minoriten wußten dem Zwiespalt auszuweichen; sie erlangten vom Papst die Erlaubnis, Geleitsbriefe auch von den Behörden kaisertreuer Städte nachzusuchen, da sie eben nur unter dem Schutz der Gegner von Ort zu Ort ihre geheime Agitation für die päpstliche Politik zu betreiben ver-

---

[1]) Die letzten Urkunden des Ardingus, Apud monasterium S. Miniatis ad Montem 1247, 29. April (SAF. — Cistercensi) beziehen sich auf den erwähnten Landverkauf und die letztwillige Schenkung an Settimo. Der erstere erfolgt „... etiam pro expensis sibi necessariis in sua egritudine .. cum vicarii principis secularis abstulissent ei fructus suos et proventus plurimos ...“ Er starb am 3. Mai (Nekrologium von Santa Reparata; Bibl. der Opera del Duomo).

[2]) Exkommunikation des Kapitels von Prato 1247, 23. Juni; M. G. Epp. II, 292. — Befehle an die Kirchen des luccheser Gebietes bei den angeführten Strafen Gottesdienst zu halten (im Auftrage des Dom. Gualterius de Monti, kaiserl. Prokurators des Erzbistums Pisa), 1247, 26. April (SAP. — Opera della Primaziale. Jetzt von Schneider und Riese in Miscellanea di Erudizione I, 168 veröffentlicht). — Klage des pistoieser Klerus an den Bischof Graziadio und dessen Antwort aus dem Epistolarium des Magister Bonus bei Gaudenzi, Sulla Cronologia delle opere dei dettatori Bolognesi; Bullett. dell' Ist. Stor. Ital. XIV, 171.

mochten; auch ward ihnen die weitere erteilt, alle die zu ihren Gottesdiensten zuzulassen, die nicht gerade aus eigener Neigung und freien Stücken, sondern dem Zwange der Umstände folgend, „dem ehemaligen Kaiser" Hilfe leisteten und ihm Gehorsam erwiesen.[1]) Man sieht an ihrem Beispiel, wie inmitten der dem Reiche gehorsamen Städte die Mönchsorden unsichtbar und unangreifbar wirkten; selbst der Einfluß, den die Dominikaner auf einen großen Teil der florentiner Bevölkerung übten, war durch ihre Niederlage nur vorübergehend vermindert worden, und bei den fanatischen Anhängern des rechten Glaubens und der Kirchlichkeit mochten sie als Kämpfer und Dulder nur um so größere Bewunderung finden. In dem kaiserlich regierten Florenz, dessen Stadthaupt der Sohn des gebannten Monarchen war, vermochten die Brüder von Santa Maria Novella einen Neubau ihrer kleinen Kirche zu beginnen; durch päpstlichen Ablaß, den jeder erwerben konnte, der einen Beitrag dazu spendete, wurde ein Teil der erforderlichen Summen zusammengebracht.[2]) Eine Erinnerung an diese an Widersprüchen überreiche Zeit erweckt auch das Gotteshaus der Serviten, die Santissima Annunziata, deren Gestalt freilich seit dem 15. Jahrhundert völlig verändert ist; der Bau von Kirche und Kloster der Einsiedler vom Monte Senario, die nunmehr in der Stadt festen Fuß faßten, begann in etwas späterer Zeit, aber die Schenkung des Territoriums im damaligen Cafaggio vor der Porta di Balla, wie die Grundsteinlegung, erfolgte zur Zeit des kaiserlichen Regiments und seltsamerweise hinderte dieses nicht einmal, daß der Papst, des Kaisers Todfeind, den Besitz der Gelände empfing, auf denen sich jene Bauten erheben sollten. Allerdings war dies eine bloße Form, durch die bei allen Mendikantenorden das Verbot eigenen Besitzes umgangen wurde.[3])

Die Dominikaner.

Serviten. — Bau der SS. Annunziata.

Auf der einen Seite muß die Unzufriedenheit über die niemals endenden Anforderungen an die Städte die Gemüter stark und stärker erbittert haben, auf der andern schürten die finanziellen Bedrängnisse des Klerus den geheimen

[1]) Schreiben des Kard.-Presb. Hugo von Santa Sabina, Apud S. Andream juxta Lugdunum 1247, 11. August, an alle Provinzialminister der Minoriten (SAS. — San Francesco; bezeichnet 1248, 11. August).

[2]) Gewährung dieses Ablasses für solche, die Spenden zum Bau der Kirche der fratres praedicatores von Florenz gewährten, Lyon 1246, 13. April SAS. — Santa Maria Novella. S. Forsch. usw. IV, „Zur Baugeschichte". — Unterstützung des Baus der Dominikaner- und der Franziskaner-Kirche in Siena durch die kaisertreue Stadtverwaltung 1246, November, SAS. — Biccherna 14, f. 14a u. 15.

[3]) Excerpt der Urkunde von 1248, die Schenkung der Grundstücke zum Bau enthaltend, bei Poccianti, Chronicon ordinis Servorum b. Mariae p. 13. Diese, die Poccianti im Auszuge in einem Schiedsspruche von 1455 vorlag, ist nicht identisch (obwohl dieser Anschein auf den ersten Blick entsteht) mit der andern vom 1. Juli 1250, Verkauf eines Grundstückes in Cafaggio zum Bau an einen Bevollmächtigten des Papstes (SAF. — Sma. Annunziata). — Vgl. Forsch. usw. IV. „Zur Baugeschichte" unter „Santissima Annunziata".

Haß, und bei der Duldung, die man den von der Volksgunst getragenen und geschützten Bettelorden erweisen mußte, fehlte es nicht an zahlreichen Organen geheimer Wühlerei. In den Landschaften rings um Toskana wurde im Auftrage des Papstes „gegen den Tyrannen Friedrich, einstmals Kaiser der Römer", gegen den „Verfolger der Kirche" das Kreuz gepredigt und denen, die wider ihn kämpften, Vergebung der Sünden verheißen, als führten sie die Waffen zur Eroberung des heiligen Grabes.[1] In dem kaiserlich regierten Tuszien konnten Priester und Mönche die Bevölkerung nicht offen zum Kampf aufrufen, aber Dominikaner, Minoriten, Serviten und die Laiengenossenschaften, die sich jenen Orden angegliedert hatten, werden dafür gesorgt haben, daß die Saat fanatischen Hasses gegen den „Tyrannen" und „Verfolger" überall insgeheim ausgestreut wurde. Die Guelfen sahen sich von den Ämtern ausgeschlossen; der einflußreichste Mann der Bürgerschaft war jetzt der ihnen verhaßte Manente degli Uberti, genannt Farinata; sein Fürwort suchte man vor allem bei den häufigen Aufenthalten Friedrichs von Antiochien in Florenz, wenn man bei dem Kaisersohn etwas durchzusetzen wünschte. Unter den zahlreichen Ähnlichkeiten, die das mittelalterliche Städtewesen Italiens mit dem des alten Hellas aufweist, tritt auch diese hervor, daß die kleinern toskanischen Städte in der führenden Kommune eine Art von Proxenie unterhielten; sie wandten sich mit ihren Anliegen an leitende Bürger, die gewissermaßen die Stellung von Stadt-Gastfreunden einnahmen. Diese waren für San Gimignano vordem stets Guelfen gewesen, zumal Tegghiaio Aldobrandi aus dem Hause Adimari; jetzt war diese Proxenie der Kleinstadt im Elsatale auf das Haupt der Ghibellinen, auf Farinata degli Uberti, übergegangen.[2] Schwerer noch als solcher Verlust an Macht und Ansehen muß der tatsächliche Druck empfunden worden sein; aus allen Städten Toskanas hatte die Reichsverwaltung von beiden Parteien Geiseln als Bürgschaft für Erhaltung des innern Friedens eingefordert, doch die der Ghibellinen wurden sehr bald wieder entlassen, die der Guelfen hingegen schmachteten als Gefangene in der Reichsburg San Miniato.[3]

Die Lage der Guelfen.

Es bedurfte sicherlich geringer Anstrengungen, um diese Partei, die sich jetzt zwei Jahre hindurch der Gewalt gefügt hatte, gegen ihre Feinde und gegen das kaiserliche Stadtregiment in Bewegung zu bringen, um sie zu überzeugen, daß Ehre und Pflicht der Selbsterhaltung ihr geböten, den Aufstand

[1] M. G. Ep. II, 184, 219, 237.

[2] Jene Art von Proxenie ergeben die Regesten in Forsch. usw. II, 219, 299, 345. Betreffs des Farinata 475, 503, 504, 506, 508. Diese Beziehung ist allerdings eine durchaus andere als die auf die Handelsverhältnisse bezügliche von Schaube in einem Aufsatz „Proxenie im Mittelalter" im Bericht des Gymnasiums zu Brieg (1899) erörterte. – Über Tegghiaio Aldobrandi: Dante, Inferno VI, 79; XVI, 41. — Von der Häufigkeit des Aufenthaltes Friedrichs von Antiochien in Florenz gibt sein Itinerar in den Regesta Imperii (Schlußband p. CXLIV ss.) kein genügendes Bild; zur Ergänzung dienen Forsch. usw. II.

[3] Villani VI, 33.

zu wagen. Der Papst oder jedenfalls sein Legat, Kardinal Ottaviano degli Ubaldini, stand mit den florentiner Guelfen im Einverständnis, und der letztere hatte die Bolognesen veranlaßt, ihnen Zuzug und Hilfe zu versprechen.

Kardinal Ottaviano degli Ubaldini.

In diesem Fürsten der Kirche tritt eine der eigenartigsten Persönlichkeiten des Zeitalters auf den Schauplatz der florentiner Geschichte; er entstammte dem mächtigen Feudalgeschlechte, dessen Besitzungen im Grenzgebiet des Florentinischen und Bolognesischen, im Mugello, lagen. Man ist gewohnt, die Ubaldini schlechtweg als Ghibellinen zu betrachten, was sie in den wilden Kämpfen der Folgezeit in der Tat wurden; jetzt aber waren sie eifervolle Anhänger des Papstes, und man wird ihre Stellung richtiger so zu bezeichnen haben, daß sie sich stets als Gegner von Florenz fühlten; sie waren früher Parteigänger der Staufer gewesen,[1] jetzt, da die Stadt im Namen des Kaisers regiert wurde, waren sie Freunde der Guelfen und des Papstes, nachmals aber Vorkämpfer der Ghibellinen gegen die guelfische Kommune, die ihre Macht zu erdrücken drohte, und die ihrerseits diesen Feudalherren feindlich gegenüberstand, weil sie die Straßen und die Apenninenpässe zwischen dem Sievetal, dem Bolognesischen und der Romagna beherrschten, wodurch die freie Bewegung des Handels gehemmt war. Ottaviano „del Mugello“ — denn das Geschlecht wurde oft nach der Landschaft benannt, in der seine Güter und Burgen lagen — wurde schon als Jüngling Subdiakon Gregors IX. und Archidiakon von Bologna; man behauptete, er sei nicht der echte Sohn des Ubaldini gewesen, sondern Gregor habe ihn im Ehebruch mit dessen Gattin erzeugt; das Gerücht mag aus der auffälligen Begünstigung entstanden sein, die der greise Papst ihm zuwandte, denn er ließ ihn 1240 zum Bischof von Bologna wählen, obwohl die Weihe vier Jahre verschoben werden mußte, weil Ottaviano erst 26 Jahre zählte. Innocenz IV. erhielt ihm die Neigung, die ihm der Vorgänger bezeugt hatte, und machte, bald nachdem er die höchste Würde der Kirche erlangt hatte, den damals Dreißigjährigen zum Kardinaldiakon von S. Maria in Via Lata. Nach dem Tode des Innocenz schwebte für einen Augenblick die dreifache Krone über seinem Haupt, und häufig war er unter den fünf aufeinander folgenden Päpsten die einflußreichste Persönlichkeit der Kurie; in andern Perioden seines wechselreichen Lebens drohte ihm wiederum die Gefahr, seines erlauchten Amtes entsetzt zu werden. Oft hielt er es für vorteilhaft, die ghibellinischen Interessen gegen die guelfischen zu fördern, und häufig stand er an der Spitze kirchlicher Heere, die gegen den staufischen Kaiser und seine Epigonen kämpften; stets liebte er es, auf eigene Hand eine verschlagene und seltsam verschlungene Politik zu betreiben, ohne eigentlich leitende Gesinnung, ohne anderes einheitliches Interesse, als das der Familienpolitik, denn sein Streben war stets auf Mehrung der Macht und des Reichtums der Ubaldini gerichtet. Alle Parteien haben mit ihm Verbindung unterhalten, und alle haben ihm demgemäß mißtraut. Man hat ihm das Wort in den Mund gelegt, „wenn es eine Seele gäbe, habe er die seine um der Ghi-

[1]) Bd. I, 583, 632, 638.

bellinen willen verloren", aber wenn er seine Seele verlor, so geschah es durch die Lust, überall die erste Rolle zu spielen, die Fäden komplizierter Verhältnisse in seiner Hand zu halten, ohne doch je eine Verwirrung lösen zu können, durch die Neigung zum Spiel der politischen Intrigue um ihrer selbst willen, ohne klares Ziel oder festen Grundsatz. So mächtig, so stark alle Genossen im Purpur überstrahlend erschien er noch dem folgenden Geschlecht, daß Dante ihn, allen verständlich, schlechtweg den „Kardinal" nannte, als er ihn mit dem Kaiser Friedrich und tausend andern in jenen Höllenkreis bannte, in dem in glühenden Särgen die Männer büßen, die nicht an das Fortleben der Seele geglaubt und im Geiste Epikurs das Diesseits genossen hatten. Der schöne und vornehme Mann im Purpurgewande versagte sich keine der Freuden, die das Dasein zu bieten vermag, nicht die der Tafel, noch die der Liebe; eine Tochter des Ottaviano lebte nachmals im Nonnenkloster, und er selbst hat die Macht Amors, „seines Herrn, der Krieg über ihn verhängt und ihm Frieden gewährt", in einem formvollen Sonett besungen. Seine Indifferenz in religiöser Hinsicht muß eine vollkommene gewesen sein; zu seinem Vertrauten und Kämmerer machte er den Mailänder Otto Visconti, in dessen Familie sich von Geschlecht zu Geschlecht ketzerische Gesinnungen überlieferten und der selbst überzeugter Patarener gewesen zu sein scheint.[1] Unendlich waren die Reichtümer, die der Kardinal Ubaldini seinen Legationen verdankte, und die nicht immer in sehr lauterer Art erworben sein mochten; die Burg Montaccianico im Mugello, die er anlegen ließ, galt als ein Wunder des Glanzes, und ihre Festigkeit hatten die belagernden Florentiner wiederholt zu erproben. In seinem nahen Herrensitz Santa Croce (zwischen Scarperia und der Pieve di Fagna) häufte er Schätze an goldnen und silbernen Gefäßen, an Schmuck und wertvollen golddurchwirkten Stoffen aus Spanien, Griechenland und Tripolis auf; er gab von solchen Dingen einmal im Jahre 1262 etliche Koffer voll florentiner Kaufleuten ins Depot, und diese erklärten, für eine Summe von 3000 Mark Sterling (etwa 225 000 Lire) haften zu wollen, doch sei der wirkliche Wert des ihnen Anvertrauten ungleich höher. Für seine Tafel ließ er in Paris ein Silberservice arbeiten, und wir bemerken in seinem Besitz am frühesten im Mittelalter einen großen in Niello verzierten Becher. Eines der Schmuckstücke seines Schatzes war eine Krone, die von Saphiren, Rubinen und den damals hochgeschätzten Karfunkeln blitzte; seine Gewandschließen mit Kameen, Perlen und Edelsteinen stellten allein ein Vermögen dar, und in seinen Gemächern brannten Kerzen in goldornamentierten Kandelabern aus Bergkristall. Kaum glaubt man, in solchem Raffinement, zu dem sich Genußsucht und Schönheitssinn, Dichterphantasie und herrischer Stolz vereinigten, das dreizehnte Jahrhundert zu erkennen, und man vermeint in der Persönlichkeit des Ottaviano einen Kirchenfürsten aus der Blütezeit der Renaissance vor sich zu sehen. In Wahrheit liegt diese Periode nur in hellerem Lichte, aber viele der Verhältnisse, die man als den Ausfluß eines gerade ihr

[1] S. unten im 8. Kapitel.

eigenen Geistes zu betrachten liebt, finden sich auf italienischem Boden in Wirklichkeit schon Jahrhunderte zuvor.[1])

Der Ubaldini hatte den Papst nach Lyon begleitet; Anfang 1247 ernannte ihn Innocenz zum Legaten der Lombardei und der Romagna;[2]) eine Beauftragung für Tuszien erfolgte nicht, da sie nutzlos gewesen wäre und nur das Mißtrauen der Gegner erweckt hätte, doch wir finden ihn alsbald auch ohne diese offizielle Form mit kirchlichen Angelegenheiten Toskanas betraut.[3]) Er hatte eine in Südfrankreich mit dem Gelde des Papstes angeworbene Ritterschar zum Kampf gegen die Kaiserlichen nach der Lombardei führen sollen, aber Graf Amadeus von Savoyen versperrte ihm die Alpenwege, und mit Mühe schlich er sich nach langem Harren allein mit seinem Gefolge durch, während die Ritter umkehrten, und das Geld des Papstes verloren war. Selten hat er Erfolge errungen, und dennoch wußte er durch die Macht einer blendenden Persönlichkeit sein Ansehen derart zu behaupten, daß er immer wieder an die Spitze großer Unternehmungen gestellt wurde.

Die Wirkung jener Anschläge, die er aus der Ferne mit den florentiner Guelfen vereinbarte, war ebenfalls seinen Plänen völlig entgegengesetzt; er rechnete ohne die Tatkraft Friedrichs von Antiochien, und die Bolognesen schickten

Aufstand der florentiner Guelfen.

[1]) Quellen für die obige Darstellung sind Salimbene p. 195 ss. — Math. Par. ed. Luard V, 722. — Benven. Imol. (ed. Lacaita I, 356) und Boccaccio (II, 242) in ihren Dante-Kommentaren. Über die Besitzungen der Ubaldini im Mugello und den Bau von Montaccianico handelt in Breite, doch ohne Wesentliches beizubringen, die in der ersten Hälfte des 15. Jahrhunderts geschriebene Cronica di Giovanni Morelli (Zeitschrift „Giotto“, I [1902], p. 9 ss.). Eine Aufzählung der zu den siebzehn Kastellen der Ubaldini gehörigen Besitzungen findet sich in dem etwa 1380 geschriebenen Kodex XXV, 19 der Florent. Nat.-Biblioth. f. 78. — Über die Anfänge des Kardinals: Sarti-Fattorini, „De claris professoribus“, im Anhang p. 661. — In einem Aufsatz über ihn im Archivio della Soc. Romana (1891) XIV, 231 stellte G. Levi das Tatsächliche zusammen. Besonders wichtig ist die dort p. 297 veröffentlichte Urkunde von 1262 1. Dezember, das Verzeichnis der bei florentiner Bankiers deponierten Wertobjekte. Das Sonett des Ottaviano ist u. a. gedruckt bei Nannucci, Manuale della Letteratura, 4. Ausg., I, p. 352. — Seine (verschwundene) Grabschrift nannte ihn „de civitate Florentiae“ (Chronicon Fratris Franc. Pipini, Muratori Ss. IX, 717). Das Grabmal, das sich zur Seite der Haupttür der Pieve von Santa Maria a Fagna befand, ließ (zugleich mit dem des Dino del Mugello) Pius V. (1566—72) fortnehmen, „weil er kein Heiliger gewesen sei“. Das war er freilich nicht. (Die Nachricht von der Beseitigung des Grabes bei Chini, Storia del Mugello II, 93.)

[2]) Reg. Imp. 13603a.

[3]) Päpstl. Schreiben vom 4. Mai 1247. M. G. Ep. II, 250. — Später 1248, 3. April (SAF. — Passignano) erging an ihn der päpstliche Auftrag wegen Einsetzung eines neuen Bischofs in Florenz, und die Form dieses Schreibens zeigt Ottaviano als in engsten Beziehungen und vollkommenstem Einvernehmen mit den florentiner Guelfen stehend.

die versprochene Hilfe nicht, weil der Aufstand der florentiner kirchlichen und guelfischen Partei zu früh ausbrach, weil das durchgreifende Vorgehen des Kaisersohnes die Bolognesen in einen Kampf verwickelt hätte, der, auf fremdem Boden und ohne Rückhalt geführt, für die entsandte Schar ein vernichtender geworden wäre.[1]) Zugleich scheint man von päpstlicher Seite die Schnelligkeit der Wirkung überschätzt zu haben, welche die emsig betriebene geistliche Agitation zum Abfall von Friedrich, die Überredung zur „Rückkehr" in den Schoß der vergebenden Kirche ringsumher üben konnte; der ganze klug und geheim organisierte Betrieb war in voller Tätigkeit, ehe aber seine Ergebnisse derart heranreiften, daß sich die einzelnen Erfolge zu großen politischen Wirkungen zusammenschlossen, waren doch noch einige weitere Jahre unaufhörlicher Tätigkeit erforderlich.

Die Guelfen müssen bereits im Dezember 1247 den starken Verdacht Friedrichs von Antiochien erregt haben, da er damals Prato zu seinem Hauptquartier machte, was sicherlich schon in der Absicht eines Vorgehens gegen Florenz geschah.[2]) Vielleicht wurde eben zu dieser Zeit die Verbindung der Partei mit Kardinal Ottaviano und den Bolognesen offenbar, und der Ausbruch des Bürgerkampfes mag durch die Entdeckung beschleunigt sein. In allen Stadtteilen entspann sich wiederum von Haus zu Haus, von einem der fünfzig, sechzig Meter hohen Geschlechtertürme zum andern die wildeste Fehde, und am heißesten scheint sie in der Gegend getobt zu haben, wo der Hauptbesitz der Uberti lag, zwischen San Firenze, San Piero Scheraggio und San Romolo, dort wo jetzt die schön gegliederte, trotzige Masse des Palazzo Vecchio zum Himmel strebt und wo die Uffizien erlesene Werke der Kunst beherbergen. Hier suchten die guelfischen Bagnesi, Pulci und Guidalotti vergeblich gegen die Türme und Festungen jenes übermächtigen, von der Stadtregierung gestützten Geschlechtes anzukämpfen, dessen Häupter die tapferen Brüder Farinata und Neri Piccolino waren. Die Uberti gingen alsbald zum Angriff über, und da sie die Straßen und Brücken sperrten, um den Zuzug der Guelfen aus anderen Stadtteilen zu hindern, wateten und kletterten die Parteigenossen der Bedrängten durch die Arnowehre hindurch den Bagnesi und ihren Genossen zu Hilfe, ohne daß indes ihre gemeinsamen Kräfte die Ghibellinen zu überwältigen vermochten. In ähnlicher Heftigkeit wurde in allen Stadtsechsteln gefochten, nächst der Gegend der Uberti vielleicht am erbittertsten zwischen der Porta San Pancrazio und dem Mercato Vecchio, wo die festen Häuser der Ghibellinengeschlechter Lamberti, Toschi und Cipriani sowie ein Hauptstützpunkt der Partei, der starke Turm Scarafaggio der Soldanieri lagen. Vergeblich berannten die Guelfen, deren Führer hier die Tornaquinci, Vecchietti und Marignolli waren, die burgartigen Gebäude und die Türme der Gegner; einen ihrer besten Männer, Rustico

[1]) Über das Einverständnis des Kardinals und der Bolognesen als eine der Triebfedern des florentiner Guelfen-Aufstandes s. das Schreiben des Kaisers an den Markgrafen von Montferrat Reg. Imp. 3665.

[2]) Die Urk. Sant. 337 zeigt ihn am 11. Dezemb. 1247 in Prato.

Marignolli, der den Fechtenden das Guelfenbanner mit der roten Lilie im weißen Felde vorantrug, traf von jenem Turm Scarafaggio her ein Pfeil ins Gesicht, und er starb an der Wunde. Im Sechstel Borgo schlugen die guelfischen Buondelmonti, Giandonati, Bostichi, Cavalcanti, della Scala und Gianfigliazzi gegen die Scolari und ihre Genossen; diesseits und jenseits des Flusses war die Stadt ein einziges großes Schlachtfeld. Die Straßen waren von Barrikaden und Verhauen gesperrt, Pfeile durchzischten die Luft, ringsumher dröhnte der Schall aufprallender Schleudersteine und das Geräusch stürzenden Mauerwerks.[1])

Die Wage des Erfolges mochte sich bald auf die eine, bald auf die andere Seite neigen, doch draußen traf Friedrich von Antiochien seine Maßnahmen, um den Ghibellinen zu Hilfe zu eilen, und diese Botschaft muß die Anhänger des Reiches mit neuem Kampfesmut erfüllt und manchen Unentschiedenen in ihre Reihen geführt haben Der Kaisersohn wählte zum Gehilfen für die nötigen Vorbereitungen einen sonst unbekannnten Ritter Parisius, der zur Zeit das Amt eines Podestàs von Borgo San Sepolcro bekleidete; von den ersten Tagen des Jahres 1248 an überbrachte dieser den Kommunen Tusziens den strikten Befehl, ihre ganze städtische Macht zu rüsten, mit Ritterschaft und Fußvolk dem kaiserlichen Statthalter zuzuziehen. Ziel und Zweck scheinen zuerst nicht deutlich offenbart zu sein, aber niemand kann sich verhehlt haben, daß Florenz das Ziel und die Guelfen die zu Bekämpfenden seien. Diese waren zum Teil erprobte Freunde und alte Waffengefährten der Bürgerschaften, die gegen sie ausrücken sollten; es gab Zögerungen, Versuche, dem Gebot auszuweichen, oder es nur halb zu befolgen. Im Rat zu San Gimignano machte man den naiven Vorschlag, Gesandte der Stadt sollten erst zu Friedrich von Antiochien gehen, ihn zu bewegen, daß die Kommune nicht als solche auszurücken brauche; dann mögen sie sich nach Florenz begeben und Ghibellinen und Guelfen vorstellen, wie San Gimignano Befehl zum Ausmarsch habe, wie es wünschenswert sei, daß die Parteien sich vertrügen, und daß sie ihre Zwistigkeiten den Sangimignanesen zur Beilegung und Entscheidung überlassen möchten. Die Gebote Friedrichs und seines Machtboten Parisius duldeten indes keine Halbheit; dem herrschenden Widerstreben gegenüber wurde schließlich im Zögerungsfalle die Verhängung einer Geldstrafe von gewaltiger Höhe, Verlust der kaiserlichen Gnade und aller städtischen Privilegien angedroht.

In Prato, dem Sammelpunkt der städtischen Kontingente, muß eine beträchtliche Masse von Rittern und Fußmannschaft zur Verstärkung der Streitmacht des Kaisersohnes, die für sich allein auf 1600 Ritter angegeben wird, zusammengeströmt sein. Zugleich hatten die Kommunen neben den Bewaffneten zu Pferde und zu Fuß all ihre Maurer und Steinmetzen, mit Werkzeugen versehen, zu entsenden, denn der Kaisersohn bereitete sich darauf vor, den Guelfen

[1]) Den Kampf in der Stadt schildert, wohl auf Grund einer ältern Vorlage (oder nach mündlicher Überlieferung, denn diese Ereignisse blieben lange in lebendiger Erinnerung), Vill. VI. 33.

ihre Häuser und Türme zu brechen. In der letzten Woche des Januar 1248, etwa am 25., brach Friedrich mit seinem Heere von Prato auf und lagerte zunächst einige Zeit vor Florenz; er mochte mit den Guelfen resultatlose Verhandlungen wegen bedingungsloser Unterwerfung führen; zugleich ließ er den Mugello militärisch besetzen, wie er auch in Prato eine Schar zurückgelassen hatte, um eine etwaige Entsetzung der Guelfen durch die Macht Bolognas und der Ubaldini zu hindern, die auf diesen beiden Wegen hätte versucht werden können. Am 31. Januar 1248 rückte er in die Stadt; noch zwei Tage behaupteten sich die Guelfen trotz harter Bedrängung in ihren Türmen, dann geleiteten sie in bewaffnetem Zuge durch die von den Feinden besetzte Stadt hindurch ihren toten Bannerträger Rustico Marignolli nach San Lorenzo, um ihn in Ehren dem heimischen Boden zu übergeben. Die zitternden Kanoniker freilich gruben die Leiche wieder aus und versteckten sie aus Furcht vor der Rache der Ghibellinen.[1] In der folgenden Nacht — es war die des Lichtmeßtages — gelang es den Guelfen, aus der Stadt zu entweichen. Ein Teil der Fortgezogenen suchte in Lucca Zuflucht, doch hier hat man sie sicherlich nur solange geduldet, als die Stadt selbst in Auflehnung gegen das Reich stand; die Mehrzahl warf sich in Burgen des florentiner Gebietes. Eine Gruppe setzte sich in dem Kastell Capraia am Arno zwischen Signa und Empoli fest, dessen Herr, Graf Rudolf, vom Kaiser abgefallen und einer der Führer seiner toskanischen Gegner geworden war; andere vermochten die Ortschaft Montevarchi am obern Arno zu besetzen, die 54 Kilometer von Florenz und 34 von Arezzo gelegen ist. Auch eine Reihe von festen Schlössern jener Gegend, Pelago, Ristonchio, Magnale und Cascia, fielen ihnen zu; Montevarchi gehörte, während die meisten andern Besitzungen der Pfalzgrafen Guidi zwischen den einzelnen, in feindlichen Lagern stehenden Zweigen des Geschlechtes aufgeteilt waren, noch immer der Familie zu gesamter Hand, und jener dem Kaiser feindliche, mehr und mehr unter den Führern der Kirchenpartei hervortretende Graf Guido Guerra, Sohn des Markwald, wird den Guelfen die durch ihre Lage wichtige Kleinstadt in die Hand gespielt haben. Die Wahl der nach etwaiger Vertreibung aus der Stadt von ihnen zu besetzenden Ortschaften muß vorher vereinbart worden sein, denn sie war eine zu kluge, als daß sie das Werk des Augenblicks und des Zufalls sein konnte. Von Capraia aus bedrohten die Guelfen die Verbindung mit Pisa und dem

Auszug der Guelfen 1248, 2. Februar.

[1] Vill. VI, 33. — Das Grab befand sich später, nach dem Umbau der Kirche, in der Kapelle, die das Geschlecht noch 1684 besaß (Migliore, Fir. Illustr. p. 171). Dort wurde den „Filii Marignolle" 1259 ein Grabstein errichtet, der 1505 erneuert ist. Jetzt ist dieses spätere Epitaphium im Eingang zum Hofe der Kanonika eingemauert, wohin es 1739 übertragen wurde. Der Grabstein zeigt das Wappen der Familie und das der Parte Guelfa. Vgl. Cianfogni I, 111 n. 1. — Das Haus der Marignolli lag neben dem Weinberg von San Lorenzo, wie eine undatierte Urkunde von ca. 1270 im Archivio di S. Lorenzo ergibt. Deshalb führten die Guelfen die Leiche nach dieser Kirche.

Meere; dadurch daß sie Montevarchi und die Umgegend bis zum Abhang der Berge von Vallombrosa besetzt hielten, schnitten sie die Verbindung mit Arezzo ab, und von beiden Seiten ließ sich die von den Ghibellinen behauptete Stadt wirksam befehden. Durch Bologna, den Grafen Alexander von Mangona und die Ubaldini war Florenz zugleich von der Seite des Mugello, von Norden her bedroht. Die Ausziehenden scheinen der Mehrzahl nach edlen Geschlechtern angehört zu haben, doch, wie seit der Hingabe der städtischen Freiheit an den Kaiser die Popularpartei sich an die Guelfen angeschlossen hatte, so sind auch Handwerker und andere Popolanen, die gemeinsam mit ihnen die Ghibellinen bekriegt hatten, in der Nacht der Candelara mit jenen Edlen aus der Heimat gezogen, um sie von draußen her zu bekämpfen.[1])

Die ghibellinischen Sieger nahmen in der Stadt ihre Rache. Unter den Spitzhacken der mitgeführten Bauhandwerker sanken die stattlichen Türme der verjagten Guelfen zu Boden. Am Eingang des Corso degli Adimari (jetzt Via Calzaioli), am Battistero, ragte über den Sarkophagen und Bogengrüften, die sich rings um das Gotteshaus des Täufers erhoben, der 70 Meter hohe Turm Guardamorto empor, das Hauptbollwerk des Häuserkomplexes der Adimari, das seinen Namen von der Stelle über den Ruhestätten der Toten führte; man untergrub ihn derart, daß er nur noch durch Holzstützen gehalten wurde, und legte an diese Feuer, so daß er auf den Platz vor der Taufkirche fiel, ohne diese indes zu beschädigen. Die Anhänger der Guelfen in der Stadt zischelten einander in die Ohren, die gottlosen Ghibellinen hätten das Battistero zerschmettern wollen, und nur ein offenbares Wunder des Sankt Johannes habe sein Heiligtum gerettet. Doch die Ghibellinen liebten wahrscheinlich ihr „Bel San Giovanni" nicht minder als die Gegner, und die Art, wie Guarda-

[1]) Hauptsächliche Quelle für den Kampf Friedrichs von Antiochien und dessen Vorbereitung sind die in Forsch. usw. II (S. Gimign.) veröffentlichten Regesten, zumal 489—501; ferner 514 u. 534. Über das Datum des Einmarsches in Florenz, das auf Grund der überaus mangelhaften Veröffentlichung der Annales Senenses in den Mon. Germ. XIX stets falsch angegeben wird, s. Regest 498. Wichtig ist der Bericht bei Villani l. c., während die andern chronistischen Quellen nichts Eigenes enthalten, außer den Mitteilungen der bis 1312 reichenden Cronichetta Lucchese (Schrift saec. XVI) der Bibliothek Parma (Palat. 436, f. 9ª) und des Sercambi (p. 33) zu 1247, daß viele fortgezogene Familien sich in Lucca angesiedelt hätten. Man könnte an Verwechslung mit 1260 denken, doch die nicht wörtliche Übereinstimmung zweier luccheser Quellen deutet auf eine ältere luccheser Vorlage beider. Brunetto Latini, „Li Tresors" (ed. Chabaille p. 96) erwähnt die florentiner Ereignisse dieser Zeit, doch ohne daß der Stelle irgend etwas zu entnehmen wäre. Außer dem auf S. 330 Anm. 1 erwähnten kaiserlichen Schreiben kommt noch (betreffs der Besetzung Pratos) das Reg. Imp. 3671 angeführte in Betracht; vgl. ferner 3705. Zu Reg. Imp. 13634 g (dazu 13641 b) ist die Berichtigung unserer Forsch. usw. II, Reg. 498 heranzuziehen. — Nach Vill. VI, 33 hätte Friedrich von Antiochien 1600 deutsche Ritter in seinen Diensten gehabt. Ohne bedeutende eigene Streitmacht hätte er keinenfalls mit der von ihm entwickelten Energie die widerstrebenden tuszischen Kommunen zum Kampf gegen die florentiner Guelfen fortreißen können.

morto niederbrach, legt nur Zeugnis von der genauen Berechnung der Ingenieure ab, die das Zerstörungswerk leiteten. Unter den 36 Guelfenbauten, die der Vernichtung überantwortet wurden, befand sich der stolzeste Palast der Stadt, der der Tosinghi am Mercato Vecchio; das 50 Meter hohe Bauwerk hatte über alle Häuser hinausgeragt, und sein 75 Meter hoher Turm hatte selbst auf den Guardamorto niedergesehen, Marmorsäulen hatten es verziert, und den Glanz jenes mächtigsten Zweiges des alten Geschlechtes der Visdomini verkündet. Die Cerchi, die durch ihre Geldgeschäfte bereits zu großem Reichtum gelangt waren, hatten außerhalb der Mauern bei Sant' Ambrogio einen Palazzo errichtet; er war kaum vollendet, als auch er der Vernichtung zum Opfer fiel.[1] Die Stadt, zuvor vom Bürgerkrieg verwüstet, durch die Straßenkämpfe der letzten Zeit und durch die Eroberung beschädigt, nun durch Demolierung von sechsunddreißig ihrer ansehnlichsten Bauwerke entstellt, muß einen jammervollen Eindruck gewährt haben, und die Bewohner, soweit sie nicht vom Haß verblendet und vom Siege der Partei berauscht waren, müssen das Elend der Zerstörung, die Unterbrechung des normalen bürgerlichen Daseins tief empfunden haben. Andere Umstände kamen dazu, um die Stimmung in dem ghibellinischen Florenz zu einer dumpfen und schwülen zu machen. Von den Geistlichen scheint die Mehrzahl entflohen zu sein, und der Gottesdienst, zu dem man die in der Stadt verbliebenen Priester zwang, entbehrte der gewohnten Würde und Feierlichkeit; die Predigten unterblieben, wie ein zeitgenössisches Heiligenleben sagt, „aus großer Furcht“,[2] weil die Behörden allerdings nicht dulden konnten, daß die Kanzel zur Agitation gegen den Kaiser benutzt werde und daß von ihr der Aufruf zur Rebellion ertöne. Nur die Mönche wußten sich zu behaupten, und es verlautet nichts davon, daß man sie gezwungen hätte, von der Übung abzuweichen, in interdizierten Städten bei geschlossenen Türen, ohne Orgelklang und unter Ausschließung der persönlich Exkommunizierten die Messe zu lesen.

Eine Austreibung der Guelfen, wie die von parteiischer Gesinnung durchtränkte spätere Historiographie sie jederzeit behauptet hat, war nicht erfolgt, vielmehr hatten die fechtenden Parteigänger, die sich im Aufstande gegen die Stadtregierung befanden, einen Exodus vollzogen, wie er in der italienischen Städtegeschichte dieser Zeiten so unendlich häufig begegnet. Für viele wäre natürlich die Rückkehr unmöglich gewesen, aber andere suchte man zu einer solchen zu bewegen in der Hoffnung, wieder zu leidlich friedlichen Zuständen zu gelangen; zumal die kaufmännischen Zünfte scheinen sich in diesem Sinne bemüht zu haben, da ihnen vor allem daran gelegen sein mußte, daß das Dasein wieder in die gewohnten Geleise einlenke; überdies war jede Schwächung der Außenpartei ein Gewinn für das kaiserliche Regiment, denn die drohenden Gefahren waren nicht gering anzuschlagen. So scheint im Rate bald nach dem Lichtmeßtage 1248 der Beschluß gefaßt zu sein, den Fortgezogenen eine acht-

[1]) Vill. l. c. — Vita Humilianae A. S. 19. Mai IV, 394.

[2]) Vita Humil. l. c. p. 395.

tägige Frist zur Heimkehr zu bewilligen; nahmen sie diese wahr, so sollten sie — gewiß mit Ausnahme der eigentlichen Führer — an Person und Gütern keinen weitern Schaden erleiden.[1]) Ließen sie den Termin ungenützt verstreichen, so galten sie als Verbannte, und mit der Verbannung war ein für allemal Todesurteil und Güterkonfiskation verknüpft. Der Aufruf blieb nicht ganz ohne Wirkung; unter den Zurückkehrenden befand sich sogar ein ehemaliger Kapitan der Guelfenpartei, der Ritter Buonaccorso Bellincioni degli Adimari.[2]) Die Familien der Ausgewanderten werden ohnehin zum großen Teile in der Stadt geblieben sein, und zahlreiche Elemente der Bevölkerung waren durch Sympathien und alte Beziehungen mit den draußen Weilenden verknüpft, die auf die Gelegenheit harrten, die siegreiche Rückkehr zu erzwingen. Geraume Zeit, bis in die zweite Hälfte des April, ließ Friedrich von Antiochien Florenz und die dorthin führenden Straßen durch die Kontingente der toskanischen Städte besetzt halten,[3]) doch unter den Mannschaften, besonders unter den Fußtruppen, unter den Popolanen, scheint vielfach Neigung zu den besiegten Guelfen und Unbotmäßigkeit geherrscht zu haben,[4]) ja die Spaltung, die in Florenz dem Anscheine nach gewaltsam ausgetilgt war, griff nun nach den andern Städten hinüber. Die Reichsgewalt suchte dem Übel dadurch vorzubeugen, daß sie die Ausweisung der florentiner Guelfen befahl, die sich des Erwerbs halber, oder aus welchen Gründen immer dort aufhielten.[5]) In San Gimignano, von dessen männlicher Bevölkerung ein Teil Florenz für das Reich bewachen half, mußte man den Zurückgebliebenen im März das Tragen von Angriffswaffen verbieten und mit Strenge verhindern, daß die Paläste und Türme zum Kampf gerüstet würden;[6]) diejenigen, von denen man den Bruch des öffentlichen Friedens

Verbreitung des florentiner Parteiwesens in Nachbarstädten.

[1]) Schreiben (in Versen) der consules mercatorum an J. und B. degli Adimari auf der letzten Seite des Cod. Campori 26 (Mod.-Est.). mitgeteilt in Boll. dell' Ist. Stor. XIV, 172 (Gaudenzi. Sulla Cronologia delle Opere dei dettatori Bolognesi). Es ist klar, daß es sich um eine Fiktion handelt, doch diese hätte ohne tatsächliche Grundlage keinen Sinn gehabt. Die Verse sind dem, dem mag. Bonus zugeschriebenen Epistolarium hinzugefügt; das Versschreiben gibt sich als an J. und B. degli Adimari und die andern ausgewanderten Guelfen gerichtet, und wir werden sogleich bemerken, daß B. (Buonaccorso Bellincioni degli) Adimari in der Tat in die Stadt zurückgekehrt ist, so daß trotz der auffälligen Form des Briefes dieser Versifizierung ein authentisches Dokument zugrunde liegen muß.

[2]) Vita Humilianae l. c. 404.

[3]) Forsch. usw. II (S. Gimign.), Reg. 501, 509, 510, 515, 516. Ferner 514 und 534. Vgl. auch 523.

[4]) Ebendort 501.

[5]) Wir erfahren die Tatsache (die wir unbedenklich verallgemeinern dürfen) aus dem Protokoll einer Ratssitzung von Siena vom 24. Juni 1255 (SAS. — Cons. Gener. 4, f. 77²). — Ein Florentiner verlangte, daß ein Prozeß in integrum restituiert werde, den sein verstorbener Vater zur Zeit nicht hatte wahrnehmen können „occasione Guelforum, qui tunc exiverunt de civitate Senensi mandato imperii". Dies kann sich nur auf etwa 1248 bezogen haben.

[6]) Forsch. usw. II (S. Gimign.), Reg. 513.

fürchtete, wurden aus der Stadt geschickt, und es ward ihnen ein Zwangsaufenthalt angewiesen. Wir bemerken nicht, daß in der Kleinstadt, über deren innere Vorgänge wir so gut unterrichtet sind, diese Maßregel jemals zuvor angewandt worden wäre; jetzt, da die furchtbare Parteiung auch die dortige Bevölkerung zu spalten drohte, griff man zu dem zweischneidigen Auskunftsmittel,[1]) und die Konfination gehörte fortan hier wie anderwärts zu den ebenso unentbehrlichen wie gehässigen und in ihren Erfolgen zweifelhaften Handhaben mittelalterlicher Regierungskunst, die Gift als Arznei verwandte. In dem kaisertreuen Poggibonsi und wohl auch an andern Orten suchte man die Ruhe dadurch aufrecht zu erhalten, daß man den Guelfen die Stellung von Geiseln auferlegte.[2])

Bischof Marcellin von Arezzo, Dezember 1247. Wie die Ereignisse sich entwickelten, stieg auf allen Seiten die Erbitterung auf das Äußerste. Im Dezember 1247 hatten bei Osimo die Kaiserlichen unter Robert von Castiglione über ein Heer der Kirche gesiegt, das der aus seiner Stadt vertriebene, von Innocenz zum Rektor der Mark Ancona ernannte Bischof Marcellin von Arezzo führte.[3]) Viertausend der Päpstlichen lagen erschlagen, und Marcellin war als Gefangener in die Hände der Sieger geraten. Etwa zwei Monate hindurch scheint man unentschlossen gewesen zu sein, welches Schicksal man ihm bereiten wolle, obwohl ein neuerliches Dekret über jeden mit den Waffen in der Hand gefangenen Feind des Kaisers den Tod verhängte. Es wird berichtet, Friedrich habe diesen Befehl in seinem Grimme erlassen, als er die Kunde erhielt, in Deutschland sei dem Landgrafen Heinrich in der Person des Grafen Wilhelm von Holland ein anderer Gegenkönig zum Nachfolger gegeben worden.[4]) Doch lagen gegen den Bischof Marcellin besondere Ursachen vor, die etwaige Regungen der Nachsicht zum Schweigen brachten; er hatte als Bischof von Arezzo weitgehende Grafschaftsrechte besessen, und für diese, die er vom Reich zu Lehen getragen, in aller Form dem Kaiser Treue und Lehnsfolge geschworen.[5]) Als der Konflikt zwischen diesem und Gregor ausbrach, hatte er,

---

[1]) Forsch. usw. II (S. Gimign.), Reg. 511.

[2]) Dies wurde in einem im Rat von Siena am 14. Februar 1249 verlesenen Schreiben erwähnt. SAS. — Cons. gener. I, f. 16.

[3]) Vgl. Collenuccio, Historia di Napoli f. 89, bezw. seine Vorlage, die (verlorene) zeitgenössische Vita Friderici secundi des Bischofs Mainardino von Imola. S. Scheffer-Boichorst, Zur Gesch. des 12. u. 13. Jahrhunderts, S. 281 und Güterbock, Eine zeitgenössische Biographie Friedrichs II., N. Arch. XXX, 37 ss.

[4]) Math. Par. ed. Luard IV, 648.

[5]) Dieser Punkt ist für die Beurteilung der eigentlich maßgebende. Trotzdem ist er unbeachtet geblieben. Auf die ältere Stellung der Bischöfe von Arezzo (s. Bd. I) ist hier nicht einzugehen. Marcellinus erklärte 1238, 10. Juli (Komm.-Arch. Cortona. — Reg. Vecchio f. 116ᵃ. — Guazzesi p. 95; vgl. vorn S. 267 Anm. 1), er besitze das Recht der Oberherrschaft über Cortona auf Grund eines Privilegs des Kaisers und „tam pro Cortona, quam pro aliis terris episcopatus Aretini prestabat ipse episcopus fidelitatem et juramentum fidelitatis ipsi Domino imperatori“.

wie wir sahen, jenen Eid nicht weiter beachtet und sich nach einiger Zeit auf die Seite des Papstes gewandt, der ja freilich alle Gelöbnisse für null und nichtig erklärte. So mußte er dem Herrscher als ein der Felonie schuldiger Verräter gelten, und seine Verurteilung zum Galgen kann nach der Rechtsauffassung der Zeit nicht als jene Untat eines Tyrannen betrachtet werden, als die man sie der Welt in einem vielverbreiteten Rundschreiben darstellte. „Friedrich, der Mann des Blutes, der wie ein wütender Drache und ein brüllender Löwe umgeht", „der Erstgeborene des Sturmes und Satans" habe Marcellin nach diesem Manifest der Kirchenpartei „durch die Satelliten Pharaos" töten lassen. Die Heiligkeit des Amtes kommt in Wirklichkeit nicht in Betracht, denn die Stelle eines Bischofs ist nicht an der Spitze eines kämpfenden Heeres; daß man ihn durch sarazenische Henker, an den Schweif eines Esels gebunden, zum Galgen schleifen ließ, war freilich nicht mehr Übung der Strafjustiz, sondern roheste Rache, wie denn überhaupt in den letzten Phasen dieser Kämpfe auf allen Seiten das Gefühl der Menschlichkeit vom Wüten der Leidenschaften erstickt wurde. Als die Leiche drei Tage am Galgen gehangen, bemächtigten sich Minoriten ihrer, doch die Henker gruben sie wieder aus und hingen sie von neuem an das Gerüst der Schande, bis vom Kaiser selbst der Befehl kam, der Scheußlichkeit ein Ende zu bereiten; später haben die Reste des eidbrüchigen bischöflichen Kriegsmannes in einer Minoritenkirche heilige Wunder gewirkt. Zur Agitation gegen den Kaiser wurde der angebliche Märtyrertod Marcellins mit glühendem Eifer benutzt, und die Farben konnten zu diesem Zweck nicht stark genug aufgetragen werden; sogar in Würzburg machte der dortige Erzbischof ihn zum Gegenstand einer Predigt, und in dem fernen England urteilte man, der Eindruck wäre noch furchtbarer gewesen, hielten ihm nicht die Erbitterung wegen der Habsucht, der Simonie, des Wuchers der Priester und päpstlichen Agenten, der Grimm wegen Erpressungen durch Dominikaner und Minoriten das Gleichgewicht.[1])

Sieg Parmas über das kaiserliche Heer.

Wenige Tage nach Marcellins Hinrichtung — die Gläubigen sahen darin das Walten göttlicher Vergeltung — brach über den Staufer das schwerste Unheil herein. Während seine Sache am Arno triumphierte, unterlag sie vor Parma, und dieser Verlust wog unvergleichlich schwerer als jener Erfolg. Die Belagerung dauerte jetzt fast acht Monate, und als Stützpunkt, als Winterlager, hatte Friedrich eine Stadt an der von Borgo San Donnino kommenden Straße erbaut, der er in seiner Liebe für große Worte den prahlerischen Namen „Victoria" beilegte. Am 18. Februar 1248 machten, während er auf einem seiner Jagdausflüge abwesend war, die fast zum äußersten erschöpften Parmenser einen Ausfall, bei dem Victoria eingenommen, dessen Besatzung getötet oder zerstreut und der kaiserliche Schatz erobert wurde. Eine gewaltige,

[1]) Die Kenntnis vom Ende Marcellins beruht auf dem Schreiben „Grande piaculum", Math. Par. ed. Luard V, 61. — Guazzesi p. 170 ss. Dessen Verfasser war Kardinal Rainer Capoccio, der fromme Hymnensänger früherer Zeit. Der Zusatz über die Wunder mag einer etwas späteren Periode angehören. — Über den Eindruck in England Math. Par. V, 67. — Vgl. ferner Reg. Imp. 13634b und 13657.

mit Edelsteinen und goldenen Reliefs verzierte Krone, bestimmt, bei Festlichkeiten über dem Haupte des Herrschers einhergetragen zu werden, bildete eines der Beutestücke; sie wurde im Dom von Parma der Jungfrau geweiht. An diesem Tage hat Kaiser Friedrich in Wahrheit seine Krone an die Kirche verloren.[1]) Es war eine geringe Genugtuung, daß einen Monat später, als er bei Borgo San Donnino für Freihaltung der Straße über Pontremoli nach Tuszien focht, Bernardo d'Orlando Rossi, einst sein Günstling und jetzt sein verhaßtester Feind, unter den Streichen kaiserlicher Ritter fiel; Friedrich verkündete der Welt, in dem vormaligen florentiner Podestà, dem Neffen des Innocenz, sei „Kopf und Schweif seiner Gegnerschaft, ja der Urheber der ganzen Parteiung Italiens" gefallen.[2]) Er suchte durch volltönende Manifeste den Mut seiner Anhänger zu heben, seine Widersacher zu schrecken; aus dieser Zeit hat sich ein Schreiben des Monarchen an Podestà, Rat und Gemeinde von Poggibonsi erhalten, worin er die Berichte seiner Feinde als Lügen hinstellt und mitteilt, wie er den Po beherrsche und wie ein Versuch Reggios, von ihm abzufallen, dadurch erstickt sei, daß hundert Verdächtigen oder Verurteilten vor allem Volk die Köpfe abgeschlagen seien.[3]) Die Erregung von Furcht schien ihm das wirksamste Mittel, um seine wankende Macht zu behaupten, und dies gelang ihm noch für eine kurze Weile. Die Städte Tusziens, über deren Kräfte er durch Friedrich von Antiochien verfügte, sandten ihre Ritter und Armbruster, den kaiserlichen Befehlen gehorsam, in seinen Dienst nach der Lombardei.[4])

Politische Verfolgungen und geistliche Umtriebe.

Als Podestà von Florenz fungierte im Jahr 1248 der Ritter Jacopo de Rota,[5]) und sein Amt mag kein leichtes gewesen sein; überall witterte man Verrat,

[1]) Nach Parmenser Berichten (vgl. das Triumphlied bei Pezzana IV. Append. 18) hätten die Sieger auch eine Art Harem des Kaisers („amasiae"), ferner mehrere seiner Astrologen oder Magier gefangen genommen und getötet. — Weitere Quellen Salimb. p. 81 und die Reg. Imp. 3666a und 13648a erwähnten. Eine gute Darstellung der Kämpfe Parmas findet man bei Soragna, Vittoria etc.

[2]) Reg. Imp. 3682. 13651b.

[3]) Reg. Imp. 3700.

[4]) Ann. Placent. Gibell. M. G. Ss. XVIII, 497 zum März und Juni 1248.

[5]) In palatio filiorum Gallegariorum, ubi jus redditur 1248, 3. April; Verhandlung vor Dom. Otto Currexio, judex et assessor Domini Jacobi de Rota, potestatis Flor. (SAF. — S. Vigilio di Siena). — 6. April Santini, 344. — Am 12. November (Ibid. 346) erscheint der Richter der Kommune von Friedrich von Antiochien eingesetzt, als Podestà aber fungiert Jacobus de Rota. Fürs Jahr 1247 war Ruggero di Bagnolo Vikar Friedrichs, der als „Podestà zum zweiten Male" bezeichnet wird. (Ruggero war 1240 kaiserlicher Vikar der Grafschaften Arezzo und Città di Castello gewesen; Reg. Imp. 13313.) Er scheint dauernd im Reichsdienst gestanden zu haben; Ende 1248 schickte ihn Friedrich von Antiochien als seinen Gesandten nach San Gimignano (Forsch. usw. II, 530, 532). — Nur in den Jahren 1246 und 1247 war Friedrich selbst Podestà von Florenz; er setzte dann den Jacopo für 1248, für 1249 Ubertino de Andito, für 1250 Ranieri di Montemurlo (oder Montemerlo) zum Stadtregenten ein. Wenn in der Gerichtsurkunde vom 13. November 1249

überall Verbindung mit denen, die vor kurzem mächtige Bürger und jetzt gefürchtete Feinde waren. Daß man zu dem Mittel der Verschickung griff, versteht sich von selbst; einen ehemaligen Konsul der Zunft von Por Santa Maria treffen wir in San Gimignano im Zwangsaufenthalt,[1]) und ringsum mögen die kaisertreuen Städte und Kastelle voll von florentiner Konfinierten gewesen sein. Die Angeberei muß in üppiger Blüte gestanden haben, und man nahm keinen Anstand, selbst Dienstmägde zu politischen Dulderinnen zu machen. Benvenuta, eine Dienerin des Ritters Buonaccorso Bellincioni degli Adimari, wurde beim Podestà verklagt, es insgeheim mit den Guelfen zu halten und allerlei Reden zu deren Gunsten geführt zu haben. Man wandte bei allen Bezichtigungen, denen das Geständnis nicht sogleich folgte, die Folter an, und gar bei solchen politischer Art war es Regel, daß man durch körperliche Marter Enthüllungen zu erpressen suchte. Jetzt aber schienen die heimischen Folterknechte nicht mehr zuverlässig genug, oder man fürchtete, daß sie hie und da etwa dem Erbarmen sowie Einflüssen gröberer Art zugänglich seien; im Palazzo Galigai bei Orsanmichele, in dem zu dieser Zeit das Gericht des Podestà seinen Sitz hatte, übten als dessen Schergen Sarazenen ihr furchtbares Amt; die übliche Art der Tortur — sie blieb üblich auch, als sie nicht mehr von Muselmanen sondern von italienischen Sbirren im Auftrage strenggläubiger guelfischer Podestàs ausgeübt wurde — war die der „Colla" oder „Girella"; dem unseligen Opfer, dem man als einzige Bekleidung das Hemd ließ, wurden Beutel mit Steinen an die Füße gebunden; ein über einen Flaschenzug laufender Strick wurde an seinen auf dem Rücken verschnürten Armen und weiter an seinen Beinen befestigt; so wurden die der „peinlichen Frage" Unterworfenen langsam in die Höhe gezogen, derart, daß sich ihnen alle Glieder unter unsäglichen Schmerzen reckten. Als jene Magd Benvenuta von den sarazenischen Henkern gefoltert werden sollte, riß der Strick dreimal, und man ließ sie frei, weil man an ein Wunder glaubte, das die Minoriten von Santa Croce dann sofort für ihre neue Heilige, Umiliana de' Cerchi, in Anspruch nahmen.[2])

Friedrich von Antiochien genannt ist, so erscheint er hier doch nur als kaiserlicher General-Vikar, nicht als Podestà. Als General-Vikar war er Gerichtsherr der Kurie zur Entscheidung von Prozessen zwischen Bürgern und Bewohnern der Grafschaft. Der Gerichtshof fungierte als Reichsgerichtsbehörde. Dies wird zumal daraus klar, daß 1250, 23. April (wo Ranieri di Montemurlo Podestà der Stadt war) ebenfalls in der curia „ad reddendum jura inter cives et comitatinos civitatis Florentie" Recht im Namen des Reichsvikars Friedrich von Antiochien gesprochen ward. (SAF. — Acquisto Tidi.)

[1]) Forsch. usw. II. 520, Juni 1248. Ricciardus de la Susina, der Konfinierte, in der erwähnten Stellung 1234, 26. März (SAS. — Riform., bezeichnet 4. April).

[2]) Vita Humilianae l. c. 404. — Sarazenen wurden als Henker und zur Handhabung der Folter von den Beamten Friedrichs allgemein gebraucht; s. oben betreffs der Hinrichtung des Marcellin von Arezzo. In dem Schreiben Gregors IX. an Rainald von Spoleto, 1228, 7. November (Theiner, Cod. Diplom. I. 87) wirft der Papst ihm vor, er habe Priester durch Sarazenen hängen lassen. — Über die Folter s. auch Forsch. usw. II (S. Gimign.), Reg. 2399, 2401, 2407, 2409, 2412, 2415; die „girella" oder „colla"

22*

Die Verhaftungen Verdächtiger, die Versuche, Geständnisse zu erzwingen, wird den Bestrebungen der geheimen Agenten des Papsttums nur Vorschub geleistet haben; zugleich schürte man die Erbitterung der Gemüter gegen den Kaiser, indem man von Lyon aus verbreitete, vierzig italienische Ritter hätten sich durch einen Eid verbunden, Innocenz zu töten, ob Friedrich lebe oder sterbe. Der Papst ließ sich in seinen Gemächern in demonstrativer Art Tag und Nacht von fünfzig Bewaffneten schirmen.[1]) Von der Rhonestadt aus wurde die Umstimmung der Schwankenden, die Rückgewinnung der Geistlichen, die sich von der Kirche getrennt hatten, die gesamte Propaganda des Abfalls systematisch geleitet, und die wachsende Unzufriedenheit, die Überzeugung, daß die Macht des Kaisers in ihren Grundlagen erschüttert sei, kam diesen Bemühungen entgegen. Schon im November 1247 hatte Innocenz den erwählten Bischof Rainer von Volterra und den Archipresbyter Buonsignore von Florenz beauftragt, alle, die in Tuszien Friedrich verlassen und „demütig zur Einheit der Kirche zurückkehren wollten", von der Exkommunikation zu lösen. Da sie ihrerseits den Verkehr mit Exkommunizierten nicht vermeiden konnten, war solcher ihnen freigestellt, sofern er der Kirche Nutzen bringe.[2]) Den Aufenthalt im Florentinischen konnte der Erzpriester einstweilen noch nicht wagen, er mußte seine Fäden vielmehr von Bologna aus schlingen,[3]) aber er kannte alle Personen und alle Beziehungen, denn er hatte sein hohes kirchliches Amt in Florenz schon fast ein Vierteljahrhundert hindurch bekleidet.[4]) Zwar hatte der Kardinal Rainer Capocci von Santa Maria in Cosmedin jetzt das Amt eines päpstlichen Legaten für Tuszien inne,[5]) aber unbeschadet seiner Legation ward Buonsignore zum Vikar des Papstes ernannt,[6]) mit der Vollmacht, alle, die sich fügsam erwiesen, von Kirchenstrafen zu befreien, sie in jeder Art zu fördern, solche dagegen, die dem Kaiser die Treue wahren wollten, nach Kräften zu verfolgen.

---

wird hier auch vollucula genannt. Eine sehr interessante Abbildung der „colla" von Ende des 14. Jahrh. findet sich im Cod. Vatic. Lat. 1409 (Digestum cum glossis Accursii) f. 3. Der Gefolterte ist nur mit einem Hemd bekleidet, wie dies auch in der Erzählung der ersten Novelle des zweiten Tages im „Decameron" erwähnt wird. — Brunetto Latini gibt in seinem „Tresors" Vorschriften, wie die Folter zu handhaben sei (ed. Chabaille p. 605; Ital. Text ed. Gaiter IV, 347). — Aristoteles, auf den die mittelalterliche Staatslehre so unendlich viel hielt, weiß einiges gegen die Folter, doch auch sehr viel zu ihren Gunsten zu sagen (Burckhardt, Griech. Kulturgesch. I. 167).

[1]) Math. Par. ed. Luard IV, 607.

[2]) M. G. Ep. II, 325 und n. 2.

[3]) Seinen dortigen Aufenthalt erweist der Auftrag des Legaten Gregor von Montelongo, 1248, 30. April. Reg. Imp. 13664.

[4]) Zuerst urkundlich als Archipresbyter von Florenz am 8. September 1224; Arch. Municip. Pistoia; Liber Censuum f. 41² (der alten Pagination).

[5]) Urk. vom 1. Sept. 1248 (SAF. — Badia).

[6]) Urk. von 1249, 11. Januar (SAF. — Santa Trinita) und von 1250, 20. Mai (SAF. — Santa Croce). — 1249 April beauftragte der Papst den Kardinal Petrus von Sankt Georg „ad velum aureum" mit der Legation u. a. auch in Toskana. M. G. Ep. II, 496, 497, 499, 504.

Dieser Gesinnung gemäß geschah das Schlimmste: der Papst maßte sich die Befugnis an, über das Vermögen derer zu verfügen, die nicht zu seiner Partei übertraten; kein hergebrachtes Recht gestattete solchen Eingriff in die Besitzverhältnisse, aber kluge Juristen sind nie in Verlegenheit gewesen, wenn es galt, für Gewalttaten eine fein ersonnene Begründung zu finden: wer es mit den Exkommunizierten hielt, war selbst ein Ketzer, und einem Irrgläubigen konnte man seine Habe nehmen. Innocenz gestattete seinen Parteigängern in Tuszien, sich für Mühen und Kosten, denen sie sich für die Sache der Kirche ausgesetzt hatten, dadurch schadlos zu halten, daß sie Besitzungen kaiserlicher Anhänger an sich rissen und für die ihren erklärten.[1]) Damit war neben der Parteiwut die schnödeste Habsucht entfesselt, und wenige Maßnahmen lasten schwerer als diese in der Wagschale päpstlicher Verschuldung. Wie wild und giftig der Hader sein mochte, mit dem Fortfall seiner Ursachen wäre ein Ausgleich und eine Versöhnung möglich gewesen; für den mit päpstlicher Vollmacht vollzogenen Raub an Haus, Hof und Eigentum gab es keine Vergebung, und der tatsächliche Besitzwechsel konnte nur durch Gewalt und Vertreibung rückgängig gemacht werden. Mehr und mehr wurde die Fehde zwischen Kaisertreuen und Papstanhängern ein Kampf um die tatsächliche und um die wirtschaftliche Existenz der Personen wie der Geschlechter.

Seit dem Auszuge der Guelfen aus Florenz, seit der kaiserliche Name durch die Zerstörung Victorias so stark an Ansehen eingebüßt hatte, häuften sich in Toskana die Schwierigkeiten, denen die Reichsgewalt begegnete. Auf der Ostseite des Apennins gelang es dem Kardinal Ottaviano, die Romagna dem Reich zu entreißen, sie der Kirche zu unterwerfen,[2]) und vermittelst der im Grenzgebiete gelegenen Besitzungen der Ubaldini mußte diese Wendung ihren Einfluß auch auf die florentiner Landschaft üben. Die Bürgerschaft von San Miniato, deren Haltung wegen der zu Häupten der Stadt gelegenen Reichsburg von hoher Bedeutung war, hielt die Zeit für gekommen, ihren alten Haß gegen den Ort drunten am Fluß, gegen Borgo San Genesio, zu stillen. Es war nicht geradezu eine Auflehnung wider das Reich, aber es war eine deutliche Mißachtung der kaiserlichen Macht, daß die Bürgerschaft von San Miniato sich am letzten Junitage des Jahres 1248 erhob, in die Ebene hinabzog und die ansehnliche vor acht Jahren aus ihren Trümmern wiedererstandene Stadt dem Erdboden gleich machte, so daß seit jener Zeit in den Feldern und Vignen der Ebene zwischen Elsa und Arno kaum eine Spur der einst blühen-

Zerstörung von Borgo San Genesio durch San Miniato.

[1]) Schreiben des Papstes von 1248—49 im Kodex 1268 der Leipziger Universit.-Bibl. f. 81 mit der Überschrift „Concedantur res a papa Guelfis, quas abstulerint Gibellinis." Veröffentlicht von Winkelmann in Forsch. z. deutschen Gesch. XV, 380. — Ferner päpstliches Schreiben vom 18. Mai 1250, an den Bischof von Volterra gerichtet: jeder könne Besitzungen von Anhängern Friedrichs invadieren und der Adressat könne sie, je nachdem es nützlich sei, den Invadierenden als Eigentum zusprechen (Camici, Serie de' Duchi [1783] p. 58. — Giachi p. 487. — Ital. Auszug bei Ammirato, Vescovi p. 122).

[2]) Reg. Imp. 13670a.

den Ortschaft übrig geblieben ist. Es gemahnt an die Auffassung der antiken Welt, daß die Sanminiatesen den Zorn des Ortsheiligen dadurch zu versöhnen und ihn für ihr eigenes Gedeihen zu interessieren suchten, daß sie ihre Kirche neben der Jungfrau fortan auch dem San Genesio weihten, so daß der Heilige auf dem Berge über der Elsamündung und dem Arnotal noch jetzt als Schützer des später eingerichteten Bistums einen Rest von Verehrung genießt.[1]) Man war dort einig zum Zerstörungswerk gewesen, in der Bürgerschaft selbst aber tobte die wildeste Parteiung; wir wissen nicht, ob die beiden Faktionen sich auch dort bereits nach dem florentiner Vorbilde Guelfen und Ghibellinen nannten, aber das Wesen ihrer Zwistigkeiten muß, lokale Verschiedenheiten abgerechnet, dem entsprochen haben, was diese beiden Namen bedeuteten; jede der Faktionen stand unter eigenen Parteikapitanen, während die Kommune ihrerseits von sieben Kapitanen geleitet wurde, neben denen ein Prior die Handwerker vertrat. Man kämpfte in der Stadt, und zumal wegen der Neuwahl des Podestà für 1249 scheint Konflikt und Tumult geherrscht zu haben. Nachbarliche Vermittlung Luccas und San Gimignanos sowie Befehle Friedrichs von Antiochien, der Kontingente aus den anderen Städten als Besatzung nach San Miniato legte, scheinen die Bürgerfehde soweit eingedämmt zu haben, daß es nicht zur Zerstörung der Häuser oder zum Auszuge einer der Parteien kam.[2]) In Grosseto, wo der Kaiser so lange Zeit residiert hatte, muß der Pfalzgraf Wilhelm seine alten Anhänger in Bewegung gebracht haben, denn im Juli 1248 brachen dort Unruhen aus, die sich nur gegen die Reichsgewalt gerichtet haben können, wie denn bald darauf die Sienesen ihre Ritter und Armbruster auf Befehl Friedrichs von Antiochien zum Kampf in die Aldobrandesca-Grafschaft, nach Soana, entsenden mußten.[3]) Um die Pisaner in ihrer Treue zu erhalten, sah sich der staufische Herrscher gezwungen, seinem Stolz und seiner Herzensneigung zum Trotz einen Schritt zurückzutun und die Lunigiana, die er seinem Sohn Enzio verliehen hatte, diesem wieder zu entziehen, um sie der Herrschaft Pisas zu unterstellen; ja er fand sich gezwungen, die Auflehnung Luccas zu sanktionieren und dem König von Torres auch die Garfagnana zu nehmen, um die Berglandschaft in aller Form den Lucchesen zu überlassen,[4]) die sie

Bürgerkämpfe in San Miniato.

Unruhen in Grosseto.

Pisa.

Lucca.

---

[1]) Die Zerstörung S. Genesios meldet Villani VI, 31; Pseudo-Brunetto, Hartw. II, 228, Gesta, ibid. p. 275. Sercambi p. 33 etc. Die Stätte des Ortes bezeichnet nur eine kleine (erneute) dem San Genesio geweihte Kapelle an der Straße, die San Miniato und Ponte a Elsa verbindet. — Bei der Zerstörung hatte man ein vor dem Ort gelegenes, den Camaldulensern gehöriges Hospital verschont, das in einem päpstl. Privileg für Camaldoli vom 23. Juli 1258 (Arch. Vat. — Reg. 25, f. 157) erwähnt wird.

[2]) Forsch. usw. II (S. Gimign.), Reg. 521—24, 527—29, 532, 537, 1248, 3. November bis 20. Dezember.

[3]) SAS. — Biccherna 15, f. 23' (1248, Juli). — f. 30 (September). Die Erwähnung Reg. Imp. 13 629 b (1247, September) ist irrig datiert; sie bezieht sich auf September 1248.

[4]) Reg. Imp. 3745—47, 13 692 a.

wider sein Gebot bereits erobert hatten, denn eine Gärung in Pisa zusammen mit dem Abfall Luccas hätte die Straße durch die Lunigiana, den Paß von Pontremoli, und damit die Verbindung des Südens mit der Lombardei bedroht. Selbst in dem getreuen Siena zeigte sich starke Erregung, und auch bei den Wohlmeinenden trat die Neigung hervor, aus den Nöten der Reichsgewalt für die Stadt Vorteil zu ziehen; man versuchte vom Herrscher die Überlassung der Burgen Belforte und Radicondoli zu erreichen und erweiterte das Begehren dahin, daß man als Lohn der bisher bewährten Anhänglichkeit die Rückgabe der ganzen Grafschaft verlangte, deren kaiserlicher Verwalter Ticcio aus Colle di Val d'Elsa sich durch vielerlei Bedrückungen verhaßt gemacht hatte.[1]) Obwohl diese Wünsche unerfüllt blieben, verharrte Siena indes bis zuletzt in Treue für den Herrscher, aber viele kleine Züge erweisen, daß die vormalige begeisterte Hingabe verschwunden und daß die Geduld durch die endlosen Anforderungen des „Princeps", wie man Friedrich, dem kirchlichen Beispiel folgend, jetzt auch hier zu nennen beliebte, erschöpft war. Zu allen Übeln gesellte sich für den Kaiser der steigende Geldmangel; er ließ aus dem südlichen Königreich Barmittel nicht nur nach der Lombardei, sondern auch nach Tuszien kommen,[2]) dessen Behauptung jetzt mehr verschlang, als das Gebiet dem Reiche einbrachte. Zu Bedingungen von unendlich wucherischer Art mußte sich Friedrich von Antiochien das Geld verschaffen, dessen er zur Löhnung seiner Ritter, zum Kampf gegen die Guelfen und die päpstliche Partei bedurfte. Die Silbermine von Montieri, das hauptsächlichste Wertobjekt des sequestrierten volterraner Bistums, diente wieder, wie vordem, bei der Belagerung von Viterbo zur Unterlage einer größeren finanziellen Transaktion, die aber diesmal nicht mit Florentinern, sondern mit Sienesen abgeschlossen wurde. Das Erträgnis dieser, wie das der andern Silbergruben der Diözese Volterra wurde den Bankiers für solange verpfändet, bis der gewährte Vorschuß getilgt sei, doch derart, daß sie dem Kaisersohn 12000 pisaner Librae zahlten und 21750 aus den Überschüssen der Bergwerke decken konnten. Das Silber mußte ja freilich erst gefördert werden, aber sie ließen sich, abgesehen von den wahrscheinlich reichen Nebengewinnen am Betrieb und an der Münzprägung, einen Aufschlag von etwas über 80 v. H. der Schuldsumme verschreiben.[3])

Siena.

Finanzielle Erschöpfung des Kaisers.

[1]) SAS. — Cons. gener. I, f. 8² (Ersuchen um Überlassung der erwähnten Burgen, 1249, 14. Jan.), f. 29², 20. April, Ersuchen um Überlassung der Grafschaft; f. 35, 11. Mai, Beschwerde über Belästigung durch Ticcius de Colle, der Generalvikar für die Grafschaft Siena und das Bistum Chiusi war (vgl. f. 22² und f. 37).

[2]) Im Juli 1248 wurde ein „Schatz" des Kaisers, sicherlich Geld, das aus dem Königreich kam, durch Siena geführt und nach Montignoso (jedenfalls nicht nach dem Ort dieses Namens bei Gambassi, sondern dem am Meer nahe dem später begründeten Pietraianta belegenen) geschafft. (SAS. — Biccherna 15, f. 22².) — Im Februar 1249 mußte Siena einem kaiserlichen Beamten bewaffnetes Geleite geben, der für den Kaiser „magnam quantitatem tesauri" nach San Miniato überführte (SAS. — Cons. gener. 1 f. 15²—17).

[3]) Siena 1248, 7. Juli. Beglaubigte Abschrift von 1253 im Bischöfl. Archiv

Überbürdung der Kommunen.

Neben der Überspannung der eigenen finanziellen Kräfte des Staufers ging die äußerste Belastung der Kommunen einher. Florenz mußte auf Weisung des Kaisers und seines Sohnes eine deutsche Ritterschar in Sold nehmen, deren Zahl auf 1800 angegeben, und als deren Befehlshaber uns ein Graf Jordan genannt wird,[1]) doch wissen wir nicht, ob dies der Graf von San Severino war, der später so bedeutsam in die Geschichte Tusziens eingriff.

Handelsverhältnisse.

Fast erscheint es unverständlich, wie die Stadt, ihres Grafschaftsgebietes beraubt, nach der Auswanderung eines Teiles ihrer Bürgerschaft, solche Lasten zu tragen vermochte, doch bemerken wir, daß Florentiner gerade in diesen Zeiten eine umfangreiche Tätigkeit in kaufmännischen Geschäften in der Fremde entfalteten. Die engen politischen Beziehungen zu dem kaisertreuen Pisa übten auf den florentiner Seehandel einen belebenden Einfluß aus; der Anteil, den Kaufleute der Arnostadt an der Warenausfuhr von Marseille nach Pisa hatten, wurde eben jetzt ein außerordentlich starker, und in dem gesamten Geschäftsleben des südfranzösischen Hafenplatzes traten Florentiner damals bedeutend hervor.[2]) Von den Häusern, die an der Kurie, die also im Interesse der Feinde ihrer Vaterstadt tätig waren, kann in diesem Zusammenhang nicht die Rede sein und ebensowenig von ausgesprochenen Guelfen, die, weil sie in der Heimat nicht leben konnten, ihr Glück in der Ferne versuchten, wie wir z. B. finden, daß ein Ugolino de' Buondelmonti sich am Bosporus niedergelassen, in Konstantinopel Bürgerrecht erlangt hatte und der Kaiserin Maria von Romanien ein Darlehen gewährte, für das er in Paris die Zahlung im Auftrage der Königin von Frankreich persönlich entgegennahm, so daß er seine Geschäfte zwischen Byzanz und der Seinestadt betrieben haben muß.[3]) Wir

Volterra. Sec. XIII, dec. 2, no 33. — Gedruckt Camici, Serie de' Duchi (1783) p. 53. — Der Gewinn der Geldleute wurde in der Umrechnung versteckt; Zahlung und Rückzahlung erfolgten in pisaner Librae, derart, daß bei ersterer die Mark Silber zu 4, bei letzterer zu $7^1/_4$ librae berechnet wurde. Auf solche Art wurden 3000 Mark Silber entliehen und zurückbezahlt, nur betrugen sie beim Leihen 12 000, bei der Rückzahlung 21 750 librae. Der Vorgang ist als Beispiel „zinsloser" mittelalterlicher Darlehen interessant.

[1]) Vill. VI, 33.

[2]) Blancard, Note sur la lettre de change in Bibl. de l'École des Chartes XXXIX, 124, 128 etc. — Derselbe in „Documents inédits sur le commerce de Marseille" I, 285, 293, 295, 298, 303—5, 310. Auf den Gegenstand ist später zurückzukommen.

[3]) Negroponte, 1248, Januar; Maria, Kaiserin von Romanien, erklärt, von Blanche, Königin von Frankreich 680 Livres Tournois zur Rückzahlung einer Schuld an Bon de Mons, citoien de Constantinople erhalten zu haben. Gedruckt im Anhang zu Villehardouin, Paris 1657, p. 6. Das Datum ist entweder irrig angegeben, denn in den pariser Archives Nationales J. 477 No. 10 liegt die in der Urkunde selbst erwähnte Quittung vom Mai 1249 vor, durch die Bon de Monz, Touscan, civis Constantinopolitanus erklärt im Hospitaliter-Ordenshause in Paris die Zahlung namens der Königin Blanche erhalten zu haben; oder ihm wurde die Urkunde nach

sprechen vielmehr vor allem von denen, die sich zur herrschenden ghibellinischen oder zu keiner Partei hielten und die früher erworbenes Kapital, für das die Anlage daheim weniger lohnend und weniger sicher war, durch ihre Klugheit und Tätigkeit in entfernten Ländern vermehrten. Die Peruzzi waren jetzt, da die Dinge noch unentschieden standen, keineswegs entschiedene Guelfen, wie später, als dies gewissermaßen zu ihrem Geschäftsbetrieb gehörte; sie traten 1248 zuerst im französischen Bankgeschäft hervor.[1]) Beim Kreuzzuge Ludwigs des IX. im Zeltlager von Limesso und bei der Belagerung von Damiette machten florentiner Bankiers ihre einträglichen Darlehensgeschäfte.[2])

Kämpfe gegen die Guelfen am obern Arno.

Friedrich von Antiochien, der in einem Leben beständiger Erregung stets nur kurze Zeit an einem Orte weilte, scheint im Hochsommer 1248 einen längeren Aufenthalt in Florenz genommen zu haben.[3]) Er bereitete einen Zug der deutschen Soldritter, der florentiner Bürgerschaft und des Aufgebotes der andern toskanischen Städte gegen die Guelfen vor, die sich in Montevarchi und in den Burgen der Grenzlandschaft gegen Arezzo hin festgesetzt hatten.

Paris mitgegeben und das Datum wurde nachträglich ausgefüllt, wodurch die Bezugnahme auf eine später erfolgte Zahlung erklärlich erschiene. — Diese Urkunde hat ein Siegel mit der Legende „Sig[illum] Buon Del Monte Ugolini".

[1]) Compotus Praepositorum et Ballivorum Franciae. Bouquet, Recueil XXI, 275.

[2]) Limesso in campis; sub tenda preceptoris terre Jerusalem 1249, 12. Mai, Darlehnsgeschäft, bei dem Gandulfus de Florentia Zeuge ist. — Belgrano, Documenti riguardanti le due crociate di Ludov. IX. p. 61. — In castris juxta Damyatam 1249, 10. November. Der Ritter Guilielmus de Calviniaco erhält von einer Gruppe von florentiner Kaufleuten ein größeres Darlehn. Layettes du Trésor des chartes ed. Laborde III. 85. Ungleich zahlreichere Urkunden haben sich indes über Darlehen von sieneser Kaufleuten erhalten. Unter den Florentinern befindet sich ein Cavalcanti, Mitglied eines guelfischen Geschlechtes. Da die sieneser Bankiers im Lager König Ludwigs so zahlreich waren, ergibt sich deutlich, daß eine Stelle bei Villani (VI, 36) auf Erfindung beruht; er meldet, auf die Nachricht der Gefangennahme des Königs hätten die florentiner Ghibellinen ein Fest gefeiert und Freudenfeuer angezündet. Die Meldung entstammt dem guelfischen Parteihaß. Damals hatten die florentiner Ghibellinen noch nicht den geringsten Grund zum Haß gegen das französische Königshaus, und daß auch die Frage der Neigung für oder der Abneigung gegen den Kaiser auf die Beziehungen zu Ludwig IX. weiter keinen Einfluß übte, beweist die massenhafte Gegenwart von sieneser Bankiers in seinem Lager. Endlich werden die Ghibellinen nicht kaiserlicher gewesen sein als der Kaiser, der mit Ludwig IX. im besten Einvernehmen stand. (Reg. Imp. 3787, 3789, 3919.) Wir verweilten bei dem Punkte, weil er für die Tendenz des Chronisten bezeichnend ist, der sich der Erfindung wohl bewußt schien, da er sie entgegen sonstiger Gewohnheit mit einem „secondo che si dice" ausstattet. Sobald Ghibellinen in Betracht kommen, ist jede Nachricht des sonst zuverlässigen Villani mit starker Reserve aufzunehmen.

[3]) 1248, 20. Juli. Komm.-Arch. Cortona. — Reg. Vecchio f. 97ª. — Reg. Imp. 13681.

Die Gegner waren indes nicht mehr auf die eigenen Kräfte angewiesen, denn der Papst hatte zu ihrer Unterstützung ein Heer zusammengebracht, dessen Oberbefehl er zwei „Kapitanen der Kirche", dem Grafen Guido Guerra und dessen Bruder Ruggero, Söhnen des Markwald, anvertraut hatte.[1]) Von weither blickte man auf die beiden tuszischen Großen als auf die Bannerträger der päpstlichen Sache, und der provenzalische Troubadour Uc de Saint Circ feuerte durch sein Lied den Guido zum Kampf gegen den häretischen Kaiser an.[2]) Den Grafen Ruggero hatte Friedrich II., wie wir erwähnten, einst als der ältere Bruder von ihm abfiel, an seinen Hof beschieden; er wollte ihn bei sich behalten und ihn vermählen,[3]) aber der Enkel der Gualdrada war seine eigenen Wege gegangen, die ihn weitab von den Plänen des Herrschers führten, und jetzt standen die Brüder am obern Arno gemeinsam an der Spitze eines Schlüsselheeres, das vereint mit der Hauptmacht der ausgewanderten Guelfen kämpfte. Die andern Grafen Guidi, so Tegrimo und sein Sohn Guido (von Modigliana) fochten hingegen für den Kaiser, und sie bezeugten ihren Eifer durch Aufhebung des Bischofs von Sarsina, den sie als Gefangenen an den Monarchen schickten, doch dieser entließ den wahrscheinlich ungefährlichen romagnolischen Prälaten seiner Haft, ohne ihn weiter zu kränken. Die Anhänglichkeit dieses Zweiges des mächtigen Grafenhauses an den Kaiser war durch bedeutenden Lehensbesitz in Unteritalien bedingt, der die Grafschaften Lecce und Andria umfaßte; ihn hatte Tegrimo durch die Ehe mit Alberia von Lecce, Enkelin des Tankred, des einstigen Prätendenten auf das Königreich Sizilien, erworben, so daß der Sohn des florentiner Bürgermädchens Gualdrada zugleich einer der Großen Toskanas und des Königreichs Neapel-Sizilien geworden war.[4])

Der Stützpunkt Friedrichs von Antiochien war das den Ubertini gehörige Kastell Gangheretо, rechts vom Arno, wenige Kilometer vom Flusse entfernt; von hier rückte er durch den jetzt im August oder beginnenden September seichten Strom wider das jenseits gelegene Montevarchi, aber die Guelfen

[1]) Die Namen der beiden Kapitane der Kirche, denen als Gewalthabern in diesen Gegenden von den Anhängern des Papstes Gehorsam zu leisten war, nennt uns die Urkunde Montevarchi 1248, 19. November, enthaltend die Absolution des Presbyter Fede durch den Archipresbyter von Florenz (SAF. — S. Vigilio di Siena), gedruckt Camici, Vicari sotto Corrado IV. p. 80. — Salvemini, Dignità Cavalleresca 74 s., verwechselt diese „capitanei pro ecclesia", Generäle eines päpstlichen Heeres, mit Kapitanen der Guelfenpartei.

[2]) Gaspary, Geschichte der italienischen Literatur I, 53 f.

[3]) S. S. 268.

[4]) Schreiben Innocenz' IV., 1252, 13. Juli, Mittarelli V. App. col. 44. — Berger 5874 (wo das Datum berichtigt ist.) — Über die süditalienischen Besitzungen des Grafen Tegrimo und ihren Ursprung s. Reg. Imp. 8454 und 8979. Die Gräfin Alberia von Modigliana wird in der Urk. 1226, 27. November irrig „Albina" (Komm.-Arch. Pistoia, Lib. Censuum f. 73ᵃ). 1231, 17. Sept. (SAF. — Sma. Annunziata) ebenfalls irrig „Alberta" genannt.

und die Truppen der Kirche trieben ihn zurück, und der mißglückte Vorstoß des Kaisersohnes hatte die Stellung der Ausgewanderten, statt sie zu erschüttern, beträchtlich verstärkt.[1]) Der florentiner Archipresbyter Buonsignore hielt jetzt die Lage für sicher genug, um seine Zufluchtstätte in Bologna zu verlassen und unter dem Schutz der Guelfen sein geistliches Hauptquartier in Montevarchi aufzuschlagen; hier nahm er die Reuigen, die sich rechtzeitig auf die Seite des Erfolges retten wollten, in den Schoß der Kirche auf. Einer der ersten, die absielen, war jener Presbyter Fede von San Firenze, der sich durch den Schutz der Uberti und durch endlose Prozesse gegen die Vallombrosaner von Monte Scalari jahrelang in seiner Kirche und im Besitz von deren Einnahmen behauptet hatte, jetzt aber den rechtzeitigen Anschluß an die siegende Partei nicht versäumen wollte; ihm wie allen zu den Geboten der Kirche Zurückkehrenden wurde als erste Pflicht Förderung des Kirchenheeres und Gehorsam gegen dessen gräfliche Befehlshaber auferlegt. Wider die Leiter anderer florentiner Kirchen, die sich zu sträuben wagten, wurden strenge Strafen verkündet; unter ihnen stand Viviano, Rektor des verschwundenen schmucken Kirchleins San Bartolomeo am Corso (degli Adimari) voran, der zugleich Kanoniker des Domkapitels war, und der auf Weisung Friedrichs von Antiochien überdies zum Prior von San Bartolomeo a Scampato bei Figline erwählt worden war. Er verfiel der Amtsentsetzung und Exkommunikation, weil weder er noch sein Vater, der Ritter Rustico de Caza (della Casa) die Partei des Kaisers verlassen und zu der päpstlichen übertreten wollte;[2]) ein entsprechendes Urteil

Vorgehen gegen die geistlichen Parteigänger des Kaisers.

[1]) Über den Kampf berichten die „Gesta“ (Hartw. II, 275) und entsprechend Villani VI. 33. Die Nachrichten finden ihre Bestätigung durch die Notiz des Sieneser Kämmerei-Registers (Biccherna 15, f. 30); Siena schickte im September zwei Gesandte „an den König“ (Friedrich von Antiochien) „nach Montevarchi“, wobei die Ortsangabe nicht buchstäblich, sondern von einer Lagerung vor Montevarchi zu verstehen ist. Ein Kurier wurde (ebendort) in der gleichen Zeit an Friedrich nach dem benachbarten Figline gesandt. — Im August verzeichnet das Biccherna-Register (f. 25) eine Ausgabe für die Fahne der „milites, qui iverunt in servitium Dom. regis pro Communi Senensi apud Aretium“, womit nicht die jetzt kaisertreue Stadt Arezzo gemeint sein kann, sondern das Grenzgebiet, in dem sich diese Kämpfe abspielten.

[2]) Apud castrum de Figino 1249, 11. Januar. SAF. — S. Trinita. — Die Weisung des Friedrich von Antiochien an den kaiserlichen Vikar Landolf Caracciolo, Vivianus in Besitz des Priorats von Scampato zu setzen, 1250, 9. März (SAF. — Passignano, bezeichnet 1253, 3. März). Später hat sich Viviano doch noch rechtzeitig als reuig erwiesen und ist dann viele Jahre Domkanoniker geblieben. Montevarchi 1250, 3. Dezember, wiederholte der Archipresbyter die Exkommunikation gegen ihn (Spoglio Strozziano im Archiv der Opera del Duomo f. 132[a]). Am 18. Juli 1251 war er dagegen absolviert (SAF. — Passignano). Zu der Angelegenheit liegen auch interessante Zeugenaussagen in der Urk. von 1253, 4. Januar (SAF. — Passignano) vor. — Über die Strenge, mit der Buonsignore gegen die geistlichen Parteigänger und oft auch gegen nur angebliche Anhänger des Kaisers vorging, wurde später lebhafte Klage beim Papst geführt (Blatt eines Rotulus im Kapitel-Archiv, Nr. 850), und es erfolgte (1251) in päpstlichem Auftrage eine Revision der betreffenden Prozesse

erging gegen den Domkleriker und Kanonikus von Santa Maria Maggiore, Vinci aus dem Mugello, dessen sämtliche Blutsverwandte zugleich mit ihm als Anhänger des Herrschers gebannt wurden.[1]) Dem Albert, Prior von Santo Stefano am Ponte Vecchio, wurde das nämliche Schicksal bereitet, und schließlich wurde der Bann summarisch über alle verhängt, die nicht einen Monat nach ergangener Aufforderung ihre Anhängerschaft an Friedrich abschwuren.[2]) Mit solchem Nachdruck ging der Erzpriester vor, daß er sich päpstlicher als der Papst zeigte, und Innocenz nachmals seine Urteile revidieren und mildern mußte. Getreue Gehilfen fand er in der Stadt außer an den Mitgliedern der ältern Orden zumal an den Brüdern des neuen der Serviten; sie ließen sich vom päpstlichen Legaten, Kardinal Petrus von Sankt Georg, die Erlaubnis erteilen, alle freigeborenen Laien, die in ihr Kloster eintreten wollten, ohne weiteres von allen Strafen zu befreien, denen sie als Anhänger des Kaisers und als bisherige Kirchenfeinde verfallen seien; nur mußten die Neuigen dafür alle ihre Habe zur Vergütung angerichteter Schäden hergeben. Man begreift, daß es in den Zeiten schwankender Verhältnisse für viele Schwachmütige verlockend war, sich so in einem sichern Port zu bergen, und zu dem mächtigen Aufschwung der jungen klösterlichen Gemeinschaft wird diese Prärogative nicht wenig beigetragen haben.[3])

Der Bischof von Arezzo.

Im Nachbargebiet, dessen Verhältnisse in dieser Zeit so stark auf die des florentiner Territoriums einwirkten, entfaltete der neuernannte Bischof von Arezzo eine Tätigkeit ähnlicher Art, wie der Erzpriester von Florenz. Zum Nachfolger des Marcellino Pete hatte der Papst den Guglielmo degli Ubertini ernannt, das Mitglied eines Geschlechtes, das im Arnotal in den Grenzgebieten beider Grafschaften mächtig war. Man ist gewohnt, gleich den Ubaldini auch die Familie Ubertini als einheitlich ghibellinisch zu betrachten, doch der Bischof aus diesem Hause, der nachmals von einer Partei zur andern schwankte und endlich als Ghibellin auf dem Schlachtfelde fiel, war jetzt eifervoll im päpstlichen Interesse tätig; er hatte seinen Sitz in nicht großer Entfernung von Montevarchi in der Burg Civitella genommen, warb von dort Anhänger für die Partei der Kirche und verlockte die Schwankenden durch das Versprechen der Absolution zum Abfall vom Kaiser.[4]) Überall zeigte sich der mächtig steigende

---

durch Bischof Johann von Florenz (Spoglio Strozziano. Flor. Nat.-Bibl. II. IV, 379, p. 56).

[1]) Montevarchi 1250, 20. Mai (SAF. — Santa Croce).

[2]) Päpstl. Schreiben vom 31. Mai 1249, M. G. Ep. II, 544.

[3]) Privileg des Kardinals Petrus, Ankona 1250, 18. Februar; Giani Annales Ordinis Servorum f. 18.

[4]) In castro Civitella 1248, 26. Dezember. Dominus G. Aretinus electus absolviert den Kanonikus Benedikt von Arezzo von der Exkommunikation der er „occasione Domini Friderici imperatoris et suorum filiorum et nuntiorum“ verfallen war. Zeuge Guilielminus f. Dom. Rainerii de Pazzis (Notar.-Protokoll im Kapitelarchiv von Arezzo, No. 620, f. 6. — Ib. f. 31, 1251, 12. August: Dom. Guillelmus Aretinus electus). Rainer Pazzi war 1250, 25. Februar kaiserlicher Vikar der Graf-

Einfluß des Innocenz; der schon stark betagte Bischof Hildebrand von Fiesole scheute die weite und gefahrvolle Reise nicht; er begab sich an die päpstliche Kurie nach Lyon, um Instruktionen einzuholen, und wohl auch, um sich für einige Nachgiebigkeit gegen die Machtboten des Gebannten Vergebung erteilen zu lassen.[1]) Ranieri, der Erwählte von Volterra, durch die Einziehung des Bischofs-Grafengutes ohne Einnahmen, konnte seine Diözese nicht betreten, aber um so eifervoller verfocht er im Exil die Sache des Papstes; er war sowohl im aretinischen wie im florentiner Gebiete tätig und verwandelte solchen, die das Kreuzzugsgelübde abgelegt hatten, diese Pflicht in die zum Kampf gegen den entsetzten Staufer, derart, daß sie durch Parteinahme oder Parteiwechsel die Seligkeit oder Sündenvergebung bequemer daheim erwerben konnten, um derentwillen sie beabsichtigt hatten übers Meer zu ziehen.[2]) Die Bischöfe von Fiesole und Volterra.

Schon früher hatte Innocenz versucht, den seit dem Tode des Ardingus verwaisten florentiner Bischofssitz wieder zu besetzen. Der Kardinal Ottaviano degli Ubaldini war beauftragt worden, eine von drei dem Papst genehmen Persönlichkeiten auf den Stuhl des heiligen Zenobius zu erheben; Innocenz durfte nicht hoffen, daß ein neuer Bischof für jetzt in der Stadt selbst seine Wirksamkeit hätte entfalten können, aber er erwartete von einem ihm geeignet erscheinenden Oberhaupt der Stadtkirche, auch wenn es von auswärts sein Amt geführt hätte, daß es Florenz „zu gedeihlichem Stande" leiten, mit andern Worten, es zur Partei der Kirche hinüberführen würde; er schrieb dem Kardinal vor, zu einer Ernennung die Zustimmung des Kapitels einzuholen, vor allem aber dürfe der zu Erhebende bei des Papstes „geliebten Söhnen", „den Edlen der Guelfenpartei", keinerlei Anstoß erregen. Das Kapitel und die Guelfen entschieden sich unter den dem Innocenz genehmen Persönlichkeiten für den erwählten Bischof von Ferrara.[3]) Philipp blieb in der Stadt der Poebene Neubesetzung des florentiner Bischofsstuhles.

schaft Arezzo und des Gebietes von Città di Castello (Reg. Imp. 13749); er war auch weiter eines der Häupter der ghibellinischen Partei, während der Sohn jetzt im gegnerischen Lager stand. — Bei Gams. „Series episcoporum" und Eubel „Hierarchia" wird der Bischof aus dem Hause Ubertini irrig zu einem Pazzi gemacht. Der Irrtum mag damit zusammenhängen, daß er, gleich jenem Pazzi, gewöhnlich „Guglielmino" genannt wurde und mit diesem zugleich (1289) den Tod in der Schlacht fand. Bei Ammirato, Vescovi di Fiesole di Volterra e d'Arezzo und bei Burali, Vescovi Aretini, auf die Eubel sich beruft, ist der Name durchaus richtig angeführt.

[1]) Zeugenaussagen, bezeichnet 1253, 4. Januar; SAF. — Passignano.

[2]) Päpstl. Schreiben an den Bischof 1250, 18. Mai; Camici Serie dei Duchi (1783) p. 58. — Giachi p. 486.

[3]) Schreiben des Papstes an Kardinal Ottaviano, 1248, 8. April (gleichzeitige Kopie, SAF. — Passignano). Vgl. Forsch. usw. IV, S. 64 „Die Entstehung der Guelfen- und der Ghibellinen-Partei". — 1248, 16. Oktober teilte Innocenz IV. dem Kardinal Ottaviano mit, er habe den Erwählten von Ferrara mit Rat der Kardinäle zum Bischof von Florenz bestimmt; er befehle ihm, innerhalb einer Woche die Ernennung zu bewirken (SAF. — Das Breve auf demselben Blatt, auf dem das vom 8. April 1248 kopiert ist).

und waltete von dort aus seines Amtes als „Erwählter" von Florenz;[1]) vorübergehend scheint er allerdings in Toskana gewesen zu sein, da der Papst, seine Verdienste „um die Freiheit der Kirche und die Herstellung Italiens" lobend, ihm aufgab, dafür zu sorgen, daß Pistoia — aus dessen Bezirk er gebürtig war und wo er seine geistliche Laufbahn als Domkanoniker begonnen hatte — von dem gebannten Kaiser lasse, widrigenfalls er der Stadt das Bistum entziehen werde.[2]) Filippo Fontana blieb nicht lange Bischof der Arnostadt und er empfing niemals als solcher die Weihe; er stieg bald zur höhern Würde eines Erzbischofs von Ravenna auf, aber die kritische Stunde, in der er erwählt wurde, und seine merkwürdige Persönlichkeit lenken unsere Aufmerksamkeit auf ihn. Bei der Wahl des ersten Gegenkönigs, Heinrich Raspe, war er in Deutschland als Vertreter des Innocenz tätig gewesen und hatte alle Künste der Bestechung spielen lassen; nachmals hat er seine politische Tüchtigkeit als päpstlicher Legat in Oberitalien bewährt. Vor Zeiten war er, ein armseliger Scholar, aus dem heimatlichen pistoieser Apennin nach Toledo gewandert, in der Absicht, sich dort die Kunst der Zauberei zu eigen zu machen; aber der alte Meister, der ihn unterwies, meinte, er eigne sich nicht recht für die Magie und er möge lieber nach Paris gehen, um Gottesgelahrtheit zu studieren; durch diesen Rat des Schwarzkünstlers wurde der vormalige Zauberlehrling zum Geistlichen und zum Kirchenfürsten. Zur Zeit seiner Legation in Deutschland erlebte er mannigfache Abenteuer, und einst hatte er, wir wissen nicht an welchem Ort, von Mannschaften Konrads, des Sohnes Kaiser Friedrichs, verfolgt, auf den Rat der Minoriten durch eine Öffnung unter dem Stadttor flüchten müssen, was dem Mann von stattlichem Körperumfang, der ein starker Trinker war, hart ankam, um so mehr als der Guardian des Klosters übereifrig mit Fußtritten auf seine Rückseite nachhalf. Man war gewohnt, ihn mit einer Leibwache von vierzig Bewaffneten zu sehen, deren Zügellosigkeit berüchtigt war, aber er selbst wurde von diesen Wilden gefürchtet als ob er der Teufel wäre.[3]) Seine Kinder, die, wie es scheint, bei ihm lebten, ein Sohn und eine Tochter, waren ihrer Schönheit wegen berühmt. So war der Priester beschaffen, den der Papst unter den bestehenden Zeitverhältnissen für den geeigneten Hirten der florentiner Kirche hielt, und der den Guelfen als ein wünschenswerter Bischof ihrer Vaterstadt erschien.

Übergang von florentiner Hilfstruppen zu den Feinden des Kaisers.

Wie vordem auf den Landgrafen von Thüringen, so blickte die kaiserfeindliche Partei Italiens jetzt auf König Wilhelm von Holland, der im Sommer

[1]) Urk. Ferrara 1250, 6. Februar; Lami, Monum. II. 953.

[2]) Vor 1250, April, Reg. Imp. 8276. — Daß Philipp Domkanoniker in Pistoia gewesen, ergibt das Martyrologium der dortigen Dombibliothek (Zaccaria, Bibl. p. 95).

[3]) Über Philipp: Salimbene p. 200 ss., 207, 217. — Nicol. de Carbio, ed. Pagnotti, Archivio della Soc. Rom. XXI, 96. — Über seine Legation in Deutschland Reg. Imp. 10171 c — 10186 a. Über seine Legation in Oberitalien ebendort an vielen Stellen.

1248 verkünden ließ, er wolle nach Italien kommen,[1]) und auch solche, die für das Reich als einen herkömmlichen Begriff Verehrung empfanden, mochten sich vielfach an den Gedanken gewöhnen, daß das Imperium jetzt Friedrich genommen und auf den Grafen von Holland übertragen sei. Wenn die Kommune Florenz, die daheim genug zu tun hatte, um sich ihrer feindlichen Bürger zu erwehren, Zuzug zum Heere des staufischen Kaisers schickte, war man nicht mehr sicher, daß die Entsandten nicht dem Adlerbanner entliefen und zu den Feinden übergingen, wie es ein uns sonst nicht weiter bekannter Aldericus an der Spitze einer Schar von Genossen tat, die daraufhin auf Befehl des Herrschers mit dem Banne belegt und deren Güter eingezogen wurden.[2])

Der Kaiser in Tuszien.

Friedrich sah, daß seine Macht in Tuszien dahinzuschwinden drohe, daß, wo nicht offener Aufstand loderte, insgeheim der Verrat umging; er hielt es für notwendig, um eine letzte und äußerste Anspannung der Kräfte zu bewirken, sich selbst in sein südliches Königreich zu begeben; er träumte von einer Expedition nach Deutschland, um seine dortigen Widersacher niederzuwerfen, aber zunächst wollte er, von der Lombardei kommend, Tuszien durchziehen, in der Hoffnung, der Rebellion der florentiner Guelfen und ihrer Anhänger ein Ende zu bereiten.[3]) Im März 1249 verließ er das getreue Cremona. Wenn eine Ahnung ihn auf der Paßhöhe von Pontremoli noch einmal das Auge nach der Richtung von Parma und auf die neblige Ferne der Lombardei zurückwenden ließ, so nahm er mit diesem Blick Abschied von den Stätten unendlicher nutzloser Kämpfe, in denen die ihm feindlichen Städte, obwohl selbst erschöpft, zu hohem Ruhm emporgestiegen waren, während er den seinen an sie verloren hatte; das nüchterne Bürgertum, das die Bedürfnisse der Phantasie in den festen Formen befriedigte, die die Kirchlichkeit darbot, hatte über die geniale, doch innerlich haltlose Persönlichkeit des bedeutendsten mittelalterlichen Fürsten den Sieg errungen; die begabte Menge hatte den hoch über sie emporragenden genialen Einzelnen überwältigt; als ein vom Schicksal Gezeichneter zog Friedrich gegen Süden.

Pier della Vigna.

Er wandte sich nach Pisa, und in seinem Gefolge erregte ein in Ketten mitgeführter Gefangener Aufsehen und ein Mitgefühl, das nach fast sieben Jahrhunderten noch nicht erloschen ist. Petrus de Vinea, wie er gewöhnlich genannt wurde: Pier della Vigna, sein Protonotar, sein Kanzler und Freund, der bewundertste Stilist und Redner seiner Zeit, der nach den Worten des florentiner Dichters beide Schlüssel zu Friedrichs Herzen besessen hatte, galt dem Kaiser jetzt als Verräter und als Giftmischer, der im Einverständnis mit dem Papst nach seinem Leben getrachtet hatte. Einst hatte der Monarch der eben zu freierem und reicherem Leben erwachenden Kunst der Bildhauerei die Aufgabe gestellt, im Palast zu Neapel ihn selbst auf dem Throne, vor ihm auf einem Sessel den Kanzler und zu beider Füßen knieendes Volk darzustellen,

---

[1]) Reg. Imp. 4926. — [2]) Reg. Imp. 3672.

[3]) Schreiben des Kaisers an Arezzo (1249, Januar); Schreiben an Getreue, wohl in Deutschland. Reg. Imp. 3758, 3763.

das um gerechte Entscheidung der Streitigkeiten flehte; in eingemeißelten Versen wies der Kaiser die nach Recht Dürstenden an Petrus, der in seinem Namen zu urteilen habe.[1]) Er hatte ihn aus Armut zu höchster Macht und unendlichem Reichtum erhoben; durch ihn hatte er einst um die englische Königstochter werben lassen, und die Stellung des kaiserlichen Vertrauten war eine durchaus fürstliche gewesen. Wir wissen nicht, ob die Angabe eines Zeitgenossen richtig ist, Friedrich habe ihn und den Kanzler Thaddaeus von Suessa zu geheimer Verhandlung mit dem Papst nach Lyon geschickt; sie sollten, wenn möglich, noch einen Ausgleich, eine Versöhnung herbeiführen, doch habe er sie mit der strengen Weisung entlassen, keiner dürfe ohne die Anwesenheit des andern eine Unterredung mit Innocenz führen. Petrus habe das Verbot überschritten, und daraus habe der Herrscher schweren Argwohn geschöpft.[2]) Der Neid gegen den am Hofe Allmächtigen mochte überdies auf jeden Anlaß lauern, um ihn zu Schaden zu bringen. Friedrich kränkelte bereits; er hatte die Mitte der Fünfzig und somit ein Lebensalter erreicht, in dem man sich durch den Hauch vom jenseitigen Gestade schärfer angeweht fühlt; von gewissen Jahren an geht jeder Gedankenvolle fröstelnd durchs Leben, auch wenn der Tag hell ist, auch wenn die Sonne scheint; ihm aber hatte sie sich längst verdüstert; der Verrat des Pandulf und der des Bernardo d'Orlando Rossi mußte ihn geneigt machen, seine Seele jedem Verdacht zu öffnen, jeder Einflüsterung sein Ohr zu leihen. Als der Generalkapitan Tusziens vor drei Jahren von Grosseto geflüchtet und sein Anschlag entdeckt war, hatte der Hofkanzler bereits empfunden, daß der Kaiser sich Verleumdungen wider ihn nicht ganz unzugänglich gezeigt hatte,[3]) und wahrscheinlich hatten seine Widersacher, wenn auch behutsam, das Gerücht ausgestreut, er sei dem Anschlage Pandulfs nicht fremd gewesen. Jetzt war ein neues Attentat gegen das Leben Friedrichs ausgeführt worden; sein Leibarzt hatte ihm einen angeblichen Heiltrank gereicht und ihm ein Bad bereitet, aber Friedrich, unmittelbar zuvor gewarnt, fand, daß die Arznei giftig und das Bad ein todbringendes war. Er ließ den Schuldigen, der auf Anstiften des päpstlichen Legaten Gregorio de Montelongo gehandelt haben sollte, unter fortwährenden Martern bis ins südliche Königreich, seine Heimat, führen, ihn dort dem Volk zur Schau stellen und endlich hinrichten. Pier della Vigna wurde des Einverständnisses bezichtigt, und der verbitterte Herrscher glaubte an seine Schuld, für die kein wirklicher Beweis erbracht ward. Ruhig urteilende Zeitgenossen und später Lebende haben seinen Glauben nicht geteilt; Dante, der gerechte, spricht ihn in seinem großen Totengerichte von jener Anklage frei: der Cäsar sei von Neidern

---

[1]) Die Beschreibung der interessanten (längst verschwundenen) Skulptur in Chron. Fr. Francisci Pipini. Mur. Ss. IX, col. 659 und danach bei Benven. Imol. ed. Lacaita I, 433 zu der angeführten Stelle Dantes Inferno XIII, 58.

[2]) Salimbene p. 79.

[3]) Friedrich tadelte ihn unter Lobeserhebungen wegen dieses Argwohnes in einem Schreiben. Reg. Imp. 3545.

aufgestachelt worden, doch nie habe ihm sein Vertrauter die Treue gebrochen. Der, den der Dichter mit dem Titel der alten Imperatoren grüßt, brach selbst fast unter dem Schlage des vermeintlichen Verrates zusammen; fiel der Kanzler einer Intrigue zum Opfer, so ist selten eine teuflische Erfindung besser geglückt. In fernen Ländern erzählte man erschüttert, wie Friedrich nach der vermeintlichen Entlarvung des angeblichen Verräters bitterlich geweint, wie er die Hände gerungen, wie er gerufen habe, wem man trauen solle, wenn dieser falsch und heuchlerisch sei, wie er je wieder froh werden könne? Er hat in der Tat nie mehr eine glückliche Stunde gehabt. Der Kaiser sandte den Pietro von Pisa nach der benachbarten Reichsburg San Miniato, aber er hatte Grund, der Stadtbürgerschaft zu mißtrauen, da sie in Parteien gespalten war, von denen die eine zweifellos im Einverständnis mit der Kirche und in tiefem Gegensatz zu dem Gebannten stand. Eine List sollte ihm die unbedingte Herrschaft über die Stadt verschaffen und vielleicht war diese mit seinen dortigen Anhängern vereinbart worden; er sandte den gefesselten Kanzler nicht allein, sondern geleitet von zahlreichen andern angeblichen Staatsgefangenen, die für lombardische Rebellen ausgegeben wurden, nach San Miniato. An die Kommune hatte er die Botschaft gerichtet, er wolle jene und einen Teil seines Schatzes in der Reichsburg sicher bewahren lassen, während er sich selbst für einige Zeit ins Königreich zu begeben gedenke. Statt mit kostbaren Gewändern und Juwelen ließ er die Maultiere jedoch mit Truhen voll Waffen beladen und diese durch Teppiche verhüllen, so daß sie den Anschein wohlverwahrter Schatzkisten erweckten. Die angeblichen Rebellen waren getreue Mannschaften und die Ketten so eingerichtet, daß sie leicht abgestreift werden konnten. Als die Scheingefangenen sich innerhalb der Stadtmauern befanden, griffen sie zu den verborgen eingeführten Schwertern, erhoben den Ruf „Impero!“, „Impero!“, besetzten die Tore und mordeten oder verjagten die Kaiserfeinde. Dem Pietro aber ließ der Herrscher voll Haß gegen den vormals Geliebten den glühenden Stahl in beide Augen bohren; der Geblendete ahnte, daß ihm das gleiche Schicksal der öffentlichen Schande drohe, das dem Arzt bereitet worden war; die Fesseln ließen ihm eine letzte Freiheit, und diese benutzte er; er zerschmetterte seinen Kopf an der Mauer des Kerkers, den klugen Kopf, mit dem er seinem Herrn zwei Jahrzehnte lang nach allen Kräften gedient hatte.[1])

---

[1]) Math. Par. (ed. Luard V, 68 s.), der für obige Darstellung teilweis benutzt ist, sagt über das Schicksal und die Schuld des Petrus: „Veritatem tamen novit Deus, secretorum perscrutator infallibilis“. Noch weniger als die Zeitgenossen vermögen wir Späten ein abschließendes Urteil über Schuld oder Unschuld des Kanzlers zu fällen, doch sicher ist, daß Friedrich II. sich von dem verbrecherischen Anschlage des langjährigen Günstlings überzeugt hielt, während Dante den Neid der Nebenbuhler am Hofe zur Ursache seines Verderbens macht (Inf. XIII, 58 ss.). Die Dante-Kommentatoren sind von Fabeln voll (z. B. Bocaccio, II, 335, der berichtet, Pietro habe sich in Pisa an der Mauer der [noch aufrecht stehenden] Kirche San Paolo in Riva d'Arno den

Der Kaiser in Pisa u. Pistoia.

Von Pisa aus versicherte Friedrich sich durch einen Besuch der wieder gewonnenen Treue der luccheser Bürgerschaft, und er zog von dort nach Pistoia,[1]) wo er die Erbauung eines Festungswerkes anordnete, das Belvedere genannt wurde,[2]) wie er denn überhaupt bemüht war, ganz Toskana in Verteidigungszustand gegen die Angriffe der Guelfen zu setzen; auch Siena sah sich, wahrscheinlich auf seinen Befehl, veranlaßt, die Mauern zu verstärken, die seit

Schädel zerschmettert). Beachtung aber verdient außer der S. 352 Anm. 1 angeführten Stelle des Benvenuto von Imola die weitere I. 441, die von Briefen berichtet, die unter dem Namen des Pietro verbreitet waren und die sein Schuldbekenntnis enthielten. Es handelt sich offenbar um Stilübungen in Nachahmung seiner etwas geschraubten Ausdrucksart. Eine interessante Weiterbildung der Legenden über Petrus teilt der zur Zeit des Konzils von Konstanz schreibende Dante-Kommentator Johannes de Seravalle mit: seit der Blendung des Kanzlers sei dem Kaiser alles mißlungen; er habe ihn aus dem Gefängnis kommen lassen und seinen Rat verlangt, den er dahin erteilte, alle Schätze der Kirchen einzuziehen. Dadurch nahm Friedrich zwei Millionen Goldfloren ein, wovon er seinen Söldnern den Lohn zahlte. Pietro aber frohlockte ob der geglückten Vendetta: jetzt habe sich der Kaiser Christus zum Feinde gemacht; dann zerschmetterte er sich in San Miniato den Schädel. — Zeitgenössische Quellen sind außer Math. Par. die Ann. Placent. Gibell. M. G. Ss. XVIII. 498, ferner die kaiserlichen Schreiben Reg. Imp. 3767, 3768. Zu beachten (im allgemeinen über Pietro) ist die von ihm handelnde Stelle in der Retorica des Brunetto Latini (Libro 1; der Druck ist nicht paginiert). Eine wichtige Quelle zur Beurteilung der viel erörterten Frage, ob Petrus sich in Pisa oder in San Miniato das Leben genommen habe, ist des Guido Bonatti „De Astronima Tractatus“, dort heißt es col. 209 von Petrus: „In fine quidem devenit in tantam depressionem et ad tantam miseriam, quod imperator fecit eum caecari, qui dedignatione motus percussit caput ad quendam murum et sic semetipsum miserrime interfecit, sicut tunc communi fama dicebatur.“ Guido war nicht nur Zeitgenosse, sondern stand als Astrolog im Dienste Ezzelins und später anderer berühmter Ghibellinenführer und ghibellinischer Städte (u. a. von Florenz nach der Schlacht von Montaperti). Wenn er betreffs des Endes des Petrus von dem „allgemeinen Gerücht“ spricht, so ist vorweg ausgeschlossen, daß der Kanzler sich in Pisa auf der Straße das Haupt zerschmettert habe, was allgemein authentisch bekannt gewesen wäre. Dagegen ist die Äußerung völlig verständlich, wenn es sich um einen Selbstmord hinter Kerkermauern handelte. — Die in obiger Darstellung verwandte, schon von Huillard-Bréholles, Pier de la Vigne p. 85 nach Collenuccio (f. 100 s.) wiedergegebene Stelle über die Einnahme von San Miniato darf als aus einer verlorenen zeitgenössischen Biographie Friedrichs II. stammend angesehen werden, nachdem durch Scheffer-Boichorst und Güterbock (s. S. 313 Anm. 2 und S. 336 Anm. 3), durch letztern zumal auch betreffs der hier in Betracht kommenden Stelle die Benutzung dieses Werkes des Bischofs Mainardino von Imola nachgewiesen ist. Wir haben hinzuzufügen, daß nur ein Zeitgenosse Kunde von den uns lediglich aus San Gimignaneser Urkunden bekannten Parteikämpfen innerhalb San Miniatos haben konnte.

[1]) Reg. Imp. 3769 b und c.

[2]) Chron. Lucch. Cod. Palat. 571 der Florentiner National-Bibliothek. — Sercambi p. 33.

verhältnismäßig langer Zeit keine Bedrohung mehr erfahren hatten.[1]) Der Herrscher traf seine Anordnungen von Fucecchio am Arno aus; hier, nicht in der nahe gelegenen, durch ihn neu aufgebauten und jetzt wiederum für ihn gesicherten Reichsburg an der andern Seite des Flusses nahm er seinen Sitz; auch nach dem in seinem Namen regierten Florenz kam er so wenig, wie er es je zuvor betreten hatte; es ist angedeutet worden, welches wahrscheinlich die Gründe waren, um derentwillen er die Stadt vermied. In Fucecchio.

Gegen die ausgewanderten florentiner Guelfen sollte ein Schlag geführt werden, von dem man hoffte, daß er ein entscheidender sein würde; eines ihrer Häupter war, wie erwähnt, der vom Herrscher abgefallene Graf Rudolf von Capraia, dessen Enkel, die Söhne der Gräfin Beatrix, im entgegengesetzten Teil der florentiner Grafschaft das Kirchenheer befehligten. Rudolf selbst leitete nebst Ranieri Zingani aus dem Hause Buondelmonti die Verteidigung der Stammburg, und an seiner Seite focht Graf Anselm, sein Bruder, einer der mächtigsten pisaner Guelfen, Judex oder Teilkönig von Cagliari in Sardinien und Herr ausgedehnter Besitzungen im pisaner Gebiet. Gegen Capraia, das die Straße von Pisa nach Florenz am Eingang der Flußenge Gonfolina versperrte, kämpfte Friedrich von Antiochien schon seit dem Februar 1249.[2]) Die Wahl Fucecchios als Stützpunkt gegen das nicht ausgedehnte aber sehr feste Capraia ermöglichte die Vereinigung von Hilfskräften Pisas, Luccas und Pistoias, während die Streitkräfte der Kommunen Florenz und Siena den Kampf von der Seite Signas und der Gonfolina her führen mochten. Die Verstärkung, die der Kaiser jetzt heranführte, entschied über das Schicksal des Kastells und der darin eingeschlossenen Guelfen; es wurde eine Umlagerung möglich, die jede Zufuhr von Nahrungsmitteln abschnitt, und die Manganen spieen wuchtige Steinmassen gegen die Mauern der Festung. Die Lage der Eingeschlossenen muß eine furchtbare gewesen sein; keinen schlimmeren Fluch glaubte in diesen Tagen ein Erbitterter seinem Widersacher zurufen zu können, als den: er Kampf gegen die florentiner Guelfen. — Belagerung u. Einnahme von Capraia.

[1]) SAS. — Cons. gener. I, f. 34 (4. Mai).

[2]) Dem Podestà von San Gimignano wurde am 2. März 1249 ein Schreiben „Königs" Friedrich von Antiochien d. d. Fucecchio 23. Februar 7. ind. überreicht, wonach er als kaiserlicher General-Vikar kraft seiner Vollmachten den Podestà von der Beobachtung der Statuten San Gimignanos entbindet, soweit kaiserliche Befehle oder Dienste in Betracht kommen. Die Urkunde, interessant auch als Zeugnis der immer stärkern Mißachtung der städtischen Selbständigkeit, ist in Forsch. usw. II nicht enthalten. Der Verf. bemerkte sie nach Veröffentlichung der Regesten von San Gimignano auf der Innenseite eines Pergamentdeckels der „Scarto" des SAF. (ausgemerzte Pergament- und Papierblätter). Das Stück ist jetzt den „Coperte di libri" hinzugefügt. — Die Anwesenheit des Kaisersohnes an dem Ort, von dem zwei Monate später Capraia eingenommen wurde, erweist, daß der Kampf schon damals begonnen hatte; Vill. VI, 35 behauptet, die Belagerung Capraias habe erst im März ihren Anfang genommen.

wünsche ihm, daß er einer der in Capraia Belagerten sei.[1]) Die kämpfenden Guelfen, meist Edle mit ihrem Anhang, doch auch vereinzelte Popolanen und Handwerker, sahen den Tod vor Augen und hatten doch nicht den Mut, ihm heldenmütig zu trotzen; sie beschlossen am 25. April 1249 Ergebung auf Gnade und Ungnade an Friedrich von Antiochien. Das Schicksal, dem Pier della Vigna in der nahen Reichsburg erlegen war, hätte sie warnen sollen, und in der Tat war das ihre kein glücklicheres. Der Kaiser kannte in seinem letzten verzweifelten Kampf gegen das ihn umringende Unheil keine Großmut und keine Menschlichkeit mehr; die Gefangenen wurden vor ihn nach Fucecchio geführt, und sein Spruch lautete, daß ein Teil sofort an schnell errichteten Galgen gehängt werden, der andere aber ihn in Ketten nach Neapel begleiten sollte. Dorthin schiffte er sich bald nach dem Fall Capraias ein, und in neapolitanischen oder apulischen Kerkern wurden den florentiner Guelfen und ihren Genossen mit glühenden Eisen die Augen ausgebrannt, dann wurden die Verstümmelten ins Meer geworfen. Der an der Grenze des Greisenalters stehende Graf Rudolf von Capraia war unter denen, die ein solches Ende fanden und fast jedes florentiner Guelfengeschlecht bejammerte eines seiner Mitglieder unter den Opfern. Gegen einige der vornehmsten Parteihäupter ließ der Kaiser Gnade walten, oder vielleicht schenkte er ihnen das Leben nur, um dadurch eine um so schlimmere Rache zu üben. Jenen Ranieri Zingani Buondelmonti, der einst zum Gegenkönig Heinrich von Thüringen nach Deutschland geeilt war, verurteilte er gleich den übrigen zur Blendung; dann aber ließ er ihn frei, und als Mönch endete der stolze Ritter sein jammervolles Dasein auf der felsigen Ziegeninsel Montechristo im toskanischen Meere. Den gleich dem Bruder schon bejahrten Grafen Anselm von Capraia begnadigte er gleichfalls, nachdem er ihn des Lichtes der Augen hatte berauben lassen; die Kommune Pisa aber hatte Anselm zum Exil verurteilt und seine reichen Güter eingezogen, für deren Rückgewährung an seinen gleichnamigen Sohn sich die florentiner Behörden noch nach 65 Jahren bemühten. Ein Schuhmacher, den die in Capraia belagerten guelfischen Edlen hochmütigerweise nicht zu ihren Beratungen zugezogen, hatte im Grimm verletzter Eitelkeit den Feinden Kunde zukommen lassen, daß die Burg sich nicht länger halten könne; er entging um dieses Verrates willen dem Tode und der Blendung, aber die Guelfen haben ihn später, als sie nach Florenz zurückkehrten, eines Tages in der Volksversammlung gesteinigt; Knaben schleiften seine Leiche höhnend durch die Straßen und warfen sie in einen Graben.[2])

[1]) Forsch. usw. II (San Gimignano) 540.

[2]) Gesta Flor. (Hartw. II, 275) und Vill. VI. 35. — Marchionne di Coppo Stefani ad annum. — Ann. Sen. M. G. Ss. XIX, 230. — Ann. Placent. Gibell. M. G. Ss. XVIII. 198. — Ptolem. Lucensis Hist. ecclesiastica Murat. Ss. IX, col. 1145. — Reg. Imp. 3769 d, 3773 a, 13 709 b. — Schreiben der florentiner Behörden an den König Robert von Neapel 1314, 26. Februar (SAF. — Missive, Orig. II. No. 8), mit der Bitte, er möge bei seinen Friedensverhandlungen dafür

Die Erkämpfung von Capraia war der letzte Erfolg der kaiserlichen Waffen auf toskanischem Boden, doch er genügte nicht einmal vollständig, um die Gebiete zwischen Florenz und Pisa zu sichern. Im August bereitete man sich auf weitere Angriffe der Guelfen und der päpstlichen Partei vor, und wie Pistoia und Siena in Stand gesetzt werden sollten, einer Belagerung zu widerstehen, so ließ Friedrich von Antiochien auch die Burg über San Miniato derart mit Proviant versorgen, daß die Besatzung in der Feste für längere Zeit auszuharren vermöchte.[1] Überall zog sich das Reich auf die Verteidigung zurück, auf eine letzte Linie des Widerstandes, die kaum mehr Hoffnung auf Sieg und Herstellung der alten Macht bot. Ringsum wurde in Tuszien offener und offener der heilige Krieg, der Kreuzzug gegen Friedrich und die Seinen gepredigt, verbunden mit der Aufforderung, die Ghibellinen und Kaiseranhänger als vogelfrei, ihre Güter als gute und gerechte Beute zu betrachten. Der Bischof von Volterra scheint neben dem florentiner Erzpriester solche Schürung des Brandes am eifrigsten betrieben zu haben.[2] Der Kaiser hatte, wie wir wissen, die volterraner Bistumsgüter längst fürs Reich sequestriert, doch scheint deren Behauptung jetzt Schwierigkeiten gemacht zu haben, und er verlieh einen ansehnlichen Teil von ihnen an den getreuen Markgrafen Uberto Pallavicini, den Mutterbruder des kaisertreuen Brüderpaares aus dem Grafenhause Guidi, des Guido Novello und Simone,[3] während er die wichtige Burg Pulicciano an der Grenze des Florentinischen dem Neri Piccolino degli Uberti überwies, der es freilich für geraten hielt, sie um eine ansehnliche Summe unter Wahrung des Rückkaufrechtes (von dem er bald Gebrauch machte) an einen andern florentiner Bürger abzutreten.[4] Auch die Ghibellinen mochten sich in ihren privaten Verhältnissen auf einen Umschwung ihres Geschickes vorbereiten, denn den Kaiser traf zu allen früheren Schicksalsschlägen auch dieser, daß sein ritterlicher Sohn Enzio am 26. Mai bei Fossalta kämpfend in die Gefangenschaft der Bologneser geriet, in deren Haft er nach Jahrzehnten sein Leben beschließen sollte. Außer den Cremonesen, Modenesen, Deutschen und einigen französischen Rittern, die er gegen Bologna führte, müssen sich auch Florentiner und andere Toskaner in seinem Heere befunden haben, denn wir bemerken in der langen Liste derer, die seine Haft in Bologna teilten,

Erfolglosigkeit des Sieges.

Das volterraner Bischofsgut.

Schlacht bei Fossalta. — Gefangennahme Enzios 26. Mai 1249.

---

sorgen, daß dem Grafen Anselm von Capraia die Güter des seinerzeit geblendeten Vaters zurückgewährt würden. Rudolf und Anselm (der Vater) waren schon 1204 erwachsen, wie die Urkunde Santini 139 ergibt.

[1]) SAS. — Cons. gener. 1. f. 57. Das Getreide wurde in Montepulciano gekauft und nach San Miniato geführt „pro ejus munitione".

[2]) Schreiben des Papstes an ihn Reg. Imp. 8175, 8176.

[3]) Die Verleihung, 1249 Mai, Affò III, 284. Die Reg. Imp. 3774 ausgedrückten Zweifel erweisen sich für die Gebiete im Volterranischen nicht als stichhaltig. — Uberto Pallavicini war Bruder der Gräfin Johanna, zweiten Gattin des Grafen Guido, Sohnes der Gualdrada, und Mutter der genannten, wie das kaiserliche Privileg vom April 1247, Reg. Imp. 3622 erweist.

[4]) Urk. 1249, 16. Juli SAF. — Arch. Gener.

außer einem Sieneser auch einige Florentiner, darunter ein ritterliches Mitglied des florentiner Ghibellinengeschlechtes der Ubriachi oder Ebriachi.[1]) Die Sehnsucht des noch jugendlichen Königs von Torres, der er schönen dichterischen Ausdruck zu geben wußte, schweifte aus seinem übrigens ehrenvollen bologneser Gefängnis zu seinem Vater, von dem er Befreiung erhoffte, nach Deutschland und nach Apulien, vor allem aber grüßte er das Land edler Sitte, Toskana, wo ihm in den Zeiten seines Aufenthaltes manches flüchtige Glück gelächelt haben mochte.[2])

Kämpfe Friedrichs von Antiochien im Florentinischen. Friedrich von Antiochien scheint den Eindruck, den das Mißgeschick seines Halbbruders hätte machen können, derart gefürchtet zu haben, daß er nach Florenz eilte,[3]) wo in diesem Jahre Uberto dall' Andito aus Piacenza, einer der zuverlässigsten Anhänger des Staufergeschlechtes — nachmals heiratete er eine Enkelin des Herrschers, eine uneheliche Tochter Manfreds — das Amt des kaiserlichen Podestàs führte.[4]) Dem Kaisersohn mußte es jetzt doppelt wichtig sein, durch erneute Waffenerfolge den Eindruck der Bezwingung Capraias zu verstärken und der Neigung zum Abfall vorzubeugen; er bot die Munizipien zu Kämpfen gegen die Guelfen und das Kirchenheer bei Montevarchi und im Aretinischen auf, aber sein Unternehmen blieb ohne entscheidenden Erfolg, ebenso wie ein Kriegszug, den er an der Spitze eigener Truppen und der

In Umbrien. städtischen Kontingente nach Umbrien unternahm; hier hatte er im Herbst neue Fehde zu führen, doch nirgend gelang es ihm mehr, der Gegner wirklich Herr zu werden.[5])

In der Maremma. Auch nach der Maritima mußte er von neuem die Ritter und die armbrustbewaffneten Bürger Toskanas führen. Das Dynastengeschlecht der Aldobrandesca-Grafschaft war in zwei sich befehdende Teile gespalten, und die Anhänger des reichsfeindlichen Pfalzgrafen Wilhelm waren in beständiger Be-

[1]) Frati, Prigionia del Re Enzio p. 111. Unter den Gefangenen befand sich der Florentiner Falco (p. 26). Auch ein Dominus Amboninus de Judeis war unter ihnen, doch wissen wir nicht ob er der florentiner Familie der Giudi oder Judi angehörte. — Quellen über die Gefangennahme Enzios Reg. Imp. 3775a; 13715c.

[2]) Im „Comiato" seiner „Canzonetta" (Frati 145):

„Salutami Toscana,
quella ched' è sovrana
in cui regna tutta cortesia . . ."

[3]) Anwesend am 1. Juni. Reg. Imp. 13717.

[4]) Urkunden des SAF. 3. Juli, 5. Juli, 2. September (Cisterc.), 9. August (S. Vigilio di Siena). Ferner Sant. 355 ss. und SAS. (Cons. gener. 1, f. 78[a]; 2. Dezember). Er wurde für 1250 zum Podestà Sienas gewählt und trat seine Stellung in dieser Stadt schon im Dezember 1249 an. Vgl. über seine dortige Amtsführung Mengozzi im Bullett. Senese XIII, 382 ss.

[5]) Die Kunde der Aufgebote und Feldzüge geben uns die Verhandlungen des sieneser Rates Cons. gen. 1. f. 36, 38, 39, 39[a] (im Mai). Kontingent bei Castello (Città) della Pieve im Juli, Biccherna 16. f. 24. Die Kämpfe waren schon vor der Niederlage von Fossalta geplant gewesen. — Aufgebot der toskanischen Städte gegen Perugia im Oktober f. 68[a].

wegung.[1]) Der Herrscher ernannte den Markgrafen Galvano Lancia[2]) zum Generalvikar der Aldobrandesca und dieser suchte Siena zu veranlassen, die Bewachung der stark umstrittenen Landschaft fürs Reich zu übernehmen, womit gewissermaßen der alte Anspruch der Kommune auf Oberhoheit über jene Territorien anerkannt wurde, doch unter den bestehenden Verhältnissen zögerte die Bürgerschaft die Danaergabe anzunehmen.[3]) Andere Kämpfe hatte der Kaisersohn im Gebiete Chiusis zu führen, wo die Visconti von Campiglia, die Brüder Pepo und Napoleone, sich unter das Banner der Kirche gestellt hatten.[4]) Gleich ihnen hatten im Südsienesischen und in der Gegend von Chiusi die Grafen von Sarteano, im Sienesischen und Aretinischen ein Teil der Cacciaconti mit päpstlichem Einverständnis und Segen die Fahne des Aufruhrs gegen das Reich erhoben;[5]) diese letztern standen in erbittertem Gegensatz zu andern Cacciaconti, die, in Siena lebend, die eifervollsten Anhänger des Staufergeschlechtes waren. Es versteht sich, daß die florentiner Guelfen in jeder dieser Fehden ihre Hände im Spiele hatten, daß sie überall fochten, wo der Feldruf gegen Kaiser und Reich ertönte; während wir fanden, daß eines der Häupter des Geschlechtes der Adimari nach Florenz zurückgekehrt war, wurde ein anderes Mitglied der Familie, der Ritter Uberto Luttieri, in Kämpfen bei Campiglia gefangen genommen und auf Befehl Friedrichs von Antiochien nach Poggibonsi in den Kerker gesandt.[6]) Im Gebiete von Chiusi.

An allen Stellen brachen die Schwierigkeiten hervor. In Montepulciano regte sich die alte Neigung, sich selbständig zu machen, und die Bürgerschaft bereitete sich auf künftige Fehde vor, die wieder wie ehedem nur gegen Siena und gegen das Reich gerichtet sein konnte.[7]) Zwischen Pisa und Lucca brach, obwohl der Kaiser beide Städte durch Nachgiebigkeit an sich gefesselt zu haben glaubte, der alte Nachbarstreit von neuem aus; Pisa bewaffnete die Bürgerschaft und bewachte die Stadt aus Furcht vor einem Überfall der Lucchesen. Im folgenden Jahre, 1250, kam es in der Tat zum Kampf zwischen den Kommunen; die Lucchesen brachen in die Küstenlandschaft Versilia ein, die der Kaiser seinem gefangenen Sohn Enzio verliehen, und die er ihm nicht, gleich der Lunigiana und Garfagnana, wieder entzogen hatte; sie scheint, wie in andern Zeiten, den Gegenstand des Streites der Nachbarstädte gebildet zu haben, indem die Lucchesen sie wahrscheinlich zu usurpieren, In Montepulciano. Pisa und Lucca.

[1]) l. c. f. 39.
[2]) Erste Erwähnung dieses Amtes in der Ratsversammlung Sienas, 1249, 18. Oktober Cons. gener. 1, f. 68, nicht 17. Sept., wie Ficker, Forsch. II. 518 angibt.
[3]) L. c.
[4]) SAS. — Cons. gener 1, f. 39 (1249, 26. Mai). Ferner Kämpfe Friedrichs von Antiochien bei Chiusi und Sarteano (Mai 1250) Biccherna 17, f. 38[a]. Päpstl. Schreiben an die beiden Brüder 1250, 7. Dezember: der Papst werde keinen Frieden schließen, ohne sie dabei zu berücksichtigen. M. G. Ep. III, 19.
[5]) M. G. Ep. III, 20. — [6]) SAS. — Cons. gener. f. 42[a].
[7]) SAS. — Cons. gener. 1. f. 49[a], f. 69, f. 76. — Cons. gener. 2. f. 35. — Biccherna 17. f. 33.

die Pisaner sie in Enzios Namen zu behaupten versuchten; auf Befehl Friedrichs von Antiochien mußten die kaisertreuen Gemeinden Toskanas der Seestadt ihre Ritter und Fußmannschaften zur Hilfe senden.[1]) So wurden die Kräfte der Anhänger des Reiches zersplittert und gelähmt; zu zahlreich waren die Herde des Widerstandes, als daß der Sohn des Kaisers vermocht hätte, ihn zu bewältigen. Im Dezember 1249 erhoben sich die Guelfen Arezzos gegen das Reich; die Wirksamkeit des Bischofs aus dem Hause Ubertini wird diesen Aufstand zugunsten der Kirche am wesentlichsten gefördert haben, doch war der Boden ohnehin völlig vorbereitet, denn Guelfen und Ghibellinen standen sich auch in Arezzo bereits als organisierte Parteien gegenüber, die von Kapitanen und deren erwählten Räten geleitet wurden; die ursprünglich ritterlichen Faktionen hatten das Volk in ihren Hader hineingerissen; etwa ein Fünfzehntel der Ghibellinen bestand (wie eine zwei Jahre später aufgestellte Liste ergab) aus Handwerkern, und anderseits hatten auch die Guelfen in ihren Parteirat neben den Vornehmsten der Stadt einen Schneider gewählt,[2]) aber eben, weil Leute aus der sozialen Unterschicht hüben und drüben standen, lassen sich weder die einen noch die andern mit der Popolarpartei identifizieren. Auf den Ausbruch der Stadtkämpfe in Arezzo hin gebot Friedrich von Antiochien den andern Kommunen, ihm erneut Zuzug von Rittern und Armbrustern zu senden; einen seiner Stützpunkte bildete Figline, wo die Bürgerschaft fürs Jahr 1249 den kaiserlichen Vikar jener Gegenden Landolf Caracciolo in den Formen freiwilliger Wahl, in Wahrheit sicherlich auf des Kaisersohnes Befehl, zur Regierung ihrer Ortschaft berufen hatte.[3]) Friedrich besetzte mit seinen eigenen Rittern und jenen Kontingenten Arezzo, das er „zu Ehren des Reiches reformierte", was mit andern Worten besagte, daß er die Guelfen vertrieb. Der Hader der beiden Faktionen hatte aber wie von Florenz aus in Arezzo, so von dieser Stadt in dem an der Grenze Tusziens und Umbriens gelegenen Borgo San Sepolcro gezündet; auch dort kämpften Guelfen und Ghibellinen gegeneinander. Es nahte die Zeit, wo die Wut der Parteiung, die am Arno ihren Namen erhalten hatte, sich weiter und weiter über die Halbinsel verbreitete. Friedrich von

Erhebung der aretiner Guelfen.

---

[1]) SAS. — Cons. gen. 1, f. 47 u. 48 (1249, 23. u. 25. Juni). — Den Einfall der Lucchesen in die Versilia meldet die Chron. Lucch. des Cod. Palat. 571 der Florent. Nat.-Bibl. — Über Vergütigungen für im Dienst Pisas von sieneser Rittern verlorene Pferde 15 Urkunden vom 9. November 1250 SAS. — Archivio Generale. In einer wird erwähnt, daß der Zuzug im Auftrag des „Königs" stattfand. — Eine weitere Urkunde entsprechenden Inhaltes 1250, 15. Dezember SAF. — Acquisto Bagni. — Die Kämpfe fanden, wie Forsch. usw. II (S. Gimign.), Regesten 564, 565, 572, 580 ergeben, im September und Oktober 1250 statt.

[2]) Forsch. usw. IV, „Die Entstehung der Guelfen- und der Ghibellinen-Partei" in den Abschnitten „Die Namen städtischer Parteien" usw. S. 43 und „Die früheste Organisation usw." S. 66.

[3]) Zeugenaussagen in der 1253, 4. Januar bezeichneten Urkunde (SAF. — Passignano).

Antiochien rückte auch nach San Sepolcro, um den dortigen Ghibellinen Hilfe gegen die Gegner zu bringen und den Ort dem Reich zu erhalten.[1]) Die von der Kirche unterstützten Kämpfe der florentiner Guelfen, jene des aretinischen Gebietes und die umbrischen Fehden wuchsen in eins zusammen und der Kaisersohn hat in ihnen die letzten Kräfte erschöpft. Wohl kamen großsprecherische Briefe des Vaters: „er werde selbst mit der Fülle seiner Schätze und seiner Macht herbeikommen; das Schwert werde nicht in die Scheide kehren, bis der Hydra der Rebellion die Häupter abgeschnitten, bis die Aufrührer völlig ausgerottet seien"; er entsandte seinen Hofrichter Amico, um die Gemeinden Tusziens zu neuen Anstrengungen zu spornen;[2]) die tönenden Worte nach den Stilmustern des toten Pier della Vigna machten indes keinen Eindruck mehr, denn zu deutlich war der Verfall der Reichsmacht aller Welt offenbar. Anderseits galten die Städte, die dem Imperium Treue hielten, ohne von Parteiungen zerfleischt zu werden, für beneidenswert, weil sie wenigstens innerhalb ihrer Mauern eine Art Sicherheit der Existenz gewährten, die nicht durch schleichenden Verdacht und fortwährende Gefahr von Unruhen bedroht war. Zahlreiche Bürger von Florenz und Arezzo, besonders Kaufleute, die inmitten der politischen Wirren daheim nicht mehr ihre Geschäfte betreiben konnten, versuchten, sich in Siena eine neue Heimat zu schaffen, doch liebte man hier die Florentiner so wenig, daß man sie insgesamt abwies, zumal man den Verdacht hegte, daß viele mit der Übersiedlung verborgene Zwecke verbänden, oder daß sie ihre innern Streitigkeiten in die Nachbarstadt übertragen könnten.[3]) In Florenz selbst gewannen die Vertreter des Papstes aus der Ferne her einen immer stärkern Einfluß; Kardinal Ottaviano besaß Autorität genug, um von Bologna aus, wo er seinen Sitz nahm, die Streitigkeiten der Brüder des Hospitals San Gallo mit dessen bejahrtem Gründer Guidalotto Voltodellorco zu regeln,[4]) und der erwählte Bischof vermochte von Ferrara her die Humiliaten aus ihrer bisherigen Niederlassung von San Donato in die unmittelbare Nähe der Stadtmauern überzuführen, dorthin, wo vor Porta alla Carraia im Arno, nahe der Mündung des seit achtzig Jahren hierher abgeleiteten Mugnone eine Insel, am Ufer aber eine Kapelle der Santa Lucia lag, die ihnen als Kern ihrer Ansiedlung zugeeignet wurde; auch dies geschah auf Veranlassung

Übersiedlung der Humiliaten.

---

1) SAS. — Cons. gener. 1, f. 79a u. 80a (20. u. 24. Dezember). — Biccherna 17 (1250 Januar), f. 1a, 21a, 22a. — Annales Arretini Murat Ss. XXIV, col. 860. — Pasqui, Docum. per la Storia di Arezzo IV, 40.

2) Undatierte Schreiben aus den ersten Monaten 1250, Winkelmann, Acta I, 365.

3) SAS. — Cons. gener. 2, f. 9a. — Die häufige Auswanderung von Florentinern nach Bologna ist schon hervorgehoben. Die Anwesenheit vieler ergibt der Liber bannitorum pro debito von 1250 (SAB. — Fragm. II, No. 4, unpaginiert. Bannierungen vom 11. Februar, vom 4. Mai und vom Mai ohne Tagesdatum). Die betreffenden sind Handwerker: einer Waffenschmied und einer Sattler resp. Verfertiger von Pferdegeschirr. Bei andern ist der Beruf nicht angegeben.

4) Urk. 1250, 21. Januar (SAF. — Innocenti). Veröffentlicht von Levi im Archivio Stor. della Soc. Romana XIV. 274. — Vgl. Kap. III, S. 121.

des Kardinals aus dem Hause Ubaldini, der dauernd auf die florentiner Verhältnisse einen außerordentlich starken Einfluß übte. Die Lage am Strom, von dem ein stillerer Arm zwischen Insel und Ufer floß, war für die Wollwäscherei und die Tuchfabrikation sehr glücklich gewählt, und die rückwärts von Santa Lucia befindlichen Gärten und Vignen boten Raum genug für Anlage von Werkstätten und Tiratoi oder Tuchspannereien, während die Nähe der Geschäftsgegend den Absatz, den Verkehr mit den Händlern erleichterte. So entstand allmählich die große klösterlich-gewerbliche Anlage von Ognissanti, deren kunstgeschmückte Kirche, in veränderter Gestalt, die Jahrhunderte überdauert hat. Die Auswanderung von Handwerkern des Webergewerbes ließ auch den Ghibellinen und Kaiseranhängern wie den städtischen Behörden die Förderung der Humiliaten wünschenswert erscheinen, während die klugberechnende Kirche auf solche Art ihre Stützpunkte vermehrte. Die Terrains am Ufer gehörten nebst dem Recht, den Fluß eine Miglie abwärts zu benutzen, auf Grund einer Verleihung Kaiser Ottos des Vierten dem Hause Tornaquinci (nachmals Tornabuoni), dessen Mitglieder insgesamt als ausgewanderte Guelfen für Rebellen erklärt und deren Besitzungen von der Kommune konfisziert waren. Die Stadtbehörde erklärte sich bereit, alles, was den Tornaquinci in jener Gegend gehört hatte, dem Orden von Alessandria abzutreten, doch die Geschäftsleute im Mönchsgewand waren zu vorsichtig, das zweideutige Geschenk anzunehmen; sie bestanden auf einer Einigung mit den legitimen Besitzern und erwarben deren Rechte für mäßiges Entgelt, um sich auf solche Art auch für den Fall eines Umschwungs zu sichern. Die Tornaquinci erlangten die Erlaubnis, einige der Ihren mit sicherem Geleit ins Gebiet des prateser Apennins zu schicken, wo der Vertrag unter Teilnahme einiger führenden Mitglieder der Ghibellinenpartei zustande kam.[1]) Unter diesen befand sich der Sohn des Apothekers

S. Spirito.

Homodei aus dem Borgo San Jacopo von Oltrarno, eines Mannes, der jetzt und in der Folge eine bewundernswert feine Vorausempfindung politischer Wetterumschläge besaß; wie der Sohn jetzt mit Eifer für die Humiliaten tätig war, hielt der Vater es für geraten, in nahe Beziehungen zu den Augustiner-Eremiten zu treten, die bisher ihren Sitz in San Matteo a Lepori über der Stadt auf dem schönen Hügel von Arcetri hatten; er verkaufte ihnen um ein Geringes Haus und Land zwischen dem Borgo San Frediano und dem Borgo di Piazza an der Stelle, die Casellina hieß, und schenkte ihnen überdies später weiteres Terrain. Die Eremiten siedelten alsbald in die volkreiche Stadt über und begannen auf jenem Grund und Boden den Bau der Kirche Santo Spirito sowie des dazu gehörigen Klosters;[2]) das Netz geistlicher Beeinflussung wurde dichter und dichter um die Bevölkerung geschlungen.

Friedrich von Antiochien und die Uberti.

Die Umstände zwangen Friedrich von Antiochien, den leitenden Ghibellinen, auf die er sich stützte, weitgehende Vorteile zuzuwenden, aber wenn er das Interesse der einen förderte, verletzte er leicht genug das anderer Anhänger.

[1]) S. Forsch. usw. IV. S. 403 „Humiliaten".

[2]) Forsch. usw. IV, „Zur Baugeschichte" unter „Santo Spirito."

Wie er Pulicciano dem Neri Piccolino auf Kosten des gegnerischen Bischofs von Volterra überwiesen hatte, so wollte er dem Onkel des Neri, dem Ritter Jacopo, genannt „der Greif", die Burgen Campiglia und Castiglione im Orcia-Tale auf Kosten der auf päpstlicher Seite stehenden Visconti von Campiglia verleihen. Die Sienesen aber gerieten in tiefe Erregung, weil sich ein florentiner Geschlecht in Burgen des südlichen Gebietes ihrer Grafschaft festsetzen wollte; im Rate beschloß man, Gesandte an den Reichslegaten zu schicken, „die es ihm gut sagen und ihm nicht schmeicheln sollten". Der Podestà Uberto dall' Andito, der vorjährige Stadtregent von Florenz, mußte die Bürgerschaft mahnen, „weise zu sein, keine Tumulte zu machen und in der Treue zum Herrn Kaiser zu verharren". Dennoch entstanden Unruhen; man verlangte dringender als zuvor, daß der Monarch den verhaßten Vikar der Grafschaft abberufe, und als Gegenmaßnahme gegen eine Besitzergreifung des führenden florentiner Ghibellinenhauses in jener Gegend kaufte man einen Teil der Burg Tintinano im Val d'Orcia an.[1])

Kämpfe im Aretinischen im Sommer 1250.

Diese Mißhelligkeiten wurden indes wieder beigelegt, und die Sienesen blieben inmitten aller Bedrängnisse des Kaisersohnes festeste Stütze; er hatte persönlich Anfang Mai 1250 im Rat der Stadt Hilfe von Rittern und armbrustbewaffneten Bürgern für einen dreimonatlichen Heereszug ins Aretinische erbeten oder verlangt, die ihm freilich nur mit Zaudern gewährt wurde. Ziel des Unternehmens sollte die Eroberung des Kastells Civitella sein,[2]) von dem aus der Bischof Ubertini zugunsten der päpstlichen Partei wirkte;[3]) auch bei diesen Kämpfen wurde indes gegen die aretiner und florentiner Guelfen nichts Entscheidendes erreicht. Landolf Caracciolo aus Neapel bewachte die Gebiete an beiden Arnoufern der Grafschaft Florenz, aber weder er noch Friedrich vermochte den Reichsrebellen irgend eine der Burgen zu entreißen, die sie besetzt hielten. Der kaiserliche Bastard kam um die Zeit des Johannisfestes nach Florenz, und es lag wohl mit in seiner Absicht, durch seine Anwesenheit bei der hohen und volkstümlichen Feier des Schutzpatrons die Bürgerschaft trotz der immer erneuten Anforderungen, trotz der nicht endenden Belastungen und Belästigungen, trotz der ewig ergebnislosen Feldzüge in guter Stimmung zu halten, doch den wesentlichsten Zweck bildeten natürlich erneute Rüstungen gegen die Guelfen, die sich am obern Arno sieghaft behaupteten.[4]) Als er Florenz im Juli verließ, mochte

[1]) SAS. — Cons. gen. 2, f. 78, 85, 97. — Urk. 1250, 4. Juni. — Caleffo Vecchio f. 295. — Biccherna f. 48 u. 50.

[2]) SAS. — Cons. gener. 2, f. 55, 56[a], 58. Im Rate sprach in der Sache Pepo („dominus legum"), damals Rechtslehrer des sieneser Studiums.

[3]) Forsch. usw. II (S. Gimign.), Reg. 543—45, 550, 551. — Anwesenheit Friedrichs von Antiochien im Juni in Cortona und Arezzo ergibt SAS. — Biccherna 17, f. 33.

[4]) Friedrich von Antiochien in Florenz am 25. Juni (Schreiben d. d. Florenz von diesem Tage im Rat Sienas am 27. Juni verlesen. — SAS. — Cons. gen. 2, f. 95[a]). — Im Juli in Florenz: Forsch. usw. II (S. Gimign.), Regest 549. In Prato,

er trotz der Schwere der Zeiten nicht ahnen, daß er die Stadt, in der er so häufig geweilt, und die er Jahre hindurch beherrscht hatte, nie wieder betreten werde.

Er sammelte die Aufgebote der Kommune im Juli von neuem in der Gegend von Figline um den Kern seiner Streitmacht; diesen bildeten seine eigenen Truppen nebst der geworbenen Macht und dem Auszuge der Kommune Florenz; die städtische Ritterschaft und die Fußtruppen der Arnostadt waren jetzt einem aus Lucca berufenen Kapitan unterstellt, dem Uberto Rossi, der beim Volke besonderes Ansehen genoß. Als nächstes Ziel hatte sich Friedrich die Bezwingung des rechts vom Arno, 265 Meter hoch am Hange der vallombrosianer Berge gelegenen, von den Guelfen behaupteten Kastells Ostina gesetzt; die Belagerung dauerte viele Wochen vom August in den September hinein, und die Bedrängnis der Eingeschlossenen scheint eine harte gewesen zu sein; einen ansehnlichen Teil des Reichsheeres ließ der Kaisersohn auf der linken Seite des Arno in Figline und bei dem benachbarten Gaville lagern; dadurch wollte er einen Vorstoß der florentiner und aretiner Guelfen, die das stromaufwärts gelegene, nur 13 km entfernte Montevarchi in ihrer Macht hatten, eine Entsetzung des belagerten Ostina, verhindern. Doch die Guelfen mochten von Montevarchi her im Lager von Figline verräterische Verbindungen unterhalten, und die Städtekontingente ihre Pflicht unlustig und nachlässig erfüllen; jedenfalls gelang es jenen in der Nacht, die dem San Matteo-Feste, dem 21. September, folgte, während die Reichstruppen in sorglosem Schlafe lagen, Figline zu überrumpeln. Von Widerstand war nicht die Rede, und die Guelfen konnten die Erschreckten töten oder gefangen nehmen, wie es ihnen beliebte. Sie fühlten sich indes nicht stark genug, um Figline besetzt zu halten, und zogen mit ihrer Beute an gefesselten Feinden davon; als aber am andern Morgen die Kunde des Geschehenen über den Arno zum Belagerungsheer von Ostina hinauf drang, beschloß ein Teil der Florentiner, sich von der Belagerung zurückzuziehen und, ohne die Erlaubnis des Kapitans der Kommune abzuwarten, das Feldlager mit der Heimat zu vertauschen; ein anderer blieb allerdings unter Führung des Luchesen bis Anfang November bei dem Banner des Kaisersohnes, der diese Mannschaften zur Besetzung Arezzos verwandte, das er durch solche Hut vor guelfischer Eroberung bewahrte. Die Belagerung von Ostina aber konnte nicht weiter fortgesetzt werden, und auch die letzten starken Anstrengungen Friedrichs von Antiochien waren durch den erfolgreichen nächtlichen Überfall vereitelt.[1])

Kampf um Ostina.

Nächtlicher Überfall von Figline.

Regest 548. Am 17. September ist er in Arezzo nachweisbar (Komm.-Archiv Cortona, Reg. Vecchio f. 107).

[1]) Die Meldungen der Chroniken (Gesta, Hartw. II. 275. — Villani VI. 38. — Marchionne di Coppo Stefani II, 87) finden die wichtigste Bestätigung und Ergänzung durch die Regesten von San Gimignano Forsch. usw. II. 552, 554, 557, 558, 560–63, 570, 581, 582, 595. Aus ihnen ergibt sich auch, daß die Kontingente der Städte und daß ein Teil der von Florenz entsandten Truppen unter dem „capitaneus de Luca“ (581) noch am 2. November (jedenfalls aber in den letzten Oktobertagen, weil

Als die Kunde von schweren Verlusten an Menschenleben, von dem Fehlschlage der erneuten Kämpfe nach Florenz kam, als Ritter, Armbruster und gemeines Fußvolk mit Unehren und in der Niedergeschlagenheit des Mißerfolges zurückkehrten, entstand unter den Popolanen eine tiefgehende Gärung. Man hatte ihre Organisation zerstört, ihnen den politischen Einfluß entrissen, man hatte die Stadt ihrer machtvoll geübten, wenn auch usurpierten Rechte beraubt, hatte Steuer auf Steuer erhoben, der Bevölkerung Kriegszüge auferlegt, die kaum zu zählen waren, alte Geschlechter, an die man sich durch viele Bande gefesselt fühlte, hatten die Stadt verlassen müssen, andere, die der ghibellinischen Partei, hatten, vom Gegengewicht der Widersacher befreit, das Volk ihre Übermacht und ihren Übermut fühlen lassen, und für all diese Übel hatte man nicht einmal den blendenden Schimmer kriegerischen Ruhmes eingetauscht, ohne den die absolute Gewalt niemals ihren Einfluß auf die Masse zu behaupten vermag. Man war der Kämpfe müde, man verlangte, nicht länger ein Gegenstand der Ausbeutung zugunsten fremder Interessen zu sein, sondern das Recht der Selbstbestimmung zu erobern. Das Volk erwärmte sich nicht im mindesten für den Papst, obwohl die Unzufriedenheit längst durch geistliche Einflüsse genährt worden war; es erhob sich nicht gegen den gebannten Kaiser, noch für die ausgewanderten Guelfen, sondern weil es der fortwährenden Opfer, der vielfachen Bedrückungen durch die herrschenden Großen überdrüssig war; es erhob sich für sich selbst unter dem Rufe „Viva il popolo!“, und wie dieses Feldgeschrei an den Mauern hoher Türme widerhallend durch die Straßen dröhnte, grüßte es die eigentliche Geburtsstunde jener Demokratie, die, seit die atheniſche Republik dahinsiechte, die begabteste und schicksalsreichste Europas gewesen ist. Der eigenen Macht kaum bewußt, zeigte sich das Volk trotz seiner Entschlossenheit unerträglichen Zuständen ein Ende zu machen, zuerst zaghaft und furchtsam. Der Aufstand brach noch im September, unmittelbar nach der Niederlage von Figline aus; Friedrich von Antiochien ließ an die sämtlichen

Aufstand des Volkes in Florenz.

---

am 2. November eine Nachricht von der Rückkehr nach Florenz noch nicht in San Gimignano eingetroffen war), unter dem Befehl Friedrichs von Antiochien, zur Besetzung der Stadt Arezzo zurückgeblieben war. — Stefani (II, 90) erwähnt, daß Uberto Rossi aus Lucca (s. unten) als er zum Volkskapitan gemacht wurde, nach Florenz kam, um Geld einzuziehen, das er zu fordern hatte „dal Comune di Firenze per uno uficio, che avea avuto“. An seiner Identität mit dem im Regest 581 erwähnten „capitaneus de Luca ... pro Communi Florentie“, von dem man am 2. November (in San Gimignano) nicht wußte, ob er noch in Arezzo oder schon in Florenz weile, kann nicht gezweifelt werden. — Die bei Santini p. 499 gedruckte Urkunde vom 20. September 1250, Entschuldigung eines Greises von 70 Jahren, daß er „non fuit ad exercitum Gaville“, ist dort falsch gedruckt, indem „Gaiulle“ gelesen und darunter Gaiole verstanden ist, welcher Ort im Arbiatal liegt, wodurch starke Mißverständnisse erzeugt werden können. — Betreffs Teilnahme von Rittern Sienas an den Kämpfen im Aretinischen gibt eine Urk. vom 9. November 1250 Kenntnis (SAS. — Archivio Gener.). Daß Figline gleich nach dem Überfall wieder geräumt sein muß, ergeben die 1253, 4. Januar bezeichneten Zeugenaussagen SAF. — Passignano.

Nachbarkommunen das Gebot ergehen, ihre Ritter- und Fußmannschaft sofort nach der Arnostadt aufbrechen zu lassen,[1]) doch die Munizipien verhielten sich zögernd, da die florentiner Popularbewegung zweifellos innerhalb der eigenen Bürgerschaften warmer Teilnahme begegnete. Der Sohn des Kaisers begab sich nach Poggibonsi, um von dort her die Kontingente der Städte gegen die Aufständischen am Arno in Bewegung zu setzen, aber als sich die Kommunen im Oktober widerwillig anschickten, seinem Befehl zu folgen,[2]) war es zu spät, denn das Volk von Florenz war seiner Gegner Meister geworden und hatte die Herrschaft in der Stadt errungen.

Zunächst mag die Absicht nicht viel weiter gegangen sein als auf Erneuerung und etwa auf Erweiterung der durch den Kaisersohn aufgehobenen früheren Organisation des Volkes unter einheimischen Kapitanen und auf Teilnahme an der Entscheidung über Kriegsleistungen, Steuerausschreibung und alle bedeutsamen Angelegenheiten der Stadtregierung. Es war indes nicht das untere Volk allein, das von dem Ausbruch des Unmutes ergriffen war, sondern die Kaufleute wie die reichen Zünfte machten mit den Popolanen gemeinsame Sache, und dies gab der Bewegung ihre Kraft und schuf eine breitere Grundlage für die erhobenen Forderungen. Die Vertrauensmänner des Popolo tagten in der Kirche San Firenze, und das Volk schützte ihre Beratungen in Waffen; die Nähe der Türme und Paläste der Uberti ließ diese Stätte indes als unsicher erscheinen, und man verlegte das Hauptquartier des Volksaufstandes nach der vor den Mauern gelegenen Kirche Santa Croce, die die Minoriten gewiß bereitwillig einräumten. Ein Teil der ghibellinischen Großen stand im Felde; den zurückgebliebenen bangte wohl noch mehr als vor der ausgebrochenen Bewegung selbst, vor einer Vereinigung der Popolanen mit ihren Todfeinden, den Guelfen; so fürchteten die Großen das Volk, und das Volk fürchtete die Großen, diese aber beschlossen zu verhandeln, statt zu kämpfen. Farinata degli Uberti, der ein Mann der Tat war, mochte, über den Verlauf der Dinge unzufrieden, die Stadt verlassen haben; vielleicht auch hielt er es für nötig, die Besitzungen der Uberti in der Grafschaft durch seine persönliche Anwesenheit zu schützen, denn er hielt sich während dieser Zeit weder im Kampfgebiet an der Grenze des Aretinischen, noch in Florenz selbst, sondern in Certaldo auf.[3]) Die ghibellinischen Herren glaubten zunächst das im Aufstande begriffene Volk durch einige Zubilligungen befriedigen zu können, doch wie dieses die früher Gefürchteten schwanken und nachgeben sah, fühlte es sich als Herr. Die Leitung des Aufstandes wurde unter dem Schutze der bewaffneten Masse wieder von außerhalb der Mauern in die Stadt nach den festen Häusern der Guelfengeschlechter Marignolli und Anchioni im Borgo San Lorenzo verlegt,[4]) und

[1]) Forsch. usw. II (S. Gimign.) 567.

[2]) Ebendort, Reg. 577, 579. — Friedrichs Aufenthalt in Poggibonsi Reg. 574.

[3]) Ebendort, Reg. 575.

[4]) Betreffs der Marignolli s. S. 332 Anm. 1, deren Häuser werden in diesem Zusammenhang nur in der Florentiner Chronik bis 1285 (Schrift saec. XIV) Flor.

jetzt erklärte der Popolo den kaiserlichen Podestà Ranieri da Montemurlo aus Tortona, der sich inmitten der ihn umtobenden Gefahren völlig tat- und kraftlos erwiesen zu haben scheint, für abgesetzt, die Räte für aufgelöst und alle Ämter für erloschen, ohne daß man dem ohnmächtigen Stadtregenten übrigens persönlich Böses antat. Man ließ ihn vielmehr ruhig in seiner Amtsbehausung im Palazzo der Abbati nahe dem Mercato Vecchio, wo er sich noch etwa zwei Monate bis zu seinem Ende behaupten konnte.

Am 20. Oktober wurde die inzwischen vereinbarte durchaus demokratische Verfassung verkündigt, und der revolutionäre Zustand, der etwa einen Monat gedauert hatte, machte einer neuen, wohldurchdachten Ordnung Platz. Das Volk organisierte sich in zwanzig Kompanien oder Bannergenossenschaften, von denen je vier auf Oltrarno und San Piero Scheraggio, drei auf jedes der übrigen Stadtsechstel entfielen. Diese Volkskompanien beruhten im wesentlichen auf den uralten Nachbarschaftsverbänden, nur umfaßte eine Kompanie häufig die Mannschaft einer Mehrzahl von Kirchspielen. Ein Teil der alten Pflichten zur Rechtshilfe der Nachbarn untereinander,[1]) zu wechselseitiger Verteidigung ging auf die Bannergenossenschaften über; anderseits nahmen diese die „Waffengesellschaften" in sich auf, die Verbände, in denen das Volk der einzelnen Sechstel je nach der Bewaffnungsart (mit Armbrust, Bogen oder Schild und Schwert) ins Feld rückte. Das Rittertum verlor nach der neuen Verfassung seine frühere Organisation, die tatsächlich bereits vernichtet war, seit sich die Edlen in zwei einander wild befehdende Faktionen gespalten hatten. Der Form nach hatte sich die Rittersozietät unter ihren Konsuln solange erhalten wie die Eintracht nach allem Hader stets wieder künstlich hergestellt worden war; zwar suchte auch das Volk alsbald die Parteien zu einigen, aber es war nicht gewillt, der Ritterschaft als solcher in dem neuen Staatswesen irgendwelchen maßgebenden Einfluß und ihren Vertretern eine gewichtige Stimme im Rat einzuräumen, wie dies vormaliger Brauch gewesen; die jetzige demokratische Verfassung hatte für die organisierte Ritterschaft keinen Raum. Sie richtete ihre Bestimmungen in ausgesprochener Art gegen die Großen ohne Unterschied der Partei, während jede Organisation der „Milites" eine Vereinigung der gegen die neue Ordnung gerichteten Kräfte dargestellt hätte oder doch sehr bald zu einer solchen geworden wäre. Zwar gewannen die ihrer Sondervorrechte Entkleideten durch die kriegerischen Ereignisse der folgenden Zeiten viel von ihrem tatsächlichen Einfluß zurück, aber als Stand hatten sie

Die neue demokratische Verfassung.

Volkskompanien.

Fortfall der Rittersozietät.

Nat.-Bibl. XXV, 566 (II. IV. 323) genannt. (In dem gleichen Kodex mit dem sogenannten Pseudo-Brunetto.) Hier heißt es „i popolani . . . si raghunarono in Borgho Salorenzo ale chase de Marigniolli e degl' Enghoni". Der richtige Name des in florentiner Urkunden nicht selten erwähnten letztern Geschlechtes war (Vill. VI, 39) Anchioni. Ein Bartolus de Anchionibus de Sextu Portae Domus (wozu der Borgo San Lorenzo gehörte) befand sich unter den 1313 von Kaiser Heinrich VII. verurteilten florentiner Guelfen (Lami, Mon. I. 130).

[1]) Bd. I, 316 ff.

fortab keinen Anteil mehr an der Verwaltung des Staatswesens. So erlosch, eine kurze spätere Episode abgerechnet, die städtische Ritterwürde im alten Sinne, und als Ritter galt künftig nur noch, wer den Ritterschlag in den üblichen Formen empfangen hatte; daß später das Volk selbst, wie es sich andere Fürstenrechte aneignete, so auch Bevorzugte durch seine Oberbeamten zu Rittern schlagen ließ, soll uns hier nicht beschäftigen. Im städtischen Kriegswesen wurde der Ersatz für die aufgehobene Ritterschaft dadurch bewirkt, daß die Einrichtung der „Cavallata", auf der die alte Ritterwürde beruht hatte, in eine bloße Belastung umgewandelt wurde, der kein besonderes Recht mehr entsprach. In Stadt und Grafschaft hatte der Bürger oder Landbesitzer je nach seinem Vermögen, von einer gewissen Grenze an, ein Pferd nebst dem dazu gehörigen Reiter oder auch mehrere Pferde zu stellen, oder es wurde den weniger Reichen aufgegeben, mit gewissen andern Personen zusammen für Roß und Mann aufzukommen. Was früher für die Wohlhabenden eine persönliche Leistung gewesen war, mit der zugleich höheres Ansehen und politischer Einfluß verknüpft waren, wurde zu einer Steuer, die gelegentlich auch in Geld aufgelegt wurde, gewöhnlich aber in Gestalt der Pflicht, ein tüchtiges Roß zu unterhalten und im Kriegsfall für einen geeigneten Reiter zu sorgen. Tier und Mann wurden auf ihre Brauchbarkeit von den Behörden vermittels einer öffentlichen Musterung geprüft, und die Einschätzung zur „Cavallata" erfolgte der wechselnden Vermögensverhältnisse halber der (später nicht mehr streng beobachteten) Regel nach in jedem Jahre von neuem.[1]) Es sollte für die „Cavallata" eine Entschädigung aus der Kommunalkasse gewährt werden, aber da in dieser fast immer Ebbe herrschte, scheint sie nur höchst ausnahmsweise gezahlt zu sein.

Die Volkskompanien.

Während hier eine alte Einrichtung aufgehoben und durch eine neue ersetzt wurde, stellten die neugeschaffenen Volkskompanien so sehr den alten Zusammenhang der Vicinanzen in veränderter Form dar, daß nachmals ihre Abzeichen geradezu als Unterbezeichnung des Stadtteils galten und man für jedes Haus den „Gonfalone" anführte, zu dem es gehörte, d. h. den Bezirk, in dem es lag. Die Abzeichen, die die zwanzig Bannerschaften des Volkes in ihren Fahnen führten, waren sehr verschiedenartig und so ausgewählt, daß bei Straßenkampf und Tumult jeder den Gonfalone, zu dem er gehörte, leicht erkennen konnte, denn die ganze Organisation diente vor allem zur bewaffneten Aufrechterhaltung der Volksherrschaft. Da war die Kompanie der Scala, benannt nach dem Gonfalone mit einer weißen Leiter im schwarzen Felde, die des grünen Drachen, den sie auf rote Seide gemalt im Banner führte; andere Abzeichen waren ein schwarzer Stier, eine schwarze Geißel auf weißem, eine grüne Viper auf gelbem, ein springendes Pferd mit weißer Decke auf grünem

[1]) Hierüber und betreffs der demokratischen Neuerungen überhaupt ist der Abschnitt „Die Verfassung des Primo Popolo (1250)" in Forsch. usw. IV, 100 ff. einzusehen, wo auch die Belege für das in obiger Darstellung Vorgetragene zusammengestellt sind.

Grunde, oder ein schwarzer Adler in weißem Felde. Jedes Mitglied einer Bannerschaft hatte das Abzeichen seiner Genossenschaft auf Schild und Helm gemalt zu tragen, und der Handwerker mußte seine Waffen tags in der Werkstatt und nachts, mindestens in Zeiten drohender Unruhen, im Hause haben, um auf ein gegebenes Glockenzeichen in jeder Stunde seiner Fahne zuziehen zu können. Jede Kompanie hatte einen Vexillifer oder Gonfaloniere, der für Erfüllung seiner Pflichten sichere Bürgen zu stellen hatte, und diesem Bannerträger standen vier Rektoren, gleich ihm mit einjähriger Amtsdauer, zur Seite, die durch einen Rat von vierundzwanzig Mitgliedern aus der Bannerschaft gewählt wurden. An die Spitze des organisierten Volkes wurde ein einzelner Volkskapitan statt der früheren zwei oder drei Kapitane gestellt, und man wählte ihn zu größerer Sicherheit gegen Beeinflussung nicht mehr aus der heimischen Bürgerschaft sondern von auswärts; als ersten ernannte man jenen Lucchesen Uberto Rossi, der bisher als Feldhauptmann gegen die Guelfen am obern Arno befehligt hatte, doch berief man ihn erst nach Feststellung der neuen Satzungen, die er, wie sie waren, zu beschwören hatte.[1]) Dieses Statut des Volkes ist uns zwar nicht erhalten, aber wir sind durchaus imstande, es uns klar zu vergegenwärtigen, da seine Bestimmungen vier Jahre später, als Florenz Volterra besiegt und dort die Volksherrschaft nach dem Muster der eigenen aufgerichtet hatte, dem Popolo Volterras von der Arnostadt aus als dessen Verfassung oktroyiert wurden; diese ist erhalten, und sie gewährt uns das getreue Bild derjenigen, die sich die florentiner Demokratie im Aufstande von 1250 selbst gegeben hatte.[2])

Das Costituto del popolo von 1250.

Der Kapitan führte das Banner des Gesamtvolkes, das aus einem weißen und einem roten Längsstreifen bestand. Auf dem (noch stehenden) Löwenturm in Por Santa Maria, nahe dem Ponte Vecchio,[3]) wurde eine Glocke angebracht; ward sie geläutet, so hatten die Kompanien sich um ihre Banner zu scharen, und ihre Gonfalonieri mußten sie dorthin führen, wo der Volkshauptmann den weißroten Gonfalone aufpflanzte. Der Capitano hatte die Pflicht, stets wenn den Rechten des Volkes von irgend einer Seite Gefahr zu drohen schien, jene Glocke zu läuten und so den bewaffneten Popolo unter

[1]) S. S. 364 f. Anm. 1, woraus erhellt, daß er frühestens zwölf Tage nach dem 20. Oktober nach Florenz kam.

[2]) S. Forsch. usw. IV in der bezeichneten Erörterung.

[3]) S. 45 und Anm. 3 ist nach der allgemein gehegten Annahme der Turm Bigonciuola als Eigentum der Amidei bezeichnet (vgl. Bollettino dell'Associazione per la difesa di Firenze antica, Fascic. 2, p. 43 „Torre degli Amidei") und mit dem Löwenturm identifiziert. Nach erneuter Prüfung sind dem Verfasser Zweifel darüber entstanden, ob der bestehende Löwenturm und die den Amidei gehörige Bigonciuola in der Tat identisch waren. Die Urkunden betreffs des ersteren (vgl. Forschungen usw. I, 122 und vom 20. Mai 1222 [Santini 536]) scheinen dagegen zu sprechen.

seine Banner zu rufen. Hohe Geldstrafe wurde gegen alle verhängt, die einen zum Sammelort eilenden Popolanen zu hindern suchten, eine ansehnliche gegen jeden, der ihm auch nur ein Schimpfwort zuzurufen wagte. Wer Steine von einem Turm oder einem Hause auf den zu den Fahnen ziehenden warf, dessen Hand war dem Schwert des Scharfrichters verfallen. Wurde ein zu einer Kompanie gehöriger Popolane angegriffen, so hatten zu jeder Zeit alle Genossen ihm zu helfen, wurde einer getötet, so hatten alle die Pflicht, den Mörder zu greifen, oder, konnte man des Übeltäters nicht habhaft werden, dafür zu sorgen, daß ihn die Strafe unlöslichen Bannes treffe. Der Kapitan hatte dafür einzustehen, daß keinem zum Volk Gehörigen Gewalt geschehe, oder daß der Gewalttätige gestraft werde. Verurteilte der Podestà einen Popolanen wider Recht, so hatte der Kapitan nebst der Behörde der Anzianen zu interzedieren und die Bestrafung zu hindern. Dem Capitano del Popolo stand in allen Fällen die Gerichtsbarkeit zu, in denen es Rechte des Volkes zu wahren galt, und der Podestà hatte die Pflicht, die Exekution seiner Urteilssprüche zu bewirken. Die Türen des Palastes, des Hauses oder der Herberge, wo das Volkshaupt seinen Sitz genommen, mußten an jedem Wochentage von der Frühe bis zum Abend offen stehen, damit jeder Popolane bei dem Kapitan Beschwerde führen oder Anzeige machen könne. Keiner vom Volk durfte in Zeiten städtischer Unruhe oder bei irgend einem Zwist in Waffen zum Hause eines Magnaten ziehen, um ihm zu helfen; Mitgliedern der eigenen Bannerschaft Hilfe zu erweisen war er dagegen nicht nur berechtigt, sondern streng verpflichtet. Wer eine Verschwörung gegen das Volk anzeigte, erhielt einen Preis von 50 Librae und wurde für alle Zeiten von städtischen Leistungen und Abgaben befreit. Den entdeckten Verschwörer und jeden, der etwa versucht hatte, die Volksrechte zu mindern, traf der Tod am Galgen und die Konfiskation allen Besitzes; konnte man ihn nicht greifen, so verfiel er für alle Zeiten dem Bann. War es ein Graf, Baron oder Edler, der die Freiheit des Volkes beeinträchtigen wollte, so wurden seine Kolonen und Hörigen für frei erklärt; alle, die Land gegen Abgaben und sonstige Leistungen von ihm inne hatten, wurden ihrer Pflichten ledig und behielten den Grund und Boden als freies Eigentum. Wer Bestechungen, Geschenke, Vorteile irgendwelcher Art von einer Stadt oder einem Herrscher oder sonstwem empfing, damit er Unruhe oder Zwist in Stadt oder Bezirk errege, den traf Tod von Henkershand oder, wenn man ihn nicht fing, ewiger Bann; seine Habe verfiel der Kommune. Das neue Statut des Volkes war, wie man sieht, mit Blut gegen jeden geschrieben, der es wagen wollte, die neu errungenen Rechte der Demokratie anzutasten.

Anzianen. War der Kapitan der Führer im Kampf zu deren Verteidigung, so waren die Anzianen die eigentlichen Organe des Volkswillens, die beratende und beschließende Behörde, ohne deren Mitwirkung nichts im Staatswesen geschehen durfte. Ihre Zahl betrug zwölf, derart, daß das in den Kompanien organisierte Volk zwei für jedes Stadtsechstel zu wählen hatte. Der Name wie das Wesen dieses Regierungskollegiums war von Bologna entlehnt, wo schon achtzehn Jahre zuvor zwölf von den Volkssozietäten gewählte Anzianen an der Leitung der Kommune einen entscheidenden Anteil hatten.[1]) Während ihrer Amtszeit durfte gegen keinen dieser „Ältesten des Volkes" — eine Bezeichnung, die natürlich nichts mit den Lebensjahren zu tun hatte, sondern nur mit der vorausgesetzten Erfahrung — irgend eine Strafe verhängt werden, es sei denn, die Anzianen selbst nebst ihrem Rat beschlossen die Verfolgung eines der Ihren wegen eines Verbrechens, wozu der Rat des Volkskapitans dann auf dessen Vorschlag die Genehmigung zu erteilen hatte. Jede Geldausgabe der Kommune war durch die Anzianen zu genehmigen, aber weit darüber hinaus ruhte die eigentliche Macht der Regierung in ihren Händen. An ihren Beratungen nahm der Kapitan teil; sie fanden, nachdem der neue Volkspalast (der spätere Bargello) erbaut war, zur Sommerszeit oft in dessen schönem Hofe statt, jedoch der Regel nach wurden sie in dem eigenen Amtslokal der Anzianen, in einem Hause des zur Badia gehörigen alten Kirchleins Santo Stefano, abgehalten; tagten die Häupter des Volkes zusammen mit ihrem eigenen Rat und dem Rate der „Credentia", so geschah dies in der Taufkirche San Giovanni. Zur Führung der Kommunalkasse verwandten die Anzianen zuerst Laien, später aber Cistercienser-Mönche von Settimo und Humiliaten von Ognissanti, was dann die Regel blieb, während vordem von auswärts berufene Kämmerer unter Aufsicht einer „das Priorat" benannten Bürgerbehörde die städtischen Kassengeschäfte in Händen gehabt hatten, deren Prüfung durch eine Zwölfmänner-Kommission erfolgt war, worauf der Generalrat die formelle Entlastung ausgesprochen hatte.[2])

Entstanden Zwistigkeiten oder Meinungsverschiedenheiten zwischen den beiden obersten Beamten, dem Podestà und Kapitan, so hatten die Anzianen diese zu entscheiden, und ihnen, gemeinsam mit dem Capitano del Popolo, lag es ob, statutarische Bestimmungen zu interpretieren, betreffs deren Auslegung ein Zweifel entstand, ja sie durften gemeinsam mit jenem höchsten Volksbeamten sogar Verfassungsänderungen vornehmen. Ohne ihre vorgängige Entscheidung durfte kein Heereszug stattfinden, kein Bündnis geschlossen, keine Steuerausschreibung beantragt werden, und sie hatten die Wahl des Kapitans und des Podestà vorzuberaten. In all diesen Fällen hatten sie zu ihrer Beschlußfassung (die dann von den Consigli zu bestätigen war) ihren Rat von 36 Mitgliedern, ferner die Vorstände der Hauptzünfte, sowie die Bannerträger und die Rektoren der Volkskompanien hinzuzuziehen. Die Entscheidungen der Anzianen wurden von ihrem eigenen Notar protokolliert, und zu diesem Amt wurde alsbald Brunetto Latini, der vielgewandte Schriftsteller und bewunderte Meister des Stiles berufen, den Dante verehrte, und der den Dichter in das Labyrinth der Gelehrsamkeit eingeführt zu haben scheint. Im Verlauf des Jahrzehnts, während dessen die Anzianen regierten, erweiterten sich ihre Kom-

[1]) Forschung. usw. IV. S. 102 und in der Erörterung „Die Popularbewegung usw." unter „Bologna" und „Florenz" S. 22 u. 26.

[2]) Urkunde 1240, 30. April. Santini 474.

petenzen derart, daß sie sogar bei Feldzügen einen Teil ihrer Mitglieder zur Überwachung der Heeresleitung delegierten, oder daß sich ein Teil von ihnen nach einer Nachbarstadt begab, um dort die Änderung der Verfassung im Sinne der florentiner Demokratie durchzuführen. Ihre Gewalt stand höher als jeder Gerichtsspruch; wie Brunetto Latini selbst in einer seiner Schriften berichtet, räumte man ihnen das Recht ein, das einst im römischen Reich der Senat und das später die Imperatoren geübt hatten, jedwede verhängte Strafe zu mildern oder aufzuheben, ja man übertrug ihnen sogar das noch weitergehende, gefällte Urteile nach ihrem Ermessen zu verschärfen.

Räte. Nur im Generalrat der Dreihundert und im Spezialrat der Neunzig waren fortan die Großen und Vornehmen oder, wie man sie bereits nannte, die Magnaten vertreten. Da aber Initiativanträge nicht gestattet waren, konnte nichts beschlossen werden, was die Anzianen nicht zuvor gebilligt hatten, und überdies wurde der Rat für besonders wichtige Angelegenheit noch durch eine „Adjuncta" verstärkt, die aus sechzig Popolanen von jedem Stadtsechstel, mithin aus 360 Vertretern des Popolo bestand, so daß die Großen auf alle Fälle majorisiert wurden, sofern es ihnen nicht etwa gelang, für den einzelnen Fall die Volksgunst zu gewinnen; gegen den Willen des Popolo vermochten sie jedenfalls nichts durchzusetzen. Neben diese Räte trat außer dem ständigen der Anzianen noch der gelegentlich berufene der „Credentia" oder der geheime Rat von 36 Mitgliedern, sechs für jedes Stadtsechstel, für den absolutes Schweigen über alles, was verhandelt wurde, strenges Gebot war, ferner der 24 Mitglieder umfassende „Rat des Kapitans und des Volkes", in dem auch die Vorstände der Zünfte, die Bannerträger und Rektoren der Volkskompanien Sitz und Stimme hatten. Die Zunftvorstände behielten ihr altes Recht, im Generalrat mit zu beraten und mit zu beschließen. Dieser tagte, nachdem die Sitzung durch Glockengeläut und Heroldsruf berufen war, bald in der alten Santa Reparata, bald bei Or San Michele im Palazzo der Galigai, den die Kommune dauernd für ihre Zwecke benutzte, oder in dem ebendort gelegenen Kommunalpalast.

Wie man sieht, konnte man sich nicht genug tun im Ausklügeln von Vorsichtsmaßnahmen, um Beeinflussung durch die Großen und Mächtigen, um Mißbrauch der Amtsgewalt zu hindern; das tiefste demokratische Mißtrauen kam in jeder Bestimmung der neuen Verfassung zu deutlichem Ausdruck, und da Mißtrauen stets hemmend wirkt, wurde der Regierungsapparat in der Tat ein höchst komplizierter. Dieser Schaden aber wurde dadurch reichlich vergütet, daß neue Schichten zu politischer Macht emporstiegen, daß unendlich mannigfache unverbrauchte Kräfte sich zur Mitbestimmung und Mitregierung berufen sahen und die ganze Fülle des Talentes und der Volkskraft dem neugestalteten Stadt- und Staatswesen zugute kam. Auf den Ereignissen der schicksalsreichen Jahre florentiner Geschichte von 1250 bis 1260 ruhten aller Segen und aller Fluch, aller Glanz und alle Schatten einer Volksregierung; als die Demokratie später nach erneuten Kämpfen in noch radikaleren Formen endgültig die

Herrschaft gewann, besaß sie nicht mehr die volle Jugendfrische ihrer ersten Blütezeit.

Organisation des Volkes im Contado.

In der Grafschaft konnte die Organisation des Volkes erst hergestellt werden, als diese nach dem Umschwung aller Verhältnisse wieder unter die Herrschaft der Stadt gelangte, während sie jetzt noch in vielen Teilen von den Guelfen besetzt war, und im übrigen nach wie vor vom Reich und dessen Vikar, dem Kaisersohn wie von dessen Beamten behauptet wurde. Bald aber wurde sie in die Neuordnung einbezogen, derart, daß 96 Kirchspiele je der Sitz und Mittelpunkt einer Bannerschaft wurden, die gleich den städtischen Kompanien ihren Gonfaloniere und ihre Rektoren hatte; eine Anzahl von „Pivieri“ oder „Pievi“ (Pfarrbezirke) wurden dann zu einer Liga vereint, und innerhalb einer solchen hatten die Bannerschaften sich gegen Vergewaltigungen durch Große wechselseitige Hilfe zu leisten. Die Gesamtmannschaft einer Liga oder die einzelnen Bannerschaften hatten dem Kriegsaufgebot zu folgen und auch jederzeit auf Befehl der beiden städtischen Oberbeamten nach der Stadt zu ziehen, um, wenn nötig, deren Mauern und Türme gegen äußere oder die Straßen gegen innere Feinde bewachen zu helfen. Ein Piviere oder Plebatus setzte sich aus einer Anzahl von „Popoli“, Nachbarschaften im alten Sinne, zusammen, die stets nach der Ortskirche benannt wurden; die Verwaltung der einzelnen „Popoli“ wurde von je einem Rektor oder zwei Rektoren geleitet, die das Volk des Kirchspieles zu Ehren von Florenz derart zu wählen hatte, daß es zwei Wahlherren zu ihrer Ernennung bestimmte; die Bestätigung der Rektoren blieb dem Volkskapitan und den Anzianen der Stadt vorbehalten; stand ein Einzelner an der Spitze, so führte er wohl auch neben dem Titel eines Rektors den eines Kapitans oder Konsuls; es war gestattet, daß derselbe Rektor dieses Amt für mehrere Popoli desselben Plebatus, sogar bis zu vierzehn zugleich, bekleiden konnte.

Wachsende Macht der Guelfen.

Der Umschwung in Florenz erhöhte die Wagelust der Guelfen, obwohl er nicht zu ihren Gunsten erfolgt, sondern ebenso gegen guelfische wie gegen ghibellinische Große gerichtet war; sie bemächtigten sich im November der Burg Castelvecchio di San Gimignano, sieben Kilometer von der Stadt dieses Namens gelegen, zweifellos in der Absicht, von dort aus die Kommune zu rebellieren, doch die San Gimignanesen, unterstützt von den Uberti und dem Grafen Albert von Certaldo, eroberten das Kastell zurück und nahmen einen Teil der eingedrungenen Guelfen, unter ihnen einen Ritter Tankred, vielleicht den vom Papst begünstigten Grafen von Sarteano, gefangen.[1]) San Gimignano

[1]) Forsch. usw. II, 584—88, 597. Daß die Eingedrungenen Guelfen waren, ergibt sich aus den Gesamtverhältnissen, doch auch daraus, daß die Gefangenen nicht nach San Gimignano, sondern nach Poggibonsi, bis zuletzt Hauptstützpunkt Friedrichs von Antiochien in dieser Landschaft (Reg. 574, 598, 600), gebracht wurden. Tankred von Sarteano ist in päpstlichen Schreiben vom 7. Dezember 1250 (M. G. Ep. III, 19) erwähnt. Da gerade Grifo degli Uberti an der Fehde beteiligt war, mag dessen von Friedrich von Antiochien begünstigte Absicht, sich im Süd-Sienesischen bezw. im

blieb bis zuletzt, ja über den Umschwung aller Verhältnisse hinaus, dem Reiche treu, und dies war hauptsächlich eine Folge der engen Verbindungen, in die das führende florentiner Ghibellinengeschlecht zu der festen Kleinstadt im Elsatal getreten war. Der Ritter Jakob Uberti, „der Greif", hatte ihr bei den letzten Kämpfen seine Hilfe geliehen, die Bürgerschaft hatte seinen Neffen Neri Piccolino zum Podestà des folgenden Jahres erwählt, und an dieser Wahl wurde festgehalten. Der Rektor des Volkes von Florenz — diesen Titel führte Uberto Rossi, solange er die Funktionen des entsetzten Podestà und die des Volkskapitans in seiner Person vereinigte — erhob offenbar keine Einwendung dagegen,[1]) ja Neri Piccolino und Griso konnten vom Volk ungekränkt in ihren festen florentiner Häusern verweilen oder dorthin zurückkehren. Doch gewann selbst da, wo das Reich noch seine Autorität aufrecht erhielt, wie in San Gimignano, die Kirche so mächtigen Einfluß, daß jedem die Nähe eines völligen Zusammenbruchs der kaiserlichen Gewalt, wie sie in Florenz bereits erfolgt war, deutlich werden mußte. In der Hauptkirche des Ortes, der sich für den Staufer und seinen Sohn hielt, ernannten die vornehmsten Bürger am 10. Dezember vor Notar und Zeugen einen Prokurator, um von dem päpstlichen Delegaten die Lösung vom Bann zu empfangen und den Geboten der römischen Kirche Gehorsam, mit andern Worten den Abfall vom Reiche zu schwören,[2]) obwohl dessen Vikar eben jetzt eine Wegstunde entfernt, drunten in Poggibonsi weilte.[3])

Abfall vom Reich zur Kirche.

Tod des Kaisers 13. Dezember 1250.

Friedrich von Antiochien mochte hier noch mit Plänen beschäftigt sein, wie er des Volkes in Florenz, wie er der Guelfen in der Grafschaft Herr zu werden vermöchte, als ihn die Nachricht ereilte, daß jedes Bemühen vergeblich, daß der Kaiser tot, das Reich verwaist sei. Nicht, wie seine Astrologen prophezeit hatten, in Florenz ist er gestorben, sondern zu Fiorentino in der Capitanata, nordwestlich jenes Luceria, wo er die sizilischen Sarazenen angesiedelt hatte, die treuesten Kämpfer seiner Kriege, doch auch die Vollstrecker seiner Bluturteile. Die Zeitgenossen, soweit sie wirklich an seinen Tod glaubten, sahen darin einen Beweis für das trügerische Walten der Dämonen, denn während der Kaiser die Stadt am Arno ängstlich gemieden hatte, war er nun doch in einer „civitas Florentina" dahingeschieden. Groß war die Zahl derer, die sich lange Jahre hindurch nicht davon überzeugen ließen, daß der glänzende gefürchtete Herrscher tatsächlich aus der Welt geschieden sei; sie meinten, er habe nur eine neue List erdacht, halte sich verborgen und würde eines Tages in gewaltiger Macht wieder erscheinen. So entstand, indem die Gestalt des zweiten Friedrich mit der des ersten zu einer verschmolz, die deutsche Kyffhäuser-

Gebiet der Diözese Chiusi festzusetzen, wo Tankred heimisch war, in diese Kämpfe hineingespielt haben.

[1]) Von den an ihn, an Neri und Griso degli Uberti nach Florenz gerichteten Schreiben San Gimignanos (Dezember 1250) gibt uns das Regest 596, Forsch. usw. II, Kenntnis.

[2]) Forsch. usw. II, Reg. 594. — [3]) Ebendort 598, 600.

sage der spätern Zeit. In Italien aber schlossen sieben Jahre nach seinem Tode Bürger von San Gimignano vor Notar und Zeugen mit einem dortigen Goldschmied vier Wettverträge ab, durch die sie sich zu ansehnlichen Leistungen verpflichteten, wenn es wahr sei, was jener behaupte, daß Kaiser Friedrich unter den Lebenden weile.[1]) Ein Betrüger, der seinen Namen und Titel annahm, fand in Sizilien noch nach langer Zeit starken Anhang, bis er die Täuschung mit dem Tode büßte, und man weiß, wie spät der vormalige Diener des Herrschers Dietrich Holzschuh dasselbe Gaukelspiel am Rhein erfolgreich wiederholen konnte, bis auch er auf dem Scheiterhaufen endete. Alte Weissagungen des Mystikers Joachim von Floris wachten in Italien auf, die auf Friedrichs Wiederkunft gedeutet wurden, oder neue wurden auf den Namen des Abtes geschmiedet; angebliche Sprüche des Zauberers Merlin waren im Umlauf, wonach er 276 Jahre auf Erden wandeln werde, und aus ihnen wurde völlig ernsthaft auf sein Wiedererscheinen in vollem Kaiserglanz geschlossen;[2]) noch siebzig Jahre später ging, zumal unter den Minoriten, die Tradition um, Franz von Assisi habe dem Bruder Leo und sonstigen Genossen anvertraut, aus Friedrichs Samen werde zur Zeit des Antichrist ein Herrscher erstehen, das römische Imperium in Besitz nehmen, Frankreich erobern, einen Pseudopapst und zu dessen Bischöfen Minoriten seiner Partei einsetzen; unter den Lehren des Minderbruders Petrus Johannes Olivi, die Johann XXII. sieben Jahrzehnte nach dem Tode des großen Staufers durch eine Kommission von Theologen verdammen ließ, befand sich auch diese;[3]) so stark war die Nachwirkung der Persönlichkeit des letzten Stauferkaisers noch auf Menschen späterer Zeit. Bei Schilderhebungen der Ghibellinen und bei den Spaltungen im Orden des heiligen Franz spielten jene Prophezeiungen ihre Rolle, und eben deshalb suchte man gerade von seiten anderer Minderbrüder ihnen zu begegnen. Nach dem Muster der Vision von der Höllenfahrt des Ostgotenkönigs Theoderich hatte ein sizilianischer Frater während er im Gebete kniete ein Gesicht von den Schicksalen, die der Ketzer Friedrich von Schwaben nach seinem Ende zu dulden hatte; der Mönch sah ein Heer von 5000 Gewappneten ins Meer reiten, das aufzischte, als hätte glühendes Erz sich hinein ergossen; einer der Ritter aber sagte ihm, das sei der Kaiser, der an der Spitze der Seinen in die Höllenglut

---

[1]) 1257 Mai bis August. Forsch. usw. II (S. Gimign.), Reg. 752.

[2]) Dies ist der Sinn einer Stelle zweier florentiner Codices (Nat.-Bibl. VIII. 1375 [Strozz. 265] und Laur. Pl. XLII, cod. 20, Schrift von Ende des 13. Jahrh., Pergam.), Fragmente einer Fortsetzung von Brunetto Latinis „Tesoro“ in italienischer Sprache enthaltend; sie besagt, der Astrolog Michele Iscotto (Michael Scotus), der beste, der seit Aristoteles gelebt habe, Lehrer Kaiser Friedrichs in der Astronomie „trovava iscritto nel libro di maestro Antonio, che Merlino avea profetizzato che Federigo dovea vivere II. LXXVI anni e così si credeano vivere ed elli vivette LXXVII anni“. Im Laurent. steht „due sessantacinque“ und „sessantasette“. Die Stellen sind bei Amari, Altre Narrazioni del Vespro Siciliano p. 38 gedruckt, doch übersah Amari, daß jene Ziffer 276 bedeuten sollte, und verkannte demgemäß den Sinn des Satzes.

[3]) Baluze, Miscell. I. p. 253.

des Ätna einzöge, und später vernahm er, daß eben zu jener Stunde der mächtige Monarch verschieden sei.[1]

Erst am 25. Februar 1251 wurde der am 13. Dezember Gestorbene im Dom zu Palermo zur Ruhe bestattet; man hüllte die Leiche in arabisches Seidengewand, setzte ihr die Krone aufs Haupt, legte an die eine Seite des Toten den Reichsapfel, an die andere das Schwert, und so bettete man ihn in den gewaltigen im Auftrage seines Großvaters, König Rogers, gemeißelten Porphyrsarkophag. Die morgenländische Hülle ziemte dem Toten, der den Orient als die Heimat seines Geistes betrachtet und dem Abendlande das arabisch gefärbte Erbe griechischer Kultur vermittelt hatte. In dem sizilischen Sarkophag lagen Krone, Schwert und Reichsapfel, vom Moder des Todes umwittert, als ein Symbol, daß mit ihnen die Träume des mittelalterlichen Imperiums eingesargt seien.

Nicht nur weil eine der merkwürdigsten Erscheinungen der europäischen Geschichte in ihm dahinschied, verweilen wir an seiner Gruft, sondern weil von den Kämpfen des Mannes, der Florenz nie betrat, die Geschichte der Stadt das bestimmende Gepräge erhielt. Welche Anregungen ihre Kultur vom Ghibellinentum empfing, dessen Wesen doch nur ein Abglanz von der Person des Staufersürsten war, soll später dargelegt werden. Im Kreise der toskanischen Ghibellinen ist in folgenden Jahrzehnten eine Friedrichslegende voll phantastischer Züge entstanden; doch die wirkliche Persönlichkeit des Kaisers ist fesselnder als alles, was man von ihm zu dichten gewußt hat; selbst unter den kirchlichen Gegnern, die ihn pflicht- und berufsgemäß haßten, werden Stimmen laut, wie die des Salimbene: „wäre er nur gut katholisch gewesen, hätte er Gott und die Kirche geliebt, wenige in der Welt wären ihm gleich gekommen; er aber habe geglaubt, die Seele gehe mit dem Körper zugrunde, und was er selbst und seine Gelehrten nur irgend derart in der heiligen Schrift auffinden konnten, das führten sie zum Beweise an, daß es ein jenseitiges Leben nicht gebe, und deshalb genoß er und genossen die Seinen um so mehr das diesseitige Dasein."[2] In der Tat meinte Friedrich, man solle nur glauben, was die Vernunft ergründen könne; Averroës hatte gelehrt, der Philosoph kenne keine andere Religion als die Erkenntnis dessen, was ist,[3] und der deutsche Kaiser war der Schüler des spanisch-islamitischen Wahrheitssuchers. Er richtete eine Anfrage an einen der berühmtesten Gelehrten des Mohammedanismus nach den Beweisen für die Unsterblichkeit der Seele,[4] und die ihm angeführten scheinen ihn wenig befriedigt zu haben. Von dem Araber, der ihn in der Dialektik unterrichtet hatte, ließ er sich noch auf dem Kreuzzuge begleiten; über geometrische Fragen stand er mit dem jüdischen Mathematiker Juda Cohen ben Salomon in Korrespondenz, und der Sepharde scheint auf seine Anregung zu der Zeit, in der

[1] Thomas de Eccleston. M. G. Ss. XXVIII. 568.

[2] Salimbene 166 ss.

[3] Gebhart. L'Italie mystique, 164 ss.

[4] Huillard-Bréholles. „Introduction" seiner Historia Diplomatica, p. DXXVIII.

Toskana nach der Unterwerfung von Florenz ganz kaiserlich geworden war, von Toledo nach dieser Landschaft übersiedelt zu sein.[1]) Man rühmte an Friedrich, daß er neben dem Italienischen, das seine Muttersprache war, neben dem Lateinischen, der Sprache der Studien, und dem ihm von Jugend auf vertrauten Arabischen, das Deutsche, Französische und Griechische beherrschte; nach andern Meldungen konnte er sich in neun Sprachen mündlich und in sieben schriftlich ausdrücken;[2]) in allen freien Künsten war er bewandert,[3]) doch keiner scheint er soviel Neigung gewidmet zu haben, wie der Sternkunde, die noch unlöslich mit der Astrologie verknüpft war. Die Meister dieser trugvollen Lehre ehrte er hoch, und er scheint sich bei seinen Entschlüssen stark nach ihrer Deutung der Konstellationen gerichtet zu haben. Die Parmenser behaupteten, in der Beute des Lagers von Victoria magische Figuren gefunden zu haben, die dem Kaiser zu Zaubereien und zu Orakelzwecken gedient hätten;[4]) zweifellos glaubte er, der den Glauben an das Jenseits ablehnte, an die Wirksamkeit okkulter Wissenschaft und an die Möglichkeit, der Zukunft ihre Geheimnisse zu entreißen; aber wie er es liebte, die blöde Menge zu blenden, wird er auch in dieser Richtung manches getan haben, um sich den Anschein übermenschlicher Kräfte und Fähigkeiten zu geben, um scheue Furcht vor seiner Macht zu erzeugen. Die Kunst, mit Vögeln zu jagen, betrieb er als seine bevorzugte Erholung; er hat darüber Victoria verloren und seine Machtstellung in der Lombardei eingebüßt. Dieser Lieblingsneigung widmete er ein Buch, daneben aber wußte er auch die Worte zum Verse zu fügen, fand den eigenen Ton dazu und sang die selbstgeschaffenen Lieder. Noch lange nach seinem Ende rühmte man die offene Hand, die er für fahrende Spielleute, für Troubadours, für Jokulatoren, für Histrionen, für Fechtkünstler hatte, und diese strömten aus allen Ländern dorthin zusammen, wo er Hof hielt.[5]) Er schätzte kluge Rede und gute Einfälle, wovon man noch nach mehr als einem Jahrhundert in Italien zu erzählen wußte;[6]) er selbst war voll Geist und Witz, der freilich mit den Jahren und durch seine Erlebnisse einen scharfen, bittern Geschmack annahm. Er hatte die fürstliche Freude am Bauen, an der Anlage von Schlössern, von Wildparks,

[1]) Huillard-Bréholles „Introduction" seiner Historia Diplomatica p. DXXVI ss.

[2]) Zu den Zweifeln, die Winkelmann, Otto IV. 87, Anm. 4 betreffs Friedrichs Kunde des Deutschen ausdrückt, ist zu bemerken, daß auf Malespini als Quelle freilich nichts zu geben wäre; aber die Meldung von den Sprachkenntnissen des Kaisers bei dem Pseudo-Malespini ist nur Kopie aus Villani VI, 1; Benvenutos von Imola übereinstimmende Meldung (ed. Lacaita I, 442) mag auf diese Quelle zurückgehen. Die weitergehenden Angaben sind ebenfalls florentiner Ursprunges; sie stammen aus italienischen Zusätzen zu Brunetto Latinis „Tesoro" von Ende des 13. Jahrhunderts. (Amari, Altre Narrazioni, p. 23.)

[3]) Zusätze zu Brunetto Latinis Tesoro, l. c.

[4]) Die Nachricht findet sich im dritten der bei Pezzana (Append. IV, p. 19) veröffentlichten zeitgenössischen Triumphlieder.

[5]) Le Novelle antiche, ed. Biagi p. 36.

[6]) Ebend. p. 4. — Sacchetti, Nov. 11.

von Burgen und großartigen, mit seiner marmornen Statue geschmückten Brückentürmen;[1] die Skulptur empfing durch ihn mächtige Anregung, und man darf von den Aufträgen, die er den Künstlern erteilte, ein neues Zeitalter der Bildnerei herleiten, weil sie zur Verherrlichung des modernen „Cäsar Augustus“ an die antike Tradition anknüpfte und dadurch den Banden kirchlichen Herkommens, der Enge längst erschöpfter Stoffe und Formen entrissen wurde. Er war nicht schön und hatte in reiferen Jahren ein Doppelkinn, aber die braune Hautfarbe, von der sizilianischen Mutter her, vereinigte sich bei ihm mit roten Wangen und blondem Haar, dem schwäbischen Erbe vom Geblüt des Vaters. Seine Augen müssen scharf und bohrend gewesen sein, denn selbst einer seiner Bewunderer sagte, er hätte den Blick der Schlange gehabt. Seine Gestalt war mittelgroß, doch höchst gelenkig, und er glänzte durch Gewandtheit im Waffenspiel.[2] Geringere Eigenschaften als die seinen, minderer Rang und Ruhm hätten genügt, die Herzen der Frauen zu erobern, doch scheint ihn niemals eine ernste Neigung längere Zeit gefesselt zu haben. Er war dreimal vermählt; die erste Gattin, die aragonesische Königstochter, hatte man ihm bereits angetraut, als er fünfzehn Jahre zählte; außer fünf ehelichen hatte er zehn natürliche Kinder; von seinen zahlreichen Geliebten hat er Bianca Lancia, die Mutter Manfreds, nach dem Tode der legitimen Gattin (Isabella von England) und lange nach der Geburt des Sohnes geheiratet. Daneben versagte er sich nicht, nach Sitte orientalischer Sultane eine Art Harem zu halten und sarazenische Mädchen als Tänzerinnen mit sich zu führen. In jedem Betracht war er eine Herrschererscheinung, die sich von allem Gewohnten und allem Gewöhnlichen unterschied; er hatte den Wunsch und Willen, sein eigenes Dasein zu leben, die Welt mit seinem Glanze zu erfüllen und sie seiner Macht unterzuordnen. Die herkömmlichen Dogmen und Formeln der Kirche banden ihn nicht, und er blickte weit über die Schranken fort, die die europäische Kultur seiner Zeit einengten. Die erste Spur von freier, eigener Naturbeobachtung findet sich gerade in seinem Jagdwerke, und manche unsicheren und tastenden Versuche, die ihm zugeschrieben werden, scheinen zu beweisen, daß ihm und seinem Kreise die Ahnung aufgegangen war, menschliches Wissen vom Wesen und Sein der Dinge lasse sich nur durch Prüfung und Experiment erweitern, nicht durch Erlernen und Klitterung überkommener Lehrmeinungen. Mit all diesen Fähigkeiten und Gesinnungen, mit solcher Macht, mit so vielen inneren und äußeren Erlebnissen hätte Friedrich der Staufer ein Reformator der Welt werden können; aber wenn es für den Dichter und Denker ein Glück sein mag, hoch über seiner Zeit zu stehen, ist es ein Unheil für den Fürsten, zu weit über sie empor zu ragen. Nur der wird sie fortzureißen vermögen, nur der sie zu großen Zielen führen, der zu

---

[1] Andreas Ungarus, M. G. Ss. XXVI, 571. — Villani VI, 1.

[2] Laur. Pl. XLII, cod. 20; s. S. 375 Anm. 2. Der Druck bei Amari l. c. 24, der auf Grund des Kodex der Florent. Nat.-Bibl. erfolgt ist, führt die sehr wichtigen Varianten des Laur. nicht an.

ihr gehört, während doch um seinen Scheitel die Strahlen des kommenden Tages glänzen. Dem Kaiser Friedrich fehlte diese Zusammengehörigkeit mit der Welt, in der er lebte, ihm mangelte die Einhelligkeit der Eigenschaften, auch die Einseitigkeit, ohne die ein großer Herrscher nicht bestehen kann. Zuviel Widersprüche teilten, spalteten sein Wesen: er war deutscher Kaiser schwäbischen Blutes, Sizilianer durch Geburt und Erziehung, und seine Interessen und Neigungen gehörten dem Orient. Er lag viele Jahre seines Lebens hindurch zu Felde, aber er war eigentlich kein Feldherr, und nach Mißerfolgen bemächtigte sich seiner leicht der Überdruß an den freilich furchtbaren Anstrengungen, die das Schicksal ihm auferlegte; mitten in harten Kämpfen stieg plötzlich in ihm ein unzähmbarer Drang nach Lebensgenuß auf, die Sehnsucht nach einiger Zeit freudenvoller Ruhe in dem geliebten Apulien. Der Freigeist erließ die Ketzergesetze, die der Kirche und ihrer Inquisition weit über seine Verdammung und seinen Tod hinaus als mörderische Waffen dienten; der den Orient liebte, nahm das Kreuz gegen den Islam, gegen den er doch nicht ernst kämpfte, und mit dessen Herrscher er sich gütlich einigte; der für die Sakramente beißenden Spott im Munde führte, ließ sich sterbend die letzte Wegzehrung reichen; er, den die Kirche mit Wut verfolgt, und gegen den der Papst Mordanschläge und Verrätereien veranlaßt oder gebilligt hat, empfing in der Todesstunde die Absolution, wahrscheinlich weil er seinem Sohne Konrad auf solche Art den Weg zur Einigung mit Innocenz zu bahnen hoffte. Er hat von den Städten unendliche Opfer verlangt, aber er hegte eine aus altererbten Auffassungen strömende Abneigung gegen das eigentlich bürgerliche Wesen, den Haß des Aristokraten gegen das Volk, den des Übermenschen gegen die Masse und den Durchschnitt, ohne den doch die Welt weder gedeihen noch auch bestehen kann. Im ganzen überwog in den Kommunen die Empfindung, daß die Kaisermacht ihrer Entwicklung feindlich sei; der zähe Widerstand Mailands, der Abfall Parmas machten alle seine Anstrengungen zunichte, und der Volksaufstand in Florenz war das letzte Unheil, das ihn traf; hätte er länger gelebt, so wäre der Verlust der Herrschaft über die Arnostadt ein starkes Gewicht in der sinkenden Schale seines Schicksals gewesen. Die Kirche wollte und mußte diesen Mann des freien Geistes niederstrecken, der ihre Grundlagen verneinte, der die Rechte des Diesseits erkannte und vertrat, während ihre Herrschaft sich auf unerschütterte Vorstellungen vom Jenseits gründet. Doch hätte das Papsttum das Werk nicht vollbringen können, ohne die Bürgerschaften, denen sie in eigenem politischen Interesse jede offene und geheime Hilfe leistete; der Kampf der Kommunen gegen den Staufer trug keinen nationalen Charakter, er richtete sich vielmehr gegen die Zentralgewalt, gegen die drückende und unnatürliche Verquickung des Feudalstaates und des absolutistischen Beamtenstaates, der sich auf Grundlage byzantinisch-arabischer Überlieferung im normannischen Sizilien entwickelt hatte und der schließlich auf dem Gebiete der Verwaltung denn doch die stärksten Einflüsse auf die mittel- und oberitalienischen Munizipien gewann. Jener Kampf war ein Ringen um die Unabhängigkeit, in dem sich zugleich viele wilde Triebe und viel edle Kräfte regten. Vor den vereinten

Mächten des Volkstums und der Kirche sank die Herrschaft des Reiches, aus vielen Wunden blutend, dahin; sie starb nicht, weil der Kaiser starb, sondern durch seinen Tod wurde ihre Agonie nur gekürzt. Der Kaiser ging politisch zugrunde, aber unterliegend hat er der Welt sein Erbe hinterlassen; eine unendliche Veränderung der geistigen Physiognomie Italiens war in den drei Dezennien seiner Herrschaft erfolgt. Anregungen, die von ihm ausgingen, haben weiter fortgewirkt, und die bürgerliche Welt, die ihn bekämpfte, die er mißachtete, ward in manchen ihrer erlesenen Geister zur Verwalterin seiner Gedanken. Die siegende Kirche, so ungeheuer ihre Macht blieb, übte, wie sie, mit infolge der Kämpfe gegen das staufische Haus, mehr und mehr verweltlichte, nicht mehr die unbedingte Gewalt früherer Zeiten über die Gemüter; die Ketzer, die auf Grund seiner Gesetze verurteilt wurden, und er selbst, ihr Verfolger, den Dante als einen Häretiker anderer Art gleich ihnen zur Höllenstrafe verurteilt, haben die Menschheit zur Kritik des römischen Wesens erweckt, und seit den Zeiten des großen, vom Schicksal zermalmten Herrschers begann die Kultur in immer steigendem Maße ein weltliches Gepräge anzunehmen.

Friedrich von Antiochien verläßt Toskana.

Wie die Nachricht vom Tode des Kaisers nach Toskana drang, sanken im florentiner Gebiet und in vielen der Nachbarbezirke die mühsam behaupteten Reste der Herrschaft des Reiches zusammen. Ein seltsamer Zufall fügte es, daß an demselben Tage, an dem im fernen Süden der Staufer verschied, der letzte kaiserliche Podestà der Arnostadt, der sich, seiner Machtbefugnisse beraubt, noch im Palast der Abbati am Altmarkt hielt, nachts von einer einstürzenden Wölbung erschlagen ward,[1]) doch hatte sein Verschwinden für die öffentlichen Verhältnisse keine Wichtigkeit mehr. Man hat geglaubt, aus gewissen Anzeichen schließen zu dürfen, die Kunde vom Hinscheiden des Monarchen sei geraume Zeit geheim gehalten worden, doch dies beruht auf Irrtum; in Wahrheit hätte ein solcher an sich undurchführbarer Versuch dem verzweifelten Einfall von Kindern, nicht einer Maßnahme staatskluger Männer geglichen.[2]) Friedrich von Antiochien entfloh sofort aus Toskana, wo er die Guelfen siegreich, Florenz in der Gewalt des Volkes sah, und die Mehrzahl seiner Beamten und Richter folgte eilends dem Beispiel ihres Oberhauptes. Nach dem Aufenthalt des kaiserlichen Bastards in Poggibonsi verliert sich seine Spur in der Landschaft, die er fast fünf Jahre als Statthalter beherrscht hatte,[3]) und sein weiteres Dasein bietet kein bedeutendes Interesse mehr. Nachdem er von seinem Halbbruder König Konrad Begünstigung erfahren und nach dessen Tode für den andern Kaisersohn Manfred gekämpft hatte, fiel er von diesem ab und trat in geheime, verräterische Verhandlungen mit dem Papst. Vielleicht war er bereits tatsächlich auf die

[1]) Villani VI. 42.

[2]) Forsch. usw. IV, S. 98 ff. „Die Behauptung von der Verheimlichung des Todes Kaiser Friedrichs des Zweiten".

[3]) Ebendort. — Forsch. usw. II (S. Gimign.), Reg. 601.

Seite der Kirche übergetreten, als er 1256 in noch jugendlichem Alter in Foggia starb.[1])

Eine gründliche Veränderung war die natürliche Folge der Auflösung der Reichsgewalt. Der Kaiser hatte in seinen letzten Zeiten, vielleicht eben auf Grund der Nachricht von dem Aufstande in Florenz, befohlen, alle Geiseln toskanischer Guelfen, die sich im Gewahrsam seiner Beamten befanden, nach Apulien zu senden. Dies konnten nur die Pfänder jener sein, die in ihren Heimatsorten zurückgeblieben waren und ihre Söhne als Gewähr ihres Wohlverhaltens ausgeliefert hatten. Über seine Pläne in bezug auf diese Unseligen liefen düstere Gerüchte um; man sagte, er wolle sie alle töten lassen, und jedenfalls harrten ihrer die Schrecken süditalienischer Kerker. Als sich der traurige Zug, von Bewaffneten geleitet, durch die Maremma bewegte, traf ihn die Kunde vom Tode des Monarchen; sofort ergriff die Wächter der Gefesselten panische Furcht, und sie liefen eilends davon. Die von traurigem Geschick Erretteten fanden zunächst in dem nordöstlich von Piombino gelegenen Campiglia Zuflucht, von wo sie dann nach einigen Wochen mit allen Ehren in die Heimat zurückkehren konnten.[2]) Befreiung guelfischer Geiseln.

In den vom Reich begünstigten Städten erkannte man, mindestens in der Theorie, auch nach dem Tode des Monarchen die Autorität des Reiches weiter an, wie dies dem Eide entsprach, den die Bürgerschaften bei Lebzeiten des Vaters dem König Konrad geleistet hatten. Siena folgte jetzt der erneuten Aufforderung des Galvano Lancia, der von der Bürgerschaft auf den Befehl des Verstorbenen und zugleich auf den seines Sohnes Manfred gestützt, die Besetzung der Aldobrandesca-Grafschaft zum Schutz gegen die Rebellen des Reiches verlangte, unter welcher Benennung die eigentlichen Herren des Gebietes, Graf Wilhelm, seine Söhne und sein Neffe verstanden wurden. Zum ersten Male erging hier in Toskana eine Weisung im Namen Manfreds; er hatte nach dem Testament des Vaters ein Recht, Befehle zu erteilen, denn dieses ernannte ihn, solange Konrad, der vom Kaiser zum Erben des Reiches bestimmte Erstgeborene, in der Ferne weilte, zum Verweser Italiens, eine Ernennung, die freilich staatsrechtlich durchaus anfechtbar war. Siena besetzte, um den feindlichen Grafen Wilhelm nach Tunlichkeit an der Wiederherstellung seiner Macht zu hindern, sofort die Gegend am Montamiata,[3]) und zwang Grosseto durch einen Kriegszug[4]) zur Unterwerfung wie in vergangenen Zeiten, nur mit dem formellen Unterschied, daß die Maremmenstadt jetzt von Siena fürs Reich in Siena.

[1]) Reg. Imp. Schlußband p. CXLVI. — Ridola, Federico d'Antiochia etc., Archivio Stor. Napoletano p. 217 ss.

[2]) Vill. VI, 41. S. S. 382 Anm. 2.

[3]) Ausgabe für dorthin gesandte pedites SAS. — Biccherna 18 (1251 Januar) f. 2, f. 16², (Februar) f. 25 (März) f. 28. — Ferner viele sieneser Urkunden von 1251, 7. März (SAS. — Arch. Gener.).

[4]) Die „Cavalcata" nach Grosseto ist in einer der bezeichneten Urkunden von 1251, 7. März erwähnt. — Betreffs der Unterwerfung Grossetos s. Forsch. usw. IV, S. 99: „Die Behauptung von der Verheimlichung" usw.

Verwahr genommen wurde; dennoch gelang es dem Pfalzgrafen, einen großen Teil der angestammten Gebiete zurückzuerobern. Erst etwas später, im Mai 1251, nahmen die Sienesen die eigene Grafschaft in Besitz; es scheint, daß sie zögerten, solange sie an ein schnelles Handeln des Königs Konrad, an dessen sofortiges Eingreifen in Reichs-Italien glaubten, und vielleicht auch solange der Lancia im Südsienesischen noch einen letzten Rest von der Macht des Imperiums verkörperte; doch hatten sie die Einwohnerschaft einzelner Burgen schon früher durch Eide an sich gebunden. Montalcino und Montepulciano erwiesen sich indes der mächtigen Stadt, in deren Gebiet sie lagen, entschieden feindlich, und es zeigte sich die baldige Wiederkehr jener alten Verwicklungen an, die sich solange nicht hatten regen dürfen, als ganz Toskana vom Reich in Gehorsam gehalten wurde.[1] Mit Florenz hielt Siena einstweilen gutes Einvernehmen; jene nach Campiglia geflüchteten Geiseln schickte die Kommune, nachdem sie die in Dürftigkeit befindlichen in schöne, neue Gewänder hatte kleiden lassen, von zwei Gesandten geleitet, nach Florenz zurück, von wo die aus andern Städten stammenden dann ihre Heimat aufsuchen konnten.[2] Freilich sollten trotz solcher Bezeugungen ritterlicher Gesinnung die günstigen Beziehungen der Kommunen nur von kurzer Dauer sein; einstweilen jedoch hielten es die Sienesen für vorteilhaft, eine Haltung einzunehmen, die ihnen freie Hand für künftige Entschlüsse ließ; in ihren Bündnisverträgen schloß die Kommune von denen, gegen die sie zu kämpfen verpflichtet sei, „das römische Reich" aus, doch in dieser Zeit der Wirrnisse war alles doppeldeutig; man konnte dem Papst erklären, diese Klausel beziehe sich auf die Herrschaftsgewalt Wilhelms von Holland, und man konnte Konrad und seinem Sachwalter Manfred gegenüber sich darauf berufen, wie Siena selbst in den schlimmsten Stunden zu den Staufern und zum Imperium gestanden habe.[3] Lange ließ sich freilich eine so unklare Haltung nicht durchführen.

Pisa

Pisa, des Rückhaltes am Reich beraubt, suchte mit Genua zum Frieden zu gelangen, der aber nicht zustande kam, da man sich wegen Lericis nicht einigen konnte, dessen Herausgabe die Genuesen, die schon Porto Venere besaßen, von Pisa verlangten, um dadurch ganz zu Herren des wichtigen Golfes zu werden, der heute nach dem spät erbauten Spezia benannt wird. Da der Ausgleich

---

[1] Schwur der homines Castellionis, olim dicti Latronorum, 1251, 22. Februar SAS. — Caleffo dell' Assunta. — Die Feindschaft von Montalcino und Montepulciano ergibt der Schwur Grossetos an Siena 1251, 27. Januar (Ficker IV, 428). — Im Mai 1251 wurde in Siena eine Kommission von sieben Mitgliedern eingesetzt „ad ordinandum, quomodo comitatus Senensis reduci debeat ad manus Communis Senensis" (Biccherna 18. f. 34^2).

[2] SAS. — Biccherna 18. f. 26^2, 28, 28^2. Man stattete die Vergeiselten zur Heimkehr mit seidengefütterten Gewändern aus.

[3] Exemption des „Romanum imperium" durch Siena im Vertrage mit dem Pfalzgrafen Hildebrand, Sohn des Bonifaz 1251, 17. Mai; SAS. — Caleffo Vecchio f. 204.

nicht zustande kam, so erneuerten die Genuesen zum Schaden der toskanischen Hafenstadt ihre Verträge mit Venedig, und auch Lucca trat in enges Bündnis mit Genua.[1]) Die Grafschaft Volterra, die von alten Zeiten her den Bischöfen zu Recht stand, war vom Reich beschlagnahmt worden, und die wertvollsten Besitztümer des Bistums waren früher bei florentiner, jetzt bei sieneser Geldleuten verpfändet. Friedrich von Antiochien hatte zu Volterra eine ähnliche Stellung eingenommen wie zu Florenz; er nannte sich Vikar der Stadt und des Distriktes, und die erstere ließ er durch einen Podestà an seiner Statt verwalten. Nach dem Tode des Kaisers und der Flucht seines Sohnes hielt der erwählte Bischof Rainer, der so eifervoll für das päpstliche Interesse gewirkt hatte, seinen Einzug in die Diözese, die er bisher nicht hatte betreten können, nahm die konfiszierten Gerechtsame wieder an sich und suchte die Burgen, soweit es möglich war, wieder in seinen Besitz zu bringen.[2]) Das kleine San Gimignano hielt sich noch einige Zeit hindurch für das Reich. Neri Piccolino degli Uberti, der Bruder des Farinata, trat sein dortiges Podestàamt Anfang 1251 an und zwang alle im Namen des Kaisers Gebannten, Stadt und Gebiet zu verlassen; doch nicht voll ein halbes Jahr hindurch vermochte er die Kommune im Elsatal für das Imperium und die Ghibellinenpartei zu behaupten, dann führte die siegende Kirche, die schon vorlängst ihre Fäden geschlungen hatte, die Stadt in ihr Lager hinüber. Zunächst erschien Rainer von Volterra dort in rein geistlicher Mission und gewährte wohlwollend die Lösung vom Interdikt; dann kam ein Glückwunschschreiben des Papstes mit der Aufforderung, nun dem Bischof auch zur Wiedergewinnung seiner Besitzungen behilflich zu sein, und dies war eine indirekte Aufforderung zur Verjagung des ghibellinischen Podestàs, denn Neri Piccolino hatte, wie erwähnt, die ihm vom Kaiser oder dessen Sohn verliehene wichtige Burg Pulicciano inne, die auf Grund des von ihm bedungenen Rückkaufsrechtes in seinen Besitz zurückgekehrt war. Der Erwählte von Volterra hatte nach seiner Heimkehr aus Lyon ein Anlehen zur Eroberung des Kastells aufgenommen, und es entspannen sich um Pulicciano langwierige Kämpfe des guelfischen Prälaten gegen den Uberti.[3])

Volterra.

San Gimignano.

---

[1]) Barthol. Scribae Annales M. G. Ss. XVIII, 229. Dazu päpstliches Versprechen an Genua, Pisa nur dann „in die Gunst der Kirche aufzunehmen" (d. h. zu absolvieren), wenn es den Genuesen Lerici herausgäbe, Lib. jur. I. 1077.

[2]) Forsch. usw. II (S. Gimign.), Reg. 601. — Päpstl. Schreiben vom 13. März 1251, Reg. Imp. 8360. — Friedrich von Antiochien erscheint als Vikar von Volterra, in dessen Namen ein Podestà fungiert, in der bei Gamurrini, Famiglie, IV. 216 erwähnten Urkunde vom 23. Oktober 1250.

[3]) Forsch. usw. II, Reg. 602—5. Päpstl. Schreiben an San Gimignano (seltsamerweise auch an den Podestà selbst gerichtet) vom 1. April 1251 im Bischöfl. Archiv Volterra, Sacc. XIII. dec. 6. No. 3. — Aufnahme des Darlehens durch den Bischof (in S. Gimignano) zur Rekuperation der Burg Pulicciano von Neri Piccolini, ebendort No. 5. Urk. vom 4. Juni 1251. — Zug des Bischofs von Arezzo, in der

Pisa. Pistoia. Arezzo. San Miniato. Florenz.

Pisa, Pistoia und einstweilen auch Arezzo blieben dem Reiche treu, aber San Miniato, die Stadt unterhalb der Reichsburg, fiel nach einiger Zeit von der Sache der Staufer ab. Daß Florenz sich nach dem Verschwinden Friedrichs von Antiochien der eingezogenen Grafschaft, soweit es möglich war, eilends bemächtigte, versteht sich von selbst. In dieser Hinsicht kehrten die Verhältnisse zurück, wie sie vor 1246 gewesen waren; die kleineren Ortschaften des Contado kamen bei formeller Belassung der Selbständigkeit wieder unter die Gewalt der herrschenden Bürgerschaft, wie sie bisher unter der der Reichsbeamten gestanden hatten.[1]) Doch empfand das florentiner Volk allzu deutlich, was eigentlich den Verlust der Selbständigkeit herbeigeführt, und welche Bedrängnisse die Stadt durch den Hader der Faktionen, den Zwist der Geschlechter erduldet hatte. Jetzt hielt das Volk die Macht in seiner Hand; es wünschte die Versöhnung der Parteien, aber mit dem Vorbehalt, daß diese nicht etwa die eben errungene eigene Freiheit in Gefahr bringe. Eine der ersten Maßnahmen des Popolo bestand darin, daß die Abtragung der Geschlechtertürme bis auf eine gewisse Höhe verfügt wurde, durchaus ohne Rücksicht darauf, ob sie Ghibellinen oder Guelfen gehörten; es ist erwähnt, daß deren manche bis über 70 Meter emporragten, und je höher sie waren, je weiter umher beherrschten sie Häuser und Straßen, um so größere Macht verlieh ihr Besitz. Jetzt wurde das Maximalmaß auf 50 florentiner Ellen (etwa 29 Meter) festgesetzt.[2]) Man glaubte sich auf solche Art und durch die strengen Bestimmungen des neuen Statuts gegen Überwältigung der Demokratie und gegen die Wirkung neuer Ausbrüche des Parteizwistes gesichert. Allzubald sollte man erfahren, wie der Haß unauslöschlich in den Herzen glühte, und man mußte es erleben, daß das neu konstituierte Volk trotz seines Sträubens völlig in die Strudel dieses Haders hineingezogen ward, doch zunächst hoffte man noch auf Versöhnung, auf ein erträgliches Nebeneinanderleben der Gegner, und in dieser Erwartung erfolgte der Volksbeschluß auf Rückberufung der ausgewanderten Guelfen, die am 7. Januar 1251 in die Stadt heimkehrten.[3]) Der Popolo glaubte, der einen wie der andern Partei Meister zu werden, aber die Ghibellinen konnten nicht vergessen, daß sie bis vor kurzem die Stadt in ihrer Gewalt gehabt hatten, die Guelfen nicht, daß sie im Aufstand gegen das Reich

---

sieneser Ratsverhandlung am 9. Juni erwähnt (SAS. — Cons. gener. 3, f. 2). Vgl. betreffs Pulicciano S. 357 Anm. 4.

[1]) Betreffs Figlines ergeben dies die 1253, 4. Januar bezeichneten Zeugenaussagen (SAF. — Passignano).

[2]) Villani VI, 39. — Danach Stefani II, 90. — In Bologna wurde durch das Statut von 1252 bestimmt, daß über 15 Ponti hoch (etwa 21 Meter) niemand in Türmen wohnen, oder solche mit Treppen versehen dürfe. — Gozzadini, Le torri gentilizie p. 26.

[3]) Gesta (Hartw. II, 275), wohl mit einem Schreibfehler: 17. Januar. — Villani VI, 42; Simone della Tosa und Paolino Pieri ad annum: 7. Januar. — Stefani II, 92: 8. Januar.

zuletzt Sieger geblieben waren. Grimm im Herzen, sahen die alten Gegner sich wieder von einem Mauerkreise umschlossen, und die Saat, die zu sprossen begann, war kaum gereift, als die Ghibellinen den Weg ins Exil nehmen mußten, aus dem eben die Gegner heimgekommen waren. Mars sollte nach alten Legenden der erste Patron der Stadt gewesen sein, doch jetzt herrschte, welchen Friedenshoffnungen man sich auch vorübergehend hingeben mochte, über Florenz neben dem blutigen Gott des Krieges der furchtbarere Dämon des Bürgerkampfes.

Sechstes Kapitel.

Das siegreiche Volk.

Uberto von Mandello, Podestà.

Nachdem mit der Rückberufung der Guelfen die Revolution zu ihrem Abschluß gelangt schien, nachdem sich die Stadt der Herrschaft über den Contado wieder bemächtigt hatte, schritt man zur Wahl eines Podestà der auf Grundlage einer demokratischen Verfassung neu organisierten Kommune, während bis dahin der Capitano del Popolo mit dem Titel eines „Rektor" die Stadt allein regiert hatte. Er blieb für die erste Jahreshälfte 1251 in seiner Stellung als Kapitan des Volkes,[1] doch zum obersten Beamten der Gesamtgemeinde wurde der Mailänder Uberto von Mandello ernannt, der bereits vor 32 Jahren als Jüngling im Gefolge eines, damals an der Spitze der Bürgerschaft stehenden Verwandten in Florenz geweilt hatte.[2] Es war zweifellos kein Zufall, daß man zu dieser Stellung einen Sohn des verstorbenen Rubaconte berief, des letzten Podestà vor der Einigung mit dem Reichslegaten Gebhardt von Arnstein. Uberto war ein Vierteljahrhundert hindurch einer der Vorkämpfer der kaiserfeindlichen Faktion der Lombardei, er war für seine Vaterstadt Rektor des Lombardenbundes und zeitweilig Anzian der Liga gewesen.[3])

[1]) Als solcher erscheint er am 30. April 1251 in der Arch. Stor. Ser. 3, tomo XXII, p. 220 gedruckten Urkunde; am 10. November d. J. wird Filippo de' Casseri (aus Mantua) in dem Bündnisvertrag mit Genua als sein Nachfolger genannt (SAF. — Cap. XXVI, f. 116². XXIX, f. 122²).

[2]) S. S. 60, Anm. 1.

[3]) Die beiden in Anm. 1 angeführten Urkunden sind zugleich die früheste und die späteste, in denen Ubertus de Mandello als Podestà von Florenz vorkommt. — Er war 1226 (Urk. vom 31. Oktober, Huillard-Bréholles. II, 391) Rektor des Lombardenbundes, 1235 (ebendort IV, 797) Podestà von Lodi gewesen. Ob er identisch mit einem Obertinus bezw. Robbertus de Mandello ist, den Kaiser Friedrich 1239 als Gefangenen ins Königreich schickte (ebendort V. 616 und 873), bleibt ungewiß. — Im Jahre 1228 (31. Oktober) fungierte Uberto als Anzian unter den Rektoren der Liga der Lombardei, Romagna und Mark Ankona (Cipolla. Documenti sulla relazione fra Verona e Mantova, p. 40). Als Sohn des Rubaconte, der noch am Leben gewesen sein muß,

Der in Kämpfen herangereifte Mann nahm die Stellung nur zögernd an. So vulkanisch unterwühlt erschien ihm der Boden von Florenz, daß er zu seiner Sicherung verlangte, die Bürgerschaft solle sich vorweg zu hoher Entschädigung verpflichten, wenn ihm oder seiner „Familie“ d. h. dem mitgebrachten Gefolge von Rittern, Richtern, Notaren und Schirren irgend ein Unrecht oder ein Leid geschähe, und die Stadt solle ihm zur Sicherung die Sprossen der vornehmsten Geschlechter von Stadt und Grafschaft, die Söhne von Führern sowohl der Ghibellinenpartei wie der Guelfen vergeiseln; man ging auf alles ein, und so ritten siebzehn edle Florentiner von jugendlichem Alter nach Mailand, wo sie dann anderthalb Jahr in ehrenvollem Gewahrsam verweilen mußten. Unter ihnen war ein Sohn des Farinata und einer des Jacopo Griso degli Uberti, ein Amidei, ein Tedaldini, zwei Adimari, ein Tornaquinci, ein Tosinghi, ein Arrigucci, ein Ricasoli, ein Pazzi, einer der Ubertini von Gaville; die Väter von neun Jünglingen führten den Rittertitel.[1]) Uberto hatte allen Grund, neuen wilden Fehden entgegenzusehen; die Macht des Imperiums war niedergebeugt, aber noch hielten sich toskanische Städte für Nachfolger des Kaisers; man wußte, daß König Konrad sich vorbereitete, im Herbst 1251 nach Italien zu ziehen, und man mußte das Wiederaufleben kaum beendeter Kämpfe fürchten; es war zu erwarten, daß sich die Ghibellinen für den Sohn erheben würden, wie einst für den Vater, und es galt, in dem Kampf, dem man entgegenzugehen glaubte, eine möglichst machtvolle und gesicherte Stellung zu erwerben; kein Klarblickender wird sich verhehlt haben, daß dies nur auf Kosten des kaum geschlossenen Bürgerfriedens geschehen könne. Es ist erwähnt worden, wie Neri Piccolino degli Uberti in San Gimignano das Podestà-Amt bekleidete und die Stadt für das Reich behauptete. Der Podestà Mandello ließ ihn nach Florenz vor sein Gericht laden;[2]) er wird von ihm Gehorsam gegen die Befehle der Volksgemeinde verlangt haben, zu dem sich der hochgemute Uberti jedoch nicht verstand. Seine Ladung war ein Vorzeichen des nahenden Gewitters.

---

bezeichnet ihn eine sieneser Urkunde vom 2. Dezember 1257 (SAS. — Riform.). Uberto war 1257 Podestà Sienas, und diese Tatsache beweist, daß er später, vielleicht nachdem er im Unfrieden aus Florenz schied, zu den Anhängern der staufischen Partei übergetreten ist.

[1]) Die Namen der 17 Geiseln (ursprünglich mag die Zahl 18 oder 20, wohl 9 oder 10 von jeder Partei, betragen haben) sind in den Urkunden Mailand 1252, 29. März, 14. Juni und 31. August (SAF. — Cap. XXIX, f. 194^{a}, 192^{a} u. 195^{a}) enthalten, die auf Einigung zwischen den Kommunen Mailand und Florenz wegen der Ansprüche Bezug haben, die dem Uberto aus seinem Podestà-Amt gegen Florenz zustanden. Es sei für die Mailänder Geschichte eine Angabe der letzterwähnten dieser Urkunden angeführt, wonach zur Zeit des Abkommens (1252, 31. August) der Podestà Mailands mit dem Auszuge zweier Portae (Stadtteile) sich auf einem Zuge im Tessin befand „ad pacem quandam faciendam“.

[2]) Forschungen usw. II, 604.

Streben nach dem Meere.

Zunächst lenkte man die Blicke nach Süden und suchte die kurze Zeit der Eintracht zu einer wichtigen Machterweiterung zu benutzen; auf große Ziele richtete der herrschende Popolo Sinn und Blick. Die Bevölkerung der Binnenstadt, deren Handel und Gewerbe eine hohe Entwicklung genommen hatte, strebte danach, ihrer Machtsphäre ein Stück der Meeresküste einzuverleiben. Da Pisa die Arnomündung besaß, da die Gebiete westlich von dieser dauernd von Pisa, Lucca und Genua umstritten wurden, konnte man nur hoffen, südlich des pisaner Gebietes einen der Häfen unter seine Kontrolle zu bringen, und die nächstgelegenen, jenseits der sandigen Maremma waren Talamone und Porto d'Ercole, etwa 25 und 40 km südlich von Grosseto, 140 und 125 km nördlich der Tibermündung gelegen. Sie wären die natürlichen Hafenplätze Sienas gewesen, das später in der Tat Talamone erwarb und bemüht war, es unter großen Opfern zu befestigen, sowie dort eine brauchbare Reede herzustellen. Für jetzt wußte man noch nicht, daß alle derartigen Bemühungen vergeblich sein sollten, weil Fieberluft den Ort unbewohnbar machte, und weil die Bucht trotz aller Vorkehrungen der Versandung ausgesetzt war.[1]) Florenz hoffte vielmehr, durch entsprechende Bauten in Talamone und Porto d'Ercole für den Handel wichtige Küstenplätze am Tyrrhenischen Meer zu gewinnen und Siena dadurch vom Meere abzudrängen. Zugleich bezweckte der Vertrag, den man wegen der Häfen schloß, eine feindliche Umzingelung der Nachbarstadt von Süden her, obwohl man der Form nach mit ihr in Frieden lebte. Jene beiden Orte gehörten zum Küstengebiete der Grafschaft Aldobrandesca, deren Herren sich rühmten, so ausgedehnt sei ihr Besitz, daß sie an jedem Tage des Jahres in einer andern ihrer festen Burgen hausen könnten;[2]) Porto d'Ercole war eigentlich nicht freies Eigentum des mächtigen Hauses, sondern nur ein altes Lehn der römischen Kirche Sant' Anastasia ad Aquas Salvias oder alle Tre Fontane,[3]) aber diesem Rechtsverhältnis scheint damals wenig Bedeutung beigelegt zu sein. An der Spitze des Geschlechtes stand Pfalzgraf Wilhelm, den Siena, wie wir sahen, trotz des im Namen des Reiches von Manfred an die Stadt ergangenen Auftrages, nicht hatte hindern können, wieder als Herr in seine Gebiete einzuziehen, während die Sienesen allerdings einen Teil von ihnen, darunter das wichtige Grosseto, unter dem Vorwande einer Behauptung der Stadt fürs Reich besetzt hielten.[4]) Um seine Macht ganz wieder herzustellen, trat der waffenberühmte Edle, den Dante als den „großen Tuszier" preist,[5])

Das Haus Aldobrandesca.

[1]) Vgl. Dantes Hohn gegen die Sienesen wegen ihrer Anstrengungen betreffs Talamones, Purgat. XIII. 151. Die Stellen der Dante-Kommentatoren über den Hafen sind bei Scartazzini, Enciclopedia. 1910 zusammengestellt. Der Dichter wußte schwerlich, daß seine Vaterstadt vor seiner Geburt die Hand nach Talamone ausgestreckt hatte.

[2]) Benvenuto von Imola zu Purgat. XI. 67.

[3]) Urkunde vom 11. März 1286, veröffentlicht von Giorgi im Arch. della Soc. Romana I, 61.

[4]) S. oben S. 381.

[5]) Purgat. XI. 58.

zunächst mit Orvieto, dann mit Florenz ins Bündnis,[1]) und als Preis des Vertrages räumte er der Bürgerschaft vom Arno freie Benutzung seiner zwei Häfen und zollfreien Warenverkehr in dem ganzen Feudalgebiet der Aldobrandesca ein. Einen der beiden sollte der Pfalzgraf auf eigene Kosten ausbauen, aber Florenz sollte gleichwohl ein Drittel von dessen Einnahmen erhalten. Die Söhne Wilhelms, die in den künftigen Kämpfen der Florentiner wider die Sienesen eine höchst bedeutende Rolle spielten, Ildebrandino (nachmals zur Unterscheidung von seinem gleichnamigen Vetter, Ildebrandino von Pitigliano oder der „Conte Rosso" genannt) und Umberto, schlossen gleich ihm die Verträge, doch fühlte sich Wilhelm so völlig als Oberhaupt der gesamten Familie, daß er seine Versprechungen auch zugleich im Namen seines Neffen Ildebrandino von Santa Fiora, des Sohnes seines früh verstorbenen Bruders Bonifaz, machte, wie er dies während dessen Knabenjahren stets gewohnt gewesen war. Ildebrandino aber war nicht gewillt, sich länger solcher Bevormundung zu fügen. Die Sienesen, die alles Interesse daran hatten, dem Feinde Feindschaft im eigenen Hause zu erwecken, werden es an Aufstachelung nicht haben fehlen lassen, und so erneute Ildebrandino, der Neffe, einen halben Monat nach Abschluß jenes Bündnisses mit Florenz einen Vertrag, den sein Vater einst mit Siena geschlossen hatte, und wonach er seine Burgen dieser Stadt zur Kriegführung überließ. Am folgenden Tage erklärte er feierlich, daß er nicht gehalten sein wolle, gegen das mit seinem Onkel und Florenz verbündete Orvieto zu kämpfen, aber gleich darauf gab er die Versicherung ab, jene Erklärung beruhe nur auf Verstellung, sie sollte als wert- und kraftlos gelten.[2]) Damit waren auch in das Grafenhaus der Aldobrandesca Verrat und Spaltung ein-

---

[1]) Bündnis mit Orvieto, 1251, 20. März und folgende Tage, Fumi, Cod. Dipl. 192. — Von den Verträgen mit Florenz ist nur der auf die Häfen und die Handelsverhältnisse bezügliche vom 30. April 1251 erhalten (Arch. Stor. Ser. III, tomo 23, p. 220); in diesem ist ausdrücklich von den andern (verlorenen) „pacta, promissiones" etc. die Rede. Vertreter von Orvieto und Montepulciano waren bei dem Abschluß zugegen. Am 13. Mai übernahmen die Einwohner des Kastells Silano Bürgschaft für den Vertrag (SAF. — Volterra). — Das Bündnis mit Orvieto war Wiederherstellung eines vom Vater Wilhelms 1203, 3. Juni (Fumi 53) abgeschlossenen. Bei Fumi tritt das eigentlich wichtigste Moment der Verträge von 1251 nicht hervor. Am 24. März wurde im Kastell Santa Fiora zwischen dem Grafen Wilhelm und den Vertretern Orvietos die Aufhebung der Klausel des alten Vertrages vereinbart, die bestimmte, er solle in nichts „gegen die Ehre Sienas" verstoßen (die Urkunde im Archivio Storico zu Orvieto, Diplomatico). Ein Florentiner war Zeuge dieser geheimen Abmachung. — In dem Vertrage Wilhelms mit Florenz vom 30. April 1251 heißt es: „Item cum Urbevetani sint Communi Florentie societatis et amicitiae vinculo copulati . . ." etc. Durch Vertrag vom 1. September 1251 (Fumi 199) wurde ausdrücklich stipuliert, daß das längst bestehende Bündnis gegen Siena gerichtet sein solle, was es in Wirklichkeit stets gewesen war.

[2]) Urkunden vom 12., 17. und 18. Mai 1251, SAS. — Caleffo Vecchio f. 203 bis 205, 207[a].

gezogen, wie sie in den andern toskanischen Dynastengeschlechtern, dem der Guidi wie dem der Alberti, schon vorlängst herrschten, und die tuszischen Verwicklungen wurden um eine weitere Quelle der Wirren bereichert. Florenz aber verbündete sich außer mit dem Pfalzgrafen Wilhelm und mit Orvieto von neuem auch mit Montalcino.[1]) Siena sah sich von Feinden umringt, und von dem Abfall der Städte in seinem Gebiete bedroht, denn auch Montepulciano schien nur der Stunde zu harren, in der Florenz es von der verhaßten Abhängigkeit befreien werde.

Der Bischof von Arezzo gegen das ghibellinisch regierte San Gimignano.

Der Papst entfachte, in der festen Absicht, die Reste der Reichsherrschaft zu beseitigen, die glimmenden Funken des Parteihaders zur Flamme. Er hatte im März dem Erwählten von Arezzo, Guglielmo degli Ubertini, den Auftrag erteilt, den noch vom Kaiser oder Friedrich von Antiochien eingesetzten Podestàs toskanischer Städte Niederlegung ihrer Ämter, den Bürgerschaften aber Suspendierung der Gehaltszahlung, mit andern Worten die Vertreibung ihrer Oberbeamten zu gebieten.[2]) Da der Befehl natürlich keine Wirkung erzielte, machte sich der Bischof mit bewaffneten Scharen von Arezzo gegen San Gimignano auf, um ihn wenigstens an einer Stelle gewaltsam durchzusetzen, und es gelang ihm in der Tat, sicherlich unter Mithilfe der dortigen und der florentiner Guelfen, den Neri Piccolino degli Uberti zu verjagen, wodurch die Ghibellinen einen wichtigen Stützpunkt verloren,[3]) und wodurch wahrscheinlich auch ihre Stellung in Florenz geschwächt wurde.

Siena.

In Siena, wo man sich durch die Nachbarn vom Arno auf das stärkste bedroht fühlte, wo man die Verträge mit dem Pfalzgrafen und mit Montalcino als verräterisch und als einen Friedensbruch ansah,[4]) hielt man sich dennoch für zu schwach, um ihnen den Fehdehandschuh hinzuwerfen. Man war schlecht zum Kriege vorbereitet;[5]) der Sieneser Handel wurde in seinen vielfältigen italienischen und internationalen Beziehungen durch das Interdikt geschädigt, da die Kaufleute sich bei der gewaltig gestiegenen Macht der Kirche und ihres Anhanges überall von der straflosen Wegnahme ihrer Waren, von der Nichtzahlung ausstehender Forderungen bedroht sahen. Auch lastete der Bann, abgesehen von dem materiellen Schaden, stärker als zuvor auf den Gemütern, denn Innocenz IV. kehrte gleich einem Triumphator aus Lyon nach Italien zurück und schickte sich an, die Früchte seines Sieges über den Kaiser zu ernten, die Leitung der italienischen Angelegenheiten fester als je in die Hand zu nehmen. Man bemühte sich in jeder Art um die Absolution; im

[1]) SAS. — Cons. gener. 3, f. 3.

[2]) Breve vom 26. März 1251. M. G. Ep. III, 79.

[3]) Von dem Zuge des Bischofs geben uns die Ratsverhandlungen in Siena am 9. Juni Kenntnis (SAS. — Cons. Gener. 3, f. 2). Am 10. Juni erscheint Neri zuletzt als Podestà in Urkunden von San Gimignano. Über seine gewaltsame Vertreibung Forsch. usw. II, 605.

[4]) Ratsverhandlung vom 12. Juni l. c. f. 3.

[5]) Ebendort, 13. Juni f. 5.

Rat schlug man vor, Gesandte an den Papst zu schicken, die ihn bitten sollten, persönlich nach Siena zu kommen, um der Stadt die Lossprechung zu erteilen, doch begnügte man sich schließlich damit, sie durch den Bischof und die Dominikaner des heimischen Klosters von Camporeggi zu empfangen.[1] Um aber dem Oberhaupt der Kirche die volle Innigkeit des neuerwachten heiligen Eifers zu bezeugen, ließen die Sienesen bald darauf den Scheiterhaufen für etliche Ketzer errichten, die dann freilich die geistesöde Menge um das erhoffte Schauspiel betrogen, da sie angesichts der lodernden Fackeln ihre Lehren abschwuren.[2] Die Rückkehr Sienas in den Schoß der Kirche gehörte mit zu den Maßnahmen, die man für nötig hielt, um der Expansionspolitik von Florenz widerstehen zu können; daneben suchte man sich eng an die andern Städte anzuschließen, die sich ebenfalls durch die junge Demokratie am Arno bedroht fühlten; am wirksamsten aber glaubte man die eigenen Interessen zu verteidigen, indem man in der Nachbarstadt selbst den Haß der Parteien schürte und den Verrat der Ghibellinen als Bundesgenossen aufrief.

Bildung der Liga gegen Florenz, Juni 1251.

Der Podestà von Siena, selbst ein Pisaner, begab sich nach Pisa, um in Erneuerung früherer Verträge ein Bündnis mit der Seestadt und mit Pistoia vorzubereiten;[3] es wurde am 19. Juni 1251 in Pontedera am Arno feierlich für „ewige Zeiten" durch die Podestàs der drei Kommunen abgeschlossen. Man sicherte sich wechselseitige Hilfe bei jedem Angriff zu, den Florenz oder das ihm verbündete Lucca gegen eine der drei Städte unternehmen würde, und man suchte den florentiner Handel dadurch schwer zu schädigen, daß die Alliierten sich verpflichteten, bis zu einem etwaigen Friedensschluß jeden Geschäftsverkehr mit Florenz und dessen Bürgern abzubrechen; gelang es, dies durchzuführen, so mußte die schlimmste Stockung im florentiner Wirtschaftsleben die Folge sein. Bei einem Angriff der Florentiner und Lucchesen gegen Pistoia hatte Pisa diesem 400, Siena ihm 200 Ritter zu stellen; griffen jene Pisa an, so hatten Siena und Pistoia den Pisanern Berittene in gleicher Zahl zu Hilfe zu schicken; zog Florenz gegen Siena zu Felde, so mußte Pisa 500 Mann zu Pferde, Pistoia 200 nach Siena entsenden, doch konnte diese Verpflichtung allerseits durch Zahlung einer halben Libra für Mann und Tag abgelöst werden, wofür dann Soldritter zu werben waren. Am wichtigsten war die Verpflichtung, jede der Städte habe den Angriff auf eine der andern als Kriegsfall zu betrachten und nach Aufforderung der Bedrohten in das florentiner Gebiet einzurücken; Pisa und Pistoia sollten jederzeit beim Ausbruche des Kampfes auch in das lucchesier Gebiet einfallen. Es war vorgesehen, die Liga durch Auf-

---

[1] Eine Urkunde betreffs Ernennung von Sindici zur Erlangung der Absolution, vom 3 März 1251 wird im Urkunden-Inventar von 1335 (SAS. — Capit. 7, f. 84) erwähnt. — Über Verhandlungen wegen der Lossprechung im Sieneser Rat im Juni: Cons. Gener. f. 4 und 8.

[2] SAS. — Biccherna (Oktober), 19, f. 36^a.

[3] SAS. — Cons. Gener. 3, f. 3.

nahme von „geeigneten, tüchtigen Kommunen und Personen Tusziens" zu erweitern. Bald sollte sich zeigen, was hiermit gemeint war.[1])

Die florentiner Ghibellinen treten der Liga bei.

Vor Abschluß dieser Vereinbarungen hatte man sich die Gewißheit verschafft, daß die mächtigsten florentiner Ghibellinengeschlechter bereit seien, ihre Waffen gegen die Vaterstadt zu wenden. Die Volksherrschaft mochte allen Großen, ob Ghibellinen, ob Guelfen, gleichermaßen verhaßt sein, aber die Guelfen wußten die Gunst des Popolo zu gewinnen, und sie teilten mit ihm das Interesse an der Beseitigung aller Reste der Reichsherrschaft, an der Bekämpfung der Anhänger des staufischen Hauses, die ihre Hoffnungen nach Süden auf Manfred, und in stärkerem Maße nach Norden auf Konrad richteten. So hinfällig sich die Macht des Reiches zuletzt erwiesen hatte, zäh klammerten die Ghibellinen ihre selbstischen Hoffnungen an das Schattenbild des Imperiums; unter seinem Banner gedachten sie, im Bunde mit gegnerischen Kommunen, Guelfentum und Demokratie zugleich niederzuwerfen, und eine Stadtherrschaft zu Nutz und Frommen der eigenen Interessen aufzurichten. Die Menschen dieser kampferfüllten Zeit wurden wenig durch zarte Bedenken gestört oder durch Regungen des Gewissens gepeinigt; das Parteiinteresse ließ ihnen jeden Hochverrat als gerechtfertigt erscheinen; die Kirche hatte von ihren Gläubigen soviele Eidbrüche verlangt und erzwungen, daß solche bei ihren Anhängern wie bei ihren Gegnern zur Gewohnheit wurden. Doch hat sich an den florentiner Ghibellinen die Treulosigkeit gegen die Vaterstadt nach vielen Schwankungen des Glückes bitter gerächt; der an der Heimat begangene Verrat ward ihnen zuletzt zum schweren Verhängnis.

Drei Tage nach dem Abschluß der Dreistädte-Liga trafen in einer Hütte an der nach Siena führenden Landstraße am Fuße des Castiglione di Val Strove in tiefem Geheimnis der Beauftragte der hauptsächlichen Ghibellinenhäuser von Florenz, der Ritter Bendemiolo aus dem Geschlechte der Lamberti nebst einigen anderen Lamberti und Uberti, darunter der aus San Gimignano vertriebene Neri Piccolino, mit einem Bevollmächtigten Sienas zusammen und schwuren diesem auf die Evangelien, daß sie und ihre Genossen Siena Hilfe in allen Kriegen und in jeder Streitigkeit leisten wollten.[2]) Der Eid wurde namens vieler der edelsten und mächtigsten Familien von Stadt und Grafschaft geleistet, außer für die schon genannten im Auftrage eines Teiles der Guidalotti (der industrielle Zweig der Familie war guelfisch), der Caponsacchi, der Brunelleschi, der Grafen von Gangalandi, der Amidei, Ubriachi, Scolari und Soldanieri. Graf Albert von Certaldo und Graf Napoleone von Mangona aus dem Hause der Contalberti, der ghibellinische Teil

---

[1]) Der Vertrag liegt im Caleffo Vecchio f. 311 ss. vor. Ein nicht ganz genauer Auszug bei Freidhof, „Die Städte Tusziens zur Zeit Manfreds", Metzer Lyceums-Programm 1879, S. 2 f.

[2]) Die Urkunde vom 22. Juni 1251 ist im Archivio Stor. Ital. Serie III, tomo IV, parte 2. p. 36 gedruckt. — Die Pazzi di Val d'Arno schlossen sich, wie SAS. — Cons. Gener. 3, f. 36 ergibt, dem Bunde gleichfalls an.

des Grafenhauses Guidi und die Ubaldini vom Mugello, mächtig durch Besitz und durch die Stellung, die der Kardinal Ottaviano an der Kurie einnahm, sowie viele andere traten der Verschwörung gegen Florenz bei. Was die Ubaldini anlangt, so neigten sie sich jetzt dem Ghibellinentum zu, da sie gemäß ihrer Familienpolitik stets auf seiten der Gegner der Kommune standen, durch die sie ihre Macht bedroht fühlten.

Die Erschienenen erklärten, daß alle Mitglieder der florentiner Ghibellinenpartei, wie der von Prato später denselben Eid schwören würden; vierzehn Tage darauf trat die Ghibellinenpartei Arezzos, die 875 Mitglieder zählte, und in dieser Zeit die Stadt beherrschte, dem Bündnis bei.[1]) Durch eingehende Abmachungen wurde alsbald das Verhältnis der florentiner Ghibellinen zu Siena, Pisa und Pistoia geregelt; die geheimen Stipulationen wurden mit den drei Kapitanen der Liga vereinbart, von denen jedes der Munizipien einen zu ernennen hatte, und denen es oblag, die gemeinsamen Angelegenheiten zu leiten. Man gab sich der eitlen Hoffnung hin, die Entscheidungen der florentiner Bürgerschaft vermittels der Einflüsse der Ghibellinen im Generalrat im Sinne der Feinde der Stadt beeinflussen zu können. Man gedachte Besitzer von Burgen durch Bestechung zu bestimmen, diese zum Kampf gegen die Stadt und ihre Landschaft herzugeben,[2]) und hierzu ließen sich die Ghibellinen von Siena und Pisa 4000 Librae zahlen; ferner bedangen sich die Verräter, wenn es zu Bürgerkrieg und Straßenkampf in der Heimat komme, Stellung von Söldnerscharen und Lieferung von Waffen aus. Sollte der geplante Aufstand unglücklich für sie enden, derart, daß sie ihn mit Vertreibung aus der Stadt, mit Zerstörung ihrer Häuser und Türme zu büßen hätten, so sicherten sie sich dadurch, daß die beiden Kommunen ihnen 15000 Librae oder gemäß der Schätzung des Verlustes einen höheren Betrag vergüten sollten. Von dieser Summe hatte Pisa fünf und Siena vier Neuntel herzugeben, während Pistoia, dessen finanzielle Mittel knapp waren, und dem voraussichtlich zuerst ein Anprall der feindlichen Nachbarn drohte, von jeder finanziellen Verpflichtung gegenüber den Ghibellinen frei blieb, auch von der einer Zahlung täglichen Soldes, auf den sie solange Anspruch haben sollten, als sie etwa aus der Stadt vertrieben wären. In besonderen Verträgen trafen außerdem Graf Napoleone, die Ubaldini und die Guidi ihre Vereinbarungen.[3])

---

[1]) Siena 1251, 6. Juli SAS. — Caleffo Vecchio f. 320. Ein weiterer Vertrag wurde am 7. November geschlossen, ibid. 321. Auch damals behaupteten sich die aretiner Ghibellinen noch in der Stadt, faßten aber schon die Möglichkeit ihrer Austreibung ins Auge. Die Schwurliste (vom November) f. 322.

[2]) SAS. — Cons. Gener. (vom 27. Juli) 3. f. 21.

[3]) Die Verträge sind nur zum kleinen Teil im Arch. Stor. Ital. Ser. III. tomo IV, parte 2. p. 36—42 gedruckt und die dort veröffentlichten gehören, den ersten (s. S. 392 Anm. 2) ausgenommen, nicht zu den wichtigsten. Sie befinden sich sämtlich, sowohl die veröffentlichten wie die ungedruckten, im SAS. Die letzteren sind die nachfolgenden: 1251, 23. Juli. — Riform. (zwei Urkunden). Vom gleichen Datum Caleffo Vecchio f. 316². — 1251, 24. Juli (der detaillierte Vertrag wegen Partei-

Kriegsbeginn. Kampf gegen Pistoia, Ende Juli 1251.

Suchte man auch das Bündnis der drei Städte einstweilen geheim zu halten,[1] so erlangte man in Florenz dennoch Kenntnis desselben, und schnell war der Entschluß gefaßt, sich auf das schwächste Glied der Liga, eben auf Pistoia, zu stürzen. Betreffs der verräterischen Abmachungen der Ghibellinen scheint die Verschwiegenheit besser gewahrt zu sein; diese Parteigänger waren durch ihren Eid gehalten, den Angriff zu hindern, sei es durch Überredung, sei es durch List oder Gewalt; es gelang ihnen weder auf die eine, noch auf die andere Art; das Bürgerheer rückte aus, doch sie weigerten sich, dem Kriegsbanner zu folgen. Trotzdem fühlte sich die Volksgemeinde stark genug, die Aufrührer daheim, die jetzt die Maske abwarfen, in Schach zu halten und, unterstützt von dem stets zum Kampf gegen seine Bischofsstadt geneigten Prato, den Waffengang draußen siegreich, wenn auch nicht mit endgültigem Erfolge, zu bestehen. Die Pistoiesen nebst ihren Hilfstruppen von Siena[2]) und Pisa erlitten eine Niederlage, doch schon nach dreizehntägigem Feldzuge[3]) kehrten die Florentiner Anfang August zurück, um daheim die Abrechnung zu vollziehen, während man die weitere Bedrängung Pistoias einstweilen auf den Herbst verschob. Ende September 1251 verwüsteten die Florentiner wiederum das Gebiet der Stadt; Lucca hatte zwei Monate hindurch in der Versilia gegen Pisa gekämpft; als die Pistoiesen gegen das Lucchesische durch Val di Nievole vorzudringen suchten, wurden sie von den Einwohnern Montecatinis und anderer Orte dieses Tales zurückgeschlagen. Auf diese Nachricht hin kehrten die Pisaner nach Hause zurück,[4]) und den Sienesen schien die Bedrängnis derer von Pistoia durch Florenz nicht schwer genug, um den Verbündeten die pflichtmäßige Hilfe zu leisten. In der Arnostadt lernte man einsehen, daß ein Bündnis, in dem die Stärkeren mit den Schwächeren um die zu leistende Unterstützung feilschten, nicht sehr zu fürchten sei. Auch gelang es den Florentinern, einen neuen Alliierten zu gewinnen; San Miniato trat auf die Seite von Florenz und

nahme im Rat und Bürgerkrieg, Sold und Entschädigung für den Fall der Vertreibung oder des freiwilligen Exodus), ebend. f. 315². — 1251, 17. August. Riform.

[1]) SAS. — Cons. Gen. 3. f. 25. — [2]) SAS. — Biccherna 19, f. 23².

[3]) Ebendort. — Über den Kampf gegen Pistoia im Juli Vill. VI. 43 und alle Ableitungen der „Gesta"; ferner Chron. Lucch. (Bibl. Naz. Florenz, Palat. 571) ad a. — Sercambi p. 34. — Forsch. usw. II (S. Gimign.) 608. — Über die Kämpfe dieser Zeit veröffentlichte Casanova unter dem Titel „Pistoia e la lega ghibellina nel 1251" einen auf die sieneser Ratsprotokolle gestützten Aufsatz im Bullettino Pistoiese Anno I. p. 135 ss. (1899). Doch ist zu bemerken, daß Casanova die Bedrohung Pistoias durch Florenz zum Ausgangspunkt des Abschlusses der Liga macht, während wir dargelegt haben, daß die Bemühungen von Siena ausgingen, weil diese Kommune sich durch die Abmachungen der Florentiner mit Montalcino und dem Pfalzgrafen Wilhelm gefährdet fühlte. — Eine kurze Monographie über diese Kämpfe, vorwiegend auf pistoieser Urkunden beruhend, verfaßte Santoli unter dem Titel „La Guerra fra Pistoia e Firenze del 1251 al 1254" im Jahre 1903.

[4]) Ptol. Lucens. zu 1251. — Chron. Lucch. (Bibl. Naz. Florenz, Palat. 571) ad a. — Sercambi p. 34. — SAS. — Cons. Gener. 3. f. 46.

Lucca, nachdem Siena vergeblich versucht hatte, die Stadt durch Geldanbietungen zu sich hinüberzuziehen.[1])

Vertreibung der Ghibellinen aus Florenz, August 1251.

Als das Bürgerheer im August von dem kurzen Zuge gegen Pistoia wieder in die heimischen Mauern einzog, konnten sich die Ghibellinen nicht mehr lange behaupten. Mitte des Monats begann der Exodus, doch scheinen einzelne Geschlechter noch während eines Teiles des September den aussichtslosen Kampf von ihren Palästen und Türmen her fortgesetzt zu haben, bis auch sie froh sein mußten, sich durch die Flucht zu retten; andere wieder hatten an der verunglückten Schilderhebung nicht teilgenommen, und ihre wahre Gesinnung wurde erst offenbar, als sie die Stadt verließen, um zu den Feinden zu gehen.[2]) Die Mehrzahl der Fortziehenden wandte sich nach Poggibonsi und Siena, andere gingen in das heiß umkämpfte Gebiet der Grafen Guidi am obern Arno, wo das Bürgerheer schon im Juni gegen den Grafen Guido von Romena gefochten hatte, der Montevarchi besetzt hielt;[3]) einige, unter ihnen der florentiner Notar Piero Bonfante, der erste, der den unbeholfenen Versuch gemacht hat, Geschichte in der schönen Sprache seiner Vaterstadt zu schreiben, suchten eine Zuflucht in Arezzo;[4]) viele warfen sich in ihre festen Burgen, um von dort aus das Gebiet der Heimat zu bekämpfen und zu verwüsten.

Änderung des Stadtwappens.

Die Ghibellinen glaubten, die Vaterstadt unter deren eigenem Banner befehden zu können, und sie wollten damit ausdrücken, sie, die Fortgezogenen, stellten das wahre Florenz dar, nicht innerhalb der Mauern sei dieses zu finden, wo jetzt das Volk die Gewalt in Händen hielt. Die mit den Guelfen verbündete Demokratie aber beschloß, da die Gegner das alte Stadtwappen führten, das der Kommune zu ändern und fortan statt unter der Fahne mit weißer Lilie in rotem Felde, unter der mit dem roten Giglio auf weißem Grunde in den Kampf zu ziehen.[5]) Dieselbe Fiktion, die durch die Aneignung des bisherigen Stadtbanners ausgedrückt wurde, verkörperte sich auch in der Organisation der Außenpartei; sie stellte, gleich der Kommune, einen Podestà an ihre Spitze, dem ein Rat zur Seite stand;[6]) so suchten die Ghibellinen ein Florenz außerhalb Florenz darzustellen, die eigentlich berechtigte Bürgerschaft, deren heilige Pflicht es sei, die angemaßte Macht der Demokratie drinnen mit allen Mitteln zu bekriegen.

---

[1]) Das Bündnis vom 17. August 1251 (SAF. — Capit. XXVI. 119 und XXIX. 125). — Den vergeblichen Versuch Sienas ergeben die Ratsprotokolle, l. c. f. 22^{a}.

[2]) SAS. — Cons. Gener. 3. Beratungen vom 16. u. 29. August u. 29. September; f. 28^{a}. 35 und 49. S. unten Anm. 4.

[3]) SAS. — Cons. Gener. 3. f. 11. Sitzung vom 21. Juni.

[4]) SAS. — Cons. Gener. 3. f. 72 und 87^{a} (27. Oktober und 28. November), Piero Bonfante (über ihn s. Forsch. usw. I, 165 u. IV, S. 358) erschien im Rat Sienas als Gesandter der Ghibellinen von Arezzo. Am 25. September aber hatte er noch friedlich in seinem Hause nahe der Templer-Niederlassung (bei Santa Croce) in Florenz geweilt. S. Forsch. usw. I a. a. O.

[5]) Vill. VI, 43.

[6]) Urk. Poppi 1252, 22. Juli, SAS. — Riformag.

Nicht Siena wurde zum eigentlichen Hauptquartier der Ausgezogenen, obwohl dort einige der Führer, wie Farinata und sein Bruder Neri Piccolino degli Uberti, Brancaleone Scolari und Vendemiolo Lamberti Aufenthalt nahmen, sondern Poggibonsi;[1]) dorthin wandten sich im Auftrage der Bürgerschaft von Perugia der Podestà der umbrischen Stadt nebst einem Gesandten in der guten Absicht, zwischen der Kommune Florenz und den Ghibellinen Frieden zu stiften;[2]) daß die freundlichen Bemühungen vergeblich blieben, versteht sich von selbst. Die Sienesen aber hatten bald zu empfinden, was es heiße, die gewalttätigen Verbannten einer Nachbarstadt als Gäste aufzunehmen; ihr Gebiet wurde durch Räubereien unsicher, die die Ausgetretenen gegen reisende Kaufleute unter dem Vorwande übten, daß diese mit dem bekämpften Florenz Handel trieben, wobei sie sich indes keineswegs auf solche beschränkten, die wirklich nach dieser Stadt zogen oder von dort kamen. Von allen Seiten, von Volterra, aus San Gimignano, aus Arezzo, selbst aus Rom liefen Beschwerden ein. Der sieneser Rat sprach den Kapitanen der Ghibellinenpartei seine Mißbilligung aus, aber noch nach Jahren hatte die Stadt Entschädigung für Plünderungen zu zahlen, die durch florentiner Ghibellinen verübt waren.[3])

Kämpfe am obern Arno.

Die ernstesten Kämpfe entwickelten sich in der von den Grafen Guidi beherrschten Landschaft am obern Arno. Es galt hier für Florenz nicht nur die Macht der beiden sich zur Reichspartei bekennenden Häuser des Grafengeschlechtes, der Linien von Poppi und von Romena zu brechen, sondern auch das ghibellinisch regierte Arezzo niederzuzwingen und den Guelfen dort zur Herrschaft zu verhelfen, eine feindliche Stadt in eine verbündete oder abhängige zu verwandeln, denn die Burgen der Guidi, wie die der ihnen verbündeten Ubertini und der Pazzi di Val d'Arno bildeten eine Barriere zwischen Florenz und Arezzo, gewissermaßen ghibellinische Vorwerke für die Verteidigung dieser Stadt. So kräftig die beiden Brüder Guido Novello und Simone sich regten, so tätig ihr Vetter Graf Guido von Romena war, am eifervollsten verfocht eine Frau die ghibellinischen Interessen des Hauses Guidi, das sich von Geschlecht zu Geschlecht energischer und kriegerischer weiblicher Mitglieder rühmen durfte. Dies war Johanna, die Mutter jener beiden, die als Witwe des Erstgeborenen der Gualdrada für die noch jugendlichen Söhne deren Erbe verwaltet und dabei stets mit Entschiedenheit auf des Kaisers Seite gestanden hatte; sie war die Schwester eines der hervorragendsten italienischen Parteigänger des Staufergeschlechtes, des Markgrafen Uberto Pallavicini,[4]) und sie

---

1) SAS. — 1251, 22. August. Riformag.

2) SAS. — Cons. Gener. f. 39t (Beratung vom 9. September).

3) Urk. 1256, 1. Dezember. Miscell. Stor. Senese III. 145. — Ratsverhandlung vom 8. September 1251, Cons. Gener. 3, f. 39t. Die Ausplünderung der Kaufleute, die „contra divietum facerent“ d. h. Waren nach Florenz brachten, oder von dort holten, blieb ihnen gestattet.

4) Vgl. das Privileg Friedrichs II. für die gräflichen Brüder, Cremona 1247, April. Lami, Monum. I, 490 u. 673.

wurde jetzt zur Seele des Widerstandes ihres Hauses gegen Florenz; abweichend von sonstiger Gewohnheit wurden alle Verhandlungen mit in ihrem Namen geführt. Siena hatte den Guidi im August deutsche Soldritter zu Hilfe geschickt; solche zogen seit dem Tode des Kaisers in Italien in Scharen umher und nahmen Dienst, wo Lohn und Beute lockten, doch anfänglich nur bei Städten, die zum Reiche hielten; später freilich, als sich die Verhältnisse immer wirrer gestalteten, wurde es ihnen gleichgültig, für oder gegen welche Sache sie das Schwert führten. Zugleich mit den Deutschen hatte Siena den Guidi Armbruster und Bogenschützen aus der eigenen Bevölkerung zum Schutze ihrer Burgen und Ortschaften gesandt, auch hatte es der Gräfin und ihren Söhnen ein ansehnliches Subsidium gezahlt.[1]) Bald entspann sich das hauptsächliche Ringen um den Besitz des Kastells Montaio. Die Burg war von einiger, doch nicht eben hervorragender strategischer Bedeutung, insofern als sie den Zugang vom obern Arno her durch das Chianti nach Siena beherrschte, von dessen Toren sie 30 Kilometer entfernt lag; sie befand sich in der unmittelbaren Nähe jenes Kastells Montegrossoli, das ehedem vom Reich besetzt worden war, das in den toskanischen Kriegen häufig eine Rolle gespielt hatte, und das jetzt von Florenz behauptet wurde. Wesentlich trug zu dem eifervollen Ringen um Montaio der Umstand bei, daß es ursprünglich dem Grafenhause gehörte, von Florenz erobert worden war, daß die Einwohner der zum Kastell gehörigen Ortschaft aber den angestammten Herren treu, die Burg den deutschen Soldrittern ausgeliefert hatten, wobei vermutlich die florentiner Besatzung niedergemacht worden war. Im August 1251 fand eine erste Belagerung von Montaio statt; die Ubaldini im Mugello waren von den Florentinern bei ihrer Feste Montaccianico besiegt worden, obwohl ihnen viele toskanische Ghibellinen, und zahlreiche romagnolische Bundesgenossen von jenseits des Apennins zu Hilfe gezogen waren;[2]) jetzt traten sie mit den Guidi in ein besonders enges Bündnis.[3]) Das ghibellinische Arezzo, die Feudalherren vom obern Arno und aus dem Chianti, die Pazzi, Ubertini und die Ricasoli, machten die Sache der Guidi zu der ihrigen; der erwählte aretiner Bischof Guglielmo degli Ubertini, der noch kürzlich in Ausführung eines päpstlichen Mandats gegen eines der Parteihäupter der Ghibellinen gekämpft hatte, folgte jetzt dem Familieninteresse, und trat zu den Ghibellinen über, unter denen er fortan für lange Zeit in vorderster Reihe stand. Die aus Florenz Vertriebenen, die Städte Siena, Pisa und Pistoia, waren durch die Verträge und durch ihr Interesse verpflichtet, den Grafen Guidi zu helfen. Es ist eine in der Geschichte der Kriege nicht seltene Erscheinung, daß auf das zäheste um einen Platz gerungen wird, dessen Besitz so großer Opfer kaum wert erscheint, dessen Behauptung oder Verlust aber

Kampf um Montaio. – Züge gegen die Aretiner.

[1]) SAS. — Biccherna 19, f. 24², 25, 26. — Cons. Gener. (28. August) 3, f. 34². Die Zahlung betrug 1200 Librae.

[2]) Villani VI, 47 und andere Ableitungen der „Gesta“ (p. 275).

[3]) Urk. von 1251, 7. September. SAS. — Riform.

gleichwohl von entscheidender Wichtigkeit ist, weil sich daran zeigt, welcher Teil der eigentlich überlegene ist, und weil mit dem moralischen Eindruck von Sieg oder Niederlage gerechnet werden muß. Dies war der Fall bei der Belagerung von Montaio, das später nie wieder eine Rolle gespielt hat, an sich also nicht so vielen Blutvergießens und jener schweren Kämpfe wert erscheinen mochte, die sich unter der gespannten Teilnahme von ganz Italien abspielten.

Aus Florenz rückte am 10. September[1] die Hälfte des gesamten Bürgerheeres, die Ritter und die Fußmannschaft von drei Stadtsechsteln und von den dazu gehörigen drei Sechsteln der Grafschaft aus, um arnoaufwärts gegen das Gebiet der Guidi und gegen Arezzo vorzudringen. In Siena beschloß man daraufhin, den Astrologen aufzugeben, sofort die rechte Zeit und den rechten Abmarschpunkt für den Auszug des Heeres zu ermitteln;[2] aber in den Sternen stand geschrieben, daß die Hilfe Sienas immer spät und mangelhaft ausfallen sollte. Die Sienesen rückten gegen das Aretinische vor, doch sie hielten es für geraten, statt mit voller Macht nach dem hauptsächlichen Schauplatz des Krieges zu ziehen, vorher die von Florenz behaupteten Burgen Tornano und Monteluco anzugreifen, in Trebbio (dem jetzigen Castellina in Chianti) Feuer anzulegen und den zerstörten Ort zu besetzen,[3] so daß nur 200 Ritter, teils deutsche, teils Bürger Sienas, bis in das eigentliche Kampfgebiet bei Ganghereto und Montaio vordrangen, und von dieser ohnehin kleinen Schar machten die deutschen Soldreiter alsbald Miene, umzukehren,[4] wie auch die Fußtruppen, die man den Guidi zuvor gesandt hatte, nur widerwillig ihren Dienst verrichteten;[5] zumal die Leute aus der Grafschaft verlangten nach Hause, vermutlich, weil man sich in der Zeit der Weinernte befand.

Der kraftvollste Widerstand wurde den Florentinern durch die Ghibellinen von Arezzo bereitet, die im Gebiet der Guidi zugleich für die eigene Heimat und die Herrschaft über sie kämpften; sie wurden von Ubertino da Gaville geführt, der die beiden Ämter eines Kapitans der aretiner Ghibellinenpartei und des Podestàs der Stadt bekleidete; es gelang ihnen, den Florentinern eine Schlappe beizubringen,[6] nach der, wie es scheint, das Bürgerheer vorübergehend in die Heimat zurückkehrte. Doch bestimmte der Mißerfolg die Kommune zu um so größerer Anstrengung; Anfang November zog man von neuem, jetzt mit zwei Dritteln der gesamten städtischen Macht, gegen Arezzo aus, und Ende des Monats sandte man dem Hauptheere eine weitere Heeresabteilung von 200 Rittern und 400 Armbrustern nach; dieser Nachschub stand unter Führung des guelfischen Grafen

---

[1]) Oder am folgenden Tage; Casanova l. c. 146.

[2]) Cons. Gener. 3. f. 42 (Rat vom 14. September).

[3]) Ebend. f. 42, f. 43 u. Biccherna 19, f. 31.

[4]) Cons. Gener. 3. f. 44ª. — [5]) Ebendort f. 38.

[6]) Ebend. f. 43 (17. September). — Ubertinus de Gaville wird als Kapitan der aretiner Ghibellinen ebend. f. 96 (8. Dezember) genannt, als Podestà der Stadt für 1251 in Annal. Aretini, Murat. Ss. XXIV, col. 860. — Pasqui. Docum. per la Storia di Arezzo IV, 40.

Guido Guerra, den wir hier zuerst in direktem Kampf gegen die feindlichen Vettern und deren Mutter erblicken. Nach Arezzo hatte Pisa Ritter als Besatzung geschickt, und Siena entsandte Söldner dorthin die es im Spoletanischen geworben hatte. Ehe diese aber von Siena dorthin reiten konnten, mußten die Behörden sie erst aus den Händen der Wucherer auslösen, denn sie hatten ihre Waffen zu Pfandleihern getragen, um sich inzwischen gute Tage zu bereiten.[1] Die Ghibellinen Arezzos hegten so starke Befürchtungen für ihre Stadt, daß sie unter päpstlicher Vermittelung mit den vertriebenen guelfischen Mitbürgern Unterhandlungen anknüpften, die freilich fruchtlos blieben;[2] bei diesem Anlaß scheinen sich die Ghibellinen dem Papst und seinem Abgesandten, dem Propst Martin von Parma willfähriger gezeigt zu haben als die Guelfen, und die Mitglieder der Liga benutzten dies, um Innocenz ihre Interessen ans Herz zu legen, um ihm vorzustellen, daß der Ghibellinenbund nicht etwa gegen die Kirche, sondern im Gegenteil zu deren Ehre geschlossen sei.[3] Er wird solche Beteuerungen mit einem Lächeln aufgenommen haben, denn er wußte, daß dasselbe Siena, das sie ihm durch einen Gesandten übermitteln ließ, dem König Konrad, dem Sohn des verhaßten Kaisers, auf die Kunde von dessen Aufbruch gen Süden sofort einen Boten mit Versicherungen der Treue über die Alpen nach München oder Augsburg entgegengeschickt hatte.[4] Jetzt stand der deutsche König auf italienischem Boden und versammelte seine lombardischen Anhänger um sich; er gab seinem Vertrauensmann in Siena, Ildebrando di Guido Cacciaconti (aus dem Grafenhause Scialenga), getreuen Bericht über sein Vorhaben, zur See in sein Erbland Sizilien zu gehen.[5] Die Enttäuschung seiner toskanischen Anhänger mag keine geringe gewesen sein, denn dadurch schied er als Faktor, mit dem man in den Kämpfen zwischen den Ghibellinen und Guelfen zu rechnen hätte, für jetzt völlig aus. Des Papstes Interesse an der Versöhnung, sein merkwürdig wohlwollendes Verhalten gegen die Ghibellinen entstammten zweifellos dem Wunsche, Einfluß auf sie zu gewinnen, um zu verhindern, daß sie eine Partei Konrads werde, wenn diesem die Herstellung der väterlichen Macht im Süden der Halbinsel gelingen sollte.

König Konrads Erscheinen in Italien.

Die Ghibellinen von Arezzo faßten neuen Mut, da die Guelfen von Città di Castello mit Hilfe der Sienesen durch eine Straßenschlacht aus der

Città di Castello.

---

[1]) SAS. — Cons. Gener. 3, f. 79, 86', 96.

[2]) Päpstl. Schreiben Perugia 1251, 8. November an den Erwählten von Volterra. (Bischöfl. Archiv Volterra Dec. 6, No. 12). — Biccherna 19, f. 38.

[3]) SAS. — Cons. Gener. 3, f. 87'. — Der Propst Martin, päpstl. Kaplan, war mit Innocenz in Lyon gewesen. Am 4. September 1250 hatte der Papst ihn florentiner Geldleihern (Abadinghi) zum Exekutor ihrer Forderungen gegen das französische Kloster Lezat gegeben. — Berger, Saint-Louis et Innocent IV. p. 112 f.

[4]) Bicch. 19, f. 29. Zahlung an den Boten „ad curiam Domini Curradi regis" im September. Im Oktober, wo er bei Konrad eingetroffen sein muß, weilte dieser in den genannten Städten.

[5]) Reg. Imperii 4563c, 4565.

Heimat vertrieben wurden und ihre Parteigenossen die Herrschaft über die Stadt gewannen;[1]) vor allem aber kam es ihnen zugute, daß die florentiner Gegner ihre Kraft gegen einzelne Burgen auf ziemlich weite Entfernung zersplitterten, statt gegen die Stadt, als den Mittelpunkt der feindlichen Macht, vorzudringen. Es mochte Zorn gegen den Bischof Guglielmo wegen dessen Parteiwechsel sein, der die Florentiner veranlaßte, zuvor die starke, den Ubertini gehörige Burg Rondine zu berennen,[2]) und Haß gegen die ghibellinischen Guidi, der ihnen die Absicht eingab, vor Montaio ein Lager zu schlagen, um vor allem dieses Kastells Herr zu werden, ehe sie Arezzo angriffen. Als sie dieses Lager absteckten und die Zelte aufschlugen, stürmten die Ghibellinen nebst den Deutschen aus den Burgmauern hervor und bereiteten ihnen von neuem eine derartige Niederlage, daß sie ihr Heil in der Flucht suchten.[3]) Es scheint, daß sich der Zorn über die erlittenen Mißerfolge gegen den Podestà Uberto von Mandello entlud. Er, seine Ritter, Richter und Notare wurden beim Amtsablauf und bei der üblichen Sindizierung oder Rechenschafts-Ablegung am Jahresende beschimpft, und man weigerte sich, ihnen das schuldige Gehalt auszuzahlen. Er ritt mit seiner „Famiglia" nach Mailand zurück, und Florenz geriet darüber mit der mächtigen lombardischen Kommune in Händel. Uberto erlangte auf Grund der lebenden Pfänder, die er sich klüglich hatte stellen lassen, im Juni 1252 Befriedigung seiner Ansprüche, die er, Vergütung für erduldeten Schimpf mit eingerechnet, auf die hohe Summe von 4000 Mark Silber veranschlagte;[4]) einem minder vorsichtigen Podestà aus minder mächtiger Stadt wäre dies freilich kaum so leicht geglückt. Nicht mit Unrecht ging in den Kreisen der Berufspodestàs, die von Stadt zu Stadt wanderten, und der Juristen, die in den Dienst bald dieser, bald jener Kommune traten, ein bitterer Spottvers gegen Florenz um:

Niederlage der Florentiner bei Montaio.

„Se tu ai uno, a chi tu vogli male
Mandallo a Firenze per ufitiale[5])".

Eroberung von Montaio, Januar 1252.

Gleich nach dem Amtsantritt des neuen Podestà, Filippo degli Ugoni aus Brescia, beschloß man zum dritten Male den Auszug gegen Montaio, denn die neue Volksgemeinde war in ihrer jugendlichen Tatkraft nicht gewillt, den Schaden und die Schmach tatlos zu ertragen. Gegen die sonstige Gewohnheit, nach der im Winter die Waffen ruhten, und obwohl eine dichte Schneedecke auf der Berglandschaft am obern Arno lag, zog die waffenfähige Bürgerschaft, durch Zuzug des verbündeten Lucca verstärkt, im Januar 1252 wiederum ins

[1]) SAS. — Cons. Gener. 3. f. 89[a] (28. November) und 107 (28. Dezember).

[2]) Ebend. f. 89[a] (28. November). — [3]) Vill. VI, 48.

[4]) S. S. 397 Anm. 1. Ferner die (irrig 1255 bezeichneten) Urkunden von 1252, Juli, SAF. — Archivio Gener. Append.

[5]) Der Vers, der jedenfalls älter ist, findet sich von einer Hand des 14. Jahrhunderts am Ende eines 1285 geschriebenen (juristischen) Kodex der Römischen Bibl. Vittorio Emanuele (Sessoriano 81, 2001). Es steht statt uno „niuno", statt Firenze „Firence".

Feld. In Schnee und Frost zu kämpfen, war für die Handwerker und Kaufleute aus der Stadt und selbst für die Landbevölkerung eine harte Aufgabe, doch die schwere Probe wurde glänzend bestanden. Eine regelrechte Belagerung war wegen der Witterung unmöglich, indes wurde das Kastell durch mitgebrachte Belagerungsmaschinen stark bedrängt. Da rückte ein Heer, aus pisaner und sieneser Ritterschaft sowie dem Aufgebot des sieneser Landvolkes bestehend, an, um Montaio zu entsetzen; es schlug bei der Vallombrosaner-Abtei Coltibuono, kaum zwei Kilometer von dem Kastell, ein Lager auf. Während die Feinde einander gegenüber standen, trafen Abgesandte Innocenz' IV. auf dem Schauplatz des Kampfes ein; er hatte die Parteien vor sich beschieden, um Frieden zwischen ihnen zu stiften, aber sie hatten keine Vertreter entsandt; jetzt schickte er von Perugia her, wo er seinen Hof hielt, zwei vornehme Römer im Kardinalspurpur, Riccardo degli Annibaldeschi und Giovanni Gaetani degli Orsini, der nachmals unter dem Namen Nikolaus III. den Stuhl des Apostels einnehmen sollte, als Legaten ab, doch die „väterlichen Befehle" des Innocenz fanden, wie er später vorwurfsvoll an Podestà und Rat von Florenz schrieb,[1]) taube Ohren. Es scheint, daß es zumal die Florentiner waren, die den Kampf um jeden Preis wollten; sie hörten geduldig die Ermahnungen der Kardinäle, aber sie eröffneten, ohne weiter auf sie zu achten, am 9. Februar den Angriff. Den Hauptteil ihrer Streitmacht ließen sie in den Stellungen rings um die Burg und rückten mit der Reiterei, nebst einer kleinen Schar erlesener Armbrustschützen gegen das Kloster Coltibuono und die Lagerstätte der sieneser und pisaner Feinde vor. Diesen sank angesichts des kraftvoll geführten Vorstoßes der Mut; sie ritten und liefen, Zelte wie Kriegsgeräte zurücklassend, davon, und als die in der Burg die kampflose Flucht der erhofften Retter sahen, erfaßte sie die Verzweiflung. Sie ergaben sich auf Gnade oder Ungnade; das Kastell wurde sofort dem Boden gleich gemacht, und die gefangenen Ghibellinen führte man gebunden in die florentiner Gefängnisse. Über diejenigen aber, die Montaio und dessen florentiner Besatzung verraten, die Burg den deutschen Söldnern ausgeliefert hatten, verhängte man die Todesstrafe, und sie wurde mit einer brutalen Grausamkeit vollzogen, von der sich selbst in der Greuelgeschichte mittelalterlicher Partei- und Städtekämpfe wenig Beispiele finden. Man preßte die für schuldig Gehaltenen zwischen zwei Bretter und sägte dann diese nebst den zuckenden Leibern in der Mitte durch.[2])

---

[1]) Perugia 1252, 26. August. M. G. Epp. III, 135. — Sternfeld, Kardinal Johann Gaetan Orsini, S. 9.

[2]) Über den Sieg bei Montaio Vill. VI, 48. Das Datum (Vill. irrig: Januar) ergibt die sieneser Urkunde vom 14. Februar (SAS. — Archivio Generale), die sich auf Vergütung für ein Pferd bezieht, gestorben infolge eines Pfeilschusses „in batallia, que fuit die Veneris proxima preterita inter Senenses et Florentinos apud Montaiam". Weitere entsprechende Urkunden in der gleichen Provenienz. — Von der Strafe der Verräter berichtet Paolino Pieri ad annum.

Der Erfolg der Florentiner war der erste, den die Demokratie auf dem Schlachtfelde errungen hatte. Das Aufsehen, das er erregte, muß im Verhältnis zu der vorangegangenen Spannung gestanden haben. Man sah sich während jener Kämpfe in toskanischen Städten gezwungen, bei hoher Strafe die Spottlieder und die Hohnreden zu verbieten, mit denen die Anhänger und Gegner der kriegführenden Parteien sich auf Markt und Straßen wechselseitig reizten.[1]) Der Sieg entfachte den Mut der florentiner Volkspartei und gab den künftigen Waffengängen ihr Gepräge; kühnes Vordringen derer aus der Arnostadt, zaghafte Abwehr und mutloses Zurückweichen der Gegner blieb für viele Jahre die Regel. Klug verstand es die Bürgerschaft überdies, den Feinden überall Feinde zu erwecken. Orvieto und der Pfalzgraf Wilhelm beunruhigten Siena fortdauernd von Süden her, und im Dezember mußte die Stadt an Pisa und Pistoia den Ruf um Hilfe ergehen lassen.[2]) Zugleich bestürmte Siena durch seine Gesandten, freilich vergeblich, das Ohr des Papstes, um dessen Beistand gegen den Aldobrandesca-Grafen zu erlangen;[3]) Innocenz hatte nicht die geringste Neigung, dem vornehmen Vasallen, der sich in Zeiten der Gefahr bewährt hatte, Verlegenheiten zu bereiten; er bestätigte ihm vielmehr, jenen Versuchen Sienas zum Trotz, das umsonst sein Geld für Bestechungen an der Kurie ausgab,[4]) allen Besitz, den Wilhelm vom apostolischen Stuhle zu Lehn trug, und er bezeugte ihm in klangvollen Worten, daß seine Ergebenheit, gleich der seiner Ahnen, fest auf dem Felsen christlicher Treue begründet sei. Überdies erkannte er später in einem nach Florenz gerichteten Schreiben den Kriegszustand des Pfalzgrafen gegen Siena gewissermaßen als einen legitimen an.[5]) Da der Papst aber auch das soeben erst in den Schoß der Kirche zurückgekehrte Siena nicht ganz unbefriedigt lassen wollte, untersagte er Orvieto weitere Einfälle in das sieneser Gebiet.[6]) Beständig hatte die mit Florenz verbündete Bürgerschaft die nahe gelegenen Städte Montepulciano und Montalcino in deren Unabhängigkeitskampf gegen Siena unterstützt; diese Fehden gingen neben dem Kriege im Aretinischen und im Gebiet der Guidi einher und verschlangen sich mit ihm. Florenz verstand es zumal, wenn es einen Zug arnoaufwärts plante, die Orvietaner zugunsten Montepulcianos und gegen den sieneser Contado in Be-

Siena, Orvieto, Montepulciano und Montalcino.

---

[1]) Forsch. usw. II (S. Gimign.), 623.

[2]) SAS. — Cons. Gener. f. 91^2 (1. Dezember 1251) u. f. 96 (6. Dezember).

[3]) Schreiben an den Gesandten, undatiert. Den Zeitpunkt ergeben die Ratsverhandlungen vom November. SAS. — Concistoro, Lettere I, f. 3.

[4]) SAS. — Bicch. 19, f. 5^2.

[5]) Perugia 1252, 9. Januar. M. G. Epp. III, 110. — Schreiben an den Propst von Florenz, 13. August; Berger 5910. — Eine Begünstigung des florentiner Podestàs Filippo degli Ugoni durch den Papst erfolgte am 15. Mai 1252 durch Verleihung einer Pfründe an dessen noch im Knabenalter stehenden Bruder. Berger 5692.

[6]) 1252, 26. März. Fumi 201. — An Montepulciano ist eine ähnliche Weisung am 23. März ergangen. Das Breve ist im SAS., Riformag. nicht mehr vorhanden, findet sich aber im Spoglio dieser Provenienz verzeichnet.

wegung zu setzen.[1]) Anderseits benutzte Siena freilich die Pausen der sonstigen Kämpfe, um das Gebiet Montepulcianos und Montalcinos in eine Wüstenei zu verwandeln, in der Landschaft rings um die hoch gelegenen Städte, die es nicht zur Unterwerfung zurückführen konnte, nach Kräften zu plündern und zu sengen.[2]) Die von Montepulciano erwiderten Gleiches mit Gleichem, stürzten sich über die frühere Reichsburg San Quirico, deren sich Siena bemächtigt hatte, und verheerten deren fruchtbares Gebiet.[3]) Im Dezember 1251 wandten sich Ortschaften des südsienesischen Gebietes flehend an die Behörden der Stadt, man möge ihnen Ritter zum Schutz schicken, damit sie wenigstens dem Boden die Aussaat anvertrauen könnten.[4]) Im Sommer 1252 besiegte Siena die von Montepulciano,[5]) ohne aber durch diesen Waffenerfolg eine Rückkehr der Stadt unter seine Botmäßigkeit erzwingen zu können.

Bündnis Florenz-Lucca-Genua.

Verstand das guelfische Florenz, der Nachbarstadt im Süden schwere Bedrängnisse zu bereiten, ohne daß es zu diesem Zweck die eigenen Kräfte stark anzuspannen hatte, so wußte es wider die Pisaner in der Ferne einen mächtigen Verbündeten zu gewinnen. Zu Lande waren der Hafenstadt fast alle Nachbarn feindlich: Lucca im Norden, San Miniato — hinter dem Florenz stand — im Osten, der Pfalzgraf Wilhelm im Süden, und zugleich herrschte in ihren Mauern tiefer Unfrieden, wegen der sich widerstreitenden sardinischen Interessen der pisaner Geschlechter.[6]) Von der See her aber drohte Genua, mit dem die florentiner Volksgemeinde am 13. September 1251 eine enge Allianz, zugleich von politischem und merkantilem Charakter schloß, der dann im folgenden Monat die Vereinbarung eines zehnjährigen Dreibundes zwischen der ligurischen Seemacht, Florenz und Lucca zu dem Zwecke folgte, „Pisa zu erdrücken und zu zerstören", ihm „lebhaften Krieg mit Brand und Blutvergießen zu bereiten". Florenz trat hier zuerst in eine der allgemeinen italienischen Kombinationen ein, bei denen es sich nicht nur um binnenländische Interessen, sondern auch um die Vorherrschaft auf dem Meere handelte; die beiden Rivalen der Pisaner, Genua und Vendig, waren in dem Wunsche einig, Pisa zu isolieren und, wenn es anging, seine Handelsmacht zu vernichten. Was hier angebahnt wurde, ist im Laufe der Zeiten in der Tat gelungen, und die florentiner Politik hat ebensoviel Schuld daran, wie der von den Wellen herangewälzte Meeressand, daß die toskanische Küste vom 13. Jahrhundert an in ihrer maritimen Entwicklung zurückging, daß der weltumspannende Handel Pisas im Laufe der Zeiten dahinsiechte.

Die Florentiner sicherten sich in Genua die gleichen Rechte und Vorteile, deren sich die ältern Verbündeten, die Lucchesen, erfreuten; die Kaufleute sollten dort von ihren Waren nur eine einmalige Abgabe von 2½ v. H. des

---

[1]) SAS. — Cons. Gener. 3, f. 83. — [2]) Ebendort f. 63 s. (19. Oktober 1251).

[3]) Ebendort f. 75² (3. November 1251). — [4]) Ebendort f. 99.

[5]) Am 14. Juni. Ann. Senens. M. G. Ss. XIX, 230.

[6]) Urk. vom 18. März 1252. SAS. — Riformag. Der Podestà von Siena wurde zum Schiedsrichter ernannt, um zu schlichten „omnem discordiam Sardiscam, et que occasione Sardinee in civitate Pisana et ejus districtu viget".

26*

Wertes zahlen und im Verkehr über Portovenere von $3^1/_3$ v. H. Für den Handel über Genua nach Frankreich und der Provence wurden mäßige Sätze festgestellt, wogegen Genua den Schutz der florentiner Kaufleute zu „Land und Meer", also auch in seinen östlichen überseeischen Machtgebieten versprach. Beschränkungen wurden dem Handel der Arnostadt nur insofern auferlegt, als deren Bürger nicht Schiffahrt von und nach provenzalischen Häfen treiben sollten, und diese Bestimmung gibt einen klaren Begriff von der Bedeutung, die Seehandel und Navigation der Florentiner schon zu dieser Zeit erlangt hatten. Nach einem zweiten Vertrag sollten die verbündeten Städte gehalten sein, die Pisaner aus ihren Mauern zu vertreiben, sie, wo es anginge, zu greifen und in den Kerker zu setzen, aber nördlich der Alpen, im byzantinischen Reich, in Sizilien und den Ländern der Sarazenen hatte jeder das Recht, mit den Pisanern in Handelsbeziehungen zu bleiben, und wo sie die Macht hätten, sollte man sich sogar ihres Schutzes bedienen dürfen; nur wenn es auch in der Ferne zum Kampfe käme, waren Genuesen, Florentiner und Lucchesen verpflichtet, stets zusammenzustehen.[1]) Durch diese Abmachungen gab Florenz den Pisanern seine Antwort auf das Bündnis mit den verbannten Ghibellinen, mit Siena und Pistoia; es machte statt des nahen toskanischen Hafens den fernen ligurischen zum Zentralpunkt seines Seehandels; wenn man sich beiderseitig hierin nur auf fünf Jahre band, während das politische Bündnis doppelt so lange Dauer erhielt, so lag dabei auf seiten der Florentiner wohl die Hoffnung zugrunde, daß in der Zwischenzeit einer der Häfen an der Küste der Aldobrandesca-Grafschaft derart in Stand gesetzt sein werde, daß er der florentiner Ein- und Ausfuhr genügen könne; sie ist, wie man weiß, nie in Erfüllung gegangen.

Kampf gegen Pistoia 1252.

Gegen Pistoia hatte wegen der Schilderhebung der Ghibellinen im vorigen Jahre nur halbe Arbeit getan werden können. Im Juni 1252 rückte das Bürgerheer von neuem über die nur wenige Stunden von der Stadt befindlichen Grenzen und erkämpfte die auf einem Vorhügel des Montalbano, unweit von Carmignano, 22 Kilometer von Florenz und nur 10 von Pistoia gelegene Burg Tizzano, die sich am Tage des Schutzpatrons der Stadt, des Täufers, ergeben mußte; Prato hatte, wie üblich, gegen das verhaßte Pistoia seine Hilfe geleistet. Doch auch diesmal mußte man auf ein weiteres Vordringen verzichten, denn die Freude des Waffenerfolges, den Sankt Johannes seinen Getreuen bescherte, wurde durch die Meldung vergällt, daß am Tage zuvor ein Heer der Pisaner und Sienesen den verbündeten Lucchesen bei San Vito im Gebiete Fucecchios eine empfindliche Niederlage beigebracht habe.[2]) Von Tizzano sind es nur wenige Stunden Marsches bis zum Arno bei Signa, und von dort zog das Heer eilends stromabwärts nach dem Schauplatz jener Kämpfe. Die ver-

[1]) Die Verträge, Genua 1251, 13. September u. 20. Oktober: Liber jur. I. col. 1109 u. 1115 — Vgl. Manfroni, Storia della Marina Ital. I. 425.

[2]) Villani VI, 49 und die andern Ableitungen der „Gesta". — Sercambi p. 34. — Sie geben sämtlich Montopoli, links vom Arno als Ort der Niederlage. Die Ann. Senens. (M. G. Ss. XIX, 230) nennen dagegen San Vito an der rechten Seite des Flusses. Da die als „Ann. Senenses" bekannten Aufzeichnungen des

einigten Feinde, in deren Reihen auch deutsche Söldnerscharen fochten, stellten sich ihm bei Pontedera, 20 Kilometer vor Pisa, entgegen. Am 2. Juli kam es zur Schlacht, die mit dem glänzendsten Siege der florentiner Waffen endete. Die Sienesen flohen durchs Eratal, und die Pisaner drängten nach ihrer Stadt zurück, bis fast vor deren Toren von den Siegern verfolgt. Zahlreiche der Ihren und viele Sienesen lagen erschlagen; die Zahl der im Kampf und bei der Flucht Gefangenen betrug dreitausend Mann; unter ihnen befand sich der Podestà Pisas, der Ritter Angiolo von Sant' Eustachio, Prokonsul der Römer. Die luccheser Gefangenen aus der Niederlage von vor neun Tagen, die man in Fesseln im pisaner Lager gehalten hatte, vermochten sich in der Verwirrung des kopflosen Rückzuges nicht nur zu befreien, sondern machten noch ihrerseits zahlreiche Gefangene. Die Florentiner aber hatten einen Triumph erfochten, ähnlich dem der Väter bei Castel del Bosco.[1]

Schlacht bei Pontedera, 2. Juli 1252.

Allerdings war inzwischen auch das florentiner Gebiet bedrängt worden. Eine Heeresabteilung der Sienesen, verstärkt durch die pisaner Hilfstruppen, war auf die Kunde vom Zuge gegen Pistoia hin plündernd bis Certaldo und Montespertoli vorgedrungen; daheim gebliebene oder aus dem Contado aufgebotene Mannschaft stellte sich ihr entgegen, und es gab bei Lucardo im Pesatal ein Gefecht;[2] als die Florentiner mit den Pisanern und deren Verbündeten blutige Abrechnung gehalten hatten, wird der Streifzug von selbst ein Ende genommen haben.

An jeder Stelle loderte die Kriegsflamme, und den Waffen war keine Ruhe beschieden. Dem Grafen Guido Novello, dem Farinata degli Uberti, nebst den andern Ghibellinen war es gelungen, sich des halbwegs nach Arezzo gelegenen, von Florenz abhängigen Figline zu bemächtigen. Bestechung der

Kampf um Figline.

---

sieneser Dom-Obituars im Gegensatz zu jenen Quellen gleichzeitige sind, verdient letztere Angabe den Vorzug. Sie wird überdies durch die sieneser Urkunde vom 18. Juli 1252 (SAS. — Arch. Generale) bestätigt; diese bezieht sich auf Entschädigung für ein Pferd, gefallen „in sconficta Lucensium in partibus de Ficechio".

[1]) Über die Schlacht berichten die obigen Quellen, ausgenommen die Ann. Senenses. Villani gibt den 1. Juli als Tag an, Paolino Pieri richtig: 2. Juli, welches Datum durch Forsch. usw. II (S. Gimign.), 625 bestimmt werden kann; die Anwesenheit von Deutschen im Heere der Sienesen erhellt aus der Urkunde vom 30. Juli 1252, SAS. — Arch. Gener. Bei Marti nahe Palaia im Eratal (Vergütung für dort im Kampf gegen die Florentiner und Lucchesen getötes Pferd, 19. Juli, ebendort) können die Sienesen sich nur auf der Flucht befunden haben; obwohl die Urkunde von der dortigen „Schlacht" spricht, kann sich diese nicht so tief ins Eratal hineingezogen haben; daß sie bei Pontedera geliefert wurde, bestätigen sieben sieneser Urkunden entsprechenden Inhaltes vom 18. Juli (ebendort). — Den vollen Namen des gefangenen pisaner Podestà, den Villani usw. nur „Messer Angiolo di Roma" nennen, ergibt die Urkunde Pisa 1252, 18. März (SAS. — Riformag.).

[2]) Die erwähnten Nachrichten sind durchweg sieneser Urkunden (auf Vergütung für gefallene Ritterpferde bezüglich) entnommen: 1252, 28. Juni, 20. Juli, 23. Juli, 2. August, 4. Dezember; 1253, 19. Mai (Arch. Gener.) und Biccherna 20, f. 9².

Einwohner durch Siena[1]) hatte ihnen den festen Ort in die Hand gespielt, dessen Bürgerschaft übrigens zu allen Zeiten eine besondere Neigung zur Auflehnung gegen die herrschende Gemeinde bezeigte. Graf Simon, Guidos Bruder, und Guido von Romena befanden sich mit einer Schar Sienesen in dem festen Ort[2]) und ebenso die hauptsächlichsten der aus Florenz fortgezogenen Parteigänger. Die Dreistädte-Liga hatte ihre deutschen Soldritter unter dem Befehl eines vornehmen Bürgers von San Gimignano dorthin entsandt, Pistoia schickte Truppen zur Unterstützung, und Siena ließ seine Mannschaften nach Arezzo rücken, um dieses gegen einen Überfall zu sichern.[3]) Florenz zog mit starker Macht gegen die verräterische Ortschaft zu Felde und alles deutete darauf hin, daß hier ein entscheidender Schlag zu erwarten sei. Engen Anschluß suchte die Liga an König Konrad, den Siena ersuchte, der Kommune einen Podestà nach seinem Willen zu setzen;[4]) eben diese Hinneigung zu dem Sohn Kaiser Friedrichs, der sich in Unteritalien behauptete, wird Innocenz IV. veranlaßt haben, den Versuch der Friedensstiftung zu wiederholen, der kürzlich vor Montaio gescheitert war; er wandte sich an Florenz mit der Vorstellung, nicht immer würde der Kommune der Sieg beschieden sein; das Seufzen der Gefangenen töne zum Himmel; gern würde er selbst sich auf den Weg machen, um zwischen die Streitenden zu treten, aber da er dies nicht könne, sende er seine Legaten; mit dieser Würde bekleidete er den Kardinalbischof von Albano, den Franzosen Pierre de Colmieu, früheren Erzbischof von Rouen, sowie den Guglielmo Fieschi aus Genua, Kardinaldiakon von Sant' Eustachio, und er trug ihnen auf, strenge Strafen gegen die zu verhängen, die sich etwa weigerten, Frieden zu schließen. Der Kardinal Ottaviano degli Ubaldini, dessen Geschlecht vor kurzem von den Florentinern besiegt worden war, und der den Anschluß an die Feinde mit dem teilweisen Verlust seiner Gebiete gebüßt hatte, bemühte sich, die Legaten im Interesse seiner Familie und in dem der Ghibellinen zu beeinflussen; er schickte von Parma aus, wo er damals die Interessen der römischen Kirche vertrat, Dominikaner mit Briefen und geheimer Botschaft nach Toskana an die Amtsbrüder; besonders suchte er sie dazu zu bestimmen, in die inneren Verhältnisse von Florenz einzugreifen, „eine Reformation der Stadt" in seinem Sinne herbeizuführen, womit der Sturz der Volksherrschaft gemeint war. Zugleich war er bemüht, auf den Grafen Guido Novello und auf die Ghibellinenpartei vermittels ihres Podestà Peregrino de Baisio zu wirken, indem er versicherte, die Legaten würden auf seine Intervention hin ihre Rechte bei den Verhandlungen wahrnehmen.[5]) Den Bemühungen des Papstes und der Legaten mochte die Einsicht

Der Verrat der Ghibellinen.

[1]) SAS. — Biccherna 20, f. 20^2. — Guido Novello und Farinata degli Uberti waren Zeugen einer Urkunde betreffs der Soldzahlung (Versprechens derselben) an die Ritter der Ghibellinen-Liga, In castro de Fighine 1252, 29. August. SAS. — Arch. Generale.

[2]) Biccherna 20, f. 17.

[3]) Zdekauer, Breve et Ordinam. p. XX n. 4. — Bicch. 20. f. 21.

[4]) Biccherna 20, f. 18.

[5]) Das Schreiben des Papstes an Florenz M. G. Epp. III, 135; die Beauftragung

der florentiner Ausgewanderten entgegenkommen, daß sie die Energie und das militärische Talent der heimischen Volksgemeinde unterschätzt, und daß sie zuviel von diesen Eigenschaften bei den verbündeten Städten vorausgesetzt hatten. Pisa war besiegt, Pistoia hatte Niederlagen erlitten, und dies alles war ohne sie, war gegen sie geschehen; während die von ihnen bekämpfte Vaterstadt Sieg und Ruhm errang, war ihr Teil der Schaden und die Schande gewesen; sie mußten an ihrer Unentbehrlichkeit bedenklich irre geworden sein, und sie hatten gelernt, die wehrhafte Demokratie mit andern Augen anzusehen. Der Rat des Legaten und des Kardinals Oktavian wird dazu beigetragen haben, ihre Gemüter umzustimmen, genug, der grimme Haß wich der Neigung zum Frieden, und sie entschlossen sich zum doppelten Verrat, indem sie die bisherigen Bundesgenossen preisgaben und sich bereit erklärten, fortan gegen ihre bisherigen Helfer und Freunde das Schwert zu führen. Zu nächtlicher Stunde versammelte der Podestà von Florenz am 29. September 1252 in einem Gebäude vor Figline dreißig der angesehensten Bürger der Stadt, unter denen sich der nachmals seiner Unbestechlichkeit wegen berühmte Aldobrandino Ottobuoni befand, und berichtete ihnen, daß er mit den Rittern Farinata degli Uberti und Ranieri Pazzi, sowie mit einem ihrer Vertrauten von Figline geheime Abmachungen getroffen habe. Unter denen, die die Vermittelung herbeigeführt hatten, befand sich der Ritter Ubertino von Gaville, der in der Gegend von Figline mächtig war und selbst zur Ghibellinenpartei gehörte, ein Verwandter des Bischofs von Arezzo. Die Ghibellinen, so trug der Podestà vor, hätten angeboten, jede Feindschaft einzustellen und Figline zu übergeben, wenn man ihnen ungehinderte Rückkehr nach Florenz oder in ihre ländlichen Besitzungen gestatte, wenn man alle gegen sie verhängten Strafen aufhebe und alle Schäden für vergeben und vergessen erkläre, die sie seit dem Exodus der Guelfen im Jahre 1248 der Kommune oder einzelnen Bürgern angetan hätten, wenn man ihnen ihr konfisziertes Eigentum zurückstelle, die gegen sie ins Statut aufgenommenen Bestimmungen aufhebe und die früher gestellten Geiseln ungekränkt freilasse. Endlich verlangten sie, daß die Bewohner von Figline und dessen Bezirk an Leib, Leben und Besitz unbeschädigt bleiben sollten. Die Versammlung der Vertrauensmänner, die gewissermaßen als Rat der Stadt funktionierte, billigte diese Bedingungen, sofern die Ghibellinen all ihre mit Kommunen, Großen und Parteigruppen geschlossenen Verträge abschwören und fortan gleich den andern Bürgern gegen die Feinde von Florenz kämpfen wollten. Hierzu erklärten sie sich, als der nächtlichen Verhandlung der Tag gefolgt war, bereit, und damit waren die gegnerischen Parteien wieder versöhnt und die Ghibellinen wieder Bürger von Florenz geworden.[1]) Für die Ver-

an die Kardinäle p. 137. — Die Briefe des Kardinals Ottaviano, Levi, Registri 170—72; 182. — Über die damalige Mission des Ottaviano nach Parma s. Levi im Archivio della Società Romana XIV, 280.

[1]) Die wichtige Urkunde vom 29. September 1252 „nocte die dominici" und vom folgenden Tage, SAS. — Riformag. ist bisher unbeachtet geblieben. Die kapi-

teidigung der Guidi hatten sich die verbündeten Kommunen Siena, Pisa und Pistoia am meisten angestrengt, aber dies hinderte nicht, daß Guido Novello bei dem gegen die Liga geübten Verrat mit an der Spitze stand. Nicht alle Ghibellinen waren übrigens in gleicher Weise zum Aufgeben des Widerstandes gewillt; eine Minderheit verzichtete auf die Rückkehr und blieb in Diensten Sienas.[1]) Auch standen die Guelfen an Wortbruch und Treulosigkeit den mit ihnen wieder versöhnten Gegnern nicht nach; als Guido Novello mit seiner Mannschaft aus Figline abgezogen war, stürzte sich das Heer der Florentiner, der geschworenen Kapitulation zum Hohn, auf die jetzt wehrlose Ortschaft, plünderte die Häuser, legte Feuer an und demolierte, was den Flammen Widerstand leistete. Sieben Jahre lang hat die Stadt nebst der Burg und allen Kirchen wüst und in Trümmern gelegen, bis die florentiner Bürgerschaft es für angemessen hielt, sie wieder aufzubauen.[2])

Sieg bei Montalcino.

Florenz war gegen die mit seinen Mitbürgern vereinte Liga siegreich geblieben; es ließ sich voraussehen, daß es jetzt, wo jene wieder unter seine Banner traten, gegen die Feinde leichtes Spiel haben werde. Die Mehrzahl der Ghibellinen hatte sofort Gelegenheit, ihre vollständige Vorurteilslosigkeit in bezug auf Schwüre und Versprechungen zu bezeugen, denn das Bürgerheer, das in dieser Zeit von unermüdlicher Kampflust beseelt war, wandte sich bald gegen das sienesische Gebiet, wo man den Vertriebenen bis vor kurzem eine Zuflucht geboten hatte. Hier war den Sommer hindurch fort und fort ohne Entscheidung gekämpft worden. Montepulciano und Montalcino hielten sich gegen Siena, das gelegentlich die Mannschaft eines Stadtdrittels, nebst den geworbenen deutschen Soldrittern zur Verwüstung der aufständischen Gebiete aussandte und in seinem tiefen Haß eine ständige Kommission einsetzte, deren Mitglieder den Titel führten: „die Sechs zur Zerstörung und zum Tode von Montalcino.“[3]) Zu nachdrücklichen Kämpfen aber kam es erst, als nach der

tulierenden Ghibellinen, soweit sie mit Namen angeführt, waren außer den oben genannten die Domini: Comes Guido Novellus, Vendemiolus de Lamberteschis, Jacobus Gualterocti, Gherardus Pelatus, Truffa und Cursinus de Amideis, ferner Aliocttus Ardovini de Ebriakis, Thomasinus de Manellis, Petrus de Burnelleschis. — Villani VI, 51 nennt irrig den Monat August als Zeit der Übergabe Figlines.

[1]) Sie zogen sich nach Poggibonsi. SAS. — Biccherna 20, f. 32^{t}, 33, 33^{t}, 39^{t}. — Forsch. usw. II (S. Gimign.), 641.

[2]) Über die Verwüstung Vill. l. c. und das Schreiben Alexanders IV. vom 20. Febr. 1257, M. G. Epp. III, 348 n. 6. — Am 11. März 1259 (SAF. — Cap. XXVI, 249) erfolgte Beauftragung, den Marktplatz von Figline abzustecken. Damals muß mithin der Wiederaufbau erfolgt sein. — Die Nachricht bei Villani und Stefani Rubr. 101, die Franzesi hätten Figline dem Heere der Florentiner verraten, an der Stefani selbst zweifelt, ist völlig erfunden. Die spätere Generation traute dem verhaßten, aus Figline stammenden Geschlecht (das erst 1301 mit dem Erscheinen Karls von Valois in die Geschichte von Florenz eingreift) jede Verräterei zu.

[3]) Urkunden vom 12. und 13. August 1252. SAS. — Arch. Gener. Unter den deutschen Rittern war ein Konrad Walter aus Konstanz. — Bicch. 20. f. 31^{t}. —

Kapitulation von Figline die inzwischen zu kurzer Rast in die Heimat zurückgekehrten Florentiner herbeizogen, um die Belagerten mit Getreide zu versorgen, damit die hoch gelegene, schwer einnehmbare Stadt inmitten ihrer öde gelegten Landschaft den Winter hindurch ausdauern könne. Den Belagerern kamen die Pisaner zu Hilfe, und auch Pistoia wird seinen Sukkurs geschickt haben, während aus Lucca und Orvieto den Florentinern Ritterscharen zugezogen waren. Auch hier war das florentiner Lilienbanner siegreich; die Sienesen wurden am 14. November durch eine Schlacht gezwungen, die Belagerung abzubrechen; Montalcino konnte durch die vom Heere aus Florenz mitgeführten Viktualien versorgt werden, und bei der Niederlage wurden zahlreiche Sienesen, darunter ein Piccolomini gefangen, vor allem aber konnten sich die Sieger der Person des Podestàs von Siena bemächtigen, des Loderengo degli Andalò aus Bologna, der das Heer geführt hatte und der eine zweijährige Haft in Florenz erdulden mußte, wo er seinen Amtsgenossen von Pisa als Schicksalsgenossen vorfand. Nachmals ward er einer der Gründer des Ordens der „Frati Gaudenti", in deren Gewand er unter veränderten politischen Verhältnissen als Podestà an den Arno zurückgekehrt ist. Dante hat ihm eine üble Unsterblichkeit geschaffen; wegen der spätern florentiner Ereignisse läßt er ihn in bleierner Kutte schwerfüßig durch die Hölle der Heuchler schreiten.[1])

Bautätigkeit.

Man begreift, daß die in schneller Folge errungenen Siege die Bürgerschaft mit unendlichem Hochgefühle erfüllten, und dieses fand in zahlreichen Verschönerungen der Stadt seinen monumentalen Ausdruck; neue Kirchen erhoben sich, und die private Bautätigkeit wird hinter der öffentlichen nicht zurückgeblieben sein; dem Aufschwunge des Handels und des Gewerbes, wie der sich mehrenden politischen Bedeutung muß in dieser Zeit ein sehr starkes Anwachsen der Bevölkerung entsprochen haben. Für den Verkehr mit dem sich immer stärker ausdehnenden Stadtteil jenseits des Arno schien jetzt eine vierte Brücke wünschenswert, während man sich bis vor 32 Jahren mit einer einzigen beholfen hatte. Die Frescobaldi, die eben damals eine bedeutende kommerzielle

---

In den Kämpfen tat sich als Parteigänger der Florentiner Guido von Baliano aus dem Geschlecht der Markgrafen von Monte Santa Maria hervor (Urk. vom 8. Juli 1252. — SAS. — Arch. Gener.). Später wurde er zum Podestà von Florenz erwählt.

[1]) Inf. XXIII, 103 ss. — Die Gefangenschaft und die Gefangennahme bei Montalcino ergeben die Urkunden von 1253, 11. Januar (SAS. — Caleffo Vecchio f. 328), 1254, 27. April (SAF. — Strozzi-Uguccioni) und 5. Dezember (SAS. — Riformag.). Das Datum der Niederlage der Sienesen berichten die Ann. Senens M. G. Ss. XIX, 230, die auch die Hilfe von Lucca und Orvieto erwähnen. Vill. VI, 52 gibt falsch den Monat September, Stefani den August an; auch die andern Ableitungen der Gesta erwähnen die Kämpfe. Über dieselben geben ferner die Urkunden vom 24. Oktober 1252 und 24. Dezember (SAS. — Arch. Gener.) und Bicch. 26, f. 31² und 39² Auskunft. Über den Sieg Forsch. usw. II (S. Gimign.), 650. Den in Florenz gefangenen Piccolomini erwähnt die Urkunde vom 30. Dezember 1252 (SAS. — Arch. Gener.).

Rolle zu spielen anfingen, und deren Familienhaupt Lamberto als Anzian Einfluß besaß, hatten ihre Häuser am linken Ufer des Flusses, und nahe dabei erbauten die Augustiner-Eremiten eben ihre bedeutende Kirche Santo Spirito; so wurde zwischen den Häusern der Frescobaldi und Santa Trinita die nach diesem Gotteshaus benannte Brücke errichtet, und bis ins 19. Jahrhundert ist die Stadt mit den inzwischen freilich erweiterten Flußübergängen ausgekommen, die bis zur Mitte des 13. geschaffen waren. Rings um die Mauern, jenseits der Stadtgräben wurde nach Volksbeschluß eine Art Ringstraße angelegt, die in ihrem Zuge noch in der Topographie der heutigen Stadt erkennbar ist. Vom Arno zum Arno, den zweiten Cerchio umspannend, setzte sie sich aus den jetzigen Straßen: Via de' Fossi, der Ostseite von Piazza Santa Maria Novella, Via del Giglio, Piazza Madonna, Canto de' Nelli, Via de' Pucci, Bufalini, Sant' Egidio, Giuseppe Verdi und de' Benci zusammen; sie war, wie es scheint, nur an der den Gräben gegenüberliegenden Seite mit Häusern bebaut. Man verfuhr bei dieser Stadterweiterung etwas gewaltsam, denn man zwang die aus der Grafschaft zugezogenen Bauern, die in der Stadt Erwerb und Freiheit suchten, in den neuen Straßen Häuser zu bauen, und machte den Wohlhabenderen den Kauf eines Grundstückes zur Bedingung für den vollen Erwerb bürgerlicher Rechte.[1])

In der gleichen Zeit vollendeten die Dominikaner die vorher begonnene Erweiterung von Santa Maria Novella. In der Gestalt, die das Gotteshaus damals annahm, sollte es nur etwa drei Jahrzehnte bestehen, aber Reste, die dem späteren Neubau inkorporiert wurden und in unserer Zeit wieder zutage getreten sind, bezeugen seine zierliche Gestalt, seine edlen gotischen Bauformen in jener Umgestaltung, die der Stil auf toskanischem Boden erfuhr. Die Kirche, die dem östlichen Teil des jetzigen Querschiffes und einem kleinen Teil des Längsschiffes nebst den Kapellen Rucellai und della Pura entsprach, reichte nur etwa bis zur Mitte des jetzigen Chores.[2]) Dem folgenden Geschlechte genügte sie ebensowenig, wie der Kirchen- und Klosterbau, den die Franziskaner seit 1252 in Santa Croce an der Stelle ihrer alten bescheidenen Siedelung errichteten. Papst Innocenz gewährte allen besonderen Ablaß, die Spenden dazu beisteuerten, und ein Garten, der an die Niederlassung der Tempelritter stieß, ergänzte fortan das vergrößerte Minoritenkloster.[3]) Im Cafaggio errichteten di Servi di Maria vom Montesenario seit 1248 das Kloster und seit 1251 das Gotteshaus der Santissima Annunziata, eine umfangreiche Anlage, die zu ihrer vorläufigen Vollendung eines Zeitraumes von vierzehn Jahren bedurfte.

Die Incetta. Die Kirche verbot den Wucher, aber sie machte sich eifrig die Reue der Wucherer zunutze, die gegen das Lebensende einzutreten pflegte; das kirchliche Begräbnis

[1]) Vgl. unten Kapitel 9. Die Anlage jener Straße „tempore populi“ und den erwähnten Zwang ergibt ein an die Urkunde vom 18. Juli 1290 SAF. — Sma Annunziata angeheftetes Pergamentblatt, wohl Auszug aus dem Statut.

[2]) Forsch. usw. IV, S. 466 f. „Zur Baugeschichte“ unter „Santa Maria Novella“.

[3]) Ebend. S. 483 unter „Santa Croce“

konnte denen versagt werden, die ihre Zerknirschung nicht durch die Tat, durch die Herausgabe eines Teiles des unrecht erworbenen Gutes bezeugt hatten. Zwar war Rückgabe an die Geschädigten die Vorschrift, aber wie sollte man diese noch nach Jahrzehnten auffinden oder sich ihrer erinnern, zumal die bösen Geschäfte oft in fernen Städten und fremden Ländern gemacht waren? Deshalb pflegte man dem sterbenden oder sonst in sich gehenden Geldleiher die Pflicht aufzuerlegen, testamentarisch eine bestimmte Summe zur Rückerstattung von erpreßtem und erwuchertem Gelde festzustellen, betreffs dessen sie sich nicht mehr der näheren Umstände entsinnen konnten oder mochten. Für diese Beträge bildete sich der technische Ausdruck „Incerta" heraus, und dieses „Ungewisse" sollte, wenn keine begründeten Ansprüche geltend gemacht wurden, für kirchliche Zwecke verwendet werden.[1]) Schließlich verfügten die Päpste durch Gunstverleihungen über die „Incerta", und den Serviten, die zum Bau der Annunziata ansehnliche Mittel brauchten, gewährte Innocenz zuerst das Recht, von diesen Rückerstattungen der Wucherer bis 200 Librae in jedem Einzelfalle für sich zu behalten; den Augustinern von Santo Spirito verlieh sein Nachfolger je bis 100 Mark Silber die gleiche Gunst.[2]) In einer Stadt, in der das Geschäft mit hochverzinslichen Darlehen so schwunghaft und so allgemein betrieben wurde, wie in Florenz, war der Gewinn, der auf solche Art für die Klöster abfiel, ein sehr bedeutender, und es lohnte schon, den Sterbenden kräftig ans Gewissen zu greifen. Die Mittel, aus denen die glänzenden Kirchen der Arnostadt geschaffen wurden, rührten zu nicht geringem Teile von den „Incerta" her.

Der Goldfloren.

Wie in bedeutenden Bauten kam das Selbstgefühl der Bürgerschaft in dem Beschluß des Jahres 1252 zum Ausdruck, fortan eine eigene Goldmünze von reinem Edelmetall zu prägen, die auf der einen Seite das Wappen der Lilie, auf der andern das Bild des Täufers, des Schutzpatrons der Stadt tragen sollte. Bisher hatte im Abendlande nur Kaiser Friedrich II. Goldmünzen, seine berühmten Augustalen, schlagen lassen, in denen er die Prägungen der spätern römischen Cäsaren nachahmte. Seit dem Tode des Staufers standen seine Münzstätten still, und die florentiner Bürgerschaft beschloß, auch dieses Stück der kaiserlichen Erbschaft an sich zu reißen. Nie hatte eine Stadt bisher Gold geprägt. Beruhte schon die neue, vorzügliche Silbermünze, die Florenz einen glänzenden Namen geschaffen hatte, auf Usurpation, indem nach allgemein gültiger Auffassung nur das Reichsoberhaupt ein Münzrecht verleihen konnte, so war dies doppelt betreffs des neuen Goldstückes der Fall,

[1]) Die näheren Belege s. Forsch. usw. IV. S. 490 „Zur Baugeschichte". Verkäufe von Terrains zu Bauzwecken im Cafaggio durch den Bischof, dem das Gebiet von altersher gehörte, 1255, 28. Mai und 1. Juni, SAF. — Santissima Annunziata. Die Via de' Servi, von Porta di Balla nach der Annunziata-Kirche, wurde 1259 angelegt. (S. „Zur Baugeschichte" a. a. O.)

[2]) Forsch. usw. IV. S. 405 f. „Hospitäler, Klöster usw." unter „Serviten" und „Augustiner".

dessen Güte und gleichmäßige Prägung ihm indes allen Bedenken zum Trotz bald eine Weltstellung eroberten, der aus späteren Zeiten nur die des englischen Sovereign zu vergleichen ist. An der Schaffung der neuen Münze mag Lamberto dell' Antella wesentlich beteiligt gewesen sein; jedenfalls ernannte die Kommune ihn zum ersten „Münzherrn“ oder Aufseher über die Prägung des neuen Goldstückes.[1] Durch den Ruf, den es erwarb, wurden die Florentiner in den folgenden Jahrzehnten zu den bevorzugten Münzmeistern und Münzpächtern des Abendlandes, und das allen Schwankungen entzogene Zahlungsmittel gab dem Bankier vom Arno bald das Übergewicht über alle Mitbewerber. Man muß die Klugheit und die scharfe Einsicht von Kaufleuten einer Binnenstadt bewundern, die um die Mitte des dreizehnten Jahrhunderts klar erfaßten, welche Wichtigkeit ein stabiler Wertmesser für alle Weltbeziehungen des Handels habe, während diese Erkenntnis am Ende des neunzehnten in Europa und in Amerika noch in ernsten Kämpfen gegen den Ansturm Kurzsichtiger verteidigt werden mußte. Weder ihre Kunstwerke, noch die Schöpfungen ihrer Dichter haben den Namen der Arnostadt so populär gemacht, wie ihre Münze, deren Bezeichnung erst 1876 aus der süddeutschen, 1893 aus der österreichischen Währung verschwunden ist, während sie in der der Niederlande noch fortdauert, obwohl in all diesen Ländern der Floren oder Gulden längst zur Silbermünze herabgesunken war. Von den späteren Nachprägungen des Goldfloren soll hier nicht die Rede sein; Päpste und Erzbischöfe, Könige und Städte von Aragon bis nach Griechenland wetteiferten darin, nachdem um oder vor 1300 König Philipp der Schöne von Frankreich und 1316 Papst Johann XXII. das Beispiel gegeben hatten. Man kennt 48 Münzstätten, aus denen solche Nachbildungen hervorgingen, und schwerlich ist die Liste auch nur annähernd vollständig; unter ihnen sind Frankreich, Böhmen, die rheinischen und die niederländischen Städte am stärksten vertreten.[2] Auch das mit Florenz verbündete Genua machte 1252 den Versuch, eine Goldmünze zu schlagen,[3] aber diese brachte es nie zu ähnlichem Ansehen wie die mit dem Bilde des Täufers und der Lilie geschmückte, und deshalb prägte man dort wie in Venedig später goldne Florene. In Perugia ließ man sieben Jahre später durch Münzer aus Lucca Goldmünzen nach Gewicht und Feingehalt der Florentiner schlagen;[4] in Lucca selbst prägte

[1] Dies wurde in den im März 1317, als Giovanni Villani, der Chronist, und Gherardo Gentile Münz-Offizialen waren, angelegten „Fiorinaio“ (SAF.) eingetragen.

[2] S. Dannenberg, Die Goldgulden von florentiner Gepräge; Numismat. Zeitschrift XII (1880), S. 146 ff. und XXXII (1901), S. 201 ff. — Luschin von Ebengreuth, Allgemeine Münzkunde, S. 240. — Betreffs Frankreichs, Urkunde vom (1303) 1. Dezember, Ordonnances des Roys de France I, 389.

[3] Barth. Scribae Ann. M. G. Ss. XVIII, 231. — Daß man später in Genua wie in Venedig die Goldflorene nachprägte, ergibt das Münzedikt Kaiser Heinrichs VII. vom 10. August 1311, Doenniges, Acta II, 99.

[4] Vertrag mit zwei Luccheisen, Perugia 1259, 17. Mai, Bollett. Stor. per l'Umbria X (1904), p. 85.

man seit einer nicht genau festzustellenden Zeit vor 1273 die Goldflorene ebenfalls nach; die luccheser Münzen liefen zwar in Toskana um,[1]) haben aber gleich den Peruginer nie eine bedeutende Stellung im Handelsbetrieb erworben. Der eigentliche Goldfloren dagegen spielte schon 1265 im Verkehr der Champagner Messen eine Rolle, er läßt sich 1278 in Ungarn, 1283 in Salzburg und 1300 in Frankfurt nachweisen. Am Hofe der Anjou in Neapel galt er 1281 bereits als die vornehmste Münze, deren man sich zu Geschenken an Gesandte bediente, und später nahm er dort neben der einheimischen Goldunze eine herrschende Stellung ein.[2]) Man mochte bei der Schaffung der Goldflorene in Florenz die Hoffnung hegen, daß man eine feste Relation zwischen Gold und Silber aufrecht erhalten könne, denn dies kommt darin zum Ausdruck, daß man die Münze derart ausprägte, daß sie gerade einer Libra von 20 Silberflorenen oder Solidi grossi entsprach; in dieser einen Beziehung hat sie ihren Schöpfern eine Enttäuschung bereitet, denn das Wertverhältnis des Silbers zum Golde war im Mittelalter ähnlich starken Schwankungen ausgesetzt wie in der Neuzeit. Die Konjunkturen des Orienthandels werden dazu am meisten beigetragen haben, da besonders durch diesen das Gold nach Italien floß und zumal nach Florenz, als der für lange Zeit hauptsächlichen Münzstätte des gelben Metalles. Die Tuchhändler-Zunft stellte ein halbes Jahrhundert später in ihrem Statut den festen Umrechnungskurs des Goldflorens auf 29 Solidi grossi fest; in der Zwischenzeit hatte die Silbermünze dem Golde gegenüber um 45 vom Hundert ihres Wertes verloren, obwohl man sich gerade damals bemühte, die Silberflorene möglichst vollwertig auszumünzen.[3])

Kein Zeitabschnitt der florentiner Geschichte ist so erfüllt von folgenreichen Maßnahmen gewesen, wie das Jahrzehnt der Regierung der Anzianen und des Volkes von 1250 bis 1260, in keinem tritt so viel Bürgerklugheit, gepaart mit so viel kriegerischer und friedlicher Tatkraft hervor. Da Florenz in dieser Periode von Kampf zu Kampf schritt und fast aus jedem siegreich heimkehrte, ziemt es sich, daß wir einen Blick auf die dermalige Organisation seines Heeres werfen, in dem die Scharen der Soldritter bereits eine Rolle zu spielen begannen, dessen Stärke aber noch auf zu Roß und zu Fuß kämpfenden Bürgern, wie auf dem Bauernaufgebot des Contado beruhte. Um den Landleuten Kriegswesen.

[1]) 1273, 1. Februar erhielt der Schatzmeister König Karls I. in Tuszien vom Syndikus Pistoias in Lucca eine Zahlung in „Florinis et Lucensibus de auro", welche Münzen als gleichwertig behandelt wurden. Munizipal-Archiv Pistoia. Liber Censuum f. 240². — Im Ratsprotokoll von San Gimignano, 1281, 1. April werden 300 Lucenses auri erwähnt (SAF. — Carte di S. Gim. 144).

[2]) Schaube, Ein italienischer Kursbericht von der Messe von Troyes aus dem 13. Jahrhundert. Zeitschrift für Sozial- und Wirtschaftsgeschichte V (1897), S. 298. — Schneider, Das kirchliche Zinsverbot in Festgabe für H. Finke 146 Anm. 1. — Betreffs Neapels Urkunde 1282, 8. Oktober, Arch. Stor. Napoletano XI, 7.

[3]) Über die hier erörterten Verhältnisse ist Forsch. usw. IV. S. 316 ff. der Abschnitt „Wert der sieneser usw. Silbermünzen und der Silber-Floren usw." einzusehen.

die Last erträglicher zu gestalten, bestimmte das Statut, daß für die zu den Fahnen berufenen die daheimgebliebenen desselben Kirchspiels oder derselben Dorfschaft („Villa") die Arbeiten auf dem Acker oder in der Vigna ausführen sollten, die die Jahreszeit erfordere.[1]) Man unterschied bei den Kriegen den Heeresausmarsch und den bloßen Streifzug, die „Cavalcata", die ursprünglich, wie der Name erweist, von der Reiterei allein, jetzt aber von Rittern und Fußtruppen gemeinsam ausgeführt zu werden pflegte. Der äußerliche Unterschied des „esercito" von der „Cavalcata" beruhte darauf, ob man die Zelte mitführte und demgemäß gerüstet war, ein Lager aufzuschlagen, oder auf die Quartiere angewiesen war, wie man sie fand.[2]) Wenn der „esercito" vorbereitet wurde, ertönte einen Monat hindurch bei Tag und Nacht die Kriegsglocke Martinella, die im Torbogen der nahe dem Ponte Vecchio gelegenen Porta Santa Maria befestigt war; ihr Geläute war zugleich eine Kriegserklärung, denn durch Herolde wurde ausgerufen, gegen wen der Feldzug unternommen werde. Wenn beschlossen war, daß der Carroccio dem Heere voranziehen solle, wurde die Martinella kurz vor dem Ausmarsche auf dem Fahnenwagen befestigt,[3]) nachdem dieser vorher mit Feierlichkeit ausgerüstet, nachdem der hohe Mast mit wehendem Banner aus weißer und roter Seide aufgepflanzt und unter ihm ein Altar errichtet war. An den Ecken des Fahnenwagens befestigte man vier geschnitzte Löwen, deren Vergoldung in der Sonne blitzte. Vier Paar starker Stiere zogen das schwerfällige kriegerische Palladium, und eine Garde erlesener Ritter und Fußkämpfer folgte ihm zu seinem besonderen Schutze.[4])

Ein Teil der Anzianen begleitete das ausziehende Heer, und einige pflegten auch an der „Cavalcata" teilzunehmen. Die Vorbereitungen wie die kriegerischen Operationen wurden von zwölf Kapitanen, des „glücklichen" oder des „mächtigen und siegreichen Heeres" geleitet, wie man es prahlerisch in der offiziellen Sprache zu nennen begann, und diesen Capitani standen 24 Räte zur Seite, so daß, obwohl der Podestà der eigentliche Oberbefehlshaber war, ohne Willen dieses Kriegsrates weder Märsche noch Angriffe unternommen werden konnten. Eine Schar von Notaren diente den Kriegskapitanen, wie allen ein-

[1]) Forsch. usw. IV, S. 118 „Die erste Unterwerfung" usw.

[2]) Die Definition von „exercitus" und „cavalcata" beruht auf dem (ungedruckten) Constitutum Potestatis von 1325, f. 4.

[3]) Villani VI, 76 (nach richtiger Zählung 75).

[4]) In Parma wurde der Carroccio in einem Seitenschiff des Domes aufbewahrt. — Salimbene p. 25. — Über die kunstvolle Vorrichtung, vermittelst deren sich die Fahnen des Bologneser Carroccio (vor dem von Lyon zurückkehrenden Innocenz IV.) senkten: Nicolaus de Carbio (ed. Pagnotti, Arch. della Soc. Rom. XXI) p. 107. — Beschreibung des Carroccio von Pavia in der 1330 verfaßten Schrift De Laudibus Papiae, Murat. Ss. XI, col. 22. — Das Inventar der in der Opera di San Giovanni aufbewahrten Ausrüstungsgegenstände des florentiner Carroccio von 1314 und 1328 findet sich im Spoglio Strozziano des SAF., Serie II, No. 58, p. 419 s.

zelnen Ämtern der Heeresverwaltung, denn soweit es möglich war, erging jeder Befehl schriftlich; sie verzeichneten bei der Musterung die Stellung der auf Grund der Cavallata den Bürgern auferlegten Pferde und Reiter; wer nicht selbst auszog, hatte für einen Stellvertreter zu sorgen, doch war dieser in jedem einzelnen Falle vom Podestà zu genehmigen; jene Notare des Kriegsamtes trugen ferner die aufgebotene Mannschaft in ihr Register ein und vermerkten etwaige Entschuldigungen. Nuntien in ansehnlicher Zahl standen jedem Zweige der Heeresadministration zur Verfügung und etwa 200 „berrovieri" oder Sbirren, die aus der Lombardei und der Romagna geworben zu werden pflegten, sorgten für Aufrechterhaltung der Ordnung beim Marsch und im Lager. Die Zahl der waffenfähigen Mannschaft, die Florenz in dieser Zeit aufzubieten vermochte, ist nicht genau festzustellen. Von 15 bis 70 Jahren war jedermann kriegspflichtig, und schwerlich wird man die Ziffer zu hoch greifen, wenn man sie für Stadt und Grafschaft auf etwa 50 000 veranschlagt, wovon ein Teil natürlich zur Bewachung des Gebietes daheim bleiben mußte. Je ein Müller für jede Flußmühle im Arno und der Wärter des Löwenzwingers waren von der allgemeinen Dienstpflicht ausgenommen;[1]) gleiches scheint von den Ärzten gegolten zu haben, aber jeder von ihnen, den der Befehl der Behörde traf, hatte das Heer zu begleiten, solange es im Felde stand, um Kranken und Verwundeten seine Dienste zu leisten; daneben wurden einige eigentliche Chirurgen, doch nur in geringer Zahl, mit ins Feld genommen.[2]) Wer sich der Gestellungspflicht entzog, verfiel nicht nur in Geldstrafe, die die Reichen nicht stark bedrückt hätte, sondern man traf ihn in weit empfindlicherer Art; kein Schuldner durfte ihm etwas bezahlen, sondern die Hälfte seiner Forderungen war an die Kommune abzuführen und dadurch wurde der Schuldner der andern Hälfte seiner Verpflichtung ledig; überdies verlas man die Namen derer, die nicht zur Fahne gekommen waren, allsonntäglich in allen Kirchen während der Messe zu ihrem und ihrer Familien großem Schimpf.[3])

Die rechte Stunde für den Ausmarsch und den Punkt, von dem aus er anzutreten war, mußten, wie wir erwähnten, die Stadtastrologen, die man auch „Geometer" oder „Mathematiker" benannte, durch sorgsame Beobachtung der Gestirne feststellen, und man war sehr geneigt, wenn ein Zug etwa unglücklich verlief, ihnen die Schuld beizumessen.[4]) Vor dem Ausrücken wurde ein Teil der Mannschaft in der Hauptkirche versammelt, doch nicht zu einer gottesdienstlichen Handlung oder zur Waffenweihe, sondern um die Verlesung der Kriegskapitel, der für den Feldzug festgestellten „Statuten und Ordnungen" anzu-

---

[1]) Libro di Montaperti p. 54.

[2]) Forsch. usw. IV, S. 118 „Die erste Unterwerfung von Pistoia, Poggibonsi usw." — Libro di Montaperti p. 53. Zu dem ersten Feldzug des Jahres 1260 scheinen nur drei Wundärzte mitgenommen zu sein.

[3]) Ibid. 371, 372.

[4]) S. die Versifizierung des „Tesoro" des Brunetto Latini, veröffentlicht von D'Ancona in den Atti dei Lincei, Ser. IV, Vol. 4, p. 249 s.

hören, worin die Bestimmungen für Marsch und Lager, die Strafen für Übertretung in jeder Einzelheit festgestellt waren. Vor den Mauern befand sich ein Lagerplatz für den Zuzug aus der Grafschaft, und an der hierfür erwählten Stelle wurde auch die Musterung der Cavallatapferde abgehalten. San Donato a Torri westlich und die Gegend der Badia von Ripoli südöstlich der Stadt wurden für diesen Zweck bevorzugt.[1])

Das umfangreichste Spionenwesen (später pflegten Mönche das militärische Nachrichtenbureau zu leiten) diente der Vorbereitung des Kampfes und begleitete ihn. Man schickte Späher in jedweder Gestalt in die Nachbarstädte; Kaufleute und Klosterbrüder konnten solche Dienste am besten leisten, aber man unterhielt auch unter den Ratsmitgliedern der feindlichen Kommunen bezahlte Vertraute. Daneben bestand ein Späherdienst untergeordneter Art, zu dem besonders Frauen zahlreich verwendet wurden, weil sie sich unauffälliger und unter vielen Vorwänden durchschleichen konnten.[2]) Auch in die feindlichen Heere selbst sandte man, um deren Pläne zu erkunden, fortdauernd Spione, die sich als Bauern oder Händler, als Kuppler oder Spieler ins Lager einschlichen. Die Kunde von Bewegungen der Feinde wurde durch aufgestellte Posten von Höhe zu Höhe nachts durch Feuerzeichen, „falò", übermittelt, die so lange fortgesetzt wurden, bis an dem nächsten vereinbarten Punkt das gleiche Signal aufflammte. Bei Tage erfolgten die Meldungen durch Rauchsäulen, und wie lange man die Flamme lodern, den Rauch aufsteigen ließ, ob man das Feuer dämpfte, ob es zwei-, dreimal wieder emporflackerte, das alles hatte seine vorher verabredete Bedeutung: etwa daß eine Abteilung von nur einigen hundert Feinden, oder daß im Gegenteil ein großes Heer anrücke. War aber ein Sieg erfochten, so entzündete man abends auf den Türmen der Stadt in eisernen Körben mächtige Freudenfeuer, die durch talggetränkte Späne unterhalten wurden, und blitzschnell verbreitete sich in solcher Art die Kunde über weite Gebiete.[3])

Seit nicht langer Zeit war es Sitte geworden, daß ein bescheidenes Musikkorps das Heer geleitete, wenn man diesen Namen einigen Cymbalschlägern und Trommlern beilegen darf, die auf dem Marsch und im Lager ihre Instrumente ertönen ließen. Im spätern Verlauf des Jahrhunderts traten noch Trompeter und der Bläser der Cennamella, einer Art von Klarinette, sowie

[1]) Libro di Montaperti p. 310. — Betreffs der Badia di Ripoli: Villani VII, 120, 131.

[2]) Forsch. usw. II (S. Gimign.), 1100 und 2425 „Spionenwesen".

[3]) Forsch. usw. II (S. Gimign.), 37, 1141, 1170. — SAS. — Cons. Gener. (1251, 16, November) 3, f. 83; Biccherna (1253, Juli) 21, f. 33[a]. — Libro di Montaperti f. 101. — Wie ein Feuerzeichen dem andern antwortete, schildert Dante, Inf. VIII. 4 ss. — Eine interessante Abbildung von auf den Türmen angezündeten Falò findet sich bei Sercambi (ed. Bongi II, 193).

der des Zufolo, einer Art Flöte, hinzu,[1]) doch einstweilen ermunterte die Kämpfer nur das Rollen der Trommeln und der Erzklang der Becken.

Wir haben früher berichtet, wie Ritterschaft, Fußkämpfer und Troß unter ihren Bannern auszogen. Die Gliederung der Ritterschaft war, seit das herkömmliche Wesen durch die „Cavallata“ verdrängt war, selbstverständlich geändert worden; die Cavallata-Ritter von je drei Stadtsechsteln ritten und kämpften als geschlossene Einheiten, und jede von beiden hatte ihren Gonfalonier; der Bannerträger der Sestieri Oltrarno, San Pancrazio und Borgo trug eine weiße, der von San Piero Scheraggio, Porta del Duomo und Porta San Piero eine rote Fahne.[2]) Eben in dieser Zeit, und zuerst nicht in bürgerlicher Tätigkeit, sondern im Kriegswesen, begann man von „Ingenieuren“ zu sprechen, als von solchen Männern, die die Errichtung und Aufstellung der Belagerungsmaschinen, wie der Kriegswerkzeuge zur Verteidigung der Festungen leiteten. Eine besondere Kommission von sechs Mitgliedern wurde durch die zwölf Kapitane zur Beaufsichtigung des Baues der Holztürme, Sturmleitern, Mauerbrecher („gatti“) und Gerüste („grilli“) erwählt; diese Gerätschaften wurden in ihren vorher fertig gearbeiteten Teilen aus der Heimat mitgeführt und an Ort und Stelle zusammengesetzt.[3]) Seit man an dem festen Kastell Mortennano die Wirksamkeit des Minenkrieges erprobt hatte, wandte man ihn öfter an, und zur Ausführung der gefährlichen Minierarbeit bediente man sich zumal der darin geübten Bergleute aus den Silbergruben von Montieri im Volterranischen.[4]) Gegen Bauten und Belagerungsmaschinen wurde Feuer aus eisernen Körben geschleudert, die mit langen Stielen versehen waren,[5]) während wir seltsamerweise von der Anwendung des Fuoco pennace in dieser Zeit nichts mehr erfahren. Die eigentlich kämpfende Mannschaft bestand in den Berittenen, den Armbrustern, die ausnahmsweise ebenfalls zu Pferde, der Regel nach aber zu Fuß ins Feld rückten, und der Masse der Lanzenträger und Bogenschützen, die durch Panzer, Armschienen und Schild geschützt waren. Die Fußtruppen waren in „Venticinquine“, Rotten

[1]) SAS. — Biccherna 9, f. 28² (1229, Oktober). — Dante, Inf. XXII, 1 ss. In den Genehmigungen der städtischen Ausgaben in Florenz kehren, von der Zeit an, wo die Ratsprotokolle erhalten sind, die Genehmigungen für die Gehälter dieser Musikanten stets wieder. Vgl. u. a. Gherardi, Consulte II, 156. — Der „Zufolo“ wird zuerst 1274 (Forsch. usw. II, 1352) erwähnt.

[2]) Urk. von 1304, 15. Juli, Auszug aus den (verlorenen) Akten des Ser Gherardo Aldighieri, Kanzlers der Kriegskapitane im Spoglio Borghini des SAF. Mscr. 481 p. 193.

[3]) SAS. — Cons. Gener. 3, f. 26² (1251, 13. August): Siena sandte „ingegnarii“ dem Grafen Guido Novello zur Verteidung von Montaio zu Hilfe. — Ausgabe für einen „ingeniere“ ebendort, Bicch. 20, f. 17. — Über die Belagerungsgeräte: Libro di Montaperti 76.

[4]) Siena suchte nach Kräften zu hindern, daß diese „guerchi vel cavatores“ Florenz solche Dienste leisteten. — Bicch. 11, f. 46 u. 89.

[5]) Instruktive Abbildungen solcher Brandkörbe finden sich bei Sercambi (ed. Bongi) II, 48 u. 51.

von je 25 Mann, eingeteilt. Die Reiter zogen stets voran, und genau wurde festgestellt, in welcher Ordnung die einzelnen, aus der Mannschaft der verschiedenen Sechstel von Stadt und Grafschaft gebildeten Heereskörper zu marschieren hatten; die Hilfstruppen der verbündeten Städte pflegten die Nachhut zu bilden. Besonders dazu Beamtete, die den Titel „Distringitori" führten, hatten hinter den Abteilungen einherzuziehen und dafür zu sorgen, daß jeder Berittene und jeder Fußkämpfer bei der seinen bleibe und die verschiedenen Einheiten sich nicht verwirrten und vermischten.[1] Um schwere Verbrechen gegen die Disziplin oder Verrat sofort sühnen zu können, wurde ein Henker oder „Giustiziere" mit ins Feld genommen.[2]

Erhebliche Waffenerfolge, Kapitulationen heißumstrittener wichtiger Burgen wurden sofort durch Boten in die Heimat gemeldet, die atemlosen Laufes die Kunde durchs Land trugen und als Symbol einen Olivenzweig in Händen schwangen, der aller Welt die Tatsache des Waffenglückes kundtat, während die genaueren Meldungen zunächst der heimatlichen Behörde bestimmt waren; diese sandten die Siegesnachricht brieflich an die verbündeten und befreundeten Kommunen, und es war Brauch, daß die Überbringer der guten Kunde, die später ebenfalls bei der Abgabe des Schreibens einen Olivenzweig zu tragen pflegten, reich beschenkt wurden. Es war herkömmlich, daß die Bürgerschaft ihnen als Ausdruck der nicht immer sehr aufrichtigen Freude ein Gewand aus englischem Tuch, Stamford genannt, verehrte, das aus Unterkleid, Mantel und Kapuze bestand; später wurde es Sitte, auf die Tunika und die Kapuze in Goldstickerei das Wappen der siegreichen Kommune, auf die Gewänder der Boten von Florenz also dessen Lilie, setzen zu lassen.[3]

Kehrte das Heer vom Feldzuge heim, so wurde der Carroccio wieder nach der Opera di San Giovanni gebracht und sein Fahnenmast in der Kirche des Täufers aufgestellt, an deren Marmorwänden man auch die erbeuteten Banner als dem Schutzpatron der Stadt geweihte Trophäen befestigte.[4] Drüben im Dom der Santa Reparata sah man ebenfalls kriegerischen Schmuck an den Mauern, Standarten und wappengeschmückte Schilde, doch diese waren keine Beutestücke, sondern Ehren- und Erinnerungszeichen an jene, die einst die

---

[1]) Außer auf den im einzelnen angegebenen Quellen beruht diese Darstellung auf den im Libro di Montaperti enthaltenen Verzeichnissen und Anordnungen. Unter Benutzung dieses Materials schrieb Hartwig seine Abhandlung „Eine Mobilmachung in Florenz" Quell. u. Forsch. II. 297 ff.

[2]) Libro di Montaperti p. 70.

[3]) Forsch. usw. II, Regest 650 (1252, November), 746 c. (1256, Juni), 1247 (1271, 26. Mai) usw. S. S. 350 im Register unter „stauforte". — Viele entsprechende Eintragungen finden sich in den Biccherna-Registern des SAS. z. B. 1321, 25. August (Bicch. 142, f. 13) Zahlung für einen Anzug „d'uno messo, i quale vene da Perogia, recho l'ulivo e letare (lettere) de la novele (!) d'Asisi".

[4]) Statut der Arte di Calimala, ed. Filippi p. 108. L. II, 39 „Quod vexilla beati Johannis scribantur".

Schlachten der Vaterstadt geschlagen hatten und nun draußen in den Sarkophagen und den Avelli des Domkirchhofes von Waffenlärm und Wunden ausruhten; eifersüchtig wachten die Nachfahren darüber, daß die Wappenschilder der Ahnen nicht von ihren Stellen verdrängt würden.[1])

Organisation des Volkes in Siena.

Jene Trophäen im „schönen San Giovanni" sollten sich bald um manche neu errungenen Siegeszeichen vermehren. In der Stadt herrschte wieder Friede, während in den gegnerischen Kommunen die stete Begleiterin des Mißerfolges, die Uneinigkeit, ihr Haupt erhob. Waren die Pisaner wegen der sardinischen Interessen gespalten, so regte sich in Siena das Volk gegen die Großen, und in der gefahrvollen Lage gegenüber dem siegreichen Florenz mußten diese dulden, daß der Popolo sich unter einem Kapitan organisierte; nur setzten sie durch, daß ebenso wie schon der Podestà auch der Kapitan seine Ernennung von König Konrad empfange.[2])

Gesandter Konrads in Tuszien.

Der Sohn Kaiser Friedrichs richtete sein Augenmerk jetzt lebhaft auf Toskana, wo im März 1253 sein Gesandter erschien, um Anhänger zu werben und Versicherungen der Treue entgegenzunehmen.[3]) Für jetzt hatte seine Verbindung mit dieser Landschaft die praktische Bedeutung, daß dortige Geldleute ihm behilflich waren, die Mittel für seine Kämpfe im Süden aufzubringen; er und sein getreuer Markgraf Berthold von Hohenburg verschafften sich von sieneser Bankiers Barmittel gegen Verpfändung von Juwelen.[4])

Auslösung des verpfändeten Kaiserthrones.

Bei einem florentiner Geldmanne, Lamberto Maniavaca, bemühte er sich um die Auslösung des goldenen, edelsteingeschmückten Thrones seines kaiserlichen Vaters; man weiß, welchen politischen Wert in diesen Zeiten der Besitz solcher Kleinodien hatte, weil man an sie den Begriff von Herrscherrechten knüpfte. Nach dem Tode Friedrichs hatte dessen Schwiegersohn, Jakob von Caretto, Markgraf von Savona, der Gatte einer unehelichen Tochter des Monarchen, einer Schwester des gefangenen Königs Enzio, den Thronsessel dem Florentiner in Pfand gegeben, der Münzpächter im Gebiete des Markgrafen war und dort minderwertiges Silbergeld prägte.[5]) Die Mittel Konrads scheinen für die Auslösung nicht ausgereicht zu haben; Maniavaca trat den kostbaren Thron an den Genuesen Luco Grimaldi ab, und erst nach

---

[1]) Die Nachricht, die wir über die Aufstellung der „bandiere et schudi de' morti" besitzen, stammt von 1440 und bezieht sich demgemäß auf den schon umgebauten Dom, doch es handelte sich in dem besondern Fall um die Wappenschilder längst Verstorbener (aus der Familie Pigli) und als Beweis in einem Streitfalle wurde das uns erhaltene Nekrologium des Domkapitels (jetzt im Archiv der Opera del Duomo) aus dem 13. Jahrhundert herangezogen, so daß der Brauch mindestens so weit zurückging. Die Nachricht über die bei Errichtung der innern Balustrade von ihren Stellen entfernten Wappen findet sich in dem Cod. Miscell. des 15. Jahrhunderts, Flor. Nat.-Bibl. II. IV, 128, f. 110.

[2]) SAS. — Bicch. f. 32 (1253, Juli), f. 38². — Andrea Dei, Murat. Ss. XV, 28.

[3]) Forsch. usw. II (S. Gimign.), Reg. 667 b.

[4]) SAS. — Cons. Gener. 9, f. 135 (1260, 29. Mai). Ein Konsortium, von Scottus Dominici geleitet, gab das Darlehen. König Manfred löste die Pfänder aus.

[5]) Ann. Placentini Ghibell. M. G. Ss. XVIII, 507.

27*

weiteren Jahren wurde er von König Manfred zurückerworben.[1]) Der Vorgang aber fesselt unsere Aufmerksamkeit, denn er beweist, wie florentiner Kaufleute ihre Hände in den verschiedenartigsten Geschäften hatten, und es darf nicht unerwähnt bleiben, daß sie bereits zu dieser Zeit im Geldhandel zwischen den von Konrad beherrschten süditalienischen Gebieten und Venedig eine Rolle spielten.[2]) Wir wissen nicht, ob diejenigen, die derartige Geschäfte machten, geradezu als Feinde der Heimatstadt betrachtet wurden; man pflegt in Handelsstädten und in Handelskreisen in solchen Dingen außerordentlich weitherzig zu sein, und die Kommune als solche hat keine Gelegenheit gehabt, dem König Konrad, den ihre Gegner freilich als Schutzherrn anerkannten, in offener Feindschaft entgegenzutreten.

Kampf gegen Pistoia 1253.

Doch suchte man die Zeit zu nützen, ehe seine Macht sich befestigte; die Abrechnung mit Pistoia hatte im vorigen Jahre verschoben werden müssen, und man war gewillt, sie jetzt um so gründlicher vorzunehmen. Schon im April 1253 begannen die Kriegsvorbereitungen; Florenz rief die kleinen Kommunen Toskanas zur Hilfe auf, während sie auf der andern Seite von Pisa und Siena bedrängt wurden, im bevorstehenden Kampfe neutral zu bleiben; doch waren sie, wie eine Erklärung San Gimignanos bezeugt, zu machtlos, um sich dem Willen der Arnostadt zu entziehen, und, wollend oder nicht, mußten sie unter deren Fahnen gegen Bürgerschaften kämpfen, gegen die sie keinerlei Feindschaft hegten. Der Papst nahm dem bevorstehenden Waffengang gegenüber eine sehr eigentümliche Haltung ein, die bezeugt, wie warm jetzt sein Herz für Florenz, für die Gegner der staufischen Sache schlug. Während diese sich mit aller Kraft rüsteten, über Pistoia herzufallen, forderte er die Stadt, der der Angriff drohte, voll heiligen Eifers auf, sich ruhig zu verhalten und nichts Feindliches zu unternehmen, um seine Bemühungen für Herstellung des Friedens in Toskana nicht zu stören. Florenz hatte, wie immer, die Geschicklichkeit, den Anschein guten Rechtes auf seine Seite zu bringen; aus Pistoia waren die Guelfen vertrieben, und die Florentiner, die sich eben mit ihren Ghibellinen ausgesöhnt hatten, konnten den Anspruch erheben, daß Pistoia nun auch seine Guelfen wieder aufnähme. Da man auf diese als getreue Anhänger und natürliche Schutzbefohlene rechnen konnte, hätte man dadurch auf die Angelegenheiten der Nachbarstadt einen steten Einfluß gewonnen. Die Pistoiesen weigerten sich, und so brach das Heer Anfang Juni gegen sie auf, während von Westen her die Lucchesen vorrückten. Um den 20. Juni wurde eine Schlacht geschlagen, in der Florenz gegen die von den Sienesen und Pisanern unterstützten Feinde den Sieg erfocht. Doch schlimmer als die Niederlage war für die bedrohte Stadt die mitleidlose Verwüstung ihres Gebietes; vergeblich suchten die Pistoiesen sich Luft zu machen, indem sie, von sienesischen Hilfsmannschaften unterstützt, einen Einfall ins Lucchesische unternahmen, um die westlichen Nachbarfeinde zum Abzug zu ver-

[1]) Reg. Imp. 4604. 4664.

[2]) Coronata 1253, 11. April. Konrad an den Dogen Venedigs. Predelli, Il Liber Plegiorum No. 722, p. 171.

anlassen; ohne Wirkung blieb ein Vorstoß, den die Sienesen und die von Ubaldo Visconti geführten Pisaner am 27. August gegen Prato unternahmen und die Florentiner ließen sich auch durch Einfälle der Sienesen in ihr eigenes Gebiet nicht zur Rückkehr bestimmen; die Feinde verwüsteten im Juli die Landschaft am obern Arno, und im August drangen sie mit dem vollen Aufgebot aller Daheimgebliebenen plündernd über Certaldo hinaus in die Gegend des vormaligen Semifonte vor. Bis in den Oktober hinein dauerten die Kämpfe im Pistoiesischen; erst dadurch scheinen sie ihr Ende gefunden zu haben, daß die Florentiner es rätlich hielten, sie abzubrechen, um wieder, wie im Vorjahre, einen Zug zur Proviantierung von Montalcino zu unternehmen, damit die tapfere Bergstadt den zähen Kampf gegen Siena auch den folgenden Winter hindurch fortführen könne. Die aus dem Pistoiesischen heimkehrenden Sienesen wurden bei Castelfiorentino von der Bevölkerung dieser Kleinstadt überfallen und erlitten in dem für sie unrühmlichen Kampf erhebliche Verluste. Florenz, Lucca und Prato hatten bei einem Feldzuge, der den Sommer hindurch dauerte, nur 221 Gefangene in den Händen der Pistoiesen gelassen, und kein Mann ritterlichen oder vornehmen Standes befand sich unter ihnen.[1]

Zug nach Montalcino.

Dem neuen Zuge der Florentiner nach Montalcino stellten sich die Sienesen bei Lucignano und bei Sinalunga entgegen,[2] aber hier wie dort wurden sie zurückgeworfen, und es gelang wiederum, die mitgeführten Lebensmittel nach Montalcino hineinzubringen, so daß sich diese Stadt, ebenso wie Montepulciano,[3] zu behaupten vermochte. Zu dem Mißerfolg der Sienesen mochte der Umstand beigetragen haben, daß sie, statt ihre eigenen Kräfte nebst den zahlreichen, von ihnen geworbenen Soldrittern vereint zu halten, einen Teil ihrer Truppen wieder ins florentiner Gebiet einrücken ließen, um dieses erneut zu verwüsten, wodurch natürlich nichts entschieden wurde, obwohl Streifscharen bis zum Vallombrosaner-Kloster Passignano, ja bis nach San Casciano und selbst bis zu der fast vor den Toren von Florenz gelegenen Burg Monteboni vordrangen.[4] Auch die Pflicht, für das verbündete Pisa einzutreten, hatte eine weitere Zersplitterung der Streitkräfte Sienas zur Folge; ein Teil der Armbrustschützen war nach der Seestadt gezogen, um den Pisanern bei ihren Kämpfen in der Lunigiana und bei der Eroberung von Pontremoli zu helfen, denn auch jenes Küstengebiet und die Berglandschaft bis weit nach Norden hin wurde in die Kämpfe, deren Angelpunkt Florenz war, mit hineingezogen. Die Markgrafen Malaspina und die Edlen von Corvaia standen auf seiten der Pisaner gegen Lucca im Felde, und hier war der Erfolg auf seiten der

Kämpfe in der Lunigiana.

[1]) Über die meist urkundlichen Quellen dieser Darstellung s. Forsch. usw. IV. S. 115 ff., „Die erste Unterwerfung von Pistoia" usw.

[2]) SAS. — Zwei Urkunden vom 21. November 1253 (Entschädigung für getötete Pferde) Archivio Gener. — Biccherna 21, f. 75.

[3]) Zwei Urkunden vom 31. Dezember 1253 (SAS. — Arch. Gener.).

[4]) Urkunden vom 3. u. 6. November 1253. Ebendort. — Andrea Dei; Muratori Ss. XV, 28.

Gegner von Florenz.[1]) Doch berührte dies die Arnostadt nur indirekt, und wichtiger war es für sie, daß die von den Sienesen erlittenen Schlappen dem innern Unfrieden neue Nahrung gaben. Der Podestà Jacobino Bullione aus Bologna wurde seines Amtes entsetzt und unter Prozeß gestellt; man schickte ins Lager König Konrads, der mit Erfolg gegen das ihm aufsässige Neapel kämpfte, um von ihm die Ernennung eines neuen Stadtregenten zu begehren. Der Astrolog oder „Philosoph" des Königs wurde mit zu Rate gezogen, und es scheint, daß er dem von Konrad erwählten Ritter, Tommaso Malanotti, ein besseres Schicksal kündete als dem Vorgänger; die Urkunde, durch die der künftige Podestà sein Amt annahm, mußte der „Philosoph" mit unterzeichnen;[2]) der Geist der Weissagung war ihm indes nicht zu eigen, denn auch die Amtszeit des Malanotti verlief für ihn selbst, wie für die Stadt höchst unglücklich.

Neue Unruhen in Siena.

Hingegen verstanden es die Florentiner, ihrerseits aus der Erbitterung Nutzen zu ziehen, die sich der bologneser Landsleute des übel behandelten Bullione bemächtigte; ein Meisterstück ihrer politischen Klugheit aber war es, wie sie den Unwillen darüber zu schüren wußten, daß sich Loderengo degli Andalò noch immer bei ihnen selbst in Kriegsgefangenschaft befand, ohne daß Siena die Auslösung seines früheren Podestà bewirkte. Unter dieser ausdrücklichen Begründung erklärte sich Bologna bereit, solange Florenz mit Siena im Kriege lebe, alle Sienesen, ausgenommen die Studenten und einige vom Papst Begünstigte, aus seinem Gebiete zu vertreiben, und die Stadt schloß mit Florenz einen Handelsvertrag, wofür dieses als Gegenleistung dem Loderengo die Rückkehr in die Heimat gestattete.[3]) Der Podestà, der mit dem Beginn des Jahres 1254 an die Spitze der florentiner Bürgerschaft trat, der Mailänder Guiscardo di Pietrasanta, war ein Mann von ungewöhnlicher Tüchtigkeit; sein Name lebt in dem des anmutigen Städtchens am Meeresufer der Lunigiana fort, das er begründete, als er im folgenden Jahre das Podestàamt in Lucca bekleidete.[4]) Mit gleich scharfem Blick überschaute und mit gleicher Tatkraft behandelte er die friedlichen Interessen des Handels, wie die kriegerischen Verhältnisse. Da für

Vertrag der Florentiner mit Bologna.

[1]) Bicch. 21. f. 71; 22 f. 20ᵃ. — 1253, 31. Dezember (SAS. — Arch. Gener.). Urk. Pisa 1253, 4. Dezember Flaminio Dal Borgo, Diplom. p. 187.

[2]) Urk. Neapoli in exercitu dom. regis Conradi 1253, 10. Oktob. (SAS. — Arch. Gener.). — Bicch. 21, f. 80ᵃ.

[3]) Der Vertrag vom 27. April 1254 SAF. — Acquisto Strozzi-Uguccioni. — Verkündung des Bannes gegen die Sienesen in Bologna SAB. — Liber bannitorum von 1254.

[4]) Er war 1252 Podestà von Genua gewesen (Barth. Scribae Ann. M. G. Ss. XVIII, 230 und wurde 1263 Rektor des Patrimonium Petri, als der er seinen Tod fand; M. G. Epp. III. 571. — Savignoni, im Archivio della Società Romana XVIII, 303. — Eine auf die Familie Pietrasanta bezügliche gefälschte, aber dennoch interessante Inschrift (Forcella, Iscrizioni III, 196) ist im Vorhof von Sant' Ambrogio von Mailand eingemauert. Sie bildet den angeblichen Grabstein des Dom. Paganus Petrasancta, der im Jahre 800 „Capitaneus Florentinorum" gewesen sei. Die alte Fälschung erweist, daß eine Tradition über Beziehungen der Pietrasanta zu Florenz vorhanden war.

jetzt ein unmittelbarer Grund zu Konflikten mit dem Reichsvikar der Lombardei Uberto Pallavicini nicht vorlag, und da mit seinen Verwandten, den ghibellinischen Guidi, Friede geschlossen war, erlangte man von ihm die Zusicherung freien Geleites für Florentiner und ihre Waren in seinem gesamten Machtgebiet,[1]) wozu er durch Gesandte bestimmt worden war.

Friede mit Pistoia 1254, 1. Februar

Kaum hatte Guiscardo seine Stellung in Florenz angetreten, als die Pistoiesen, durch die Kämpfe des vorigen Sommers, durch die Verödung ihrer Landschaft auf das tiefste erschöpft, der siegreichen Nachbarstadt den Frieden anboten, der sie von der Liga löste und der nicht viel weniger als eine Unterwerfung bedeutete. Vertreter beider Kommunen kamen zu den Verhandlungen in Empoli zusammen; Geistliche vermittelten, und unter ihnen tritt besonders der noch häufig zu nennende damalige Prior der Dominikaner von Santa Maria Novella hervor, Aldobrandino, aus dem bedeutenden Geschlecht der Cavalcanti. Am 1. Februar 1254 wurde der Friedensvertrag vollzogen, der sich zugleich auf Prato und Lucca, sowie die kleinen Kommunen und die Einwohner von Val di Nievole (zwischen Pistoia und Lucca), Valle Ariana (dessen Seitental) und von Val di Lima (im luccheser Berglande) bezog; diese alle hatten auf Seite der Florentiner gegen Pistoia gekämpft. Die unterlegene Stadt mußte sich verpflichten, das viel umstrittene Carmignano, ihr gegen Florenz hin gelegenes Grenzkastell, nie wieder zu befestigen und alle Mitbürger, die auf Seite der siegreichen Feinde gekämpft hatten, daheim in ihre Rechte und Ehren wieder einzusetzen; so war die früher verweigerte Zurückführung der Guelfen mit den Waffen erzwungen worden. Die beiden Kommunen sollten sich künftig wechselseitig Beistand leisten, was bedeutete, daß die Pistoiesen fortan für Florenz und Lucca zu kämpfen hätten, und diese Bürgergemeinden ihnen gegenüber die Rolle der Beschützer übernahmen. Nur hatten die Besiegten Ehrempfindung genug, sich auszubedingen, daß sie mindestens die nächsten sechs Jahre hindurch nicht verpflichtet seien, gegen ihre bisherigen Bundesgenossen von Pisa und Siena zu Felde zu ziehen.[2]) Wenn sie indes hofften, mit dem Frieden von Empoli am Ende ihrer Demütigungen angelangt zu sein, hatten sie ohne die von allen Bedenken freie Rücksichtslosigkeit der florentiner Demokratie gerechnet.

Feldzug gegen Siena 1254.

Gegen Siena rüstete man im Frühjahr 1254 zu neuem Kampf, aber zugleich gab man der Hoffnung Raum, durch ihn den Frieden zu erzwingen, denn ehe das Heer auszog, wurden in etwas versteckter Form die Bevollmächtigten ernannt, um wegen einer Einigung zu verhandeln.[3]) Die Sienesen

[1]) Die Urkunde des Reichsvikars, Borgo San Donnino 1254, 25. März, wurde 1254, 30. März in Genua in der Herberge der Florentiner im Hause des Guglielmo Barbavaro („in dicta domo, quam tenent Florentini") im Auftrage zweier florentiner Gesandten kopiert. — Ferretto, Cod. Diplom. I, 111 n. 3.

[2]) S. Forsch. usw. IV, 115 ff., „Die erste Unterwerfung von Pistoia usw."

[3]) Florenz 1254, 20. April. SAS. — Caleffo Vecchio f. 330a. — Der eine der damals Ernannten schloß am 11. Juni (s. unten) den Frieden. Das Datum, das Malavolti (I. f. 65a) für den Friedensschluß gibt (11. April), ist irrig. — Das

kämpften dauernd um die Niederzwingung von Montepulciano und Montalcino,[1]) doch die Bürger der hoch gelegenen Städte trotzten hinter ihren Mauern den Anstrengungen der an Zahl überlegenen Gegner, und ebenso unglücklich fochten diese in der Grafschaft Aldobrandesca, wo sie dem Pfalzgrafen Ildebrandino gegen dessen verhaßten Onkel, den Pfalzgrafen Wilhelm, den Verbündeten der Florentiner, zu Hilfe zogen. Im Kampfe bei Pian-Castagnaio am Monte Amiata wurde der Podestà Tommaso Malanotti durch einen Pfeilschuß getötet.[2]) Die Sienesen versuchten einen Einfall ins florentiner Gebiet, und die von ihnen unternommene Cavalcata drang wieder bis ins Grevetal nach Poppiano, unweit von San Casciano, vor,[3]) aber vor dem heranziehenden Heer der Arnostadt mußten die zur Plünderung ausgerückten Scharen davonziehen. Darauf drangen die Florentiner ins Sienesische ein, besetzten das Val di Strove[4]) nahe der feindlichen Stadt und lagerten vor Monteriggioni, dem mauerngekrönten, durch fünfzehn Türme bewehrten nördlichen Bollwerk der Sienesen. Da traf diese, härter als die eigenen Mißerfolge und die Niederlagen der Verbündeten, die Nachricht, daß in Süditalien der sechsundzwanzigjährige König Konrad gestorben sei, auf den sie ihre Hoffnung gesetzt hatten. Fortwährend waren Gesandte an ihn abgegangen, selbst einen Florentiner[5]) schickten sie in dieser Eigenschaft an ihn, wohl damit er dem König Aussicht auf starke Anhängerschaft in der Arnostadt erwecke, wenn der junge Staufer den Versuch einer Eroberung Toskanas unternähme. Noch in der Zeit seines Todes müssen die Boten Sienas an seinem Hoflager geweilt haben; Konrad scheint dem Drängen nachgegeben zu haben, denn als er sich im Herbst 1253 Neapels bemächtigt hatte, bereitete er zu Beginn des Jahres 1254 einen Zug nordwärts nach Reichsitalien vor; seine Krankheit hemmte die Ausführung dieser Pläne und sein Hinscheiden setzte ihnen ein Ziel.[6]) Die deutschen Soldritter, die Monteriggioni für Siena besetzt hielten, gerieten durch die Kunde seines Ablebens sofort in Bewegung; sie glaubten als Vorhut des deutschen Herrschers zu kämpfen, und da dieser nicht mehr war, hatten sie für die Sache der Sienesen nichts mehr übrig; statt des mageren Soldes bei hartem Leben lockte sie das Gold, das sie durch Verrat zu erwerben hofften, und für 50 000 Goldfloren boten sie den Florentinern die Übergabe des belagerten Kastells an. Diese gingen sofort darauf ein, und die Anzianen, die das Heer begleiteten, fanden noch in der Nacht, in der die geheime Verhandlung geführt wurde, zwanzig Bürger bereit, je tausend Goldstücke als Grundstock der Summe herzugeben.[7]) Aber sie wären keine Florentiner

König Konrad † 21. Mai 1254.

Aufgebot zur Lieferung von Viktualien fürs Heer erging an San Gimignano vor dem 23. April (Forsch. usw. II, 691).

[1]) SAS. — Bicch. 22, f. 29 u. 33² (April), Urk. 1254, 30. Juni betr. Kampfes gegen Montalcino im Juni (Arch. Gener.).

[2]) SAS. — Bicch. 22, f. 29²; f. 51. — Andrea Dei Murat. Ss. XV, col. 28.

[3]) SAS. — Bicch. 22, f. 46. — [4]) Ebend. f. 65.

[5]) Ebend. f. 27²; f. 28; f. 75. — Der Name des Florentiners war Renaldetto: er ist uns sonst nicht bekannt.

[6]) Reg. Imp. 4629a und b; 4632a. — [7]) Vill. VI. 55.

gewesen, hätten sie sich von dem Gelde getrennt, ohne den Versuch zu machen, ob sie nicht auch kostenlos zum Ziele gelangen könnten; sie ließen in das nahe Siena die sicher beglaubigte Botschaft von der verräterischen Absicht der Deutschen und von den schwebenden Verhandlungen gelangen, worauf sich die Stadtregierung eilig entschloß, selbst mit den Feinden in Friedensverhandlungen einzutreten, um wenigstens Monteriggioni zu retten; zu erster Anknüpfung setzte sich, wie es scheint, der Führer der sieneser Ghibellinen, Provenzano Ildebrandi Salvani, der fortan immer bedeutsamer in den Vordergrund tritt, mit dem florentiner Ghibellinen Uberto degli Uberti ins Einvernehmen.[1] Bei Stomenano, auf einem Hügel gegenüber dem rund ummauerten Gipfel von Monteriggioni, versammelten sich am 11. Juni die Beauftragten der Städte, nachdem die Vorverhandlungen eine Woche gedauert hatten;[2] Florenz schloß den Frieden zugleich für seine Verbündeten: Orvieto, Montepulciano, Montalcino, den Pfalzgrafen Wilhelm nebst dessen Söhnen und Pepo Visconti von Campiglia, der sich auch Pepo delle Rocche nannte und seit alter Zeit bei jeder Gelegenheit die Waffen für Florenz gegen Siena zu führen pflegte. Noch am selben Tage traten im Lager, im Zelt der Kommune die Räte von Florenz zusammen; man konnte sie versammeln, wo immer der volle Auszug des Bürgerheeres sich um das Kriegsbanner der Stadt scharte, da ja jeder rüstige Mann im Felde zu stehen hatte. Die Sienesen mußten allen Ansprüchen auf Herrschaft über Montepulciano und Montalcino entsagen; sie hatten Castiglion de' Latroni bei Arcidosso im Orciatale den Florentinern auszuliefern, das diese zweifellos den verbündeten Orvietanern zu übergeben gedachten, sowie Campiglia, das sie dem Pepo Visconti zurückstellen wollten. Wie die florentiner Ghibellinen früher mit Siena ins Bündnis getreten waren, so hatten jetzt einzelne Sienesen aus Parteigründen ihre Vaterstadt verraten und für Florenz gekämpft; sie bildeten den Kern der Guelfenpartei, die sich bald auch in Siena auf das kräftigste regen sollte. Den Treulosen mußte die Bürgerschaft auf Verlangen der Florentiner freie Rückkehr gewähren, sie in all ihre aberkannten Ehren wieder einsetzen und ihnen ihre Besitzungen zurückerstatten; Einzelvereinbarungen Sienas mit Orvieto, dem Pfalzgrafen Wilhelm und Pepo Visconti blieben vorbehalten und erst wenn alles geordnet und ausgeführt war, sollten die Gefangenen freigelassen werden; die in die Hände der Sienesen Geratenen schmachteten in Kerkern in Massa Marittima und in Bergwerken der Maremma, wohin man sie gebracht hatte, weil diese Orte vom Schauplatz der Kämpfe entfernt lagen; die weit zahlreicheren, die in der Gewalt der Florentiner und ihrer Verbündeten waren,

Friedensschluß mit Siena 1254 11. Juni.

[1] SAS. — Bicch. 22, f. 74a.

[2] In der Urkunde betreffs Ratifizierung des Friedens durch die im Lager versammelten Räte von Florenz, SAS. — Caleffo Vecchio 330. — Die Urkunde des eigentlichen Friedensschlusses (nach der die beiden Sindici Sienas am 4. Juni ernannt waren) liegt ebenfalls mit der der Ratifizierung durch die Räte von Florenz im Archivio Storico zu Orvieto (Diplomatico) vor. Ein Auszug bei Fumi, 203. Der Ort der Verhandlungen war der Hügel, den jetzt die Villa Griccioli einnimmt.

wurden in Florenz, Prato, Lucca und San Miniato aufbewahrt, und andere, in den Kämpfen um Montepulciano und Montalcino ergriffene, befanden sich in diesen Städten.

Eine Gebietsvergrößerung auf Kosten Sienas erstrebte Florenz nicht; es wünschte vielmehr die benachbarte Stadt, die es isolierte und mit Gegnern umgab, in eine innere Abhängigkeit von den eigenen Interessen zu versetzen, wobei man auf die stille Arbeit derer gerechnet haben wird, die der Friede in die Heimat zurückführte, und denen er zu erneuter Geltung verhalf.

Zug gegen Pisa.

Die feindliche Liga bestand nicht mehr, nur Pisa stand noch gegen Florenz in Waffen. Schon als das Heer im Vorjahre gegen Pistoia ausgezogen war, hatte man allgemein vermutet, das Unternehmen sei zugleich gegen Pisa gerichtet;[1]) was damals unterblieben war, geschah, nachdem man Pistoia und Siena von den bisherigen Verbündeten getrennt hatte. In Pisa dauerten die inneren Kämpfe fort, ja sie tobten wilder als zuvor; die beiden führenden Stadtgeschlechter, die Visconti und die Grafen von Donoratico, lagen in Hader, und das Volk hatte die Uneinigkeit der Großen benutzt, um sich selbst der Herrschaft zu bemächtigen.[2]) Trotz dieser inneren Zerrissenheit gelang es noch einmal, die Kräfte zu einem Kampf gegen die Lucchesen zusammenzufassen, denn im Haß gegen diese begegneten sich alle Parteien; er verlief siegreich, doch auf die Kunde von der Niederlage der Verbündeten rückten die Florentiner herbei, für deren demokratisches Regiment der Popolo der Seestadt geheime Sympathien hegen mochte. Die Pisaner widerstanden nicht einmal dem ersten Anprall der Feinde; wie vor zwei Jahren entflohen sie. Viele Ritter und Fußkämpfer gerieten in Gefangenschaft, und verwüstend drangen die Florentiner bis über den Erafluß vor, wo sie ein festes Lager zwanzig Kilometer vor den Mauern der Feindesstadt aufschlugen. In der Furcht, daß die Großen wieder die Gewalt an sich reißen könnten, sandten die Pisaner Volks-Anzianen dorthin eine Gesandtschaft, die als Zeichen der Demut sogar die Schlüssel der Tore überbracht haben soll, und die jedenfalls würdelos die völlige Unterwerfung unter den Willen der Gegner gelobte.

Friede mit Pisa.

Dieser Wille war scheinbar durch Mäßigung gezügelt, doch in Wahrheit von äußerster Härte; die Bedingungen der Sieger gingen dahin, daß Pisa sich in seinen Streitigkeiten mit Lucca, mit Genua und mit San Miniato dem schiedsrichterlichen Urteil von Florenz zu unterwerfen habe, daß die Bürger der Seestadt im Verkehr mit Florentinern Maß und Gewicht von Florenz zu verwenden hätten, und daß Pisa für den Handel der Florentiner zum Freihafen werde, derart, daß diese ihre Waren abgabenfrei in Pisa zu Meer und zu Lande einführen, wie von

---

[1]) Forsch. usw. II (S. Gimign.), 677, 678.

[2]) Pisaner Chronik im Codex 383 der Biblioteca Fabroniana in Pistoia und Pisaner Chronik im SAL. Cod. 54, im letztern zu 1254, im erstern zu 1255 (pisaner Zählung). — Fragmenta Hist. Pisanae Murat. Ss. XXIV, 644 ss. zu 1255.

dort exportieren könnten, daß sie nur für dasjenige einen Ausfuhrzoll zu zahlen hätten, was sie in Pisa selbst kauften. Ferner sollten alle in Pisa wohnenden Florentiner frei von Abgaben sein; die sämtlichen Vorteile, die Florenz für sich bedang, sollten zugleich für die Kaufleute des ihm stets getreuen Prato gelten. Fünfzig der vornehmsten, von Florenz zu bestimmenden Bürger hatten als Geiseln für Erfüllung dieser Zusagen nach Florenz zu gehen, und die wichtigste Grenzfestung der Pisaner gegen Lucca, das feste Ripafratta, war den Florentinern als Pfand auszuliefern. Diese übergaben es alsbald den Lucchesen, die dadurch trotz ihrer Niederlage den ersehnten Siegespreis erlangten. In noch höherem Maße sollte ihnen dieser durch den Schiedsspruch zu teil werden, dem die Pisaner sich blindlings unterworfen hatten. Das Pisa demütigende Abkommen im Lager an der Era war Anfang Juli getroffen; am 10. Oktober und 11. Dezember 1254 entschieden in der Kirche Santa Reparata Podestà, Volkskapitan, Anzianen, die Räte und Zunftvorstände nebst den Bannerträgern und Rektoren der Volksgenossenschaften von Florenz, am letztern Tage unter Teilnahme des Parlamentes oder der Volksversammlung, über die Zwistigkeiten der beiden herrschenden Seestädte des tyrrhenischen Meeres sowie über die zwischen Pisanern und Lucchesen. Nicht die Gerechtigkeit gab der Bürgerschaft das Urteil ein, sondern das Interesse für die Verbündeten und der Wunsch, Pisa nach Kräften zu schwächen; Brunetto Latini, der Notar der Anzianen, gab dem Urteil vom 11. Dezember die Form, aber in dem Schriftstück weht kein Hauch von dem Sinne der Gerechtigkeit, die er in seinen Schriften predigt. Pisa sollte Lerici und Trebbiano den Genuesen ausliefern, dagegen wurden alle Ansprüche der Pisaner gegen Genua, sowohl die auf die Terraferma bezüglichen, wie die betreffs Sardiniens, zurückgewiesen. An Lucca hatten die Pisaner das am Meeresufer zwischen Viareggio und (dem bald darauf begründeten) Pietrasanta gelegene wichtige Kastell Motrone abzutreten, an den luccheser Bischof Montopoli und die andern ursprünglich diesem gehörigen Burgen links vom Arno, die Pisa seit Jahrzehnten besetzt hielt, und an das den Florentinern verbündete San Miniato die Feste Monte Vicchieri. Massa (di Carrara) und Corvaia, die von den Pisanern im siegreichen Kampf gegen Lucca und dessen Bundesgenossen besetzt worden waren, sollten sie den ursprünglichen Eigentümern zurückgeben. Mit weisem Vorbedacht hatten die Florentiner nichts für sich genommen, wiesen sie alle Vorteile des Kampfes den Verbündeten zu, die sie an sich fesseln wollten; sie verzichteten selbst auf Piombino, den Elba gegenüber gelegenen Hafen, obwohl die Pisaner ihnen dieses statt des von Lucca begehrten Ripafratta als Pfand angeboten hatten, wofür sie sich den Tadel späterer Geschlechter gefallen lassen mußten. In Wahrheit konnte ihnen Piombino nichts sein, wenn es ihnen gelang, Pisa zu ihrem Freihafen zu machen, und angesichts des Vertrages mit dem Pfalzgrafen der Aldobrandesca, der ihnen die nahen Meeresorte Porto d'Ercole und Talamone eingeräumt hatte. Ripafratta in den Händen der Lucchesen blieb hingegen ein Dorn im Fleisch der Pisaner, wodurch der den Florentinern erwünschte Nachbarhader verewigt wurde; im offenen eigenen

Interesse legten sie Pisa nur die Demolierung der bei Pontedera errichteten Burg auf.[1])

Was Florenz zuerst entschieden hatte, wurde im pisaner Generalrat in Anwesenheit eines Gesandten der siegreichen Stadt und eines Vertreters von Genua gut geheißen, aber später weigerte sich die Bürgerschaft, einen Vertreter nach Florenz zu senden, der der Fällung des zweiten Schiedsspruches beiwohnen sollte; sie mochte derselben Ansicht sein, die später die Sienesen aussprachen: hier sei der Richter nur der Mandatar des Klägers. Es kam ihr der seltsame Gedanke, gegen den Spruch von Florenz, dem sie sich unklugerweise unterstellt hatte, an den Senator der Stadt Rom zu appellieren, und in dieser Anrufung sprach sich die unklare Vorstellung aus, daß in der kaiserlosen Zeit das Imperium wieder an das römische Volk zurückgefallen sei, von dem es in ferner Vergangenheit seinen Ursprung gehabt hatte. Als Senator regierte damals mit kraftvoller Hand Brancaleone degli Andalò aus Bologna die Stadt am Tiber, der Neffe des bisherigen florentiner Kriegsgefangenen Loderengo. Er fällte in der Tat auf Ersuchen der Pisaner einen dem florentiner Urteil entgegengesetzt lautenden Spruch,[2]) und auf diesen gestützt verweigerte die Bürgerschaft der Seestadt die Ausführung dessen, was Florenz ihr auferlegt hatte. Als in den letzten Tagen des Jahres 1254 ein Vertreter Genuas in Pisa erschien, um die Ausfolgung Lericis zu verlangen, wurde er durch die bewaffneten Sbirren des Podestà aus dessen Palast gejagt; infolgedessen schickte die ligurische Stadt 1255 zwei Gesandte nach Florenz und Lucca, die Edlen Niccolò Grimaldi und Percival Doria; der eine von ihnen, „Messer Prencivalle“, war zugleich Dichter,[3]) und die anmutigen Liebesklagen seiner Jugendzeit verliehen dem jetzt gereiften Manne ebenso hohen Ruhm, wie die staatsmännische Tätigkeit, die er als Podestà provenzalischer Städte begonnen hatte, so daß man in ihm ein lebendiges Beispiel für die Einflüsse provenzalischen Minnegesanges auf italienische Poesie zu erkennen vermag. Er stand auf staufischer Seite, aber als Genuesen lag ihm dennoch die Niederwerfung Pisas am Herzen. Die Gesandten veranlaßten Guiscardo da Pietrasanta, der inzwischen das Stadtregiment in Lucca übernommen hatte, nach Genua zu gehen; dort erklärte er zugleich im Namen der Florentiner, daß beide Kommunen zu neuem Kampfe bereit seien, und empfing im Volksparlament das genueser Kriegsbanner mit dem Bilde des heiligen Georg als Symbol gemeinsamen Hasses gegen die Pisaner. Trotz dieser Demonstration kam es für jetzt indes nicht zu dem geplanten Waffengange; erst 1256 wurde das zwei Jahre früher begonnene Werk vollendet.

Unterwerfung Poggibonsis.

Als die Florentiner im Sommer 1254 im Triumph aus dem Gebiet der Pisaner heimzogen, fühlten sie sich als Herren Toskanas. Die Kleinstädte waren ihrer Gewalt ausgeliefert, und Poggibonsi sollte dies zuerst empfinden. Es hatte immer zu Siena geneigt, immer Anschluß ans Reich gesucht, um sich der Herrschaft der Florentiner zu entziehen. Jetzt, da der Nachbarkommune

[1]) Forsch. usw. IV. 109 ff., „Kämpfe und Friedensschlüsse mit Pisa 1254 und 1256“.
[2]) Ebendort. — [3]) Ebendort.

durch Verträge die Hände gebunden waren, wurde Poggibonsi zur Unterwerfung gezwungen, denn die Bürgerschaft wagte für sich allein, obwohl die Stadt in dieser Zeit ihrer größten Blüte 5000 waffenfähige Männer ins Feld zu stellen vermochte, einem heranrückenden florentiner Heer keinen Widerstand entgegenzusetzen. Trotz solcher Gefügigkeit traute man indes der Treue der Einwohner nicht, und im Frühjahr 1255 wurde über die Stadt die Demolierung eines Teiles ihrer Verteidigungswerke verhängt; der Ritter des Podestà begab sich nebst etlichen Anzianen nach der Stadt des Elsatales, um die Zerstörung zu leiten, und die benachbarten kleinen Kommunen mußten Meister stellen und Werkzeuge liefern, um dem Orte ein Schicksal zu bereiten, das bald genug sie selbst bedrohen sollte.[1])

Das Heer, dem sich Poggibonsi ergeben hatte, setzte seinen Weg nach dem einen kurzen Tagesmarsch entlegenen Volterra fort, das sich Florenz gegenüber unfügsam erwiesen hatte. Die Absicht scheint zunächst nur darauf gerichtet gewesen zu sein, den stattlichen Berg, dessen Spitze die alte Etruskerstadt krönt, auf allen Seiten zu verwüsten, um der Bürgerschaft die Gewalt der Nachbarn fühlbar zu machen. Doch waren die Volterraner nicht gewillt, von ihren Mauern her müßig zuzusehen, wie die Häuser ihrer Kolonen im Rauch aufgingen, wie ihre Vignen, deren Trauben der Ernte entgegenreiften, von den übermütigen Gegnern zerstört wurden; sie drängten mutig aus der Stadt zum Kampf hervor, und da sie sich von oben her auf die Feinde warfen, brachten sie die sengenden und plündernden Florentiner in arge Verwirrung, bis deren Ritterschaft eingriff und die Verteidiger der heimatlichen Gelände zwang, den Angriff aufzugeben. Wie diese aber nun in der Heimat vor den Verfolgenden Zuflucht suchten, drangen jene zugleich mit den Flüchtigen in die Tore, und das Fußvolk rückte nach, so daß die Stadt genommen wurde. Die Geistlichkeit, der Bischof Ranieri Ubertini an der Spitze, der selbst halb ein Florentiner war, zog den Siegern mit Kreuzen in den Händen, gnadeflehend entgegen, und die Frauen warfen sich, mit gelösten Haaren um Frieden und Mitleid bittend, vor ihnen auf die Kniee. Weniger aus Milde, als aus der Erwägung heraus, daß Schonung des etwas entlegenen Ortes klüger sei als Plünderung und Mord, wurden Leben und Eigentum der Bürger durch strengen Befehl geschützt. Man zwang die Volterraner, die gesetzlichen Ordnungen von Florenz zu den ihren zu machen und eine demokratische Regierung einzusetzen, die in allen Stücken der eigenen entsprach. Als Podestà mußte ein Florentiner gewählt werden, und dessen Ernennung, die Festsetzung des Gehaltes für ihn und seine Beamten, war von den florentiner Behörden zu bestätigen. Anfangs wurde noch die Form gewahrt, daß eine zu gleichen Teilen aus Vornehmen und aus Popolanen bestehende Kommission das Statut Volterras nach den Befehlen von Florenz abfassen sollte, dann aber wurde die florentiner Volksverfassung der besiegten Bürgerschaft einfach oktroyiert, und als man sich später einige Abänderungen erlauben wollte, wurden diese nicht

Unterwerfung Volterras.

[1]) S. Forsch. usw. IV, 117 f., „Die Unterwerfung von Pistoia, Poggibonsi usw.“

geduldet. Die Florentiner unterwarfen das Gebiet der Stadt, wie alsbald auch das der andern mit geringerer Schonung behandelten Kleinstädte ihrer Besteuerung, und wer gegen ein Urteil des von Florenz eingesetzten Podestà Berufung einlegen wollte, mußte fortan vor dem florentiner Appellationsgericht Recht suchen. In Volterra wie anderwärts wurde die Abhängigkeit dadurch aufrecht erhalten, daß der Popolo zur Herrschaft berufen wurde; die Demokratien dieser kleineren Kommunen konnten ihr Heil nur von der Arnostadt, nur von deren Volksregiment erwarten, an dessen Schicksal ihr eigenes auf Gedeih und Verderb geknüpft war. Wie das Volk des vor den Toren von Florenz gelegenen Prato neben den Podestà der Kommune einen Kapitan und Anzianen an die Spitze der Verwaltung stellte,[1] so wurden auch in Volterra als Vertreter des Volksregimentes Anzianen und ein Capitano del Popolo eingesetzt; dreißig Geiseln bürgten neben den sonstigen Maßnahmen für Fügsamkeit und Gehorsam. Zur Behauptung des neuen Regimentes und zugleich der florentiner Fremdherrschaft ward, wie in Pistoia so auch in Volterra eine Festung angelegt, nicht durch die einheimische Bürgerschaft, sondern durch die Arnostadt und auf deren Kosten. Der Bau dieser Zwingburg wurde schon im Winter begonnen. In stark veränderter Gestalt, und in der Folgezeit zumal durch den Herzog von Athen und nachmals durch Lorenzo Magnifico bedeutend vergrößert, überragt das gewaltige Kastell von mittelalterlicher Erscheinung noch immer, weither sichtbar, die Bergstadt. Gegenüber dem Bischof setzte Florenz jetzt für seine Rechnung die Politik fort, die vordem die volterraner Bürgerschaft befolgt hatte; es okkupierte eine Anzahl seiner Burgen, was übrigens Pisa, Siena, San Gimignano, Colle und Poggibonsi auch bereits nach Kräften betreffs der ihnen nahe gelegenen Kastelle getan hatten, und vergeblich suchte der Bischof-Graf von Volterra durch Prozesse vor dem päpstlichen Stuhl seine festen Schlösser und Ländereien wiederzuerlangen, während das Unternehmen, einzelne mit bewaffneter Hand zurückzugewinnen, ihn nur immer tiefer in unendliche Schulden verstrickte.[2])

Zunftstreitigkeiten in San Gimignano.

Die Florentiner nannten das Jahr 1254 „das Jahr des Sieges", und es begreift sich, daß ringsumher die Schwächeren vor der durchgreifenden Energie des Popolo zitterten. In San Gimignano hatte man sich, ehe die großen Entscheidungen gefallen waren, etwas zweifelhaft verhalten; man hatte den Florentinern zu ihren Heereszügen Zufuhr von Lebensmitteln und Mannschaft senden müssen, aber es war mit schlecht verhehltem Widerwillen geschehen, auch hatten Verbannte von Florenz dort ein Asyl gefunden. Nach der Einnahme von Volterra beschloß die Bürgerschaft mit auffallender Geflissentlichkeit und lange vor der für solche Feststellungen üblichen Zeit, fürs nächste Jahr den-

[1]) Urkunde vom 27. Januar 1257 (SAF. — Cingolo di Prato). Es ist anzunehmen, daß die eng mit Florenz verbündete Stadt deren Beispiel bald nach dem dortigen Umschwung von 1250 nachgeahmt hat.

[2]) Forsch. usw. IV, 118 f., „Die Unterwerfung von Pistoia, Poggibonsi, Volterra usw."

jenigen Mann zum Podestà zu wählen, den die florentiner Behörden zu diesem Amt bestimmen würden. Glaubte man durch derartige Fügsamkeit künftiger Gefahr vorzubeugen, so sah man sich enttäuscht. Zwischen der Oberschicht und den Zünften war ein Streit ausgebrochen, dessen besondere Ursache wir nicht kennen; die kleine Stadt hatte damals elf organisierte Zünfte, die der Notare, der Ärzte, der Bauhandwerker, der Schuhmacher, der Tuchmacher, Kleinkaufleute, Fuhrleute, Kürschner, Viehhändler, Wirte und Schmiede. Die Rektoren einiger dieser Zünfte waren von den Behörden zu Geldstrafen verurteilt worden, worauf das florentiner Volk als solches (zunächst nicht die Kommune, sondern der Capitano del Popolo nebst den Anzianen) sich in die inneren Zwistigkeiten der Stadt im Elsatal einmischte. Man beschloß im Rat San Gimignanos, dem florentiner Popolo zu erwidern, daß man im eigenen Hause selbst entscheiden wolle, und gab der abweisenden Antwort durch scharfes Vorgehen gegen die Zünfte Nachdruck, indem man deren Statuten und Urkunden öffentlich verbrennen ließ. Das Volk von Florenz und jetzt auch die Kommune machten darauf die Sache der Zünfte von San Gimignano zur ihren, und der Podestà Alamanno della Torre aus Mailand begab sich mit Gesandten dorthin. Man suchte sie durch ehrenvollen Empfang, durch Geschenke und vor allem dadurch zu beschwichtigen, daß man einige der florentiner Verbannten greifen ließ und gefangen setzte. Aber die Volksgemeinde war nicht so leicht zu beschwichtigen, und der Grimm brach mit besonderer Heftigkeit wieder aus, als pisaner Gesandte, von der Kurie kommend, in San Gimignano Rast machten; man glaubte oder gab vor zu glauben, es seien bei dieser Gelegenheit Intriguen gegen Florenz gesponnen worden. In der Arnostadt wurde, es wäre schwer zu sagen auf Grund welchen Rechtes, das Urteil gefällt, die Bürger San Gimignanos hätten unverzüglich die Mauern ihrer Stadt niederzureißen, und da die Bedrohten keinen Verzweiflungskampf wagen mochten, führten sie den Befehl gehorsam aus; zugleich entschied die florentiner Volksregierung den Zunftstreit in ihrem Sinne, das heißt in dem der Zünfte, und sie vindizierte sich das Recht, die Statuten der Stadt nach ihrem Willen zu revidieren; solange der Popolo am Arno in Macht stand, durften fortan nur Florentiner zu Podestàs von San Gimignano gewählt werden, die überdies vom Volkskapitan und den Anzianen wie abhängige Beamte behandelt wurden; als Bürgschaft vollkommenen Gehorsams mußten 36 Kinder von einflußreichen Männern nach Florenz vergeiselt werden. Die demokratische Partei und die Zünfte, auf die sich auch hier der florentiner Einfluß stützte, suchten ihre Ergebenheit äußerlich dadurch zu betätigen, daß sie auf die Banner, unter denen man den Florentinern Zuzug sandte, die Wappenlilie und den Löwen von Florenz malen ließen, denn dieses Tier hatte der siegreiche Popolo zum Sinnbild seiner Macht erkoren; als erste der italienischen Städte hielt die Arnostadt auf öffentliche Kosten einen Löwen in dem nahe dem Battistero errichteten Zwinger, und sein Wohlergehen wurde als eine Art Staatsangelegenheit betrachtet.[1]) Hatte Kaiser Friedrich durch die Schau-

[1]) Forsch. usw. IV, S. 119 ff., „Die Unterwerfung von Pistoia, Poggibonsi,

stellung exotischer Tiere mit seiner Macht geprunkt, so folgte die ihm wie seinem Hause feindliche Kommune mit dieser Äußerlichkeit seinem Beispiel.

Florenz und Arezzo.

Von allen Städten Toskanas hatte nur Arezzo die Tatze des florentiner Löwen bisher nicht zu verspüren gehabt und dies mag um so mehr auffallen, als die Ghibellinen dort die Stadtregierung behaupteten. Der erwählte Bischof Guglielmo oder Guglielmino degli Ubertini hielt es mit ihnen, aber zugleich stand er, in ewig zweideutiger Haltung, von seiner früheren Parteistellung her in Verbindung mit den florentiner Guelfen; der kriegsmächtige Prälat, dem eine bedeutende Lehnsmannschaft gehorchte, war mit Florenz gegen dessen Feinde verbündet.[1]) So ergab sich in den aretiner Angelegenheiten von selbst eine vermittelnde Politik, und die Volksgemeinde vom Arno schloß am 25. August 1254, eben, nachdem Volterra unterworfen war, mit den aretiner Guelfen ein Bündnis, durch das es diese verpflichtete, ihr gegen ihre Feinde beizustehen und dahin zu wirken, daß sie die Obergewalt über Arezzo erlange. Die Streitigkeiten der Guelfen mit dem Bischof sollte die mächtige Nachbargemeinde schlichten, und die herzustellende Eintracht sollte durch Heiraten zwischen Söhnen und Töchtern von Guelfen und Verwandten des Ubertini bekräftigt werden; die florentiner Behörden sollten die Eheschließungen wie die Mitgiften bestimmen; um den Willen der zu Vermählenden kümmerte sich, wie üblich, niemand.[2]) Offenbar waren auch bindende Abmachungen mit dem Bischof getroffen, die uns aber nicht erhalten sind; als rechte Kaufleute bedienten sich die Bürger der Arnostadt der finanziellen Verhältnisse, um die Parteien in Abhängigkeit zu bringen; für den verschuldeten Kirchenfürsten übernahmen sie die Garantie seiner Zahlungsverbindlichkeiten gegenüber der Kommune Arezzo.[3])

Kauf von Besitzungen der Grafen Guidi.

Wie der Popolo hier seine Macht ohne Waffengewalt auszubreiten suchte, so verstand er es auch, sie durch friedliche Auseinandersetzung mit den einheimischen Ghibellinen zu befestigen. Das Geschlecht der Grafen Guidi, in sich durch Parteiung gespalten, hatte gleichwohl eine große Anzahl von Burgen, Ortschaften und Gerechtsamen in gemeinsamem Besitz. Die Bürgerschaft trat erst mit dem guelfischen Grafen Guido von Modigliana wegen seines Viertels in Vertrag, bestimmte dann aber auch die andern Mitglieder des Geschlechtes und zuletzt auch die Häupter der Ghibellinenpartei, die Brüder Guido Novello und Simone, dem Abkommen beizutreten. Es handelte sich um die Erwerbung der alten Rechte des Geschlechtes auf Empoli, Cerreto, Vinci, Montemurlo, Montevarchi und andere Orte wie Kastelle, sowie um ausgedehnten dazu ge-

---

Volterra und San Gimignano". — Über den Löwen s. ebendort in dem Abschnitt „Zur Baugeschichte" S. 514 unter „Löwenzwinger". Die Erwähnung in dem Regest 731b (Forsch. usw. II, S. Gimign.) ist die früheste des Löwen von Florenz.

[1]) Urkunde vom 31. Juli 1255 (SAS. — Caleffo Vecchio f. 335).

[2]) Der Vertrag wurde in Florenz in der Kirche San Lorenzo geschlossen. — SAF. — Cap. XXIX, 189.

[3]) Auszug einer Urkunde vom 12. September 1257. Guazzesi p. 108.

hörigen Landbesitz. Die politische Gewalt über die Gebiete ging auf die Kommune über, die dafür die Tilgung der bedeutenden Schulden der von Gläubigern bedrängten Grafen übernahm; es waren die fruchtlosen Kämpfe der vorigen Jahre, durch die sich diese Feudalherren wirtschaftlich, wie in ihrer Machtstellung aufs tiefste geschädigt hatten. Die miterworbenen Ländereien wurden zum Verkauf gestellt, und besonders die Adimari wurden reich durch den Erwerb der fruchtbaren Güter in der Gegend von Empoli und Vinci an den Hängen des Monte Albano;[1]) der Vorgang gehört zugleich in das wichtige Kapitel von der Zerschlagung und Zersplitterung des in adligen wie in geistlichen Händen befindlichen Großgrundbesitzes und von der dadurch herbeigeführten Veränderung aller wirtschaftlichen Verhältnisse. Ein ähnliches Abkommen wurde mit Neri Piccolino degli Uberti wegen des ihm vom Kaiser Friedrich verliehenen, eigentlich dem Bischof von Volterra gehörigen Kastells Pulicciano im Elsatal getroffen, wegen dessen der geistliche Herr mit dem Uberti, wie erwähnt, eine ruinöse und ergebnislose Fehde geführt hatte. Ende 1254 kaufte die Stadt dem Uberti die für die Behauptung der Straße von Florenz nach Volterra wichtige Burg für eine ansehnliche Summe ab, und um die Rechte des Bischofs, wie die darauf bezüglichen päpstlichen Vermahnungen hat die Bürgerschaft sich weiter keine Sorge gemacht.[2])

Kauf von Pulicciano.

In Siena verbreitete sich das Gerücht, Florenz wolle, wie vordem das Reich getan hatte, das gesamte Bistum Volterra an sich reißen und sich überdies der Stadt Massa Marittima bemächtigen; man fürchtete außerdem neue Schwierigkeiten durch Montalcino, wohin sich einige der florentiner Anzianen begaben, um die Stadt mit erheblichen Getreidevorräten zu versorgen.[3]) Vielleicht waren jene Gerüchte von den Florentinern absichtlich verbreitet, und die Maßnahmen betreffs Montalcinos lediglich zu dem Zwecke getroffen worden, um die Sienesen einzuschüchtern. Diese sahen sich fast ganz isoliert, und trotz ihrer weit größeren Macht mochten sie nach herben Erfahrungen und vielen Niederlagen ein Schicksal ähnlich dem Pistoias fürchten. So suchten sie, entgegen ihren Sympathien, das Heil in einer, gewiß nicht sehr aufrichtig gemeinten Verbrüderung mit den bisherigen Gegnern, die ihre völlige Überlegenheit erwiesen hatten; dem Frieden des vorigen Jahres folgte ein am 31. Juli

Enger Anschluß Sienas an Florenz.

---

[1]) Die letztere Tatsache, wie die Benutzung der stipulierten Kaufpreise zur Schuldentilgung durch die Kommune, berichtet Simone della Tosa, doch irrig zu 1250. — Die Verträge mit den Guidi vom 31. März, 6., 8., 16. und 17. April 1254, sowie vom 6. Mai, 28. Juli, 12. August und 10. September liegen in Cap. XXIX (SAF.) f. 181, 265, 173, 176², 268², 269, 243, 249², sowie Cap. XXX, f. 111, 132 und 136² vor. Bei dem Vertrage vom 6. Mai 1255 (XXIX. 243) fungierte der Richter und Dichter Guglielmo Beroardi als Syndikus (Beauftragter) der Kommune. — Nach der Schlacht von Montaperti bemächtigten sich die Guidi wieder der verkauften Burgen und Ortschaften, die sie durch Vertrag vom 18. Oktober 1273 (Cap. XXIX, f. 257) von neuem an Florenz abtraten.

[2]) Forsch. usw. IV, 118.

[3]) SAS. — Cons. gener. 4, f. 73 u. 76², 6. u. 8. Juni 1255.

1255 abgeschlossenes „unvergängliches Bündnis der Liebe“, dessen Unvergänglichkeit allerdings das dritte Jahr nicht um vieles überdauern sollte. Von seiten der Florentiner war Oddo Altoviti, vormaliger Konsul der Richter und Notare,[1]) von den Sienesen Provenzano Salvani zum Abschluß beauftragt. In allen Fehden wollte man sich wechselseitig Beistand leisten; die Verbannten der einen Stadt durften in der andern keine Aufnahme finden, die Kaufleute der einen sollten in dem Gebiet der andern abgabenfrei verkehren und Repressalien waren fortan nur gegen den direkten Schuldner, nicht aber gegen dritte gestattet. In dem Vertrage ist die lange Liste der derzeitigen Verbündeten von Florenz aufgeführt; dies waren Lucca, Genua, Orvieto, Pistoia, Prato, Volterra, San Miniato, Montepulciano, Montalcino, sowie die Guelfen Arezzos und der erwählte Bischof dieser Stadt, ferner der Pfalzgraf Wilhelm nebst seinen Söhnen und Pepo Visconti, während Siena als seine Bundesgenossen nur das besiegte Pisa und Grosseto, sowie den Pfalzgrafen Ildebrandino zu nennen vermochte.[2]) Unmittelbar nach diesem „aus der Glut aufrichtiger Neigung“ geschlossenen Bunde setzte man von Florenz aus einen Plan ins Werk, der der Stadt das monetäre Übergewicht, auch in Hinsicht der Silbermünze, sichern sollte; es kam zunächst mit Siena und Lucca, später auch mit den andern Städten eine toskanische Münzunion zum Abschluß, die den Silberfloren zum üblichen Geldstück der Gesamtlandschaft machte, und auch Perugia richtete alsbald seine Prägungen nach dem Fuße dieses Münzverbandes, der, wie so vieles, an dem Tage von Montaperti zusammenbrechen sollte, durch den die florentiner Volksregierung ihr blutiges Ende fand.[3])

Toskanische Münzunion.

Manfred.

Eine tiefe Entmutigung mußte sich der Sienesen bemächtigt haben, ehe sie sich zum Anschluß an den Erbfeind entschlossen. Das Erbe Konrads hatte dessen Halbbruder Manfred angetreten, der, wie erwähnt, schon vor dem Erscheinen des Erstgeborenen Verwalter des Königreiches gewesen war. Während kurzer Zeit schien es, daß Innocenz sich mit dem „Fürsten von Tarent“ einigen, ihn als Erben von Neapel und Sizilien anerkennen werde, aber zwischen dem Papst und einem Staufer konnte nicht Frieden herrschen, und auf beiden Seiten bestand die gleiche Unaufrichtigkeit. Manfred entfloh nach scheinbar aussichtsreichen Verhandlungen von der Kurie, und der Papst rüstete sich,

[1]) Diese Würde hatte er 1254 bekleidet, wie ein Auszug aus der Zunft-Matrikel bezeugt, der sich (Signatur: C. V.) im Arch. Municip. von Imola befindet.

[2]) Der Vertrag wurde in San Donato in Poggio im Pesatal geschlossen (SAS. — Caleffo Vecchio f. 335). Ratifizierung durch den florentiner Rat am 2. August, ebendort f. 336². — Der Vertrag und die Ratifikation durch Siena auch SAF. — Cap. XXIX, 316 u. 317; XXXV, f. 1.

[3]) S. Forsch. usw. IV. S. 322 „Der Wert der sieneser usw. Silbermünzen“ und S. 110 „Kämpfe und Friedensschlüsse mit Pisa“. Zu der Forsch. usw. III, Regest 38 ausgesprochenen Meinung, diese Münzunion sei die überhaupt erste gewesen, hat A. Doren in seiner Besprechung (Histor. Vierteljahrschrift VI [1903], S. 562) berichtigend auf den schwäbischen Münzbund von 1240 usw. hingewiesen.

den Kampf fortzusetzen, den er zuvor durch den Kardinal Ottaviano degli Ubaldini gegen Konrad hatte führen lassen. Einige Monate später, am 7. Dezember 1254, starb Innocenz in Neapel. In ihm ging ein unerschrockener und rücksichtsloser Kämpfer dahin, dem es gelungen war, den an Geist und Bedeutung unendlich überlegenen kaiserlichen Gegner durch die Machtmittel der Kirche und durch das Bündnis mit den italienischen Städten niederzuwerfen. Die liegende Statue seines Grabmals im Dom von Neapel, 64 Jahre nach dem Tode des Innocenz errichtet, darf schwerlich als ein auf Grund eines Bildnisses gemeißeltes Porträt gelten, und jedenfalls würde man in dem feisten Greisenantlitz vergeblich nach einem Zuge des leidenschaftlichen Hasses suchen, der den genuesischen Papst beseelt hatte. Durch ihn wurde die Kurie zum Mittelpunkt des Bank- und Geldverkehrs, der sie drei Jahrhunderte hindurch geblieben ist; die ungeheuren Summen, die sein siegreicher Kampf gegen Friedrich II. verschlang, mußten zum Teil direkt erborgt werden, zum Teil verlangte man ihre Hergabe von französischen, englischen und italienischen Kirchen und Klöstern, die zu diesem Zwecke unter Verpfändung ihrer Besitztümer große Vorschüsse aufzunehmen gezwungen waren. So wurden sieneser und florentiner Geldleute an der Kurie zu einflußreichen Persönlichkeiten, so zogen sie aus ihren Geschäften mit Prälaten wie mit Stiftern außerordentlich hohe Gewinne und legten den Grund zu jenen großen Vermögen, vermittelst deren sie bald zu Beherrschern des Kapitalmarktes und wichtiger Gebiete des Warenverkehrs wurden. Von Innocenz IV. datiert das Glück und der Glanz des florentiner Bankiergewerbes, das in seiner Zeit in Frankreich heimisch wurde; in Lyon hatte es auch außerhalb der großen politischen Kombinationen vielfache Gelegenheit gegeben, Darlehen mit den höchsten Zinsen an den Mann zu bringen, denn wo sich der päpstliche Hof aufhielt, entwickelte sich ein zügelloses Genußleben, und als die Kurie ihren Zufluchtsort am Rhonefluß verließ, sagte ein Kardinal: bei ihrer Ankunft habe es drei bis vier Bordelle gegeben, jetzt gebe es nur ein einziges, das aber freilich von einem Ende der Stadt bis zum andern reiche.[1] Das ganz auf die Politik und die Geschäfte gerichtete Wesen des Papstes fand selbst bei Kardinälen, die nicht alles geistliche Empfinden eingebüßt hatten, scharfe Verurteilung; der eine von ihnen erzählte, wie er zur Zeit, da Innocenz mit dem Tode rang, ihn im Traume vor Christus knieend, sein Gericht erwartend erblickt habe; da sei eine hohe Frau, die Kirche, hervorgetreten und habe ihn angeklagt: durch ihn sei sie zur Wechselbank erniedrigt worden, er habe das Recht verkehrt, die Wahrheit verdunkelt. Der Heiland sagte zu ihm: „Gehe hin, empfange den Lohn nach deinem Verdienst!“[2] Sein Nachfolger sah in einer Vision, wie er ins Fegefeuer oder gar in die Hölle geführt wurde.[3] So war das Urteil seiner nächsten Genossen über den Mann, der als ein gewandter Ringer den staufischen Kaiser um die Krone gebracht, der im Namen des Kreuzes über Deutschland und über Italien das Unheil unendlicher Wirren und blutigster Kämpfe heraufbeschworen hatte.

Innocenz IV. †.

[1] Math. Par. ed. Luard V. 237. — [2] Ebend. 472. — [3] Ebend. 491.

Alexander IV. Papst (1254, 12. Dezember).

Fünf Tage nach seinem Tode wurde in Neapel ein Neffe Georgs IX., der Bischof Rainald von Ostia aus dem Hause der Grafen von Segni, zum Nachfolger des Innocenz erwählt. Er war der Kardinal-Protektor der Minoriten gewesen und blieb ihr Förderer und Schützer auch auf dem Stuhle Petri, den er unter dem Namen Alexander IV. bestieg. In seinem Wesen tritt eine gewisse Neigung zur Milde hervor, aber dies hinderte ihn nicht, der Inquisition seine liebevollste Fürsorge zuzuwenden. Die Zeitgenossen fanden, daß er der Schmeichelei und den Ratschlägen Habsüchtiger besonders zugänglich sei,[1]) und in der Tat war die Kurie zur Zeit seines Papsttums der Tummelplatz endloser Intrigen, und die florentiner Bankiers vermochten im Dienste seiner englisch-sizilischen Politik die unter Innocenz begonnenen Geschäfte auf das Nutzbringendste fortzusetzen. Seine Erhebung war das Werk des florentiner Kardinals aus dem Hause Ubaldini; obwohl Innocenz ihm zuletzt mißtraut zu haben scheint,[2]) hatten sich auf Ottaviano, als den einflußreichsten Mann der Kurie, aller Augen in der Meinung gerichtet, die Wahl werde auf ihn fallen, doch seine Gegner machten ihn dadurch unschädlich, daß sie gerade ihm die Ernennung des künftigen Oberhauptes der Kirche übertrugen, und er kniete vor Rainald nieder, um ihn als Statthalter Gottes auf Erden anzubeten. Der Erwählte soll ihm geantwortet haben: er nähme die Würde an, aber die Last des Amtes wolle er auf die Schultern dessen legen, der ihn erwählt habe, und in der Tat gewann der Ubaldini in der Folgezeit noch weit mehr als zuvor eine alle Genossen im Purpur überragende Stellung.[3])

Die englische Thronkandidatur für das Königreich Neapel.

Ottaviano, der schon die Kämpfe gegen König Konrad geleitet hatte,[4]) wurde zum Legaten und neben dem Markgrafen Berthold von Vohburg-Hohenburg zum Feldherrn des päpstlichen Heeres gegen Manfred ernannt;[5]) diese Wahl mag die Welt nicht wenig überrascht haben, denn der florentiner Kardinal stand durch die Ehe seines Neffen, Ugolino de Senni, mit Beatrice, Tochter des Galvano Lancia, des Onkels und Ratgebers des Fürsten, zu Manfred in verwandtschaftlichen Beziehungen.[6]) Es scheint, daß Alexander zunächst nicht geneigt war, den von seinem Vorgänger gegen den verstorbenen Staufer und dann gegen dessen Halbbruder geführten Kampf fortzusetzen, aber man regte sein gläubiges oder fanatisches Gemüt durch die Vorstellung auf, er dürfe die von Kaiser Friedrich in Apulien gegründete Sarazenenstadt Lucera mit ihren 60 000 waffenfähigen islamitischen Männern nicht als einen Stützpunkt des

[1]) Math. Par. ed. Luard V, 472.

[2]) Salimbene p. 196.

[3]) Über die Vorgänge bei der Wahl s. Karst, Geschichte Manfreds 1250—58 S. 68 und Scheffer-Boichorst, Zur Gesch. d. 12. u. 13. Jahrhunderts 287.

[4]) Math. Par. ed. Luard V, 457.

[5]) Die Kämpfe und Verhandlungen sind eingehend bei Döberl, Berthold von Vohburg-Hohenburg, Deutsche Ztschr. f. Gesch.-Wissenschaft XII, 201 ss. und bei Karst (s. vorstehend) dargestellt.

[6]) Reg. Imp. 14 567.

Staufergeschlechtes inmitten Italiens dulden. Das zum Kampf nötige Geld aber mußte das entfernte England hergeben; schon Innocenz IV. hatte erst mit Richard von Cornwallis und, als dieser sich ablehnend verhielt, mit König Heinrich III. Verhandlungen angeknüpft, um ihm für seinen noch im Knabenalter stehenden Sohn Edmund die Krone von Neapel anzubieten. Mit großer Klugheit hatte sich der genuesische Papst des von früh an in den Herzen der Engländer schlummernden Wunsches nach überseeischem Besitz für seine Zwecke bemächtigt; Richard Löwenherz hatte bereits vor 60 Jahren sein Augenmerk auf Sizilien gerichtet, und Heinrichs Eingehen auf des Papstes Anregung, das man nur als Ergebnis väterlicher Eitelkeit betrachtet hat, erscheint im Lichte unserer Auffassung weit besser verständlich, es werden die gewaltigen Opfer eher begreiflich, die er sich und seinem Lande um der süditalienischen Illusion willen aufbürdete. Alexander setzte die Politik seines Vorgängers fort, indem er König Heinrich zur Zahlung immer größerer Summen drängte, obwohl er wahrscheinlich ebensowenig wie Innocenz daran glaubte, daß ein einstweilen noch unmündiger englischer Prinz sich wirklich auf dem Thron der Staufer werde behaupten können. Für jetzt kam es der Kurie lediglich darauf an, aus England Barmittel für das Schlüsselheer zu beziehen. Am 9. März 1255 verlieh der Papst dem jungen Edmund feierlich die Krone Süditaliens, doch derart, daß sich seine Herrschaft nur auf das Festland, nicht auf die Insel Sizilien erstrecken sollte, die dem apostolischen Stuhle als direktes Eigentum vorbehalten blieb.[1]) Hauptsächlich mit englischem Gelde wurde ein päpstliches Heer von 60 000 Mann ins Feld gestellt, das neben den geworbenen Mannschaften auch Zuzüge umfaßte, die italienische Bischöfe dem Papst stellen mußten. Der von Florenz, Johannes de' Mangiadori, ein geborener Pistoiese,[2]) der zu seiner Würde berufen war, als dem erwählten, doch nie zum florentiner Bischof geweihten Philipp der Erzsitz von Ravenna zuerteilt wurde, führte seine Lehnsmannschaft persönlich nach Apulien; er hat dort ebenso geringen Ruhm geerntet, wie seine Waffengefährten, und das auf Befehl des Papstes unternommene Kriegsabenteuer, das in den weitern Feldzügen gegen Manfred wiederholt werden mußte, belastete ihn und das Domkapitel mit schweren Schulden.[3]) Das Bistum Volterra laborierte noch dreißig Jahre später an einer Schuld von 6000 sieneser Pfund, die es bei Bankhäusern der Nachbarstadt hatte aufnehmen müssen, weil, wie man sich 1284 ausdrückte, der erwählte Bischof Ranieri „mit großem bewaffneten Gefolge von Rittern" in den Dienst der römischen Kirche gegen Manfred nach Apulien gezogen war.[4])

Der florentiner Bischof in Apulien.

---

[1]) Reg. Imp. 8974. — Karst S. 100.

[2]) Dies ergibt das Obituar der pistoieser Domkirche. Zaccaria, Bibl. p. 97.

[3]) Urkunde vom 1. Juni 1255, SAF. — Santissima Annunziata. — Verschuldung des Domkapitels infolge der Ausgaben „pro stipendiis militum in servitium Romanae Curiae in Apuliam missorum" ergibt die Urkunde vom 22. Juni 1257, Lami, Mon. III, 1659.

[4]) Schreiben des Bischofs von Siena 1284, 12. Januar. Bischöfl. Arch. Volterra Sec. XIII, Dec. 9, No. 21.

Die Kosten des apulischen Krieges und die florentiner Bankhäuser.

Die eigentliche finanzielle Last der apulischen Kämpfe aber lag auf den Schultern Heinrichs III.; er schickte dem Papst, was sein Exchequer besaß, was er von seinem Bruder Richard erborgen, was er den londoner Bürgern und was er den Juden abpressen konnte; er lieh unter Vermittlung eines Florentiners sogar Geld von der Königin Johanna von Kastilien. Alles aber reichte bei weitem nicht, um den Ansprüchen des Papstes gerecht zu werden, um die Kosten eines großen Heeres und zugleich dasjenige zu decken, was an den Händen der Mittelleute kleben blieb. Den englischen Juden gab er einmal „beim Haupte Gottes" die Versicherung, er habe sich mit Schulden von 2—300 000 Mark Sterling beschwert,[1] und diese Summe wird im Laufe der Jahre beträchtlich gewachsen sein. Er nahm seine Zuflucht zu italienischen Kaufleuten, die ihm vom Papst empfohlen wurden, und unter diesen standen die Florentiner nebst den Sienesen voran, während die Lucchesen damals nur eine bescheidene Rolle spielten. Im Jahre 1256 hatte sich König Heinrich zur Beschaffung einer einzigen, dem Papst zu leistenden Zahlung sieneser und florentiner Kaufleuten gegenüber in Höhe von 60 000 Mark Sterling (fast $4\frac{1}{2}$ Millionen Lire modernen Münzwertes) verpflichtet.[2] Die Entwicklung des Handels der Florentiner in England, die schon wesentlich früher begonnen hatte, wird später ihre eingehende Darstellung finden, und nur was in den Zusammenhang der politischen Ereignisse gehört, soll hier erörtert werden; eben jetzt und durch die politische Verbindung Alexanders mit Heinrich III. erfuhr er einen mächtigen Aufschwung sowohl im Inselreiche selbst, wie in den französischen Gebieten der britischen Krone; in dieser Zeit begegnen wir zuerst einem Florentiner als Pächter der königlichen Münz-Wechselstätte in der Gascogne; neben den sieneser Buonsignori finden wir um die Mitte der 50er Jahre des 13. Jahrhunderts besonders die florentiner Spini in Geschäftsbeziehungen zum englischen König; sie waren damals noch mit den della Scala assoziiert; aus diesem alten Bankhause zweigte sich nachmals die Firma der Mozzi-Spini ab, die sich dann ihrerseits in zwei Firmen von großer Bedeutung spaltete. Mitglieder des Hauses Spini und Spigliato Cambi aus der Familie Mozzi machten in England für die della Scala schon seit 1252 ihre Wuchergeschäfte mit Klöstern des Inselreiches, bei denen sie die Abbadinghi und Riccobaldi bald zu Mitbewerbern, bald zu Genossen hatten. Die Zinsen, die wir ihnen in einigen Fällen nachrechnen können, betragen 60 vom Hundert;[3]) zu

---

[1]) Math. Par. ed. Luard V, 487.

[2]) Schreiben Heinrichs III. an den Papst 1256, 27. März, Rymer, Foedera I, 584.

[3]) Dies stimmt genau mit der Meldung des Math. Paris (ed. Luard III, 328 ss.) überein, der, zum Jahre 1235 einen Abschnitt „De peste Caursinorum" einschaltend, erwähnt, die „Caorsini" seien gewöhnt, von den Klöstern für je 10 Mark für zwei Monate eine Mark Verzugszinsen zu nehmen; alle Kosten für Rückerlangung der Schuld hätten überdies die Schuldner zu zahlen. Als „Caorsini" werden aber (V, 245 zu 1251) ausdrücklich die usurarii transalpini bezeichnet, die als „merca-

Verbindung der Geldgeschäfte mit dem englischen Warenhandel.

diesem Satz borgten sie sowohl dem Monarchen wie den geistlichen Stiftern; auch die Königin und der Kronprinz ließen sich von ihnen bewuchern, und neben dem Finanzgeschäft verschmähten sie die Kleinigkeiten nicht, wie sie z. B. dem Königssohn Edward, als er nach Paris reiste, auf Borg die Anzüge für sein Gefolge von 400 Rittern und Dienern lieferten. Neben den erwähnten Firmen treten die Ghiberti, Alebrandi, Simonetti, Buonaccorsi, Falconieri, Rembertini, sowie die Buonfigli hervor, und den Häuptern der letztern beiden Häuser wie dem der Riccobaldi war der Titel von königlichen Vertrauten oder Familiaren verliehen worden, denn zu allen Zeiten hat, wer hohe Zinsen nahm, gern einen volltönigen Titel geführt und zugleich als naher Freund des Ausgebeuteten gelten wollen. All diese Florentiner trieben neben dem Darlehnsgeschäft in England, wie in Schottland und Irland zugleich einen einträglichen Handel mit Getreide und Wolle und solche Kombination von Geld- und Warengeschäften wurde bald zur Regel; die Firma Simonetti-Bertrandi, von deren Inhabern der eine Uguiccio Simonetti, genannt Mazza, vom Papst zur Empfangnahme der vom Nuntius Magister Rostandus eingesammelten Gelder nach England geschickt wurde, gab, soweit wir sehen können als erste der Arnostadt, mit päpstlicher Genehmigung Klöstern Vorschüsse auf die Wolle ihrer Herden, die deren hauptsächlichen Reichtum bildeten. Oft mußte bei den nicht endenden finanziellen Ansprüchen die Schur vieler Jahre im voraus verpfändet werden. Andere recht anfechtbare Geschäfte schloß der Bischof Peter de Egeblanke von Hereford mit sieneser und florentiner Bankiers an der Kurie ab; mit päpstlicher Genehmigung gab er den Geldleuten, zumal dem Spigliato Cambi de' Mozzi und dessen Sozius, Amieri Cose, aus der Familie Amieri, beide vom Hause della Scala (später degli Scali, Amieri e Figlinoli Petri) Verpflichtungsscheine für hohe Summen auf den Namen englischer Prälaten, die ihre Gläubiger weder je gesehen, noch von der Operation, die man kaum anders als betrügerisch nennen kann, auch nur eine Ahnung hatten. Die auf ihren Namen für die Zwecke der Kirche ausgestellten Schuldscheine mußten aber eingelöst werden, denn den Gläubigern und ihren Vertretern in England stand die päpstliche und königliche Autorität zur Seite. Den Haß des englischen Klerus gegen den Bischof spiegeln die Äußerungen des zeitgenössischen Chronisten Mathäus Paris wieder; als das Haupt der Kirche von Hereford gestorben war, schrieb der greise Mönch von St. Albans: „sein Andenken verbreite einen durchdringenden Schwefelgestank“[1]) und damit deutete er an, daß Peter seine Finanzoperationen im Höllenpfuhl büßen müsse. Auf die Beschwerde

---

tores Domini papae“ ins Land kamen. — Die den Juden in England im 13. Jahrhundert gestatteten Zinsen betrugen $43\frac{1}{3}$ v. H. (Ashley, Englische Wirtschaftsgesch. I, 208). Eine Judenverfolgung in London und Lincoln beseitigte 1255 für einige Zeit ihre den Italienern unbequeme Konkurrenz; Math. Par. V, 519 berichtet: als viele gefangen, geschleift, mit glühenden Zangen zerrissen wurden, hätten wohl manche Christen ihr Schicksal beklagt, aber die Caorsini „weinten nur trockene Tränen“.

[1]) Math. Par. ed. Luard V, 510.

von Weltgeistlichen und Klöstern wegen der unleidlichen Belastungen erwiderte der Papst: der König solle ihnen Ersatz leisten, oder sie mögen sich an jenem Teile des Zehnten fürs heilige Land schadlos halten, dessen Ertrag er Heinrich für seine apulischen Ausgaben überwiesen hatte, da der Krieg gegen Manfred und wider die Sarazenen Luceras dem Kampf für die Befreiung des Grabes Christi durchaus gleichgestellt wurde. Durch die Erhebung des Zehnten von Kirchen und Klöstern für Rechnung des Papstes, durch Bevorschussung des auf den englischen Monarchen entfallenden Anteiles, durch die mit der Übermittlung nach Italien verknüpfte Umrechnung, wie durch die sich daran knüpfenden Warengeschäfte erzielten die italienischen Bankiers als Agenten der Kurie außerordentlich hohe Gewinne. Statt das Bargeld aus England auszuführen, begann man bald, Wolle, meist nach Flandern, dem Hauptgebiet der Tuchweberei, zu exportieren; weit später erst begann die Ausfuhr des Rohmaterials nach Italien. Mit den in Flandern erzielten Guthaben wurden dort und in Frankreich Tuche eingekauft, die nach dem südlichen Lande, zumal nach Florenz gesandt wurden, teils in völlig fertiger Gestalt, teils um am Arno veredelt und gefärbt zu werden. All dies muß hier in einigen Zügen angedeutet werden, um ein Bild davon zu gewähren, welchen Aufschwung der florentiner Handel und die Industrie infolge der englisch-apulischen Politik des Papstes genommen hat, durch wieviele Kanäle der Reichtum aus dem ausgesogenen England nach Toskana strömte.

Die italienischen Geistlichen in England. Die kräftigste Hilfe leisteten den Kaufleuten aus dem Süden die italienischen Geistlichen, die sich, zumal seit dem Papsttum Innocenz' IV., in dem Inselreich eingenistet hatten. Die Klagen des dortigen Klerus, daß sie durch päpstliche Gunst die besten Pfründen erhielten, die Beschwerden der Bevölkerung über den Hochmut der „Römer", d. h. der italienischen Priester, die sich in jeder Art bereicherten, die geistlichen Pflichten aber vernachlässigten, die Gotteshäuser verkommen und einstürzen ließen, nahmen kein Ende. Man schätzte schon 1245 die Einnahmen italienischer Geistlichen in England auf die ungeheure Summe von jährlich 60000 Mark Sterling, mehr als die ganze Staatseinnahme des Königs betrug.[1] Die englische Kirche erhob gegen jene Mißbräuche auf dem lyoner Konzil von 1245 vergeblich ihre Stimme und die Legaten des Papstes, die die bessernde Hand anlegen sollten, füllten gleich ihren verklagten Landsleuten meist nur die eigenen Taschen; selbst der fromme Minorit Mansuetus griff, um für den Papst Geld zu schaffen, zu dem bedenklichen Mittel, gegen Zahlung Gelübde für gelöst zu erklären, Gebannte und Meineidige zu absolvieren, wodurch begreiflicherweise die Lust zum Verbrechen entfesselt wurde. Zu jenen Klerikern in dem fernen Inselreiche zählten schon von den Zeiten Gregors IX. her zahlreiche Söhne der Arnostadt, unter denen Andrea, der Sohn jenes Bankiers Spigliato Cambi aus dem Geschlecht der Mozzi, voranstand, desselben, der als Sozius der della Scala jene zweifelhaften Geschäfte mit dem Bischof von Hereford machte. Andrea hatte, obwohl

[1] Math. Par. ed. Luard IV, 419.

in der Ferne lebend, das Amt eines florentiner Domherrn inne, was nur bedeutete, daß er ohne Gegenleistung eine reiche Pfründe bezog; Alexander IV. machte ihn zu seinem Kaplan und zum päpstlichen Familiaren; später werden wir ihm in Florenz als Vertreter des Kardinal-Legaten Latino begegnen und ihn am Ende seiner Laufbahn auf dem Bischofstuhl seiner Heimatstadt erblicken. Eine traurige Unsterblichkeit dankt er dem Brandmal Dantes, der ihn unter die Sünder wider die Natur in seine Hölle bannt, doch er war ein tüchtiger Mann der Geschäfte und der Politik; wir finden Andrea de' Mozzi von 1248 bis 1256 in England ansässig. Schon 1231 hatte ein Magister Johannes aus Florenz die Würde eines Archidiakonus von Norwich innegehabt; vor einer Erhebung der haßerfüllten Bevölkerung hatte er nach London fliehen müssen. Ein Kanonikus Hugo von Florenz war im Jahre 1241 und ein Matthäus aus dieser Stadt 1257 Rektor von Tolentan in der Diözese Conventry-Lichfield; dem Ubaldino, Neffen des Kardinal Ottaviano, verlieh Bonifaz von Savoyen, Erzbischof von Canterbury, 1250 die Kirche von Bixle. Die Angaben genügen, um zu zeigen, welche wichtigen Helfer im geistlichen Gewande die florentiner Geschäftsleute in England vorfanden, wenn sie mit päpstlichen Vollmachten und Empfehlungen versehen, dorthin kamen, um Geld zu erheben und Geschäfte zu machen, auf welche Einflüsse sie sich zu stützen vermochten. Nicht geringe Dienste mochte den jetzt mit der Nachbarstadt ausgesöhnten Florentinern gleich den eigenen Landsleuten, ein sieneser Kanonikus Bernhard leisten, der 1255 zur Einsammlung des Zehnten als päpstlicher Nuntius nach England ging.[1])

---

[1]) Aus einer neuern Schrift, in der man hoffen sollte, die erörterten finanziellen Transaktionen erschöpfend dargestellt zu finden, aus Whitwell. Italian Bankers and the English Crown ist über die hier beregten interessanten und wichtigen Verhältnisse fast nichts zu ersehen. Einiges bietet darüber Bond in seinem ausgezeichneten Aufsatze „Extracts relative to Loans supplied by Italian Merchants to the Kings of England“ in Archaeologia XXVIII, p. 207. — Die obige Darstellung beruht außer auf den Urkunden auf Math. Par. (ed. Luard IV. 527, 550; V. 512, 521, 531, 533, 558, 581, 666, 679; VI. Additamenta 220, 308, 311, 315, 323), auf Roger de Wendower ed. Hewlett (III, 16 u. 19), auf den Urkunden in Calendar of Entries (I. 193, 245, 258, 354, 366), Calendar relating to Ireland (II. 80), in den Rôles Gascons (ed. Francisque-Michel) I. 417, 507, 548 und Supplement p. 6. — Ferner auf denen bei Bémont, Rôles Gascons I, Supplement p. LXXII. CXXIII, CXXIV; p. 17, 26, 50; Rymer, Foedera I. 524, 544, 568, 583, 584, 593, 595, 614, 643, 650, 670. Ferner 1256, 12. März Alexander IV. für mag. Andreas. Sohn des Spiliatus Cambii civis Flor. Arch. Vat. Reg. 24. f. 154a; endlich 1259, 21. August (päpstliche Genehmigung des Verkaufes von 400 Sack Wolle durch ein englisches Kloster an florentiner Kaufleute). Ebendort, Reg. 25. f. 216a. — Die Verleihung an den Neffen des Kardinals Ottaviano berichtet Strickland, Ricerche sul b. Bonif. di Savoia in Miscell. di Storia Ital. Vol. 32, p. 460. — Über den Magister Andreas, der in England zuerst in dem Schreiben Innocenz' IV. vom 11. April 1248 hervortritt (Berger 3874), s. unter vielen andern Urkunden die vom 16. März 1279 (SAF. — Protokoll des Ildebrando di Accatto f. 85), wo er mit

Mißerfolg des Krieges gegen Manfred.

Den Gewinn von dem Kampf in Apulien haben nur die italienischen Geldleute davongetragen; Manfred blieb Sieger gegen das zu einem großen Teil aus Tusziern bestehende,[1]) von dem Kardinal Ottaviano geführte Schlüsselheer; solange er aber noch um seine Herrschaft ringen mußte, hatten die Freunde staufischer Herrschaft in Toskana nichts von ihm zu hoffen, deren Gegner nichts zu fürchten. Florenz war vom Ruhm vieler Siege umglänzt und es schien in dieser Zeit, auf der Höhe seiner Macht, gewillt und befähigt, den größten Sieg, den über eigene Parteilichkeit, zu erringen, die Gerechtigkeit auch wider seine Anhänger zugunsten der Gegner zu wahren. Wir wissen, daß die Bürgerschaft mit den Guelfen Arezzos, aber zugleich mit dem den Ghibellinen nahestehenden Bischof verbündet war; sie strebte die Oberherrschaft über Arezzo wie über die andern tuszischen Städte an, wünschte sie aber in Frieden auszuüben, zumal der Kampf der Faktionen von dort ohne Zweifel sofort wieder nach Florenz herübergegriffen hätte. Die Kommune hatte den Grafen Guido Guerra, den Vorkämpfer der päpstlichen und guelfischen Partei, an der Spitze einer Schar von 500 Rittern nach Orvieto zur Hilfe gegen Viterbo geschickt; er hatte private Händel mit Arezzo und der dort regierenden Ghibellinenpartei, die wahrscheinlich aus einem Burgenverkauf herrührten, den Graf Guido von Modigliana im März mit der Stadt abgeschlossen hatte,[2]) und vielleicht kränkte ihn weniger der Vertrag seines guelfischen Vetters mit der ihm feindlichen Stadt, als daß dabei Geldansprüche unberücksichtigt geblieben waren, die er erheben zu können glaubte. Auf dem Zuge nach Orvieto überwältigte er mit seiner Ritterschar Arezzo durch einen Handstreich, verjagte die Ghibellinen und brachte die Guelfen zur Herrschaft. Die Vertriebenen müssen zum Teil in eine verzweifelte Lage geraten sein; einige von ihnen setzten sich bei Rigomagno im Chianatale fest und trieben dort Straßenraub.[3]) Die Kommune Florenz aber war nicht gewillt, eigenmächtige Politik der von ihr eingesetzten Heerführer und die Erledigung von deren Privathändeln durch die Truppen der Stadt zu dulden; sie rüstete das Bürgerheer und rief im September 1255 die ihr botmäßigen wie die verbündeten Städte zum Zuge gegen Arezzo und die jetzt dort herrschenden Guelfen auf. Nach einiger Zeit der Belagerung sah sich die Stadt zur Ergebung gezwungen und die Guelfen mußten geloben, mit den wieder zurückgeführten Ghibellinen in Frieden zu leben; der auf neuem Fuße organisierten Stadtverwaltung lieh Florenz dann 12000 Librae, wovon 5000 dem Grafen Guido Guerra zur Tilgung seiner Ansprüche gegeben wurden. Das Geld ist

Vertreibung und Zurückführung der aretiner Ghibellinen.

vollem Namen genannt ist. Von seiner weiteren Laufbahn wird später die Rede sein. Dante, Inf. XV. 112 bezeichnet ihn deutlich, ohne ihn mit Namen zu nennen. — Von dem Anteil der Sienesen an den englischen Transaktionen handelt die fesselnde Arbeit von Patetta „Caorsini Senesi in Inghilterra", deren erster Abschnitt im Bullettino Senese di Storia Patria IV. 311 ss. veröffentlicht ist.

[1]) Saba Malaspina. Bal.-Mansi I, 235.

[2]) Ammirata, Istoria de' Conti Guidi p. 53.

[3]) SAS. — Cons. Gener. 5, f. 15.

nie zurückgezahlt worden, aber die Volksgemeinde hatte nun auch über Arezzo, wenn nicht der Form so der Sache nach, die Oberherrschaft erlangt.[1])

Erbauung des Volkspalastes.

Die errungenen Erfolge erfüllten die Gemüter mit Stolz, und noch ragt nach sechseinhalb Jahrhunderten, umflutet vom Leben veränderter Zeiten, das schöne Denkmal empor, das sich das siegreiche Volk von Florenz errichtet hat. Seit dem Beginn des Jahres 1255 baute man an dem Palazzo del Popolo,[2]) dem nachmaligen Bargello und jetzigen Museo Nazionale. Die gedrungene Kraft trotzigen Bürgertums, dem, ungeachtet der Kampfnatur, der Sinn für anmutige Form die Seele durchwärmte, konnte keinen schöneren monumentalen Ausdruck finden, als in diesem Werk eines unbekannten Meisters, in dem Volkspalast mit dem loggiengeschmückten Hof, dessen Freitreppe für die festen Schritte schicksalsfähiger Männer erbaut ist. Noch liest man an ihrer ursprünglichen Stelle die Inschrift, die im ersten Jahre des Baues der schnell emporwachsenden Mauer eingefügt wurde; in ihr findet man die Namen des Papstes Alexander und des deutschen Königs Wilhelm als derer, die berufen seien, „die Welt zu regieren" und den des Podestà Alamanno della Torre, „der mit freudigem Herzen die Stadt lenke"; er war ein Sproß des berühmten mailänder Geschlechts, das in der Heimat eine leitende Stellung einnahm, und Bruder des nachmaligen Patriarchen Raimondo von Aquileja. Als Bauherrn aber betrachtete der Popolo nicht diesen Oberbeamten, sondern sich selbst unter seinem Volkskapitan Bartolomeo de' Nuvoloni aus Mantua, „dem Mann von leuchtendem Sinn, geschmückt durch Rechtschaffenheit"; der Adler in seinem Wappen „sei denen ein Sinnbild, die wünschten, daß die Geschicke der Volksgemeinde sich bis zum Himmel erhöben". Der lateinische Vers rühmte Florenz, das aller Güter voll sei, das seine Feinde im Kampf besiege, Burgen befestige, kaufe oder niederwerfe, die Stadt, durch deren Regierung Toskana glücklich werde, die gleich Rom berufen sei, stets Triumphe zu feiern, die jedoch nur durch sichere Handhabung des Rechtes herrschen wolle. Zu einer einzig dastehenden Anmaßung aber erhebt sich der dem Marmor eingemeißelte Weihespruch durch die Behauptung: der Stadt, die von diesem Bau aus regiert werden solle, gehöre das Land wie das Meer und der gesamte Erdkreis; es sollte damit vielleicht zunächst auf die Anwesenheit von Florentinern in fernen Ländern, auf ihren Anteil an Schiffahrt und Seehandel hingedeutet werden, doch ist die Doppeldeutigkeit sicherlich eine gewollte, da das angewandte Wort „possidere" zugleich besitzen wie sich an einem Orte befinden bedeutet.[3])

---

[1]) Vill. VI, 61. — Paolino Pieri ad annum. Annali Aretini zu 1254 (Pasqui, Docum. IV, p. 40). — Forsch. usw. II (S. Gimign.), Reg. 725, 727—732. — Betreffs des von Siena den Florentinern geleisteten Zuzuges von Rittern s. die „in predicto exercitu" („super civitatem Aretii") ausgestellte Urkunde vom 22. September 1255, aus dem Archiv von Livorno veröffentlicht von Vigo im Bullett. Sen. di Storia Patria XII. 110 (1905).

[2]) S. S. 445 Anm. 1.

[3]) Villani VII, 52.

Herrschaftsträume.

Die Inschrift ist eines der merkwürdigsten Dokumente der florentiner Geschichte, denn aus den übertriebenen, ruhmredigen Worten sprechen die hochgespannten Aspirationen und Hoffnungen der in ihrer Jugendblüte stehenden florentiner Demokratie. Die Hindeutung auf das antike Rom und die Weltherrschaft ist mehr als eine bloße Phrase; was von befreundeter Seite gerühmt wurde, was die Gegner der Stadt ihr in bitterer Anklage vorwarfen, bestätigt die Volksgemeinde hier selbst in feierlicher Form. Sie erkannte das Königtum Wilhelms von Holland an; gleich andern Städten Italiens bezeugte sie diesem Herrscher eine zu nichts verpflichtende Ehrfurcht, und sie wird von ihm gleich andern Kommunen Privilegien empfangen haben. Der jugendliche Graf war unter dem Einfluß des Legaten Innocenz' IV. vor acht Jahren als Gegenkönig Friedrichs II. erwählt worden, und wäre er, wie er eben jetzt beabsichtigte, nach Italien gezogen, so hätte er zunächst nach dem Willen des Papstes Manfred niederzuwerfen gehabt; er wäre der willfährige Gefolgsmann der Kirche geblieben, als der er sich von seiner Erhebung an erwiesen hatte. Er hielt im Dezember 1255 in Köln eine Fürstenversammlung und beriet über den Romzug; im März 1256 sollte sich in Augsburg das Heer versammeln, aber im Januar fiel er im Kampf gegen die Friesen.[1] Wäre Wilhelm jemals in die Lage gekommen, Reichsrechte gegen die florentiner Bürgerschaft geltend zu machen, so würde sich diese vermutlich trotz der Ehrenbezeugung, die man noch heute am ehemaligen Volkspalast liest, gegen ihn zur Wehr gesetzt haben, wie gegen seine Vorgänger, und wie sie sich nach kürzester Zeit wider den Papst auflehnte, als dieser ihre Interessen verletzte.

Die Demokratie am Arno kannte in dieser Zeit keine Grenzen ihres Selbstgefühles; sie nannte sich selbst „den triumphierenden und allermächtigsten Popolo" und rühmte sich, die Verteidigung der Freiheit Italiens ruhe in ihrer Hand. Ihr schwebte die Aufrichtung eines von ihr beherrschten Reiches vor, und sie verglich sich nicht nur in rhetorischer Wendung, sondern in sehr ernster Meinung mit der Stadt des Romulus. Was die Inschrift andeutet, führen Briefe und Dichtungen der nahen Folgezeit aus, in der dieser schimmernde Traum im Blute der Bürgerschaft erlosch. Die Sienesen klagten die Florentiner an, sie hätten ein neues Reich schaffen und diesem, die Rechte der deutschen Fürsten usurpierend, einen Kaiser nach ihrem Willen setzen wollen. In Wahrheit hat das geschwächte Pisa solches versucht, doch in Florenz dachte man später nur in Zeiten der Not einmal an eine Verbindung mit dem Knaben Konradin gegen Manfred; in den Tagen des Glückes war der Sinn nicht auf Kaiser und Reich, sondern auf die Ausbreitung der eigenen Macht zunächst in Mittelitalien gerichtet, und man hegte die phantastische Hoffnung, allmählich die Herrschaft über die ganze Halbinsel zu erringen, um sie vielleicht in Erneuerung ferner Vergangenheit noch weit darüber hinaus zu erweitern. Die Gewinnung des pisaner Hafens im Westen, Bolognas im Norden, und im

[1] Hintze, Das Königthum Wilhelms von Holland. — Quidde, Zum Romzuge W.'s v. H. in Deutsche Ztschr. f. Gesch.-Wissensch. I, 166.

Süden des Trasimenischen Sees, die Erweiterung des Gebietes bis an die Grenzen Roms scheint man als nahe Ziele ins Auge gefaßt zu haben. Der annonyme Verfasser eines Briefes über die Schlacht von Montaperti sagt, Florenz habe ein Heer „nach Cäsarenart" aufgeboten; mit der Kühnheit des Löwen und dem Mut der Könige habe es „Städte, Provinzen, ja ganze Nationen der Welt bedroht". Fra Guittone von Arezzo, der überzeugte Guelfe, sang: „Es habe geschienen, Florenz wolle ein Imperium schaffen, wie einst Rom; es wäre ihm leicht geworden, denn niemand hätte es zu hindern vermocht", und in einem Prosaschreiben setzte er hinzu: „gewiß hätten die Römer nicht stolzere Anfänge gehabt als die Florentiner, noch hätten sie in kurzer Zeit soviel erreicht wie die Bürger vom Arno."[1])

Die Pisaner ernennen König Alfons von Kastilien zum Kaiser.

Man versteht Zeitalter wie Menschen nur dann, wenn man auch ihre von der Phantasie beflügelten Wünsche kennt, doch selbst in der Wirklichkeit spielten bizarre Pläne niemals eine so ernsthafte politische Rolle wie in dieser Periode und in den folgenden Menschenaltern. Wahrscheinlich schon zu Lebzeiten des Königs Wilhelm hatten die Pisaner, um Schutz gegen die Übermacht ihrer Feinde, gegen Genua, Florenz und Lucca zu finden, ihre Blicke nach Spanien auf den König Alfons X. von Kastilien gewandt, der wegen seines Interesses für die Himmelskunde und die mit ihr verknüpfte Sterndeuterei der „Gelehrte" genannt wurde, und der frommen Mönchen, wohl eben um dieser Studien willen, als der leibhaftige Antichrist galt.[2]) Vielleicht war es ursprünglich, da das Interesse des Königs von England für das süditalienische Unternehmen infolge der immer unerträglicher werdenden Lasten zu erlahmen schien,[3]) zunächst lediglich auf bewaffnete Hilfe des kastilischen Königs für die Pisaner gegen ihre heimischen Feinde abgesehen gewesen, wogegen diese ihm dann mit ihrer Flotte bei einer Eroberung Siziliens helfen sollten; als indes die Kunde vom Tode des

[1]) Die betreffenden Angaben befinden sich: bei Saba Malaspina (Baluze-Mansi I, 238. — Murat. Ss. VIII, col. 802); in dem Schreiben der Sienesen an König Richard, Gebauer 602; Bullet. Senese V. 264; in dem Schreiben über die Niederlage von Montaperti im Cod. Vatic.-Ottob. 1101 f. 79 (Schrift von Anfang des 14. Jahrhunderts); bei Fra Guittone, Rime, ed. Valeriani I, 172; D'Ancona-Comparetti II, 225; Pellegrini 316, und in dem Klagebrief desselben (Lettere, ed. Bottari p. 38 ss.) an Florenz. — Betreffs der merkwürdigen Stelle der Inschrift am Palazzo del Popolo „Que mare, que terram, que totum possidet orbem" s. Forsch. usw. IV, S. 497 f. „Zur Baugeschichte" die Variante im Cod. Laur. XXII sin. 12 „que totum circuit orbem"; doch wird das Wort possidere, wie angedeutet, sehr absichtlich gewählt sein. — Die Bezeichnung „triumphans et potentissimus populus Florentinus" findet sich in der Einleitung zu dem 1254 geschriebenen Instrumentarium der Kommune. SAF. — Cap. XLVI, f. 196; die Äußerung, Florenz verteidige die Freiheit Italiens, bildet einen Passus des 1258 (etwa September) an Papst und Kardinäle gerichteten Schreibens, Gebauer 562; Archivio della Società Romana XIV, 289.

[2]) Salimbene p. 234.

[3]) S. das S. 438 Anm. 2 erwähnte Schreiben des Königs.

Königs Wilhelm eintraf, gingen die Pisaner weiter und ließen durch ihren Gesandten Bandinus Lancea Alfons zum Kaiser ernennen, obwohl ihre Macht, dem kastilischen König zur Krone des Reiches zu verhelfen, nicht größer war als ihr Recht, sie ihm zu verleihen. In den Kämpfen waren sie unterlegen, und noch ruhte auf der Seestadt das Interdikt, das einst Gregor IX. der Gefangennahme der Prälaten halber verhängt hatte. Alfons lenkte ihre Gunst auf sich als der Sohn einer staufischen Mutter, der Tochter Philipps von Schwaben, vor allem aber als ein Fürst von reichen Mitteln und kriegerischem Ansehen. Er verhieß, ihnen 500 Ritter unter einem Führer aus seiner persönlichen Umgebung nebst einer Schar von katalanischen Armbrustschützen gegen Lucca, Florenz und Genua zur Hilfe zu schicken, ihnen Vorrechte in Sizilien zu gewähren, wenn er die Insel erobere, und ihnen, wenn er mit ihrer Hilfe Gebiete in Garbo (Algarve) oder in Afrika erkämpfe, einen Teil derselben abzutreten. Er wollte ferner das Seine dazu tun, daß die Feinde Pisas — es waren die Kaufleute der drei Städte gemeint — aus Frankreich, England, Navarra, Portugal und Granada vertrieben würden. Pisa sollte dafür sorgen, daß die durch Florenz, Lucca und andere Städte okkupierten Reichsburgen dem König unterworfen würden; war dies geschehen, so sollten sie der Seestadt ausgeliefert werden, die sich überdies verpflichtete, dahin zu wirken, daß Siena, Pistoia, Arezzo, sowie die Ghibellinen von Florenz und andern Orten sich dem Kastilier anschlössen. Alle pisaner Schiffe sollten neben der eigenen Flagge fortan die kastilische führen, und während die Stadt sonst dem Reich jährlich zehn Galeeren vierzig Tage lang zu stellen verpflichtet war, sollten sie Alfons mit derselben Zahl von Schiffen vier Monate im Jahre dienen.[1]

Bündnis mit ihm gegen Lucca, Florenz und Genua.

Zweifellos waren die Hoffnungen Pisas mehr auf die Ritter und Armbruster als auf Afrika und Garbo oder selbst auf Sizilien gerichtet. Wie Marseille im September der Wahl beitrat, wie Alfons im April 1257 in Frankfurt von einem Teil der Wahlfürsten gegen den früher in derselben Stadt gekürten Richard von Cornwallis zum deutschen König ausgerufen wurde, braucht uns hier so wenig zu beschäftigen wie seine spätern jahrelangen Verhandlungen mit dem Papst, zu denen er sich des Notars Magisters Rudolf aus Poggibonsi bediente.[2] Tatsächlich kam er so wenig dazu, ernsthaft in die Angelegenheiten Italiens, wie in die Deutschlands einzugreifen, und es war Florenz, das den kastilisch-pisaner Plänen einen Riegel vorschob. Am 18. März waren jene erste Abmachung mit dem Spanier und dessen seltsame Wahl erfolgt. Im April mochte die Kunde nach Florenz gelangt sein, und am Ende des folgenden Monats setzte sich das Bürgerheer gegen das Gebiet der Lucchesen zu in Be-

Kriegszug der Florentiner, Lucchesen und Genuesen gegen Pisa.

[1] Die Urkunde des Vertrages, Soria 1256, 18. März SAP. — Atti Publici. — Vgl. Reg. Imp. 5484 87. — Vgl. auch Scheffer-Boichorst, „Zur Geschichte Alfons' X. von Kastilien" in M. J. Oest G. IX. 226.

[2] Busson, Die Doppelwahl des Jahres 1257, S. 55. — Magister Rudolf hatte zuvor der Kanzlei Kaiser Friedrichs II., dann der König Konrads und zuvor auch der Kanzlei Manfreds angehört. S. Reg. Imp. (Register) p. 2323.

wegung, um sich von dort, mit den Bundesgenossen vereint, gegen den gemeinsamen Feind zu wenden; offenbar ging die Absicht dahin, Pisa niederzuzwingen, ehe die kastilische Hilfe in die Arnomündung einsegeln konnte. Die Genuesen griffen zugleich zu Meer mit achtzig Galeeren und zu Lande mit starker Truppenmacht die Grenzfestung Lerici an, die ihnen trotz des florentiner Schiedsspruches nicht herausgegeben war. In dem Kriege mit zwei Fronten standen die Pisaner allein; die Sienesen waren durch das frühere Bündnis zur Hilfe verpflichtet, aber ihre Hände waren jetzt durch den Vertrag mit Florenz gefesselt; sie fanden sich mit der alten Verbindlichkeit durch Zahlung der Subvention ab, die in den Verträgen als Ersatz der lebendigen Hilfe stipuliert war. Seit dem 5. Juni, dem Pfingstmontag, standen die Florentiner und Lucchesen den Pisanern gegenüber, die sich bei dem vor zwei Jahren den Florentinern zugesicherten, aber nie überlieferten Ripafratta, auf diese starke Burg gestützt, im Serchiotal mit Wassergräben und Wällen verschanzt hatten, um den Gegnern den Weg nach ihrer Stadt zu verlegen. Nicht viel weiter als einen Armbrustschuß von ihnen entfernt lagerten die Lucchesen, während sich die Zelte der Florentiner etwas weiter rückwärts befanden. Die Genuesen versorgten die Verbündeten mit Nahrungsmitteln; sie führten auf ihren Schiffen Getreide und andern Proviant von der Provence her nach der lucchefer Küste, von der die Stelle jener Lager nur etwa 13 km entfernt ist, und die Kommune Bologna ließ, da in Toskana Getreidemangel und Teuerung herrschten, den Heeren der befreundeten Städte ebenfalls bedeutende Mengen Brotkorn zu billigem Preise über das Gebirge zuführen. Am 12. Juni glaubten die Pisaner bei den Lucchesen schlechte Bewachung und Unachtsamkeit zu erspähen; sie brachen kraftvoll hervor und jagten sie, viele zu Gefangenen machend, in die Flucht, doch die Florentiner zogen herbei und trieben die bisher Siegreichen zurück, so daß sie in ihrem befestigten Lager Schutz suchen mußten; dort ließen die Florentiner sie stehen und schlugen eilends den Weg nach Pisa ein. Als die im Lager dies bemerkten, stürzten sie sich in wilder Flucht auf anderen Wegen dem Serchio entgegen, weil sie fürchteten, die Feinde könnten ihnen die Rückkehr in die Heimat abschneiden; Zelte und Kriegsausrüstung im Stich lassend, wälzte sich die Mannschaft in sinnlosem Drängen über die Brücke, die bei Pontasserchio, etwa 6 km vor den Toren Pisas, den Flußübergang bildet. Die Brücke vermochte die Last nicht zu tragen; die auf ihr Befindlichen und die in Furcht vor den Verfolgern Nachdrängenden stürzten in den Strom, aus dem die mit der eisernen Rüstung Belasteten sich nicht zu retten vermochten; neben den Ertrunkenen und Erschlagenen verlor Pisa an diesem Tage fast 2500 Ritter und Fußkämpfer als Gefangene. Man behauptete, die Sieger hätten inmitten der allgemeinen Panik die Hafenstadt einnehmen können, und man gab dem zuvor hochgepriesenen Podestà Alamanno della Torre Schuld, er habe dies aus verräterischer Gesinnung unterlassen; zum Dank dafür hätten die Pisaner ihn, der zwei Jahre hindurch an der Spitze der florentiner Bürgerschaft gestanden, im folgenden Jahre zu ihrem Podestà erwählt, und die Tatsache, daß er die Regierung der Stadt übernahm, die er eben bekämpft, ist freilich eine so auffällige, daß sie eine Bestätigung jener Beschuldigung zu bilden scheint. Er begnügte sich mit einigen leeren Demonstrationen, ließ eine mächtige Pinie, drei Kilometer vor den Mauern, fällen und, während das Heer an jener Stelle bei San Jacopo ein Lager bezog, auf ihrem Stumpf Goldflorene zum Andenken an den Sieg schlagen. Die Pisaner, die von ihren Mauern aus die Wimpel von den Zelten der Feinde wehen sahen, boten Frieden und Bürgschaften für dessen Beobachtung an. Das florentiner Heer zog, des Erfolges froh, jubelnd in die Heimat zurück, und die Lucchesen, auf sich allein gestellt, mußten alsbald den Feldzug, in dem sie wenig Ruhm geerntet, abbrechen. Am 24. September erfolgte in Florenz in der Kirche der heiligen Reparata in Anwesenheit des Podestà von Lucca, des Guiscardo da Pietrasanta, der Friedensschluß zwischen den Florentinern und Pisanern, der wesentlich eine Wiederholung des vor zwei Jahren vereinbarten und eine Bestätigung der damals gefällten Schiedssprüche war. Wie damals bestimmt, sollte Pisa Lerici an Genua herausgeben, den Herren von Corvaia ihre Burgen zurückstellen, an Lucca die streitigen bischöflichen Kastelle und an San Miniato Monte Bicchieri abtreten, das Kastell von Pontedera dem Boden gleichmachen, Ripafratta den Florentinern als Pfand und die Burgen Motrone, Massa sowie zahlreiche andere gegen die Grenze Liguriens hin gelegene ihnen zu freier Verfügung überlassen, derart, daß sie sie je nach Gutdünken den Genuesen oder Lucchesen zuweisen oder anderweit darüber bestimmen konnten. Den Pisanern lag es besonders am Herzen, daß die Lucchesen nicht am Meeresufer festen Fuß faßten; sie fürchteten, Florenz werde sie in Besitz des starken Kastells Motrone setzen, und dieses könne die Grundlage für die Ausführung maritimer Pläne bilden, nachdem Lucca eben Pietrasanta begründet hatte. Deshalb schickten sie einen geheimen Bevollmächtigten mit reichen Geldmitteln versehen nach der Stadt der Sieger, um durch Bestechungen zu bewirken, daß das für sie nun einmal verlorene Motrone vom Boden vertilgt werde und nicht in die Hände Luccas gelange. Für die Demolierung hatte in den bisherigen geheimen Beratungen auch einer der einflußreichsten Anzianen Aldobrandino Ottobuoni gestimmt, der in diesen Zeiten in allen wichtigen Verhandlungen unter den ersten voranstand.[1] Als der Agent der Pisaner ihm aber unter der Hand 4000 Goldfloren dafür anbieten ließ, daß er die Vernichtung jener Seefestung definitiv durchsetze, trat er in der nächsten Verhandlung der Anzianen mit solchem Eifer für deren Erhaltung ein, daß die Entscheidung in diesem Sinne ausfiel und das Kastell den Lucchesen überliefert wurde. Es ist ein bedenkliches Zeichen, daß seine Unbestechlichkeit ihm den Ruhm eines Fabricius verschaffte, und daß, als er drei Jahre später starb, ihm dieserhalb in Santa Reparata auf Kosten der Kommune ein alle andern Grabmäler überragendes Marmor-Monument errichtet wurde, das bald darauf der ghibellinischen Parteiwut gegen den Guelfen zum Opfer fiel; nach der Schlacht von Montaperti wurde die Grabstätte zerstört, die modernden Gebeine des ehrlichen Aldo-

Friedensschluß zwischen Florenz und Pisa.

Aldobrandino Ottobuoni.

---

[1]) S. über ihn Forsch. usw. IV, S. 113 unter „Kämpfe und Friedensschlüsse mit Pisa“.

brandino wurden durch die Straßen geschleift und in einen Graben geworfen. War dieser Ausbruch des Hasses eine Schändlichkeit, so war die Ehrenbezeugung für den Anzianen aus dem Popolo San Firenze eine übertriebene gewesen, denn die Bürgertugend der Unbestechlichkeit sollte in einer Republik nicht als der Ruhm eines einzelnen Mannes gelten.[1])

Kämpfe zwischen Genua und Pisa.

Die Florentiner hatten den Kampf gegen Pisa abgebrochen; die Genuesen aber kämpften an der Meeresküste weiter, während es den Florentinern als ausreichende Bundeshilfe erschien, in ihrem Vertrage den Besiegten die Auslieferung Lericis von neuem zur Pflicht zu machen. Schwerlich wäre sie erfolgt, wenn die Genuesen sich nicht auf die eigenen Waffen verlassen hätten; sie erkämpften das Kastell, das die Pisaner dann freilich gemäß dem Frieden mit Florenz in aller Form an die ligurische Rivalin abtraten; damit war der Krieg auf dem Festlande beendigt, aber er dauerte in Sardinien fort und überdies kam es im Orient, in Akkon zwischen Genuesen, Pisanern und Venezianern zu wildem Hader. In Sardinien trat Genua mit dem Markgrafen Chianni, Herrn von Cagliari in enges Bündnis, und dieser verjagte die Pisaner aus seinem Gebiet, worauf er auf deren Anstiften gefangen genommen und ermordet wurde. Die Seestadt am Arno, vom Kriege mit Florenz und Lucca befreit, vermochte sich mit größerem Nachdruck den Feinden auf der Insel entgegenzustellen; sie schickte sieben Galeeren dorthin, die sie unter den Befehl eines Popolanen, Oddo Gualducci, stellte, und zugleich wurde dieser neben dem Grafen Wilhelm von Capraia, Judex von Arborea, zum Oberbefehlshaber des pisaner Heeres in Sardinien ernannt. Die Erfolge, die er erzielte, machten ihn für ein Jahrzehnt zum einflußreichsten Manne seiner Heimat, ja fast zu deren Beherrscher, bis ihn nachmals Giovanni Visconti, Drittel-König des sardinischen Judikates Gallura in Pisa überfallen und in Stücke schneiden ließ.[2])

Absolution Pisas vom Interdikt.

Die Frommen wußten, weshalb der Seestadt nach all ihren Mißgeschicken das Waffenglück wieder lächelte; der Erzbischof Federigo Visconti machte es ihnen von der Kanzel her begreiflich, und auch warum das dort wütende Tertianfieber plötzlich erlosch, an dem die Bevölkerung ganzer Kirchspiele dahingestorben war. Die Ursache war nach ihm das Eintreffen eines apostolischen Legaten, des Minderbruders Mansuetus, und die unter vielen Schwierigkeiten bewirkte Aussöhnung mit dem Papst, die Lossprechung von dem seit 16 Jahren dauernden Banne. Mansuetus aus Castiglion Aretino, dem jetzigen Castiglion Fiorentino, war ein frommer Mann, der seine Hände von Bestechungen frei hielt, obwohl er als einer der Intimsten des Papstes Alexander unbegrenzte Gelegenheit gehabt hätte, Geld zu gewinnen. Der Erzbischof rühmte in jener Predigt, daß der Franziskaner im Gegensatz zu der Gewohnheit der Kurialen, die Geschenke bis zu zweitausend Mark Silber (etwa 150 000 Lire) zu empfangen pflegten, seine Hände rein halte und zur Deckung von Kosten, die aus seinen Verhand-

---

[1]) Über den Frieden mit Pisa und den vorangegangenen Krieg ebendort S. 109 ff.

[2]) Ebendort. — (Über Oddo Gualducci s. auch im folgenden Kapitel.)

lungen wegen Wiederaufnahme Pisas in den Schoß der Kirche entstanden waren, sogar Kelche und andere Wertgegenstände des Minoritenklosters habe verpfänden lassen.[1]) Noch vor einem Jahre hatte der Papst das Ersuchen der Pisaner um Absolution zurückgewiesen, da sie damals noch die Burgen des luccheser Bistums besetzt hielten; dieses Hindernis war jetzt durch die Anerkennung des florentiner Schiedsspruches beseitigt, und die Pisaner hatten überdies den Weg zum Herzen des Papstes gefunden, indem sie zugleich seinem frommen Sinne entgegenkamen und seiner Eitelkeit schmeichelten. Sie gelobten die Errichtung eines großartigen, für Kranke und Pilger bestimmten Hospitals, das den Namen Alexanders IV. führen sollte, doch vom Volke lieber als mit dem offiziellen Titel „Spedale della Misericordia“ genannt wurde.[2]) Der Erzbischof Federigo konnte erst jetzt, nachdem die Stadt vom Interdikt befreit war, die Weihe empfangen, nachdem er Jahre hindurch sein Amt nur als „Erwählter“ bekleidet hatte. Alexander IV., fortan Pisas Beschützer, veranlaßte auch Genua zu friedlichem Entgegenkommen, und alsbald einigte sich die ligurische Stadt mit Pisa und Venedig dahin, daß die drei seemächtigen Kommunen ihren verwickelten Hader dem Statthalter Christi zur Schlichtung überlassen wollten.

Die Hingabe, die die Pisaner für den Papst Alexander bezeugten, war zum großen Teil die Wirkung der Enttäuschung, die sie durch Alfons erlitten; sie hatten auf seine aus Spanien zu entsendende Hilfe gerechnet und gehofft, daß sie sich auf ihn, als auf das Oberhaupt des Reiches, würden stützen können. Jetzt aber übernahmen sie dem Papst gegenüber die Verpflichtung, nur einen von ihm bestätigten römischen König oder Kaiser anzuerkennen; sie ließen also den Kastilier fallen, der zufällig an demselben Tage in Frankfurt zum König der Römer erwählt wurde, an dem Alexander ihnen eben dieses als Bedingung ihrer Absolution auferlegte. Hingegen empfingen sie alsbald vom Papst die Bestätigung aller ihrer Kaiser-Privilegien von den Zeiten des Stauferkönigs Konrad bis zur Entsetzung Friedrichs II.; dadurch, daß Alexander auf Bitten der Pisaner diesen Akt aus apostolischer Machtvollkommenheit vollzog, nahm er selbst die Rechte des vakanten Reiches an sich; es war ein bis dahin nicht erhörter Vorgang, daß ein Papst kaiserliche Verleihungen erneuerte oder bekräftigte.[3])

Papst Alexander IV in der Ausübung kaiserlicher Rechte.

Florenz unter Interdikt.

Während Pisa wieder zur gehorsamen Tochter der Kirche wurde, hatte Florenz sich ihr derart entfremdet, daß die Behörden exkommuniziert wurden und die Stadt dem Interdikt verfiel. Die Ursachen des Konfliktes waren

[1]) Forsch. usw. IV. S. 122.

[2]) Dieser Name, der später für toskanische Wohltätigkeitsstiftungen so bedeutend werden sollte, tauchte auch hier nicht zuerst auf. Schon 1252 gab es in Siena eine Bruderschaft „Misericordia“ zur Unterstützung von Armen, Waisen und Witwen (Schreiben Innocenz' IV. vom 21. März 1252; Berger 5590).

[3]) Forsch. usw. IV. S. 121 ff. „Die Lösung Pisas von dem sechzehnjährigen Interdikt, 1257“.

mannigfache, aber sie wurzelten alle in dem Geiste kommunaler Freiheit, in dem unbeugsamen Sinn für bürgerliche Selbstbestimmung. Kaum hatte das Volk die Herrschaft in seine Hand genommen, als es den Willen an den Tag legte, sich wenig um die Ansprüche des Klerus zu kümmern, die dieser mit dem volltönenden Namen der „kirchlichen Libertät" zu bezeichnen pflegte. Das Leben der Geistlichen war nicht eben danach angetan, die Achtung vor deren Stand und Gewand zu erhöhen, und die nüchternen Bürger waren sehr geneigt, sich über die mystische Begründung jener höchst realen Vorrechte hinwegzusetzen. Daß die Mönche in den Klöstern untereinander handgemein wurden, scheint kein seltenes Vorkommnis gewesen zu sein; Zettelungen, Konspirationen unter ihnen waren häufige Erscheinungen. Den Camaldulensern, denen Gregor IX. besonders zugetan war, hatte er in Rom das Kloster San Cosma überwiesen, er entzog es ihnen aber wieder mit der Begründung, sie hätten dort mehr Skandal, Schrecken und Traurigkeit erregt, als sie ihm Freude bereitet hätten; „den Duft mönchischen Lebens hätten sie in Gestank verwandelt". Es kam häufig vor, daß Geistliche Schenken hielten, und es gab Priester, die das heilige Salböl an solche verhandelten, die damit Zauberei und Hexenspuk treiben wollten. Ausschreitungen der Kleriker in finanzieller wie in sittlicher Hinsicht waren überaus häufig; bei einer Untersuchung, die der Abt von Camaldoli gegen den Prior von Santa Margherita von Tosina im Mugello veranstaltete, ergab sich, daß dieser bei florentiner Wucherern Geld aufgenommen hatte, um seine Stellung vom Patron der Kirche, Ruggero da Cuona, zu erkaufen, sowie, daß er mit einer verheirateten Frau und einer Klosterconversa in fleischlichem Verkehr gestanden habe. Aber er verteidigte sich damit, das sei vor seiner Wallfahrt nach Santiago de Compostela geschehen und wenn er nach seiner Rückkehr aus Spanien sonst in fleischlichen Verkehr mit Frauen getreten sei, so habe er dafür jedesmal pünktlich eine Buße auf sich genommen, auch hätten seine Ankläger es nicht besser getrieben als er selbst, was diese denn auch zugeben mußten. Den Rektor der Kirche Sant' Angelo di Collina ließ Bischof Hildebrand von Fiesole einen Eid auf die Evangelien ablegen, er wolle seine allzu regen Beziehungen zu einer verheirateten Frau aufgeben, sie auch künftig nicht mehr umarmen noch küssen. Die bösen Gerüchte, die über die Nonnen von Monticelli und von Ripoli umliefen, sind erwähnt worden, und welche Anstößigkeiten man sich in Minoritenklöstern erlaubte, lehrt uns die memoirenartige Ordenschronik des Fra Salimbene; zugleich ersehen wir aus ihr, wie aus der in Santa Croce zu Florenz verfaßten des Thomas von Pavia (des sogenannten „Tuscus"), welche Neigung zum Fabulieren, zum Skandal und Klatsch in diesen Kreisen herrschte, in denen man nach der Ordensregel verpflichtet gewesen wäre, fromm und weltabgewandt zu leben. Freilich gab es auch bedeutende Männer in der Kutte der Bettelmönche, wie Aldobrandino Cavalcanti, den Prior von Santa Maria Novella, und manche seiner Genossen, oder den Minderbruder Frater Clarus, ebenfalls Florentiner von Geburt, der seit den vierziger Jahren des 13. Jahrhunderts hohen Ruhm als Prediger genoß und von Salimbene „als einer der ersten Geistlichen der Welt" ge-

Zustände innerhalb des Klerus.

priesen wird. Anderseits kam es vor, daß der Rektor der Kirche San Donato di Scoveto auf der Anhöhe Colombaia vor dem Südtor der Stadt in toller Wut einen Knaben aus vornehmem Geschlecht mit einem Stein erschlug, oder daß Mönche mit den silbernen Kelchen und dem wertvollen Altarschmuck ihrer Kirche das Weite suchten, wie ein Frater Aldobrandino, genannt Cavolino von Santo Spirito in Florenz, der übrigens nachmals am Sitz der Kurie in Perugia lebte und sich besonderer Gunst des Kardinals Riccardo degli Annibaldi erfreute, so daß die Brüder seines Klosters aus diesem Grunde eine freundschaftliche Einigung mit ihm treffen mußten; die Behörden ihrerseits aber benutzten solche Gelegenheiten, wie die Flucht des Cavolino, sehr gern, um ihre Strafgewalt auch auf die Träger geistlichen Gewandes auszudehnen.

Eine der eigenartigsten Erscheinungen des florentiner Klerus war der Domkanonikus Alcampo, zugleich Propst von Prato und päpstlicher Kaplan. Er gehörte der Familie Abbadinghi an; sein Bruder Arengo war päpstlicher Bankier und hatte Innocenz IV. zur Verteidigung Viterbos Geld vorgestreckt. Alcampo war in den Predigerorden eingetreten, aber er war, wie Zeugen in einem gegen ihn geführten Prozeß beschworen, trotzdem Parteigänger des Kaisers und seines Sohnes Friedrich von Antiochien gewesen, hatte mit dem letzteren vor Capraia gelegen und bei Montevarchi gegen die Anhänger der Kirche gekämpft. Im übrigen führte er, wie jene Zeugen beeidigten, ein lüderliches Leben in Tabernen mit allerlei wüstem Volk, kleidete sich als Laie und war den Würfeln ergeben. Sein Vater Abbadingo war als Ketzer gestorben und das Grab in geweihter Erde war ihm versagt worden; Alcampo selbst und sein Bruder Arengo galten als der Häresie verdächtig und als Begünstiger der Patarener; daß es sich nicht um leere Bezichtigungen handelt, erweist ein Prozeß, der nach seinem Tode wider sein Andenken geführt wurde; er scheint in der Tat während eines langen, in hohen Würden verbrachten geistlichen Lebens insgeheim den vom Vater ererbten Gesinnungen treu geblieben zu sein. Seine Bildung endlich war nach der Erklärung der Zeugen für den geistlichen Beruf nicht ausreichend; trotz alledem wurde ihm die Präpositur von Prato zugesprochen, zu der sich dann die weiteren erwähnten Stellungen gesellten, auch die eines Kaplans des Kardinals Guglielmo Fieschi von Sant' Eustachio, dem er 1252 bei den Friedensverhandlungen mit den Ghibellinen gute Dienste geleistet haben mochte, und später die eines Kaplans des Ottobuono Fieschi, nachmaligen Papstes Hadrian V. Es scheint, daß Innocenz auf die finanziellen Talente des Alcampo besonderes Gewicht legte, und daß dies der Grund seines Wohlwollens war; er ernannte ihn zum Kollektor des Zehnten fürs heilige Land in Toskana und Marittima,[1]) und diese Vertrauensstellung hat er dann Dezennien hindurch innegehabt.[2])

[1]) Die Belege sind Forsch. usw. IV, S. 123 ff. unter dem Titel „Die über Florenz 1256 und 1258 verhängten Interdikte" zusammengestellt.

[2]) Urkunden von 1275, 15. Januar, Lami, Mon. Eccl. Flor. III, 1661 und 1275,

Die Klöster waren durch fortwährende erzwungene Beisteuern für die Kriege der Kirche finanziell erschöpft, und der bessere Teil ihrer Besitzungen war in die Hände von Wucherern geraten; auf die Disziplin und die inneren Verhältnisse übte der Vermögensverfall seine natürliche Rückwirkung aus. In derselben Lage war das florentiner Domkapitel; wir sahen, daß es gleich dem Bischof Soldritter ins Schlüsselheer zu senden hatte; im Jahre 1257 mußten zur Schuldentilgung für die nächsten drei Jahre die Einnahmen des Domstiftes verkauft werden. Auch sonst trifft die Schuld für den verkommenen Zustand der Kanonika vor allem die Päpste, da sie begünstigten Personen Pfründen anwiesen, deren Ertrag die Empfänger irgendwo in der Welt verzehren mochten, ohne sich um ihre priesterlichen Pflichten im mindesten zu kümmern. Einzelne von diesen Titular-Domherren waren überhaupt nie dauernd in Florenz gewesen, andere hielten sich des juristischen Studiums halber in Bologna auf und manche, wie jener Andrea de' Mozzi, waren in fernen Ländern sechs, acht, selbst zwölf und vierzehn Jahre abwesend; die Einziehung der Einkünfte scheint ihre einzige regelmäßige Beziehung zum Kapitel von Santa Reparata gebildet zu haben. Im Jahre 1254 gab es an der vormals reichen Bischofskirche außer dem Propst und dem Archidiakon nur noch drei wirklich amtierende Geistliche, und den an den Papst gerichteten Klagen dieser letzten Getreuen entnehmen wir die Einzelheiten über den Verfall ihrer Körperschaft. Mit den andern Gotteshäusern der Stadt kann es nicht besser bestellt gewesen sein; im Landgebiet verließen Geistliche ihre Kirchen und gingen, sei es um Geld zu gewinnen, sei es um Abenteuer zu suchen, in die Ferne, ohne sich weiter um die Exkommunikation zu kümmern, der sie dadurch verfielen.[1])

Auffällig erscheint es dem Menschen späterer Zeit, daß trotz alledem der fromme Sinn der Bevölkerung und ihre Opferfreudigkeit nicht erlosch. Von den Kirchenbauten dieser Periode ist die Rede gewesen; außerhalb der Stadt, nahe bei Brozzi am Arno, siedelten sich die „Kreuzbrüder von Osmannoro" an, die ein Hospital unterhielten, und in das Kirchlein Sant' Egidio, das später in das große Arcispedale di S. Maria Nuova inkorporiert wurde, zogen die aus Südfrankreich stammenden Frati Saccati ein, so genannt nach ihrem Mantel aus grobem Stoff, unter dem sie freilich zartere Gewänder zu tragen liebten. Niederlassungen „eingeschlossener" Nonnen, die das Gelübde leisteten, den Klosterbezirk nie zu verlassen, entstanden an vielen Stellen; zu der ältesten, der der „Rinchiuse" von San Jacopo di Ripoli, die dem Orden des San Domenico angehörten, traten die von Campora auf dem schönen Hügel der

---

11. Juli, 21. Oktober, 16. November und 1276, 11. Januar, SAF. — Protokoll des Attaviano di Chiaro f. 5a, 9a, 11 und 14. Alcampo war damals Kaplan des Kardinals Ottobuono Fieschi und nach wie vor Propst von Prato. — Alcampo, über den auch Forsch. usw. II (s. das Register p. 332) und Fineschi, Memorie degli Uomini illustri p. 109 einzusehen, erreichte ein sehr hohes Alter. Er starb 1296 (s. die Ernennung seines Nachfolgers als Propst von Prato durch Bonifaz VIII.; Thom.-Digard No. 1297).

[1]) Forsch. usw. IV, S. 125.

Colombaia vor dem Südtor, die von Montisoni im Ematal nahe Antella, und die von Gignoro an der nach Settignano führenden Straße. In dem von den Humiliaten verlassenen San Donato a Torri siedelten sich Cistercienserinnen an und vor der Porta San Piero, außerhalb der Mauern, bauten Gläubige den „reuigen Frauen von Pinti" (Donne riveutute di Pinti) ein der Büßerin Maria von Magdala geweihtes Kloster.[1] Gerade weil man die Weltgeistlichkeit und die Angehörigen älterer Orden ein so wenig erbauliches Leben führen sah, setzte man sein Hoffen auf Neustiftungen strengerer Observanz, erwartete man Heil und Erlösung von den Gebeten eingeschlossen lebender Frauen oder der Fürbitte von Mönchen, die durch Tragen eines Überhanges aus Sackleinewand und dadurch, daß sie barfuß auf hölzernen Sohlen einhergingen, ihre Demut bekundeten.

Maßnahmen gegen die Ausnahmestellung der Geistlichen.

Die durch Kriegsleistungen für den Papst entstandenen Schulden des Bischofs betrugen schon in den ersten Zeiten der Kämpfe gegen Manfred 5600 Librae, einen nicht geringen Teil vom Gesamtwert des vorwiegend in Immobilien bestehenden damaligen Vermögens des florentiner Bistums. Soweit es nicht gelang, diese Kosten von Kirchen und Klöstern durch Auflegung einer Steuer herauszuschlagen, suchte das Oberhaupt der Stadtkirche sich von ihnen durch Verkauf und Parzellierung des Cafaggio zu befreien. Dies erwies sich für die Folge als eine vortreffliche Spekulation, denn die bedeutenden übrig bleibenden Terrains in der Gegend der nachmaligen Piazza San Marco, der Piazza della Santissima Annunziata und von dort aus stadtwärts, wurden allmählich höchst wertvoll und brachten der bischöflichen Verwaltung in der Folgezeit reiche Einnahmen.[2] Die Aufschließung dieses Gebietes zu Bebauungszwecken und die Anlage von Straßen konnte aber nur unter Mithilfe der Stadt erfolgen; schon seit einem Jahrhundert bedurfte jede Veräußerung von Bischofsgut zu ihrer Gültigkeit ausdrücklicher Genehmigung durch die Kommunalbehörden;[3] jetzt übertrug der Popolo die Entscheidung, ob Immobilien des Bistums verkauft werden dürften, seinen Organen, dem Capitano und den Anzianen; ebenso nahm das Volk sich das Recht, die Auferlegung jener bischöflichen Steuer auf Klöster und Kirchen durch eine von ihm eingesetzte, aus Geistlichen und Laien bestehende Kommission bewirken zu lassen.[4] Handelte es sich hier um eine ausnahmsweise Belastung, die schließlich dem geistlichen Oberhaupt der Stadt zugute kam, so hatte die Bürgerschaft andererseits von Anfang des Volksregimentes an Kirchen und Klöster der Besteuerung für munizipale Zwecke unterworfen; im Jahre 1251 hatte die „Libra", die gemäß

[1] S. Forsch. usw. IV. „Hospitäler" usw. unter „Nonnenklöster".

[2] Über den Bau von Häusern auf jenen dem Bischof übrig gebliebenen Grundflächen und deren Vermietung in den ersten drei Jahrzehnten des 14. Jahrhunderts enthält das Protokoll des Notars Ser Benedetto di Maestro Martino (Papierband) im Erzbischöflichen Archiv interessantes, bisher unbeachtet gebliebenes Material.

[3] Bd. I, S. 675. Der dort Anm. 7 erwähnte Urkundenauszug aus dem Bullettone ist bei Santini p. 501 gedruckt.

[4] Forsch. usw IV. S. 125 f. „Die über Florenz 1256 und 1258 verhängten Interdikte".

einer wahrscheinlich niedrigen Einschätzung der Kirchengüter vorgenommen wurde, fünf Sechstel vom Hundert des Besitzes betragen, in der Folge wurde sie mit einem Prozent des Vermögens erhoben, und auch das Bischofsgut genoß kein Vorrecht und keine Steuerfreiheit. Während die Geistlichkeit und das zusammengeschmolzene Kapitel über solche Laienwillkür klagten und zumal die Kanoniker Papst und Kardinäle gegen die Stadtverwaltung aufzubringen suchten, stand der Bischof Giovanni de' Mangiadori ganz auf seiten der Bürgerschaft; er erteilte statutarischen Bestimmungen, die fürs Jahr 1257 in Kraft gesetzt wurden, seine Zustimmung und Billigung, wonach Geistliche fortan in Rechtsstreitigkeiten und im Strafverfahren von den Gerichten nicht anders als Laien behandelt werden sollten. Selbst der Bischof von Volterra, der florentiner Bürgern hoch verschuldet war, wurde vor die Gerichte der Arnostadt gezogen, und den Behörden von Volterra und San Gimignano wurde aufgegeben, die gefällten Urteile gegen den geistlichen Oberherrn dieser Städte zu vollstrecken. Erschienen im Strafverfahren vorgeladene Kleriker nicht, so wurde gegen sie wie gegen jeden andern der Bann verhängt; wie gegen Laien wurde die Folter auch gegen Priester angewandt, um Geständnisse zu erpressen, und das geistliche Kleid schützte in diesen Zeiten der Demokratie keinen Verurteilten gegen den Kerker, gegen Verstümmelung an den Gliedmaßen oder den Tod am Galgen.[1])

Bestimmungen der Stadtbehörden betreffs der Hospitäler.

Die Hospitäler hatten seit alter Zeit einen Gegenstand bürgerlicher Fürsorge gebildet. Nicht nur war die geistliche Verwaltung gewöhnlich eine laxe, sondern häufig wurden Gebäude und Besitzungen auf Grund familiärer Begünstigungen ihren Zwecken völlig entfremdet und für private Interessen verwandt; dem Volke aber mußte daran liegen, daß ihre reichen Mittel wirklich der Kranken- und Armenpflege zugute kämen. Ende 1255 wurde eine Kommission zur Feststellung der Rechte aller Hospitäler in Stadt und Grafschaft erwählt, und diese erhielt 1256 die Vollmacht, sämmtliche Immobilien, die jenen Stätten der Barmherzigkeit entrissen waren, den Usurpatoren wieder abzunehmen, die zerstörten oder zu andern Zwecken benutzten Armen- und Krankenhäuser herzustellen, sie ihrer ursprünglichen Bestimmung zurückzugeben und diesen Stiftungen in allen Stücken wieder zu ihren Rechten zu verhelfen.

In solchen Maßnahmen gewahrt man die Regsamkeit des seiner Ziele bewußten Bürgertums, und es entströmt ihnen ein Hauch modernen Lebens; dennoch konnten sie nicht in ihrem vollen Umfange gegen die kirchliche Gewalt aufrecht erhalten werden; Innocenz IV., vom Propst des Kapitels dazu aufgestachelt, hatte in seinen letzten Lebenszeiten versucht, der Arte di Calimala die Administration und die Bauleitung des Battistero zu entwinden; dies war freilich nicht geglückt, und ebenso mißlang der Versuch seines Nachfolgers, San Miniato, das die Bürgerschaft als eins der schönsten Bauwerke ihrer Stadt liebte, den Benediktinern und zugleich der weltlichen Verwaltung

Kardinal Ottaviano degli Ubaldini und die Bürgerschaft. — Konflikt wegen San Miniato.

[1]) Forsch. usw. IV, S. 130 f. „Die über Florenz 1256 und 1258 verhängten Interdikte".

der genannten Zunft zu entziehen, um dort die Franziskanerinnen von Monticelli anzusiedeln. Diesen Klosterfrauen im Gewande der Santa Chiaria schien ihre bisherige Stätte heiligen Lebens zu entlegen von der Stadt, die übrigens in einer halben Stunde gemächlichen Gehens bequem zu erreichen war; sie fanden, daß ihnen wegen der Entfernung die Almosen spärlich zuflössen und beklagten überdies, daß ihr Konvent auf schlechtem Grunde erbaut sei, so daß die Mauern vom Einsturz bedroht wären. Solchen, die wirklich in der Empfindungswelt der Freundin des Franziskus gelebt hätten, wäre die Einsamkeit eine willkommene Gefährtin gewesen, aber sie mochte so vornehmen Damen lästig sein, wie es die Nonnen aus dem Ghibellinenhause der Ubaldini waren, und diese Verwandten des Kardinals Ottaviano scheinen damals in Monticelli die erste Rolle gespielt zu haben. Er, der den Klarissen später auf seine eigenen Kosten ein neues Kloster erbaute, war es gewiß, der Alexander veranlaßte, den Nonnen San Miniato zu überweisen. Die Mönche der alten Abtei setzten diesem Plan jedoch den entschiedensten Widerstand entgegen, und der Bischof, dem von der Erbauung des Klosters her, seit fast einem Vierteljahrtausend das Hoheitsrecht zustand, wird sie nach Kräften unterstützt haben; die Bürgerschaft weigerte sich, die Ausführung des päpstlichen Befehls zuzulassen, und so behauptete San Miniato gegen den Stellvertreter Gottes und den begünstigten Kardinal seine Selbständigkeit.

Konflikt wegen Sant' Ellero.

Ottaviano degli Ubaldini war aber zugleich Kardinal-Protektor der Kongregationen von Camaldoli und Vallombrosa. Als Schützer der Brüder des San Giovanni Gualberti erlangte er vom Papst, daß dieser ihnen das am Arno unterhalb ihres Stammklosters gelegene Kloster Sant' Ellero überwies. Dessen Nonnen waren ehedem im Besitz des ganzen waldreichen Gebirges gewesen, und ihre Äbtissin hatte vor 200 Jahren dem Ordensstifter die damals entlegene Stätte geschenkt, an der er sein Vallombrosa erschaffen hatte.[1] Das Leben der Benediktinerinnen, das schon vordem allem Anschein nach viel zu wünschen übrig gelassen hatte, scheint jetzt ein höchst anstößiges gewesen zu sein. Der Papst nannte sie „im Weltlichen und Geistlichen derart herabgekommen, daß für sie keine Besserung mehr zu hoffen sei". Trotz des Vermögensverfalls hätte aber das bedeutende Stiftsgut einen wertvollen Besitz in den Händen Vallombrosas gebildet; an dessen Spitze stand der vom Papst begünstigte, dem Kardinal Ottaviano befreundete Abt Tesoro aus dem edlen paveser Geschlechte der Beccaria, der sich in geistlicher Demut in Urkunden „Thesaurus, Sünder und Mönch, der vallombrosaner Kongregation demütiger Knecht"[2] nannte, im übrigen aber die Interessen seiner Mönchsgemeinschaft weltgewandt und kräftig wahrnahm. Die Nachricht von der Überlassung des auf einem Hügel am Arno fest und verteidigungsfähig gelegenen, durchaus burgartig befestigten Sant' Ellero an Vallombrosa entfachte bei der florentiner Bürgerschaft den wildesten

[1] S. Band I. 180.

[2] So in der Urkunde betreffs Reformation des seinem Orden gehörigen Klosters Fonte Taona im Pistoiesischen vom 29. April 1255. SAF. — Vallombrosa.

Grimm. Man traute dem verschlagenen Kardinal nicht — niemand traute ihm, und niemand hätte Ursache dazu gehabt — und sah hinter dem Vorgehen, zu dem er den Papst bestimmt hatte, die Absicht, Sant' Ellero, das den Weg über den Consumapaß ins Casentino, in die Gebiete der Guidi beherrschte, in die Gewalt der Ubaldini und ihrer Freunde zu bringen.

Ottaviano und die Ghibellinen.

Ottaviano hatte gegen Manfred ohne Erfolg und ohne Nachdruck gekämpft; vielfach wurde er des Verrates bezichtigt, doch in Wahrheit trifft dieser Vorwurf weniger den Legaten als den Markgrafen Berthold von Hohenburg, der sich mit ihm in die Kommandogewalt teilte und durch dessen Abfall das Schlüsselheer seine numerische Überlegenheit einbüßte; überdies herrschten in dessen Reihen Krankheit und Hunger, da die Zufuhren mangelhaft organisiert waren.[1] So hatte sich der Kardinal veranlaßt gesehen, mit Manfred einen Vertrag zu schließen, wonach dieser das Erbreich seines Vaters als Reichsverweser im Namen seines kleinen Neffen Konradin regieren sollte.[2] Alexander hat das Abkommen nicht bestätigt, aber trotz der Mißbilligung, die hierin zum Ausdruck kam, blieb der Einfluß des Ubaldini auf den Papst, den er erhoben hatte, unerschüttert. In den Verhandlungen mag die in allen Listen erfahrene, doch vom Zauber der Liebenswürdigkeit verklärte Persönlichkeit des ihm verschwägerten Kaisersohnes auf den florentiner Kirchenfürsten einen bezwingenden Reiz geübt haben; wir finden ihn bald nach dieser Zeit in engem Einvernehmen mit Manfreds Parteigängern, mit den toskanischen Ghibellinen, die nach den Erfolgen des Fürsten von Tarent auf ihn ihre Blicke zu richten begannen.

Das Mißtrauen des Volkes gegen Ottaviano spitzte den Konflikt wegen Sant' Ellero aufs äußerste zu. Der Papst entsandte einen Domherrn von Sankt Peter in Rom, den Magister Petrus Henrici, um die Nonnen von Sant' Ellero zu vertreiben, die unter ihrer Äbtissin Dionisia den gewaltsamen Enteignungsversuchen einen verzweifelten Widerstand entgegensetzten. An die Bürgerschaft erging Alexanders Weisung, sie solle seinem Beauftragten gegen die Klosterfrauen und deren Verteidiger Hilfe leisten; statt ihr zu folgen, unterstützten die Behörden vielmehr die Nonnen, ließen den Kämmerer Vallombrosas nebst einem Mönch und etlichen Familiaren des Ordens wegen ihres Vorgehens gegen die geistlichen Frauen zu Geldstrafen verurteilen und erklärten: es sei nicht des Papstes, sondern ihre Sache, zu entscheiden, ob jene Vereinigung stattfinden solle oder nicht. Alexander, der schon früher mit Exkommunikation und Interdikt gedroht hatte, erneute seine Mahnung und fügte hinzu, wenn die Florentiner nicht gehorchten, würde er in aller Welt die Beschlagnahme ihrer Waren anordnen. In der Tat wurden jene Kirchenstrafen Anfang 1256 verhängt, aber es gelang bald wieder, ihre Aufhebung durchzusetzen. Wie es scheint, stellten die Florentiner bei ihren Verhandlungen klüglich das Schicksal der Nonnen in den Vordergrund und schwiegen von ihren

[1] Döberl, Berthold v. Vohburg-Hohenburg, D. Ztschr. für Gesch.-Wissensch. XII. 261 ff. — Karst, 121.

[2] August 1255. Reg. Imp. 4652e. — Karst, 125.

politischen Interessen; der Papst ordnete jetzt an, die Klosterfrauen könnten bis zu ihrem Lebensende nach San Pancrazio in Florenz übersiedeln, oder auch unter der Leitung der Vallombrosaner und unter Verzicht auf die bisherige Unabhängigkeit in Sant' Ellero verbleiben. In Wahrheit war den Florentinern an dem Wohlergehen der Schwestern recht wenig gelegen, und trotz der veränderten Bedingungen blieben sie bei ihrem Widerstande, worauf die Exkommunikation gegen Behörden und Rat wie das gegen die Stadt verkündete Interdikt im Mai 1256 von neuem in volle Kraft gesetzt wurden. Als der Archipresbyter von Gargognano im Bolognesischen indes einen Boten zur Veröffentlichung dieser Sentenzen nach Florenz schickte, legte man diesen in Fesseln, und das gleiche Schicksal teilten etliche Mönche und Priester, die, den päpstlichen Befehlen gehorsam, das Interdikt beobachten wollten. Der Bischof, selbst der Propst des Kapitels Pagano, aus dem edlen Hause der Adimari, trotz der Konflikte, in denen er wegen der Besteuerung des Kapitels mit der Volksgemeinde stand, und gleich ihm alle hauptsächlichen Geistlichen weigerten sich, die apostolischen Gebote zu beachten; die Kirchen blieben geöffnet, die Messe wurde gelesen, die Glocken läuteten dem Papst zum Trotz. Diesem muß an der Versöhnung mit Florenz mehr gelegen gewesen sein als den Florentinern an der Absolution; sie nahmen fürs Jahr 1257 weitere Anordnungen gegen die Vorrechte der Geistlichkeit in ihr Statut auf, die vorzugsweise gegen Vallombrosa gerichtet waren, der Papst aber sandte im Januar 1257 einen der Diplomaten seiner Kurie nach der gebannten Stadt, um die Volksgemeinde zu bestimmen, Gesandte wegen der Lossprechung an ihn nach Viterbo abzuordnen. Der päpstliche Unterhändler war eine den Florentinern von alter Zeit wohl bekannte Persönlichkeit, jener Godefredo de' Prefetti, der sie vor einem Vierteljahrhundert als Beauftragter Gregors IX. zum Frieden mit Siena zu bestimmen versucht hatte und der jetzt den Titel eines Bischofs von Bethlehem trug. Man konnte sich der Aufforderung nicht entziehen, doch schickte die Kommune in ihrem starken Selbstbewußtsein eine weniger feierliche Gesandtschaft an den apostolischen Stuhl, als der Papst sie erwartet hatte; immerhin einigten sich diese fünf Bürger mit dem Oberhaupt der Kirche dahin, daß der Bischof von Bethlehem nach Florenz zurückkehren und das Interdikt aufheben solle, wogegen die gegen die Geistlichkeit gerichteten Bestimmungen der Stadtverfassung von den betreffenden Pergamentblättern der Statutenbücher abgeschabt und dadurch sinnfällig für aufgehoben erklärt werden sollten; die Hospitäler sollten unter kirchliche Jurisdiktion zurückkehren, von der Übergabe Sant' Elleros an Vallombrosa war aber nicht weiter die Rede; in diesem Punkt hatte die Bürgerschaft ihren Willen gegen den Papst und seinen Günstling im Kardinalskollegium durchgesetzt. Am 17. September 1257 erfolgten in der ehrwürdigen Santa Reparata vor versammeltem Generalrat die Versprechungen an den Bischof von Bethlehem, und am folgenden Sonntag wird die feierliche Aufhebung des Interdiktes verkündet sein, das ohne Unterbrechung sechzehn und mit kurzer Zwischenzeit etwa zwanzig Monate auf Florenz geruht hatte. Es sollte nur ein Jahr dauern, bis es aus gewichtigerem Grunde erneuert wurde, und als dies geschehen war,

Florenz unter Interdikt.

Aufhebung des Interdiktes 23. September 1257.

kehrte die Kommune sofort wieder zu ihren früheren Maßnahmen gegen die bevorrechtigte Stellung der Geistlichkeit zurück.[1])

Florenz sah während der Zeit des ersten Konfliktes mit dem Papst dessen großen Gegner Brancaleone degli Andalò aus Bologna, den Senator Roms, in seinen Mauern. Er war beim Ablaufe seines dreijährigen Amtes durch die Partei des römischen Adels und des Klerus gefangen genommen, aber, da er sich zuvor von den Römern hatte Geiseln stellen lassen, die in seiner Vaterstadt bewacht wurden, war er endlich freigelassen worden; man hatte ihn gezwungen, seinen Ansprüchen gegen die Kommune Rom zu entsagen, aber er erklärte, solchen Verzicht leiste er nur, weil Gewalt gegen ihn geübt werde. Als er auf der Heimreise am Arno eintraf, bewogen die Römer die florentinischen Behörden, ihn solange festzuhalten, bis er seinen Verzicht bekräftigt habe, und sie entsandten einen Syndikus, um von Brancaleone darüber einen Eid zu empfangen; die Florentiner werden für ihn wegen des Spruches, den er gegen sie zugunsten Pisas gefällt hatte,[2]) nicht eben freundschaftliche Gesinnungen gehegt haben. Am 25. September 1256 war das Battistero, wo die Anzianen ihren Rat zu versammeln pflegten, Schauplatz eines seltsamen Vorganges von durchaus mittelalterlichem Gepräge; vor dem Podestà und dem Volkskapitan erklärte der dem Staufergeschlecht ergebene Senator Urbis: er erneuere den Schwur, den er als Gefangener geleistet habe, aber er tue es nur, weil man ihn sonst nicht aus Florenz in die Heimat entlassen würde.[3]) Das römische Volk hat den unerschrockenen Mann im folgenden Jahre trotz der vorangegangenen Konflikte wieder zur Führung der Stadtherrschaft an der Tiber berufen.

Brancaleone degli Andalò, vormals Senator von Rom, in Florenz.

In Florenz war die kurze Zeit bürgerlichen Friedens, der die Stadt so glänzende Erfolge zu danken hatte, dahin. Wir wissen nicht, ob Unruhen, die in den ersten Monaten des Jahres 1257 gegen den Podestà ausbrachen und diesen zur Niederlegung seines Amtes zwangen, mit der Anwesenheit des päpstlichen Abgesandten und der Aussöhnung mit der Kirche zusammenhingen. Luco de' Grimaldi aus Genua, dessen Name fortlebt, weil er einer der italienischen Minnesänger der Frühzeit war, hatte an der Feststellung der gegen die Geistlichkeit besonders verschärften Bestimmungen des Statutes für 1257 hervorragenden Anteil gehabt, und so ist es wahrscheinlich, daß der Bischof von Bethlehem die aus andern Gründen gegen ihn entstandene Erregung nach Tunlichkeit geschürt haben wird. Es war das Volk, das sich unter Führung seines Kapitans Pactuccio de' Concesi aus Brescia wider den Grimaldi erhob und ihn zum — angeblich freiwilligen — Abzug nach seiner Vaterstadt zwang. In Florenz

Vertreibung des Podestà.

[1]) Über alle hier beregten Verhältnisse s. Forsch. usw. IV, S. 123–132. „Die über Florenz 1256 und 1258 verhängten Interdikte". Über die Wiederaufnahme der Besteuerung der Kirchen dort S. 126.

[2]) S. S. 428.

[3]) Lazzari, Intorno la prigionia di Brancaleone; p. 30. — Gregorovius, Geschichte der Stadt Rom V. 302.

scheint man von den damals schwebenden Verhandlungen der Genuesen mit Manfred Kunde gehabt zu haben, und diese, die allerdings erst im Juni zum Abschluß eines Freundschaftsvertrages zwischen dem Fürsten und der Seestadt führten, bildeten wohl den Grund der Vertreibung. Eine der Bedingungen jenes Abkommens bestand darin, daß Genua Manfred den Thron Kaiser Friedrichs ausliefere, der vordem bei florentiner Geldleuten verpfändet war, jetzt aber aus gleichem Grunde sich im Gewahrsam eben des Dichters und florentiner Podestà befand. Der Vertrag Genuas richtete sich insofern auch gegen die Arnostadt, als der Beherrscher Neapels von allen Sicherheiten und Vorteilen, die er den Genuesen in seinen Gebieten gewährte, neben den Pisanern ausdrücklich auch die „Tuszier" ausnahm, und diese Klausel betraf die Florentiner, denen Genua vor sechs Jahren jeden Schutz und Handelsvorteil in der Ferne versprochen hatte, dessen sich seine eigenen Bürger erfreuten, sofern sie ihre Waren in seinem Hafen verschifften und in der Fremde als Schutzbefohlene der Genuesen auftraten.[1])

Siena und Manfred.

Wie sich die bisherigen Alliierten vom ligurischen Ufer dem siegreichen Fürsten von Tarent zuwandten, so begann auch Siena, das sich widerwillig der florentiner Hegemonie gebeugt hatte, seine Hoffnungen auf ihn zu richten. Zögernd und versteckt knüpfte es die Verbindung an, denn der Sohn Kaiser Friedrichs war fern und hatte seine Macht in Toskana noch in keiner Art bewährt, Florenz aber war nahe, und man hatte oft genug die Tatze des Löwen verspürt. Die herrschende Teuerung und Hungersnot bot den Sienesen Gelegenheit, sich Manfred zu nähern; der Sommer 1257 brachte Toskana eine Mißernte; noch Schlimmeres sollte folgen; vom September 1258 an strömte vier Monate hindurch der Regen nieder, die Felder verwüstend, und bis zum Jahre 1260 folgte ein Notjahr dem andern.[2]) Die Kommune schickte

---

[1]) Über den Vertrag (Liber Juris I. 1293) Reg. Imp. 4664. Über die Vereinbarungen der Florentiner mit Genua s. S. 403 f.; betreffs des verpfändeten Kaiserthrones S. 419. — Über die „injuriae" und „excessus", die Luco (so, nicht Luca ist sein Name) de' Grimaldi und seine „familia" in Florenz durch das Volk und den Capitano del Popolo zu erdulden hatte, sowie seinen Fortgang von Florenz unterrichtet uns die Urkunde Genua, 3. Juli 1257 (SAF. — Capit. XXVI, 204²: XXIX f. 147²), die sich auf die ihm an diesem Tage von einem Gesandten von Florenz gezahlte finanzielle Entschädigung bezieht. (Vgl. auch Miscell. Fiorentina I. 94). — Über Luco Grimaldi als Dichter s. Zenatti, Arrigo Testa p. 16.

[2]) Über die Regengüsse von 1258 Croniche Sanesi, im 15. Jahrhundert geschrieben, Bibl. Communale in Siena A. III. 26. — Über die Getreidebeschaffungen wegen der Hungersnot durch Volterra (1259, 29. Juli. — SAF. Volterra); durch Siena (SAS. — Bicch. 26. f. 30, 31². 1257, August. — Bicch. 30. f. 12². 1259 Juli. — Bicch. 31, f. 35², 1260, Januar. — Consigli Gener. 9. f. 22. 1259, 21. November). In allen auf Siena bezüglichen Fällen handelte es sich um umfangreiche Getreideankäufe durch die Stadt in Apulien und Sizilien. Die auf Florenz bezügliche Urkunde vom 22. April 1258, SAF. — Capitoli XXIX. f. 171² betrifft Getreideeinkauf der Kommune in der Romagna.

einen Gesandten an den Fürsten von Tarent, von ihm die Erlaubnis zum Einkauf von Getreide und zu dessen Ausfuhr aus seinen Gebieten erbittend, und dieses Ersuchen wurde willig gewährt.[1]) Überall erwachten in Toskana wieder die Hoffnungen der Staufer-Anhänger; sie nährten sich nicht allein von den realen Erfolgen Manfreds, sondern zugleich von jenen phantastischen Träumereien, von joachitischen oder sibillinischen Prophezeiungen, wonach Kaiser Friedrich nicht gestorben, sondern nur entrückt sein sollte.

Vergewaltigung Pistoias.

Aus vielen Umständen mußte den Florentinern klar werden, daß ihnen die Notwendigkeit erneuter Auseinandersetzung mit der staufischen Macht nahe rücke und in dieser Erkenntnis beschlossen sie, die künftigen Gegner ihrer möglichen Stützpunkte zu berauben. In Pistoia, dem man trotz der Verträge keineswegs traute, brachen im Sommer 1257 innere Unruhen aus; die Florentiner unternahmen daraufhin im Juni einen Heereszug gegen die Nachbarstadt, sie demolierten das zwischen Prato und Pistoia 8 km von jeder der beiden Städte schön und an herrschender Stelle gelegene Kastell Montale, sowie eine andere Burg namens Belvedere,[2]) und nachdem sie auf solche Art Schrecken verbreitet, scheint es ihnen nicht schwer gefallen zu sein, dem Bürgerzwist in der Stadt ein Ende zu bereiten. Darauf beschied man eine große Zahl von Edlen und Einflußreichen Pistoias an den Arno, unter dem Vorgeben, man wolle im Einverständnis mit ihnen die künftige Verwaltung des Gemeinwesens regeln; als sie erschienen waren, wurden sie durch Drohungen und Gewaltmittel zu dem feierlichen Eide gezwungen, dafür zu sorgen, daß Pistoia fortan Florenz vollständig unterworfen sein solle, und man wird sie zum Teil als Geiseln für die Beobachtung des Schwures zurückbehalten haben. Außerdem wurde über Pistoia, wie zuvor über San Gimignano, die Zerstörung der Mauern verhängt, wodurch die ihrer Schutzwehr beraubte Stadt zur Machtlosigkeit verurteilt war. Ungefähr dasselbe Verfahren hatte man vor 130 Jahren in der unmittelbaren Nähe gegen Fiesole angewandt und jetzt übertrug man es auf entferntere toskanische Städte. Der Podestà Pistoias mußte fortan ein Florentiner sein und er durfte das Amt nur nach vorheriger Bestätigung durch die Behörden der herrschenden Kommune antreten; während die Mauern dem Erdboden gleich gemacht wurden, erbauten die Florentiner an der Stelle, wo die von ihrer Stadt kommende Landstraße in Pistoia einmündet, eine starke Festung, in die man, als in eine Zwingburg, starke Besatzung legte; solange die Demokratie ihre Herrschaft behauptete, hielt sie auf solche Art Pistoia unter ihrer eisernen Faust.[3])

Vergewaltigung Poggibonsis.

Wir wissen nicht, wodurch Poggibonsi von neuem den Verdacht oder den Unwillen des regierenden Volkes erregte; vielleicht hatte es nur zu büßen, daß Siena Botschaft an den Fürsten von Tarent geschickt hatte, und daß man in Poggibonsi nach wie vor Sympathien für die Sienesen und für die Sache der Staufer hegte. Auch über diesen Ort wurde, nachdem schon zu-

[1]) SAS. — Bicch. 26, f. 30. — [2]) Sercambi I, p. 35.

[3]) Forsch. usw. IV, S. 116 „Die erste Unterwerfung von Pistoia usw."

vor einige seiner Türme und festen Gebäude demoliert waren, Vernichtung der Mauern verhängt; überdies ergingen neue Zerstörungen über die Stadt, und ihre Umgebung wurde wüst gelegt. Vergebens hatte die Bürgerschaft in äußerster Not beschlossen, die tiefste Demütigung auf sich zu nehmen, um ihre Heimat vor dem drohenden Unheil zu erretten; die Einwohner waren in Scharen nach Florenz gezogen, Riemen um den Hals geschlungen, in der Haltung zum Tode Verurteilter, um von den Behörden und dem Volk Erbarmen zu erflehen; ihre Bitte blieb unerhört; zu San Gimignano und Pistoia gesellte sich ein drittes Trümmer-Denkmal der tyrannischen Härte des florentiner Popolo. Dem früher blühenden Ort wurde nicht nur jede Selbständigkeit, sondern selbst der Name einer Stadt entzogen; man degradierte ihn zum „Borgo" oder Flecken, der durch vom Arno entsandte Bürger verwaltet wurde; sie führten den Titel von „Kapitanen" und nahmen ihren Sitz in einem außerhalb der ehemaligen Mauern errichteten Amtshause. Verzweifelte Kämpfe der folgenden Zeit, in denen die Bewohner wieder und wieder Habe und Leben einsetzten, um nicht erneut dem Joch von Florenz zu verfallen, erscheinen erst verständlich, wenn man erwägt, was sie zuvor erduldet hatten.[1])

Zerstörung Cortonas, Februar 1258.

Eine andere, verhältnismäßig entlegene Stadt sollte ein ähnliches Schicksal erfahren. Es ist erwähnt, wie Florenz danach strebte, seinen Einfluß nach Umbrien hin zu erweitern. Im Mai 1256 wurde über ein Bündnis mit Perugia verhandelt, das wohl bald darauf zum Abschluß kam,[2]) und dem alsbald eine Allianz der umbrischen Hauptstadt mit dem den Florentinern eng befreundeten Orvieto folgte;[3]) kurz zuvor hatte die Arnostadt es verstanden, die Friedensstiftung zwischen den Orvietanern und der Kommune Todi in ihre Hände zu spielen;[4]) überallhin wandten sich ihr unruhiger Ehrgeiz und ihre Unternehmungslust. Auf einer schönen Höhe über dem Lago Trasimeno ragt die alte Etruskerstadt Cortona an der Grenze Toskanas und Umbriens empor; die Herrschaft über sie beanspruchten die Bischöfe von Arezzo auf Grund einer Verleihung, die Kaiser Lothar einst den Nachfolgern des San Donato für das Seelenheil Ludwigs des Frommen erteilt hatte; die Bürgerschaft des wehrhaft gelegenen Ortes aber mochte sich dem Inhalt des vergilbten Pergaments nicht fügen und befand sich in fortdauernder Auflehnung gegen die geistlichen Oberherren. Diese alten Händel berührten Florenz nicht im mindesten, aber auch hier verfolgte die Volksgemeinde die Absicht, einen möglichen Stützpunkt künftiger ghibellinischer Schilderhebungen zu vernichten; solchen geheimen Zweck verbarg sie freilich sorgsam hinter der Maske einer Unterstützung des Bischofs und der Stadt Arezzo. Bischof Guglielmino war für jetzt ihr Ver-

[1]) Forsch. usw. IV, S. 117 f. „Die erste Unterwerfung von Pistoia usw."

[2]) SAS. — Cons. Gener. 6, f. 28, 1256, 18. Mai.

[3]) 1256, 5. Aug. Reg. Imp. 14008.

[4]) 1256, 31. Mai; Fumi 208. Später 1257, 30. Mai kompromittierten die beiden Städte aber auf Perugia, das ihre Streitigkeiten entscheiden sollte. Ebend. 212.

bündeter, zugleich durch Familienbeziehungen der Partei der Ghibellinen enge verknüpft, die Florenz kürzlich unter dem Schutz seiner Waffen nach Arezzo zurückgeführt hatte. Um so erwünschter mochte es scheinen, für künftige Möglichkeiten dem jetzigen Bundesgenossen unter dem Vorwande, daß es zu seiner Ehre und zu seinem Vorteil geschehe, einen festen Platz zu entziehen; geriet dieser in die Hände Arezzos, so verfügte, wie die Dinge lagen, die Arnostadt über ihn, denn dort war eine Volksherrschaft nach ihrem Muster aufgerichtet worden. An der Spitze der aretiner Kommune stand als Podestà der florentiner Ritter Stoldo Berlinghieri Giacoppi de' Rossi, der nachmals ein eifervoller Guelfenführer und päpstlicher Parteigänger wurde, an der des Popolo Jacopo Rusticucci, den Dante als würdigen Bürger seiner Vaterstadt preist, obwohl er auch ihn in den Höllenkreis bannen mußte, in dem die Sünder wider die Natur ihre Strafe dulden. Veranlaßt durch die Florentiner, und wahrscheinlich mit ihrer Unterstützung, zogen die Aretiner im Januar 1258 gegen Cortona mit der Erklärung, man wolle dieses dem Bischof erobern, dem die Stadt sich „halsstarrig und rebellisch" widersetze. Die Bürger Cortonas verteidigten sich mit dem Mute der Verzweiflung, doch nachdem viele niedergemacht waren, gelang es den Bedrängern in der Nacht zum 1. Februar, auf Leitern die Mauern zu erklimmen und die Stadt in Brand zu setzen. Ihre Schwerter verschonten weder Weiber, noch Greise, noch Kinder; und auf den Trümmern des vorher blühenden Ortes stattete der Bischof den Aretinern wenige Tage später seinen Dank für ihre wirksame Hilfe ab, dem er durch eine bare Entschädigung Ausdruck geben wollte; seine starken Geldverlegenheiten aber hatten ihn, wie erwähnt, längst in die Hände der Florentiner gebracht, und diese hatten sich auch zu Bürgen seiner älteren Schuldverpflichtungen gegen die Kommune Arezzo gemacht. Die Geldentschädigung, die er zu zahlen durchaus nicht in der Lage war, bildete nur einen Vorwand zur Abtretung der über Cortona gelegenen Burg, sowie anderer zur Anlage von Befestigungen geeigneter Orte an die Aretiner. Cortona selbst war vernichtet, und der Bischof hatte somit außer der Befriedigung seiner Rache von dem vergossenen Blut und dem angestifteten Elend keinerlei Vorteil; Florenz jedoch schloß bald darauf mit Arezzo einen Bund „auf ewige Zeiten", und die Stadt am Arno erweiterte auf solche Art, indem sie diese Kommune unter ihrem Schutz und Einfluß hielt, ihre tatsächliche Machtsphäre bis nach Umbrien. Massa Trabaria und Città di Castello unterbreiteten denn auch ihren Nachbarhader im Juni 1258 den Oberbeamten und den Anzianen von Florenz zur Entscheidung.[1]) Äußerlich stand das siegreiche Volk auf dem höchsten Gipfel der Macht, obwohl dem schärferen Blick die Zeichen der Gefahren, die von außen, und der schlimmeren, die von innen drohten, nicht verborgen bleiben konnten.

Zusammensetzung des Anzianen-Kollegs.

Es mag nicht wenig zum Zerfall der Einigkeit, auf der die Stärke der Volksgemeinde beruhte, beigetragen haben, daß die eigentlich populären Ele-

[1]) Vgl. betr. des hier Dargestellten Forsch. usw. IV. S. 133 f. „Die Einnahme und Zerstörung von Cortona am 1. Februar 1258".

mente in der Anzianenregierung allmählich durch Bankiers und Juristen an Macht und Einfluß überboten wurden. Mochten diese an Zahl, wie es sich von selbst versteht, die Minderheit bilden, die reichen und die gelehrten Herren hatten es leicht, durch freundliches Bezeigen und durch das Gewicht der Persönlichkeit ihren Willen zu dem der Mehrheit zu machen. Die glänzenden Finanzgeschäfte dieser Zeit müssen den Geldleuten zu überwaltendem Einfluß verholfen haben. Daß eine Nachbarmacht hoffen konnte, durch ihre Bestechungsagenten den schwebenden Friedensverhandlungen eine erwünschte Wendung zu geben, beweist, wie schlimme Dinge zu den Alltäglichkeiten gehörten. Wir kennen die Anzianenlisten des Dezenniums von 1250 bis 1260 nur unvollständig, aber wir finden, daß, wenn auch der Kaufmannsstand allem Anschein nach von Beginn an unter den Anzianen vertreten war, seit die Volksgemeinde ihre Triumphe über die Gegner errang, die Großkapitalisten und neben ihnen die Juristen sich in steigendem Maße zu der Würde jenes Amtes drängten. Im Jahre 1251 waren ein Arlotti, Mitglied eines Tuchhändler-Geschlechtes, das florentiner Ware nach der Mark Ancona exportierte, und ein Manieri, dessen Familie von Marseille aus Seehandel über Pisa nach Florenz betrieb, unter den Volksregenten; im folgenden Jahre saß in diesem Kollegium Lamberto Frescobaldi von Oltrarno, dessen Tuchhandel und Bankgeschäft von dieser Zeit an zu großer und später zu internationaler Bedeutung emporstieg; im Februar 1254 zählten zu den Anzianen ein Richter, ein Notar, ein Mitglied der Bankierfamilie Bellindoti, deren Angehöriger Ranieri als einer der Chefs der Sozietät Figli Falconieri im englischen Bankgeschäft und bei der Geldbeschaffung für die päpstlichen Feldzüge in Apulien eine hervorragende Rolle spielte; sein Genosse in der leitenden Behörde war Spigliato Cambi aus dem Hause der Mozzi, von dessen Geschäften ausreichend die Rede war. Im August desselben Jahres gehörte ein Falconieri zu der regierenden Behörde; wir wissen nicht, ob er an den englischen Transaktionen seiner Verwandten beteiligt war, aber sein Bruder Chiarissimo, mit dem er einen umfangreichen Tuchhandel für gemeinsame Rechnung betrieb, klagte sich ein Dezennium später der Betrügereien an, die er in diesem Handelszweige sechzig Jahre hindurch geübt habe, und kaufte sich durch fromme Spenden für den Bau der Santissima Annunziata von Gewissensskrupeln und Jenseitsstrafen los; neben jenem war Rosso Fornario im Amt, dessen Sohn Darlehnsgeschäfte machte und darin gewiß den väterlichen Spuren folgte. Am Ende desselben Jahres finden wir ein Mitglied der Bankier-Familie Cambi, wohl einen Verwandten des Spigliato, und gleich ihm zum Geschlecht der Mozzi gehörig, unter den Anzianen, ferner den Rota Ammanati, der später (und vielleicht schon jetzt) als eines der Häupter der großen Bankfirma Pulci und Rimbertini eine außerordentlich bedeutende Stellung einnahm. Im Jahre 1255 waren von den zehn Anzianen, deren Namen wir kennen, zwei Richter, einer Notar, einer Apotheker, wobei daran zu erinnern ist, daß die „Speziali“ damals bereits den Einfuhrhandel mit Spezereien und anderen Waren, wie z. B. Zucker, im Großen betrieben, ferner ein Frescobaldi, dann jener Amieri Cose, dessen zweifelhafte von der Kurie aus betriebene englische Finanzoperationen zugunsten der päpstlichen Kammer uns bekannt sind und der selbst in dem Inselreich geschäftlich tätig gewesen war,[1]) endlich Bernardus Rusticci, der zu den Sozien einer Firma gehörte, an der auch ein Bardi beteiligt war, und die vielleicht bereits den Namen dieses bald zu hohem Ansehen emporsteigenden Bankiergeschlechtes führte. Im Jahre 1260 endlich bemerken wir unter den Anzianen einen Calcagni, einen Verwandten jenes eifervollen Ketzerrichters von Santa Maria Novella und nunmehrigen Bischofs von Castro, zugleich aber Mitglied eines der bekanntesten Geschlechter von florentiner Geldleuten oder Wucherern.[2])

Daß die Plutokratie andere Ziele und Wünsche verfolgte, als das demokratische Element, versteht sich von selbst, und ebenso, daß die Vertreter der kapitalistischen Interessen den braven Handwerksleuten, mit denen sie tagten und stimmten, an Weite des Gesichtskreises, an Geschicklichkeit in der Verfolgung ihrer Ziele, an Machtmitteln und Einfluß überlegen waren. Für sie war die Anlehnung an die Kurie zu jeder Zeit wünschenswert, und ihr Guelfentum beruhte auf Geschäftsinteresse; je mehr Geld zu Kämpfen gegen den staufischen Prätendenten gebraucht wurde, um so mehr blieb an ihren Fingern haften. Die aufrichtigen Vertreter des eigentlichen Volkstums dagegen wünschten vor allem die volle Unabhängigkeit ihres Gemeinwesens, und sie verfochten diese mit Eifer auch gegen den Papst und den von ihm begünstigten Kardinal; anderseits mag es den klugen Geschäftsleuten oft genug gelungen sein, die demagogischen Elemente an sich zu ziehen, die durch lautes Gebaren und tönende Worte die Besonnenen und Zurückhaltenden aus der öffentlichen Gunst verdrängten und die unteren Schichten für ihre Ziele gewannen. Aus solchen innern Kontrasten lassen sich am besten die Schwankungen in der Haltung gegen die Kurie und auch jene wilden Ausbrüche der Volksleidenschaft erklären, die die klare Politik der früheren Jahre in ihrem Wirbel verschlangen, denn das demagogische Wesen ließ sich später nicht mehr zurückdämmen. Überdies mochten die Mißernten, mochte die fortdauernd herrschende Teuerung dieser Jahre nicht wenig dazu beitragen, die Erregung des Popolo zu vermehren.

Das Volksregiment in Siena.

Siena wurde reichlich mit süditalienischen Getreidevorräten versorgt, und man wird in Florenz die Beziehungen der Nachbarkommune zum Fürsten von Tarent mit wachsendem Mißtrauen beobachtet haben. Im Spätjahr 1257 hatte sich Provenzano Salvani, der einflußreichste Mann der Stadt, in geheimer Mission zu ihm begeben;[3]) Provenzanos Macht beruhte auf einer kräftigen Popular-

[1]) Bond. Extracts relative to Loans supplied by Italian Merchants to the Kings of England, in „Archaeologia" XXVIII, p. 264.

[2]) Die Belege für das hier Ausgeführte sind Forsch. usw. IV, S. 107 ff. in der Erörterung „Über die Anzianen der Jahre 1250—60" zusammengestellt.

[3]) SAS. — Bicch. 26, f. 69 (Dezember: in diesem Monat war er bereits zurückgekehrt).

bewegung, von der er sich tragen ließ; seine Stellung scheint der des Otto Gualducci entsprochen zu haben, der in Pisa eine Art Volksdiktatur innehatte. Der Popolo von Siena hatte im Oktober die Einsetzung einer Steuerkommission mit demokratischer Mehrheit erreicht; sie bewirkte zum erstenmal eine gerechte Einschätzung der Reichen und Mächtigen, die sich bisher von der Steuerlast zu befreien und diese auf die Schultern der Ärmeren abzuwälzen gewußt hatten. Jetzt wurde den Kommissaren vom Volksrat, der sich vom Generalrat zu selbständiger Existenz losgelöst hatte, ausdrücklich vorgeschrieben: sie sollten „alle, die volle Geldsäcke hätten, mit dem ganzen Vermögen heranziehen und keinen entwischen lassen[1]". Im Dezember schickte man einen Gesandten nach Pisa und bat sich Abschrift des dortigen Volksstatutes zur Nachbildung in Siena aus.[2]) Die Popularbewegung nahm in dieser Zeit in ganz Toskana von neuem einen kräftigen Aufschwung, sowohl in den Städten, in denen das guelfische Interesse vorherrschte, wie in Siena und Pisa; in Lucca fanden in derselben Zeit Stadtkämpfe zwischen dem „magern" Volk und dem „fetten" statt, das es mit den Vornehmen hielt und sich selbst zu diesen zählte; es kam zu einer Einigung,[3]) aber diese kann nur in der Nachgiebigkeit der „Fetten" gegen die „Magern" bestanden haben.

Verteidigungsmaßnahmen Sienas.

Siena begann im Juni 1258 seine Mauern instandzusetzen und die Vorstädte zu befestigen, die sich gegen die weit vorgeschobenen Tore hin ausdehnten;[4]) es bereitete sich offenbar auf große Ereignisse vor, doch es bemühte sich, die Friedensverträge mit Florenz der Form nach zu beobachten. Wieder einmal kämpften die feindlichen Vettern des Aldobrandesca-Geschlechtes gegeneinander. Florenz trat für die Brüder Umberto und den „roten Grafen" Ildebrandino von Pitigliano, die Söhne des verstorbenen Pfalzgrafen Wilhelm ein, und sandte ihnen im Juni eine Heeresabteilung von eigenen Truppen und Mannschaften der abhängigen Städte nach der Maremma zu Hilfe. Siena war ihrem Gegner, dem Conte Ildebrandino von Santa Fiora, durch Verträge verpflichtet, aber es fürchtete offenbar, vor der Zeit in Mißhelligkeiten mit den Florentinern verwickelt zu werden, und bat den Verbündeten, er möge auf Waffenhilfe verzichten und sich mit einer Geldzahlung zufrieden geben;[5]) vielleicht deuteten sie dem Feinde der florentiner Guelfen an, er könne hoffen, von

[1]) SAS. — Cons. gener. 6, f. 122 . . . „quod libram faciant . . ita, quod omnes, qui habent marsupios divites allibrentur in totum, et quod non debeant aliquem sublevare".

[2]) SAS. — Bicch. 26. f. 63^{2}. — Zdekauer, „Il Costituto del Comune di Siena", Introduz. p. LXXVI e LXXIX.

[3]) Ptol. Luc. zu 1257 und 1258.

[4]) SAS. — Biccherna 27, f. 67^{2} und vielfach in den folgenden Bänden. — Andrea Dei, Murat. Ss. XV, col. 28. — Chron. Mscr. Bibl. Comunale di Siena A. 3, 26 ad annum.

[5]) Urkunde, Santa Fiora 1258, 24. Juni. — SAS. — Riform. — Forsch. usw. II (S. Gimign.), 758–60.

seinen Gegnern bald auf andere Art als durch Waffengänge am Monte Amiata befreit zu werden.

Verschwörung des Kardinals Ottaviano Ubaldini zum Umsturz der florentiner Verhältnisse.

In der Tat mußten die florentiner Truppen nach kürzester Zeit aus jenen Gebieten an den Arno zurückberufen werden, und nicht nur die einheimischen, sondern auch die Kontingente der Bundesstädte mußten dorthin rücken, um Florenz gegen Verrat von innen und gegen einen von außen drohenden Handstreich zu schützen. Die Stadt selbst wurde besetzt, und rings umher wurden Heeresabteilungen gelagert;[1]) eine weit verzweigte Verschwörung war entdeckt worden, deren Fäden teils von Siena aus geleitet wurden, teils in den Händen des Kardinals Ottaviano degli Ubaldini zusammenliefen.

Krönung Manfreds, August 1258.

Der Fürst von Tarent hatte durch Italien die Nachricht verbreiten lassen, Konradin sei in Deutschland gestorben, und um sie zu beglaubigen, hatte er feierliche Exequien für den in Jugend heranblühenden Neffen veranstalten lassen; der Trug ließ ihn als legitimen Herrn und Erben des südlichen Königreiches erscheinen.[2]) Die Macht, die Manfred besaß, ermöglichte es ihm in der Tat bald darauf, sich in Palermo die usurpierte Krone Siziliens aufs Haupt zu setzen; doch noch ehe dies geschah, umdrängten ihn Boten aus der Lombardei und Toskana mit der stürmischen Bitte, in die Verhältnisse dieser Landschaften einzugreifen. Er muß seine Neigung zur Erfüllung dieser Wünsche bezüglich Tusziens zu erkennen gegeben haben, denn seine Anhänger aus den verschiedenen Gegenden Italiens vereinigten sich zu dem Plan eines Überfalles von Florenz. Siena hatte im Mai wieder unter dem Vorwand der Getreideversorgung Gesandte an ihn geschickt,[3]) und durch deren Vermittlung mochten florentiner

---

[1]) Die Mannschaft von San Gimignano, aus der Maremma zurück- und nach Florenz berufen, hielt, 14 Ritter und 84 Fußkämpfer stark, die Badia von Fiesole besetzt; l. c. 759.

[2]) Vgl. Fahrenbruch, Zur Geschichte König Manfreds S. 5 ff. — Die Nachricht von den „fictae exequiae" für Konradin im Brief der florentiner Guelfen an diesen. Gebauer 591.

[3]) SAS. — Bicch. 27, f. 59². — Briefe an Manfred f. 57². — Saba Malaspina, Murat. Ss. VIII, col. 797 berichtet von dem Eintreffen von Boten und Briefen der Städte Tusziens (und der Lombardei) vor der Krönung; „felix fortuna Manfredi sola fama calefacerat" jene Städte, die durch den Tod Friedrichs und Konrads hinsiechten. — Aus Toskana kommt, von Parteigruppen einzelner Städte abgesehen, nur Siena in Betracht, denn Pisa hielt sich bis nach jener Zeit, in der Manfred durch die Schlacht von Montaperti die Oberhand gewann, diesem Fürsten fern und stand ihm feindlich gegenüber. Abgesehen von dem Versuch, Alfons von Kastilien zu erheben, wird dies durch den Passus im Vertrage Manfreds mit Genua erwiesen, der gegen die Pisaner gerichtet ist (Reg. Imp. 4664). Ferner konnte Alexander IV. noch am 29. Januar 1261 Pisa auffordern, gegen Manfred zu kämpfen. (Das Schreiben ist Potthast 17165 a und Reg. Imp. 9146 ganz irrig zum 29. Jan. 1258 eingereiht und dann 9255 noch einmal zum richtigen Datum, 29. Januar 1261 wiederholt. Es fehlt die Angabe des Pontifikatsjahres, aber der Inhalt weist es mit Sicherheit der ersten Zeit nach der Schlacht von Montaperti zu.) Pisa erkannte

30*

Ghibellinen ihn für ihre Pläne zu gewinnen suchen. Die großen Geschlechter der Partei, voran die Uberti nebst dem ghibellinischen Teil der Grafen Guidi, mit ihnen die Infangati, Lamberti, Fifanti, Soldanieri, Caponsacchi und viele andere waren es müde, sich der Volksherrschaft zu beugen, die die Besiegten mit tiefem Mißtrauen behandelte und mehr und mehr zu den Guelfen neigte. Die ghibellinischen Großen hatten zunächst die Hoffnung gehegt, die Gewalt mit Hilfe der Kirche oder des Mannes, der an der Kurie die toskanischen Angelegenheiten nach seinem Willen lenkte, auf friedlichem Wege an sich zu bringen; es war ihnen in der Tat gelungen, die Mehrheit für den Plan zu gewinnen, dem Kardinal Ottaviano zugleich als Fürsten der Kirche und als Sohn der Stadt für eine gewisse Zeit deren Regierung zu übertragen, ihm jene Machtvollkommenheit zu verleihen, die man später als Signorie bezeichnete.[1]) Der Verhältnisse müssen schon überaus zerfahren gewesen sein, wenn man die Bürgerschaft mit einem solchen Gedanken zu befreunden vermochte; dies kann nur dadurch gelungen sein, daß den einen der Angehörige des ghibellinischen Geschlechtes, den anderen der Kardinal, der Vertrauensmann des Papstes, als ein wünschenswerter Stadtregent erschien, und daß die Menge von dem Glanz, dem Einfluß und Reichtum des Ubaldini geblendet wurde. Mag nun die Erinnerung an die wegen Sant' Ellero erlittenen Kirchenstrafen wieder lebendig geworden sein, mögen in der letzten Stunde Verständige und Klarblickende die Gefahren wirksam geschildert haben, denen die Volksfreiheit unter dem Kardinal ausgesetzt gewesen wäre, genug, das Vorhaben, alle Regierungsvollmacht an ihn zu übertragen, scheiterte, als es bereits gelungen schien; die Behörden schrieben nachmals dem Papst: Gott selbst sei es gewesen, der die Ausführung dieser Absicht gehindert habe. Der Kardinal aber entwarf einen rachevollen Anschlag, um mit Gewalt zu erringen, was ihm auf friedlichem Wege nicht gewährt war. Er vereinbarte mit den befreundeten Ghibellinengeschlechtern, zumal mit den Uberti, einen Überfall zu nächtiger Stunde; die Verschworenen waren bereit, die Tore zu öffnen, alle die sich widersetzten, oder sonst feindlich schienen, sollten von

---

offenbar, wie auch die unten (S. 487) erörterten Verhandlungen Manfreds mit Florenz ergeben, die Rechte Konradins an. Diese Haltung war für jetzt schon durch Manfreds Bündnis mit Genua für die toskanische Seestadt indiziert, die nachmals die eifervollste Parteigängerin Konradins wurde. — Die Angabe des Saba Malaspina, daß „civitates et loca" Manfred beschickt hätten, läßt sich mithin, da von den toskanischen Kommunen allein Siena in Betracht kommt, nur so verstehen, daß die Aufforderungen an den Fürsten von Tarent von den Ghibellinen der einzelnen Städte ausgingen.

[1]) Die Quelle unserer Kenntnis hiervon ist das anklagende Schreiben gegen den Kardinal, das Podestà, Kapitan und Anzianen an den Papst richteten; Gebauer, Leben Herrn Richard's, erwählten Römischen Kaysers, 561. — Archivio della Società Romana XIV, p. 291. Die Stelle lautet: es sei um so schwerer gewesen, sich gegen ihn zu hüten, weil man ihm vertraute, „et eciam, quia ipsius Domini O. corpora et animas disponendas beneplacito dedissemus, nisi dominus obstitisset".

den Eindringenden niedergemacht werden; Feuersbrünste sollten die Verwirrung vermehren, und man hoffte, der unvorbereiteten Bürgerschaft in einer einzigen Schreckensnacht Herr zu werden. Der Senator von Rom, Brancaleone degli Andalò, hatte die Schmach von vor zwei Jahren nicht vergessen; er zeigte sich bereit, das Unternehmen zu fördern, und sein Vetter Bonifazio Castellani degli Andalò, der als Podestà Siena regierte,[1]) wird ihn nach Möglichkeit in dieser Stimmung bestärkt haben; schon seit dem September des Vorjahres bemerken wir, wie die Sienesen durch Boten und Briefe geheime Verhandlungen mit dem römischen Senator führten.[2]) Auf dessen Veranlassung sollte sein Onkel Loderengo degli Andalò, derselbe, der vor nicht vielen Jahren als Kriegsgefangener in Florenz gelebt hatte, eine Schar von Söldnern oder Abenteurern, die ein Mönch im Auftrage des Ottaviano in der Lombardei geworben hatte, von Norden gegen Florenz führen; als Vorwand ihres Marsches galt, daß sie nach Rom zum Senator zögen, weil sie von ihm als Hilfstruppen der Tiberstadt für Manfred geworben seien. Anderseits setzte sich von Rom ein Heerhaufen unter dem Banner und wohl unter persönlicher Führung des Pietro de Vico aus dem Hause Prefetti in Bewegung, der unter dem Vorgeben nach Florenz rückte, die Mannschaft solle ein Mädchen aus dem Hause Ubaldini, eine Nichte des Kardinals, die dem Sohn des Pietro zur Frau bestimmt war, nach Rom geleiten. Selbst in dieser wilden, an Abenteurern reichen Zeit bildete der Herr von Vico und Graf von Anguillara eine besondere Erscheinung; als dieser einstige Anhänger Kaiser Friedrichs und jetzige Parteigänger des Manfred zehn Jahre später zum Sterben kam, ging er voll tiefer Zerknirschung in sich und überdachte sein Leben; die Glocken seines Turmes zu Vico, die seine Mannen so oft zu übler Fehde gerufen hatten, sollten fortan vom Campanile der Kirche Santa Maria in Grado zu Viterbo, in der er begraben sein wollte, fromm zur Messe läuten, damit die Gebete der Gläubigen seiner Seele im Jenseits zugute kämen; sein Körper aber sollte nach seiner Bestimmung, ehe er in die Gruft gesenkt wurde, in sieben Stücke zerhackt werden, je eines für jede Todsünde, denn er erklärte, er sei allen sieben verfallen gewesen.[3]) Man mag sich denken, wie er oder wie seine Mannschaft

[1]) SAS. — Concistoro, Lettere I, f. 27. — Auch Andrea Dei l. c. nennt ihn als Podestà des Jahres, doch nur als „Bonifazio da Bologna". — Daß Brancaleone jetzt noch Senator Roms war (er starb im Verlauf des Jahres; Gregorovius V, 310), beweist die Stelle in dem weitern Schreiben der Florentiner gegen Ottaviano, das an den Papst und das Kardinals-Kolleg gerichtet ist, Gebauer 562; Archivio della Società Romana XIV, 289. — Über die Verwandtschaftsverhältnisse des Andalò vgl. die Stammtafel bei Gozzadini, Cronaca di Ronzano, p. 89.

[2]) SAS. — Biech. 26, f. 32². Brancaleone hielt sich im September 1257 im sienischen Gebiet, in San Quirico auf. Dorthin wurden Gesandte Sienas an ihn geschickt. — Brief an ihn im März 1258, Biech. 27, f. 43.

[3]) Pinzi, Storia di Viterbo II, p. 261. — Calisse, I Prefetti di Vico in Archivio della Soc. Romana X, 1 ss. — Über Petrus vgl. Reg. Imp. 4752b, 4760, 9319, 9412, 14 424.

in Florenz gewütet hätte, wäre der Überfall geglückt. Doch Kaufleute haben feine Ohren und gute Verbindungen; durch auswärts befindliche Florentiner war deren Sozien in Florenz rechtzeitige Kunde zugekommen, und aufgegriffene Briefe vervollständigten die Kenntnis der Behörden. Auch weigerten sich einige in der von dem bologneser Loderengo geführten Schar, als sie in die Nähe des florentiner Gebietes kamen und ihnen die wahre Absicht des Zuges offenbar ward, an dem Handstreich teilzunehmen; sie gaben den Sold zurück und zogen davon. Vor allem aber drang zu dem von Norden, wie dem von Süden herbeiziehenden Schwarm die Meldung, daß der verräterische Anschlag erkannt sei, daß keine Aussicht mehr bestehe, die Stadt zu überrumpeln, worauf sich der eine wie der andere Heerhaufen verlief.[1]) Der Kardinal hatte ein fehlgeschlagenes Kriegsunternehmen und eine mißglückte Intrigue mehr zu verzeichnen; von seinen florentiner Anhängern wurden die mächtigsten, die Uberti, zur Verantwortung vorgeladen, doch sie weigerten sich, zu erscheinen. Die Familiaren des Podestà, geführt von dessen Ritter, zogen vor ihre betürmten Paläste bei San Piero Scheraggio und San Romolo, um sie erneut zu zitieren, doch sie beantworteten die Aufforderung mit den Waffen und töteten den Ritter nebst zwei von dessen Beroerii. Auf diese Bluttat hin erhob sich das Volk, brach in ihre Häuser ein, machte mehrere ihrer Masnadieri und bewaffneten Diener nieder und mordete den Schiattuzzo degli Uberti, der sich feige unter ein Bett verkrochen hatte. Uberto Caini aus demselben Geschlecht und Mangia degli Infangati wurden gefangen genommen und vor das Volksparlament gestellt; sie offenbarten, zweifellos unter dem Einfluß der Folter, die näheren Umstände der Verschwörung und wurden sofort nach dem Platze geführt, wo ehedem die aus Langobardenzeiten stammende Kirche Or San Michele gestanden hatte;[2]) dort wartete der Henker, ihre Köpfe fielen unter dem Beil. Die Verwandten und Genossen der Hingerichteten mußten einsehen, daß jedes Zögern auch ihnen das Leben kosten werde, und so verließen sechzehn der leitenden Ghibellinengeschlechter die Heimat; zahlreiche Familien von geringerer Macht folgten ihnen alsbald, und auch eine Anzahl von Popolanen, die mehr oder minder bloßgestellt sein mochten, ging mit ihnen ins Exil; gleichzeitig erfolgte ein Exodus der mächtigsten Ghibellinen aus der Grafschaft. Daß sich die Ausgezogenen zum Teil sofort nach Siena wandten, gewiß, dort eine Zufluchtsstätte zu finden, beweist, daß sie, wie vor sieben Jahren so auch jetzt, mit den Nachbarn gegen die Vaterstadt konspiriert hatten. Nicht alle Ghibellinen verließen indes Florenz; viele der Parteiangehörigen, die von dem geplanten Verrat nichts gewußt hatten und ihn, da er mißglückt war, laut mißbilligen mochten, blieben ungekränkt zurück. Aber sie waren doch die Freunde und Genossen der ins Exil Gedrängten; ihre unsichere Haltung vermehrte das Miß-

Hinrichtung eines Uberti und eines Infangati.

Auszug von Ghibellinengeschlechtern, Juli 1258.

[1]) Das Obige beruht durchweg auf dem S. 468 Anm. 1 erwähnten Schreiben der florentiner Behörden an Alexander IV. und das Kollegium der Kardinale.

[2]) Forsch. usw. IV. S. 489 „Zur Baugeschichte" unter „Or San Michele".

trauen wie die Leidenschaftlichkeit der Gegner und trug auf das erheblichste zur weiteren Zersetzung aller Verhältnisse bei.[1])

Die nächste Wirkung war, wie begreiflich, daß die Kommune jetzt völlig in das Fahrwasser der Guelfenpartei geriet. Wir finden, daß nach jenem fluchtartigen Auszuge einer der Anzianen des Volkes zu gleicher Zeit das Amt eines Kapitans der Parte Guelfa bekleidete.[2]) Die Geflohenen wurden für Verräter erklärt, wurden mit ewigem Banne belegt,[3]) und ihre Häuser verfielen der Demolierung. Dieser Teil der Urteilsvollstreckung wurde mit einer Pedanterie betrieben, die sich bei Taten der Parteiwut doppelt seltsam ausnimmt; drei Notare hatten die Verwüstungen der Türme und Paläste zu überwachen und das Geschehene sorgsam in ihren Registern zu verzeichnen.[4]) Die Steine verwandte man dann zum Mauernbau jenseits des Arno, wo der stark angewachsene Stadtteil bisher ungenügend beschützt war;[5]) die neue Mauer zog sich von der damaligen bei San Felice belegenen Porta San Pietro Gattolini oder Porta di Piazza über den Hügel, auf dem sich jetzt der Giardino Boboli ausbreitet, und von dort im Bogen zum Arno hinab, die in dieser Zeit schon stark bevölkerte Costa di San Giorgio einschließend.[6]) Die Kalkmassen und

Mauernbau jenseits des Arno.

---

[1]) Über den Auszug bezw. die Vertreibung eines Teiles der Ghibellinen, die Hinrichtung jener beiden usw. Villani VI, 65. — Paolino Pieri ad annum. — Stefani Rubr. 113. — Daß bei weitem nicht alle Ghibellinen fortgezogen, erwähnt (abgesehen davon, daß dies aus den späteren Verhältnissen deutlich wird) Villani VI, 79 ausdrücklich; sowohl zahlreiche ghibellinische „Granden", wie Popolanen blieben zurück. (Das eben erwähnte Kapitel Villanis wäre nach richtiger Zählung das 78ste; durch einen Irrtum sind in der meistbenutzten von Dragomanni veranstalteten Ausgabe die Kapitel des 6. Buches vom Kapitel 68 an um eine Einheit zu hoch bezeichnet. Es sei erwähnt, daß, um Verwirrung zu vermeiden, die Numerierung des Druckes in den Zitaten beibehalten ist.) - Die Verurteilungen gegen die fortgezogenen Ghibellinen erfolgten wegen „proditio, seditio, conspiratio" und Verwundungen „unde sanguis exivit", wie die Urkunde vom 2. Oktober 1258 (SAF. — Capit. XXIX, f. 318) ergibt.

[2]) Die Tatsache erhellt aus Zeugenaussagen vom September-Oktober 1290 in einem Prozeß, den die Familie Bagnesi wegen eines Terrains gegen die Kommune führte; sie enthalten eine Fülle interessanter, auf die Zeit vor und nach 1260 bezüglicher Einzelheiten. Die Aussagen sind in einem Heft von 18 Pergamentblättern in Großquart enthalten, das Herr Marchese Piero Bagnesi-Bellincioni die Freundlichkeit hatte, dem Verfasser zur Verfügung zu stellen. Es wird noch vielfach auf sie Bezug zu nehmen sein, und sie werden künftig als „Aussagen im Bagnesi-Prozeß" zitiert. — Am 7. Oktober erklärte ein Zeuge (der Name blieb unausgefüllt): als er „tempore populi fuit anzianus et capitaneus partis; (et) tunc ipsis anzianis dictum fuit . .", daß jenes streitige Terrain der Kommune gehöre.

[3]) Schreiben der florentiner Behörden an Pavia, Gebauer 572.

[4]) Forsch. usw. IV, S. 135 „Protokolle über die Beratungen der florentiner Anzianen" unter dem 16. Juli 1259.

[5]) Vill. VI, 65. — Paolino Pieri zu 1258.

[6]) Bagnesi-Prozeß: s. Anm. 2; Aussage vom 4. Oktober.

sonstigen Trümmer der vernichteten Bauwerke waren so massenhaft, daß man sie nicht zu beseitigen wußte; der Weg, der vom Kastell Altafronte nach dem Ponte di Rubaconte (jetzt Ponte alle Grazie) am Arno entlang führte (wo sich jetzt der Lungarno della Borsa befindet), wurde durch die Schuttmengen bis zur Höhe der ihn gegen den Fluß hin abschließenden Mauer aufgefüllt, so daß die Straße jahrelang unpassierbar blieb; gerade hier in der Nähe hatten die Türme der verhaßten Uberti emporgeragt. In der Grafschaft erging ebenfalls die Zerstörung über die Besitzungen und Burgen der Fortgezogenen; alle Kastelle des Grafen Guido Novello, soweit man sich ihrer bemächtigen konnte, wurden, wie uns sein Astrolog Guido Bonatti berichtet, dem Boden gleich gemacht, und seine Güter wurden von der Kommune eingezogen.[1])

Die florentiner Behörden wandten sich in einer bitter gehaltenen Darlegung an den Papst und in einer anderen, die einer Anklageschrift gegen Ottaviano degli Ubaldini glich, zugleich an ihn und an das Kollegium der Kardinäle;[2]) sie baten um Schutz gegen ihren Landsmann und Feind, von dessen Wirksamkeit als Legat in der Lombardei wie im Königreich sie mit Verachtung sprachen und dessen gegen Florenz gerichtete Pläne sie als Eingebung des Beelzebub bezeichneten. Für uns sind diese Briefe unschätzbare Quellen zur Geschichte jener Tage, aber auf das Gemüt Alexanders blieben sie ohne allen Eindruck; seine Antwort legt für die Macht, die der an der Kurie weilende Oktavian[3]) besaß, und von der Täuschung, in der er den Greis auf dem Apostelstuhle erhielt, vollwichtiges Zeugnis ab. Indem der Papst dem Podestà, dem Kapitan und den Anzianen den apostolischen Gruß nur bedingt erteilte, deutete er an, daß ihnen erneute Exkommunikation drohe; er erklärte ihre Anklagen für vollständige Verleumdung; der Kardinal liebe die Vaterstadt gleich seinem Augapfel, und es wäre Pflicht der Bürgerschaft, auf ihn wie auf einen Vater zu blicken, dem sie Gehorsam schulde.[4])

Hinrichtung des Generalabtes von Vallombrosa.

Die Wut des Volkes entlud sich in einem neuen furchtbaren Zornesausbruch. Wir wissen nicht, ob Tesoro, der Abt von Vallombrosa, es wagte, sich in der Stadt zu zeigen, oder ob er im September 1258 in einem seiner draußen gelegenen Klöster ergriffen wurde. Gegen ihn glomm alter Haß wegen des Versuches, sich Sant' Elleros zu bemächtigen, jetzt aber bezichtigte man das vom Papst vielfach begünstigte Oberhaupt der Mönchskongregation, deren Protektor der Kardinal Ottaviano war, er sei mit dessen vertriebenen Freunden, mit den verurteilten Ghibellinen, zumal mit dem Grafen Guido Novello und mit Farinata degli Uberti im Einverständnis gewesen; diese hatten von neuem ein Komplott gegen Florenz angezettelt, und ein gleichartiges

---

[1]) Guido Bonatti (Ausg. Basel 1550) col. 393.

[2]) S. S. 468 Anm. 1.

[3]) Dort ist er am 23. Juli 1258 nachweisbar. Potthast 17341, 17352 und S. 1473.

[4]) Gebauer 564. — Archivio della Soc. Romana XIV, 293.

sollte gegen Lucca ausgeführt werden, so daß man hoffte, die beiden Guelfenstädte zur selben Zeit zu überwältigen; hier wie dort sollte Feuer angelegt werden, und in die brennenden Städte hofften die Ghibellinen als Herren einzuziehen. In Lucca waren überdies Bestechungen ausgeteilt worden, um Gegnerschaft gegen die verbündeten Florentiner zu erwecken, und der Abt sollte bei all diesen Machenschaften die Hand im Spiele gehabt haben. Dies waren die Kapitalanklagen gegen Tesoro, den man überdies vieler schamloser Handlungen beschuldigte, die er angeblich im Orden verübt habe, wofür man sich auf das Zeugnis eines Teiles seiner Mönche, auf die Bekundung von florentiner Geistlichen und Laien berief. Er wurde, es scheint, angesichts des versammelten Parlaments, der Folter unterworfen, und unter deren Qualen gestand er in allen Stücken seine Schuld; Franziskaner und Predigerbrüder nahmen die erzwungenen Bekenntnisse entgegen. Eine regelrechte Verurteilung fand nicht statt; in wildem Toben verlangte das Volk seinen sofortigen Tod, und im Tumult wurde er nach der Piazza Sant' Apollinare geschleppt. Der neue Volkspalast, der im Laufe der Zeiten Zeuge so vieler Blutgerichte wurde, sah auf das wilde Schauspiel hernieder, dessen duldender Held das Oberhaupt der mächtigsten mönchischen Genossenschaft von Florenz war; unter den Flüchen und wilden Zurufen der Menge fiel sein Haupt durch das Beil des Henkers. Zum zweiten Male hatte ein Pavese im geistlichen Gewande am Arno ein trauriges Schicksal erlebt, aber der Bischof Pietro Mezzabarba war zweihundert Jahre früher mindestens mit dem Leben davongekommen. Als die Heimatsbehörden des Hingerichteten bittre Vorwürfe gegen Florenz erhoben, die Vertreibung von dessen Bürgern aus ihrem Gebiete ankündigten, allen seinen Feinden aber eine Freistätte anboten, gab ihnen die florentiner Volksgemeinde zur Antwort: wenn Tesoro tausendmal wieder auflebe, habe er tausendmal den Tod verdient; sie verwies darauf, daß in Florenz das Andenken der aus der lombardischen Stadt stammenden Bischöfe Podo — er hatte am Ende des 10. Jahrhunderts auf dem Stuhle des Zenobius gesessen — und Ardingus heilig gehalten werde; betreffs der angedrohten Vertreibung der Kaufleute erging die Antwort, man wolle zur Beilegung Gesandte absenden; bliebe Pavia aber bei seiner Absicht, so würde Florenz selbst und durch seine Verbündeten den Pavesen den Durchzug durch Toskana und die Romagna von Meer zu Meer versperren lassen. Wir glauben in dem anmaßenden, aber formvollendeten Schreiben, wie in zahlreichen anderen dieser bewegten Zeit, den Griffel des Notars der Anzianen, den Stil von Dantes väterlichem Freund Brunetto Latini zu erkennen. Jahrelang dauerte die wegen jener Hinrichtung zwischen den beiden Kommunen entstandene Spannung, weit über die Zeit hinaus, in der die Ghibellinen wieder zur Herrschaft gelangten.

Die Frage nach der Schuld des Tesoro Beccaria ist oft erörtert worden, weil Dante den Abt unter die Schatten bannt, die in der untersten Hölle der Verräter, in der Caina, ihre Strafe dulden, während Villani in seiner guelfischen Ergebenheit gegen die Kirche das Krumme gerade zu biegen versucht und ihn von aller Schuld freispricht. Das Zeugnis des Dichters wiegt in jedem Betracht schwerer als das des Chronisten; er mußte, obwohl er selbst erst sieben Jahre nach dem Ende des Abtes zur Welt kam, über den Vorgang genau unterrichtet sein; die Alighieri wohnten wenige Schritte von der Stelle, wo das Haupt des Tesoro fiel, und Brunetto, dem er wahrscheinlich am meisten von seiner Kenntnis der Vergangenheit dankte, erlebte das Ereignis in verantwortungsvoller Stellung. Vor allem aber bringt ein Manifest, das der Papst am 25. September erließ, jeden Zweifel zum Schweigen. „Ein schreckliches Gerücht", so schreibt er, „dringe von dem durch die Florentiner verübten Verbrechen zu ihm;" mit dem ihm treu gebliebenen Teil der Mönche von Vallombrosa hatten andere Orden ihre Klagen wegen der Bluttat vereint; Alexander wirft den Bürgern in erregten Worten vor, daß sie den Abt lange hätten foltern und dann töten lassen, daß durch sie überdies Kirchen und fromme Orte zerstört worden seien; man wäre geneigt, die in diesem Zusammenhange geäußerte Beschuldigung auf Siedlungen der Vallombrosaner zu beziehen, aber wir wissen aus anderer Quelle,[1] daß Verwüstungen gemeint sind, die die Florentiner bei ihren Kriegszügen gegen Klöster und Gotteshäuser im Pisanischen und Pistoiesischen, in den Gebieten von Arezzo, Chiusi und Volterra verübt hatten; es scheint, die Bürger hatten gelegentlich der Absolution vom Interdikt Genugtuung dafür versprochen, ohne dann freilich weiter an die Erfüllung der Zusage zu denken. Statt einer Erörterung über diesen Gegenstand würde man aber in dem päpstlichen Schreiben vor allem eine Zurückweisung der Beschuldigungen suchen, wegen deren Tesoro sein Leben verloren hatte; über diesen wichtigsten Punkt äußert sich Alexander jedoch sehr kühl und vorsichtig: „Wenn der Abt auch vielleicht gegen die Bürger ein Verbrechen verübt habe, hätte es doch keineswegs *ihnen* gebührt, darüber zu richten oder an seiner Person Rache zu nehmen, sondern *unser* Gericht war aufzusuchen, da er *uns* als seinem Herrn und Richter unterstand, und wir hätten seine Schuld, wäre sie bewiesen worden, sicher derart bestraft, daß den Bürgern dadurch Genugtuung geworden und andern kirchlichen Männern zu ähnlichen Angriffen die Lust vergangen wäre." Der Papst bestritt somit nicht die wider den Getöteten erhobenen Anklagen, sondern nur die Kompetenz der Florentiner, ihn vor ihr Gericht zu ziehen; sein Zeugnis bestätigt das des Dichters über den beabsichtigten Verrat, der doppelt schändlich erscheint, weil er von hohen Würdenträgern der Kirche geplant war.

Florenz wiederum unter Interdikt.

Florenz wurde wegen der Hinrichtung des Tesoro von neuem mit dem Interdikt belegt, und dieses lastete auf der von verwirrenden Wechselfällen des Schicksals heimgesuchten Stadt 7¼ Jahre hindurch. Der Papst fällte seine Sentenz mit dem Rat des Kardinalskollegiums, und er gebot den Bischöfen und den Geistlichen der Nachbarstädte, es in ihren Kirchen zu ver-

[1] Aus dem Schreiben der Sienesen vom 20. Mai 1261 an König Richard; Gebauer 602; Bullett. Senese V, 264.

kündigen; daneben erging an die Behörden von Florenz eine Citation auf den Tag Allerheiligen zur Verantwortung vor dem apostolischen Stuhl; Podestà, Kapitan und Rat durften sich durch Prokuratoren vertreten lassen, die Hälfte der Anzianen aber sollte sich persönlich dem erzürnten Papst stellen. Am 22. Oktober verkündete der Erzbischof von Pisa Bann und Ladung in seinem Kirchlein San Pietro in Vincoli, und am Sonntag den 27. Oktober sprach Guglielmino Ubertini, der Bischof von Arezzo, der bisherige Verbündete und der Schuldner der Florentiner, vor dem durch Heroldsruf nach der Kathedrale beschiedenen Volk unter dem Geläut der Glocken die Verfluchung der bisher befreundeten Bürgergemeinde aus.[1]) Vorladung der Behörden vor den apostolischen Stuhl.

Zu einer für ihn üblen Zeit, etwa kurz vor der Ergreifung des Tesoro, war der Minorit Johannes de Oliva als päpstlicher Delegierter in Florenz erschienen; er war beauftragt, in ganz Toskana als Inquisitor nach Kräften die Ausrottung der Ketzerei zu betreiben, und er verlangte von den Städten Aufnahme der päpstlichen Bestimmungen gegen die Abtrünnigen in ihre Statuten. Schon Innocenz IV. hatte sie vergeblich gefordert, und was bisher nicht geglückt war, sollte jetzt der Franziskaner durchsetzen. Seine Wirksamkeit in Toskana hat beinahe ein Jahr gedauert; es gelang ihm, fast alle Städte zur Gefügigkeit zu bestimmen, und ringsum flammten auf sein Gebot die Scheiterhaufen. Der Florentiner Coppo Abbati, der San Gimignano als Podestà regierte, gab sich dem Inquisitor zu dem verlangten Schergendienste her, doch die Volksgemeinde der Arnostadt wollte vom Ketzerrösten und von der Aufnahme der Blutgesetze in die Statutenbücher nichts wissen. Der Inquisitor im Gewande des gütigen Franz von Assisi wurde aus der Stadt gejagt, und im ganzen Herrschaftsgebiet von Florenz wurde ihm die Predigt verboten; seine Vergeltung bestand in einer nochmaligen Interdizierung, die indes ebensowenig wie die durch den Papst verhängte von der florentiner Geistlichkeit beobachtet wurde. Das Volk hatte gegen die Patarener keinerlei Abneigung; trotz aller kirchlichen Bemühungen, sie als unsittlich, als lasterhaft zu verdächtigen, kannte es ihren strengen Lebenswandel, der in vollem Gegensatz zu dem der Geistlichkeit stand; in der Zeit des demokratischen Regimentes duldete man nicht nur ihre privaten Konventikel, sondern während man dem päpstlichen Abgesandten die Predigt untersagte, durften sich die „Getrösteten" vor allem Volk hören lassen; in Siena behauptete man sogar, am Arno seien viele der Häretiker als Heilige verehrt worden.[2]) Mißglücktes Vorgehen gegen die Häretiker.

Trotz aller Opposition gegen Papst und Kirche hielt man es dennoch für notwendig, der Ladung zu folgen, die die Behörden vor den apostolischen Stuhl berief. Vier Gesandte wurden gewählt: Migliore della Bella, der Onkel Gesandtschaft an den Papst.

[1]) Die Quellen und Belege für alles hier Berichtete sind Forsch. usw. IV, 130 ff. unter dem Titel „Die über Florenz 1256 und 1258 verhängten Interdikte" zusammengestellt.

[2]) Hierüber und betreffs der Mission des Minoriten Johannes de Oliva s. ebendort S. 132.

des späteren Volkstribunen Giano, ein Falconieri, ein Frescobaldi und Manetto Spini, alle vier Angehörige großer Bankierfamilien, die die Geldbeschaffung für die Kurie betrieben, und unter ihnen tritt besonders der Spini durch die Rolle hervor, die er in England als Geldmann des Hofes und als Bankier des Königs für die Erfordernisse des apulischen Abenteuers gespielt hatte.[1]) Offenbar hoffte man, der Einfluß der unentbehrlichen Finanzleute werde am ehesten imstande sein, den Zorn Alexanders zu beschwichtigen; an die Spitze der Gesandtschaft stellte sich der Podestà selbst, obwohl er sich nach der Ladung des Papstes hätte vertreten lassen können. Dies war Jacobinus Bernardi Orlandi Rossi aus Parma, der Sohn des vormaligen Freundes und späteren Verräters des Kaisers Friedrich, nahe mit dem verstorbenen Innocenz IV. und dem mächtigen Kardinal Ottobuono Fieschi, dem spätern Papst Hadrian V., verwandt; um größeren Eindruck zu machen, ließ man die Mission von Vertretern der untergebenen Städte begleiten,[2]) trotz alledem wurde indes die Aufhebung des Kirchenbannes nicht erreicht. Der Papst residierte in dieser Zeit in Anagni, und hier weilte der Kardinal Ottaviano bei ihm, dessen Einfluß den Bemühungen der Florentiner entgegenwirkte; doch war er nicht der Mann, sich mit der bloßen Vereitelung der Absolution zu begnügen. Wir besitzen den fesselnden Bericht des Podestàs und der Gesandten über ihren Aufenthalt in Anagni, wie über ihre abenteuerliche Rückreise;[3]) in diesem Schreiben wird dem Kirchenfürsten vorgeworfen, daß er den Spuren Mahomets folge, und wenn man sich erinnert, daß Dante ihn gemeinsam mit dem Kaiser Friedrich und mit Farinata degli Uberti in den Höllenkreis versetzt, wo die Glaubenslosen bestraft werden, erscheint das Wort als mehr, denn als ein bloßer Schimpf wider den Gegner. Der Ubaldini gehörte zu jenen Persönlichkeiten, auf die Leben und Lehre des Orients stark eingewirkt hatten, die mit ihren Gesinnungen außerhalb der Kirche standen, die Gegenwart genießen, in ihr sich geltend machen wollten; selbst an der Kurie hielt er es nicht für nötig, auch nur den frommen Schein zu wahren; durch Bitten und Sold veranlaßte er fünfzig Ritter, zum größten Teil vertriebene florentiner Ghibellinen, in seinen Dienst nach Anagni zu kommen, und zugleich ließ er durch seine eigenen bewaffneten Familiaren den Gesandten der von ihm gehaßten Heimatstadt unter den Augen des Papstes Nachstellungen bereiten. Da es der Vorsicht der Bedrohten gelang, sich diesen zu entziehen, beschloß er, sie auf dem Heimwege niedermachen oder abfangen zu lassen; er beauftragte jene ghibellinischen Ritter

[1]) Die Namen der Gesandten Forsch. usw. IV, S. 137 „Protokolle über die Beratungen der florentiner Anzianen" unter 1259, 3. Oktober. — Betreffs der Falconieri und Frescobaldi s. vorn. — Betreffs des Migliore della Bella Forsch. usw. III, Regest 160. — Betreffs der Geschäfte des Manetto Spini in England u. a. die Urkunden von 1255, 28. April (Luard. Math. Paris VI. Additamenta p. 308) und 1256, 15. Juni (Bémont. Rôles Gascons p. CXXV).

[2]) Forsch. usw. II (S. Gimign.), Reg. 784 b.

[3]) Es ist aus Rieti, vom 3. Dezember 1258 datiert und bei Gebauer 559, korrekter aber im Archivio della Società Romana XIV. 394 gedruckt.

Überfall der Gesandtschaft auf Veranlassung des Kardinals Ottaviano.

mit ihrer Verfolgung, und seine Sendlinge gingen nach Rom zu Castellano degli Andalò, der seinem jüngst verstorbenen Neffen Brancaleone als Senator gefolgt war,[1]) mit der Bitte, er möge seine Absichten nach Kräften unterstützen; sie boten den wilden Petrus de Vico, der an Florenz einen Mißerfolg zu rächen hatte, zahlreiche andere Edle aus dem Römischen und Neapolitanischen, den Andreas de Pontibus aus den Abruzzen und Konrad von Antiochien, den Sohn des vor zwei Jahren verstorbenen „Königs" Friedrich, des vormaligen Podestà von Florenz, auf; die Bürgerschaft von Rom suchte der Kardinal durch die Erinnerung einer uns unbekannten Schmach aufzuregen, die einst Römern in Orvieto durch Florentiner angetan war; er brachte das Haus Colonna in Bewegung, indem er die Colonnesen an eine Schädigung gemahnte, die der Verbündete und Parteigänger von Florenz, Pepo von Campiglia, dem Erzbischof von Messina, einem Mitglied ihres Geschlechtes zugefügt hatte;[2]) welche Straße die Florentiner und ihr Podestà auch wählen würden, er hoffte, daß sie auf jeder durch Feinde bedroht sein würden. In ihrer Bedrängnis hatten sie sich um bewaffnetes Geleit an das stadtrömische Geschlecht der Anibaldeschi gewandt, doch als sie am 25. November in Anagni zu Pferde steigen wollten, um unter deren Schutz den Heimritt anzutreten, verbot der Kardinal Riccardo von Sant' Angelo, von dem Kollegen in Purpur dazu bestimmt, seinen Neffen, die Florentiner zu begleiten; diese mußten in ihre Herberge zurückkehren, aber es glückte ihnen, den Erzbischof von Messina zu versöhnen, und dieser gebot seinen Verwandten aus dem Hause Colonna, von der Verfolgung abzustehen; auch fanden sich zwei Edle, von denen einer aus Anagni war, dazu bereit, den Bedrohten mit ihrer Mannschaft Geleit zu gewähren, und so ritten sie am 27. November wohlbewaffnet unter Trompetenschall aus den Toren der Stadt. Als sie aber bis Subiaco gelangt waren, sahen sie sich von Feinden umringt; der eine der edlen Geleitsmänner erwies sich als Verräter, der im Einverständnis mit dem „zweiten Mahomet" bemüht war, sie in die Gefangenschaft der Widersacher zu locken. Die päpstlichen Schutzbriefe, die sie vorwiesen, wurden von den Baronen der Gegend verhöhnt, und der Papst, an den sie eine dringende Beschwerde sandten, würdigte sie keiner Antwort. Endlich gelang es ihnen, zwei Feudalherren der Landschaft, Ruggero della Montagna und Andrea Brancaleoni, durch vieles Gold und durch Anstachelung des Ehrgeizes zu ihrer Errettung zu bestimmen. So zogen sie unter schmetterndem Hörnerklang und mit wehenden Fahnen am 1. Dezember aus Subiaco und kamen ungekränkt an

[1]) In dem Schreiben steht „senatores"; aber zwei Senatoren regierten Rom erst seit dem Frühjahr 1259; Gregorovius V, 310. Im Rat von Siena verlangte am 17. Januar 1259 (SAS. — Cons. Gener. 8. t. 74[2]) Provenzano Salvani, man solle zu einem geheimen, mit dem Kardinal Ottaviano zu vereinbarenden Plan den „Dominus sanator" hinzuziehen; damals war also noch Castellano im Amt.

[2]) Der Erzbischof, dem Predigerorden angehörig, war 1257 Legat in England gewesen (Reg. Imp. 5291). — Über Petrus de Vico s. vorn S. 469. — Über Andreas de Pontibus Reg. Imp. 2825.

dem Kastell Saracinesco des Konrad von Antiochien vorbei; zur Nacht führte sie jener Ruggero in seine sichere Burg Arsoli, von wo sie auf steilen und unbekannten Abruzzenpfaden gegen Rieti zu ritten. Einer der von Kardinal Ottaviano aufgebotenen Edlen, Tomaso de' Maineri, suchte ihnen noch einmal mit 200 Rittern und 1000 Mann zu Fuß den Weg zu verlegen, aber als er sie zum Kampf gerüstet sah, unterließ er den Angriff. In Rieti wurden sie von der Bürgerschaft freundlich aufgenommen, bei den dortigen Niederlassungen heimischer Bankhäuser konnten sie sich mit Geldmitteln zur Entschädigung ihrer tapferen Geleitsmänner versehen, und die weitere Rückreise bot keine Gefahren mehr.[1])

Verlangen an Siena, die verurteilten Ghibellinen auszuliefern.

Auch dieser kleinliche Anschlag der Rache war dem Kardinal trotz großen Aufwandes an Geld und Einflüssen mißlungen; um so enger gestaltete er seine geheime Verbindung mit Siena, von dem er erwartete, daß es ihn und seine Freunde an dem florentiner Volk rächen solle. Als dieses Anfang Oktober seine Gesandten nach der Nachbarstadt geschickt hatte, um Klage wegen Aufnahme von fünfundvierzig Ghibellinen zu führen — es waren unter ihnen neben Farinata neun andere Uberti, neun vom Hause Lamberti, Graf Simone aus dem Hause der Guidi, der Ritter Brancaleone Scholari, ferner ein Notar und ein Handwerkersohn —, wurde im Rat von Siena die Antwort erteilt, man werde die wegen Aufruhrs Verurteilten austreiben, wie es den Bedingungen des vor drei Jahren geschlossenen Bündnisses entspreche;[2]) wir wissen nicht, was etwa dem Scheine zuliebe geschah, in Wirklichkeit aber gewährte man den Verbannten eine sichere Zufluchtstätte. Die Sienesen sahen Florenz im Bann der Kirche, von inneren Zwistigkeiten erfüllt, sahen einen Teil von dessen tapfersten Bürgern im Exil, und so belebte sich die Hoffnung auf Vergeltung alter Schmach und Schädigung. Auch fanden sie sich jetzt selbst umworben; die Ghibellinen

Sienas Vorbereitungen zum Kampf.

flüchteten sich unter ihren Schutz, aus der Ferne kündete ihnen König Alfons seine Gunst und schickte Gesandte, die seine vorgebliche baldige Ankunft meldeten;[3]) wenn die Bürger auch nicht die Absicht hatten, sich an den Kastilier anzuschließen, konnte dessen Werbung doch bei ihren eifrig betriebenen Verhandlungen mit Manfred gute Dienste leisten; es scheint, daß von Beginn des Jahres 1259 an in Siena kein wichtiger Schritt unternommen wurde, ohne daß man sich mit Kardinal Ottaviano ins Einvernehmen setzte, der in bezug auf die tuszischen Angelegenheiten in vollem innerem Verständnis mit dem Gegner der Kirche, mit König Manfred, gestanden haben muß. Geheime

[1]) Über die in Anagni und Rieti aufgenommenen Darlehen s. Forsch. usw. IV, S. 137 „Protokolle über die Beratungen der florentiner Anzianen" unter dem 3. Oktober 1259.

[2]) Siena 1258. 2. Oktober. — SAF. — Capit. XXIX, f. 318. — Daß die in dieser Urkunde genannten florentiner Ghibellinen nur ein Teil der in Siena befindlichen waren, beweist die Urkunde vom 3. August 1259 (SAS. — Riformag.). Dort sind noch mehrere Ubertini und einer der (Grafen) Gangalandi genannt.

[3]) Schreiben des Königs, Segovia 1258, 21. Oktober. Winkelmann, Acta I, 404.

Boten Sienas gingen an ihn, wie an jenen und zugleich standen die Sienesen durch Ottavianos Vermittlung in enger Beziehung zu dem römischen Senator, dem Anhänger des Staufers; sie zahlten dem Kardinal ansehnliche Summen und hofften, durch ihn zu einem gegen Florenz gerichteten Bündnis mit Perugia zu gelangen. Bestechungen spielten, wie überall in dieser Zeit, auch bei diesen Verhandlungen eine bedeutende Rolle; den Podestà Perugias hoffte man durch Geld zu gewinnen, die Ghibellinen der umbrischen Stadt sollten zehntausend Librae erhalten, um das Bündnis zustande zu bringen und man suchte die peruginer Bürgerschaft daneben durch das Gerücht zu schrecken, Florenz wolle sich, durch Korrumpierung maßgebender Persönlichkeiten, des nahen Città di Castello bemächtigen; als die Verhandlungen dennoch zu keinem Ergebnis führten, bot der Prior der peruginer Zünfte in Siena an, er wolle, wenn man ihn gebührend bezahle, mindestens ein Bündnis mit der Arnostadt hindern;[1] all diese Machenschaften sind indes fehlgeschlagen, und am Tage des Unglücks kämpfte Perugia treu an der Seite der Florentiner.

Zug gegen den Bischof von Arezzo.

So emsig die Sienesen ihre Vorbereitungen betrieben, sie wünschten einstweilen noch nicht in offene Feindschaft mit den Nachbarn zu geraten; diese zogen mit dem ersten Frühlingswehen ins Gebiet von Arezzo, um dem Bischof den Dank für die feierliche Verkündigung des Interdiktes und für den offenen Übertritt zu den Ghibellinen abzustatten; sein mit doppeltem Mauernkranz umgebenes Kastell Gressa bei Bibbiena im Casentino wurde eingenommen und dem Erdboden gleich gemacht; über die zahlreichen, am obern Arnolaufe gelegenen bischöflichen Besitzungen erging das Strafgericht einer gründlichen Verwüstung; der Ubertini hatte sich an Siena mit der Bitte um Hilfe gewandt, aber dieses lehnte sie ab. Die Bürgerschaft Arezzos hielt es unter ihrem Podestà Stoldo Berlinghieri Giacoppi de' Rossi mit den Feinden ihres Bischofes; eine bittere Anklage erging von ihrer Seite an den Papst, von dem sie die Absetzung des Oberhauptes ihrer Kirche forderte; sie beschuldigte ihn, daß er eine Partei wider die andere hetze, um selbst die Stadt zu beherrschen, daß er mit Ezzelino da Romano in der Lombardei, in Apulien mit Manfred in enger Verbindung stehe, und daß er auf deren bewaffnete Hilfe zur Aufrichtung einer Tyrannis über Arezzo hoffe; er hatte Anzianen der Stadt, die er unter urkundlicher Zusicherung seines Schutzes zu Verhandlungen nach einer seiner Burgen beschied, eingekerkert, und selbst das Kapitel seiner Bischofskirche war auf die Seite seiner Gegner getreten. Die Anklageschrift wider den Ubertini erzielte indes keinen besseren Erfolg als die der Florentiner gegen den Kardinal;

---

[1] Die hier erörterten Verhandlungen mit dem Kardinal, dem Senator und Perugia ergeben sich aus den sieneser Rats-Protokollen, SAS. — Cons. Gener. 8, f. 74—81ᵃ, betreffend die Sitzungen vom 17. u. 19. Januar, dem 1., 6., 13., 19. u. 24. Februar 1259, sowie vom 20. April (f. 92). Über den damaligen Prior Artium von Perugia s. Bollett. Stor. per l'Umbria X. 203. — Verhandlungen Sienas mit Perzival Doria, General-Kapitan der Mark Ankona für Manfred, ergeben sich aus dem Protokoll der Ratsverhandlung vom 5. Februar, f. 77ᵃ.

Guglielmino blieb noch ein Menschenalter hindurch auf seinem Bischofssitz, bis er nachmals durch die Waffen der Florentiner seinen Tod in der Feldschlacht fand.[1]) Nach Arezzo wurde eine Besatzung von Florentinern nebst Kontingenten aus den abhängigen Städten gelegt; einer der vornehmsten aretiner Ghibellinen, der Ritter Tarlato Tarlati, der für den Bischof gekämpft haben muß, wurde gefangen nach Florenz geführt und in einem Holzverschlage im Erdgeschosse des Volkspalastes (Bargello) in Verwahr gehalten; wichtige Dienste leistete den florentiner Guelfen zur Aufrechterhaltung ihrer Macht im Aretinischen ihr Parteigänger aus dem Hause der Markgrafen von Monte Santa Maria, Guido von Valiano, und die Anzianen entlohnten ihn dafür mit einem Geldgeschenk.[2])

Sienas Unterwerfung unter Manfred.

Man fürchtete in Siena einen Angriff der Florentiner, suchte aber dem

[1]) Über den Zug gegen Gressa Vill. VI, 67. — Forsch. usw. II (S. Gimign.), Reg. 778e. 784e. — Durch florentiner Ratsbeschluß vom 26. März 1259 wurde ein Fragnivane aus Altomena für sich und seine Nachkommen wegen seiner bei der Belagerung Gressas erwiesenen Tapferkeit von allen Steuern befreit (Arch. Stor. Ital. Ser. III, Vol. XVI, 214). — Das Hilfsgesuch des Bischofs an Siena und die Ablehnung Cons. Gener. 8, f. 83 u. 83² (1259, 27. Februar). Das Schreiben der aretiner Behörden an den Papst ist bei Schirrmacher, Die letzten Hohenstaufen, 629, nach dem beim Brande des Jahres 1903 beschädigten Epistolarium der Turiner Bibliothek (saec. XIV), früher H. III 38, jetzt Lat. B. 265 bezeichnet, gedruckt. Wie ein Schreiben des Bonfilius (f. 46) ergibt, war dieser Lehrer am aretiner Studium, und sein Name am Eingang des Briefes bedeutet nur, daß er dessen Verfasser war. — Betreffs der Zeit des undatiert überlieferten Schriftstückes ist zu bemerken, daß Stoldo Berlinghieri, der in erster Linie als Absender genannt wird, 1258 und 1259 Podestà Arezzos war; es kann nicht vor dem Zerwürfnis des Bischofs mit Florenz, nicht nach dem Tode Ezzelins verfaßt sein, ist also zwischen Oktober 1258 und Oktober 1259 zu setzen. — Die Absetzung des Bischofs erfolgte nicht; er blieb in seiner Stellung bis er 1289 bei Campaldino fiel (Vill. VII, 131). Unter diesen Umständen ist auf die aus Posse, Analecta No. 169 von den Reg. Imp. 14075 übernommene Nachricht, der Papst habe 1259 einen neuen Bischof Namens Rainald ernannt, kein Wert zu legen. Auch wird das Schreiben der Bürgerschaft Arezzos an den Papst von den Reg. Imp. irrig auf einen Bischof Theodinus (den es nicht gegeben hat) statt auf Guglielmino bezogen. — Von der Zerstörung des aretiner Bischofsgutes sprechen die Sienesen in ihrem Schreiben an König Richard, Gebauer 602, Bullett. Senese V, 264.

[2]) Über die florentiner Besatzung in Arezzo s. Forsch. usw. IV, S. 136 f. „Protokolle über Beratungen der Anzianen" unter dem 29. Juli, 13. und 25. September, 1. und 8. Oktober 1259; über Zuzug von San Gimignano zu dieser Forsch. usw. II, Reg. 778a und 784e, von Volterra 1258, 18. September und 1260, 1. März (SAF. — Volterra). Über das Gefängnis des Tarlati in Florenz, Forsch. usw. IV, S. 136 f. „Protokolle usw." unter dem 2. Oktober 1259. — Über die Zahlung an den Marchio de Valiano (11. Oktober) ebendort S. 138; über die Rolle, die er in den aretinischen Kämpfen spielte, geben die Verhandlungen im Rat von Perugia vom 26. Oktober 1260 (Kommunal-Archiv Perugia. — Atti del Cons. Magg. 1259—1416, parte II, f. 255) Auskunft. Guido von Valiano war 1254 Podestà Volterras und wurde 1275 Podestà von Florenz.

Zusammenstoß auf jede Art auszuweichen, bis man tatkräftiger Hilfe Manfreds sicher war. Verräter aus der Arnostadt boten an, sie wollten eine Verschwörung in der Heimat zustande bringen,[1]) doch der Plan blieb unausgeführt, wahrscheinlich weil man sich in Siena nicht einem möglichen Mißlingen und dem dann unvermeidlichen Ausbruch des Kampfes aussetzen mochte. Inzwischen schritten die Verhandlungen mit dem König ihrem Abschluß entgegen; seine Gesandten, die am 15. April 1259 in Siena eintrafen, verlangten die Leistung des Treueides, den die Stadt nur einem Kaiser schuldig war, während sie mit dem König von Sizilien lediglich in ein Bündnis hätte treten können, aber staatsrechtliche Bedenken vermochten nichts gegenüber dem heißen Wunsch nach Schutz und Rache. Am 16. Mai wurde in Lucera die Fidelität durch Bevollmächtigte der toskanischen Stadt beschworen; alle von den Sienesen geschlossenen Verträge wurden vom König ausdrücklich anerkannt, aber es konnte sich eben nur um die handeln, durch die sie selbst gebunden sein wollten, und Zerreißung des mit Florenz bestehenden war das eigentliche Ziel ihrer Unterwerfung unter den staufischen König; so stark war bei den regierenden Männern die Sehnsucht, Manfred für ihre Sache zu gewinnen, daß sie ihm als Symbol der vollständigen Hingabe die Schlüssel der Stadt durch die Abgesandten überreichen ließen; er gab dafür seinerseits die Erklärung ab: die Kommune würde fortan, beschirmt vom Schilde seiner Macht, ihre Feinde nicht mehr zu fürchten haben, und den Worten ließ er alsbald die Tat folgen, indem er eine Schar von süditalienischen und deutschen Rittern unter seinem Banner nach Siena sandte.

Auch die ausgewanderten Ghibellinen hatten ihre Vertreter, unter ihnen den Farinata degli Uberti, an den sizilischen Herrscher geschickt, um das Werk der Vergeltung und die Wiederaufrichtung einer Staufer-Herrschaft über Toskana vorzubereiten.[2]) Kardinal Ottaviano stellte, als die Sienesen kaum die

---

[1]) SAS. — Cons. Gener. 8 (1259, 1. April), f. 90.

[2]) Die Gesandten Manfreds in Siena (15. und 20. April) SAS. — Cons. Gener. 8, f. 91², f. 92, f. 7. — Über Gesandte und Briefe an ihn Biech. 29, f. 22², 23², 24 (Mai). — Treuschwur des Gesandten Sienas an den König, Exzeption von der Verpflichtung zum Kampf gegen die römische Kirche, Anerkennung der bestehenden Verträge, ferner Schreiben Manfreds an Siena (19. Mai 1259) Reg. Imp. 4699—4701. Nach dem Schreiben der Sienesen an König Richard hätten sie auch das Reich eximiert (Gebauer, 603. — Bullett. Sen. V, 266), eine Angabe, die dadurch ihre Unterstützung findet, daß das Inventar des sieneser Archivs von 1335 (SAS. — Capit. 7, f. 90) zwei Exzeptions-Urkunden erwähnt, während nur eine, die betreffs der Kirche, erhalten ist. — Es muß hier erwähnt werden, daß die Angabe von Paoli, La battaglia di Montaperti p. 11, die auch in Reg. Imp. 4680a übergegangen ist, Manfred habe schon 1258 Gesandte nach Siena geschickt, auf Irrtum beruht. Paoli zitiert Malavolti II, f. 1ª, doch dieser erwähnt die Gesandtschaft richtig zu 1259; dagegen setzt der minder zuverlässige Tommasi (291) sie irrig in den Mai 1258. — Von der Gesandtschaft der florentiner Ghibellinen an Manfred berichtet Villani VI, 75. — Die Nachricht von der Übersendung der Schlüssel Sienas an Manfred findet sich in der von

Zusicherung der Hilfe Manfreds erlangt hatten, die Forderung, daß ihm die Kommune ein bedeutendes Darlehn gewähre, das er in der Tat erhalten zu haben scheint,[1]) und dieses, an dessen Rückzahlung sicherlich keiner von beiden Teilen gedacht hat, mochte eine Provision für die Vermittlung des Vertrages bilden. Trotz der Begeisterung der Mehrheit für Manfred fehlte es indes in Siena keineswegs an einer Gegenströmung; Provenzano Salvani, der Führer der Volkspartei, war zugleich die Seele der auf Anschluß an den König gerichteten Bewegung, doch waren die Verhältnisse in der Stadt sittlich wie politisch auf das ärgste zerfahren. Im August 1259 mußten besondere Bestimmungen gegen die Spieler und Sodomiter erlassen und das Tragen von Waffen verboten oder stark beschränkt werden; zugleich hielt Provenzano es für nötig, eine Bestimmung durchzusetzen, die schwere Strafe gegen jeden verhängte, der einen Schimpf gegen Manfred, gegen den von Siena geleisteten Treueid oder gegen die vom König nach der Stadt geschickten Ritter zu äußern wage;[2]) es waren zweifellos die Großen, die bis zu einem gewissen Grade den Guelfen geneigten Gegner des Provenzano, wider die diese Drohungen gerichtet waren. Die in Siena weilenden Ghibellinen müßten keine Florentiner, die Sienesen keine Sienesen gewesen sein, hätte es nicht zwischen ihnen zu Reibungen kommen sollen, und es blieb nicht bei Worten, sondern die Hohnreden führten zu schweren wechselseitigen Missetaten.[3]) Im September richtete man an den Befehlshaber der apulischen und deutschen Ritter, Herrn Gilliolo da Padule, und an die Ghibellinen die höfliche Aufforderung, sich aus der Stadt ins Gebiet der Feinde zu verfügen, und ihre künftigen Heeres- und Streifzüge nicht von Siena, sondern von irgendwo sonst her zu unternehmen.[4]) Die Volkspartei erwies damit dem Gilliolo üblen Dank, denn gerade mit seiner Hilfe war es ihr, die sich im Dezember des Vorjahres eine neue Organisation gegeben hatte, im August 1259 gelungen, ihren Einfluß zum ausschlaggebenden zu machen. Ähnlich wie es in Florenz geschehen war, hatte sich der Popolo, unter Zurückdrängung der alten Organisation der Kommune, zum eigentlich herrschenden

Innere Zustände Sienas.

D'Ancona veröffentlichten Versifikation des „Tesoro“ von Brunetto Latini (Atti dell' Accad. dei Lincei Ser. IV. Vol. 4. p. 249). Dort wird auch die von keinem Chronisten vermerkte, urkundlich nachweisbare, enge Beziehung des Kardinals Ottaviano zu Siena erwähnt.

[1]) SAS. — Cons. Gener. 8. f. 32, 34^2. Er hatte seinen Kämmerer nach Siena geschickt. Der Kardinal, der im Mai 1259 nach Siena kam, und der in den Stadtbüchern vielfach nur mit diesem Titel bezeichnet wird, war nicht, wie vermutet werden könnte, Ottaviano, sondern Kardinal Ottobuono Fieschi, wie Bicch. 29. f. 38^2 und 30. f. 32^2 deutlich ergeben.

[2]) SAS. — Cons. Gener. 8. f. 55. — Wie Provenzano die Fleischer für sich zu gewinnen suchte, ergibt Cons. Gener. 9. f. 8. — Die von Manfred entsandten Ritter sind zuerst am 5. Juli 1259 in Siena nachweisbar; Cons. Gen. 8. f. 51^2.

[3]) Cons. Gener. 9, f. 1.

[4]) Cons. Gener. 8, f. 11^2; 1259, 26. September.

Faktor gemacht;[1]) begreiflicherweise vollzogen sich diese inneren Kämpfe unter fortwährenden Erregungen; diese wurden vermehrt durch die Furcht vor Verrat auf Anstiften der Florentiner; im Juli war ein Komplott entdeckt, wonach die Ritter und Söldner Manfreds in einen Hinterhalt gelockt und gefangen genommen werden sollten; gleichzeitig ging der Plan dahin, in Siena Unruhen zu entfachen und in der Verwirrung die Stadt in Brand zu setzen. Der Florentiner Ranieri, Sohn des Ritters Salice, einer der Anstifter, entkam, aber sein Helfershelfer, ein Mann aus Santa Fiora im Aldobrandesca-Gebiet, war in Monteriggioni ergriffen und nach der Stadt geschafft worden; beim Verhör hatte ihn Herr Gilliolo zum Krüppel geschlagen, dann wurde er gefoltert und nach abgelegtem Bekenntnis durch die Straßen zu Tode geschleift.[2])

Florenz gegen die Ubaldini.

Jenes Darlehn von der Kommune Siena mochte dem Kardinal Ottaviano zur Aufbringung von Mannschaften und zur Ausrüstung der Burgen seines Geschlechtes dienen, denn die Florentiner wandten sich mit aller Macht gegen das Gebiet der Ubaldini, in denen sie zugleich ein führendes Ghibellinengeschlecht und die Angehörigen des feindlichen Kirchenfürsten bekämpften; überdies handelte es sich für sie um die Behauptung oder Wiedergewinnung der Straße, die von der Romagna nach Florenz führte, und diese Verbindung war, zumal wegen der Getreideversorgung, wegen des Salzbezuges aus den Salinen von Cervia und den andern am ravennatischen Litoral,[3]) von nicht geringer Wichtigkeit. Die Anzianenregierung verstand mit echter Diplomatengeschicklichkeit zwei Ziele zu gleicher Zeit zu erreichen; indem sie mit einem der mächtigsten Feudalherren der Romagna, dem Piero di Pagano von Susinana, einen Getreidelieferungsvertrag schloß, der auf acht Jahre lief, ließ sie sich für prompte Erfüllung dessen Burg Castiglionchio im Lamonetal in Pfand geben, wofür sie denn eine runde Summe für das erst in langen Fristen fällige Korn im voraus zahlte. So gewann die Kommune einen Stützpunkt gegen romagnolische Parteifreunde der Ubaldini und neutralisierte eines der mächtigsten Ghibellinenhäuser jener Landschaft. Später haben die ghibellinischen Pagani in den toskanischen Kämpfen stets auf der Seite des guelfischen Florenz gestanden.[4])

Wider das von dem Kardinal mit großem Aufwande erbaute Castel Montaccianico im Mugello, nahe der Stelle gelegen, wo ein halbes Jahr-

---

[1]) Beschluß über die „reformatio populi“ vom 28. Dezember 1258 (Cons. Gener. 8, f. 2. — Über die Reformation „tempore dicti capitanei“ (Gilioli de Padule) Bicch. 30 (August), f. 21².

[2]) Cons. Gener. 8, f. 51² (1259, 5. Juli). — Bicch. 30, f. 18, f. 22 (August).

[3]) S. Forsch. usw. IV, S. 309 und 314 „Die Getreidepolitik der Kommune“.

[4]) Die Urkunde des Vertrages, Florenz 1258, 22. April (SAF. — Capit. XXIX. f. 171²) läßt die Vermutung aufkommen, daß die Getreidelieferung dem Pagani einen bequemen Vorwand lieferte, die Sache seiner Partei zugunsten von Florenz zu verlassen. Das Geschlecht (Piero war Vater des nachmals Dante-berühmten „Dämon“ Maghinardo) hatte eine merkwürdige Liebe für Florenz, wovon später die Rede sein wird. — Das in acht Jahren lieferbare Getreide-Quantum betrug 800 Moggia, die Barzahlung 2000 Librae florenorum parvorum.

hundert später der Ort Scarperia begründet wurde, richtete sich der erste Anprall des Grimmes; die feste Burg wurde erstürmt und dem Boden gleich gemacht; später, nach dem Umschwung der Verhältnisse, hat der Kardinal sie wieder aufrichten und mit doppelter Ringmauer umgeben lassen. So stark lenkten diese Vorgänge bereits die Blicke der Welt auf sich, daß uns die Tatsache jener Eroberung eines Kastells des florentiner Landgebietes durch einen englischen Chronisten berichtet wird, der in einem Kloster bei London die Ereignisse seiner Zeit verzeichnete.[1]) Eine Reihe anderer Burgen ghibellinischer Edlen im Sievetal verfiel dem gleichen Schicksal; Mangona, das feste Schloß der Grafen Alberti, wurde überrannt; dann zog das Bürgerheer über den Apennin und eroberte das im Bisenziotale an der Straße nach Prato belegene Vernio. Beide waren in den Händen des fast enterbten ghibellinischen Grafen Napoleone gewesen, der die Rechte seines durch das Testament des Vaters bevorzugten guelfischen Bruders Alessandro gewaltsam an sich gerissen hatte; man nannte das Geschlecht, das sich in Bruderkämpfen zerfleischte, die „Rabbiosi", die „Wütenden", und Napoleone mag sich, obwohl wir die Einzelheiten des gegen ihn unternommenen Feldzuges nicht kennen, kräftig zur Wehr gesetzt haben.

Die Befürchtung, daß es während dieser Kämpfe zu Unruhen in der Stadt und zugleich zu Angriffen von außen kommen könne, muß eine starke gewesen sein, denn während das Bürgerheer gegen jene Kastelle zu Felde lag, berief man einen Teil der Mannen aus dem Contado nach der Stadt und ließ deren Türme durch sie besetzen. Im Mugello aber wurde ein besonderer Vikar „zur Verteidigung der Landschaft und zur Befehdung der Rebellen des florentiner Volkes und der Kommune" eingesetzt; obwohl zahlreiche Burgen in Trümmern lagen, war man somit der ghibellinischen Feinde keineswegs völlig Herr geworden; aus der nahen Romagna mochte die Mehrzahl ihrer Parteigenossen, ungleich den Pagani, ihnen kräftige Hilfe leisten, und manche Bergfeste des Gebietes wird sich willig den florentiner Verbannten als Zufluchtsstätte und Ausfallpforte geöffnet haben. Guido Novello hatte gleich nach der Flucht der Ghibellinen aus Florenz, im August 1258, seine alten Streitigkeiten mit Faenza beigelegt; es wird geschehen sein, weil er für sich und seine Parteigenossen nach der Seite der Romagna hin Frieden und Freundschaft zu halten wünschte.[2])

Kriegerische Stimmung gegen Siena.

Die Rachezüge gegen die Ghibellinen und ihre festen Schlösser zersplitterten die Kraft der Volksgemeinde, und die errungenen Erfolge weckten geringe Befriedigung; es war nicht mehr der frühere Geist kühner Aggressive in den Unternehmungen der Bürgerschaft, seit der Konflikt mit der Kirche und der mit den Feinden aus den eigenen Reihen die Gemüter erregte und trennte, seit der Verrat und das allgemeine Mißtrauen gespenstisch umherschlichen. Der

---

[1]) S. Forsch. usw. IV, S. 138 f. „Über die Kämpfe gegen die Ubaldini, den Grafen Napoleone Alberti und im Gebiete der Aldobrandesca-Grafen (1259)."

[2]) Ebendort. S. 140.

Popolo wünschte entscheidendere Unternehmungen; nie versammelte sich in dieser Zeit das Parlament, nie kam das Volk in größerer Menge zusammen, ohne daß sich betäubend der Ruf erhob: „Nach Siena! Nach Siena!“ „Andiamo, andiamo, andiamo!“[1]) Die leitenden Bürger waren andern Willens; ihnen schien, und wie die Folge erwies, mit Recht, der Eifer der Menge größer als ihre Ausdauer, und obwohl die von Manfred entsandte Schar eine kleine war, wußte man, daß man gegen tapfere Männer zu kämpfen haben würde. Man rechnete wohl auf baldiges Erlöschen der sieneser Begeisterung für den König, und das Gerücht von den Reibungen mit der von ihm entsandten Ritterschaft mag solche Hoffnungen bestärkt haben; anderseits mahnten Ereignisse in der Lombardei zu äußerster Vorsicht. Im Juni war zwischen einer Anzahl der bedeutendsten Städte und der mächtigsten Herren, zwischen Cremona und dessen gegenwärtigem Herrscher Uberto Palavicini, Mantua, Ferrara und Padua, Azzo von Este, Markgrafen von Ancona, und Ludwig Grafen von San Bonifazio, Herrn von Verona, ein Bündnis zu Ehren König Manfreds geschlossen worden, dessen Zweck wechselseitiger Schutz, Wahrung der gemeinsamen Interessen und Kampf gegen Ezzelin von Romano bildete, das aber zu gleicher Zeit auch gegen Florenz gerichtet war, obwohl dessen Name in dem Vertrage nicht genannt wurde. Der Kardinal Ottaviano wird der Allianz diesen Nebenzweck, diese Wendung auf die toskanische Interessensphäre gegeben haben, denn an erster Stelle wurden die Ubaldini, die Freunde und Verwandte des Palavicini waren, als diejenigen bezeichnet, denen die lombardische Liga Hilfe gewähren und denen sie zur Rückeroberung ihrer Besitzungen verhelfen wolle. Gleich ihnen sollte dem Maremmagrafen Ildebrandino, dem Verbündeten Sienas, der gleiche Schutz zu teil werden, und ferner den Grafen Guido Novello und Simone, Neffen des Palavicini, und ihrem Vetter Guido von Romena. Von den ghibellinischen Großen des florentiner Gebietes blieb Napoleone vom Hause der Grafen Alberti von jener Begünstigung ausgeschlossen, offenbar weil er ein Vetter des Ezzelino da Romana, des verhaßten Feindes der Verbündeten, war; die toskanischen Kaufleute, deren man wohl zur Geldbeschaffung bedurfte, und deren Fortzug den Handel der Städte ins Stocken gebracht hätte, sollten in den Gebieten der Alliierten unbehelligt bleiben. So erhob sich plötzlich ein Teil der Lombardei nebst dem Markgrafen Anconas zugunsten der feudalen Feinde des florentiner Volkes; der Plan ging dahin, eine Vereinigung der Anhänger Manfreds in Lombardei und Tuszien und, wenn möglich, die Versöhnung des Staufers mit der Kirche herbeizuführen; hier zuerst nahmen die Gegensätze der Ghibellinen und des Guelfentums einen allgemeinen italienischen Charakter an.[2]) Der staufische König

Lombardischer Ghibellinenbund.

[1]) Dies berichten die Sienesen in ihrem Schreiben an König Richard. Gebauer 603. — Bullett. Senese V, 265.

[2]) Der Vertrag ist in der Gestalt, in der er durch den Rat von Cremona am 11. Juni 1259 ratifiziert wurde, gedruckt bei Schirrmacher, Letzte Hohenstaufen, 610; Cipolla. Documenti sulle relazioni fra Verona e Mantova, 72. — Vgl. Reg. Imp.

sandte auch dem Lombardenbunde eine Hilfsschar, wie er sie den Sienesen gewährt hatte.

Die Bürgerschaft Sienas sah, wie alle Verhältnisse sich nach ihrem Wunsch und zu ihrem Vorteil wandten, aber eben deshalb glaubte sie im Abwarten ihr Heil zu finden; sie hoffte auf weitere Verstärkung der deutsch-apulischen Ritterschaft, und einstweilen suchte sowohl sie wie die der Nachbarstadt dem offenen Kampf aus dem Wege zu gehen. Selbst das Wiederaufflammen der nie endenden Fehde in der Aldobrandesca-Grafschaft führte ihn zunächst nicht herbei, trotzdem Siena mit der einen, Florenz mit der andern Partei verbündet war. Im Mai belagerten die Sienesen das Kastell Campagnatico, das 34 Miglien südlich von ihrer Stadt an der Straße nach Grosseto trotzig auf einem Hügel über dem Ombrone aufragte. Eine starke Heerschar war vor die vom Grafen Umberto verteidigte Burg gerückt, und es gelang der Übermacht, in die befestigte zum Kastell gehörige Ortschaft einzudringen; als Umberto sah, daß er die Burg nicht länger halten könne, ließ er sein Pferd und sich selbst mit eiserner Rüstung wappnen und ritt mitten unter die Feinde, die den Marktplatz des Städtchens besetzt hielten; nach allen Seiten teilte er tödliche Streiche aus, „gleich einem Drachen", wie ein Chronist sich ausdrückt; erst als es gelang, durch einen Schleuderspieß sein Roß am Kopf zu verwunden, erst als er abspringend zu Fuß weiter kämpfen mußte, gewann die Masse der Feinde den Mut, auf den einzelnen einzudringen, und er fand den Tod, den er suchte, denn vor allem wollte er nicht unter dem höhnenden Zuruf der Feinde gefesselt in Siena einziehen, wo man kürzlich gefangene Mannen seines Bruders an den Galgen geknüpft hatte, und wo Edle, die in die Hände der Bürgerschaft gefallen waren, durch die Gitter ihres Turmkerkers Spottlieder auf ihre Niederlage und auf die Zerstörung ihrer Burgen hören mußten, für die die Kommune die Jokulatoren, die sie dichteten und sangen, auf Ratsbeschluß ansehnlich zu beschenken pflegte. Der heldenhafte Tod des Conte Umberto muß Geschlechter hindurch den Gegenstand von Gesprächen und Erzählungen gebildet haben; Dante läßt ihn seinen Stolz im Purgatorium büßen und den Hochmut beklagen, der sein Geschlecht zu Falle brachte. Wir wissen nicht, ob Florentiner mit dem Verbündeten in Campagnatico weilten und mit ihm den Untergang fanden, doch die Kastelle, die dem Bruder, dem Ildebrandino von Pitigliano, dem „Conte Rosso", verblieben und die dieser nun allein gegen die Sienesen und den feindlichen Vetter von Santa Fiora behaupten sollte, erhielten zum großen Teil florentiner Besatzungen, die unter den Oberbefehl des Baschiera de' Tosinghi gestellt wurden.[1]

Ende des Pfalzgrafen Umberto.

14096, wo der auf Toskana bezügliche Teil ungenügend berücksichtigt ist. — Siena hatte, damals gewiß in dem Wunsch, in Florenz keinen Anstoß zu erregen, noch am 13. November 1257 ein Ersuchen des Uberto Palavicini um Hilfe abgelehnt. (SAS. — Cons. Gener. 6. f. 128.)

[1] S. Forsch. usw. IV, S. 141 ff. „Über die Kämpfe gegen die Ubaldini, den Grafen Napoleone Alberti und im Gebiete der Aldobrandesca-Grafen (1259)".

Gesandte Manfreds in Florenz.

Wenn trotz alledem der Scheinfrieden zwischen Florentinern und Sienesen fortdauerte, so wird dies dem Willen und Gebot des Königs von Sizilien entsprochen haben, denn Manfred bemühte sich ernstlich, die Herrschaft Italiens auf friedlichem Wege an sich zu bringen; ihn mahnte nicht nur die Gegnerschaft des Papstes und das Geschick seines Vaters, der mächtiger war als er, sondern mehr noch das Bewußtsein, daß er die Krone durch ein trügerisches Spiel und durch Usurpation der Rechte seines Neffen erworben hatte. Mannigfach muß im Volke der Glaube verbreitet gewesen sein, Konradin sei wirklich nicht mehr am Leben, bei vielen Stauferanhängern aber, die die Wahrheit erkannten, herrschte um jener Täuschung willen gegen Manfred starke Erbitterung. Unter denen, die die Partei des jungen Herzogs von Schwaben, des echten Erben Friedrichs und Konrads, hielten, scheint Pisa vorangestanden zu haben;[1]) zumal gegen diese Kommune wünschte Manfred sich auf Florenz stützen zu können, ohne weiter auf die rachevollen Hoffnungen Sienas Rücksicht zu nehmen; unzweifelhaft war er bereit, der Volksgemeinde bedeutende Vorteile einzuräumen, denn ein Bündnis mit Florenz versprach ihm ohne Schwertstreich die Oberherrschaft Toskanas, da das isolierte, von der Nachbarkommune wieder und wieder besiegte Pisa sich nicht länger gegen seinen Willen zu sträuben vermocht hätte. Im Juli 1259 schickte der König seine Gesandten nach Florenz, unter denen der Ritter Manente Uguiccioni aus Jesi hervortritt; mancher Einsichtige mochte unter den bestehenden Verhältnissen der Einigung mit dem Staufer nicht abgeneigt sein, da die Stadt von Parteiungen zerrissen, mit der Kirche zerfallen, von geknechteten, widerwillig gehorchenden Städten, von besiegten Kommunen, die den Tag der Vergeltung herbeisehnten, von feindlichen Großen umgeben, und von einem Bündnis bedroht war, dessen Glieder ihre Macht vom Fuße der Alpen bis zur Südspitze Siziliens ausdehnten. Allerdings wäre die Annahme der Vorschläge des Königs und seiner Gesandten zugleich ein Verzicht der Guelfen auf den maßgebenden Einfluß in der Stadt gewesen, und Siena lieferte den Beweis dafür, daß der Popolo mit den Ghibellinen so gut wie mit der Gegenpartei auskommen könne. Zugleich hätten viele der unterworfenen Städte an dem König eine Stütze gegen die Übergewalt der herrschenden Bürgergemeinde gefunden, und diese beiden Erwägungen werden bewirkt haben, daß man den Botschafter des staufischen Herrschers zwar mit aller Höflichkeit aufnahm, ihm auch in seiner Herberge im Borgo San Lorenzo durch den Nuntius der Anzianen und in Anwesenheit ihres Notars Ruggero Soderini als „dem besonderen Freunde der Kommune und des Volkes von Florenz" ein Gastgeschenk von fünfzig Goldflorenen „in einer großen und schönen seidenen Börse" überreichen ließ, ihn aber im übrigen mit nichtssagender, ausweichender Antwort zu seinem Herrn zurückkehren ließ.[2]) Die Ghibellinen hatten voll

---

[1]) S. S. 467 Anm. 3 und Forsch. usw. IV, S. 151 f. „Die Kämpfe des Jahres 1260".

[2]) Über die Verhandlungen des Gesandten in Florenz s. Forsch. usw. IV, S. 135 f. „Protokolle über die Beratungen der florentiner Anzianen von 1259" und den dort

Wut auf die Verhandlungen Manfreds mit den Gegnern geblickt; sie wünschten keinen halben Ausgleich durch seine Vermittlung, sondern blutigen Sieg durch die Hilfe seiner Waffen und sie wußten ihren Zorn so wenig zu bemeistern, daß eine Gruppe von ihnen einen Handstreich gegen die Gesandten des Herrschers nebst ihrem aus Florentinern und Boten Arezzos bestehenden Geleit ausführte. Unter Führung der Ubertini, die sich gleich andern Parteigenossen nach Siena geflüchtet hatten, überfiel eine Ghibellinenschar den Manente und seine Genossen bei Munistero della Berardenga im Sienesischen und plünderte sie aus; vermutlich war es bei dem Handstreich auf Schlimmeres abgesehen, doch die Überfallenen entkamen. Eine Untersuchung, die in Siena wegen der Räuberei veranstaltet wurde, scheint ergebnislos geblieben zu sein, und sie sollte wohl auch zu keinem Resultat gelangen.[1]) Groß mag die Freude der Sienesen gewesen sein als sich zeigte, daß die Unterhandlungen der Florentiner mit dem König keinen weiteren Fortgang nahmen; erst jetzt fühlte man sich Manfreds wahrhaft sicher. Gesandte eilten von neuem zu ihm und überbrachten die Aufforderung, er möge sich als Kaiser ausrufen lassen; er war klug genug, nicht darauf einzugehen, aber er versprach Erfüllung ihres andern Wunsches, eine weitere, bedeutend größere Abteilung von Rittern unter dem Befehl eines seiner Blutsverwandten zu entsenden, der zugleich Toskana in seinem Namen regieren und das Gebiet der Aldobrandesca seiner Herrschaft unterwerfen sollte.[2]) Dieses Vorgehen barg, wenngleich Manfred den Kaisertitel ablehnte, die tatsächliche Usurpation kaiserlicher Herrschaft in sich, denn ein König Siziliens hatte nicht das Recht, einen Statthalter Tusziens zu ernennen, so wenig wie er einen Anspruch auf die Mark Ankona besaß, als deren Regenten er den Percival Doria einsetzte. Die nach Siena geschickte Ritterschaft Manfreds zog nebst den florentiner Ghibellinen im August 1259 für einige Zeit nach Gubbio, dem Doria zu Hilfe, dessen Kriegszüge sich bis nach dieser umbrischen Stadt ausdehnten.[3]) Manfred hielt die Fiktion aufrecht, daß er zu gebieten habe wie einst sein Vater, und er war sich klar, daß es zuletzt nicht auf die rechtliche Grundlage seiner Macht ankomme, sondern darauf, ob seine und seiner Anhänger Waffen siegreich blieben. Als er im Dezember 1259 den Piemontesen

---

angeführten Passus aus dem spätern Schreiben, das die florentiner Guelfen aus dem Exil an Konradin richteten. — Den vollen Namen des Manente („Dominus Manente Ugichonis“) erfahren wir durch seine Zeugenschaft in einem Vertrage zwischen Jesi und Fano vom 2. August 1255 (Baldassini, Memorie di Jesi, Append. p. XXVI). Jesi stand mit Entschiedenheit auf Manfreds Seite (Ibid. XLI, XLII, XLIII). Nach der in der folgenden Anmerkung zu erwähnenden Urkunde (Siena) 1259, 3. August wären mehrere Gesandte Manfreds nach Florenz gekommen; in den Protokollen der Anzianenberatungen wird nur Manente genannt.

[1]) SAS. — Bicch. 30, f. 15. — Verhör vom 29. und 30. Juli, Urk. von 1259, 3. August, ebendort. — Riform.

[2]) Schreiben Manfreds an Siena vom 11. August 1259. SAS. — Concistoro, Lettere I, 32. — Saint-Priest I, 372.

[3]) SAS. — Biccherna 30, f. 21². — Forsch. usw. II (S. Gimign.), Regest 778d.

Jordan von Anglano, Grafen von San Severino, den Vetter seiner Mutter Bianca Lancia, einen bewährten Kriegsmann, an der Spitze einer erlesenen und ansehnlichen Schar vorwiegend deutscher Ritter nach Toskana entsandte, schrieb er an den Rat von Florenz: die Bürgerschaft möge dem Grafen als seinem Stellvertreter gehorchen und die „Reformation" wie den Frieden ihrer Stadt in dessen Hände legen;[1]) die Guelfen und das unter ihrem Einfluß stehende Volk aber sahen in Jordan nur den Feind ihrer Herrschaft und der Unabhängigkeit ihrer Stadt; in Siena hingegen wurden eben aus diesem Grunde die Vertreter Manfreds jubelnd begrüßt. Beim Einzuge des Podestàs, den der König fürs Jahr 1260 dorthin gesandt hatte, läuteten die Kirchenglocken, und dem Grafen Jordan schickte man zwei Trompeter entgegen, die ihn mit schmetternder Fanfare bewillkommneten; von den vielen Räten, die er mit sich führte, erhielten fünf auf Ratsbeschluß Geldgeschenke. So zahlreich waren die Ritter, die mit ihm kamen, daß man die Deutschen zusammen mit den Ghibellinen, die sich offenbar miteinander gut vertrugen, in fünfzig auf offenem Platz aufgeschlagenen Zelten unterbringen mußte;[2]) eine der ersten Sorgen der Neueingetroffenen war freilich, sich durch Verpfändung ihrer Waffen und Pferde Geld zu lustigem Leben zu schaffen, und die Kommune mußte, um sie wieder kriegsfähig zu machen, ihre Rosse und Rüstungen alsbald mit dem Gelde des Kämmereisäckels auslösen.[3])

Jordan, Graf von San Severino, Statthalter Manfreds in Tuszien.

Es gab sofort für sie Gelegenheit zur Betätigung; zwar ein Angriff auf San Gimignano, den man in Florenz befürchtete,[4]) fand nicht statt, aber, wie König Manfred dies als ein erstes Ziel angedeutet hatte, die Kämpfe begannen in der Aldobrandesca-Grafschaft wenige Wochen nachdem Jordan in Siena eingezogen war. Grosseto hielt sich für den Pfalzgrafen Ildebrandino Rosso von Pitigliano, den Bundesgenossen der Florentiner, und die Maremmenstadt

Kämpfe in der Aldobrandesca-Grafschaft.

---

[1]) Undatiertes Schreiben, Böhmer, Acta selecta ed. Ficker p. 680. Es ist in den Dezember 1259 zu setzen; nach der sieneser Ratsverhandlung vom 21. Dezember (SAS. — Cons. Gener. 9. f. 13; dazu Verhandlungen vom 22., 23. und 29. Dezember, f. 14, 14², 17²) wurde Jordan am 23. Dezember in Siena erwartet, und er traf auch an diesem Tage ein. — Über das Verwandtschafts-Verhältnis des Jordan zu Manfred s. Merkel, Manfredi Lancia p. 182. — In Regesta Imperii 14118a ist das Datum seiner Ankunft irrig mit dem 1. Dezember angegeben. Es herrscht in diesem Regest ziemlich starke Verwirrung, weil Jordan mit seinem Vorgänger Gilliolus zu einer Person zusammengeworfen wird.

[2]) Bicch. 31, f. 42. — Cons. Gener. an den in der vorigen Anm. angegebenen Stellen. — Bestellung des Francesco Troghisio (Troisio) zum Podestà Sienas durch Manfred, 1259, 7. Oktober, Ficker, Forsch. usw. IV. 442. Er trat sein Amt noch im alten Jahre an; am 8. November 1259 (Cons. Gener. 9. Innenseite des Deckels) führte er schon den Vorsitz im Rat. Über seinen Empfang Bicch. 30, f. 34². — Der Beschluß, den Capitano del Popolo von Manfred ernennen zu lassen, erfolgte am 13. Juli 1259, auf Antrag des Provenzano Salvani (Cons. Gener. 8. f. 53).

[3]) Cons. Gener. (7. Januar) 9. f. 19.

[4]) Forsch. usw. II. Reg. 781, 783.

verweigerte dem König und dessen Vikar den verlangten Eid. Der Kampf gegen sie war lang und mühselig; er begann im Januar und endete im März mit einer Kapitulation der Bürgerschaft, die Geiseln nach Siena senden und sich die Erbauung eines Cassero gefallen lassen mußte, durch das die Kommune im Zwange Sienas und Manfreds gehalten werden sollte. Dagegen mißglückte die Belagerung des von Ildebrandino persönlich mit Hilfe einer florentiner Besatzung tapfer verteidigten, 26 Kilometer nördlich Grossetos auf felsigem Hügel gelegenen Kastells Montemassi; die Sienesen und die Ritter des Königs mußten von den Mauern der Burg unverrichteter Sache abziehen.[1])

Beiderseitige Kriegsvorbereitungen.

Seltsamerweise waren selbst jetzt noch die friedlichen Beziehungen der Nachbarstädte nicht völlig abgebrochen; wegen der Ermordung eines Florentiners in Siena und der Gefangenhaltung anderer Bürger richteten die Behörden noch im Februar 1260 briefliche Beschwerde dorthin;[2]) von beiden Seiten wünschte man Zeit zu gewinnen, um die Rüstung zu vervollkommnen, da man ahnte, es stehe eine große Entscheidung bevor. Siena war auch mit der vermehrten Hilfsschar Manfreds noch nicht zufrieden und strebte deren weitere Verstärkung an; der Rat ersuchte den Grafen Jordan, er möge bei seinem König durchsetzen, daß er „in diesem bevorstehenden Sommer in die Verhältnisse Tusziens gut und ehrenvoll eingreife"; Provenzano Salvani machte sich im Frühjahr mit zwei anderen Bürgern erneut auf die Reise zu Manfred, und diese Gesandten verweilten fast zwei Monate bei dem Staufer. Sie erreichten ihren Zweck, und Ende Mai, nachdem freilich schon kurz zuvor ein bedeutender Waffenerfolg erzielt war, traf wiederum ein Trupp deutscher und „lateinischer" Ritter in Siena ein.[3])

Zu den Vorbereitungen des Rachekrieges, die die Sienesen so eifervoll betrieben, gehörte auch der Versuch, den Papst gegen die gebannten Florentiner auf ihre Seite zu bringen; sie gingen ihn nicht nur um Förderung und geistliches Wohlwollen, sondern um reale bewaffnete Hilfe an; man schickte einen Dominikaner als Boten an Alexander, und um die tiefe Devotion gegen die Kirche im Gegensatz zu Florenz, wo die Ketzer öffentlich predigen durften, ins rechte Licht zu setzen, ließ man in Siena im März eine unbußfertige Patarenerin auf dem Scheiterhaufen brennen. Obwohl damals eine Aussöhnung des Papstes mit Manfred nicht außerhalb des Bereiches der Wahrscheinlichkeit zu liegen schien, war Alexander doch nicht gewillt, das Schlüsselbanner an der Seite der Adlerfahne des exkommunizierten Königs wehen zu lassen; er erwiderte den Sienesen, „er wolle die Perfidie der Florentiner nicht durch materielle Bedrohung bekämpfen, und mit dem geistlichen Schwert habe er sie bereits getroffen".[4])

Die Arnostadt ließ in Mailand und sonst in der Lombardei, in der Romagna und in Modena Mannschaften werben, doch sie glaubte sich in der

[1]) S. Forsch. usw. IV, S. 143 „Die Kämpfe des Jahres 1260 usw."
[2]) SAS. — Cons. Gener. 9, f. 53 (1. Februar).
[3]) S. Forsch. usw. IV, S. 143. — [4]) Ebendort.

Hauptsache auf die eigene Macht wie auf die der unterworfenen und verbündeten Städte verlassen zu können. In Siena drängte man den Grafen von San Severino, er möge Montepulciano zur Leistung des Treueides an Manfred zwingen; der Bischof von Arezzo und die Bewohner des verwüsteten Cortona sollten veranlaßt werden, die im Schutz von Florenz stehende südtoskanische Stadt an der Verproviantierung zu hindern, die sie befähigt hätte, eine etwaige Belagerung auszuhalten. Man erwartete, daß die Florentiner diese Versorgung Montepulcianos sofort vornehmen würden, und befürchtete einen raschen Angriff von ihrer Seite, umsomehr, als die Sienesen wiederum mit der Mehrzahl der Ritter Manfreds gegen Montemassi gezogen waren. Aber während die florentiner Bürgerschaft die glänzenden Erfolge früherer Jahre ihrer schnellen Entschlossenheit zu verdanken hatte, vollzogen sich diesmal die Rüstungen, die am 9. Februar 1260 begannen, schwerfällig und langsam. Vielleicht bildeten geheimnisvolle Verhandlungen mit den in Siena befindlichen, vertriebenen Ghibellinen eine Veranlassung des Zögerns, aber die Verbannten waren nur zum Schein auf sie eingegangen. Graf Guido Novello und Farinata degli Uberti, mit denen die Intrigue angeknüpft war, hielten die sieneser Behörden über die ihnen gemachten Anerbietungen genau unterrichtet.[1])

Auszug des florentiner Heeres, April 1260.

Anfang April wurde in Florenz die Absicht eines Kriegszuges gegen Siena öffentlich kundgetan; zugleich wurden die Sienesen aus der Stadt getrieben und etliche von ihnen unter irgendwelchen Vorwänden gefangen gesetzt; Siena antwortete auf diese Maßnahmen durch das an die befreundeten Kommunen, auch an Rom, gerichtete Ersuchen, jede Handelsbeziehung zu den Florentinern abzubrechen. Etwa am 19. April setzte sich die ganze waffenfähige Mannschaft der Arnostadt in Bewegung; das verbündete Lucca und die unterworfenen Städte hatten Zuzug entsandt. Dem Bannerwagen folgend, zog das Heer nach Colle di Val d'Elsa, wo die Straße nach der Maremma abzweigt, und hier lagerte es vom 21. April an mehrere Tage; als es wieder aufbrach, nahm es, bis Mensano ziehend, den Weg nach Südwesten; das Kastell Casole wurde eingenommen; Mensano wurde durch die Einwohner übergeben, während der Befehlshaber der sieneser Besatzung, der Ritter Forteguerra mit seinen Leuten sich bis zuletzt tapfer gegen die Übermacht wehrte.[2]) Über die Landschaft, die sich in einigen Friedensjahren erholt hatte, erging die Verwüstung, doch der eigentliche Zweck dieses Zuges war ein anderer; eine Kriegslist sollte die Sienesen irreführen, und es gelang in der Tat, den Glauben zu erwecken, daß das Heer nach Montemassi ziehe, um dessen aus Leuten des Pfalzgrafen Ildebrandino von Pitigliano und Florentinern bestehende Besatzung aus ihrer Bedrängnis zu befreien; der sieneser Podestà leitete selbst eine erneute enge Umzingelung der Burg und die Ritter Manfreds waren zum größten Teile mit ins Feld gerückt. Die Täuschung gelang insoweit, als dadurch weitere sieneser Mannschaften nebst den florentiner Ghi-

---

[1]) SAS. — Cons. Gener. 9. f. 110 (16. April).

[2]) Il Costituto del Comune di Siena (1262) ed. Zdekauer p. 186. 188.

Die Florentiner vor Siena.

bellinen nach dem entlegenen Montemassi gelockt wurden. Wäre das florentiner Bürgerheer nun mit der Schnelligkeit früherer Feldzüge sofort vor den Mauern Sienas erschienen, so wären der Schrecken und die Verwirrung der Feinde ihre besten Verbündeten geworden; statt dessen ließen sie zehn Tage verstreichen, ehe sie auf der Höhe von Vico Alto und Vico Bello, der Stadt gegenüber, ihr Lager an jener Stelle schlugen, von wo aus die Greise im Heere als Männer, die in reifen Jahren Stehenden als Jünglinge vor 29 Jahren einen glänzenden Sieg errungen hatten. Auch jetzt schien das Glück günstig; in einem Scharmützel, das sich während der Errichtung des Lagers entspann, erlitten die aus der Stadt ausrückenden Truppen nebst den hundert deutschen Soldrittern, die von den fremden Mannschaften allein zurückgeblieben waren, eine Schlappe, und einige von den Deutschen wurden gefangen genommen. Am folgenden Tage, am 18. Mai, rückte das Heer der Angreifer zur Schlacht gerüstet vor die nahe Stadt, doch bei dem armen Klösterchen der eingeschlossenen Frauen von Santa

Niederlage bei Santa Petronilla 1260, 18. Mai.

Petronilla stürzte sich ihnen die kleine Schar der deutschen Ritter, befehligt von ihrem Marschall, mit solcher Wucht entgegen, daß sich das große Heer in wilder Flucht rückwärts wandte; viele wurden getötet und verwundet, bedeutende Beute fiel den nachrückenden Sienesen in die Hände. Die deutschen Ritter waren wohl weniger vom Weine erhitzt, wie die Florentiner in ohnmächtigem Grimme höhnten — eine so gewaltige Übermacht konnte nicht von Halbberauschten niedergeworfen werden — als von dem Wunsche erfüllt, den Mißerfolg vom Tage zuvor wettzumachen. Ihr Verlust betrug nur wenige Pferde, und es scheint, daß kein einziger von ihnen im Kampfe getötet wurde. Die Unterlegenen suchten in ihrem wohl befestigten Lager Schutz, aber sie wagten kein erneutes Vordringen, sie brachen vielmehr am zweiten Tage die Zelte ab und zogen in die Heimat zurück. Der Dichter Palamidesse Bellindoti, der als Bannerträger der Armbruster von Porta del Duomo mit in den Kampf gezogen war,[1]) mochte ein Lied voll Schmerz und Zorn über die

[1]) Libro di Montaperti 5. — Palamides erhielt später den Titel eines Ritters. Der Poet wohnte im Borgo San Lorenzo. 1296, 24. Januar wird er urkundlich als verstorben erwähnt. Sein Sohn hieß Scolaio, seine Tochter Grigia war mit Azzo, Sohn des Tedici Mazzinghi, verheiratet. Palamides hatte zwei Brüder, Ranieri und Perfetto; der letztere starb 1295, der erstere lebte noch 1296; alles Erwähnte ergibt sich aus der Urkunde vom 23. November 1295 und der vom obigen Datum. SAF. — Protok. des Matteo di Belliotto (M. 293) f. 78 u. 87. — Palamides muß 1260 noch jung gewesen sein, denn sein Sohn Scholaio olim Domini Palamidex populi S. Laurentii lebte noch 1323, 11. Mai, an welchem Tage er „flexis genibus“ von Brandalisius comes palatinus de Venerosis auf Grund der dem Geschlecht verliehenen diesbezüglichen kaiserlichen Privilegien die Legitimierung seines unehelichen Sohnes Bonaventura vocatus Palamidexe (!) erbat (SAF. — Bigallo). Die Erben des Scolaio („heredes Scolay Domini Palamidesse“) werden als Besitzer eines Grundstückes im Borgo San Lorenzo 1329, 16. Februar erwähnt (Urk. im Archiv des Comm. Luigi Vaj in dessen Villa Ai Galeeti, Docum. della Fam. Marignolli No. 12). Ein Bruder des Palamides, Ranieri Bellindoti, war ein

unrühmliche Heimkehr anstimmen, der Jubel der Sienesen hingegen über den ersten Sieg, den sie seit langem wider die Florentiner erfochten hatten, war ein großer; der geistliche Chronist, der die sieneser Ereignisse in das Kalendarium des Domes eintrug, fügte, indem er den Waffenerfolg vom 18. Mai 1260 verzeichnete, die Worte hinzu: „So geschehe es immer. Amen.“ Freilich gehörte die Ehre des Tages nicht der Bürgerschaft, sondern der kleinen Abteilung von Söldnern unter Manfreds Banner; ihnen wurde vom Rat „zur Belohnung der Tüchtigkeit, die sie gegen die Feinde bewiesen“, ein Geldgeschenk votiert. Der Schrecken, der bis dahin den florentiner Waffen voranging, war durch die Flucht vor einer Handvoll tapferer Männer mit einem Schlage gebrochen, und die Folgen ließen nicht auf sich warten; Montemassi kapitulierte, da von einem Entsatz jetzt nicht mehr die Rede sein konnte, und die feste Burg wurde der Erde gleich gemacht. Poggibonsi, das durch Florenz Schmach und Verwüstung erlitten hatte, das nur die Furcht solange auf seiner Seite gehalten hatte, trat einen Monat nach der Niederlage von Santa Petronilla wieder zu den Sienesen über, von denen sich die ghibellinische Stadt nie aus freiem Willen getrennt hätte. Die Umgebung des auch jetzt treu zu Florenz haltenden Montalcino wurde verwüstet, und das gleiche Schicksal erfuhr das Gebiet Montepulcianos, weil es zunächst dabei blieb, Manfred den Treuschwur zu weigern und bei den Verbündeten auszuharren. Vergeblich intervenierte Perugia, von Orvieto dazu aufgefordert, bei der Kommune Siena und bei dem Grafen Jordan zugunsten des bedrohten Montepulciano; der alte Haß gegen die beiden kleinen Kommunen, die sich unter den Schutz der Feinde gestellt hatten, brach mit voller Macht hervor, und ihre Niederzwingung oder Vernichtung war auf aller Lippen und in aller Herzen; auch ein Verwüstungszug gegen San Gimignano wurde wiederum bei dem Vikar Manfreds angeregt, doch er unterblieb, vielleicht weil man wußte, daß die Bürger dieser übel behandelten Stadt nur mit halbem Herzen bei der Sache der Florentiner waren.[1])

Die Siegeshoffnung der Sienesen wuchs, als nach dem Abzuge der

---

bedeutender Bankier (Forsch. usw. III, 52 und Forsch. usw. IV, 108). -- Endlich ergibt eine Urkunde vom 2. September 1289, daß ein anderer Bruder des Dichters als päpstlicher Kaplan in England lebte; er machte am 2. September 1289 in Canterbury im S. Augustin-Kloster sein Testament; seine Liegenschaften in Stadt und Diözese Florenz, darunter einen Turm, hinterließ Magister Salvagius Bellindoti de Florentia, Domini pape capellanus zu gleichen Teilen seinen Brüdern Ranieri und Perfectus und seinem Neffen Scolarius; daß statt des dritten Bruders Palamides dessen Sohn Erbe sein sollte, macht es wahrscheinlich, daß Palamides nicht nur 1296 (s. vorn), sondern schon 1289 nicht mehr am Leben war. (Das Testament SAF. — Bigallo.) Eine Schwester des Erblassers, Lucia, war an „Dom. Baldus de la Tosse“ verheiratet. Dies kann nur Odoaldo della Tosa, aus dem berühmten zur Consorteria der Visdomini gehörigen Guelfengeschlecht der Tosinghi gewesen sein, mit dem der Dichter mithin verschwägert war.

[1]) Für alles hier und im folgenden Erwähnte sind die Belege Forsch. usw. IV, S. 143—172 „Die Kämpfe des Jahres 1260 usw.“ zusammengestellt.

Gegner, wie erwähnt, eine neue Schar von Rittern Manfreds und mit ihnen auch griechische und sarazenische Mannschaften eintrafen. Die Bürgerschaft vermehrte ihre Cavallata; achthundert Ritterpferde wurden, wie ein sieneser Bankhaus sich in einem uns erhaltenen merkwürdigen Geschäftsbrief ausdrückte, „zum Tode und zur Zerstörung von Florenz" auferlegt. Der Krieg erforderte große Summen; die Barmittel waren so knapp geworden, daß bei Darlehen unter Kaufleuten im Sommer 1260 nicht weniger als 25 bis 30 vom Hundert an Zinsen, bei solchen an Private 50 bis 60 vom Hundert gezahlt werden mußten; man vermehrte den Geldvorrat, indem die sieneser Bankiers umfangreiche Trassierungen auf ihre Vertreter auf den Champagner Messen vornahmen; das gleiche auch betreffs ihrer englischen Filialen zu tun hielten sie für weniger geraten, weil das dort arbeitende Kapital ihnen noch höheren Nutzen abwarf als der gewaltige, der jetzt in der Heimat erzielt werden konnte. Trotz der Geldnot aber waren die Bürger entschlossen, die äußersten Opfer zu bringen; in jenem Schreiben, das die Sozien des Jachomo Guidi Chaciachonti an den in der Champagne weilenden Genossen richteten, drückten sie ihre Hoffnung aus: „die Sienesen würden Florenz das Fell gerben, wenn nur König Manfred, dem Gott das Leben erhalte, von jedem Übel verschont bleibe. Amen."[1]) Die Zuversicht stieg, als Montepulciano, das seine Umgebung durch die Truppen Sienas und die Ritter des Grafen Jordan verödet sah, im Juni Verhandlungen anknüpfte; Perugia machte sich zum Garanten seiner Verpflichtungen, die dahin gingen, König Manfred den Treueid zu leisten und nach dem Gebot Sienas Krieg zu führen und Frieden zu schließen. Als die Bürgerschaft die verheerenden Scharen heimkehren sah, machte sie noch einmal den Versuch einer Auflehnung, aber eine erneute Brandschatzung und Verwüstung brach Anfang Juli ihren letzten Widerstand. In ähnlicher Art hoffte man Arezzo niederzuzwingen; von Montepulciano zog Graf Jordan mit seiner Ritterschaft vor diese Stadt, aber hier blieben seine Drohungen vergeblich und seine Kämpfe erfolglos.

Über das von einem florentiner Podestà regierte benachbarte Colle im Elsatal erging Ende Juni oder in den ersten Julitagen die Verheerung; auf diese Kunde hin rückten die Florentiner aus, aber als sie bis zu dem etwa 17 km vor Colle gelegenen Barberino gelangt waren, erfuhren sie, daß die Sienesen bereits nach gründlich getaner Arbeit abgezogen seien; die Sienesen, Ritter und Fußvolk, waren nach Poggibonsi gerückt und als sie hörten, die Feinde seien von Barberino umgekehrt, setzte die Ritterschaft ihnen nach und verfolgte sie bis etwa 7 km vor Florenz; auf dem Heimwege wurde niedergebrannt, was man in der Eile anzünden konnte.[2]) Mit unendlicher

[1]) Schreiben der Sozien des Jachomo Guidi Chaciaconti (Cacciaconti) an ihn, der ihr Haus auf den Messen von Provins, Troyes, Lagny und Bar sur Aube vertrat. Es ist aus Siena vom 5. Juli 1260 datiert. Vgl. Forschungen usw. IV, S. 146.

[2]) Forsch. usw. IV, S. 146.

Schnelligkeit sank Florenz von der Höhe seines Waffenruhmes und seines Ansehens.

Seit Anfang Juni war man zu einem neuen Heereszuge entschlossen. Als sein Zweck ward von vornherein die Proviantierung des tapfern Montalcino bezeichnet; große Getreidemengen und eine entsprechende Zahl von Lasttieren zu ihrem Transport waren aufzubringen; das Brotkorn suchte man ohne baren Aufwand dadurch zu beschaffen, daß seine Lieferung den einzelnen Kirchspielen der Grafschaft auferlegt wurde, wobei dann noch die zahlreichen, auf dem Lande tätigen Kleinhändler zu besonderen Leistungen herangezogen wurden. Das Verfahren war begreiflicherweise ein schwerfälliges und schleppendes, und der August ging zur Neige, ehe es beendet war; den Einsichtigen mochte jetzt klar werden, daß man in den Jahren des Glückes weit über die eigenen Kräfte hinaus vorwärts gestürmt sei; nur der Pöbel und dessen demagogische Führer, die mit volltönigen Worten um sich warfen, die Vorsichtigen und Bedenklichen im Rat verhöhnten und der Feigheit bezichtigten, blieben blind für die Gefahren, von denen man umringt war. Nach allen Seiten wandten die Regierenden ihre nach Halt und Hilfe spähenden Blicke; sie warben Soldritter im Spoletanischen wie im Gebiete von Rom, sie sicherten sich die Hilfe Bolognas und Piacenzas. Im Namen des damals achtjährigen Konradin war aus Deutschland beim Papst eine Gesandtschaft eingetroffen; gemeinsame Gegnerschaft wider Manfred bildete das Bindeglied zwischen dem schwäbischen Kinde, dessen süditalisches Erbe der Onkel usurpiert hielt, und dem Greise auf dem Apostelstuhl. Konrad Bussarus und Konrad Kroff von Fluglingen, der frühere Burggraf von Trifels und nachmals der Marschall Konradins bei dessen Zuge nach Italien, waren die Boten, die sich an die Kurie nach Anagni begeben hatten. Die Florentiner, die ehedem stolz erklärt hatten, in ihren Händen ruhe der Schutz der Freiheit Italiens, gedachten jetzt die Verteidigung der legitimen Erbrechte Konradins mit ihren eigenen Interessen zu verknüpfen, um für ihren Kampf gegen Manfred Sympathien und Bundesgenossen zu werben und sie gewannen Bussarus und Kroff von Fluglingen für ihren Plan. Die deutschen Herren stellten sich, von Anagni kommend, Ende Juli oder in den ersten Augusttagen an die Spitze einer Schar von Rittern, die mit dem Gelde der Florentiner geworben waren, um sie unter dem Banner Konradins nach der Arnostadt zu führen; einige höchst angesehene Persönlichkeiten befanden sich unter den Geworbenen, so der ehedem von Kaiser Friedrich begünstigte Ruggero del Dragone, dessen Lehen in den Abruzzen bei Chieti lagen, so Enrigetto de Sparvaria, Graf von Marsica, aus dem Hause der Pfalzgrafen von Lomello, die das Recht besaßen, dem Kaiser, wenn er in Italien war, bei festlichen Anlässen das Schwert voranzutragen, ferner war eine Anzahl ghibellinischer Legitimisten für Florenz zum Kampf gegen die toskanischen Ghibellinen, die Parteigänger des Usurpators Manfred, gewonnen worden. Dieser, der die Gesandtschaft ohnehin mit schelen Augen angesehen hatte, beschloß jetzt, gegen die beiden Deutschen und ihre Schar einen Handstreich ausführen zu lassen; er trat mit dem Römer Naulo Surdo aus

Gewinnung der Gesandten Konradins.

dem Geschlecht der Anibaldi, in Verbindung, dem Neffen des Kardinals Riccardo, einem von denen, die vor anderthalb Jahren dem Podestà und den Gesandten von Florenz das Geleite zugesagt und dann ihr Wort gebrochen hatten. Raulo war eine katilinarische Persönlichkeit, berüchtigt, weil er durch liederliches Leben sein großes Vermögen verschwendet hatte, und während andere römische Edle es abgelehnt hatten, Manfred den Willen zu tun, war er sofort dazu bereit. Bei Molaria, einem Kastell der Anibaldi südöstlich von Velletri, lauerte er den Gesandten und ihren Rittern auf; Bussarus wurde getötet, Kroff von Fluglingen entkam verwundet und gelangte mit den übrigen nach Florenz. Er hat Kampf und Niederlage mit den Florentinern erlebt und am blutigen Tage der Entscheidungsschlacht in ihren Reihen das Banner des jungen Königs Konradin getragen. Jenen Raulo belohnte Manfred für die blutige Tat durch die Verleihung einer Grafschaft, während die Kirche, weil der Überfall gegen Gesandte an den Papst ausgeführt war, Bann und Güterkonfiskation über ihn verhängte, bis Clemens IV. nachmals den Mörder gütig wieder in den Schoß der Kirche aufnahm.[1])

Gesandtschaften nach Deutschland und Spanien.

Die Florentiner wollten nicht nur Konradins Fahne neben ihrem Lilienbanner im Felde wehen lassen, sie suchten den engsten Anschluß an den Kaiserenkel; sie hofften, seinen Vormund und Onkel Ludwig, den kraftvollen Herzog von Bayern und Pfalzgrafen bei Rhein zu bestimmen, daß er den Knaben selbst oder doch einen in dessen Namen auftretenden Legaten an der Spitze einer Streitmacht nach Italien sende; zumal von dem Erscheinen des jungen Herzogs von Schwaben hätten sie sich die größte Wirkung versprochen; sie hofften in Ludwig den Glauben zu erwecken, der Knabe brauche sich nur südlich der Alpen zu zeigen, und sofort würden seine Getreuen sich um ihn sammeln, ein allgemeiner Abfall von Manfred würde die Folge sein, sobald man sich durch Augenschein davon überzeuge, daß er trotz des kunstvoll aufrecht erhaltenen gegenteiligen Glaubens wirklich am Leben sei. Wie ein solches Abenteuer auch ausfallen mochte, den Florentinern wäre es freilich zum Vorteil gediehen, weil es die Macht Manfreds und der mit ihm verbündeten Sienesen bedroht hätte. Dem Richter, Notar und Dichter Guglielmo Beroardi, der seiner Liebeslieder und zugleich seiner spitzfindigen und tiefsinnig gelehrten Worterklärungen halber berühmt war, fiel die Mission zu, das Kind Konradin zu verlocken und seinen Vormund zu gewinnen; Guglielmo sollte sich nach Bayern begeben, wo die Stauferwaise lebte; da man aber die Kosten der weiten Reise aufwandte, sollte er zuvor dem König Richard von Cornwall, der eben in Worms weilte, die Versicherung ergebener Gesinnungen der Florentiner überbringen; daneben verfolgte diese Sendung freilich auch den Zweck, den Mitbürgern in England die Gunst des Königsbruders zu gewinnen und wenn möglich diesen zu einem Eingreifen in Italien zu bestimmen, sei es auch einstweilen etwa nur durch Entsendung einer Ritterschar gegen Manfred zu ihrer Hilfe. Man wußte, daß es die Absicht Richards sei,

[1]) Forsch. usw. IV, S. 146 f.

nach Italien zu kommen, daß sein Aufenthalt in Deutschland der Vorbereitung dieses Zuges galt und daß er mit dem Papst in Unterhandlungen wegen der Kaiserkrönung stand. In Rom wurde er etliche Monate später unter dem Einfluß eines Teiles der Kardinäle zum lebenslänglichen Senator gewählt, während die Gegner freilich Manfred als Regenten der Stadt ausriefen.[1]) Gelang es, den Grafen von Cornwall zur Beschleunigung der geplanten Expedition oder zur Abschickung einer Heeresabteilung zu veranlassen, so konnte man sich davon mit Sicherheit eine Einschüchterung der Parteigänger Manfreds versprechen.

Die beiden Versuche liefen einander innerlich zuwider, und eben dadurch zeigen sie deutlich, von wie schweren Sorgen man in Florenz erfüllt war, wie man die Rettung nur von fremder Hilfe, nur aus der Ferne erwartete. In welchem Kontrast stand diese Stimmung zu jener, in der man sich vor wenigen Jahren in großsprecherischen Worten mit Rom, dem stets siegenden und triumphierenden, verglichen hatte! Auch wandten sich die leeren Hoffnungen außer auf den englischen König und den schwäbischen Knaben noch nach einer dritten Seite; Brunetto Latini, der Poet und Gelehrte, der Notar der Anzianen, begab sich, wahrscheinlich zur selben Zeit, in der Guglielmo Beroardi über die Alpen ritt, als Gesandter des florentiner Volkes zu König Alfons nach Kastilien. Offenbar hoffte man, daß Richard nichts von der einen, Alfons nichts von der andern Gesandtschaft erfahre, denn man versicherte auch den Spanier besonderer Treue, forderte ihn zu schleunigem Zuge nach Italien auf und versprach ihm zu dem Unternehmen große Unterstützung durch die verbündeten Guelfenstädte. Man dachte nicht mehr an die frühere Gegnerschaft, noch daran, welche Erfahrungen Pisa mit dem Kastilianer gemacht hatte, und die Entsendung einer so gewichtigen Persönlichkeit, wie der des Brunetto, erweist, daß man auch von diesem Schattenspiel ernsthafte Wirkungen erwartete. Der Notar der Anzianen erfuhr, als er vom Hofe des Alfons zurückkam, in der Ebene von Roncesvalles aus dem Munde eines aus Bologna heimkehrenden spanischen Studenten, Guglielmo Beroardi hörte auf dem Wege von der Nibelungenstadt nach Bayern die Trauerkunde, daß die Macht der Vaterstadt vernichtet, daß die stolze Volksgemeinde niedergeworfen sei, daß sich die Guelfen, soweit sie dem Blutbad entgangen waren, im Exil befänden. Zu Konradin und Herzog Ludwig ist der Gesandte nie gelangt; statt seine Anerbietungen im Namen einer stolzen Kommune zu machen, hätte er ihr Ohr nur mit zwecklosen Klagen im Namen von Vertriebenen erfüllen können; Guglielmo kehrte über die Alpen heim, um sich mit den Genossen in der Verbannung zu vereinigen, während sein Haus am Mercato Vecchio und der Turm San Famaso (San Tommaso), den er gemeinsam mit den Medici besaß, vom Parteihaß dem Erdboden gleich gemacht wurden. Brunetto aber wandte sich nach Frankreich und schuf dort in den Jahren, in

[1]) Schreiben der betreffenden Kardinäle an Richard, veröffentlicht von Hampe im N. Archiv XXX, 686. — Gregorovius V, 327.

denen ihm die Vaterstadt verschlossen war, seinen einen großen Teil des weltlichen Wissens der Zeit umfassenden „Livres du Tresor", in dem Idiom des Landes, in dem er eine Zuflucht fand, weil dieses „ergötzlicher und allen Völkern besser geläufig sei" als seine Muttersprache, und er schrieb in derselben Zeit die „Retorica" in der Mundart seiner Heimat, ein Werk, in dem, abgesehen von sonstiger, aus dem Schatz der antiken Welt geschöpften Gelehrsamkeit, zum ersten Male in den Zeiten des Mittelalters der stammelnde Versuch unternommen wird, die Begriffe „Ökonomie" — noch in dem engen Sinne der wirtschaftlichen Leitung des eigenen wie des Familienbesitzes — und „Politik" wissenschaftlich zu definieren.[1])

Zug zur Proviantierung Montalcinos.

In seinem bald nach dem „Tresor" entstandenen poetischen „Tesoretto" singt Brunetto: keine Bürgerschaft, die von Parteien zerrissen sei, könne der äußersten Gefahr entgehen; sein Florenz hatte, als er dies schrieb, die Wahrheit schmerzlich erfahren. Ende August setzte sich der lange vorbereitete Heereszug in Bewegung; der Carroccio fuhr ihm voran, und der Podestà Jacopino Rangoni aus Modena, der vor 23 Jahren in gleicher Eigenschaft an der Spitze Sienas gestanden hatte, führte den Oberbefehl; ein Teil der Anzianen stand ihm zur Seite und teilte mit ihm und den Kriegskapitanen die Verantwortung für die Heeresleitung. Graf Guido Guerra, der Feldherr früherer Kämpfe, nahm auch jetzt eine bedeutende Stellung im Heere ein. Eine so bedeutende Macht wie diese hatte Toskana noch nicht vereint gesehen, denn außer den gesamten Mannschaften von Florenz zu Pferde und zu Fuß, rückten die Bürgerheere von Lucca, Pistoia, Prato, Arezzo und Volterra ins Feld; starke Hilfsmannschaften hatten überdies San Miniato, San Gimignano, sowie die anderen Ortschaften des Elsatales, Orvieto, Bologna und Piacenza, entsandt. Mit den Lucchesen waren die drei Brüder Friedrich, Manfred und Moroello, Markgrafen Malaspina, an der Spitze ihrer Lehnsmannschaften aus der Lunigiana herbeigezogen und die staufische Adlerfahne des jungen Konradin wehte der Ritterschar voran, die Herr Kroff von Fluglingen führte; groß muß die Zahl der in der Nähe und Ferne geworbenen italienischen Söldner gewesen sein. Die Gesamtmenge der Ritter und Fußkämpfer, die der weiß-roten Fahne des Carroccio folgte, wird auf 70 000 angegeben. Überdies aber führte das Heer einen unübersehbaren Troß von 20 000 mit Getreide und Brot beladenen Lasttieren mit sich, deren Fracht teils zum Unterhalt der Kämpfenden, teils zur Versorgung Montalcinos über den Winter hinaus bestimmt war. Über den einzuschlagenden Weg scheint in der Versammlung eines zur Entscheidung berufenen Rates von Großen und Popolanen leidenschaftlicher Streit entbrannt zu sein;[2]) die kriegserfahrenen Guelfen aus den

---

[1]) Über die Gesandtschaften und die Personen der Gesandten s. Forsch. usw. IV, S. 147 ff.

[2]) Forsch. usw. IV, S. 155. Nur auf die Beratung über den Weg, nicht auf die Frage, ob der Heereszug stattfinden solle, kann sich, wie dort erörtert, der Bericht bei Villani VI, 78 beziehen.

vornehmen Bürgerhäusern rieten, wie die Besonnenheit gebot, einen möglichst gefahrlosen direkten Weg nach Montalcino zu wählen; man hatte die Wucht des Angriffes der deutschen Ritter Manfreds im Mai erprobt, als das große Heer vor einer kleinen Schar entflohen war, jetzt aber befand sich die ganze Truppe, Deutsche und Süditaliener, durch neuen Zuzug verstärkt, in Siena. Für die Klugen und Klarsichtigen konnte kein Zweifel darüber bestehen, daß man dieses in einem Bogen umgehen, den Proviant nach Montalcino werfen und unter dessen Mauern eine Schlacht annehmen müsse; auf diese Art hätte man die Ritterschaft Manfreds und die Streitkräfte der Sienesen zersplittert, da ein Teil zur Deckung der Stadt zurückbleiben mußte. Törichte Demagogen aber erhitzten die Urteilslosen für den Plan, die Scharte der Niederlage vom Mai durch eine Demonstration auszuwetzen und mit dem gewaltigen Heere dicht an Siena vorüberzuziehen, um den oft Besiegten deutlich den Mut und die Übermacht der Florentiner zum Bewußtsein zu bringen. Zumal der Anzian Spedito, ein Popolan des Sechstels Porta San Piero, führte das große Wort und schleuderte dem zur Vorsicht mahnenden Tegghiaio Aldobrandi aus dem Hause Adimari den Vorwurf feiger Furcht entgegen; Tegghiaio war ein älterer Mann; er hatte sich als Podestà von San Gimignano und Volterra bewährt, und er galt nach Dantes Zeugnis noch der folgenden Generation als ein besonders würdiger Bürger, aber der Popolan mit den lauten und anmaßenden Reden setzte gegen ihn und gegen den alten Ritter Cece de' Gherardini durch, was der selbstgefälligen Eitelkeit des Volkes schmeichelte; dem Gherardini wurde schließlich, da er zu mahnen nicht aufhören wollte, bei Todesstrafe untersagt, dem Willen des souveränen Volkes noch weiter zu widersprechen, und das Unheil nahm seinen Lauf.

Der florentiner Stadtastrolog Jacopo Ferraguti hatte die Häuser des Himmels durchforscht, um die glückverheißende Stunde und die geeignete Stelle für den Ausmarsch zu ermitteln. Als der Zug begonnen hatte, wurde dem Sterndeuter indes vor seiner eigenen Weisheit bange; er warnte davor, ihn fortzusetzen, und verlangte auf Grund seiner Beobachtungen am nächtigen Firmament die Rückkehr. Die Anzianen verhöhnten seine Zaghaftigkeit, ließen aber, um für alle Fälle die Drohung der Gestirne abzulenken, das nächste Lager an anderer Stelle als der geplanten schlagen. In Wahrheit kam dem Astrologen seine späte Erkenntnis wahrscheinlich nicht vom Himmelsgewölbe, sondern auf sehr irdische Art; seine Söhne traten nachmals unter den florentiner Ghibellinen hervor, und so mag ihm auf dem natürlichsten Wege die Kunde zugekommen sein, daß seine erste Wahrsagung zuschanden werden müsse, daß in dem glänzenden Heer unsichtbar der Verrat mitziehe, daß die Ghibellinen in dessen Reihen mit ihren ausgewanderten Parteigenossen in verbrecherischem Einvernehmen ständen.

Lagerung an der Arbia bei Siena.

Wie es beschlossen war, zog man nahe an Siena vorüber, und zweifellos bezeichneten Brand und Verwüstung den Weg. Am 3. September wurde südöstlich und östlich der Stadt auf dem von der Arbia und ihrem Nebenflüßchen

Malena durchflossenen Terrain ein Lager geschlagen, das sich dem Umfang des Heeres gemäß weithin ausdehnte und dessen Siena nächster Punkt nur etwa 7, sein entlegenster 12 Kilometer von den Toren entfernt war. Vom Turme Monselvoli bis zum Kastell Montaperti (auf der jetzt Montapertaccio genannten Anhöhe) erstreckte sich die Lagerstätte von Heer und Troß. Die Burg war, wenn überhaupt ein Widerstand versucht war, leicht genommen worden, und von den Türmen Sienas sah man die Feuer der Feinde leuchten. Dennoch hegte die Bürgerschaft keine Furcht, sondern voll Zuversicht auf die Kerntruppe der deutschen und süditalienischen Ritter war sie von Kampflust und Siegeshoffnung beseelt; ein lombardischer Minorit, der das Heer der Florentiner begleitete, schrieb nachmals im Kloster Santa Croce einen Bericht über die Ereignisse nieder und erzählte, wie selbst die Frauen und Kinder von Sehnsucht nach der Feldschlacht erfüllt waren.[1])

An Zahl stand die Streitmacht Sienas hinter der seiner Gegner weit zurück, und darauf wird sich deren Hoffnung gegründet haben, unangegriffen an der Stadt vorbeizukommen. Auch mochte man glauben, daß ein Teil der Sienesen und der Ritter Manfreds das heranrückende Heer vor Montalcino erwarte; in Wirklichkeit hatten die Feinde jedoch den klugen Entschluß gefaßt, um den Besitz von Montalcino unter den Mauern der eigenen Stadt zu kämpfen und ihre ganze Macht ungeteilt zusammenzuhalten. So zog diese in der ersten Morgenfrühe des 4. September, der auf einen Sonnabend fiel, frisch und mutvoll gegen die Übermacht. Schwerlich hatten die Sienesen außer Zuzug von Grosseto und dem zu ihm übergetretenen Poggibonsi weitere Hilfe erhalten, aber das Vertrauen auf die 800 Ritter des Königs und die florentiner Ghibellinen, die für die Rückkehr in die Heimat, für Niederwerfung der Parteifeinde und des verhaßten Volkes in die Schlacht gingen, daneben das Bewußtsein des Einverständnisses im Heer der Feinde, verlieh den sieneser Streitkräften eine innere Überlegenheit, die wertvoller war als die der Zahl. Graf Guido Novello führte die verbannten Florentiner, und sein Astrolog Guido Bonatti, der dem Tyrannen Ezzelino bis zu dessen blutigem Ende gemeinsam mit einem Araber den Willen der Sterne gedeutet hatte,[2]) rühmte sich später nicht wenig, daß er den Ort, sowie die Stunde des Auszuges bestimmt habe, und gab zu verstehen, daß vom Ruhme des Sieges der Hauptanteil eigentlich ihm gebühre. Wie auf die Gunst der Sterne, bauten die Sienesen auch auf die Hilfe der Heiligen und der Jungfrau; um die Himmelskönigin günstig zu stimmen, ließen sie dem Heere neben dem schwarz-weißen Banner der Stadt und der Stauferfahne des gebannten Königs eine Standarte mit dem Bildnis der Madonna vorantragen. Zum Gonfalonier ihres Heeres aber hatten sie durch feierlichen Beschluß den himmlischen Ritter Sankt Georg ernannt, dem sie in einem ihrer Bürger einen irdischen Vertreter stellten. Die Florentiner waren exkommuniziert, auf ihrer Stadt ruhte das Interdikt;

Schlacht von Montaperti, 4. September 1260.

[1]) Thomas Papiensis, irrig Thomas Tuscus genannt, M. G. Ss. XXII, 518.
[2]) Annal. S. Justinae M. G. Ss. XIX, 175.

die Sienesen dachten nicht weiter daran, daß ihre beste irdische Hilfe ebenfalls von einem kam, auf dem der Fluch der Kirche ruhte; sie empfingen vor dem Auszuge voll Andacht die Sakramente, und ihre klugen Führer versetzten die Streiter künstlich in einen Paroxysmus der Gläubigkeit, indem sie einen jeden veranlaßten, das Abzeichen der Kreuzfahrer an die Schulter zu heften, als zögen sie gegen Muselmanen ins Feld, während in Wirklichkeit an ihrer Seite schismatische Griechen und Sarazenen aus Lucera fochten.

Mit Spannung hatte man weit und breit dem bevorstehenden Ringen entgegengeblickt. Während das florentiner Heer bereits nach Siena hin in Bewegung war, am 2. September, beschloß man in Perugia, daß eine feierliche Gesandtschaft, eine Abordnung von zehn Bürgern, geführt von dem Podestà der Stadt, sich nach Toskana begeben solle, um mit dem Anerbieten freundschaftlicher Vermittlung zwischen die Gegner zu treten. Wenn die Peruginer sich eilig in den Sattel schwangen, mochten sie eben noch zurecht kommen, um Zeugen der Vernichtung des florentiner Heeres zu sein.

Unweit der kleinen Kapelle des sieneser Schutzpatrons Sant' Ansano stand der Carroccio der Florentiner und um ihn war unter dem Lilienbanner die Ritterschaft geschart. Als diese den ersten Anprall der Gegner aushalten sollte, sprengte Messer Bocca degli Abbati, Sohn des Ranieri Rustici, der in Florenz zurückgeblieben war, als der größere Teil seines Geschlechtes vor zwei Jahren mit den anderen Ghibellinen auszog, gegen den Fahnenträger Messer Jacopo del Nacca,[1]) aus dem Hause der Pazzi, schlug ihm mit einem Schwerthiebe den Arm ab und brachte so das Feldzeichen zum Sinken; voll Wut zerfetzte und bespie er dann das Banner der Heimat; ihn selbst traf sofort das verdiente Geschick, denn ein Guelfe erschlug den Verräter. Die Ghibellinen im florentiner Heer aber rissen, als sie die Fahne stürzen sahen, nach vorheriger Abrede die roten Kreuze von ihren Rüstungen und hefteten statt ihrer mitgebrachte weiße Kreuze, das Abzeichen ihrer ausgewanderten Parteigenossen, an die Panzer. Zugleich erhoben sie das Adlerbanner Manfreds und hieben auf die eigenen Kampfgenossen und Mitbürger ein, in deren Reihen Verwirrung und Entsetzen ausbrachen, während von allen Seiten die Sienesen mit schallendem Anruf des Sankt Georg gegen den verworrenen Knäuel des sich selbst bekämpfenden Heeres vordrangen. Die florentiner Ritter erkannten zuerst, daß der Tag verloren und jeder Widerstand vergeblich sei; sie sprengten, Graf Guido Guerra, Kroff von Fluglingen und der Markgraf von Lomello-Sparvaria an ihrer Spitze, vom Schlachtfelde davon und ließen den Carroccio mit der Kriegsglocke Martinella den Sienesen zur Beute. Die Fußkämpfer, die weder so leicht entfliehen konnten, noch gewillt waren, Ehre und Heil der Vaterstadt so billigen Kaufes preiszugeben, hielten sich unver-

[1]) In einem Bericht über Ereignisse des Jahres 1345 nennt ihn Villani rückblickend (XII, 44) „Messer Jacopo del Nera" (statt VI, 79: del Nacca). — Über den vollen Namen des Bocca degli Abbati s. Forsch. usw. IV, S. 153.

gleichlich tapferer als die edlen Herren, und so wurde das Volk durch das Gemetzel am furchtbarsten getroffen. Gleich ihm hielten die Lucchesen mutvoll dem Andrang stand; sie hatten gemeinsam mit den Orvietanern die Burg Montaperti besetzt und verteidigten sie auf das nachdrücklichste. Fünftausend Lucchesen fielen allein an jener Stelle, und doppelt so groß war die Gesamtschar der Getöteten, durch deren Blut der in der Septemberhitze wasserarme Arbiafluß sich rötete. Vom Morgengrauen bis zum Nachmittag dauerte das Morden; etwa 14 Kilometer weit wurden die Fliehenden verfolgt, unter denen sich der Podestà befand; er hatte den Mut, nicht nur die mitverschuldete Katastrophe zu überleben, sondern sogar nach einiger Zeit der besiegten Bürgerschaft die Rechnung über verlorene Gegenstände und das ihm entgangene Gehalt einzusenden. Viele der Flüchtigen warfen die Kleider ab, um im Hemde besser laufen zu können; eine nicht geringe Zahl von ihnen wurde durch Hunger und Schrecken getötet. Zwanzigtausend vom Heere der Florentiner und ihrer Verbündeten wurden gefangen nach Siena geführt, unter ihnen die drei Brüder aus dem markgräflichen Hause Malaspini. Die drei sieneser Kerker reichten, wie man die Elenden auch einpferchen mochte, nicht annähernd aus; man mußte zu ihrer Aufbewahrung zwei Paläste, zehn Häuser, zweiunddreißig Türme sowie ein Gewölbe zur Miete nehmen, und 472 Wächter wurden angestellt, um das Entweichen der Kriegsgefangenen zu hindern. Glücklich, wen reiche Angehörige um hohe Summen loskauften; die Qualen der andern wurden durch Steuern erhöht, die man ihnen abpreßte, wie es die Florentiner freilich zuvor in gleicher Art getan hatten; zur Aufbringung mußten die Unseligen Hab und Gut an die Geldleiher verschreiben. In den Fesseln zehnjähriger Gefangenschaft gingen achttausend, fast die Hälfte von allen, an Mangel zugrunde.[1])

Unendlich war der Gewinn an Waffen und Kriegsgerät jeder Art, an Zelten und Gewändern, die nebst dem Troß der 20000 beirachteten Lasttieren den Siegern in die Hände fielen; um billigen Preis kaufte die Kommune Fahnen und Feldzeichen der Florentiner und der Lucchesen von solchen, die sich ihrer am Tage der Schlacht bemächtigt hatten und noch zwei Jahre später hielt ein sieneser Trödler solche Trophäen um ein Geringes feil. Nie hatte man in Mittelitalien eine Niederlage von solcher Wucht, nie einen so jähen Umschwung der Macht erlebt; die florentiner Volksgemeinde, die ihr Lilienbanner von Sieg zu Sieg geführt, die geträumt hatte, ihre Macht ins Grenzenlose zu erweitern, empfing bei Montaperti von den Schwertern der Ritter Manfreds und denen der feindlichen Mitbürger den Todesstreich.

Das Aufsehen war in Italien und in allen Ländern, in denen man von Florenz und seiner emporsteigenden Macht wußte, in denen man seine geschickten, harten Kaufleute kannte, ein gewaltiges. Ein Dichter der Provence sang sein Sirventes zum Hohn gegen die Arnostadt und zu Ehren Manfreds. „Wie stolz

---

[1]) Forsch. usw. IV. S. 157 u. 161.

man auch die Florentiner fand, jetzt sind sie höflich und artig geworden; gesegnet König Manfred, der ihnen das beigebracht, der sie klagen und seufzen gelehrt hat! Getötet hat euch, Florentiner, euer Stolz! Wie mächtig bist du, o Manfred! Ein einziger von deinen Baronen hat die Florentiner vernichtet! . . .“ In der Nähe machte Guittone von Arezzo, der nachmalige Frate Gaudente seinem Leid über die Niederlage und seinem Grimm gegen die Sieger in einer Canzone und einem Brief an die „betörten, elenden Florentiner“ Luft. „Die hohe florentiner Kommune“, klagte er, „hat mit Siena so getauscht, daß dieses ihr alle Schande und den Schaden zurückgibt, die es von ihr zu empfangen gewohnt war, wie dies jeder Lateiner weiß . . .“ „O elender Löwe von Florenz! Dir, dessen Preis zuvor in jedem Winkel der Welt erklang, sind die Klauen beschnitten, sind die Zähne ausgebrochen!“ Eine dunkle Prophezeiung kam ans Licht, wonach Kaiser Friedrichs Astrolog Michael Scotus vorausgesagt haben sollte, wie die Blüte von Florenz verdorren werde, doch andere wußten ihr hoffnungsreiche Vatizinien entgegenzusetzen, vermittels derer der Zauberer Merlin in fernem Lande und in entlegener Zeit verkündet habe: die Lilie werde von Siena im Felde geknickt werden, aber in neuen Siegen werde sie schöner als je erblühen.

Siebentes Kapitel.

Das ghibellinische Florenz.

Erhebung gegen die Guelfen in Florenz.

Als die guelfische Ritterschaft unter Führung des Grafen Guido Guerra vom Felde der Niederlage in Florenz eintritt, war das Gerücht der Katastrophe, schneller als ihre flüchtigen Rosse, ihnen vorausgeeilt; die siegreichen Ghibellinen werden für eilige Verbreitung der Nachricht gesorgt haben, und, wie im Heere, hatten sie sicherlich auch unter den zur Hut der Stadt Zurückgebliebenen ihre geheimen Verbindungen. Am Sonnabend waren in einer Entfernung von 100 Kilometer die Würfel der Entscheidung gefallen, am Sonntag, den 5. September, erhoben sich in Florenz bereits die Parteigänger der Sieger und begannen an Palästen und Häusern der Guelfen ihr Zerstörungswerk.[1] Der Capitano del Popolo, Filippo Visdomini aus Piacenza, der in der Stadt zurückgeblieben war, vermochte den Aufstand nicht zu hindern; diejenigen Ghibellinen, die zur Sicherung vor inneren Unruhen konfiniert waren, strömten aus ihren Zwangsaufenthalten nach der Heimat zurück; ihr Erscheinen und die Heimkehr der Flüchtlinge von Montaperti vermehrte die Gärung.

Auszug der Guelfen, 9. September 1260.

Die Guelfen mußten einsehen, daß die Stadt mit ihrer infolge des Blutbades von Gram und Erbitterung erfüllten Bevölkerung nicht gegen andrängende Feinde zu behaupten sei, und sie verließen, kaum zurückgekehrt, am 9. September die Stadt. Mit ihnen zogen viele derjenigen Popolanen fort, die in den letzten Jahren am Stadtregiment einen hervorragenden Anteil gehabt und die die Rache der heimkehrenden Ghibellinen zu fürchten hatten. Die vor wenigen Tagen noch die stolzen Herren von Stadt und Heer gewesen, hofften zuerst in Prato eine Zuflucht zu finden und dort, unweit der Vaterstadt, ihre baldige Rückkehr abwarten zu können; aber auch hier hatte sich das Volk schon zugunsten der Sieger erhoben, und wie sie vor den Mauern erschienen, fanden sie verschlossene Tore; sie wandten sich nach Pistoia, aber die von ihnen gedemütigte Kommune versagte ihnen gleichfalls die Aufnahme. Unter Gefahren schlugen sie sich nach Lucca durch, und dessen Bürgerschaft erwies sich auch im

[1] Forsch. usw. IV. S. 157, „Die Kämpfe des Jahres 1260 und die Schlacht von Montaperti".

Unglück getreu, obwohl sie auf dem Schlachtfelde für eine Sache, die nicht die ihre war, die schwersten Verluste erlitten hatte. In der nördlichen Vorstadt bei der Kirche San Frediano ward den florentiner Guelfen ein Asyl angewiesen, in dem sie während der nächsten Jahre in Dürftigkeit lebten; mancher von ihnen beschloß hier sein Dasein, wie jener ungehört gebliebene Warner Tegghiaio Aldobrandi degli Adimari, der seine letzten Verfügungen in Reue über schlimm erworbenes Vermögen traf, und dem wohl noch manches Sonstige auf der Seele lastete, was er nur dem Ohr des Beichtigers, doch nicht dem Testament anvertraute. Zwei Jahre nach der Flucht tat er in Lucca den letzten Seufzer, und seinen Schatten sah Dante Jahrzehnte später in qualvollen Strafen die widernatürlichen Neigungen büßen, deren der Lebende nicht Herr zu werden vermochte. Wie Tegghiaio selbst, so hatte sein ganzes weitverzweigtes Geschlecht der Adimari die Heimat verlassen; neben den Bürgern waren auch zahlreiche Geistliche und selbst Mönche der florentiner Klöster mit fortgezogen; an der Spitze des ins Exil gewanderten Klerus stand der Propst des Domkapitels Pagano degli Adimari, der die Heimat ebenfalls nicht wiedersehen sollte; er ist nach fünf in Dürftigkeit verlebten Jahren im April 1265 im Exil gestorben. Papst Urban IV., dessen Kaplan er war, verlangte von Giovanni de' Mangiadori, er solle dem Pagano, der freilich in bitterem Hader mit seinem Oberen gelegen hatte,[1]) die Einnahmen aus der Propstei und aus seinen sonstigen Pfründen ins Exil übersenden.[2]) Bischof Giovanni selbst verließ seinen Sitz nicht; er hatte stets die Politik verfolgt, mit den jeweils Regierenden seiner Stadt, unbekümmert um deren Verhältnis zum päpstlichen Stuhl, ein bequemes Einvernehmen zu unterhalten, und er fügte sich jetzt den Ghibellinen, wie zuvor der Volksgemeinde. Zu den mit den Guelfen ausgewanderten Mönchen, für die die Verbannung freilich am wenigsten schmerzhaft war, gehörte der gleichnamige Neffe des Dompropstes, der Dominikaner Pagano degli Adimari, sowie Aldobrandino de' Cavalcanti, der Prior von Santa Maria Novella. Jetzt trat Aldobrandino an die Spitze des Klosters San Romano in Lucca; das politische Martyrium ist dem einen wie dem andern recht förderlich gewesen; Pagano wurde später Prior des florentiner Dominikanerklosters, und Aldobrandino stieg zum römischen Provinzialobern, nachmals zum Bischof von Orvieto und zum Vikar der Stadt Rom auf.

Am Donnerstag hatte der streitbare Teil der Guelfen Florenz verlassen, und am Sonntag, den 12. September 1260, hielten die Ghibellinen ihren triumphreichen Einzug durch das Südtor. Graf Guido Novello und Farinata degli Uberti werden die in die Heimat zurückkehrenden Verbannten als deren leitende Männer geführt haben, und mit ihnen ritten die deutschen und süditalienischen Ritter, an ihrer Spitze Jordan von Anglano, König Manfreds Vikar von Tuszien, in die besiegte Stadt ein, die fortan ihr Hauptquartier

Einzug der Ghibellinen.

[1]) Forsch. usw. IV, S. 126, „Die über Florenz 1256 und 1258 verhängten Interdikte".

[2]) Forsch. usw. IV, S. 169, „Die Kämpfe des Jahres 1260 usw."

werden sollte. Guittone von Arezzo rief in schmerzerfülltem Hohn den Bürgern zu: „Da ihr die Deutschen im Hause habt, dient ihnen gut! Laßt euch ihre Schwerter zeigen, mit denen sie euch die Gesichter gespalten, euch Väter und Söhne getötet haben, und lohnt sie für solche Mühe mit eurem vielen Gelde." Bei den letzten bittern Worten mochte er an die Reichen denken, die vordem die unerschütterliche Guelfengesinnung stets auf den Lippen geführt hatten, die sich aber jetzt, da der Wind aus anderer Richtung wehte, klug den veränderten Verhältnissen anzupassen verstanden. In der Verbannung gab es keine guten Geschäfte, keine Aussicht auf Gewinn, wohl aber war jeder Fortziehende sicher, seine Häuser zerstört zu sehen, seine liegende Habe zu verlieren. Die Sieger ihrerseits duldeten die ehemaligen Parteigänger der zusammengebrochenen Regierungsgewalt in der Heimat und nur die Ausgewanderten wurden zu Rebellen erklärt. Die Zurückgebliebenen teilte man später in die Gruppen der „Verdächtigen" und der „Unverdächtigen"; die ersteren sandte man, sobald Wirren irgendwelcher Art drohten, in Konfination nach einem Ort von sicherer Parteihaltung, wo sie sich täglich den Behörden zu stellen hatten und den sie nur bei Tage auf kurze Entfernung verlassen durften.[1]) Wer sich nicht kompromittierte, hatte keine besonderen Belästigungen zu dulden; die Geldleute wußten für die nächste Zeit durchaus den Anschein zu erwecken, als fügten sie sich der neuen Ordnung der Dinge in aller Aufrichtigkeit; sie bargen ihr Guelfentum für eine Weile zu späterer erneuter Benutzung still im Herzen und hielten es einstweilen mit der siegenden Sache. Die Cerchi hatten schon zuvor in Perugia Bürgerrecht genommen, ohne ihre Zugehörigkeit zur Heimat aufzugeben; Torrigiano Olivieri Cerchi, einer der Brüder der Beata Umiliana, die aus ihrem Grabe in Santa Croce Wunder übte, war auf dem Schlachtfelde gefangen genommen; die Peruginer bemühten sich in jeder Art um seine Befreiung und schickten sogar deshalb Gesandte an König Manfred; sein Bruder Cerchio Olivieri Cerchi aber blieb in Florenz zurück und leitete das Bankgeschäft für gemeinsame Rechnung. Die Rembertini, Pulci, Medici, Calcagni, Peruzzi, Ardinghelli, Falconieri, Bellindoti, ferner Jacobus Ghiberti, Amieri Cose, Sozius des Hauses della Scala, der gleich vielen der andern als Bankier der Kurie und des Königs von England für die Geldbeschaffung zum Kampf gegen Manfred tätig gewesen war, sie alle zogen den Aufenthalt in der Heimat, selbst um den Preis der Demütigung, dem dürftigen Leben in der Fremde vor.[2]) Zeigten sie sich als politisch charakterlos, so darf man an vielen von ihnen nicht einmal kaufmännische Ehrlichkeit im gewöhnlichsten Sinne rühmen; einzelne, so die Bellindoti, Ghiberti, die della Scala und Calcagni, benutzten den Umschwung der Verhältnisse, um der päpstlichen Kammer, wahrscheinlich unter

Verhalten der Geldleute.

---

[1]) Die Einteilung in „sospetti" und „non sospetti" Vill. VII. 13. — Über die Pflichten der Konfinierten s. Forsch. usw. II, Regest 864.

[2]) Die Quellen, aus denen das hier Berichtete geschöpft ist, finden sich Forsch. usw. IV, S. 143 ff. in der Abhandlung „Die Kämpfe des Jahres 1260 und die Schlacht von Montaperti" zusammengestellt; s. zumal S. 163.

Berufung auf starke Verluste, die Zahlung der Summen zu verweigern, die sie in den verschiedenen Ländern für ihre Rechnung als Zehntgelder eingezogen hatten. Zwei Jahre hindurch glückte es ihnen, diese Hinterziehung durchzuführen, bis sie durch Anwendung der kurialen Machtmittel dennoch zur Erfüllung ihrer Verbindlichkeiten gezwungen wurden; selbst nach dem fernen Navarra war das Gebot ergangen, die Habe der säumigen und böswilligen Schuldner für die päpstliche Kammer zu beschlagnahmen, und so mußten sie sich endlich fügen, obwohl die Kirchenverwaltung ihnen daheim in dem ghibellinischen Florenz nichts anzuhaben vermochte.[1]

Manfreds Plan zur Vernichtung von Florenz.

Sofort nach der Schlacht an der Arbia hatten die Sienesen ihre Boten mit der Siegeskunde an Manfred gesandt, der damals bei Lago Pensole unweit von Melfi weilte; seine Antwort kann, so schnell die Boten den Weg zurücklegen mochten, erst eingetroffen sein, als die Ghibellinen Florenz bereits besetzt hatten ohne Widerstand zu finden, und vielleicht war dies das Glück und die Rettung der Stadt. Denn Manfred hegte gegen deren Bürgerschaft nach dem Scheitern der vorjährigen Verhandlungen glühenden Haß; er beglückwünschte die Sienesen zu ihrem Erfolge, aber er forderte sie auf, nicht auf halbem Wege stehen zu bleiben, sondern „mit jenen Rebellen, den Feinden Gottes und der Menschen" ein Ende zu machen. Nichts sei geschehen, so schrieb er ihnen, solange der kriegerischen Tapferkeit noch etwas zu tun übrig bleibe; die Florentiner hätten ihnen die Heimat zerstören, ihre Weiber und Söhne in Knechtschaft bringen wollen; Mitleid gegen Feinde sei Schlaffheit; wenn man nicht den Funken ersticke, könne er wieder zur Flamme auflodern. Sie sollten die Gegner endgültig verderben; der Wind möge deren Asche verwehen, das Feuer ihre Stadt verzehren, so daß sie nie wieder aus ihren Trümmern erstehen könne.

Parlament der Ghibellinen in Empoli.

Der Botschaft an die Sienesen, die ihre Racheluft schürte, werden die an seinen Generalvikar gerichteten Befehle entsprochen haben. Graf Jordan versammelte in Empoli ein Parlament der Sienesen und der ghibellinischen Großen, in dem über die Weisungen Manfreds, über die Zerstörung von Florenz beschlossen werden sollte. Die Absicht ging dahin, die Mauern niederzureißen, die Gebäude zu demolieren, und was von der Bevölkerung an der heimischen Scholle haften blieb, in geteilten Ortschaften auf der Trümmerstätte oder in deren Nähe anzusiedeln. Der Vorschlag, eine der blühendsten Städte

[1] Schreiben Urbans IV. von 1261 ohne Tagesdatum an die Konsuln der Calimala-Zunft; Guiraud, Rég. Cameral d'Urb. IV. No. 7; an den Bischof von Florenz No. 8; 1262, 7. Mai an den Bischof von Armagh (Irland) No. 79; 1261, 1. Juni an den Bischof von Würzburg und 6. Juni (Saufconduit für die schuldnerischen Bankiers zur Reise an die Kurie), M. G. Epp. III, 476. — Die gerichtliche Klage eines römischen Bürgers gegen einzelne der betr. Kaufleute, 1263, 2. August (SAF. — Sant' Ambrogio) gehört zweifellos in diesen Zusammenhang. — Schreiben Urbans IV. an den König von Navarra, Orvieto 1263, 1. Februar. — Guiraud, Reg. Caméral No. 212. — Schreiben desselben nach Frankreich, 1262 ohne Tagesdatum, Forsch. usw. III, Regest 52.

Italiens auszurotten, mochte bei den Sienesen wie bei dem alten Feinde der Florentiner, dem Grafen Ildebrandino von Santa Fiora, den herzlichsten Beifall finden; auch die ghibellinischen Guidi, die Ubaldini, Graf Napoleone Alberti hatten soviel durch die Volksgemeinde gelitten, ihre Vorfahren hatten sich so oft den verhaßten Bürgern beugen müssen, daß alle desselben Sinnes waren, Florenz sei vom Erdboden zu vertilgen. Da erhob sich gegen sie der Mann, dem jene Stunde den unvergänglichen Ruhm eintrug, seine Vaterstadt errettet zu haben, und von dessen Andenken diese Tat die Flecken vielfachen Verrates und rücksichtsloser Eigensucht tilgt. Manente degli Uberti, genannt Farinata, dem Dante nachmals Unsterblichkeit verlieh, rief in die Versammlung hinein: solange er Leben in seinen Gliedern fühle, werde er mit dem Schwerte in der Hand die Heimat gegen die eigenen Waffengefährten beschützen. Im Hause der Uberti leitete man den Ursprung des Geschlechtes von einem legendären römischen Ahnherrn her, dessen Name Ubertus Sergius gewesen sein sollte;[1]) zweifellos war dies eine Erfindung der Familieneitelkeit, aber antiker Römergeist sprach aus den Worten des florentiner Ghibellinen. Das Ansehen, das Farinata genoß, die Glut seiner Überzeugung muß auf seine städtischen Parteigenossen starken Einfluß geübt haben; auch sahen sie wohl bei ruhigerer Überlegung ein, daß es klüger sei, den Haß wegen der Vergangenheit zu dämpfen und die Heimat zu beherrschen, statt sie in eine Wüstenei zu verwandeln.[2]) Graf Jordan fürchtete eine Spaltung unter den Ghibellinen, durch die die kaum errungene Oberherrschaft seines Königs über Tuszien wieder in Frage gestellt worden wäre; er gab nach und wußte wohl schließlich auch seinen König davon zu überzeugen, daß die Ausführung von dessen Absicht große Gefahren heraufbeschworen hätte, ohne irgendwelchen politischen Vorteil zu bringen. So beschränkte man sich auf Maßnahmen anderer Art, und auch die Zerstörungslust ging, wie es in diesen Zeiten üblich war, nicht eben leer aus. Es scheint, daß das Gerücht die Kunde von der Vernichtung der Stadt vorweggenommen und bereits in alle Länder hinausgetragen hatte; in Deutschland stürmte auf den Gesandten der Kommune, Guglielmo Beroardi, die Nachricht ein, daß alle Guelfen getötet oder gefangen, die Häuser der Stadt und alle Burgen des Gebietes zu Boden geworfen seien.[3]) Wir werden sehen, was davon begründet und was Übertreibung des Gerüchtes war.

Der Popolo hatte mit seinem Blute das Schlachtfeld getränkt, und er büßte daheim die Niederlage mit dem Verlust der politischen Macht; die Volksverfassung, die gerade vor einem Jahrzehnt durch die Erhebung gegen das kaiserliche Regiment und die von ihm begünstigten Großen entstanden war, wurde, wie es sich versteht, sofort nach dem Einzuge der Ghibellinen beseitigt; der Capitano del Popolo, der bis zuletzt trotz tatsächlicher Ohn-

[1]) Fazio degli Uberti, Dittamondo Lib. II, c. 31.

[2]) Forsch. usw. IV, S. 158 f., „Die Kämpfe des Jahres 1260 und die Schlacht von Montaperti".

[3]) S. Forsch. usw. IV. S. 160.

macht, auf seinem Posten ausgehalten hatte, wurde von den Siegern ins Gefängnis gesetzt. Da die Organisation des Volkes aufgehoben wurde, gab es fortan, solange die Herrschaft der Ghibellinen dauerte, eine kurze Episode demokratischer Auflehnung abgerechnet, keinen Volkskapitan mehr. Die großen wie die niedern Zünfte blieben hingegen in ihrer Organisation unangetastet, obwohl sie im ghibellinischen Florenz nicht annähernd den gleichen Einfluß besaßen, den sie inmitten der niedergeworfenen Demokratie geübt hatten.[1]) Aus der alten Verfassung behielt man einzig den Rat der Vierundzwanzig bei, aber er hatte keine Bedeutung mehr, denn diese hatte darauf beruht, daß er dem Capitano del Popolo als beratendes Organ zur Seite gestanden hatte. Im übrigen kehrte man zur Vergangenheit zurück; der Podestà war alleiniger Regent der Stadt; wie er früher den Kaiser und Friedrich von Antiochien vertreten hatte, so herrschte er jetzt im Namen Manfreds und unter der Ägide von dessen Vikar. Die entscheidenden Beschlüsse wurden der Form nach vom Generalrat der Dreihundert und dem Spezialrat der Neunzig gefaßt, mit denen die Vierundzwanzig gemeinsam tagten, den maßgebenden Einfluß aber übte die organisierte Ghibellinenpartei aus; ihr Kapitan hatte, ebenso wie nachmals in der Zeit des rein guelfischen Regimentes der der Parte Guelfa, direkten Anteil an der Stadtregierung und war offenbar, wie später dieser, zugleich Oberhaupt der Partei und Kapitan der Kommune. Zum Podestà ließ sich bis Ende 1262, auf 2¼ Jahre, Graf Guido Novello ernennen, und er nahm seinen Amtssitz in dem schönen, neu erbauten Palast des Volkes der Badia gegenüber, der freilich aufgehört hatte, ein Volkspalast zu sein. Wenn jetzt die Glocke von seinem Turm, und wenn Heroldsruf den Rat dorthin berief, saßen Männer auf den Bänken, die noch vor kurzem an derselben Stelle mit Tod und Vernichtung bedroht worden waren; die Ritter Ubaldino della Pila und Ugolino von Senni, dessen Gattin dem König nahe verwandt war, der eine Bruder, der andere Neffe des Kardinals Ottaviano, waren jetzt Ratsherren der Stadt, die eben ihre Burgen gebrochen hatte; die Uberti, die in einem Dezennium drei Verschwörungen gegen die Heimat angezettelt hatten, die Lamberti, Cipriani, Scolari, Soldanieri, Infangati, Ubriachi und della Pressa, die eben noch als Rebellen und Feinde der Kommune verfolgt worden waren, entschieden jetzt über deren Geschicke. Freilich hatte man dem Geldmann Cerchio de' Cerchi, der sich den neuen Tagesherrschern zugewandt hatte, sowie einigen

Der Kapitan der Ghibellinenpartei.

Podestà und Rat.

[1]) Die Annahme von Salvemini, Magnati e Popolani p. 260, die Zünfte seien ihrer Konsuln beraubt worden (was mit der Vernichtung ihrer Organisation gleichbedeutend gewesen wäre), hält den Urkunden gegenüber nicht stand. Am 15. Juli 1263 richtete Urban IV. ein Schreiben an die consules und die Gesamtheit der Arte della Lana (Dorez-Guiraud No. 279). — In einer später näher zu erwähnenden Urkunde vom 11. April 1266 (SAF. — Protokoll des Notars Ottaviano di Chiaro A. 400, f. 43) sind die „capitudines arzium (!) civitatis Florentie et priores eorum" erwähnt. Betreffs der Konsuln der Calimalazunft s. Forsch. usw. III, Reg. 1174. — Ebend. Regest 1175 sind fünf rectores artis vinacteriorum genannt; die kleinen Zünfte bestanden somit gleich den großen fort.

anderen Kaufleuten, mehreren Richtern, Ärzten und Notaren, auch vereinzelten Handwerkern Sitz und Stimme im Rat eingeräumt, aber der Zahl und dem Einflusse nach überwogen die Magnaten von rücksichtsloser ghibellinischer Gesinnung, und betreffs der andern wird man sich zuvor ihrer stillen Fügsamkeit versichert haben; unter den Mitgliedern der Körperschaft bemerken wir Donato Torrisciani, der als Volkskapitan in dem damals kaisertreuen Florenz, dann aber durch seinen Einspruch gegen die Erhebung Friedrichs von Antiochien zum Stadtregenten bedeutend hervorgetreten war; er muß mithin trotz jenes Protestes seine ghibellinische Gesinnung nicht aufgegeben haben. Neben ihm saß auf den Bänken des Ratssaales zu jener Zeit ein Mann, dessen Name die Welt durch seinen späten Enkel mit Ruhm erfüllen sollte, sofern es wirklich wahr ist, daß dieser Bonaparte von San Niccolò der Stammvater des korsischen Geschlechtes wurde. Niemand von allen aber zieht die Aufmerksamkeit stärker auf sich, als Guido Bonatti von Forlì, dem man zutraute, daß er alles Künftige aus den Sternen zu künden wisse und dem in Anerkennung der guten Dienste, die er den Sienesen und Ghibellinen vermittels seiner Himmelskunde zur Niederwerfung von Florenz geleistet hatte, jetzt der Titel eines Kommunalastrologen eben dieser Stadt verliehen worden war. In solcher Eigenschaft, als mittelalterlicher Augur, wohnte er den Ratssitzungen bei, sicherlich um aus der Tiefe seines okkulten Wissens die rechte Stunde für deren Beschlüsse zu offenbaren.[1])

Friedensschluß mit Siena.

Ehe die Frage des Fortbestandes oder der Vernichtung von Florenz entschieden war, hatte kein Friedensschluß zwischen den sieneser Siegern und der besiegten Kommune stattfinden können. Erst 2¾ Monate nach der Schlacht erfolgte er in Castelfiorentino, doch schon zuvor hatten sich die Sienesen fünf in der Nähe ihres Gebietes gelegene Kastelle, die ihnen oft gefährlich gewesen waren, ausliefern lassen und sie vernichtet. Jetzt mußte der Syndikus der Florentiner demütig erklären, die Rechte, die er an die siegende Stadt abtrete, seien nichts als eine Vergütung für allen Raub und alles Unrecht, alle Schäden und Verwüstungen, die Florenz den Nachbarn und ihren Verbündeten im Lauf der Zeiten angetan hätte. Was die Arnostadt im Gebiet Sienas oder in dessen Nähe durch Waffen erkämpft, oder durch Verträge erworben hatte, mußte sie zurückstellen. Mensano, dem ein schlimmes Schicksal bevorstand, und Casole, Eroberungen des vorletzten Feldzuges, waren herauszugeben; jedes Schutz- und Hoheitsrecht über Montepulciano, Montalcino, Castiglion Latroni im Orciatale und über das den Visconti gehörige Campiglia mußte als hinfällig anerkannt werden; alle Ansprüche auf Ortschaften der Marittima — also auch auf die Häfen Talamone und Porto d'Ercole —, alle, die Florenz aus Verträgen mit der ihm verbündeten Linie der Aldobrandesca-Grafen herleiten konnte, wurden feierlich für null und nichtig erklärt. Der Hoheit über Poggibonsi, wegen deren schon vor einem Jahrhundert gekämpft worden war, und der über das nahe Staggia hatte die bisher herrschende Kommune zu entsagen; der Vertreter der Bürgerschaft hatte einen

[1]) Forsch. usw. IV, S. 162 f. „Die Kämpfe des Jahres 1260 usw."

Eid zu leisten, daß Florenz auch in aller Zukunft von dem Pfalzgrafen der Aldobrandesca, von dem in der Maremma mächtigen volterraner Hause der Pannocchieschi, von dem Geschlecht von Torniella und anderen Feudalherren niemals irgendwelche Rechte erwerben werde. Hundert Bürgen, darunter ghibellinische Große, ferner eine Anzahl von jenen Großkaufleuten, die es bisher mit den Guelfen gehalten hatten, die Apotheker oder Spezereihändler Omodeo und Attaviano, sowie ein offenbar sehr reicher Färber, mußten mit je 1000 Mark oder 500 Pfund Gold die Haftung für alle im Friedensschluß stipulierten Verbindlichkeiten übernehmen. Jene Bürgschaft betrug etwa 590 000 Lire modernen Geldes für jeden einzelnen und, wenn solche Haftungen zu gesamter Hand auch keinen irgendwie zuverlässigen Maßstab zur Beurteilung von Vermögensverhältnissen darbieten, erhält man durch die Ziffer dennoch einen ungefähren Begriff von den Reichtümern, die sich in Florenz angesammelt hatten, oder deren Besitz man zumindest dessen Bürgern zutraute. Alle demütigenden Bedingungen des Friedens aber wurden nicht einmal durch die Freilassung der Gefangenen vergütet, die sonst den ersten Punkt jeder Einigung zu bilden pflegte, und so trägt der Vertrag von Castelfiorentino durchaus den Charakter einer Unterwerfung unter den Willen der Sieger, dem sich die mit genauer Not einem noch härteren Schicksal entronnene Stadt in allen Stücken fügen mußte.

Verwüstung des Grundbesitzes der fortgezogenen Guelfen.

Daheim erging das Strafgericht über die ausgewanderten Guelfen, doch freilich nur über diese; nicht nur Angehörige von solchen, die als Anzianen des Volkes in den letzten Jahren die Geschichte der Stadt geleitet hatten, konnten in der Heimat leben, sondern zu den Zurückgebliebenen zählte in der Person jenes Amieri Cose auch einer, der selbst das Amt bekleidet hatte. Über die andern aber, die fortgezogen waren oder die, wie Brunetto Latini, in der Ferne weilten und von denen man wußte, daß sie nicht heimkehren würden, ergingen die schwersten Urteile; sie wurden mit „unwiderruflichem" Banne belegt, der die Konfiskation des Vermögens und das Todesurteil in sich begriff. Ihre Paläste, Häuser und festen Türme in Stadt und Grafschaft wurden zu Boden geworfen; bei wenigen begnügte man sich mit einer Teilzerstörung. Da die Guelfen nachmals der Kommune die genaue Rechnung präsentiert haben und dieses wichtige Buch der „Danni dati" oder der angetanen Schädigungen sich unter den Urkunden der Guelfenpartei erhalten hat, kennen wir die Verwüstungen bis in jede Einzelheit. Es wurden insgesamt 103 Paläste, 580 Häuser, 85 Türme völlig, 2 Paläste, 16 Häuser und 4 Türme teilweise zerstört, ferner verfielen 9 Läden, eine Warenniederlage (Fondaco), 10 Tiratoi oder Tuchspannereien, eine Schiffsmühle, sowie 21 Mühlen und 7 Burgen der Demolierung. Von den verwüsteten Palästen, Häusern und Türmen hatten sich 47, 198 bezw. 39, die Läden, der Fondaco und die Anlagen zum Spannen der Tuche in der Stadt, die andern Gebäude in der Grafschaft befunden. Daneben erging die Verheerung über die ländlichen Besitzungen der florentinischen Guelfengeschlechter in benachbarten Grafschaften; wir sind darüber unterrichtet, wie das Grundeigentum der Cavalcanti im Volterranischen verwüstet, ihre dortigen Häuser niedergeworfen wurden, und ebenso wird es allen ins Exil gezogenen Parteigenossen auch mit ihren außerhalb des eigenen Contado belegenen Landgütern ergangen sein. Nach der 1269 angestellten Schadenberechnung wurden die in Florenz und seinem Distrikt demolierten Bauten auf 132160 Librae[1]) eingeschätzt. Da die Wohnstätten und Türme der Ghibellinen infolge der früheren Zerstörung durch die Guelfen in Trümmern lagen, muß Florenz am Ende des Jahres 1260 zum großen Teil von Schutt bedeckt gewesen sein, und die Landschaft muß ringsum ebenfalls die furchtbaren Spuren der Bürgerkämpfe, der wechselseitig wirkenden Parteiwut aufgewiesen haben. Dennoch erblicken wir eine Art Mäßigung darin, daß die siegenden Ghibellinen nicht, wie später die Gegner, die konfiszierten Grundstücke und Landgüter großenteils „mobilisierten", d. h. veräußerten, sondern sie unter Hinzuziehung des Kapitans ihrer Partei verwalten ließen;[2]) eine besondere, hierfür eingesetzte Kommission hatte die Aufgabe, die Guelfengüter zum Vorteil der Kommune zu verpachten, wobei denn die Sieger und Herrscher nicht zu kurz gekommen sein werden. Von alledem gibt uns ein einziges Dokument Kenntnis, das sich im Besitz des späten Nachkommen eines der vor 6½ Jahrhunderten ins Exil gezogenen Geschlechter, der Bagnesi, erhalten hat, deren Häuser damals ebenfalls dem Erdboden gleich gemacht wurden.

Das durch Krieg, Kampf der Parteien und die vorangegangenen Hungerjahre erzeugte Elend wurde durch eine Epidemie vermehrt, die in einer Art Starrkrampf bestanden zu haben scheint; sie verbreitete sich aus der Lombardei ins Florentinische, wo im Jahre 1260 viele Tausende der Seuche erlagen.[3]) Während furchtbare Krankheiten herrschten und der Bürgerzwist die Straßen in Trümmerstätten verwandelte, schritt indes die Anlage eines Klosters beharrlich und unbehindert fort; in dem gebannten ghibellinischen Florenz wurde zwei Jahre nach der Schlacht von Montaperti am Tage der Himmelfahrt Mariae 1262 das inzwischen vollendete Servitenstift der Santissima Annunziata feierlich geweiht.[4])

Wirkung des Umschwunges auf die anderen Städte.

Die Wirkung der Niederlage an der Arbia war in Tuszien und über dessen Grenzen hinaus eine ungeheure; überall erhob sich die Partei der Sieger und überall brach der Haß gegen die bis dahin rücksichtslos herrschende Stadt hervor. Aus fast allen Kommunen zogen die Guelfen freiwillig fort oder sie wurden gewaltsam vertrieben. In San Gimignano konnten sie sich unter dem Schutz eines ghibellinischen Podestà, des Neri Piccolino degli Uberti, am längsten behaupten; vor neun Jahren war er selbst aus der Stadt und aus dem Amt gejagt worden, zu dem er sich jetzt von neuem ernennen ließ. Im Februar 1261 konnten sich die Guelfen indes auch hier nicht mehr gegen die feindlichen Mitbürger halten, sie suchten in Pisa eine Zuflucht, die sie nach

[1]) Forsch. usw. IV, S. 157.

[2]) Ebend. S. 162 „Die Kämpfe des Jahres 1260 usw."

[3]) Salimbene p. 238: in Mailand seien viele Tausende et in Florentino similiter multa milia gestorben; die Erkrankten wurden „a quodam frigore laesi".

[4]) Forsch. usw. IV, S. 490 „Zur Baugeschichte" unter „Santissima Annunziata".

kurzem verlassen mußten, da auch die Pisaner zu den Feinden übertraten. Aus Pistoia, Prato, Volterra, San Miniato waren die Anhänger der Besiegten längst zuvor verdrängt. Der Kommune San Miniato und den Ghibellinen dieser Stadt, die ihm als alter Sitz der Reichsgewalt wichtig war, verlieh Manfred eine ebenso wohlfeile, wie gehässige Gnade; er sprach der herrschenden Partei den Besitz aller dortigen Güter zu, die, wie er sich ausdrückte, „den Verbannten und Rebellen wider unsere Erhabenheit" gehörten. In diesen Zeiten, in denen der Haß überall seine Orgien feierte, gelang es den Bürgern Pistoias, alle Nachbarn an Äußerungen leidenschaftlicher Wut zu überbieten: sie trieben die eigenen Frauen, die Mütter ihrer Kinder, in großer Zahl wegen deren guelfischer Gesinnung, oder weil sie im Verdacht der Sympathie mit den Unterlegenen standen, aus dem Hause und aus der Stadt; eine später ins Statut des pistoreser Volkes aufgenommene Bestimmung wegen Entschädigung der damals verjagten Gattinnen gibt uns Kunde von dem beispiellosen Vorgange.[1])

Pistoia trat in den ersten Dezembertagen des Jahres 1260 mit Siena in ein Schutz- und Trutzbündnis zu Ehren König Manfreds und seines Generalvikars Grafen Giordano, dem die Sienesen ihre Erkenntlichkeit für Ruhm und Sieg durch Ernennung zum Podestà ihrer Stadt ausdrückten; er nahm die Ehre und das Gehalt dankbar entgegen, ließ aber die Geschäfte durch seine Vikare verwalten, die natürlich ebenfalls von der Bürgerschaft zu besolden waren.[2]) Als königlicher Statthalter behielt er in Siena seinen eigentlichen Sitz,[3]) doch war er freilich meist auf Kriegszügen und zu Verhandlungen abwesend; all seine Bemühungen waren darauf gerichtet, eine neue Ordnung in Tuszien zu schaffen, die letzten Reste guelfischer Macht zu unterdrücken und die Herrschaft Manfreds zu befestigen. In Poggibonsi ließ er die von den Florentinern zerstörte Burg und den Mauerring der Stadt wieder aufbauen; in Pistoia war die von den Florentinern angelegte Zitadelle gleich nach der Niederlage der Zwingherren demoliert worden; dort wie in San Gimignano wurden sofort die auf Geheiß der jetzt Besiegten niedergerissenen Stadtmauern neu errichtet; Colle di Val d'Elsa wurde von Manfred in Gnaden aufgenommen und empfing die Bestätigung der Privilegien, die der Stadt einstmals von seinem Vater erteilt waren; Volterra versicherte wenige Tage nach der Schlacht, es betrachte Manfred als seinen Herrn und schulde Jordan als dessen Vertreter Gehorsam. Der Papst, obwohl bitterer Gegner des Königs, förderte gegen seinen Willen, von Ottaviano degli Ubaldini geschickt benutzt und geschoben, die ghibellinischen Interessen; an Stelle des bisherigen erwählten Bischofs von Volterra, des Ranieri Ubertini, wurde das Mitglied eines andern

[1]) Forsch. usw. IV, S. 166 f.

[2]) SAS. — Bicch. (Januar 1261) 32, f. 23. Gehalt für den Vikar Dominus Guercius de Aquis vom 1. November 1260 an. — Am 16. Mai 1261 fungierte Petricciolo aus Fermo als sein Vikar (SAS. — Riform.).

[3]) Er wohnte im Hause des Domenico Scopei „nahe dem Tor", wohl der Porta Cammolia (Urk. 1261, 19. Februar. SAF. — Volterra).

florentiner Geschlechtes, das bei Montaperti gegen die Vaterstadt gekämpft hatte, Alberto Scolari, ein Neffe des Ottaviano, bisher Archidiakon von Bologna, zum Bischof erhoben; es kann sich nur darum gehandelt haben, die Einnahmen zu teilen und in dem viel bestrittenen, von Kämpfen durchwühlten Gebiet die Sache des Ghibellinentums mit doppelter Kraft zu führen, denn der neue „Erwählte“ bestellte sofort seinen Vorgänger zum Vikar für die Verwaltung der Diözese; gleich nach seiner Ernennung trat er in ein Bündnis zu der florentiner Parteiorganisation.[1])

477 Mitglieder der Bürgerschaft von Montalcino hatten kurz nach der Schlacht, deren Ausgang die kleine Stadt jeder Hoffnung erfolgreichen Widerstandes beraubte, am 8. September 1260 auf der Piazza del Campo von Siena im Angesicht des siegreichen Bannerwagens Unterwerfung schwören und demütig bekennen müssen, ihre Rebellion sei der Anlaß aller Kämpfe und der Spaltung Toskanas gewesen; um sich und den Ihren das Leben zu retten, mußten sie das jämmerliche Zugeständnis machen, daß nicht nur die Mauern und Befestigungen, sondern auch die Häuser ihrer Stadt nach dem Willen der Sieger niedergerissen werden sollten; das Zerstörungswerk selbst sparte man sich zum Frühjahr auf, alsdann aber wurde die Arbeit so eifervoll und gründlich getan, daß man sogar das Kloster der Franziskanerinnen nicht verschonte, worauf dann ins sieneser Statut die Bestimmung aufgenommen wurde, diese Stätte der Frömmigkeit solle auf Kosten der Kommune oder mit deren Beihilfe wieder aufgebaut werden. Jedes Haus wurde niedergebrochen, jeder Brunnen verschüttet, jedes Saatfeld zerstört, die Weinberge verwüstet und die Bäume mit den Wurzeln ausgegraben. Ein ähnliches Strafgericht erging über die nördlich Sienas gelegene Ortschaft Mensano, weil die Bewohner dem Anprall des florentiner Heeres beim ersten Feldzuge des Jahres 1260 nicht bis zuletzt standgehalten, sondern, wie die Sienesen behaupteten verräterisch, kapituliert hatten.[2]) Montepulciano, das sich bereits im Juli unterworfen, erduldete für jetzt keinen weiteren Schaden und Schimpf; als aber Manfred im November die Stadt mit sämtlichen Hoheitsrechten des Reiches an Siena schenkte, machten die Bürger, obwohl sie jetzt allen Schutzes und Rückhaltes beraubt waren, von neuem den verzweifelten Versuch, sich zur Wehre zu setzen. Im Mai 1261 zogen die Sienesen unter Führung eines Marschalls aus der eigenen Bürgerschaft zur Belagerung der Stadt über dem Chianatale, und nach sechs Wochen, am 4. Juli, erzwangen sie deren Kapitulation. Ihre tapfere Haltung brachte den Bürgern doch den Vorteil, daß sie einen Teil ihrer Jurisdiktion und den Vorteil selbständiger Erhebung städtischer Steuern behielten, im übrigen aber kam die Stadt ganz in die Gewalt Sienas, das sich das Recht zur Anlage einer mächtigen Zitadelle in der Stadt sicherte und eilends den Bau dieser Zwingburg begann. Dem Führer des Heeres, das Montepulciano eingenommen, be-

[1]) Forsch. usw. IV, S. 165.

[2]) Il Costituto del Com. di Siena ed. Zdekauer betr. Montalcinos Dist. III, Rubr. 357, p. 385 und I. 90, p. 46. Betreffs Mensanos p. 186, 188.

reitete die jetzt ans Triumphieren gewöhnte Bürgerschaft ein lärmendes Siegesfest; als er in die Stadt einritt, wurde ein Baldachin über seinem Haupte getragen; bald wurde solche Sitte allgemein, aber hier bemerken wir das auf langen Lanzenstangen ruhende „Palio" zum ersten Male als Ehrenzeichen des siegreich heimkehrenden Heerführers.[1])

Neben Lucca leistete nur Arezzo der Hochflut ghibellinischer Macht tapferen Widerstand; da der Friede zwischen den Parteien dort nicht mehr aufrecht zu erhalten war, trieben die Guelfen, mächtiger als die Gegner, diese nebst dem Bischof Guglielmino aus der Stadt. Freilich behaupteten sie selbst nur mühsam ihre Macht innerhalb der Mauern, und den in Lucca befindlichen verbannten Genossen vermochten sie keine Hilfe zu leisten. Aus Città di Castello wurden die Guelfen im November verjagt; nach Jahr und Tag kam es dort freilich wieder zu einem Bürgerfrieden. Südlich von Arezzo über dem Trasimenischen See erstand das zerstörte Cortona aus seinen Trümmern; Perugia sandte Scharen von Bauarbeitern und leistete in jeder Art kräftigste Hilfe zur Wiederaufrichtung, während Siena sich mit einer dürftigen Zahlung abfand. Der aretiner Bischof, in dessen Namen die feste und schöne Stadt vor kurzem vernichtet worden war, schloß, jetzt selbst ein Vertriebener, mit der Cortoneser Bürgerschaft Frieden.[2]) Im April 1261 unternahmen die Sienesen mit der Macht der deutschen Ritter und in Gemeinschaft mit den vertriebenen aretiner Ghibellinen einen Angriff gegen Arezzo doch ihr Unternehmen endete mit einem Mißerfolge, und dasselbe Schicksal hatte Ende Juli eine Wiederholung des Versuches; es waren die ersten Fehlschläge der Sieger von Montaperti.[3])

Die Guelfen in Lucca, wo sich außer den florentiner Emigranten die Vertriebenen aus fast allen toskanischen Städten zusammendrängten, spähten weithin nach einem Retter aus, der sich freilich nirgend zeigen wollte; sie hatten sich in der Verbannung eine den Umständen angepaßte gemeinsame Organisation gegeben; an ihre Spitze hatten sie einen Podestà und einen Kapitan gestellt, als ersteren, als „Podestà der Edlen und der Popolaren der Guelfenpartei von Florenz und den andern Gebieten Tusziens",[4]) hatten sie den Grafen Mainardo von Panico, einen Feudalherrn aus dem Bolognesischen, zum letztern den Grafen Guido Guerra erwählt, und den beiden obersten Führern stand ein Parteirat zur Seite. Diese Organisation trieb trotz der materiellen Machtlosigkeit eine

Organisation der vertriebenen Guelfen.

[1]) Forsch. usw. IV, S. 160.

[2]) Ebend. S. 166 — [3]) Ebend. S. 167.

[4]) Der starke Irrtum der interessanten Schriften von Salvemini „La dignità cavalleresca nel Commune di Firenze" (p. 75) und „Magnati e Popolani in Firenze" p. 11 und p 285, wonach die Guelfen-Partei aus der Societas militum hervorgegangen sein sollte, wird durch obige Bezeichnung „partis Guelforum nobilium et popularium de Florentia et aliis Tuscie terris" (im Schreiben der Guelfen an König Konradin, 1261 gegen April; Gebauer 590) besonders deutlich, wenn es noch eines Beweises nach den Erörterungen in Forsch. usw. IV, S. 29 ff. über die Entstehung der Guelfen- und der Ghibellinen-Partei bedürfen sollte.

33*

Ihre Gesandtschaften an Konradin und Richard von Cornwall.

Politik in großem Stile, schickte Gesandte in ferne Länder und suchte den Gegnern auf jede Art Schaden zu bereiten. Oddo Altoviti,[1]) ehemals Konsul der Richter und Notare, wurde über die Alpen nach Bayern abgeordnet, um eine Botschaft ähnlich derjenigen auszurichten, an deren Überbringung den Guglielmo Beroardi die Kunde von der Katastrophe an der Arbia gehindert hatte; man drang in den Herzog Ludwig, den Vormund des schwäbischen Kindes, das damals seinen bescheidenen Hof im Kloster Illmünster hielt, er möge den jungen Konradin über die Alpen ziehen lassen oder den Guelfen in Lucca sonstige bewaffnete Hilfe senden. Die freundliche Erwiderung des Bayernherzogs im Namen des Neffen und im eigenen ging dahin, daß man gern auf das Bündnis gegen Manfred, den einstigen Fürsten von Tarent — denn man betrachtete ihn infolge der Exkommunikation auch als dieser Würde entkleidet —, gegen die Stadt Florenz und deren Ghibellinen, gegen Siena und dessen andere „Mitschuldigen und Anhänger“ eingehe, daß man sie alle für Todfeinde halten wolle, aber von einer unmittelbaren Hilfe, auf die es den guelfischen Anhängern des fernen Stauferknaben allein ankam, war in der Antwort nicht die Rede.[2]) Den König Richard von Cornwall, von dem man wohl nicht mehr direkte Unterstützung erhoffte, suchte man wenigstens dahin zu bestimmen, daß er seinen königlichen Bruder veranlasse, die in England weilenden sienesischen Kaufleute aus dem Lande zu treiben; man stellte ihm vor, daß Siena, indem es Manfred in Mittelitalien zur Herrschaft verhalf, sich Richards Ansprüchen auf die Krone des Reiches entgegengestellt habe und bei König Heinrich, der so gewaltige Opfer zum Kampf gegen den sizilischen Herrscher gebracht hatte, wird es nicht schwer gewesen sein, Mißstimmung gegen die dem Staufer verbündete Kommune zu erregen; es erfolgte in der Tat eine Austreibung der Sienesen aus dem Inselreiche; eine breite, für unsere Kenntnis der toskanischen Vorgänge höchst wertvolle Denkschrift der Sienesen an König Richard verfehlte ihren Zweck; vergebens war ihr Versuch, den „würdigsten König Deutschlands“ durch die Darlegung umzustimmen, daß sie trotz des Bündnisses mit Manfred die treuesten Anhänger des Imperiums seien, daß sie dessen Rechten nichts vergeben hätten und dem künftigen Kaiser, wer diese Würde auch erlange, treue Diener sein wollten.[3])

Die Guelfen und die Kurie.

Die wesentlichste Förderung suchte der Papst den Verbannten zu gewähren, trotzdem seine Maßnahmen, wie wir sahen, in manchen Stücken durch die In=

[1]) 1262 (Urk. vom 8. März) hatte Oddo Altoviti in Genua die Stellung eines consul justitiae der Fremdenkurie angenommen. — Ferretto, Cod. Diplom. I, 131 n.

[2]) Schreiben, das im Namen Konradins, „Königs von Jerusalem und Sizilien und Herzogs von Schwaben“, unter ausdrücklicher Bestätigung durch seinen persönlich anwesenden „tutor et avunculus“ Herzog Ludwig von Bayern, Illmünster 1261, 8. Mai, an die Guelfenpartei, durch deren Gesandten Oddo Altoviti, gesandt wurde. Gebauer 597. Vgl. Forsch. usw. IV, S. 147 f. und 170.

[3]) Schreiben der Sienesen an Richard 1261, 20. Mai. Gebauer 604 s. — Bullett. Senese V. 200 ss.

trigen des gewandten Kardinals Ottaviano zum Vorteil der Ghibellinen umgelenkt wurden. Obwohl die Florentiner als Exkommunizierte, die Sienesen als Kreuzgezeichnete gekämpft hatten, erregte das Blutbad von Montaperti an der Kurie Mitleid und Schrecken, da man die Macht des verhaßten Manfred so gewaltig steigen sah. Glaubte man doch in der ersten Zeit nach dem Siege, daß seine Anhänger ihn zum König von Toskana ausrufen würden,[1]) da sich die Kirche zwischen ihn und die Kaiserkrone stellte. Es scheint, daß am päpstlichen Hofe, der während jener Herbstwochen seinen Sitz in Subiaco hatte, nur ein Mann im Gegensatz zu allen andern seiner Genugtuung über den Ausgang der Schlacht, dem Jubel über die Vernichtung der Feinde seines Hauses offenen und lauten Ausdruck zu geben wagte, eben der Kardinal Ottaviano Ubaldini; ihm aber sagte einer seiner Genossen aus dem heiligen Kollegium: wenn er in die Zukunft blicken könne, würde er seine Freude dämpfen. Der so sprach, war der Kardinal-Presbyter von San Lorenzo in Lucina, ein Engländer von Geburt, der, weil er das weiße Gewand der Cistercienser trug, gewöhnlich als der Kardinal Bianco, daneben aber auch mit dem Namen Johann von Toledo bezeichnet wurde. Man rühmte von ihm, daß er ein tiefgründiger Sterndeuter, ein Meister der Zauberkunst sei, und den toletanischen Beinamen führte er von seinem Studium an dem alten Sitz magischer Wissenschaften am Tajo. Als man in ihn drang, den dunklen Spruch zu erklären, erläuterte er ihn dahin: „Die Besiegten werden glorreich siegen und in Ewigkeit nicht besiegt werden"; so wenigstens erzählten nachmals die selbstbewußten Söhne derer, die bei Montaperti geschlagen waren.[2]) Doch bedurfte es keiner Orakelweisheit, damit die kuriale Politik in den gebannten Guelfen ihre natürlichen Verbündeten erblicke und auf sie ihre schwachen, doch für den Augenblick einzigen Hoffnungen des Widerstandes gegen den Sieger Manfred setzte. Der Papst drückte Lucca sein Beileid mit dem „schweren und schmerzensreichen Falle" aus, den er in „tränenvollem Nachsinnen" überdenke; er versicherte die Bürgerschaft seines fortdauernden Wohlwollens und drückte seine Erwartung aus, daß die florentiner Guelfen die Absolution von den Kirchenstrafen nachsuchen würden, denen sie „wegen ihrer ungeheuren Ausschreitung" gegen den Abt Thesaurus von Vallombrosa verfallen waren. Alexander bemühte sich mit Eifer, ein Bündnis gegen Manfred zustande zu bringen, aber die Kommunen, auf die er hätte rechnen können, waren räumlich zu weit voneinander entfernt. Perugia, das er in diesem Sinne beeinflussen wollte, war nicht geneigt, sich mit dem entlegenen Lucca zu vereinigen; umsonst versuchte er, patriotische, italienisch-nationale Empfindungen gegen Manfred zu erwecken; bei aller Ergebenheit gegen die Kirche folgte die umbrische Stadt ihren eigenen Interessen und mochte von der gefährlichen Allianz nichts wissen.[3]) Das Oberhaupt der Kirche sandte im Februar 1261 seinen Notar, den Magister Guala aus Vercelli, nach Genua und nach Toskana; dessen offizielle Mission galt der

[1]) Forsch. usw. IV, S. 160, „Die Kämpfe des Jahres 1260 usw."
[2]) Ebend. S. 170. — [3]) Ebend. S. 168.

„Herstellung des Friedens“, doch in Wahrheit gab es jetzt keinen Frieden zu vermitteln, und Guala blieb bei den Guelfen in Lucca als deren Beistand und als päpstlicher Bevollmächtigter zur Förderung ihrer Interessen. Gegen die Ausbreitung der Ketzerei, deren in dieser Zeit besonders kräftiges Gedeihen Alexander IV. bitter beklagte,[1]) war in Toskana allerdings jetzt weniger als je etwas auszurichten; die Scheiterhaufen werden, da die Kirche geringe Macht besaß, seltener emporgeflammt sein als vordem.

Siena unter Interdikt.

Wurde den florentiner Guelfen im Exil die Lösung vom Kirchenbann zu teil, so ward das Interdikt über ihre Heimatstadt neu bestätigt, und den Sienesen nützte es nichts weiter, daß sie als Kreuzgezeichnete in die Feldschlacht gezogen waren; sie wurden in dasselbe Anathem verstrickt. Alexander hatte an sie das etwas naive Ansinnen gestellt, sie sollten jetzt, da ihre Feinde besiegt seien, die Sache Manfreds aufgeben, dem Vikar des Königs den Gehorsam versagen und dessen Ritter aus der Stadt weisen. Begreiflicherweise taten sie nichts von alledem; ein Angriff gegen eine der Ortschaften des Patrimoniums Petri in Tuszien scheint den Papst weiter erbittert zu haben, und so wurde im November, an der Oktave des Martinstages 1260 jener Kirchenbann verhängt, der fortan jahrelang auf Siena lasten sollte. Eigentlich hätten alle tuszischen Kommunen, die jetzt den exkommunizierten König von Sizilien als ihren Oberherrn anerkannten, derselben Kirchenstrafe verfallen müssen, doch es gibt Wege zur gütlichen Einigung wenn nicht mit dem Himmel, so doch mit seinen irdischen Sachwaltern. Dem Papst war daran gelegen, nicht das ganze Gebiet Toskanas, mit Ausnahme Luccas und Arezzos, vom Kirchenbann betroffen zu sehen, was die ohnehin geringe Wirkung auf Florenz und Siena noch weiter abgeschwächt und den kirchlichen Einfluß auf die Landschaft für lange vernichtet hätte. Als der Klerus von Volterra sich in Skrupeln und Besorgnissen an den apostolischen Stuhl wandte, ob man in einer Stadt, die Manfreds Beamte aufnehme, Gottesdienst halten dürfe, wurde ihm der beruhigende Bescheid: man kenne die Bürger als ergebene Söhne, die Manfred gegen die römische Kirche keine Hilfe gewähren würden, und deshalb möge man in Volterra die Gotteshäuser, die inzwischen aus frommer Bedenklichkeit geschlossen waren, ruhig wieder öffnen und die Glocken ertönen lassen.[2])

Pisa und Manfred.

Vergeblich blieb das Bemühen des Papstes, Pisa von Manfred fern zu halten oder die Stadt gar zum Anschluß an dessen Gegner zu bewegen; der Zauber des Erfolges erwies sich auf die Dauer zu mächtig, und überdies war man nicht gewillt, sich mit den Nachbarfeinden von Lucca zu verbrüdern. Gleich nach der Schlacht vor den Toren Sienas hatten sich die Pisaner der von den Florentinern seit dem letzten Frieden besetzt gehaltenen Burg Ripafratta bemächtigt,[3]) aber indem sie diese wieder an sich nahmen, hatten sie nur eine Frucht des Sieges anderer gepflückt, ohne sich einstweilen dem siegreichen König

[1]) Schreiben vom 28. Februar 1261. Sbaralea V, 141.

[2]) Forsch. usw. IV, S. 168 f.

[3]) Ebend. S. 166.

zuzuwenden, gegen den sie wegen seiner Begünstigung Genuas erbittert waren; sie hatten die Sache Konradins für die ihre erklärt, was für jetzt freilich nichts anderes bedeutete, als daß sie sich als Gegner des Usurpators bekannten. Verhandlungen zwischen dem Grafen Jordan und den Pisanern wegen Herstellung eines Bündnisses mit Siena, Florenz und Pistoia haben schon im Januar 1261 stattgefunden, aber man muß ihren Erfolg zunächst für unwahrscheinlich gehalten haben, da die aus San Gimignano ausziehenden Guelfen noch in derselben Zeit in der Hafenstadt eine Zuflucht suchten; Monate vergingen, ehe die Einigung zustande kam, doch endlich gelang sie, und die große toskanische Ghibellinen-Liga wurde in Siena als dem ideellen Mittelpunkt des neuen Bundes am 28. Mai 1261 zum Abschluß gebracht. Es scheint, daß Pisa vorwiegend durch den Einfluß jenes herrschenden Popolanen Oddo Gualducci, des vormaligen Admirals der sardinischen Expedition, für die Partei Manfreds gewonnen wurde; Oddo war jetzt einer der Anzianen seiner Stadt, er stand nachmals in persönlicher Korrespondenz mit dem König, und er begab sich als einer der beiden Sindici der Kommune nach Siena, um die Pakten des Bündnisses zu vereinbaren.[1]) Dieses richtete sich gegen Lucca und die dort befindlichen Guelfen, doch nicht gegen Arezzo, das dem Interessenkreise Pisas und vieler anderer Verbündeten zu fern lag. Die solange umworbene Seestadt verhehlte nicht, daß sie ihre eigenen Interessen in den Vordergrund stelle; sie verlangte, daß der Bund Lucca zur Herausgabe aller Burgen zwinge, die es infolge des florentiner Schiedsspruches besaß, und ebenso zur Zurückstellung von Massa (di Carrara) und der ganzen Lunigiana; San Miniato sollte den Grafen des pisaner Hauses Gherardesca die Ausübung ihrer Rechte in Montebicchieri gestatten, das Florenz jener Kommune überantwortet hatte; Lucca sollte gezwungen werden, den Edlen von Fucecchio am Arno, und den aus dem nahen Santa Maria a Monte Fortgezogenen ihre Besitzungen wiederzugeben. Bis all dies geschehen, war Siena zugunsten der Pisaner verpflichtet, die nach Tausenden zählenden luccheser Gefangenen nicht aus seinen Kerkern zu entlassen; auf Verlangen der Pisaner sollte die Liga gehalten sein, jährlich gegen Lucca einen Kriegszug zu unternehmen. Alle verbündeten Kommunen garantierten die gegenwärtigen inneren Ordnungen von Pisa und Siena derart, daß jede der Bundesstädte der herrschenden Partei zur Aufrechterhaltung ihrer Macht im Notfalle tatkräftige Hilfe zu leisten hatte. König Manfred sollte bestimmt werden, dauernd eine Schar von fünfhundert Rittern zur Bekämpfung der Guelfen in Tuszien zu unterhalten; die Städte der Liga verpflichteten sich, zum gleichen Zweck auch ihrerseits eine Truppe von fünfhundert Rittern zu besolden, doch sollten die tausend nur den festen Kern bilden, während zu den eigentlichen Kämpfen des Bundes das gesamte Aufgebot der Städte zu Fuß und zu Pferde ins Feld zu rücken hatte. Sobald Pisa gegen Lucca Krieg führte, hatten die Sienesen fünfhundert Ritter als Zuzug zu ent-

Die toskanische Ghibellinen-Liga.

[1]) Über ihn s. Forsch. usw. IV, S. 114 f., „Kämpfe und Friedensschlüsse mit Pisa 1254 und 1256".

senden. Neben den kriegerischen Zwecken der Liga wurden auch die Verhältnisse des friedlichen Verkehrs geregelt; Repressalien sollten in den Gebieten der Ghibellinenstädte nur direkt gegen die eigentlichen Schuldner, nicht gegen dritte geübt werden dürfen, wodurch man dem modernen Recht um einen Schritt näher kam. In diesem Vertrage — es sind die einzigen italienischen Worte in dem lateinischen Dokument — wurde der schon seit fast einem halben Jahrhundert übliche, verständige Grundsatz betreffs der Repressalien zuerst in den volkstümlichen Worten ausgedrückt: „a cui dato, a cului richiesto!“ die in späterer Zeit stets wiederkehren. Ihre Form ließe glauben, daß der Satz nicht aus der Studierstube gelehrter Juristen, sondern aus dem klaren Sinne praktischer Kaufleute stamme, die eines der widerwärtigsten Hindernisse des Handelsverkehrs auf das vernünftige Maß der Notwendigkeit zu beschränken wünschten. Dies trifft indes nur für den Ausdruck zu, denn die Bestimmung selbst, wonach nur der Schuldner und seine Bürgen, nicht aber unbeteiligte dritte Ortsgenossen dem unbefriedigt gebliebenen Gläubiger haften sollten, begegnet zuerst 1213 in Bologneser Verträgen und so wird die segensreiche Neuerung wohl von der Stätte des erneuerten römischen Rechtsstudiums ihren Ausgang genommen haben.[1]

Siena konnte, wie es scheint, trotz seiner jetzigen glanzvollen Stellung gewisse Handelsvorteile auf dem Wege direkter Verhandlung von Pisa nicht erreichen; es wünschte seine Bürger sollten in der Seestadt, ebenso wie die Florentiner, auf gleichem Fuß mit den Einheimischen behandelt werden und ließ sich durch einen Geheimvertrag vom Grafen Jordan zusichern, daß er, sobald die Pisaner seinem König Gehorsam geschworen hätten, ihnen solches befehlen würde.[2] Diese und andere geheime Abmachungen geben einen Begriff davon, wie schlimm es in der Ghibellinen-Liga von vornherein mit der wechselseitigen Aufrichtigkeit bestellt war; einen andern Beleg dafür liefern die Ratsverhandlungen des kleinen San Gimignano, an dessen Spitze einer der florentiner Ghibellinenführer stand. Im Dezember 1261 genehmigte man eine zuvor erfolgte Barzahlung an einen Notar des Grafen Jordan, der die Truppenzuzüge der verbündeten Kommunen zu den Kämpfen des königlichen Vikars zu bekunden hatte; die Summe war, wie man dem Rat mitteilte, eine Bestechung dafür, daß er eine größere Zahl an Rittern und Fußmannschaft als die wirklich gestellte in den Akten verzeichnet hatte.[3] Betrug und Schlaffheit herrschten von Anbeginn in dem scheinbar so stolzen, unter Ägide König Manfreds geschlossenen Bunde.

In ihm tritt zuerst eine Vereinigung jener Art hervor, die man fortan eine „Taglia“ nannte; das Wesen der „Taglia“ (oder Auflage) bestand darin, daß jedem Bundesgliede die Stellung einer bestimmten Zahl von Soldrittern zufiel; der Feldhauptmann des Bundes hatte die von den ein-

[1] Vgl. S. 68 und Anm. 1.
[2] Forsch. usw. IV. S. 167.
[3] Forsch. usw. II. 821.

zelnen Kommunen geworbenen Ritter in bezug auf ihre Person, ihre Pferde und Waffen zu mustern, um minderwertige Söldner auszuscheiden; später wurden nicht mehr die Ritter selbst von den Kommunen gestellt, sondern es erfolgte nur die Barzahlung für ihren Sold, die Anwerbung aber besorgte diejenige Kommune, die die Vormacht bildete. Die gemeinsamen Angelegenheiten der Liga pflegten in „Parlamenten" oder Zusammenkünften von Gesandten geregelt zu werden, die meist in Empoli oder Castelfiorentino, bisweilen auch in Fucecchio, seltener in Florenz oder Siena stattfanden. Von der diesmaligen „Taglia" entfiel auf Pisa und Siena die Gestellungspflicht von je 125, auf Florenz von 150 Rittern; Pistoia hatte ihrer vierzig, San Miniato sechzehn, Prato, San Gimignano und Volterra je zwölf und Colle acht zu stellen. Von den zehn verbündeten Kommunen war Poggibonsi von dieser Leistung freigelassen, offenbar mit Rücksicht darauf, daß dessen Bürgerschaft, die besonders schwer unter der Verwüstung ihres Gebietes durch die Arnostadt gelitten hatte, alle Kräfte anstrengen mußte, um die Mauern und Befestigungen wieder herzustellen.[1]) Das besiegte Florenz aber wurde als fähig befunden, eine größere Zahl von fremden Rittern zu besolden als Siena oder Pisa, in deren Interesse der Bund geschlossen wurde, und es zeigte sich auch hierin, daß selbst unter den veränderten Verhältnissen der größten und reichsten Stadt Toskanas die erste Rolle zufiel, daß jener Zustand der Demütigung, in die man die bisherige Inhaberin der Hegemonie versetzt hatte, nicht für die Dauer aufrecht erhalten werden konnte. Man hatte die Burgen der Florentiner, die in der Nähe von Pistoia, von Colle, von Volterra lagen, den betreffenden Städten zur Bewachung übergeben, deren Kosten durch die Bürgerschaft vom Arno zu tragen waren;[2]) wir wissen nicht, wann dies ein Ende nahm, aber wie Florenz auch als ghibellinisch regierte Stadt allmählich seine leitende Stellung zurückgewann, wird es sich auch aus dieser vom Hohn der Sieger aufgezwungenen Lage allmählich befreit haben.

Gewaltsamkeiten der Ghibellinen.

Allerdings hatte es unter Übermut und Gewalttaten schwer genug zu leiden. Dergleichen pflegt in den Urkunden nur geringe Spuren zu hinterlassen, wenn der siegende Säbel die Herrschaft führt, und es für die Geschädigten keinen Schutz, für die Ausschreitungen keinen Richter gibt. Dennoch vermögen wir uns aus dem Wenigen, was die Pergamente uns bewahrt haben, ein Bild vom Auftreten der von altem Haß erbitterten, von neuem Siege trunkenen Ghibellinen zu machen. Der Archipresbyter Bellondo von Fiesole, der zugleich Kanonikus von San Lorenzo war, hatte aus irgend welchen Gründen die Rache des Ranieri di Padule, des Freundes eines der Migliorati und des Brunetto, Sohn des verstorbenen Ritters Aldobrandi Guidi degli Uberti, zu fürchten; er hatte

[1]) Über den Bündnisvertrag s. Forsch. usw. IV, S. 167 f. — Der Ausdruck „Taglia" („talgla") begegnet zuerst und zwar in bezug auf die Ritterschaft der Ghibellinen-Liga in den Stadt-Urkunden von San Gimignano (Forsch. usw. II, 812, 22. Oktober 1261).

[2]) Fra Guittone d'Arezzo in seinem Gedicht „Ai lasso". S. Forsch. usw. IV, S. 160, „Die Kämpfe des Jahres 1260 usw."

den Podestà gebeten, zu seinem Schutz einen Nuntius der Kommune in der Kirche von San Lorenzo zu postieren, und dieser hielt dort auch getreulich Wacht, bemerkte aber nicht, daß Ranieri am Nachmittag des Martinstages 1260 im anstoßenden Hofe saß, um auf die Heimkehr des verhaßten Geistlichen zu warten; als dieser mit einem andern Kanoniker von San Lorenzo in das Chiostro trat, begann ein wechselseitiges Schmähen, und dann stürzte Ranieri dem Bellondo in den Schlafraum nach, zog sein zweischneidiges Schwert, verwundete sein Opfer lebensgefährlich unter lautem Rufen, auch ein anderer Geistlicher, der Kanoniker Chianni, müsse unter seinen Händen das Leben lassen. Als die entsetzten Kleriker geflüchtet waren, setzte er sich im Hofe auf eine Bank und wartete in voller Ruhe, bis die herbeigerufenen Nuntien des Podestà ihn gefangen nahmen. Da es sich um ein an kirchlicher Stelle begangenes Verbrechen handelte, wurde der Prozeß gegen ihn vor dem bischöflichen Gericht geführt, aber er wurde alsbald freigelassen, und wir erfahren nicht, daß etwas zur Sühne seiner Tat geschehen wäre.[1]) Ein anderer typischer Vorgang, der sich in ähnlicher Art mannigfach wiederholt haben wird, trug sich im Contado zu; Ubertino von Gaville (bei Figline), Sohn des Ritters Guglielmino degli Ubertini, eine der mächtigsten Persönlichkeiten des florentinischen und aretinischen Gebietes, Verwandter des aretiner Bischofs, zwang kurz nach der Schlacht von Montaperti die Vallombrosaner des zwischen dem Chianti und dem obern Arnotale gelegenen Klosters Coltibuono ihm das zur Aufnahme von Armen bestimmte Hospital Mumugnano nebst dessen Ländereien zu verkaufen; da die Konversen, die das fromme Stift verwalteten, es nicht schnell genug räumten, wurden sie gewaltsam ausgetrieben; dann zog Ubertino nebst Guglielmino Ricasoli an der Spitze einer Schar seiner Leute vors Kloster und erklärte, die Mönche hätten dem Verkauf zu mehrerer Sicherheit nochmals ihre Zustimmung zu geben. Um der Aufforderung Nachdruck zu geben, hielt er die Hand am Schwerte und versicherte die Zögernden, wer sich weigere, sei ein Kind des Todes. Da später zwischen ihm und den Klosterbrüdern erneuter Streit entstand, einigte man sich gütlich über eine schiedsrichterliche Entscheidung; als der erwählte Schiedsrichter jedoch dem Notar seinen Spruch diktieren wollte, zog der Ubertini seinen Degen und versicherte die beiden, er werde sie sofort umbringen, wenn eine ihm nicht genehme Entscheidung zu Pergament gebracht werde. Die Mönche behaupteten, durch seine Gewalttaten um die bedeutende Summe von achttausend Librae geschädigt zu sein.[2])

Die Einwohner von Castelnuovo d'Avane im obern Arnotal rühmten sich von alter Zeit her, freie Leute, niemandem hörig oder untertan zu sein; sie hatten diese Unabhängigkeit vielleicht nach dem Tode des Markgrafen Hugo erworben, jedenfalls galt sie den jetzt Lebenden als uraltes Recht. Die Pazzi aber, die Söhne des Ghibellinenführers Ranieri, und ihre Vettern zwangen sie durch Drohungen, darauf einzugehen, daß sie sich einem

[1]) S. Forsch. usw. IV. S. 164, „Die Kämpfe des Jahres 1260 usw."
[2]) Forsch. usw. IV. S. 164 f.

Schiedsspruch des florentiner Bürgers Durazzo, Sohn des Ritters Guidalotto de' Vecchietti, unterwürfen, der dahin entschied, jeder von ihnen habe den Pazzi eine jährliche Naturalabgabe an Getreide zu leisten, auch stets, wenn ein Pazzi den Rittergürtel empfange, eine Beisteuer zu den Kosten der dabei üblichen Feste zu leisten. Als einige sich weigerten, die ungewohnten Lasten zu tragen und hierdurch zugleich auf die alte Freiheit zu verzichten, ließen die edlen Herren sie greifen und ermorden; dann zogen sie mit dem Aufgebot ihrer Lehnsmannschaft, mit Rittern und Fußkämpfern unter wehenden Bannern vor den Ort, brannten außen gelegene Häuser und Hütten nieder, verwüsteten die Felder und Weinberge, nahmen eine Anzahl von Einwohnern gefangen, fesselten sie und drohten denen, die den Ort verteidigten, die Gefangenen zu töten, wenn ihnen Castelnuovo nicht sofort übergeben würde; da die Tore trotzdem geschlossen blieben, schlugen die Brüder Guglielmo und Ubertino Pazzi, Söhne des Ranieri, die Unglücklichen, die in Fesseln an den Rand der Burggräben gestellt wurden, im Angesicht ihrer Angehörigen und ihrer Heimatsgenossen mit eigenen Händen in Stücke. Die ghibellinische Kommune Florenz, bei der die Leute von Castelnuovo Klage führten, unternahm natürlich gegen die mächtigen Parteigänger nicht das mindeste, und so bequemten sich die Bedrängten als Schiedsrichter ihres Streites den Bischof von Arezzo, den Onkel ihrer Peiniger, anzuerkennen. Hatten sie auf dessen Würde und geistliches Gewand vertraut, so sahen sie sich bitter enttäuscht; er erklärte, alles Recht sei auf seiten seiner Neffen, und alle Schuld auf der der Schwachen. Ein Dritteljahrhundert lang mußten die Einwohner sich fügen, bis die große Bewegung gegen die Magnaten ihnen oder ihren Söhnen im Jahre 1294 zu Recht und Sühne verhalf.[1])

Auch im Privatleben benutzten die Ghibellinen die Macht, die ihnen der Sieg gewährte; einer der Uberti, Bruno Guidi, wünschte seiner Frau Bilia da Palazzuolo ledig zu sein, um eine andere heiraten zu können; er entdeckte plötzlich, daß sein Vater die Bilia aus der Taufe gehoben habe, daß dies ein kanonisches Hindernis und die Ehe deshalb ungültig sei. Viviano de Caza, den wir früher als Anhänger Kaiser Friedrichs kennen lernten, der sich dann zu Papst Innocenz bekehrt hatte, fungierte jetzt als Generalvikar des Bischofs; er sprach die Annullierung der Ehe aus, und der Uberti konnte nach Belieben eine andere heimführen.[2]) Das Volksregiment war ein hartes gewesen, aber es beruhte auf Schutz von Recht und Besitz, während man jetzt unter der Willkür von Hunderten kleiner Tyrannen zu leiden hatte. Graf Guido Novello, jetzt der Inhaber der städtischen Gewalt, wird seinen Parteigenossen kein Hindernis bereitet haben, wenn sie mit dem Recht oder Unrecht der Sieger nach eigenem Belieben für ihren Vorteil sorgten, oder wenn sie ihrem Haß die Zügel ließen.[3])

---

[1]) Forsch. usw. IV, S. 165.

[2]) Urkunden vom 22. und 26. Februar und 11. März 1264. SAF. — Santa Maria degli Angeli. Bruno kommt schon 1245, 20. August in Urkunden vor (SAS. — Caleffo Vecchio f. 142).

[3]) „In campis prope Beneventum“ (1265) 7. Juni, 8. Indiktion schrieb Manfred „Guidoni Novello comiti palatino. vicario in Tuscia generali dilecto sororio.

Graf Guido Novello.

Er stand als Schwager König Manfreds zu dem Herrscher in engster Beziehung, doch wir kennen den Namen der unehelichen Tochter Kaiser Friedrichs nicht, die des Grafen Gattin war. Seiner Anhänglichkeit an das Stauferhaus wie seinem Stolz auf die kaiserliche Verwandtschaft gab er nach Sitte der Zeit in der Namenswahl für seine Söhne Ausdruck; den älteren nannte er Friedrich, den zweiten Manfred, einen dritten Wilhelm, nach dem letzten Normannenkönige, von dem das sizilische Erbe des schwäbischen Geschlechtes stammte. Auch in Guido Novello lebte jenes starke Diesseitsgefühl, das nichts vom Fortleben der Seele wissen wollte, und vor allem hienieden Ruhm und Glanz suchte; dennoch war in seiner widerspruchsvollen Natur neben dem Rationalismus nicht nur für den Glauben an die Schicksalsmacht der Sterne und die tiefe Wirksamkeit der Dämonen, sondern zugleich für Regungen mystischer Frömmigkeit Raum. Der gewaltsame Parteiführer hegte eine tiefe Verehrung für den stillen Prediger der Liebe und des Friedens, dem in der Nähe seines Herrschaftsbereiches ein Engel die Wundmale Christi aufgeprägt hatte; dort oben auf der Vernia hatte sein Bruder Graf Simone eine Kapelle errichten lassen und Guido und Simone erbauten gemeinsam das Franziskanerkloster Certomondo bei Poppi im Casentino.[1]) Der Astrolog aber kam dem Verehrer des Poverello d'Assisi nicht von der Seite; wenn er Guido Bonatti nicht gelegentlich beurlaubte, um für das befreundete Siena zu prophezeien,[2]) war der ehemalige Dachdecker von Forli[3]) sein unzertrennlicher Begleiter; nach dessen Rat wurden Belagerungen unternommen und aufgegeben, nach seinen Orakelsprüchen Feldzüge abgebrochen.[4]) Der Graf besaß einen Zauberring, den er von seinem königlichen Schwager erhalten hatte und den er nachmals an Benedetto Gaetani schenkte, den die Welt als Bonifaz VIII. kennt. Aus dem Prozeß, der nach dem Tode dieses Papstes gegen dessen Andenken geführt wurde, erfahren wir von dem dämonischen Juwel; in den Ring war ein Geist gebannt, der sich bald durch Leuchten zu erkennen gab, bald menschliche oder tierische Gestalt annahm. Bonifaz soll behauptet haben, jeden Teufel der Hölle könne er vermöge des machtvollen Kleinodes herbeirufen,[5]) und

---

familiari et fideli suo". Der Brief liegt in der „Rosa Novella" des Petrus de Bovacteriis (Flor. Nat.-Bibl. II, IV, 312) vor und ist bei Böhmer, Acta Selecta ed. Ficker p. 684 gedruckt

[1]) Die Inschrift betreffs der Erbauung von Certomondo von 1262 bei Soldani, Hist. monast. S. Michael. de Passiniano 123; die betreffs der Kapelle der Stigmata vom August 1263 ebendort. — Fioretti (Edit. v. 1901) p. 250.

[2]) SAS. — Bicch. 35, f. 24 (Juli 1262).

[3]) Vill. VII. 81 zum Jahre 1282.

[4]) Guidonis Bonatti, „De Astronomia" (Basler Ausg. von 1550), col. 313.

[5]) Anklageschrift des Guillaume de Nogaret gegen den toten Papst (Du Puy) Historie du differend d'entre le pape Boniface VIII. et Philippes le Bel; Preuves p. 325 ss. — Zeugen-Aussagen p. 526 ss.: Aussage des Noffus Bonicursi aus Pisa und anderer.

der Schutzherr des Guido Bonatti wird an der Kraft des goldenen Reifes nicht gezweifelt haben. Die Burg Poppi im Casentino, der alte Hauptsitz seines Geschlechtes, das Wittum seiner Mutter, Johanna Pallavicini, war von den Florentinern demoliert worden;[1]) jetzt ließ er gemeinsam mit seinem Bruder die getürmten Mauern des Ortes wieder aufrichten, und das Schloß entstand, freilich noch nicht in der nachmaligen schönen Gestalt, in der es in unseren Tagen fortdauert, wieder aus seinen Trümmern. Hoch oben, am florentiner Volkspalast, den er bewohnte, ließ er als Wahrzeichen der ghibellinischen Eroberung von Florenz die weiße Lilie im roten Felde malen, das alte Stadtwappen, das seine Partei sich bei ihrem ersten Auszuge angeeignet hatte.[2]) Was die Kommune besaß, betrachtete er als Beute des Siegers; einen ansehnlichen Teil der Kriegsgeräte ließ er aus der florentiner Waffenkammer nach Poppi schaffen, zumal die schweren Armbrüste, die man meist zu Verteidigungszwecken von Türmen und Mauern her, doch bisweilen auch in der Feldschlacht benutzte.[3]) In Florenz erinnert an ihn noch heute die Via Ghibellina, die er an der Seite des Volkspalastes anlegen ließ; sie bildete damals teils eine Straße innerhalb der Stadtmauern, teils einen Borgo, der sich vor ihnen erstreckte, und sie war an beiden Seiten von Befestigungsmauern eingefaßt; an ihrem Ende, am Croce del Gorgo (wo sich jetzt der Viale Carlo Alberto ausbreitet), wurde ein vorgeschobenes Tor errichtet, das man Porta Ghibellina nannte. Man sagte, Tor und Straße hätten hauptsächlich den Zweck gehabt, der etwa zur Behauptung ghibellinischer Macht aus dem Casentino herbeizurufenden Mannschaft des Grafen sicheren Zugang zu dem Palast zu gewähren, der den Sitz der Stadtverwaltung bildete.[4]) In den folgenden Jahren der Ghibellinen-Herrschaft wurden auch die Stadt-

[1]) Inschrift eines der Tore Poppis Soldani l. c. 122. Es heißt da „Servio Guidoni comitique Simoni . . . Qui me dejectum, magna probitate refectum Nunc detinent . .“ Die Niederwerfung, die eine spätere Tor-Inschrift auf Attila beziehen möchte, kann natürlich nur durch Florenz erfolgt sein. Guido Bonatti l. c. col. 393 sagt, von der Schlacht von Montaperti sprechend, Guido Novello sei ausgezogen „contra Florentinos, qui expulerunt eum de Florentia et straverunt ei omnia sua castra, que habebat in Tuscia et expoliaverat eum omnibus suis bonis“ . . Poppi gehörte damals noch nicht den beiden Brüdern direkt; es war Wittum ihrer Mutter, aber die Florentiner werden zwischen dem Besitz dieser und ihrer Söhne schwerlich unterschieden haben. — Der Wiederaufbau der Mauern Poppis begann nach der Inschrift im Februar 1261.

[2]) Benven. de Imola zu Parad. XVI, 154 (ed. Lacaita V. 182). Benvenuto sah (etwa 1375) die weiße Lilie noch an dem Palast. Man glaubte sie befinde, sich dort als Wahrzeichen von dessen Erbauung her, doch damals hatte die Ghibellinen-Partei schon die weiße, die Kommune die rote Lilie als Wappen angenommen (s. vorn S. 395) und deshalb kann die erstere nur nach Montaperti an jener Stelle angebracht sein.

[3]) Vill. VI, 86. — VII, 48.

[4]) In den Zeugenaussagen des Bagnesi-Prozesses (1290 September) sagt Bencinus Giunte: er sah „facere pro Communi fieri portas apud Crucem de Gorgo“. — Vill. VI. 80 berichtet von der Erbauung von Via und Porta Ghibellina durch den Grafen.

graben vervollkommnet und die Mauern jenseits des Arno beträchtlich erhöht; diese erhielten damals die Gestalt, in der man sie heute noch erblickt.[1])

Doch hatte der Enkel der Gualdrada wohl eine Empfindung dafür, daß Gewalt und Schutzwehren allein ihm und seiner Partei die Herrschaft nicht auf die Dauer sichern könnten, und so faßte er den etwas abenteuerlichen Plan, einen Halt an der Kirche zu suchen. Alexander IV. war in jenen Tagen, in denen die toskanische Ghibellinen-Liga geschlossen wurde, in Viterbo aus der Welt geschieden. Der Kardinal Ottaviano eilte auf die Kunde vom Ableben des Papstes, den er erhoben hatte, nach der Stadt, in der der Greis gestorben war, und er scheute sich nicht im mindesten, von dem gebannten, ihm nahe befreundeten Siena ein ehrenvolles Geleit anzunehmen; durch neun Gesandte, und wohl unter dem Schutz bewaffneter Mannschaft, ließ die Bürgerschaft ihn durch ihr Gebiet an den Sitz der Kurie führen.[2]) Drei Monate hindurch blieb der Stuhl des Apostels leer; die acht Kardinäle, aus denen das heilige Kollegium bestand, haderten wegen der Wahl, bis der Zufall eine Wendung von weltgeschichtlicher Bedeutung herbeiführte. In Viterbo erschien Jacques Pantaleon, der Patriarch von Jerusalem, der in Troyes als Sohn eines Flickschusters geboren, durch große Begabung im Dienst der Kirche emporgestiegen war. In Angelegenheiten der orientalischen Kirche war er von seinem Sitze übers Meer gekommen, und die Kardinäle, von denen keiner dem andern die Schlüsselgewalt gönnte, kamen überein, ihn zum Papst zu erheben. Sein Pontifikat hat nur wenige Wochen über drei Jahre gedauert, aber es hat tiefe Spuren hinterlassen; den Haß gegen die Staufer übernahm er als Erbteil seines Amtes, aber daß das Papsttum durch ihn französisch wurde, hatte den Zug Karls von Anjou zur Folge, von dem auf die politischen Geschicke wie auf die Kultur des Landes die tiefsten, fortzeugenden Einwirkungen ausgegangen sind.

Alexander IV. † 1261. 25. Mai.

Urban IV. Papst. 1261. 29. August — 1264. Oktober.

Es muß in den ersten Zeiten Urbans geschehen sein, noch ehe sich dessen Persönlichkeit und ehe sich seine Absichten klar übersehen ließen, daß Graf Guido Novello im Rat von Florenz den Beschluß fassen ließ, den Bischof Mainetto von Fiesole nebst einem Geleite von Edlen als Gesandte an ihn abzusenden, um ihn zu bitten, dem ghibellinischen Florenz seine Gunst zuzuwenden und es vom Banne zu lösen. In dem Schreiben, das sie überreichen sollten, war ausgedrückt, wie die Stadt stets die Tochter und ergebene Magd der römischen Kirche gewesen sei, wie sie jetzt sich dem Papste zu Füßen werfend, dessen Güte erflehe.[3]) Wir wissen nicht, ob Urban die Gesandten vor sein

Florentiner Gesandtschaft an ihn.

[1]) Villani IV, 8. — Betreffs der Stadtgräben unterrichtet uns eine Urkunde vom 16. November 1280 (SAF., — Protokoll des Notars Ildebrando di Accatto f. 100), die auf eine 1265 übernommene Bürgschaft für Abgaben Bezug hat, die zur Deckung der Kosten für die Arbeiten an den Gräben auferlegt war.

[2]) SAS. — Biech. 32, f. 51², f. 67. — Dazu Forsch. usw. II, Regest 801a.

[3]) Der Brief mit der Überschrift „Scribit Domino pape Guido comes et Commune Florentie" ist nur an einer Stelle überliefert, nämlich in dem jetzt durch den Brand beschädigten Brief-Kodex der Turiner National-Bibliothek, früher H. III. 38, neuerdings

Angesicht ließ; er war kein Freund der Halbheiten und er wußte, daß eine Forderung, die Sache Manfreds zu verlassen, die vom römischen Stuhl beschützten Guelfen wieder aufzunehmen, bei der herrschenden Partei keine Aussicht auf Erfüllung habe; so blieb dieser Versuch der Annäherung ohne Folgen und ohne Bedeutung.

Der erste Feldzug gegen Lucca und die Guelfen.

Als der neue Papst erhoben ward, stand die Ghibellinen-Liga gegen Lucca und die toskanischen Exilierten im Felde. Am 7. August war das Heer ausgezogen; den Milizien wehten jetzt neben den Fahnen der Kommunen weiße Seidenbanner voran, auf die der aus schwarzem Zindel geschnittene staufische Adler genäht war; San Miniato war der Sammelort der Aufgebote und Graf Jordan von Anglano nebst Guido Novello führten den Oberbefehl. Die Bedrohten warteten den Angriff nicht ab; ihren ersten Anprall hatte die deutsch-apulische Ritterschaft des königlichen Vikars auszuhalten[1]) und den Besiegten von der Arbia war ein Erfolg beschieden, der ihre tief gesunkenen Hoffnungen belebt haben mag. Indes wurden die festen Orte der Lucchesen rechts vom untern Arno, nahe dem Gebiet der Pisaner, Santa Maria a Monte, Montecalvoli, Santa Croce, Castelfranco sowie Pozzo durch das Ghibellinenheer belagert, und auf einem anderen Schauplatz der Kämpfe umzingelten die Pisaner, die unabhängig von der Hauptaktion bis etwa acht Kilometer vor Lucca vorgedrungen waren, das Kastell Castiglion dei Lucchesi im Serchio-Tale. Es gelang ihnen, durch Verrat sich der Burg zu bemächtigen; die Lucchesen entrissen sie ihnen wieder, wurden aber in einer Feldschlacht besiegt, und viele von ihnen gerieten in Gefangenschaft. Die Pisaner zerstörten alsbald Castiglione durch unterirdische Minen und alles, was sich innerhalb der Mauern befand, wurde getötet oder in Fesseln gelegt.[2]) Auch am Arno konnten sich jene belagerten Ortschaften nicht gegen die ghibellinische Übermacht behaupten; nach etwa anderthalb Monaten fiel Santa Maria a Monte, und zahlreiche andere Kastelle mußten ebenfalls kapitulieren. Anders Fucecchio, um das sich der wütendste Kampf

---

Lat. B. 265, f. 60 (aus dem 14. Jahrhundert). Der Eingang „Ille pater, qui dedit vobis super omnia dominatum, dedisset insuper, ut corde presagio, quasi divinitus inspirati possetis fidelium cogitationes inspicere . .“ weist mit Deutlichkeit darauf hin, daß das Schreiben an den neuen Papst gerichtet war. Ferner ist an anderer Stelle von den den Vorgängern des Adressaten gewährten Diensten die Rede, während bei Alexander die ihm selbst geleisteten nicht unerwähnt geblieben wären. Auch schließt es der Zusammenhang der Ereignisse aus, daß man an Alexander IV., der Florenz vor kurzem gebannt hatte, eine Gesandtschaft schickte, ohne zugleich Unterwerfung unter seinen Willen anzubieten. Anders gegenüber dem neuen Papst, von dem man nicht wußte, ob er nicht etwa einer Einigung mit Manfred geneigt sei, und mit dem der König ja Anfang 1262 in der Tat unter großen Geldanerbietungen in Verhandlung trat (Schreiben eines Klerikers an Heinrich III. von England, Rymer, Foedera I, 740).

[1]) Forsch. usw. II (San Gimign.). Die Regesten 805—808f, 810b—813a, 813c, 813e sind Quelle des hier Berichteten.

[2]) Thomas Papiensis („Tuscus“) M. G. Ss. XXII, 519.

entspann; dieser Ort wurde von der Blüte der Guelfen mit entschlossenem Mute verteidigt, und er behauptete sich trotz aller Beschädigungen, die Schleudermaschinen und anderweites Belagerungsgerät anrichteten. Graf Guido Novello leitete hier den Kampf, und Guido Bonatti behauptete aus den Sternen gelesen zu haben, was der Vielgewandte wohl ohne Hilfe der Planeten bemerkte, daß die ermüdeten Angreifer im Vergleich zu den Verteidigern schlaff und träge seien; außerdem riet er dem Grafen, auf Grund seiner Wetterkunde, den Kampf abzubrechen, denn es stünden furchtbare Herbstregengüsse bevor; so blieb Fucecchio unerobert, und die Heimkehrenden priesen sich glücklich, den Gewittern und Wolkenbrüchen rechtzeitig entgangen zu sein, die sich in der Tat mit großer Gewalt entluden.[1]) Erst in den letzten Oktobertagen, nach fast dreimonatlichem Feldzuge, waren die städtischen Kontingente in die Heimat zurückgekehrt. Die Bürgerschaften mochten empfinden, daß jede neue Herrschaft, unter die sie gerieten, nur immer härter drückte als die frühere, und sie kämpften unter dem schwarzen Adler Manfreds mit weit geringerer Teilnahme als zuvor unter dem Lilienbanner der florentiner Demokratie. In die eroberten Ortschaften am Arno legte Graf Jordan Besatzung; der eintönige Dienst war für seine Ritter zu ermüdend und zu unedel; Bürger und Handwerker der Städte, aus ihren Beschäftigungen gerissen, mußten ihn fast zwei Jahre lang versehen.[2])

Verpachtung von Reichszöllen.

Der Krieg verschlang bedeutende Summen, und der Vikar Manfreds suchte die alten Einnahmequellen des Reiches aus Wegezöllen wieder ergiebig zu machen. Für den entwickelten Handel waren sie freilich, zumal wenn sie ohne Rücksicht auf die kommerziellen Verhältnisse verwaltet wurden, eine schwere Belästigung, aber die ritterlichen Herren, die jetzt die Herrschaft führten, sorgten sich nicht viel um kaufmännische Interessen. Wie anderer Rechte des Imperiums hatten sich die Kommunen zweifellos auch der benachbarten Zollstätten bemächtigt; sie hatten die alten Wegsperren nicht aufgehoben, doch die Zollerhebung geregelt, wie es der Rücksicht auf Gewerbe und Handel der herrschenden Binnenstadt entsprach. Jetzt aber entschied das finanzielle Interesse des sizilischen Herrschers, dem für seine Usurpation kein besseres Recht zur Seite stand als den Städten. Kluge Leute wußten die neuen Verhältnisse zu ihrem Vorteil zu nützen; ein Guidalotto von Castelfiorentino assoziierte sich zur Ausbeutung des wieder in Kraft gesetzten Reichsrechtes mit dem in allen Sätteln gerechten ghibellinischen Apotheker Omodei von Florenz, der seine Hände in allen wichtigen Angelegenheiten zu haben pflegte. Er hatte als Zeuge am Abschluß der toskanischen Liga teilgenommen, und wir bemerkten ihn unter den

---

[1]) Guidonis Bonatti, „De Astronomia" (Basler Ausg. von 1550), col. 313. — Sonst über diese Kämpfe: Villani VI, 83. — Sercambi p. 36. — Breviarium Pisanae Hist. Murat. Ss. VI, col. 193. — Fragmenta Hist. Pisanae, Ibid. XXIV, col. 645. — Pisaner Chronik des SAL. Cod. 54. — Forsch. usw. II (S. Gimign.), Reg. 813d, 818a.

[2]) Forsch. usw. II (S. Gimign.), Regest 814, 19, 20, 24, 36, 37. — Soldzahlung an 15 aus Volterra, Santa Croce 1263, 6. Mai SAS. — Volterra.

Garanten des Friedens zwischen Siena und Florenz; jetzt pachtete er gemeinsam mit jenem Guidalotto die Zölle von San Miniato, Montignoso di Gambassi (an der Straße von Florenz nach Volterra) und in Fucecchio, das sich freilich noch in Feindeshänden befand. Die Technik der Verpachtung lenkt unsere Aufmerksamkeit auf sich, denn sie bezeugt zuerst den Einfluß vorgeschrittener süditalienischer Verwaltungsformen in Tuszien, deren letzte Wurzeln wahrscheinlich in Überlieferungen byzantinischer Zeit zu suchen sind; es wurden vom Vikar des Königs Gebote entgegengenommen, dann erfolgte einen Monat später eine Subhastation, bei der der frühere Meistbietende zum jetzigen Höchstgebot ein Vorpachtrecht hatte.[1]) Noch bei weitem moderner berührt eine andere Beobachtung; man führte in Florenz in ghibellinischer Zeit, 1261, nicht, wie gewöhnlich angenommen wird, erst im 15. Jahrhundert, eine progressive Vermögenssteuer ein. Die regierenden Herren wünschten dadurch offenbar zugleich das untere Volk zu gewinnen und die Vermögenderen in stärkerem Maße für die Zwecke der Kriegführung heranzuziehen. Nach feststehender Gepflogenheit, von der noch näher die Rede sein soll, betrug die Einschätzung stets nur einen geringen Bruchteil des wirklichen Besitzes, denn man setzte zuvor das zu erreichende Pauschale fest und die Schätzung war nur eine Repartierung nach Maßgabe der zu erreichenden Gesamtsumme, nicht eine solche der tatsächlichen Habe, die, je nachdem, das Zehn- bis Fünfzehnfache der Einschätzung betragen mochte. Die kleinsten Schätzungsbeträge unter 25 Librae wurden mit 1 %, die bis 100 Librae mit 1¾ % besteuert, doch leider kennen wir den Steuersatz der höheren nicht. Die Geistlichen wurden von den Ghibellinen milder behandelt als früher zur Zeit des Popolo; dieser hatte ihnen 1 % als Steuer auferlegt, während ihnen jetzt nur vier Zehntel v. H. der eingeschätzten Summe abgefordert wurden.[2]) Im allgemeinen scheint die Belastung keineswegs eine stärkere gewesen zu sein als zu Zeiten der Volksherrschaft, und sie war weit geringer als

Progressive Steuer

[1]) Forsch. usw. III. Handels-Regest 50.

[2]) Urkunde Florenz 1261, 3. Dezember, Archiv von San Lorenzo. Von den höheren Summen heißt es „Et qui allibrati sunt a centum supra solvunt ut solverunt guardie civitatis“. Betreffs dieser guardie civitatis aber befinden wit uns in voller Unkenntnis. Sie werden insgesamt nur zweimal, 1048 (Bd. I, 332 und Anm. 6) und nach 213 Jahren, eben hier, in Urkunden erwähnt. — Den Satz der Steuer der Geistlichkeit ergibt die Urkunde vom 8. Juni 1263 (SAF. — Coltibuono). — Die in der Grafschaft aufgelegte Steuer (auf das Vermögen der Laien) betrug 1265 (Urkunde vom 9. Juli. — SAF. — Santa Felicita) eines v. H. des Vermögens. Dazu kamen (Urkunde vom 1. März 1266, SAF. — Protokoll des Notars Attaviano di Chiaro A. 100 f. 42) kontingentierte Auflagen auf die einzelnen Kirchspiele für Reiterstellung (cavallata), deren Betrag dann innerhalb des einzelnen Popolo durch Umlage aufgebracht wurde und zwar nach der Vermögenseinschätzung. Diese Auflage betrug ebenfalls eines v. H. Die Behauptung Villanis (VII, 13 u. 14) von ungemein starker Steuerbelastung durch die ghibellinische Stadtregierung muß mit erheblicher Reserve aufgenommen werden. Über die Art der Einschätzung s. unten und Forsch. usw. IV, S. 294 ff. in dem Abschnitt „Steuern, Zwangsanleihen, Zölle“.

später in denen des reinen Guelfen-Regimentes. Erst in der letzten Periode, als das Ghibellinentum sich nur noch mit äußerster Mühe und schließlich erfolglos zu behaupten versuchte, wurde die widerwillig getragene Last besonders schwer empfunden.

Man sieht aus dieser Steuerpolitik, so unvollkommen sie uns bekannt ist, welchen Wert man darauf legte, das Volk in gute Stimmung zu versetzen, dem die politischen Rechte genommen waren, und dem fortdauernde Opfer an Kraft und Blut aufgezwungen wurden, ohne daß entscheidende Siege ein Ende der Kämpfe absehen ließen.

Einigung der Parteien in Arezzo.

In Arezzo freilich, das neben Lucca ein Stützpunkt der Guelfen war, konnten diese ihre Macht gegen die vertriebenen Ghibellinen nicht dauernd behaupten; zu der von den Gegnern erhofften Niederzwingung des guelfischen Stadtregimentes kam es nicht, wohl aber zu einer gütlichen Einigung der Parteien unter Garantie Sienas und zur Teilung der Gewalt zwischen den bisherigen Gegnern.[1]) Seit Ende des Jahres 1261 stand Lucca, überfüllt von tapferen, aber mittellosen Emigranten, den Feinden völlig vereinsamt gegenüber.

Unterwerfung des Conte Rosso.

Siena und dadurch die Sache der Ghibellinen erzielte auch in der Aldobrandesca-Grafschaft einen Erfolg; der Pfalzgraf Ildebrandino Rosso hatte nach Montaperti die Kämpfe auf eigene Hand fortgesetzt, aber im Jahre 1262 mußte er sich unterwerfen, mußte versprechen, Siena Zins zu zahlen, für die Stadt Krieg zu führen und innerhalb ihrer Mauern einen Palast zu erbauen.[2])

Die Lage der Guelfen wäre doppelt gefahrvoll gewesen, hätte unter den verbündeten Gegnern Einigkeit geherrscht; aber zwischen Siena und Florenz lag zuviel alter und neuer Haß, und zu starke Interessengegensätze trennten die Nachbarstädte, als daß die Übereinstimmung der Besiegten und der Sieger Dauer haben konnte.

Bewegung in Florenz gegen Siena.

Im Februar 1262 erhob sich in der Arnostadt von neuem der alte Ruf: „Nach Siena, nach Siena!", etwas schnell nach der furchtbaren Lehre, die man vor weniger als anderthalb Jahren erhalten hatte. Das Volk tumultuierte, weil Siena das ihm abgetretene Kastell Staggia bei Poggibonsi jetzt für sich befestigte, während Florenz im Einverständnis mit Poggibonsi seine Überlassung an diese letztere Kommune verlangte. Graf Guido Novello trat für die Interessen seiner Heimatstadt gegen die Verbündeten ein, und die Florentiner schickten gemeinsam mit der Bürgerschaft Poggibonsis um dieses Streites willen Gesandte nach Apulien an Manfred. Die Florentiner weigerten sich, zum Bundes-

[1]) Urkunden In mansione Templi Aretine civitatis 1261, 9. November: Bevollmächtigung der aretiner Ghibellinen-Partei zum Friedensschluß. Dazu Arezzo 1261, 1. Februar (Podestà Arezzos war Guido von Romena) SAS. — Riform.

[2]) Urkunde vom 31. Oktober 1262. — SAS. — Caleffo dell' Assunta f. 345. — Privileg Alexanders IV. Viterbo 1261, 18. Dezember für ihn als seinen Vasallen, der pro devotione ecclesie schweren Schaden und Exil erlitten, Arch. Vatic. Arm. XIII, Capsa 2, No. 4. — Über weitere Kämpfe Sienas gegen ihn: SAS. — Cons. Gener. 10, f. 7 (1261, 27. Dezember). — Bicch. 35, f. 30ª eingeklebter Papierzettel 1262, 15. April). — Kampf wegen Orbetello (1262, 7. Sept.) Cons. Gener. 10, f. 67.

tage der Ghibellinen-Liga, der nach Siena berufen war, um wegen neuer Kriegsunternehmungen gegen Lucca und die Guelfen zu beraten, einen Vertreter abzuordnen,[1]) und in der Tat kam ein Feldzug von irgendwelcher Bedeutung im Jahre 1262 nicht zustande. Der ritterliche Graf Jordan, der an der Arbia in Schlacht und Sieg vorangeleuchtet hatte, wurde von Manfred abberufen, der an seiner Stelle den Francesco Semplice de Caneli, seinen Onkel und Vertrauten, als Statthalter nach Toskana schickte. Francesco trat sein Amt im Februar 1262 an und behielt die Stellung etwa bis zum Mai des folgenden Jahres;[2]) er hatte nicht wie sein Vorgänger gegen Florenz im Felde gestanden, sondern fand dieses als eine seinem Könige ergebene Stadt vor; anderseits war er nicht Kampfgenosse der Sienesen gewesen, und diese schuldeten ihm keine Dankbarkeit wie dem Vorgänger; er wünschte, innerhalb der Ghibellinen-Liga Einigkeit und Frieden herbeizuführen, und verlangte deshalb Freilassung der florentiner Gefangenen, die seit zwanzig Monaten in den Kerkern schmachteten. Die Antwort war eine entschiedene Ablehnung und die gleiche erfuhr er, als er um ein Darlehn zur Soldzahlung für seine deutsche Ritterschaft ersuchte;[3]) so gespannt war das Verhältnis des Vikars zu den Sienesen, daß, als sie von ihm die Ausfolgung der Zitadelle von Grosseto zur Bewachung erbitten wollten, sie den florentiner Podestà Guido Novello um seine Vermittlung angingen.[4]) Provenzano Salvani hielt es für erforderlich, im Rat der Vierundzwanzig — im Generalrat wäre dergleichen vielleicht zurzeit nicht geglückt — eine Kundgebung durchzusetzen: „die Absicht und der Wille des Volkes und der Kommune sei jetzt, wäre früher gewesen und werde immer sein, dem Herrn König Manfred und seinen Befehlen zu gehorchen"; deshalb sollten die Konsuln der Kaufleute dafür sorgen, daß ihre Zunftangehörigen mit ihren Waren „das Machtbereich des Papstes und jedes andern Gegners des Herrn Königs zu verlassen hätten".[5]) In diesen Worten lag ein weiterer wichtiger Grund des in Siena herrschenden Unmutes angedeutet; Urban IV. war nicht von der Art seines Vorgängers, über den Kardinal Ottaviano eine so weitgehende Gewalt geübt hatte; was er wollte, wollte er heftig, und er wünschte nichts dringender, als die Gewalt Manfreds und seiner Anhänger zu vernichten. Wir besitzen eine vortreffliche Charakteristik seines Wesens in einem

Francesco Semplice Generalvikar Manfreds.

Papst Urban IV. und die sieneser Kaufleute.

[1]) SAS. — Cons. Gener. 10, f. 11², 12 (1262, 6. und 11. Februar).

[2]) Schreiben Manfreds, die Ernennung anzeigend, bei Schirrmacher, Letzte Hohenstaufen 626, wo der August 1262 als derjenige Zeitpunkt bezeichnet wird, zu dem Franciscus zuerst als Vikar genannt sei. Dies ist irrig; im Rat Sienas wurde am 11. Februar seine Ankunft als bevorstehend erwähnt (Cons. Gener. 10, f. 12), doch erst kurz vor dem 14. März traf er wirklich ein (f. 19) und nahm bei den Tempelrittern Wohnung (f. 21). — Sein voller Name ergibt sich aus Forsch. usw. II (San Gimignano), Reg. 840.

[3]) SAS. — Cons. Gener. f. 31², 33 (1262, 17. und 18. Mai).

[4]) Ebendort f. 49² (1262, 13. Juli).

[5]) Ebendort f. 48² (1262, 5. Juli).

Schreiben des sieneser Notars Baldo an die Behörde der Vierundzwanzig, in dem er von der an der Kurie gegen seine Vaterstadt herrschenden Erbitterung berichtete. Es habe, schreibt er, seit Alexander III. (dem Sienesen auf dem Apostelstuhle, vor dem sich Barbarossa demütigen mußte) keinen Papst gegeben, der solche Beständigkeit in Taten und in Worten bezeugt hätte wie Urban; für seinen Willen gäbe es in seinen Augen kein Hindernis; er benehme sich nicht als Papst, sondern gleich einem weltlichen Herrn, und es scheine, „er wolle sich die Erde unterwerfen, soweit seine Macht dazu reiche".[1])

Die sieneser Kaufleute in der Ferne spürten die Kraft des päpstlichen Zornes. Weil Siena nicht aufhöre, die Lucchesen und die florentiner Guelfen zu verfolgen, weil es ferner die Gefangenen von Florenz und Lucca nicht freigebe, ließ er im Januar 1263[2]) in Frankreich und Deutschland von allen Kanzeln die Exkommunikation gegen dessen Bürger verkünden und entband sämtliche Geistliche von der Pflicht, ihre Schulden an sieneser Kaufleute zu bezahlen; nur diejenigen Bankiers, die sich als folgsame Söhne der Kirche bekannten, wurden von diesen Maßnahmen ausgenommen; ihre Zahl war freilich keine geringe und sie vermehrte sich bald beträchtlich, weil viele, die ihre Außenstände gefährdet sahen, von plötzlicher Reue ergriffen wurden. Schon zuvor hatten sich die wichtigsten Häuser, die Buonsignori, Salimbeni und Chigi, zum Gehorsam der Kirche bekehrt; andere hatten sich auf den längst drohenden Sturm dadurch vorbereitet, daß sie sich im französischen Handel mit Kaufleuten aus andern papsttreuen italienischen Städten, z. B. aus Parma, assoziierten und ihre Geschäfte auf deren Namen abschlossen.[3]) Aus England hatte der Einfluß der florentiner Guelfen und des Papstes die Sienesen bereits im Sommer 1262 verdrängt, ihrer Verjagung aus Flandern sah man entgegen, und auf den Champagner Messen betrieben sie nur mit Zittern und Zagen ihre Geschäfte, an jedem Tage ihrer Ergreifung, der Beschlagnahme ihrer Waren entgegensehend.[4]) Es versteht sich von selbst, daß diese Bedrängnisse auf die Stimmung

[1]) SAS. — Concistoro. Lettere I, f. 48; veröffentlicht von Casanova in Miscell. Stor. Sen. V, 170; er schreibt den nur mit 21. August datierten Brief dem Jahre 1263 zu, aber schon wegen der Charakteristik des Papstes ist er möglichst früh in dessen Regierungszeit zu setzen. Der Briefschreiber mahnt vor dem Zorn Urbans („Verba pessima dicit coram omnibus de factis Tuscie"); am 5. Januar 1263 (Dorez-Guirand No. 175) erfolgte aber schon das schärfste Vorgehen gegen Siena, so daß der Brief nur vom vorhergehenden 21. August sein kann. — Daß Baldus im Jahre 1262 als Berichterstatter für die Behörden seiner Vaterstadt an der Kurie tätig war, ergeben die Protokolle des Rates der Vierundzwanzig vom 9. und 16. November (Cons. Gener. 10, f. 88 und 89[a]). Übrigens weist auch der Bericht über die Verhandlungen Urbans mit Manfred das Schreiben dem Jahre 1262 zu.

[2]) S. vorige Anmerkung.

[3]) Brief an die Tolomei in Siena von ihrem auf der Messe von Troyes befindlichen Sozius, 1262, 4. September. — Lettere volgari ed. Paoli u. Piccolomini p. 25—48.

[4]) Ebendort.

Mißstimmung gegen die deutschen Ritter.

in der Heimat sehr stark zurückwirkten; dem Siegesjubel war die Ernüchterung gefolgt, und die deutschen Ritter Manfreds, zu denen man in der Zeit der Not emporgeblickt, die man am Tage des Erfolges als Helden gefeiert hatte, erschienen jetzt in völlig anderem Lichte; zweifellos befanden sich unter diesen Reisläufern und Abenteurern viel wilde Gesellen; zwei von ihnen wurden, wir wissen nicht wegen welcher Verbrechen, in Siena gefangen gesetzt; Kardinal Ottaviano degli Ubaldini, der Freund und Verbündete Sienas, intervenierte brieflich zu ihren Gunsten, sie müssen also wohl ziemlich vornehmer Herkunft gewesen sein, aber Ottaviano war nicht mehr wie ehedem der einflußreichste Mann der Kurie, und die Vierundzwanzig beschlossen, seinen Brief nicht nur unberücksichtigt, sondern sogar unbeantwortet zu lassen;[1] man ließ die beiden Deutschen durch die Straßen schleifen, und der eine, der die Qual überlebte, wurde enthauptet.[2]

Unruhen in Siena.

Siena war von inneren Unruhen erfüllt. Die Vierundzwanzig, mit den drei Prioren an ihrer Spitze, galten für die eigentlichen Wahrer der Volksrechte,[3] die Großen aber, durch die kriegerischen Erfolge überhitzt, suchten die Macht der Popolanen zu schmälern; ihnen mochte das Beispiel der siegreichen florentiner Ghibellinen vor Augen stehen, die der lästigen Volksherrschaft völlig ein Ende bereitet hatten, während der sieneser Popolo von dem Schlachtfeld, auf dem sich die Demokratie der Nachbarstadt verblutet hatte, gestärkt zurückgekehrt war. Der Papst suchte in der gebannten Bürgerschaft die Gegensätze nach Kräften zu schüren; er beabsichtigte, im August 1262 drei Kardinäle nach Siena zu schicken, um einen Kriegszug gegen die Guelfen und gegen Lucca zu hindern, zugleich aber, wie man annahm, um die Stadt von Manfred zu trennen, um im Innern die Zwietracht zu vermehren. Geschickt wußte die sieneser Volksbehörde durch das Bankhaus Buonsignori an der Kurie die Nachricht zu verbreiten, die deutschen Ritter hätten von der bevorstehenden Ankunft der Kirchenfürsten gehört und gedächten, ihren unbändigen Zorn an den geistlichen Herren auszulassen;[4] die Ausstreuung genügte, um die nicht allzu mutigen Purpurträger von der Reise abzuschrecken. Die übergetretenen sieneser Geldleute hetzten den Papst gegen das Stadtregiment der Heimat auf, und mit allen der Kirche zu Gebote stehenden Mitteln wurde gegen dieses gewühlt;[5] im Volk und bei den überzeugten Ghibellinen in der Ritterschaft herrschte infolgedessen gegen die Geistlichkeit tiefe Erbitterung, und der Giullare Ruggeri erregte mit seinen Hohnliedern wider die Klerisei jubelnden Beifall; dafür ward er vor dem Bischof und Inquisitor verklagt, Tisch-

---

[1] SAS. — Cons. Gener. 10, f. 21. — Am 4. Dezember (f. 95ᵃ) wurde es trotzdem für notwendig erachtet, Gesandte an ihn zu schicken, um ihm die Interessen Sienas zu empfehlen.

[2] Bicch. 35, f. 21 (Juli 1262).

[3] Zdekauer, Costituto di Siena p. LXV.

[4] SAS. — Cons. Gener. 10. f. 58ᵃ (Beratung der Vierundzwanzig vom 16. August 1262).

[5] Ebend. f. 88.

genosse der Patarener gewesen zu sein, doch es scheint, daß er fortfuhr, öffentlich vom Hochmut und von der Grausamkeit der Priester zu singen.[1]) Die Vierundzwanzig beschlossen, ihren Rat durch vierzig Anhänger des Volksregimentes zu verstärken, ihre Freunde zu bewaffnen, damit sie ihnen im Falle der Not zu Hilfe eilen könnten, sie ließen insgeheim gewisse Türme besetzen und die Stadt mit aller Vorsicht bewachen.[2]) Zwei Jahre nach ihrem glänzenden Siege war die Bürgerschaft so arg wie nur je durch widerstreitende Interessen, durch wechselseitigen Haß, durch Intrigen aller Art zerrissen und gespalten. Die Verwirrung stieg, als man Kunde von der Möglichkeit eines Ausgleiches zwischen dem Papst und dem süditalienischen Schutzherrn Sienas erlangte; der kluge Franzose auf dem Stuhl des Apostels warf seine Netze nach allen Seiten aus; er verhandelte mit Manfred und suchte zugleich ein wichtiges Glied der toskanischen Liga von dieser und von dem König zu lösen. Eine pisaner Gesandtschaft befand sich an der Kurie; durch sie wie durch einen Minoritenbruder, Frater Gottfried, suchte er die Seestadt zum Frieden mit Lucca zu bestimmen, und die Folge war, daß Florenz und Siena, unter sich uneinig, zugleich mit tiefem Mißtrauen auf ihre pisaner Verbündeten blickten.[3]) Urban sah die gegenwärtige Lage des Papsttums für unhaltbar an, aber nur mit tiefstem Widerstreben hätte er sich mit dem italienischen Staufer geeinigt. Seine Hoffnungen waren auf Frankreich gerichtet; er hatte, nachdem sein Vorgänger England finanziell ausgenützt hatte, die sizilische Königskrone Ludwig IX. für dessen Bruder, den Grafen der Provence, angeboten, und er erwartete ängstlich die sich lange hinzögernde Antwort.[4]) Dreiviertel Jahre dauerten die Unterhandlungen mit Manfred, und zeitweise hielt man ihr Gelingen für gesichert, so klug hielt sich der Sohn des Flickschusters von Troyes zwei entgegengesetzte Möglichkeiten des Handelns offen. Indem er Manfred mit der Aussicht einer Versöhnung lockte, schwächte er das Vertrauen der toskanischen Anhänger des Staufers, die fürchten mußten, daß dieser ihre Interessen einem Ausgleich mit Urban, dem Schützer der Guelfen, zum Opfer bringen werde. Pisa mochte der Papst durch den Hinweis auf Sardinien zu gewinnen suchen, denn Manfred hatte sich mit Genua verbunden,

---

[1]) Er war wahrscheinlich Apulier. Sein Gedicht „La passione di Ruggieri" in Miscellanea di letteratura del medio evo der Società Filologica Romana I, p. 13 (ed. De Bartholomaeis).

[2]) SAS. — Cons. Gener. 10. f. 60² und 61 (20. August).

[3]) Ebend. f. 78², 84² (12. und 31. Oktober).

[4]) Schreiben des Notars Baldus von der Kurie an Siena. S. S. 532 Anm. 1. In dem Brief des Baldus heißt es am 21. August 1262: der Papst antworte Manfred jetzt nicht „quod expectat prius responsum a rege Francie de facto rengni (!) et si rex acceptaverit, sciatis, quod non faciet concordiam; si vero non poterit, fiet". — Noch am 26. November 1262 glaubte man mit Sicherheit an das Gelingen der Verhandlung mit Manfred (SAS. — Cons. Gener. 10, f. 92: Beratung der Vierundzwanzig).

um die Insel seiner eigenen Oberhoheit zu unterwerfen.[1]) Es war die Zeit der großen Erfolge Genuas, das mit seiner Flotte den Michael Paläologus bei der Eroberung Konstantinopels, bei der Vernichtung des lateinischen Kaisertums am Bosporus unterstützte, woraus sich der Besitz Peras als einer Niederlassung der Genuesen am Goldnen Horn ergab. Die italienischen Kommunen und ihre Bürger waren in irgendwelcher Form an allen Welthändeln beteiligt; als seinen Gesandten nach Genua benutzte der Paläologe 1262 einen Florentiner, und der vertriebene Kaiser von Byzanz, Balduin von Flandern, der nach Italien kam, um von Manfred Hilfe zu erlangen, hielt im August 1262, vom Geschmetter der Stadttrompeter begrüßt, seinen Einzug in Siena.[2]) Die Hoffnung, die er auf Manfred setzte, sein Erscheinen in Siena, gibt einen Begriff davon, welche Machtfülle man damals in der Ferne dem Fürsten und seinen ghibellinischen Anhängern zutraute, deren Kräfte in Wahrheit von den tuszischen Kämpfen vollauf in Anspruch genommen waren. Dem Kaiser Balduin, der den schimmernden Bosporus nicht wiedersehen sollte, und der nachmals als ein Verbannter in Italien gestorben ist, werden wir später in Florenz begegnen.

Urban IV. und die florentiner Bankiers.

Die Gesandten Luccas und der guelfischen Exilierten drangen in den Papst, er solle die äußersten kirchlichen Zwangsmittel gegen Florenz, Siena und die andern verbündeten Ghibellinenstädte anwenden, er selbst möge ihnen Ritter zu Hilfe senden oder ihnen Subsidien zur Werbung von Söldnern gewähren.[3]) Darin hat der Papst, dessen Mittel knapp waren, nicht gewilligt, auch hinderte ihn die Rücksicht auf die schwebenden Verhandlungen an direkter Teilnahme am Kampf, dagegen trat er mit einer Gruppe von siebzehn florentiner Bankiers in geheime Verbindung, die ihre Beauftragten an ihn entsandten; unter jenen befanden sich Castra Gualfredi, eine Persönlichkeit von zweideutiger Art, von der bald die Rede sein wird, zwei Brüder Simonetti, die im englischen Bankgeschäft für König Heinrich und Papst Alexander tätig gewesen waren, und jener oft genannte Amieri Cose degli Amieri vom Bankhause della Scala, der vormalige Anzian. Sie erklärten sich bereit, zwischen dem 15. September und 8. Oktober 1262 die gebannte Stadt zu verlassen, doch er verlängerte ihnen die Frist bis zum 1. November[4]) und tatsächlich sind sie über diesen Zeitpunkt hinaus in der Heimat geblieben, denn die Anwesenheit von geheimen Parteigängern mochte dem Papst zunächst wichtiger erscheinen als ihr Auszug. Ein seltsames Unternehmen der verbannten Guelfen und der Lucchesen wurde geplant, zu dem ihnen der Rat von der Kurie gekommen sein wird, denn der abenteuerliche Plan trägt durchaus den Stempel geistlichen Ursprunges.

[1]) Urkunde vom 6. April 1262. — Cod. Diplom. Sard. p. 380.

[2]) Ann. Januens. M. G. Ss. XVIII, 243. — SAS. — Biech. 35, f. 22, 26.

[3]) Brief des Notars Baldus, s. S. 534 Anm. 4.

[4]) Schreiben an sie, Orvieto 1262, 29. September; Guiraud. Reg. caméral d'Urbain IV. No. 164.

Zug der Lucchesen und der Guelfen ins Florentinische.

Seit 1260 sah man in italienischen Städten Scharen von Flagellanten erscheinen; entblößten Körpers zogen die Geißelbrüder, Erwachsene und Kinder, vornehme ritterliche Herren und niedere Leute, den Körper blutig peitschend und Loblieder auf die Jungfrau singend, manchmal von Bischöfen, öfter von Mönchen geführt, durch das Land. An manchen Orten, so in Reggio und in Modena, geschah es, daß die ganze Bürgerschaft unter Führung des Podestà sich zu einer gewaltigen Geißler-Prozession vereinigte. Die Büßer beichteten ihre Sünden, erstatteten unrecht erworbenes Gut zurück und suchten Frieden zu stiften, wo bisher wilde Feindschaft herrschte. In gewissen Städten wurde, wer nicht mitsang und sich nicht gleich den andern blutig schlug, für ärger als der Teufel gehalten, aber wie die ghibellinischen „Epikuräer", denen Dante die Hölle zuteilte, über den Unfug dachten, zeigt das Beispiel des Uberto Palavicini, Herrn von Cremona, des Onkels der Grafen Simone und Guido Novello, der sich neun Jahre später auf dem Sterbebett weigerte, die Beichte abzulegen oder die Wegzehrung zu empfangen; er ließ am Po Galgen aufstellen und ordnete an, wenn sich Geißlerzüge zeigen sollten, möge man deren Teilnehmern sofort zur ewigen Krone des Martyriums verhelfen.[1]) So erklärt es sich, daß die Epidemie des Geißlerwahns und der Schmerzenswollust in ihrer eigentlichen Gestalt nicht nach dem von den Ghibellinen beherrschten Toskana vorgedrungen ist; nur an vereinzelter Spur läßt sich nachweisen, daß man auch in Florenz mindestens die fromme Stimmung zu erregen suchte, der die Flagellanten-Bewegung entstammte; jener Castra Gualfredi, den wir eben als geheimen Anhänger des Papstes kennen lernten und der seit zwanzig Jahren seine Bankgeschäfte in Frankreich und an der Kurie betrieben hatte, erklärte Anfang 1262 plötzlich, der heilige Geist sei über ihn gekommen und seiner Mahnung folgend wolle er alles, was er je erwuchert habe, zurückstellen; der Papst wies den Prior von Santa Maria Novella an, damit der Gualfredi mit Frau und Kindern nicht zu betteln brauche, ihm von seinen „Incerta" soviel darzureichen, als zum Lebensunterhalt notwendig sei.[2]) Das Beispiel wäre erbaulich, fänden wir den vom Geist Erweckten nicht unmittelbar darauf wieder in bankgeschäftlicher Tätigkeit, diesmal in Beziehungen zum Kardinal Ottaviano Ubaldini, der ihm und andern Geldleuten seine Schätze in Depot gab,[3]) und ergäben die Urkunden nicht, daß er dauernd, noch mehr als ein Jahrzehnt später, in Gemeinschaft mit den Simonetti die üblichen Finanz- und Wechseloperationen vornahm, daß er unter päpstlicher Protektion Darlehnsgeschäfte bis

[1]) Salimbene p. 238.

[2]) Viterbo 1262, 9. Februar. Ripoli I, 417. — Über seine Geschäfte in Frankreich s. Schreiben Innocenz' IV., 1243, 19. Dezember; Berger 337; über seine Tätigkeit an der Kurie Forsch. usw. IV, S. 137, Protokolle über die Beratungen der Florentiner Anzianen unter 1259, 3. Oktober.

[3]) Apud S. Crucem de Mucello, 1262, 1. Dezember. — Levi, Archivio della Soc. Romana XIV, 297.

nach Spanien hin betrieb.[1] Dadurch erscheint seine Bekehrung in stark verändertem Lichte; da andere, die ebenfalls vom Geist erweckt zu sein vorgaben, alsbald durch die Larve eines frommen Zuges Florenz zu überwältigen, die ghibellinische Herrschaft zu stürzen versuchten, liegt die Vermutung nahe, daß Castra Gualfredi einer von denen war, die den Boden für den Handstreich vorbereiten halfen.

Der beabsichtigte neue Angriff gegen Lucca und seine guelfischen Schutzbefohlenen hatte, wie wir sahen, in diesem Jahre nicht stattgefunden; die Ghibellinen-Liga beabsichtigte, ihre stehende Ritterschar von tausend auf das Doppelte zu vermehren, „um die Überbleibsel der Guelfen zu vernichten", doch die Ausführung des Beschlusses scheint sich stark verzögert zu haben; die innern Spaltungen in Siena und die Ungewißheit, ob König und Papst nicht doch zu einer Einigung gelangen würden, hemmten die kriegerische Unternehmungslust; ja, von Manfred selbst, dem soviel an der Versöhnung mit der Kurie gelegen war, mochte der Befehl gekommen sein, neue Kämpfe nach Tunlichkeit zu vermeiden. Dieses Zaudern der Gegner und der Wunsch, eine Entscheidung herbeizuführen, ehe das zweite Tausend der Liga-Ritter gegen sie ins Feld gestellt würde, flößten den Verbannten und ihren Gastfreunden vom Serchio den Mut zu jenem kühnen Abenteuer ein.

Etwa am 20. September 1262 setzte sich ein absonderlicher Zug von Lucca aus in Bewegung. Der päpstliche Legat Magister Guala von Vercelli geleitete oder führte ihn; Kruzifixe wurden vorangetragen, Frauen und Knaben zogen im bunten Gemisch mit Kämpfern, mit den deutschen Soldrittern, in Luccas Diensten, und zahlreichen Männern in Mönchstracht einher; viele der angeblichen Brüder waren indes vermummte Kriegsleute, die die Rüstung unter der Kutte trugen.[2] Als diese merkwürdige Prozession ins florentinische Gebiet einrückte, enthielten sich deren Teilnehmer jeder Unordnung; sie erhoben in tausendstimmigem Chor denselben Ruf, der auch das Feldgeschrei der Flagellanten in den Pausen ihrer Lobgesänge war: „Friede!" „Friede!" Die Bevölkerung des Landgebietes ließ sich durch den frommen Anschein vielfach täuschen und glaubte offenbar an eine jener religiösen Erweckungen, von denen das Gerücht aus andern Landschaften zu ihr gedrungen sein mußte. Ungehindert konnten die Guelfen zu nächtiger Stunde in das nur 12 Kilometer stromabwärts vor der Stadt gelegene Signa einziehen. In Hast wurden daraufhin die Mauern und Türme von Florenz in Verteidigungszustand versetzt und nach Pisa, nach Siena, vor allem an den königlichen Vikar Francesco Semplice gingen eilige Boten, um die Verbündeten zum Schutz der bedrohten Ghibellinen-Herrschaft aufzubieten. Inzwischen rückten Ritterschaft und Fußvolk von Florenz

[1]) Florenz 1273, 21. Dezember. — SAF. — Santo Spirito. — Päpstl. Schreiben vom 17. Juni 1263 (Guiraud, Reg. caméral d'Urbain IV. No. 156).

[2]) Über alles hier Erwähnte s. Forsch. usw. IV, S. 172–74, „Der bewaffnete Friedenszug der Guelfen nach Signa". In dem dort abgedruckten Bericht an König Manfred ist von den „falsi fratres" die Rede, die sich im Zuge befanden.

unter Führung des Grafen Guido Novello aus den Toren und nahmen bei San Donnino a Brozzi nahe am Arno, 4 Kilometer vor Signa, Aufstellung. Einen weiteren Vorstoß wagten die Guelfen nicht; sie hatten darauf gerechnet, daß kopflose Verwirrung und Verräterei der heimlichen Verbündeten ihnen eine Überrumpelung der Stadt ermöglichen werde; sie suchten sich in Signa zu befestigen, und gegen diesen Ort scheinen wiederum die Ghibellinen den Angriff selbst dann nicht gewagt zu haben, als Francesco Semplice mit den Soldrittern der Liga zu ihnen stieß. Angeblich wollten sie die herbeieilenden Pisaner erwarten, damit diese die Ehre des Sieges mit ihnen teilen könnten. Die Sienesen ihrerseits vermeldeten ihre Hilfsbereitschaft, ließen die Werkstätten und Läden schließen, um den Auszug vorzubereiten, aber man liebte selbst das verbündete und ghibellinische Florenz so wenig, daß man erst fertig wurde, als jede Gefahr bereits vorüber und der Ausmarsch überflüssig geworden war. Denn auf die Nachricht vom Anrücken der Pisaner mußten die Guelfen und Luchesen fürchten, von Lucca abgeschnitten zu werden, und da sie ihren eigentlichen Plan ohnehin vereitelt sahen, traten sie einen fluchtartigen Rückzug an, bei dem sie von der florentiner und liguistischen Reiterei verfolgt wurden; sie müssen indes erheblichen Vorsprung gehabt haben, da es nicht gelang, ihnen ernsthaften Schaden zuzufügen; nur wenige Gefangene fielen den Nachsetzenden in die Hände.

Unruhen in Siena. Das Zögern Sienas entstammte neben der alten Abneigung gegen die Nachbarn zweifellos auch der innern Zerrüttung; im November kam es zum offenen Ausbruch des Bürgerkampfes. Der Papst hatte den Zwist bis zum äußersten geschürt und das Mitglied einer der im geheimen Einverständnis mit ihm stehenden Bankierfamilien,[1] Salimbenuccio Salimbeni, ermordete in wütendem Haß ein Mitglied des regierenden Rates der Vierundzwanzig, Namens Baroccino, es scheint unter Mithilfe von andern seines Geschlechtes. Das Volk, geführt von Provenzano Salvani, erhob sich gegen die Salimbeni; alle in Siena anwesenden Mitglieder des reichen und mächtigen Hauses wurden gefangen gesetzt und der Palazzo Salimbeni wurde der Erde gleich gemacht. Die Mordtat bildete nur den Ausdruck der tiefen Wut der Großen gegen die bestehende Regierung, die sich zwar nicht ausschließlich in den Händen des Volkes befand, auf die aber der Popolo zum Zorn der Geschlechter einen bedeutenden Einfluß übte; unter dem Vorgeben oder in der Furcht, sie seien von dem gleichen Schicksal bedroht, das den Salimbeni bereitet war, zogen die Mitglieder von etwa 110 Familien, darunter die bedeutendsten mit der Kurie in alter Geschäftsverbindung stehenden Bankiers, in den ersten Dezembertagen 1262 aus der Stadt; unter ihnen befanden sich die später den Salimbeni feindlichen Tolomei, die del Turco, Ciampolo Albizi, die Renaldi, Doni und viele andere; vergeblich bemühte man sich, um die Schwächung Sienas zu vermeiden, sie zur

[1] S. die Schreiben Urbans IV. an den Magister Milo, seinen Skriptor, im ganzen 13 Briefe betreffs des Vorgehens gegen die Sienesen in Frankreich und Deutschland, und der davon Ausgenommenen. Dorez-Guiraud No. 175.

Rückkehr zu bewegen, umsonst bot man sogar die Freilassung der gefangenen Salimbeni gegen Zahlung einer Buße von 10000 Librae an. Die Ausgewanderten trauten dem Volk und den angebotenen Sicherheiten nicht; sie wollten überdies dem Papst zu Willen sein, der offen als der eigentliche Urheber der Spaltung bezeichnet wurde, auch selbst kein Hehl daraus machte, daß er sie herbeigeführt habe. Die englischen Handelsbeziehungen treten deutlich als ein Faktor hervor, dessen er sich zur Beeinflussung bediente; waren die Sienesen zuvor auf Anstiften der florentiner Guelfen von der Insel vertrieben worden, so veranlaßte Urban jetzt die britische Königin, den Sozien der Fortgezogenen die erneute Zulassung im Inselreich zu vermitteln und ihnen die Wiederaufnahme ihrer Geldgeschäfte zu ermöglichen; den Schuldnern in allen Ländern schärfte er ein, daß sie bei Strafe der Verfluchung jetzt ebenso streng verpflichtet seien, ihre Schulden an die zur Kirche Zurückgekehrten zu zahlen, wie ihnen dies früher als sündhaft und gottlos verboten war. Die Ausgewanderten faßten teils in Chiusi, teils im päpstlichen Gebiet, in Radicofani, nahe dem Sienesischen, festen Fuß; sie bedrohten von dort aus die Burgen der Kommune, und die Stadt selbst mußte Tag und Nacht in steter Furcht eines Überfalles bewacht werden.[1]) Es war der erste Exodus einer Partei aus Siena, und er hatte die wichtigsten Folgen; die Extitii, deren Gegnerschaft sich ursprünglich gegen den Popolo gerichtet hatte, wurden durch den engen Anschluß an den Papst, mit dem sie geschäftlicher Vorteil verknüpfte, zum Kerne der sieneser Guelfenpartei, die später unter dem Schutz der Kirche die Herrschaft erobern sollte. Zunächst freilich schien ihnen die Auswanderung mannigfachen Schaden zu bereiten; die Paläste der Tolomei wie der Piccolomini wurden im Verlauf dieser Kämpfe niedergebrannt oder demoliert, und gleich ihnen fielen viele andere Türme und feste Häuser der Volkswut zum Opfer. Von draußen aber bekämpften die Fortgezogenen die Vaterstadt mit geringem Erfolg; im Mai 1263

[1]) Erste Erwähnung der Ermordung im Rat der Vierundzwanzig am 29. November 1262 (Cons. Gen. 10, f. 93); an den folgenden Tagen erfolgten vielfache Verhandlungen darüber. — Erste Erwähnung des Auszuges am 6. Dezember (f. 96²) unter Berufung auf die Beratung am Tage vorher. Beschlüsse, die Extitii zur Rückkehr zu bestimmen, über Bewachung der Stadt und wegen Freilassung der Salimbeni am 6., 9., 10. Dezember f. 96², 97³, 98². — Urkunde über Sicherheit, die den in Chiusi Weilenden zu gewähren wäre, vom 12. Dezember 1262 (SAS. — Riform.). Uber den Auszug berichtet kurz Andrea Dei, Murat. Ss. XV. col. 33. In der Tenzone zwischen Provenzano Salvani und dem Giullare Ruggeri (Miscell. di letterat. del medio evo der Soc. Filologica Romana I, p. 22, ed. De Bartholomaeis) heißt es, daß die Fortgezogenen „al papa ne son giti" und Provenzano wird als das Haupt der die Stadt behauptenden Partei betrachtet. — Empfehlung der Sozien der Fortgezogenen durch den Papst an die Königin von England, worin diese ausdrücklich als Anhänger der Kirche bezeichnet werden. Lettere volgari p. 104. — In dem Schreiben Urbans vom 6. März 1263 (Dorez-Guiraud No. 274) an die sieneser Extrinseci werden deren 106 „et alii" angeführt.

bot man ihnen von neuem die Hand zum Frieden; als sie sich weigerten, zogen die deutschen Ritter König Manfreds gegen Radicofani, zersprengten die Schar der dorthin Geflüchteten, mit denen die Bürgerschaft der kleinen Stadt gemeinsame Sache machte, in einem Treffen bei der Badia di Spineta und führten viele in Fesseln nach Siena. Die Deutschen machten glänzende Geschäfte mit dem Lösegeld, das die Kommune gefangenen reichen Bankherren zu ihren gunsten abpreßte. Pietro de' Tolomei und Ranieri del Turco Chiarmontese mußten, nachdem sie fast drei Jahre im Kerker geschmachtet hatten, 13 200 sieneser Pfund Denare für ihre Befreiung zahlen, und in diesen Betrag von etwa 90 000 Lire modernen Geldes teilten sich neun „Tehotonici", denen der Fang geglückt war.[1])

Kampf gegen pistoieser Guelfen.

Seitens der ghibellinischen Kommunen wurde die Jagd gegen die Ausgewanderten allseitig mit Eifer betrieben; pistoieser Guelfen, die die Burg Casore bei Marliana westlich von Pistoia besetzt hatten, wurden von ihren feindlichen Mitbürgern im Februar 1263 besiegt und in ihrem Zufluchtsort gefangen genommen.[2])

Rüstungen gegen Lucca.

Zu nachdrücklichstem Kampf aber rüstete man gegen Lucca, gegen die florentiner und die andern toskanischen Guelfen, die dort ein Asyl gefunden hatten. Im Februar 1263 wurde für den Sommer ein starker Heereszug vorbereitet, zu dem Siena und Pisa je 1200, Florenz 1000 Ritter, die Liga und König Manfred ebensoviele, Pistoia 400, Volterra, Prato, San Miniato, San Gimignano und Colle kleine Scharen zu stellen versprachen. Insgesamt vereinbarte man, daß 5085 Ritter ins Feld rücken sollten.[3]) Mit dem Fußvolk der Städte hätte dies ein mächtiges Heer ergeben, das, wenn nicht die Stadt, so doch das Gebiet Luccas und dessen Burgen mit schwerer Gefahr bedrohte.

---

[1]) Forsch. usw. II (S. Gimign.) 852. — SAS. — Biech. 36, f. 56^{a}, 66; Biech. 37, f. 22^{a}. Urkunde vom 23. Oktober 1263, SAS. — Riform., gedruckt Freidhof, Metzer Lyceums-Programm 1880, S. 28. Unter den Gefangenen befanden sich drei Tolomei und ein Turchi. Ein Tolomei fiel im Kampf. — Andrea Dei, Murat. Ss. XV, col. 33. — Urkunde über den Freikauf des Pietro Tolomei und des Ranieri Turchi Chiarmontesi, 1266, 29. Januar, SAS. — Riform., jetzt von Niese in dem Aufsatz „Zur Geschichte des deutschen Soldrittertums in Italien" in „Quellen und Forschungen aus italienischen Archiven" usw. VIII. 236 veröffentlicht. — Wichtiges über die innern und äußern Kämpfe enthält die Urkunde betreffs des (unausgeführt gebliebenen) vor Papst Clemens IV. am 13. Mai 1267 in Viterbo geschlossenen Friedens der sieneser Guelfen mit den Intrinseci (Urkunde Clemens' IV. vom 30. Mai 1267. Jordan No. 472). Daraus ergibt sich auch die Niederbrennung der Paläste der Tolomei und Piccolomini, die indes wie es scheint erst 1267 erfolgt ist (Andrea Dei. Murat. Ss. XV, col. 35 und mehrere Notizen SAS. — Biech. 41, f. 20^{a} etc.). Auch der Palast der Salimbeni wurde 1267 zerstört; der jetzige der Tolomei in Via Cavour, der mit Recht hohen Ruhm genießt, ist mithin nicht, wie behauptet wird, von 1205, sondern erst vom Ende des 13. Jahrhunderts, was für die Geschichte des Baustils von Bedeutung ist.

[2]) Forsch. usw. II (S. Gimign.) 830.

[3]) Ebend. 833.

Innere Kämpfe der Arnostadt scheinen es gewesen zu sein, die erst den Ausmarsch verzögerten, dann, als er dennoch erfolgte, die Wirkung des großen kriegerischen Aufwandes stark beeinträchtigten. Daß man Florenz in der Liga milder bedachte, ihm nur die Stellung von tausend Rittern auferlegte, kann nicht allein darin seinen Grund gehabt haben, daß die Eroberungen des Feldzuges hauptsächlich Pisa zugute gekommen wären, denn Siena war die Stellung der gleichen Zahl wie der Seestadt auferlegt worden, und die jetzigen Herren von Florenz hatten an dem Kampf gegen die Guelfen und deren Beschützer ein sehr tiefgreifendes Interesse. Die besondere Schonung und Rücksicht mußte einen anderen Grund haben, und dieser kann nur darin erblickt werden, daß schon am Beginn des Jahres eine Bewegung des Volkes bemerkbar war, die später deutlicher hervortrat, und die man wahrscheinlich zu mildern hoffte, wenn man die Kommune verhältnismäßig wenig belastete. Die kirchliche Agitation wird an den innern Spaltungen auch hier einen Anteil gehabt haben, aber wir erkennen ihr Walten nur an vereinzelten Spuren. Papst Urban erteilte im Februar 1263 dem Kardinal Ottaviano in Orvieto den mündlichen Auftrag, er solle dem Archidiakon von Florenz und den in der Stadt zurückgebliebenen Mitgliedern des Domkapitels die Erlaubnis erteilen, trotz des auf der Stadt ruhenden Interdiktes in Santa Reparata bei geschlossenen Türen und, wie üblich, unter Ausschluß der persönlich Exkommunizierten, die Messe zu lesen.[1] Mit solchen Begünstigungen pflegte man sehr positive Absichten und Zwecke zu verknüpfen und die Persönlichkeit des Mittelsmannes läßt darauf schließen, daß die Maßnahme bestimmt war, einen politischen Einfluß zu üben, doch zeigte sich alsbald, daß das Volk ausschließlich seine eigenen Zwecke verfolgte und nicht für die der Kirche zu gewinnen war. Die Erhebung des Popolo im Jahre 1263, die von den Zünften unterstützt und geleitet wurde, war eine höchst kraftvolle, aber es mangelte ihr an nachhaltiger Energie. Francesco Semplice, der Generalvikar des Königs, hielt sich vom März bis zum Mai in Florenz auf,[2] und ein so langes Verweilen während einer Zeit, die der Vorbereitung eines großen, wie man glaubte, entscheidenden Kampfes galt, hing gewiß mit der Notwendigkeit zusammen, innere Zwistigkeiten auszugleichen oder zu ersticken. Zunächst gelang dies nicht; vielleicht durch Zugeständnisse erbittert, die gegen seinen Willen dem Volk gemacht waren, zog im Mai Neri Piccolino degli Uberti, der Bruder des Farinata, mit einer Schar von Anhängern aus der Stadt.[3] Diese Spaltung der Ghibellinen wurde später beigelegt, aber das Volk fühlte sich stark genug, um seine durch die Schlacht an-

Volksbewegung in Florenz.

---

[1]) Die Urkunde, Orvieto 1263, 28. Februar, befindet sich im Familien-Archiv des Comm. Luigi Vaj (Villa Ai Galocti bei Prato) Cartapecore della Famiglia Ubaldini No. 5. An einem Pergamentstreifen hängt das spitze Längssiegel des Kardinals in grünem Wachs Die Legende ist fast ganz zerstört; es stellt die thronende Jungfrau mit dem Kinde unter säulengetragenem Baldachin dar

[2]) Forsch. usw. II (S. Gimign.), 842c, 844, 845, 848, 849a.

[3]) Ebend. 850.

der Arbia zerschmetterte Organisation wiederzubeleben. Am 13. Juni 1263 setzte es in den Räten die Wahl eines Capitano del Popolo auf ein Jahr durch, und diese fiel auf Boncoute Monaldi de' Monaldeschi von Orvieto, der zum Schutz seiner Person von einer Leibwache von acht Berrovieri umgeben sein sollte. Hauptsächlich war es die Zunft der Tuchweber, die der Bewegung ihre Unterstützung lieh, ja die geradezu ihre Führung übernahm; der Papst konnte wenige Wochen später der Arte della Lana und ihren Konsuln zurufen: „Ihr seid es und niemand sonst, die ihr gegenwärtig das Stadtregiment gegen uns und gegen die Kirche führt." Auch das Anzianen-Regiment wurde vorübergehend wieder belebt, doch waren dem Volk diese Konzessionen offenbar nur in der Absicht gemacht worden, den Kampf gegen Lucca überhaupt, wenn auch in geringerem Umfange als er geplant war, zu ermöglichen; bald darauf sah sich die Popularpartei um den vermeintlich wiedergewonnenen Anteil an der Stadtherrschaft betrogen. Der Monaldeschi scheint sein Amt zwar angetreten zu haben, aber nach kurzem von den Gegnern der Volkspartei wieder vertrieben zu sein, ohne daß ihm auch nur sein Gehalt gezahlt wurde, und einen Nachfolger hat er nicht erhalten.[1] Ebensowenig ist von dem erneuten Anzianen-Regiment mehr die Rede, von dem wir nur durch ein zürnendes Schreiben des Papstes Kenntnis haben. Während der kurzen Dauer dieser ghibellinischen Volksherrschaft aber trat deutlich das Bestreben hervor, die Kriegslasten zu mindern; zum ersten der beiden Züge des Jahres 1263 gegen Lucca ist das florentiner Bürgerheer nur zu einem Teil ausgerückt; zum Ersatz hat die Kommune eine bare Kriegssubvention von 50000 Librae gezahlt, und an Stelle der verhältnismäßig gering bemessenen Zahl von tausend Rittern hat sie nur die Hälfte entsandt. Der Papst verhehlte seine Zufriedenheit hierüber nicht, aber er hielt der Stadt vor, daß es für sie, die früher geherrscht habe, unwürdig sei, gegen die ehemaligen Verbündeten irgendwelche Hilfe zu leisten, und er drohte, wenn die Kommune nicht jede Teilnahme an den ghibellinischen Kämpfen aufgebe, gegen die florentiner Kaufleute dieselben Strafmittel anzuwenden, durch die er eine große Zahl derer von Siena seinem Willen gefügig gemacht hatte. Urban verkannte indes die Stärke der Ghibellinen und er täuschte sich über die des Popolo. In kurzem gab es in Florenz keinen Volkskapitan und keine Anzianen mehr, die Ghibellinen waren vielmehr nach

---

[1] Einigung mit dem Monaldeschi, nachträgliche Zahlung seines Gehaltes, um die ihm durch Orvieto gewährten Repressalienrechte zu beseitigen: Urkunde vom 8. Mai 1270; SAF. — Cap. XXIX. f. 279[a]. In dieser ist das Datum seiner Erwählung erwähnt. Da die Kommune sieben Jahre später seinen Ansprüchen gerecht wurde, kann die Wahl nur in aller Form durch die Räte erfolgt sein. — Die Stelle im Schreiben Urbans IV. vom 15. Juli 1263 (Dorez-Guiraud 279) an die Consules et universi homines Artis lane findet nur in diesem Zusammenhang ihre Aufklärung, sie lautet: „. . . . vos soli estis et nulli alii, qui contra nos et eandem ecclesiam predictam detinetis hoc tempore civitatem . . ."

der kurzen demokratischen Episode des Sommers 1263 wieder zu unbedingten Herren der Stadt geworden.[1])

Der Kampf der Pisaner und ihrer Verbündeten gegen Lucca und die Guelfen begann Mitte Juni und dauerte zunächst bis zum 13. Juli; während dieser Zeit und der folgenden Monate lag eine Flottenabteilung Manfreds im Arno, nahe an dessen Mündung bei San Rossore vor Anker, um Pisa vor Überraschungen von der Seeseite zu schützen.[2]) Der erste dieser Feldzüge führte zur Erkämpfung einer Reihe von wichtigen Ortschaften am untern Arno, die zum luccheser Gebiet gehörten; Galleno, Cappiano, Montefalcone wurden von dem Ghibellinen-Heere erobert, und der letztere Ort verfiel der Vernichtung; die Nachrichten erregten an der Kurie in Orvieto Bestürzung, denn man mußte für die letzte Zitadelle des guelfischen Widerstandes, für Lucca, fürchten. Am päpstlichen Hof herrschte in dieser Zeit fieberhafte Tätigkeit; alles Interesse war darauf gerichtet, dem Staufer in dem Bruder des Königs von Frankreich, Karl von Anjou, dem Grafen der Provence, einen tatkräftigen Prätendenten der sizilisch-neapolitanischen Krone entgegenzustellen, und anderseits wenn möglich einen der Kirche gehorsamen Kaiser zu schaffen, der, wie jener den Kampf um das südliche Königtum, so den um Reichs-Italien gegen Manfred aufnehmen sollte. Ob Richard, ob Alfons, ob der Engländer oder der Spanier, wäre Urban eins gewesen, sofern nur Aussicht vorhanden schien, den Sohn Friedrichs zu beseitigen. Im Kollegium der Kardinäle aber hatte jeder der Bewerber um die Krone des Reiches seine Partei und kaum hatte jemand an der Kurie noch für andere Angelegenheiten Ohr und Interesse, als für die wegen des Imperiums und der Einsetzung eines sizilischen Königs.[3]) Wie immer, wenn die Kirche sich in schwieriger Lage

Kampf der Liga gegen Lucca.

Verhandlungen der Kurie wegen der Kaiserwürde und der sizilischen Königskrone.

[1]) Das (undatierte) Schreiben Urbans IV., adressiert: „Potestati, capitaneo, ancianis, Consilio et Communi Flor.", mit der Formel „spiritum consilii sanioris", liegt im Kodex des Berardus Neapolitanus im Vatikan. Archiv Reg. 29 A, f. 12 und im Cod. Vat. Lat. 6735, f. 18[a] vor. Es enthält das Verbot, an dem Angriff der Sienesen und Pisaner gegen die der Kirche getreuen Lucchesen teilzunehmen. „Et licet vos ad hujusmodi exercitum cum ipsis non progredi, sano in hoc usi consilio, provide duxeritis ordinandum, tamen eis 50000 librarum usualis monete et 500 militum exercitu ipso durante ad eorundem Lucanorum impugnationem . . subsidium promisistis." Der Papst verlangt Widerruf dieser Unterstützung unter Androhung der oben erwähnten Folgen. — Über den Zeitpunkt des Schreibens kann wegen Erwähnung von Volkskapitan und Anzianen kein Zweifel bestehen. Nur in der kurzen Periode des Sommers 1263 konnte während der Zeit Urbans IV. ein Schreiben an Organe der Volksregierung nach Florenz ergehen.

[2]) Bericht des pisaner Erzbischofs Federigo Visconti über seine Visitationsreise nach Sardinien. Cod. Diplom. Sard. II, 380 ss. — Mathei Eccl. Pis. Hist. II, 14 ss.

[3]) Bericht der Gesandten Trevisos in die Heimat vom 17. Juni 1263. Verci, Storia della Marca Trivigiana II, Documenti p. 68. — Gerade von diesem Tage sind die vom Papst gestellten Bedingungen für Übernahme der Krone Siziliens durch Karl von Anjou datiert. M. G. Epp. III, 510.

Das Wunder von Bolsena.

befand, stellte sich zur rechten Zeit ein Wunder ein. Im nahen Bolsena hatte der Wein des Meßopfers sich einem zweifelnden Priester, wie früher in Florenz einem unachtsamen, in das sichtbare Blut Christi gewandelt. Raphael hat den Vorgang nachmals im Bilde verherrlicht, und die Kirche feiert sein Andenken alljährlich durch das Fronleichnamsfest. Die Entfesselung mystischer Begeisterung gegenüber dem mit Aberglauben gemischten ghibellinischen Skeptizismus hat allmählich ihre Früchte getragen, aber zunächst galt es nicht, mit langsam ihren Einfluß übenden geistigen, sondern mit gröberen und realeren Faktoren zu wirken. Ein völlig ghibellinisches Toskana drohte für einen italienischen Zug Karls von Anjou ein Hindernis zu Land und zur See zu bilden und für die Annahme wie für die Weigerung des Franzosen konnten die dortigen Entscheidungen des Kriegsglückes stark ins Gewicht fallen. Für eine etwaige Besetzung des verwaisten Kaiserthrones aber war es von maßgebender Bedeutung, ob die Kirche sich noch in Tuszien auf eine Partei stützen könne, oder ob der gebannte Feind in dieser Landschaft unbestritten herrsche.

Vergebliche Werbung des Papstes.

Der Papst beabsichtigte jetzt, den früheren Wunsch der Guelfen zu erfüllen und einen Prolegaten mit einer großen Ritterschar auf den Schauplatz der Kämpfe am Arno, Lucca und den Verbannten zur Hilfe, zu entsenden.[1] Freilich war es eben nicht leicht, tüchtige Soldritter zu erlangen, denn das Schlüsselbanner genoß wenig Ruhm für seine kriegerischen Erfolge, während auf der Seite des geächteten Königs Sieg und Beute zu winken schien. Zarte Gewissensbedenken beeinflußten Papst Urban nicht; er ließ an alle Deutschen, die in Toskana, Lombardei und der Mark Ankona unter Manfreds Banner fochten, ein offenes Schreiben ergehen, durch das er sie einlud, „das Lager der Verdammnis und des Todes“ zu verlassen, „in dem sie unter dem Herzog der Treulosigkeit und dem Fürsten der Finsternis Manfred, dem Verfolger der römischen Kirche“ kämpften, und die Gelegenheit zu benutzen, „zum Leben und zum Heil zurückzukehren, den Teufel und seinen Gefolgsmann zu verlassen, um in die Dienste Gottes und seiner Kirche zu treten“. Sofern sie mit Pferden und Waffen gut bestellt, wolle er zweihundert auf ein Jahr, weitere zweihundert auf drei Monate in Dienste nehmen; neben der kostenlosen Vergebung ihrer Sünden sollten sie den gleichen Sold wie bei Manfred beziehen.[2] Das Anerbieten scheint den Kriegsmännern wenig verlockend erschienen zu sein; ihr Gemüt blieb unbewegt, und die Absendung eines Prolegaten mit bewaffneter Hilfe mußte unterbleiben. Auch sonst gingen die Absichten und die Worte weiter als die Taten. Der Papst ordnete an, „da es die Perfidie der Bürger Sienas also erfordere“, daß in Frankreich, England und Deutschland Prälaten und Weltliche, Klöster und Ritterorden ihre Schulden statt an die sieneser Gläubiger, soweit diese nicht die gebannte Stadt verlassen hätten, an den päpstlichen Nuntius zu zahlen hätten, wodurch sie dann ihrer Verpflichtungen ledig seien; von dem so erlangten Gelde sollten dann 6000 Mark Sterling (über 450 000 italienische Lire) an Lucca

[1] Bericht der Gesandten Trevisos, l. c.

[2] Orvieto 1263, 11. Juli. — M. G. Epp. III. 525.

zur Kriegführung gegen Siena und dessen Genossen abgeführt werden; später erging an den päpstlichen Nuntius in Frankreich, Magister Milo, der weitere Befehl, 2000 Mark Sterling von diesen Geldern an Radicofani zu überweisen, das den fortgezogenen sieneser Guelfen Zuflucht und Hilfe gewährt hatte und sich nun der Bedrängnisse durch die ghibellinische Kommune zu erwehren hatte. Wir wissen nicht, ob die letztere Summe gezahlt ist, wissen auch nicht, ob die beschlagnahmten Schuldforderungen in jenen drei Ländern einigermaßen reichlich eingingen oder ob die Schuldner nicht vielmehr vorzogen, den Sienesen die Zahlung aus Furcht vor der angedrohten päpstlichen Exkommunikation, dem päpstlichen Nuntius aber aus Achtung vor den urkundlichen Ansprüchen der Sienesen zu verweigern. Überdies erweiterte sich der Kreis der aus Siena fortziehenden, die Gunst des Papstes suchenden Bankiers immer mehr; gerade jene Bedrohung der Abwicklung ihrer Wuchergeschäfte im Auslande hat sicherlich die meisten zur Versöhnung mit der Kirche getrieben. Die wieder zu Gnaden Aufgenommenen, die sich von Siena und Manfred lossagten, wurden aber von jener kirchlichen Sequestration ihrer französischen, englischen und deutschen Forderungen sofort befreit.[1]) Genug, ob Magister Milo auf jenem Wege keine Mittel flüssig machen konnte, oder ob die Gelder andere Wege nahmen, die Lucchesen haben von der ihnen in Paris angewiesenen Subvention keinen Denar erhalten, und ebensowenig sahen sie einen einzigen vom Papst entsandten Ritter zu ihrer Hilfe erscheinen.

Ihre Bedrängnis aber stieg immer mehr. Zwar war es ihnen im August gelungen, den Pisanern Castel d'Aghinolfo (Montignoso zwischen Pietrasanta und Massa) fortzunehmen, was den Zorn des Papstes entfesselte, weil diesem wenig an ihren Erfolgen, doch viel daran gelegen war, Pisa zum Frieden zu bestimmen und es auf seine Seite zu ziehen. Er behauptete, die Lucchesen hätten durch ihren Angriff den Krieg von neuem zum Ausbruch gebracht, während er um die Versöhnung der Gegner bemüht gewesen sei; der Vorwurf war ungerecht, denn Pisa hätte sich jetzt schwerlich von Manfred getrennt. Es scheint, daß die täuschenden Hoffnungen betreffs der Seestadt hauptsächlich

[1]) Päpstliche Schreiben wegen Verbotes der Zahlung ausstehender Forderungen an die Sienesen: 1263, 5. Januar (Dorez-Guiraud No. 175). — Päpstl. Schreiben vom 29. April 1263, Untersuchung gegen den Abt von Saint-Pierre de Lagny anordnend, weil er dem Befehl, die auf der Messe von Lagny befindlichen Sienesen zu exkommunizieren, nicht gefolgt war, Pariser Biblioth. Nationale, Cartulaire de Lagny, Lat. 9902, f. 16. — 4. Juni, Wiederholung des erstern Verbotes und Anweisung an den päpstlichen Nuntius, 10 000 Mark Sterling von den Forderungen der Sienesen einzuziehen und Lucca davon 6000 zu zahlen (Dorez-Guiraud 252, 53). — 23. Oktober, desgl. betr. Zahlung von 2000 Mark Sterling an Radicofani (No. 722). — Am 24. Dezember (751) war an Lucca noch nichts gezahlt. — Am 25. Januar 1264 (im Schreiben an den päpstlichen Legaten Guala in Lucca, No. 732) wird erwähnt, daß die Auszahlung an Lucca, die immer noch nicht erfolgt war, wegen der Verhandlungen der Lucchesen mit dem Vikar Manfreds inhibiert wurde.

durch die plötzlich auftretende, bald wieder verschwindende Absicht einer überraschenden Bekehrung erregt wurden; jener Oddo Gualducci, der Popolane, der in der Seestadt seit vielen Jahren eine fast herrschende Stellung einnahm und den der Papst einen „modernen Saulus" nannte, ging plötzlich in sich, entdeckte seine tiefe Frömmigkeit, beschloß ein Paulus zu werden und in den Orden der Tertiarier des heiligen Franz zu treten. Urban entsandte den Minoriten Mansuetus, der schon einmal die exkommunizierte Bürgerschaft mit der Kirche versöhnt hatte, um sie wieder zu ergebenem Gehorsam zu bestimmen, und er trug ihm auf, zugleich den Gualducci zu absolvieren, wenn er dem Stauferkönig abschwöre; mit liebevoller Sorgfalt suchte der Papst zu bewirken, daß die Kommune ihn nie weiter mit weltlichen Beschäftigungen und Ämtern behellige. Doch kam weder die Gewinnung der Stadt für die Interessen der Kirche, noch die Lösung des mächtigen Volksführers vom Bann zustande, und Bruder Mansuetus mußte diesmal Pisa verlassen, ohne etwas für die von ihm vertretene Sache erreicht zu haben.[1])

Neue Kämpfe gegen Lucca.

Anfang September rückten die Pisaner nebst ihren Bundesgenossen von Florenz, das durch Unterdrückung der Volksregierung wieder zum gefügigen Mitgliede der Ghibellinen-Liga geworden war, dem Auszuge Pistoias und der kleineren Städte, sowie den vom Vikar Manfreds befehligten Soldrittern der ghibellinischen Taglia, von neuem gegen die Lucchesen und die Guelfen ins Feld. Der Papst hatte den Florentinern eine letzte Frist bis zum 15. August gesetzt, um sich von Manfred und von der Teilnahme am Kampfe wider Lucca loszusagen. Da sie nicht innegehalten wurde, erging der Befehl in alle Lande, so wenig an die Florentiner wie an die Sienesen irgendwelche Schulden zu bezahlen, es sei denn, daß der Gläubiger eine besondere päpstliche Urkunde vorweise, die ihn von dem allgemeinen Verbot ausnehme; überall sollten die Kaufleute der Arnostadt gefangen gesetzt und ihrer Waren beraubt werden. Der Handel vermag viele Bedrängnisse zu überwinden und versteht aus mancherlei Nöten einen Ausweg zu finden, aber wo er sich nicht ungehindert bewegen kann, büßt er einen Teil seiner Schwungkraft und seiner Fähigkeit zum Wettbewerb ein. Die florentiner Calimala-Kaufleute hatten mit Geschäftsfreunden von Rom und mit solchen aus anderen Städten kirchlicher Gesinnung die Vereinbarung getroffen, sich ihrer Warenmarken zu bedienen, und sie sandten ihre auf den französischen Messen eingekauften Tuche mit diesen Zeichen versehen nach Italien. Der Papst ersuchte den Grafen von Anjou als Herrn der Provence, die durch sein Gebiet geführten Ballen genau darauf zu kontrollieren, ob sie nicht Händlern der gebannten Arnostadt ge-

Kirchliche Maßnahmen gegen die florentiner Kaufleute.

[1]) Päpstliches Schreiben vom 30. und 31. Juli M. G. Epp. III, 538, 539. — Dorez-Guiraud 316. 17. 19, 20 (dieselben: Sbaralea II, 497, 498). Bei den erhofften Friedensverhandlungen zwischen Pisa und Lucca sollte der Provinzial-Prior der Dominikaner, der Florentiner Aldobrandino de' Cavalcanti, den vom Papst entsandten Vertretern Frater Mansuetus und dem päpstlichen Marschall Ligerius de Sassetta Hilfe leisten.

hörten.[1]) Die Feststellung wird nicht eben leicht gewesen sein, und unter geborgtem Zeichen wird in Marseille und Aigues-Mortes manches Hundert flandrisch-französischer Torselli trotz päpstlicher Verbote für florentiner Rechnung, freilich unter vermehrten Kosten, verschifft worden sein. So tief aber war das Papsttum in die niedersten Alltäglichkeiten verstrickt, daß Tuchballen und ihre bleiernen Marken einen Gegenstand der gehässigen Aufmerksamkeit des Stellvertreters Gottes auf Erden bildeten.

Im Laufe der Zeit haben all diese Maßnahmen ihre wohl berechneten Einflüsse geübt, denn die Hemmnisse, die sie dem Erwerbsleben schufen, waren ernste und schwere; die Wirkungen zeigten sich indes erst allmählich, und mit den andern ghibellinischen Kommunen stand Florenz im Herbst 1263 in voller Macht in Waffen gegen die vertriebenen Guelfen und deren lucheser Gastfreunde, denen der unversöhnt gebliebene Teil der Guelfen des kleinen Città di Castello[2]) zu Hilfe zog. Schauplatz der Kämpfe und der Verwüstungen waren diesmal das Serchiotal und die Gegend um den nahe dem Meeresstrande gelegenen See von Massaciuccoli, der westliche, an Pisa grenzende Teil des lucheser Gebietes. Besonders verhängnisvoll für die Angegriffenen verlief der Kampf um Castiglioncello bei Ripafratta; eine kleine Schar von Pisanern hatte die Burg eingenommen, und am folgenden Tage, am 11. September, zogen die Luchesen nebst den florentiner und sonstigen toskanischen Guelfen aus der nahen Stadt herbei, um sie wieder zu erobern; sie stießen auf das ghibellinische Hauptheer und erlagen bald der Übermacht, zumal als die deutschen Ritter in den Kampf eingriffen. Im Handgemenge machte Farinata degli Uberti den Cece de' Buondelmonti, aus dem Geschlecht der Todfeinde seines Hauses, zum Gefangenen; er nahm ihn hinter sich aufs Pferd, man sagte, um ihn großmütig zu erretten; Pier Asino degli Uberti, Vetter des Farinata, focht in der Nähe; dieser wilde Ghibellinenführer war zugleich ein formvollendeter Dichter; in einem Sonett, das sich von ihm erhalten hat, schildert er seine Gedanken, als er „auf einem Pfade über Liebe sinnend" träumerisch dahinschritt. Hier aber war glühender Haß seine Losung; er sprengte auf das Roß des Vetters zu und zerschmetterte mit einem Hiebe seines eisernen Streitkolbens dem guelfischen Erbfeinde, der sich an Farinata anklammerte, den Schädel. Selbst in dieser greuelgewohnten Zeit erregte die Tat Aufsehen und fand scharfen Tadel.[3])

---

[1]) Schreiben Urbans IV. an den päpstlichen Notar, Magister Albert, und den Grafen Karl von Anjou vom 9. August 1263; Dorez-Guiraud No. 337.

[2]) Ratsprotokoll von C. di C. veröffentlicht von Degli Azzi in Bollet. di Storia Patria per l'Umbria XI. 104. 106.

[3]) Vill. VI. 80, dort wird Pier Asino irrig als Bruder des Farinata bezeichnet, doch waren ihre Väter, Jacobus (Vater des F.) und Schiatta, Brüder gewesen, wie die Urkunde vom 8. Mai 1242 (SAF. — Sa. Croce) erweist. — Das Sonett des Piero Asino u. a. gedruckt: Monaci, Crestomazia p. 226. — Il Libro di varie romanze volgare p. 476.

Die Lucchesen und Guelfen sahen sich geschlagen und suchten ihr Heil in der Flucht; bei der Verfolgung bis zu dem über den Serchio führenden Ponte San Pietro wurden viele niedergemacht; etwa tausend, meist vornehme Lucchesen, sowie angesehene Guelfen aus Florenz und San Miniato, ferner deutsche und lombardische Soldritter, gerieten in die Gefangenschaft der nachsetzenden Ghibellinen. In den folgenden Tagen und Wochen wurden die Burgen Aquilata und Quiesa, Flesso und Montuolo, sowie das feste, fast vor den Toren Luccas gelegene Nozzano eingenommen, und die Lucchesen vermochten das Plündern, Brennen und Demolieren in der Nähe ihrer Stadt nicht zu hindern. Am Michaelstag ließen die Pisaner den Gegnern zum Hohne am Serchio Münzen prägen und etliche ihrer Mitbürger empfingen unter Festlichkeiten, dem Erzengel und Anführer der himmlischen Milizen zu Ehren, den Ritterschlag; als sei man im Frieden der eigenen Stadt, wurde vor dem Lager ein Wettrennen um den Siegespreis des Palio veranstaltet. Dann rückte das Ghibellinenheer, als handle es sich um einen Festzug, bis vor die Mauern Luccas; man wiederholte den Bedrängten zum Spott unter ihren Augen Münzprägung und Ritterweihen, führte Gesänge, Reihentänze und Waffenspiele mit Schilden und hölzernen Stangen aus; die Feier endete damit, daß man Wurfspieße und andere tödliche Geschosse über die Mauern zu schleudern suchte. Derartige Demonstrationen waren nach dem Geschmack der Zeit und nach dem Herzen eines Volkes, das sich gern an dem Schein und Glanz von Erfolgen berauschte; eine sachliche Bedeutung hatten sie nur insoweit, als sie der lucchesischen Bevölkerung ihre Ohnmacht und die Aussichtslosigkeit weiteren Widerstandes in traurigster Lebhaftigkeit zu Gemüte führten. An eine Belagerung des festummauerten Platzes war freilich nicht zu denken, zumal der Herbst hereingebrochen war. Voll Siegesjubel rückten die Pisaner, Sienesen und Pistoiesen heim; die Florentiner scheinen ihrerseits bereits um den Michaelstag (29. September) nach dem Waffenerfolge vom Ponte San Piero umgekehrt zu sein.[1])

Verhandlungen der Lucchesen mit dem Generalvikar Manfreds.

Den von aller Hilfe verlassenen Lucchesen sank der Mut; sie knüpften Anfang 1264 geheime Verhandlungen mit Francesco Semplice wegen Unterwerfung unter die Oberherrschaft Manfreds an,[2]) die indes damals noch zu keinem Ergebnis führten. Im frühen Sommer zogen die Heere der verbündeten Städte wieder verwüstend ins Lucchesische, begannen am 9. Juni Cotone am Serchio zu belagern, das nach neun Tagen eingenommen wurde, und rückten dann wiederum vor Castiglioncello, das seit dem vorigen Herbst durch die Lucchesen zurückerobert worden, und stark befestigt sein muß. Hier kämpften Pisaner und Florentiner

[1]) Hauptquelle für die Kämpfe des Jahres 1263 ist die Pisaner Chronik des Luccheser Staatsarchivs (Cod. 54); ferner Villani l. c.; Chronicon Pisanum (Ughelli-Coletti X. col 123) und übereinstimmend Breviarium Hist. Pis. Mur. Ss. VI. col. 195; Cronaca Lucchese. Flor. Nat.-Biblioth, Palat. 571.

[2]) Schreiben Urbans IV. an seinen Legaten in Lucca, Magister Guala, vom 25. Januar 1264; M. G. Epp. III. 562. — Dorez-Guiraud 752.

gemeinsam, und es gelang am 17. Juli die vermittels Feuerminen halb zerstörte Burg zur Kapitulation zu zwingen, durch die fünfhundert Luchesen und Guelfen nebst dem Kapitan der ersteren, Messer Rustichello da Montecatini, in Gefangenschaft gerieten. Auch der Podestà Luccas, der Ritter Gualtiero de Maona, fiel in die Gewalt der Feinde; es gelang den Sienesen, wir wissen nicht bei welchem der Kämpfe, sich seiner zu bemächtigen.[1]) Mitte Juni, während die Ghibellinen vor Cotone lagerten, traf von Manfred der Abberufungsbefehl des Francesco Semplice, sowie die Ernennung des Grafen Guido Novello zum Generalvikar Tusziens ein,[2]) und durch sie wurde Florenz zum Mittelpunkt des ghibellinischen Toskana. Farinata degli Uberti war am 27. April 1264 an der Santa Reparatakirche zur Ruhe bestattet worden;[3]) er starb während seine Partei triumphierte, und er konnte nicht ahnen, welches düstere Geschick seinem Geschlecht bevorstand. Durch seinen Tod aber wurde der jetzige Generalvikar Tusziens fast unbeschränkter Anführer der florentiner Ghibellinen; seine Leistungen als Statthalter des Königs waren keine ruhmreichen; in entscheidenden Stunden fehlte es dem Freunde der Sternkunde stets an ruhiger Überlegung und kühlem Blut und man wußte, daß durch Geschenke, wie durch die Fürsprache bestochener Mittelspersonen bei ihm viel zu erreichen sei.[4]) Doch errang er zwei Monate nach seiner Ernennung den entscheidenden Erfolg, auf den jetzt alles anzukommen schien, denn am 14. August konnte er die Unterwerfung des völlig erschöpften Lucca entgegennehmen, das sich verpflichtete, Manfred treuen Gehorsam zu schwören, Guido Novello selbst zum Podestà zu ernennen, die florentiner und sonstigen Guelfen aber binnen drei Tagen aus seinen Mauern zu weisen, innerhalb derer die Heimatlosen vier Jahre hindurch ein Asyl gefunden hatten. Da die deutschen Ritter der Ghibellinen-Taglia die Stadt sofort besetzten und das Gebiet durchstreiften, mußten die Vertriebenen in fluchtartiger Eile über den Apennin ziehen, wollten sie nicht den Häschern des Generalvikars in die Hände fallen. Die meisten wandten sich nach Bologna, wo die Bedrängten und Bedürftigen gute Aufnahme fanden; ihren wilden Grimm gegen die Ghibellinen, ihre lodernde Kampfeslust trugen sie über die Berge in den neuen Zufluchtsort.[5]) Bologna

Guido Novello Generalvikar Tusziens.

Farinata degli Uberti †.

Vertreibung der Guelfen aus Lucca.

---

[1]) Urkunde, Siena 1264, 20. Oktober. — SAS. — Riform. und dazu die vom 14. August, ebendort; gedruckt Ficker, Forsch. IV, 351.

[2]) Über die Kämpfe und die Ernennung des Guido Novello Cod. 54 des SAL. — Breviarium Hist. Pis. Murat. Ss. VI, col. 195. — SAS. — Bicch. 38, f. 20.

[3]) Nekrologium von Santa Reparata in der Bibliothek der Opera del Duomo.

[4]) Bestechung eines Mittelsmannes durch Volterra 1264, 20. November (SAF. — Volt.); Geschenk San Gimignanos, Forsch. usw. II, 856.

[5]) Urkunde betr. der Unterwerfung Luccas, Ficker, Forsch. usw. IV, 451. — Über die Ausweisung der Guelfen aus Lucca Vill. VI, 86. Die Behauptung des Chronisten, die Unterwerfung sei ihnen ganz überraschend gekommen, sonst hätten sie sie zu hindern gewußt, ist unhaltbar, da ihr Berater, der Legat Guala, schon im Januar (s. S. 548 Anm. 2) durch den Papst auf schwebende Verhandlungen aufmerksam gemacht war. Auch die Erzählung von den „vielen edlen Frauen" der Guelfen, die in der Eile der Flucht auf den Bergen ihre schwere Stunde erleben mußten, ist tendenziös, denn die

hatte gleich nach der Schlacht von Montaperti die alten Freundschaftsbeziehungen zu dem jetzt ghibellinischen Florenz auch in handelspolitischer Beziehung abgebrochen und das Schiedsgericht aufgehoben, das bis dahin berufen war Zwistigkeiten zwischen Angehörigen beider Kommunen zu schlichten; sein Fortbestehen unter den veränderten Verhältnissen, so erklärte man, würde „gegen den guten Zustand der Stadt Bologna verstoßen."[1]) In das Statut der Stadt wurde jetzt eine besondere Bestimmung zum Schutz der Exilierten vom Arno gegen finanzielle Bedrängnis durch Gläubiger aus ihren eigenen Reihen aufgenommen; man erhob zum Gesetz: kein Florentiner dürfe den andern wegen Schulden gefangen setzen lassen, die nicht in Bologna selbst kontrahiert seien, also die noch aus der Zeit vor der Katastrophe der Guelfen oder aus der ihres luccheser Aufenthaltes herrührten.[2])

Einer der Gründe zur Unterwerfung der Lucchesen, wenn auch freilich nicht der ausschlaggebende, war der Wunsch, die seit dem blutigen Tage von Montaperti in den Kerkern Sienas schmachtenden gefangenen Mitbürger zu befreien; am 20. Oktober wurde in Siena der Friede mit dieser Kommune geschlossen, der den Elenden die Erlösung verhieß, die ihnen in Wirklichkeit indes erst der folgende Sommer nach fünfjähriger Haft brachte;[3]) die Qual ihrer florentiner Schicksalsgenossen aber sollte doppelt so lange dauern.

Verhandlung der Kurie mit Karl von Anjou.

Alle Bemühungen des Papstes waren fehlgeschlagen, ganz Toskana gehorchte Manfred als seinem Oberherrn und in der Lombardei überwog sein Einfluß. Urban IV. hat den Umschwung des Geschickes, die Erfüllung seiner heißen Wünsche nicht mehr erlebt, doch er hat alles getan, um die Zukunft in seinem Sinne zu gestalten. Sollte der gegen Manfred herbeigerufene Bruder des Königs von Frankreich der bedrängten Kurie nachdrücklich helfen können, so mußte er mit einem mächtigen Heer nach Italien kommen; Karl von Anjou aber war arm, habsüchtig und verschwenderisch zugleich. Er war dem italienischen

---

Zahl der in Lucca befindlichen Guelfen-Frauen war schwerlich so groß, daß gerade viele auf jenem, immerhin nur kurzen Wege von Geburtswehen überfallen sein können; irgend ein vereinzelter Fall wird ausgenützt sein, um die Leiden der neuerdings Vertriebenen dem Gemüt der Leser recht nahe zu bringen.

[1]) Die Bestimmung (Statuta populi Bononiae ed. Frati III, 420) steht im Statut von 1259, doch kann sie des erwähnten Zusatzes wegen erst nach der Schlacht von Montaperti als Zusatz aufgenommen sein.

[2]) Ebendort II, 149.

[3]) Siena, Apud mansionem Templi 1264. 20. Oktober. — SAS. — Riform. — Dazu drei Urkunden vom 8. Oktober: Siena unterwirft sich betreffs seiner Streitigkeiten mit Lucca dem Schiedsspruch des Guido Novello; Freidhof im Metzer Lyceums-Programm 1880, S. 30 ff. — Ferner betreffs der Ausführung des Friedens die Urkunden vom 7., 19. und 20. Juli 1265 Caleffo Vecchio f. 462ª (letztere Freidhof S. 34). — Der eigentliche Friede zwischen Guido Novello (namens des Manfred) und Lucca wurde erst 3½ Monate nach der Unterwerfung, etwa am 1. Dezember (oder in den letzten Novembertagen) in Fucecchio geschlossen. Forsch. usw. II (S. Gimign.) 857, 859.

Unternehmen geneigt und trug sich wohl schon längst mit der Hoffnung, seinem dürftigen Geschick als Zweitgeborener eines mächtigen Hauses, durch Eroberungen im südlichen Lande einen reicheren Inhalt zu geben, denn er hatte bereits mit Erfolg versucht, in Piemont Einfluß zu gewinnen.[1]) Alles hing indes von der Beschaffung gewaltiger Geldmittel ab, die zur Gewinnung französischer abenteuerlustiger Ritter, wie zur Ausrüstung und Werbung von Mannschaften zu Fuß erforderlich waren; schon war ein erster Schritt geschehen, indem man die Mehrzahl der sieneser Bankiers vermocht hatte, ihre Heimat zu verlassen, ihren Mitbürgern Fehde anzusagen, indem man sie zu Parteigängern der Kirche machte; dadurch wurden ihr finanzielles Geschick, ihr Kredit und ihr Vermögen, soweit es im Auslande arbeitete, den politischen Zwecken der Kurie dienstbar. Warum sollte, was für Siena geglückt war, nicht auch für Florenz, und vielleicht gar in umfangreicherem Maße, gelingen?

Als sich die Arte della Lana im Sommer 1263 an die Spitze der Volksbewegung gestellt hatte, suchte der Papst die Zunftgenossen durch Bedrohung ihrer wirtschaftlichen Interessen seinen Absichten gefügig zu machen.[2]) Er führte ihnen zu Gemüte: die Kirche pflege langsam aber schwer zu strafen; wenn die Tuchweber nicht bis zum Tage von Mariä Himmelfahrt (15. August) eine Revolution herbeigeführt hätten — der Papst sprach mit priesterlicher Mäßigung von einer „Reformation der Stadt" und meinte damit die Losreißung von Manfred, die Zurückführung der Guelfen —, so werde er den Venetianern und allen andern Italienern bei Strafe der Exkommunikation jeden Handel mit den Florentinern verbieten, werde er die Lieferung von Wolle an sie und zugleich jeden Kauf von florentiner Tuchen bei den höchsten Kirchenstrafen untersagen. Eine Wirkung haben diese Drohungen indes nicht geübt; zur Herbeiführung jener „Reformation" besaß die Genossenschaft durchaus nicht die genügende Macht, zumal die Popularbewegung alsbald unterdrückt und damit ihr eigener politischer Einfluß beseitigt wurde; wahrscheinlich hatte sie aber auch nicht den Willen, sich den kurialen Interessen dienstbar zu erweisen, denn von den zahlreichen Bekehrungen der folgenden Zeit bezieht sich keine auf einen Angehörigen der Wollenzunft. Nach dem kurzlebigen Erfolge der Demokratie und nach dem mißlungenen päpstlichen Versuch, durch sie das ghibellinische Regiment zu stürzen, hören wir nichts mehr von einer Verfolgung der Tucher, wohl aber von Bedrohungen der Arte di Calimala, der Zunft der Bankiers, die zugleich den Import französisch-flandrischer Wollenstoffe betrieben. Eben jetzt müssen die ersten Geldansprüche des Anjou zur Vorbereitung seines Zuges an Urban herangetreten sein, und er ließ die schlau ersonnenen Operationen mit der Bearbeitung der in Frankreich tätigen florentiner Häuser beginnen; sie waren am leichtesten zu beeinflussen, denn sie hatten am stärksten unter dem Verbot der Schuldenzahlung an die Bürger der gebannten Stadt, unter der Erschwerung der Warenausfuhr von den Champagner Messen wie aus den flan-

Gewinnung der florentiner Bankiers.

[1]) Sternfeld, Karl v. Anjou, S. 156 f.
[2]) Dorez-Guiraud 279; s. S. 542 Anm. 1.

drischen Städten zu leiden, und anderseits konnten sie am klarsten die Aussichten auf neue große Geschäfte übersehen, die sich durch die bevorstehende Geldbeschaffung für das Unternehmen des französischen Prinzen eröffneten; die gewaltigen Gewinne aus der Auspressung Englands zum Kampf gegen Manfred reizten dazu, rechtzeitigen Anschluß an den Papst und den Grafen der Provence zu suchen. Der Franzose auf dem Apostelthron hat diese Verhältnisse mit außerordentlicher Schärfe erkannt und für die Zwecke der Kirche genützt; ein geschicktes Werkzeug bot sich ihm in einem italienischen Geistlichen vornehmen Geschlechtes dar, dem Percival aus dem genueser Grafenhause der Fieschi von Lavagna, dem sehr viel später in den tuszischen Ereignissen eine bedeutende Rolle bestimmt war, der aber schon jetzt von Paris aus, wo er mit dem Titel eines Domherrn von Bayeux lebte, indirekt auf sie einwirkte. An ihn und den Abt von Sainte Geneviève ergingen die päpstlichen Anweisungen wegen Absolution der in Paris befindlichen Sozien der del Borgo, Simonetti und jenes Castra Gualfredi, der vor kurzem, vom heiligen Geist ermahnt, den Geschäften angeblich abgesagt hatte; es folgten die della Scala, die Amieri, Spigliati-Mozzi und Spini, die damals noch zu dem Bankhause Scala-Amieri vereint waren, ferner die Abbati (obwohl sie für Ghibellinen galten), die Baccarelli, Rimbertini, Rossi, dell' Alluodo, Buiamonti, Amannati, Monaldi, Ardinghi, Benincasa und später die Cerchi, unter ihnen in erster Reihe jener Cerchio Olivieri Cerchi, der nach der Schlacht von Montaperti Mitglied des ghibellinischen Rates gewesen war, die Frescobaldi, Bardi, Riccomanni, Benizzi, Bellincioni, Acquarelli und die della Bella, unter ihnen der nachmalige Volkstribun Giano, der jetzt nebst seinem Vetter Ugo in Burgund Geldgeschäfte machte. Wir zählen insgesamt 146 Sozien von florentiner Bankhäusern, die innerhalb zweier Jahre dem Papst (und seinem Nachfolger) Gehorsam und Unterwerfung gelobten.[1]) Es scheint, daß sie, ehe sie zu Gnaden aufgenommen wurden, als Buße eine bare Zahlung an die päpstliche Kammer leisten mußten; wenigstens wird später einmal in einem päpstlichen Schreiben auf Einnahmen solcher Art hingewiesen.[2]) Zu umfangreiche Interessen standen in fernen Ländern auf dem Spiel, und in zu starkem Maße waren diese von Wort und Wink des Oberhauptes der Kirche abhängig, als daß die Bankiers sich auf die Dauer seinem Willen entziehen konnten. Wir erfahren von Anfang des Jahres 1264, daß die Bankgruppe del Borgo-Simonetti, ganz abgesehen von ihren weltlichen Schuldnern, von Städten,

[1]) Päpstl. Schreiben von 1263, 5. und 27. August, 26. und 27. September, 23. und 27. Oktober, 2. und 10. November, 23. Dezember; 1264, 13. Januar, 5. Februar, 29. April, 11., 14. und 28. Mai, Dorez-Guiraud 362—64, 410, 411, 428—30, 447, 465, 501, 518—20, 536, 557—61, 570, 574, 661. Ferner die Urkunden 1263, 12. August, 15. September, 31. Oktober, 9. Dezember, Forsch. usw. III, 53—56. — 1263, 5. Dezember, Posse. Analecta 320, 321. — 1264, 28. Mai, M. G. Epp. III. 601. — 1265, 2. Mai, Forsch. usw. III, 60; 1265, 2. und 3. Juni, Jordan 86 und 125. — 1266, 9. Juni, Martène II, col. 344: die Frescobaldi hatten auf den französischen Zehnten 11 000 Pfund von Tours vorgestreckt.

[2]) Brief Clemens' IV. vom 23. Dezember 1265. Martène II, col. 255.

Grafen und Großen, Gläubiger der Erzbischöfe von Sens, Reims, Rouen, Tours, Bourges, Narbonne, Arles und Aix, ferner in England derer von Canterbury und York, in Irland der Erzbischöfe von Dublin, Tuam, Armagh, Cashel und in Spanien des Metropoliten von Toledo war, wozu dann noch Forderungen an die Suffraganbischöfe all dieser Kirchenfürsten und an die Erzbischöfe von Mailand, von Ravenna und den Bischof von Fiesole kamen. Ungefähr dieselben Prälaten waren gleichzeitig den della Scala sowie dem Bankhause Rembertini-Ammanati verpflichtet, nur daß wir unter deren säumigen Schuldnern überdies noch Bischöfe Schottlands und aus der Nähe Prälaten Toskanas bemerken.[1]) Die Aufzählung gibt eine Vorstellung zugleich von dem Umfange des florentiner Bankgeschäftes und von den Handhaben, die der Papst besaß, um die Geldleute durch Schädigungen oder Förderung ihrer Interessen gefügig zu machen. Wie mit denen der Arnostadt, verfuhr die Kurie auch mit den Bankiers von Pistoia, Prato, San Miniato und Poggibonsi.[2]) Wir vermögen das Netz von Verpflichtungen zu übersehen, durch das die klugen Finanzmänner von den klügeren Geschäftsleuten der Kirche umstrickt wurden. Am 12. August 1263 stellte sich, zweifellos insgeheim, Cavalcante, Sohn des Jacopo della Scala, als Beauftragter seines Vaters, ferner des Amieri Cose und einiger anderer Sozien des großen Bankhauses, bei der päpstlichen Kammer zu Orvieto ein; dort mußte er vor zwei Kardinälen, dem Franzosen Simon Montpincе aus Brie, nachmaligem Legaten in Frankreich und späterem Papst Martin IV., sowie vor Matteo Rosso Orsini in seinem Namen und dem seiner Sozien bei einer Strafe von 2000 Mark Sterling (148 000 ital. Lire) den päpstlichen Befehlen Gehorsam schwören; in spätern Fällen wurde diese Geldbuße sogar verdoppelt. Er mußte geloben, daß die Sozien von Manfred ablassen, daß sie innerhalb der ersten Oktoberwoche Florenz verlassen und sich nach Lucca begeben würden (das sich damals noch für die Partei der Kirche hielt), um von dort aus mit den anderen Guelfen die Vaterstadt zu bekämpfen; wer sich aber von den Geschäftsteilhabern zu ghibellinischer Gesinnung bekannte, der sollte in andern Gebieten Aufenthalt nehmen, die der Kirche ergeben waren;[3]) einem Teil dieser weniger sicher erscheinenden Elemente wurde später Assisi als Aufenthaltsort angewiesen.[4]) Dagegen erachtete es der Papst für vorteilhaft, solchen, denen er besonderes Vertrauen gewährte, den weiteren Aufenthalt in Florenz zu gestatten, da er ihr geheimes Wirken in der Heimat seinen Zwecken nützlicher hielt als ihren Fortgang. Den Amieri Cose, der mit merkwürdigem Geschick sich allen Verhältnissen anzupassen wußte, der in der Zeit des Popolo Anzian gewesen war, der nach Montaperti ungehindert im ghibellinischen Florenz lebte, der mit dem Papst Verschwörungen einging, der früher und jetzt erneut den

---

[1]) Schreiben Urbans vom 13. Januar 1264; Dorez-Guiraud 518–20.

[2]) Schreiben des Papstes an den Abt von Ripoli bei Florenz, 1264, 18. Juli. M. G. Epp. III. 617.

[3]) Forsch. usw. III. Regest 53.

[4]) Päpstl. Schreiben vom 18. Juli 1264. M. G. Epp. III. 617.

Auszug beschworen hatte, finden wir auch in der Folgezeit von beiden Seiten unangefochten in der Stadt, obwohl man den Parteiwechsel seiner Sozien inzwischen längst erkannt haben mußte.[1]) Wie diese allen Lagen gewachsenen Geschäftsleute es anstellen mochten, sich zwischen den Parteien zu halten und zu behaupten, den Verrat zu verhehlen, zu dem sie jederzeit bereit waren, das läßt sich freilich nicht mehr in jedem Zuge nachweisen, wohl aber läßt sich erkennen, daß einzelne von ihnen diese schwierige Kunst mit vollendeter Meisterschaft geübt haben.

Die weiteren Schwüre der Sozien gingen dahin, daß sie dem Papst Verzeichnisse all ihrer Geschäftsteilhaber, ihrer Faktoren und sonstigen Angestellten einreichen würden, nebst genauer Angabe der Einlagen und Forderungen eines jeden. Weigerte sich einer von diesen, sich den Geboten der Kirche zu unterwerfen, so war sein Guthaben zu sequestrieren und dem Papst zur Verfügung zu stellen; eine ebensolche Liste war dem Oberhaupt der Kirche von allen Gläubigern und allen Deponenten der Sozietät aus Lombardei und Tuszien zu übermitteln. Wenn es dem Papst gefiel, behielt er sich das Recht vor, auch die Rückzahlung der (auf feste Verzinsung und Gewinnanteil gemachten) Depositen-Einlagen zu untersagen und über deren Betrag nach seinem Willen zu verfügen, derart, daß Anhänger der Kirche Kapital, Zinsen und Nutzen nach Belieben zurückziehen konnten, Widerstrebende aber durch Beschlagnahme gestraft oder zur Willfährigkeit gezwungen wurden. Angestellte, die sich politisch widerspenstig zeigten, waren bis zur ersten Oktoberwoche aus dem Dienst zu jagen. Die Schwörenden hatten ferner die Namen aller Bankiers mitzuteilen, von denen sich vermuten ließ, sie seien für die Kirche zu gewinnen, und ferner alle Personen anzugeben, die nach ihrem Wissen Einlagen bei Häusern hatten, die der Kirche Gehorsam schwuren, die selbst aber im gegnerischen Lager blieben, damit man an diesen Denunziationen die Aufrichtigkeit der Neubekehrten zu prüfen vermöge. Durch ein so kompliziertes, fein ausgedachtes System mußte es in kurzem gelingen, die florentiner Finanzwelt vollständig in die Dienstbarkeit der in der Wahl ihrer Mittel höchst vorurteilslosen Kirche zu bringen.

Kirchliche Zustände.

Da hierbei Geldinteressen in Frage kamen, gelang dies besser als die Beeinflussung von Geistlichen und Klöstern. Jener Presbyter Fede, dessen Streitigkeiten wegen der Kirche San Firenze vor fast zwei Jahrzehnten starkes Aufsehen erregt hatten und der ein Parteigänger der Uberti war,[2]) bekleidete jetzt die Stellung eines Priors von San Lorenzo; der ghibellinische Herr in geistlichem Gewande mag es arg getrieben haben, da er „wegen großen, seinetwegen entstandenen Skandals" zu Händen des Bischofs auf seine Würde verzichten mußte.[3]) An seiner Stelle wurde Ruggero Frescobaldi erhoben, Kaplan des Kardinals Ottaviano Ubaldini, und nicht minder Anhänger König Man-

[1]) 1264, 16. April nahm er an der Wahl eines Rektors der Kirche Sant' Andrea teil. Lami. Mon. II. 975.

[2]) S. Kapitel 5, S. 277.

[3]) 1263, 17. Oktober. — Lami. Mon. II. 1006.

freds als sein Vorgänger es gewesen war. Er konnte sich in seiner Stellung über den Umschwung der Verhältnisse hinaus behaupten, bis es ihm im Jahre 1270 beliebte, das geistliche Gewand abzustreifen, um sich zu verheiraten.[1]) Der Abt Rudolf des Vallombrosanerklosters Passignano mußte im September 1265 der Form nach abdanken, doch wurden ihm Inful und Abtstab sofort wieder übergeben, obwohl ein Teil der Mönche an seiner Stelle den Vallombrosaner Ruggero de' Buondelmonti gewählt hatte; Rudolf lieferte seine Abtei und deren bedeutende Güter florentiner Anhängern Manfreds aus, die vier Jahre hindurch damit nach ihrem Belieben schalteten; später wurde er wegen Verschwendung, Simonie, lasterhaften Lebens und öffentlichen Rufes der Ehrlosigkeit angeklagt und seines Amtes entsetzt.[2]) Der Erfolg hatte, wie man sieht, auch die Geistlichkeit zu einem ansehnlichen Teile auf die Seite der herrschenden Ghibellinen geführt; selbst die dem Papst anhängenden Orden konnten sich wenigstens äußerlich dem Einfluß der Verhältnisse nicht entziehen. Die Serviten hielten im Juli 1263 in dem unter Interdikt stehenden Florenz, die Franziskaner in demselben Jahre in dem gebannten Pisa, ihre Generalkapitel ab,[3]) doch haben die einen wie die andern unter der Maske der Fügsamkeit gegen die Herrschenden insgeheim um so eifervoller die kirchlich-guelfischen Interessen gefördert.

Im Jahre 1264 schien die Macht Manfreds auf ihrem Höhepunkt zu stehen, nur von fernher, aus Nordwesten, drohte eine Wetterwolke, die Gefahr des französisch-provenzalischen Heereszuges. Sie schien näherzurücken, denn Karl von Anjou hatte die Würde eines Senators von Rom angenommen und seit dem Mai einen französischen Vertreter entsandt, der in seinem Namen vom Kapitol her die Stadt regierte.[4]) Urban lebte der Hoffnung, den ersehnten Retter, für den er schon 200000 sieneser Librae ausgegeben hatte, bis zum Herbst erscheinen zu sehen, und eben deshalb gedachte Manfred einen entscheidenden Schlag zu führen. Er wußte, daß Orvieto, der Sitz Urbans IV. und der Kurie, die Hochburg allen Widerstandes bilde, und er faßte den Plan, sich der

Der Plan, den Papst zu überfallen.

[1]) Seine Wahl 1263, 17. Oktober (zwei Urkunden), Archiv von San Lorenzo. — Er verfiel der Exkommunikation, weil er, es scheint ohne bischöfliche Erlaubnis, nach Padua ging, um jus civile zu studieren. Schreiben des Kardinalbischofs Heinrich von Ostia an den Bischof von Florenz vom 11. Februar 1266 und Zeugenverhör in Padua, ebendort. — (Vorübergehende) Absetzung, weil er „tempore quo Florentina civitas adhesit Manfredo" erhoben war, 1267, 10. Januar, ebendort. Wiedereinsetzung durch Clemens IV., 20. August, Lami, Mon. III, 1798. Verzicht auf das Priorat, weil er mit päpstlicher Genehmigung eine Frau nehmen wolle, 1270, 14. März, ebend. 1799.

[2]) Urkunden 1266, 21. Januar, 13. November (gedruckt Casotti, Impruneta II, 219); 1267, 28. Dezember, Breve Bonifaz' VIII.; 1295, 24. November (bezeichnet 24. Oktober); 1272, 10. Mai, 20. Mai; sämtlich SAF. — Passignano.

[3]) Betr. der Serviten Schreiben Urbans IV. 1263, 25. Juli (SAF. — Sma Annunziata) und Poccianti p. 41. — Betr. der Franziskaner Sabatier, Vie de S. François p. LXXXIV.

[4]) Gregorovius V, 336.

festen Bergstadt und der Person des obersten Priesters zu bemächtigen, in der Überzeugung, wenn dies geglückt, könne er ruhig leben und regieren, erst dann habe seine Macht Aussicht auf Dauer. So beschloß er, von Süden und Norden Heere gegen die umbrische Stadt in Bewegung zu setzen; an Parteigängern in deren unmittelbarer Nähe, an Widersachern der päpstlichen Macht fehlte es nicht; solchen war kürzlich der ehemalige Podestà von Florenz und von Lucca, jener Guiscardo da Pietrasanta, zum Opfer gefallen, der in der Geschichte beider Städte einen glänzenden Namen hinterlassen und zuletzt für den Papst das Amt eines Rektors des Patrimoniums Petri in Tuszien geführt hatte. Im Februar 1264 war er von Feinden der Kirche und seiner Person überfallen, zerfleischt und noch als Leiche auf das wildeste entehrt worden.[1] Der Papst fühlte sich selbst am Leben bedroht; er behauptete, zu seiner Ermordung habe Manfred einen Ordensritter und zwei andere Vertraute mit fünfzig Arten giftiger Stoffe ausgesandt. Man war mit solchen Bezichtigungen in dieser Zeit leicht bei der Hand, aber nur weil derartige Anschläge zu den üblichen Mitteln der Politik gehörten, und ziemlich alle Regierenden sie zu handhaben gewohnt waren, konnten die wechselseitigen Beschuldigungen immer wiederkehren und allgemeinen Glauben finden; wie der Papst jene Anklage gegen den Schutzherrn der Ghibellinen erhob, so belegten die toskanischen Ghibellinen ihre Feinde, die Anhänger der Kirche, mit dem Titel der Assassinen- oder Mörder-Partei.[2]

Was das offene Vorgehen Manfreds gegen Urban und Orvieto anlangt, so fehlte dem kühnen Plan die Einheitlichkeit der Ausführung, die ihm bei der gewaltigen tatsächlichen Macht, über die der König verfügte, den Erfolg gesichert hätte; der König ließ den wilden Pietro de' Prefetti von Vico allein im Patrimonium Petri den Waffengang eröffnen; im Kampfe gegen ihn, dem vom französischen Vize-Senator geführten römischen Bürgerheere voranwehend, erblickte man zuerst in Italien das Lilienbanner des Anjou auf der Wahlstatt. Manfred rückte von Süden vor, verließ dann aber unbegreiflicherweise das Heer, angeblich weil er das Genußleben in seinen Palästen, weil er Sang und Spiel den Mühen des Feldlagers vorzog. Vielleicht leiteten ihn indes andere Gründe; das plötzliche Schwanken, die Tatlosigkeit zu entscheidender Stunde, ist eine bei den führenden Ghibellinen jener Zeit so häufige Erscheinung, daß man versucht ist, eine Ursache allgemeinerer Art vorauszusetzen. Durchkreuzte etwa der Orakelspruch der Astrologen, der Glaube an ein aus den Sternen erkundetes Verhängnis oft die Ausführung früher gefaßter, wichtiger Entschlüsse?

[1] Thierrici Vallicoloris Vita Urbani IV., Murat. Ss. III, 2. col. 414. — Ann. Urbevetani M. G. Ss. XIX, 270. — Päpstl. Schreiben vom 6. und 29. Februar 1264, Fumi. Cod. Diplom. 238; Dorez-Guiraud 757. 764. — In Orvieto gegen die Mörder gefälltes Urteil, 1264, 3. März, Fumi. 239. — Vasallen des Pfalzgrafen Ildebrandino von Santa Fiora gewährten den Mördern Zuflucht in ihren Burgen. Schreiben Urbans an Ildebrandino vom 29. Februar 1264, M. G. Epp. III, 570.

[2] Urkunde vom 23. September 1263, SAS. — Riform., gedruckt Freidhof l. c. 28 f.

Während Manfred nach Apulien zog, ließ er an Florenz, Pisa, Siena, Pistoia und Arezzo den Befehl ergehen, ihre Heere vereint mit den tausend Rittern der Ghibellinen-Liga zur Belagerung Orvietos ausrücken zu lassen. Wäre diese Aktion mit seinem Vorstoß von Süden her vereinigt worden, so hätte sich Orvieto trotz seiner wehrfähigen Lage schwerlich behaupten können, der Fortgang Manfreds aber durchschnitt dem Unternehmen den Nerv; als Percival d'Oria, den der König als seinen Vertreter an die Spitze des aus Süditalienern und Sarazenen gebildeten Heeres gestellt hatte, beim Überschreiten des Neraflusses ertrank, schwand der zwiefach führerlos gewordenen Kriegsschar jede Tatkraft, und sie zog sich zurück. Der Papst hatte sein und der Orvietaner Heer durch Gewährung des Kreuzzug-Ablasses an alle ermutigt, die gegen die „Verschworenen", die Sienesen, Florentiner und die übrigen Glieder der tuszischen Ghibellinen-Liga kämpfen würden.[1]) Seitens der Sienesen war der Kampf schon im Frühsommer durch Angriffe auf Campiglia, dessen Herren, die Visconti, Parteigänger des Papstes waren, und auf Radicofani, den Zufluchtsort ihrer Guelfen, eingeleitet, trotz der Drohung Urbans, bei einem Angriff gegen Radicofani der gebannten Stadt das Bistum und allen Söhnen von Sienesen ihre geistlichen Ämter zu entziehen. Campiglia war am 29. Mai 1264 erobert worden.[2]) In der eigenen Grafschaft entzogen die Sienesen ihren Exilierten viele von deren Stützpunkten,[3]) aber der von hier aus geplante, lange verzögerte Vorstoß der Liga gegen Orvieto mißglückte gleich dem andern, von Süden her ins Werk gesetzten. Erst im September, nach der Unterwerfung Luccas, wurde der Zug in Florenz durch Graf Guido Novello vorbereitet;[4]) Urban muß die von Toskana her drohende Gefahr für weit ernster gehalten haben als die, der er kürzlich durch den Rückzug des königlichen Heeres entgangen war; Orvieto, wo er während zweier gefahrvoller Jahre residiert hatte, erschien ihm jetzt nicht mehr sicher genug. Er entfloh etwa gegen den 10. September[5]) aus der Stadt und verlegte den Sitz der Kurie nach Perugia, aber die unaufhörliche Spannung, die leidenschaftliche Erregung mochten an seinen Kräften gezehrt haben; kaum dort angekommen, starb der französische Papst,

---

[1]) Schreiben Urbans an Perugia 1264, 10. Juli, M. G. Epp. III, 616. — 17. Juli an den Kardinal Simon, jetzt Legaten in Frankreich, Martène II. col. 82. — 28. Juli an Karl von Anjou, Reg. Imp. 9468. — Vallicoloris Vita Urb. IV., l. c. 418. — Saba Malaspina, Murat. Ss. VIII, col. 810. — Versifikation des „Tesoro" des Brunetto Latini, D'Ancona in Atti dei Lincei Ser. IV. Vol. IV, p. 252.

[2]) Ann. Senens. M. G. Ss. XIX, 238. — Notae histor. Senens. ed. Cipolla, M. J. Oest. G., Ergänz.-Bd. II, 583.

[3]) Urkunden betr. Unterwerfung der Pannocchieschi von 1263, 7. September (SAS. — Caleffo Vecchio f. 438), 9. und 17. November (Riform.), 19. und 22. November (Cal. Vecchio f. 438, 438²), Unterwerfung der Grafen von Sarteano 1264, 17. September (Riform.).

[4]) Forsch. usw. II (S. Gimign.), Reg. 854.

[5]) Zuletzt ist er dort am 9. September nachweisbar, Potthast 19 017.

der sich durch eigene Klugheit den Weg aus Armut und Tiefe zum höchsten Gipfel der Macht gebahnt hatte, der eine Laufbahn von solcher Weite durchmessen hatte, wie sie nur die Kirche ihren Angehörigen zu eröffnen vermag, der aber, während er im Begriff stand, den Geschicken von Dynastien, Ländern und Völkern eine neue Wendung zu geben, in der Hauptstadt Umbriens als ein Flüchtling ins Grab sank. Eine viermonatliche Sedisvakanz folgte seinem Tode, dann wurde zu seinem Nachfolger ein Landsmann erhoben, der Urban an Klugheit und Willenskraft nicht nachstand und ihn an inbrünstigem Haß gegen den Staufer, an durchgreifender Rücksichtslosigkeit noch überbot. Clemens der Vierte war in St. Gilles am Rhone geboren; unter seinem bürgerlichen Namen Guido Le Gros hatte er hohen Ruhm als Advokat erworben, und der König von Frankreich hatte ihn zu seinem Rat gemacht; er war vermählt gewesen und hatte Töchter gehabt, von denen eine im Kloster lebte, eine nach kurzer Ehe gestorben war. Als Louis Le Gros seine Gattin verloren, war er in den geistlichen Stand getreten, und seine ungewöhnlichen Fähigkeiten führten ihn bald auf den bischöflichen Sitz von Le Puy, dann auf den erzbischöflichen von Narbonne. Urban IV. hatte ihn zum Kardinalbischof der Sabina erhoben und ihn als Legaten nach England gesandt; er gehörte erst etwa 2¼ Jahre dem heiligen Kollegium an, als er in seiner Abwesenheit zum Papst erwählt wurde. Da er von Frankreich, wo ihn auf der Rückkehr von jener Legation die Kunde der Wahl erreichte, nach Perugia, den Sitz der Kurie, auf nächstem Wege nur durch das von Manfred beherrschte Toskana gelangen konnte, schlich er sich, als Mönch verkleidet, nach Umbrien durch. Wir kennen ihn aus der Fülle seiner Briefe, in denen vielfach ganz persönliche Züge hervortreten, und wir kennen ihn, man möchte sagen, von Angesicht zu Angesicht. Denn ein früher und in seiner Größe einsamer Künstler, Pietro d'Oderisio, hat das Marmorbildnis geschaffen, das sein jetzt in San Francesco in Viterbo befindliches Grabmal schmückt; das Antlitz mit gradliniger, scharfer, feingezeichneter Nase und hervortretenden Backenknochen zeugt von vielen in Wachen, Fasten und Gebet verbrachten Stunden und wegen seiner Frömmigkeit haben ihn die Zeitgenossen hoch gepriesen; doch findet jeder in der Vereinigung mit seinem Gott nur die Bekräftigung des eigenen, innersten Wesens, und aus diesen spitzen Zügen spricht die Seele eines bösen zornigen Mannes, der viele wütende Leidenschaften gebändigt hat, um sich ganz mit einer einzigen zu erfüllen, der sich selbst bezwingen lernte, um herrschen zu können, der entschlossen war, durch Bäche von Tränen und Flüsse von Blut hindurchzuschreiten, um zu seinem Ziele zu gelangen.[1]) Für den Nachfolger des geflüchteten Papstes war es nicht

Clemens IV. Papst 1265, 5. Februar – 1268, 29. November.

[1]) Die Grabstatue, ein durchaus die Werke zeitgenössischer Kunst überragendes Werk, war 1274 bereits vollendet. — Über Clemens IV. vor der Papstwahl sind biographische Notizen bei Potthast S. 1542 und Reg. Imp. 9482a zusammengestellt. Dazu Salimb. p. 249 und Cod. Laurent. XXI. sin. 4, Santa Croce, Epitome Historiarum (saec. XIV incunt., im wesentlichen Auszug aus Ptolem. Lucensis Hist. Ecclesiastica, vgl. Forsch. usw. IV, 227 Anm. 1) über seine Reise nach Perugia in der Verkleidung als Mönch.

zweifelhaft, daß dieses die Niederwerfung, wenn nötig die Ausrottung des Staufergeschlechtes sein müsse; für den vormaligen Rat Ludwigs IX. verstand es sich von selbst, daß es in der Erhebung des französischen Prinzen an Stelle des gebannten Feindes aus schwäbischen Stamme zu bestehen habe.

Siena und Orvieto.

Der doppelte Mißerfolg Manfreds gegen die Kurie, die er in seine Gewalt zu bringen gehofft hatte, fügte seinem Ansehen tiefen Schaden zu. Siena bestimmte den Generalvikar Grafen Guido Novello im Spätherbst zu einem Vertrage, wonach die Ghibellinen-Liga jährlich gegen Orvieto zu Felde ziehen solle, und es führte den Kampf trotz einer dringenden, vom Kardinalskollegium in der Zeit der Sedisvakanz an die Stadt gerichteten Abmahnung weiter fort.[1] Dieser Fehde fehlte indes, seit der Sitz der Kirchenregierung nach Perugia verlegt war, die größere Bedeutung, und sie blieb selbst ohne ernstere lokale Wirkungen. Die Wendung in Manfreds Schicksalen machte sich auf verschiedenen Schauplätzen fühlbar; die aus Lucca vertriebenen florentiner Guelfen suchten, nachdem sie aus den Fehden der heimischen Landschaft verdrängt waren, an anderen Orten Gelegenheit zur Betätigung ihrer Kampflust. Ein Teil von ihnen mag sich an dem Kriege in der Mark Ankona beteiligt haben, wo die Gegner Manfreds unterlagen und der Graf von Panico, der einstige Podestà der verjagten florentiner Guelfen, wie der Markgraf von Valiano, ihr ehemaliger Parteigänger, in Gefangenschaft gerieten.[2] Der Hauptmenge der nach Bologna Übersiedelten war das Glück jedoch günstiger; in Modena kämpften die städtischen Parteien der Aigoni und der Grasulfi; die erstern hatten sich den Titel „Partei der Ergebenen der Kirche" beigelegt und gleich den Gegnern Kapitane an ihre Spitze gestellt, deren einer jener Jacopino Rangoni war, der Florenz zur Zeit des Unglückstages von Montaperti regiert hatte. Die Aigoni beschlossen im Bunde mit dem Podestà Modenas, einem der Monaldeschi aus Orvieto, die Austreibung der Grasulfi, der Anhänger Manfreds, um die Stadt zur Partei der päpstlichen Politik hinüberzuführen, und dieser beabsichtigte Handstreich bildete bereits einen Teil der Vorbereitungen zum Zuge Karls von Anjou, denn es kam darauf an, Stützpunkte für den Marsch des Heeres durch die Emilia zu gewinnen. Von Norden war die Hilfe des Grafen von San Bonifazio und die des Markgrafen Obizo von Este gewonnen, der sich „Kapitan und Verteidiger der Getreuen der Kirche" nannte und Ritterschaft und Fußtruppen von Ferrara und Mantua herbeiführte, von Süden hatte der Rangoni einen Teil der in Bologna befindlichen florentiner Guelfen, etwa zweihundert Ritter, geworben. Am 14. Dezember 1264 scheinen die

Die florentiner Guelfen in den Parteikämpfen von Modena und Reggio.

[1] Verträge zwischen Siena und dem General-Vikar Guido Novello 1264, 15. und 16. Oktober SAS. — Caleffo Vecchio f. 455[a], 458. — Schreiben des Kardinals-Kollegiums Reg. Imp. 9481.

[2] SAS. — Biccherna 38, f. 30 (1264 November): Eintreffen von Briefen betr. der „sconfitta Marchiae, quando captus fuit marchio de Valiano". — Über Gefangenschaft des Grafen Mainardo von Panico, Schreiben Clemens IV. vom 23. Februar 1265. M. G. Epp. III, 627.

Kämpfe in der Stadt begonnen zu haben, die, durch Verhandlungen unterbrochen, nach einer Woche mit der Verjagung der Grasulfi endeten. Dem Siege folgten Brand und Plünderung, die den florentiner Guelfen willkommene Gelegenheit zum Zugreifen boten; sie waren vor vier Jahren unter Zurücklassung ihrer Habe in die Verbannung gezogen, hatten lange verlustreiche Kämpfe geführt und zuletzt in Bologna in tiefster Armut gelebt; jetzt vermochten sie sich aus dem Raub am Gute der Vertriebenen und Getöteten wieder ansehnlich mit Pferden und Waffen auszustatten,[1]) und es begreift sich, daß sie begierig nach einer weitern, ähnlich nutzbringenden Gelegenheit zur Bewährung ihrer Gesinnungstüchtigkeit ausschauten. Bald genug bot sie sich dar; in Reggio haderten die de Sessa und de Foliano mit den Roberti um die Vorherrschaft; die letztern hielten es mit dem Papsttum, ihre Gegner mit Manfred. Die „Partei der Ergebenen der Kirche" war auch hier unter eigenen Kapitanen organisiert, und wie es die von Modena getan hatte, rief auch sie die florentiner Guelfen herbei; sie kamen in doppelter Zahl, etwa 400 Mann stark unter Führung des Forese degli Adimari, den sie durch Wahl an ihre Spitze gestellt hatten, und halfen die Parteigänger des staufischen Königs am 6. März 1265 aus der Stadt treiben. Noch die Söhne der an der Fehde von Reggio Beteiligten erzählten, wie ein riesenhafter Kämpe von der Partei der de Sessa, Caca mit Namen, vermittels einer eisernen Keule den Tod rings um sich säte, bis die Florentiner ein Dutzend der Ihren wählten, die sie „die zwölf Paladine" nannten, um den Caca zu erlegen, wie es endlich den Messern und Dolchen der nicht eben ritterlich in der Überzahl und von allen Seiten eindringenden „Paladine" gelang, den Starken zu bewältigen; sein Fall soll den bedrängten Genossen den Mut zu weiterem Widerstande genommen haben. War die Beute schon in Modena eine große gewesen, so war sie in Reggio noch glänzender, und abgesehen von dem Ruhm, in zwei wichtigen Städten den Umschwung zugunsten der Kirche mit erkämpft zu haben, brauchten die florentiner Verbannten jetzt nicht mehr den Schutz der Kommune Bologna als halbe Bettler anzuflehen; sie vermochten wieder als ritterliche Herren aufzutreten und hatten sich neben dem einen aus Mitleid gewährten Asyl durch die Schärfe ihrer Schwerter zwei weitere Zufluchtsstätten erkämpft;[2]) sie fühlten sich wieder als eine Macht,

[1]) Über die Organisation der Kirchenpartei in Modena, wie über den Titel des Obizo von Este s. das Schreiben Urbans IV. an Venedig und andere Städte vom 26. Februar 1264; M. G. Epp. III, 569. — Über die Kämpfe in Modena Ann. Parm. M. G. Ss. XVIII, 678. — Salimb. p. 242. Cronaca Tassoni, ed. Vischi. Monum. di Storia Patria per le Prov. Modenesi XV, p. 61 und Cronaca Morana, ebendort. — Villani VI, 87. Für ihn sind es allein die florentiner Guelfen, durch die die modeneser Stadtkämpfe entschieden werden. Er gibt ferner irrig das Jahr 1263 an, statt Ende 1264, ebenso für die Kämpfe in Reggio (s. unten), die im März 1265 stattfanden.

[2]) Über die Kämpfe in Reggio Salimb. p. 243. (Alberti Millioli Lib. de Temporibus, M. G. Ss. XXXI, 529.) — Vill. VI, 87 (s. auch Anm. 1).

Gesandtschaft der florentiner Guelfen an Clemens IV.

die bei den bevorstehenden Entscheidungskämpfen Bedeutung haben könne, und sandten an den neuen Papst Clemens eine feierliche Gesandtschaft, um sich zu weiterem Kampf für die Kirche und für die Sache des Grafen Karl von Anjou anzubieten. Clemens nahm ihre Boten mit der äußersten Zuvorkommenheit auf; er erklärte, daß er nach Kräften für die vertriebenen florentiner Guelfen sorgen werde, und verlieh der Partei zum Pfande besonderer Gunst sein eigenes Wappen als Abzeichen; es wies im weißen Felde einen roten Adler auf, der eine grüne Schlange in Krallen hielt.[1] Das Symbol war für alle Welt deutlich: der giftige Wurm, der zerfleischt werden sollte, stellte die Feinde der Kirche, stellte vor allem Manfred dar. Die Parte Guelfa hat ein halbes Jahrtausend bis zu ihrer späten Auflösung den königlichen Vogel und die Schlange als Erinnerung an Clemens IV. in ihrem Banner und Siegel geführt. Indem die Guelfen zu unbedingten Parteigängern des Papstes wurden, verschmolzen sich ihre Interessen mit denen der in vielen Städten bestehenden Organisationen der „der Kirche Ergebenen", zumal jetzt, wo sie selbst von lokalen, heimischen Verhältnissen gelöst waren; ihr Eingreifen in die Stadtkämpfe von Modena und Reggio hatte die am Arno entstandenen Parteinamen weit nach Norden getragen; bald übertönten diese alle zersplitterten lokalen Bezeichnungen, und es entwickelte sich etwas, was ein trauriger Ersatz und eine Karikatur nationaler Einheit, in Wahrheit der Ausdruck der tiefen Zerrissenheit des Landes war, die Einhelligkeit der Parteiinteressen von den Alpen bis nach Sizilien, derart, daß Siege und Niederlagen der einen Faktion, wo immer sie erkämpft oder erlitten sein mochten, von den Genossen in der Ferne als eine eigene Angelegenheit empfunden wurden. Der florentiner Guelfe sah in dem florentiner Ghibellinen nur den verhaßten Feind, nicht mehr den Landsmann, aber er erblickte in dem lombardischen oder süditalienischen Anhänger der Kirche den verbrüderten Parteigenossen.

Überfahrt Karls von Anjou.

Die Zeit war gekommen, in der fast jedes Gemeinwesen im ganzen Lande vor die Frage gestellt war, für welche Partei die Bürgerschaft Gut und Blut einsetzen wolle, und in der deshalb innerhalb eines jeden Mauerkreises die Entscheidung zwischen den Anhängern der einen und der andern Faktion zu mehr oder minder gewaltsamem Austrag gebracht werden mußte. Der Graf der Provence hatte sich gegen den 10. Mai 1265 in Marseille eingeschifft; er führte nur 500 Ritter, 1000 Schützen und Armbruster mit sich, aber es kam ihm alles darauf an, persönlich nach Rom zu gelangen, um die Eroberung des Königreiches aus der Nähe vorzubereiten. Er verließ sich auf das Glück und die Tüchtigkeit seiner französischen Vertrauten, die ihm die Masse des geworbenen Heeres zu Lande zuführen sollten, seiner „Rolande", wie ein fran-

[1] Vill. III. 2. — Die Guelfen-Partei hielt sein Andenken lebendig. Sie ließ etwa ein halbes Jahrhundert später in ihrem Palazzo von der Hand Giottos an die Wand ein Bild malen, das den christlichen Glauben symbolisierte; in dem, wohl figurenreichen, Gemälde war auch Clemens IV. dargestellt. Vasari, ed. Milanesi I, 376.

zösischer Poet der Zeit sang,[1] der Paladine des neuen Karl, den, wie der verwachsene Adam de la Hale dichtete, „Manfred dumm vor Stolz verlachte, und den er nicht einmal seines Zornes würdigte".[2])

Wenn die Trouvere daran erinnerten, daß der Graf von Provence den Namen dessen trug, der das römische Imperium erneuert hatte, so deuteten sie damit zugleich an, daß in ihm einige Tropfen vom Blute des großen Frankenkaisers flossen, denn seine Großmutter, die erste Gattin König Philipp Augusts, konnte ihren Stammbaum auf diesen zurückführen.[3]) Karl der Große galt dem Mittelalter als ein König nicht der Franken, sondern der Franzosen; der von seinem Namen ausgehende Glanz wurde von den geistlichen Patronen und Parteigängern des Angiovinen in dessen Interesse benutzt, und von dieser Zeit an wurden nicht sowohl verloschene Traditionen wieder belebt, als angebliche Überlieferungen künstlich erschaffen, um beispielsweise die interessierte Hingebung der florentiner Guelfen an die Angehörigen des französischen Königshauses durch den Anschein uralter Beziehungen der Arnostadt zum großen Karl zu adeln.[4]) Der mit dem Segen der Kirche herbeiziehende Eroberer hatte es dringend nötig, daß ihm auf kluge Art Sympathien geschaffen wurden, die seine Persönlichkeit nicht zu erwecken vermochte; seine Anhänger bewunderten den Grafen von Anjou in vielen Stücken, und sie fühlten schließlich ihr Schicksal unauflöslich mit dem seinen verknüpft, aber trotz einiger Tugenden, die ihm eigen waren, scheint ihn niemand geliebt zu haben. Er war kühn und unerschrocken, von gewaltigen Plänen erfüllt; brennender Ehrgeiz nagte an ihm, aber er überschätzte in starkem Maße seine Bedeutung und seine Fähigkeiten. Was er erreichte, war nur ein bescheidener Teil von dem, was er erträumte, denn dies scheint nichts Geringeres gewesen zu sein, als die Begründung einer französischen Weltmonarchie außerhalb Frankreichs, beruhend auf der Herrschaft über Italien, dem byzantinischen Reich und Nordafrika. In seiner Jugend erkundigte er sich einmal in Paris bei einem Lombarden über die Verhältnisse von dessen Heimat; als dieser ihm die Fruchtbarkeit, den Volksreichtum des blühenden Landes schilderte, rief er seufzend aus: Gäbe es nur einen wirklich tüchtigen, mutigen Mann, er würde sich die ganze Welt unterwerfen. Als man ihn später nach dem Siege über Manfred traurig fand, sagte er zu seiner Umgebung: Wie wollt ihr, daß ich froh sei? Einem tapfern Krieger kann der ganze Erdkreis nicht genügen.[5]) Da er zur Ausführung seiner nächsten wie seiner fernen Pläne der Hilfe der französischen und provenzalischen Großen bedurfte, ließ er ihnen freie Hand zum Erpressen, zur

[1]) Rustebeuf: vgl. Merkel, L'opinione dei contemporanei sull'impresa Italiana di Carlo I d'Angiò in Atti dei Lincei Ser. IV. Vol. 4, p. 281.

[2]) Ebend. p. 298.

[3]) Kampers, Die deutsche Kaiseridee in Prophetie und Sage, S. 91, 93.

[4]) Vgl. Forsch. usw. I, S. 25, Die Beziehungen Karls des Großen zu Florenz. — Gesch. v. Flor. I, 76 f.

[5]) Thomas Papiensis (sog. Tuscus) M. G. Ss. XXII, 524.

Aussaugung, und sie haben die Gelegenheiten ohne Rücksicht, ohne Scham benutzt. Er selbst kannte keine Regung der Milde, und seine Habsucht war grenzenlos; ein Künstler, der im Auftrage Karls ein Buch schmücken sollte, glaubte sich seine Gunst am besten zu erwerben, wenn er ihn einmal bei Tische darstellte, und ein anderes Mal wie der Schatzmeister ihm eine volle Börse überreichte;[1] er bedurfte unendlicher Mittel zu seinen Kämpfen, aber auch weil er den Freuden der Tafel stark ergeben war, weil er einen prunkvollen, zeremoniösen, höchst kostspieligen Hofhalt in Nachahmung und mit allen Ämtern, mit dem ganzen Troß des französischen liebte. Als er nach Italien kam, stand er im kräftigsten Mannesalter; er war von hoher Statur und in der Führung der Waffen wohl geübt. Sein gelbes, fast olivenfarbiges Gesicht wurde durch eine gewaltige Nase verunziert; Dante muß ihn, gleich dem Chronisten Giovanni Villani, der seine Persönlichkeit porträtgetreu schildert,[2] im Jahre 1284 in Florenz gesehen haben, und um ihn zu charakterisieren, nannte der Dichter ihn „den mit der männlichen Nase". Wenige konnten sich rühmen, ihn lachen oder lächeln gesehen zu haben; den Menestrels, den Giullari, Spielleuten, Sängern, Lustigmachern war er abhold, und der Dichtung brachte der Herrscher der liederreichen Provence nicht die geringste Neigung entgegen. In spätern Jahren hat er vielfach durch einen Juden, Magister Faracius, und durch einen Geistlichen Bücher aus dem Arabischen übersetzen und von zwei Florentinern, Saly und Bello, schön abschreiben lassen, aber es handelte sich dabei ausschließlich um medizinische Werke. Er ließ auch seine Taten in einer leider verlorenen Chronik aufzeichnen, aber diese geringfügigen Förderungen der Literatur entsprangen, wie so häufig bei Herrschern, nur dem nüchternsten praktischen Bedürfnis oder dem Wunsch, sich verherrlichen zu lassen.[3] Er schlief wenig und führte das Wort auf den Lippen: ruhend versäume man nur seine Lebenszeit. Den Freuden der Jagd war er, entgegen dem fürstlichen Brauch, abhold; als Richter war er mitleidlos, und Rachsucht war ein hervorstechender Zug seines Wesens; am Glauben hing er mit eifervoller Strenge, aber ohne jene Inbrunst und Demut, die über das Wesen seines heilig gesprochenen königlichen Bruders einen verklärenden Schimmer breitet; seine Hofleute mußten lange Predigten mitanhören, an denen er sich zu erbauen schien, in der Politik war er indes nur insofern ein ergebener Sohn der Kirche, als seine Ergebenheit ihm Vorteil brachte; er wünschte nicht das Werkzeug kurialer Interessen zu sein, sondern folgte seinen eigenen und ließ die Päpste fühlen,

---

[1] Durrieu. Un portrait de Charles I d'Anjou: Gazette Archéologique 1886. Der Kodex: Paris, Bibl. Nat. Lat. 6912.

[2] VII, 1. — Villani läßt ihn, als er nach Italien kam, 46 Jahre alt sein. Sternberg, Karl von Anjou, Graf der Provence, 247 f. weist ziemlich überzeugend nach, daß er 1226 geboren sei

[3] Über die Ausgaben für jene Übersetzungen und das Schreiben von Kodizes s. Minieri-Riccio, Dominazione Angioina p. 13. — Ders., Regno di Carlo I in Arch. Stor. Serie IV, tomo 3, p. 168, 170; tomo 4, p. 17, 170, 173, 183.

daß, wenn er der Kirche alles zu danken habe, er ihr selbst in noch höherem Maße unentbehrlich sei. Schon Innocenz IV. hatte zwölf Jahre, ehe Karl wirklich nach Italien kam, den Versuch gemacht, ihn gegen Manfred in Bewegung zu setzen,[1]) und Karl konnte stets darauf verweisen, daß er nur zögernd dem Drängen der Kurie nachgegeben habe. Man rühmte an ihm Strenge der Sitten — woran sich seine französischen Ritter und Beamten kein Muster nahmen —, aber seine eheliche Treue, die den Zeitgenossen ein staunenerweckendes Wunder schien, war die Tugend einer Persönlichkeit ohne Wärme des Blutes. Ihm mangelte durchaus jene kleine Dosis leichten Sinnes, die den ernsten Menschen von dem mürrischen unterscheidet, in ihm verkörperte sich Tüchtigkeit ohne alle Größe, Mut ohne Heldenhaftigkeit, und Klugheit ohne Überlegung höhern Grades. Seine unleugbaren Vorzüge und seine vielen Fehler machten in ihrer Gesamtheit aus ihm eine der unerfreulichsten Herrschererscheinungen seines Jahrhunderts; zum eigentlichen Tyrannen fehlte ihm nur die Phantasie, nicht die Grausamkeit, der er in manchen Fällen schrankenlos die Zügel ließ. Daß er es duldete, wenn Kinder, wenn Frauen zweck- und schuldlos gemartert und getötet wurden, daß er gelegentlich frommen Priestern das gleiche Schicksal bereiten ließ, gaben selbst seine Anhänger zu.[2])

Karl in Porto Venere.

Karl kam von Marseille glücklich bis in die Gegend des jetzigen Spezia, aber Sturm und Wellen zwangen seine, nur aus 20 größeren und kleineren Fahrzeugen bestehende Flotte am 15. Mai in Porto-Venere Zuflucht zu suchen. Es scheint, daß Manfred den Golf von Genua und das Meer an der toskanischen Küste in jener Schlaffheit, die des Staufers letzte Lebenszeit kennzeichnet, nur ganz mangelhaft durch seine Schiffe bewachen ließ; erst viel zu spät lief die königliche Flotte aus dem Hafen von Gaeta aus. Der französische Dichter hatte wohl recht; Manfred erblickte, von Stolz verblendet, in dem Grafen mit der geringen Schar seiner Begleiter keinen ernsthaften Gegner. Auch Porto-Venere wäre ein sehr gefährdeter Aufenthalt für den Prätendenten gewesen, wenn die Pisaner zu dieser Zeit mit vollem Eifer für die Sache Manfreds eingetreten wären; leicht hätte die Expedition dann in jener malerischen Felsenbucht ihr Ende finden können.

Pisa und Lucca.

Doch herrschte in Pisa Erbitterung wider den König und seinen Statthalter wegen der Erledigung der lucchesischen Angelegenheiten. Als sich Lucca unterwarf und die florentiner Guelfen aus seinen Mauern wies, glaubten die Pisaner, die ja allerdings im Kampf gegen die Nachbarn vorangestanden hatten, den Siegespreis zu ernten; sie sahen sich enttäuscht, denn Guido Novello ließ sich zwar alle zwischen den Nachbarstädten streitigen Burgen und Gebiete, soweit deren Eroberung den Pisanern nicht früher gelungen war, von den Lucchesen ausliefern, aber er war auf deren Bedingung eingegangen, sie nicht den feindlichen Nachbarn auszuliefern, sondern sie für Manfred zu übernehmen und sie an Florenz zur Überwachung zu

---

[1]) Schreiben des Innocenz, Assisi 1253, 11. Juli, Berger 7735.

[2]) Thomas Papiensis (sogen. Tuscus) M. G. Ss. XXII, 524.

übergeben. Diese Kastelle mit den zugehörigen Territorien umfaßten die ganze Versilia und einen Teil der Lunigiana, das Gebiet am Meeresufer zwischen dem Pisanischen und Genuesischen: Motrone, Pietrasanta, Castell'Aghinolfi (Montignoso) und Massa.[1]) Oddo Gualducci hatte sich in bitterer Beschwerde an den König gewandt; er hatte die Übergehung Pisas beim Abschluß mit Lucca für eine Verletzung der Verträge erklärt, auf denen die tuszische Ghibellinen-Liga beruhte, hatte von der Lauheit gesprochen, die infolgedessen in Pisa für die Sache Manfreds herrsche und ziemlich deutlich durchblicken lassen, daß bei solcher Stimmung ein Abfall vom König nicht eben außerhalb des Bereiches der Wahrscheinlichkeit liege.[2]) Die den Florentinern zur Hut übergebene Landschaft und die zu ihrer Behauptung dienende Burgenkette erstreckte sich bis in die Nachbarschaft jenes Porto-Venere, wo Karl von Anjou Zuflucht suchte. Als Graf Guido Novello von den Pisanern Hilfe verlangte, um die Seereise Karls nach Rom zu hindern, brach der Ingrimm der Bürgerschaft, der Zorn über die erlittene Zurücksetzung aus; sie schlossen dem Statthalter, durch den sie sich betrogen hielten, die Tore und forderten stürmisch in Waffen die Herausgabe Motrones und der anderen Versilia-Burgen. Guido sah sich gezwungen, ihnen den Willen zu tun, wodurch er allerdings seinen Vertrag mit Lucca brach; er ließ sich für das Abkommen von Pisa einen Preis von 28000 luccheser Librae zahlen, und es scheint, daß er für diese Summe zugleich die freiwillige Unterwerfung von Fucecchio, Santa Croce und Castelfranco am Arno unter die Oberhoheit von Pisa genehmigte. Doch über dem Feilschen war der Hauptzweck verloren gegangen, denn Karl von Anjou war inzwischen von Porto-Venere nach Ostia gesegelt und hatte seinen Einzug in Rom gehalten; als dann die Galeeren Manfreds an der Tibermündung eintrafen und diese absperrten, taten sie ihm keinen Schaden mehr. Das Zögern des Staufers, wie die Zerfahrenheit, die bei seinen Anhängern herrschte, sollten sich an ihm und an den Ghibellinen bitter rächen, und auch Pisa hat es schwer gebüßt, daß es den eigenen Vorteil des Augenblickes über den Sieg der Sache stellte, an die es sein Schicksal gekettet hatte.[3])

---

[1]) Die Nachricht ist nur in der Chron. Lucch. Flor. Nation.-Biblioth. Palat. 571 (zu 1265) überliefert, findet aber in späteren Vorgängen ihre Bestätigung.

[2]) Diese Bedeutung hat das undatierte, bei Winkelmann, Acta I, 590 gedruckte Schreiben, das nur aus dem dargelegten Zusammenhange heraus verständlich wird. — Über Verhandlungen Pisas mit dem Papst s. Schreiben des Clemens vom 2. März 1265, Martène II col. 106.

[3]) Die Haltung Pisas, die für das Gelingen der Reise Karls entscheidend war, ist nie in diesem Zusammenhange betrachtet worden. Die Materialien, auf die unsere Darstellung sich stützt, sind, außer dem Brief des Gualducci, das Breviarium Hist. Pis. Murat. Ss. VI, col. 195 und die eben erwähnte Luccheser Chronik (Pal. 571). Das im „Breviarium" angegebene Datum scheint aber nicht das des Abkommens mit Guido Novello, sondern nach der Pisaner Chronik des Luccheser Staats-Archivs (Cod. 54) das der Unterwerfung von Fucecchio usw. zu sein. — Vill. VII, 3 ist

Die Finanzoperationen der Kurie zugunsten Karls von Anjou.

Zwar war der Prätendent auf die sizilische Königskrone in Rom, aber die geringe Mannschaft, die er mitgebracht, bereitete dem in Perugia weilenden Papst eine schwere Enttäuschung, und die ewige Geldnot Karls, das ununterbrochene Drängen auf Gewährung neuer Mittel versetzten Clemens in fortwährenden Zorn gegen den Schützling, der die Kirche retten sollte, während er selbst machtlos und hilfsbedürftig schien. Längst waren jene Finanzoperationen im Gange, zu deren Durchführung die Hilfe der florentiner und sieneser Bankiers der Kurie so wichtig war; die Überfahrt hatte sicherlich erhebliche Summen gekostet, aber größere verschlang die Werbung des Landheeres, dessen Formation und Abmarsch sich immer weiter verzögerte. In Frankreich wurde überall das Kreuz gegen Manfred gepredigt; den heiligen Eifer für die Kirche oder die päpstliche Politik zu schüren und die finanziellen Operationen zu leiten, war die Aufgabe des als Legaten entsandten französischen Kardinals Simon de Brion oder de Montpince, und dieser Kirchenfürst, der nachmalige Papst Martin IV., entwickelte eine Tüchtigkeit in Geldgeschäften, die jeden Bankdirektor späterer Zeiten beschämen kann. In der fast lückenlos erhaltenen Korrespondenz des Clemens mit ihm ist fast ausschließlich von diesen Angelegenheiten die Rede; ihm zur Seite stand ein Mann, dessen Scharfsinn und juristische Fähigkeiten nur durch seine Rücksichtslosigkeit übertroffen wurden, der päpstliche Notar Benedikt Gaetani, den die Welt ein Menschenalter später unter dem Papstnamen Bonifaz VIII. kennen lernen sollte, und der jetzt als Sekretär des in Paris weilenden Kardinal-Legaten fungierte.[1]) Der kluge Graf der Provence hatte zur Bedingung seines Zuges gemacht, daß der Papst in Frankreich einen dreijährigen Zehnten auf alle Kirchengüter ausschreibe und ihm das Erträgnis zur Verfügung stelle; die Eroberung Siziliens wurde als Kreuzzug betrachtet, und Manfred, der Herr der Sarazenen von Lucera ward als Mohammedaner erklärt, nicht nur um den Haß gegen ihn zu mehren, sondern vor allem um diese Kreuzzugssteuern zugunsten des Anjou unter annehmbarem Vorwande erheben zu können. Zu Depositaren der Eingänge wurden die zum Gehorsam der Kurie übergetretenen sieneser, florentiner und daneben auch einige römische Bankiers gemacht. Allerdings waren sie nur der Form nach Depositare, denn was vom Zehnten einging, war längst zuvor verbraucht; die Gelder wurden von den Bankhäusern vorgeschossen,

wichtig durch den Bericht über die offene Auflehnung der Pisaner gegen den Vikar Manfreds, die der Einigung vorherging. Im übrigen läßt er Karl irrig Porto Pisano statt Porto-Venere anlaufen; natürlich hätte der Graf in keinem direkt feindlichen Hafen eine Zuflucht gesucht. Auch sind wir über diesen Punkt durch das undatierte Schreiben Clemens' IV. an drei Kardinale (Martène-Durand II, col. 130), ebenso wie über das Datum seines Erscheinens in Porto-Venere unterrichtet. — Die chronistischen Mitteilungen über die Überfahrt Karls sind Reg. Imp. 14246a zusammengestellt.

[1]) Finke, Aus den Tagen Bonifaz' VIII. S. 3. — Wenck, „War Bonifaz VIII. ein Ketzer?“ in Histor. Zeitschr. Bd. 94, S. 33.

und deren Angestellte reisten dann mit den beauftragten geistlichen Kollektoren im Lande umher, um den Zehnten zu erheben, oder, wo er von Prälaten und Klöstern nicht gezahlt werden konnte, diesen gegen ausreichende Sicherheit hochverzinsliche Vorschüsse zu gewähren; so wurde natürlich doppelter Gewinn, sowohl durch die Darlehen an den Kronprätendenten, wie durch die an Erzbischöfe, Bischöfe und Äbte erzielt. Es scheint, daß die vorsichtigen Florentiner in diese Finanzgeschäfte erst eintraten, als sie sich versichert hatten, daß der Zug des Grafen nach Italien wirklich zustande kommen werde, denn im April 1265 meldete Clemens seinem Legaten aus Perugia als ein Novum, daß er neben den Darlehen der sieneser Kaufleute jetzt auch ein solches von florentiner erhalten habe.[1]) Die damals beschafften Mittel, die das Haus der Cerchi hergab, waren erforderlich, damit der französische Prosenator Karls sich bis zu dessen Ankunft in Rom behaupten könne; gleichzeitig aber borgten die della Scala dem Grafen der Provence in Frankreich Geld zur Ausrüstung seiner Seefahrt.[2]) Es war mit seinem Kredit so übel bestellt, das es gelegentlich dringender Bitten des Papstes bedurfte, um die Bankiers zur Hergabe größerer Summen zu bewegen;[3]) öfter wurden die Darlehen von Konsortien abgeschlossen, die sich aus sieneser und florentiner Firmen zusammensetzten.[4]) Nach seinem Eintreffen am Tiber gewährten römische Bankiers dem Anjou einen Vorschuß von hunderttausend provenzalischen Librae, wovon ein großer Betrag gleich als Wucherzins abgezogen wurde; der Papst mußte zur Sicherung der Schuld viele stadtrömische Kirchengüter verpfänden; florentiner Bankiers waren auch an dieser Transaktion beteiligt.[5]) Clemens sah sich schließlich, als die Geldleute immer schwieriger wurden, genötigt, ihnen sogar die Gold- und Silbergefäße, die mit Edelsteinen geschmückten Prunkstücke des päpstlichen Schatzes in Pfand zu geben.[6]) Einmal klagte der Papst, es sei der Kurie fast unmöglich, Barmittel aufzutreiben; den Bankiers gingen ihre Außenstände von den Engländern und Deutschen nicht ein — er vergaß hinzuzufügen, daß dies die Nachwirkung des früheren Verbotes war, die Schulden an sie zurückzuzahlen —, der Handel stocke wegen der Unsicherheit der Wege zu Land und zu Meer, und man zweifle an seiner eigenen Fähigkeit, den übernommenen

[1]) Schreiben vom 28. April 1265, Martène-Durand II, col. 127.

[2]) De Blasiis, „La dimora di Boccaccio a Napoli", Arch. Stor. Napol. XVII. p. 73, n. 3 aus Reg. Angiov. 40, f. 6. — 1266, 2. Dezember, Del Giudice, Cod. Diplom. I, 216.

[3]) Clemens IV. an Kardinal Simon 1265, 3. Juni, Martène, l. c. col. 139.

[4]) Desgl. 1265, 23. Juli, col. 168.

[5]) Dies ergibt sich aus Forsch. usw. III. Regest 64. Erweiterung und (bezüglich der Summe) Berichtigung bei Schneider, Zur älteren päpstlichen Finanzgeschichte in „Quellen u. Forsch. aus italienischen Archiven und Bibliotheken" IX, 23, Anm. 3. — Päpstliche Schreiben an Kardinal Simon 1265, 5. und 23. August. L. c. col. 180, 189.

[6]) Gottlob, Päpstliche Kreuzzugs-Steuern, S. 92.

Verpflichtungen zu den vereinbarten Terminen gerecht zu werden.[1]) Bei anderer Gelegenheit beschwor er den Legaten in Frankreich, Geld zu beschaffen, denn wenn dies nicht gelänge, stürze Karl von Anjou, „das ganze Unternehmen geht zugrunde, und wir fallen mit ihm".[2]) Er drang in den König von Frankreich, wenn dieser selbst kein Geld habe, um es dem Bruder zu geben, so möge er solches von sieneser Geldleuten erborgen; Ludwigs Brust sei ja nicht von Stein, und er möge Mitleid walten lassen, damit Karl nicht gezwungen werde, unverrichteter Sache aus Italien heimzukehren.[3]) Der Graf der Provence aber hielt es selbst in dieser gefährdeten Lage nicht für erforderlich, sich einzuschränken; er zog die letzten Konsequenzen aus der Erkenntnis, daß die Regierung der Kirche alles auf die Karte seines Geschickes gesetzt habe, und fuhr fort, Clemens mit seinen Ansprüchen zu bedrängen. In der äußersten Not schrieb ihm dieser: er besitze weder Berge von Geld, noch Flüsse von Gold; auch Wunder könne er nicht wirken, nicht Erde oder Steine in Edelmetall wandeln, und so vermöge er ihm keine Unterstützung mehr zu gewähren. Ein anderes Mal teilte er ihm mit, auf die sieneser Kaufleute wirke er, soviel er könne, durch Schrecken und Drohungen, damit sie Geld hergäben.[4]) Karl verbrauchte, noch ehe das Landheer eingetroffen war, täglich 1000—1200 turoneser Pfund, etwa 28000 bis 33600 Lire modernen Münzwertes, wobei allerdings manche Ausgaben für Rüstungen in Rom und für Bestechungen in der Lombardei, um den Durchzug zu ermöglichen, mit inbegriffen waren.[5]) Alle finanziellen Hoffnungen des Papstes waren auf Frankreich gerichtet, denn in England hatte man genug an den Folgen der früheren Ausbeutung zu tragen, in Deutschland aber wollte niemand Geld für den Kampf gegen Manfred hergeben. Italien, wie der Papst sich ausdrückte, suchte ihn auszumelken, und wenn er sich bemühte, die für die Kirche usurpierten Reichsrechte in den Gebieten, die sich zu seiner Partei hielten, als Grundlage von Geldbeschaffungen zu benützen, drohte man sofort mit doppelsinnigen Worten, daß man ihm den Rücken kehren werde.[6]) Der König von Frankreich seinerseits war wegen provenzalischer Grenzstreitigkeiten in Zorn gegen den Bruder. In so prekärer Lage befindliche und so unerschöpflich geldbedürftige Klienten zu haben, war für die sieneser, florentiner und römischen Bankiers zweifellos ein riskantes Geschäft, aber es konnte zugleich ein glänzendes werden, wenn die Angelegenheiten der erlauchten Schuldner zu einem günstigen Ende kamen, denn diese mußten sich in der Zeit der Not alle Bedingungen gefallen lassen; auch

---

[1]) Schreiben an Kardinal Simon vom 18. Mai 1265. L. c. col. 132.

[2]) 1265, 5. August, col. 178

[3]) 1265, 17. November. Del Giudice. Cod. Diplom. I, 74.

[4]) Undatierte Schreiben an Karl; Mart II. 273, 274.

[5]) Schreiben an Kardinal Simon 1265, 5. August. Mart. II. col. 178; 19. Oktober (an denselben), col. 214.

[6]) Schreiben an Karl, 1265, 1. August, col. 173.

gab es eine Fülle von Nebengewinnen und von Vorteilen, die sich mit der finanziellen Tätigkeit für den Grafen von Anjou und dessen päpstlichen Schützer verknüpften; die Geldübertragung wirkte stark auf die Schwankungen der französischen Valuten, von denen hauptsächlich die Livres de Provins oder, wie man sie in Italien nannte, die „Provesini", und die Münzen von Tours in Betracht kamen. Der „König" — so nannten die Kaufleute Karl bereits untereinander in ihrer Korrespondenz — verfügte über die Vorschüsse der Bankiers in der Art, daß er Wechsel auf sie, zahlbar auf den Champagner Messen, abgeben ließ und den Erlös in Wechseln auf Rom oder lombardische Städte empfing. Die Kenntnis solcher Transaktionen wurde von den italienischen Häusern sofort an ihre Sozien in Frankreich übermittelt, die ihre spekulativen Valuta-Operationen danach einrichteten; anderseits nahmen die „Kreuzfahrer", die unter den Fahnen Karls nach Italien zogen, das Handgeld der Werbung und den vorgeschossenen Sold, manche wohl auch einen Teil der eigenen Habe, in Münzen von Tours oder in Anweisungen mit sich, die auf Turnosen gestellt waren; an dem Verkauf dieser Akkreditive auf italienische Häuser müssen die in Frankreich tätigen Bankgesellschaften Gewinne erzielt haben, während daheim wieder an der Umrechnung und Umwechslung der Turnosen in landesübliche Münze verdient wurde; anderseits basierten die Kaufleute ihre Berechnungen für Finanzgeschäft und Wareneinkauf zum Export von Frankreich nach Italien auf die sichere Voraussicht der infolge dieser ungewohnten Wertübertragungen in Italien bevorstehenden Valuta-Baisse der Livres von Tours.[1]) Ein weiterer Vorteil indirekter Art, der seine eigentliche und große Bedeutung in den folgenden Jahren erlangen sollte, bestand in den Schutzbriefen, die Karl sieneser und florentiner Kaufleuten, die sich zur Partei der Guelfen hielten, schon von der Zeit an, wo er sich noch ziemlich hilflos in Rom befand, für den Handelsbetrieb in den von ihm beherrschten provenzalischen und den künftig zu erobernden süditalienischen Gebieten gewährte. Für die Ausbreitung des florentiner Warenhandels in Süditalien sollten die zunächst immer nur auf einjährigen Widerruf erteilten Privilegien die größte Bedeutung gewinnen, und diese Erweiterung des Absatzgebietes hat nachmals zu dem gewaltigen Aufschwung der Industrie der Arnostadt ein Erhebliches beigetragen.[2])

---

[1]) Lettere volgari, ed. Paoli e Piccolomini p. 49—85. Schreiben des Vertreters des sieneser Hauses Tolomei aus Troyes, 1265, 29. November in die Heimat.

[2]) Der erste dieser Saufconduits für Sienesen vom 22. Juli, für Florentiner vom 5. August 1265. Minieri-Riccio, Cod. Diplom. 1, 37. Künftig werden sich diese Urkunden, wie alle, die auf die Beziehungen Karls mit Toskana Bezug haben, in dem unter Ägide der Deputaz. di Storia Patria per la Toscana von Terlizzi herausgegebenen Codice Diplomatico delle Relazioni di Carlo I con la Toscana vereinigt finden, dessen im Druck fertig gestellter Teil Dank der Freundlichkeit des Prof. Terlizzi und des Sekretärs der Deputation, Prof. Alberto del Vecchio, hier benutzt werden konnte. Er wird in diesen Anmerkungen als „Terlizzi" mit darauf folgender

Die neue Ghibellinen-Liga.

Manfred ging gegen den geldbedürftigen Prätendenten, den er so völlig unterschätzte, mit verhängnisvollem Zögern vor; er ließ durch seinen Vikar die tuszische Ghibellinen-Liga erneuern, aber dies konnte erst geschehen als Pisa, durch dessen Verstimmung und zweideutige Haltung sie gesprengt zu werden drohte, vermittels jenes Abkommens mit Guido Novello wieder an die Sache des Staufers gefesselt war. Der neue Abschluß der Liga erfolgte am 23. Mai 1265 in Pisa zu wechselseitiger Hilfe gegen die Guelfen jeder einzelnen Kommune und zur Behauptung der Volksherrschaft in Pisa, Siena und Pistoia, da in diesen drei Städten der Popolo die festeste Stütze der Ghibellinen war. Für die andern Bundesmitglieder, zumal für Florenz, doch auch für Prato, Volterra, Colle, Poggibonsi und San Miniato wurde die Aufrechterhaltung der Herrschaft der Parte Ghibellina durch die Liga garantiert, so daß in allen verbündeten Kommunen das gegenwärtig herrschende Regiment unter wechselseitigen Schutz gestellt wurde; für Florenz und jene kleineren Städte bezog sich diese Garantie mithin auch auf die Behinderung jeden Versuches einer Popularbewegung. Der innere Widerspruch, daß drei volkstümlich regierte Städte sich zur Unterdrückung jeder volkstümlichen Bewegung in sieben anderen anheischig machten, nahm dem neu zusammengeschweißten Bunde vorweg die innere Einheit. Pistoia scheint ihm überdies nur zögernd beigetreten zu sein, und Lucca, die nach so vielen Kämpfen widerstrebend für Manfred gewonnene Kommune, hielt sich grollend fern, nachdem Guido Novello die eben erst geschlossenen Verträge gebrochen hatte. Die fünfhundert deutschen Ritter, die man in Sold nahm oder in Sold behielt, und von denen Florenz 150, Pisa und Siena je 125 zu bezahlen hatte, waren eine in Betracht der drohenden Kämpfe fast lächerlich geringe Macht, doch scheint es dem Vikar nicht gelungen zu sein, die Bürgerschaften zu größeren Leistungen zu bestimmen. Jeder Teil dachte nach übler italienischer Sitte an den kleinen und nächsten Vorteil, und in kurzsichtiger Klugheit setzte man den großen und vernichtenden Geschicken kaum einen rechten Versuch des Widerstandes entgegen.[1])

Pisa und Lucca.

Ein weiteres Moment der Schwäche bestand darin, daß Pisa, um seinen Seehandel für alle Eventualitäten nach Möglichkeit zu sichern, sich dadurch eine Anknüpfung mit Karl von Anjou offen hielt, daß es sich die Beobachtung der bestehenden Verträge mit der römischen Kirche als der Lehnsherrin des südlichen Königreiches ausdrücklich vorbehielt. Die Pisaner trieben ein vermeintlich schlaues Spiel, das indes zuletzt nur die Folge hatte, sie allen verdächtig und allen verhaßt zu machen; sie traten noch in demselben Jahre, in dem sie den

---

Nummer der Urkunde zitiert werden. Aus den Jahren 1265 und 1266 sind nur vier solcher Schutzbriefe (Terlizzi 4, 5, 8, 9) erhalten; von 1268 dagegen neun derselben (Terlizzi 64—66, 68, 73, 76—78, 108).

[1]) Der Vertrag vom 23. Mai 1265 ist bei Lami, Mon. I. 467 gedruckt; Pistoia und San Miniato waren bei dem Abschluß nicht vertreten, doch rechnete man auf ihren Beitritt, der seitens des letztern drei Tage später erfolgte. Der Vertreter Sienas war nicht anwesend, doch war er schon am 14. Mai ernannt worden (SAS. — Riform. Gedruckt l. c. p. 465, mit dem irrigen Datum des 10. Mai).

Vertrag des Ghibellinenbundes erneuert hatten, mit Clemens und mit Karl von Anjou in Verhandlung, der zu diesem Zweck einen Ritter Tankred als Gesandten zu ihnen schickte.[1]) Der Parteiwechsel kam nicht zustande, aber auf eine ernsthafte Unterstützung Manfreds war von seiten solcher zweifelhaften Anhänger nicht zu rechnen. Zugleich verhandelten der Papst und der Graf der Provence mit Lucca, das Oberhaupt der Kirche in der ausdrücklichen Nebenabsicht, dadurch in Toskana Schrecken und bei den Guelfen Hoffnungen zu erregen, wodurch er glaubte, eher zu Darlehen gelangen zu können.[2]) Auch mit Lucca kam es indes zu keinem Abschluß, da die Kommune es nicht wagte, sich nach so üblen Erfahrungen wieder den Angriffen der toskanischen Ghibellinenstädte auszusetzen. Das besondere Interesse des Clemens und seines Schützlings an Pisa und Lucca aber beruhte hauptsächlich darauf, die Verbindung zu See und Land nach Rom für die französischen Truppenzüge freizuhalten.

Manifest und Kämpfe Manfreds.

In den Tagen, in denen in Toskana die Liga zu Ehren Manfreds erneuert wurde, erließ dieser ein großsprecherisches Manifest an die Römer, in dem er die Absicht ausdrückte, sich gegen den Willen der Kirche die Kaiserkrone aufs Haupt zu setzen, und in dem er seine Überlegenheit an Mannschaft und Schätzen nicht nur gegenüber dem Grafen der Provence, sondern auch im Vergleich mit fast allen Fürsten des Abendlandes prahlerisch hervorhob.[3]) Er erwartete, daß die Römer ihm zujubeln würden, und gedachte von Süden gegen die Tiberstadt vorzurücken, während sein Schwager Guido Novello von Norden das Heer der tuszischen Ghibellinenstädte heranführen sollte. So wollte er den Grafen der Provence, den Friedensbrecher, den Fremdling ohne Geld und Truppen, nach seinen Worten „in Italiens Mitte durch italische Waffen demütigen".[4]) Dem toskanischen Schwager, der noch fester als er selbst an die in den Sternen gelesene Zukunftskunde glaubte, teilte er mit, „der Sieg sei ihm mit Sicherheit verheißen" und dabei handelte es sich vermutlich um einen prophetischen Vers, den die Guelfen für eine Teufelserfindung hielten und den wir aus einer florentiner Aufzeichnung kennen. Er besagte: „Karl werde aus Rom davonstürzen und die Welt werde die siegreichen Zeichen des Adlers anbeten."[5])

Ob die Voraussage vom Teufel oder einem schmeichlerischen Astrologen stammte, sie war ebenso töricht wie die großen Worte des Königs, denen keine Taten Nachdruck verliehen. Manfred suchte gegen Rom vorzudringen, doch dessen

---

[1]) Schreiben Clemens' IV. an Karl; 1265, 7. Dezember (Martène II, col. 249).

[2]) Desgl. vom 23. Dezember; col. 253. Viele Jahrhunderte später hätte man das Vorgehen des Papstes als ein Börsenmanöver zur Lanzierung einer Anleihe bezeichnet.

[3]) Foggia 1265, 24. Mai. Reg. Imp. 4760.

[4]) Schreiben an Pisa (undatiert), ebendort 4761. — Schreiben an Guido Novello, 1265, 7. Juni; Boehmer, Acta selecta ed. Ficker p. 684.

[5]) Cod. Laur. — Santa Croce XX, sin. 9. f. 104^{a} und 106. An ersterer Stelle ist die Prophezeiung als „Versus dyaboli contra Manfredum" bezeichnet; sie lautet:

Karolus Urbe ruet, ipso non presule digno.
Mundus adorabit aquile victricia signa.

Bürger waren weit davon entfernt, ihm die Tore zu öffnen. Kleine Orte, wie Arsoli und Tivoli, hielten seinen Marsch auf, und wie er im vorigen Jahre umgekehrt war, so brach er auch dieses Unternehmen im August ab. In Toskana gelang es Clemens, den Bischof von Arezzo zur Aufgabe jeder Verbindung mit dem Grafen Guido Novello und dessen König, zum erneuten offenen Parteiwechsel zu bestimmen. Am Sitze des Papstes wurde ein Vertrag abgeschlossen, durch den Guglielmino degli Ubertini, der ewig Verräterische, gegen hohes Gehalt als Kapitan an die Spitze der die Heimat bekämpfenden sieneser Guelfenpartei trat.[1] Da ihm auch die neuen Genossen berechtigterweise wenig Vertrauen gewährten, hatte ihn der Papst durch Zwang oder Überredung zu bestimmen gewußt, die wichtigen aretiner Bischofsburgen des obern Arnotales den Bolognesen und den florentiner Guelfen gemeinsam zugleich zur Bewachung, als Stützpunkt ihrer Kämpfe, und als Pfand zu übergeben.[2] Die Lage in Toskana war dadurch völlig verändert. Vor kurzem schienen Manfred und sein Generalvikar unbestrittene Herren der Landschaft zu sein, an deren äußerstem Rande sich nur die sieneser Guelfen noch mühsam behaupteten, jetzt aber trotzte Lucca von neuem, Pisa verhielt sich zweifelhaft, in Arezzo wagte die Bürgerschaft keine offene Auflehnung, aber sie war auch der Liga nicht beigetreten, und der Bischof stand auf der Seite Karls von Anjou. Am obern Arno bildete sich eine Anzahl kleiner Herde des Kampfes gegen das ghibellinische Florenz, wozu Bologna, das zu diesen Gegenden von der Romagna her über den Apennin Zugang hatte, seine Unterstützung lieh.[3]

Parteiwechsel des Bischofs von Arezzo.

Zug gegen Orvieto, Sommer 1265.

Im Juli wurde, wohl vorwiegend auf Sienas Betreiben, ein erneuter Zug gegen Orvieto unternommen, das als guelfische Vormauer Roms galt; außerdem wurde mit dieser Expedition ein Verwüstungszug gegen das Patrimonium Petri verknüpft, und man hoffte, wenn die umbrische Stadt überwunden sei, bis Rom vorzudringen.[4] Doch in Wirklichkeit bestand Orvieto vermittels einer starken Söldnerschar und der Hilfe Perugias den Angriff siegreich. Das Heer der tuszischen Ghibellinen-Liga und der Sienesen unter Führung des Grafen Guido Novello nahm den Orvietanern im August einige Burgen fort, darunter die der Badia San Salvadore del Montamiata, und lagerte etliche Tage vergeblich vor Radicofani und vor Chianciano, das zweifellos von den sieneser und anderen tuszischen Guelfen verteidigt wurde. Vor Chianciano aber traf plötzlich die Nachricht ein, daß Karl von Anjou, der durch den Rückmarsch Manfreds freie Hand erhalten hatte, den Orvietanern tausend oder gar

[1]) Befehl Clemens' IV. an den Bischof, die Verbindung zu lösen und sich den sieneser Guelfen zuzuwenden, vom 22. Juni 1265; Abschluß des Vertrages mit den letztern, bei dem florentiner Guelfen mitwirkten, 2. Juli. (SAS. — Riform. — Gedruckt Freidhof, Metzer Lyceums-Programm 1880, S. 38, 39, 41. Dazu S. 37. — Schreiben des Papstes an den Bischof 1265, 6. August Martène II. col. 180.)

[2]) Chron. Lucch. der Florent. National-Biblioth. Palat. 571 zu 1265.

[3]) Vgl. Forsch. usw. II (S. Gimign.), Reg. 869.

[4]) Schreiben des Papstes an den Kardinal-Legaten Simon 1265, 5. August; Martène II, col. 178.

zweitausend Ritter zu Hilfe geschickt habe, worauf das Ghibellinenheer sich zu nächtlicher Stunde eilig, als sei es bereits besiegt, davon machte. Die Orvietaner konnten die verlorenen Burgen wieder besetzen und rückten ins Gebiet Sienas ein, sengten die Häuser der Landschaft nieder und verwüsteten deren Äcker bis etwa zwölf Kilometer vor den Mauern der Stadt.[1]) Als die Mannschaft der Sienesen ihnen entgegentreten wollte, erlitt sie bei Montepulciano eine Niederlage und verlor sechs Fahnen sowie zahlreiche Gefangene;[2]) die Folge war, daß Sarteano, dessen Grafen vor kurzem den Sienesen geschworen hatten, sich jetzt Orvieto unterwarf,[3]) und daß die Pannocchieschi sowie Inghiramo und Paganello della Pietra, die Siena vor zwei Jahren seiner Macht unterworfen hatte, sich mit den Guelfen von Florenz und anderen Widersachern Manfreds verschworen, Massa Marittima in Aufruhr setzten, und von dort aus die Grafschaft Siena angriffen.[4]) Tuszien war wieder in voller Bewegung, wieder von wilden Parteikämpfen erfüllt. Die an Feigheit grenzende Untüchtigkeit der Ghibellinen, die Energielosigkeit Manfreds, brachte überall die auf Furcht und auf den Glauben an seine Macht beruhende, ohnehin nicht allzufeste Treue ins Wanken. Im Oktober 1265 weilte Guido Novello in Arezzo und er berief ein Parlament der Liga nach Figline, auf dem über die „Zerschmetterung der frechen Rebellen königlicher Majestät"[5]) Beschlüsse gefaßt werden sollten; er plante einen Angriff gegen die von den florentiner Guelfen mit Hilfe der Bolognesen besetzten aretiner Bischofsburgen, doch vergingen Monate, ehe dieser wirklich unternommen wurde. Dagegen zwang der Graf die Städte, Bürger von verdächtiger Gesinnung ins Zwangsdomizil außerhalb der heimischen Mauern, oder außerhalb des Gebietes zu schicken,[6]) da die Erregung innerhalb der Kommunen offenbar stark um sich griff und die Propaganda für Karl und gegen Manfred überall an Boden gewann. Der Papst schürte das Feuer, soviel er vermochte; er reorganisierte in Toskana die Inquisition, die er den Franziskanern übertrug und die natürlich nicht nur im Interesse der Glaubensreinheit, sondern jetzt vor allem zugunsten seiner politischen Zwecke arbeitete. Zwar mußte sie auf die Hilfe des weltlichen Armes verzichten, aber auch mit den Mitteln des Gewissensschreckens, der Jenseitsfurcht und der Angst vor späterer diesseitiger Strafe werden die Brüder in der Minoritenkutte vielerlei Wirkung erzielt haben. Die Ernennung der Inquisitoren wurde dem Provinzialminister Toskanas übertragen, der in Florenz, in Santa

Ghibellinen-Parlament in Figline.

Konfinationen Verdächtiger.

Kirchliche Agitation.

[1]) Schreiben des Clemens an den Kardinal Ottobuono Fieschi 1265, 25. August. Martène II. col. 190. — Dazu Ann. Urbevetani M. G. Ss. XIX, 270 und Chron. Urbevetana (s. unten.) — Andrea Dei, Murat. Ss. XV, col. 34 zu 1265.

[2]) Dies meldet die Chronica Urbevetana ed. Gamurrini, Arch. Stor. Ser. 5. tomo 3, p. 18, die über den ganzen Feldzug sehr gute Nachrichten enthält. Montepulciano war auf seiten der Sienesen an der Niederlage beteiligt.

[3]) 28. August und 7. September 1265; Fumi, Cod. Diplom. 250.

[4]) Aufforderung Sienas an Massa, die genannten Pannocchieschi nicht aufzunehmen, vom 27. Oktober 1265. SAS. — Riform. — Vgl. dazu S. 557 Anm. 3.

[5]) Forsch. usw. II, 869. — [6]) Ebendort 873.

Croce seinen Sitz hatte, und dadurch wurde dieser zum mittelbaren Leiter der Inquisition in den weiten Gebieten seiner Ordensprovinz, die sich von den Grenzen des Genuesischen bis zu denen der Romagna, und vom bologneser Apennin bis zu den Grenzen des Kirchenstaates erstreckte. Clemens bestimmte, daß künftig auch auf Grund geheimer Zeugenaussagen gegen Irrgläubige vorgegangen werden könne, und jeder Anhänger des gebannten Staufers war ein Irrgläubiger; diese geheime Instruktion der Prozesse hat das an sich entsetzliche Glaubensgericht für alle Zeiten mit einem Nimbus düstern Schreckens umgeben. Auch sollte fortan jeder, der sich den Maßnahmen der Franziskaner-Inquisitoren in irgend einer Art widersetzte, als Begünstiger der Häretiker gelten und den entsprechenden Strafen verfallen.[1]) Die Dominikaner scheinen in dieser kritischen Zeit für nicht ganz so zuverlässig gegolten zu haben, wie die von der Liebeslehre ihres Meisters abgewichenen Jünger des Poverello d'Assisi; es erschien notwendig, den Predigerbrüdern der römischen Ordensprovinz (zu der Florenz gehörte) auf dem in Anagni abgehaltenen Kapitel von 1265 vorzuschreiben, daß sie sich bei schwerer Strafe der Einmischung in Stadt-, Kriegs- und Parteiangelegenheiten zu enthalten hätten. Im Jahre zuvor war beschlossen worden, daß „zu besserer Bewahrung der Herzensreinheit" in näher bezeichneten Klöstern, darunter in denen von Pisa, Siena, Rom, Orvieto und in Santa Maria Novella in Florenz „gute und feste Gefängnisse" einzurichten seien.[2]) Eine Parteinahme für den Grafen der Provence befleckte im Sinne der Dominikaner-Obern die Herzensreinheit der Brüder natürlich nicht; sie wurde ihnen vielmehr zur Pflicht gemacht, und in spätern Provinzial-Kapiteln ward ihnen ausdrücklich vorgeschrieben, nur Gutes „vom Herrn König Karl" zu sprechen, auch „vom Herrn Papst und den Herren Kardinälen nur gut und ehrlich zu reden und die Ausschreitungen der Kirche und des Herrn Königs, soviel sie könnten, zu empfehlen und zu entschuldigen."[3]) In dem interdizierten Florenz suchte man gegen die besondern Anhänger Manfreds durch scharfes kirchliches Vorgehen Erregung zu schaffen und nicht nur gegen die lebenden, sondern selbst gegen den hauptsächlichsten der toten. Papst Clemens erneuerte am 2. April 1265 die von seinem Vorgänger gegen sieben der führenden Ghibellinen geschleuderte Exkommunikation; unter ihnen befand sich ein Scolari, der Apotheker Omodeo, und neben einem lebenden Uberti auch der verstorbene Manente-Farinata, sowie dessen Söhne und Enkel; wenn die Gebannten nicht bis zum 1. Juli von Manfred ließen, sollten ihre Nachkommen

Päpstliche Verfluchung des toten Farinata degli Uberti.

[1]) Anordnungen des Papstes vom 23. Oktober 1265 betreffs der Inquisition in den Städten und Diözesen Pisa, Luni, Lucca, Pistoia, Florenz, Fiesole, Arezzo, Chiusi, Siena, Volterra, Grosseto, Massa. — Notar. Abschrift von 1355 inseriert in das Florentiner Statut von wahrscheinlich 1355. Florentiner Nat.-Biblioth. P. I. 269 (alte Signatur: XXIX. 108), f. 126. — Dazu Schreiben vom 27. Oktober und 3. November. Sbaralea III. 45. 48.

[2]) Douais. Acta Capitulorum Provincialium p. 521. 518.

[3]) Kapitel von 1267 und 68; ebendort p. 525.

für alle Zeit unfähig erklärt werden, geistliche Benefizien zu empfangen.[1]) Wenige Wochen, nachdem der Papst den Schatten des Farinata durch seinen Fluch von neuem in die Hölle gebannt, wurde einige hundert Schritt von seinem beim Dom von Santa Reparata gelegenen Grabe der Dichter geboren, der ihm ein Menschenalter später in dem düstern Schattenreiche begegnen und ihn der Nachwelt schildern sollte, wie er mit breiter Brust, mit finsterer Stirn, die Strafen des schmerzensreichen Bezirkes ertrug und verachtete, als einer, der im Diesseits weder an Paradieseswonnen, noch an die Qualen der Tiefe geglaubt, sondern im Handeln und Leiden als ein männlicher Mann, im Bewußtsein des eigenen Wertes und im Zweifel an diesem, seinen Himmel und seine Hölle gefunden hatte. In derselben Zeit, in der Bella Alighieri ihren Dante gebar, lebte, ebenfalls unsern der Stätte, wo er das Licht erblickte, eine Frau, der er nachmals viel vergab, weil sie viel geliebt hatte, und die er in das Paradies der Seligen versetzte. Das ghibellinische Florenz scheint einen bevorzugten Aufenthalt der Stauferanhänger gebildet zu haben; am Mercato Nuovo, im Hause jenes Ritters Cavalcante de' Cavalcanti, dem der Sänger einen Platz im Höllenkreise der Gottesleugner neben Farinata anweist, wohnte Cunizza da Romano, die nahe Verwandte der „wutvollen" Grafen Alberti, die Tochter Ezzelinos, des „Mönches" und Schwester des furchtbaren Tyrannen Ezzelin III. Das Blut strömte der Tochter der sternenkundigen Gräfin Adeleita liebesheiß durch die Adern, und als einer der vielen hatte ihr Verwandter, der mantuaner Sänger Sordello ihre Gunst genossen, doch muß sich in ihr mit der Glut der Sinne tiefe Güte des Herzens gepaart haben. Ein Akt, den sie in Florenz vollzog, entstammte ihrer milden Gesinnung; sie erklärte, fürs Seelenheil ihres Vaters, ihrer Mutter und ihres Vatersbruders alle Leute in den von ihrem Bruder ererbten Gebieten für frei von den Fesseln der Hörigkeit, nur die ausgenommen, die ihren Onkel Alberich vor fünf Jahren verraten und dadurch seine Katastrophe herbeigeführt hatten.[2]) Wir finden Cunizza in nahen Beziehungen zu den doppelt gebannten Uberti, zu Neri Piccolino, dem Bruder, wie zu Azzolino und Lapo, den Söhnen des Farinata, von denen die beiden ersteren damals abwechselnd das Podestà-Amt von San Gimignano bekleideten, doch, wenn sie nicht im Felde standen, den Aufenthalt am Arno dem in der kleinen Bergstadt vorzogen. Wir finden ferner in ihrer Umgebung Ritter aus Köln, die Herren Guito oder Veit und Bertald.[3]) Von den fünfhundert

Cunizza da Romano in Florenz.

[1]) Die Bulle der Erneuerung der Exkommunikation durch Clemens IV. (die Exkommunikation durch Urban IV. wird uns nur aus dieser Erwähnung bekannt) befand sich im Archivio Roncioni in Pisa, wo sie nicht mehr auffindbar ist. Als Ersatz muß der italienische Auszug im Spoglio des Archivs dienen. — Über die Verurteilung des toten Farinata, neunzehn Jahre nach seinem Ende, nebst seiner Gattin, seinen Söhnen und Enkeln wegen Ketzerei s. unten Kap. 9.

[2]) Über die Urkunde dieser Freilassung s. Forsch. usw. IV. S. 141 „Über die Kämpfe gegen die Ubaldini, den Grafen Napoleone Alberti usw."

[3]) In dem Druck der eben erwähnten Urkunde bei Verci, Storia degli Ecelini III. 496, sind die Namen der Uberti sämtlich entstellt, doch in der Entstellung deutlich

Deutschen, die im Solde der tuszischen Ghibellinen-Liga standen, stammten die, über deren Ursprung wir unterrichtet sind, sämtlich aus Westdeutschland, so aus Verden, aus Köln, aus Ulm, aus Altdorf in Franken.[1]) Für diese Kriegsleute veranstalteten die Dominikaner von Santa Maria Novella, von einer jener Exemtionen Gebrauch machend, durch die das Interdikt gemildert wurde, in ihrer Kirche deutsche Predigten und der Bruder Jacopo Gianibelli, der sie hielt, hörte ihre in der Muttersprache abgelegte Beichte, denn er hatte sich durch eifriges Studium die Kenntnis des fremden Idioms angeeignet.[2])

Der Zug des französisch-angiovinischen Heeres.

Die ghibellinische Episode der florentiner Geschichte neigte sich ihrem Ende zu. Schon im Juni 1265 liefen in Toskana Gerüchte um, daß Uberto Pallavicini, der Führer der Partei Manfreds, in der Lombardei besiegt und getötet sei. Man scheint gefürchtet zu haben, die Nachricht könne viele zum Abfall verleiten, und sie war gewiß zu diesem Zweck ausgestreut worden; deshalb zwang man solche, die sie gutgläubig wiederholt hatten, zur Strafe den weiten Weg über den Apennin zu machen, um sich durch Augenschein von der Unwahrheit der Kunde zu überzeugen.[3]) Dieser an sich nebensächliche Vorgang erweist, wie die Zuversicht der Ghibellinen auf jenem mächtigen Manne beruhte, den der Papst vergeblich zum Treubruch zu verleiten gesucht hatte, und den Hoffnungen der Ghibellinen entsprach die Furcht ihrer Gegner. Bald zeigte sich jedoch, daß die einen und die andern den Pallavicini überschätzt hatten; als das Heer der französischen „Kreuzfahrer", mehr als 30 000 Mann zu Fuß und zu

erkennbar. Die Schuld trifft nicht Verci, sondern der vorliegende Text, die Kopie einer Kopie, wohl im 14. Jahrhundert geschrieben (Zamboni, Gli Ezzelini, Dante e gli Schiavi p. 381 ss.), enthält die Korruptelen.

[1]) Urkunde Apud Senas 1264, 22. März betr. Soldzahlung an deutsche Ritter. SAF. — Volterra: gedruckt Camici IV, p. 101 („Vicari di Corrado"). Diese und die vorerwähnte sind von Niese für seinen interessanten Aufsatz „Zur Geschichte des deutschen Soldrittertums in Italien" in „Quell. und Forsch. aus ital. Archiven" usw. VIII, 217 ss. nicht herangezogen worden. Nach seinen Untersuchungen, bzw. dem von ihm benutzten Material, überwogen unter den deutschen Söldnern Schwaben und Franken; der Mittelrhein sei schwach vertreten gewesen, ebenso Bayern, Österreich, Kärnten (p. 223); für den Mittelrhein trifft dies indes nicht zu: Kölner finden sich mehrfach.

[2]) Nekrolog von S. Maria Novella (Fineschi p. 351). Frater Jacobus fil quond. Ser Giannibelli war 1263 in den Orden getreten, in dem er bis 1295 lebte. Die deutschen Predigten, die er „aliquando" hielt, werden von der Beichte, die er dauernd in dieser Sprache hörte, geschieden und sie können wohl nur auf die ghibellinische Zeit der Stadt bezogen werden. — Über Zulässigkeit von Predigt und Beichte beim Interdikt s. Marx bei Wetzer und Welte VI. col. 825. — Die Zahl der bürgerlichen, in Florenz ansässigen Deutschen muß damals eine sehr geringe gewesen sein. In Urkunden finden wir im 13. Jahrhundert nur einmal einen solchen erwähnt, den „Bertoldus quondam Ruperti, Teutonicus, qui hodie moratur Florentie in populo S. Trinitatis". Er verheiratete sich hier und erhielt durch Urkunde vom 2. März 1280 ein Haus mit Garten im Popolo San Niccolò, neben der Mehlwage der Kommune gelegen, als Mitgift (SAF. — Protokoll des Ildebrandino di Accatto f. 132ª).

[3]) Forsch. usw. II (S. Gimign.), Reg. 862.

Pferde stark, das sich seit dem Mai in Piemont gesammelt hatte, unter dem Grafen Robert von Flandern im November in die Lombardei einrückte, wagte er ihm nicht in offener Schlacht entgegenzutreten. Ohne eigentlichen Kampf, die festen Stellungen der Feinde umgehend, gelangten die Franzosen ungefährdet nach Mantua, und hierher zog ihnen eine erlesene Schar der florentiner Guelfen unter Führung des Grafen Guido Guerra zu, deren Zahl verschieden, auf 200, 300 oder 400 Ritter angegeben wird; sie geleiteten den neu ernannten päpstlichen Legaten Gaufredo de Bellomonte, den Clemens dem Heere entgegenschickte, damit er die Bevölkerung durch seine Predigten für die Fremdlinge stimme und möglichst viele Italiener veranlasse, sich unter das Lilienbanner des Anjou und die Kreuzesfahne zu stellen. Der Papst hatte bis zuletzt die Straße über Genua und durch das toskanische Küstengebiet für die geeignetere gehalten, doch zeigte sich, wie klug Karl von Anjou gehandelt hatte, als er ihm nicht folgte. Auf jener wären verlustreiche Kämpfe unvermeidlich gewesen, auf der durch die Romagna und die Mark Ankona gelangte die Streitmacht, die den Bruder des Königs von Frankreich zum Herrn Italiens machen sollte, ohne ernste Hindernisse im Dezember nach Rom,[1]) und am 6. Januar 1266 wurde der Graf der Provence über dem Apostelgrab von fünf Kardinälen zum König Siziliens gekrönt. Krönung Karls von Anjou.

Für jeden Sehenden war es klar, daß sich eine gewaltige, die gesamten Verhältnisse aufs tiefste berührende Entscheidung vorbereitete, und es wäre für die Ghibellinen eine Pflicht der Klugheit gewesen, Manfred nach bestem Können Hilfe zu leisten, um in dem Kampf für ihn sich selbst zu schützen. Statt dessen verloren sie ihre Kraft in lokalen Fehden, die zu anderer Zeit wichtig gewesen wären, in der gegenwärtigen aber nur geeignet waren, sie von dem Schauplatz fernzuhalten, auf dem in großen Würfen das Los der Zukunft fallen mußte. Erst im Januar wurde der schon im Oktober geplante Angriff gegen die Festen des aretiner Bischofs im obern Arnotal unternommen; inzwischen hatten die Guelfen sich auch der Burg Castel Nuovo d'Avane bei Cavriglia in der Gegend von Montevarchi bemächtigt. Florenz ließ an die verbündeten Städte sein Hilfegesuch ergehen, aber in jeder Einzelheit trat hervor, wie groß die Zerfahrenheit aller Verhältnisse war. In Siena beschloß man, dem Gesuch zu willfahren, aber der Antrag, die Werkstätten zu schließen, die Banner des Volkes und der Waffengenossenschaften herauszutragen, die Glocken zum Auszug zu läuten, fand keine Annahme; statt einer Unterstützung durch die Gesamtbürgerschaft wollte man es vielmehr bei Gestellung von „hundert guten Kämpfe am obern Arno.

[1]) Die chronistischen Quellen über den Zug sind Reg. Imp. 14272a kritisch zusammengestellt. Hinzuzufügen ist Vill. VII, 4 (Benven. Imol. ed. Lacaita I, 540 zu Inf. XVI, 34 ist nur lateinische Übersetzung Villanis). — Alberti Millioli Lib. de Temporibus, M. G. Ss. XXXI. 529) und Versifikation des Tesoro des Brunetto Latini, Atti dei Lincei Ser. IV, Vol. 4, p. 254. — Ernennung des Legaten 1265, 18. Oktober, Jordan No. 163. Daß die florentiner Guelfen mit ihm nach Mantua kamen, melden die Ann. Mantuani M. G. Ss. XIX, 21.

Rittern, solchen, die unseres Herrn Königs Ehre lieben" und von hundert mit Schilden bewehrten Fußkämpfern bewenden lassen. Schließlich wurden auch die letztern nicht abgeschickt, und die Hilfe blieb auf die hundert „guten Ritter" beschränkt. Nicht geringeres Widerstreben gegen die Leistung tatkräftigen Beistandes zeigte sich in San Gimignano, und ähnlich wird es mit den andern Verbündeten bestellt gewesen sein. Der Kampf der Florentiner unter Führung des Grafen Guido Novello konzentrierte sich schließlich auf die Belagerung jenes Castel Nuovo und der nahe gelegenen Burg Colle; man hielt die Macht der Guelfen doch schon wieder für so bedeutend und ihre Verbindungen in der Stadt für so gefährlich, daß man einen Teil der Leute der Grafschaft berief, um Florenz für alle Möglichkeiten bewacht zu halten.[1]) Die zur Unzeit aufgenommene Fehde am obern Arno verlief so ruhmlos wie alles, was die Ghibellinen jetzt begannen; einer der Guelfenführer, ein Pazzi von dem guelfischen Zweige des Geschlechtes, der in Castel Nuovo befehligte, gebrauchte die List, einen gefälschten Brief seines Onkels, des Bischofs Guglielmino Ubertini von Arezzo zu fabrizieren und ihn, mit dessen wohlbekanntem echten, von einem andern Schreiben abgelösten Siegel versehen, den Florentinern in die Hände zu spielen. In dem Brief stand zu lesen, die Belagerten sollten trotz der Bedrängnis den Mut aufrecht erhalten, denn achthundert vom König Karl gesandte Ritter zögen eilends zu ihrem Entsatze herbei. Kaum hatten die Kapitane des florentiner Heeres das aufgegriffene Pergament gelesen, als die Nachricht auch sofort allgemein bekannt war und so groß war der Schrecken, den der Name der Franzosen verbreitete, daß man ohne weiteres den Abbruch der Belagerung beschloß und vor dem Gespenst der eigenen Furcht, vor dem Trugbild, das der kluge Pazzi den Feinden vorgegaukelt hatte, einen schimpflichen Rückzug antrat. Es war die verschlimmerte Wiederholung dessen, was sich im Sommer beim Kampfe gegen Orvieto ereignet hatte, und die Folgen waren danach. Die Gebiete am obern Arno rebellierten jetzt fast sämtlich gegen das ghibellinische Florenz und fielen den Guelfen zu, die sich gegen die Übermacht zu behaupten gewußt hatten.[2]) Graf Guido Novello hielt es weder für geraten, den abgebrochenen Feldzug von neuem aufzunehmen, noch zu dem bedrohten königlichen Schwager nach Süden zu eilen. Es scheint, daß ihn eben damals höchst interessante Blindlings-Schachpartien sehr stark fesselten, mit denen ein Araber,

---

[1]) Salärzahlung hierfür an solche aus dem Pfarrbezirk Giogoli, 1266, 10. Januar SAF. — Protokoll des Notars Attaviano di Chiaro (1259—75) A. 400, f. 41.

[2]) Über den Feldzug liegen urkundliche Nachrichten in Forsch. usw. II. 876—79, 881, 882 vor; betreffs der Hilfe der Sienesen SAS. — Cons. Gener. 11, f. 7[a] (1266, 18. Januar) und Bicch. 39. f. 18[a]. — Einzige, aber ausgiebige chronistische Quelle ist Villani VII, 12; doch muß dessen Angabe, die geschilderte Kriegslist sei von Uberto Spiovanato de' Pazzi ausgeführt, auf einer Verwechslung beruhen. Dieser war einer der Führer der Ghibellinenpartei, als den ihn eine der Urkunden über den Frieden des Kardinal Latino (1280) zeigt (SAF. — Capit. XXIX, f. 341[a]), und Sohn jenes von Dante genannten „Rinier Pazzi", dessen Mordtat im ghibellinischen Partei-Interesse bald Erwähnung finden wird.

Namens Buzzecca, sich in dieser für harmlose Vergnügungen wenig geeigneten Zeit im florentiner Palazzo del Podestà produzierte, und bei denen er die besten einheimischen Meister des königlichen Spieles zu seinen Gegnern hatte.[1]

Zögerndes Eintreten der Ghibellinen für Manfred.

Die andern Ghibellinen zeigten begreiflicherweise keinen größeren Eifer für den staufischen König, als ihr sorgenfreier Führer. Eine Schar unter Pier Asino degli Uberti war ihm allerdings zugezogen, andere wollten folgen, aber sie betrieben die Vorbereitungen so lau und lässig, als wäre Karl von Anjou noch im fernen Frankreich, während er in Wahrheit bereits am 2. Februar, geleitet vom Kardinal Ottaviano degli Ubaldini,[2]) die Lirisbrücke bei Ceprano und damit die Grenzen des Königreichs überschritten hatte, das zu erobern er ausgezogen war. Vielleicht trug die Parteinahme des in Toskana durch Besitz, Familieneinflüsse und kirchliche Stellung so mächtigen Kardinals, den die Ghibellinen zu den Ihren zählten, und der jetzt den Gegner zum Kampf gegen ihr königliches Oberhaupt geleitete, nicht wenig zur Lähmung ihrer Tatkraft bei. Azzolino, der Sohn des verstorbenen Farinata degli Uberti, unterhandelte noch zehn Tage, nachdem Karl ins Königreich eingerückt war, mit der Kommune San Gimignano, deren Podestà er gewesen war, wegen Überlassung eines Zeltes, das er gemeinsam mit seinem Bruder bei dem Feldzuge zu benutzen gedachte;[3]) durch ihr Zögern entrannen die beiden dem Schicksal ihres Vaters-Vetters, wie auch dem ehrlichen Tode in der Schlacht, aber das blutige Verhängnis lauerte um so tückischer in der Heimat auf sie. Ganz anders als ihre Gegner verhielten sich die aus der Stadt vertriebenen Guelfen, von denen ein Teil den Franzosen schon nach Mantua entgegengeritten war; mit den wahrscheinlich zahlreichen Parteigenossen, die sich seither zu ihnen gesellt hatten, bildeten sie unter den Bannern des neu gekrönten Prätendenten eine besondere stattliche Abteilung; ihr Feldhauptmann war Graf Guido Guerra und ihr Bannerträger Messer Stoldo Giacoppi de' Rossi; sie zeichneten sich besonders bei der Einnahme von San Germano am 9. Februar aus,[4]) wo Manfreds Heer zuerst Widerstand zu leisten versuchte und wo es die erste Niederlage erlitt.

Tatkräftige Unterstützung Karls durch die Guelfen.

Schlacht von Benevent.

In Toskana hatte sich zu Beginn des Februars 1266 das Gerücht verbreitet, Karl von Anjou sei an der Brücke von Ceprano durch Manfred besiegt worden; ein von der Kommune San Gimignano nach Süden entsandter Bote hatte die trügerische Kunde heimgebracht.[5]) Am 26. Februar aber lag der blonde und schöne Sohn Friedrichs II. und der

[1]) Villani l. c. — Der Orientale spielte eine Partie sehend und zwei „a mente"; er gewann zwei und machte in einer „remis". — Ein seltsamer Zufall bewirkt es, daß, wie sich die früheste Erwähnung des Schachspieles im Abendlande an Florenz knüpft (Bd. I, 167, 766), so auch diese des Blindlingsspieles im Jahre 1266.

[2]) Dies ergibt eine an sich für uns irrelevante Aufnahme des Tatbestandes betreffs der Grenzen des Königreichs Neapel von 1323 („Informatio"), die bei Minieri-Riccio, Genealogia di Carlo I, p. 132 gedruckt ist. — Reg. Imp. 14279 b.

[3]) Forsch. usw. II, 889.

[4]) Reg. Imp. 4770 d. — Vill. VII, 6.

[5]) Forsch. usw. II, 888.

37*

Bianca Lancia aus zwei Todeswunden blutend auf dem Schlachtfeld von Benevent, und die Herrschaft der Staufer über Süditalien, die vor achtzig Jahren mit der Ehe Heinrichs und der normannischen Konstanze zum Unheil des Geschlechtes begonnen hatte, sank mit ihm für immer in das ungeweihte, würdelose Grab, das priesterlicher Fanatismus und der unritterliche Haß des Anjou dem Gebannten bereiteten. An dem entscheidenden Siege des Lilienbanners hatten die florentiner Guelfen ihren reichen Anteil; sie kämpften, von Guido Guerra befehligt, in der fünften Schlachtordnung und die Ehre, das Banner zu tragen, hatte an diesem Tage ihr pistoieser Parteigenosse Messer Currado da Montemagno; sie wüteten „wie Drachen", und „wie die Sicheln des Gotteszornes" blitzten, nach dem Ausdruck einer zeitgenössischen Darstellung, ihre Schwerter;[1]) an ihrer Seite stritt ein vormaliger Gegner, Pandulf von Fasanella, der Toskana einst für Kaiser Friedrich regiert und seinen Herrn dann schmächlich verraten hatte.[2]) Von Benevent aus meldete Karl am Tage nach dem Blutbade dem Papst seinen Sieg in einem kurzen, eiligen Schreiben; als der Brief in Perugia eintraf und in dem eben versammelten Konsistorium verlesen war, ließ man sofort alle Glocken ein Freudengeläut anstimmen und veranstaltete kirchliche Feierlichkeiten, um der Jungfrau für die Niederlage und den Tod des Gegners zu danken.[3]) Noch ärger war es freilich, daß der Papst, der den Namen eines „Gütigen" erwählt hatte, nach Monaten, als der erste Siegestaumel längst verrauscht war, an seinen Legaten Kardinal Ottobuono voll niedern Hasses schrieb, König Karl besitze jetzt nicht nur in Frieden das Königreich, sondern er habe auch den Schatz, die Gattin, die Kinder und den „stinkenden Leichnam des pestilentialischen Menschen", des Manfred, in seiner Gewalt.[4]) In jener ersten kurzen Botschaft, die Karl von Benevent aus

[1]) Andreae Ungari, Descriptio victoriae a Karolo comite reportatae. M. G. Ss. XXVI. 575. — Vill. VII, 8, 9. — Zur Geschichte Manfreds sei noch auf eine Stelle des Dante-Kommentars des Benvenuto von Imola (ed. Lacaita III, 110) hingewiesen. Dort heißt es „. . . invita tamen voluit (Manfr.) aliquando concordare cum ecclesia et facere affinitatem cum Carolo, sed Papa prohibuit, ut ego vidi in quibusdam epistolis ejus."

[2]) In der Urkunde Karls I. vom 14. April 1278, Minieri-Riccio, Cod. Dipl. I, p. 156, ist erwähnt, daß Karl ihm bald nach der Schlacht, im Lager, das Amt eines Justitiars von Bari verlieh.

[3]) M. G. Ss. XXVI, p. 578.

[4]) Schreiben vom 8. Mai 1266, Martène II, col. 319. — Es sei erwähnt, daß ein Sohn Manfreds, Friedrich, noch nach 42 Jahren, damals in Freiheit, aber in äußerster Dürftigkeit lebte. Er scheint nicht, wie man angenommen hat, ein unehelicher Sproß gewesen zu sein, denn am 17. Juli 1308 bat König Eduard II. von England den Papst Clemens V. um eine Unterstützung für ihn, wobei er ihn „consanguineus noster" nannte. Am 6. August richtete er an den König von Frankreich und an die Kardinäle das gleiche Ersuchen, den Papst bat er um Beihilfe für Friedrich „ne filius tanti regis compellatur egere". Dieser Kaiserenkel hielt sich damals in England auf, wohin er vor kurzem gekommen war, und wollte sich nach Avignon zum Papst begeben. Rymer, Foedera III, 96, 98.

gleich nach seinem Siege an den Papst richtete, teilte er ihm mit, daß sich unter den Gefangenen des Schlachttages Graf Jordan und Pier Asino von Florenz, der „allertreuloseste Führer der Ghibellinen-Partei“, befänden.[1] Der Sieger von Montaperti, dessen ritterlich edle Art man rühmte, und der Dichter von Liebessonetten, dessen rücksichtslose Grausamkeit wir freilich kennen gelernt haben, sie gingen dem gleichen traurigen Geschick entgegen, das der mitleidlose Kapetinger ihnen bereitete; er sandte sie nach der Provence und ließ sie dort von Kerker zu Kerker schleppen; erst hielt er sie in Aix, dann in der Burg Luco, später in Castellane in den Basses Alpes, zuletzt in dem festen Felsenkastell La Turbie über der Riviera von Monaco gefangen; als sie mit etlichen Schicksalsgefährten einen Fluchtversuch wagten und ihre Wächter töteten, ließ Karl jedem die rechte Hand nebst dem linken Fuß abschlagen und ein Auge ausstechen. Im folgenden Jahre, als er in Toskana gegen die Ghibellinen kämpfen mußte, erinnerte er sich der verstümmelten Opfer und befahl ihre Enthauptung im Kerker. Dem Piero Asino degli Uberti aber ließ er, angeblich „weil er ein Häretiker und kein guter Christ war“, mit einem Knüppel den Schädel einschlagen, und vielleicht wurde diese Tat blutrünstiger Grausamkeit auf Betreiben der vendettadurstigen guelfischen Buondelmonti angeordnet, denen der Uberti einen der Ihren in ähnlicher Art getötet hatte.[2] Ein toskanischer Ghibelline hat einige Jahrzehnte später den Bericht über die Schandtaten Karls gegen seine Kriegsgefangenen nebst andern historischen Erzählungen einer italienischen Übersetzung des „Tresors“ des Brunetto Latini hinzugefügt, und er dichtete eine zu Herzen gehende Klage des Grafen Giordano an seinen Kerkermeister, einen Marschall des Königs, den er gebeten habe, seinem nie durch Unehre befleckten, qualvollen Leben ein schnelles Ende zu bereiten.

Der Sieg Karls hatte nicht, wie man vermuten könnte, einen sofortigen Umschwung in ganz Italien zur Folge. Die florentiner Ghibellinen verloren

Der Umschwung in Toskana.

[1]) Forsch. usw. IV, S. 46 in dem Abschnitt „Die Entstehung der Guelfen- und der Ghibellinen-Partei.“

[2]) Quellen über das Schicksal des Grafen Jordan, des Piero Asino und ihrer Gefährten nach der Gefangennahme sind außer dem Schreiben Karls, Lucca 1267, 7. Februar, Del Giudice, Cod. Diplom. II, 111: Adamus Claromontensis M. G. Ss. XXVI, 592. — Ann. Placent. Gibell. Ib. XVIII, 524. — Saba Malaspina, Baluze-Mansi, Miscell. I, 248. — Ferner: Girardi de Antverpia Ystoria (von Adam bis 1272) im Cod. Riccard. 1184, f. 27². — Versifikation des Tesoro (des Brunetto Latini), veröffentlicht von D'Ancona in Atti dei Lincei Ser. IV, Vol. 4, p. 254. — Frammento del Tesoro bei Mussafia, Append. II zu Sundby, Brunetto Latini p. 365 angeblich aus einem Codex Riccardianus gedruckt, „dessen Signatur der Herausgeber selber nicht mitteilen konnte“. Es handelt sich in Wirklichkeit um den Koder VIII, 1375 (saec. XII ex.) der Florentiner Nationalbibliothek. Dem Bericht über die Verstümmelungen folgt die Klage des Grafen Giordano. Die betr. Stellen sind auch (mit den andern Zusätzen zum „Tesoro“), bei Amari. Altre Narrazioni del Vespro Siciliano p. 115 ss. veröffentlicht. Über die ghibellinischen Zusätze zum „Tesoro“ s. Forsch. usw. IV, S. 362 ff. in dem Abschnitt „Zur Florentiner Historiographie“.

zuerst den Mut und suchten mit der Kirche und deren Schützling ihren Frieden zu machen.[1] Clemens hatte klug vorgearbeitet; bereits im Januar war sein Kaplan, Magister Elia Peleti, Domherr von Beauvais, in Florenz gewesen und hatte einige Zeit hindurch von der Badia aus seine Wirksamkeit geübt.[2] Der kluge Diplomat, dessen sich Papst Clemens mit Vorliebe in Toskana zu politischen Verhandlungen bediente, wird wichtige Verbindungen in den Reihen der gebannten Ghibellinen angeknüpft haben, und die Folgen zeigten sich unmittelbar, nachdem die Waffen entschieden hatten. Noch einen halben Monat vor der Entscheidungsschlacht, auf den 10. Februar, hatte Guido Novello die Vertreter der Ghibellinen-Liga nach Siena berufen; einige der Führer der Partei, Neri Piccolino degli Uberti und der Graf Napoleone von Mangona aus dem Hause der Alberti weilten bei ihm, derselbe Napoleone, dem der florentiner Popolo ehedem die Burgen gebrochen hatte und der jetzt als Podestà an der Spitze der Bürgerschaft stand. Weder die leitenden Ghibellinen, noch die ghibellinischen Kommunen kamen über die kurzsichtige Betreibung der Einzelinteressen heraus; es war beschlossen worden, die Liga solle demnächst einen Heereszug nach dem Willen des Grafen Guido Novello unternehmen,[3] und dieser entschloß sich auf Drängen Sienas zur Teilnahme am Kampf gegen Grosseto, das wider die herrschende Stadt rebelliert hatte; Grosseto wurde durch die früher verfeindeten, jetzt versöhnten Vettern des Pfalzgrafenhauses der Aldobrandesca, den „roten Grafen" von Pitigliano und den Conte di Santa Fiora, durch die Visconti von Campiglia, die Pannocchieschi, durch andere sieneser, wahrscheinlich auch durch florentiner Guelfen, sowie durch orvietaner Ritterschaft verteidigt; am 12. März wurde die Stadt durch die Sienesen und die Ritterschaft der Ghibellinen-Liga erobert, Pepo Visconti ward getötet und viele Orvietaner nebst einzelnen Mitgliedern des Hauses Pannocchieschi mußten in die sieneser Kerker wandern, während die Aldobrandesca-Grafen und wenige von der Besatzung ihr Heil in der Flucht fanden.[4] So haben die Ghibellinen Toskanas, geführt von dem Generalvikar eines entthronten und getöteten Königs, zwei Wochen nach dem Tage von Benevent noch einen Sieg errungen, aber die

[1] Ann. Plac. Gibell. M. G. Ss. XVIII, 516.

[2] Urkunde 1266, 21. Januar, SAF. — Passignano.

[3] Urkunde 1266, 10. Februar, SAS. — Riform., Auszug Hartwig, Quell. und Forsch. II. 207. Siena hatte zuvor (4. Februar, Ibid.) die Erneuerung der Taglia an die Bedingung geknüpft, daß die von Siena zu stellenden Ritter zur Verteidigung von Stadt und Gebiet und zum Kampf gegen die Rebellen Sienas sich dort aufhalten müßten; in diesem Zusammenhang stand der Kampf gegen Grosseto. — Bevollmächtigter von Florenz zur Versammlung der Vertreter der Ghibellinen-Liga am 10. Februar war der Rechtsgelehrte Bonaccorsus Elisey.

[4] Ann. Senens. M. G. Ss. XIX, 231. — Beratungen des sieneser Gen.-Rates vom 28. April und 18. Juni 1266. SAS. — Cons. Gener. f. 17. 18. 20. — Forsch. usw. II (S. Gimign.), 899.

lokalen Erfolge konnten die großen Geschicke weder wenden noch auch nur beeinflussen. Das Streben der Bevölkerung war auf Frieden und Eintracht gerichtet, keineswegs darauf, eine Parteiherrschaft durch eine andere zu ersetzen, denn man hatte genug von den bittern Früchten des innern Haders gekostet, der sich fortdauernd mit äußern Kriegen verschlang. In dem kleinen San Gimignano, das einer der Ghibellinenführer, Neri Piccolino, als Podestà regierte, hatte man, es scheint gegen seinen Willen, schon vor dem Tage von Benevent die konfinierten Guelfen zurückberufen; Guido Novello suchte den innern Frieden zu hindern, indem er den Podestà nicht für verpflichtet erklärte, das beschworene städtische Statut zu beobachten, indem er ihm unbeschränkte Gerichtsbarkeit und zugleich freie Verfügung über die Geldmittel der Kommune einräumte, die der Uberti sofort dazu benutzte, sich selbst ein größeres Geldgeschenk auf Gemeindekosten zu bewilligen. Der Ausgang der Schlacht von Benevent hatte in San Gimignano die Folge, daß man trotz dieser außerordentlichen Vollmachten des Ghibellinenführers auf der betretenen Bahn weiter ging und gleichmäßige Verteilung aller städtischen Ämter zwischen Ghibellinen und Guelfen beschloß, derart, daß sich die Parteien in allen Fragen die Wage hielten und für eine kurze Weile die Entscheidungen nicht vom Haß der Faktionen, sondern vom Interesse für das gemeine Wohl diktiert werden konnten. Schließlich hat Neri Piccolino, weil er vermeinte, sich unter den veränderten Umständen durch solche Nachgiebigkeit behaupten zu können, die „Coäquation" oder „Parification" der Ämter, wie man dieses Verfahren benannte, sogar selbst mit Eifer betrieben.[1])

Den florentiner Ghibellinen mochte sofort nach der Entscheidungsschlacht ein ähnliches Ziel vorschweben; sie mußten einsehen, daß an eine Aufrechterhaltung der Stadtherrschaft gegen die am obern Arno erfolgreichen Guelfen nicht zu denken sei, daß diesen bald in Wirklichkeit jene Unterstützung durch König Karl zuteil werden würde, vor deren bloßem Schreckbild die Ritter der Taglia nebst dem Bürgerheer früher davongelaufen waren. Guido Novello mochte noch in der Maremma kämpfen, als man sich in Florenz, achtzehn Tage, nachdem die Würfel im Süden gefallen, nicht nur zu Verhandlungen bereit zeigte, sondern im Rat, ohne daß nur eine einzige Stimme Widerspruch gewagt hätte, beschloß: sich durch Schwur zu verpflichten, „rein und genau die Befehle des Herrn Papstes und der römischen Kirche" in allem zu befolgen, was zur Exkommunikation der Behörden und zur Interdizierung der Stadt geführt hatte. Allerdings glaubte man sich damit eben nur dem Papst zu unterwerfen; daß Karl von Anjou in beträchtlich erweitertem Maße die Pläne Manfreds auf Herrschaft über Italien aufnehmen werde, konnte man damals noch nicht vermuten. In den Bedingungen für Übertragung der sizilischen Königsgewalt, in dem Eide, den der Graf der Provence der Kirche geleistet, war ausdrücklich bestimmt, niemals dürfe weder er noch einer seiner Erben römischer Kaiser oder deutscher König, niemals Herr von

[1]) Forsch. usw. II, 887, 891, 900, 903, 912.

Toskana, der Lombardei oder „des größten Teiles" dieser Länder werden.[1] Zweifellos hatte man von dem wesentlichen Inhalt dieser Abmachungen Kenntnis; man wußte, daß der Haß der Päpste gegen die Staufer hauptsächlich daraus erwachsen war, daß diese Rom und das Gebiet der Kirche zugleich von Süden und von Norden her umklammert hielten; niemand konnte voraussetzen, daß der Papst, von den Verhältnissen gedrängt, von neu erwachender Furcht vor den Staufern gestachelt, durch den Anjou klug beeinflußt, dieselbe Machtfülle bald selbst in der Hand des siegenden Franzosen vereinigen werde, die er und seine Vorgänger dem Kaiser und dessen Epigonen in jahrzehntelangen, blutigen, alle Kräfte erschöpfenden Kämpfen entwunden hatten. Die Unterwerfung von Florenz wird in der Meinung erfolgt sein, daß man einen Teil der Gewalt an die Guelfen werde abgeben müssen, aber daß man in solcher Art eben den andern klüglich aus dem drohenden Zusammenbruch für sich selbst zu retten vermöge. Die Ghibellinen glaubten mit nichten vollständig abzudanken, als sie am 16. März 1266 in dem nach dem Palast der Galigai berufenen General- und Spezialrat, unter Teilnahme der Vorstände aller organisierten Zünfte den Richter Jacopo de Cerreto beauftragten, sich zu Clemens nach Perugia zu begeben, um im Namen der Kommune die Unterwerfung zu geloben.[2] Noch stand die Liga aufrecht, noch hatte sie die Ritter-Taglia in ihrem Sold, und eben war durch diese ein Sieg erfochten; man konnte hoffen, daß der Papst gerade der hauptsächlichsten toskanischen Gemeinde, die als erste Versöhnung mit der Kirche suchte, die gelindesten Bedingungen stellen werde. Stillschweigend wird man sich trotz der „puren und präzisen" Unterwerfung vorbehalten haben, etwaige allzu scharfe Befehle unausgeführt zu lassen, und wenn das Oberhaupt der Kirche den Bogen allzu straff spannen sollte, den jetzigen Beschluß als nicht gefaßt zu betrachten. Doch mußte man schon nach wenigen Tagen erkennen, daß kein Entkommen mehr möglich war, nachdem man sich einmal dem französischen Juristen auf dem Stuhle Petri in die Hand gegeben hatte; mit seinem Mißtrauen, seiner Geschäftsgewandtheit, mit der an der Kurie üblichen skrupellosen Hineinbeziehung der Geschäfte und der Geldinteressen in die Sphäre kirchlicher Angelegenheiten wußte er jede Möglichkeit des Entrinnens abzuschneiden. Zur Herbeiführung der für die florentiner Ghibellinen verderblichen Einigung hat ihr bisheriger Genosse Ottaviano Ubaldini das wesentlichste getan; der Papst belobte ihn für seine erfolgreichen Bemühungen und berichtete über sie an König Karl, ihm das Haus der Ubaldini nebst allen Vettern und Freunden des Kardinals besonders warm empfehlend.[3] Den Jacopo de Cerreto geleiteten drei andere Vertreter der Bürgerschaft vor den Papst, von denen einer, der Rechtsgelehrte Buonaccorso Elisei, ein Geschlechtsverwandter des in der Wiege schlummernden Dante Alighieri war; die vier konnten erst kürzlich in Perugia, am Sitz der Kurie,

[1]) M. G. Epp. III, 513 s.

[2]) Forsch. usw. III, Reg. 62, 63.

[3]) Clemens an Karl 1266, 13. April, Mart. II, col. 310.

eingetroffen sein, als Clemens den Kardinal Ottaviano mit der Aufhebung des Interdiktes beauftragte, das acht Jahre hindurch auf Florenz gelastet hatte;[1]) vor zwei Kardinälen hatten die Gesandten jenen Eid des unbedingten Gehorsams gegenüber den Verfügungen des Papstes geleistet, aber Clemens nahm Schwüre für das, was sie wert waren und verlangte greifbare Sicherheiten. Ehe wieder mit päpstlicher Erlaubnis die Messe gelesen, das Geläut der Kirchenglocken ertönen durfte, hatte Kardinal Ottaviano dafür zu sorgen, daß sechzig zahlungsfähige Kaufleute mit ihrer ganzen Habe Bürgschaft dafür übernahmen, daß der Gehorsam auch wirklich beobachtet werde; ferner hatte er sich vor Erteilung der Absolution von Podestà und Rat die eidliche Zusicherung geben zu lassen, daß die Behörden bis Pfingsten, bis zum 16. Mai, mit ihren verbannten Guelfen Frieden schließen würden oder daß sie, wenn sie bis zu dem gesetzten Termin keine Einigung herbeiführen könnten, dem Papst persönlich die Feststellung der Friedensbedingungen überlassen wollten.[2]) Auch durfte die Aufhebung des Interdiktes nur provisorisch erfolgen; die endgültige Absolution behielt sich der Papst für den Zeitpunkt vor, zu dem sein Wille in allen Stücken ausgeführt sein werde.[3]) Dem Ottaviano assistierte bei seinen florentiner Verhandlungen, bei der Hinüberleitung der städtischen Politik in neue Bahnen, jener Franziskaner Mansuetus, der seine Geschicklichkeit vor neun Jahren bei der Aussöhnung Pisas mit der Kirche bewährt hatte. Nachdem die Stadt durch den nachmals von Dante in die Hölle gebannten Kardinal wieder eingesegnet war, drängten sich die einzelnen persönlich exkommunizierten Ghibellinen zum Empfang der Absolution, als einer der ersten jener Apotheker Omodeo, der bei jedem Umschwung voranstand, nebst seinem Sohn Jacopo, der geistliches Gewand trug, bisher jedoch eifervoller Ghibelline gewesen war. Es muß ein seltsames Schauspiel gewesen sein, als der Kirchenfürst, von dem man wußte, wie er es mit dem Glauben halte, die Bußpsalmen singenden ehemaligen Parteigenossen feierlich entsühnte; man hielt es doch für besser, das große Publikum der spottlustigen Florentiner fernzuhalten und ließ die Zeremonie in der im Innern des neuen Bischofspalastes gelegenen kleinen San Vincenzo-Kapelle vor sich gehen.[4])

Nachdem Florenz der Kirche zurückgewonnen war, beauftragte Clemens den Ubaldini, Pistoia, Prato und San Gimignano unter ähnlichen Kautelen vom Banne zu lösen; die erstern beiden Städte sollten zuvor je fünfzig solvente Bürgen aus den Reihen der eigenen und der florentiner Kaufleute,

[1]) Das wichtige Schreiben des Papstes an den Kardinal vom 25. März 1266 ist in der Urkunde Florenz 1266, 7. April inseriert (SAF. — Strozzi-Uguccioni). Die drei Gesandten, die den im Rat ernannten Syndikus begleiteten, waren: Migliore degli Abbati, Gruerius und der Judex Buonaccorso (Elisei).

[2]) Dies alles in dem eben erwähnten päpstlichen Schreiben.

[3]) Vgl. das Schreiben des Clemens an die florentiner Behörden vom Oktober (ca. 18.) 1266, Mart. II. col. 418.

[4]) Urkunde vom 7. April 1266 (s. Anm. 1).

San Gimignano aber dreißig Garanten aus der Arnostadt stellen.[1]) Pistoia und Prato scheinen die Bedingungen bald erfüllt zu haben, in der Kleinstadt des Elsatales aber zogen sich die Verhandlungen im Zusammenhang mit denen betreffs der Absolution Sienas zehn Monate lang hin. Der Kardinal führte sie nicht persönlich zu Ende,[2]) wie er auch die mit Pisa und Arezzo einem andern überließ; die letztern führte jener Magister Elia Peleti,[3]) dem es gelang, Arezzo mit der Kirche zu versöhnen; die Wirkung dieser Bekehrung bestand in der Vertreibung der deutschen Soldritter,[4]) die die Stadt über die Katastrophe Manfreds hinaus für die ghibellinische Sache behauptet hatten. Schwieriger lagen die Verhältnisse in Pisa, wo man an den Hoffnungen auf das Staufergeschlecht festhielt; der überzeugungstreue Teil der Ghibellinen richtete seine Erwartungen auf den schwäbischen Knaben Konradin, in dem seine Anhänger den künftigen Kaiser erblickten;[5]) vor Jahren hatten die Guelfen ihn nach Italien zu locken gehofft, doch jetzt war nicht mehr Manfred, sondern der Anjou Usurpator seiner südlichen Erbrechte, und so war er der natürliche Verbündete von dessen Feinden. Die Politik des Clemens, sein Verfahren zumal in den florentiner Angelegenheiten, ist nur dann richtig zu erfassen, wenn man sich stets gegenwärtig hält, daß ihn sofort nach dem Tage von Benevent die Furcht beschlich, der letzte echte Staufererbe werde das Banner des schwarzen Adlers von neuem südlich der Alpen einem deutschen Heere voranwehen lassen, noch einmal würden sich die Anhänger der Reichsidee und des schwäbischen Herrscherhauses um dessen Fahne scharen. Ihm bangte davor, daß sein Werk durch einen Angriff in Gefahr geraten könne, aber eben so sehr mochte er durch den Wunsch bestimmt werden, neues Blutvergießen, neue unabsehbare Kämpfe vermieden zu sehen, und jede Schwächung des Ghibellinentums rückte diese Gefahr um einiges ferner. Pisa empfing am 15. April 1266 durch Elia Peleti vorübergehend die Absolution, nachdem die Kommune dem Papst für rechten, kindlichen Gehorsam ein Bardepot von 30 000 Librae hatte stellen müssen;[6]) da sich die Pisaner aber weigerten, diese Kaution aus ihrer Stadt anderswohin übertragen zu lassen,[7]) und im übrigen nur im Geistlichen,

---

[1]) Päpstl. Schreiben an den Kardinal Ottaviano, 1266, 7. April, Jordan 413. — Betreffs San Gimignanos Forsch. usw. II. 914, 916.

[2]) Forsch. usw. II. 908, 909, 914, 916, 917, 921, 929, 938, 942. Über die Angelegenheit handelt eingehend der Aufsatz von Casanova (mit wichtigen Urkunden-Beigaben) in der Miscellanea Storica della Valdelsa IV (1896), p. 93 ss. „Trattative del Comune di S. Gimignano con Clemente IV dopo Benevento".

[3]) Päpstliche Schreiben 1266, 13. April, Jordan 414.

[4]) Annal. Aretini. Pasqui. Docum. IV, p. 41.

[5]) Brief des Papstes an den Legaten Kardinal Ottobuono, 1266, 8. Mai, Mart. II. col. 319. In ihm liegt die erste Erwähnung der auf Konradin gerichteten Hoffnungen und Befürchtungen vor.

[6]) Breve Chronic. Pisanum Ugh.-Col. X, col. 125. — Breviar. Pis. Hist. Murat. Ss. VI, col. 196.

[7]) Päpstl. Schreiben an Elia 1266, 19. Juli, Mart. II. col. 373.

nicht auch im Politischen Folge leisten wollten, kam es zu keiner wirklichen Einigung, weil eben im Hintergrunde dauernd die Hoffnung auf einen neuen Führer und die Erwartung eines neuen Umschwunges stand. Man erfuhr von dem Murren Süditaliens über die harte Fremdherrschaft; der Papst selbst bestürmte den königlichen Schützling mit bitteren Klagen über die Ausschreitungen seines Heeres; Jungfrauen seien von den Franzosen geschändet, Kirchengefäße geraubt, die Heiligenbilder und die Balken der Gotteshäuser als Brennholz verwendet worden.[1]) Die Ghibellinen konnten hoffen, die Bevölkerung des südlichen Königreiches werde die neue Regierung nicht lange ertragen und auch in Tuszien werde sich dann das Glück wieder zu ihren Gunsten wenden. So wenig wie Pisa war Siena trotz aller Verhandlungen für die päpstliche Politik zu gewinnen. Der Stolz, in dem sich Clemens einen Monat nach dem Siege über Manfred in einem Schreiben an seinen Vertrauten, den Kardinallegaten Ottobuono, rühmte, alles dränge sich zu ihm, und nur Genua „liege noch auf dem Grunde des Sackes",[2]) war übertrieben, ebenso wie der Jubel in einem an König Karl gerichteten Briefe, „durch die Unterwerfung von Florenz sei die Tür zum Heile von ganz Toskana geöffnet".[3]) Siena schickte im April seine Gesandten nach Perugia an den Papst,[4]) der den Bernard Languissel, Kanonikus von Toulouse und Archidiakon von Laurac,[5]) abordnete, um wegen der Absolution und wegen des innern und äußern Friedens, wegen Zurückführung der Guelfen, wegen Einigung mit Orvieto wie mit den Aldobrandesca-Grafen zu verhandeln. Der französische Prälat ließ sich von den Sienesen bestimmen, die Stadt am 29. Mai 1266 von dem Interdikt zu lösen, das vor 5½ Jahren nach dem Siege von Montaperti über sie verhängt war,[6]) aber dem Papst mißfiel die Eile, da sie den Frieden mit den verbannten Guelfen und mit Orvieto nicht geschlossen und die von ihm gewünschte Unterwerfung nicht beschworen hatten.[7]) Man mochte sich freuen, vom Banne befreit zu sein, aber auch hier bildete der Friede mit der Kirche nur eine Episode, denn es gelang Clemens nicht, den Willen der Bürgerschaft zu beugen. Er benutzte die Zeit der guten Beziehungen indes, um die Sienesen zu besserer Behandlung der florentiner Gefangenen zu ermahnen, die noch immer in ihren Kerkern schmachteten; man möge sie, so schrieb er, am Entweichen hindern, aber man solle sie aus den

---

[1]) Clemens an Karl 1266, 12. April, Mart. II, col. 306. — An den Kardinal Bischof von Albano, päpstlichen Legaten, Schreiben vom 25. März, col. 298 etc.

[2]) 1266, 25. März, Del Gindice, Cod. Diplom. I, 122.

[3]) 13. April, Mart. II, col. 310.

[4]) Forsch. usw. II. 908. — SAS. — Cons. Gener. 11, f. 12 (17. April 1266).

[5]) Über ihn, der später Erzbischof von Arles und Kardinal-Bischof von Porto wurde, als der er 1290 in Orvieto starb, s. Ménard, Hist. de Nimes I, 335. — Reg. Imp. p. 2215 bezeichnen ihn irrig als „Archidiacon des Lateran" in Mißdeutung der Ortsbenennung „Lantarensis".

[6]) Urkunde SAS. — Riform.

[7]) Undatiertes Schreiben des Papstes an Languissel, Mart. II. 350.

Gefängnissen befreien und ihnen den Genuß freier Luft gönnen;[1] er verlangte dies im Verlauf der weiteren Verhandlungen von den Behörden als eine ihm persönlich zu gewährende Gunst.[2] Sein Bemühen war vergeblich, und weitere harte Jahre schmachteten die Unseligen in schwerer Haft; Clemens wird zu der Fürsprache durch die florentiner Guelfen bestimmt worden sein, doch die Regung des Mitleides verklärt seine harte und kalte Persönlichkeit mit einem flüchtigen Schimmer der Menschlichkeit und Güte.

Volksbewegung in Florenz. April 1266.

Kaum hatte Florenz sich unter dem Einfluß des einheimischen Kardinals dem Willen des Papstes gefügt, als eine starke Bewegung entstand, von der kein Chronist uns Kunde gibt, und deren Kenntnis dennoch große Bedeutung hat, weil sie bezeugt, wie der Mittelstand der Kaufleute und Handwerker sich weder der Gewalt des ghibellinischen Stadtregimentes, noch der des Papstes fügen mochte, von dem man wußte, daß er der Hort und Schutz der Guelfen sei. Er sprach es in einem vertraulichen Schreiben an König Karl aus,[3] daß er Hoffnung auf einen Ausgleich der Parteien hege, daß er aber „für seine geliebten Söhne, die Guelfen von Florenz und aus den Nachbarorten", wenn nicht in Güte, so auf sonstige Art „einen fruchtbaren Frieden" herbeizuführen gedenke, wozu ihm so wenig der Wille wie die Macht fehle. Im Volk wird man seine Gesinnung gekannt und gewußt haben, daß man entweder einer Einigung der bisher hadernden großen Geschlechter, der Ritter und der Bankiers, unter dem Patronat des Papstes entgegengehe oder verurteilt sei, statt der Ghibellinenherrschaft die Tyrannei der Guelfen zu erdulden. Die Großkaufleute waren zu einem bedeutenden Teil aus der Stadt gewichen und standen, durch Geld- und Parteiinteressen fest gekettet auf der Seite des Papstes als dessen unbedingte Anhänger; die Ghibellinen unterlagen der Einwirkung des Kardinals, der ihnen die trügerische Hoffnung vorspiegelte, durch Anschluß an Clemens könnten sie ihre Lage inmitten des allgemeinen Umschwunges retten, ihre Heimat und Habe behaupten. Die kleinern Kaufleute und die Handwerker waren dagegen diesem faszinierenden Einfluß des Vielgewandten nicht unterworfen; sie wünschten sich über die Parteien zu stellen und das Regiment der Stadt selbst in die Hand zu nehmen. Während der Kardinal bei seinen Lossprechungs-Zeremonien die Ghibellinen die Worte des königlichen Psalmisten hersagen ließ: „Herr, strafe mich nicht in deinem Zorn und züchtige mich nicht in deinem Grimm", und sie dann milde in den Schoß der Kirche zurückführte, erhoben sich die Zünfte der Händler und Handwerker in Grimm und Zorn; man hatte sie lange vom politischen Regiment ferngehalten und sie erst wieder zur Teilnahme an den Räten hinzugezogen, als man den Versuch machte, die schwankende Gewalt durch Aussöhnung mit dem Papst wenigstens

[1] Viterbo 1266, 11. Juli an den Bischof von Siena, der die Behörden hierzu verhalten sollte. SAS. — Riform.

[2] Viterbo 1266, 20. Oktober. — Ebendort.

[3] 1266, 13. April, Mart. II. col. 310.

teilweise zu behaupten.[1]) Aus diesen Genossenschaften ging eine plötzliche Bewegung hervor, die dahin zielte, die Macht über das Gemeinwesen zu erobern, eine Zunftherrschaft aufzurichten, wie sie sich in kurzem vorübergehend auch in Siena entwickelte. Wir kennen die näheren Umstände der Kämpfe nicht, die im April 1266 gegen das Stadtregiment und den gräflichen Podestà ausbrachen, aber wir kennen ihr Ergebnis; die Zünfte errangen den Sieg und richteten neben dem Grafen Napoleone degli Alberti, der sich in seinem Amt behauptete, ein Regiment auf, das sie von der Stadt aus über die Grafschaft zu erweitern strebten.[2]) Es scheint, daß aus den Reihen der Zunftvorstände eine regierende Behörde gebildet wurde, deren Mitgliedern man schon jetzt den Namen von Prioren beilegte, der nachmals so hohe Bedeutung gewann. Allerdings hatte auch diesmal die Macht der wiederbelebten Demokratie nur kurze Dauer; Graf Napoleone gewann, vielleicht mit Hilfe der deutschen Ritter der Ghibellinen-Taglia und ihres Führers, des Grafen Guido Novello, bald die Macht zurück, die seinen Händen vorübergehend entglitten war; er bemächtigte sich eines Teiles der Zunftvorsteher, ließ sie nach dem Palazzo del Popolo abführen, der seit geraumer Zeit seinen Namen so völlig zu Unrecht führte, und sie dort in Eisen legen; da fünf Rektoren der Weinverkäufer unter den Gefangenen waren, müssen wir annehmen, daß die untern Zünfte an der gewaltsam erstickten Bewegung stark beteiligt waren.[3])

[1]) Forsch. usw. III, 62.

[2]) Kunde hiervon gibt uns die Urkunde In claustro plebis de Giogole 1266, 11. April; die Rektoren der vier populi, aus denen sich der Kirchspielbezirk Giogoli zusammensetzte, ernennen einen Syndikus, um namens der populi zu erscheinen, „coram capitudinibus arzium (!) civitatis Florentie et prioribus eorum ad agendum". (SAF. — Protokoll des Attaviano di Chiaro A 400 [1259—75] f. 43.) Weiteres ist der Urkunde nicht zu entnehmen. Da aber von einem gemeinsamen Zunft-Tribunal in dieser Zeit nicht die Rede ist, kann es sich nur um den dargelegten Vorgang gehandelt haben. Die Ernennung des Syndikus konnte lediglich den Sinn haben, daß sich die vier Populi durch ihn vor einer regierenden Behörde vertreten ließen.

[3]) Forsch. usw. III (Zunft-Regesten), 1175. Die dort ausgesprochene Vermutung, es habe sich bei der von dem Podestà unterdrückten Zunftbewegung um die Durchsetzung der Versöhnung mit der Kirche gehandelt, läßt sich bei erneuter Prüfung nicht aufrecht erhalten. Sie stützte sich darauf, daß der Judex Jacopo de Cerreto, der Syndikus zur Unterwerfung der Stadt unter den Willen des Papstes war, als Advokat der verhafteten und in Eisen gelegten Rektoren der Vinattieri fungierte. Da aber die Zünfte (s. Anm. 2) eine tatsächliche Herrschaft übten, ergibt sich ein anderer Zusammenhang. Auch hätte in Wirklichkeit kein Grund vorgelegen, sie in Eisen legen zu lassen, wenn die Aussöhnung mit der Kirche ihr Ziel gewesen wäre, da diese vom Grafen Napoleone selbst in den Räten beantragt und daraufhin beschlossen wurde.

Clemens IV. als Oberherr von Florenz.

So war das ziemlich abnorme Verhältnis wiederhergestellt, daß Papst Clemens der Oberherr der Stadt und ein ghibellinischer Graf ihr eigentlicher Regent war. Der oberste Priester handhabte die ihm gewährte Macht etwa in der Art, wie sie der Kaiser oder später König Manfred geführt hatte; die Ratsbeschlüsse waren von seiner Billigung abhängig, doch es entsprach der widerspruchsvollen Lage, daß ein Teil seiner Befehle unausgeführt blieb. Er genehmigte, da die Kassen des Gemeinwesens leer waren, zur Aufbringung der Kosten für Bewachung der Stadt und ihrer Burgen die Ausschreibung einer Steuer, von der er aber verlangte, daß nur die Intrinsechi sie zahlen sollten, daß sie jedoch den vertriebenen oder ausgewanderten Guelfen nicht auf die später einzuziehende Rechnung gesetzt werde.[1]) Auf Verlangen der als verdächtig konfinierten Bürger ordnete er an, daß diese aus ihren Zwangsaufenthalten in die Heimat zurückkehren dürften,[2]) wodurch natürlich eine Verschiebung der Parteiverhältnisse zugunsten seiner Absichten herbeigeführt wurde, und zugleich forderte er,[3]) daß die deutschen Ritter, die die Stadt besetzt hielten, ihres Dienstes zu entlassen und „getreue katholische Männer" mit der Bewachung von Florenz zu betrauen seien. Ohne den Schutz der Deutschen wären die Ghibellinen den Gegnern schutzlos preisgegeben gewesen, und diesen Punkt seiner Forderungen, an dem ihm zumeist gelegen war, konnte der päpstliche Stadtherr einstweilen nicht durchsetzen. Wie früher die Herrscher aus staufischem Hause, so nahm Clemens für sich das Recht der Podestà-Ernennung in Anspruch; er ordnete eine Doppelbesetzung des Amtes an, die bisher in Florenz niemals üblich gewesen war, und er hatte für den Posten zwei Bolognesen aus vornehmem Geschlecht ausersehen, die der Form nach halb Geistliche waren, und halb der Welt, der Sache nach aber ganz dem erregten Treiben der Politik angehörten. Loderengo degli Andalò aus dem Geschlecht der Carbonesi und Catalano, Sohn des Guido, Sohnes der Frau Hostia[4]) trugen das Gewand des Ritterordens der Jungfrau Maria, einer Vereinigung, die in der Rhenostadt entstanden war und zu deren Begründern Loderengo selbst gehörte. Da die Mitglieder dieser Gemeinschaft sich zugleich die Vorteile des weltlichen und des geistlichen Standes zunutze machten, nach ihrer Regel mit Frau und Kindern leben konnten und den Annehmlichkeiten des Daseins in keiner Gestalt abhold waren, nannte sie der Volksspott im Gegensatz zu den „büßenden Brüdern" die „genießenden Brüder", Frati Gaudenti. Ihre Tracht war eine weiße Kutte mit grauem Mantel; ein weißes Schild mit rotem Kreuz auf diesem bildete ihr besonderes Abzeichen. Loderengo war in Florenz kein Fremder, denn er hatte lange als kriegsgefangener Podestà Sienas am Arno verweilen müssen.[5]) Im Vorjahre

Die Frati Gaudenti als Stadtregenten.

[1]) Päpstl. Schreiben 1266, 5. Juli. Mart. II. col. 361.

[2]) 27. Juli, Ibid. 378.

[3]) 5. Juli, s. Anm. 1.

[4]) Dies der volle Name, den der Eingang des Liber bannitorum ergibt. Auszug aus diesem, Urkunde 1266, 8. Dezember (SAF. — Acquisto Caprini, bezeichnet 1266, November).

[5]) S. S. 409 und 422.

hatten beide gemeinsam in ihrer Vaterstadt das Podestà-Amt bekleidet und sich in der schweren Kunst des Schaukelspieles zwischen den beiden städtischen Parteien der Geremei und der Lambertazzi bewährt; sie hatten der Stadt die Ruhe bewahrt und verhindert, daß Bologna durch die von dort nach Modena und Reggio ziehenden florentiner Guelfen in die inneren Kämpfe dieser Städte hineingerissen wurde, ebenso wie sie durch strenge statutarische Bestimmungen jede Einmischung der Bolognesen in die inneren Händel von Florenz, Pistoia und Prato hintanzuhalten gewußt hatten.[1]) Jetzt sollte nach dem Willen des Clemens ihre Geschicklichkeit am Arno eine weit gefährlichere Probe bestehen; der Papst stellte durch ihre Berufung gewissermaßen das Programm des Gleichgewichtes auf, denn Loderengo galt als zu den Lambertazzi gehörig, die enge Fühlung mit den Ghibellinen unterhielten, Catalano aber als Parteigänger der Geremei, die später mit der Partei der Guelfen identifiziert wurden.[2]) Da er selbst die Oberherrschaft in Händen behalten wollte und die geistlichen Ritter ihm durch Gewand und Gelübde zu unbedingtem Gehorsam verpflichtet waren, sollten sie auch nicht den Titel von Podestàs annehmen, sondern das Regiment als „Rektoren der Stadt Florenz für den Herrn Papst" führen.[3]) Schon am 12. Mai 1266 erfolgte ihre Ernennung; nach den volltönenden Worten des kurialen Schreibens wurden sie berufen, „das durch seine Sünden welke Florenz zu neuer Blüte zu bringen;"[4]) Graf Napoleone behauptete seine Macht indes einstweilen weiter,[5]) und erst am 1. Juli scheinen die Frati Gaudenti ihr Amt wirklich angetreten zu haben. Längst war der Termin verstrichen, zu dem nach dem Willen des Clemens der Friede zwischen den Ghibellinen und den außerhalb der Stadt befindlichen Vorkämpfern der kirchlichen Politik geschlossen sein sollte, doch wir finden nicht einmal Spuren von Verhandlungen zwischen den Behörden und den Estrinsechi, wir haben im Gegenteil sichere, doch wenig ein-

---

[1]) Savioli III. 1. 382.

[2]) Über die beiden Frati Gaudenti: Salimbene p. 237, 240. — Benven. Imol. ed. Lacaita II. 174. — Milioli, Liber de Temporibus M. G. Ss. XXXI, 527. — Historia Miscella di Bologna. Murat. Ss. XVIII, col. 288 (zu 1276 über Parteizugehörigkeit des Bruders des Loderengo). — Ferner Gozzadini, Cronaca di Ronzano p. 101. — Ders., Le torri gentilizie p. 78, 207. — Eine Schwester des Loderengo, Diana, Dominikanerin, wurde 1893 von Leo XIII. heilig gesprochen. Reichert, „Acht ungedruckte Dominikanerbriefe" im Histor. Jahrbuch der Görres-Gesellschaft 1897, p. 363. — Père Cormier beschrieb in einem mehr zu Erbauungszwecken bestimmten Buch, Diane d'Andalò, ihr Leben.

[3]) Ihr genauer Titel wird in der Urkunde vom 31. Juli 1266 im Protokoll des Notars Attaviano di Chiaro (1266—91), A. 400, f. 2ª genannt.

[4]) Mart. II, col. 321.

[5]) Zuletzt urkundlich als Podestà 1266, 25. Mai. SAF. — Cisterc. (bezeichnet 22. Mai). — Ebendort 2. Juli (in Urkunde vom 28. Juni) zuerst genannt: „Frater Catalanus deputatus ad regimen civitatis Flor." — In Forsch. usw. II (S. Gimign.), 919 ist der Druckfehler Lodovico in „Loderengo" zu bessern. Der eigentliche Name des Catalano ist nicht, wie dort nach Villani angegeben, Malavolti. S. oben.

gehende Kunde von Kämpfen gegen sie. Florenz war im April gegen die den Gherardini gehörige Burg Montecorboli ausgezogen, die an der über San Casciano nach Siena führenden Straße lag; die Guelfen hatten wahrscheinlich den Versuch gemacht, sich auch dort, zwischen der Elsa und dem Pesatal, wie am obern Arno festzusetzen, aber das Kastell verfiel nebst den dazu gehörigen Häusern vollständiger Zerstörung.[1]) Trotz solcher Mißerfolge fühlten die Guelfen sich der Zukunft sicher; einzelne wagten sich, obwohl noch Bann und Todesurteile über ihren Häuptern schwebten, vor die Mauern der Heimat und hielten im Kloster der Santissima Annunziata im Cafaggio bei den Serviten geheime Beratungen mit Freunden und Anhängern aus der Stadt.[2]) Da sich die Rückkehr verzögerte und die erhofften Bewegungen der Bürgerschaft trotz der herrschenden Spannung und Gärung auf sich warten ließen, stillte ein Teil der Vertriebenen seinen Tatendurst durch erneute Teilnahme an den Kämpfen in der Landschaft nördlich des Apennins. Dort belagerten die Modenesen seit dem Mai die Burg Montevalari. Parma, Reggio und Bologna leistete ihnen Hilfe; sie hatten deutsche Ritter in Sold und riefen außerdem die florentiner Guelfen an ihre Seite. Die aus Modena vertriebenen Grasulfi, etwa tausend Mann stark, hielten das Kastell besetzt, das die Gegner mit einem Heer von zweitausend Rittern und einer großen Masse Fußvolkes belagerten; der Kampf verallgemeinerte sich, denn unter Führung von Manfredi de' Pii eilten zum Entsatz deutsche Ritter — es scheint von der toskanischen Ghibellinen-Liga — nebst tuszisch-ghibellinischer Ritterschaft und zweihundert von der Partei der bologneser Lambertazzi herbei; die Hilfe blieb indes vergeblich, denn die Feste mußte nach etwa sechs Wochen harter Belagerung am 4. Juli kapitulieren.[3]) Auch hier hatte die Partei der „der Kirche Ergebenen" über die Gegner den Sieg erkämpft; es scheint, daß der Erfolg in der Ferne den florentiner Guelfen den Mut gab, im Juli einen Handstreich gegen die eigene Stadt zu planen, doch wissen wir nicht, ob der Angriff versucht und abgeschlagen wurde, oder ob er unterblieb. Florenz hatte an Siena wegen der drohenden Gefahr ein Hilfegesuch gerichtet, aber wir erfahren nicht, ob die erbetene Entsendung der deutschen im Solde Sienas stehenden Ritter in der Tat erfolgte oder ob sie sich nach kurzem als überflüssig erwies.[4])

Teilnahme der florentiner Guelfen an den Kämpfen um Mode [illegible]

Clemens IV. und Guido Novello.

Die Macht, durch die sich die Ghibellinenherrschaft in Florenz einstweilen noch zu behaupten vermochte, beruhte durchaus auf den fünfhundert deutschen Rittern der Liga, die Guido Novello befehligte, und auf weitern hundert, die Florenz für sich in Sold hielt. Der Papst hatte den größten Wert darauf gelegt, den Schwager Manfreds, das Haupt seiner Gegner, zu gewinnen und

---

[1]) Forsch. usw. II. 907. — Libro dei Danni dati, Ildefonso di S. Luigi, Delizie VII. 228.

[2]) Vill. VII. 13.

[3]) Cronaca Tassoni ed. Vischi. Mon. di Storia Patria per le Prov. Modenesi XV. 65.

[4]) SAS. — Cons. Gener. 11. f. 21. 22 (1266, 17. und 18. Juli).

da dieser sich bei dem Vorgänger des Clemens selbst um die Aussöhnung bemüht hatte, schienen derartige Verhandlungen keineswegs aussichtslos. Eine seltsame Mischung kurialer Feierlichkeit und persönlicher Leidenschaftlichkeit charakterisiert fast alle Schreiben des Clemens; er hegte zum Kardinal Ottaviano das Vertrauen, daß er es verstehen werde, den Standesgenossen der ghibellinischen Sache abwendig zu machen, und schrieb ihm: „Wenn wir auch noch nicht für gut befanden, den Grafen Guido Novello zur Entgegennahme unserer Befehle zuzulassen, da er uns schwerer als alle andern beleidigt und das Vikariat jenes pestilenzialischen Menschen geführt hat, den Gott aus dem Wege räumte, so beabsichtigen wir dennoch nicht, ihm den Busen väterlichen Mitleids zu verschließen, und deshalb halten wir es für nützlich, daß seinerseits nichts geschehe, wodurch er die Erlangung dieser Gnade erschweren könne."[1]) Der nüchterne Grund des „väterlichen Mitleides" war für den schärfer Blickenden klar genug, und er trat auch am Schluß des pathetischen Schreibens deutlich hervor; Guido Novello verfügte noch über einige jener wichtigen Reichsburgen, die er den Lucchesen bei ihrer Unterwerfung unter die Gebote Manfreds abgenommen, während er andere den Pisanern hatte ausliefern müssen.[2]) Die Furcht des Papstes ging dahin, Guido könne diesen Reichsbesitz „an einen andern" übergeben, und mit diesem „andern" konnte Clemens nur den jungen Konradin von Schwaben meinen; einige Monate später äußerte er sich voll Verachtung gegen den „armen, nackten Knaben", aber er mußte trotzdem zugeben, daß dessen Anhänger in Italien auf ihn als auf ihren Abgott blickten, und er war sehr genau darüber unterrichtet, wie Spoleto und Ankona ihre Gesandten an den jungen Herzog über die Alpen schickten,[3]) er kannte die engen Verbindungen, die der angeblich Mißachtete in Rom, in der Lombardei, in Toskana unterhielt, wie den Eindruck, den Konradins Briefe dort erregten. Mit schlecht verhehlter Sorge vernahm er, daß in Deutschland Fürsten und Prälaten über die Erwählung Konradins zum deutschen König unterhandelten, der freilich der dritte neben dem Engländer und dem Kastilianer gewesen wäre, und er sah mit Schrecken, wie sich die staufische Gefahr von neuem vor ihm erhob. Im Spätherbst eröffnete er in Viterbo die kirchlichen Prozesse, die üblichen Vorläufer der feierlichen Verfluchung, gegen den schwäbischen Knaben „von zartem Alter, doch von frühreifer Bosheit".[4])

Clemens und Konradin.

Die Verhandlungen der Kurie mit Guido Novello scheinen sich während einiger Zeit hingezogen haben, denn Clemens wünschte dem verhaßten Jüngling in ihm den wichtigsten toskanischen Anhänger zu entziehen. Wie der Graf im Lucchesischen durch Besitz von Burgen und Gebieten, so war er Siena gegen-

[1]) 1266, 30. April, Mart. II, col. 317.

[2]) Über in seiner Macht befindliche Burgen im untern Arnotal und in Val di Nievole Ptol. Luc. Ann. zu 1267.

[3]) Päpstl. Schreiben an Kardinal Simon, Rektor der Mark Ankona; 1266, 16. Oktober, Mart. II, col. 416.

[4]) Reg. Imp. 9740.

über dadurch stark, daß er Geiseln, offenbar Angehörige der vornehmsten Familien, in seinem Gewahrsam hielt, die er sich ungeachtet aller Ergebenheit der Bürgerschaft im Namen Manfreds hatte stellen lassen, und diese lebenden Pfänder erlangten jetzt in der Zeit der Verhandlungen der Sienesen mit dem Papst eine große Bedeutung. Da Guido kurze Zeit nach dem Tage von Benevent den Titel eines königlichen Vikars ablegen mußte,[1]) und es keinen König mehr gab, verlangten die Sienesen die Herausgabe ihrer Knaben oder Jünglinge;[2]) doch tat er ihnen nicht den Willen, obwohl sie sich sogar dazu herbeiließen, ihm das Amt eines Volkskapitans anzubieten, wozu der nicht eben volksfreundliche Feudalherr recht wenig geeignet war;[3]) sie baten die florentiner Behörden durch eine Gesandtschaft um ihre Vermittelung, und die Angelegenheit wurde von ihnen um so eifriger betrieben, als der Graf, vermutlich gereizt durch den scheinbar nahen Abschluß Sienas mit der Kurie, die im Kastell Poppi in seiner Hut Befindlichen gegen Recht und Brauch als Gefangene behandeln ließ. Die Gesandten mußten sich in Florenz mit der vom Frater Catalano erteilten Antwort begnügen, man könne sich nicht in die Angelegenheiten des Guido Novello einmischen und dürfe ohne besonderen Befehl des Papstes auch nichts gegen ihn unternehmen.[4]) Clemens beauftragte den französischen Prälaten, in dessen Hände er die Regelung der Beziehungen zwischen der Kurie und Siena gelegt hatte, mit einer Untersuchung der Angelegenheit, aber diesem fehlte jede Macht und jedes Mittel, um den im Casentino Eingekerkerten zur Freiheit zu verhelfen oder den Ghibellinenführer seinem Willen zu beugen.[5])

Guido war weit davon entfernt, sich an den „Busen väterlichen Mitleids" zu flüchten und sich danach zu drängen, die päpstlichen Befehle entgegenzunehmen. Er machte im Gegenteil, offenbar unter dem Einfluß der Hoffnungen, die Nachrichten aus Deutschland, aus Konradins Umgebung bei ihm und seinen Parteigenossen erweckten, gemeinsam mit den Kapitanen der florentiner Ghibellinenpartei den Versuch, die Liga, die ursprünglich zu Manfreds Ehren und unter dessen Ägide geschlossen war, zu erneuern. Er entbot Anfang September 1266 Vertreter der Städte, die dem Bunde angehört hatten, nach San Miniato, wo einer seiner Parteigänger, Bruno degli Uberti,[6]) als Podestà die Gewalt

Die Erneuerung der Ghibellinen-Liga.

[1]) Es muß zwischen 1. April, wo er den Titel noch führt (Forsch. usw. II. 906), und 22. April (SAS. — Riform.) geschehen sein, an welchem Datum er nur als Pfalzgraf in Tuszien bezeichnet wird. Am 25. April 1266 wird er in San Gimignano (Reg. 910) „vormals königlicher Vikar" benannt.

[2]) 1266, 22. April. — SAS. — Riform.

[3]) In derselben Urkunde.

[4]) 1266, 1. September, SAS. — Riform. — Der sieneser Notar, der die Urkunde hierüber rogierte, nannte den Catalano irrig „Castellanus" und bezeichnete ihn als „von Gottes und des Papstes Gnaden, Podestà von Florenz".

[5]) Der betr. Auftrag des Papstes an Languissel 1266, 19. September (Notarielle Abschrift vom 25. September), SAS. — Riform.

[6]) Urkunde 1266, 11. August, SAF. — S. Miniato.

innehatte. Pisa trat mit allem Nachdruck dafür ein, daß der Ghibellinenbund unter den veränderten Verhältnissen auf neuer Grundlage errichtet werde,[1]) und trotz des Zögerns einzelner Kommunen, die sich ungern auf den gefahrvollen Plan einließen, muß er zustande gekommen sein, da die von ihm unterhaltene Taglia der deutschen Soldritter weiter in Waffen blieb. Gegen sie und ihren unbußfertigen Führer richtete sich des Papstes vollster Zorn; je mehr er Karl von Anjou zu tadeln und zu vermahnen hatte, je mehr er Grund fand, ihm vorzuwerfen, er betrüge selbst seine Provenzalen, niemand traue seinem Wort, die Leute im Königreich könnten vor Gericht nicht zu ihrem Rechte gelangen, er sei gegen seine Untertanen voll Verdacht, wie ihr Herrscher ihnen verdächtig sei,[2]) je stärker in Süditalien der Druck der Franzosen als ein unerträglicher empfunden wurde, je mehr Sizilianer nach Norden eilten, um dem schwäbischen Kinde, nach dem Ausdruck eines zeitgenössischen Schriftstellers, gleich dem Christusknaben Myrrhen und Weihrauch darzubringen[3]) — um so mehr mußte Clemens daran gelegen sein, dem jungen Konradin die Möglichkeit zu entziehen, von Toskana aus sein in Gärung befindliches südliches Erbland anzugreifen. An die florentiner Behörden erging am 18. (oder 19.) Oktober 1266 des Papstes zornige Mahnung: die Stadt habe ihm zwar Gehorsam gelobt, aber sobald er eine Probe dieses Gehorsams verlange, begegne er offener Rebellion; er habe befohlen, die „verbrecherischen Deutschen, die perfiden, gebannten Feinde des apostolischen Stuhles“ zu verjagen und Jacopo de Collemezzo zum Podestà zu erwählen; er schweige für jetzt von den von Florenz ausgehenden Machinationen gegen die römische Kirche und gegen König Karl, die in nahen und entlegenen Gegenden angezettelt würden; zehn Tage nach Erhalt dieses Schreibens seien die Deutschen aus der Stadt zu treiben. Gegen die Guelfen und gegen die Konfinierten dürfte in keinem Prozesse verhandelt werden, ehe jener Jacopo nicht das Podestà-Amt angetreten habe; diesem päpstlichen Vertrauensmann sei die Stadtregierung nebst der Jurisdiktion ungeteilt zu überlassen.[4]) Jacopo de Collemezzo (oder Colledimezzo) war ein römischer Baron aus den Volskerbergen, ein Vasall der Kirche; da die Florentiner ihn nicht als Podestà aufnahmen, ihm auch nicht das Salär zahlen wollten, das der Papst ihm angewiesen hatte, verfielen sie der „kleinen Exkommunikation“, die indes ohne ernstere Folgen

Clemens' Verlangen an die Florentiner wegen Vertreibung der deutschen Soldritter.

[1]) Von den betr. Verhandlungen geben nur die Regesten 926 und 927 (1266, 3. September), Forsch. usw. II (S. Gimign.), Kenntnis.

[2]) Schreiben an ihn vom 22. September und 14. Dezember 1266, Mart. II, col. 406, 431.

[3]) Nicolaus de Jamsilla, Murat. Ss. VIII, col. 609.

[4]) Schreiben des Papstes „fratribus civitatis Florentie rectoribus vel eorum alteri, consilio, prioribus artium et communi civitatis ejusdem“, Mart. II, col. 418; nach dem Druck wäre es undatiert. Dies beruht, wie ein Vergleich durch Monsignor Vattasso von der Vatikan. Bibliothek ergab, den er auf Ersuchen des Verfassers auszuführen die Güte hatte, auf einem Irrtum. Das Schreiben trägt den Vermerk „Dat. ut supra“, d. h. Viterbo 18. Oktober 1266.

38*

blieb und die dann im Juli 1268, wie es scheint, auf Grund gütlicher Einigung wieder aufgehoben wurde.[1])

Die Frati Gaudenti hatten, wie man sieht, dem Papst durch ihre florentiner Regierungstätigkeit eine vollständige Enttäuschung bereitet; er stand im Begriffe, sie mit allen Unehren fortzuschicken; sie hatten den Zünften den ihnen vom Grafen Napoleone widerwillig gewährten, dann wieder entrissenen Anteil an der öffentlichen Gewalt von neuem einräumen müssen.[2]) Wahrscheinlich brachten diese Genossenschaften den von Clemens beschützten Guelfen, gegen die sechs Jahre der Kämpfe viel Erbitterung erzeugt haben müssen, und die die Bürgerschaft zu dem Blutbade von Montaperti geführt hatten, durchaus keine wohlwollenden Gesinnungen entgegen; noch bargen die Gefängnisse Sienas viele der Ihren, und Tausende waren in Kummer, Mangel und Kerkernacht zugrunde gegangen. Der französische Jurist auf dem Apostelstuhle, der die in seiner Heimat gültigen Ideen von der absoluten königlichen Herrschermacht in seine neue universelle Machtstellung hinübergenommen hatte, war jeder Art von volkstümlicher Gewalt abhold; da er Stadtregent von Florenz und die Frati Gaudenti nur seine ausführenden Organe waren, ließ er sich die Teilnahme der Zünfte an der städtischen Regierung sicherlich höchst ungern gefallen; er hatte verlangt, daß bis Pfingsten 1266 der Friede mit den Guelfen geschlossen werde, doch der Herbst war gekommen, und noch immer befanden sie sich in der Verbannung. Am ärgsten wird es ihm gewesen sein, daß, nach seinem Ausdruck, von Florenz allerlei „Machinationen" gegen ihn und König Karl ausgingen, die in die Ferne wirkten, womit nur Verhandlungen gemeint sein können, deren Fäden nach Konstanz und Augsburg zum Hoflager Konradins liefen. Er wollte statt der beiden „Ritter der Jungfrau Maria" eine Persönlichkeit zum Leiter der Stadt einsetzen, von deren Energie er mehr erwartete, und ausdrücklich verlangte er, daß sein Vertrauensmann die Gerichtsbarkeit allein und ungeteilt ausübe, daß er im Namen des Papstes als unbeschränkter Herr der Stadt walte, daß ihm kein Vertreter des Volkes konkurrierend an die Seite gestellt werde.

Trotz solcher dem Popolo gegenüber wenig wohlwollenden Haltung ihres Oberherrn gelang es endlich der Geschicklichkeit der beiden geistlichen Ritter, sicherlich unter der tätigen Mitwirkung von Priestern und Mönchen, die Handwerker in dem hauptsächlichsten Punkt für den Willen des Clemens zu gewinnen. Empfand die arbeitende Bürgerschaft keine Liebe für die Guelfen, so hegte sie für die Ghibellinen, die Urheber der Niederlage, die Partei, um derentwillen man ein endloses Interdikt erduldet hatte, noch weit stärkere Abneigung. Während jahrelanger Herrschaft sammelt sich bei den Regierten stets eine Fülle von Abneigungen, von verletzten Interessen und von Übelwollen jeder Art an; der Konflikt mit der Kirche hatte dem Handel Schwierigkeiten gebracht, muß Stockung des Absatzes und schlechten Geschäftsgang des Gewerbes herbeigeführt haben; die verhüllte Drohung mit dessen Erneuerung erregte wahrscheinlich bei

[1]) S. Forsch. usw. IV. S. 186. — [2]) S. S. 595 Anm. 4.

wenigen fromme Schauer, aber bei vielen Furcht vor Wiederkehr der kaum überwundenen wirtschaftlichen Störungen. Fast alle großen Handelshäuser hatten in der Stadt ihre Geschäfte eingestellt; die Inhaber waren, als sie sich dem Papst unterworfen hatten, heimlich davongegangen, hatten ihre Geldmittel in Darlehen an die Kirche und in Vorschüssen an Karl von Anjou festgelegt. Die Kreditverhältnisse müssen infolgedessen äußerst schwierige geworden sein, und nur eine friedliche Rückkehr der großen Kaufleute, die Wiederaufnahme der Geschäfte durch ihre Sozietäten, konnten dem drückenden Zustande ein Ende bereiten. Auch die sechzig Bürgen, die dem Papst gegenüber mit ihrer Habe für Erfüllung der eingegangenen Verpflichtungen hafteten, werden mit Schrecken einem möglichen Wiederausbruch des Zwistes entgegengesehen haben.[1]) Graf Guido Novello, dessen Vertreibung der Papst forderte, erfreute sich gewiß keiner persönlichen Beliebtheit beim Volk, und seine deutschen Soldritter werden in den Jahren seit Montaperti die Herzen schwerlich durch rücksichtsvolles Auftreten und strenge Mäßigung gewonnen haben; die Geistlichkeit wird nicht nur die Abneigung gegen sie geschürt, sondern auch den wahrscheinlich zuvor nicht empfundenen nationalen Haß nach bestem Vermögen erregt haben. Überdies muß seit Mitte des Oktober in Toskana das Gerücht verbreitet gewesen sein, König Karl von Anjou stehe im Begriff, eine Schar seiner gefürchteten Ritter den Guelfen zu Hilfe und zum Kampf gegen das derzeitige florentiner Stadtregiment zu entsenden, das die Verbannten immer noch nicht in die Heimat zurückberufen hatte; gleichzeitig müssen diese selbst sich zu einem Angriff gerüstet haben, denn der sieneser Volksrat trat am 19. Oktober in eifrige Beratung über den Beistand, der „unsern Brüdern und Freunden, den Ghibellinen von Florenz" zu gewähren sei, und er beschloß, die hundert deutschen Ritter, die die Stadt in Sold hielt, an den Arno zu senden, auch noch eine kleine Zahl zu diesem Zweck neu anzuwerben; zugleich wurden gewisse Edle der Grafschaft von besonders ausgeprägter ghibellinischer Gesinnung, zumal die Grafen von Elci und Bonifazio Cacciaconti aufgefordert, sich nebst den Berittenen und den Armbrustern ihrer Gebiete jenen anzuschließen, ja selbst der Auszug der gesamten Bürgerschaft unter Führung des Podestà von Siena wurde geplant. Zuvor hatte man einen Gesandten nach Florenz geschickt, um sich über die innern Verhältnisse zu orientieren und um erneut die Angelegenheit der Geiseln mit Guido Novello zu besprechen. Die Häupter der florentiner Ghibellinen legten sich ins Mittel, und da der Graf sich jetzt auf die Unterstützung der Sienesen gegen seine florentiner Widersacher angewiesen sah, war er zur Nachgiebigkeit bereit; die Angelegenheit sollte durch einen in Pisa zu fällenden Schiedsspruch erledigt werden, aber es scheint, daß die Zurückhaltung der Geiseln in Siena doch so starke Erbitterung erzeugt hatte, daß die „Brüder und Freunde" zur Stunde der Gefahr in Wirklichkeit nur recht geringe Hilfe erhielten; vom Auszuge der gesamten sieneser Bürgerschaft war nicht weiter die

[1]) Forsch. usw. IV, S. 181, „Die Vertreibung der Ghibellinen im November 1266 und im April 1267".

Rede, und auf das Hilfsbegehren, das an Pisa, Pistoia und andere Städte der Liga erging, stellten sich insgesamt nur neunhundert Ritter am Arno ein. Außer auf die eigene Kraft und ihren Anhang in der Bürgerschaft konnten sich die Ghibellinen ferner auf die fünfhundert deutschen Ritter, sowie auf die hundert im Solde von Florenz, insgesamt auf eine Hilfe von fünfzehnhundert Rittern stützen; eine solche Macht hätte zweifellos ausgereicht, um sich zu behaupten, wären die Führer klug und entschlossen gewesen und hätte in den Reihen der Bedrohten Einigkeit geherrscht.

Konradins Hoftag in Augsburg. Was Papst Clemens und die in die größeren Zusammenhänge der Ereignisse Eingeweihten zur Anspannung aller Energie veranlaßte, war die Kunde, der junge König Konradin halte soeben zu Augsburg einen großen Hoftag, um den Zug nach Italien vorzubereiten; die zahlreich versammelten Fürsten stimmten dem kühnen Abenteuer zu, das den Enkel von Norden nach Süden führen sollte, wie Friedrich II. einst durch ein ähnliches zum Herrn von Deutschland geworden war; selbst die deutsche Dichtung erhob ihre Stimme, um das schwäbische Kind anzufeuern, es dem Ahnen gleich zu tun.[1] Verbreitete sich erst allgemein die Zuversicht, daß der Staufersproß in naher Zeit an der Spitze eines deutschen Heeres in Italien erscheinen werde, so war auf eine entscheidende Wendung zugunsten der Guelfen in Florenz und damit in ganz Toskana schwerlich mehr zu rechnen.

Wir kennen die Mittel nicht im einzelnen, die die Vertreter des Papstes anwandten, um das Volk zu gewinnen. Wenn Dante die Frati Gaudenti in die Hölle der Heuchler versetzt, so wird er in frühen Kinderjahren von mancher ihrer unlautern Machenschaften gehört haben, von denen zu uns keine Kunde gelangt ist. Der Ehrgeiz mochte sie stacheln, das Vertrauen des Papstes, das sie bereits verloren hatten, in letzter Stunde wiederzugewinnen. Der Verrat, der im Lager der Ghibellinen ausbrach, mag von ihnen angestiftet sein, und es scheint, daß sie sich zur Agitation gegen Guido Novello einer der üblichen Steuerausschreibungen zur Soldzahlung an die deutschen Ritter bedienten, obwohl sie diesmal nur $^1/_2$ Prozent der Einschätzung betrug. Vor allem aber war die Zeit für die Bewegung reif, und die Handwerker und Händler der Zünfte warteten ungeduldig des Tages, an dem sie die zweifache Niederlage, die Einkerkerung ihrer Führer an den Ghibellinen rächen könnten. Der Übertritt eines der mächtigen Ghibellinengeschlechter, der Soldanieri, dessen Oberhaupt der Ritter Gianni oder Giannuzzo sich an die Spitze der gegen Guido Novello gerichteten Bewegung stellte, gab dem Volk Mut und Kraft, einen Aufstand zu wagen, obwohl die Gegner gewarnt und vorbereitet waren. Am frühen

Volksbewegung am 11. November 1266. Morgen des Sankt Martinstages standen, einem geheimen Losungswort folgend, die Popolanen in Waffen, und im Bündnis mit ihnen erhob sich auch derjenige Teil der Bevölkerung, der insgeheim guelfische Sympathien hegte, oder mindestens der Ghibellinenherrschaft abhold war und einen Frieden der Parteien wünschte; das nächste Ziel aber bildete, dem Verlangen des Papstes gemäß, die

[1]) Reg. Imp. 4807–4815. — Hampe, Konradin 95 ff.

Vertreibung der Ritterschar des Guido Novello. Das Volk hielt dicht gedrängt die Straße besetzt, die zur Kirche Santa Trinita und zu der nach ihr benannten Arnobrücke führte;[1]) der feste Palazzo der zu ihm übergetretenen Soldanieri, nebst dem Turm Scarafaggio, der schon in den Stadtkämpfen vor zwei Jahrzehnten eine bedeutsame Rolle gespielt hatte, bot den Popolanen einen wichtigen Stützpunkt, und an einem den Girolami gehörigen Turm nahe der Kirche San Michele Bertelde (jetzt San Michele e Gaetano an Piazza Antinori) waren starke Barrikaden zum Schutz gegen den drohenden Angriff der Ritterschaft errichtet, sogenannte „Serragli", Brustwehren aus Balken, die fest mit eisernen Ketten verbunden waren.[2]) Guido Novello versammelte seine anderthalb tausend Ritter nebst seinen städtischen Parteigängern am Battistero und rückte gegen die Serragli vor; nahe San Michele Bertelde, an der Straße, die von dieser Kirche nach Mercato Vecchio führte (jetzt Via Corsi), lag der Palast der Tornaquinci (nachmals Tornabuoni) in Trümmern; er war von den Ghibellinen zerstört worden, weil das Geschlecht nach Montaperti aus der Stadt gezogen war und die Heimat mit den andern Guelfen von draußen her bekämpfte.[3]) Auf dem Schutt des demolierten Grundstückes versuchten sich die Ritter festzusetzen, um von dort gegen die Barrikaden vorzugehen, aber es war klar, daß bei solchem Kampfe in der Enge der Nachteil auf seiten der Berittenen und Gepanzerten sein mußte. Einige kühne Deutsche wagten sich zu Roß an die Verhaue heran, aber vor einem Hagel von Pfeilen der Armbruster, vor den Geschossen und Steinen, die von den Türmen auf sie niederprasselten, mußten sie sich zurückziehen. Einen offenen Angriff gegen die ansehnliche Schar hätten die Handwerker und Popolani allerdings nicht gewagt, aber den Guido Novello mochte die Furcht beschleichen, daß die Erhebung des Volkes nur das Vorspiel eines Angriffes von draußen sei, und der Übertritt des Geschlechtes der Soldanieri erfüllte die Ghibellinen mit gegenseitigem Mißtrauen, den Grafen mit Zweifel an der Treue seiner Anhänger in der Bürgerschaft. Einem Angriff der, möglicherweise durch französische Ritter Karls von Anjou verstärkten Guelfen hätte Guido Novello in der vom Aufruhr erfüllten Stadt nicht Stand halten können. Aus dem Landgebiet, in der sich wie ein Lauffeuer die Kunde verbreitet hatte, ganz Florenz sei in Waffen, überall werde gekämpft, kam die Nachricht, der Aufstand habe dort sogleich sein Echo gefunden, in den kleinen Ortschaften seien blutige Tumulte ausgebrochen.[4]) Graf Guido

[1]) Die jetzige Via Tornabuoni.

[2]) In dem Bericht Villanis VII, 14 ist nur von der Torre de' Girolami die Rede. Daß nicht der in der Via Lambertesca gelegene, noch aufrecht stehende Turm gemeint sein kann, ergibt sich von selbst. — Das Grundstück des Clarus Gerolami im Popolo San Pancrazio wird im Libro dei danni dati, S. Luigi, Delizie VII. 244 angeführt.

[3]) Familien-Rikordanz der Tornaquinci, Cod. Riccard. 1885 (saec. XIV), f. 2. — Libro dei danni dati l. c. 243.

[4]) Forsch. usw. IV, S. 182 „Die Vertreibung der Ghibellinen im November 1266 usw."

kam auf den ritterlichen, aber nicht eben klugen Gedanken, zu wiederholen, was die adligen Herren so oft mit Erfolg getan, den Kampf aus den Straßen der Stadt in die Landschaft zu verlegen, das Gefecht in schmalen Gassen und gegen Barrikaden aufzugeben, um sich draußen mit den Gegnern zu messen; er erkannte nicht, daß die Zeiten verändert seien, daß es sich nicht mehr wie ehedem um Fehden der kriegstüchtigen Ritterklasse gegen die „Fußleute" handle, sondern daß die Handwerker durch ununterbrochene Kämpfe geschult waren, und daß auf der Seite des Volkes der Papst stand, der zugleich seine Hände schützend über die Guelfen breitete. Er überschätzte die Gefahr, die innerhalb der Mauern drohte und verkannte die bei weitem größere, die sein Abzug in sich barg. Nach einigen Versuchen, die Serragli zu durchbrechen, ließ er die Feldzeichen wenden und ritt mit seiner Schar nach der Piazza di San Giovanni zurück; von dort zog er mit ihr vor den Palazzo del Popolo, den er so lange bewohnt hatte. Während die Ritter, unbeschädigt durch den vorschnell aufgegebenen Kampf, dichtgeschart von der Kirche San Firenze bis zu der versperrten Porta San Piero aufgestellt waren, verlangte er von den Frati Gaudenti die Schlüssel eines der Stadttore; von seinem Rosse her führte er die Verhandlung mit Loderengo und Catalano, die an den Säulenfenstern des „Bargello" standen und die ihren üblen Ruf als Heuchler verdienten, da sie ihm freundlich zuredeten, die Stadt nicht zu verlassen, denn die Gefahr sei so groß nicht, wie sie ihm erscheine. Zweifellos aber wünschten sie nichts dringender, als daß durch seinen Exodus das Verlangen des Papstes, ihres Auftraggebers Erfüllung finde. Guido Novello, voll Mißtrauen gegen alle und ohne Vertrauen auf sich selbst, verlangte die Schlüssel, die ihm zögernd, aber frohen Herzens gegeben wurden. Die guten Worte der Frati Gaudenti hatten wohl zugleich den Zweck, sie selbst vor einem Angriff durch die drunten haltende Ritterschaft zu schützen und in dem Grafen den Verdacht zu wecken, man wolle ihn zu seinem Verderben in der Stadt zurückhalten. Als er sich eines der Tore sicher wußte, überkam den Freund des Astrologen, der ihm vielleicht mit Recht für diesen Tag ungünstige Aspekten verkündet hatte, noch die weitere Furcht, er könne durch Geschosse aus den Häusern und von den Türmen verletzt werden; deshalb verlangte der seltsame Held, drei volkstümliche Männer sollten neben und hinter ihm reiten, bis er im Freien sei,[1]) was ihm natürlich gewährt wurde. So zog die Ritterschar nebst den Führern der Ghibellinen, die sechs Jahre lang Florenz beherrscht hatten, ruhmlos, zu höchster Verwunderung ihrer Gegner durch das am Ponte Rubaconte (Ponte alle Grazie) gelegene Ochsentor aus der Stadt; sie umritten die Mauern, wobei sie sich gefallen lassen mußten, daß sie in den Vorstädten, trotz der Geleitsmänner ihres Führers, aus den Häusern mit Steinen beworfen wurden, und gelangten auf die Straße nach Prato, das sie am Abend erreichten. Die Nacht brachte dem

[1]) Vill. VII. 14: Uberto de' Pucci, Cerchio de' Cerchi und Guidingo Savorigi. Cerchio, der sich frühzeitig dem Papst Urban IV. unterworfen hatte (M. G. Epp. III. 601) müßte demnach vor den andern Guelfen nach Florenz zurückgekehrt sein.

Grafen und seinen Genossen klugen Rat, für den es freilich zu spät war; sie kamen zu der Überzeugung, daß ihr Abzug eine Tat der Sinnlosigkeit gewesen sei, und beschlossen, sie ungeschehen zu machen, indem sie am folgenden Morgen sofort wieder nach Florenz zurückkehrten; als sie aber vor der Porta Carraia erschienen, fanden sie diese geschlossen und das noch in Waffen stehende Volk war keineswegs gewillt, auf die Frucht des leicht errungenen Sieges zu verzichten. Als sich die Ritter um die Mauern scharten und drohend Einlaß verlangten, wurden sie von den Türmen her mit Pfeilen beschossen, und als einige von seiner Mannschaft verwundet waren, gab der ewig schwankende Guido Novello das Unternehmen nach einigen Stunden wieder auf; um mindestens etwas auszurichten, besetzte er auf dem Rückmarsche nach Prato die unweit von Campi und von Sesto Fiorentino gelegene Burg Capalle, die bei einem künftigen Unternehmen gegen die Stadt einen Stützpunkt bieten konnte. Unter den Ghibellinen, die sich plötzlich statt als Herrscher in der Heimat, als Vertriebene in Prato sahen, brachen sofort Mißhelligkeiten jeder Art aus und wie üblich maß jeder dem andern die Schuld an dem Geschehenen bei; vermutlich wurden sie erst jetzt inne, daß die Bewegung des Volkes eigentlich nicht gegen sie selbst, sondern nur gegen die von Guido Novello befehligten deutschen Ritter gerichtet gewesen sei.[1]) Aber, meint der florentiner Chronist, der die Vorgänge berichtet: „nach schlechter Überlegung und noch schlechterer Ausführung ist das Beenen vergeblich.“[2]) Solche, die den Parteinamen als Deckmantel benutzten, verübten alsbald in der Landschaft Plünderung, und zündeten privaten Feinden die Häuser an; zwei Mitglieder des Geschlechtes Risaliti und eines des Hauses Giraldi trieben derartige Gewalttaten in dem dicht bei Florenz gelegenen Petriolo; die beiden Brüder Risaliti büßten später die Tat, sie wurden ergriffen, zur Richtstätte geschleift und an der Stelle der jetzigen Piazza della Zecca dem Scheiterhaufen übergeben.[3])

Der Papst war von dem in Florenz erfolgten Umschwung selbst überrascht; er erklärte, dieser Beginn zur Herstellung eines friedlichen Zustandes in Toskana gehe über seine Absichten hinaus,[4]) solcher Wandel sei nicht menschlichem Ratschluß zuzuschreiben, sondern Gott habe mit eigener Hand eingegriffen.[5]) Clemens hatte nur auf eine Vertreibung der ritterlichen Söldner hingearbeitet; statt dessen waren auch die führenden Ghibellinen-Geschlechter aus der Stadt gedrängt und damit der Weg zur Zurückführung der von ihm be-

[1]) Diese Auffassung erklärt auch am besten den Übertritt der ghibellinischen Soldanieri zum Volk.

[2]) Vill. VII, 15. — Über die hier erörterten Vorgänge s. Forsch. usw. IV. 174 ff. „Die Vertreibung der Ghibellinen usw.“

[3]) Ebenda S. 183.

[4]) Schreiben an die florentiner Behörden 1266, 20. November, Mart. II. col. 427.

[5]) Clemens an die florentiner Guelfen, 22. November, col. 428.

schützten Guelfen völlig geebnet. Um die Verhältnisse ganz nach seinem Willen zu regeln, entsandte er zur Regierung der Stadt, bis der von ihm zu ernennende Podestà eintreffe, jenen Elia Peleti, Kanonikus von Beauvais, der schon zu Beginn des Jahres insgeheim der Sache der Kirche in Florenz gute Dienste geleistet hatte; neben ihm blieben die Frati Gaudenti der Form nach bis Ende 1266 in ihren Ämtern, obwohl Clemens ihnen zu verstehen gab, sie könnten jetzt wieder daheim ungestört ihren Ordensgelübden leben; die eigentliche Gewalt lag bei dem Magister Elia, der im Namen des päpstlichen Oberherrn der Stadt handelte, und sich „Missus zur Regierung und zur Reformation von Stadt und Provinz Florenz" nannte; er war mit den Befugnissen sowohl eines kaiserlichen wie eines päpstlichen Legaten ausgestattet, denn Clemens verlieh ihm das Recht gegen die „Rebellen" Geldbußen, körperliche wie Freiheits-Strafen zu verhängen, und zugleich mit Exkommunikationen und Interdikt gegen sie vorzugehen.[1]) Der vom Papst an den Arno entsandte Kuriale war eine Persönlichkeit von großer diplomatischer Befähigung; nach anderthalb Jahren stieg er zur Würde eines Bischofs von Perigueux auf, um später als Patriarch von Jerusalem zu enden; in den Verhandlungen zwischen dem apostolischen Stuhl, König Karl und König Rudolf von Habsburg wegen der Regelung der Verhältnisse des Reiches hat er nachmals eine bedeutende Rolle gespielt.[2])

Elia Peleti als Repräsentant des Papstes in Florenz.

Die Behörden der Sechsunddreißig.

Schon ehe Elia Peleti wiederum in Florenz erschienen war, unmittelbar nach den Ereignissen des Martinstages, hatte das florentiner Volk, um von vornherein der drohenden einseitigen Guelfenherrschaft ein Gegengewicht zu schaffen, eine neue Behörde eingesetzt, deren Aufgabe darin bestehen sollte, der Stadt den Frieden zurückzugeben, etwa wie er vor dem Auszug der Ghibellinen im Jahre 1258 bestanden hatte. Zweifellos war die weitergehende Absicht der Sieger darauf gerichtet, ein populäres, über den Parteien stehendes Regiment zu schaffen, die an der Arbia zusammengebrochene Demokratie wiederherzustellen, aber hier begegneten sie dem harten Willen des Papstes. Zwar sah Clemens ein, daß man das Volk, dessen Erhebung den Umschwung herbeigeführt hatte, nicht mit offener Mißachtung behandeln dürfe, aber nur widerwillig gab er seine verklausulierte Zustimmung zur Ernennung eines Capitano del Popolo; er machte den Vorbehalt, nur ein unbedingt der Kirche ergebener Mann dürfe mit diesem Amte betraut werden, nur einen solchen wollte er dulden, von dem die Organe des päpstlichen Willens ernste Zwischenrede und tatkräftigen Widerstand nicht zu erwarten hätten.[3]) Das Volk sollte, nachdem es seine Schuldigkeit getan, wieder in den Hintergrund treten und zur Machtlosigkeit verurteilt werden, doch es bedurfte erneuter starker Anstrengungen, ehe seine Niederzwingung mit Hilfe der Guelfen wirklich gelang.

---

[1]) Schreiben Clemens' an die florentiner Behörden 1266, 22. November, Mart. II, col. 429.

[2]) Eubel, Hierarchia 417, 286. — Redlich, Rudolf von Habsburg, S. 185.

[3]) Forsch. usw. IV, S. 177.

Dem Friedenswunsche durfte sich der Papst freilich nicht entgegenstellen; jene Behörde zur Erzielung eines Ausgleiches zwischen Ghibellinen und Guelfen, wie zu dessen Aufrechterhaltung, wurde von ihm anerkannt.[1] Noch immer war derjenige Teil der letztern Partei, der im Kampf gestanden hatte, außerhalb der Mauern, und das Volk gedachte, die bisherigen Feinde nicht wieder aufzunehmen, ohne sich gegen ihre möglichen Rachegelüste und gegen Versuche zur Aufrichtung ihrer Herrschaft genügend gesichert zu haben. Ein Teil der Guelfen, hauptsächlich dem mittleren Stande angehörig, hatte niemals die Stadt verlassen, nur die führenden und kämpfenden Geschlechter, sowie andere, die später durch ihr Interesse zu ihnen hinübergeführt waren, befanden sich draußen, wie anderseits die breite Masse der Ghibellinen natürlich auch nach dem Martinstage in der Heimat verblieben war; nur die eigentlichen Parteigänger, die sich unter dem Banner des Guido Novello und der Liga geschart hatten, waren mit ihm nach Prato gezogen. So mußte der Wunsch nach Rückberufung der einen und der andern, nach Frieden und endlicher Herstellung eines leidlich normalen Zustandes die Gemüter aller beseelen, so viele gegensätzliche Nebenabsichten und geheime Hoffnungen auch dabei als Unterströmungen mitwirken mochten. Den verfassungsmäßigen Ausdruck dieses allgemeinen Bedürfnisses bildete eben jene Behörde von sechsunddreißig Mitgliedern, die zu gleichen Teilen aus solchen, die zur ghibellinischen und solchen, die zur guelfischen Partei neigten, zusammengesetzt wurde, wobei natürlich alle ausgeschlossen blieben, die bei den Kämpfen selbst im Vordergrunde gestanden hatten. Die ritterlichen Geschlechter der einen wie der andern Partei müssen sich fast durchweg außerhalb der Stadt befunden haben, und es werden ausschließlich Kaufleute und Handwerker gewesen sein, denen die Aufgabe zufiel, die Fehden und allen aufgesummten Hader zu schlichten; nicht nur stand Partei gegen Partei, sondern auch Geschlecht wider Geschlecht, und viele einzelne Persönlichkeiten waren untereinander in blutigem Haß verfeindet; die das Wunder der Versöhnung bewirken sollten, erhielten den Titel „der sechsunddreißig zur Reformation der Stadt erwählten Männer" und einer der ihren stand als „Kapitan der Sechsunddreißig" an der Spitze.[2]

---

[1] Daß die „Sechsunddreißig" vom Volk vor Eintreffen des Elia Peleti eingesetzt waren, ergibt ihre Erwähnung („ . . electis pariter et erectis personis communibus, quae statum quaerunt pacificum" . .) in dem Schreiben des Papstes an Jacobus de Collemedio vom 23. November 1266. Mart. II. col. 429. Am Tage vorher aber teilte er dem Klerus und den Behörden von Florenz erst aus Viterbo mit, daß er den Elia entsenden werde (col. 428, 429). Die Sechsunddreißig wurden in der Tat noch in der Amtszeit der Frati Gaudenti ernannt und so erklärt sich vielleicht der Irrtum Villanis und der andern Chronisten, die diese Behörde als eine Schöpfung des Loderengo und Catalano ansehen, und dann freilich auch die Bewegung des 11. November aus einem Angriff der Ghibellinen gegen die Sechsunddreißig herleiten.

[2] Forsch. usw. IV, S. 175 ff.

Während sie die Friedensstiftung betrieben, die nur durch Verhandlungen mit den außerhalb der Stadt befindlichen Parteigruppen zum Ziele geführt werden konnte, sah der Magister Elia Peleti seine Aufgabe in einem andern Teile der „Reformation". Sein geheimer, vom Papst aus Viterbo mitgebrachter Auftrag muß dahin gegangen sein, in allen Stücken soviel als möglich die Interessen der Guelfen zu fördern, doch dies nach Tunlichkeit zu verhehlen, denn die vom Papst angestrebte einseitige Parteiherrschaft konnte nur erreicht werden, wenn seine Schützlinge jetzt im Frieden zurückkehrten und wenn anderseits die Volksbewegung soweit eingedämmt wurde, daß der Popolo nicht die eigene Herrschaft zugleich über Guelfen und Ghibellinen aufrichtete. Deshalb erließ Elia am 8. Dezember eine Verordnung, wonach Mordtaten, Verwüstungen und jeder Aufstand durch Guelfen, wie durch Ghibellinen, in Stadt und Gebiet bei strenger Ahndung durch Anathem und Interdikt verboten wurden — Zerstörungen im Auftrage des Papstes und in seinem eigenen sollten allerdings gestattet sein —, wonach aber zugleich jede Bildung einer Vereinigung, jedes Abhalten von Versammlungen, jede Errichtung einer Genossenschaft, das Stiften von Bannern und Abzeichen oder das Umhertragen solcher mit derselben Strenge wie jene schweren Verbrechen bestraft werden sollte.[1]) Da Guelfen und Ghibellinen ihre festen Organisationen besaßen, kann diese Aufhebung des Koalitionsrechtes durch den päpstlichen Kaplan sich nur gegen das Entstehen von Volksvereinigungen, von populären Schwurgenossenschaften und Handwerkerverbrüderungen gerichtet haben. Wie der letzte ghibellinische Podestà eine Volksbewegung zu ersticken versucht hatte, indem er deren Führer ins Gefängnis werfen und in Eisen legen ließ, so bemühte sich der Vertreter des päpstlichen Stadtherrn durch Drohung mit dem Bann der Kirche dasselbe Ziel zu erreichen. Doch er verfehlte es vollständig; das Volk setzte sich einen Kapitan nicht nach des Papstes, sondern nach seinem eigenen Willen; die Wahl fiel auf Piero Bernardi Giuliani aus Orvieto.[2]) Die Leidenschaften müssen in lebhafter Erregung gewesen sein, denn die Zögernden, die es für bedenklich ansahen, dem Willen des Papstes entgegenzuhandeln, wurden durch gewaltsame Mittel eingeschüchtert. Der neue Capitano del Popolo konnte in den letzten Tagen des Jahres 1266, oder in den ersten des folgenden in die Stadt einziehen, worauf der Papst gegen alle, die an seiner Erhebung beteiligt waren, den Bannfluch verhängte. Nach einigen Wochen ließ er dann aus freien Stücken allen die Absolution anbieten, die bekennen wollten, sie hätten sich nur widerwillig an der Aufnahme des Giuliani beteiligt, ihr etwa nur aus Furcht vor mächtigen Nachbarn zugestimmt; als Mittelsmann diente ihm hierbei der Provinzialprior der Dominikaner, Aldobrandino de' Cavalcanti.[3]) Des Papstes Neigung zur Milde erklärt sich aus seinem Wunsche, für neue ge-

Erhebung eines Volkskapitans.

[1]) Forsch. usw. IV, S. 184 f.

[2]) Ebendort S. 186.

[3]) Ebendort.

heime Anschläge den Boden vorzubereiten, den Popolo zu spalten und seine eigene Partei in Florenz zu verstärken.

Die Sechsunddreißig erreichten trotz der inzwischen ausgebrochenen neuen Volksbewegung mindestens teilweise ihr Ziel; nach etwa fünf Wochen der Verhandlungen und Beratungen wurden am 19. oder 20. Dezember die Friedensbedingungen festgestellt und der versöhnlich gesinnte Teil der Guelfen wie der Ghibellinen kehrte unter begeistertem Jubel der Bevölkerung in die Stadt zurück;[1]) Boten wurden nach allen Richtungen hin abgeschickt, um die Einigung nach langem blutigem Zwist zu verkünden, und Glückwunsch-Gesandtschaften trafen am Arno ein, von denen mehrere zugleich die guten Dienste befreundeter Kommunen zur Aufrechterhaltung des städtischen Friedens anboten.[2]) Man hielt Orvieto für am besten geeignet, die neue Ordnung gewissermaßen unter seinen Schutz zu stellen; schon der Capitano del Popolo war aus der dortigen Bürgerschaft gewählt und da der vom Papst zum Podestà bestimmte römische Edle und Lehnsmann der Kirche aus den Volskerbergen, den die Florentiner früher nicht hatten aufnehmen wollen, jetzt seinerseits das Amt ablehnte, wurde mit Zustimmung des Clemens und der Guelfenpartei[3]) Messer Ormanno Monaldeschi, aus der altbefreundeten Stadt zum Podestà ernannt, dem die Orvietaner hundert Ritter zu besserer Bewahrung der Ruhe in Florenz mitgaben.[4]) Es war aber keineswegs geglückt, alle Guelfen zur Annahme der Friedensbedingungen zu bewegen; ein Teil wollte von einem Ausgleich, wollte von Nachgiebigkeit und Versöhnung nichts wissen; sie verblieben, geführt von einem Kapitan, weiter in ihren bisherigen Zufluchtsorten, und der Papst unterhielt mit diesen entschiedensten seiner Parteigänger die engste Verbindung; als im folgenden Monat auch sie eine Anwandlung milderer Gesinnung zeigten, schreckte er sie von der Rückkehr nach Florenz dadurch ab, daß er den Verdacht in ihnen rege machte, der angebotene Friede ziele nur auf Verrat ab, es sei Absicht der Ghibellinen, sie bei der Heimkehr in die Vaterstadt durch eine Anzahl der vertriebenen deutschen Ritter, unter Mithilfe von Sienesen und Pisanern, überfallen und ermorden zu lassen.[5]) Für seine Pläne bedurfte er noch einer unversöhnten Außenpartei.

Friede zwischen Guelfen und Ghibellinen.

Um der Eintracht zwischen den Ghibellinen und der heimgekehrten Mehrheit der Guelfen größere Festigkeit zu geben, wurden auf Veranlassung der Sechsunddreißig zwischen den einzelnen verfeindeten Familien in der üblichen Art notarielle Verträge abgeschlossen;[6]) die herkömmlichen Friedensküsse wurden

[1]) Über diesen „applausus“ äußert sich Clemens IV. in seinem Schreiben vom 27. Dezember 1266 an die florentiner Behörden (Mart. II, col. 436) abfällig oder höhnisch. — Im übrigen s. Forsch. IV, S. 177 und 187.

[2]) Betreffs Perugias s. Forsch. usw. IV, S. 187.

[3]) Schreiben des Clemens vom 27. Dezember 1266. Mart. II, col 436.

[4]) Forsch. usw. IV, S. 186.

[5]) Päpstliches Schreiben vom 18. Januar 1267. Mart. II, col. 440.

[6]) Siehe die Erwähnung in der Chronik des Strinati über den Frieden dieser Familie mit den della Tosa, Forsch. usw. IV, S. 187.

getauscht, und man versicherte sich ausdrücklich wechselseitiger Vergebung aller erlittenen Unbill, Schmach und Schädigung; zugleich griff man zu dem immer wieder benutzten Mittel der Eheschließungen zwischen Angehörigen gegnerischer Geschlechter, das, so oft es auch seinen Zweck verfehlte, auf Jahrhunderte hinaus zu den unvermeidlichen Requisiten jeder Aussöhnung hadernder Parteien gehörte. Zweifellos waren es die Sechsunddreißig, die die bezüglichen Feststellungen trafen, da die Auswahl der zu Vermählenden und die Bestimmung der Mitgift stets einen wesentlichen Punkt solcher Friedensstiftungen bildeten.[1]) Unter den auf diese Art zu Ehren der städtischen Politik Verkuppelten befand sich ein Dichter, der damals noch kaum dem Knabenalter entwachsene Guido Cavalcanti, der nachmalige Freund Dantes; er wurde mit einer Tochter des verstorbenen Farinata degli Uberti verheiratet, während dem Sohn des Farinata, Namens Neri Cozzo,[2]) die Tochter eines der Guelfenführer, des Messer Simone Donati zugesprochen ward; die jugendliche Ravenna Donati sollte zwei Jahre später erleben, daß ihr Gatte als Rebell erklärt wurde, und nach weiteren anderthalb Jahren sah sie ihn auf dem Blutgericht enden, auf das ihn die Partei ihrer eigenen Angehörigen schleppen ließ. Der vormalige Kapitan der Parte Guelfa, Messer Bellincione degli Adimari, ließ seinen Sohn, den Ritter Forese, die Jacoba, Tochter des Grafen Guido Novello, und seinen Bruder Messer Bindo ein Mädchen des Hauses Ubaldini, wohl eine Nichte des Kardinals Ottaviano, zur Frau nehmen; ein Strinati vom Mercato Vecchio erhielt ein Kind aus dem verfeindeten Nachbarhause della Tosa als Braut angewiesen, und ein Pisciancato schloß mit einer Jungfrau des Hauses Strinati den Ehebund. Auf Neigung des Herzens oder selbst auf das Lebensalter der Brautleute wurde keinerlei Rücksicht genommen, um so stärker aber kam die Höhe der Mitgift in Betracht, sowie der Wunsch, die am tiefsten verfeindeten Familien durch wechselseitige Eheschließungen einander zu nähern. In Pistoia fand das Beispiel des florentiner Friedensschlusses acht Tage später Nachahmung, und auch dort werden die angewandten Mittel die gleichen gewesen sein.

Das Prinzip, das bei der Schaffung der Sechsunddreißig maßgebend war, scheint der ganzen Einigung zugrunde gelegen zu haben, derart, daß jetzt alle Ämter, bis hinunter zu denen der Kirchspielkapitane, in der Grafschaft[3]) gleichmäßig zwischen den Parteien verteilt wurden; zweifellos wurden auch die Räte der Stadt zur Hälfte mit Guelfen, zur Hälfte mit Ghibellinen besetzt. Das vom Papst durch kirchliche Strafen bedrängte Volk mochte erkennen, daß die an sich so erwünschte Versöhnung der Gegner seine Hoffnungen auf Wiedergewinnung der alten Macht zu vereiteln drohte und die engen Familienverbindungen der führenden Geschlechter von hüben und drüben scheinen den Verdacht erregt zu haben, daß die Großen und Vornehmen ihren neuen Bund

---

[1]) Del Lungo. Dino Compagni I, 2, p. 1103 ss.

[2]) Forsch. usw. IV. S. 187.

[3]) Ebend. S. 176.

durch eine Vernichtung der Volksrechte besiegeln könnten. Ein Teil der Guelfen hielt sich, wie wir sahen, in unversöhnlichem Groll und in tiefem Mißtrauen selbst gegen die bisherigen Parteigenossen, von der Heimat fern; man wußte, daß der Papst ihr besonderer Schutzherr sei. Mit dem jubelnd gefeierten Frieden der Stadt war es also in Wahrheit traurig bestellt; auch traute man einem Teil der Zurückberufenen so wenig Selbstbeherrschung und Achtung der beschworenen Verträge zu, daß man ohne erneute Konfinationen nicht auszukommen vermeinte. Den Sechsunddreißig, die den Frieden gestiftet, ward die Fürsorge für seine Erhaltung auch in diesem Punkte anvertraut, und nicht nur aus der Stadt, sondern auch aus Ortschaften der Grafschaft mußte ein Teil der kaum Zurückberufenen alsbald in benachbarte Zwangsdomizile übersiedeln.[1])

Clemens Forderung zum Vorgehen gegen die deutschen Ritter.

Wäre es dem Papst nur darauf angekommen, der von ewigen Unruhen gequälten Bürgerschaft den Frieden, der durch Kriege verwüsteten Landschaft einen erträglichern Zustand zurückzugeben, so hätte er sich bemühen müssen, die Gegensätze zu lindern und zu mindern; sein Bestreben aber war auf ein anderes Ziel gerichtet; er verfolgte mit Aufmerksamkeit die Vorbereitungen Konradins, und nicht ein friedliches, sondern nur ein von den Guelfen beherrschtes Florenz gab ihm eine gewisse Gewähr dafür, daß Toskana nicht dem staufischen Jüngling zufallen werde, sobald er in Italien erscheine. Vor allem erregte es seinen Zorn, daß Guido Novello, der persönlich in den florentiner Parteifrieden mit einbegriffen war, die von der Kirche exkommunizierten deutschen Ritter wie früher in der Stadt, so jetzt in der Landschaft beisammen behielt; es scheint, daß einzelne Städte der Liga gemeinsam mit der florentiner Ghibellinenpartei den Sold der Deutschen fortbezahlten; hierin lag freilich eine dauernde Bedrohung, und für Konradin stand eine Kerntruppe bereit, sich unter seinem Banner zu neuen Kämpfen zu erheben. So erklärte Clemens, der florentiner Parteifriede sei dieses Namens nicht würdig; er verlangte Verjagung der Deutschen auch aus dem Landgebiete und drohte mit den schreckenerregenden Rittern Karls von Anjou; er sei es gewesen, der ihre Entsendung bisher verhindert habe, während er jetzt, wenn die Beseitigung der Söldner nicht binnen einer Woche erfolgt sei, „die königlichen Hände lösen werde".[2]) Er hoffte, daß wie sein Gebot im Oktober, auch dieses seine Wirkung üben würde, doch wäre dazu ein Feldzug nötig gewesen; der Brand hätte zweifellos weiter um sich gegriffen, ganz Toskana wäre wieder zum Kriegsschauplatz geworden, und man hätte gerade dann dem gefürchteten Eingreifen des sizilischen Königs mit Sicherheit entgegensehen müssen, auch wäre wenige Tage nach geschlossener Einigung der Bürgerkampf sofort wieder ausgebrochen. Man verhielt sich deshalb ablehnend, doch Clemens war jetzt mit jener düstern

[1]) Forsch. usw. IV, S. 177. — Forsch. usw. II, Reg. 943.

[2]) Schreiben an die florentiner Behörden vom 27. Dezember 1266. Mart. II. col. 436.

Rücksichtslosigkeit, die ein Merkmal seines Wesens bildete, entschlossen, Florenz um jeden Preis unter guelfische Herrschaft, Toskana unter die Gewalt Karls von Anjou zu bringen. Die frühere entgegengesetzte Politik, die die Umfassung Roms von Norden und Süden her durch die Macht des Anjou hatte vermeiden wollen, verschwand vor dem Verlangen, in Tuszien eine Schutzmauer gegen den drohenden Angriff Konradins aufzurichten. Lucca hatte sich bereits freiwillig dem sizilischen König unterworfen; die Bürgerschaft wünschte dem Grafen Guido Novello die noch von ihm besetzten Reichsburgen ihres Gebietes in Val di Nievole und im Arnotale zu entreißen; hierauf legte auch der Papst großes Gewicht, und das Vorhaben gelang, nachdem König Karl zum Podestà der Stadt ausgerufen und Guido Guerra als dessen Stellvertreter aufgenommen war.[1]) Mit Pisa, das ihm aufs äußerste verdächtig sein mußte, führte Clemens gleichwohl an der Kurie Verhandlungen wegen eines zwischen dieser Kommune und ihren luccheser Nachbarn zu schließenden Friedens;[2]) zugleich veranlaßte er Karl, den Kaufleuten der Seestadt, die der König als seine Feinde betrachtete, die Frist für den Aufenthalt im sizilischen Königreich zu verlängern.[3]) Die Pisaner spielten ein doppeltes Spiel, denn zu gleicher Zeit rüsteten sie sich durch Ausdehnung ihrer Macht im Arnotal für künftige Kämpfe, sie besetzten nicht nur Fucecchio und Cappiano, sondern erreichten auch, daß die Ghibellinenpartei von San Miniato ihnen diese Stadt in die Hand spielte, die als Sitz der tuszischen Reichsverwaltung und wegen ihrer zentralen Lage für etwaige neue Wechselfälle große Bedeutung besaß.[4]) Mit Siena dauerten die Verhandlungen der Kurie fort, und der Papst konnte glauben, seinem Ziele nahe zu sein, denn das Volk, das, geführt von den Kleinhandwerkern, den Fleischhauern, Schuhmachern, Wollwebern und andern Handarbeitern, zeitweilig die Macht an sich gerissen hatte,[5]) verlangte, daß sich die Großen ver-

Lucca unterwirft sich Karl v. Anjou.

Pisa.

Siena.

[1]) Guido Guerra trat sein Amt am 17. Dezember 1266 an. Mem. e Docum. II. 334 s. — Bongi. Inventari II. 310. — Ptolem. Lucens. Ann. zu 1266 und 1267.

[2]) Päpstliche Urkunde „ad futuram rei memoriam" über die Verhandlungen 1267, 31. Januar, M. G. Epp. III, 670.

[3]) 1267, 12. Januar, Terlizzi, Cod. Diplom. No. 16. — Päpstliches Schreiben an Karl vom 29. Januar. Mart. II. col. 441.

[4]) Breviar. Pis. Hist. Murat. Ss. VI. col. 196 zum 15. Januar 1267. — Pisaner Chronik des SAL. — Cod. 54 zu 1267, 16. Januar. — Massa Marittima, das dauernd unter dem Einfluß Pisas stand, nahm am 17. Januar 1267 fünfzig deutsche Soldritter in seinen Dienst. (Urkunde, gedruckt bei Niese, Zur Geschichte des deutschen Soldrittertums in Italien in Quellen und Forschungen aus italienischen Archiven usw. VIII, 239.)

[5]) Am 11. März 1267 erreichten die Zünfte, daß ihnen die Türme der Stadt zur Bewachung ausgeliefert wurden. SAS. — Biech 40, f. 26ᵗ. — Daß es sich um die artes manuales handelte, ergibt die Urkunde des vor dem Papst am 13. Mai 1267 erfolgten Friedensschlusses der sieneser Ghibellinen und Guelfen, der von den priores rectorum artium manualium herbeigeführt wurde. Von den sieben hierzu vor dem

söhnten und beschloß in Anlehnung an den Papst die Einigung zwischen den Ghibellinen und den verbannten Guelfen herbeizuführen.

Der Papst und Florenz.

Voll Grimm und Ungeduld blickte Clemens auf Florenz, wo das Volk sich im Gegensatz zu den sieneser Nachbarn unbotmäßig erzeigte, und wo die Bürgerschaft nicht geneigt war, den Kampf gegen Guido Novello aufzunehmen; dieser bildete jetzt mit Corrado Trincia von Foligno und dem Neapolitaner Corrado Capece ein Triumvirat, das in Toskana die Sache des „unvorsichtigen Jünglings Konradin", wie der Papst ihn nannte, betrieb. Die drei waren nach seinen Worten bemüht, „ihr verruchtes Idol" aufzurichten, heimlich und öffentlich Deutsche für den Kaiserenkel in Sold zu nehmen, Bündnisse und Verträge für den „aus dem giftigen Schlangensamen entsprossenen kleinen König" abzuschließen, als dessen Vikar einer von ihnen bereits öffentlich fungiere. Karl von Anjou, so schrieb der Papst an Podestà, Rat und Bürgerschaft von Florenz, könne solche Schmach nicht länger ertragen; er werde sich alsbald persönlich nach Tuszien begeben, einen Teil seiner Ritterschaft aber voransenden, um die Urheber der neuen Parteiung aus dem Lande zu jagen. Das Oberhaupt der Kirche gebot Gehorsam gegen den sizilischen Herrscher, den er feierlich zum allgemeinen Friedensstifter oder Friedensbewahrer, zum „Paciarius generalis" ernannte. Um aber den Florentinern den unvermeidlichen Witz von den Lippen zu nehmen, schrieb er ihnen: der „Paciarius" werde nicht etwa ein „Partiarius" sein, sondern ein Hammer nur für die Halsstarrigen, doch wohlwollend gegen die aus beiden Parteien, die ein ruhiges Leben führen und ihm gehorchen wollten.[1]) Mit dieser Ernennung war den Verhältnissen Toskanas und zumal denen von Florenz für lange Zeit eine entscheidende Wendung gegeben; das Wortspiel aber, dem Clemens vorzubeugen versuchte, entsprach der Wahrheit weit besser als seine eigenen hochtönenden Wendungen.

Ernennung König Karls zum General-Friedensstifter.

Päpstliche Ladung Konradins.

Schnell folgten einander die Ereignisse. Jenes Schreiben wurde am 10. April von Viterbo nach Florenz abgeschickt, vier Tage später, am Tage der Einsetzung des Abendmahles, lud der Papst Konradin zum zweiten Male zur Verantwortung vor sein Tribunal und die Ernennung von Vikaren für Tuszien bildete einen der Anklagepunkte. Zugleich wurden die Städte San Miniato und Poggibonsi unter Interdikt gestellt, weil sie gegen das Verbot der Kirche Boten und Parteigänger des jungen Schwabenherzogs aufgenommen hatten[2]) und der gegen San Miniato geführte Schlag erteilte zugleich den Pisanern eine Mahnung, die sich zu Schutzherren der Stadt gemacht hatten. Poggibonsi seinerseits aber löste seine Schicksale von dem mit der Kurie verhandelnden Siena, wie von Florenz, das dem Papst Gehorsam geschworen hatte; die von Rachedurst erfüllte Kleinstadt,

Interdizierung von San Miniato und Poggibonsi.

Papst erschienenen sieneser Gesandten waren fünf Handwerker. (Päpstliche Urkunde, Bekanntgabe des Friedens enthaltend, vom 30. Mai 1267. Jordan No. 172.) — Vgl. S. 623.

[1]) Päpstl. Schreiben vom 10. April 1267, Mart. II. 456.

[2]) 1267, 14. April. M. G. Epp. III. 673.

die das Banner des Kaiserenkels aufrichtete, sollte ihr Wagnis durch neue furchtbare Buße sühnen.

Entsendung französischer Ritter gegen Florenz.

Als das Interdikt gegen die beiden benachbarten Kleinstädte erging, war der entscheidende Schlag gegen Florenz bereits insgeheim vorbereitet; am letzten Märztag schrieb der Papst an die Außenpartei der florentiner Guelfen: „Erhebt euer Haupt, denn euch ist die Erlösung nahe", zugleich empfahl er ihnen mit besonderer Wärme einen seiner Kapläne namens Ranieri, den er zum Propst des florentiner Kapitels eingesetzt hatte, und der bestimmt war, seinen Absichten in der Stadt vorzuarbeiten.[1]) Clemens setzte von seinen Plänen nicht einmal die Kardinäle der Kurie in Kenntnis, denn er mochte von einzelnen Widerspruch, von andern Verrat des geheimen Planes befürchten. Er „löste", um seinen Ausdruck zu gebrauchen, Karl von Anjou jetzt in der Tat „die königlichen Hände" oder richtiger, er forderte ihn auf, den unversöhnlichen Guelfen, die sich dem Frieden und der Heimat fern gehalten hatten, eine erlesene Schar von Rittern zu Hilfe zu schicken, damit sie sich mit deren Hilfe der Stadt bemächtigen könnten; ein bedeutender Teil der früher zurückgekehrten Parteigenossen muß trotz der Friedensschwüre und Eintrachtsgelöbnisse mit der Außenpartei in verräterischem Einvernehmen gestanden haben. Die Zahl der von Karl entsandten Ritter wird in sehr verschiedener Höhe, zwischen dreihundert und achthundert, angegeben, und nicht ohne Staunen bemerken wir Spätern, mit wie geringer Macht in jenen Zeiten große Umwälzungen von tief einschneidender geschichtlicher und kultureller Bedeutung bewirkt wurden. Die Franzosen, denen zumal seit dem Siege von Benevent der Schrecken ihres Namens voraneilte, standen unter dem Befehl eines Gascogner Seigneur, des Jourdain IV. de l'Isle, und die guelfischen Intransigenten, wahrscheinlich von Guido Guerra geführt, scheinen bereits im Aretinischen zu ihnen gestoßen zu sein, denn auf der Straße, die, von Arezzo kommend, über San Donato in Collina zur florentiner Ebene niedersteigt, trafen sie vereint mit jenen am Abend des 17. April vor Florenz ein. Man lagerte zur Nacht in Ripoli, um die Nachzügler zu erwarten und wohl auch, weil man über die Gärung innerhalb der Mauern unterrichtet, den Vorgängen Zeit zur Entwicklung lassen wollte. Jener 17. April war der Sabato Santo; als sich die Kunde verbreitete, daß die französischen Ritter nahe seien, erhoben sich die Guelfen in Waffen; das erste Blut floß jenseits des Arno, wo einer der guelfischen Rossi, unterstützt von Mitgliedern des Kaufmannsgeschlechtes Velluti, den Ghibellinen Tommasino de' Manelli überfiel und mit dem Schwert im Gesicht verwundete.[2]) Ein Sohn des Verletzten erschlug

[1]) Päpstl. Schreiben, Martène II, col. 454. Der zum Propst bestimmte Kaplan des Papstes, der in dem Schreiben mit der Sigle R. bezeichnet ist, war der „Magister Rainerius", der später als Vertrauensmann der Kurie bedeutend hervortritt.

[2]) Tommasino, nebst seinen Brüdern Simon und Giovanni, Söhne des Renuccino Manelli, werden als Besitzer von Gütern „in villa Bogole" (wo später der Giardino Boboli entstand) in der Urkunde vom 22. August 1249 (Fineschi, Memorie degli uomini illustri p. 53) genannt. Die Urkunde war ausgestellt „In nova turri filiorum Mannelli".

dann etliche Monate später zur Rache einen der Velluti, diese aber verschoben ihre Vendetta volle 28 Jahre lang, um dann einen der Manelli 1295 am Johannisfest zu ermorden.

Flucht der führenden Ghibellinen

Überall brachen an jenem Ostersonnabend der Parteigrimm wie der persönliche Haß hervor, und die Stadt war voll Waffenlärm und Bürgerfehde; die leitenden Ghibellinen, die sich von innen und von außen bedroht fühlten, verloren, wie in allen entscheidenden Krisen, Sinn und männlichen Mut; sie scharten sich zusammen, doch nicht um zu kämpfen, sondern um unter dem Schutze der Nacht aus der Stadt zu fliehen. Sie mochten hoffen, nach etlichen Wochen wiederkehren zu können, wie nach dem Exodus am Martinstag; aber hatte dieser sie um Ehre und Ansehen gebracht, so mußten sie die erneute Feigheit für lange Jahre, zum Teile für immer, mit dem Verlust von Habe, Heimat und bürgerlicher Existenz bezahlen. Wie der Ostertag des Jahres 1216, so machte die Osternacht von 1267 Epoche in der Geschichte der Arnostadt. Die Zahl der kampflos vor dem Tumult der Straße und vor den nahenden französischen Rittern in die Verbannung ziehenden Ghibellinen mag nach ungefährer Schätzung, die allein möglich ist, etwa 4000 betragen haben, denn die der Familienhäupter und der ganzen Geschlechter aus Stadt und Grafschaft, die alsbald zu Rebellen erklärt wurden, betrug nicht weniger als 1185;[1] die Menge der zurückbleibenden Parteigenossen aber, auf deren Hilfe sie doch wohl hätten rechnen können, muß eine beträchtlich größere gewesen sein; der Popolo, vom Papst auf das übelste behandelt, exkommuniziert und in seiner Organisation bedroht, hätte sich schwerlich von neuem gegen die Ghibellinen erhoben. So muß das Urteil dahin lauten, daß, wie furchtbar schwer auch das künftige Geschick vieler der großen Ghibellinengeschlechter gewesen ist, sie selbst es durch Mutlosigkeit, durch ihre Flucht zu entscheidender Stunde verschuldet haben, da sie nicht eigentlich der Übermacht wichen, sondern vor Gefahren, die tapfere und entschlossene Männer hätten bestehen können. Sie zogen gemeinsam aus, doch sie spalteten sich bald in mehrere Teile, was jeden spätern Versuch des Widerstandes erschwerte. Die eine Schar scheint sich nach Pisa gewandt zu haben, eine andere Gruppe warf sich in Kastelle am mittleren Arno, nach jenem burgartigen Nonnenkloster Sant' Ellero am Fuße von Vallombrosa, um dessentwillen der florentiner Popolo vor einem Jahrzehnt in so folgenreichen Hader mit den Mönchen und dem Papst geraten war, ferner nach Pian-Franzese bei Gaville und Castelvecchio bei Figline; ein dritter Teil besetzte Lamporecchio nördlich von Empoli am Monte Albano, und ein weiterer zog wohl nach den gebannten Städten San Miniato und Poggibonsi. Alle waren der Meinung, von außerhalb die Machtstellung in der Heimat zurückzuerobern, die sie doch von ihren Türmen und festen Häusern aus unter günstigeren Bedingungen nicht zu behaupten gewagt hatten. Wir wissen nicht, ob sich die Fortgezogenen ihre Organisation, die uns aus spätern Jahren bekannt wird, sofort nach ihrem Exodus gegeben haben; nachmals als wegen ihres Anteiles

Parteiorganisation der Ghibellinen in der Fremde.

[1] Forsch. usw. IV, S. 190.

39*

an den romagnolischen Kämpfen Forli ihr Hauptsitz geworden war, finden wir zwei General-Kapitane und einen Generalrat an ihrer Spitze; die an andern Orten lebenden Ghibellinen erkannten jene Kapitane und deren Rat als Zentralleitung der Gesamtpartei an.

Besetzung der Stadt durch die Franzosen und die guelfischen Verbannten.

Als am Ostermorgen die französischen Ritter unter dem blauen, mit goldenen Lilien besäten Banner des Anjou und die Guelfen unter ihrer Fahne mit dem Wappen des Papstes vor die Stadt rückten, scheinen ihnen die Tore willig geöffnet zu sein. Damit war ihnen vielleicht wenig gedient; schwerlich hatten sie geglaubt, ohne Schwertstreich einzudringen und sie hätten zweifellos einigen Kampf als rechtmäßigen Anlaß zu ausgiebiger Plünderung gewünscht; da sich dieser Vorwand aber nicht darbot, vollzogen sie die Ausraubung ohne einen solchen. Ihre „Correria" hatte sofort die vollständigste Wirkung; der Schrecken herrschte in Florenz, und unter seinem Einfluß konnten die im voraus genau erteilten Befehle König Karls widerstandslos durchgeführt werden. Der Anjou hatte drei Wochen früher seinen Vetter, den Grafen Philipp von Montfort, und den französischen Zivilrechtsprofessor Robert de Laveno zu Bevollmächtigten ernannt, mit Florenz und Lucca, wie mit andern Städten und Feudalherren Toskanas Verträge zu schließen; das Abkommen, das sie jetzt diktierten, war einfach genug: Florenz behielt der Form nach die innere Selbstverwaltung, mußte jedoch auf die folgenden $6\frac{3}{4}$ Jahre — es wurde dann in Wirklichkeit fast die doppelte Zeit daraus — König Karl zum Herrn der Stadt in der Form ernennen, daß man ihm das Podestà-Amt übertrug, wie Lucca dies schon zuvor freiwillig getan hatte.

Der oktroyierte Vertrag mit Karl. — Der König wird Podestà von Florenz.

Der König erklärte sich bereit, dafür den Schutz der Kommune oder richtiger den der Guelfenherrschaft zu übernehmen, auf die er die seine stützte; für ihn sollten Vikare regieren, die er zu ernennen, Florenz aber zu besolden hatte, wie der Bürgerschaft auch ein hauptsächlicher Anteil an allen Kosten zufiel, die aus der Behauptung seiner Macht über Tuszien erwachsen würden. Es war selbstverständlich, daß sie nur zu geben und zu gehorchen, der Anjou nur zu befehlen und zu empfangen hatte; als ihm nach diesem leoninischen Vertrage feierlich Gesandte der guelfisch konstituierten Stadtgemeinde die Ernennung zum Podestà überbrachten und ihn gehorsamst um deren Annahme ersuchten, erwiderte er in rührender Güte: nur die Herzen der Florentiner wünsche er zu besitzen, nur ihres guten Willens wolle er sich erfreuen, anderes begehre er nicht; aber da die Bürger ihn so dringend zum Podestà verlangten, wolle er ihnen die Erfüllung ihrer Bitte nicht versagen.[1]) Als sein Vertreter fungierte zuerst jener gascogner edle Herr, der sich den langatmigen Titel beilegte: „Kapitan der von dem erlauchtesten Herrn Karl, von Gottes Gnaden König Siziliens und Vikar des

[1]) Die Belege für alles hier Berichtete sind Forsch. usw. IV. S. 188 ff. „Die Vertreibung der Ghibellinen" usw. zusammengestellt. — Die innere Übereinstimmung der Antwort Karls I. mit dem Verhalten Glosters bei Shakespeare (Richard III.; III, 7) fällt von selbst ins Auge. — Der zwischen den Vertretern des Königs und der Kommune Florenz abgeschlossene Vertrag ist nicht erhalten.

Römischen Reiches, zur Reformation Tusziens entsendeten Ritterschaft und dessen Vize-Podestà in der Regierung von Stadt und Provinz Florenz". Karl von Anjou war also bereits jetzt mit dem Amt des „Friedensstifters" nicht mehr zufrieden und erhob den Anspruch auf das Reichsvikariat, womit er zu verstehen gab, daß er die ruhenden kaiserlichen Rechte über Toskana zu usurpieren gedenke. Keine Ernennung, auch nicht die fragwürdige durch den apostolischen Stuhl, begründete bisher diesen Titel; da aber er allein die tatsächliche Macht in Händen hielt, konnte er seinen Willen auch in diesem Punkt durchsetzen; später hat der Papst ihm in aller Feierlichkeit das Amt übertragen, das er sich jetzt selbst verlieh. Clemens war der Meinung gewesen, ihn zum Organ seines Willens zu machen, aber er hatte die Rücksichtslosigkeit des Kapetingers unterschätzt, und auch hier wurde der starke Diener des Schwachen Herr.

Jourdain de l'Isle hat nur etwa zwei Monate hindurch im Namen seines Königs Florenz als Vize-Podestà regiert; ihm folgte Amiel d'Agoult, Sieur de Curban und diesem noch in demselben Jahre der Ritter Geoffroi de la Tour, von den Italienern Gottifredo della Torre genannt, Franzose gleich seinen Vorgängern, der den Titel eines florentiner Podestà „von Gottes und des Königs Gnaden" annahm. Erst als das Schicksal Konradins sich entschieden hatte, und die Lage vom Standpunkte Karls und der Guelfen für weniger gefahrvoll gelten konnte, ließ der Anjou sich bereit finden, Italiener zu seinen Stellvertretern in der Regierung von Florenz zu ernennen.

Eine der ersten Sorgen des Befehlshabers der Ritterschaft, die Florenz der Guelfenherrschaft unterworfen hatte, bestand darin, sich der Fügsamkeit der zurückgebliebenen Masse der Ghibellinen durch Eide und Bürgschaften zu versichern; jeder einzelne von ihnen mußte das Recht zu weiterem Aufenthalt in der Heimat dadurch erkaufen, daß er dem Papst und der römischen Kirche, König Karl und seinen Vikaren unbedingten Gehorsam schwur, daß er versprach, alle Feinde der Kommune und der Guelfen, zumal die zu bekriegen, die noch der Stadt gehörige Türme innehatten oder florentiner Gefangene in ihrem Gewahrsam hielten; sie mußten ferner einen Eid leisten, keine Verbindung mit Konradin zu unterhalten, ihm keine Hilfe zu leisten, keinen deutschen König oder Kaiser der Römer anzuerkennen, er sei denn von der Kirche bestätigt worden; diese letztere Bestimmung richtet sich zugleich gegen Alfons von Kastilien, auf den die Ghibellinen wieder ihr Augenmerk gelenkt und einen Teil ihrer Hoffnungen gesetzt hatten. All' dies hatten sie in Gruppen geteilt, öffentlich am Fuße der Treppe zu beschwören, die an der Außenseite des Volkspalastes (des jetzigen Bargello) zum oberen Stockwerke emporführte; auf deren Podest standen wohl die Beamten oder Richter, die den Eid vorsprachen, und neben ihnen saßen die Notare, die die Schwörenden nebst ihren mit hohen Summen haftenden Bürgen in großen Pergamentheften verzeichneten; die Bürgen waren zuvor von einem besonders dazu bestimmten Offizialen auf ihre Gesinnungstüchtigkeit und Zahlungsfähigkeit geprüft worden. Durch die Verleugnung ihres

Eid der in der Stadt befindlichen Ghibellinen.

Stellung der Ghibellinen unter der guelfischen Stadtregierung.

bisherigen politischen Glaubensbekenntnisses gewannen die Ghibellinen indes kein bürgerliches Recht, sondern sie erreichten nur, daß sie, unter stetigem Mißtrauen in der Stadt geduldet wurden; jedes Amt blieb ihnen versagt, doch sie hatten alle Lasten zu tragen, und meist in höherem Ausmaße als die Partei der Sieger, aber selbst das Recht, in der Heimat zu leben und zu sterben, genossen sie nur in stark bedingtem Sinne, denn wenn sie mit Guelfen in Streit gerieten, wenn sich irgend ein politischer Verdacht gegen sie regte, oder wenn die Zeitläufte bedrohlich erschienen, wurden Scharen von ihnen auf unbestimmte Zeit in Konfination geschickt.

Der Zwölfmänner-Ausschuß.

Eine besondere Zwölfmänner-Behörde, die „Deputierten zur Erhaltung des guten Zustandes, zur Bewachung der Stadt und zur Unterdrückung von Gewalttätigkeiten", eine Art Wohlfahrtsausschuß, sollte für die innere und äußere Sicherheit von Florenz sorgen, und hierzu gehörte vor allem die Aufsicht über die Ghibellinen. Man gestattete diesen eine Organisation unter Kapitanen, oder man duldete das formelle Fortbestehen der bisherigen Parteileitung, was dem korporativen Sinne einer Zeit entsprach, in der selbst den Kriegsgefangenen gestattet wurde, sich zu Verbänden zusammenzuschließen; man erlaubte auch den Ghibellinen-Gruppen der größeren Ortschaften im Contado zwei Kapitane und einen Rat von zwölf Parteigenossen an ihre Spitze zu stellen, ja selbst eine gewisse Strafgewalt wurde diesen Kapitanen eingeräumt, derart, daß sie gegen Angehörige ihrer Partei kleine Geldbußen verhängen durften. Über diese Ghibellinen-Organisationen in Stadt und Grafschaft stand aber dem florentiner Podestà und dem Zwölfmänner-Kollegium — das auch als das der „zwölf Kapitane der Kommune" bezeichnet wird — das ausgedehnteste Recht der Aufsicht zu, die über die organisierte Gruppe der Unterlegenen weit besser geübt werden konnte als über die einzelnen, und man wird dafür gesorgt haben, daß als Partei-Kapitane nur solche fungieren durften, die zu Vertrauensmännern der guelfischen Behörden geeignet erschienen. Ein weiterer Grund, weshalb der Parteiverband geduldet wurde, bestand darin, daß die Ghibellinen

Sonderbesteuerung und Konfination der Ghibellinen.

vielfach besonderer Besteuerung unterworfen wurden, was nur durchführbar war, wenn sie eine eigene Körperschaft bildeten. Die schärfste Geißel der Unterlegenen war aber das ewig drohende Zwangsdomizil; die für „verdächtig" erklärten Persönlichkeiten wurden in drei Gruppen geteilt, und nach der Abstufung der Gefährlichkeit oder des Einflusses wurden die einzelnen nach entfernteren Orten außerhalb des florentiner Gebietes geschickt, oder es ward ihnen eine bestimmte Lokalität innerhalb der Grafschaft angewiesen, aus der sie sich nicht entfernen durften, ohne schwere Strafe auf sich zu laden, oder man gewährte endlich den nur wenig Belasteten die widerrufliche Erlaubnis zum Aufenthalt in der Stadt, doch unter der Bedingung, zu jeder Stunde des Befehles gewärtig zu sein, die Heimat zu verlassen. Die Zahl der zur Konfination bestimmten „Verdächtigen" betrug im Jahre 1268, aus dem wir die erste, aber unvollständige Liste besitzen, von drei Stadtsechsteln 680, so daß die Gesamtzahl etwa 1400 betragen mochte. Aus dem Jahre 1269 ist uns die erste vollständige Liste erhalten, aber sie leidet an mannigfachen Unklarheiten, da die Verzeichnisse dreier Stadtsechstel wiederholt sind, ohne daß sie untereinander übereinstimmen. Wir gelangen zu einer Zahl von 1102 Konfinierten, von denen 402 der ersten Kategorie, 228 der zweiten zugewiesen wurden, während 472 die Erlaubnis zu einstweiligem Verbleiben erlangten.[1]) Aus dem Überwiegen der letzteren ergibt sich, daß die Masse der ganz ungefährlichen, der unverdächtigen Ghibellinen, betreffs deren wir keine Zahlenangabe besitzen, die andern Gruppen wahrscheinlich weit übertroffen hat. Ein besonderer, von der Guelfenpartei ernannter „Ankläger der Ghibellinen" sorgte für die Aufspürung Verdächtiger, und gewiß fiel mancher durchaus friedliche Bürger dem Übereifer der Bornierten und der Intrige der Böswilligen zum Opfer. Den zur Konfination Bestimmten gestattete man wiederum eine besondere Gesamtvertretung ihrer Interessen, durch die man zugleich geglaubt haben wird, auf sie einen Einfluß auszuüben; ein solcher war wünschenswert, da ein Teil der in Zwangsaufenthalt Verschickten natürlich stets die Neigung empfunden haben muß, den ihnen zugewiesenen Ort zu verlassen und mit den Feinden der Stadt gemeinsame Sache zu machen. An der Spitze der „Sozietät der Konfinierten" standen sechs Kapitane, die mit beschließen durften, wenn es sich um Verweisung ins Zwangsdomizil oder um die Erlaubnis zur Rückkehr handelte; diese Kapitane wurden aus den Reihen der am wenigsten Verdächtigen, in der Stadt Geduldeten, ernannt und sie werden im Interesse von Ruhe und Frieden selbst dafür gewesen sein, daß die bedrohlichsten Elemente stets am längsten fern gehalten wurden, auch stellten sie in der Gesamtheit derer, die zu entscheiden hatten, wer in die zeitweilige Verbannung gehen müsse, nur eine Minorität dar, denn diese Verfügung stand den Zwölfmännern, den sechs Kapitanen der Guelfenpartei und endlich diesen Sechs zu, die also nur ein Viertel der Stimmberechtigten bildeten. *Organisation der Konfinierten.*

Die beiden großen Räte der Stadt blieben der Form und Mitgliederzahl nach, wie sie gewesen waren; neben dem Generalrat der Dreihundert stand der Spezialrat der Neunzig, doch trat zu diesen beiden, der Geheimrat oder die „Credenza" von achtzig Mitgliedern hinzu, die zur Verschwiegenheit über die Beratungen verpflichtet waren. Die Vorbereitung der Heereszüge und die Heeresverwaltung lag nach wie vor den zwölf Kriegskapitanen ob, und dieser Behörde, die wohl während der sechsjährigen ghibellinischen Periode unverändert fortgedauert hatte, stand ein Rat von achtzehn Männern zur Seite, dem für besondere Fälle eine Giunta von sechzig weiteren Vertretern der Bürgerschaft hinzugesellt wurde, die einen, wie die andern gleichmäßig den verschiedenen Stadtsechsteln entnommen; in diesem Konsilium der Kriegskapitane hatten ferner die Bannerträger der beritten Ausziehenden, sowie die der Fußkämpfer Sitz und Stimme. *Organisation der Stadtverwaltung.*

Dem Volk als solchem wurde in der neuen Ordnung der Dinge keinerlei Vertretung eingeräumt; Popolanen wurden zweifellos in nicht geringer Zahl in die Räte gewählt, aber der Popolo als Gesamtheit erhielt nicht den geringsten *Ausschließung des Popolo von der politischen Macht.*

[1]) Forsch. usw. IV, S. 190 f.

Anteil an dem von den Guelfen eingerichteten Stadtregiment, obwohl die Volksbewegung vom Martinstage den Umschwung vorbereitet hatte. Es war ein übler Lohn, daß eine der von Jourdain de l'Isle während seiner kurzen Amtszeit verfügten Maßnahmen darin bestand, daß er im Namen der Kommune von den Zünften eine Auflage in der Form eines nie zurückerstatteten Darlehns erzwang. König Karl hatte aus seiner provenzalischen Heimat jene tiefe Abneigung gegen die Selbstregierung der Städte mitgebracht, die den Fürsten des 13. Jahrhunderts eigen war; in den ersten Jahren seiner dortigen Herrschaft hatte er die munizipale Freiheit von Arles, Avignon und Marseille gebrochen.[1]) Seine Großen kannten die Gesinnungen ihres Herrn, die sie wahrscheinlich teilten, und Herr Jourdain wird überdies präzise Aufträge in bezug auf sein Verhalten gegen den Popolo gehabt haben. Tatsächliche Macht besaß das Volk gegenüber den durch die französischen Ritter unterstützten Guelfen nicht, und ein Teil war durch die politische Diffamierung der Ghibellinen von ihm abgespalten, denn zu diesen gehörten auch zahlreiche Handwerker sowie Leute von ähnlicher sozialer Stellung; vor allem aber müssen wirtschaftliche Gründe dafür maßgebend gewesen sein, daß die Guelfen ihre Herrschaft organisieren konnten, ohne auf das Volk irgend welche Rücksicht zu nehmen, das ein Jahrzehnt hindurch die Gewalt in seinen Händen gehalten hatte. Seit Anfang 1267 läßt sich nachweisen, wie Florentiner von Genua aus Wechsel auf Messina oder sonst auf Sizilien ausstellten;[2]) dergleichen ist früher nicht zu bemerken und die Kaufleute der Arnostadt traten seit dieser Zeit in einen mit jedem Jahre nachdrücklicher geführten Wettbewerb mit denen der beiden großen tyrrhenischen Hafenplätze. Die Ghibellinenzeit muß infolge der Abwesenheit zahlreicher industrieller Unternehmer, später wegen Fortzuges der geldkräftigsten Persönlichkeiten und der großen, Kredit gewährenden Bankhäuser eine starke Stockung und einen bedeutenden Rückgang des Gewerbes und Handels herbeigeführt haben; die Geldleute, die sich ehedem politisch zum Popolo gehalten hatten, waren jetzt durch ihre finanziellen Interessen enge mit dem Papst und König Karl verknüpft, und sie waren, insofern sie die Stadt verlassen hatten, direkt auf die Seite der Guelfen hinübergetreten, mit denen sie fortan verbunden blieben. Weite Kreise der Geschäftsleute lockten die Aussichten, die sich ihnen in Süditalien in bezug auf den Warenverkehr eröffneten, denn die Konjunktur ging dahin, daß man volle Hoffnung besaß, sich dort festzusetzen, wo bisher die Pisaner die Geschäfte in Händen gehabt

[1]) Sternfeld, Karl von Anjou als Graf der Provence 69 ff., 79, 128 ff.

[2]) 1267, 29. Januar; Enrico da Firenze erhält in seinem Fondaco in Genua Zahlung von Genovini, wofür er sich verpflichtet, in Messina oder anderswo in Sizilien 112 Goldunzen auszuzahlen. — Ferretto. Cod. Diplom. delle relazioni fra la Liguria. la Toscana ai tempi di Dante I. 75. — 1267, 14. Juli Aldebrandino und Ottaviano di Buoncambio Donati empfangen Genovini, wofür sie in Messina 200 Goldunzen zu zahlen verpflichtet sind. — Ibid. 107. (1 Goldunze = 60,65 Lire modernen Münzwertes.)

hatten.[1] Jedenfalls waren nicht nur die Bankiers, sondern es war auch alles, was sich einigermaßen zum Großhandel rechnen konnte, an das guelfisch-angiovinische Interesse gefesselt. Die bedeutenden Kapitalien, die in ghibellinischer Zeit ausgewandert waren, kamen später stark vermehrt wieder dem Aufschwunge von Florenz zugute, aber dies kann nur allmählich geschehen sein, und inzwischen muß das heimische Gewerbe stark gelitten haben. Aus diesen Konjunkturen, aus der wirtschaftlichen Machtlosigkeit des Popolo läßt sich am besten die politische erklären, zu der die Guelfen ihn im Einverständnis mit Papst und König verurteilten, und die Annahme findet dadurch ihre Bestätigung, daß das Volk die verlorene politische Macht nach Zeiten großen kommerziellen und gewerblichen Aufschwunges verstärkt zurückeroberte. Es hatte die Kraft besessen, Aufstände gegen das zerfahrene ghibellinische Regiment zu unternehmen, aber es dauerte fünfzehn Jahre, und es bedurfte einer wuchtigen Erschütterung des angiovinischen Thrones, ehe es sich von der guelfischen Unterdrückung zu befreien vermochte.

Entlassung des Volkskapitans und Beseitigung des Volkskapitanates.

Der dem Papst verhaßte orvietaner Kapitan, wegen dessen Aufnahme das Volk dem Bann verfallen war, mußte fortgeschickt werden und die Guelfen benutzten die Abneigung des Clemens und des sizilischen Königs gegen jede Art von Popular-Regiment, um das Amt überhaupt abzuschaffen, das ihre Alleinherrschaft und das reine Parteiregiment in Frage gestellt hätte. Es kam ein anderer, formaler Grund hinzu; Podestà der Stadt war Karl, und die von ihm als Stadtregenten Entsandten waren nur seine Vertreter; ein Volkskapitan hätte gleichberechtigt neben dem königlichen Podestà gestanden, er hätte in manchen Fällen gegen dessen Anordnungen Widerspruch zu erheben das Recht und sogar die Pflicht gehabt, hätte häufig genug wider die in seinem Namen geübte Rechtsprechung interzedieren müssen, was gegen den Respekt verstoßen hätte, den man der Krone zu schulden glaubte. So tief wurzelte im Hause Anjou die Abneigung gegen die Demokratie, daß ein halbes Jahrhundert später, als der Enkel Karls, König Robert, 8½ Jahre lang die Signorie von Florenz innehatte, die erste Tat seines Vikars Jacopo Cantelmi (im Jahre 1313) die Verjagung des damaligen Capitano del Popolo war und daß dieses Amt während jener Zeit dauernd unbesetzt bleiben mußte.[2] Das Gleiche ereignete sich, als die Bürgerschaft 1325 den Urenkel Karls, den gleichnamigen Herzog von Kalabrien, zum Stadtherrn wählte; auch in den drei Jahren von dessen Regiment durfte kein Volkskapitan gewählt werden, aber kaum befreite der Tod des neapolitanischen Thronfolgers die Stadt von ihrem in

[1] Vgl. S. 569 Anm. 2. S. auch Yver, „Le Commerce dans l'Italie méridionale" p. 292 ss., doch bringt der Verfasser die Vorgänge, die sich im Verlauf vieler Jahre ereigneten, zu sehr durcheinander. Strenge Sonderung ist indes sehr notwendig, will man die starken Wechselwirkungen der florentiner auf die neapler und der neapolitanischen auf die florentiner Verhältnisse richtig erkennen.

[2] S. Forsch. usw. IV, S. 556 f. in der Liste der Kapitane unter 1313, 21. Juli und 1325, 23. Dezember.

der Furcht vor dem damals neuerstarkten Ghibellinismus erhobenen Oberhaupt, als das Amt des Capitano sofort wieder besetzt wurde.

Da jetzt die Macht vorhanden war, die früher vom Magister Elia erlassenen Verbote durchzuführen, wird jede Volksverbindung und jede neugebildete populäre Genossenschaft von der Stadtregierung unterdrückt worden sein. Das Märchen von der volksfreundlichen Gesinnung einer Partei, deren Schutzherren die neapolitanischen Autokraten und die Päpste waren, hat bis in die neuesten Zeiten gute politische Dienste geleistet, aber es verdient endlich als das erkannt zu werden, was es ist.

Organisation der Guelfenpartei.

Die Guelfen wurden seit dem Ostertage 1267 zur maßgebenden Macht; ihre Organisation stellte zuerst eine Art Nebenregierung dar, dann aber beherrschte sie die Kommune derart, daß diese sich geradezu mit der Parte Guelfa identifizierte. Sechs Kapitane mit nur zweimonatlicher Amtsdauer traten an ihre Spitze, zweifellos je einer aus jedem Sechstel der Stadt. Ihnen zur Seite stand die „Credentia" der Partei, ein geheimer Rat von vierzehn und ferner ein großer Rat von sechzig Mitgliedern, der seine Sitzungen in der längst verschwundenen, nahe der Straße Por S. Maria gelegenen Kirche Santa Maria sopra Porta hielt.[1]) Die wichtigeren Akten, später auch die Wahlbeutel, wurden bei den Serviten der Santissima Annunziata aufbewahrt, die in ihrem vor den Mauern gelegenen Kloster den verbannten Guelfen oft geheime Zuflucht gewährt hatten. Zu den Beamten der „Parte" gehörte jener erwähnte „Ankläger der Ghibellinen", und das Parteivermögen wurde durch sechs Prioren verwaltet, von denen die Hälfte zu den Granden gehörte, während die drei andern Popolanen waren. Auch konnten Popolanen zum Rat der Sechzig gehören, der die Kapitane zu wählen hatte, aber weder unter diesen, noch in ihrem geheimen Rat durfte sich ein Angehöriger des Volkes befinden, während sich die Guelfen in den Zeiten der Not nach Montaperti im luccheser Exil ausdrücklich als „Partei der Edlen und der Popolanen" bezeichnet hatten. Es hat viele Wahrscheinlichkeit, daß die Mitteilung eines Chronisten begründet ist, wonach ein ausdrücklicher Befehl des Papstes und des Königs dahin ging, daß die Kapitane der Guelfenpartei nur aus den Rittern zu wählen seien; wie die Stadtregierung selbst, wurde auch die Parte Guelfa der Hauptsache nach zu einer Vertretung der Vornehmen und Reichen, die nach den Lasten und Entbehrungen des Exils nun die Herrschaft in der Heimat uneingeschränkt zu genießen gedachten.

Konfiskation der Besitzungen der fortgezogenen Ghibellinen.

Die Vermögensverwaltung der Guelfenpartei erlangte sehr bald eine große Bedeutung. Wie früher die Ghibellinen die fortgezogenen Guelfen zu Rebellen erklärt, wie sie Bann, Todesstrafe und Vermögenskonfiskation über sie verhängt hatten, so geschah es jetzt ihnen selbst; auf der Proskriptionsliste, die

[1]) Ob die im Statut des Podestà von 1325 f. 175 erwähnten „Häuser der Parte Guelfa an der Piazza Sant' Apollinare" je deren Amtssitz und nicht vielmehr bloßes Grundeigentum gewesen sind, bleibt dahingestellt.

wir aus dem folgenden Jahre besitzen, stehen, wie erwähnt, 1185 Namen, und von diesen umfassen viele ganze Häuser, ja ganze Geschlechtsverbände aus Stadt und Grafschaft. Die Guelfen legten ein neues Verzeichnis der „Banniti" und der politischen Todesurteile an, da sie das bisherige „Buch der Gebannten", in dem sie selbst verzeichnet gewesen waren, nicht fortführen mochten. Das neue bezeichneten sie nach einem Nagel in seinem Holzdeckel, der als Abzeichen diente, als den „Libro del Chiodo"; der Volkswitz und der Volkshaß aber bezeichnete dann die ins Exil gezogenen verurteilten Ghibellinen als die „Inchiodati" oder die „Festgenagelten", welche Benennung in einer Urkunde schon kurz nach ihrer Flucht begegnet.[1]) Die ganze Habe der bisher Herrschenden wurde eingezogen, aber nicht wie früher nur um verwaltet zu werden, sondern die Guelfen trafen die Feinde ins Mark ihrer wirtschaftlichen Existenz, indem sie der Sequestration den Verkauf eines großen Teiles des beschlagnahmten Grundbesitzes folgen ließen, ohne daß freilich, wie bisher auf die Autorität des Chronisten Villani hin geglaubt wurde, eine restlose Veräußerung erfolgt wäre. Als der Kardinal Ottaviano erfuhr, daß man zur Liquidation der beschlagnahmten Besitzungen schreiten wolle, erklärte er: „dann werden die Ghibellinen nie mehr zurückkehren!" Zwar nicht nach dem Worte, doch dem Sinne gemäß gab die Zukunft dem Erfahrenen Recht: zur ehemaligen Macht wenigstens sind sie nie wieder gelangt. Ihre Türme und Häuser in der Stadt wurden demoliert, doch blieben die so gewonnenen Terrains Jahre hindurch, zum Teil ein Vierteljahrhundert lang, als Trümmerstätten unbenützt. Die Landgüter aber, die reichen Besitzungen, soweit man sich ihrer tatsächlich bemächtigen konnte, wurden zum Teil verpachtet, zum Teil auch wohl den ehedem Verbannten und jetzt Herrschenden direkt zur Nutznießung überwiesen. Der Erlös der Verkäufe sollte in drei Teile geteilt werden: der eine fiel der Kommune zu, der zweite wurde der Parte Guelfa überwiesen, damit sie ihn zur Abwehr der ghibellinischen Feinde draußen wie drinnen benutze, und aus dem dritten sollten die einzelnen Guelfen für ihre während des Exils verwüsteten und demolierten Immobilien entschädigt werden. Aus diesem letztern Titel sind 132 160 Librae, etwa 970 000 Lire modernen Münzwertes, ausgezahlt worden,[2]) aber schwerlich nahm die gewiß reichlich bemessene Entschädigung ein volles Drittel vom Wert der Ghibellinengüter in Anspruch. Was nicht zu dem erwähnten Zweck Verwendung fand, hat sich allmählich die Parte Guelfa angeeignet, während an die Kommune selbst vom Erlös aus den Besitzungen der Proskribierten nur wenig gelangt zu sein scheint. Die Guelfen aber befestigten dadurch, daß sie sich auf solchem Wege ein sehr bedeutendes Parteivermögen schufen, auf Jahrhunderte hinaus ihre Stellung; ihre Leiter sahen ein, daß jede kluge Politik am wirksamsten durch finanzielle Macht unterstützt wird; freilich bildeten Raub und Gewalttat die Quellen dieses Reichtumes.

[1]) Forsch. usw. IV, S. 191.

[2]) S. vorn S. 511 und Forsch. usw. IV, S. 193 f.

Vielleicht waren es nur die städtischen Terrains, die schließlich der Kommune selbst als ihr Anteil übrig blieben; der Komplex im Kirchspiel San Romolo, auf dem die Paläste, Türme und Häuser der Uberti gestanden hatten, lag ein Menschenalter hindurch wüst, bis an dieser Stätte im Zusammenhang mit der Errichtung des Priorenpalastes die jetzige Piazza della Signoria geschaffen wurde. Zweiundzwanzig Familien der Uberti standen auf der Liste der Geächteten, und nur einer aus diesem Hause, der wahrscheinlich zum Verräter der andern geworden, erhielt nebst seinen Söhnen die Erlaubnis zum Bleiben. Den siegenden Guelfen genügte nicht, was sie durch Vernichtung der Wohnstätten und Festungen, was sie durch Güterkonfiskation und Bluturteile den Lebenden antaten, auch gegen die Gräber der Toten richtete sich ihre Wut. Die zahlreichen in der Kirche San Piero Scheraggio befindlichen Grüfte des verhaßten Geschlechtes wurden erbrochen, und die Reste von Männern, die im Leben durch Macht und Ansehen alle andern überstrahlt hatten, in den nahen Arno geworfen. Obwohl kein Chronist davon berichtet, unterliegt es keinem Zweifel, daß die Asche des im Banne der Kirche verstorbenen, von der Inquisition mit Haß verfolgten Farinata nicht mit größerer Pietät behandelt ward, und daß auch die bei Santa Reparata bestatteten Gebeine des Erretters seiner Vaterstadt geschändet wurden. Einige der Uberti sind nachmals wieder in die Heimat aufgenommen worden, und andere haben in der Fremde, zumal in Oberitalien und nach der Vesper in Sizilien, große Stellungen bekleidet. Noch Dante nannte in einer seiner Prosaschriften die Uberti neben den mailänder Visconti als das Urbild italienischen Stadtadels,[1]) aber wie die Generationen dahingingen, verlor sich allmählich der aus den Zeiten Kaiser Friedrichs und König Manfreds nachwirkende Glanz, der sich nur vorübergehend wieder belebte, als von neuem deutsche Kaiser, als der Luxemburger Heinrich und als Ludwig der Bayer nach Italien zogen. Ein Urenkel des Farinata, der Dichter Fazio degli Uberti, beklagte um die Mitte des folgenden Jahrhunderts trauervoll den Niedergang seines Hauses; „Witwen und Waisen und unschuldige Kinder von meinem edlen Blute", so sang er, „ziehen, ihr Brot erbettelnd, voll Schande und tötlicher Betrübnis in fremdem Lande umher."[2]) Nie hat man den Uberti und ihren Parteigenossen das Blut von Montaperti und die Kerkerqualen der in Siena Gefangenen vergessen, nie den wiederholten Verrat, der unsägliches, fortzeugendes Unheil über die Vaterstadt heraufbeschwor.[3]) Der ghibellinische Poet Rustico di Filippo richtete höhnische

---

[1]) Convito; Trattato IV, cap. 20 (Opere minori ed. Frati III, 327).

[2]) Forsch. usw. IV. S. 195.

[3]) Das Geschlecht, das wir noch vielfach zu nennen haben werden, scheint Ende des 16. Jahrhunderts im Orient erloschen zu sein. Elogi degli uomini illustri Toscani p. XIV — Eine venetianische Familie, die von einem Arzt des 16. Jahrhunderts abstammte, rühmte sich im 18. Jahrhundert ihrer angeblichen Herkunft von den florentiner Uberti (Mecatti, Storia genealogica p. 417), soviel sich beurteilen läßt, ohne alle Berechtigung. Ebenso zweifelhaft ist der Ursprung der veroneser,

Verse voll ohnmächtigen Hasses an die Sieger, die einst aus Furcht, mit der Exkommunikation belastet, davongegangen seien; er schloß sein Lied: er möge sich mit ihnen in keinen Liederstreit einlassen, denn er wisse, „daß die Guelfen den Ghibellinen als Knecht behandeln wollen".[1]) Der Sänger, der sich sonst in lasciven Dichtungen gefiel, hatte in der Stunde der Erbitterung den Sinn der Feinde und die verzweifelte Lage der eigenen Partei richtig erkannt, aber er vergaß, daß die Guelfen an der Arbia dem Treubruch der Seinen zum Opfer gefallen und als Besiegte aus der Stadt gezogen waren, während die Ghibellinen die Heimat zweimal preisgegeben hatten, ohne den Versuch zu wagen, der die Ehre des Unterliegenden ausmacht: das Schicksal durch den Einsatz des Lebens zu wenden.

brescianer, mailänder und piemontesischen Familien, die sich dieser Abstammung rühmen. Vgl. Renier, Una famiglia Ghibellina nei secoli XIII e XIV, Einleitung von „Le liriche di Fazio degli Uberti" p. CXVII ss. Renier lehnt indes die Authentizität des Ursprunges jener Familien von dem florentiner Ghibellinenhause nicht ab. — Über die Uberti in Sizilien ebendort p. CXXVIII s. Auf dieser Insel scheint das Geschlecht im 14. Jahrhundert erloschen zu sein.

[1]) Federici, Le Rime di Rustico di Filippo, Sonett XXXIX (p. 22). — Del Lungo, Un realista Fiorentino de' tempi di Dante in Rivista d'Italia III. p. 193 ss. und 425 ss.

Ein ausführliches Namen-, Orts- und Literaturverzeichnis, sowie eine Erklärung der in den Anmerkungen häufig benutzten Abkürzungen befindet sich am Schlusse des zweiten Teils.

E. S. Mittler & Sohn, Berlin SW., Kochstraße 68–71.

Zeitfracht Medien GmbH
Ferdinand-Jühlke-Straße 7
99095 Erfurt, Deutschland
produktsicherheit@kolibri360.de